COLEÇÃO
TRIBUNAIS E MPU
Coordenador HENRIQUE CORREIA

NOÇÕES DE DIREITO CIVIL E PROCESSO CIVIL

PARA OS CONCURSOS DE TÉCNICO E ANALISTA

LUCIANO ALVES ROSSATO
VITOR BONINI TONIELLO

COLEÇÃO
TRIBUNAIS E MPU
Coordenador HENRIQUE CORREIA

NOÇÕES DE DIREITO CIVIL E PROCESSO CIVIL

PARA OS CONCURSOS DE TÉCNICO E ANALISTA

2019

EDITORA JusPODIVM
www.editorajuspodivm.com.br

EDITORA *Jus*PODIVM
www.editorajuspodivm.com.br

Rua Território Rio Branco, 87 – Pituba – CEP: 41830-530 – Salvador – Bahia
Tel: (71) 3045.9051
• Contato: https://www.editorajuspodivm.com.br/sac

Diagramação: Cendi Coelho (*cendicoelho@gmail.com*)

Capa: Ana Caquetti

ISBN: 978-85-442-2880-7

*Dedico esta obra à minha amada filha Ana Heloísa,
uma guerreira impetuosa, que me ensinou
o que é ser uma pessoa decidida e incansável.*

Vitor Bonini Toniello

*Dedico esta obra
ao meu querido pai.*

Luciano Alves Rossato

Apresentação da Coleção

O objetivo da coleção é a preparação direcionada para os concursos de Técnico e Analista do TRT, TRE, TRF e Tribunais Superiores. Em todos os livros o candidato irá encontrar teoria específica prevista nos editais, questões recentes comentadas e questões de concurso com gabarito fundamentado.

A ideia da coleção surgiu em virtude das reivindicações dos estudantes, que almejavam por obras direcionadas para os concursos de Técnico e Analista dos Tribunais. As apostilas específicas mostram-se, na maioria das vezes, insuficientes para o preparo adequado dos candidatos diante do alto grau de exigência das atuais provas, o que ocorre também com as obras clássicas do Direito, por abordarem inúmeras matérias alheias ao concurso.

Nesta coleção, o candidato encontrará desde as cinco matérias básicas exigidas em todos os concursos, como português, raciocínio lógico ou matemática, informática, direito constitucional e administrativo, até as disciplinas específicas de outras áreas (arquivologia e administração pública) e todas as matérias dos diferentes ramos do Direito. Portanto, com os livros da coleção, o candidato conseguirá uma preparação direcionada e completa para os concursos de Técnico e Analista do TRT, TRE, TRF e Tribunais Superiores.

Além da linguagem clara utilizada, estão presentes em todos os livros da coleção os quadrinhos de resumo, esquemas e gráficos, possibilitando ao leitor a memorização mais rápida da matéria. Temos certeza de que esta coleção irá ajudá-lo a alcançar o tão sonhado cargo público de Técnico ou Analista dos Tribunais.

HENRIQUE CORREIA

Site: www.henriquecorreia.com.br
Twitter: @profcorreia
Instagram: Prof_correia
Periscope: @henrique_correia

SUMÁRIO

Primeira Parte

DIREITO CIVIL

Vitor Bonini Toniello

Capítulo 1

OBJETO E FINALIDADE DA TEORIA GERAL DO DIREITO CIVIL **35**

1. Conceito e Divisão do Direito 35
   1.1. Conceito de direito 35
   1.2. Fontes jurídicas 36
   1.3. Direito positivo e direito natural 36
   1.4. Direito objetivo e direito subjetivo 37
   1.5. Direito público e direito privado 37
   1.6. A lei 38
      1.6.1. Conceito e principais características 38
      1.6.2. Vigência da lei 39
      1.6.3. A obrigatoriedade das leis 41
2. Lei de Introdução às Normas do Direito Brasileiro 42
   2.1. O conteúdo e a função da Lei de Introdução às Normas do Direito Brasileiro 42
   2.2. A aplicação e interpretação das normas jurídicas 42
   2.3. A integração das normas jurídicas 43
      2.3.1. A analogia 43
      2.3.2. O costume 45
      2.3.3. Os princípios gerais de direito 45
      2.3.4. A equidade 46
   2.4. Conflito das leis no tempo 46
   2.5. Eficácia das leis no espaço 47
      2.5.1. O princípio da territorialidade moderada e a aplicação da lei estrangeira 47
      2.5.2. O respeito à ordem jurídica brasileira como pressuposto para aplicação das leis, atos e sentenças estrangeiras no território nacional (art. 17 da LINDB) 50
      2.5.3. Da Prova dos fatos ocorridos no exterior (art. 13 da LINDB) 50
      2.5.4. Direito Internacional das Famílias 51
   2.6. Da Lei nº. 13.655, de 25 de abril de 2018 53
      2.6.1. Proibição de decisão fundamentada em valores jurídicos abstratos nos âmbitos administrativo, de controladoria e judicial (art. 20 da LINDB) 53

2.6.2. Indicação expressa das consequências jurídicas decorrentes da invalidação de ato, contrato, ajuste, processo ou norma administrativa (art. 21 da LINDB) ... 55
2.6.3. Interpretação das normas jurídicas sobre gestão pública (art. 22 da LINDB) ... 56
2.6.4. Mudança de interpretação ou orientação sobre as normas de direito público (art. 23 da LINDB) ... 58
2.6.5. Revisões quanto a validade de ato, contrato, ajuste, processo ou norma administrativa (art. 24 da LINDB) ... 58
2.6.6. Compromisso de ajustamento de conduta (art. 26 da LINDB) ... 59
2.6.7. Possibilidade de impor compensação (art. 27 da LINDB) ... 60
2.6.8. Responsabilidade pessoal do agente público (art. 28 da LINDB) ... 60
2.6.9. Consultas públicas (art. 29 da LINDB) ... 61
2.6.10. Meios para aumentar a segurança jurídica (art. 30 da LINDB) ... 62
3. Direito Civil ... 62
3.1. Conceito ... 62
3.2. O Código Civil de 2002 ... 63
3.2.1. Estrutura e conteúdo ... 63
3.2.2. Princípios básicos ... 63
3.2.3. Direito civil constitucional ... 64
4. Legislação Relacionada ao Capítulo ... 64
QUESTÕES – CAPÍTULO 1 ... 69

Capítulo 2

DAS PESSOAS ... 73
1. Personalidade ... 73
1.1. Conceito de pessoa ... 73
1.2. Personalidade ... 73
1.3. Direitos da personalidade ... 73
2. Da Pessoa Natural ... 74
2.1. Conceito de pessoa natural ... 74
2.2. Capacidade jurídica ... 74
2.3. Incapacidade ... 75
2.3.1. Incapacidade absoluta ... 75
2.3.2. Incapacidade relativa ... 77
2.3.2.1. Os maiores de 16 e menores de 18 anos (art. 4º, I) ... 77
2.3.2.2. Os ébrios habituais e os viciados em tóxicos (art. 4º, II) ... 78
2.3.2.3. Aqueles que, por causa transitória ou permanente, não puderem exprimir sua vontade (art. 4º, III) ... 78
2.3.2.4. Os pródigos (art. 4º, IV) ... 80
2.3.3. Proteção aos incapazes ... 80
2.3.4. Cessação da incapacidade ... 81
2.3.4.1. Maioridade ... 81

2.3.4.2. Emancipação ... 82
2.4. Começo da personalidade da pessoa natural (art. 2º) ... 84
2.5. Individualização da pessoa natural ... 84
2.5.1. Nome ... 84
2.5.2. Estado de pessoa natural ... 85
2.5.3. Domicílio ... 86
2.6. Extinção da personalidade da pessoa natural ... 87
2.6.1. Morte real ... 87
2.6.2. Morte simultânea ou comoriência ... 87
3. Pessoa Jurídica ... 88
3.1. Conceito de pessoa jurídica ... 88
3.2. Classificação da pessoa jurídica ... 89
3.3. Pessoas jurídicas de direito privado ... 90
3.3.1. As associações ... 90
3.3.2. As sociedades ... 91
3.3.3. As fundações ... 91
3.3.4. As organizações religiosas ... 92
3.3.5. Partidos políticos ... 93
3.3.6. As empresas individuais de responsabilidade limitada - EIRELI ... 93
3.4. Começo da existência legal da pessoa jurídica ... 94
3.5. Domicílio da pessoa jurídica ... 95
3.6. Extinção da pessoa jurídica ... 95
3.7. Grupos despersonalizados ... 96
3.8. Desconsideração da personalidade jurídica ... 97
4. Legislação Relacionada ao Capítulo ... 100
QUESTÕES - CAPÍTULO 2 ... 107

Capítulo 3
DOS BENS ... 113
1. Objeto da Relação Jurídica ... 113
2. Classificação dos bens ... 113
2.1. Bens considerados em si mesmos ... 114
2.1.1. Bens corpóreos e incorpóreos ... 114
2.1.2. Bens móveis e bens imóveis ... 114
2.1.3. Bens fungíveis e infungíveis (art. 85 CC) ... 116
2.1.4. Bens consumíveis e inconsumíveis (art. 86 CC) ... 117
2.1.5. Bens divisíveis e indivisíveis (art. 87 CC) ... 118
2.1.6. Bens singulares e coletivos (art. 89 e seguintes CC) ... 119
2.2. Bens reciprocamente considerados ... 121
2.2.1. Bens principais e acessórios (art. 92 CC) ... 121
2.3. Bens quanto ao titular do domínio: públicos e particulares (art. 98) ... 124

3. Legislação Relacionada ao Capítulo 125
QUESTÕES – CAPÍTULO 3 .... **127**

Capítulo 4

DOS FATOS JURÍDICOS **131**
1. Fato Jurídico em Sentido Amplo 131
 1.1. Conceito 131
 1.2. Espécies 131
2. Negócio Jurídico 132
 2.1. Conceito 132
 2.2. Classificação dos negócios jurídicos 133
  2.2.1. Unilaterais, bilaterais e plurilaterais 133
  2.2.2. Gratuitos e onerosos, neutros e bifrontes 134
  2.2.3. Inter vivos e mortis causa 134
  2.2.4. Principais e acessórios 135
  2.2.5. Solenes e não solenes 135
 2.3. Elementos do negócio jurídico 135
  2.3.1. Requisitos de existência 135
   2.3.1.1. Declaração de vontade 135
   2.3.1.2. Finalidade negocial 136
   2.3.1.3. Idoneidade do objeto 137
  2.3.2. Requisitos de validade 137
   2.3.2.1. Capacidade do agente 137
   2.3.2.2. Objeto lícito, possível, determinado ou determinável 138
   2.3.2.3. Forma 139
 2.4. Interpretação do negócio jurídico 139
3. Da Representação 140
 3.1. Introdução e conceito 140
 3.2. Espécies de representação e de representantes 141
 3.3. Conflito de interesses e autocontratação 143
4. Da Condição, do Termo e do Encargo 146
 4.1. Introdução 146
 4.2. Da Condição 146
  4.2.1. Conceito 146
  4.2.2. Elementos da condição 147
  4.2.3. Negócios jurídicos que não admitem condição 148
  4.2.4. Das condições proibidas 149
  4.2.5. Da invalidade das condições 151
  4.2.6. Da condição resolutiva: particularidades 152
  4.2.7. Pendência, implemento e frustração da condição 154
 4.3. Do Termo 156
  4.3.1. Conceito 156

4.3.2. Espécies ... 157
4.3.3. Os prazos e sua contagem ... 158
4.4. Encargo ou modo ... 159
5. Dos Defeitos do Negócio Jurídico ... 160
5.1. Introdução ... 160
5.2. Erro ou ignorância ... 161
5.2.1. Conceito ... 161
5.2.2. Espécies ... 161
5.2.2.1. Erro substancial e erro acidental ... 161
5.2.3. O falso motivo ... 163
5.2.4. Convalescimento do erro ... 163
5.3. O dolo ... 163
5.3.1. Conceito ... 163
5.3.2. Espécies de dolo ... 164
5.4. A coação ... 166
5.4.1. Conceito ... 166
5.4.2. Espécies de coação ... 166
5.4.3. Requisitos da coação ... 166
5.4.4. Coação exercida por terceiro ... 168
5.5. O estado de perigo ... 168
5.5.1. Conceito ... 168
5.5.2. Elementos do estado de perigo ... 169
5.5.3. Distinção do estado de perigo e institutos afins ... 170
5.5.3.1. Estado de perigo e estado de necessidade ... 170
5.5.3.2. Estado de perigo e coação ... 170
5.6. A lesão ... 170
5.6.1. Conceito ... 170
5.6.2. Elementos da lesão ... 171
5.6.3. Estado de perigo e lesão ... 171
5.7. A fraude contra credores ... 172
5.7.1. Conceito ... 172
5.7.2. Elementos constitutivos ... 173
5.7.3. Hipóteses legais ... 173
5.7.3.1. Atos de transmissão gratuita de bens ou remissão de dívida ... 174
5.7.3.2. Atos de transmissão onerosa ... 174
5.7.3.3. Pagamento antecipado de dívida ... 174
5.7.3.4. Concessão fraudulenta de garantias ... 175
5.7.4. Ação pauliana ou revocatória ... 175
5.7.5. Fraude contra credores e fraude à execução ... 176
6. Da Inviabilidade do Negócio Jurídico ... 177
6.1. Nulidade ... 177
6.1.1. Conceito ... 177

6.1.2. Espécies de nulidade ... 177
6.1.3. Causas de nulidade ... 178
6.2. Anulabilidade ... 179
6.2.1. Conceito ... 179
6.2.2. Causas de anulabilidade ... 179
6.3. Diferenças entre nulidade e anulabilidade ... 179
7. Simulação ... 180
7.1. Conceito ... 180
7.2. Espécies de simulação ... 181
7.3. Simulação e institutos afins ... 182
8. Legislação Relacionada ao Capítulo ... 183
QUESTÕES - CAPÍTULO 4 ... **189**

Capítulo 5

DA PRESCRIÇÃO E DA DECADÊNCIA ... **195**
1. Introdução ... 195
2. Da Prescrição ... 196
2.1. Conceito e requisitos ... 196
2.2. Pretensões imprescritíveis ... 198
2.3. Prescrição e institutos afins ... 198
2.4. Disposições legais sobre a prescrição ... 199
2.5. Das causas que impedem ou suspendem a prescrição ... 201
2.6. Das causas que interrompem a prescrição ... 203
2.7. Dos prazos de prescrição ... 205
2.8. Prescrição intercorrente ... 209
2.8.1. Prescrição intercorrente no processo do trabalho ... 213
3. Da Decadência ... 215
3.1. Conceito e características ... 215
3.2. Disposições legais sobre a decadência ... 216
4. Legislação Relacionada ao Capítulo ... 218
QUESTÕES - CAPÍTULO 5 ... **221**

Capítulo 6

DIREITO DAS OBRIGAÇÕES ... **225**
1. A Relação Jurídica Obrigacional ... 225
1.1. Conceito ... 225
1.2. Elementos constitutivos ... 225
1.2.1. Elemento subjetivo ... 225
1.2.2. Elemento objetivo ... 226
1.2.3. Vínculo jurídico ... 227
1.3. As fontes obrigacionais no direito brasileiro ... 228
2. Classificação das Obrigações ... 228

2.1. Introdução 228
2.2. Classificação quanto ao conteúdo do objeto obrigacional 228
2.2.1. Obrigação de dar 228
2.2.1.1. Obrigação de dar coisa certa 229
2.2.1.2. Obrigação de dar coisa incerta 232
2.2.2. Obrigação de fazer 234
2.2.3. Obrigação de não fazer 236
2.3. Classificação quanto à presença de elementos obrigacionais 237
2.3.1. Obrigações solidárias 237
2.3.1.1. Regras gerais 237
2.3.1.2. Da obrigação solidária ativa 238
2.3.1.3. Da obrigação solidária passiva 241
2.4. Classificação quanto à divisibilidade do objeto obrigacional 243
2.5. Classificação quanto ao modo de execução 246
2.5.1. Das obrigações alternativas 246
3. Do Adimplemento Obrigacional 247
3.1. Do pagamento direto 248
3.1.1. Elementos subjetivos do pagamento direto 248
3.1.1.1. Quem deve pagar (arts. 304 a 307 do CC/02) 248
3.1.1.2. A quem deve pagar (art. 308 a 312 do CC/02) 249
3.1.2. Elementos objetivos do pagamento direto 250
3.1.2.1. Do objeto 250
3.1.2.2. Da prova 252
3.1.3. Do lugar do pagamento direto 253
3.1.4. Do tempo do pagamento direto 254
3.2. Dos pagamentos especiais 255
3.2.1. Da consignação em pagamento 255
3.2.2. Do pagamento com sub-rogação 256
3.2.3. Da imputação do pagamento 259
3.2.4. Da dação em pagamento 260
3.2.5. Da novação 261
3.2.6. Da compensação 263
3.2.7. Da confusão 266
3.2.8. Da remissão de dívidas 267
4. Do Inadimplemento Contratual 268
4.1. Introdução 268
4.2. Do inadimplemento absoluto da obrigação 269
4.3. Da mora 269
4.4. Da purgação da mora 271
4.5. Dos juros remuneratórios e moratórios 271
5. Das arras ou sinal 272
5.1. Conceito e características 272
5.2. Espécies de arras 273
6. Legislação Aplicável ao Capítulo 275
QUESTÕES - CAPÍTULO 6 285

CAPÍTULO 7

TEORIA GERAL DOS CONTRATOS **289**
1. Princípios Gerais do Direito Contratual 289
   1.1. Autonomia da vontade 289
   1.2. Força obrigatória dos contratos 290
   1.3. Princípio da relatividade dos efeitos do contrato 291
   1.4. Princípio da revisão dos contratos ou da onerosidade excessiva 292
   1.5. Princípio do consensualismo 293
   1.6. Princípio da boa-fé nos contratos 293
2. Conceito 294
3. Classificação dos Contratos 295
   3.1. Contratos unilaterais, bilaterais e plurilaterais 295
   3.2. Contratos gratuitos e contratos onerosos 296
   3.3. Contratos comutativos e aleatórios 296
   3.4. Contratos típicos e atípicos 297
   3.5. Contratos consensuais e reais 297
   3.6. Contratos solenes e não solenes 297
   3.7. Contratos principais e acessórios 298
4. Desfazimento da Relação Contratual 300
   4.1. Extinção 300
   4.2. Resilição dos contratos 300
      4.2.1. Distrato e forma 301
      4.2.2. Resilição unilateral 302
5. Legislação Aplicável ao Capítulo 303

Capítulo 8

DA RESPONSABILIDADE CIVIL **309**
1. Introdução 309
2. Responsabilidade Subjetiva e Objetiva 309
3. Responsabilidade Contratual E Extracontratual 311
4. Ato Ilícito 312
5. Culpa 315
   5.1. Culpa em sentido amplo (latu sensu) 315
   5.2. Imprudência, negligência e imperícia 316
   5.3. Espécies de culpa 317
      5.3.1. Culpa grave, leve e levíssima 317
      5.3.2. Culpa contratual e extracontratual 317
      5.3.3. Culpa in eligendo, in vigilandoein custodiendo 318
      5.3.4. Da culpa concorrente 318
6. Dano 320
   6.1. Dano material 320
      6.1.1. Dano emergente 321
      6.1.2. Lucros cessantes 321

6.2. Dano moral ... 322
6.3. Dano estético ... 324
7. Nexo Causal ... 325
8. Excludentes Da Responsabilidade ... 327
8.1. Culpa exclusiva da vítima ... 327
8.2. Caso fortuito e força maior ... 328
8.3. Estado de necessidade ... 329
8.4. A legítima defesa, o exercício regular de um direito e o estrito cumprimento do dever legal ... 330
9. Legislação Aplicável ao Capítulo ... 331
QUESTÕES - CAPÍTULO 8 ... **335**

Capítulo 9

DIREITO DAS COISAS ... **339**
1. Introdução ... 339
1.1. Conceito ... 339
1.2. Direitos reais e direitos pessoais ... 340
1.2.1. Distinção ... 340
1.2.2. Princípios fundamentais dos direitos reais ... 342
1.3. Figuras híbridas ... 343
1.3.1. Obrigações propter rem ... 343
1.3.2. Ônus reais ... 344
2. Classificação dos Direitos Reais ... 345
3. Da Posse ... 345
3.1. Posse e propriedade. Juízo possessório e juízo petitório ... 345
3.2. Conceito de posse ... 347
3.3. Classificação da posse ... 349
3.3.1. Posse direta e indireta ... 349
3.3.2. Composse ... 350
3.3.3. Posse justa e injusta ... 351
3.3.4. Posse de boa-fé e posse de má-fé ... 352
3.3.5. Princípio da continuidade do caráter da posse ... 354
3.3.6. Posse nova e posse velha ... 357
3.4. Aquisição da posse ... 357
3.4.1. Modos de aquisição da posse ... 357
3.4.1.1. Modos originários de aquisição da posse ... 358
3.4.1.2. Modos derivados de aquisição da posse ... 359
3.5. Perda da posse ... 361
4. Da Propriedade ... 363
4.1. Conceito. Direitos e faculdades ... 363
4.2. Caracteres da propriedade ... 366
4.3. Restrições ao direito de propriedade ... 366
4.4. Aquisição da propriedade imóvel pela transcrição. Registro de imóveis ... 367

4.5. Perda da propriedade 370
5. Legislação Aplicável ao Capítulo 372
QUESTÕES – CAPÍTULO 9 ..... **383**

Segunda parte

PROCESSO CIVIL

Luciano Alves Rossato

Capítulo 1
DIREITO PROCESSUAL CIVIL E AS NORMAS FUNDAMENTAIS **391**
1. Direito Processual Civil 391
1.1. Conceito 391
1.2. Ondas renovatórias de acesso à justiça 391
1.3. Fases metodológicas evolutivas 391
2. Constitucionalismo e a efetivação dos direitos fundamentais 392
2.1. Estado Democrático e de Direito 392
2.2. Modelo Constitucional de Processo 393
2.3. Os Princípios e as Regras Processuais 395
3. Normas Fundamentais do Processo Civil 395
3.1. O Princípio do Devido Processo Legal como Princípio Nuclear 395
3.2. Regra Jurídica da Iniciativa da Parte e do Impulso Oficial 396
3.3. Impulso Oficial 396
3.4. Princípio do Acesso à Justiça ou Inafastabilidade do Controle Jurisdicional 396
3.5. Princípio da Primazia do Julgamento de Mérito 397
3.6. Princípio da Duração Razoável do Processo 398
3.7. Princípio da boa-fé processual 398
3.8. Princípio da Cooperação Processual 399
3.9. Princípio da Isonomia 399
3.10. Princípio da publicidade dos atos processuais 400
3.11. Princípio do Contraditório Dinâmico 400
3.12. Princípio da Fundamentação Analítica 401
3.13. Atendimento Preferencial da Ordem Cronológica 402
3.14. Princípio da Autonomia de Vontade das Partes e do Dispositivo em Sentido Processual 402
3.15. Princípios Regentes da Aplicação do Ordenamento Jurídico 404
4. A Norma Processual Civil 404
4.1. Definição de Lei Processual Civil 404
4.2. Interpretação da norma processual 404
4.3. Norma processual no tempo e no espaço. 404
5. O CPC e o direito intertemporal 405
5.1. Conceito de direito intertemporal 405
5.2. Critérios 406

6. Súmulas 408
7. Legislação relacionada ao capítulo 408

Capítulo 2

JURISDIÇÃO, AÇÃO E COMPETÊNCIA **411**

1. Jurisdição 411
    1.1. Categorias Jurídicas Básicas 411
    1.2. Definição de jurisdição 411
    1.3. Natureza jurídica 411
    1.4. Princípios 412
    1.5. Jurisdições contenciosa e voluntária 412
    1.6. Características da jurisdição 412
2. Limites da jurisdição nacional e cooperação internacional 413
    2.1. Jurisdição exclusiva e jurisdição concorrente 413
    2.2. Cooperação internacional 414
3. Ação 414
    3.1. Conceito 414
    3.2. Condições da Ação 415
    3.3. Classificação 415
4. Competência 415
    4.1. Critérios 415
    4.2. Modificações de competência 418
    4.3. Incompetência 420
    4.4. Fixação da competência 421
    4.5. Conflito de competência 422
    4.6. Cooperação nacional 423
    4.7. Dos atos concertados entre os juízes cooperantes 423
    4.8. Da competência da justiça federal 424
5. Informativos de jurisprudência relacionados aos temas 425
6. Legislação relacionada ao tema 427

QUESTÕES - CAPÍTULOS 1 E 2 .... **443**

Capítulo 3

SUJEITOS PROCESSUAIS **451**

1. Das partes e dos seus procuradores 451
    1.1. Partes 451
    1.2. Capacidade processual 451
    1.3. Curatela especial 452
    1.4. Representação de pessoas jurídicas e de entes despersonalizados 452
    1.5. Deveres das partes e dos procuradores 452
    1.6. Responsabilidade das Partes por Dano Processual 453

1.7. Sucessão, substituição e representação processual 453
1.8. Procuradores 455
2. Despesas, honorários advocatícios e multas. Gratuidade da justiça 457
2.1. Despesas 457
2.2. Honorários advocatícios 458
2.3. Multas 461
2.4. Gratuidade da justiça 461
3. Litisconsórcio 462
4. Intervenção de terceiros 465
4.1. Observações gerais 465
4.2. Da Assistência 465
4.3. Da Denunciação da Lide 467
4.4. Do Chamamento ao Processo 470
4.5. Do incidente de desconsideração da personalidade jurídica 471
4.6. Do Amicus Curiae 473
5. Do juiz e dos auxiliares da justiça 473
5.1. Incumbências do juiz 473
5.2. Proibição do non liquet 474
5.3. Decisão por equidade 474
5.4. Processo utilizado para a prática de ato simulado ou para fim vedado pela lei 474
5.5. Responsabilidade civil do juiz 474
5.6. Auxiliares da Justiça 475
5.6.1. Escrivão e Oficial de Justiça 475
5.6.2. Perito 477
5.6.3. Do Depositário e do Administrador 477
5.6.4. Do Intérprete e do Tradutor 478
5.6.5. Mediadores e Conciliadores 478
6. Ministério Público 479
6.1. Perfil Constitucional 479
6.2. Intervenção como parte 479
6.3. Intervenção como fiscal da ordem jurídica 480
6.4. Poderes investigatórios 480
6.5. Responsabilidades 481
6.6. Impedimentos e suspeição 481
7. Advocacia pública 481
8. Defensoria pública. 482
9. Súmulas e Informativos 482
9.1. Súmulas do STF 482
9.2. Súmulas do STJ 482
9.3. Informativos do STF 483
9.4. Informativos do STJ 483
10 Legislação relacionada ao capítulo 485
QUESTÕES – CAPÍTULO 3 503

Capítulo 4

FATOS E ATOS PROCESSUAIS **509**
1. Fatos jurídicos processuais 509
2. Atos Processuais 509
   2.1. Conceito 509
   2.2. Classificação 509
   2.3. Forma dos atos processuais 509
   2.4. Tempo e lugar 510
   2.5. Prazos 511
   2.5. Comunicação dos atos processuais 513
   2.6. Nulidades 515
3. Dos Negócios Processuais 516
4. Da Distribuição e do Registro 517
5. Súmulas e informativos dos Tribunais Superiores 517
   5.1. Súmulas do STF 517
   5.2. Súmulas do STJ 517
   5.3. Informativos do Superior Tribunal de Justiça 517
6. Legislação relacionada ao assunto 520
QUESTÕES – CAPÍTULO 4 .... **533**

Capítulo 5

TUTELA PROVISÓRIA **541**
1. Tutelas de Urgência e de Evidência 541
2. Da tutela antecipada e tutela cautelar 541
3. A Tutela Antecipada requerida de forma antecedente 542
4. Da Tutela Cautelar e Poder Geral de Cautela 542
5. Tutela Cautelar Antecedente 543
6. Tutela da Evidência 544
7. Estabilização da tutela antecipada 544
8. Súmulas e informativos dos Tribunais Superiores 545
   8.1. Súmula do STF 545
   8.2. Súmula do STJ 545
   8.3. Informativos do STJ 545
9. Legislação relacionada ao assunto 546

Capítulo 6

FORMAÇÃO, SUSPENSÃO E EXTINÇÃO DO PROCESSO **549**
1. Princípio da Ação ou da Inércia da Jurisdição 549
2. A Propositura da Ação 549
3. Efeitos da Propositura para o Réu: somente a partir da citação válida 550
4. Da Suspensão do Processo 550
   4.1. A Suspensão e a Extinção como Causas de Crise do Processo 550

4.2. Efeito da Suspensão: paralisação do processo. 550
4.3. Causas de Suspensão do Processo 551
5. Extinção do Processo 555

Capítulo 7

PROCEDIMENTO COMUM 557
1. Aspectos iniciais 557
2. Audiência de conciliação ou de mediação 557
3. Petição inicial 558
3.1. Requisitos e vícios 558
3.2. Pedidos 559
3.3. Deferimento e indeferimento da petição inicial 563
3.4. Improcedência liminar do pedido 564
4. Contestação e Reconvenção 565
4.1. Contestação 565
4.2. Reconvenção 565
4.3. Revelia 567
5. Providências preliminares e de saneamento 568
6. Julgamento conforme o estado do processo 570
7. Audiência de instrução e julgamento 570
8. Provas 571
8.1. Conceito e disposições gerais 571
8.2. Distribuição do ônus da prova. 571
8.3. Fatos que independem de prova 572
8.4. Produção antecipada de prova 572
8.5. Ata notarial 572
8.6. Depoimento pessoal 573
8.7. Confissão 573
8.8. Exibição de documento ou coisa 573
8.9. Prova documental 574
8.10. Documentos eletrônicos 575
8.11. Prova testemunhal 575
8.12. Prova pericial 576
8.13. Inspeção judicial 576
9. Informativos de jurisprudência relacionados ao tema 576
10. Legislação relativa ao tema 587

QUESTÕES – CAPÍTULOS 5, 6 E 7 607

Capítulo 8

SENTENÇA E COISA JULGADA 613
1. Disposições gerais 613

2. Classificações de sentença 613
3. Elementos e efeitos das sentenças 615
4. Publicação, intimação, correção e integração da sentença 616
5. Remessa necessária 617
6. Julgamento das ações relativas às prestações de fazer, não fazer e entregar coisa.... 617
7. Coisa julgada 618
8. Liquidação 622
   8.1. Os Pronunciamentos Ilíquidos que Reconhecem a Existência de Obrigação...... 622
   8.2. Liquidação Provisória e Definitiva 623
   8.3. Concomitantes liquidação e cumprimento de sentença em relação ao mesmo título 623
   8.4. Apuração do Valor Dependente de Cálculos Aritméticos 623
   8.5. Fixação de Honorários na Liquidação Proposta em Face da Fazenda Pública .. 624
   8.6. Liquidação Incidental e Autônoma 624
   8.7. Iniciativa da Liquidação 625
   8.8. Procedimentos para Apuração do Valor 625
   8.9. Natureza do Pronunciamento que Julga da Liquidação 626
   8.10. Condenação em Verba Honorária na Liquidação 626
   8.11. Inviabilidade das Sentenças Ilíquidas no Âmbito dos Juizados 626
   8.12. Liquidação Imprópria 627
9. Informativos De Jurisprudência Relacionados Ao Tema 627
10. Legislação relativa ao tema 634

QUESTÕES – CAPÍTULO 8 639

Capítulo 9

CUMPRIMENTO DE SENTENÇA E EXECUÇÃO 643

1. Cumprimento de Sentença 643
   1.1. Procedimento 643
   1.2. Intimação do devedor 643
   1.3. Legitimados no cumprimento de sentença 645
   1.4. Competência para a fase de cumprimento de sentença 645
   1.5. Admissibilidade do protesto 646
   1.6. Alegação de questões pertinentes à validade do procedimento de cumprimento de sentença e dos atos executivos subsequentes 646
   1.7. Cumprimento provisório da sentença que reconhece a exigibilidade de obrigação de pagar quantia certa 646
   1.8. Cumprimento de sentença e a fazenda pública 647
      1.8.1. Cumprimento Provisório de Sentença contra a Fazenda Pública 647
      1.8.2. Cumprimento de Obrigação de Fazer e de Entregar contra a Fazenda Pública 648
      1.8.3. O Oferecimento de Impugnação ao Cumprimento de Sentença 648
      1.8.4. Procedimento 649
      1.8.5. Cumprimento de Sentença que Reconheça a Exigibilidade de

Obrigação de Pagar Quantia Certa pela Fazenda Pública 649
1.8.6. Do Não Oferecimento da Impugnação e os Honorários Advocatícios Devidos na Execução 650
1.8.7. Matérias Alegáveis na Impugnação 651
1.8.8. Pronunciamento que Decide a Impugnação 652
1.8.9. Impugnação 653
1.8.10. A inexigibilidade das sentenças judiciais 656
2. Processo de execução 657
2.1. Execução em geral 657
2.1.1. Disposições gerais 657
2.1.2. Instrumentos Postos à Disposição do Juiz para a Efetividade da Execução 657
2.1.3. Ato Atentatório à Dignidade da Justiça 657
2.1.4. Desistência da Execução 658
2.1.5. Responsabilidade pelos Danos Causados ao Devedor 659
2.2. Das Partes 659
2.3. Competência 659
2.4. Requisitos para realizar qualquer execução 660
2.5. Responsabilidade Patrimonial 660
2.6. Fraude à execução 662
2.7. Das diversas espécies de execução 663
2.7.1. Direito de Preferência 663
2.7.2. Petição Inicial no Processo Executivo 664
2.7.3. Nulidade da execução 667
2.8. Da Execução para a Entrega de Coisa 667
2.9. Da Entrega de Coisa Incerta 668
2.10. Da Execução das Obrigações de Fazer ou de Não Fazer 668
2.11. Da Execução por Quantia Certa 669
2.11.1. Disposições Gerais 669
2.11.2. Despacho Inicial 670
2.11.3. Averbação acautelatória 670
2.11.4. Citação Inicial 671
2.11.5. Pré-penhora ou arresto no processo executivo 671
2.11.6. Penhora 672
2.11.7. Avaliação 681
2.11.8. Meios Expropriatórios 682
2.11.9. Satisfação do Crédito 689
2.11.10. Execução contra a Fazenda Pública 689
2.12. Embargos à Execução 690
2.12.1. Natureza Jurídica 690
2.12.2. Requisitos para a Admissibilidade dos Embargos 690
2.12.3. Efeito Suspensivo 692
2.12.4. Pronunciamento que decide os embargos 692

2.13. Suspensão e extinção do processo de execução. 693
2.13.1. Suspensão do processo de execução 693
2.13.2. Extinção da execução 693
3. Execução Fiscal 693
3.1. Espécie de Ação Tributária 693
3.2. Técnica extrajudicial de cobrança: protesto de dívida ativa 694
3.3. Regência da Execução Fiscal 695
3.4. Fundamento da execução fiscal 695
3.5. Cancelamento e Substituição da CDA: 695
3.6. Competência 696
3.7. Legitimidade Ativa 696
3.8. Legitimidade Passiva 697
3.9. Procedimento 698
3.10. Garantia do juízo 699
3.11. Atos executivos 699
3.12. Defesa incidental 700
3.13. Exceção de pré-executividade 702
3.14. Recursos 702
3.15. Discussão sobre o art. 38, parágrafo único. 702
3.16. Medida Cautelar Fiscal 703
4. Súmulas e informativos dos Tribunais Superiores 703
4.1. Súmulas do Supremo Tribunal Federal 703
4.2. Súmulas do Superior Tribunal de Justiça 703
5. Informativos do Supremo Tribunal Federal 707
6. Informativos STJ 708
7. Legislação 716
QUESTÕES – CAPÍTULO 9 .... **747**

Capítulo 10

PROCEDIMENTOS ESPECIAIS **755**
1. Espécies 755
2. Ação de Consignação em Pagamento 755
2.1. Finalidade 755
2.2. Efeito interruptivo da prescrição 755
2.3. Consignação extrajudicial 755
2.4. Procedimento da Consignação Extrajudicial 756
2.5. Procedimento da ação consignatória 756
2.6. Sentença na ação consignatória 758
2.7. Consignatória: ação de natureza dúplice 758
2.8. Consignatória: dúvida quanto ao titular do crédito 758
3. Ação de Exigir Contas 759
4. Ações Possessórias 760
5. Embargos de Terceiro 763

6. Ação Monitória 765
7. Oposição 767
8. Inventário e partilha 768
9. Habilitação 769
10. Ações de família 770
11. Procedimentos de Jurisdição Voluntária 772
  11.1. Natureza Jurídica 772
  11.2. Ações processadas de acordo com as regras do Procedimento de Jurisdição Voluntária 772
  11.3. Notificação, Interpelação e do Protesto 773
  11.4. Alienação Judicial 773
  11.5. Separação, divórcio e alteração de regime de bens 773
  11.6. Testamentos e dos codicilos 774
  11.7. Herança jacente 774
  11.8. Bens dos ausentes 775
  11.9. Das coisas vagas 775
  11.10. Da interdição 776
  11.11. Disposições comuns à Tutela e à Curatela 777
  11.12. Organização e da fiscalização das fundações 778
12. Súmulas 779
  12.1. Súmulas STF 779
  12.2. Súmulas STJ 780
  12.3. Informativos STF 781
  12.4. Informativos STJ 781
13. Legislação relacionada ao capítulo 786

Capítulo 11

AÇÕES CONSTITUCIONAIS 811

1. A aplicação subsidiária do Código de Processo Civil 811
2. A jurisdição constitucional das liberdades 811
3. O habeas corpus no Processo Civil 812
  3.1. Aspectos Iniciais 812
  3.2. Legitimidade de Agir 812
  3.3. Capacidade Postulatória 813
  3.4. Concessão de Ofício 813
  3.5. Atos que podem ser objeto do habeas corpus 813
  3.6. Prisão civil 814
4. Mandado de segurança 814
  4.1. Evolução histórica e natureza do mandado de segurança 814
  4.2. O prazo para o ajuizamento do mandado de segurança 815
  4.3. O polo ativo do mandado de segurança individual 816
  4.4. Litisconsórcio 817
  4.5. O polo passivo no mandado de segurança 819

4.6. A autoridade apontada como coatora ... 819
4.7. O direito líquido e certo como requisito específico de admissibilidade ... 820
4.8. Inviabilidade da produção de provas no mandado de segurança ... 820
4.9. Sentença proferida no mandado de segurança ... 820
4.9.1. Sentença Denegatória da Ordem sem Análise do Mérito ... 821
4.9.2. Denegação com análise de mérito ou Concessão da Ordem ... 822
4.10. Coisa julgada e Cumprimento de Sentença ... 823
4.11. Os recursos no mandado de segurança ... 824
4.12. Mandado de Segurança Coletivo ... 827
4.13. Execução Individual da Sentença Coletiva ... 828
4.14. Sustentação oral em Tribunal ... 828
5. Ação popular ... 829
5.1. Definição ... 829
5.2. Espécie do gênero ações coletivas ... 829
5.3. Legitimação ativa coletiva ... 831
5.4. Legitimação para a propositura da ação popular ... 831
5.5. Polo passivo ... 831
5.6. Do Procedimento da Ação Popular ... 832
5.7. Da Sentença na Ação Popular ... 833
5.8. Da Coisa Julgada ... 833
5.9. Remessa Necessária ... 833
6. Habeas data ... 834
6.1. Previsão constitucional e regulamentação procedimental ... 834
6.2. Legitimidade ... 834
6.3. Condições específicas para a ação ... 834
6.4. Aspectos procedimentais ... 834
6.5. Competência ... 835
7. Ação de improbidade administrativa ... 836
7.1. Aspectos de direito material ... 836
7.2. Legitimidade ... 839
7.3. Procedimento de Improbidade Administrativa ... 839
7.4. A impossibilidade de celebrar transação em ação de improbidade administrativa ... 840
7.5. Sequestro e Arresto de Bens ... 840
7.6. Afastamento Provisório ... 840
7.7. Indisponibilidade de Bens ... 840
7.8. Prevenção do Juízo ... 841
7.9. Da Sentença ... 841
7.10. Da Prescrição ... 841
8. Ação civil pública ... 843
8.1. Denominação de Ação Civil Pública e interesses tutelados pela lei

da Ação Civil Pública 843
8.2. Dos entes legitimados 844
8.3. Coisa julgada 846
9. Súmulas 846
9.1. Súmulas do STF 846
9.2. Súmulas do STJ 848
10. Legislação relacionada ao capítulo 848

CAPÍTULO 12

SISTEMA DOS JUIZADOS ESPECIAIS 851
1. Subsistema dos juizados especiais 851
1.1. Princípios informadores 851
2. Juizados Especiais Cíveis 851
2.1. Competência 851
2.2. Das causas excluídas da competência dos juizados 852
2.3. Da competência territorial 853
2.4. Participação no processo 853
2.5. Da vedação da intervenção de terceiros 854
2.6. Dos conciliadores e dos juízes leigos 854
2.7. Da equidade 854
2.8. Da conciliação e da instrução e julgamento 855
2.9. Do recurso inominado 855
2.10. Irrecorribilidade das decisões interlocutórias 856
2.11. Recurso extraordinário 856
2.12. Não cabimento do recurso especial 856
2.13. Reclamação 856
2.14. Do não cabimento da ação rescisória 857
3. Juizados Especiais da Fazenda Pública 857
3.1. Criação 857
3.2. Competência 857
3.3. Partes 858
3.4. Inexistência de Prazos Diferenciados 858
3.5. Recursos 858
3.6. Cumprimento de Sentença 859
4. Juizados Especiais Federais 860
4.1. Competência 860
4.2. Procedimento 862
4.3. Recursos 863
5. Informativos de jurisprudência relacionados ao tema 868
6. Enunciados do Fonaje, Fonajef e Fonajefp 870
7. Legislação relativa ao tema 895

QUESTÕES – CAPÍTULOS 10, 11 E 12 907

Capítulo 13

DOS PROCESSOS NOS TRIBUNAIS E DOS MEIOS DE IMPUGNAÇÃO DAS DECISÕES JUDICIAIS 913
1. Da Ordem dos Processos e dos Processos de Competência Originária dos Tribunais 913
1.1. Disposições Gerais 913
1.2. Os Precedentes no CPC 914
1.3. O manuseio dos precedentes 915
1.3.1. A técnica da distinção 915
1.3.2. A superação do precedente 915
1.3.3. A modulação de efeitos 918
2. Da ordem dos processos nos tribunais 920
2.1. Imediata Distribuição 920
2.2. Prevenção do Relator 920
2.3. Incumbências do Relator 920
2.4. Intimação do Recorrente ou das Partes para Manifestação 921
2.5. Sustentação Oral 922
2.6. Do Julgamento do Recurso ou da Ação Originária 922
2.7. Quórum Ampliado para o Julgamento 923
2.7.1. Antigos Embargos Infringentes 923
2.7.2. A exigência de quórum ampliado 924
2.7.3. Ampliação do quórum na apelação 925
2.7.4. Ampliação do quórum na ação rescisória 925
2.7.5. Ampliação do quórum no julgamento de agravo de instrumento 925
2.7.6. Atuação dos Julgadores Convocados 925
3. Processos e Incidentes Específicos nos Tribunais 926
3.1. Incidente de assunção de competência 926
3.1.1. Natureza Jurídica 926
3.1.2. Admissibilidade do Incidente 927
3.2. Do incidente de arguição de inconstitucionalidade 928
3.2.1. Formas de reconhecimento da inconstitucionalidade 928
3.2.2. Reconhecimento da inconstitucionalidade pelo juiz de primeiro grau 928
3.2.3. Reconhecimento da inconstitucionalidade pelo tribunal 928
3.2.4. Legitimidade para a arguição 929
3.2.5. Cisão de competência 929
3.2.6. Vedação de submissão do incidente ao plenário ou ao órgão especial ... 930
3.2.7. Permissão de manifestação das pessoas jurídicas de Direito público 930
3.2.8. Intervenção dos legitimados à propositura de ação de controle de constitucionalidade 930
3.2.9. Intervenção do amicus curiae 930
3.3 Conflito de competência 930
3.3.1. As Espécies de Conflito de Competência 930
3.3.2 Competência para o Julgamento 931

3.4 Homologação de sentença estrangeira e do exequatur às cartas rogatórias...... 932
3.4.1. Limites da Jurisdição Nacional 932
3.4.2. Cooperação jurídica internacional 934
3.4.3. A homologação de decisão estrangeira 934
3.4.4. A concessão do exequatur 935
3.4.5. A competência para a execução 935
3.5. Ação rescisória 935
3.5.1. Conceito 935
3.5.2. Objeto da Ação Rescisória 936
3.5.3. A rescisão de Apenas Um Capítulo da Decisão 938
3.5.4. Competência para Julgamento 938
3.5.5. Ajuizamento da Ação Perante Tribunal Incompetente 939
3.5.6. Requisitos de admissibilidade da ação rescisória 940
3.5.7. Observância do prazo decadencial 940
3.5.8. Depósito do valor correspondente a 5% do valor da causa 942
3.5.9. Hipóteses indicadas no art. 966 CPC 943
3.5.10. Legitimidade para a propositura da ação rescisória 944
3.5.11. Polo Passivo 945
3.5.12. Não impedimento à execução 945
3.5.13. Indeferimento da petição inicial 945
3.5.14. Improcedência Liminar do Pedido 945
3.5.15. Resposta do réu 945
3.5.16. Prescrição intercorrente 945
3.6. Incidente de resolução de demandas repetitivas 945
3.6.1. Finalidade 945
3.6.2. Abrangência 946
3.6.3. Legitimação 946
3.6.4. Vinculação 946
3.6.5. Suspensão de todos os processos determinada pelo STF ou pelo STJ 947
3.7. IRDR e os Juizados Especiais 947
3.8. Reclamação 948
3.8.1. Natureza Jurídica e Finalidade 948
3.8.2. Inadmissibilidade 948
3.8.3. Reclamação para Observância de Precedente 948
3.8.4. Transcendência dos Motivos Determinantes 949
3.8.5. Reclamação no âmbito da Turma Nacional de Uniformização (TNU) 950
4. Recursos: parte geral 951
4.1. Meios de Impugnação das Decisões Judiciais 951
4.2. Princípios Recursais 951
4.3. Os requisitos de admissibilidade dos recursos 956
4.3.1. Classificação dos requisitos de admissibilidade 956
4.3.2. Os requisitos intrínsecos 956
4.3.3. Requisitos extrínsecos 960

4.4. Efeitos dos recursos 968
4.5. Do recurso adesivo 970
4.5.1. Observações gerais 970
4.5.2. O recurso adesivo como espécie do recurso subordinado 971
4.6. Do recurso parcial 971
5. Recursos em espécie 972
5.1. Apelação 972
5.2. Agravos (Agravo de Instrumento e Agravo Interno) 974
5.2.1. Agravo de Instrumento 974
5.2.2. Agravo Interno 975
5.3. Embargos de declaração 975
5.4. Embargos de Divergência 976
5.5. Recurso Ordinário 976
5.6. Recurso Extraordinário e Recurso Especial 977
5.6.1. Cabimento 977
5.6.2. Concessão de efeito suspensivo 977
5.6.3. Juízo de Admissibilidade 978
5.6.4. Interposição conjunta do recurso extraordinário e do recurso especial 978
5.6.5. Questão constitucional constatada pelo Superior Tribunal de Justiça 978
5.6.6. Ofensa reflexa à Constituição 978
5.6.7. Efeito devolutivo no recurso extraordinário ou no especial 978
5.6.8. Multiplicidade de recursos extraordinários ou especiais 978
5.6.9. A escolha dos recursos representativos da controvérsia 979
5.6.10. Decisão de afetação 979
5.6.11. Requerimento de destravamento - caso distinto 979
5.6.12. Extensão da decisão proferida nos recursos afetados 979
5.6.13. Repercussão Geral no Recurso Extraordinário 979
5.7. Agravo em Recurso Especial e em Recurso Extraordinário 980
5.8. Embargos de Divergência 980
5.8.1. Cabimento 980
5.8.2. Confronto de teses 980
5.8.3. Interrupção de Prazo para o Recurso Extraordinário 981
6. Súmulas e informativos dos tribunais superiores 981
6.1. Súmulas do Supremo Tribunal Federal 981
6.2. Súmulas do Superior Tribunal de Justiça 982
6.3. Informativos do STF 982
6.4. Informativos do STJ 985
7. Legislação relacionada ao capítulo 988
QUESTÕES - CAPÍTULO 13 1009

Primeira Parte
Direito Civil

Vitor Bonini Toniello

Capítulo 1

Objeto e Finalidade da Teoria Geral do Direito Civil

1. CONCEITO E DIVISÃO DO DIREITO

1.1. Conceito de direito

Muitas discussões existem sobre o conceito de direito, de forma que, até os dias de hoje, não há um consenso sobre o tema.

O que realmente importa é não esquecer a ideia de que o homem é um ser social, por natureza. Há uma necessidade natural do homem se relacionar com o próximo, criando os mais diversos agrupamentos sociais.

Foi assim desde os primórdios.

O relacionamento social, a soma de forças e de energia sempre estiveram associados com a sobrevivência e com a reprodução, de modo a garantir a perpetuação da espécie.

Dessa forma, mesmo nos agrupamentos sociais mais simples e primitivos, sempre houve a necessidade de se criar um número de regras mínimas que pudessem garantir o convívio entre os homens. Assim ocorreu na família primitiva, nos grupos tribais e assim ocorre, atualmente, no estado moderno.

O direito surge, então, como um instrumento de satisfação da necessidade humana, tendo como origem o convívio social.

A esse conjunto de normas que disciplina, de maneira indistinta e coercitiva, o convívio social dá-se o nome de direito, cuja finalidade é impor limites às ações humanas para viabilizar a vida em sociedade.

A palavra direito é originária do latim *directum*, que significa o que é reto.

Essa origem deu à palavra direito inúmeras aplicações na língua portuguesa, podendo significar, por exemplo, norma, justiça, ou aquilo que é correto.

Assim, após essas breves considerações, podemos dizer, de forma bem simples, que o direito é um conjunto de normas que regula a vida em sociedade.

1.2. Fontes jurídicas

A palavra fonte é usada metaforicamente para indicar o nascedouro, ou seja, aquilo que cria as normas jurídicas.

A doutrina tradicional divide as fontes do direito em diretas ou imediatas e indiretas ou mediatas.

As chamadas diretas ou imediatas são as que, por si só, são capazes de gerar normas jurídicas. São a lei e o costume, os quais abordaremos especificamente adiante em tópicos próprios.

As fontes indiretas ou mediatas são as que, apesar de não terem força para criar normas jurídicas, auxiliam e influenciam a criação das normas, tendo grande relevância para a interpretação e aplicação do direito. São a doutrina e a jurisprudência.

A doutrina representa o direito científico, consubstanciado nos ensinamentos e reflexões dos estudiosos do direito que visam dar sentido ao texto frio da lei.

A doutrina tem importante papel no debate acerca da melhor interpretação da lei, bem como de sugerir modificações e aprimoramentos no direito positivo.

A jurisprudência representa o direito aplicado concretamente, de forma reiterada, pelos tribunais, quando da solução dos conflitos.

O Poder Judiciário, quando instado a dirimir conflitos, sempre se posiciona sobre a lide, distribuindo o direito. A jurisprudência, então, se forma com o tempo, quando os tribunais fixam um entendimento sobre o assunto e passam a decidir de forma uniforme para a mesma situação fática.

Nesse aspecto, é evidente a importância da doutrina e da jurisprudência como fontes do direito, pois demonstram ao legislador como os estudiosos "pensam" o direito e como os tribunais aplicam o direito, expondo relevante orientação e influência no momento de elaborar as leis.

Fontes
- Diretas
  - Lei
  - Costume
- Indiretas
  - Doutrina
  - Jurisprudência

1.3. Direito positivo e direito natural

Direito positivo é o "conjunto de princípios que pautam a vida social de determinado povo em determinada época"[1].

1. GONÇALVES, Carlos Roberto. *Direito Civil I*. 3ª ed. São Paulo: Saraiva, 2011, p. 22.

Não importa se esses princípios são escritos ou não, se possuem elaboração sistemática ou jurisprudencial, pois o conceito de direito positivo está relacionado ao conceito de vigência[2].

O direito natural, por sua vez, tem seu conceito ligado a um ideal de justiça. A fonte do direito natural evoluiu conforme o tempo, encontrando fundamento ora na natureza, ora em Deus e ora na razão humana.

Em outras palavras, o direito natural representa as "leis anteriores e inspiradoras do direito positivo, as quais, mesmo não escritas, encontram-se na consciência dos povos"[3].

Como é possível observar, não há qualquer antagonismo entre o direito positivo e o direito natural, pois este, como ideal de justiça superior, serve de inspiração àquele para que alcance a perfeição.

1.4. Direito objetivo e direito subjetivo

Direito objetivo é o conjunto de normas gerais, impostas pelo Estado, cuja observância os indivíduos podem ser compelidos mediante coerção.

Há, portanto, um conjunto de normas de observância obrigatória, a que garante uma proteção jurídica, como, por exemplo o direito de propriedade.

A existência dessas normas fornece ao indivíduo um campo de ação, no sentido de exigir que se cumpra a proteção conclamada. Assim, o indivíduo violado em sua propriedade pode utilizar-se da proteção legal e exigir que cesse a agressão ao seu direito.

A essa prerrogativa, ou direito de ação, damos o nome de direito subjetivo, que nada mais é do que o poder que alguém tem de, dentro do ordenamento jurídico, exigir de outrem um comportamento.

É importante observar que direito objetivo e subjetivo, na verdade, são faces de uma mesma realidade, que surgem dependendo do campo de visão que se admite. De fato, o direito objetivo revela o conjunto de normas gerais criadas para proteger o indivíduo, enquanto o direito subjetivo indica a vontade ou interesse do indivíduo de invocar tais normas para repelir uma ilegalidade.

1.5. Direito público e direito privado

O direito ainda pode ser dividido em público e privado.

O direito público é o que regula as relações em que o Estado é parte, seja em relação a si mesmo (direito constitucional), seja em relação a outros Estados (direito

---

2. GONÇALVES, Carlos Roberto. *Direito Civil I*. 3ª ed. São Paulo: Saraiva, 2011, p. 23.
3. GONÇALVES, Carlos Roberto. *Direito Civil I*. 3ª ed. São Paulo: Saraiva, 2011, p. 23.

internacional), ou, ainda, em relação com os particulares, quando revestido de soberania (direito administrativo e tributário)[4].

O direito privado, por sua vez, é o que regula as relações entre particulares.

Dessa forma, pertencem ao direito público interno: o direito constitucional, que regula a disciplina jurídica, política e econômica do Estado; o direito administrativo, que regula a atividade estatal na busca da consecução dos fins sociais; o direito tributário, que visa disciplinar a receita e a despesa do Estado, com a consequente imposição de tributos fundamentada no poder de império; o direito processual, que estabelece as regras pelas quais a Justiça é distribuída; e o direito penal, que define crimes e penas, pelos quais o Estado mantém a ordem jurídica.

Ao direito público externo pertence o direito internacional.

O direito privado engloba o direito civil, que regula os direitos e deveres de todas as pessoas, disciplinando normas sobre a capacidade das pessoas, e sobre as relações atinentes à família, às obrigações, às coisas e à sucessão; o direito empresarial, que regulamenta as normas relativas à atividade dos empresários e das empresas; e o direito do trabalho, que regula as relações entre empregados e empregadores, além de normas relativas à segurança e medicina do trabalho, bem como das organizações sindicais.

Cabe esclarecer que, atualmente, muitos doutrinadores têm defendido a ideia de publicização do direito privado, sustentando que há interesse do Estado em interferir no direito privado, estabelecendo normas cogentes, como ocorre, por exemplo, nas normas de direito de família e de direito do trabalho.

1.6. A lei

1.6.1. Conceito e principais características

O Direito Brasileiro é derivado do *Civil Law*, de origem romano-germânica, cuja fonte principal é a lei.

Etimologicamente, a palavra lei deriva do verbo latino *legere*, que significa ler.

Há inúmeros conceitos de lei, trazidos pela doutrina ao longo do tempo.

No entanto, o que mais importa são as características da lei, pois, sabendo-se as características, fica simples formular o conceito.

A primeira característica deriva do próprio nome. Como dito, a palavra lei tem origem no verbo ler, de maneira que a lei, necessariamente, deve ser **escrita**, onde repousa uma das diferenças entre nosso sistema e o direito costumeiro.

A lei deve ser **geral**, pois não se dirige a um caso particular, mas a um número indeterminado de pessoas, abrangendo todos os casos que se enquadrem em sua tipicidade.

---

4. DINIZ, Maria Helena. *Curso de Direito Civil Brasileiro*. v. 1, 30ª ed. São Paulo: Saraiva, 2013, p. 31.

É, ainda, **imperativa**, vez que impõe um dever. Como ensina Carlos Roberto Gonçalves, a "lei é uma ordem, um comando", pois quando exige uma ação, cria uma imposição, e quando exige uma abstenção, cria uma proibição[5].

Possui efeito **permanente**, haja vista que produzirá efeitos até ser revogada ou perder eficácia, disciplinando todos os casos aplicáveis indefinidamente[6].

A lei deve emanar de um poder **competente**, pois, para valer contra todos, sua criação deve respeitar o processo legal de elaboração e ser originária do poder estatal competente para elaborá-la, que, no direito brasileiro, é, em regra, o Poder Legislativo. Emanando do poder competente, a lei ganha legitimidade para imperar.

Por fim, a lei é **autorizante**, pois sempre traz uma permissão ou uma proibição de conduta, ou como esclarece Flávio Tartuce, um *autorizamento*, na medida em que autoriza ou não autoriza determinada conduta[7].

Após a análise das características, utilizaremos o conceito de lei trazido por Silvio de Salvo Venosa, para quem a "lei é uma regra geral de direito, abstrata e permanente, dotada de sanção, expressa pela vontade de uma autoridade competente, de cunho obrigatório e de forma escrita"[8].

1.6.2. *Vigência da lei*

Segundo o insigne Carlos Roberto Gonçalves, "vigência designa a existência específica da norma em determinada época, podendo ser invocada para produzir, concretamente, efeitos"[9].

A lei passa por três momentos fundamentais para que tenha validade: da *elaboração*; da *promulgação* e da *publicação*. Após, há o período de *vacância*, usualmente definido na própria norma, que é o período compreendido entre a data da publicação e a data em que a lei entra em vigor.

Nos termos do art. 1º da Lei de Introdução, "salvo disposição em contrário, a lei começa a vigorar em todo o país quarenta e cinco dias depois de oficialmente publicada".

Isso significa que, caso a lei não especifique o período da vacância, ela entrará em vigor quarenta e cinco dias depois de oficialmente publicada, segundo a norma geral trazida pela Lei de Introdução.

---

5. *Direito Civil I. V. I.* São Paulo: Saraiva: 2011, p. 53.
6. VENOSA, Silvio de Salvo. *Direito Civil*. V. I, 4ª ed. São Paulo: Atlas, 2004, p. 37.
7. *Direito Civil I*. 9ª ed. São Paulo: Método, 2013, p. 7.
8. *Direito Civil*. Vol. I, 4ª ed. São Paulo: Atlas, 2004, p. 37.
9. *Direito Civil I. V. I.* São Paulo: Saraiva: 2011, p. 59.

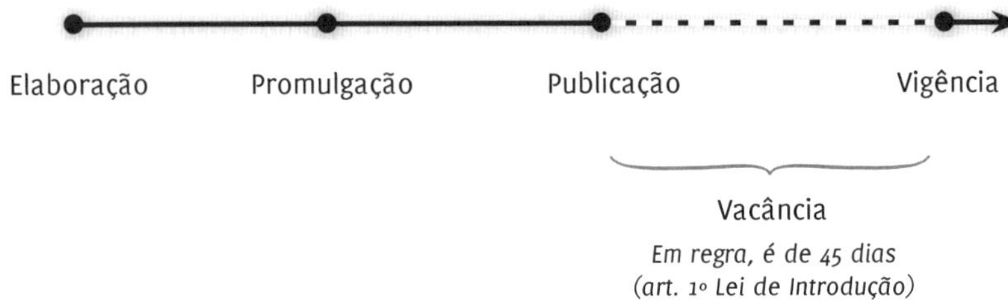

Quando a lei brasileira for admitida no exterior, o período de vacância será de três meses, tendo em vista o quanto preconizado no art. 1º, §1º da Lei de Introdução.

Em caso de existir, durante o período de vacância, nova publicação com o intuito de corrigir eventuais equívocos, o prazo da obrigatoriedade começará a correr da nova publicação, por força do art. 1º, §3º da Lei de Introdução.

Cumpre esclarecer, no entanto, que o novo prazo é aplicável apenas para os textos republicados, isto é, para a parte corrigida.

Vimos que a lei tem caráter permanente, ou seja, que se mantém em vigor até que seja revogada por outra lei. Isso é o que consagra o art. 2º da Lei de Introdução, que traz o princípio da continuidade da lei.

Dessa forma, revogar uma lei significa retirar sua obrigatoriedade, deixando-a sem eficácia. A ideia de revogação está associada à cessação de existência.

Segundo a extensão, a revogação pode ser classificada em: a) *revogação total (ab-rogação)*, que ocorre quando a lei anterior é totalmente suprimida, como se deu, por exemplo, com o Código Civil de 1916, revogado totalmente pelo Código Civil de 2002 (art. 2.045); ou b) *revogação parcial (derrogação)*, quando a revogação ocorre somente em parte da lei, permanecendo em vigor a parte inalterada, como tem acontecido, por exemplo, com o próprio Código Civil, que tem sido alvo de modificações, sobretudo relacionadas a incapacidade das pessoas naturais, promovida pelo Estatuto da Pessoa com Deficiência.

REVOGAÇÃO segundo a extensão

- **Total:** totalmente revogada
- **Parcial:** parcialmente revogada

Quanto à forma de sua execução, a revogação pode ser classificada em: a) *expressa*, quando a lei nova indica taxativamente que a lei anterior foi total ou parcialmente revogada; ou b) *tácita*, quando não há declaração expressa, mas sim uma incompatibilidade entre a lei antiga e a lei nova, eis que ambas passam a disciplinar mesma matéria de forma diferente. Nesse caso, diz-se que a revogação é indireta, prevalecendo a lei mais recente. Um exemplo de revogação tácita ocorreu com o art. 1.211-A do CPC de 1973, revogado tacitamente pelo art. 71 da Lei nº 10.741/03 (Estatuto do Idoso).

REVOGAÇÃO quanto à forma	Expressa
	Tácita

É importante lembrar, por derradeiro, que a Lei de Introdução traz a proibição da repristinação como regra, que está consagrada no art. 2, §3º.

O efeito repristinatório ocorre quando a lei revogada volta a viger com a revogação da lei revogadora. Como dito, tal efeito, em regra, não ocorre por vedação expressa do art. 2, §3º da Lei de Introdução.

A repristinação, excepcionalmente, ocorre em duas hipóteses: a) quando a lei revogadora for declarada inconstitucional; e b) quando houver previsão expressa na lei.

Exemplificando, imagine que está em vigor a lei X. Depois, é publicada a lei Y, revogando a lei X. Uma eventual nova lei Z, que revogar a lei Y, não restabelecerá a vigência da lei X. Esse é o efeito repristinatório vedado pelo art. 2º, §3º da Lei de Introdução.

A lei X somente voltará a viger se a lei Y for declarada inconstitucional, ou se a lei Z consignar, expressamente quando da revogação da lei Y, que a lei X terá sua vigência restabelecida.

Lei X → em vigor

Lei Y → revoga a Lei X

Lei Z → revoga a Lei Y

Lei X volta a vigorar?

Resposta: Não

1.6.3. *A obrigatoriedade das leis*

Como visto, a lei tem observância obrigatória, sendo descabida qualquer alegação de ignorância ou desconhecimento da lei.

A lei representa a vontade do povo e, uma vez em vigor, torna-se obrigatória para todos.

Nesse sentido, o art. 3º da Lei de Introdução consagra expressamente o princípio da obrigatoriedade, quando dispõe *"Ninguém se escusa de cumprir a lei, alegando que não a conhece"*.

A previsão expressa é corolário da segurança jurídica e visa garantir a eficácia total do ordenamento jurídico.

Não obstante, o princípio da obrigatoriedade não afasta, em certos casos, o erro de direito, que pode ser invocado, atendido os requisitos legais, como causa de anulação de negócio jurídico. Sobre o erro, falaremos mais adiante quando tratarmos dos defeitos do negócio jurídico.

2. LEI DE INTRODUÇÃO ÀS NORMAS DO DIREITO BRASILEIRO

2.1. O conteúdo e a função da Lei de Introdução às Normas do Direito Brasileiro

A Lei de Introdução ao Código Civil é uma legislação anexa ao Código Civil de 1916.

Entretanto, trata-se de uma legislação autônoma, ainda em vigor, destinada a servir de norte à totalidade do ordenamento jurídico nacional.

Como bem esclarece Carlos Roberto Gonçalves, a Lei de Introdução ao Código Civil é "um conjunto de normas sobre normas". Ela traz disposições preliminares, que orientam o modo de aplicação e entendimento do direito, no tempo e no espaço.

Seus preceitos aplicam-se a todos os ramos do direito, exceto no que for tratado de forma diferente pelas legislações específicas.

Por força da Lei 12.376, de 30 de dezembro de 2010, a Lei de Introdução ao Código Civil teve o nome alterado para Lei de Introdução às Normas do Direito Brasileiro, motivo pelo qual utilizaremos essa designação.

2.2. A aplicação e interpretação das normas jurídicas

A norma jurídica é abstrata e geral, abrangendo todos os casos que se enquadrarem em sua tipicidade.

No entanto, para verificar qual a lei aplicável ao caso concreto, o juiz deve interpretá-la, extraindo o verdadeiro sentido da norma.

De se destacar que todas as normas são passíveis de interpretação, mesmo as normas claras e objetivas, pois para se afirmar que são claras é necessário um trabalho interpretativo.

Dessa forma, é possível dizer que a interpretação será mais simples ou complexa, conforme a norma for mais clara ou obscura.

Atualmente, as teorias de interpretação mais aceitas são a da *interpretação objetiva* e a da *livre pesquisa do direito*.

Para a primeira, o intérprete deve buscar o sentido da norma, que ganha vida própria após sua promulgação. Para a segunda, a norma deve ser analisada segundo os preceitos morais e sociais de cada época. Isso, evidentemente, concede um poder criador ao juiz quando da interpretação da norma.

A hermenêutica é a ciência de interpretação das leis.

2.3. A integração das normas jurídicas

A sociedade está em constante transformação. A complexidade das relações sociais e o aprimoramento tecnológico são verdadeiros catalisadores da evolução humana.

Dessa forma, as transformações sociais ocorrem numa velocidade muito maior do que as alterações legislativas, de maneira que o legislador não consegue prever todos os acontecimentos e fatos sociais, sobretudo os futuros.

A lei, nesse contexto, pode apresentar lacunas, eis que, em algum momento, pode não trazer a disciplina jurídica para determinado fato social.

Ainda que haja a citada lacuna, o juiz não pode se eximir de sentenciar e distribuir a justiça, sob a alegação de que não existe lei aplicável à lide instaurada. Isso é o que dispõe expressamente o art. 140 do novo CPC.

Quando isso ocorrer, o juiz deverá buscar a integração das normas jurídicas, utilizando-se da analogia, do costume e dos princípios gerais de direito. Esse é o preceito contido no art. 4º da Lei de Introdução.

Observe que a lei pode apresentar lacunas, mas o direito, como um sistema amplo e complexo, apresenta formas de suprir eventuais omissões, havendo indicação expressa do legislador orientando o juiz a como proceder em caso de lacuna.

Passaremos a analisar os mecanismos de integração.

2.3.1. *A analogia*

Inicialmente, cabe esclarecer que há uma hierarquia entre os mecanismos de integração previstos no art. 4º da Lei de Introdução, de maneira que a analogia deve ser empregada em primeiro lugar.

A analogia deve ser utilizada quando não há uma lei que discipline o fato em análise. Nesse caso, o julgador deve solucionar a questão aplicando uma lei que discipline um caso semelhante.

O ilustre Flávio Tartuce exemplifica utilizando o art. 499 do CC, que possibilita a compra e venda de bens entre *cônjuges* quanto aos bens excluídos da comunhão. Nesse caso, a compra e venda também é possível quanto aos *companheiros*. Observe que, não obstante a lei faça a previsão apenas entre pessoas casadas, eis que se referem a cônjuges, a analogia permite utilizar a mesma norma para as pessoas que vivem em união estável[10].

Outro caso em que a analogia pode ser aplicada é o constante do art. 244, §2º da CLT, que dispõe acerca das horas de sobreaviso. Observe o citado dispositivo:

> **Art. 244.** As estradas de ferro poderão ter empregados extranumerários, de sobre-aviso e de prontidão, para executarem serviços imprevistos ou para substituições de outros empregados que faltem à escala organizada.
>
> (...)
>
> § 2º Considera-se de "sobre-aviso" o empregado efetivo, que permanecer em sua própria casa, aguardando a qualquer momento o chamado para o serviço. Cada escala de "sobre-aviso" será, no máximo, de vinte e quatro horas, As horas de "sobre-aviso", para todos os efeitos, serão contadas à razão de 1/3 (um terço) do salário normal.

Embora as horas de sobreaviso estejam disciplinadas no dispositivo que trata especificamente dos empregados ferroviários, fato é que sua disciplina jurídica pode ser aplicada, por analogia, a outras categorias de empregados.

Aliás, foi a aplicação analógica do art. 244, §2º da CLT que levou o C. TST a editar a Súmula nº. 428, abaixo transcrita:

> **Súmula nº 428 do TST**
>
> **SOBREAVISO APLICAÇÃO ANALÓGICA DO ART. 244, § 2º DA CLT** (redação alterada na sessão do Tribunal Pleno realizada em 14.09.2012) - Res. 185/2012, DEJT divulgado em 25, 26 e 27.09.2012
>
> I - O uso de instrumentos telemáticos ou informatizados fornecidos pela empresa ao empregado, por si só, não caracteriza o regime de sobreaviso.
>
> II - Considera-se em sobreaviso o empregado que, à distância e submetido a controle patronal por instrumentos telemáticos ou informatizados, permanecer em regime de plantão ou equivalente, aguardando a qualquer momento o chamado para o serviço durante o período de descanso.

Pois bem. A doutrina dominante tem dividido a analogia em duas categorias: a) a *analogia legal*, como a citada no exemplo acima, que ocorre quando o julgador busca apenas uma norma que se aplique a casos semelhantes; b) a *analogia jurídica*, que ocorre quando o julgador busca um complexo de normas próximas, que possam ser capazes de revelar um pensamento aplicável ao caso particular.

Vale lembrar, porque oportuno, que a analogia não tem utilização indiscriminada. Sua aplicação é vedada no direito penal, salvo para beneficiar o réu, e no direito

10. *Manual de Direito Civil*. 3ª ed. São Paulo: Método, 2013, p. 14/15.

tributário, eis que ambos os ramos são pautados pelo princípio da legalidade estrita, como forma de garantir a segurança jurídica.

2.3.2. *O costume*

Já vimos que o costume é fonte do direito. No entanto, tendo em vista que nosso sistema é originário do *Civil Law*, cuja fonte por excelência é a lei, o costume deve ser aplicado de forma supletiva.

Por tal razão, verifica-se uma hierarquia entre os mecanismos de integração a ponto de utilizar-se da analogia em primeiro lugar. Porque aplicar a analogia é, na verdade, aplicar a lei.

Pois bem. Diferentemente da lei, que tem origem certa, eis que surge mediante processo legislativo, o costume tem origem imprevista, haja vista que surge através de uma conduta reiterada.

A melhor doutrina identifica dois elementos essenciais do costume: a) o comportamento reiterado, também chamado de elemento externo; e b) a consciência de que tal comportamento é obrigatório, identificado como elemento interno.

Diante disso, o ilustre Flávio Tartuce o define como "sendo as práticas e usos reiterados com conteúdo lícito e relevância jurídica"[11].

Os costumes podem ser classificados da seguinte forma:

a) *Costumes segundo a lei*: quando a lei expressamente se refere aos costumes, dando a eles caráter legal, como ocorre, por exemplo, no art. 1297, §1º, do Código Civil.

b) *Costumes na ausência da lei:* quando destinados a suprir lacunas ou omissões da lei. É tratado no art. 4º da Lei de Introdução, que orienta o julgador a como proceder para corrigir eventual lacuna. Os autores mencionam a aplicação do costume integrativo a emissão de cheque pré-datado, afastando a ordem de pagamento à vista do título.

c) *Costumes contra a lei*: quando os costumes são contrários à lei. A doutrina tradicional não admite a aplicação do costume contra a lei, pois esta somente pode ser revogada por outra lei. Não, há nesse caso, também, integração.

2.3.3. *Os princípios gerais de direito*

Não sendo possível suprir a lacuna da lei através da analogia e do costume, o julgador deverá utilizar-se dos princípios gerais de direito, que representam regras que encontram fundamento na consciência popular e são universalmente aceitas.

---

11. *Direito Civil*. Vol. I., 9ª ed. São Paulo: Método, 2013, p. 27.

Muitos dos princípios gerais de direito acabam sendo incorporados pelo direito positivo, como, por exemplo, o princípio de que "ninguém pode lesar outrem", consagrado no art. 186 do Código Civil e o princípio que veda o enriquecimento sem causa, estampado no art. 876 do mesmo diploma.

Percebe-se, dessa forma, que os princípios possuem uma amplitude muito maior, estando, muitas vezes, implícitos no ordenamento jurídico.

2.3.4. A equidade

Tradicionalmente, a equidade é conhecida como a aplicação do bom senso ou a justiça no caso concreto.

Cabe esclarecer, no entanto, que o emprego da equidade não constitui mecanismo de integração do direito, sendo um simples recurso auxiliar e acessório na aplicação da lei.

Assim o é, tendo em vista o quanto preconizado pelo art. 140, parágrafo único do Código de Processo Civil, que estabelece, expressamente, que o "juiz só decidirá por equidade nos casos previstos em lei". Como exemplo, podemos citar o art. 1.740, II do Código Civil, que permite ao tutor reclamar do juiz que providencie, "como houver por bem", quando o menor tutelado haja mister correção[12].

Tal entendimento é corroborado pelo E. STJ, que abordou o tema no RSTJ 83/168.

2.4. Conflito das leis no tempo

A revogação de uma lei por outra pode ter influência significativa nas relações jurídicas estabelecidas sob o manto da lei revogada. Resta saber, então, se a lei nova retroagirá para abraçar as relações estabelecidas antes de sua vigência.

Nosso ordenamento jurídico adotou como regra o princípio da irretroatividade da lei, consagrado no art. 5º, XXXVI, da CF/88. A adoção desse princípio visa garantir a segurança e a estabilidade do ordenamento jurídico, como forma de preservar as situações consolidadas.

Por tal razão que, em regra, aplica-se a lei nova a situações pendentes, futuras e a situações pretéritas, desde que, neste último caso, não haja ofensa ao ato jurídico perfeito, ao direito adquirido e à coisa julgada.

É importante esclarecer, contudo, que o princípio da irretroatividade não é absoluto, uma vez que, como explica Carlos Roberto Gonçalves, razões de política legislativa, motivadas pelo interesse social, o progresso ou a equidade, podem justificar a retroatividade da lei, fazendo com que atinja fatos ocorridos antes de sua vigência[13].

12. GONÇALVES, Carlos Roberto. *Direito Civil Brasileiro*. Vol. 1, 3ª ed. São Paulo: Saraiva: 2011, p. 77.
13. Direito Civil, v. 1, 3ª Ed., 2011, p. 83.

Para a solução dos conflitos da lei no tempo, há, ainda, o critério das disposições transitórias, que é a criação de um regramento temporário, previsto na própria norma, com o objetivo de evitar e solucionar conflitos que poderão surgir quando confrontada a lei nova e a lei antiga. Em outras palavras, o próprio legislador, quando da lei nova, estabelece uma série de orientações que disciplinarão provisoriamente a matéria, essencialmente quanto aos fatos ocorridos nesse período.

2.5. Eficácia das leis no espaço

2.5.1. *O princípio da territorialidade moderada e a aplicação da lei estrangeira*

O art. 1º da CF consagra a soberania nacional como princípio fundamental da República. Isso significa que será aplicada a legislação brasileira nos seus respectivos limites territoriais e geográficos, porque a CF adotou o princípio da territorialidade como regra.

Não obstante, os fenômenos da globalização econômica e do globalismo político facilitaram os movimentos migratórios e a ampliação do intercâmbio cultural entre povos de diversos países, de forma que se admite, em determinadas situações, a aplicação da legislação de um país além dos seus limites territoriais (extraterritorialidade).

Por tal razão, diz-se que o ordenamento jurídico pátrio adotou o princípio da territorialidade mitigada, pois admite as regras da territorialidade, como se observa dos arts. 8º e 9º da LINDB, e, ao mesmo tempo, as da extraterritorialidade, presentes nos arts. 7º, 10, 12 e 17 da LINDB.

É importante destacar que adoção do princípio da territorialidade mitigada, também chamado de princípio da territorialidade moderada, não configura ofensa à soberania nacional de país, porque tem como fundamento a aplicação do Direito Internacional.

Assim, no território brasileiro aplica-se, como regra geral, a lei brasileira. Em casos excepcionais, contudo, admite-se a aplicação de lei estrangeira.

O que conecta e justifica, excepcionalmente, a aplicação da norma estrangeira no território brasileiro é o que a doutrina chama de estatuto pessoal. Sobre o assunto, os ilustres Cristiano Chaves de Farias e Nelson Rosenvald[14] trazem uma lição primorosa:

> "Através da regra do estatuto pessoal será aplicável a norma legal do domicílio do estrangeiro para reger as suas relações jurídicas atinentes ao começo e ao fim da personalidade, ao nome, á capacidade e aos direitos de família, como reza, expressamente, o art. 7º da Lei Introdutória, indicando o acolhimento da regra do chamado estatuto pessoal.

---

14. Curso de Direito Civil, v. 1, 17ª ed., 2019, Ed. JusPodivm, p. 166/167.

> Também é aplicável a regra do estatuto pessoal (isto é, a lei do domicílio da pessoa) no que concerne: (i) aos bens móveis que o proprietário tiver consigo ou se destinarem ao transporte para outros lugares (LINDB, art. 8º, §1º), (ii) ao penhor (LINDB, art. 8º, §2º) e (iii) à capacidade para suceder (LINDB, art. 10, §2º), isto é, a capacidade para receber herança ou legado".

Como visto, as hipóteses mais relevantes de conexão pelo estatuto pessoal estão previstas no art. 7º da LINDB, que aborda assuntos relacionados ao estado da pessoa, cuja transcrição é feita nesta oportunidade como forma de facilitar o estudo. Observe:

> Art. 7º A lei do país em que domiciliada a pessoa determina as regras sobre o começo e o fim da personalidade, o nome, a capacidade e os direitos de família.
>
> §1º Realizando-se o casamento no Brasil, será aplicada a lei brasileira quanto aos impedimentos dirimentes e às formalidades da celebração.
>
> §2º O casamento de estrangeiros poderá celebrar-se perante autoridades diplomáticas ou consulares do país de ambos os nubentes.
>
> §3 Tendo os nubentes domicílio diverso, regerá os casos de invalidade do matrimônio a lei do primeiro domicílio conjugal.
>
> §4 O regime de bens, legal ou convencional, obedece à lei do país em que tiverem os nubentes domicílio, e, se este for diverso, a do primeiro domicílio conjugal.
>
> §5º O estrangeiro casado, que se naturalizar brasileiro, pode, mediante expressa anuência de seu cônjuge, requerer ao juiz, no ato de entrega do decreto de naturalização, se apostile ao mesmo a adoção do regime de comunhão parcial de bens, respeitados os direitos de terceiros e dada esta adoção ao competente registro.
>
> §6º O divórcio realizado no estrangeiro, se um ou ambos os cônjuges forem brasileiros, só será reconhecido no Brasil depois de 1 (um) ano da data da sentença, salvo se houver sido antecedida de separação judicial por igual prazo, caso em que a homologação produzirá efeito imediato, obedecidas as condições estabelecidas para a eficácia das sentenças estrangeiras no país. O Superior Tribunal de Justiça, na forma de seu regimento interno, poderá reexaminar, a requerimento do interessado, decisões já proferidas em pedidos de homologação de sentenças estrangeiras de divórcio de brasileiros, a fim de que passem a produzir todos os efeitos legais.
>
> §7 Salvo o caso de abandono, o domicílio do chefe da família estende-se ao outro cônjuge e aos filhos não emancipados, e o do tutor ou curador aos incapazes sob sua guarda.
>
> §8 Quando a pessoa não tiver domicílio, considerar-se-á domiciliada no lugar de sua residência ou naquele em que se encontre.

Contudo, não é só o art. 7º que traz situações justificadas pelo estatuto pessoal. Há disposições hipóteses previstas no art. 8º, §§ 1º e 2º, bem como no art. 10, §2º, ambos da LINDB.

É importante destacar, outrossim, que o estatuto pessoal não é o único critério e ponto de conexão para a aplicação da lei estrangeira no território brasileiro. A LINDB utiliza, em situações específicas, outros critérios que podem justificar a aplicação da lei estrangeira. Tratam-se de critérios específicos, que são aplicados em situações específicas, devidamente indicadas e delimitadas pela norma. São elas[15]:

a) A aplicação da lei do lugar da coisa (lex rei sitae) para regular as relações de posse e de propriedade sobre bens imóveis, conforme disciplina do art. 8 da LINDB, de forma que se faz necessária a outorga do cônjuge para alienação de bens imóveis situados no Brasil, salvo se casados na separação convencional de bens, ainda que a pessoa tenha casado no exterior ou lá esteja domiciliada, porque incide, nesse caso, a lei brasileira (art. 1.647, I do CC);

b) A aplicação da regra legal do lugar em que as relações obrigacionais foram constituídas (locusregitactum), como dispõe o art. 9º, §2º da LINDB. De se consignar, por oportuno, que a regra prevista no referido art. 9º, §2º da LINDB deve ser analisada em consonância com o disposto no art. 435 do CC, não havendo qualquer incompatibilidade entre elas, pois enquanto a regra da LINDB se aplica aos contratos internacionais, a regra do Código Civil se aplica aos contratos internos;

c) A incidência da lei do domicílio do falecido ou do ausente na sucessão por morte ou ausência, como preceitua o art. 10, §1º da LINDB. Nesse ponto há questões de elevada importância, porque se trata de verdadeira exceção que permite ao juiz brasileiro decidir com base em lei estrangeira. Isso porque a Constituição Federal consagra o "princípio da proteção da família brasileira", que possibilita a aplicação da lei que for mais favorável ao cônjuge/companheiro(a) sobrevivente, bem como aos filhos brasileiros. Assim, em se tratando de bens situados no Brasil e pertencentes a estrangeiro falecido, o juiz poderá aplicar a lei que seja mais benéfica à família, seja ela a brasileira ou estrangeira.

Com exceção das leis estrangeiras vigentes nos países integrantes do Mercosul, que presumem-se conhecidas do magistrado por força do Protocolo de LasLeñas, não há como exigir do julgador o conhecimento de toda a legislação alienígena. Dessa forma, o art. 14 LINDB permite ao magistrado determinar que a prova do texto e sua respectiva vigência seja feita por quem a invoca. Não havendo a demonstração da lei estrangeira, a questão será solucionada conforme a lei brasileira.

---

15. Cristiano Chaves de Farias e Nelson Rosenvald, Curso de Direito Civil, v. 1, 17ª ed., 2019, Ed. JusPodivm, p. 167/168.

2.5.2. O respeito à ordem jurídica brasileira como pressuposto para aplicação das leis, atos e sentenças estrangeiras no território nacional (art. 17 da LINDB)

Não obstante o princípio da territorialidade moderada permitir a aplicação da lei estrangeira no território brasileiro, fato é que o art. 17 da LINDB condiciona a aplicação das leis, atos e sentenças estrangeiras à inexistência de ofensa a três pontos: a) a soberania nacional; b) a ordem pública; e c) aos bons costumes. Veja o que diz o citado dispositivo:

> Art. 17. As leis, atos e sentenças de outro país, bem como quaisquer declarações de vontade, não terão eficácia no Brasil, quando ofenderem a soberania nacional, a ordem pública e os bons costumes.

Como é possível observar, não terão eficácia no Brasil as leis, atos, sentenças de outros países, bem como quaisquer declarações de vontade que ofenderem a soberania nacional, a ordem pública e os bons costumes. Não terão eficácia, por exemplo, um contrato de escravidão ou uma decisão judicial que determine a pena de morte, fora do período de guerra, porque tais determinações contrariam direitos, preceitos e valores constitucionais fundamentais.

O E. STJ, que detém a competência para a homologação de decisões estrangeiras, tem admitido a cobrança ou execução de dívidas de jogos contraídas em país estrangeiro. Entende-se que tal cobrança não viola a ordem jurídica, não obstante a disposição do art. 814 do CC, porque, caso contrário, estaria configurado o enriquecimento ilícito e a violação ao princípio da boa-fé objetiva, uma vez que a dívida foi assumida no exterior para que fosse lá mesmo cumprida (STJ, REsp 1.628.974/SP, rel. min. Ricardo Villas BôasCueva, j. 13.6.17, DJe 25.8.17).

2.5.3. Da Prova dos fatos ocorridos no exterior (art. 13 da LINDB)

A prova dos fatos ocorridos no exterior segue a disposição do art. 13 da LINDB, que assim estabelece:

> Art. 13. A prova dos fatos ocorridos em país estrangeiro rege-se pela lei que nele vigorar, quanto ao ônus e aos meios de produzir-se, não admitindo os tribunais brasileiros provas que a lei brasileira desconheça.

O dispositivo traz dois preceitos importantes.

O primeiro é que a prova dos fatos ocorridos no exterior, rege-se pela lei que nele vigorar, quanto ao ônus e aos meios de produção (art. 13, primeira parte). Até aqui não há nenhuma dificuldade.

O segundo preceito é que os tribunais brasileiros não admitirão provas que a lei brasileira desconheça (art. 13, segunda parte), como é o caso, por exemplo, da prova obtida por meio de tortura ou por outro meio que a lei brasileira não permita.

Cabe destacar, nesse ponto, que o art. 369 do CPC permite às partes o direito de empregar todos os meios de prova legais, bem como os moralmente legítimos, para demonstrar a veracidade dos fatos que alegarem em juízo. No mesmo sentido, o art. 5º, LVI da CF proíbe a utilização, no processo, de provas obtidas por meios ilícitos.

2.5.4. Direito Internacional das Famílias

Talvez as questões que mais demandem dúvidas sobre a eficácia das leis no espaço sejam as relacionadas ao Direito de Família.

Como dito anteriormente, os fenômenos da globalização econômica e do globalismo político facilitaram os movimentos migratórios e a ampliação do intercâmbio cultural entre povos de diversos países. Tais fatos, evidentemente, permitiram um crescimento nos relacionamentos pessoais e amorosos, porque barreiras e divisões geográficas foram superadas.

A questão é tão relevante que a LINDB dedicou o art.7, com os respectivos parágrafos, para disciplinar o assunto, tendo como elemento de conexão o domicílio para definir se será aplicada a lei brasileira ou a estrangeira.

Assim, o estrangeiro domiciliado no Brasil estará sujeito à legislação brasileira, qualquer que seja sua nacionalidade, porque, frise-se, o elemento que define a aplicação da lei é o domicílio e não a nacionalidade. De igual sorte, o brasileiro domiciliado no exterior estará sujeito, no que se refere às relações de família, à lei aplicável no lugar do seu domicílio.

Sendo assim, o casamento celebrado no Brasil deve satisfazer todas as exigências estabelecidas pelo Código Civil, como as que definem os impedimentos para casar, indicados no art. 1.521, bem como as que definem as formalidades de celebração, previstas nos arts. 1.533 a 1.542. No mesmo raciocínio, incumbe ao nubente que for divorciado a demonstração de que não há impedimento para contrair novas núpcias.

É importante destacar que o art. 32, §1º da Lei dos Registros Públicos exige que o casamento de brasileiro realizado fora do país, seja registrado no Brasil, para que fique devidamente provado. O art. 1.544 do CC estabelece o prazo de 180 (cento e oitenta) dias, contados do retorno de um dos cônjuges brasileiro, para que o registro seja efetivado.

Prosseguindo, o art. 7, §2º da LINDB ainda prevê o que a doutrina chama de "casamento consular", que nada mais é do que o casamento de estrangeiros celebrado perante a autoridade diplomática ou consular do país de ambos os cônjuges. No presente caso, ambos os cônjuges devem ter a mesma nacionalidade, porque o citado dispositivo faz expressa exigência nesse sentido.

De igual maneira, o art. 18 da LINDB possibilita que os brasileiros situados no exterior se casem perante autoridades diplomáticas e consulares, que, além do casamento, poderão praticar os demais atos de tabelionato e registro civil, como o registro de nascimento e de óbito dos filhos de brasileiros nascidos no país da sede do consulado. Tais atos tem plena eficácia e validade no Brasil, porque se trata de ato notarial lavrado por oficial de registro, cuja competência é concedida pelo estado brasileiro.

As situações de divórcio possuem uma série de nuances, porque as disposições da Lei de Introdução devem ser interpretadas sistematicamente com as outras constantes dos Códigos Civil e de Processo Civil. Os apontamentos a seguir foram inspirados nos ensinamentos feitos pelos ilustres Cristiano Chaves de Farias e Nelson Rosenvald[16]. Assim:

1. Competirá à Justiça brasileira processar e julgar a ação de divórcio, aplicando a legislação local, se, cumulativamente, estiverem presentes as seguintes hipóteses: a) o casamento tiver sido celebrado no exterior; b) o casamento tiver sido registrado no Brasil; e c) o casal estiver domiciliado no Brasil.
2. O divórcio litigioso decretado por autoridade estrangeira demanda homologação do E. STJ para que produza efeitos no território nacional. É importante destacar que, por força do art. 23, III do CPC, a decisão estrangeira que decreta o divórcio litigioso não pode disciplinar a partilha de bens situados no território nacional, porque o referido dispositivo consagra a competência exclusiva da Justiça Brasileira, com exclusão de qualquer outra.

De se consignar, outrossim, que o prazo de um ano para reconhecimento do divórcio decretado por autoridade estrangeira, indicado no art. 7º, §6º da LINDB, não mais prevalece em razão da Emenda Constitucional nº. 66/10, que dispensou qualquer lapso temporal para a decretação do divórcio. Em outras palavras, independentemente de qualquer decurso de prazo, o E. STJ pode homologar a decisão estrangeira que decreta o divórcio do casal, para que esta produza efeitos no território nacional.

Ainda sobre o assunto, é importante transcrever o que dispõe o art. 961, §5º do CPC:

> Art. 961. A homologação de decisão estrangeira será requerida por ação de homologação de decisão estrangeira, salvo disposição especial em sentido contrário prevista em tratado.
>
> (...)
>
> §5º A sentença estrangeira de divórcio consensual produz efeitos no Brasil, independentemente de homologação pelo Superior Tribunal de Justiça.

Percebe-se, em um primeiro momento, que há uma contradição entre o art. 961, §5º do CPC e o art. 105, I, "i" da CF. Contudo, como será visto a seguir, a contradição é apenas aparente.

---

16. Curso de Direito Civil, v. 1, 17ª ed., 2019, Ed. JusPodivm, p. 167/168.

Isso porque a disposição do CPC se aplica aos divórcios consensuais, em que não há interesse de incapazes e que podem ser lavrados perante o Tabelião de Notas, no cartório. Como a legislação brasileira permite, nesses casos, a dissolução do casamento pela via extrajudicial, a sentença estrangeira de divórcio consensual produz efeitos, sendo desnecessária a homologação pelo STJ.

Para finalizar o assunto, cabe mencionar que o art. 18, § 1º da LINDB permite às autoridades consulares realizarem a separação e o divórcio consensuais de brasileiros, quando não houver interesse de incapazes. Ora, se as referidas autoridades,que exercem atividade notarial, podem celebrar casamento e registros de nascimento e óbito, também podem realizar a separação e o divórcio consensuais O respectivo ato, evidentemente, deve ser assistido por advogado constituído pelas partes, como exige o art. 18, §2º da LINDB.

2.6. Da Lei nº. 13.655, de 25 de abril de 2018

A lei nº. 13.655, de 25 de abril de 2018 promoveu significativas alterações na LINDB. Na verdade, as alterações não são no sentido de "modificações", mas no de "acréscimos", uma vez que a lei nº. 13.655 acrescentou novos dispositivos que visam disciplinar a segurança jurídica e a eficiência na criação e na aplicação do direito público.

Estudaremos, a seguir, as alterações trazidas pela lei nº. 13.655/18.

2.6.1. *Proibição de decisão fundamentada em valores jurídicos abstratos nos âmbitos administrativo, de controladoria e judicial (art. 20 da LINDB)*

O art. 20, recém introduzido, veda ao agende público a prolação de decisões vazias, em que não há correspondência entre o caso analisado e o que foi decidido. Veja o que diz o citado dispositivo:

> Art. 20. Nas esferas administrativas, controladora e judicial, não se decidirá com base em valores jurídicos abstratos sem que sejam consideradas as consequências práticas da decisão.
>
> Parágrafo único. A motivação demonstrará a necessidade e a adequação da medida imposta ou da invalidação de ato, contrato, ajuste, processo ou norma administrativa, inclusive em face das possíveis alternativas.

O dispositivo consagra a responsabilidade decisória do agente público como elemento essencial de segurança jurídica nas relações havidas entre a Administração Pública e os administrados. Pela novel legislação, as decisões do poder público, nas esferas administrativas, controladora e judicial, não poderão se basear em valores jurídicos abstratos e terão que enfrentar o mérito da questão, demonstrando, nos pontos específicos, os motivos pelos quais o direito invocado deve ou não ser deferido.

Os ilustres Cristiano Chaves de farias e Nelson Rosenvald[17] nos agraciam com os seguintes exemplos:

> !Seria o exemplo de uma decisão judicial que defere uma liminar fazendo alusão, tão somente, à suposta presença de um "perigo na demora" ma apreciação do pedido. São decisões mais retóricas do que fundamentadas. Também não poderiam, em outro exemplo, os Tribunais de COntas condenar um gestor através da simples referência de que determinada conduta viola o princípio da moralidade, sem especificar a conduta e a compreensão específica do valor apontado. Claramente, a referência a valores genéricos causa insegurança jurídica e gera uma sensação de arbitrariedade, incompatível com a imposição constitucional de motivação das decisões".

Verifica-se que a intenção do legislador é de retirar o subjetivismo do julgador. As decisões, agora, não poderão ser lacônicas, pautadas nas experiências e convicções pessoais do julgador, mas deverão ser objetivas e pautadas no ordenamento jurídico. É importante destacar que o CPC traz disposições semelhantes sobre o assunto, eis que o art. 489, §1º fulmina de nulidade a decisão judicial que não estiver devidamente fundamentada, segundo as situações indicadas pelos respectivos incisos.

Objetiva-se, com isso, evitar o chamado "ativismo judicial", cada vez mais frequente no cotidiano, sobretudo nas cortes superiores. O ativismo judicial é pernicioso porque:

a) O julgador se afasta da lei, que representa a vontade do povo, para decidir conforme suas convicções e experiências pessoais;

b) O julgador inverte a forma de conhecimento e aplicação da lei. Ao julgar um processo, o julgador deve (i) analisar os fatos; (ii) verificar quais as disposições legais que se aplicam àqueles fatos (se não há lei aplicável deve-se utilizar dos meios de integração já estudados), para, depois, (iii) proferir o julgamento. O ativismo judicial inverte a lógica de aplicação da lei, pois, nesse caso, o julgador (i) analisa os fatos, (ii) toma a decisão segundo suas convicções e experiências pessoais, para, depois, (iii) procurar na legislação alguma disposição que fundamente a decisão já tomada, o que, não raro, significa deixar de aplicar a norma legal adequada;

c) Usurpa as funções do Poder Legislativo, porque, invariavelmente, o ativismo judicial faz com que o Poder Judiciário crie regras, cuja função compete ao Congresso Nacional. O ativismo judicial serve, na maioria das vezes, como válvula de escape para burlar o processo legislativo de criação das leis. Trata-se de uma válvula de escape extremamente perigosa porque os membros do Poder Judiciário, não obstante o respeito que merecem e o mérito que possuem, não participam do processo eleitoral e não são eleitos pelo povo.

17. Curso de Direito Civil, v. 1, 17ª ed., 2019, Ed. JusPodivm, p. 180.

Assim, a atuação do magistrado passa a ter maior vinculação à existência da lei aplicável ao caso concreto, uma vez que o julgador não pode deixar de aplicar a lei simplesmente porque esta não se coaduna com seus anseios pessoais. O que demanda cumprimento obrigatório é a lei (art. 3º da LINDB), de forma que a aplicação da lei (e não do subjetivismo do magistrado) é que traz segurança jurídica.

Prosseguindo. O caput do art. 20 em estudo dispõe que sejam consideradas "as consequências práticas da decisão". Trata-se de tarefa hercúlea, que se aproxima do improvável, porque se tem mera atividade de previsibilidade, caracterizada pela falibilidade. Em muitas situações, O E. STF tem "modulado" os efeitos de suas decisões, levando em consideração as consequências econômicas, jurídicas e essenciais. A modulação dos efeitos tem o objetivo de trazer segurança jurídica, porque evita um caos nos campos social, econômico e jurídico.

Por derradeiro, o parágrafo único consagra a motivação das decisões proferidas pela Administração Pública. O princípio das motivações, já aplicável no âmbito judicial por força do art. 489 do CPC, passa a ter aplicação expressa nas esferas administrativa e controladora.

2.6.2. *Indicação expressa das consequências jurídicas decorrentes da invalidação de ato, contrato, ajuste, processo ou norma administrativa (art. 21 da LINDB)*

A Administração Pública tem a faculdade de rever, ainda que de ofício, os atos por ela praticados, seja devido à existência de vícios no nascedouro ou devido a mudanças na relação jurídica que não justificam mais sua manutenção. Há inúmeros exemplos como a revisão ou cancelamento de contratos, bem como a suspensão ou cancelamento de benefícios previdenciários concedidos mediante fraude ou erro (vício no nascedouro) ou aposentadorias por invalidez, cuja incapacidade não mais subsiste (mudança na relação que não justifica mais a concessão).

É certo que a revisão e consequente invalidação de tais atos trará sérias consequências na seara jurídica do administrado. Não obstante a existência de eventuais vícios, fato é que o ato, contrato, ajuste ou norma administrativa traz a presunção de veracidade e de legitimidade, o que, consequentemente, traz segurança jurídica ao administrado. A respectiva invalidação abalará a situação jurídica consolidada, de forma que tem que deve ser feita com extrema responsabilidade.

Nesse sentido, o art. 21 da LINDB assim dispõe:

> Art. 21. A decisão que, nas esferas administrativa, controladora ou judicial, decretar a invalidação de ato, contrato, ajuste, processo ou norma administrativa deverá indicar de modo expresso suas consequências jurídicas e administrativas.
>
> Parágrafo único. A decisão a que se refere o caput deste artigo deverá, quando for o caso, indicar as condições para que a regularização ocorra

> de modo proporcional e equânime e sem prejuízo aos interesses gerais, não se podendo impor aos sujeitos atingidos ônus ou perdas que, em função das peculiaridades do caso, sejam anormais ou excessivos.

Como é possível observar, o art. 21 impõe à administração pública extrema responsabilidade na invalidação dos atos praticados. O reconhecimento de nulidade ou anulabilidade de certos atos não deve se ater a meros formalismos, que devem dar lugar ao real interesse público, mas considerar as consequências da invalidação do ato. O que se evita, a toda evidência, é que as situações jurídicas consolidadas permaneçam em vigor, como forma de garantir a segurança jurídica.

É o caso, por exemplo, de servidores públicos que trabalham há muito tempo na administração pública, sem terem ingressado por meio de concurso público. O labor é desenvolvido por tanto tempo que a relação jurídica está devidamente consolidada, de forma que não há o interesse no rompimento do vínculo. Ora, a invalidação do ato com o rompimento da relação jurídica traria consequências extremamente para ambas as partes, porque o servidor ficaria sem trabalho e com dificuldades de se colocar no mercado e a administração ficaria sem o trabalho de um servidor com ampla experiência e conhecedor das tarefas e demais rotinas. O rompimento do vínculo iria contra o princípio da eficiência que norteia a administração pública e relegaria o servidor ao eterno desemprego.

Da mesma forma, se a administração pública invalida o contrato celebrado com um particular, deverá levar em consideração, além dos interesses dos terceiros de boa-fé, como, por exemplo, os empregados do contratado, os investimentos feitos por este e o cumprimento, ainda que parcial, das obrigações assumidas.

2.6.3. *Interpretação das normas jurídicas sobre gestão pública (art. 22 da LINDB)*

O art. 22 traz preceito inovador e de elevada importância para o cotidiano forense ao trazer parâmetros de interpretação das normas relativas à gestão pública. Como é cediço, a interpretação precede a aplicação da norma, razão pela qual o art. 22 ganha elevado destaque. Veja o dispositivo:

> Art. 22. Na interpretação de normas sobre gestão pública, serão considerados os obstáculos e as dificuldades reais do gestor e as exigências das políticas públicas a seu cargo, sem prejuízo dos direitos dos administrados.
>
> §1º Em decisão sobre regularidade de conduta ou validade de ato, contrato, ajuste, processo ou norma administrativa, serão consideradas as circunstâncias práticas que houverem imposto, limitado ou condicionado a ação do agente.
>
> §2º Na aplicação de sanções, serão consideradas a natureza e a gravidade da infração cometida, os danos que dela provierem para a

> administração pública, as circunstâncias agravantes ou atenuantes e os antecedentes do agente.
>
> §3º As sanções aplicadas ao agente serão levadas em conta na dosimetria das demais sanções de mesma natureza e relativas ao mesmo fato.

A importância do dispositivo é que permite o descolamento entre o texto frio da lei e o ardor da realidade. Muitas vezes o texto legal não é capaz de prever as diversas dificuldades, imprevistos e calamidades que afetam a dura realidade da vida.

Assim, as dificuldades do cotidiano e da situação apresentada serão levadas em consideração no momento em que as normas de direito público forem interpretadas. Trata-se de abrandamento do princípio da supremacia do interesse público, cuja suavização beneficia o administrador público, que é o que se depara com a dificuldade. Esse dispositivo aplica-se, por exemplo, aos obstáculos enfrentados por gestores de municípios pequenos dos mais diversos rincões do país, que possuem baixa arrecadação e dificuldade de desenvolvimento.

É importante destacar, contudo, que, muito embora o caput do art. 22 permita ao administrador público utilizar em sua defesa as dificuldades da realidade, fato é que o mesmo caput estabelece que a suavização não pode trazer prejuízos aos administrados, assim entendidos como a expectativa que determinados atos serão praticados com sua regular frequência e eficácia[18].

Se, por um lado, o dispositivo abranda a situação do administrador, por outro lado dispõe que esse abrandamento não pode ser feito às custas dos direitos dos administrados.

Também é cediço que as autoridades públicas podem aplicar sanções aos gestores públicos, quando analisam as ações por ele praticadas e que são passíveis de censura e de invalidação. A aplicação dessas sanções não é feita de forma discricionária, uma vez que segue parâmetros fixados pela lei.

Os §§2º e 3º consagram o princípio da proporcionalidade como elemento balizador das punições aplicadas aos administradores públicos, pois infrações graves suscitam punições graves e infrações leves reclamam punições leves. Há de ser feita a devida dosimetria da punição, para que não haja excessos e punições desarrazoadas.

Além da aplicação do princípio da proporcionalidade, os §§2º e 3º do art. 22 também impõem a necessidade de se levar em conta as circunstâncias agravantes e atenuantes do agente, nos mesmos moldes em que ocorre no Processo Penal.

---

18. Cristiano Chaves de Farias e Nelson Rosenvald, Curso de Direito Civil, v. 1, 17ª ed., 2019, Ed. JusPodivm, p. 184.

2.6.4. Mudança de interpretação ou orientação sobre as normas de direito público (art. 23 da LINDB)

A reiteração de decisões judiciais e administrativas, que consagram determinado entendimento, possui elevada importância na seara jurídica, porque forma jurisprudência, que, na condição de fonte do direito, constitui relevante precedente na distribuição da justiça.

A consolidação de entendimento jurisprudencial traz segurança jurídica, porque demonstra como aquela situação de fato é analisada e decidida pelos tribunais. Isso atua como elemento norteador das relações sociais, porque os jurisdicionados, de boa-fé, se comportarão segundo o entendimento consolidado.

Não obstante, fato é que o dinamismo da vida moderna pode levar a mudanças nos entendimentos consagrados nas vias judicial e administrativa. Com efeito, as descobertas científicas e culturais, bem como a incorporação de novos valores fatalmente levam a alterações sociais, que, não raro, influenciam e acabam modificando os entendimentos e orientações até então consagrados.

Pelas razões já expostas, a mudança de interpretação ou orientação sobre as normas de direito público traz, em princípio, insegurança jurídica, porque prejudicará a situação jurídica daqueles que confiaram e se comportaram de acordo com o entendimento pacificado.

Nesse sentido, o art. 23 da LINDB traz importante preceito. Observe:

> Art. 23. A decisão administrativa, controladora ou judicial que estabelecer interpretação ou orientação nova sobre norma de conteúdo indeterminado, impondo novo dever ou novo condicionamento de direito, deverá prever regime de transição quando indispensável para que o novo dever ou condicionamento de direito seja cumprido de modo proporcional, equânime e eficiente e sem prejuízo aos interesses gerais.

Como se verifica, o art. 23 prevê que a mudança de interpretação ou orientação estabeleça um regime de transição, como forma de não trazer insegurança jurídica e de resguardar a confiança dos administrados e jurisdicionados.

Há, ainda, outros dispositivos semelhantes na legislação ordinária, como é o caso do art. 927, §3º do CPC, que prevê a modulação dos efeitos da decisão, em caso de alteração da jurisprudência dominante dos E. Tribunais Superiores.

2.6.5. Revisões quanto a validade de ato, contrato, ajuste, processo ou norma administrativa (art. 24 da LINDB)

O art. 24 da LINDB procura dar segurança jurídica ao dirimir dúvidas relativas à aplicação e eficácia das normas jurídicas intertemporais, sobretudo nas relações jurídicas de trato sucessivo. Veja o citado dispositivo:

> Art. 24. A revisão, nas esferas administrativa, controladora ou judicial, quando à validade de ato, ajuste, processo ou norma administrativa cuja produção já se houver completado levará em conta as orientações gerais da época, sendo vedado que, com base em mudança posterior de orientação geral, se declarem inválidas situações plenamente constituídas.
>
> Parágrafo único.Consideram-se orientações gerais as interpretações e especificações contidas em atos públicos de caráter geral ou em jurisprudência judicial ou administrativa majoritária, e ainda as adotadas por prática administrativa reiterada e de amplo conhecimento público.

Como se verifica, a revisão quanto a validade de ato, ajuste, processo ou norma jurídica não pode ser causa geradora de insegurança jurídica. A referida revisão deve levar em consideração as orientações gerais da época, que motivaram a edição do respectivo ato.

A ratio legis do dispositivo é de que "não se pode julgar o passado com as regras do presente". A revisão dos atos feita pelo Poder Público não pode prejudicar situações plenamente constituídas, sob pena se violar o princípio da segurança jurídica.

2.6.6. *Compromisso de ajustamento de conduta (art. 26 da LINDB)*

O ordenamento jurídico, ao longo do tempo, tem cada vez mais prestigiado a autocomposição entre as partes. Incentiva-se, assim, que as partes encontrem a solução para o conflito, colocando em suas próprias decisões os riscos da demanda.

A principal vantagem da autocomposição é que as partes decidem o resultado do conflito. Diminuem-se os riscos, porque os efeitos passam a ser previamente conhecidos. Isso, evidentemente, não ocorre quando a questão passa a ser solucionada no Poder Judiciário, porque o conflito será resolvido por um terceiro distante das partes, que, no caso, é o magistrado.

Pois bem. O art. 26 da LINDB faculta à administração pública a possibilidade de celebrar termos de ajustamento de conduta com os interessados, nos mesmos moldes daquele previsto pelo art. 6º, §6º da Lei nº. 7.347/85, que autoriza o Ministério Público e a Defensoria Pública, por exemplo, a celebrarem ajustamentos de condutas, antes de proporem as ações civis públicas cabíveis.

A celebração do compromisso é extremamente relevante porque permite que o conflito seja solucionado de maneira mais célere e eficiente, porque não passa pelo trâmite do processo judicial. Além disso, o compromisso de ajustamento de conduta permite que o interessado se adeque às exigências legais de uma forma mais direta e menos onerosa, porque não incidirão as custas e despesas inerentes ao processo judicial.

Segundo o citado art. 26, a celebração do compromisso de ajustamento de conduta depende da oitiva do órgão jurídico a que estiver vinculado o administrador público. A exigência é evidente, uma vez que o órgão público analisará a legalidade do ato e admoestará acerca das vantagens e desvantagens de sua celebração.

2.6.7. Possibilidade de impor compensação (art. 27 da LINDB)

Como visto, a revisão dos atos, contratos, ajustes e normas administrativas, bem como a mudança de interpretação ou orientação já existentes, invariavelmente, podem provocar prejuízos à Administração Pública ou até mesmo a terceiros. Tais prejuízos, em regra, são econômicos.

Nesse diapasão, o art. 27 da LINDB permite que a decisão de processo, nas esferas administrativa, controladora ou judicial, imponha compensação financeira por benefícios indevidos ou prejuízos anormais ou injustos, relativamente à conduta dos envolvidos.

Assim, a decisão que invalida um contrato administrativo pode, nos termos do art. 27 da LINDB, fixar compensação à parte prejudicada, seja ela o contratado ou a própria Administração Pública. Essa compensação, segundo sugere o art. 27, §2º, pode ser preventiva ou reparatória e está diretamente relacionada com o motivo que enseja a invalidação do ato.

É evidente que a decisão que estabelece a citada compensação deve estar devidamente fundamentada (art. 27, §1º da LINDB) e resguardar, ainda, o devido processo legal e garantir o contraditório e a ampla defesa.

É importante destacar, por derradeiro, a infelicidade do legislador em utilizar os adjetivos "indevidos", "anormais" e "injustos", que são conceitos completamente abertos e imprecisos. Em se tratando de norma que possibilita a imposição de composição financeira, a existência de adjetivos com conceitos amplos, que permitem muita elasticidade de enquadramento pelo intérprete, pode delinear um caminho perigoso.

Felizmente, como não poderia de ser, a decisão que impõe a compensação pode ser atacada pela via judicial, em razão do princípio da inafastabilidade do Poder Judiciário, consagrado no art. 5º, XXXV da CF.

2.6.8. Responsabilidade pessoal do agente público (art. 28 da LINDB)

O art. 28 da LINDB prevê a responsabilidade pessoal do agente público. Observe o que dispõe o citado dispositivo:

> Art. 28. O agente público responderá pessoalmente por suas decisões ou opiniões técnicas em caso de dolo ou erro grosseiro.

Como é possível observar, o art. 28 utiliza como critério para a responsabilização do agente a atuação com dolo ou erro grosseiro, que poderia ser equiparado à culpa grave ou gravíssima, cuja percepção é feita até mesmo por pessoas com diligência abaixo do normal. Tais critérios levam a uma aparente inconstitucionalidade do dispositivo, porque afronta diretamente o art. 37, §6º da CF, que prevê a responsabilidade objetiva da Administração Pública, assegurando a esta o direito de regresso contra o responsável nos casos de dolo ou culpa.

Veja que, nos termos do art. 37, §6º da CF, a responsabilização do agente se dá nos casos de dolo ou culpa e não de erro grosseiro, como indicado pela Lei Introdutória. É evidente que esta não pode suavizar ou reduzir o texto constitucional. Não pode o legislador ordinário limitar o que o legislador constituinte não limitou.

Questão controvertida na doutrina e na jurisprudência é saber se o poder público, acionado pelo cidadão nos termos do art. 37, §6º da CF, poderia exercer o direito de regresso nos próprios autos, denunciando à lide o agente público causador do dano (art. 125 do CPC).

Em um primeiro momento a resposta é negativa e a razão é bem simples. A responsabilização da administração pública se dá de maneira objetiva, sem que se instaure qualquer discussão acerca da culpa. Possibilitar a denunciação da lide do agente público causador do dano seria permitir a instauração de nova controvérsia no processo, porque, agora, a discussão da culpa se tornaria obrigatória por força da lide secundária instaurada. Além de configurar inovação processual, porque a discussão da culpa não é trazida pela petição inicial, a denunciação da lide também configuraria grave penalização à vítima, que teria afastada a incidência da responsabilidade objetiva trazida pelo art. 37, §6º da CF, para ver-se, agora, participando de discussões e atos processuais que visam demonstrar a culpa do agente, como a realização de audiências, recursos etc.

Não obstante, admite-se a denunciação da lide quando a própria petição inicial apresentada pela vítima fundamenta o pedido indenizatório com base na demonstração da culpa. Nesse caso, formalizada a relação processual com o objetivo de demonstrar a culpa da administração pública, não haverá nenhum óbice para que a lide secundária seja instaurada, porque a culpa será necessariamente discutida nos autos[19].

2.6.9. *Consultas públicas (art. 29 da LINDB)*

O art. 29 permite que os órgãos e Poderes Públicos, antes de editarem atos normativos, promovam consultas públicas para manifestação dos interessados.

O objetivo, evidentemente, é de aproximar-se da sociedade. As consultas permitirão que os órgãos e Poderes Públicos estabeleçam um diálogo com a sociedade, o que fará com que os atos normativos tenham correspondência com os anseios sociais. A realização de consultas públicas é corriqueira, por exemplo, no Congresso

19. Cristiano Chaves de Farias e Nelson Rosenvald, Curso de Direito Civil, v. 1, 17ª ed., 2019, Ed. JusPodivm, p. 196.

Nacional, que convida diversos setores da sociedade para debater questões polêmicas e de interesse social, quando determinado projeto de lei está em trâmite.

É importante destacar, por oportuno, que a realização de consultas públicas é uma prerrogativa do agente público. Não se trata de obrigação, porque o gestor pode deliberar livremente, como consequência natural do cargo ou função que ocupa. Entender de maneira contrária, respeitados os entendimentos discordantes, seria "engessar" completamente a atividade pública, porque a tomada de decisão não estaria mais nas mãos do gestor, uma vez que só poderia agir depois de consultar a população.

Como dito, a realização de consultas públicas é facultativa e aconselhável como via de adequação e identificação do ato normativo com os anseios sociais, sobretudo quando a edição puder impactar significativamente a coletividade.

De qualquer forma, a realização de consulta pública deve seguir as exigências do art. 29, §1º da LINDB.

2.6.10. *Meios para aumentar a segurança jurídica (art. 30 da LINDB)*

Finalizando o estudo, o art. 30 da LINDB orienta as autoridades públicas a aumentarem a segurança jurídica na aplicação das normas, inclusive por meio de regulamentos, súmulas administrativas e respostas a consultas.

Como se verifica, pretendeu o legislador que a segurança jurídica passasse a ser princípio norteador da administração pública. Isso porque as disposições trazidas pelos arts. 20 a 29 da Lei Introdutória não são exaurientes, mas apenas exemplificativas, admitindo-se a adoção de outras medidas que visem privilegiar a segurança jurídica nas relações com a administração pública. É nesse sentido que o art. 30 da LINDB está inserido.

Frise-se, por derradeiro, que os instrumentos que objetivem maximizar a segurança jurídica, como os regulamentos e súmulas administrativas, terão força vinculante em relação ao órgão ou entidade a que se destinem, até posterior revisão (art. 30, §1º da LINDB).

3. DIREITO CIVIL

3.1. Conceito

O direito civil é o direito comum do cidadão, que objetiva disciplinar as relações particulares, inerentes ao cotidiano, ou como explica Maria Helena Diniz “é o direito comum a todas as pessoas, por disciplinar o seu modo de ser e de agir, sem quaisquer referências às condições sociais e culturais”.

3.2. O Código Civil de 2002

3.2.1. *Estrutura e conteúdo*

O Código Civil é composto por duas partes:

a) A primeira é chamada de *parte geral*, que contém normas relativas às pessoas, aos bens, aos fatos, atos e negócios jurídicos, bem como matéria que disciplina as nulidades, prescrição e decadência.

b) A segunda é a parte especial, que pode ser assim subdividida:

  b.1) Direito das obrigações, que regula o direito obrigacional, com vistas aos contratos e atos ilícitos;

  b.2) Direito de empresa, que traça a disciplina jurídica do empresário, da sociedade, o estabelecimento e temas afins;

  b.3) Direito das coisas, que rege, essencialmente, a posse, a propriedade e o direito real de garantia sobre coisas alheias;

  b.4) Direito de família, que traz normas relativas ao casamento, à união estável, às relações entre cônjuges e conviventes, às de parentesco, bem como à proteção de menores e incapazes;

  b.5) Direito das sucessões, que regula a transferência de bens em razão de herança, abordando, ainda, o inventário e partilha.

Há, ainda, um livro complementar que aborda as disposições finais e transitórias.

3.2.2. *Princípios básicos*

O Código Civil de 2002 consagra como princípios fundamentais os da eticidade, socialidade e operabilidade.

O princípio da *eticidade* reconhece a importância dos valores éticos no direito privado.

Não há, como havia no Código de 1916, a necessidade de efetuar o enquadramento específico entre fato e norma. No atual diploma, os juízes passam a ter maior discricionariedade na interpretação.

A boa-fé objetiva e a função social passam a ser os alicerces das relações contratuais, como forma de manter o equilíbrio.

O princípio da *sociabilidade*, por sua vez, não deixa dúvidas sobre a evidente prevalência dos valores coletivos sobre os individuais, ou, como esclarece Flávio Tartuce, "valorizando a palavra *nós*, em detrimento da palavra *eu*"[20].

---

20. *Direito Civil I*. Vol. 1, 9ª ed. São Paulo: Método, 2013, p. 81.

Dessa forma, a propriedade, a posse, a empresa, a família e os contratos passam a ser vistos não mais como elementos que dizem respeito apenas às pessoas neles envolvidas, mas sim a toda a sociedade.

O princípio da *operabilidade*, por derradeiro, preconiza que o direito é visto como elemento de pacificação social e distribuição da justiça. Em outras palavras, a aplicação do direito traz equilíbrio social.

Com isso, afastam-se formalidades e exigências inócuas, como forma de garantir a efetivação do direito.

PRINCÍPIOS	
	Eticidade: presença de valores éticos no direito privado
	Socialidade: prevalência de valores coletivos sobre os individuais
	Operabilidade: afasta o tecnismo jurídico em prol da simplicidade

3.2.3. *Direito civil constitucional*

Há um forte movimento da doutrina moderna em interpretar o Direito Civil à luz dos princípios consagrados pela Constituição Federal.

Dessa forma, os interesses individuais, regidos pelo Código Civil, devem estar em sintonia com os princípios da dignidade da pessoa humana, da solidariedade social e da igualdade substancial, todos consolidados pela Carta Magna.

É importante observar que a Constituição optou por abordar diversos temas ínsitos ao direito privado, como, por exemplo, a família e a propriedade. Por tal razão é que se diz que há uma *constitucionalização* de temas.

Como dito, muitos doutrinadores têm defendido a publicização do direito privado, tendo em vista, também, o princípio da sociabilidade trazido pelo Código Civil.

A essa nova perspectiva de interpretar o Código Civil sob a ótica da Constituição Federal tem-se dado o nome de direito civil constitucional, que proclama uma análise unitária e sistemática do ordenamento.

4. LEGISLAÇÃO RELACIONADA AO CAPÍTULO

▶ **DECRETO-LEI Nº 4.657, DE 4 DE SETEMBRO DE 1942.**

Lei de Introdução às normas do Direito Brasileiro.

O PRESIDENTE DA REPÚBLICA, usando da atribuição que lhe confere o artigo 180 da Constituição, decreta:

Art. 1º Salvo disposição contrária, a lei começa a vigorar em todo o país quarenta e cinco dias depois de oficialmente publicada.

§ 1ºNos Estados, estrangeiros, a obrigatoriedade da lei brasileira, quando admitida, se inicia três meses depois de oficialmente publicada.

§ 2º (Revogado pela Lei nº 12.036, de 2009).

§ 3º Se, antes de entrar a lei em vigor, ocorrer nova publicação de seu texto, destinada a correção, o prazo deste artigo e dos parágrafos anteriores começará a correr da nova publicação.

§ 4º As correções a texto de lei já em vigor consideram-se lei nova.

Art. 2º Não se destinando à vigência temporária, a lei terá vigor até que outra a modifique ou revogue.

§ 1º A lei posterior revoga a anterior quando expressamente o declare, quando seja com ela incompatível ou quando regule inteiramente a matéria de que tratava a lei anterior.

§ 2º A lei nova, que estabeleça disposições gerais ou especiais a par das já existentes, não revoga nem modifica a lei anterior.

§ 3º Salvo disposição em contrário, a lei revogada não se restaura por ter a lei revogadora perdido a vigência.

Art. 3º Ninguém se escusa de cumprir a lei, alegando que não a conhece.

Art. 4º Quando a lei for omissa, o juiz decidirá o caso de acordo com a analogia, os costumes e os princípios gerais de direito.

Art. 5º Na aplicação da lei, o juiz atenderá aos fins sociais a que ela se dirige e às exigências do bem comum.

Art. 6º A Lei em vigor terá efeito imediato e geral, respeitados o ato jurídico perfeito, o direito adquirido e a coisa julgada.

§ 1º Reputa-se ato jurídico perfeito o já consumado segundo a lei vigente ao tempo em que se efetuou.

§ 2º Consideram-se adquiridos assim os direitos que o seu titular, ou alguém por ele, possa exercer, como aqueles cujo começo do exercício tenha termo pré-fixo, ou condição pré-estabelecida inalterável, a arbítrio de outrem.

§ 3º Chama-se coisa julgada ou caso julgado a decisão judicial de que já não caiba recurso.

Art. 7º A lei do país em que domiciliada a pessoa determina as regras sobre o começo e o fim da personalidade, o nome, a capacidade e os direitos de família.

§ 1º Realizando-se o casamento no Brasil, será aplicada a lei brasileira quanto aos impedimentos dirimentes e às formalidades da celebração.

§ 2º O casamento de estrangeiros poderá celebrar-se perante autoridades diplomáticas ou consulares do país de ambos os nubentes.

§ 3º Tendo os nubentes domicílio diverso, regerá os casos de invalidade do matrimônio a lei do primeiro domicílio conjugal.

§ 4º O regime de bens, legal ou convencional, obedece à lei do país em que tiverem os nubentes domicílio, e, se este for diverso, a do primeiro domicílio conjugal.

§ 5º – O estrangeiro casado, que se naturalizar brasileiro, pode, mediante expressa anuência de seu cônjuge, requerer ao juiz, no ato de entrega do decreto de naturalização, se apostile ao mesmo a adoção do regime de comunhão parcial de bens, respeitados os direitos de terceiros e dada esta adoção ao competente registro.

§ 6º O divórcio realizado no estrangeiro, se um ou ambos os cônjuges forem brasileiros, só será reconhecido no Brasil depois de 1 (um) ano da data da sentença, salvo se houver sido antecedida de separação judicial por igual prazo, caso em que a homologação produzirá efeito imediato, obedecidas as condições estabelecidas para a eficácia das sentenças estrangeiras no país. O Superior Tribunal de Justiça, na forma de seu regimento interno, poderá reexaminar, a requerimento do interessado, decisões já proferidas em pedidos de homologação de sentenças estrangeiras de divórcio de brasileiros, a fim de que passem a produzir todos os efeitos legais.

§ 7º Salvo o caso de abandono, o domicílio do chefe da família estende-se ao outro cônjuge e aos filhos não emancipados, e o do tutor ou curador aos incapazes sob sua guarda.

§ 8º Quando a pessoa não tiver domicílio, considerar-se-á domiciliada no lugar de sua residência ou naquele em que se encontre.

Art. 8º Para qualificar os bens e regular as relações a eles concernentes, aplicar-se-á a lei do país em que estiverem situados.

§ 1º Aplicar-se-á a lei do país em que for domiciliado o proprietário, quanto aos bens moveis que ele trouxer ou se destinarem a transporte para outros lugares.

§ 2º O penhor regula-se pela lei do domicílio que tiver a pessoa, em cuja posse se encontre a coisa apenhada.

Art. 9º Para qualificar e reger as obrigações, aplicar-se-á a lei do país em que se constituírem.

§ 1º Destinando-se a obrigação a ser executada no Brasil e dependendo de forma essencial, será esta observada, admitidas as peculiaridades da lei estrangeira quanto aos requisitos extrínsecos do ato.

§ 2º A obrigação resultante do contrato reputa-se constituída no lugar em que residir o proponente.

Art. 10. A sucessão por morte ou por ausência obedece à lei do país em que domiciliado o defunto ou o desaparecido, qualquer que seja a natureza e a situação dos bens.

§ 1º A sucessão de bens de estrangeiros, situados no País, será regulada pela lei brasileira em benefício do cônjuge ou dos filhos brasileiros, ou de quem os represente, sempre que não lhes seja mais favorável a lei pessoal do de cujus.

§ 2ºA lei do domicílio do herdeiro ou legatário regula a capacidade para suceder.

Art. 11. As organizações destinadas a fins de interesse coletivo, como as sociedades e as fundações, obedecem à lei do Estado em que se constituírem.

§ 1º Não poderão, entretanto, ter no Brasil filiais, agências ou estabelecimentos antes de serem os atos constitutivos aprovados pelo Governo brasileiro, ficando sujeitas à lei brasileira.

§ 2º Os Governos estrangeiros, bem como as organizações de qualquer natureza, que eles tenham constituído, dirijam ou hajam investido de funções públicas, não poderão adquirir no Brasil bens imóveis ou susceptíveis de desapropriação.

§ 3º Os Governos estrangeiros podem adquirir a propriedade dos prédios necessários à sede dos representantes diplomáticos ou dos agentes consulares.

Art. 12. É competente a autoridade judiciária brasileira, quando for o réu domiciliado no Brasil ou aqui tiver de ser cumprida a obrigação.

§1º Só à autoridade judiciária brasileira compete conhecer das ações relativas a imóveis situados no Brasil.

§ 2º A autoridade judiciária brasileira cumprirá, concedido o *exequatur* e segundo a forma estabelecida pele lei brasileira, as diligências deprecadas por autoridade estrangeira competente, observando a lei desta, quanto ao objeto das diligências.

Art. 13. A prova dos fatos ocorridos em país estrangeiro rege-se pela lei que nele vigorar, quanto ao ônus e aos meios de produzir-se, não admitindo os tribunais brasileiros provas que a lei brasileira desconheça.

Art. 14. Não conhecendo a lei estrangeira, poderá o juiz exigir de quem a invoca prova do texto e da vigência.

Art. 15. Será executada no Brasil a sentença proferida no estrangeiro, que reúna os seguintes requisitos:

a) haver sido proferida por juiz competente;

b) terem sido as partes citadas ou haver-se legalmente verificado à revelia;

c) ter passado em julgado e estar revestida das formalidades necessárias para a execução no lugar em que foi proferida;

d) estar traduzida por intérprete autorizado;

e) ter sido homologada pelo Supremo Tribunal Federal.

Parágrafo único. (Revogado pela Lei nº 12.036, de 2009).

Art. 16. Quando, nos termos dos artigos precedentes, se houver de aplicar a lei estrangeira, ter-se-á em vista a disposição desta, sem considerar-se qualquer remissão por ela feita a outra lei.

Art. 17. As leis, atos e sentenças de outro país, bem como quaisquer declarações de vontade, não terão eficácia no Brasil, quando ofenderem a soberania nacional, a ordem pública e os bons costumes.

Art. 18. Tratando-se de brasileiros, são competentes as autoridades consulares brasileiras para lhes celebrar o casamento e os mais atos de Registro Civil e de tabelionato, inclusive o registro de nascimento e de óbito dos filhos de brasileiro ou brasileira nascido no país da sede do Consulado.

§ 1º As autoridades consulares brasileiras também poderão celebrar a separação consensual e o divórcio consensual de brasileiros, não havendo filhos menores ou incapazes do casal e observados os requisitos legais quanto aos prazos, devendo constar da respectiva escritura pública as disposições relativas à descrição e à partilha dos bens comuns e à pensão alimentícia e, ainda, ao acordo quanto à retomada pelo cônjuge de seu nome de solteiro ou à manutenção do nome adotado quando se deu o casamento.

§ 2º É indispensável a assistência de advogado, devidamente constituído, que se dará mediante a subscrição de petição, juntamente com ambas as partes, ou com apenas uma delas, caso a outra constitua advogado próprio, não se fazendo necessário que a assinatura do advogado conste da escritura pública.

Art. 19. Reputam-se válidos todos os atos indicados no artigo anterior e celebrados pelos cônsules brasileiros na vigência do Decreto-lei nº 4.657, de 4 de setembro de 1942, desde que satisfaçam todos os requisitos legais.

Parágrafo único. No caso em que a celebração desses atos tiver sido recusada pelas autoridades consulares, com fundamento no artigo 18 do mesmo Decreto-lei, ao interessado é facultado renovar o pedido dentro em 90 (noventa) dias contados da data da publicação desta lei.

Art. 20. Nas esferas administrativa, controladora e judicial, não se decidirá com base em valores jurídicos abstratos sem que sejam consideradas as consequências práticas da decisão. (Incluído pela Lei nº 13.655, de 2018)

Parágrafo único. A motivação demonstrará a necessidade e a adequação da medida imposta ou da invalidação de ato, contrato, ajuste, processo ou norma administrativa, inclusive em face das possíveis alternativas.(Incluído pela Lei nº 13.655, de 2018)

Art. 21. A decisão que, nas esferas administrativa, controladora ou judicial, decretar a invalidação de ato, contrato, ajuste, processo ou norma administrativa deverá indicar de modo expresso suas consequências jurídicas e administrativas. (Incluído pela Lei nº 13.655, de 2018)

Parágrafo único. A decisão a que se refere o caput deste artigo deverá, quando for o caso, indicar as condições para que a regularização ocorra de modo proporcional e equânime e sem prejuízo aos interesses gerais, não se podendo impor aos sujeitos atingidos ônus ou perdas que, em função das peculiaridades do caso, sejam anormais ou excessivos. (Incluído pela Lei nº 13.655, de 2018)

Art. 22. Na interpretação de normas sobre gestão pública, serão considerados os obstáculos e as dificuldades reais do gestor e as exigências das políticas públicas a seu cargo, sem prejuízo dos direitos dos administrados.

§ 1º Em decisão sobre regularidade de conduta ou validade de ato, contrato, ajuste, processo ou norma administrativa, serão consideradas as circunstâncias práticas que houverem imposto, limitado ou condicionado a ação do agente. (Incluído pela Lei nº 13.655, de 2018)

§ 2º Na aplicação de sanções, serão consideradas a natureza e a gravidade da infração cometida, os danos que dela provierem para a administração pública, as circunstâncias agravantes ou atenuantes e os antecedentes do agente. (Incluído pela Lei nº 13.655, de 2018)

§ 3º As sanções aplicadas ao agente serão levadas em conta na dosimetria das demais sanções de mesma natureza e relativas ao mesmo fato. (Incluído pela Lei nº 13.655, de 2018)

Art. 23. A decisão administrativa, controladora ou judicial que estabelecer interpretação ou orientação nova sobre norma de conteúdo indeterminado, impondo novo dever ou novo condicionamento de direito, deverá prever regime de transição quando indispensável para que o novo dever ou condicionamento de direito seja cumprido de modo proporcional, equânime e eficiente e sem prejuízo aos interesses gerais.

Parágrafo único. (VETADO).(Incluído pela Lei nº 13.655, de 2018)

Art. 24. A revisão, nas esferas administrativa, controladora ou judicial, quanto à validade de ato, contrato, ajuste, processo ou norma administrativa cuja produção já se houver completado levará em conta as orientações gerais da época, sendo vedado que, com base em mudança posterior de orientação geral, se declarem inválidas situações plenamente constituídas. (Incluído pela Lei nº 13.655, de 2018)

Parágrafo único. Consideram-se orientações gerais as interpretações e especificações contidas em atos públicos de caráter geral ou em jurisprudência judicial ou administrativa majoritária, e ainda as adotadas por prática administrativa reiterada e de amplo conhecimento público. (Incluído pela Lei nº 13.655, de 2018)

Art. 25. (VETADO). (Incluído pela Lei nº 13.655, de 2018)

Art. 26. Para eliminar irregularidade, incerteza jurídica ou situação contenciosa na aplicação do direito público, inclusive no caso de expedição de licença, a autoridade administrativa poderá, após oitiva do órgão jurídico e, quando for o caso, após realização de consulta pública, e presentes razões de relevante interesse geral, celebrar compromisso com os interessados, observada a legislação aplicável, o qual só produzirá efeitos a partir de sua publicação oficial. (Incluído pela Lei nº 13.655, de 2018)

§ 1º O compromisso referido no caput deste artigo: (Incluído pela Lei nº 13.655, de 2018)

I - buscará solução jurídica proporcional, equânime, eficiente e compatível com os interesses gerais; (Incluído pela Lei nº 13.655, de 2018)

II – (VETADO); (Incluído pela Lei nº 13.655, de 2018)

III - não poderá conferir desoneração permanente de dever ou condicionamento de direito reconhecidos por orientação geral; (Incluído pela Lei nº 13.655, de 2018)

IV - deverá prever com clareza as obrigações das partes, o prazo para seu cumprimento e as sanções aplicáveis em caso de descumprimento. (Incluído pela Lei nº 13.655, de 2018)

§ 2º (VETADO). (Incluído pela Lei nº 13.655, de 2018)

Art. 27. A decisão do processo, nas esferas administrativa, controladora ou judicial, poderá impor compensação por benefícios indevidos ou prejuízos anormais ou injustos resultantes do processo ou da conduta dos envolvidos. (Incluído pela Lei nº 13.655, de 2018)

§ 1º A decisão sobre a compensação será motivada, ouvidas previamente as partes sobre seu cabimento, sua forma e, se for o caso, seu valor. (Incluído pela Lei nº 13.655, de 2018)

§ 2º Para prevenir ou regular a compensação, poderá ser celebrado compromisso processual entre os envolvidos. (Incluído pela Lei nº 13.655, de 2018)

Art. 28. O agente público responderá pessoalmente por suas decisões ou opiniões técnicas em caso de dolo ou erro grosseiro. (Incluído pela Lei nº 13.655, de 2018)

§ 1º (VETADO). (Incluído pela Lei nº 13.655, de 2018)

§ 2º (VETADO). (Incluído pela Lei nº 13.655, de 2018)

§ 3º (VETADO). (Incluído pela Lei nº 13.655, de 2018)

Art. 29. Em qualquer órgão ou Poder, a edição de atos normativos por autoridade administrativa, salvo os de mera organização interna, poderá ser precedida de consulta pública para manifestação de interessados, preferencialmente por meio eletrônico, a qual será considerada na decisão. (Incluído pela Lei nº 13.655, de 2018)

§ 1º A convocação conterá a minuta do ato normativo e fixará o prazo e demais condições da consulta pública, observadas as normas legais e regulamentares específicas, se houver. (Incluído pela Lei nº 13.655, de 2018)

§ 2º (VETADO). (Incluído pela Lei nº 13.655, de 2018)

Art. 30. As autoridades públicas devem atuar para aumentar a segurança jurídica na aplicação das normas, inclusive por meio de regulamentos, súmulas administrativas e respostas a consultas. (Incluído pela Lei nº 13.655, de 2018)

Parágrafo único. Os instrumentos previstos no caput deste artigo terão caráter vinculante em relação ao órgão ou entidade a que se destinam, até ulterior revisão. (Incluído pela Lei nº 13.655, de 2018)

Questões

Capítulo 1

01. **(Analista Judiciário - Área Judiciária - TRT 6 / 2012 / FCC)** Nos Estados estrangeiros, a obrigatoriedade da lei brasileira, quando admitida, se inicia, depois de oficialmente publicada, em

a) quarenta e cinco dias.

b) três meses.

c) noventa dias.

d) um mês.

e) trinta dias.

COMENTÁRIOS

Alternativa "b" - correta (responde todas as demais alternativas): de acordo com o art. 1º, § 1º da Lei de Introdução às Normas do Direito Brasileiro (LINDB), a obrigatoriedade da lei brasileira, nos Estados estrangeiros, se inicia três meses depois de oficialmente publicada. O candidato deve ter cuidado para não confundir três meses com noventa dias. Também deve se atentar para não confundir com o prazo para entrada em vigor da norma no país, que é de quarenta e cinco dias (art. 1º, *caput* da LINDB).

02. **(Analista Judiciário - Área Judiciária - TRT 21 / 2010 / CESPE)** Com base na Lei de Introdução ao Código Civil, julgue os itens que se seguem.

( ) Quando determinada lei, antes mesmo de entrar em vigor, tem seu texto corrigido, por meio de nova publicação oficial, considera-se que o prazo de *vacatio legis* começará a correr a partir da primeira publicação.

COMENTÁRIOS

Item errado: em conformidade com o art. 1º, § 3º da LINDB, se, antes de uma lei entrar em vigor, ocorrer nova publicação de seu texto para correção, o prazo de *vacatio legis* começará a correr da nova publicação.

( ) Diante de uma omissão legislativa, o juiz deve decidir o caso de acordo com a analogia, a equidade e os princípios gerais de direito, no entanto, ante a lacuna de lei, é dada ao magistrado a faculdade de se eximir do julgamento da lide.

COMENTÁRIOS

Item errado: o item tem dois erros. O primeiro é que, diante da omissão da lei, o juiz deve decidir o caso de acordo com a analogia, os costumes e os princípios gerais de direito (art. 4º da LINDB). Não deve decidir de acordo com a equidade. O segundo erro é que, ante a lacuna da lei, o juiz não tem a faculdade de se eximir do julgamento da lide (art. 140 do novo CPC).

03. **(Analista Judiciário – Área Judiciária – TRT 23 / 2011 / FCC)** João ajuizou ação de cobrança contra José, com base em lei vigente na época do negócio jurídico que gerou a correspondente obrigação, e obteve ganho de causa. A sentença transitou em julgado no dia 18 de maio de 2008. No dia 18 de abril de 2010, foi publicada outra lei, que expressamente revogou a lei vigente na época do negócio jurídico que gerou a obrigação. Nesse caso,

a) a lei nova não será aplicada à relação jurídica entre João e José, porque violaria o ato jurídico perfeito e a coisa julgada.
b) a lei nova será aplicada à relação jurídica entre João e José, porque não ocorreu a coisa julgada, nem o ato jurídico perfeito.
c) a lei nova não será aplicada à relação jurídica entre João e José, porque, embora não caracterizado o ato jurídico perfeito, ocorreu a coisa julgada.
d) a lei nova não será aplicada à relação jurídica entre João e José, porque, embora não tenha ocorrido a coisa julgada, ficou caracterizado o ato jurídico perfeito.
e) a lei nova será aplicada à relação jurídica entre João e José, porque a lei nova foi publicada antes do prazo de dois anos da data do trânsito em julgado da sentença que decidiu a relação jurídica.

COMENTÁRIOS

Alternativa "a" – correta (responde todas as demais alternativas): a nova lei em vigor tem efeito imediato e geral, devendo sempre respeitar o ato jurídico perfeito, o direito adquirido e a coisa julgada (arts. 6º, *caput* da LINDB e 5º, XXXVI da CF). O ato jurídico perfeito é o que já se consumou segundo a lei vigente ao tempo em que se efetuou (art. 6º, § 1º da LINDB). O direito adquirido é o que se incorporou definitivamente ao patrimônio e à personalidade de seu titular (art. 6º, § 2º da LINDB). E a coisa julgada é a decisão judiciária de que já não caiba mais recurso (art. 6º, § 3º da LINDB). Na hipótese da questão, a obrigação foi gerada com base em lei vigente na época do negócio jurídico, isto é, há ato jurídico perfeito. E a sentença transitou em julgado antes da vigência da nova lei, quer dizer, operou-se a coisa julgada. Assim sendo, a lei nova não será aplicada à relação jurídica entre João e José, em respeito ao ato jurídico perfeito e à coisa julgada.

04. **(Técnico Judiciário – Área Administrativa – TRT 20 / 2011 / FCC)** De acordo com a Lei de Introdução ao Código Civil brasileiro (Decreto-Lei nº 4.657, de 04/09/1942 e modificações posteriores):

a) o penhor regula-se pela lei do domicílio que tiver a pessoa em cuja posse se encontre a coisa apenhada.
b) o conhecimento da lei estrangeira é dever do magistrado sendo defeso ao juiz exigir de quem a invoca prova do texto e da vigência.
c) reputa-se ato jurídico perfeito o ato que estiver de acordo com as regras, costumes e princípios gerais de direito vigentes em uma comunidade.
d) chama-se coisa julgada a pretensão constante de ação judicial já julgada por sentença passível de recurso.

e) a lei do país em que a pessoa tiver nascido determina as regras sobre os direitos de família.

COMENTÁRIOS

Nota do autor: o Decreto-Lei 4.657/42 era denominado Lei de Introdução ao Código Civil Brasileiro (LICC). Mas a Lei 12.376/2010 alterou a ementa do Decreto-Lei, que passou a se chamar Lei de Introdução às Normas do Direito Brasileiro (LINDB).

Alternativa "a" - correta: a alternativa é a transcrição literal do art. 8º, § 2º da LINDB. Em regra, para regular as relações concernentes aos bens, aplica-se a lei do local em que os bens se encontram (art. 8º, *caput* da LINDB). Entretanto, no caso do penhor, aplica-se a lei do domicílio da pessoa em cuja posse se encontre a coisa apenhada.

Alternativa "b" - errada: não é dever do magistrado conhecer a lei estrangeira. Caso não conheça a lei estrangeira, poderá o magistrado exigir de quem a invoca prova do texto e da vigência (art. 14 da LINDB).

Alternativa "c" - errada: ato jurídico perfeito é o ato já consumado segundo a lei vigente ao tempo em que se efetuou (art. 6º, § 1º da LINDB).

Alternativa "d" - errada: coisa julgada é a decisão judiciária de que já não caiba mais recurso (art. 6º, § 3º da LINDB).

Alternativa "e" - errada: a lei do país em que domiciliada a pessoa é que determina as regras sobre os direitos de família (art. 7º, *caput* da LINDB).

05. **(Técnico Judiciário - Área Administrativa - TRT 6 / 2012 / FCC)** Dispõe a Lei de Introdução às Normas do Direito Brasileiro que *a obrigação resultante do contrato reputa-se constituída no lugar em que residir o proponente* (art. 9º, § 2º) e o Código Civil que *reputar-se-á celebrado o contrato no lugar em que for proposto* (art. 435). Neste caso,

a) tendo o juiz dúvida sobre qual das normas legais deve aplicar, possui a faculdade de considerar revogada qualquer das duas regras, aplicando a outra.
b) ambas as disposições legais se acham em vigor e não se contradizem.
c) o Código Civil foi revogado nessa disposição pela Lei de Introdução às Normas do Direito Brasileiro.
d) aquela regra estabelecida na Lei de Introdução às Normas do Direito Brasileiro foi revogada pelo Código Civil.
e) ambas as disposições se revogam reciprocamente.

COMENTÁRIOS

Alternativa "b" - correta (responde todas as demais alternativas): há uma aparente contradição entre o art. 9º, § 2º da Lei de Introdução às Normas do Direito Brasileiro (LINDB) e o art. 435 do Código Civil, mas esses dois artigos são aplicados para situações diferentes. O art. 9º, § 2º da LINDB é uma norma de direito internacional privado, que é o conjunto de normas que define a lei aplicável nas relações jurídicas internacionais. Ou seja, o art. 9º, § 2º da LINDB é aplicado nas situações em que os contratantes estão em Estados diferentes, com ordenamentos jurídicos diferentes. Já o art. 435 do Código Civil é uma norma interna do direito brasileiro, isto é, é aplicável nos casos em que os contratantes residem no Brasil. Logo, ambas as normas estão vigentes e, por se aplicarem em situações distintas, não se contradizem.

06. **(FCC - Procurador do Estado - MT/2016)** De acordo com a Lei de Introdução às Normas do Direito Brasileiro, a lei nova possui efeito

a) imediato, por isto atingindo os fatos pendentes, mas devendo respeitar a coisa julgada, o ato jurídico perfeito e o direito adquirido, incluindo o negócio jurídico sujeito a termo ou sob condição suspensiva.

b) retroativo, por isto atingindo os fatos pendentes, mas devendo respeitar a coisa julgada, o ato jurídico perfeito e o direito adquirido, ao qual não se equiparam, para fins de direito intertemporal, o negócio jurídico sujeito a termo ou sob condição suspensiva.

c) retroativo, por isto atingindo os fatos pendentes, mas devendo respeitar a coisa julgada, o ato jurídico perfeito e o direito adquirido, ao qual se equipara, para fins de direito intertemporal, o negócio jurídico sujeito a termo, porém não o negócio jurídico sob condição suspensiva.

d) imediato, por isto atingindo os fatos pendentes, ainda que se caracterizem como coisa julgada, ato jurídico perfeito ou direito adquirido.

e) imediato, por isto atingindo os fatos pendentes, mas devendo respeitar a coisa julgada, o ato jurídico perfeito e o direito adquirido, ao qual se equiparam as faculdades jurídicas e as expectativas de direito.

COMENTÁRIOS

Alternativa "a" - correta (responde todas as demais alternativas): a questão é disciplinada pelo art. 6º (caput e § 2º) da LINDB, que estabelece que a lei em vigor terá efeito imediato e geral, respeitados o ato jurídico perfeito, o direito adquirido e a coisa julgada. Ademais, segundo§ 2º do mesmo dispositivo dispõe que consideram-seadquiridos assim os direitos que o seu titular, ou alguém por ele, possa exercer, como aqueles cujo começo do exercício tenha termo pré-fixo, ou condição preestabelecida inalterável, a arbítrio de outrem.

Capítulo 2

Das Pessoas

1. PERSONALIDADE

1.1. Conceito de pessoa

Já vimos que o direito surge para disciplinar as relações pessoais e possibilitar o convívio social de forma ordeira.

Sob um outro prisma, pode-se dizer que a pessoa é o fundamento do direito, na medida em que é o centro ou destinatário da proteção jurídica.

O conceito de pessoa passa a ser mais importante do que qualquer outro conceito jurídico, como, por exemplo, o de obrigação, contrato, patrimônio etc. Tanto é que a Constituição Federal tem como alicerce o princípio da dignidade da pessoa humana, norteador do nosso ordenamento jurídico.

A pessoa passa a ser, então, o sujeito da relação jurídica, titular de direitos e deveres, eis que pode exigir algo de alguém ou ter algo exigido de si.

Nesse sentido, cabe destacar que o art. 1º do CC/02 substituiu a palavra "homem" por "pessoa". Tal alteração se mostra acertada porque, primeiro, a palavra "pessoa" traz a ideia de ser humano enquanto a palavra "homem" traz a ideia de indivíduo, e, segundo, porque, atualmente, reina o princípio da igualdade entre homens e mulheres.

1.2. Personalidade

O conceito de pessoa e de personalidade são inseparáveis.

A doutrina tradicional, liderada por Pontes de Miranda, entende que personalidade não é *direito*, mas *qualidade* da pessoa.

É um atributo que a pessoa tem pelo simples fato de ser pessoa, independentemente de qualquer fator diferenciador, como, por exemplo, sexo, crença, idade etc.

Em outras palavras, é uma aptidão, reconhecida pela lei, para ser titular de direitos e deveres. Isso, aliás, é o disposto no art. 1º do CC/02.

1.3. Direitos da personalidade

Os direitos da personalidade correspondem a uma categoria especial de direitos relacionados à pessoa humana, que lhe servem como primeira utilidade, como, por exemplo, a vida, a honra, o nome etc.

Cumpre observar que não se tratam de direitos pessoais ou reais, mas de direitos da personalidade, sendo, portanto, absolutos, irrenunciáveis, indisponíveis, imprescritíveis e impenhoráveis.

Segundo a professora Maria Helena Diniz, "o direito da personalidade é o direito da pessoa de defender o que lhe é próprio, como a vida, a identidade, a liberdade, a imagem, a privacidade, a honra etc."[1].

2. DA PESSOA NATURAL

2.1. Conceito de pessoa natural

Nosso Código Civil adotou a expressão "pessoa natural" para designar o ser humano tal como ele é, enquanto obra da natureza.

Também é utilizada a expressão "pessoa física", principalmente em questões tributárias, porque o ser humano ocupa um espaço físico, corporal, em contraposição à ideia de pessoa jurídica.

No entanto, a doutrina tradicional festeja a adoção da expressão pessoa natural, adotada pelo Código, porquanto revela as qualidades morais e espirituais do ser humano, intimamente ligadas ao conceito de personalidade.

2.2. Capacidade jurídica

A ideia de personalidade e capacidade se complementam.

Pode-se dizer que a capacidade é a extensão, ou melhor, a dimensão da personalidade, pois para alguns a capacidade é plena e, para outros, ela é limitada.

A personalidade traz a ideia de ser humano em um estado de existência; a capacidade conjuga a ideia de ser humano em um campo de ação.

O que todos adquirem ao nascer com vida é a capacidade de *direito* ou de *gozo*, que é a capacidade de *adquirir* direitos.

Dessa forma, independentemente de qualquer outro fator (etário ou mental), o ser humano está apto para adquirir direitos. Por ter capacidade de direito, um recém-nascido pode, por exemplo, suceder e receber herança.

Não pode o recém-nascido, contudo, praticar o ato pessoalmente, porque lhe falta a capacidade de *fato* ou de *ação*, que é a aptidão para o *exercício* pessoal dos atos da vida civil.

A capacidade de fato ou de exercício é conferida àqueles que preenchem determinados requisitos exigidos pela lei, que estão ligados, essencialmente, ao amadurecimento (idade) ou ao discernimento de vontade (desenvolvimento mental).

---

1. *Curso de Direito Civil Brasileiro*. v. 1, 30ª ed. São Paulo: Saraiva, 2013, p. 135/136.

Com o intuito de proteger essas pessoas, a lei impõe que os atos da vida civil sejam praticados por outras pessoas, que as representa ou assiste.

CAPACIDADE	
	De direito ou de gozo → Capacidade para adquirir direitos
	De exercício ou de fato → Capacidade para o exercício pessoal dos direitos

2.3. Incapacidade

2.3.1. *Incapacidade absoluta*

A capacidade é a regra, sendo a incapacidade, portanto, exceção.

Como visto, no ordenamento jurídico brasileiro não existe incapacidade de direito, ou melhor, incapacidade para adquirir direitos. Há a incapacidade apenas para o exercício pessoal dos direitos, que fica condicionada a certas exigências legais.

Essa incapacidade pode ser absoluta, quando há a proibição total do exercício pelo titular do direito.

Nesse caso, o titular é chamado de absolutamente incapaz, porquanto totalmente impedido de agir. Seus atos deverão ser exercidos por terceira pessoa, que o representa.

Os absolutamente incapazes estão indicados no art. 3º do Código Civil, que sofreu profundas alterações com a Lei nº. 13.146/15.

A referida lei, que foi publicada no dia 07 de julho de 2015 e entrou em vigor em janeiro de 2016, instituiu o Estatuto da Pessoa com Deficiência, tendo como fundamento, além do princípio da dignidade da pessoa humana consagrado no art. 1º, III da CF/88, a Convenção de Nova York, que é um tratado internacional do qual o Brasil é signatário, e que, nesta qualidade, possui status de Emenda Constitucional, segundo o art. 5º, §3º da CF/88 e o Decreto nº. 6.949/09.

O referido estatuto, norteado pela Convenção de Nova York, promove a inclusão das pessoas com deficiência, concedendo-lhes dignidade. Essa inclusão inaugurada pela novel legislação, evidentemente, trouxe grandes alterações em toda a doutrina das incapacidades.

O quadro abaixo, elaborado para fins de melhor compreensão, demonstra as alterações trazidas pelo Estatuto da Pessoa com Deficiência comparando o art. 3º do Código Civil antes e depois da Lei nº. 13.146/15.

▸ INCAPACIDADE ANTES DA ALTERAÇÃO LEGISLATIVA PROMOVIDA PELA LEI Nº. 13.146/15 (TEXTO REVOGADO)	
Absolutamente incapazes (art. 3º do CC)	**Relativamente incapazes (art. 4º do CC)**
I - Os menores de dezesseis anos (menores impúberes);	I - Os maiores de dezesseis e menores de dezoito anos (menores púberes);
II - Os que, por enfermidade ou deficiência mental, não tiverem o necessário discernimento para a prática desses atos; III - Os que, mesmo por causa transitória, não puderem exprimir sua vontade	II - Os ébrios habituais, os viciados em tóxicos, e os que, por deficiência mental, tenham o discernimento reduzido; III - Os excepcionais, sem desenvolvimento mental completo IV - Os pródigos

▸ INCAPACIDADE APÓS A ALTERAÇÃO LEGISLATIVA PROMOVIDA PELA LEI Nº. 13.146/15 (ATUALMENTE EM VIGOR)	
Absolutamente incapazes (art. 3º do CC)	**Relativamente incapazes (art. 4º do CC)**
Art. 3º. São absolutamente incapazes de exercer pessoalmente os atos da vida civil os menores de 16 (dezesseis) anos Revogados os incisos I, II e III	Art. 4º São incapazes, relativamente a certos atos, ou à maneira de os exercer: I - os maiores de dezesseis e menores de dezoito anos; II - os ébrios habituais e os viciados em tóxico; III - aqueles que, por causa transitória ou permanente, não puderem exprimir sua vontade; IV - os pródigos

Como se observa, os incisos constantes do art. 3º foram todos expressamente revogados pelo art. 114 da Lei nº. 13.146/15, de maneira que os absolutamente incapazes, agora, são apenas os menores de dezesseis anos.

Com as alterações trazidas pela lei nº. 13.146/15, as pessoas com deficiência mental, que constavam dos incisos II e III do art. 3º, agora são, em regra, plenamente capazes. Apenas eventualmente poderão ser reconhecidas como relativamente incapazes, se puderem ser enquadradas na previsão contida no art. 4º, III do Código Civil, como será visto adiante.

Há, como se verifica, a supressão das expressões "deficiência mental" e "excepcionais", que constavam, respectivamente, do art. 3º, II e art. 4º, III, ambos do CC/02.

Como dito, pela nova disciplina trazida pela Lei nº. 13.146/15, absolutamente incapazes são apenas os menores de dezesseis anos.

Agora, a idade passa a ser o único critério objetivo para delimitar a capacidade da pessoa.

Há uma presunção legal de que o menor de dezesseis anos não possui o adequado discernimento para administrar sua pessoa e seus bens.

Os fundamentos utilizados são a falta de maturidade, o incompleto desenvolvimento do intelecto, a inexperiência e a facilidade de ser influenciado por terceiros. Com base nisso, a lei desconsidera totalmente a vontade do incapaz.

Não obstante, em alguns casos a vontade dos menores de dezesseis anos passa a ser relevante.

É o que ocorre, por exemplo, nos casos de guarda e adoção desses adolescentes. Nessas hipóteses, os menores são chamados a dar sua opinião, pelo que consta expressamente, por exemplo, do art. 45, §2º do ECA (Lei nº. 8.069/1990), que exige a oitiva do adotando maior de doze anos para expressar sua opinião.

2.3.2. *Incapacidade relativa*

Além da incapacidade absoluta, na qual a lei, como dito, despreza a vontade do agente, há, também, a incapacidade relativa, consubstanciada no art. 4º do atual CC.

Os absolutamente incapazes são aqueles que não têm, em razão da tenra idade, o desenvolvimento pleno do intelecto. No entanto, em outras situações, o legislador relativiza essa incapacidade, permitindo que a vontade do agente seja considerada.

Os relativamente incapazes podem praticar certos atos da vida civil, desde que estejam acompanhados por seus representantes, eis que não gozam da plena independência.

Há, a toda evidência, uma grande alteração no sistema de incapacidades, em razão da promulgação do Estatuto da Pessoa com Deficiência (Lei nº. 13.146/15). Sobre o assunto, é importante destacar o ensinamento de Cristiano Chaves de Farias, Rogério Sanches Cunha e Ronaldo Batista Pinto:

> "Alterando sobremaneira a teoria das incapacidades consagrada na redação primitiva do Código Civil de 2002, a Norma Estatutária desatrelou os conceitos de incapacidade e de pessoa com deficiência. Não mais há, efetivamente, uma relação implicacional entre a deficiência (física, mental ou intelectual) e a incapacidade para os atos da vida civil. Até porque uma pessoa com deficiência pode não sofrer qualquer restrição à possibilidade de expressar as suas vontades e preferências. E, a outro giro, uma pessoa sem qualquer deficiência pode não ser capaz de exprimir a sua vontade, como na hipótese do menor de dezesseis anos de idade. Modifica-se, assim, a estruturação das incapacidades absoluta e relativa".

Serão analisados, a seguir, os incisos do art. 4º do CC/02, especificamente.

2.3.2.1. *Os maiores de 16 e menores de 18 anos (art. 4º, I)*

Os maiores de 16 e menores de 18 anos ainda não possuem a maturidade completa, mas o legislador confere certa autonomia à sua vontade, vez que dotados de certa compreensão das consequências dos atos da vida civil.

Como forma de protegê-los, a lei exige que seus atos sejam acompanhados por outra pessoa mais experiente e capaz, no caso, os pais ou tutores.

Como é possível observar, os atos praticados pelos maiores de 16 e menores de 18 anos necessitam da manifestação de duas vontades, ou seja, a do menor e a do representante legal. Na inexistência de uma, o negócio não pode ser celebrado.

Há, no entanto, alguns atos que o maior de 16 e menor de 18 anos pode praticar isoladamente, como, por exemplo, a) aceitar mandato (art. 666); b) ser testemunha (art. 228, I); c) fazer testamento (art. 1.860, parágrafo único).

2.3.2.2. *Os ébrios habituais e os viciados em tóxicos (art. 4º, II)*

Ébrio habitual é a pessoa que vive em constante estado de embriaguez. O vício deixa a pessoa escrava do álcool, que afeta todo o sistema psicomotor.

O álcool traz malefícios ao organismo como um todo, atacando principalmente a consciência e a vontade.

A experiência tem revelado que a pessoa mostra-se indiferente a tudo, inconsequente a diversas ações e valores, com dificuldades de relacionar-se, razão pela qual o legislador, com o objetivo de protegê-la, inseriu-a no rol dos relativamente incapazes.

Dessa forma, como ensina Raphael de Barros Monteiro "ébrio contumaz, tal como previsto no preceito em análise, é aquele que, por ingerir bebida alcoólica de forma imoderada, habitual ou diariamente, apresenta uma redução na sua faculdade de compreensão"[2].

De igual maneira ocorre com os *viciados em tóxicos*, que fazem uso imoderado de drogas, sem a devida prescrição médica.

Assim como o álcool, o vício em drogas traz prejuízos não apenas ao usuário, mas principalmente à família e à sociedade em geral.

O usuário, não raramente, predispõe-se a cometer crimes para viabilizar o consumo da droga, dentre as quais podem ser citadas a maconha, cocaína, ópio, LSD, heroína e *crack*.

Diante do grande prejuízo ao organismo, provocado pela droga, os viciados em tóxicos devem ser assistidos pelo curador, porquanto relativamente incapazes.

2.3.2.3. *Aqueles que, por causa transitória ou permanente, não puderem exprimir sua vontade (art. 4º, III).*

O dispositivo em análise possui redação quase idêntica com o revogado inciso II do art. 3º do CC/02. Na realidade, é como se o referido inciso II, que anteriormente

2. *Comentários ao Novo Código Civil*. Vol. I, 2ª ed. Rio de Janeiro: Forense, 2012, p. 71.

disciplinava hipótese de incapacidade absoluta, tivesse sido deslocado para o art. 4º para disciplinar hipótese de incapacidade relativa.

A diferença na redação dos dispositivos está no acréscimo da palavra "permanente", de forma que o art. 4º, III estabelece a incapacidade relativa para aqueles que não puderem expressar sua vontade, seja essa impossibilidade fundamentada em uma causa transitória ou permanente. O que fundamenta o reconhecimento da incapacidade relativa não é a simples existência da deficiência, seja ela física, mental ou intelectual, mas a impossibilidade de exprimir a vontade, causa esta que pode recair sobre pessoa com deficiência ou não.

Nesse dispositivo podem ser incluídos, por exemplo, o surdo-mudo que não consegue exprimir sua vontade, bem como aqueles que estão em estado de coma ou que perderam a memória.

Como se verifica e já foi dito nesta obra, o art. 4º foi substancialmente alterado pelo art. 114 do Estatuto da Pessoa com Deficiência (Lei nº. 13.146/15), que trouxe o conceito de pessoa com deficiência em seu art. 2º. Veja:

> **Art. 2º** Considera-se pessoa com deficiência aquela que tem impedimento de longo prazo de natureza física, mental, intelectual ou sensorial, o qual, em interação com uma ou mais barreiras, pode obstruir sua participação plena e efetiva na sociedade em igualdade de condições com as demais pessoas.
>
> § 1º A avaliação da deficiência, quando necessária, será biopsicossocial, realizada por equipe multiprofissional e interdisciplinar e considerará:
>
> I – os impedimentos nas funções e nas estruturas do corpo;
>
> II – os fatores socioambientais, psicológicos e pessoais;
>
> III – a limitação no desempenho de atividades; e
>
> IV – a restrição de participação.
>
> § 2º O Poder Executivo criará instrumentos para avaliação da deficiência.

A finalidade da novel legislação, como dito, é de proporcionar plena inclusão às pessoas com deficiência mental, tendo como norte o princípio da dignidade da pessoa humana (CF/88, art. 1º, III). Tais pessoas deixam de ser consideradas vulneráveis e passam a gozar de maior liberdade na seara civil.

Isso é o que vem expressamente consignado no art. 4º da Lei nº. 13.146/15, que assim dispõe:

> **Art. 4º** Toda pessoa com deficiência tem direito à igualdade de oportunidades com as demais pessoas e não sofrerá nenhuma espécie de discriminação.
>
> § 1º Considera-se discriminação em razão da deficiência toda forma de distinção, restrição ou exclusão, por ação ou omissão, que tenha o propósito ou o efeito de prejudicar, impedir ou anular o reconhecimento

> ou o exercício dos direitos e das liberdades fundamentais de pessoa com deficiência, incluindo a recusa de adaptações razoáveis e de fornecimento de tecnologias assistivas.
>
> § 2º A pessoa com deficiência não está obrigada à fruição de benefícios decorrentes de ação afirmativa.

É importante destacar, para uma melhor compreensão, que o art. 6º da referida lei dispõe diversos direitos que poderão ser exercidos pelas pessoas com deficiência, que, somados à nova disciplina da incapacidade, visam garantir-lhes uma posição mais ativa na sociedade. Observe:

> **Art. 6º** A deficiência não afeta a plena capacidade civil da pessoa, inclusive para:
>
> I – casar-se e constituir união estável;
>
> II – exercer direitos sexuais e reprodutivos;
>
> III – exercer o direito de decidir sobre o número de filhos e de ter acesso a informações adequadas sobre reprodução e planejamento familiar;
>
> IV – conservar sua fertilidade, sendo vedada a esterilização compulsória;
>
> V – exercer o direito à guarda, à tutela, à curatela e à adoção, como adotante ou adotando, em igualdade de oportunidades com as demais pessoas.
>
> É evidente que a consagração desses direitos deve vir acompanhada do exercício desses, direitos, o que justifica a adoção da nova teoria das incapacidades.

2.3.2.4. *Os pródigos (art. 4º, IV)*

Os pródigos são os gastadores contumazes, que, de forma inconsequente, dilapidam o próprio patrimônio e colocam em risco a própria subsistência.

A previsão legal em análise encontra fundamento na proteção não só do pródigo, mas também de toda a família, uma vez que a dilapidação desenfreada pode trazer sérios riscos à unidade familiar.

Cabe esclarecer que pródigo, conforme contemplado no art. 4, IV, é aquele que não tem noção dos gastos efetuados, revelando-se inconsequente ao estado de penúria. Se o pródigo não tem discernimento algum, a incapacidade deve ser reconhecida nos moldes do art. 4º, III do CC/02.

2.3.3. *Proteção aos incapazes*

O Código Civil teve a especial cautela de criar dispositivos que visam proteger a pessoa do incapaz.

Há, portanto, regras sobre a representação e assistência e, ainda, disposições específicas acerca da prescrição contra os incapazes.

Dessa forma, os absolutamente incapazes estarão sujeitos à representação, situação em que o representante dirigirá a vida jurídica do representado tomando as decisões em nome dele.

Os filhos menores de dezesseis anos, quando submetidos ao poder familiar, serão representados pelos pais. Quando não estiverem submetidos ao poder familiar, serão representados pelo tutor.

Por sua vez, os relativamente incapazes estarão sujeitos à assistência, situação em que será necessária a manifestação de vontade do assistido e do assistente.

Os maiores de dezesseis e menores de dezoito serão assistidos pelos pais, quando submetidos ao poder familiar. Quando não, serão assistidos pelos tutores.

Os maiores de idade, quando enquadrados na hipótese prevista no art. 4º, III do CC/02 serão assistidos pelo curador, vez que, agora, se trata de incapacidade relativa.

A nomeação do curador se dá judicialmente, mediante o processo de interdição, que, segundo as alterações promovidas pelo Estatuto da Pessoa com Deficiência, passa a ser uma proteção extraordinária que durará o menor tempo possível e se limitará, apenas, às questões de natureza negocial e patrimonial (art. 85 da Lei nº. 13.146/15).

2.3.4. *Cessação da incapacidade*

A incapacidade cessa com o término da causa que a originou.

Assim, a incapacidade proveniente de deficiência físico-psíquica cessará com o término da enfermidade. A incapacidade originária da menoridade cessará com o advento da maioridade.

2.3.4.1. *Maioridade*

O art. 5º, *caput* do CC/02 é claro ao indicar que a menoridade cessa aos dezoito anos completos. A maioridade é adquirida, então, no primeiro minuto do dia em que o indivíduo perfaz dezoito anos.

O critério utilizado é simplesmente etário, de forma que não se leva em conta o estado de maturidade. A fixação da maioridade aos dezoito anos é uma opção do legislador, inexistindo qualquer critério científico.

Também não há qualquer elemento diferenciador, de forma que a menoridade cessa, igualmente, para homens e mulheres.

2.3.4.2. *Emancipação*

A doutrina tradicional define emancipação como sendo a aquisição da capacidade civil antes da idade legal. Em algumas situações específicas definidas pela lei, pode haver a cessação da incapacidade.

As causas estão disciplinadas no parágrafo único do art. 5º do Código Civil e serão vistas a seguir.

2.3.4.2.1. *Emancipação voluntária (art. 5º, parágrafo único, I)*

A emancipação voluntária é uma prerrogativa concedida aos pais de antecipar a maioridade dos filhos maiores de dezesseis anos.

Em outras palavras, entendendo os pais que o filho maior de dezesseis anos possui maturidade suficiente para gerir sua vida, podem conceder-lhe a emancipação, mediante escritura pública lavrada no Cartório de Notas, que, posteriormente, deverá ser levada a registro no Cartório de Registro Civil. Não há necessidade de homologação judicial.

Importante esclarecer que a emancipação voluntária representa um direito potestativo dos pais, não sendo possível ao filho exigir a outorga da emancipação.

Também cumpre dizer que a emancipação deve ser concedida por ambos os pais, ou por um deles na falta do outro. A recusa injustificada de um deles pode ser suprida judicialmente, cabendo ao juiz decidir a questão.

2.3.4.2.2. *Emancipação judicial (art. 5º, parágrafo único, I)*

A emancipação judicial é aquela concedida pelo juiz, segundo o procedimento previsto no art. 719 e seguintes do novo CPC.

É permitida apenas no caso do menor com mais de dezesseis anos sujeito à tutela.

Nesse caso, o legislador submete a emancipação à apreciação judicial para evitar que o tutor possa promover a emancipação motivado pelo desejo de ficar livre da tutela, o que poderia trazer prejuízos ao tutelado.

Provando o menor que tem capacidade suficiente para gerir sua vida, o juiz, ouvido o tutor e o representante do Ministério Público, concederá a emancipação se esta for do interesse do menor.

2.3.4.2.3. *Emancipação legal*

A emancipação legal decorre diretamente da lei, que prevê situações em que o menor, por realizá-las, alcançará a maioridade. Uma vez ocorrida a hipótese prevista, não se justifica que o menor continue incapaz, havendo uma presunção de maturidade e independência para os atos da vida civil.

O primeiro desses acontecimentos é o *casamento* (art. 5º, parágrafo único, II).

O casamento, como dito, tem o condão de emancipar o menor, pois não se justifica que a sociedade conjugal seja conduzida por um terceiro, ou seja, pai ou tutor porque um dos consortes é incapaz.

A idade mínima para o casamento, tanto do homem quanto da mulher, é de dezesseis anos, conforme preconiza o art. 1.517 do CC. É importante destacar a recente redação do art. 1.520 do CC, alterado pela Lei nº 13.811 de 2019, que impede, em qualquer caso, o casamento de quem não atingiu a idade núbil indicada no art. 1.517.

A dissolução da sociedade conjugal, pelo divórcio ou pela morte, não trará o menor novamente à condição de incapaz.

Como o casamento nulo não produz efeitos (art. 1.563 do CC), o menor, havendo a decretação de nulidade ou anulabilidade, retornará à condição de incapaz, exceto se o contraiu de boa-fé. Nesse caso, configurando-se o casamento putativo, o contraente de boa-fé terá em seu benefício todos os efeitos do casamento, como se válido fosse, inclusive os efeitos da emancipação.

O segundo caso de emancipação legal é o *exercício de emprego público efetivo* (art. 5º, parágrafo único, III).

A doutrina tradicional sustenta que o dispositivo não deve ser interpretado restritivamente e gramaticalmente. Nesse sentido, há, inclusive, decisões da jurisprudência relativizando o dispositivo, entendendo que o que realmente importa é a condição de servidor público, qualquer que seja a forma do serviço ou função ou mesmo de investidura.

Dessa forma, o fato de ter sido admitido no serviço público já denota maturidade e compreensão adequadas para a prática dos atos da vida civil, razão pela qual a lei concede a emancipação.

A terceira hipótese é *a colação de grau em curso de ensino superior* (art. 5º, parágrafo único, IV).

Raramente alguém conseguirá colar grau em curso de nível superior antes dos dezoito anos, com exceção dos gênios, assim considerados. No entanto, o legislador optou por manter o que dispunha o art. 9º, §1º, IV do CC/16.

A última previsão de emancipação legal é *pelo estabelecimento civil ou comercial*, ou pela *existência de relação de emprego*, desde que sejam desenvolvidos com economia própria.

A economia própria coloca o menor numa situação de independência, eis que passa a ter um patrimônio proveniente do seu trabalho.

São evidentes as dificuldades que isso poderia apresentar, pois a independência financeira adquirida pelo adolescente seria limitada pela atuação de um terceiro, no caso os pais ou tutores.

Cabe destacar, porque importante, que o atual Código Civil inovou ao prever a emancipação pela *existência de relação de emprego.*

Observe que não há a exigência de ser uma relação de emprego formal. Há exigência, no entanto, que seja uma relação de emprego firmada nos termos do art. 3º da CLT.

2.4. Começo da personalidade da pessoa natural (art. 2º)

Nos termos do art. 2º do CC/02, a personalidade jurídica da pessoa natural inicia--se com o nascimento com vida.

Considera-se nascimento a separação do corpo físico da criança e da mãe, sendo irrelevante a forma como é feita. O importante é que passem a constituir, cada um, pessoas individualizadas.

Para que tenha nascido com vida é necessário que a criança tenha respirado, ainda que brevemente. Se nasceu, respirou e morreu em seguida, lavram-se dois assentos, o de nascimento e o de óbito.

Tal questão é de elevada importância para o direito das sucessões, pois se a criança nasceu com vida, ainda que pereça em seguida, adquiriu a personalidade jurídica e estará apta a receber a herança, podendo mudar todo o destino do patrimônio do *de cujus*. Como o direito das sucessões não é objeto do estudo dessa obra, deixaremos de nos aprofundar no assunto.

Cabe ressaltar que o citado art. 2º preserva os direitos do nascituro.

Segundo De Plácido e Silva[3], *nascituro* é o ente que está gerado ou concebido, mas que ainda não nasceu.

Dessa forma, nos termos do art. 130 do Código Civil, o nascituro, representado pela mãe, poderá praticar atos destinados à conservação de seus direitos, como, por exemplo, requerer a suspensão do processo de inventário, em caso da morte do pai, para que tenha garantida sua herança.

2.5. Individualização da pessoa natural

2.5.1. *Nome*

Segundo Carlos Roberto Gonçalves, o "vocábulo nome, como elemento individualizador da pessoa natural, é empregado em sentido amplo, indicando o nome completo. Integra a personalidade, individualiza a pessoa não só durante a vida como também após a sua morte, e indica a sua procedência familiar"[4].

---

3. *Vocabulário Jurídico Conciso*. 1ª ed. Rio de Janeiro: Forense, 2008, p. 516.
4. *Direito Civil I*. Vol. I, 3ª ed. São Paulo: Saraiva, 2011, p. 148.

O nome possui um aspecto público e um individual.

O aspecto público está relacionado com o interesse do Estado em que todas as pessoas sejam corretamente individualizadas, razão pela qual regula o assunto na Lei dos Registros Públicos (Lei 6.015/73).

O individual está relacionado ao direito ao nome, ou seja, ao poder de ação conferido a seu titular de utilizá-lo e impedir abusos cometidos por terceiros, conforme preceituam os arts. 16 e 17 do atual Código Civil.

O nome completo é composto pelo prenome e pelo sobrenome.

O *prenome* é o nome próprio de cada pessoa escolhido livremente pelos pais, desde que os filhos não sejam expostos ao ridículo. Sua finalidade é distinguir e individualizar a pessoa, podendo ser simples ou composto.

O *sobrenome*, também chamado de *patronímico*, é o sinal que identifica a procedência familiar, sendo transmissível por sucessão, de geração em geração.

Diferentemente do prenome, que os pais podem escolher livremente, o sobrenome é herdado dos pais, eis que representa a família. Diante da isonomia consagrada pela ordem constitucional, deve ser lançado no assento o sobrenome dos dois genitores.

É muito comum, também, o uso do *agnome*, que é a designação acrescentada ao nome completo como forma de distinguir membros da mesma família, que possuem o mesmo nome, como, por exemplo, filho, neto, júnior e sobrinho.

2.5.2. *Estado de pessoa natural*

Segundo a professora Maria Helena Diniz, "o estado da pessoa é a soma de suas qualificações, permitindo sua apresentação na sociedade numa determinada situação jurídica, para que possa usufruir dos benefícios e vantagens dela decorrentes, e sofrer os ônus e obrigações que dela emanam"[5].

A doutrina tradicional, baseada no direito romano, divide o estado de pessoa em três frentes: a) *o estado individual*, que reúne as características relativas à idade, sexo, saúde etc.; b) *o estado familiar*, que revela sua posição na família, em relação ao matrimônio, como, por exemplo, solteiro, casado, viúvo etc.; e c) *o estado político*, que indica a qualidade jurídica proveniente da posição da pessoa na sociedade política, podendo ser nacional, naturalizada ou estrangeira.

O estado está intimamente ligado à pessoa e, como tal, funciona como um "espelho", na medida em que projeta a imagem jurídica da pessoa natural.

Por tal razão, possui algumas características importantes, a seguir indicadas:

---

5. *Curso de Direito Civil Brasileiro*. Vol. 1, 30ª ed. São Paulo: Saraiva, 2013, p. 249.

a) *Indivisibilidade*: pois não é possível ter mais de um estado, sendo que ninguém pode ser, ao mesmo tempo, casado e solteiro, maior e menor. A aquisição de dupla nacionalidade é uma exceção.

b) *Indisponibilidade*: o estado da pessoa não pode ser objeto de comércio, sendo, portanto, inalienável e irrenunciável. Ninguém pode, por exemplo, alienar o estado de casado. É claro que o estado é mutável, pois o solteiro pode tornar-se casado e este, futuramente, viúvo, mas são indisponíveis.

c) *Imprescritibilidade*: o estado não se adquire ou se perde pela prescrição, eis que ligado ao conceito de personalidade. O estado de pessoa nasce e desaparece com a pessoa. Assim, não se pode perder o estado de pessoa pela prescrição, nem adquiri-lo pelo usucapião.

ESTADO DE PESSOA NATURAL Características	Indivisibilidade Indisponibilidade Imprescritibilidade

2.5.3. *Domicílio*

As relações jurídicas são estabelecidas entre as pessoas, de forma que estas devem ter um local de estabelecimento, livremente escolhido ou determinado pela lei, para que exerçam seus direitos e respondam por suas obrigações.

Dessa forma, o conceito de domicílio é de elevada importância para o direito, essencialmente para a fixação de competência para a propositura de ações judiciais.

O art. 70 do Código Civil diz expressamente que o domicílio civil da pessoa natural é o lugar onde ela estabelece sua residência com ânimo definitivo.

Dessa forma, o domicílio é o local onde a pessoa habita, com intenção de permanecer, ainda que se ausente temporariamente.

O art. 71 consagra a pluralidade domiciliar, ao admitir que a pessoa natural que tenha várias residências, onde viva alternadamente, tenha considerado como seu domicílio qualquer delas.

O Código também prevê o domicílio profissional no art. 72, estabelecendo que, para as questões profissionais, considera-se domicílio o local onde a profissão é exercida.

O domicílio pode ser de duas espécies:

a) *Necessário* ou *legal*, que é o domicílio fixado pela lei, tendo em vista a condição de certas pessoas, como ocorre, por exemplo, com o recém-nascido, cujo domicílio é o dos pais (art. 76 do CC/02);

b) *Voluntário*, quando escolhido livremente, que, nesse caso, pode ainda ser *geral*, quando estabelecido pela própria vontade da pessoa, se capaz, e *especial*, quando fixado segundo os interesses das partes num contrato.

DOMICÍLIO
- **Necessário ou legal:** fixado por Lei
- **Voluntário:** escolhido livremente pela pessoa

2.6. Extinção da personalidade da pessoa natural

A extinção da personalidade da pessoa natural é disciplinada pelos arts. 6º e seguintes do Código Civil, como será visto a seguir.

2.6.1. *Morte real*

Cessa a personalidade da pessoa natural com a morte real, que ocorre com o diagnóstico de paralisação da atividade encefálica, como preceitua o art. 3º da Lei 9.434/97.

A morte real, cuja prova é feita pelo atestado de óbito ou por ação declaratória de morte presumida, dissolve todos os direitos e obrigações, extinguindo-se, por exemplo, o poder familiar, o vínculo matrimonial e os contratos personalíssimos.

2.6.2. *Morte simultânea ou comoriência*

A morte simultânea é prevista no art. 8º do código e tem elevada importância para efeitos sucessórios.

Segundo o citado dispositivo, se dois ou mais indivíduos faleceram na mesma ocasião, não se podendo averiguar qual deles morreu primeiro, presumir-se-ão simultaneamente mortos. Trata-se de presunção *juris tantum*, que admite prova em contrário.

O que realmente importa para análise da questão é a possibilidade de se verificar a ordem cronológica do óbito, pois não há transmissão de herança entre comorientes.

Assim, considerando-se a presunção de que um casal, que não tenha descendentes e ascendentes, tenha morrido simultaneamente, um não herdará a herança do outro, que passará aos colaterais de cada um.

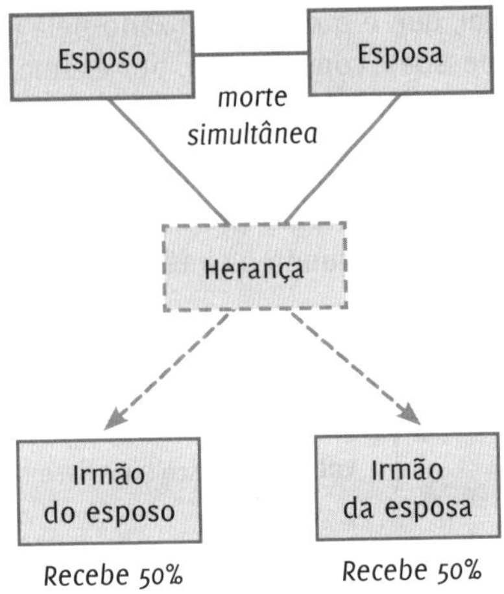

No entanto, se for possível determinar que o esposo tenha morrido antes da esposa, esta herdará a herança daquele, que, depois será transmitida aos colaterais.

Cumpre destacar, porque oportuno, que a lei utiliza a expressão "mesma ocasião", que não quer dizer "mesma localidade". O que se exige é que o falecimento ocorra em razão do mesmo evento e que não seja possível inferir qual morreu primeiro.

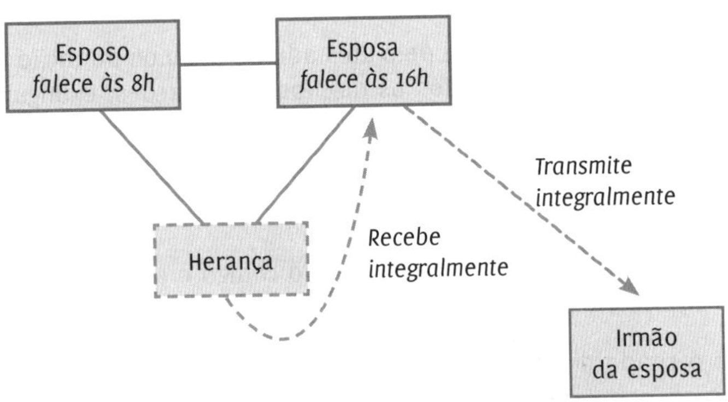

3. PESSOA JURÍDICA

3.1. Conceito de pessoa jurídica

Já foi dito exaustivamente que o homem é um ser social. A união em agrupamentos sempre foi importante para que homem somasse forças e alcançasse objetivos maiores, que não seriam possíveis de forma individual.

Com isso, essa unidade coletiva, que pode ser de pessoas ou de bens, passou a ter grande relevância social na consecução de certos fins, de forma que o direito passou a conferir-lhe personalidade jurídica própria, para agir na seara jurídica.

Diferentemente da pessoa natural, que é uma obra da natureza, essa unidade coletiva é uma obra do homem, ou melhor, do direito, razão pela qual é denominada no Brasil de *pessoa jurídica*.

Para o ilustre Carlos Roberto Gonçalves[6], a pessoa jurídica "consiste num conjunto de pessoas ou de bens, dotado de personalidade jurídica própria e constituído na forma da lei, para a consecução de fins comuns".

A professora Maria Helena Diniz[7] leciona que a pessoa jurídica deve ter três requisitos: a) organização de pessoas ou de bens; b) liceidade de propósitos ou fins; c) capacidade jurídica reconhecida por norma.

3.2. Classificação da pessoa jurídica

A pessoa jurídica pode ser classificada quanto à nacionalidade, quanto à estrutura interna e quanto à função.

a) Quanto à *nacionalidade*, a pessoa jurídica pode ser nacional ou estrangeira. A primeira é organizada segundo as leis brasileiras e tem a sede de sua administração no Brasil (art. 1.126 do CC/02). A estrangeira, independentemente do objeto, só pode funcionar no país com autorização do Poder Executivo, podendo apenas ser acionista de sociedade anônima brasileira (art. 1.134 do CC/02).

b) Quanto à *estrutura interna*, a pessoa jurídica pode ser corporação ou fundação.

A corporação é formada por um grupo de pessoas que se reúnem para alcançar objetivos comuns, estabelecidos pelos sócios. Dividem-se em *associações* e *sociedades*, sendo que estas podem ser *simples* e *empresárias*, antigamente denominadas de *civis* e *comerciais*, respectivamente.

As *associações* não têm fins lucrativos, mas religiosos, recreativos, morais, culturais, assistenciais ou desportivos. As sociedades têm fins lucrativos, devendo os lucros ser distribuídos aos sócios. Distinguem-se as sociedades simples das empresárias, porque estas têm por objeto o exercício de atividade própria de empresário, sujeito ao registro previsto no art. 967 do Código Civil.

As fundações, por sua vez, são compostas por um patrimônio destinado a um determinado fim, estabelecido pelo instituidor. Em outras palavras, esse

6. *Direito Civil I*. Vol. I, 3ª ed. São Paulo: Saraiva, 2011, p. 215.
7. *Curso de Direito Civil Brasileiro*, v. I, 30ª ed. São Paulo: Saraiva, 2013, p. 268.

acervo de bens recebe personalidade jurídica para alcançar o fim fixado pelo instituidor. Compõem-se, então, de dois elementos essenciais: o patrimônio e o fim.

c) Quanto à *função*, as pessoas jurídicas podem ser de direito público ou de direito privado.

As de direito público podem ser de direito público externo e interno.

Nos termos do art. 42 do Código Civil, são pessoas jurídicas de direito público externo os Estados estrangeiros e todas as pessoas que forem regidas pelo direito internacional público, como, por exemplo, a ONU e a Unesco.

As pessoas jurídicas de direito público interno são classificadas em: a) da *administração direta*, isto é, a União, Estados, Distrito Federal, Territórios e Municípios; e b) da *administração indireta*, ou seja, as autarquias, fundações públicas e demais entidades de caráter público criadas por lei, conforme preceitua o art. 41 do Código Civil.

3.3. Pessoas jurídicas de direito privado

As pessoas jurídicas de direito privado estão elencadas no art. 44 do Código Civil e serão estudadas a seguir.

3.3.1. *As associações*

O art. 53 do Código Civil define associação como sendo a união de pessoas que se organizam para fins não econômicos, o que deixa evidente o caráter pessoal da associação.

Dessa forma, não há, entre os associados, intenção de dividir os resultados, eis que os objetivos são altruísticos, beneficentes, culturais etc.

Não obstante o fato de que a associação não tenha finalidade lucrativa, nada impede que, eventualmente, realize negócios para aumentar seu patrimônio, como ocorre, comumente, com algumas associações que oferecem serviços de refeições aos seus associados, bem como agremiações que vendem materiais esportivos. O que a associação não pode proporcionar é ganho aos seus associados, pois, nesse caso, haverá a desnaturação de sua atividade.

Em caso de dissolução da associação, os bens remanescentes, por força do art. 61 do Código Civil, serão destinados à entidade de fins não econômicos designada no estatuto, ou, omisso este, por deliberação dos associados, a instituição municipal, estadual ou federal, de fins idênticos ou semelhantes. No entanto, é permitido aos associados, antes da destinação dos bens remanescentes, receber em restituição as contribuições efetuadas, devidamente atualizadas (art. 61, §1º do CC/02).

3.3.2. *As sociedades*

As sociedades são disciplinadas no Título II, do Livro II, relativo ao Direito de Empresa, cujo estudo é deveras longo e não corresponde ao objetivo desta obra, razão pela qual o tema será abordado de forma superficial.

O art. 981 do Código Civil dispõe que "celebram contrato de sociedade as pessoas que reciprocamente se obrigam a contribuir, com bens ou serviços para o exercício de atividade econômica e a partilha, entre si, dos resultados".

Como já foi dito, as sociedades podem ser simples e empresárias.

As simples, em regra, são constituídas por profissionais com identidade de atuação, como, por exemplo, clínicas médicas e escritórios de advocacia. Possuem finalidade econômica, havendo, inclusive, distribuição de lucros, mas o que as diferencia é que não desenvolvem atividade típica de empresário.

As sociedades empresárias, por sua vez, são aquelas que têm como objeto o exercício de atividade própria de empresário, sujeitas ao registro disposto no art. 967 do Código Civil. Segundo o art. 966 do mesmo diploma, para a configuração da sociedade como empresária, é necessário que possua as seguintes características: a) habitualidade; b) organização) e c) finalidade lucrativa.

As sociedades empresárias podem assumir as seguintes formas: a) sociedade em nome coletivo; b) sociedade em comandita simples; c) sociedade em comandita por ações; d) sociedade limitada; e e) sociedade anônima ou por ações.

Cabe ressaltar que as sociedades anônimas sempre serão sociedades empresárias e as sociedades cooperativas sempre serão sociedade simples, independentemente do objeto.

3.3.3. *As fundações*

Já vimos que as fundações são constituídas por um patrimônio, que recebe personalidade jurídica para agir no campo do direito e alcançar o fim estabelecido pelo instituidor.

As fundações podem ser particulares e públicas. Estas são instituídas pelo Estado, com seus bens pertencendo ao patrimônio público e são regidas pelo Direito Administrativo.

As particulares, por seu turno, são regidas pelo Código Civil, encontrando disciplina própria nos arts. 62 a 69.

Dois são os elementos essenciais da fundação: o patrimônio e o fim.

O patrimônio é o conjunto de bens livres de ônus ou encargos e legalmente disponíveis que o direito confere personalidade jurídica para agir, dentro da finalidade estabelecida pelo instituidor.

O fim é estipulado pelo instituidor, cabendo a ressalva de que a fundação não pode ter finalidade lucrativa, vez que sua constituição objetiva a consecução de interesse público.

Como ensina a professora Maria Helena Diniz[8], "a fundação deve almejar a consecução de fins nobres, para proporcionar a adaptação à vida social, a obtenção da cultura, do desenvolvimento intelectual e o respeito de valores espirituais, artísticos, materiais ou científicos".

Cumpre destacar, por derradeiro, que, por força do art. 63 do Código Civil, se os bens doados forem insuficientes para alcançar o fim almejado pelo instituidor, serão incorporados em outra fundação que busque fim igual ou semelhante, salvo se o instituidor tenha estipulado de forma diversa.

3.3.4. As organizações religiosas

O fato de as organizações religiosas constarem expressamente no rol do art. 44, revela o interesse do legislador em dar, a estas organizações, tratamento distinto das associações.

Segundo o ilustre Flávio Tartuce[9], esse interesse teria conotação política para dispensar as organizações religiosas de adaptarem-se às regras do Código Civil de 2002 relativas às associações, consideradas complexas e burocráticas.

Vê-se, então, que as organizações religiosas possuem caráter associativo, mas o fator que une as pessoas é a fé, cuja liberdade de crença e de culto representam direitos e garantias fundamentais consubstanciados no art. 5º, VI, da Constituição Federal.

Como o Estado adota o princípio republicano de total separação das confissões religiosas, resta evidente que cria, para si, o dever de garantir aos cidadãos a plena liberdade de crença, que se materializa, também, na liberdade de organização e desenvolvimento.

Nesse sentido, o ilustre Raphael de Barros Monteiro Filho[10] nos traz uma lição primorosa ao ensinar que "o Estado se obriga a assegurar às organizações religiosas o direito delas se personalizarem juridicamente, em conformidade com as regras postas por elas próprias, *em todos os assuntos que sejam puramente espirituais e litúrgicos e também naqueles que se refiram aos meios pelos quais a espiritualidade e a liturgia se expressam*".

---

8. *Curso de Direito Civil Brasileiro*. 30ª ed., v. 1. São Paulo: Saraiva, 2013, p. 277.
9. *Direito Civil I*. 9ª ed. Rio de Janeiro: Forense, 2013, p. 235.
10. *Comentários ao Novo Código Civil*. Vol. I, 2ª ed. Rio de Janeiro: Forense, 2012, p. 527.

Por força do art. 44, §2º do Código Civil, aplicam-se subsidiariamente às organizações religiosas, as regras relativas às associações. Note-se que tal aplicação, por ser supletiva só pode ser utilizada naquilo em que houver compatibilidade.

Destaca-se, por derradeiro, que, não obstante possuírem liberdade de funcionamento, as organizações religiosas estão sujeitas ao controle do Judiciário, nos termos do Enunciado 143 da III Jornada de Direito Civil promovida pelo Centro de Estudos Judiciários do Conselho de Justiça Federal, que preconiza "A liberdade de funcionamento das organizações religiosas não afasta o controle da legalidade e legitimidade constitucional de seu registro, nem a possibilidade de reexame, pelo Judiciário, da compatibilidade de seus atos com a lei e com seis estatutos".

3.3.5. *Partidos políticos*

Os partidos políticos, igualmente, possuem natureza própria, haja vista que seus fins são estritamente políticos, sendo irrelevante, portanto, perquirir a existência de finalidade econômica, a exemplo do que ocorre entre as associações e sociedades.

De igual sorte, o Enunciado 142 da III Jornada de Direito Civil promovida pelo Centro de Estudos Judiciários do Conselho de Justiça Federal, assim estabelece: "Os partidos políticos, sindicatos e associações religiosas possuem natureza associativa, aplicando-se-lhes o Código Civil".

Cumpre observar que os partidos políticos serão regidos, também, pela Lei 9.096/95, que regulamenta os arts. 14, §3º, V, e 17 da Constituição Federal.

3.3.6. *As empresas individuais de responsabilidade limitada – EIRELI*

A Lei 12.441 de 11 de julho de 2011, acrescentou o inciso IV do art. 44 para constar, como nova categoria de pessoa jurídica de direito privado, a empresa individual de responsabilidade limitada (EIRELI). A estrutura da EIRELI passou a ser disciplinada pelo também acrescentado art. 980-A do Código Civil.

Não obstante a EIRELI configurar no rol do art. 44 como pessoa jurídica, é importante consignar que não configura sociedade, porque esta pressupõe pluralidade de pessoas, a teor do quanto preconizado pelo art. 981 do mesmo diploma.

O ilustre Flávio Tartuce[11] leciona que a nova categoria visa diminuir a burocracia na constituição de empresas no país e esclarece, ainda, que o tema possui maior relevância ao Direito Empresarial do que propriamente ao Direito Civil.

De se consignar, outrossim, a recente inclusão do § 7º no art. 980-A, promovida pela MP nº 13.811 de 2019, também conhecida como Declaração de Direitos de Liberdade Econômica. Segundo o novel dispositivo, somente o patrimônio social da

11. *Direito Civil*. Vol. 1, 9ª ed. São Paulo: Método, 2013, p. 238.

EIRELI suportará o pagamento das dívidas, não havendo confusão com o patrimônio particular do titular que a constitui, salvo nos casos de fraude.

3.4. Começo da existência legal da pessoa jurídica

A existência da pessoa natural está associada a um evento biológico, que é o nascimento. Nascendo com vida, a pessoa natural adquire personalidade, estando apta para adquirir direitos e contrair deveres.

A existência da pessoa jurídica de direito privado, diferentemente, não está associada a um evento natural, pois, como criação do direito, surge pela vontade humana.

A criação da pessoa jurídica de direito privado passa por duas fases: a) a do ato constitutivo; e b) a do registro público.

A primeira fase é da formalização da vontade humana, que passa a ser consubstanciada em um *estatuto* ou *contrato social*, conforme a espécie de pessoa jurídica a ser criada.

O estatuto ou o contrato social contêm toda a estrutura da pessoa jurídica e, por tal razão, devem ser elaborados por escrito e observar os requisitos de validade dos negócios jurídicos, indicados no art. 104 do Código Civil.

A segunda fase é a do registro público, eis que os atos constitutivos devem ser arquivados no órgão competente. Os contratos sociais das sociedades empresárias devem ser registrados na Junta Comercial, enquanto os estatutos e atos constitutivos das demais pessoas jurídicas devem ser registrados nos Cartórios de Registro Civil das Pessoas Jurídicas.

É importante frisar que a aquisição da personalidade pela pessoa jurídica ocorre com o registro dos atos constitutivos, conforme dispõe expressamente o art. 45 do Código.

Dessa forma, o registro, além de provar a existência da pessoa jurídica, tem natureza constitutiva, na medida em que confere a personalidade jurídica à pessoa jurídica, cabendo a ressalva de que, em casos especiais, pode haver a necessidade de autorização do governo, situação em que o registro será efetivado após a concessão da autorização.

A aquisição da personalidade não tem reflexos apenas na esfera patrimonial, pois o art. 52 do Código Civil confere à pessoa jurídica a proteção aos direitos da personalidade.

A pessoa jurídica, então, passa a gozar, por exemplo, de proteção ao nome, bem como lhe é garantido o domicílio e a boa reputação, podendo, inclusive, sofrer dano moral, como preconiza a súmula 227 do C. STJ.

3.5. Domicílio da pessoa jurídica

O domicílio da pessoa jurídica é sua sede, ou seja, o local de suas atividades habituais, onde os credores poderão exigir o adimplemento das obrigações.

As pessoas jurídicas de direito público interno têm por domicílio a sede de seu governo, segundo o art. 75 e incisos do Código Civil.

As pessoas jurídicas de direito privado, por sua vez, têm por domicílio o local indicado nos atos constitutivos, sendo, comumente, o local de sua administração.

O art. 75, §1º prevê a possibilidade de as pessoas jurídicas terem domicílios múltiplos, desde que tenham vários estabelecimentos, a exemplo das instituições bancárias, ocasião em que poderão ser acionadas no foro em que tiverem praticado o ato.

Nesse sentido, cabe transcrever a súmula 363 do C. STF que estabelece que "a pessoa jurídica de direito privado pode ser demandada no domicílio da agência ou estabelecimento em que se praticou o ato".

Caso a sede da administração esteja localizada no estrangeiro, o domicílio será o lugar do estabelecimento situado no Brasil onde as obrigações foram contraídas (art. 75, §2º).

3.6. Extinção da pessoa jurídica

Semelhantemente às pessoas naturais, as pessoas jurídicas nascem, desenvolvem-se, modificam-se e extinguem-se.

A extinção das pessoas jurídicas pode ocorrer segundo quatro formas distintas:

a) *Convencional:* quando a extinção se dá pela vontade dos membros, segundo os atos constitutivos ou a lei. Dessa forma, a mesma vontade humana capaz de fazer nascer a pessoa jurídica é capaz de extingui-la. Enquadram-se na extinção convencional as hipóteses previstas no art. 1.033, I, II, III e IV do Código Civil.

b) *Legal:* quando a extinção ocorre por motivo determinante na lei, como no caso de falência (Lei 11.101 de 9.2.2005).

c) *Administrativa:* quando as pessoas jurídicas dependem de autorização do Poder Público e esta é cassada (art. 1.033, V).

d) *Judicial:* quando a sociedade é dissolvida por decisão do Poder Judiciário, mediante processo judicial movido por qualquer dos sócios. As causas mais comuns estão elencadas no art. 1.034 do Código, cujo rol é meramente exemplificativo, uma vez que o art. 1.035 do mesmo diploma dispõe que o contrato social pode prever outras causas de dissolução.

Vale frisar, finalmente, que a personalidade da pessoa jurídica em fase de liquidação permanece incólume até que a liquidação se conclua, eis que expressamente consignado no art. 51 do Código Civil.

EXTINÇÃO DA PESSOA JURÍDICA	
	Convencional: quando decorre da vontade dos membros
	Legal: quando decorre da lei
	Administrativa: quando a autorização é cassada
	Judicial: quando decorre de decisão judicial

3.7. Grupos despersonalizados

Há alguns agrupamentos constituídos com finalidade comum, possuindo características semelhantes às das pessoas jurídicas. Tais agrupamentos, no entanto, não possuem personalidade jurídica, garantindo-lhes o direito, muitas vezes, apenas a representação processual.

Dentre os citados agrupamentos despersonalizados podem ser indicados:

a) A *massa falida:* constituída pelo acervo de bens pertencentes ao falido, após a sentença de falência que decreta a perda do direito de administração do patrimônio. A massa falida não tem personalidade jurídica, mas exerce os direitos do falido, podendo, inclusive, agir contra ele. O administrador da massa falida era denominado de síndico (art. 12, III, do CPC de 1973) ou liquidante (art. 81, §2º, da Lei 11.101/05). O novo CPC, no entanto, alterou a denominação chamando-o de administrador judicial (art. 75, V, do novo CPC).

b) As heranças *jacente* e *vacante:* que constituem o acervo de bens deixados pelo *de cujus*, enquanto ainda não entregues ao sucessor. A herança será jacente quando for aberta a sucessão, sem que o *de cujus* tenha deixado testamento e herdeiros conhecidos (art. 1.819 CC/02). Esse acervo de bens, que não possui personalidade jurídica, possui, no entanto, legitimidade ativa e passiva para comparecer em juízo (art. 75, VI, do novo CPC).

Serão, ainda, declarados *vacantes* os bens da herança jacente se não surgirem herdeiros ou se todos renunciarem, depois de realizadas todas as exigências legais.

c) O *espólio:* é o conjunto de direitos e deveres do *de cujus*, que surge com a abertura da sucessão, é representada pelo inventariante (art. 75, VII, do novo CPC) e extingue-se com o julgamento da partilha, ocasião em que os quinhões hereditários serão transmitidos aos sucessores. Vê-se, então, que a legitimidade do espólio perdura da abertura da sucessão até o julgamento da partilha.

d) As *sociedades e associações sem personalidade jurídica:* também chamadas de *sociedades em comum, irregulares* ou *de fato*, são as entidades já em funcionamento, mas que não possuem personalidade jurídica por falta de registro dos atos constitutivos ou por falta da autorização governamental para funcionar, como visto anteriormente. Tais entidades serão representadas em juízo "pela pessoa a quem couber a administração dos seus bens" (art. 75, IX, do novo CPC).

e) O *condomínio:* que pode ser *geral* e *edilício.* O primeiro não tem personalidade jurídica, eis que cada condômino possui sua parte ou fração ideal.

Há, no entanto, severa divergência na doutrina acerca da natureza jurídica do condomínio em edificações. Expressiva parte da doutrina nega a condição de pessoa jurídica ao condomínio edilício, enquanto há renomados doutrinadores que lhe reconhecem a personalidade jurídica. Tendo em vista a complexidade do assunto, sugerimos a análise de bibliografia específica sobre o tema.

GRUPOS DESPERSONALIZADOS

- Massa falida
- Herança jacente e vacante
- Espólio
- Sociedades sem personalidade jurídica
- Condomínio

3.8. Desconsideração da personalidade jurídica

Já foi dito que a pessoa jurídica passa a gozar de personalidade para atuar no campo do direito. Essa personalidade é própria da pessoa jurídica, ou seja, distinta da personalidade de seus membros.

Tal diferenciação é de suma importância para se identificar que a pessoa jurídica possui vontade e patrimônio distintos das pessoas naturais que a compõem, atuando a personalidade jurídica como uma espécie de "cortina" que separa os interesses da pessoa jurídica dos interesses das pessoas naturais. Estas, em regra, não responderão pelas dívidas da pessoa jurídica, exceto nas hipóteses previstas na lei.

No entanto, a experiência mostra que, não raramente, essa "cortina" é usada de forma deturpada, com o intuito de lesar terceiros. Em outras palavras, pessoas jurídicas são criadas com a única finalidade de aproveitar-se da distinção de personalidade para cometer abusos. Assim, sociedades faliam enquanto seus sócios enriqueciam.

Nosso Código Civil trouxe importante disciplina sobre o assunto, ao prever a possibilidade de desconsideração da personalidade jurídica para que os bens particulares dos sócios respondam pelas dívidas da pessoa jurídica, quando houver desvio de finalidade ou confusão patrimonial. Tal disciplina está contida no art. 50 do Código:

> **Art. 50.** Em caso de abuso da personalidade jurídica, caracterizado pelo desvio de finalidade, ou pela confusão patrimonial, pode o juiz decidir, a requerimento da parte, ou do Ministério Público quando lhe

couber intervir no processo, que os efeitos de certas e determinadas relações de obrigações sejam estendidos aos bens particulares dos administradores ou sócios da pessoa jurídica.

Recentemente, a MP nº 881 de 2019, conhecida como Declaração de Direitos de Liberdade Econômica, alterou o referido art. 50 e incluiu novos parágrafos com conceitos mais objetivos. Veja:

> **Art. 50.** Em caso de abuso da personalidade jurídica, caracterizado pelo desvio de finalidade ou pela confusão patrimonial, pode o juiz, a requerimento da parte, ou do Ministério Público quando lhe couber intervir no processo, desconsiderá-la para que os efeitos de certas e determinadas relações de obrigações sejam estendidos aos bens particulares de administradores ou de sócios da pessoa jurídica beneficiados direta ou indiretamente pelo abuso. (Redação dada pela Medida Provisória nº 881, de 2019)
>
> § 1º Para fins do disposto neste artigo, desvio de finalidade é a utilização dolosa da pessoa jurídica com o propósito de lesar credores e para a prática de atos ilícitos de qualquer natureza. (Incluído pela Medida Provisória nº 881, de 2019)
>
> § 2º Entende-se por confusão patrimonial a ausência de separação de fato entre os patrimônios, caracterizada por: (Incluído pela Medida Provisória nº 881, de 2019)
>
> I - cumprimento repetitivo pela sociedade de obrigações do sócio ou do administrador ou vice-versa; (Incluído pela Medida Provisória nº 881, de 2019)
>
> II - transferência de ativos ou de passivos sem efetivas contraprestações, exceto o de valor proporcionalmente insignificante; e (Incluído pela Medida Provisória nº 881, de 2019)
>
> III - outros atos de descumprimento da autonomia patrimonial. (Incluído pela Medida Provisória nº 881, de 2019)
>
> § 3º O disposto no caput e nos § 1º e § 2º também se aplica à extensão das obrigações de sócios ou de administradores à pessoa jurídica. (Incluído pela Medida Provisória nº 881, de 2019)
>
> § 4º A mera existência de grupo econômico sem a presença dos requisitos de que trata o caput não autoriza a desconsideração da personalidade da pessoa jurídica. (Incluído pela Medida Provisória nº 881, de 2019)
>
> § 5º Não constitui desvio de finalidade a mera expansão ou a alteração da finalidade original da atividade econômica específica da pessoa jurídica. (Incluído pela Medida Provisória nº 881, de 2019)

Como é possível observar, a nova redação do art. 50 afasta os conceitos abertos e passa a definir conceitos importantes como o desvio de finalidade e a confusão patrimonial. A definição de tais conceitos é de suma importância porque evita o subjetivismo do intérprete e traz segurança jurídica.

Tendo em vista que o art. 50 foi alterado por meio de Medida Provisória, que necessita ser convertida em lei pelo Poder Legislativo, constarão da presente obra as duas redações, porque, até o momento em que é escrita, não se sabe se a referida MP será convertida em lei ou não.

Não se trata de retirar a personalidade da pessoa jurídica, mas, tão somente, de desconsiderá-la ou afastá-la, momentaneamente, para penetrar no patrimônio dos sócios ou dos administradores.

Tal preceito encontra dispositivo semelhante no art. 28, §5º do Código de Defesa do Consumidor. Observe:

> **Art. 28** – O juiz poderá desconsiderar a personalidade jurídica da sociedade quando, em detrimento do consumidor, houver abuso de direito, excesso de poder, infração da lei, fato ou ato ilícito ou violação dos estatutos ou contrato social. A desconsideração também será efetivada quando houver falência, estado de insolvência, encerramento ou inatividade da pessoa jurídica provocados por má administração.
>
> (...)
>
> §5º. – Também poderá ser desconsiderada a pessoa jurídica sempre que sua personalidade for, de alguma forma, obstáculo ao ressarcimento de prejuízos causados aos consumidores.

Embora existam semelhanças, os dispositivos possuem diferenças substanciais.

Como é possível observar, o Código Civil permite a desconsideração da personalidade jurídica somente em caso de desvio de finalidade ou confusão patrimonial, o que demonstra que o legislador restringiu a aplicação do dispositivo a tais situações. Daí porque a doutrina diz que o Código Civil adotou a *teoria maior* da desconsideração da personalidade jurídica.

No caso do Código de Defesa do Consumidor, basta a simples lesão ao consumidor para que a desconsideração seja efetuada, razão pela diz-se que o Código de Defesa do Consumidor adotou a *teoria menor* da desconsideração da personalidade jurídica.

A desconsideração da personalidade jurídica tem grande aplicação no direito do trabalho, quando é utilizada para obter a satisfação dos créditos trabalhistas, que possuem natureza alimentícia.

Muito embora a aplicação da desconsideração da personalidade jurídica no direito do trabalho tenha como fundamento a aplicação subsidiária do direito civil, fato é que, na prática, a aplicação mais se assemelha àquela prevista no Código de Defesa do Consumidor. Em outras palavras, basta a lesão ao crédito do trabalhador para que a desconsideração seja deferida. Assim o é tendo em vista que o trabalho goza de proteção especial, na medida em que é através dele que o homem obtém o seu sustento.

A doutrina também aponta a possibilidade de, no caso de confusão patrimonial, responsabilizar a empresa por dívidas dos sócios, o que recebeu o nome de *desconsideração inversa* ou *invertida*.

O ilustre Flávio Tartuce18 cita o exemplo de um sócio que, tendo conhecimento do divórcio, adquire bens com capital próprio em nome da sociedade, como forma de retirá-los de futura partilha. Pela desconsideração inversa, tais bens poderão ser objeto do divórcio, tendo em vista a confusão patrimonial, fazendo com que o instituto seja utilizado no Direito de Família.

4. LEGISLAÇÃO RELACIONADA AO CAPÍTULO

▶ **CÓDIGO CIVIL**[12]

PARTE GERAL

LIVRO I
DAS PESSOAS

TÍTULO I
DAS PESSOAS NATURAIS

CAPÍTULO I
DA PERSONALIDADE E DA CAPACIDADE

Art. 1º Toda pessoa é capaz de direitos e deveres na ordem civil.

Art. 2º A personalidade civil da pessoa começa do nascimento com vida; mas a lei põe a salvo, desde a concepção, os direitos do nascituro.

Art. 3º São absolutamente incapazes de exercer pessoalmente os atos da vida civil os menores de 16 (dezesseis) anos.

Art. 4º São incapazes, relativamente a certos atos ou à maneira de os exercer:

I - os maiores de dezesseis anos e menores de dezoito anos;

II - os ébrios habituais e os viciados em tóxico;

III - aqueles que, por causa transitória ou permanente, não puderem exprimir sua vontade;

IV - os pródigos.

Parágrafo único. A capacidade dos indígenas será regulada por legislação especial.

Art. 5º A menoridade cessa aos dezoito anos completos, quando a pessoa fica habilitada à prática de todos os atos da vida civil.

Parágrafo único. Cessará, para os menores, a incapacidade:

I - pela concessão dos pais, ou de um deles na falta do outro, mediante instrumento público, independentemente de homologação judicial, ou por sentença do juiz, ouvido o tutor, se o menor tiver dezesseis anos completos;

II - pelo casamento;

III - pelo exercício de emprego público efetivo;

IV - pela colação de grau em curso de ensino superior;

V - pelo estabelecimento civil ou comercial, ou pela existência de relação de emprego, desde que, em função deles, o menor com dezesseis anos completos tenha economia própria.

Art. 6º A existência da pessoa natural termina com a morte; presume-se esta, quanto aos ausentes, nos casos em que a lei autoriza a abertura de sucessão definitiva.

Art. 7º Pode ser declarada a morte presumida, sem decretação de ausência:

I - se for extremamente provável a morte de quem estava em perigo de vida;

II - se alguém, desaparecido em campanha ou feito prisioneiro, não for encontrado até dois anos após o término da guerra.

Parágrafo único. A declaração da morte presumida, nesses casos, somente poderá ser requerida depois de esgotadas as buscas e averiguações, devendo a sentença fixar a data provável do falecimento.

Art. 8º Se dois ou mais indivíduos falecerem na mesma ocasião, não se podendo averiguar se algum dos comorientes precedeu aos outros, presumir-se-ão simultaneamente mortos.

Art. 9º Serão registrados em registro público:

12. *Direito Civil*. Vol. 1, 9ª ed. São Paulo: Método, 2013, p. 247.

I - os nascimentos, casamentos e óbitos;

II - a emancipação por outorga dos pais ou por sentença do juiz;

III - a interdição por incapacidade absoluta ou relativa;

IV - a sentença declaratória de ausência e de morte presumida.

Art. 10. Far-se-á averbação em registro público:

I - das sentenças que decretarem a nulidade ou anulação do casamento, o divórcio, a separação judicial e o restabelecimento da sociedade conjugal;

II - dos atos judiciais ou extrajudiciais que declararem ou reconhecerem a filiação;

III - dos atos judiciais ou extrajudiciais de adoção. (Revogado pela Lei nº 12.010, de 2009)

CAPÍTULO II
DOS DIREITOS DA PERSONALIDADE

Art. 11. Com exceção dos casos previstos em lei, os direitos da personalidade são intransmissíveis e irrenunciáveis, não podendo o seu exercício sofrer limitação voluntária.

Art. 12. Pode-se exigir que cesse a ameaça, ou a lesão, a direito da personalidade, e reclamar perdas e danos, sem prejuízo de outras sanções previstas em lei.

Parágrafo único. Em se tratando de morto, terá legitimação para requerer a medida prevista neste artigo o cônjuge sobrevivente, ou qualquer parente em linha reta, ou colateral até o quarto grau.

Art. 13. Salvo por exigência médica, é defeso o ato de disposição do próprio corpo, quando importar diminuição permanente da integridade física, ou contrariar os bons costumes.

Parágrafo único. O ato previsto neste artigo será admitido para fins de transplante, na forma estabelecida em lei especial.

Art. 14. É válida, com objetivo científico, ou altruístico, a disposição gratuita do próprio corpo, no todo ou em parte, para depois da morte.

Parágrafo único. O ato de disposição pode ser livremente revogado a qualquer tempo.

Art. 15. Ninguém pode ser constrangido a submeter-se, com risco de vida, a tratamento médico ou a intervenção cirúrgica.

Art. 16. Toda pessoa tem direito ao nome, nele compreendidos o prenome e o sobrenome.

Art. 17. O nome da pessoa não pode ser empregado por outrem em publicações ou representações que a exponham ao desprezo público, ainda quando não haja intenção difamatória.

Art. 18. Sem autorização, não se pode usar o nome alheio em propaganda comercial.

Art. 19. O pseudônimo adotado para atividades lícitas goza da proteção que se dá ao nome.

Art. 20. Salvo se autorizadas, ou se necessárias à administração da justiça ou à manutenção da ordem pública, a divulgação de escritos, a transmissão da palavra, ou a publicação, a exposição ou a utilização da imagem de uma pessoa poderão ser proibidas, a seu requerimento e sem prejuízo da indenização que couber, se lhe atingirem a honra, a boa fama ou a respeitabilidade, ou se se destinarem a fins comerciais.

Parágrafo único. Em se tratando de morto ou de ausente, são partes legítimas para requerer essa proteção o cônjuge, os ascendentes ou os descendentes.

Art. 21. A vida privada da pessoa natural é inviolável, e o juiz, a requerimento do interessado, adotará as providências necessárias para impedir ou fazer cessar ato contrário a esta norma.

CAPÍTULO III
DA AUSÊNCIA

Seção I
Da Curadoria dos Bens do Ausente

Art. 22. Desaparecendo uma pessoa do seu domicílio sem dela haver notícia, se não houver deixado representante ou procurador a quem caiba administrar-lhe os bens, o juiz, a requerimento de qualquer interessado ou do Ministério Público, declarará a ausência, e nomear-lhe-á curador.

Art. 23. Também se declarará a ausência, e se nomeará curador, quando o ausente deixar mandatário que não queira ou não possa exercer ou continuar o mandato, ou se os seus poderes forem insuficientes.

Art. 24. O juiz, que nomear o curador, fixar-lhe-á os poderes e obrigações, conforme as circunstâncias, observando, no que for aplicável, o disposto a respeito dos tutores e curadores.

Art. 25. O cônjuge do ausente, sempre que não esteja separado judicialmente, ou de fato por mais de dois anos antes da declaração da ausência, será o seu legítimo curador.

§ 1º Em falta do cônjuge, a curadoria dos bens do ausente incumbe aos pais ou aos descendentes, nesta ordem, não havendo impedimento que os iniba de exercer o cargo.

§ 2º Entre os descendentes, os mais próximos precedem os mais remotos.

§ 3º Na falta das pessoas mencionadas, compete ao juiz a escolha do curador.

Seção II
Da Sucessão Provisória

Art. 26. Decorrido um ano da arrecadação dos bens do ausente, ou, se ele deixou representante ou procurador, em se passando três anos, poderão os interessados requerer que se declare a ausência e se abra provisoriamente a sucessão.

Art. 27. Para o efeito previsto no artigo anterior, somente se consideram interessados:

I - o cônjuge não separado judicialmente;

II - os herdeiros presumidos, legítimos ou testamentários;

III - os que tiverem sobre os bens do ausente direito dependente de sua morte;

IV - os credores de obrigações vencidas e não pagas.

Art. 28. A sentença que determinar a abertura da sucessão provisória só produzirá efeito cento e oitenta dias depois de publicada pela imprensa; mas, logo que passe em julgado, proceder-se-á à abertura do testamento, se houver, e ao inventário e partilha dos bens, como se o ausente fosse falecido.

§ 1º Findo o prazo a que se refere o art. 26, e não havendo interessados na sucessão provisória, cumpre ao Ministério Público requerê-la ao juízo competente.

§ 2º Não comparecendo herdeiro ou interessado para requerer o inventário até trinta dias depois de passar em julgado a sentença que mandar abrir a sucessão provisória, proceder-se-á à arrecadação dos bens do ausente pela forma estabelecida nos arts. 1.819 a 1.823.

Art. 29. Antes da partilha, o juiz, quando julgar conveniente, ordenará a conversão dos bens móveis, sujeitos a deterioração ou a extravio, em imóveis ou em títulos garantidos pela União.

Art. 30. Os herdeiros, para se imitirem na posse dos bens do ausente, darão garantias da restituição deles, mediante penhores ou hipotecas equivalentes aos quinhões respectivos.

§ 1º Aquele que tiver direito à posse provisória, mas não puder prestar a garantia exigida neste artigo, será excluído, mantendo-se os bens que lhe deviam caber sob a administração do curador, ou de outro herdeiro designado pelo juiz, e que preste essa garantia.

§ 2º Os ascendentes, os descendentes e o cônjuge, uma vez provada a sua qualidade de herdeiros, poderão, independentemente de garantia, entrar na posse dos bens do ausente.

Art. 31. Os imóveis do ausente só se poderão alienar, não sendo por desapropriação, ou hipotecar, quando o ordene o juiz, para lhes evitar a ruína.

Art. 32. Empossados nos bens, os sucessores provisórios ficarão representando ativa e passivamente o ausente, de modo que contra eles correrão as ações pendentes e as que de futuro àquele forem movidas.

Art. 33. O descendente, ascendente ou cônjuge que for sucessor provisório do ausente, fará seus todos os frutos e rendimentos dos bens que a este couberem; os outros sucessores, porém, deverão capitalizar metade desses frutos e rendimentos, segundo o disposto no art. 29, de acordo com o representante do Ministério Público, e prestar anualmente contas ao juiz competente.

Parágrafo único. Se o ausente aparecer, e ficar provado que a ausência foi voluntária e injustificada, perderá ele, em favor do sucessor, sua parte nos frutos e rendimentos.

Art. 34. O excluído, segundo o art. 30, da posse provisória poderá, justificando falta de meios, requerer lhe seja entregue metade dos rendimentos do quinhão que lhe tocaria.

Art. 35. Se durante a posse provisória se provar a época exata do falecimento do ausente, considerar-se-á, nessa data, aberta a sucessão em favor dos herdeiros, que o eram àquele tempo.

Art. 36. Se o ausente aparecer, ou se lhe provar a existência, depois de estabelecida a posse provisória, cessarão para logo as vantagens dos sucessores nela imitidos, ficando, todavia, obrigados a tomar as medidas assecuratórias precisas, até a entrega dos bens a seu dono.

Seção III
Da Sucessão Definitiva

Art. 37. Dez anos depois de passada em julgado a sentença que concede a abertura da sucessão provisória, poderão os interessados requerer a sucessão definitiva e o levantamento das cauções prestadas.

Art. 38. Pode-se requerer a sucessão definitiva, também, provando-se que o ausente conta oitenta anos de idade, e que de cinco datam as últimas notícias dele.

Art. 39. Regressando o ausente nos dez anos seguintes à abertura da sucessão definitiva, ou algum de seus descendentes ou ascendentes, aquele ou estes haverão só os bens existentes no estado em que se acharem, os sub-rogados em seu lugar, ou o preço que os herdeiros e demais interessados houverem recebido pelos bens alienados depois daquele tempo.

Parágrafo único. Se, nos dez anos a que se refere este artigo, o ausente não regressar, e nenhum interessado promover a sucessão definitiva, os bens arrecadados passarão ao domínio do Município ou do Distrito Federal, se localizados nas respectivas circunscrições, incorporando-se ao domínio da União, quando situados em território federal.

TÍTULO II
DAS PESSOAS JURÍDICAS

CAPÍTULO I
DISPOSIÇÕES GERAIS

Art. 40. As pessoas jurídicas são de direito público, interno ou externo, e de direito privado.

Art. 41. São pessoas jurídicas de direito público interno:

I - a União;

II - os Estados, o Distrito Federal e os Territórios;

III - os Municípios;

IV - as autarquias, inclusive as associações públicas;

V - as demais entidades de caráter público criadas por lei.

Parágrafo único. Salvo disposição em contrário, as pessoas jurídicas de direito público, a que se tenha dado estrutura de direito privado, regem-se, no que couber, quanto ao seu funcionamento, pelas normas deste Código.

Art. 42. São pessoas jurídicas de direito público externo os Estados estrangeiros e todas as pessoas que forem regidas pelo direito internacional público.

Art. 43. As pessoas jurídicas de direito público interno são civilmente responsáveis por atos dos seus agentes que nessa qualidade causem danos a terceiros, ressalvado direito regressivo contra os causadores do dano, se houver, por parte destes, culpa ou dolo.

Art. 44. São pessoas jurídicas de direito privado:

I - as associações;

II - as sociedades;

III - as fundações.

IV - as organizações religiosas;

V - os partidos políticos.

VI - as empresas individuais de responsabilidade limitada.

§ 1º São livres a criação, a organização, a estruturação interna e o funcionamento das organizações religiosas, sendo vedado ao poder público negar-lhes reconhecimento ou registro dos atos constitutivos e necessários ao seu funcionamento.

§ 2º As disposições concernentes às associações aplicam-se subsidiariamente às sociedades que são objeto do Livro II da Parte Especial deste Código.

§ 3º Os partidos políticos serão organizados e funcionarão conforme o disposto em lei específica.

Art. 45. Começa a existência legal das pessoas jurídicas de direito privado com a inscrição do ato constitutivo no respectivo registro, precedida, quando necessário, de autorização ou aprovação do Poder Executivo, averbando-se no registro todas as alterações por que passar o ato constitutivo.

Parágrafo único. Decai em três anos o direito de anular a constituição das pessoas jurídicas de direito privado, por defeito do ato respectivo, contado o prazo da publicação de sua inscrição no registro.

Art. 46. O registro declarará:

I - a denominação, os fins, a sede, o tempo de duração e o fundo social, quando houver;

II - o nome e a individualização dos fundadores ou instituidores, e dos diretores;

III - o modo por que se administra e representa, ativa e passivamente, judicial e extrajudicialmente;

IV - se o ato constitutivo é reformável no tocante à administração, e de que modo;

V - se os membros respondem, ou não, subsidiariamente, pelas obrigações sociais;

VI - as condições de extinção da pessoa jurídica e o destino do seu patrimônio, nesse caso.

Art. 47. Obrigam a pessoa jurídica os atos dos administradores, exercidos nos limites de seus poderes definidos no ato constitutivo.

Art. 48. Se a pessoa jurídica tiver administração coletiva, as decisões se tomarão pela maioria de votos dos presentes, salvo se o ato constitutivo dispuser de modo diverso.

Parágrafo único. Decai em três anos o direito de anular as decisões a que se refere este artigo, quando violarem a lei ou estatuto, ou forem eivadas de erro, dolo, simulação ou fraude.

Art. 49. Se a administração da pessoa jurídica vier a faltar, o juiz, a requerimento de qualquer interessado, nomear-lhe-á administrador provisório.

Art. 50. Em caso de abuso da personalidade jurídica, caracterizado pelo desvio de finalidade, ou pela confusão patrimonial, pode o juiz decidir, a requerimento da parte, ou do Ministério Público quando lhe couber intervir no processo, que os efeitos de certas e determinadas relações de obrigações sejam estendidos aos bens particulares dos administradores ou sócios da pessoa jurídica.

Art. 51. Nos casos de dissolução da pessoa jurídica ou cassada a autorização para seu funcionamento, ela subsistirá para os fins de liquidação, até que esta se conclua.

§ 1º Far-se-á, no registro onde a pessoa jurídica estiver inscrita, a averbação de sua dissolução.

§ 2º As disposições para a liquidação das sociedades aplicam-se, no que couber, às demais pessoas jurídicas de direito privado.

§ 3º Encerrada a liquidação, promover-se-á o cancelamento da inscrição da pessoa jurídica.

Art. 52. Aplica-se às pessoas jurídicas, no que couber, a proteção dos direitos da personalidade.

CAPÍTULO II
DAS ASSOCIAÇÕES

Art. 53. Constituem-se as associações pela união de pessoas que se organizem para fins não econômicos.

Parágrafo único. Não há, entre os associados, direitos e obrigações recíprocos.

Art. 54. Sob pena de nulidade, o estatuto das associações conterá:

I - a denominação, os fins e a sede da associação;

II - os requisitos para a admissão, demissão e exclusão dos associados;

III - os direitos e deveres dos associados;

IV - as fontes de recursos para sua manutenção;

V - o modo de constituição e de funcionamento dos órgãos deliberativos;

VI - as condições para a alteração das disposições estatutárias e para a dissolução.

VII - a forma de gestão administrativa e de aprovação das respectivas contas.

Art. 55. Os associados devem ter iguais direitos, mas o estatuto poderá instituir categorias com vantagens especiais.

Art. 56. A qualidade de associado é intransmissível, se o estatuto não dispuser o contrário.

Parágrafo único. Se o associado for titular de quota ou fração ideal do patrimônio da associação, a transferência daquela não importará, de ***per si***, na atribuição da qualidade de associado ao adquirente ou ao herdeiro, salvo disposição diversa do estatuto.

Art. 57. A exclusão do associado só é admissível havendo justa causa, assim reconhecida em procedimento que assegure direito de defesa e de recurso, nos termos previstos no estatuto.

Art. 58. Nenhum associado poderá ser impedido de exercer direito ou função que lhe tenha sido legitimamente conferido, a não ser nos casos e pela forma previstos na lei ou no estatuto.

Art. 59. Compete privativamente à assembleia geral:

I - destituir os administradores;

II - alterar o estatuto.

Parágrafo único. Para as deliberações a que se referem os incisos I e II deste artigo é exigido deliberação da assembleia especialmente convocada para esse fim, cujo quórum será o estabelecido no estatuto, bem como os critérios de eleição dos administradores.

Art. 60. A convocação dos órgãos deliberativos far-se-á na forma do estatuto, garantido a 1/5 (um quinto) dos associados o direito de promovê-la.

Art. 61. Dissolvida a associação, o remanescente do seu patrimônio líquido, depois de deduzidas, se for o caso, as quotas ou frações ideais referidas no parágrafo único do art. 56, será destinado à entidade de fins não econômicos designada no estatuto, ou, omisso este, por deliberação dos associados, à instituição municipal, estadual ou federal, de fins idênticos ou semelhantes.

§ 1º Por cláusula do estatuto ou, no seu silêncio, por deliberação dos associados, podem estes, antes da destinação do remanescente referida neste artigo, receber em restituição, atualizado o respectivo valor, as contribuições que tiverem prestado ao patrimônio da associação.

§ 2º Não existindo no Município, no Estado, no Distrito Federal ou no Território, em que a associação tiver sede, instituição nas condições indicadas neste artigo, o que remanescer do seu patrimônio se devolverá à Fazenda do Estado, do Distrito Federal ou da União.

CAPÍTULO III
DAS FUNDAÇÕES

Art. 62. Para criar uma fundação, o seu instituidor fará, por escritura pública ou testamento, dotação especial de bens livres, especificando o fim a que se destina, e declarando, se quiser, a maneira de administrá-la.

Parágrafo único. A fundação somente poderá constituir-se para fins de:

I - assistência social;

II - cultura, defesa e conservação do patrimônio histórico e artístico;

III - educação;

IV - saúde;

V - segurança alimentar e nutricional;

VI - defesa, preservação e conservação do meio ambiente e promoção do desenvolvimento sustentável;

VII - pesquisa científica, desenvolvimento de tecnologias alternativas, modernização de sistemas de gestão, produção e divulgação de informações e conhecimentos técnicos e científicos;

VIII - promoção da ética, da cidadania, da democracia e dos direitos humanos;

IX - atividades religiosas; e

X - (VETADO).

Art. 63. Quando insuficientes para constituir a fundação, os bens a ela destinados serão, se de outro modo não dispuser o instituidor, incorporados em outra fundação que se proponha a fim igual ou semelhante.

Art. 64. Constituída a fundação por negócio jurídico entre vivos, o instituidor é obrigado a transferir-lhe a propriedade, ou outro direito real, sobre os bens dotados, e, se não o fizer, serão registrados, em nome dela, por mandado judicial.

Art. 65. Aqueles a quem o instituidor cometer a aplicação do patrimônio, em tendo ciência do encargo, formularão logo, de acordo com as suas bases (art. 62), o estatuto da fundação projetada, submetendo-o, em seguida, à aprovação da autoridade competente, com recurso ao juiz.

Parágrafo único. Se o estatuto não for elaborado no prazo assinado pelo instituidor, ou, não havendo prazo, em cento e oitenta dias, a incumbência caberá ao Ministério Público.

Art. 66. Velará pelas fundações o Ministério Público do Estado onde situadas.

§ 1º Se funcionarem no Distrito Federal ou em Território, caberá o encargo ao Ministério Público do Distrito Federal e Territórios.

§ 2º Se estenderem a atividade por mais de um Estado, caberá o encargo, em cada um deles, ao respectivo Ministério Público.

Art. 67. Para que se possa alterar o estatuto da fundação é mister que a reforma:

I - seja deliberada por dois terços dos competentes para gerir e representar a fundação;

II - não contrarie ou desvirtue o fim desta;

III - seja aprovada pelo órgão do Ministério Público no prazo máximo de 45 (quarenta e cinco) dias, findo o qual ou no caso de o Ministério Público a denegar, poderá o juiz supri-la, a requerimento do interessado.

Art. 68. Quando a alteração não houver sido aprovada por votação unânime, os administradores da fundação, ao submeterem o estatuto ao órgão do Ministério Público, requererão que se dê ciência à minoria vencida para impugná-la, se quiser, em dez dias.

Art. 69. Tornando-se ilícita, impossível ou inútil a finalidade a que visa a fundação, ou vencido o prazo de sua existência, o órgão do Ministério Público, ou qualquer interessado, lhe promoverá a extinção, incorporando-se o seu patrimônio, salvo disposição em contrário no ato constitutivo, ou no estatuto, em outra fundação, designada pelo juiz, que se proponha a fim igual ou semelhante.

TÍTULO III
Do Domicílio

Art. 70. O domicílio da pessoa natural é o lugar onde ela estabelece a sua residência com ânimo definitivo.

Art. 71. Se, porém, a pessoa natural tiver diversas residências, onde, alternadamente, viva, considerar-se-á domicílio seu qualquer delas.

Art. 72. É também domicílio da pessoa natural, quanto às relações concernentes à profissão, o lugar onde esta é exercida.

Parágrafo único. Se a pessoa exercitar profissão em lugares diversos, cada um deles constituirá domicílio para as relações que lhe corresponderem.

Art. 73. Ter-se-á por domicílio da pessoa natural, que não tenha residência habitual, o lugar onde for encontrada.

Art. 74. Muda-se o domicílio, transferindo a residência, com a intenção manifesta de o mudar.

Parágrafo único. A prova da intenção resultará do que declarar a pessoa às municipalidades dos lugares, que deixa, e para onde vai, ou, se tais declarações não fizer, da própria mudança, com as circunstâncias que a acompanharem.

Art. 75. Quanto às pessoas jurídicas, o domicílio é:

I - da União, o Distrito Federal;

II - dos Estados e Territórios, as respectivas capitais;

III - do Município, o lugar onde funcione a administração municipal;

IV - das demais pessoas jurídicas, o lugar onde funcionarem as respectivas diretorias e administrações, ou onde elegerem domicílio especial no seu estatuto ou atos constitutivos.

§ 1º Tendo a pessoa jurídica diversos estabelecimentos em lugares diferentes, cada um deles será considerado domicílio para os atos nele praticados.

§ 2º Se a administração, ou diretoria, tiver a sede no estrangeiro, haver-se-á por domicílio da pessoa jurídica, no tocante às obrigações contraídas por cada uma das suas agências, o lugar do estabelecimento, sito no Brasil, a que ela corresponder.

Art. 76. Têm domicílio necessário o incapaz, o servidor público, o militar, o marítimo e o preso.

Parágrafo único. O domicílio do incapaz é o do seu representante ou assistente; o do servidor público, o lugar em que exercer permanentemente suas funções; o do militar, onde servir, e, sendo da Marinha ou da Aeronáutica, a sede do comando a que se encontrar imediatamente subordinado; o do marítimo, onde o navio estiver matriculado; e o do preso, o lugar em que cumprir a sentença.

Art. 77. O agente diplomático do Brasil, que, citado no estrangeiro, alegar extraterritorialidade sem designar onde tem, no país, o seu domicílio, poderá ser demandado no Distrito Federal ou no último ponto do território brasileiro onde o teve.

Art. 78. Nos contratos escritos, poderão os contratantes especificar domicílio onde se exercitem e cumpram os direitos e obrigações deles resultantes.

QUESTÕES

CAPÍTULO 2

01. **(Analista Judiciário - Área Judiciária - TRT 6 / 2012 / FCC)** São pessoas jurídicas de direito público interno

a) as empresas públicas.

b) as fundações.

c) as autarquias.

d) somente os Estados, os Municípios e o Distrito Federal.

e) as sociedades de economia mista.

COMENTÁRIOS

Alternativa "c" - correta: as autarquias são serviços autônomos, criados por lei, com personalidade jurídica, patrimônio e receita próprios, para executar atividades típicas da Administração Pública, que requeiram, para seu melhor funcionamento, gestão administrativa e financeira descentralizada. Elas são pessoas jurídicas de direito público interno (art. 41, IV do Código Civil).

Alternativa "a" - errada: as empresas públicas são empresas com patrimônio próprio e capital exclusivamente público, autorizadas por lei para a exploração de atividades de natureza econômica ou execução de serviços públicos. Elas, apesar de integrarem a Administração Pública indireta, são pessoas jurídicas de direito privado (art. 5º, II do Decreto-Lei 200/67).

Alternativa "b" - errada: as fundações são pessoas jurídicas compostas por um patrimônio indissolúvel e personalizado destinado a um fim. Elas são pessoas jurídicas de direito privado (art. 44, III do Código Civil).

Alternativa "d" - errada: conforme o art. 41 do Código Civil, além dos Estados, Distrito Federal e Territórios (inciso II) e dos Municípios (inciso III), também são pessoas jurídicas de direito público interno a União (inciso I), as autarquias, inclusive as associações públicas (inciso IV) e as demais entidades de caráter público criadas por lei (inciso V).

Alternativa "e" - errada: as sociedades de economia mista são entidades criadas por lei para a exploração de atividade econômica ou prestação de serviços públicos, sob a forma de sociedade anônima, cujas ações com direito a voto pertençam em sua maioria a ente federativo ou a entidade da Administração indireta. Elas são pessoas jurídicas de direito privado (art. 5º, III do Decreto-Lei 200/67 e art. 44, II do Código Civil).

02. **(Cespe - Analista Judiciário - Área Judiciária - TRE - BA/2017)** Acerca do domicílio, assinale a opção correta.

A) O foro de eleição é uma espécie de domicílio necessário ou legal.

B) É inadmissível, pelo ordenamento jurídico, a pluralidade de domicílios.

C) O domicílio da pessoa jurídica que possui vários estabelecimentos empresariais é sua sede administrativa.

D) O servidor público tem domicílio no local onde exerce permanentemente suas funções, ainda que exerça função de confiança de forma transitória em local diverso.

E) O domicílio necessário do preso é o local onde foi capturado, ainda que cumpra a sentença condenatória em local diverso.

COMENTÁRIOS:

Alternativa "d" - correta (responde todas as demais alternativas): o servidor público tem domicílio necessário (art. 76, caput do Código Civil), sendo o seu domicílio o lugar em que exercer permanentemente suas funções (art. 76, parágrafo único do Código Civil).

03. **(Analista Judiciário - Área Judiciária - TRT 21 / 2010 / CESPE)** A respeito das pessoas naturais e jurídicas, julgue os itens subsequentes.

( ) Nos termos do Código Civil de 2002, a proteção dos direitos da personalidade aplica-se, indistintamente, às pessoas naturais e às pessoas jurídicas, desde que constituídas na modalidade de associações.

COMENTÁRIOS

Item errado: o item tem dois erros. O primeiro é que a proteção dos direitos da personalidade aplica-se, no que couber, às pessoas jurídicas (art. 52 do CC). Desta forma, não há aplicação indistinta da proteção dos direitos da personalidade. E o segundo erro é que a referida proteção aplica-se a todas as pessoas jurídicas, e não somente para as constituídas na modalidade de associações.

( ) A partir de uma interpretação teleológica do art. 50 do Código Civil de 2002, a jurisprudência tem entendido ser possível a desconsideração inversa da personalidade jurídica, de modo a atingir bens da sociedade em razão de dívidas contraídas pelo seu sócio controlador.

COMENTÁRIOS

Item certo: é possível, a partir de uma interpretação teleológica do art. 5º do CC, a desconsideração inversa da personalidade jurídica. Como esclarece Carlos Roberto Gonçalves, "caracteriza-se a *desconsideração inversa* quando é afastado o princípio da autonomia patrimonial da pessoa jurídica para responsabilizar a sociedade por obrigação do sócio, como, por exemplo, na hipótese de um dos cônjuges, ao adquirir bens de maior valor, registrá-los em nome de pessoa jurídica sob seu controle, para livrá-los da partilha a ser realizada nos autos da separação judicial". O objetivo da desconsideração inversa da personalidade jurídica é impedir fraudes e abusos promovidos sob o véu protetivo da pessoa jurídica.

04. (Técnico Judiciário – Área Administrativa – TRT 20 / 2011 / FCC) No que concerne aos direitos da personalidade, é INCORRETO afirmar:

a) O nome da pessoa não pode ser empregado por outrem em publicações ou representações que a exponham ao desprezo público, ainda quando não haja intenção difamatória.

b) O pseudônimo adotado para atividades lícitas goza da proteção que se dá ao nome.

c) Sem autorização, não se pode usar o nome alheio em propaganda comercial.

d) Se houver risco de vida, qualquer pessoa pode ser constrangida a submeter-se a intervenção cirúrgica.

e) O ato de disposição do próprio corpo, no todo ou em parte, para depois da morte pode ser livremente revogado a qualquer tempo.

COMENTÁRIOS

Alternativa "d" – errada: ninguém pode ser obrigado a submeter-se, com risco de vida, a tratamento médico ou a intervenção cirúrgica (art. 15 do Código Civil).

Alternativa "a" – correta: a alternativa é a transcrição literal do art. 17 do Código Civil. Reprime-se o abuso cometido por alguém que exponha o nome de uma pessoa em publicações ou representações ao desprezo público ou ao ridículo, mesmo que não haja intenção de difamar, porque tal exposição atinge a respeitabilidade e a boa reputação, moral e profissional, dessa pessoa perante a coletividade.

Alternativa "b" – correta: a alternativa é a transcrição literal do art. 19 do Código Civil. O pseudônimo é protegido e não pode ser usado sem autorização de seu titular.

Alternativa "c" – correta: a alternativa é a transcrição literal do art. 18 do Código Civil. É vedada a utilização de nome alheio, sem a devida autorização, em propaganda comercial, sob pena de indenização.

Alternativa "e" – correta: a pessoa pode manifestar sua vontade de doar seus órgãos e tecidos para depois de sua morte, tendo o direito de, a qualquer tempo, revogar livremente essa doação *post mortem* (art. 14, parágrafo único do Código Civil).

05. (Analista Judiciário – Área Judiciária – TRT 23 / 2011 / FCC) Considere as seguintes publicações:

I. Foto de criminoso foragido, condenado e procurado pela Justiça em locais públicos e em jornais de grande circulação.

II. Imagem de sambista em anúncio, com objetivo comercial, sem a sua autorização.

III. Imagem de grupo folclórico em jornal destinado à divulgação das atividades artísticas da cidade.

Cabe proibição, a requerimento da pessoa cuja imagem foi exposta, publicada ou utilizada e sem prejuízo da indenização que couber, APENAS em

a) II e III.
b) I e II.
c) I e III.
d) II.
e) I.

COMENTÁRIOS

Nota do autor: vale recordar o art. 20, *caput* do Código Civil, que dispõe que: "salvo se autorizadas, ou se necessárias à administração da justiça ou à manutenção da ordem pública, a divulgação de escritos, a transmissão da palavra, ou a publicação, a exposição ou a utilização da imagem de uma pessoa poderão ser proibidas, a seu requerimento e sem prejuízo da indenização que couber, se lhe atingirem a honra, a boa fama ou a respeitabilidade, ou se se destinarem a fins comerciais".

Alternativa correta: "d".

Item I: a exposição de foto de criminoso foragido, condenado e procurado pela justiça em locais públicos e em jornais não precisa de autorização, uma vez que é necessária à administração da justiça e à segurança pública. Logo, não cabe proibição neste caso.

Item II: a utilização de imagem de sambista em anúncio, com objetivo comercial, sem a sua autorização é ilegal, pois a utilização da imagem de uma pessoa para fins comerciais necessita de autorização. Nesta situação, cabe proibição a requerimento da pessoa cuja imagem foi utilizada.

Item III: conforme a doutrina e jurisprudência, a utilização de imagem para fins culturais e informativos não precisa de autorização, desde que essa utilização não atinja a honra, a boa fama ou a respeitabilidade das pessoas expostas e não se destine a fins comerciais. Há, aqui, uma limitação ao art. 20 do Código Civil para atender ao interesse público e resguardar o direito à informação. A publicação de imagem de grupo folclórico em jornal destinado à divulgação das atividades artísticas da cidade tem finalidade cultural e informativa. Por conseguinte, não cabe proibição nesta hipótese.

06. (Cespe – Delegado de Polícia – PE/2016) Com base nas disposições do Código Civil, assinale a opção correta a respeito da capacidade civil.

A) Os pródigos, outrora considerados relativamente incapazes, não possuem restrições à capacidade civil, de acordo com a atual redação do código em questão.

B) Indivíduo que, por deficiência mental, tenha o discernimento reduzido é considerado relativamente incapaz.

C) O indivíduo que não consegue exprimir sua vontade é considerado absolutamente incapaz.

D) Indivíduos que, por enfermidade ou deficiência mental, não tiverem o necessário discernimento para a prática dos atos da vida civil são considerados absolutamente incapazes.

E) Somente os menores de dezesseis anos de idade são considerados absolutamente incapazes pela lei civil.

COMENTÁRIOS

Alternativa "e" - correta (responde todas as demais alternativas): O art. 114 da Lei nº. 13.146/2015 (Estatuto da Pessoa com Deficiência) trouxe grandes alterações à teoria das incapacidades e deu nova redação ao art. 3º do CC/02. O referido estatuto, norteado pela Convenção de Nova York, promove a inclusão das pessoas com deficiência, concedendo-lhes dignidade. Com as alterações trazidas pela lei nº. 13.146/15, as pessoas com deficiência mental, que constavam dos incisos II e III do art. 3º, agora são, em regra, plenamente capazes. Apenas eventualmente poderão ser reconhecidas como relativamente incapazes, se puderem ser enquadradas na previsão contida no art. 4º, III do Código Civil. Pela nova disciplina trazida pela Lei nº. 13.146/15, absolutamente incapazes são apenas os menores de dezesseis anos, pois, agora, a idade passa a ser o único critério objetivo para delimitar a capacidade da pessoa.

Capítulo 3

Dos bens

1. OBJETO DA RELAÇÃO JURÍDICA

No capítulo anterior, estudamos as pessoas, que são os sujeitos de direito e que podem agir na seara jurídica.

O direito das pessoas sempre recairá sobre um objeto, sobre o qual a pessoa desenvolverá o poder de utilizar conforme sua necessidade. Ao objeto de direito, o Código dá o nome de *bem*.

Segundo a doutrina tradicional, bem é tudo o que satisfaz uma necessidade humana. Pode consistir em coisas (nas relações reais), em ações humanas (nas relações obrigacionais), em alguns atributos da personalidade, como o direito à imagem, bem como em certos direitos, como o poder familiar, a tutela etc.[1].

Então, o direito de propriedade de uma pessoa recairá, necessariamente, sobre uma coisa, que passa a ser o objeto da relação jurídica.

É comum designar-se bem como coisa. Às vezes a designação coincide, mas nem sempre isso ocorre.

A professora Maria Helena Diniz[2] traz importante lição, na medida em que ensina que bens são coisas, mas nem todas as coisas são bens. "As coisas são o gênero do qual os bens são espécies. As coisas abrangem tudo quanto existe na natureza, exceto a pessoa, mas como "bens" só se consideram as coisas existentes que proporcionam ao homem uma utilidade, sendo suscetíveis de apropriação, constituindo, então, o seu patrimônio".

Vê-se, dessa forma, que o conceito de bem está associado ao de utilidade e ao de apreciação econômica.

Na definição de Carlos Roberto Gonçalves, "bens são coisas materiais, concretas, úteis aos homens e de expressão econômica, suscetíveis de apropriação, bem como as de existência imaterial economicamente apreciáveis".[3]

2. CLASSIFICAÇÃO DOS BENS

Os bens são classificados segundo um critério científico, que visa aproximar os elementos que possuem características semelhantes, como forma de facilitar o estudo.

---

1. GONÇALVES, Carlos Roberto. *Direito Civil I*. 3ª ed. São Paulo: Saraiva, 2013, p. 275/276.
2. *Curso de Direito Civil Brasileiro*. 30ª ed., v. 1. São Paulo: Saraiva, 2011, p. 365/366.
3. GONÇALVES, Carlos Roberto. *Direito Civil I*. 3ª ed. São Paulo: Saraiva, 2011, p. 277.

O Código Civil utilizou três critérios para classificar os bens, sendo que ora leva em consideração suas qualidades físicas ou jurídicas, ora leva em consideração as relações que guardam entre si ou com seu titular. Assim, os bens são classificados em: a) bens considerados em si mesmos; b) bens reciprocamente considerados; e c) bens quanto ao titular do domínio.

É importante destacar que um bem pode ser enquadrado em várias categorias, desde que tenha os caracteres de cada categoria. Um cavalo, por exemplo, é um bem móvel e indivisível.

Estudaremos cada um deles a seguir.

2.1. Bens considerados em si mesmos

2.1.1. *Bens corpóreos e incorpóreos*

Os bens corpóreos são os que possuem existência material, sendo, portanto, tangíveis, como, por exemplo, os alimentos, animais etc.

Os incorpóreos, por sua vez, são os que possuem existência abstrata ou ideal, mas que têm, no entanto, valor econômico. São exemplos de bens incorpóreos os direitos em geral, como o crédito, bem como o fundo de comércio, *knowhow* etc.

O ilustre Carlos Roberto Gonçalves[4] leciona que os gases, embora não possam ser tocados com as mãos, são considerados como bens corpóreos, porque podem ser perceptíveis por outros sentidos. Continua o mesmo jurista ensinando que, atualmente, são consideradas bens corpóreos as diversas formas de energia, como, por exemplo, a eletricidade, o gás e o vapor.

Vale acrescentar, finalmente, que os bens corpóreos são transferidos pela compra e venda, doação, permuta etc. Os bens incorpóreos, por possuírem existência ideal, são transferidos por meio da cessão.

2.1.2. *Bens móveis e bens imóveis*

A divisão entre bens imóveis e móveis representa a classificação mais importante, uma vez que se baseia na natureza dos bens, levando-se em conta o critério da mobilidade.

O ordenamento jurídico dá tratamento distinto aos bens imóveis e móveis em inúmeros cenários.

A disciplina jurídica dos bens imóveis e móveis se diferencia quanto ao modo de aquisição, alienação, tempo de usucapião, direitos reais de garantia, registro etc.

Pois bem.

---

4. GONÇALVES, Carlos Roberto. *Direito Civil I*. 3ª ed. São Paulo: Saraiva, 2011, p. 278.

Os bens imóveis, também chamados de bens de raiz, são os que não podem ser removidos ou transportados sem a sua deterioração ou destruição.[5]

Pela análise do Código, pode-se dizer que os bens imóveis são subdivididos nas seguintes categorias:

a) *Imóveis por natureza ou por essência (art. 79 CC):* são o solo e tudo quanto se lhe incorporar naturalmente. Assim, são imóveis por natureza, além do solo, tudo aquilo que nele se incorporar sem a intervenção do homem, como, por exemplo, as plantas em geral que se ligam ao solo por raízes e os frutos pendentes. São imóveis, também, os rios e os cursos de água.

b) *Imóveis por acessão física industrial ou artificial (art. 79 CC):* Acessão significa aderência. Dessa forma, essa categoria é formada por tudo aquilo que o homem acrescentar ou incorporar ao solo, de forma permanente. Enquadram-se, portanto, as plantações, desde que efetivadas pela força humana, bem como as construções. É importante destacar que essa categoria exige a *permanência*, de maneira que ficam excluídas as edificações provisórias, como os circos, parques e barracas de feiras[6]. Nos termos do art. 81, não perdem a qualidade de imóveis as "edificações que, separadas do solo, mas conservando a sua unidade, forem removidas para outro local", e "os materiais provisoriamente separados de um prédio, para nele se reempregarem". Nesse caso, a lei mantém o caráter de imóvel, tendo em vista a finalidade da separação e a destinação dos materiais.

c) *Imóveis por disposição legal (art. 80 CC):* aqui se tem uma imobilização por força de lei. O legislador, para conceder uma melhor proteção jurídica, atribuiu o caráter de bem imóvel a alguns bens incorpóreos, como "os direitos reais sobre imóveis e as ações que os asseguram" e o "direito à sucessão aberta". Como se observa, tanto os direitos reais de gozo como os de garantia são considerados imóveis pelo Código. Assim o é, igualmente, com as ações destinadas a assegurar direitos reais sobre imóveis. Tudo o que lhes diga respeito exige o registro competente (art. 1.227), bem como autorização do cônjuge (art. 1.647, I). A sucessão aberta, igualmente, é considerada bem imóvel, ainda que todos os bens deixados sejam móveis. Como ensina Carlos Roberto Gonçalves[7], "o que se considera imóvel não é o direito aos bens componentes da herança, mas o direito a esta, como uma unidade". Lembra o mesmo jurista que "a renúncia da herança é, portanto, renúncia de imóvel e deve ser feita por escritura pública ou termo nos autos (art. 1.806 CC)"[8].

O conceito dos bens móveis é trazido pelo art. 82, assim considerando "os bens suscetíveis de movimento próprio, ou de remoção por força alheia, sem alteração da substância ou da destinação econômico-social".

---

5. TARTUCE, Flávio. *Direito Civil*. Vol. 1, 9ª ed. São Paulo: Método, 2013, p. 267.
6. GONÇALVES, Carlos Roberto. *Direito Civil I*. 3ª ed. São Paulo: Saraiva, 2011, p. 287.
7. GONÇALVES, Carlos Roberto. *Direito Civil I*. 3ª ed. São Paulo: Saraiva, 2011, p. 289.
8. GONÇALVES, Carlos Roberto. *Direito Civil I*. 3ª ed. São Paulo: Saraiva, 2011, p. 289.

Igualmente aos bens imóveis, os bens móveis podem ser subdivididos da seguinte forma:

a) *Móveis por natureza ou essência (art. 82 CC)*: são os bens que podem ser transportados sem qualquer dano, por força própria ou alheia[9]. Uma análise do art. 82 dá a compreensão que os bens móveis por natureza podem ser de duas espécies: a.1) *ossemoventes*, que possuem movimento próprio, como os animais; e a.2.) *os móveis propriamente ditos*, que podem ser locomovidos por força alheia, sem dano, como os objetos de uso, dinheiro etc. Tendo em vista que ambos recebem o mesmo tratamento jurídico, a diferenciação não possui efeitos práticos.

b) *Móveis por determinação legal (art. 83 CC)*: tem-se, novamente, uma disposição legal estabelecendo que determinados bens imateriais são móveis. Na realidade, o legislador está dizendo que, para as situações previstas no art. 83, serão aplicadas as regras relativas aos bens móveis. São eles "as energias que tenham valor econômico", "os direitos reais sobre objetos móveis e as ações correspondentes" e "os direitos pessoais de caráter patrimonial e respectivas ações".

c) *Móveis por antecipação*: correspondem a uma criação do pensamento doutrinário, uma vez que o Código Civil não se refere a eles expressamente. São os bens que provenientes do solo, mas que, pela vontade humana, são dele separados com a intenção de transformá-los em móveis. É o caso, por exemplo, das árvores plantadas e destinadas ao corte, bem como das plantações que visam à colheita de frutos.

2.1.3. *Bens fungíveis e infungíveis (art. 85 CC)*

O critério da fungibilidade é utilizado para se saber se o bem pode ser substituído por outro que lhe seja equivalente.

Dessa forma, o art. 85 diz que "são fungíveis os móveis que podem substituir-se por outros da mesma espécie, qualidade e quantidade". Os exemplos clássicos são os alimentos e o dinheiro.

Vê-se que o Código definiu apenas o que é bem fungível, deixando de conceituar o que infungível. Isso não significa que os bens infungíveis não encontram disciplina no ordenamento jurídico. É que o legislador optou por conceituar o indispensável, e, como se sabe, o conceito de bem infungível deriva de bem fungível.

Assim, os bens infungíveis são dotados de atributos específicos que os tornam personalizados ou individualizados, de maneira que não podem ser substituídos, como ocorre, por exemplo, com uma obra de arte famosa.

---

9. TARTUCE, Flávio. *Direito Civil*. Vol. 1, 9ª ed. São Paulo: Método, 2013, p. 269.

A regra da fungibilidade se baseia na natureza do bem. Trata-se do resultado da comparação entre duas coisas, que se consideram equivalentes. Os bens fungíveis são substituíveis porque são idênticos, econômica, social e juridicamente[10].

No entanto, nosso ordenamento admite que um bem fungível possa se tornar infungível pela vontade das partes. Um relógio é um bem fungível, mas se for um relógio transmitido por uma família, de geração em geração, pode transformar-se em um bem infungível, dado ao elevado valor sentimental.

A classificação entre bens fungíveis e infungíveis possui elevada importância no campo prático, essencialmente no direito das obrigações.

Segundo o art. 313 do Código Civil, o credor de coisa infungível não pode ser obrigado a receber outra coisa, ainda que mais valiosa.

A distinção também é importante nos contratos de empréstimo, pois o mútuo (empréstimo de consumo) tem como objeto coisas fungíveis, enquanto o comodato (empréstimo de uso) tem como objeto coisas infungíveis.

2.1.4. *Bens consumíveis e inconsumíveis (art. 86 CC)*

O Código Civil também classifica os bens quanto à consuntibilidade, dispondo, no art. 86, que "são consumíveis os bens móveis cujo uso importa destruição imediata da própria substância, sendo também considerados tais os destinados à alienação".

Bens inconsumíveis, por sua vez, são os que podem ser utilizados diversas vezes, sem prejuízo de sua integridade.

Vê-se que o dispositivo adotou duas formas de consuntibilidade: a) a *física*, também denominada *fática*, cujo consumo importa em destruição imediata; e b) a de *direito*, também denominada *jurídica*, quando os bens forem destinados à alienação.

Dessa forma, os gêneros alimentícios, quando utilizados, são bens consumíveis de fato, porque o uso importa em destruição. No entanto, os mesmos alimentos, quando dispostos nas prateleiras de um supermercado, são consumíveis de direito, porque destinados à alienação.

Com base nessa distinção, é possível observar que um bem pode ser inconsumível do ponto de vista fático, mas consumível do ponto de vista jurídico. Um automóvel, por exemplo, não se consome com o primeiro uso, mas quando colocado à venda na concessionária passa a ser consumível do ponto de vista jurídico.

Por tal motivo diz-se que a consuntibilidade não está associada à natureza do bem, mas à sua destinação econômica, de forma que um bem consumível pode se tornar inconsumível pela vontade das partes, como ocorre, por exemplo, quando alguém empresta uma cesta de frutas para exibição, devendo estas, posteriormente, serem devolvidas. Nesse caso, o uso (exibição) não implica em destruição[11].

---

10. GONÇALVES, Carlos Roberto. *Direito Civil I*. 3ª ed. São Paulo: Saraiva, 2011, p. 289
11. DINIZ, Maria Helena. *Curso de Direito Civil Brasileiro*. 30ª ed., v. 1. São Paulo: Saraiva, p. 382.

2.1.5. Bens divisíveis e indivisíveis (art. 87 CC)

Segundo o Código, "bens divisíveis são os que se podem fracionar sem alteração na sua substância, diminuição considerável de valor, ou prejuízo do uso a que se destinam".

O Código de 1916 considerava bem divisível aquele que poderia ser partido em partes reais e distintas, formando, cada qual, um todo perfeito. Segundo esse conceito, bastaria que fosse preservada a mesma utilidade para que o bem fosse considerado divisível.

O Código de 2002, no entanto, traz outra abordagem.

De fato.

É possível observar uma preocupação do legislador em conservar o valor econômico do bem divisível. Segundo o atual Código, a divisibilidade do bem não pode trazer uma diminuição considerável do valor, além de ficar preservada a destinação e utilidade.

O exemplo clássico é o do brilhante de cinquenta quilates, que, dividido em dez partes, conservará sua destinação e utilidade. No entanto, os dez brilhantes de cinco quilates não terão o mesmo valor econômico da pedra inteira, antes da divisão[12], razão pela qual o brilhante, segundo o art. 87, é indivisível.

Indivisíveis, portanto, são "os bens que não podem ser partilhados, pois deixam de formar um todo perfeito, gerando a sua divisão uma desvalorização ou perda das qualidades essenciais do todo"[13].

Logo, um bolo é um bem divisível. Um relógio é um bem indivisível.

Segundo o art. 88, a indivisibilidade pode ocorrer por determinação legal ou pela vontade das partes. Isso permite distinguir a indivisibilidade de três maneiras:

a) *por natureza:* são aqueles que não podem ser fracionados sem alteração de sua substância ou diminuição de seu valor, como, por exemplo, um automóvel e um animal. Neste caso, a indivisibilidade é física ou material.

b) *por determinação legal:* são aqueles cujo fracionamento é impedido pela lei, como a herança, que é indivisível até a partilha (art. 1.791 do CC), e as servidões (art. 1386 do CC). Neste caso, a indivisibilidade é jurídica.

c) *por vontade das partes:* que ocorre quando a vontade das partes torna um bem naturalmente divisível em indivisível, como ocorre, por exemplo, quando o doador dispõe que o bem divisível permaneça indivisível pelo prazo máximo de cinco anos (art. 1.320, §2º CC). Neste caso, diz-se que a indivisibilidade é convencional.

---

12. ALVES, José Carlos Moreira. *A Parte Geral do Projeto do Código Civil Brasileiro*. São Paulo: Saraiva, 1986, p. 137.
13. TARTUCE, Flávio. *Direito Civil*. Vol. 1, 9ª ed. São Paulo: Método, 2013, p. 272.

A classificação dos bens quanto à divisibilidade é importante para a compreensão das obrigações divisíveis e indivisíveis, que serão vistas adiante.

2.1.6. *Bens singulares e coletivos (art. 89 e seguintes CC)*

Segundo o art. 89, "são singulares os bens que, embora reunidos, se considerem de per si, independentemente dos demais". Trata-se de reprodução literal do art. 54, I do Código de 1916.

São bens singulares, por exemplo, um papel e uma caneta, porque considerados na sua individualidade.

Como bem ensina Carlos Roberto Gonçalves, uma árvore pode ser um bem singular ou coletivo, conforme a óptica de avaliação, ou seja, se visualizada de forma unitária (árvore) ou agregada a outras formando um todo (floresta). Uma caneta, no entanto, sempre será um bem singular, porque conservará essa característica mesmo se agregada a outras canetas, eis que a união destas não forma um bem coletivo[14].

Os bens singulares podem ser divididos da seguinte maneira:

a) Bens singulares *simples:* quando suas partes estão ligadas por obra da natureza, como uma árvore e um cavalo.

b) Bens singulares *compostos:* quando suas partes estão ligadas pelo esforço humano, como um edifício.

Os bens coletivos são compostos por vários bens singulares, constituindo um todo individualizado. Como exemplos temos o rebanho e a biblioteca.

Segundo os arts. 90 e 91 do Código Civil, os bens coletivos podem ser assim qualificados:

a) *Universalidade de fato (art. 90 CC)*: é o conjunto de bens singulares, homogêneos e pertencentes à mesma pessoa. É necessário, também, que essa pluralidade tenha destinação unitária, que nada mais é do que um fim econômico. Trata-se, portanto, de uma reunião de coisas pela vontade do titular. Como ensina Flávio Tartuce[15], para configurar a universalidade de fato, basta recordar algumas palavras utilizadas no gênero coletivo, como, por exemplo, alcateia (lobos), biblioteca (livros), pinacoteca (quadros) etc.

b) *Universalidade de direito (art. 91 CC):* enquanto a universalidade de fato representa uma união de coisas, a universalidade de direito é um complexo de relações jurídicas, que a lei, para certos fins, considera como uma unidade, como é o caso, por exemplo, da herança, da massa falida e do patrimônio.

---

14. GONÇALVES, Carlos Roberto. *Direito Civil I*. 3ª ed. São Paulo: Saraiva, 2011, p. 298
15. TARTUCE, Flávio. *Direito Civil*. Vol. 1, 9ª ed. São Paulo: Método, 2013, p. 274.

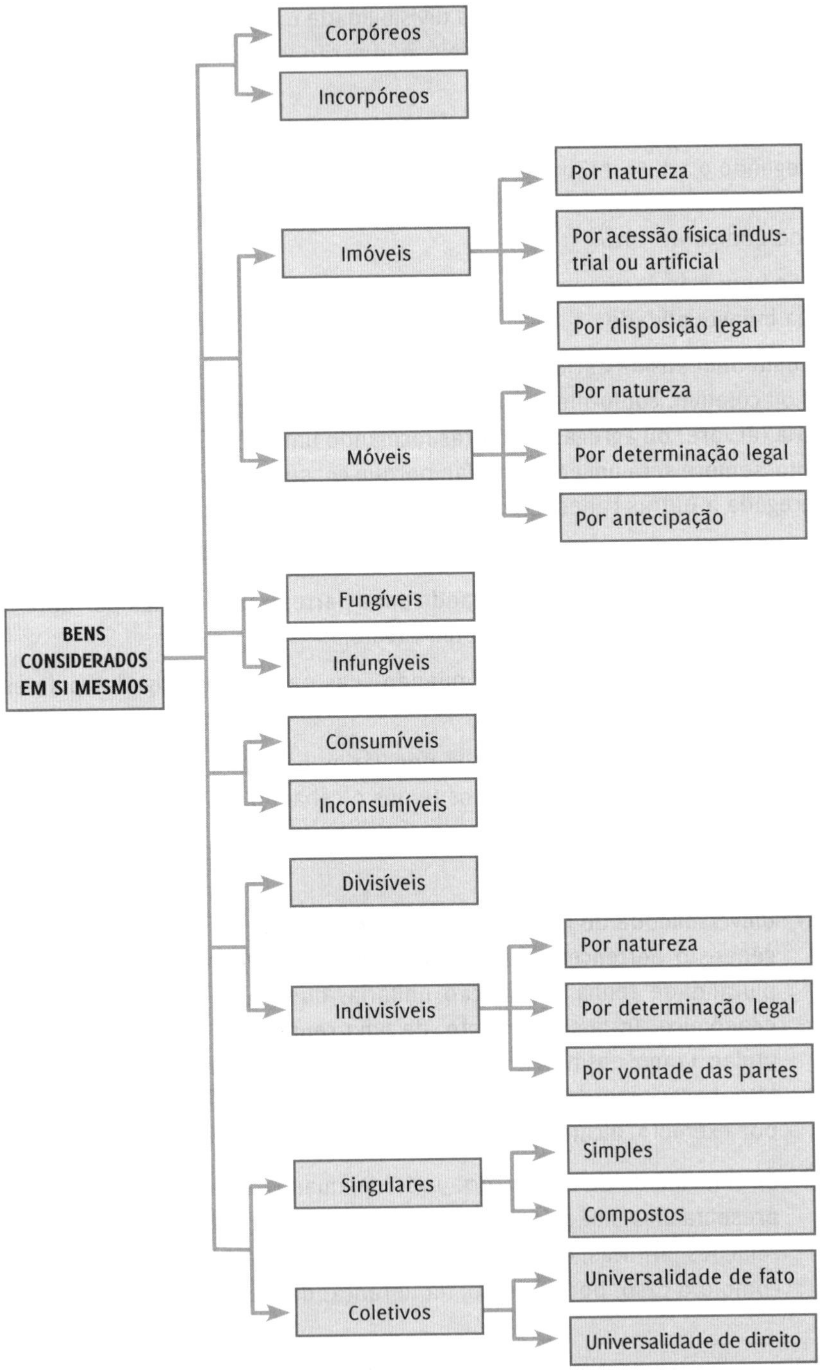
BENS CONSIDERADOS EM SI MESMOS
Corpóreos
Incorpóreos
Imóveis
Por natureza
Por acessão física industrial ou artificial
Por disposição legal
Móveis
Por natureza
Por determinação legal
Por antecipação
Fungíveis
Infungíveis
Consumíveis
Inconsumíveis
Divisíveis
Indivisíveis
Por natureza
Por determinação legal
Por vontade das partes
Singulares
Simples
Compostos
Coletivos
Universalidade de fato
Universalidade de direito

2.2. Bens reciprocamente considerados

2.2.1. *Bens principais e acessórios (art. 92 CC)*

Segundo o art. 92, "principal é o bem que existe sobre si, abstrata ou concretamente; acessório, aquele cuja existência supõe a do principal".

É importante destacar, inicialmente, que os bens, isoladamente considerados, não são nem principais nem acessórios. Essa distinção ganha destaque quando se leva em conta a relação entre uns e outros, essencialmente quanto ao conceito de benfeitorias, frutos etc.

Pois bem. Principal é o bem que existe por si só, independentemente de qualquer outro. É, por exemplo, o solo, porque existe concretamente.

Bem acessório, como diz o texto legal, é aquele cuja existência ou finalidade depende de outro, chamado principal. Enquanto o solo é bem principal, a árvore é bem acessório, porque sua existência pressupõe a do solo.

Há acessoriedade não somente entre coisas (concretas), mas também entre direitos (abstratos). Assim, o contrato de mútuo é principal, enquanto o contrato de fiança é acessório. De igual forma, a hipoteca e outros direitos reais são acessórios em relação ao bem ou contrato principal[16].

Em razão dos conceitos e do princípio da gravitação indicado na doutrina, o bem acessório, em regra, segue o destino do principal, salvo se houver convenção em contrário, como ocorre com o art. 1.284 do Código Civil.

Isso traz algumas consequências importantes: a) a natureza do acessório é a mesma do principal. Assim, a árvore anexada ao solo é imóvel como este o é; b) o proprietário do principal é proprietário do acessório (art. 1.232 CC).

A análise dos arts. 93 e seguintes do Código revela que os bens acessórios podem ser classificados da seguinte maneira:

a) *Frutos:* são os acessórios produzidos pelo bem principal, cuja separação não provoca alteração na substância deste. Exige-se, portanto, a *periodicidade*, a *inalterabilidade da substância* da coisa principal e a *separabilidade* desta[17].

   Quanto à origem, podem ser diferenciados em:

   a.1) *Frutos naturais:* são os provenientes do desenvolvimento natural do bem principal, como, por exemplo, as frutas das árvores e as crias dos animais;

   a.2) *Frutos industriais:* são os provenientes da atividade humana, como, por exemplo, a produção de uma fábrica;

---

16. GONÇALVES, Carlos Roberto. *Direito Civil I*. 3ª ed. São Paulo: Saraiva, 2011, p. 300.
17. GONÇALVES, Carlos Roberto. Direito Civil I. 3ª ed. São Paulo: Saraiva, 2011, p. 302.

a.3) *Frutos civis:* são os rendimentos provenientes da coisa principal, em razão de uma relação jurídica ou econômica, como, por exemplo, os aluguéis de imóveis e juros de capital.

Quanto ao estado em que se encontram, os frutos podem ser classificados em:

a.4) *Frutos pendentes:* são os que ainda estão unidos à coisa principal, que os produziu, como a laranja, ainda não colhida, presa à laranjeira.

a.5) *Frutos percebidos:* são os que já foram colhidos, separados, portanto, da coisa principal, como a maçã colhida pelo produtor;

a.6) *Frutos estantes:* são os que já foram colhidos e permanecem armazenados para a venda, como as caixas de laranja depositadas em um armazém;

a.7) *Frutos percipiendos:* são os que deveriam ter sido colhidos, mas não o foram, como as laranjas maduras que estão apodrecendo nas árvores;

a.8) *Frutos consumidos:* são os que não mais existem, porque foram utilizados, como as maças que foram colhidas e vendidas a terceiros.

b) *Produtos:* são os acessórios provenientes do bem principal, mas que, uma vez separados, diminuem-lhe a quantidade, vez que não se renovam periodicamente, como os metais e pedras extraídos, respectivamente, das minas e pedreiras. É clara, portanto, a diferença entre frutos e produtos. Os primeiros renovam-se periodicamente, de forma que não há alteração na substância do bem principal que lhe dá origem. Os segundos, por sua vez, não se renovam e, quando destacados, acarretam a diminuição no bem principal.

c) *Pertenças:* a definição de pertenças está no art. 93 do Código. Diz o citado dispositivo que "são pertenças os bens que, não constituindo partes integrantes, se destinam, de modo duradouro, ao uso, ao serviço ou ao aformoseamento de outro". Diferem as pertenças dos frutos, produtos e benfeitorias porque não são provenientes da coisa principal. São bens que, apesar de acessórios, conservam sua individualidade, servindo apenas para dar uma melhor utilidade ao bem principal, como, por exemplo, a mobília decorativa de uma residência.

O art. 94 do Código Civil traz uma exceção ao princípio da gravitação jurídica, ao afirmar que as pertenças, embora sejam bens acessórios, não acompanham o destino do bem principal, porque podem ser individualizadas e comercializadas de forma autônoma. Vê-se, então, que o princípio da gravitação é aplicado somente aos frutos, produtos e benfeitorias.

d) *Benfeitorias:* o Código Civil não definiu o que é benfeitoria. Para Maria Helena Diniz, "são as obras ou despesas que se fazem em bem móvel ou imóvel para conservá-lo, melhorá-lo ou embelezá-lo"[18].

Segundo o art. 96 do Código Civil, podem ser classificadas da seguinte maneira:

d.1) *Necessárias (art. 96, §3º):* são as que tem a finalidade de conservar e evitar que o bem pereça, como, por exemplo, a substituição de vigamento de um telhado apodrecido ou da fiação elétrica precária que pode ocasionar curto-circuito. Vale observar que são indispensáveis à conservação do bem, de forma que o próprio proprietário seria obrigado a fazê-las.

d.2) *Úteis (art. 96, §2º):* são as que, embora não estejam associadas à conservação do bem, uma vez realizadas aumentam o valor ou facilitam o uso do bem. Seu conceito, portanto, é obtido por exclusão. Não sendo destinadas à conservação do bem, caso em que seriam necessárias, mas proporcionando uma utilidade maior, as benfeitorias serão classificadas como úteis.

d.3) *Voluptuárias (art. 96, §1º):* são as realizadas para atender a um sentimento de prazer ou de recreação. As benfeitorias voluptuárias não mudam o estado do bem, seja em relação à conservação ou utilidade, embora, muitas vezes, o tornem mais agradável. São os objetos de luxo como cascatas, jardins, fontes etc., que não aumentam significativamente o valor do bem.

Cabe lembrar, contudo, a lição de Carlos Roberto Gonçalves, para quem "essa classificação não tem caráter absoluto, pois uma mesma benfeitoria pode enquadra-se em uma ou outra espécie, dependendo das circunstâncias. Uma piscina, por exemplo, pode ser considerada benfeitoria voluptuária em uma casa ou condomínio, mas útil ou necessária em uma escola de natação"[19].

A importância da classificação ocorre na análise dos efeitos decorrentes da posse, essencialmente quanto ao direito de retenção.

Segundo o art. 97 do Código Civil, "não se consideram benfeitorias os melhoramentos ou acréscimos sobrevindos ao bem sem a intervenção do proprietário, possuidor ou detentor". Isso significa que só podem ser considerados os melhoramentos feitos pela atividade humana. Eventuais acréscimos sobrevindos ao bem por obra da natureza, como, por exemplo, em virtude de aluvião e avulsão, não são considerados benfeitorias.

---

18. Curso de *Direito Civil Brasileiro.* 30ª ed., v. 1. São Paulo: Saraiva, 2013, p. 390.
19. GONÇALVES, Carlos Roberto. *Direito Civil I.* 3ª ed. São Paulo: Saraiva, 2011, p. 306.

Para Flávio Tartuce, as benfeitorias diferenciam-se das pertenças porque "as primeiras são introduzidas por quem não é proprietário, enquanto as últimas por aquele que tem o domínio"[20].

Tal distinção se justifica porque a despesa realizada em bem próprio não traz consequência jurídica.

Entretanto, Eduardo Ribeiro de Oliveira alerta que há situações em que a benfeitoria feita em bem próprio assume importância no campo do direito. "Assim, na evicção, em que o evicto tem o domínio, mas o perde por sentença, as benfeitorias que introduzir na coisa, enquanto a detiver, serão pagas pelo alienante, salvo se ao próprio evicto abonadas". É o que dispõe o art. 453, à semelhança do que estabelecia o art. 1.112 do Código de 1916. De igual modo, na retrovenda, em que o adquirente tem o domínio, embora resolúvel, e as benfeitorias que fizer no bem serão indenizáveis, se necessárias, ou, ainda que não o sejam, caso, para executá-las, exista autorização escrita do devedor (art. 505)"[21].

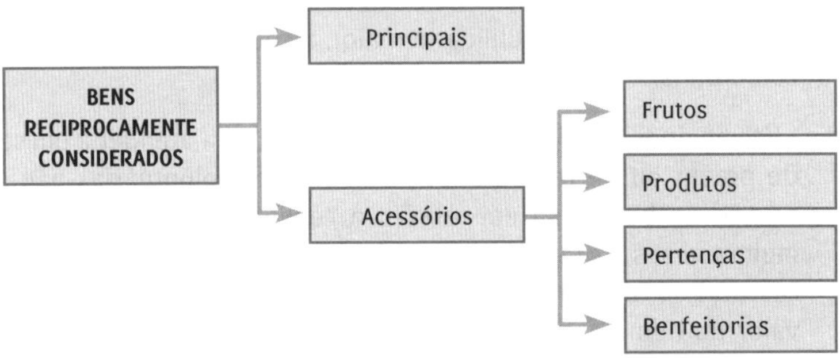

2.3. Bens quanto ao titular do domínio: públicos e particulares (art. 98)

Nos termos do art. 98 do Código Civil, "são públicos os bens do domínio nacional pertencentes às pessoas jurídicas de direito público interno; todos os outros são particulares, seja qual for a pessoa a que pertencerem". Observa-se que o conceito de bens particulares é feito por exclusão.

Os bens públicos, segundo o art. 99 do Código, podem ser de três espécies:

a) *Bens de uso comum do povo (art. 99, I)*: são aqueles que podem ser utilizados por qualquer pessoa, de forma livre e sem formalidades. São, por exemplo, as ruas, praças, estradas, rios e mares. Ainda que o uso seja regulamentado pelo Poder Público, como ocorre com as estradas que possuem cobrança de pedágio, o bem continuará sendo de uso comum do povo.

20. TARTUCE, Flávio. *Direito Civil*. Vol. 1, 9ª ed. São Paulo: Método, 2013, p. 280.
21. OLIVEIRA, Eduardo Ribeiro de. *Comentários ao Novo Código Civil*. Vol. II. Rio de Janeiro: Editora Forense, 2008, p. 112.

b) *Bens de uso especial (art. 99, II)*: são os que o Poder Público utiliza especificamente na execução dos serviços públicos. Como o próprio texto diz, são os edifícios que servem de instalação para os órgãos públicos, inclusive as autarquias.

c) *Bens dominicais (art. 99, III)*: são os bens disponíveis, ou seja, aqueles sobre os quais o Poder Público exerce os direitos inerentes ao domínio, como as estradas de ferro e as fazendas pertencentes ao Estado.

Os bens de uso comum do povo e de uso especial são, em regra, inalienáveis (art. 100 CC). Dessa inalienabilidade decorrem, também, a impenhorabilidade, imprescritibilidade e impossibilidade de oneração, que podem ser afastadas pelo fenômeno da *desafetação*.

Desafetação significa alterar a destinação do bem, tornando-o como dominical, para possibilitar a alienação.

Os dominicais, por sua vez, são perfeitamente alienáveis por uma das formas previstas no direito privado, como, por exemplo, a compra e venda. No entanto, o art. 101 determina que tal alienação deve observar "as exigências da lei". De igual maneira, a alienabilidade dos bens dominicais não é absoluta, eis que podem perdê-la em razão da *afetação*, que é o ato pelo qual o bem passa da categoria de bem do domínio privado do Estado para a categoria de bem do domínio público.

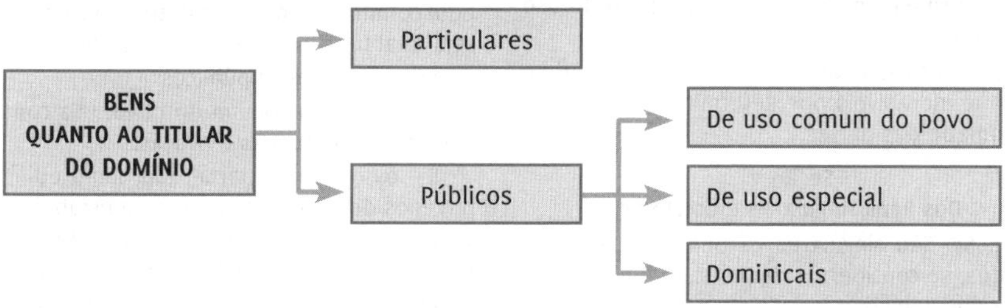

3. LEGISLAÇÃO RELACIONADA AO CAPÍTULO

LIVRO II - DOS BENS
TÍTULO ÚNICO
DAS DIFERENTES CLASSES DE BENS
CAPÍTULO I
DOS BENS CONSIDERADOS EM SI MESMOS
Seção I - Dos Bens Imóveis[22]

Art. 79. São bens imóveis o solo e tudo quanto se lhe incorporar natural ou artificialmente.

Art. 80. Consideram-se imóveis para os efeitos legais:

I - os direitos reais sobre imóveis e as ações que os asseguram;

II - o direito à sucessão aberta.

Art. 81. Não perdem o caráter de imóveis:

I - as edificações que, separadas do solo, mas conservando a sua unidade, forem removidas para outro local;

II - os materiais provisoriamente separados de um prédio, para nele se reempregarem.

Seção II - Dos Bens Móveis

Art. 82. São móveis os bens suscetíveis de movimento próprio, ou de remoção por força alheia, sem alteração da substância ou da destinação econômico-social.

22. GONÇALVES, Carlos Roberto. *Direito Civil* I. 3ª ed. São Paulo: Saraiva, 2011, p. 312.

Art. 83. Consideram-se móveis para os efeitos legais:

I - as energias que tenham valor econômico;

II - os direitos reais sobre objetos móveis e as ações correspondentes;

III - os direitos pessoais de caráter patrimonial e respectivas ações.

Art. 84. Os materiais destinados a alguma construção, enquanto não forem empregados, conservam sua qualidade de móveis; readquirem essa qualidade os provenientes da demolição de algum prédio.

Seção III
Dos Bens Fungíveis e Consumíveis

Art. 85. São fungíveis os móveis que podem substituir-se por outros da mesma espécie, qualidade e quantidade.

Art. 86. São consumíveis os bens móveis cujo uso importa destruição imediata da própria substância, sendo também considerados tais os destinados à alienação.

Seção IV - Dos Bens Divisíveis

Art. 87. Bens divisíveis são os que se podem fracionar sem alteração na sua substância, diminuição considerável de valor, ou prejuízo do uso a que se destinam.

Art. 88. Os bens naturalmente divisíveis podem tornar-se indivisíveis por determinação da lei ou por vontade das partes.

Seção V
Dos Bens Singulares e Coletivos

Art. 89. São singulares os bens que, embora reunidos, se consideram *de per si*, independentemente dos demais.

Art. 90. Constitui universalidade de fato a pluralidade de bens singulares que, pertinentes à mesma pessoa, tenham destinação unitária.

Parágrafo único. Os bens que formam essa universalidade podem ser objeto de relações jurídicas próprias.

Art. 91. Constitui universalidade de direito o complexo de relações jurídicas, de uma pessoa, dotadas de valor econômico.

CAPÍTULO II
DOS BENS RECIPROCAMENTE CONSIDERADOS

Art. 92. Principal é o bem que existe sobre si, abstrata ou concretamente; acessório, aquele cuja existência supõe a do principal.

Art. 93. São pertenças os bens que, não constituindo partes integrantes, se destinam, de modo duradouro, ao uso, ao serviço ou ao aformoseamento de outro.

Art. 94. Os negócios jurídicos que dizem respeito ao bem principal não abrangem as pertenças, salvo se o contrário resultar da lei, da manifestação de vontade, ou das circunstâncias do caso.

Art. 95. Apesar de ainda não separados do bem principal, os frutos e produtos podem ser objeto de negócio jurídico.

Art. 96. As benfeitorias podem ser voluptuárias, úteis ou necessárias.

§ 1º São voluptuárias as de mero deleite ou recreio, que não aumentam o uso habitual do bem, ainda que o tornem mais agradável ou sejam de elevado valor.

§ 2º São úteis as que aumentam ou facilitam o uso do bem.

§ 3º São necessárias as que têm por fim conservar o bem ou evitar que se deteriore.

Art. 97. Não se consideram benfeitorias os melhoramentos ou acréscimos sobrevindos ao bem sem a intervenção do proprietário, possuidor ou detentor.

CAPÍTULO III
DOS BENS PÚBLICOS

Art. 98. São públicos os bens do domínio nacional pertencentes às pessoas jurídicas de direito público interno; todos os outros são particulares, seja qual for a pessoa a que pertencerem.

Art. 99. São bens públicos:

I - os de uso comum do povo, tais como rios, mares, estradas, ruas e praças;

II - os de uso especial, tais como edifícios ou terrenos destinados a serviço ou estabelecimento da administração federal, estadual, territorial ou municipal, inclusive os de suas autarquias;

III - os dominicais, que constituem o patrimônio das pessoas jurídicas de direito público, como objeto de direito pessoal, ou real, de cada uma dessas entidades.

Parágrafo único. Não dispondo a lei em contrário, consideram-se dominicais os bens pertencentes às pessoas jurídicas de direito público a que se tenha dado estrutura de direito privado.

Art. 100. Os bens públicos de uso comum do povo e os de uso especial são inalienáveis, enquanto conservarem a sua qualificação, na forma que a lei determinar.

Art. 101. Os bens públicos dominicais podem ser alienados, observadas as exigências da lei.

Art. 102. Os bens públicos não estão sujeitos a usucapião.

Art. 103. O uso comum dos bens públicos pode ser gratuito ou retribuído, conforme for estabelecido legalmente pela entidade a cuja administração pertencerem.

Questões

Capítulo 3

01. (Analista Judiciário - Área Judiciária - TRT 6 / 2012 / FCC) São benfeitorias úteis

a) as indispensáveis à conservação do bem.
b) as que aumentam ou facilitam o uso do bem.
c) as que têm por fim conservar o bem ou evitar que se deteriore.
d) as de deleite ou recreio, embora não aumentem o uso habitual.
e) somente aquelas que, sem aumentar o uso habitual, tornem mais agradável o bem.

COMENTÁRIOS

Alternativa "b" - correta: as benfeitorias úteis são as que aumentam ou facilitam o uso do bem (art. 96, § 2º do Código Civil).

Alternativa "a" - errada: as benfeitorias que têm por fim a conservação do bem são as necessárias (art. 96, § 3º do Código Civil).

Alternativa "c" - errada: as benfeitorias que têm por fim conservar o bem ou evitar que se deteriore são as necessárias (art. 96, § 3º do Código Civil).

Alternativa "d" - errada: as benfeitorias de mero deleite ou recreio, que não aumentam o uso habitual do bem, são as voluptuárias (art. 96, § 1º do Código Civil).

Alternativa "e" - errada: as benfeitorias de mero deleite ou recreio, que não aumentam o uso habitual do bem, ainda que o tornem mais agradável ou sejam de elevado valor, são as voluptuárias (art. 96, § 1º do Código Civil).

02. (Analista Judiciário - Área Judiciária - TRT 11 / 2012 / FCC) Um fundo de comércio, uma biblioteca e um rebanho são uma universalidade de

a) direito, direito e de fato, respectivamente.
b) direito.
c) fato.
d) fato, fato e de direito, respectivamente.
e) fato, direito e de direito, respectivamente.

COMENTÁRIOS

Nota do autor: é importante diferenciar a universalidade de fato da universalidade de direito. A universalidade de fato é "a pluralidade de bens singulares que, pertinentes à mesma pessoa, tenham destinação unitária" (art. 90, *caput* do Código Civil). Acrescente-se que os bens que constituem a universalidade de fato "podem ser objeto de relações jurídicas próprias" (art. 90, parágrafo único do Código Civil). Já a universalidade de direito é "o complexo de relações jurídicas, de uma pessoa, dotadas de valor econômico" (art. 91 do Código Civil).

Alternativa "c" - correta (responde todas as demais alternativas): um fundo de comércio, uma biblioteca e um rebanho são exemplos de universalidades de fato, pois são conjuntos de bens que não perdem a sua natureza, que são destinados a um fim e que são mantidos unidos por vontade humana e não pela lei.

03. **(Analista Judiciário - Área Judiciária - TRT 20 / 2011 / FCC)** A respeito dos bens públicos, é correto afirmar que

a) os bens dominicais constituem o patrimônio da pessoa jurídica de direito público e, por isso, são inalienáveis.
b) os terrenos e edifícios usados pelo próprio Estado para execução de serviço público especial são considerados bens de uso geral ou uso comum do povo.
c) as praças, ruas e estradas podem ser alienadas enquanto destinadas ao uso comum do povo.
d) a venda de bens de uso comum do povo pelo Estado denomina-se desafetação.
e) os bens de uso comum do povo não perdem essa característica se o Estado regulamentar sua utilização de maneira onerosa.

COMENTÁRIOS

Alternativa "e" - correta: os bens de uso comum do povo podem ser utilizados, sem restrição, por todos, de modo gratuito ou oneroso (art. 103 do Código Civil). Entretanto, o fato do uso ser oneroso não faz com que esses bens percam a característica de uso comum do povo.

Alternativa "a" - errada: os bens dominicais, que constituem o patrimônio das pessoas jurídicas de direito público, podem ser alienados, desde que observadas as exigências da lei (art. 101 do Código Civil).

Alternativa "b" - errada: os edifícios e terrenos destinados a serviço ou estabelecimento do próprio Estado são considerados bens de uso especial (art. 99, II do Código Civil), e não bens de uso comum do povo.

Alternativa "c" - errada: os bens públicos de uso comum do povo são inalienáveis enquanto conservarem a sua qualificação (art. 100 do Código Civil).

Alternativa "d" - errada: desafetação é a transformação de um bem de uso comum ou de uso especial em bem dominical para possibilitar a alienação. Os bens de uso comum do povo são inalienáveis (art. 100 do Código Civil).

04. **(Analista Judiciário - Área Judiciária - TRT 22 / 2010 / FCC)** Os mares, os quartéis e as estradas de ferro são bens públicos

a) de uso comum do povo, dominicais e de uso comum do povo, respectivamente.
b) dominicais, de uso especial e de uso comum do povo, respectivamente.
c) de uso comum do povo, de uso especial e dominicais, respectivamente.
d) de uso comum do povo.
e) de uso especial.

COMENTÁRIOS

Alternativa "c" - correta (responde todas as demais alternativas): os bens de uso comum do povo (art. 99, I do Código Civil) são destinados ao uso coletivo, tais como os mares. Os bens de uso especial (art. 99, II do Código Civil) são destinados ao uso da Administração, para consecução de seus objetivos. São bens de uso especial os imóveis onde estão instaladas as repartições públicas, como, por exemplo, os quartéis. Por fim, os bens dominicais (art. 99, III do Código Civil) constituem o patrimônio disponível e alienável das pessoas jurídicas de direito público, tais como as estradas de ferro.

05. **(Técnico Judiciário - Área Administrativa - TRT 14 / 2011 / FCC)** José adquiriu uma área de terras e nela construiu uma pequena casa. Adquiriu cinquenta cabeças de gado, um trator, madeira para construção de um curral e diversas ferramentas para agricultura. Consideram-se bens móveis

a) as cabeças de gado e a madeira para construção do curral, somente.
b) o trator e as ferramentas para agricultura, somente.
c) as cabeças de gado, o trator, a madeira para construção do curral e as ferramentas para agricultura.
d) as ferramentas para agricultura, somente.
e) o trator, a madeira para construção do curral e as ferramentas para agricultura, somente.

COMENTÁRIOS

Nota do autor: bens móveis são os "suscetíveis de movimento próprio, ou de remoção por força alheia, sem alteração da substância ou da destinação econômico-social" (art. 82 do Código Civil).

Alternativa "c" - correta (responde todas as demais alternativas): as cabeças de gado, o trator e as ferramentas são bens móveis porque podem ser transportados de um lugar para outro, por força própria ou alheia, sem alteração da substância ou da forma (art. 82 do Código Civil). E a madeira para construção do curral também é um bem móvel, pois os materiais para construção, enquanto não forem empregados, conservam sua qualidade de móveis (art. 84 do Código Civil).

06. **(FCC - Analista Judiciário - Oficial de Just. Avaliador - TRT 11/2017)** A respeito dos bens, é correto afirmar que

a) constitui universalidade de fato o complexo de relações jurídicas de uma pessoa, dotadas de valor econômico.
b) os materiais provisoriamente separados de um prédio, mesmo que sejam nele reempregados, perdem o caráter de imóveis.
c) constitui universalidade de direito a pluralidade de bens singulares que, pertinentes à mesma pessoa, tenham destinação unitária.
d) os bens naturalmente divisíveis podem tornar-se indivisíveis por determinação da lei ou por vontade das partes.

E) as energias que tenham valor econômico são consideradas bens imóveis para os efeitos legais.

COMENTÁRIOS

Alternativa correta letra "d".

Trata-se de transcrição literal do art. 88 do CC. Segundo o dispositivo, a indivisibilidade pode ocorrer por determinação legal ou pela vontade das partes. Isso permite distinguir a indivisibilidade de três maneiras:

a) *por natureza:* são aqueles que não podem ser fracionados sem alteração de sua substância ou diminuição de seu valor, como, por exemplo, um automóvel e um animal. Neste caso, a indivisibilidade é física ou material.

b) *por determinação legal:* são aqueles cujo fracionamento é impedido pela lei, como a herança, que é indivisível até a partilha (art. 1.791 do CC), e as servidões (art. 1386 do CC). Neste caso, a indivisibilidade é jurídica.

c) *por vontade das partes:* que ocorre quando a vontade das partes torna um bem naturalmente divisível em indivisível, como ocorre, por exemplo, quando o doador dispõe que o bem divisível permaneça indivisível pelo prazo máximo de cinco anos (art. 1.320, §2º CC). Neste caso, diz-se que a indivisibilidade é convencional.

CAPÍTULO 4

DOS FATOS JURÍDICOS

1. FATO JURÍDICO EM SENTIDO AMPLO

1.1. Conceito

Fato jurídico é todo acontecimento com repercussão no mundo do direito. Durante a normalidade da vida, inúmeros fatos ocorrem e se sucedem. Muitos não produzem qualquer efeito no campo jurídico, como, por exemplo, o nascer do sol. Outros, contudo, são hábeis para fazer nascer, modificar ou extinguir relações jurídicas, como, por exemplo, o casamento. Os primeiros recebem o tratamento apenas de *fato* ou de *fato não jurídico*, enquanto os segundos são denominados *fatos jurídicos*.

Evidentemente, o Código Civil cuida apenas dos fatos jurídicos.

1.2. Espécies

Os fatos jurídicos podem ser classificados da seguinte maneira:

a) *Fatos naturais*: também chamados de fatos jurídicos em sentido estrito. São os que tem origem na manifestação da natureza, sem interferência da vontade humana. Podem ser divididos, ainda, em:

a.1) *Fatos jurídicos naturais ordinários*: que são os eventos normais e previsíveis de ocorrer durante a vida. É o caso, por exemplo, do nascimento e da morte;

a.2) *Fatos jurídicos naturais extraordinários*: que são os eventos imprevisíveis e inevitáveis, como, por exemplo, o terremoto e o furacão.

b) *Fatos humanos*: também chamados de fatos jurídicos em sentido amplo. São os que derivam da vontade ou da ação humana. Podem ser divididos, ainda, em:

b.1) *Atos lícitos*: são os atos humanos que, praticados segundo o ordenamento jurídico, produzem os efeitos desejados pelo agente. Também é chamado pela doutrina de *ato voluntário* e pode ser dividido em:

b.1.1) *Ato jurídico em sentido estrito*: também chamado *meramente lícito*. Nessa modalidade, "há uma manifestação de vontade do agente, mas as suas consequências são as previstas em lei e não na vontade das partes"[1]. Em outras palavras, o agente visa alcançar um fim determinado na lei, como ocorre, por exemplo, com a tradição, com a ocupação e com o reconhecimento de um filho. Observe que os efeitos do reconhecimento ocorrerão independentemente da vontade do agente;

b.1.2) *Negócio jurídico*: nessa modalidade, o agente pratica o ato, que sempre deve ser lícito, como forma de regular seus interesses e disciplinar sua vida. O negócio jurídico é o principal meio que as pessoas têm para regular seus interesses e, por tal razão, recebem atenção especial da lei, da doutrina e da jurisprudência. O exemplo clássico é o contrato;

b.1.3) *Ato-fato jurídico*: nessa modalidade, o ato praticado faz produzir consequências jurídicas, que, muitas vezes, não são nem almejadas pelo agente. Carlos Roberto Gonçalves menciona o exemplo do tesouro achado. Havendo ou não intenção do agente, ainda que este seja absolutamente incapaz, terá ele direito a partilhá-lo, segundo a disposição do art. 1.264 do CC/02[2].

b.2) *Atos ilícitos*: são os atos, voluntários ou não, praticados em desacordo com o ordenamento jurídico. Seus efeitos são involuntários porque, diferentemente dos atos lícitos, geram deveres e não direitos.

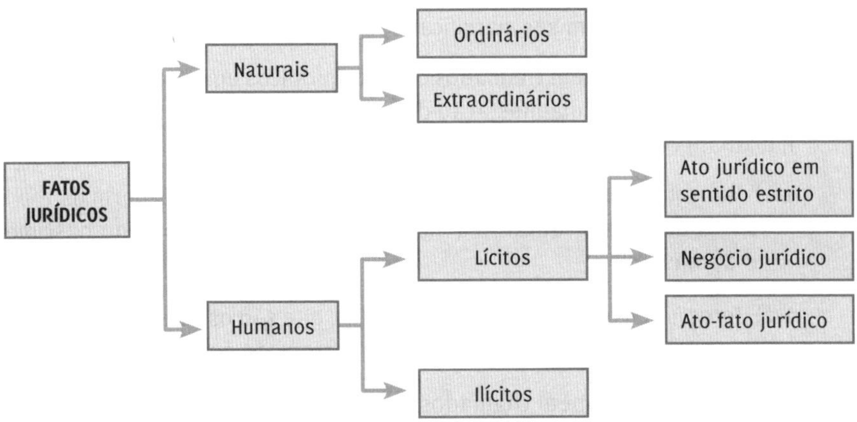

2. NEGÓCIO JURÍDICO

2.1. Conceito

Para Flávio Tartuce, o negócio jurídico é "toda ação a humana, de autonomia privada, com a qual os particulares regulam por si os próprios interesses, havendo

1. TARTUCE, Flávio. *Direito Civil*. Vol. 1, 9ª ed. São Paulo: Método, 2013, p. 326/327.
2. *Direito Civil I*. 3ª ed. São Paulo: Saraiva, 2011, p. 319.

uma composição de vontades, cujo conteúdo deve ser lícito. Constitui um ato destinado à produção de efeitos jurídicos desejados pelos envolvidos e tutelados pela norma jurídica"[3].

O atual Código Civil alterou a designação de *ato jurídico*, prevista no art. 81 do CC/16, pela expressão *negócio jurídico*, com a aplicação de todas as disposições do Livro III da Parte Geral. Os *atos jurídicos lícitos*, que, como visto, não são negócios jurídicos, contêm apenas um artigo estabelecendo que se lhes sejam aplicados, no que couber, os preceitos reguladores do negócio jurídico.

2.2. Classificação dos negócios jurídicos

2.2.1. *Unilaterais, bilaterais e plurilaterais*

Quanto ao número de declarantes ou de partes que intervêm, os negócios jurídicos podem ser classificados em:

a) *Unilaterais*: são os que se concretizam com a manifestação de vontade de apenas uma parte, como se dá, por exemplo, no testamento, na renúncia, na confissão de dívidas e na procuração. Podem ser divididos, ainda, em:

   a.1) *Receptícios*: quando a manifestação de vontade, para produzir efeitos, deve ser levada ao conhecimento do destinatário, como ocorre, por exemplo, com a revogação do mandato e a promessa de recompensa;

   a.2) *Não receptícios*: quando a manifestação de vontade está apta para produzir efeitos, independentemente de terceiros tomarem conhecimento dela, como ocorre com o testamento.

b) *Bilaterais*: são os que se concretizam com duas manifestações de vontade coincidentes sobre o bem tutelado. Podem ser divididos, ainda, em:

   b.1) *Bilaterais simples*: são aqueles em que há duas manifestações de vontade, mas a carga obrigacional recai exclusivamente em uma das partes, como ocorre, por exemplo, na doação. Nessa modalidade, uma parte adquire deveres e a outra, direitos;

   b.2) *Bilaterais sinalagmáticos*: também chamados de *bilaterais recíprocos*, são aqueles em que ambas as partes adquirem direitos e deveres, pois se situam em uma posição de igualdade, como se sucede na compra e venda e na locação.

c) *Plurilaterais*: são aqueles em que se verifica a existência de mais de duas partes, como se dá, por exemplo, nos contratos de consórcio.

---

3. *Direito Civil*. Vol. 1, 9ª ed. São Paulo: Método, 2013, p. 328.

É importante destacar que a ideia de *parte*, que manifesta a vontade no negócio, não está vinculada, necessariamente, à ideia de pessoa, mas a de centro de interesses. Assim, em um contrato de doação em que há um doador e um donatário, a ideia de parte coincide com a ideia de pessoa, pois haverá duas pessoas que manifestarão duas vontades. No entanto, em um contrato de doação em que há, por exemplo, dois doadores e um donatário, as ideias de parte e pessoas não coincidem. Nesse caso, haverá três pessoas que manifestarão duas vontades, ou seja, três pessoas situadas em dois centros de interesses.

2.2.2. *Gratuitos e onerosos, neutros e bifrontes*

Quanto às vantagens patrimoniais, os negócios jurídicos podem ser classificados em:

a) *Gratuitos*: são os negócios em que o sacrifício patrimonial recai sobre apenas uma das partes. Nessa modalidade, uma das partes arca com os ônus enquanto a outra obtém vantagens. Os exemplos clássicos são a doação e o comodato;

b) *Onerosos*: são os negócios em que o sacrifício patrimonial recai sobre todas as partes participantes. Nessa modalidade, os encargos e vantagens são recíprocos, como ocorre nos contratos de compra e venda e locação. Cabe destacar que todo negócio oneroso é bilateral, porque, nesse caso, a prestação de uma parte requer a contraprestação da outra. Contudo, nem todo contrato bilateral é oneroso, como é o caso da doação;

c) *Neutros*: são os negócios que não podem ser classificados nem como gratuitos nem como onerosos, porque lhes falta uma atribuição patrimonial. É o caso, por exemplo, da estipulação do bem de família;

d) *Bifrontes*: são os negócios que podem ser gratuitos ou onerosos, segundo a conveniência das partes. É o caso, por exemplo, do mandato e do depósito que podem ser gratuitos ou onerosos, conforme a existência ou não de remuneração.

2.2.3. Inter vivos e mortis causa

Quanto ao momento da produção dos efeitos, os negócios jurídicos podem ser classificados em:

a) *Inter vivos*: são os negócios que visam produzir efeitos imediatos, ou seja, durante a vida dos contratantes, como é o caso da compra e venda e do casamento;

b) *Mortis causa*: são os negócios que visam produzir efeitos após a morte do agente, como é o caso do testamento e do legado.

2.2.4. *Principais e acessórios*

Quanto ao modo de existência, os negócios jurídicos podem ser classificados em:

a) *Principais*: são os negócios que possuem existência própria e não dependem de nenhum outro para existirem. É o caso, por exemplo, do contrato de locação;

b) *Acessórios*: são os negócios que estão vinculados a outro, de forma que sua existência depende da existência do negócio principal. Pelo princípio de que o acessório segue o principal, a extinção ou anulabilidade do principal acarreta a extinção ou anulabilidade do acessório. É o caso, por exemplo, do contrato de fiança.

2.2.5. *Solenes e não solenes*

Quanto às formalidades, os negócios jurídicos podem ser classificados:

a) *Solenes*: são os negócios que possuem forma especial para serem celebrados e concretizados. Nesses casos, a lei exige que o negócio seja realizado segundo determinada forma. Esta é, portanto, da essência do negócio. É o caso, por exemplo, do casamento;

b) *Não solenes*: são os negócios jurídicos em que a lei não exige forma especial. Nesses casos, a forma de celebração é livre, como ocorre, por exemplo, nos contratos de locação.

2.3. Elementos do negócio jurídico

2.3.1. *Requisitos de existência*

Os requisitos de existência são os elementos estruturais indispensáveis para que o negócio exista no campo jurídico. Faltando um dos requisitos, o negócio é inexistente e, portanto, irrelevante para o direito.

2.3.1.1. *Declaração de vontade*

A vontade é a "razão de ser" do negócio jurídico.

O negócio é celebrado como uma ferramenta para alcançar ou cumprir a vontade do agente, de cunho eminentemente subjetivo. É indispensável, portanto, que essa vontade seja externada, isto é, exteriorizada, e, uma vez declarada, obriga o declarante.

Dispõe o **art. 110** que "a manifestação de vontade subsiste ainda que o seu autor haja feito a reserva mental de não querer o que manifestou, salvo se dela o destinatário tinha conhecimento".

Carlos Roberto Gonçalves nos ensina que ocorre a "*reserva mental* quando um dos declarantes oculta a sua verdadeira intenção, isto é, quando não quer um efeito jurídico que declara querer"[4].

Como dito, a manifestação da vontade é da essência do negócio, que revelará e disciplinará aquilo que o agente externou. A intenção ou desejo que o agente guardou para si, em seu íntimo, não produzirá efeitos.

Dessa forma, a reserva mental é a vontade que se passa na mente ou no íntimo do agente, mas que não é exteriorizada. Em regra, a reserva mental não possui nenhuma relevância para o mundo do direito, segundo o disposto no art. 110.

No entanto, o mesmo dispositivo traz uma exceção, que consiste no fato de o destinatário ter conhecimento da reserva, ou seja, o destinatário sabe que a verdadeira intenção é outra. Nesse caso, não subsistirá o negócio declarado, porque esse não foi o desejo do agente e o destinatário não foi ludibriado. Trata-se de negócio inexistente. Também não terá existência o negócio pretendido porque a vontade não foi exteriorizada.

Preceitua o **art. 111** que "o silêncio importa anuência, quando as circunstâncias ou os usos o autorizarem, e não for necessária a declaração de vontade expressa".

O silêncio é incompatível com a manifestação da vontade, que é da essência do negócio. Cabe ao agente exteriorizar e declarar sua vontade, atitudes que afastam o silêncio. Logo, o silêncio, em um primeiro momento, não possui relevância para o mundo do direito.

Contudo, determinadas circunstâncias previstas na lei ou nos usos podem dar o silêncio a característica de manifestação tácita da vontade. É o que caso, por exemplo, do art. 1.807 do CC/02, que prevê o silêncio do herdeiro como aceitação da herança.

Como bem observa Eduardo Andrade Ribeiro de Oliveira, "não se confunde o silêncio com a falta de manifestação oral. Pode-se declarar a vontade por escrito ou por sinais. Se alguém explicita sua aquiescência por um acenar de cabeça, não silenciou. Os mudos se expressam por sinais, e a ausência de som não significa silêncio"[5].

2.3.1.2. *Finalidade negocial*

O negócio jurídico é celebrado com o propósito de adquirir, conservar, modificar ou extinguir direitos.

O agente manifesta sua vontade e celebra o negócio para que este produza os efeitos desejados, segundo a autonomia que a ordem jurídica lhe confere.

---

4. *Direito Civil I*. 3ª ed. São Paulo: Saraiva, 2011, p. 353.
5. *Comentários ao Novo Código Civil*. Vol. II. Rio de Janeiro: 2008, p. 237.

Dessa forma, a finalidade negocial permite que, em um negócio jurídico, os contratantes visem à obtenção de efeitos plurais. Uma doação, por exemplo, pode ser pura e simples. Pode, também, ser efetivada com encargo ou com cláusulas de inalienabilidade, impenhorabilidade e incomunicabilidade. Pode, ainda, ser efetivada com cláusula de reversão (art. 547 CC/02). Observe que a finalidade negocial permite que o agente atue com autonomia e escolha os efeitos que sejam do seu interesse.

2.3.1.3. *Idoneidade do objeto*

A *idoneidade do objeto* exige que o objeto seja adequado à espécie do negócio que se pretende firmar. Assim, o objeto de um contrato de mútuo deve ser, necessariamente, um bem fungível. Se o bem for infungível, será inidôneo para a configuração do mútuo. De igual sorte, o contrato de hipoteca deve recair sobre um bem imóvel, avião ou navio, que são os únicos idôneos para a celebração do contrato de hipoteca.

2.3.2. Requisitos de validade

Os requisitos de validade são os elementos necessários para que o negócio jurídico produza efeitos, visando à aquisição, conservação, modificação e extinção de direitos.

Os requisitos de validade, de caráter geral, estão indicados no art. 104 da atual Codificação e serão analisados nas linhas seguintes.

O citado dispositivo dispõe:

> **Art. 104.** A validade do negócio jurídico requer:
>
> **I** - agente capaz;
>
> **II** - objeto lícito, possível, determinado ou determinável;
>
> **III** - forma prescrita ou não defesa em lei.

Alguns negócios jurídicos exigem, ainda, certos requisitos de validade, de caráter específico, como, por exemplo, a compra e venda que requer a existência da coisa, do preço e do consentimento.

2.3.2.1. *Capacidade do agente*

A manifestação de vontade é da essência do negócio jurídico. Este só existe porque o agente exterioriza seu desejo com o fim de adquirir, conservar, modificar ou extinguir direitos.

Dessa forma, para que o agente manifeste sua vontade é imprescindível que tenha capacidade, assim entendida como a capacidade de fato ou de exercício, já abordada no capítulo II desta obra.

O *agente capaz* indicado no inciso I do art. 104 é o que possui capacidade para exercer direitos e contrair deveres, que é adquirida com a maioridade ou com a emancipação.

A incapacidade para o exercício pode ser suprida pelas formas de proteção aos incapazes, que são a representação e assistência, empregadas, respectivamente, para os que tem incapacidade absoluta e relativa, já analisadas, igualmente, no capítulo II.

As pessoas jurídicas atuam nos negócios pelos seus representantes indicados nos contratos socais ou estatutos.

2.3.2.2. *Objeto lícito, possível, determinado ou determinável*

A professora Maria Helena Diniz leciona que "para que o negócio jurídico se repute perfeito e válido deverá versar sobre objeto *lícito*, ou seja, conforme a lei, não sendo contrário aos bons costumes, à ordem público e à moral. Se ilícito o seu objeto, nulo será o negócio jurídico (CC, art. 166, II), não produzindo qualquer efeito jurídico (RT, 395:165); é o que ocorre, p. ex., com a corretagem matrimonial, a compra e venda de objeto roubado, o contrato de prestação de serviços sexuais etc."[6].

O objeto, além de lícito, deve ser possível. Se o objeto for impossível, o negócio será nulo, porque ausente o requisito de validade.

A impossibilidade do objeto pode ser física ou jurídica.

Será física quando decorrer das leis da natureza, como, por exemplo, a de alienar terreno situado em Saturno. Será jurídica quando o ordenamento jurídico proibir que determinado bem seja objeto de negociação, como se dá, por exemplo, com a negociação de herança de pessoa viva (art. 426 CC/02).

De se consignar que a impossibilidade do objeto, seja física ou jurídica, só torna o negócio nulo se essa impossibilidade for absoluta, isto é, quando o cumprimento for impossível para todas as pessoas. Permanecerá válido o negócio se a impossibilidade for relativa, ou seja, quando o cumprimento for impossível apenas para o devedor, mas possível para terceiros (art. 106 do CC/02).

Segundo o art. 104, II do CC/02, o objeto precisa ser, ainda, determinado ou determinável.

Objeto determinado é aquele devidamente individualizado, ou seja, identificado. Objeto determinável é aquele que não é prontamente identificado no momento do negócio e cuja individualização ocorrerá depois. É o caso, por exemplo, das obrigações de dar coisa incerta, cuja identificação ocorrerá posteriormente por meio da escolha (concentração).

---

6. *Curso de Direito Civil Brasileiro*. 30ª ed., v. 1. São Paulo: Saraiva, 2013, p. 493.

2.3.2.3. *Forma*

O terceiro requisito de validade do negócio jurídico é a forma (art. 104, III do CC/02), que consiste no instrumento pelo qual a vontade é manifestada.

Em princípio, a forma dos negócios jurídicos é livre, segundo o art. 107 do CC/02. Há, contudo, alguns negócios que a lei, com o intuito de trazer segurança jurídica, determina quc scjam celebrados de uma forma especial.

Assim, os negócios jurídicos podem ser revestidos das seguintes formas:

a) *Forma livre*: que consiste em qualquer meio de revelação da vontade, inexistindo qualquer exigência da lei quanto à sua celebração. É o caso, por exemplo, da palavra escrita ou falada, predominante no nosso ordenamento jurídico;

b) *Forma especial ou solene*: que consiste na forma exigida pela lei como requisito de validade do negócio. A sua não observação acarretará a nulidade do negócio, porque a exigência tem como finalidade trazer segurança jurídica, seja para as partes contratantes seja para terceiros. É o caso, por exemplo, da alienação de bens imóveis, que deve ser realizada por meio de escritura pública, conforme preceitua o art. 108 do CC/02;

c) *Forma contratual*: que consiste na forma eleita pelas partes, que, na celebração, podem convencionar que o negócio só terá validade se for celebrado por instrumento público, nos termos do art. 109 do CC/02. Assim, um negócio jurídico que, inicialmente, poderia ser celebrado de forma livre, deverá, necessariamente, ser celebrado por instrumento público, pela simples convenção das partes.

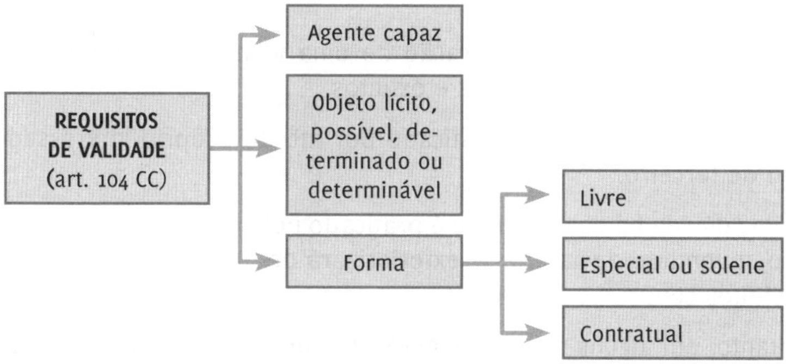

2.4. Interpretação do negócio jurídico

Não é só a lei que exige interpretação. Os negócios jurídicos, por vezes, também não possuem uma redação clara e precisa sobre os elementos essenciais do negócio. Quando isso ocorre, mostra-se necessário interpretar o negócio, objetivando extrair o verdadeiro conteúdo da vontade das partes.

O ilustre Carlos Roberto Gonçalves, citando Francisco Amaral, consigna que "*interpretar* o negócio jurídico é, portanto, precisar o sentido e alcance do conteúdo da declaração de vontade. Busca-se apurar a vontade concreta das partes, não a vontade interna, psicológica, mas a vontade objetiva, o conteúdo, as normas que nascem de sua declaração"[7].

Nesse sentido, dispõe o **art. 112** que "nas declarações de vontade se atenderá mais à intenção nelas consubstanciada do que ao sentido literal da linguagem". A vontade, como dito várias vezes, é da essência do negócio, de maneira que terá primazia sobre o sentido literal da linguagem.

De igual maneira, o **art. 113** preceitua que "os negócios jurídicos devem ser interpretados conforme a boa-fé e os usos do lugar de sua celebração". O dispositivo consagra elementos objetivos para a interpretação dos negócios jurídicos. Cabe ressaltar que a boa-fé dos contratantes sempre é presumida e representa um importante elemento na interpretação e compreensão do negócio. A má-fé, no entanto, deve ser provada pela parte que a alegue.

Segundo o **art. 114**, "os negócios jurídicos benéficos e a renúncia interpretam-se estritamente".

Negócios benéficos ou gratuitos são aqueles em que o sacrifício patrimonial recai sobre apenas uma das partes. Nessa modalidade, uma das partes arca com os ônus enquanto a outra obtém vantagens, como é o caso da doação. Tais negócios serão interpretados de maneira estrita porque configuram renúncia de direitos.

3. DA REPRESENTAÇÃO

3.1. Introdução e conceito

O negócio jurídico visa à declaração de uma vontade. É através dele que os direitos são adquiridos, modificados e extintos.

O negócio jurídico pode ser praticado por ato do próprio interessado ou por intermédio de terceiro.

Nenhuma dúvida há quando o ato é praticado pelo próprio interessado, porque, nesse caso, a vontade declarada se exteriorizará de forma pessoal e estará apta a produzir efeitos contra e a favor dele.

No entanto, em alguns casos a vontade e a declaração são exteriorizadas por uma terceira pessoa, que celebra o negócio em nome de outro. É nessa hipótese que se caracteriza a representação, porque o ato é praticado pelo representante, mas os efeitos atingem o representado.

---

7. *Direito Civil I*. 3ª ed. São Paulo: Saraiva, 2011, p. 339.

Isso é o que nos ensina o ilustre Carlos Roberto Gonçalves ao esclarecer que "representação tem o significado, pois, de atuação jurídica em nome de outrem. Constitui verdadeira legitimação para agir por conta de outrem, que nasce da lei ou do contrato"[8].

Para que se configure a representação é indispensável, portanto, que o ato seja praticado no interesse de terceiro e em nome de terceiro. É indispensável, pois, que o representante deixe claro que atua em nome de outrem, sob pena de contratar em nome próprio.

REPRESENTAÇÃO: ato praticado	No interesse de terceiro Em nome de terceiro

3.2. Espécies de representação e de representantes

Dispõe o art. 115 do CC/02:

> **Art. 115.** Os poderes de representação conferem-se por lei ou pelo interessado.

Como se verifica do dispositivo em análise, a representação pode ser **legal** ou **convencional.**

A **representação legal**, evidentemente, decorre da lei e é conferida aos pais, tutores, curadores para cuidarem dos interesses dos incapazes.

Estes, por estarem impossibilitados de exercer pessoalmente os atos da vida civil, necessitam que tais atos sejam praticados por terceiros. Assim, os pais, em razão do poder familiar, representam os filhos até a idade de dezesseis anos. Não havendo os pais ou se estes forem privados do poder familiar, a representação caberá ao tutor, segundo a disciplina do art. 1.728 e seguintes do CC/02.

Os relativamente incapazes não estão sujeitos à representação, mas à assistência, conforme já explicitado no capítulo 2, item 2.3.2.

Há, ainda, outras formas de representação legal, como aquela conferida ao síndico de condomínio edilício. O art. 1.348, II do CC/02 impõe ao síndico o dever de representar o condomínio, ativa e passivamente, para que defenda os interesses comuns.

A lei também confere representação aos sindicatos para a celebração de convenções e acordos coletivos. Tanto no caso do condomínio edilício quanto do sindicato,

8. *Direito Civil I*. 3ª ed. São Paulo: Saraiva, 2011, p. 365.

a representação legal ocorre em relação a pessoas capazes, mas que possuem uma limitação de capacidade.

A **representação voluntária**, também chamada de convencional, é a que decorre da autonomia privada. O representado estabelece ao representante os poderes e os limites da representação.

Essa modalidade de representação exterioriza-se através da **procuração**, que é o instrumento do mandato, nos termos do art. 653, segunda parte do CC/02. É através da procuração que o representado investe o representante dos poderes necessários para agir em seu nome.

Dessa forma, a procuração faz surgir a ideia de substituição, porque o representante praticará o ato em nome do representado, vinculando-o ao negócio e obrigando-o a cumprir o que foi pactuado.

Nesse sentido é o que estabelece o art. 116 do CC/02 abaixo descrito:

> **Art. 116.** A manifestação de vontade pelo representante, nos limites de seus poderes, produz efeitos em relação ao representado.

Prosseguindo, a procuração é o meio pelo qual se faz prova da representação, competindo ao representante demonstrar que atua em nome do representado, bem como a extensão dos poderes que lhe foram conferidos. Isso é o que dispõe o art. 118 do CC/02 abaixo transcrito:

> **Art. 118.** O representante é obrigado a provar às pessoas, com quem tratar em nome do representado, a sua qualidade e a extensão de seus poderes, sob pena de, não o fazendo, responder pelos atos que a estes excederem.

A norma estampada no art. 118 tem especial razão de existir.

Já foi dito que na representação ocorre o fenômeno da substituição, de forma que o negócio não é celebrado pelo contratante (representado), mas por uma terceira pessoa (representante). Assim, as pessoas que negociam com o representado têm especial interesse em saber qual é a qualidade do representante e a extensão de seus poderes, de maneira que este tem a obrigação de exibir a procuração para fazer prova de que atua em nome do representado.

Observe que o excesso praticado pelo representante, ao contratar com o terceiro além dos poderes que lhe foram conferidos, em nada prejudica a situação do representado. Isso porque a segunda parte do art. 118 impõe ao representante a responsabilidade pessoal pelos atos praticados além dos poderes conferidos. Assim o é porque, com a apresentação da procuração, o terceiro terá condições de verificar a extensão dos poderes e se o ato a ser praticado encontra-se naqueles que foram outorgados, de forma que se não estiver não poderá se queixar e exigir qualquer medida contra o representado.

Resumindo, os efeitos da representação podem ser assim assinalados[9]:

a) o negócio celebrado com terceiro dentro dos poderes conferidos ao representante vinculam o representado, produzindo efeitos na sua seara jurídica;

b) consequentemente, o representante é pessoa estranha ao negócio, eis que o vínculo negocial se estabelece entre o contratante e o representado;

c) as obrigações inadimplidas são de responsabilidade do representado e não do representante, salvo se este expressamente se obrigou pelo cumprimento;

d) o representado é legitimado ativa e passivamente na relação processual que discute o negócio entabulado pelo representante.

A	**Legal:** Decorre da lei (ex. pais, tutores, síndico etc.)
B	**Convencional:** decorre da autonomia privada e exterioriza-se pela procuração

Por derradeiro, é importante destacar que, além das espécies de representação, há, também, espécies de representantes, que podem ser:

a) **Legal:** que é aquele indicado pela lei para cuidar dos interesses de terceiros, como ocorre com os pais, tutores e curadores;

b) **Convencional:** que é aquele escolhido livremente pelo representado e que recebe a procuração com os poderes ali consignados, sejam eles gerais ou especiais (art. 661 do CC/02);

c) **Judicial:** que é aquele nomeado pelo juiz para exercer atos de representação no processo, como o inventariante e o síndico da falência.

3.3. Conflito de interesses e autocontratação

Tendo em vista que a representação configura substituição, na medida em que o negócio é celebrado por terceiro (representante) que atua em nome do verdadeiro contratante (representado), pode ocorrer, por vezes, um conflito de interesses.

De fato, é possível que o representante tenha interesses opostos em relação ao negócio que celebrará em nome do representado. Quando isso ocorrer, a boa-fé objetiva determina que o representante se abstenha de praticar o ato, porque sempre haverá a suspeita de que praticou o negócio em benefício próprio e não em benefício do representado.

Por tal razão, o art. 119 do CC/02 traz importante regra que permite ao representado, nessa situação, anular o negócio. Observe:

9. Carlos Roberto Gonçalves, *Direito Civil I*. 3ª ed. São Paulo: Saraiva, 2011, p. 368.

> **Art. 119.** É anulável o negócio concluído pelo representante em conflito de interesses com o representado, se tal fato era ou devia ser do conhecimento de quem com aquele tratou.
>
> **Parágrafo único.** É de cento e oitenta dias, a contar da conclusão do negócio ou da cessação da incapacidade, o prazo de decadência para pleitear-se a anulação prevista neste artigo.

O dispositivo traz algumas questões importantes.

A primeira é que o negócio celebrado é **anulável**. Sobre a anulabilidade dos negócios jurídicos tratamos especificamente no capítulo 6, item 6.2.

A segunda é que a causa de anulabilidade é, pura e simplesmente, a existência do **conflito de interesses**. Para anular o negócio basta que o representado demonstre que o representante tem um interesse contrário ao seu e que esse interesse pode influenciar na conclusão do negócio.

Não é necessária a prova do dolo ou de que o representante auferiu efetivamente algum benefício. Também é desnecessário que o representado tenha experimentado algum prejuízo.

A terceira questão é que o conflito seja, ou devesse ser, **conhecido pelo terceiro** que celebra o negócio. Tal exigência encontra fundamento no princípio da segurança jurídica e na teoria da confiança, porque as relações negociais estariam seriamente abaladas caso o negócio pudesse ser anulado por um conflito de interesses que não fosse conhecido pelo terceiro. Segundo Eduardo Ribeiro de Oliveira, "considera-se que deveria ser do conhecimento do interessado, quando facilmente apurável essa circunstância, desde que observadas as cautelas recomendáveis"[10].

O quarto ponto relevante é que o parágrafo único estabelece o prazo de **cento e oitenta dias** para requerer a anulação do negócio. Trata-se de prazo **decadencial**, cujo início da contagem se dá com a conclusão do negócio. Havendo incapacidade do representado, o prazo se iniciará com a cessação desta.

Outra situação que possui certa semelhança com o art. 119 é aquela em que o representante atua nas duas pontas do negócio, agindo como representante de uma parte e como contratante. Nessa hipótese, a mesma pessoa exerce dois papéis distintos, eis que atua, de um lado, como representante do dono do negócio (representado) e, de outro, em nome próprio como contratante direto e pessoal. É o que ocorre, por exemplo, quando o representado confere uma procuração ao representante para que aliene um imóvel e este o vende a si mesmo. Essa situação é chamada de **contrato consigo mesmo ou autocontratação**.

A autocontratação é disciplinada pelo art. 117, que assim dispõe:

---

10. Comentários ao Novo Código Civil, Vol. 2, Forense, 2008, p. 296.

> **Art. 117.** Salvo se o permitir a lei ou o representado, é anulável o negócio jurídico que o representante, no seu interesse ou por conta de outrem, celebrar consigo mesmo.
>
> **Parágrafo único.** Para esse efeito, tem-se como celebrado pelo representante o negócio realizado por aquele em quem os poderes houverem sido substabelecidos.

Assim como ocorre com o art. 119, o dispositivo em destaque prevê, como regra, a anulabilidade do negócio, porque há uma presunção de que existe um conflito de interesses.

A doutrina moderna entende que é desnecessária a demonstração do efetivo prejuízo pelo representado, haja vista que a norma não condiciona a anulação a qualquer dano, mas tão somente à realização do negócio na forma do art. 117.

Sobre as razões da anulabilidade, é importante destacar a lição de Eduardo Ribeiro de Oliveira:

> "Parece que o fato mesmo de alguém agir, concomitantemente, nos dois polos do negócio, representando interesses que, ao menos em parte, se contrapõem, é razão suficiente para tornar indesejável a situação e justificar a anulabilidade do ato. É razoável presumir-se que o representante, desejoso de concluir um negócio, procurará fazê-lo do modo que lhe seja mais favorável, o que conflitará com o seu dever de diligenciar no sentido do que seja melhor para o representado".

Tal questão também foi disciplinada pelo Código de Defesa do Consumidor, que estabelece como nula de pleno direito a cláusula contratual que imponha representante para concluir ou realizar outro negócio jurídico pelo consumidor (art. 51, VIII, do CDC).

Não obstante as ponderações feitas até agora, sobretudo de que a anulabilidade, no caso do art. 117, é a regra, fato é que a autocontratação admite exceções.

De fato, o próprio texto legal tem início com a expressão "salvo se o permitir a lei ou o representado", o que não deixa dúvidas de que a lei ou a vontade do representado podem validar o negócio.

A razão legal do dispositivo é proteger o representado de eventuais riscos e perigos que possa desconsiderar. No entanto, se o representado expressamente permite que o representante celebre o negócio consigo mesmo, não há razão para que pleiteie, futuramente, a anulação do negócio, porque inexistirá qualquer quebra de confiança.

Por derradeiro, importa esclarecer que o art. 685 do CC/02 disciplina a **procuração em causa própria**, cujo texto segue abaixo:

> **Art. 685.** Conferido o mandato com a cláusula "em causa própria", a sua revogação não terá eficácia, nem se extinguirá pela morte de qualquer das partes, ficando o mandatário dispensado de prestar contas,

> e podendo transferir para si os bens móveis ou imóveis objeto do mandato, obedecidas as formalidades legais.

A procuração em causa própria é uma hipótese legal que não leva à anulação do negócio. É muito utilizada nos negócios imobiliários em que o vendedor do imóvel, por estar impossibilitado de comparecer ao cartório de notas para assinatura da escritura pública, confere ao comprador a procuração com a cláusula "em causa própria", que permitirá a este assinar a escritura como representante do vendedor. Assim, o comprador assinará a escritura como representante do vendedor e também como comprador, ocupando os dois polos do negócio e com poderes para transferir o imóvel para seu nome.

4. DA CONDIÇÃO, DO TERMO E DO ENCARGO

4.1. Introdução

Como visto, a celebração do negócio jurídico exige que sejam preenchidos alguns requisitos essenciais, sem os quais o negócio não existe ou não tem validade. Esses requisitos indispensáveis são delineados pela lei, sobretudo no art. 104 do CC/02.

No entanto, a ordem jurídica coloca à disposição das partes a inserção de outros elementos, que não são obrigatórios, mas que, uma vez inseridos, visam mudar os efeitos do negócio.

É importante que fique claro que os elementos acidentais não configuram cláusulas acessórias do negócio. Quando se diz que são elementos acidentais, significa simplesmente que não são obrigatórios para que o negócio possa existir e ter validade. No entanto, uma vez inseridos pela vontade das partes, o negócio passa a ser considerado como um todo, de forma que os elementos acidentais passam a ter a mesma atenção dos elementos essenciais. Em outras palavras, não podem ser tratados de forma separada e secundária da declaração de vontade.

O Código Civil considera como elementos acidentais a condição, o termo e o encargo, que serão vistos a seguir.

4.2. Da Condição

4.2.1. *Conceito*

A atual codificação conceituou a condição no art. 121. Observe:

> **Art. 121.** Considera-se condição a cláusula que, derivando exclusivamente da vontade das partes, subordina o efeito do negócio jurídico a evento futuro e incerto.

Como se verifica, **condição** é o acontecimento futuro e incerto que subordina a eficácia do negócio jurídico.

O referido dispositivo ainda traz outras informações importantes.

Em primeiro lugar, o conceito trazido pelo art. 121 aplica-se tanto à condição suspensiva quanto à resolutiva.

A **condição suspensiva** é aquela em que os efeitos almejados somente **se iniciam** com o implemento do evento indicado. Há vários exemplos no cotidiano, como uma empresa que contrata um serviço de vigilância e monitoramento e que condiciona o início do pagamento à completa instalação das câmeras e implantação total dos serviços. Nesse sentido, dispõe o art. 125 do CC/02:

> **Art. 125.** Subordinando-se a eficácia do negócio jurídico à condição suspensiva, enquanto esta se não verificar, não se terá adquirido o direito, a que ele visa.

A **condição resolutiva** é aquela em que os efeitos almejados **cessam** com o implemento do evento indicado, como ocorre, por exemplo, quando uma pessoa recebe uma oferta de trabalho em outro município e condiciona o prazo de locação do imóvel ao término do emprego. Uma vez comunicado de que os serviços não serão mais necessários, operar-se-á a condição resolutiva, que colocará fim à locação. Sobre o tema, o art. 127 esclarece:

> **Art. 127.** Se for resolutiva a condição, enquanto esta se não realizar, vigorará o negócio jurídico, podendo exercer-se desde a conclusão deste o direito por ele estabelecido.

A Condição Suspensiva:	os efeitos somente se iniciam com o implemento do evento indicado, quando o direito será adquirido (art 125 cc/02)
B Condição Resolutiva:	os efeitos cessam com o implemento do evento indicado (art. 127, cc/02)

O segundo ponto relevante é que a expressão "derivando exclusivamente da vontade das partes", afasta da aplicação do dispositivo as condições derivadas da lei.

De fato, somente as condições voluntárias, que são aquelas criadas pelas partes como requisito de eficácia do negócio jurídico, é que estão submetidas ao alcance do art. 121 do CC/02;

As condições legais, embora produzam os mesmos efeitos, são criadas pela lei e, com essa característica, são pressupostos do negócio jurídico, porque as partes não podem ignorá-las.

4.2.2. *Elementos da condição*

As condições disciplinadas pelo art. 121 do CC/02 possuem os seguintes elementos:

a) **Voluntariedade:** como dito, a condição, na acepção técnica do termo, deve ter como origem a vontade das partes. São as partes que criarão o evento que subordinará a eficácia do negócio. Dessa forma, não se considera condição o evento futuro, ainda que incerto, mas que decorrerá da própria natureza do negócio e não da vontade das partes. Não se considera condição, por exemplo, a realização do casamento para a validade do pacto antenupcial (art. 1.653 do CC/02), como também não se considera condição para a validade do legado o fato de o legatário sobreviver ao testador (art. 1.939, V do CC/02). Como se verifica, tais eventos decorrem das características próprias ao negócio e não da vontade das partes. De igual sorte, não se considera condição a cláusula que reproduza requisito que é próprio do negócio, como a que subordina a realização do negócio à formalidade que a lei considera indispensável (art. 108 do CC/02)[11].

b) **Futuridade:** para que se configure a condição, o evento que subordina a eficácia do negócio deverá ser futuro. Se for pretérito ou presente, ainda que desconhecido das partes, não estará configurada a condição, porque o evento será puro e simples.

c) **Incerteza:** além de futuro, o evento também deve ser incerto. A incerteza, no caso, é avaliada objetivamente, sendo irrelevante, portanto, o que supõe as partes ou o que passa na mente delas. Dizer que a incerteza deve ser objetiva, significa avaliá-la na realidade, de forma que o evento deve ser incerto para todos e não somente para as partes envolvidas. Sobre a objetividade da incerteza o ilustre Eduardo de Oliveira Ribeiro[12] traz importante lição:

> "Em regra, a incerteza, apta a configurar a condição, refere-se ao fato mesmo de determinado evento não dever, necessariamente, ocorrer. A simples dúvida, ainda que objetiva, quanto ao momento em que haja de verificar-se não basta. A morte constitui hipótese clássica de termo, ainda que se ignore a data em que sobrevirá.
>
> O evento inevitável, entretanto, pode transformar-se em condição, caso se acresça algum elemento capaz de introduzir a incerteza. Por exemplo, se a eficácia do negócio depender, não simplesmente da morte de alguém, mas de que essa decorra de violência ou se verifique em um certo prazo."

4.2.3. *Negócios jurídicos que não admitem condição*

É importante ponderar que não são todos os negócios jurídicos que admitem a inserção de elementos acidentais, porque estes implicam em certos obstáculos, ora restringindo a aquisição do direito, ora impedindo o exercício e ora impondo a perda de sua eficácia.

---

11. Eduardo Ribeiro de Oliveira, Comentários ao Novo Código Civil, Vol. 2, Forense, 2008, p. 305.
12. Comentários ao Novo Código Civil, Vol. 2, Forense, 2008, p. 304.

Por tais razões, a utilização dos elementos acidentais encontra relevância nos negócios onerosos, que versam sobre direitos patrimoniais disponíveis. Contudo, mesmo em relação a esses, há de se observar que, em alguns casos, encontram verdadeiras limitações, como ocorre com a aceitação e renúncia de herança, que não admitem condição nem termo (art. 1.808 do CC/02).

De igual sorte, os negócios jurídicos de caráter patrimonial pessoal, como o casamento, o reconhecimento de filho e a adoção, não admitem condição.

Carlos Roberto Gonçalves[13] leciona que os negócios que não admitem condição são denominados de **atos puros** e podem ser assim elencados:

a) Os negócios jurídicos que, por sua função, inadmitem incerteza;

b) Os atos jurídicos em sentido estrito;

c) Os atos jurídicos de família, onde não atua o princípio da autonomia privada, pelo fundamento ético social existente;

d) Os atos referentes ao exercício dos direitos personalíssimos.

4.2.4. Das condições proibidas

É importante observar que o art. 121 traz o conceito de condição, permitindo, de maneira geral, que as partes subordinem a eficácia do negócio jurídico a um evento futuro e incerto.

Nos artigos seguintes, o Código Civil disciplina as exceções, como a licitude da condição, que é disciplinada pelo art. 122 que assim estabelece:

> **Art. 122.** São lícitas, em geral, todas as condições não contrárias à lei, à ordem pública ou aos bons costumes; entre as condições defesas se incluem as que privarem de todo efeito o negócio jurídico, ou o sujeitarem ao puro arbítrio de uma das partes.

A primeira parte do dispositivo trata da **condição ilícita** assim entendida, obviamente, como aquela contrária à lei, à moral e aos bons costumes. Serão ilícitas as condições que afetem a liberdade das pessoas de forma **absoluta**, como, por exemplo, a que obrigue a pessoa a traficar drogas ou a casar com a própria filha. Como se observa, ambas as condições têm como objeto questões contrárias ao ordenamento jurídico e, nessa qualidade, não possuem o condão de produzir efeitos. No entanto, serão válidas as condições que imponham restrições à liberdade da pessoa, mas que tal restrição seja apenas **relativa**. Assim, no mesmo exemplo, serão válidas as condições se obrigarem a parte a conseguir um emprego ou a de contrair matrimônio.

---

13. *Direito Civil I*. 3ª ed. São Paulo: Saraiva, 2011, p. 381.

A licitude da condição, indicada no art. 122, segue a mesma análise da licitude do objeto do negócio jurídico, prevista no art. 104, II do CC/02 e tratada nesta obra no capítulo IV, item 2.3.2.2.

O estudo das condições **potestativas** também é de extrema importância par a análise do dispositivo. Diz-se potestativa a condição que decorre da vontade ou do poder de uma das partes[14]. As condições potestativas dividem-se em puramente potestativas e simplesmente potestativas.

O art. 122 proíbe as condições **puramente potestativas**, que são aquelas que sujeitam o implemento da condição ao arbítrio da vontade de apenas uma das partes, que segue o pressuposto de "se eu quiser". Esse pressuposto está associado ao simples capricho da parte, que pretende subordinar o negócio a situações sobre as quais possui o mais absoluto controle, sem que haja qualquer interferência externa. É o caso, por exemplo, de uma parte pretender subordinar o negócio a "se eu andar na rua" ou "se eu me alimentar", ações que, como se verifica, o agente tem total domínio o que retira a seriedade do ato. O art. 122 enquadra as condições puramente potestativas como "condições defesas".

No entanto, as condições puramente potestativas podem perder essa característica em razão de eventos casuais e inesperados. Imagine, por exemplo, que uma parte subordine o negócio à condição de "se eu andar de bicicleta". Verifica-se, inicialmente, tratar-se de condição puramente potestativa, porque o evento está subordinado ao simples capricho do agente. No entanto, se o referido agente sofrer um mal que lhe debilite a condição física e o equilíbrio, a condição deixará de ser puramente potestativa, porque a nova situação tornará incerto o implemento da condição, que não estará mais sob o controle absoluto e exclusivo do agente.

As condições **simplesmente potestativas** são admitidas pelo ordenamento jurídico, porque dependem de um fator externo, que retira o controle absoluto do declarante. Condições do tipo "se eu me graduar em medicina" ou "se eu viajar ao exterior" são perfeitamente válidas porque não estão vinculadas ao simples arbítrio do declarante, que precisará encontrar tempo e dinheiro para implementá-las.

Sobre as condições simplesmente potestativas, o ilustre Carlos Roberto Gonçalves[15] traz importante lição, cujo conteúdo segue abaixo:

> "Tem-se entendido que a cláusula "pagarei quando puder" ou "quando possível" não constitui arbítrio condenável. São exemplos de condições simplesmente potestativas as previstas no Código Civil, art. 420, que permite às partes estipular o direito de se arrepender; o art. 505, que trata da retrovenda; art. 509, concernente à venda à contento; e art. 513, que regula o direito de preempção ou preferência".

14. Carlos Roberto Gonçalves, *Direito Civil I*. 3ª ed. São Paulo: Saraiva, 2011, p. 386.
15. *Direito Civil I*. 3ª ed. São Paulo: Saraiva, 2011, p. 387.

O art. 122 ainda enquadra como **condições defesas** "as que privarem de todo efeito o negócio jurídico". São as chamadas **condições contraditórias ou perplexas,** que trazem uma incompatibilidade lógica para que o negócio seja concluído.

Haverá uma contradição entre o próprio negócio e a condição, vez que esta trará uma situação que excluirá o próprio negócio, impedindo que ele se realize.

A doutrina tradicional cita como exemplo a situação em que o agente declara: "deixo A como meu herdeiro universal, se B for meu herdeiro universal". Como se observa, a condição é contraditória porque não há como A e B serem, concomitantemente, herdeiros universais.

As condições contraditórias invalidam o negócio jurídico que subordinam, sejam eles *inter vivos* ou *mortis causa*, segundo a previsão expressa do art. 123, III do CC/02, que será visto adiante.

Condições Proibidas (art. 122 CC/02)

A Condições ilícitas:	Contrárias à lei, à moral, aos bons costumes e que afetem a liberdade das pessoas de forma absoluta
B Condições defesas:	1 **Puramente potestativas:** sujeitam o implemento da condição ao arbítrio da vontade de apenas uma das partes 2 **Contraditórias ou perplexas:** trazem incompatibilidade lógica que impede que o negócio seja concluído

4.2.5. *Da invalidade das condições*

Além de disciplinar a licitude no art. 122, o Código Civil disciplina a invalidade das condições no art. 123. Observe:

> **Art. 123.** Invalidam os negócios jurídicos que lhes são subordinados:
>
> I - as condições física ou juridicamente impossíveis, quando suspensivas;
>
> II - as condições ilícitas, ou de fazer coisa ilícita;
>
> III - as condições incompreensíveis ou contraditórias.

Pois bem.

O inciso I trata das **condições suspensivas impossíveis.** Não estão compreendidas as condições resolutivas, que foram disciplinadas pelo art. 124.

A impossibilidade de que trata o art. 123, I pode ser física ou jurídica.

O Código Civil de 1916 dava disciplina diversa para as condições física e juridicamente impossíveis, tratando as primeiras como inexistentes e as segundas como causa de invalidade do negócio a elas subordinado.

A atual codificação unificou a disciplina jurídica tratando igualmente ambas as condições (física e juridicamente) impossíveis como causa de invalidade do negócio.

Ora, se a condição é impossível e o declarante, mesmo ciente da impossibilidade, resolveu condicionar os efeitos do negócio a essa circunstância é evidente que não pretendeu, concretamente, a produção dos efeitos jurídicos que o negócio deveria produzir.

É evidente que o art. 123, I disciplina as condições originariamente impossíveis. Isso porque a impossibilidade pode ser superveniente, hipótese em que não haverá nulidade, mas tão somente condição falha, porque, tratando-se de condição suspensiva, o evento não ocorrerá e o negócio não produzirá efeitos[16].

O Código Civil não faz nenhuma distinção em relação às condições **relativamente impossíveis**, que são aquelas impossíveis para a grande maioria das pessoas, mas, excepcionalmente, possíveis para poucos. Uma viagem espacial, por exemplo, é possível nos dias de hoje, mas sua utilização, diante da baixíssima oferta e dos altos custos envolvidos, é extremamente inacessível para a grande maioria das pessoas. As condições relativamente impossíveis estão sujeitas à disciplina do art. 123, I do CC/02.

O art. 123 ainda trata da invalidade dos negócios subordinados às condições ilícitas (inciso II) e incompreensíveis ou contraditórias (inciso III). Sobre elas tratamos especificamente no item anterior, quando analisamos o art. 122.

4.2.6. *Da condição resolutiva: particularidades*

Já vimos que a condição resolutiva é aquela em que os efeitos almejados **cessam** com o implemento do evento indicado, como preceitua o art. 127 do CC.

Não obstante, o Código Civil traz disciplina jurídica diversa para as condições suspensivas e resolutivas, em relação à impossibilidade. Veja o que dispõe o art. 124 do CC:

> **Art. 124.** Têm-se por inexistentes as condições impossíveis, quando resolutivas, e as de não fazer coisa impossível.

Enquanto o art. 123 considera **inválida** a **condição suspensiva** física ou juridicamente **impossível**, a primeira parte do art. 124 considera a **condição resolutiva impossível** (física ou jurídica) **inexistente**. E, nesse ponto, a diferença de tratamento se justifica.

Com efeito. A condição resolutiva se limita a estabelecer o evento que coloque fim aos efeitos do negócio. Se o agente conscientemente estabelece uma condição resolutiva impossível, como, por exemplo, a realização de um contrato que tenha como objeto a herança de pessoa viva (art. 426 do CC), é evidente que não se pretendeu, de fato, criar uma condição que impusesse a resolução do negócio.

---

16. Eduardo Ribeiro de Oliveira, Comentários ao Novo Código Civil, Vol. 2, Forense, 2008, p. 313.

A segunda parte do dispositivo considera igualmente inválidas as condições resolutivas negativas. A doutrina critica a previsão legal, alegando ser completamente desnecessária, eis que ausente o elemento da seriedade capaz de atingir o negócio jurídico. Ora, se o negócio é submetido à condição de o homem não viajar ao sol não haverá condição alguma. O negócio, assim que concluído, será puro e simples[17].

De maneira geral, o Código Civil estabeleceu como regra a retroatividade da condição resolutiva, que, uma vez ocorrendo, colocará fim aos efeitos do negócio.

Contudo, o art. 128 faz ressalva expressa aos contratos de execução continuada ou periódica, ao validar os atos já praticados, quando compatíveis com a natureza da condição pendente e com a boa-fé.

A razão legal do dispositivo é correta e de grande utilidade prática.

Retomemos o exemplo já citado da pessoa que recebe uma oferta de trabalho em outro município e condiciona o prazo de locação do imóvel ao término do emprego. Uma vez comunicado de que os serviços não serão mais necessários, operar-se-á a condição resolutiva, que colocará fim à locação. Prevalecendo a regra geral da retroatividade, o locador deveria restituir os valores recebidos a título de aluguel, solução que, além de não corresponder ao sentido da norma e à vontade das partes, traria grande insegurança jurídica.

Não houvesse a exceção prevista no art. 128, ter-se-ia situações extremamente dificultosas, como inúmeros pedidos de indenização pelo tempo em que o agente ficou privado da utilização da coisa.

Observe, novamente, que o art. 128, salvo disposição em contrário, valida os atos já praticados nos negócios de execução continuada. Para tanto, duas condições são necessárias: **a) que sejam compatíveis com a natureza da condição pendente**, o que é óbvio, porque, caso contrário, a implementação da própria condição poderia ser prejudicada; e**b) que sejam compatíveis com a boa-fé**, que, no caso, é a boa-fé objetiva inspirada nos parâmetros de lealdade e probidade.

Condições físicas ou juridicamente impossível[18]

A quando resolutivas	São consideradas não escritas (inexistentes), mas o negócio continua válido
B quando suspensivas	invalidam tanto a condição como o contrato, assim como as condições ilícitas, ou de fazer coisa ilícita, e as condições incompreensíveis ou contraditórias

17. Eduardo Ribeiro de Oliveira, Comentários ao Novo Código Civil, Vol. 2, Forense, 2008, p. 322.
18. Esquema de Flávio Tartuce, *Direito Civil*, vol 1, Método, 2013, 9. ed. p. 350.

4.2.7. *Pendência, implemento e frustração da condição*

As condições podem ser analisadas sob três aspectos.

Serão **pendentes** as condições cujo evento futuro e incerto ainda não tenha ocorrido ou frustrado.

Por sua vez, quando verificado o evento futuro e incerto diz-se que ocorreu o **implemento**, com o início ou término dos efeitos almejados pelo agente.

Ocorrerá a **frustração** da condição quando o evento futuro e incerto não se realizar.

Sobre o assunto, o art. 129 do CC traz importante conteúdo. Veja:

> **Art. 129.** Reputa-se verificada, quanto aos efeitos jurídicos, a condição cujo implemento for maliciosamente obstado pela parte a quem desfavorecer, considerando-se, ao contrário, não verificada a condição maliciosamente levada a efeito por aquele a quem aproveita o seu implemento.

Trata-se, a toda evidência, de implemento fictício da condição como forma de punir a parte que age maliciosamente para impedir ou provocar o implemento da condição que lhe desfavorece.

Observe que o art. 129 procura dar o efeito justamente oposto àquele desejado pelo agente malicioso, de maneira que aquele que seria prejudicado ou beneficiado pelo ato doloso deixará de sê-lo. Como exemplo pode ser citada a condição de pagar somente se as ações de determinada empresa alcançarem certo valor, e houver, maliciosamente, manipulação na Bolsa de Valores, pelo interessado, para evitar que o valor estipulado se verifique[19].

O texto legal é de conteúdo bastante abrangente, e é importante analisar a extensão da expressão **"maliciosamente"** utilizada no referido artigo.

A doutrina é pacífica ao compreender que a expressão **maliciosamente** se refere tão somente ao **dolo** e **não à culpa**. Dessa forma, para que o implemento fictício disciplinado pelo art. 129 aconteça é necessário que o interessado aja dolosamente, com a intenção deliberada de impedir ou provocar o implemento da condição. Se agir com culpa haverá tão somente a indenização dos prejuízos, segundo a regra do art. 186 do CC.

Outro ponto importante é que o ato malicioso deve ser praticado pelo **interessado** e **não por terceiro.** O ato malicioso praticado por terceiro não tem, em princípio, o condão de ativar os efeitos consubstanciados no art. 129, mas de impor ao terceiro a reparação dos prejuízos causados por sua conduta.

---

19. Carlos Roberto Gonçalves, *Direito Civil I*. 3ª ed. São Paulo: Saraiva, 2011, p. 392.

O último ponto é que deve haver **nexo de causalidade** entre o ato malicioso e a frustração ou implemento da condição. Dessa forma, para que se configure o implemento fictício trazido pelo art. 129, não basta a simples ação dolosa do agente, sendo necessário constatar se a frustração ou implemento ocorreram **em razão** do ato malicioso. Se se verificar que a frustração ou implemento se deram por razões outras que não o ato doloso, não se aplicará o disposto no art. 129.

Implemento Fictício da Condição: art. 129 Cc/02).

REQUISITOS
- Ato malicioso (apenas dolo)
- Ato de próprio interessado (e não de terceiro)
- Nexo causalidade

Finalizando o estudo, o art. 130 dispõe:

> **Art. 130.** Ao titular do direito eventual, nos casos de condição suspensiva ou resolutiva, é permitido praticar os atos destinados a conservá-lo.

A expressão "direito eventual" utilizada pela norma é alvo de diversas críticas da doutrina, porque o que se tem, na realidade, não é um direito eventual, mas uma expectativa de direito. Nesse sentido, a lição de Eduardo Ribeiro de Oliveira[20] é ímpar:

> " (...). Direito eventual, por conseguinte, é aquele que ainda não existe, embora possa vir a existir. Se assim é, não se pode dizer que alguém seja titular de direito eventual.
>
> (...)
>
> Diferente é o direito expectativo. Traduz o direito de adquirir-se um direito, uma vez efetivada a condição. A expressão 'expectativo', é certo, ainda não encontrou guarida nos dicionários. Vem sendo, entretanto empregada pela doutrina para referir-se ao direito, que tem indiscutível significado patrimonial, de adquirir aquele outro, sujeito a condição".

Superada essa observação preliminar, a *ratio legis* do dispositivo é de garantir que aquele que detém um direito tenha os meios legais para defendê-lo e preservá-lo.

A doutrina tradicional considera que o art. 130 permite que o titular do direito expectativo pratique apenas os atos necessários para conservar o respectivo direito, evitando que ocorra o perecimento.

Assim o é porque ainda persistem os direitos do titular atual, que pode praticar os atos que sejam compatíveis com essa titularidade. Contudo, aquele que detém a expectativa de direito não pode se sujeitar passivamente a ações e omissões que levem a uma perda ou diminuição de seu direito, razão pela qual o art. 130 possibilita a prática de atos de conservação. Se o art. 130 permitisse a realização de atos

20. Comentários ao Novo Código Civil, Vol. 2, Forense, 2008, p. 349/350.

além daqueles que visam à conservação do direito, haveria, certamente, influência direta no exercício do titular atual do direito.

Dentre os atos de conservação podem ser citados a interrupção da prescrição, o protesto, a constituição em mora e a exigência de caução ao fiduciário (art. 1953, parágrafo único do CC).

4.3. Do Termo

4.3.1. Conceito

Condição e termo são institutos jurídicos que visam subordinar a eficácia do negócio jurídico a evento futuro.

Enquanto o legislador se preocupou em conceituar a condição no art. 121, não teve o mesmo cuidado com o termo, cuja tarefa que coube à doutrina.

O conceito de termo nunca suscitou muita polêmica na doutrina, que sempre convergiu para o mesmo caminho.

Dentre os contemporâneos, Flávio Tartuce ensina que "o termo é o elemento acidental do negócio jurídico que faz com que a eficácia desse negócio fique subordinada à ocorrência de evento futuro e certo"[21].

O ilustre Eduardo Ribeiro de Oliveira esclarece que "considera-se termo a cláusula de que resulta subordinação da eficácia do negócio jurídico a evento futuro e certo"[22].

Evidentemente, o que diferencia a condição do termo é a **certeza** do evento futuro.

É por essa razão que o art. 131 dispõe que "o termo inicial suspende o exercício, mas não a aquisição do direito".

A razão do dispositivo é óbvia. Na condição o evento futuro pode não ocorrer, o que obstará a aquisição do direito. No termo isso não ocorre, porque se tratando de evento futuro e certo, não há que se falar em estado de pendência. Isso significa que o direito é desde logo adquirido, ficando tão somente o exercício do direito subordinado ao evento.

A proximidade entre termo e condição é tão significativa, que o art. 135 do CC determina que sejam aplicadas aos termos inicial e final as disposições relativas à condição suspensiva e resolutiva, no que couberem.

A dicção do art. 135 permite, por exemplo, que o titular do direito a termo pratique sobre ele atos de conservação.

21. *Direito Civil*. Vol. 1, 9ª ed. São Paulo: Método, 2013, p. 355.
22. Comentários ao Novo Código Civil, Vol. 2, Forense, 2008, p. 355.

4.3.2. Espécies

Dentre as várias espécies de termo, podem ser citadas:

a) **Termo inicial:** é quando o início dos efeitos do negócio depende da verificação do evento futuro e certo escolhido pelo agente (*dies a quo*). Imagine, por exemplo, um contrato de compra e venda de uma casa, no qual as partes convencionam que o vendedor entregará as chaves e a posse do imóvel em trinta dias. Nesse caso, o negócio já foi finalizado, os direitos já foram adquiridos, mas o comprador não pode exigir a posse imediata, porque essa obrigação só será exigível após os trinta dias. O termo inicial também é chamado de "termo suspensivo";

b) **Termo final:** é quando o término dos efeitos do negócio depende da verificação do evento futuro e certo escolhido pelo agente (*dies ad quem*). Os contratos de locação, por exemplo, usualmente possuem termo inicial e termo final. Imagine um contrato elaborado pelo período de doze meses, com início no dia 1º de fevereiro e término no dia 31 de janeiro do ano seguinte. Independentemente da data de celebração do contrato, primeira data se refere ao termo inicial e a segunda ao termo final, obviamente.

c) **Termo convencional:** é aquele inserido no negócio pela vontade da parte, seja nos negócios unilaterais ou bilaterais. É o caso do citado exemplo da locação, em que as partes estabelecem a data de início e término do contrato.

d) **Termo legal:** é aquele estabelecido pela lei para o cumprimento de uma obrigação. Eduardo Ribeiro de Oliveira[23] cita como exemplo o art. 23, I, da Lei nº. 8.245/91 (Lei do Inquilinato), que, no silêncio das partes, dispõe que os aluguéis deverão ser pagos até o sexto dia útil do mês subsequente ao vencido.

e) **Termo judicial:** é aquele fixado pelo juiz como ordinariamente ocorre nas demandas que visam à obrigação de fazer. O magistrado, no caso, fixará prazo para o devedor cumprir a obrigação, como estabelece o art. 815 do novo CPC.

f) **Termo determinado:** é aquele em que se sabe que o evento ocorrerá e **quando ocorrerá**. É o caso da subordinação dos efeitos a certo decurso do tempo, como, por exemplo, trinta dias.

g) **Termo indeterminado:** é aquele em que sabe que o evento ocorrerá, mas **não se sabe quando ocorrerá**. O exemplo clássico é a morte, evento que todos experimentarão, mas não se sabe quando.

---

23. Comentários ao Novo Código Civil, Vol. 2, Forense, 2008, p. 361.

4.3.3. Os prazos e sua contagem

Inicialmente é importante destacar que não se pode confundir termo com prazo. O prazo é justamente o intervalo entre o termo inicial e o termo final ou entre a declaração de vontade e a ocorrência do termo.

O Código Civil regulamenta a contagem dos prazos nos arts. 132 a 134, trazendo regras específicas a respeito no art. 132, abaixo transcrito:

> **Art. 132.** Salvo disposição legal ou convencional em contrário, computam-se os prazos, excluído o dia do começo, e incluído o do vencimento.
>
> § 1º Se o dia do vencimento cair em feriado, considerar-se-á prorrogado o prazo até o seguinte dia útil.
>
> § 2º Meado considera-se, em qualquer mês, o seu décimo quinto dia.
>
> § 3º Os prazos de meses e anos expiram no dia de igual número do de início, ou no imediato, se faltar exata correspondência.
>
> § 4º Os prazos fixados por hora contar-se-ão de minuto a minuto

O texto legal não demanda análise mais aprofundada, tendo em vista que estabelece, apenas, os critérios para a contagem dos prazos.

Há, ainda, disciplina específica para os testamentos e contratos, conforme disposição consubstanciada no art. 133. Veja:

> **Art. 133.** Nos testamentos, presume-se o prazo em favor do herdeiro, e, nos contratos, em proveito do devedor, salvo, quanto a esses, se do teor do instrumento, ou das circunstâncias, resultar que se estabeleceu a benefício do credor, ou de ambos os contratantes.

A principal observação do texto legal é em relação ao prazo fixado em proveito do devedor, que permite a este renunciar ao prazo e antecipar o pagamento, visando, por exemplo, a incidência de correção monetária menor.

No entanto, o mesmo dispositivo traz a exceção de que outra solução pode ser admitida "se do teor do instrumento, ou das circunstâncias, resultar que se estabeleceu a benefício do credor, ou de ambos os contratantes". Incidindo a disposição prevista na exceção, o devedor não poderá, por exemplo, renunciar ao prazo e antecipar o pagamento sem o consentimento do credor.

Finalizando o estudo, o art. 134 dispõe:

> **Art. 134.** Os negócios jurídicos entre vivos, sem prazo, são exequíveis desde logo, salvo se a execução tiver de ser feita em lugar diverso ou depender de tempo.

Novamente o que importa do texto legal é a exceção trazida, porque a regra estampada não demanda dificuldade de interpretação. Sendo assim, alguns negócios não podem ser prontamente executados, seja porque devem ser executados em local diverso ou porque a execução demanda tempo.

Um contrato de transporte de mercadorias, por exemplo, não pode ser executado imediatamente, se estas devem ser entregues em localidade distinta. De igual sorte, a construção de um imóvel também não pode ser prontamente executada, pois a execução da obra demanda tempo.

4.4. Encargo ou modo

Segundo Flávio Tartuce, o "encargo ou modo é o elemento acidental do negócio jurídico que traz um ônus relacionado com uma liberalidade. Geralmente, tem-se o encargo na doação, testamento ou legado"[24].

Trata-se, em outras palavras, de uma determinação que é imposta pelo autor da liberalidade visando interesses que lhe são relevantes. É comum, por exemplo, a utilização do encargo nas doações realizadas em favor do município, impondo a este a obrigatoriedade de construir uma escola, hospital, centro esportivo etc. Também é comum a utilização do encargo nos testamentos, em que o testador deixa a herança sob o encargo de o herdeiro cuide de determinada pessoa. O encargo ou modo é geralmente identificado pelas expressões "para que", a fim de que", "com a obrigação de"[25].

Sobre o encargo, o Código Civil trouxe apenas dois artigos, mas que demandam uma análise acurada diante da natureza do instituto e das consequências que podem surgir.

O primeiro deles é o art. 136, que dispõe:

> **Art. 136.** O encargo não suspende a aquisição nem o exercício do direito, salvo quando expressamente imposto no negócio jurídico, pelo disponente, como condição suspensiva.

Como se observa, a existência de encargo na liberalidade, em regra, não suspende a aquisição ou o exercício do direito, de maneira que, com a aceitação do beneficiário, os bens lhe serão transmitidos.

Com o aperfeiçoamento do negócio, o cumprimento do encargo poderá ser exigido, sob pena de ser revogada a liberalidade concedida. Nesse sentido, os arts. 553 e 1.938, ambos do CC, estabelecem a obrigatoriedade dos donatários e legatários cumprirem os encargos que lhes são impostos pelo disponente.

A legitimidade para exigir o cumprimento do encargo é do terceiro beneficiário. Em se tratando de encargo imposto no interesse geral, o Ministério Público surge como legitimado a exigir o cumprimento do encargo (art. 553, parágrafo único do CC).

---

24. *Direito Civil*. Vol. 1, 9ª ed. São Paulo: Método, 2013, p. 357.
25. Carlos Roberto Gonçalves, *Direito Civil I*. 3ª ed. São Paulo: Saraiva, 2011, p. 396.

Contudo, a legitimidade para exigir o cumprimento do encargo não confere legitimidade para ingressar com ação revocatória, haja vista que tal legitimidade é conferida privativamente ao instituidor. Os herdeiros poderão apenas prosseguir na ação proposta pelo instituidor, se este falecer após o ajuizamento. Poderá o Ministério Público legitimidade para propor ação revocatória somente após o falecimento do instituidor, se este não tiver ingressado com a referida ação e se o encargo foi imposto no interesse geral.

Não obstante, a segunda parte do art. 136 traz a exceção, quando dispõe "salvo quando expressamente imposto no negócio jurídico, pelo disponente, como condição suspensiva". Isso significa que o disponente pode instituir o encargo como condição suspensiva, de forma que, nesse caso, a aquisição e o exercício do direito estarão suspensos até que o encargo seja cumprido. É necessário, contudo, que o instituidor faça previsão expressa nesse sentido, porque somente assim é que o encargo produzirá efeitos como condição suspensiva.

Finalmente, o art. 137 disciplina o encargo ilícito ou impossível. Veja:

> **Art. 137.** Considera-se não escrito o encargo ilícito ou impossível, salvo se constituir o motivo determinante da liberalidade, caso em que se invalida o negócio jurídico.

O encargo, como não poderia deixar de ser, deve ser lícito e possível. Se o encargo for ilícito ou fisicamente impossível, será considerado como inexistente, prevalecendo o restante do negócio jurídico. Se, contudo, a ilicitude ou impossibilidade for a causa determinante do negócio, este ficará totalmente maculado, sendo-lhe decretada a respectiva nulidade.

5. DOS DEFEITOS DO NEGÓCIO JURÍDICO

5.1. Introdução

A vontade é da essência do negócio jurídico e deve ser expressada de forma livre, espontânea e de acordo com o ordenamento jurídico.

Por vezes, a vontade do agente pode estar maculada, porque a vontade manifestada não representa a verdadeira intenção do agente. A esses *vícios*, como o erro, o dolo, a coação, a lesão e o estado de perigo, a doutrina dá o nome de *vícios do consentimento*, cujo reconhecimento torna o negócio anulável. Em outras ocasiões, a vontade exteriorizada no negócio realmente é a intenção do agente, mas o negócio é realizado contra a lei, com a finalidade de prejudicar terceiros. A esses *vícios*, como a simulação, que torna o ato nulo, e a fraude contra credores, que torna o negócio anulável, a doutrina dá o nome de *vícios sociais*.

5.2. Erro ou ignorância

5.2.1. *Conceito*

Segundo Silvio de Salvo Venosa, "o erro manifesta-se mediante compreensão psíquica errônea da realidade, ou seja, a incorreta interpretação de um fato. A ignorância é um "nada" a respeito de um fato, é o total desconhecimento"[26].

O assunto está disciplinado nos arts. 138 a 144 do Código e, embora todos os dispositivos se refiram especificamente ao erro, a atual Codificação equipara os efeitos do erro à ignorância.

5.2.2. *Espécies*

5.2.2.1. *Erro substancial e erro acidental*

O erro capaz de anular o negócio jurídico é o *erro substancial* (art. 138 do CC/02), também conhecido como *erro essencial*, no qual falsa noção recai sobre elementos preponderantes do negócio. Em outras palavras, o erro há de ser tal que, se o agente tivesse o conhecimento da realidade, o negócio não seria celebrado.

Segundo o art. 139 do CC/02, o erro substancial por ser:

a) Sobre a *natureza do negócio*: nessa modalidade, o agente celebra um negócio supondo estar celebrando outro (art. 139, I do CC/02). É o caso, por exemplo, do agente que supõe estar adquirindo um bem, quando, na verdade, o está locando;

b) Sobre o *objeto principal da declaração*: nessa modalidade, o erro ocorre sobre a identidade do objeto, ou seja, a vontade do agente recai sobre objeto diverso do almejado (art. 139, I do CC/02);

c) Sobre alguma das *qualidades essenciais do objeto* principal: nessa modalidade, o agente supõe que o objeto principal tenha determinadas qualidades que realmente não tem (art. 139, I do CC/02);

d) Sobre a *identidade* ou a *qualidadeda pessoa*: nessa modalidade, o agente supõe que a pessoa sobre a qual recai a declaração possui determinadas qualidades que na realidade não tem (art. 139, II do CC/02). É o caso, por exemplo, da doação em que o doador supõe que o donatário é seu filho natural ou que lhe salvou a vida[27];

e) De *direito*: nessa modalidade, o equívoco recai sobre a aplicação ou incidência de determinada norma sobre o negócio (art. 139, III do CC/02). É o caso,

---

26. *Direito Civil*. Vol. 1, 4ª ed. São Paulo: Atlas, 2004, p. 438.
27. GONÇALVES, Carlos Roberto. Direito Civil I. 3ª ed. São Paulo: Saraiva, 2011, p. 403/404.

por exemplo, de o agente supor que determinada norma será aplicada ao negócio, quando, na realidade, tal norma foi revogada[28].

O *erro acidental* é o que recai sobre questões circunstanciais, que não são determinantes para o negócio. Evidentemente, que o erro acidental não tem o condão de anular o negócio.

Imagine, por exemplo, que A, proprietário de um terreno, é procurado por um corretor de imóveis, que lhe oferece o terreno situado ao lado para compra. O proprietário A, vislumbrando a oportunidade de somar as áreas dos terrenos contíguos e a possibilidade de promover edificações maiores e, ainda, de alta valorização, aceita adquiri-lo por um preço acima do valor de mercado. No entanto, após o negócio, A constata que o terreno adquirido fica em quadra diversa do seu imóvel primitivo, de maneira que não lhe proporcionará as utilidades e vantagens que a adjacência entre os terrenos lhe proporcionaria. Nesse caso, o erro é substancial, porque A não celebraria o negócio se soubesse que o terreno estava situado em quadra diversa (art. 138, I do CC/02).

Imagine, ainda no mesmo exemplo, que, após o negócio, A constate que o novo terreno não está localizado lateralmente ao seu, pois a confrontação ocorre nos fundos. Nesse caso, o erro é acidental, porque embora não esteja situado lateralmente, a aquisição do terreno que confronta nos fundos proporcionará, ao menos em grande parte, as vantagens e utilidades vislumbradas por A.

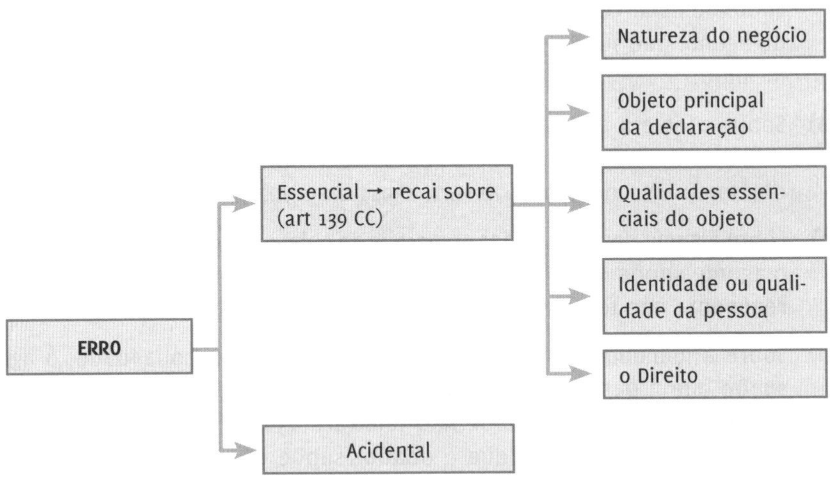

28. DINIZ, Maria Helena. *Curso de Direito Civil Brasileiro*. Vol. 1, 30ª ed. São Paulo: Saraiva, p. 500.

5.2.3. *O falso motivo*

Dispõe o **art. 140** que "o falso motivo só vicia a declaração de vontade quando expresso como razão determinante".

O *motivo* é a razão subjetiva do agente, que o leva a celebrar o negócio. Podem ser os mais variados, como, por exemplo, a necessidade de alienação, o preço abaixo do mercado e, em regra, não possui relevância para o mundo do direito.

Dessa forma, segundo a regra do art. 140 do CC/02, o falso motivo só é causa de anulação do negócio quando constar expressamente como razão determinante do negócio. É o caso do exemplo já mencionado em que a doação é feita em favor de pessoa que o doador supõe ser seu filho natural. A doação poderá ser anulada se o motivo constar expressamente do negócio e, posteriormente, o doador verificar que o donatário não é seu filho. Nessa hipótese, o motivo será elemento determinante do ato, de forma que um erro acidental, pela vontade das partes, converter-se-á em erro essencial.

5.2.4. *Convalescimento do erro*

Segundo o **art. 144**, "o erro não prejudica a validade do negócio jurídico quando a pessoa, a quem a manifestação de vontade se dirige, se oferecer para executá-la na conformidade da vontade real do manifestante".

O texto traz regra que visa garantir o cumprimento da avença e evitar que o agente, vítima do erro, suporte o prejuízo.

Assim, pelo disposto no art. 144, o negócio jurídico que poderia ser anulado devido ao erro substancial, não o será se a outra parte executar a avença conforme a vontade real do agente, vítima do erro. Nesse caso, não haverá prejuízo que justifique a anulação do negócio.

5.3. O dolo

5.3.1. *Conceito*

Para Flávio Tartuce "o dolo pode ser conceituado como sendo o artifício ardiloso empregado para enganar alguém, com intuito de benefício próprio. *O dolo é a arma do estelionatário*, como diziam os antigos civilistas"[29].

É importante esclarecer que o *dolo civil* não se confunde com o *dolo criminal*. Como dito, o dolo civil é o emprego de artifício enganoso, que prejudicará a vítima e trará vantagens ao agente, enquanto o dolo criminal é a intenção de produzir um resultado ciente de que é contrário à lei. Também não se confunde com o *dolo processual*, que corresponde à deslealdade processual, ou seja, à conduta processual

29. *Direito Civil*. Vol. 1, 9ª ed. São Paulo: Método, 2013, p. 374.

contrária à boa-fé, que é passível de sanções, como, por exemplo, o pagamento de perdas e danos.

5.3.2. Espécies de dolo

Dolo e *erro* guardam estreita relação, porque, em ambos os casos, o agente realiza o negócio de maneira equivocada. No entanto, no erro, o agente se equivoca sozinho, enquanto no dolo o engano é provocado por outrem.

O dolo pode ser de várias espécies. Analisando os arts. 145 a 150 do Código, podem ser citados os seguintes:

a) *"Dolusbonus"* e *"dolusmalus"*: *"dolusbonus"* é o dolo caracterizado pelo exagero na valorização, extremamente comum nas práticas comerciais. Trata-se de uma prática previsível, tolerável e lícita, que não é hábil para anular o negócio.

O *"dolusmalus"* é o engano provocado por meios insidiosos com o propósito de prejudicar a outra parte e trazer vantagens para o contratante astuto. É o dolo de que trata o Código e que é capaz de anular o negócio, diante da gravidade que representa;

b) *Dolo principal* e *dolo acidental*: dolo principal é o que atua como causa determinante do negócio, ou seja, este só é realizado porque uma parte induz maliciosamente a outra. Segundo o art. 145, a presença do dolo principal é causa de anulação do negócio, porque a vontade do agente está viciada;

Nos termos do art. 146, ocorre o dolo acidental "quando, a seu despeito, o negócio seria realizado, embora por outro modo" (art. 146, segunda parte do CC/02). Como é possível observar, o dolo acidental não impede a realização do negócio, embora possa acarretar que o agente o celebre de forma desvantajosa. Por tal razão, o dolo acidental não tem o condão de anular o negócio, mas, de obrigar apenas ao pagamento das perdas e danos (art. 146, primeira parte do CC/02);

c) *Dolo positivo (comissivo)* e *dolo negativo (omissivo)*: dolo positivo é aquele que se manifesta através de uma conduta comissiva do agente, que engana a vítima.

O dolo negativo é o que deriva da omissão do agente, que deveria manifestar-se sobre elemento determinante do negócio.

O art. 147 dispõe que "nos negócios jurídicos bilaterais, o silêncio intencional de uma das partes a respeito de fato ou qualidade que a outra parte haja ignorado, constitui omissão dolosa, provando-se que sem ela o negócio não se teria celebrado".

Como é possível observar, o art. 147 equiparou a *omissão dolosa* à *ação dolosa*, como corolário dos princípios da boa-fé objetiva e da eticidade. Dessa forma, a omissão dolosa do agente, sobre elemento determinante do negócio, é causa hábil e eficiente para anular o negócio;

d) *Dolo de terceiro*: que tem origem na conduta de um terceiro, estranho ao negócio. Segundo o art. 148 do Código Civil, o dolo de terceiro somente tem o condão de anular o negócio, se a parte a quem aproveite tem, ou devesse ter, conhecimento do engano. Nesse caso, é como se existisse uma cumplicidade entre o terceiro enganador e o contratante beneficiado, razão pela qual o negócio é anulável.

Se a parte beneficiada não tinha conhecimento do dolo, o negócio não poderá ser anulado, cabendo à parte prejudicada pleitear indenização ao terceiro, autor do dolo;

e) *Dolo do representante*: está previsto no art. 149 do Código, que estabelece que "o dolo do representante legal de uma das partes só obriga o representado a responder civilmente até a importância do proveito que teve; se, porém, o dolo for do representante convencional, o representado responderá solidariamente com ele por perdas e danos".

O texto legal dispõe sobre a representação legal e convencional, disciplinando efeitos distintos para ambos os casos. Em caso de representação legal (tutor, curador etc.), havendo dolo do representante, a responsabilidade do representado é limitada ao proveito que auferiu. Em caso de representação convencional (mandato etc.), havendo dolo do representante, a responsabilidade do representado será solidária, ou seja, representante e representado serão vistos como se fossem um único devedor;

f) *Dolo bilateral ou recíproco*: que se caracteriza quando ambas as partes agem dolosamente com o intuito de enganar a outra e obter vantagens. Nos termos do art. 150 do Código, havendo dolo bilateral, nenhuma das partes poderá requerer a anulação do negócio ou indenização.

DOLO
Espécies

- *Dolus bonus*
- *Dolus malus*
- Dolo principal (art. 145 CC)
- Dolo acidental (art. 146 CC)
- Dolo positivo
- Dolo negativo
- Dolo de terceiro (art. 148 CC)
- Dolo do representante (art. 149 CC)
- Dolo bilateral (art. 150 CC)

5.4. A coação

5.4.1. Conceito

Para Flávio Tartuce, a coação é "uma pressão física ou moral exercida sobre o negociante, visando obrigá-lo a assumir uma obrigação que não lhe interessa. Aquele que exerce a coação é denominado *coator* e o que a sofre, *coato, coagido* ou *paciente*"[30].

A coação é um vício extremamente grave, porque impede a livre manifestação da vontade. Para que fique configurada, é indispensável que cause ao coagido fundado temor de dano iminente e considerável à sua pessoa, à sua família, ou aos seus bens (art. 151, *caput*, do CC/02).

5.4.2. Espécies de coação

A coação pode ser classificada da seguinte maneira:

a) *Coação física ou absoluta*: que é caracterizada pelo emprego da força física, que afasta totalmente a vontade do coagido. É o caso, por exemplo, do analfabeto que tem a impressão digital colocada à força no contrato pelo coator, ou, ainda, da pessoa que assina o contrato inconscientemente após uma agressão. A doutrina é praticamente unânime em considerar que, em se tratando de coação física, o negócio é nulo, porque não há manifestação de vontade do agente, elemento essencial do negócio. O que se tem, nessa modalidade, é o emprego da força bruta do coator que impõe sua vontade na prática do negócio;

b) *Coação moral ou relativa*: que é caracterizada quando o coagido tem duas opções, isto é, a de sucumbir à coação e agir conforme a exigência do coator, ou de resistir à coação e suportar o dano iminente e considerável. É dessa espécie de coação de que trata o Código Civil e que constitui causa de anulação do negócio. É o caso, por exemplo, do coagido que recebe a ameaça de ter incendiada sua colheita se não vender suas terras.

5.4.3. Requisitos da coação

Preceitua o **art. 151** que "a coação, para viciar a declaração da vontade, há de ser tal que incuta ao paciente fundado temor de dano iminente e considerável à sua pessoa, à sua família, ou aos seus bens". Da análise do dispositivo, podem ser identificados os seguintes requisitos da coação:

a) *A coação deve ser causa determinante do negócio*: assim como ocorre com o erro e com o dolo, a coação só terá o condão de anular o negócio se dele foi causa determinante. Em outras palavras, o negócio só será anulável se

30. *Direito Civil*. Vol. 1, 9ª ed. São Paulo: Método, 2013, p. 378.

foi realizado pelo medo real de sofrer os danos provenientes da coação. Se o negócio, apesar da coação, fosse realizado da mesma maneira, não se vislumbra a existência de causalidade, de maneira que o negócio subsistirá;

b) *Deve ser grave*: para ter o condão de anular o negócio, a coação deve ser grave a ponto de instigar no coagido o fundado temor de dano, que pode ser patrimonial ou moral. A apreciação da gravidade da coação se faz pelo critério *concreto*, que impõe a análise das condições pessoais da vítima, em cada caso concreto, conforme preceitua o art. 152 do CC/02. Dessa forma, questões como sexo, idade, temperamento e outras condições do coagido devem ser verificadas para saber se a gravidade da coação possuía intensidade suficiente para viciar a vontade do coagido. Não se analisa, nesse caso, a figura do homem médio, cujo critério foi afastado pelo art. 152.

De igual sorte, nos termos do art. 153, segunda parte, do CC/02, não se considera coação o *simples temor reverencial*, assim entendido como o receio de que o ato praticado provoque desgosto ou decepção aos pais ou outras pessoas a quem se deve respeito ou obediência. Logo, em regra, o negócio, recomendado pelo pai, não é anulável porque o filho o celebrou, apenas com receio de decepcionar ou desagradar seu genitor;

c) *Deve ser injusta*: assim considerada como a ilícita ou abusiva. Nos termos do art. 153, primeira parte, do CC/02, não se considera coação "ameaça do exercício normal de um direito". Ora, quem exerce um direito não causa prejuízo a outrem (art. 188, I do CC/02). Dessa forma, o credor que interpela o devedor para pagar o título, sob pena de protestá-lo e iniciar o processo executivo, não pratica coação. Também não configura coação a advertência feita pela mulher ao homem, no sentido de que reconheça o filho, sob pena de ingressar ação de investigação de paternidade. Em ambos os casos, os agentes agem no exercício regular de direito, razão pela qual não há coação.

Haverá coação, contudo, se o agente, além de agir contra o direito, agir, também, com abuso de direito, caracterizado pelo exercício de um direito em desacordo com seu fim econômico ou social, boa-fé ou bons costumes (art. 187 do CC/02);

d) *Deve representar um dano iminente e considerável*: o dano iminente é aquele razoavelmente próximo, a ponto de impedir que o coagido obtenha ajuda das autoridades. Se o coagido tem condições de comunicar as autoridades ou de obter auxílio de terceiros para impedir o mal prometido, não ficará configurada a coação;

e) *Deve representar um prejuízo à pessoa ou a bens da vítima ou a pessoas de sua família*: para que a coação se caracterize é necessário que a ameaça recaia sobre a pessoa (tortura, sequestro etc.) ou os bens da vítima (incêndio, depredação etc.). Pode recair, ainda, sobre pessoas da *família* do coagido. A doutrina tem dado um entendimento amplo para o conceito de *família*, admitindo as relações de casamento, união estável, adoção, parentesco por consanguinidade ou afinidade. Entretanto, quanto à família, só se configura a coação quando a ameaça recai sobre as pessoas e não sobre os bens dos familiares.

O parágrafo único do art. 151 preceitua que "se disser respeito à pessoa não pertencente à família do paciente, o juiz, com base nas circunstâncias, decidirá se houve coação". Os casos mais comuns são o da noiva e do amigo íntimo do coagido.

5.4.4. *Coação exercida por terceiro*

A coação, por vezes, pode ter origem na conduta de terceiro, alheio ao negócio.

Nesse sentido, preceitua o **art. 154** que "vicia o negócio jurídico a coação exercida por terceiro, se dela tivesse ou devesse ter conhecimento a parte a que aproveite, e esta responderá solidariamente com aquele por perdas e danos".

Semelhantemente ao dolo praticado por terceiro, já analisado, a coação exercida por terceiro só tem o condão de anular o negócio se a parte beneficiada teve ou devesse ter conhecimento da ameaça. Isso porque, nesse caso, há uma cumplicidade entre o coator e a parte beneficiada, sendo que ambos, pelo disposto no art. 154, responderão solidariamente pelas perdas e danos.

Caso a parte beneficiada não tenha tido conhecimento da coação, o negócio subsistirá, respondendo o coator por todos prejuízos suportados pelo coagido (art. 155 CC/02).

5.5. O estado de perigo

5.5.1. *Conceito*

O estado de perigo constitui uma inovação do atual Código Civil, uma vez que não encontra correspondência no Código de 1916.

Segundo o **art. 156,** "configura-se o estado de perigo quando alguém, premido da necessidade de salvar-se, ou a pessoa de sua família, de grave dano conhecido pela outra parte, assume obrigação excessivamente onerosa".

Caracteriza-se o estado de perigo quando o agente, em situação de extrema necessidade conhecida pela outra parte, celebra o negócio assumindo prestação desproporcional e excessiva para livrar a si, ou a pessoa de sua família, de grave dano. Se o dano for dirigido à pessoa que não pertence à família do agente, o juiz decidirá a questão (art. 156, parágrafo único do CC/02).

A doutrina aponta vários exemplos. Os exemplos clássicos são o do náufrago, que faz a outrem promessa de recompensa extraordinária pelo seu salvamento, e do pai que, para livrar o filho do sequestro, celebra inúmeros negócios lesivos para levantar a quantia exigida. Uma prática corriqueira nos dias de hoje é a do consumidor que emite nota promissória em estabelecimentos hospitalares, com o intuito de garantir o atendimento médico emergencial de seus familiares.

5.5.2. Elementos do estado de perigo

Da análise do art. 156 do CC/02, podem ser identificados os seguintes elementos do estado de perigo:

a) *Situação de necessidade*: o referido dispositivo enumera a *necessidade* como elemento indispensável do estado de perigo. O agente, movido pela necessidade de salvar-se, ou a pessoa de sua família, celebra negócio extremamente desvantajoso;

b) *Iminência de dano atual e grave*: o dano deve ser atual e grave a ponto de incutir no agente o temor de que se o negócio não for celebrado, as consequências do evento ocorrerão. Sem essa característica, o estado de perigo estará afastado, porque o agente terá tempo hábil para agir e evitar o dano. A gravidade do dano será apreciada pelo juiz, em cada caso, segundo o critério do homem médio;

c) *Nexo de causalidade entre a declaração e o perigo de dano*: deve haver relação causal entre a declaração e o perigo de dano. Em outras palavras, a declaração de vontade deve ser exteriorizada porque o agente supõe a existência do perigo. Observe que não é necessário que o dano seja real e concreto, pois basta que o agente suponha que o perigo exista;

d) *Incidência do perigo de dano sobre a pessoa do declarante ou de sua família*: para que o estado de perigo fique configurado é indispensável que a ameaça de dano recaia sobre a pessoa do agente ou de sua família. Esse dano pode ser físico (integridade física) ou moral (honra). O conceito de família é o mesmo do indicado para a coação, já estudada, ao qual nos reportamos. Observe que o estado de perigo só se caracteriza quando a ameaça de perigo recai sobre as pessoas e não sobre os bens;

e) *Conhecimento do perigo pela outra parte*: é requisito indispensável para caracterização do estado de perigo que a outra parte tenha conhecimento do perigo de dano e se aproveite de tal circunstância. Se a outra parte não tem conhecimento do perigo, o ato não será anulável, porque, neste caso, atuará de boa-fé;

f) *Aquisição de obrigação excessivamente onerosa*: em razão do perigo de dano, o agente acaba assumindo uma obrigação excessivamente onerosa, ou seja, para ficar livre do perigo, o agente aceita pagar um valor muito superior ao devido, o que abala o equilíbrio contratual.

Não se trata, aqui, do princípio da onerosidade excessiva, que permite e revisão dos contratos em caso de fato superveniente imprevisível. Nessa situação, o negócio não será anulado, mas tão somente revisto para afastar o desequilíbrio contratual.

No estado de perigo, o ato é anulável porque a vontade do agente está maculada, eis que assume uma obrigação desvantajosa para ficar livre do perigo de dano.

5.5.3. *Distinção do estado de perigo e institutos afins*

5.5.3.1. *Estado de perigo e estado de necessidade*

Embora estado de perigo e estado de necessidade tenham como elemento comum uma situação de necessidade, fato é que os institutos não se confundem.

O estado de necessidade é um conceito mais amplo, aplicado em vários ramos do direito, como no direito penal, que afasta o nexo causal entre a conduta do agente e o dano suportado pela vítima. É verdadeira causa excludente da ilicitude e, para sua configuração, é necessário que o perigo não tenha sido voluntariamente causado pelo agente.

O estado de perigo, por sua vez, é uma espécie de estado de necessidade, que, pelo fato de a vontade do agente estar maculada pelo temor de suportar o dano, funciona como defeito do negócio jurídico, tornando-o anulável.

5.5.3.2. *Estado de perigo e coação*

O estado de perigo também não se confunde com a coação, apesar da proximidade entre os institutos.

No estado de perigo não há constrangimento provocado, seja pelo outro contratante ou por terceiro. O que é relevante é o perigo, ou seja, o temor de dano que leva o agente a praticar o negócio assumindo obrigação excessivamente onerosa.

Na coação, contudo, a relevância se concentra na vontade do agente, que fica divorciada da realidade em razão do constrangimento provocado. De se consignar, também, que a coação pode recair sobre os bens do coagido. No estado de perigo, a situação de necessidade atinge somente as pessoas.

5.6. A lesão

5.6.1. *Conceito*

Segundo Carlos Roberto Gonçalves, a lesão é "o prejuízo resultante da enorme desproporção existente entre as prestações de um contrato, no momento de sua celebração, determinada pela premente necessidade ou inexperiência de uma das partes. Não se contenta o dispositivo com qualquer desproporção: há de ser *manifesta*"[31]. O exemplo clássico é do agente que, para evitar insolvência, vende seu imóvel por valor irrisório, muito inferior ao preço de mercado, por não dispor de recursos financeiros.

---

31. *Direito Civil I*. 3ª ed. São Paulo: Saraiva, 2011, p. 442.

5.6.2. Elementos da lesão

Dispõe o **art. 157** do CC/02:

> Ocorre a lesão quando uma pessoa, sob premente necessidade, ou por inexperiência, se obriga a prestação manifestamente desproporcional ao valor da prestação oposta.
>
> **§ 1º** Aprecia-se a desproporção das prestações segundo os valores vigentes ao tempo em que foi celebrado o negócio jurídico.
>
> **§ 2º** Não se decretará a anulação do negócio, se for oferecido suplemento suficiente, ou se a parte favorecida concordar com a redução do proveito.

Da análise do dispositivo são identificados três elementos:

a) *Objetivo*: que consiste na desproporção manifesta entre as prestações recíprocas. Dessa forma, a lesão só pode ser reconhecida nos contratos comutativos, que são os contratos em que os direitos e deveres recaem sobre todos os contratantes. Os contratos gratuitos, assim entendidos como aqueles em que toda a carga obrigacional recai sobre apenas uma das partes contratantes, são incompatíveis com o instituto da lesão;

b) *Subjetivo*: presente na *inexperiência* ou *premente necessidade* do lesado, que afetam sua integridade psicológica no momento da contratação. A *inexperiência* deve ser entendida como a ausência de conhecimentos técnicos ou habilidades especiais relativas à natureza do negócio. Como é possível observar, a inexperiência não se confunde com falta de cultura ou instrução, pois o dispositivo cuida da inexperiência contratual ou técnica, de forma que uma pessoa extremamente culta pode não ter conhecimento técnico sobre a natureza do negócio. A *premente necessidade* deve ser entendida como a *necessidade negocial* ou contratual, evidenciada quando o contratante encontra-se pressionado para celebrar o negócio, o que afeta sua discricionariedade e capacidade de correto discernimento;

c) *Nexo causal*: que consiste na relação entre a vontade maculada e a conclusão do negócio. Em outras palavras, o negócio, que acarreta uma prestação manifestamente excessiva, só é concluído em razão da inexperiência ou premente necessidade do agente.

5.6.3. Estado de perigo e lesão

Lesão e estado de perigo são institutos que possuem diferenças muito sutis. O ilustre Humberto Theodoro Júnior nos ensina que "há na base da lesão um perigo de dano que o contratante deseja afastar, mas esse perigo não é o risco pessoal de que fala o art. 156; é a iminência de qualquer perigo de ordem patrimonial, desde que sério ou grave. O contrato afetado pela lesão é justamente o que se mostra, no momento e na ótica do agente, capaz de fornecer-lhe os meios necessários ao afastamento do perigo, embora a um custo exagerado e iníquo"[32].

As diferenças entre a lesão e o estado de perigo podem ser indicadas resumidamente nas linhas a seguir:

a) Na lesão o agente participa de um negócio desvantajoso, movido pela ignorância ou pela necessidade contratual. No estado de perigo o agente está em uma situação em que deve escolher entre dois males, isto é, ou o agente suporta o dano proveniente do perigo ou paga quantia exorbitante ao contratante, suportando o risco de ficar sem o seu patrimônio;

b) A lesão pode ter origem na *inexperiência* do agente, que não é causa para a ocorrência do estado de perigo;

c) A lesão não exige que a outra parte tenha conhecimento da inexperiência ou necessidade do agente, pois a análise do defeito ocorre segundo critérios objetivos. Para a configuração do estado do perigo, é indispensável que a outra parte tenha conhecimento e se aproveite da situação de perigo que o agente se encontra;

d) A lesão comporta complementação da contraprestação, o que não é possível no estado de perigo.

5.7. A fraude contra credores

5.7.1. *Conceito*

Para o professor Flávio Tartuce, "constitui fraude contra credores a atuação maliciosa do devedor, em estado de insolvência ou na iminência de assim tornar-se, que dispõe de maneira gratuita ou onerosa o seu patrimônio, para afastar a possibilidade de responderem os seus bens por obrigações assumidas em momento anterior à transmissão"[33].

Nosso ordenamento consagra o princípio da responsabilidade patrimonial do devedor, de forma que há a garantia genérica de que, ressalvadas as exceções legais, todo o patrimônio do devedor responde pelo pagamento de suas dívidas (art. 789 do novo CPC).

Exemplificando, se A, prevendo o vencimento de elevadas dívidas, doa seus bens a um ente querido, como forma de tornar-se insolvente e evitar que satisfaçam os direitos de seus credores, comete a fraude contra credores.

Como se observa, a fraude contra credores não constitui um vício do consentimento, porque a vontade do agente não está dissociada da realidade, eis que o

32. *Comentários ao Novo Código Civil*. Vol. III, tomo I, 4ª ed. Rio de Janeiro: Forense, 2008, p. 222.
33. *Direito Civil*. Vol. 1, 9ª ed. São Paulo: Método, 2013, p. 389.

agente quer produzir exatamente os efeitos da vontade declarada. Não obstante, a vontade do agente fere o ordenamento jurídico e os direitos de terceiros, o que é suficiente para enquadrar a fraude contra credores como vício social.

5.7.2. *Elementos constitutivos*

A fraude contra credores possui três elementos constitutivos. São eles:

a) A *anterioridade do crédito*: que está consubstanciada no art. 158, §2º do CC/02. Tal elemento é facilmente compreendido, pois quem contrata com devedor já insolvente não encontrará patrimônio para garantir seu crédito. No momento da contratação, é dever do credor verificar a situação patrimonial do devedor e certificar-se dos efeitos do negócio;

b) O *objetivo (eventusdamni)*: que é o ato do devedor que o torna insolvente e que traz prejuízo ao credor. Deve haver nexo de causalidade entre o ato do devedor e sua insolvência, a ponto de impedir que os créditos sejam satisfeitos;

c) O *subjetivo (consilium fraudis)*: que é a má-fé do devedor, representada pela consciência de que o ato prejudica terceiros. Não se exige, nesse caso, a existência de conluio entre o devedor e o adquirente. Basta que este saiba da situação de insolvência do devedor. O art. 159 do CC/02 estabelece algumas hipóteses em que se presume a má-fé do adquirente, ao dispor que "serão igualmente anuláveis os contratos onerosos do devedor insolvente, quando a insolvência for notória, ou houver motivo para ser conhecida do outro contratante". Como exemplos de insolvência *notória* podem ser citados a existência de diversos títulos de crédito protestados, a distribuição de execuções e protestos contra alienação de bens. Tendo em vista a dificuldade da prova do elemento subjetivo, a doutrina e a jurisprudência consagraram outras hipóteses em que é possível *presumir* o estado de insolvência do devedor, como, por exemplo, a aquisição do bem por preço vil ou a existência de relação de parentesco entre as partes.

FRAUDE CONTRA CREDORES Elementos	
	Anterioridade do crédito
	"Eventus damni": Ato do devedor que o torna insolvente
	"Consilum fraudis": consciência do devedor de que o ato prejudica terceiros

5.7.3. *Hipóteses legais*

Analisando os dispositivos que disciplinam a fraude contra credores, pode-se identificar as seguintes hipóteses que a configuram.

5.7.3.1. *Atos de transmissão gratuita de bens ou remissão de dívida*

Segundo o art. 158 do CC/02, poderão ser anulados "os negócios de transmissão gratuita de bens ou remissão de dívida", quando os pratique "o devedor já insolvente, ou por eles reduzido à insolvência, ainda quando o ignore".

Dentre os atos de transmissão gratuita de bens mais comuns podem ser citados: a) doações; b) renúncia de herança e de usufruto; c) aval e fiança e d) promessa de doação.

Os atos de *remissão de dívida* devem ser entendidos como o perdão feito pelo devedor de créditos a que tem direito. Os créditos integram o patrimônio do devedor e, nessa condição, servem como garantia para seus credores, de forma que o devedor, quando as perdoa, causa prejuízos aos credores, fato que garante a estes a legitimidade para requerer a anulação do negócio.

5.7.3.2. *Atos de transmissão onerosa*

Restará configurada a fraude contra credores nos negócios onerosos quando presentes os requisitos já estudados.

Dessa maneira, quando o devedor celebra o negócio com o intuito de se colocar em uma situação de insolvência (elemento subjetivo) e de prejudicar os direitos dos credores (elemento objetivo), estará configurada a fraude contra credores.

Para a configuração do elemento objetivo, basta verificar a situação patrimonial do devedor, isto é, se seus bens são suficientes para saldar suas dívidas.

A configuração do elemento subjetivo é mais delicada, porque exige que a outra parte tenha conhecimento do estado de insolvência do devedor. Há casos em que a insolvência é notória e outros em que a insolvência é presumida, já estudadas no item 3.7.2. Se o credor não obtiver êxito em provar que o adquirente tinha conhecimento do estado de insolvência do devedor, o negócio será válido, ante a boa-fé do comprador.

5.7.3.3. *Pagamento antecipado de dívida*

Dispõe o **art. 162** "o credor quirografário, que receber do devedor insolvente o pagamento da dívida ainda não vencida, ficará obrigado a repor, em proveito do acervo sobre que se tenha de efetuar o concurso de credores, aquilo que recebeu".

Credor quirografário é o credor sem garantia especial, cuja satisfação do crédito está sujeita apenas à garantia genérica do patrimônio do devedor. É o credor quirografário que sofre os efeitos da insolvência do devedor.

A finalidade do art. 162 é de colocar os credores quirografários em uma condição de igualdade, para que todos tenham a oportunidades de receber seus créditos proporcionalmente. Assim, se o credor quirografário recebeu antecipadamente seu crédito do devedor insolvente, deverá repetir em favor do acervo. Se, contudo, o crédito estava vencido, o pagamento é considerado válido, salvo se não tiver se instalado o concurso de credores.

5.7.3.4. *Concessão fraudulenta de garantias*

Preceitua o **art. 163** que "presumem-se fraudatórias dos direitos dos outros credores as garantias de dívidas que o devedor insolvente tiver dado a algum credor".

As garantias mencionadas pelo art. 163 são as *reais*, que estabelecem um privilégio no recebimento no crédito. O dispositivo legal está em harmonia com o art. 162, pois conceder garantia real, em estado de insolvência, significa, de certa forma, pagamento antecipado de dívida. Tal fato viola a condição de igualdade que deve imperar entre os credores quirografários.

A presunção estabelecida pelo texto legal é absoluta (*juris et de jure*).

A anulação que ocorre é da garantia concedida, voltando o credor à condição de quirografário.

5.7.4. Ação pauliana ou revocatória

A ação pauliana, também chamada de revocatória, é a ação judicial que visa anular o negócio praticado em fraude contra credores, fazendo com que o bem retorne ao patrimônio do devedor e possa servir de garantia para pagamento dos credores.

A legitimação ativa para a propositura da ação pauliana é conferida:

a) aos *credores quirografários*: como dito, credor quirografário é o credor sem garantia especial, cuja satisfação do crédito está sujeita apenas à garantia genérica do patrimônio do devedor (art. 158, §2º CC/02). Em princípio, os credores com garantias especiais, como, por exemplo, o credor hipotecário e o pignoratício, não têm legitimidade para ingressar com a ação pauliana, porque seus créditos estão garantidos pelos bens dados em hipoteca e penhor, respectivamente. O art. 158 §1º do CC/02 garante legitimidade ativa aos credores privilegiados quando a garantia se tornar insuficiente;

b) os *credores que já o eram ao tempo da alienação fraudulenta*: como dito, também, só tem legitimidade para pleitear a anulação os credores que já tinham essa qualidade quando o negócio fraudulento foi praticado. Os credores que contratam posteriormente já o fizeram com o devedor insolvente, de forma que nada podem reclamar.

A ação pauliana deve ser proposta contra os signatários do negócio fraudulento, ou seja, contra o devedor insolvente e o terceiro adquirente (art. 161 do CC/02). A doutrina é unânime em indicar que ocorre, nesse caso, um litisconsórcio passivo necessário entre o devedor insolvente e o terceiro adquirente, de forma que, ainda que o credor não os inclua no polo passivo, deverá o juiz, de ofício, integrá-los.

5.7.5. *Fraude contra credores e fraude à execução*

A fraude contra credores e a fraude à execução são institutos que não se confundem, embora tenham características comuns. Ambos são caracterizados pela alienação de bens pelo devedor, que causa prejuízos aos credores.

No entanto, as principais diferenças entre eles são as seguintes:

a) A fraude à execução constitui incidente do processo e é regulado pelo art. 792 do novo CPC. A fraude contra credores é defeito do negócio jurídico, porque constitui vício social, e é regulado pelos arts. 158 a 165 do CC/02;

b) A fraude à execução pressupõe a existência de processo em andamento, que seja capaz de levar o devedor à insolvência. O devedor pratica o negócio fraudulento como forma de furtar-se ao pagamento daquele credor. Na fraude contra credores não há nenhuma demanda em andamento, seja processo de conhecimento ou de execução;

c) A fraude à execução tem como efeito a declaração de ineficácia da alienação em relação ao processo movido pelo credor. A decisão judicial que reconhece a fraude à execução não anula o negócio, mas apenas o torna ineficaz em relação à dívida cobrada no processo em que a fraude à execução é reconhecida. Embora o negócio seja considerado válido perante terceiros, é como se, para este credor que cobra a dívida, o bem alienado ainda integrasse o patrimônio do devedor. O reconhecimento da fraude contra credores, por sua vez, acarreta a anulação do negócio fraudulento, com o retorno do bem ao patrimônio do devedor, que servirá para pagar a todos os credores. Em outras palavras, a fraude contra credores aproveita a todos os credores, enquanto a fraude à execução favorece apenas ao exequente;

d) A fraude à execução é reconhecida por simples petição no processo de execução, independentemente de ação própria. A fraude contra credores, por seu turno, deve ser apreciada através da ação pauliana, que representa uma ação autônoma.

Ainda sobre o tema, cabe elencar duas importantes súmulas do E. STJ:

> **STJ Súmula nº 195**
>
> **Embargos de Terceiro – Anulação de Ato Jurídico – Fraude Contra Credores**
>
> Em embargos de terceiro não se anula ato jurídico, por fraude contra credores.
>
> **STJ Súmula nº 375**
>
> **Reconhecimento da Fraude à Execução – Registro da Penhora – Prova de Má-Fé do Terceiro Adquirente**

> O reconhecimento da fraude à execução depende do registro da penhora do bem alienado ou da prova de má-fé do terceiro adquirente.

A súmula 195 diz expressamente que não se anula o ato jurídico, em ação de embargos de terceiro, por fraude contra credores.

A referida súmula é de 01.10.97, editada sob a égide do CC/16, o que explica a expressão "ato jurídico", que deve ser entendida, atualmcntc, por "ncgócio jurídico".

Pois bem. Na ação de embargos de terceiro a discussão da lide pode se limitar estritamente à posse (art. 674, §1º do novo CPC). Não se instaura nos embargos de terceiro, necessariamente qualquer discussão sobre a propriedade. Dessa forma, não se pode reconhecer a fraude contra credores, porque tal fato importa adentrar na discussão sobre a propriedade.

A súmula 375 dispõe as condições para que seja reconhecida a fraude à execução. São elas: a) o registro da penhora do bem alienado; e b) a prova da má-fé do adquirente. Isso significa que para o reconhecimento da fraude à execução é necessário que ocorra apenas uma dessas duas hipóteses, porque ambas são suficientes para demonstrar a má-fé do adquirente.

Dessa forma, havendo o registro da penhora na matrícula do bem alienado, presumir-se-á a má-fé do adquirente, pois o registro traz a presunção de que todos tomaram ciência do ato de constrição judicial. Segundo a súmula 375, ainda que não haja o registro da penhora, a má-fé do adquirente pode ser provada por outros meios. Esse ônus é do credor, que deve apresentar provas nesse sentido, porque a má-fé não se presume.

6. DA INVIABILIDADE DO NEGÓCIO JURÍDICO

Nos arts. 166 e seguintes, o atual Código Civil regula os casos de nulidade e de anulabilidade do negócio jurídico, conforme sejam, respectivamente, nulos ou anuláveis.

6.1. Nulidade

6.1.1. Conceito

A professora Maria Helena Diniz ensina que "a nulidade vem a ser a sanção, imposta pela norma jurídica, que determina a privação dos efeitos jurídicos do negócio praticado em desobediência ao que prescreve"[34].

6.1.2. Espécies de nulidade

A nulidade pode ser:

34. *Curso de Direito Civil Brasileiro*. Vol. 1, 30ª ed. São Paulo: Saraiva, 2013, p. 589.

a) *Absoluta*: quando afronta preceito de ordem pública e de interesse social. A nulidade absoluta pode ser alegada por qualquer interessado (art. 168, *caput*, do CC/02) e deve ser reconhecida de ofício pelo juiz (art. 168, parágrafo único, do CC/02);

b) *Relativa*: também chamada de anulabilidade, a nulidade relativa apresenta um vício capaz de tornar o negócio inválido. Contudo, tal vício pode ser suprido ou sanado, de maneira que, nesse caso, o negócio pode subsistir;

c) *Total*: quando atinge todo o negócio jurídico e o torna nulo por inteiro;

d) *Parcial*: quando atinge apenas parte do negócio. Em respeito ao princípio da conservação do negócio jurídico, o reconhecimento da nulidade parcial não afetará parte válida e não invalidará todo o negócio;

e) *Textual*: quando a nulidade decorre de texto expresso da lei, como é o caso do art. 548 do CC/02;

f) *Implícita*: embora não surja expressamente do texto da lei, a nulidade implícita pode ser deduzida de algumas expressões constantes da lei, como, por exemplo, a expressão "não podem", constante do art. 1.521 do CC/02.

6.1.3. Causas de nulidade

Dispõe o art. 166 do Código Civil:

> **Art. 166.** É nulo o negócio jurídico quando:
>
> **I** - celebrado por pessoa absolutamente incapaz;
>
> **II** - for ilícito, impossível ou indeterminável o seu objeto;
>
> **III** - o motivo determinante, comum a ambas as partes, for ilícito;
>
> **IV** - não revestir a forma prescrita em lei;
>
> **V** - for preterida alguma solenidade que a lei considere essencial para a sua validade;
>
> **VI** - tiver por objetivo fraudar lei imperativa;
>
> **VII** - a lei taxativamente o declarar nulo, ou proibir-lhe a prática, sem cominar sanção.

O dispositivo está em consonância com o art. 104 do CC/02, que trata dos requisitos de validade do negócio jurídico. Como se observa, os incisos I, II, IV e V do art. 166 revelam a sanção para a inobservância dos requisitos contidos no referido art. 104.

Os incisos III, VI e VII representam novidades da atual codificação.

O inciso III trata do *motivo determinante*, estabelecendo a nulidade do negócio quando, sendo comum às partes, for ilícito. O texto está em sintonia com o art. 140, que trata do *falso motivo*, já estudado no item 5.2.3. desta obra, fulminando de nulidade o negócio quando o motivo que leva as partes a celebrá-lo for ilícito.

O inciso VI trata da fraude à lei, determinando a nulidade dos negócios que visam fraudar a norma cogente e preceito de ordem pública.

O inciso VII trata das nulidades textual (primeira parte) e implícita (segunda parte). Como exemplo de nulidade textual pode ser citado o art. 548 do CC/02, que proíbe a doação universal de todos os bens do doador, sem reserva do mínimo para sobrevivência. Como exemplo de nulidade implícita pode ser citado o art. 426 do CC/02, que proíbe que o contrato tenha como objeto a herança de pessoa viva.

6.2. Anulabilidade

6.2.1. Conceito

Segundo Carlos Roberto Gonçalves, a anulabilidade "é a sanção imposta pela lei aos atos e negócios jurídicos realizados por pessoa relativamente incapaz ou eivados de algum vício do consentimento ou vício social"[35].

Enquanto a nulidade absoluta está associada à violação de preceito de ordem pública e de interesse social, a nulidade relativa, também chamada de anulabilidade, está associada à violação de um interesse privado. Tendo em vista essa qualidade, a anulabilidade é prescritível e admite confirmação que objetive afastar o defeito (art. 172 do CC/02).

6.2.2. Causas de anulabilidade

As causas de anulabilidade estão previstas no art. 171 do CC/02. São elas:

a) *Por incapacidade relativa do agente*: as pessoas relativamente incapazes estão elencadas no art. 4º do CC/02 e já foram objeto de estudo no capítulo II, item 2.3.2. desta obra;

b) *Por vício resultante de erro, dolo, coação, estado de perigo, lesão ou fraude contra credores*: os defeitos do negócio jurídico estão disciplinados nos arts. 138 a 165 do CC/02 e já foram estudados nesta obra, no presente capítulo, item 3.

6.3. Diferenças entre nulidade e anulabilidade

De forma bem simples, as diferenças entre nulidade e anulabilidade podem ser elencadas da seguinte forma:

a) A nulidade versa sobre matéria de ordem pública e sua decretação ocorre no interesse da coletividade. A anulabilidade versa sobre interesse privado, relativo à pessoa prejudicada;

35. *Direito Civil I*. 3ª ed. São Paulo: Saraiva, 2011, p. 477.

b) A anulabilidade pode ser suprida pelo juiz ou sanada, de forma expressa ou tácita, pelas partes. A nulidade, por ser absoluta, não pode ser suprida pelo juiz ou sanada pelas partes;

c) O reconhecimento da anulabilidade depende de requerimento das partes (art. 177 CC/02), de forma que não pode ser reconhecida de ofício pelo juiz. Seus efeitos são *ex nunc*, ou seja, não operam antes de reconhecidos na sentença. A nulidade, no entanto, deve ser reconhecida de ofício pelo juiz (art. 168, parágrafo único CC/02) e seus efeitos são *ex tunc*, vez que retroagem à data do negócio, para lhe retirar os efeitos;

d) A anulabilidade só pode ser alegada pelos prejudicados e seu reconhecimento apenas a eles aproveita, salvo os casos de solidariedade ou indivisibilidade. A nulidade, por sua vez, pode ser alegada por qualquer interessado, inclusive pelo Ministério Público;

e) A anulabilidade está sujeita à decadência, cujos prazos são relativamente curtos. Na ausência de previsão legal, o prazo decadencial para pleitear a anulação do negócio será de dois anos (art. 179 do CC/02). O negócio nulo, contudo, não se convalida com o decurso do tempo.

▸ DIFERENÇAS ENTRE NULIDADE E ANULABILIDADE

Nulidade	**Anulabilidade**
Versa sobre matéria de ordem pública	Versa sobre interesse privado
Decretação ocorre no interesse coletivo	Decretação ocorre no interesse do lesado
Não pode ser suprida pelo juiz	Pode ser suprida pelo juiz
Não pode ser sanada pelas partes	Pode ser sanada pelas partes
Deve ser reconhecida de ofício pelo Juiz (art. 168, p. único, CC)	Depende de requerimento das partes (art. 177 CC)
Efeitos "ex tunc"	Efeitos "ex nunc"
Pode ser alegada por qualquer interessado, inclusive o MP	Só pode ser alegada pelos prejudicados
Não está sujeita à decadência	Está sujeita à decadência

7. SIMULAÇÃO

7.1. Conceito

Segundo Silvio de Salvo Venosa, "simular é fingir, mascarar, camuflar, esconder a realidade. Juridicamente, é a prática de ato ou negócio que esconde a real intenção. A intenção dos simuladores é encoberta mediante disfarce, parecendo externamente negócio que não é espelhado pela vontade dos contraentes"[36].

36. *Direito Civil*. Vol. 1, 4ª ed. São Paulo: Atlas, 2004, p. 480.

O negócio simulado é celebrado com o intuito de mascarar a real intenção dos contratantes. Nele existe um conluio entre as partes, que praticam o negócio manifestando uma vontade que, conscientemente, não é a verdadeira. O negócio simulado é praticado, geralmente, como forma de burlar a lei ou prejudicar terceiros.

Há inúmeros exemplos de negócios simulados. A título de exemplificação, pode ser citado o caso do viúvo que possui bens do primeiro matrimônio e, ao contrair segundas núpcias, simula a venda do imóvel, a interposta pessoa, para depois adquiri-lo durante o casamento, como forma de garantir a meação do bem à nova esposa. Observe que, nesse caso, a real intenção do viúvo não é dispor do bem, mas tão somente de prejudicar os filhos do primeiro casamento e conferir direitos à nova esposa em um bem que, ordinariamente, não teria.

A simulação constitui um vício social e não de vontade, porque esta não está maculada. O agente está em plena sintonia com a realidade do negócio e, conscientemente, manifesta uma vontade que não é a verdadeira, praticando o negócio para mascarar seu real desígnio.

Embora seja vício social, o atual Código Civil deslocou a simulação da parte que trata dos "defeitos do negócio jurídico" para a parte que disciplina as "invalidades do negócio jurídico", fulminando de nulidade o negócio jurídico simulado.

A simulação é caracterizada pelos seguintes elementos: a) conluio entre as partes; b) manifestação da vontade em desconformidade com a real intenção e c) fim de fraudar a lei ou prejudicar terceiros.

7.2. Espécies de simulação

A simulação pode ser:

a) *Absoluta*: que ocorre quando a simulação é feita apenas como fingimento, para mostrar algo que, de fato, não ocorreu. Nessa modalidade, as partes não querem praticar negócio algum. Querem apenas que terceiros pensem que o negócio foi celebrado, mas não desejam que o negócio simulado produza, efetivamente, efeitos. É o caso, por exemplo, do marido que, para livrar-se de condenação por ato ilícito, simula o divórcio, em conluio com a esposa, deixando a esta todos os bens do casal. Na realidade, o casal não quer os efeitos do divórcio, eis que continuam vivendo maritalmente;

b) *Relativa*: que ocorre quando o intuito das partes é de celebrar um negócio para fraudar a lei ou prejudicar terceiros. Para atingir essa finalidade, os contratantes firmam dois negócios: um deles é o *simulado* e aparente, que será usado para enganar e ludibriar terceiros; o outro é o *dissimulado*, realmente desejado, mas que permanecerá oculto. É o caso, por exemplo,

> das partes que celebram um contrato de mútuo a juros excessivos, muito superiores ao permitido pela legislação. O credor requer, ainda, que seja dado um imóvel em hipoteca como garantia pelo pagamento da dívida. Para mascarar esse negócio, as partes simulam um contrato de compra e venda do imóvel, pelo qual o credor compra o imóvel do devedor, e um contrato de locação do mesmo imóvel, pelo qual o credor aluga o imóvel ao devedor. Observe, então, que o real desejo das partes é de celebrar um contrato de mútuo com garantia hipotecária, mas que não pode ser formalizado em razão dos juros excessivos. Para esconder o negócio, as partes pactuam a compra e venda do imóvel, que substituirá a garantia hipotecária, e o contrato de locação, que substituirá o contrato de mútuo, eis que o pagamento dos alugueis, serão, na verdade, o pagamento dos juros. Se o devedor não pagar os alugueis, que, como visto, são os juros, o credor promoverá a ação de despejo, que funcionará como se fosse a execução da garantia.

Dispõe o **art. 167** que"é nulo o negócio jurídico simulado, mas subsistirá o que se dissimulou, se válido for na substância e na forma".

O texto trata da simulação relativa, estabelecendo que o negócio simulado será nulo, mas o dissimulado será válido. Dessa forma, no exemplo citado, os contratos de compra e venda e de locação serão nulos, porquanto simulados, mas o contrato de empréstimo será válido, com adequação dos juros. A garantia hipotecária não subsistirá porque não é válida na forma (art. 1492 e seguintes do CC/02).

7.3. Simulação e institutos afins

A simulação distingue-se do erro, porque neste o agente, diante de uma falsa noção, se engana sozinho. A desconexão entre a vontade real e a transmitida é espontânea.

Distingue-se, também, do dolo porque neste a vítima é induzida em erro, mediante o emprego de artifício ardil e malicioso. No dolo, a vítima participa do negócio, enquanto na simulação a vítima é lesada sem participar do negócio simulado.

Difere da coação porque nesta a vítima é constrangida a praticar o negócio, enquanto na simulação há um conluio entre as partes para enganar terceiros ou burlar a lei.

Também não se confunde com o estado de perigo porque neste o agente contrai obrigação excessivamente onerosa, diante da necessidade de livrar a si, ou pessoa de sua família, de grave dano.

Distingue-se, igualmente, da lesão porque nesta a outra parte obtém uma vantagem excessiva aproveitando-se da inexperiência ou da necessidade da vítima.

8. LEGISLAÇÃO RELACIONADA AO CAPÍTULO

LIVRO III
DOS FATOS JURÍDICOS

TÍTULO I
DO NEGÓCIO JURÍDICO

CAPÍTULO I
DISPOSIÇÕES GERAIS

Art. 104. A validade do negócio jurídico requer:

I - agente capaz;

II - objeto lícito, possível, determinado ou determinável;

III - forma prescrita ou não defesa em lei.

Art. 105. A incapacidade relativa de uma das partes não pode ser invocada pela outra em benefício próprio, nem aproveita aos cointeressados capazes, salvo se, neste caso, for indivisível o objeto do direito ou da obrigação comum.

Art. 106. A impossibilidade inicial do objeto não invalida o negócio jurídico se for relativa, ou se cessar antes de realizada a condição a que ele estiver subordinado.

Art. 107. A validade da declaração de vontade não dependerá de forma especial, senão quando a lei expressamente a exigir.

Art. 108. Não dispondo a lei em contrário, a escritura pública é essencial à validade dos negócios jurídicos que visem à constituição, transferência, modificação ou renúncia de direitos reais sobre imóveis de valor superior a trinta vezes o maior salário mínimo vigente no País.

Art. 109. No negócio jurídico celebrado com a cláusula de não valer sem instrumento público, este é da substância do ato.

Art. 110. A manifestação de vontade subsiste ainda que o seu autor haja feito a reserva mental de não querer o que manifestou, salvo se dela o destinatário tinha conhecimento.

Art. 111. O silêncio importa anuência, quando as circunstâncias ou os usos o autorizarem, e não for necessária a declaração de vontade expressa.

Art. 112. Nas declarações de vontade se atenderá mais à intenção nelas consubstanciada do que ao sentido literal da linguagem.

Art. 113. Os negócios jurídicos devem ser interpretados conforme a boa-fé e os usos do lugar de sua celebração.

Art. 114. Os negócios jurídicos benéficos e a renúncia interpretam-se estritamente.

CAPÍTULO II
DA REPRESENTAÇÃO

Art. 115. Os poderes de representação conferem-se por lei ou pelo interessado.

Art. 116. A manifestação de vontade pelo representante, nos limites de seus poderes, produz efeitos em relação ao representado.

Art. 117. Salvo se o permitir a lei ou o representado, é anulável o negócio jurídico que o representante, no seu interesse ou por conta de outrem, celebrar consigo mesmo.

Parágrafo único. Para esse efeito, tem-se como celebrado pelo representante o negócio realizado por aquele em quem os poderes houverem sido substabelecidos.

Art. 118. O representante é obrigado a provar às pessoas, com quem tratar em nome do representado, a sua qualidade e a extensão de seus poderes, sob pena de, não o fazendo, responder pelos atos que a estes excederem.

Art. 119. É anulável o negócio concluído pelo representante em conflito de interesses com o representado, se tal fato era ou devia ser do conhecimento de quem com aquele tratou.

Parágrafo único. É de cento e oitenta dias, a contar da conclusão do negócio ou da cessação da incapacidade, o prazo de decadência para pleitear-se a anulação prevista neste artigo.

Art. 120. Os requisitos e os efeitos da representação legal são os estabelecidos nas normas respectivas; os da representação voluntária são os da Parte Especial deste Código.

CAPÍTULO III
DA CONDIÇÃO, DO TERMO E DO ENCARGO

Art. 121. Considera-se condição a cláusula que, derivando exclusivamente da vontade das partes, subordina o efeito do negócio jurídico a evento futuro e incerto.

Art. 122. São lícitas, em geral, todas as condições não contrárias à lei, à ordem pública ou aos bons costumes; entre as condições defesas se incluem as que privarem de todo efeito o negócio jurídico, ou o sujeitarem ao puro arbítrio de uma das partes.

Art. 123. Invalidam os negócios jurídicos que lhes são subordinados:

I - as condições física ou juridicamente impossíveis, quando suspensivas;

II - as condições ilícitas, ou de fazer coisa ilícita;

III - as condições incompreensíveis ou contraditórias.

Art. 124. Têm-se por inexistentes as condições impossíveis, quando resolutivas, e as de não fazer coisa impossível.

Art. 125. Subordinando-se a eficácia do negócio jurídico à condição suspensiva, enquanto esta se não verificar, não se terá adquirido o direito, a que ele visa.

Art. 126. Se alguém dispuser de uma coisa sob condição suspensiva, e, pendente esta, fizer quanto àquela novas disposições, estas não terão valor, realizada a condição, se com ela forem incompatíveis.

Art. 127. Se for resolutiva a condição, enquanto esta se não realizar, vigorará o negócio jurídico, podendo exercer-se desde a conclusão deste o direito por ele estabelecido.

Art. 128. Sobrevindo a condição resolutiva, extingue-se, para todos os efeitos, o direito a que ela se opõe; mas, se aposta a um negócio de execução continuada ou periódica, a sua realização, salvo disposição em contrário, não tem eficácia quanto aos atos já praticados, desde que compatíveis com a natureza da condição pendente e conforme aos ditames de boa-fé.

Art. 129. Reputa-se verificada, quanto aos efeitos jurídicos, a condição cujo implemento for maliciosamente obstado pela parte a quem desfavorecer, considerando-se, ao contrário, não verificada a condição maliciosamente levada a efeito por aquele a quem aproveita o seu implemento.

Art. 130. Ao titular do direito eventual, nos casos de condição suspensiva ou resolutiva, é permitido praticar os atos destinados a conservá-lo.

Art. 131. O termo inicial suspende o exercício, mas não a aquisição do direito.

Art. 132. Salvo disposição legal ou convencional em contrário, computam-se os prazos, excluído o dia do começo, e incluído o do vencimento.

§ 1º Se o dia do vencimento cair em feriado, considerar-se-á prorrogado o prazo até o seguinte dia útil.

§ 2º Meado considera-se, em qualquer mês, o seu décimo quinto dia.

§ 3º Os prazos de meses e anos expiram no dia de igual número do de início, ou no imediato, se faltar exata correspondência.

§ 4º Os prazos fixados por hora contar-se-ão de minuto a minuto.

Art. 133. Nos testamentos, presume-se o prazo em favor do herdeiro, e, nos contratos, em proveito do devedor, salvo, quanto a esses, se do teor do instrumento, ou das circunstâncias, resultar que se estabeleceu a benefício do credor, ou de ambos os contratantes.

Art. 134. Os negócios jurídicos entre vivos, sem prazo, são exequíveis desde logo, salvo se a execução tiver de ser feita em lugar diverso ou depender de tempo.

Art. 135. Ao termo inicial e final aplicam-se, no que couber, as disposições relativas à condição suspensiva e resolutiva.

Art. 136. O encargo não suspende a aquisição nem o exercício do direito, salvo quando expressamente imposto no negócio jurídico, pelo disponente, como condição suspensiva.

Art. 137. Considera-se não escrito o encargo ilícito ou impossível, salvo se constituir o motivo determinante da liberalidade, caso em que se invalida o negócio jurídico.

CAPÍTULO IV
DOS DEFEITOS DO NEGÓCIO JURÍDICO

Seção I
Do Erro ou Ignorância

Art. 138. São anuláveis os negócios jurídicos, quando as declarações de vontade emanarem de erro substancial que poderia ser percebido por pessoa de diligência normal, em face das circunstâncias do negócio.

Art. 139. O erro é substancial quando:

I - interessa à natureza do negócio, ao objeto principal da declaração, ou a alguma das qualidades a ele essenciais;

II - concerne à identidade ou à qualidade essencial da pessoa a quem se refira a declaração de vontade, desde que tenha influído nesta de modo relevante;

III - sendo de direito e não implicando recusa à aplicação da lei, for o motivo único ou principal do negócio jurídico.

Art. 140. O falso motivo só vicia a declaração de vontade quando expresso como razão determinante.

Art. 141. A transmissão errônea da vontade por meios interpostos é anulável nos mesmos casos em que o é a declaração direta.

Art. 142. O erro de indicação da pessoa ou da coisa, a que se referir a declaração de vontade, não viciará o negócio quando, por seu contexto e pelas circunstâncias, se puder identificar a coisa ou pessoa cogitada.

Art. 143. O erro de cálculo apenas autoriza a retificação da declaração de vontade.

Art. 144. O erro não prejudica a validade do negócio jurídico quando a pessoa, a quem a manifestação de vontade se dirige, se oferecer para executá-la na conformidade da vontade real do manifestante.

Seção II
Do Dolo

Art. 145. São os negócios jurídicos anuláveis por dolo, quando este for a sua causa.

Art. 146. O dolo acidental só obriga à satisfação das perdas e danos, e é acidental quando, a seu despeito, o negócio seria realizado, embora por outro modo.

Art. 147. Nos negócios jurídicos bilaterais, o silêncio intencional de uma das partes a respeito de fato ou qualidade que a outra parte haja ignorado, constitui omissão dolosa, provando-se que sem ela o negócio não se teria celebrado.

Art. 148. Pode também ser anulado o negócio jurídico por dolo de terceiro, se a parte a quem aproveite dele tivesse ou devesse ter conhecimento; em caso contrário, ainda que subsista o negócio jurídico, o terceiro responderá por todas as perdas e danos da parte a quem ludibriou.

Art. 149. O dolo do representante legal de uma das partes só obriga o representado a responder civilmente até a importância do proveito que teve; se, porém, o dolo for do representante convencional, o representado responderá solidariamente com ele por perdas e danos.

Art. 150. Se ambas as partes procederem com dolo, nenhuma pode alegá-lo para anular o negócio, ou reclamar indenização.

Seção III
Da Coação

Art. 151. A coação, para viciar a declaração da vontade, há de ser tal que incuta ao paciente fundado temor de dano iminente e considerável à sua pessoa, à sua família, ou aos seus bens.

Parágrafo único. Se disser respeito a pessoa não pertencente à família do paciente, o juiz, com base nas circunstâncias, decidirá se houve coação.

Art. 152. No apreciar a coação, ter-se-ão em conta o sexo, a idade, a condição, a saúde, o temperamento do paciente e todas as demais circunstâncias que possam influir na gravidade dela.

Art. 153. Não se considera coação a ameaça do exercício normal de um direito, nem o simples temor reverencial.

Art. 154. Vicia o negócio jurídico a coação exercida por terceiro, se dela tivesse ou devesse ter conhecimento a parte a que aproveite, e esta responderá solidariamente com aquele por perdas e danos.

Art. 155. Subsistirá o negócio jurídico, se a coação decorrer de terceiro, sem que a parte a que aproveite dela tivesse ou devesse ter conhecimento; mas o autor da coação responderá por todas as perdas e danos que houver causado ao coacto.

Seção IV
Do Estado de Perigo

Art. 156. Configura-se o estado de perigo quando alguém, premido da necessidade de salvar-se, ou a pessoa de sua família, de grave dano conhecido pela outra parte, assume obrigação excessivamente onerosa.

Parágrafo único. Tratando-se de pessoa não pertencente à família do declarante, o juiz decidirá segundo as circunstâncias.

Seção V
Da Lesão

Art. 157. Ocorre a lesão quando uma pessoa, sob premente necessidade, ou por inexperiência, se obriga a prestação manifestamente desproporcional ao valor da prestação oposta.

§ 1º Aprecia-se a desproporção das prestações segundo os valores vigentes ao tempo em que foi celebrado o negócio jurídico.

§ 2º Não se decretará a anulação do negócio, se for oferecido suplemento suficiente, ou se a parte favorecida concordar com a redução do proveito.

Seção VI
Da Fraude Contra Credores

Art. 158. Os negócios de transmissão gratuita de bens ou remissão de dívida, se os praticar o devedor já insolvente, ou por eles reduzido à insolvência, ainda quando o ignore, poderão ser anulados pelos credores quirografários, como lesivos dos seus direitos.

§ 1º Igual direito assiste aos credores cuja garantia se tornar insuficiente.

§ 2º Só os credores que já o eram ao tempo daqueles atos podem pleitear a anulação deles.

Art. 159. Serão igualmente anuláveis os contratos onerosos do devedor insolvente, quando a insolvência for notória, ou houver motivo para ser conhecida do outro contratante.

Art. 160. Se o adquirente dos bens do devedor insolvente ainda não tiver pago o preço e este for, aproximadamente, o corrente, desobrigar-se-á depositando-o em juízo, com a citação de todos os interessados.

Parágrafo único. Se inferior, o adquirente, para conservar os bens, poderá depositar o preço que lhes corresponda ao valor real.

Art. 161. A ação, nos casos dos arts. 158 e 159, poderá ser intentada contra o devedor insolvente, a pessoa que com ele celebrou a estipulação considerada fraudulenta, ou terceiros adquirentes que hajam procedido de má-fé.

Art. 162. O credor quirografário, que receber do devedor insolvente o pagamento da dívida ainda não vencida, ficará obrigado a repor, em proveito do acervo sobre que se tenha de efetuar o concurso de credores, aquilo que recebeu.

Art. 163. Presumem-se fraudatórias dos direitos dos outros credores as garantias de dívidas que o devedor insolvente tiver dado a algum credor.

Art. 164. Presumem-se, porém, de boa-fé e valem os negócios ordinários indispensáveis à manutenção de estabelecimento mercantil, rural, ou industrial, ou à subsistência do devedor e de sua família.

Art. 165. Anulados os negócios fraudulentos, a vantagem resultante reverterá em proveito do acervo sobre que se tenha de efetuar o concurso de credores.

Parágrafo único. Se esses negócios tinham por único objeto atribuir direitos preferenciais, mediante hipoteca, penhor ou anticrese, sua invalidade importará somente na anulação da preferência ajustada.

CAPÍTULO V
DA INVALIDADE DO NEGÓCIO JURÍDICO

Art. 166. É nulo o negócio jurídico quando:

I - celebrado por pessoa absolutamente incapaz;

II - for ilícito, impossível ou indeterminável o seu objeto;

III - o motivo determinante, comum a ambas as partes, for ilícito;

IV - não revestir a forma prescrita em lei;

V - for preterida alguma solenidade que a lei considere essencial para a sua validade;

VI - tiver por objetivo fraudar lei imperativa;

VII - a lei taxativamente o declarar nulo, ou proibir-lhe a prática, sem cominar sanção.

Art. 167. É nulo o negócio jurídico simulado, mas subsistirá o que se dissimulou, se válido for na substância e na forma.

§ 1º Haverá simulação nos negócios jurídicos quando:

I - aparentarem conferir ou transmitir direitos a pessoas diversas daquelas às quais realmente se conferem, ou transmitem;

II - contiverem declaração, confissão, condição ou cláusula não verdadeira;

III - os instrumentos particulares forem antedatados, ou pós-datados.

§ 2º Ressalvam-se os direitos de terceiros de boa-fé em face dos contraentes do negócio jurídico simulado.

Art. 168. As nulidades dos artigos antecedentes podem ser alegadas por qualquer interessado, ou pelo Ministério Público, quando lhe couber intervir.

Parágrafo único. As nulidades devem ser pronunciadas pelo juiz, quando conhecer do negócio jurídico ou dos seus efeitos e as encontrar provadas, não lhe sendo permitido supri-las, ainda que a requerimento das partes.

Art. 169. O negócio jurídico nulo não é suscetível de confirmação, nem convalesce pelo decurso do tempo.

Art. 170. Se, porém, o negócio jurídico nulo contiver os requisitos de outro, subsistirá este quando o fim a que visavam as partes permitir supor que o teriam querido, se houvessem previsto a nulidade.

Art. 171. Além dos casos expressamente declarados na lei, é anulável o negócio jurídico:

I - por incapacidade relativa do agente;

II - por vício resultante de erro, dolo, coação, estado de perigo, lesão ou fraude contra credores.

Art. 172. O negócio anulável pode ser confirmado pelas partes, salvo direito de terceiro.

Art. 173. O ato de confirmação deve conter a substância do negócio celebrado e a vontade expressa de mantê-lo.

Art. 174. É escusada a confirmação expressa, quando o negócio já foi cumprido em parte pelo devedor, ciente do vício que o inquinava.

Art. 175. A confirmação expressa, ou a execução voluntária de negócio anulável, nos termos dos arts. 172 a 174, importa a extinção de todas as ações, ou exceções, de que contra ele dispusesse o devedor.

Art. 176. Quando a anulabilidade do ato resultar da falta de autorização de terceiro, será validado se este a der posteriormente.

Art. 177. A anulabilidade não tem efeito antes de julgada por sentença, nem se pronuncia de ofício; só os interessados a podem alegar, e aproveita exclusivamente aos que a alegarem, salvo o caso de solidariedade ou indivisibilidade.

Art. 178. É de quatro anos o prazo de decadência para pleitear-se a anulação do negócio jurídico, contado:

I - no caso de coação, do dia em que ela cessar;

II - no de erro, dolo, fraude contra credores, estado de perigo ou lesão, do dia em que se realizou o negócio jurídico;

III - no de atos de incapazes, do dia em que cessar a incapacidade.

Art. 179. Quando a lei dispuser que determinado ato é anulável, sem estabelecer prazo para pleitear-se a anulação, será este de dois anos, a contar da data da conclusão do ato.

Art. 180. O menor, entre dezesseis e dezoito anos, não pode, para eximir-se de uma obrigação, invocar a sua idade se dolosamente a ocultou quando inquirido pela outra parte, ou se, no ato de obrigar-se, declarou-se maior.

Art. 181. Ninguém pode reclamar o que, por uma obrigação anulada, pagou a um incapaz, se não provar que reverteu em proveito dele a importância paga.

Art. 182. Anulado o negócio jurídico, restituir-se-ão as partes ao estado em que antes dele se achavam, e, não sendo possível restituí-las, serão indenizadas com o equivalente.

Art. 183. A invalidade do instrumento não induz a do negócio jurídico sempre que este puder provar-se por outro meio.

Art. 184. Respeitada a intenção das partes, a invalidade parcial de um negócio jurídico não o prejudicará na parte válida, se esta for separável; a invalidade da obrigação principal implica a das obrigações acessórias, mas a destas não induz a da obrigação principal.

TÍTULO II
DOS ATOS JURÍDICOS LÍCITOS

Art. 185. Aos atos jurídicos lícitos, que não sejam negócios jurídicos, aplicam-se, no que couber, as disposições do Título anterior.

TÍTULO III
DOS ATOS ILÍCITOS

Art. 186. Aquele que, por ação ou omissão voluntária, negligência ou imprudência, violar direito e causar dano a outrem, ainda que exclusivamente moral, comete ato ilícito.

Art. 187. Também comete ato ilícito o titular de um direito que, ao exercê-lo, excede manifestamente os limites impostos pelo seu fim econômico ou social, pela boa-fé ou pelos bons costumes.

Art. 188. Não constituem atos ilícitos:

I - os praticados em legítima defesa ou no exercício regular de um direito reconhecido;

II - a deterioração ou destruição da coisa alheia, ou a lesão a pessoa, a fim de remover perigo iminente.

Parágrafo único. No caso do inciso II, o ato será legítimo somente quando as circunstâncias o tornarem absolutamente necessário, não excedendo os limites do indispensável para a remoção do perigo.

Questões

Capítulo 4

01. **(Analista Judiciário - Área Judiciária - TRT 8 / 2010 / FCC)** A respeito dos defeitos do negócio jurídico, considere:

I. Erro sobre a natureza do negócio.

II. Erro sobre o objeto principal da declaração.

III. Erro sobre alguma das qualidades essenciais do objeto.

IV. Erro de cálculo.

Consideram-se substanciais os indicados APENAS em:

a) I, II e III.

b) I e III.

c) I e IV.

d) II e III.

e) II, III e IV.

COMENTÁRIOS

Nota do autor: a questão aborda os erros substanciais. Vale lembrar que são anuláveis os negócios jurídicos, quando as declarações de vontade emanarem de erro substancial que poderia ser notado por um homem comum, em face das circunstâncias do negócio (art. 138 do Código Civil).

Alternativa correta: "a".

Item I - correto: o erro sobre a natureza do negócio, que é aquele que incide sobre a própria essência ou substância do negócio, é um erro substancial (art. 139, I do Código Civil).

Item II - correto: o erro sobre o objeto principal da declaração, que é aquele que recai sobre a identidade do objeto principal do negócio jurídico, é um erro substancial (art. 139, I do Código Civil).

Item III - correto: o erro sobre alguma das qualidades essenciais do objeto, que é aquele que incide sobre as características essenciais do objeto do negócio, é um erro substancial (art. 139, I do Código Civil).

Item IV - errado: o erro de cálculo somente autoriza a retificação da declaração de vontade (art. 143 do Código Civil), mas não é capaz de viciar o consentimento do sujeito. Por isso, não é considerado um erro substancial.

02. **(Analista Judiciário - Área Judiciária - TRT 11 / 2012 / FCC)** Em um negócio jurídico uma parte pensa que a outra parte está doando um bem quando na verdade o bem está sendo oferecido à venda. Neste caso, ocorreu

a) *error in negotio* tratando-se de erro substancial que poderá anular o negócio jurídico.
b) *error in corpore* tratando-se de erro substancial que poderá anular o negócio jurídico.
c) erro acidental que não anula o negócio jurídico, devendo as partes adequá-los à situação real.
d) erro acidental que anula o negócio jurídico, não cabendo perdas e danos à parte prejudicada.
e) *error juris* tratando de erro substancial que poderá anular o negócio jurídico.

COMENTÁRIOS

Nota do autor: a questão trata dos erros substanciais, que são aqueles que viciam a vontade e tornam anulável o negócio jurídico (art. 138 do Código Civil). As hipóteses de erro substancial estão previstas no art. 139 do Código Civil.

Alternativa "a" – correta: o *error in negotio* é uma das hipóteses de erro substancial e recai sobre a natureza do ato negocial (art. 139, I do Código Civil). Na situação do enunciado, uma parte oferece um bem à venda e a outra parte pensa que está sendo feita uma doação, ou seja, houve um erro quanto à natureza do negócio. E tratando-se de erro substancial, o negócio jurídico poderá ser anulado (art. 138 do Código Civil).

Alternativa "b" – errada: o *error in corpore* atinge a identidade ou as qualidades essenciais do objeto principal do negócio e é uma das espécies de erro substancial (art. 139, I do Código Civil). Neste caso, não ocorreu erro quanto ao objeto, mas sim em relação à natureza do negócio.

Alternativa "c" – errada: o erro acidental é aquele concernente às qualidades secundárias ou acessórias da pessoa ou da coisa a que se referir a declaração de vontade (art. 142 do Código Civil). Na situação da questão, não houve erro acidental, mas sim quanto à natureza do negócio.

Alternativa "d" – errada: o erro acidental não anula o negócio jurídico por não incidir sobre a declaração de vontade. Isso porque, pelo contexto e circunstâncias, é possível identificar a pessoa ou coisa cogitada (art. 142 do Código Civil).

Alternativa "e" – errada: o *error juris* é aquele referente à existência de uma norma jurídica e também é uma das espécies de erro substancial (art. 139, III do Código Civil). O agente emite uma declaração de vontade no pressuposto falso de que procede em conformidade com a lei. Contudo, o erro de direito somente é considerado substancial quando, não implicando recusa à aplicação da lei, tenha sido o principal ou o único motivo da realização do ato negocial. Nesta hipótese, não ocorreu erro de direito, mas sim em relação à natureza do negócio.

03. (Analista Judiciário – Área Judiciária – TRT 14 / 2011 / FCC) A respeito dos defeitos dos negócios jurídicos, é correto afirmar:

a) Se ambas as partes procederem com dolo, qualquer delas poderá alegá-lo para anular o negócio, ou reclamar indenização.
b) O falso motivo só vicia a declaração de vontade quando expresso como razão determinante.

c) Considera-se coação a ameaça do exercício normal de um direito, bem como o simples temor reverencial.

d) Não se presumem fraudatórias dos direitos dos outros credores as garantias de dívidas que o devedor insolvente tiver dado a algum credor.

e) Se uma pessoa, por inexperiência, se obriga a prestação manifestamente desproporcional ao valor da prestação oposta, o negócio será anulado inclusive se a parte favorecida concordar com a redução do proveito.

COMENTÁRIOS

Alternativa "b" - correta: a alternativa é a transcrição literal do art. 140 do Código Civil. O erro em relação ao motivo do negócio, que é a razão subjetiva do ato negocial, não é considerado essencial e, por isso, não pode acarretar a anulação do negócio jurídico. Só haverá anulação quando a parte manifestar que o motivo é a razão determinante para a realização do ato.

Alternativa "a" - errada: se ambas as partes agirem com dolo, nenhuma delas pode alegá-lo para anular o negócio, ou reclamar indenização (art. 150 do Código Civil). Isso porque a ninguém é lícito beneficiar-se da própria torpeza.

Alternativa "c" - errada: a ameaça do exercício normal de um direito e o simples temor reverencial não são considerados como coação (art. 153 do Código Civil).

Alternativa "d" - errada: são presumidas como fraudatórias dos direitos dos outros credores as garantias de dívidas que o devedor insolvente tiver dado a algum credor (art. 163 do Código Civil). Esse é um caso de presunção absoluta.

Alternativa "e" - errada: se uma pessoa, sob premente necessidade ou por inexperiência, se obriga a prestação manifestamente desproporcional ao valor da prestação oposta, ocorre a lesão, que é um dos defeitos do negócio jurídico (art. 157, *caput* do Código Civil). Verificada a lesão, o negócio será anulado. Porém, não será decretada a anulação do negócio se for oferecido suplemento suficiente, ou se a parte favorecida concordar com a redução do proveito (art. 157, § 2º do Código Civil).

04. **(Analista Judiciário - Área Judiciária - TRT 20 / 2011 / FCC)** Tício vendeu uma coleção de livros jurídicos a Cícero, sendo que, três meses depois, o comprador descobriu que um dos livros apresentava defeito oculto e estava em branco. Nesse caso, Cícero

a) não poderá rejeitar a coleção porque já foi ultrapassado o prazo máximo de trinta dias da data da celebração do contrato.

b) poderá rejeitar a coleção e reclamar abatimento no preço.

c) só poderá rejeitar a coleção se o alienante conhecia o vício e não avisou o comprador no ato da venda.

d) não poderá rejeitar a coleção, porque o defeito oculto de uma das coisas vendidas em conjunto não autoriza a rejeição de todas.

e) poderá rejeitar a coleção e pleitear indenização por perdas e danos.

COMENTÁRIOS

Nota do autor: vale salientar que o defeito que o enunciado descreve é um vício redibitório, que é um defeito oculto em coisa recebida em virtude de contrato comutativo, que a torna imprópria ao uso a que se destina, ou lhe diminui o valor (art. 441, *caput* do Código Civil).

Alternativa "d" - correta: quando as coisas são vendidas conjuntamente, o defeito oculto de uma delas não permite a rejeição de todas (art. 503 do Código Civil).

Alternativa "a" - errada: o prazo decadencial para obter a redibição ou abatimento no preço é contado da entrega efetiva e não da data da celebração do contrato (art. 445, *caput* do Código Civil).

Alternativa "b" - errada: ele não poderá rejeitar a coleção, como já explicado (art. 503 do Código Civil). Ele poderia reclamar o abatimento no preço no prazo de trinta dias, contado da entrega efetiva (art. 445, *caput* do Código Civil).

Alternativa "c" - errada: para que uma coisa possa ser rejeitada por vício redibitório, não importa se o alienante conhecia ou não o vício (art. 443 do Código Civil).

Alternativa "e" - errada: ele não poderá rejeitar a coleção, como já explicado (art. 503 do Código Civil). Lembrando que a indenização por perdas e danos só pode ser pleiteada se o alienante conhecia o vício (art. 443 do Código Civil).

05. **(Analista Judiciário - Execução de Mandados - TRF 1ª região / 2006 / FCC)** Considere as seguintes assertivas relacionadas aos defeitos do negócio jurídico:

I. A transmissão errônea da vontade por meios interpostos é anulável nos mesmos casos em que o é a declaração direta.

II. Vicia o negócio jurídico a coação exercida por terceiro, se dela tivesse ou devesse ter conhecimento a parte a que aproveite, e esta responderá solidariamente com aquele por perdas e danos.

III. Quando uma pessoa, por inexperiência, se obriga a prestação manifestamente desproporcional ao valor da prestação oposta configura-se estado de perigo.

IV. O falso motivo só vicia a declaração de vontade quando expresso como razão determinante.

Em conformidade com o Código Civil brasileiro, está correto o que se afirma SOMENTE em

a) I, e III.

b) II e IV.

c) I, II e III.

d) I, II e IV.

e) II, III e IV.

COMENTÁRIOS

Alternativa correta: "d".

Item I – correto: o item é a transcrição literal do art. 141 do Código Civil. Se alguém utilizar algum meio interposto, como, por exemplo, o telefone ou a internet, para transmitir uma declaração de vontade e esse meio a transmitir com incorreções, poder-se-á alegar erro nas mesmas condições em que a manifestação da vontade é realizada diretamente.

Item II – correto: o item é a transcrição literal do art. 154 do Código Civil. A coação exercida por terceiro vicia o negócio jurídico, levando à sua anulabilidade, quando essa coação é ou tivesse de ser conhecida pela parte a quem aproveitar, sendo que, neste caso, esta responderá solidariamente com o coator pelas perdas e danos.

Item III – errado: quando uma pessoa, sob premente necessidade, ou por inexperiência, se obriga a prestação manifestamente desproporcional ao valor da prestação oposta configura-se lesão (art. 157, *caput* do Código Civil). Ocorre o estado de perigo quando uma pessoa assume obrigação excessivamente onerosa premida da necessidade de salvar-se, ou a pessoa de sua família, de grave dano conhecido pela outra parte (art. 156, *caput* do Código Civil).

Item IV – correto: o item é a transcrição literal do art. 140 do Código Civil. O erro em relação ao motivo do negócio, que é a razão subjetiva do ato negocial, não é considerado essencial e, por isso, não pode acarretar a anulação do negócio jurídico. Só haverá anulação quando a parte manifestar que o motivo é a razão determinante para a realização do ato.

06. (FGV – XXI Exame Unificado - 2016) Ronaldo tem um crédito de R$ 20.000,00 com Celso. O referido crédito foi proveniente de contrato de mútuo celebrado entre as partes, subscrito por duas testemunhas. Apesar do vencimento da obrigação, Celso não cumpre o avençado.

Ronaldo propõe ação de execução para o adimplemento da obrigação, restando evidenciado que Celso efetivamente doou seus dois únicos bens (automóveis) para Jorge antes da propositura da ação.

De acordo com as informações constantes no caso, responda aos itens a seguir.

A) É possível identificar algum vício na doação dos bens (automóveis)? (Valor: 0,60)

B) Indique o instrumento processual do qual Ronaldo pode se valer para permitir que os bens doados possam ser expropriados na execução proposta. Fundamente a resposta com os dispositivos legais pertinentes. (Valor: 0,65)

▶ **Obs.:** o(a) examinando(a) deve fundamentar as respostas. A mera citação do dispositivo legal não confere pontuação.

COMENTÁRIOS

A) O caso em análise configura caso clássico de fraude contra credores, que configura vício social capaz de impor a anulabilidade do negócio entabulado. Nosso ordenamento consagra o princípio da responsabilidade patrimonial do devedor, de forma que há a garantia genérica de que, ressalvadas as exceções legais, todo o patrimônio do devedor responde pelo pagamento de suas dívidas (art. 789 do CPC).

O Código Civil disciplina a fraude contra nos arts. 158 e seguintes, sendo relevante para a questão a descrição do caput do art. 158, que assim dispõe:

> **Art. 158.** Os negócios de transmissão gratuita de bens ou remissão de dívida, se os praticar o devedor já insolvente, ou por eles reduzido à insolvência, ainda quando o ignore, poderão ser anulados pelos credores quirografários, como lesivos dos seus direitos.

Pela análise do referido texto de lei e do enunciado da questão, resta evidente que houve "negócio de transmissão gratuita de bens", eis que Celso doou os automóveis a Jorge, o que é suficiente para a caracterização da fraude contra credores.

Dentre os atos de transmissão gratuita de bens mais comuns podem ser citados: a) doações; b) renúncia de herança e de usufruto; c) aval e fiança e d) promessa de doação.

B) A ação pauliana, também chamada de revocatória, é a ação judicial que visa anular o negócio praticado em fraude contra credores, fazendo com que o bem retorne ao patrimônio do devedor e possa servir de garantia para pagamento dos credores.

A legitimação ativa para a propositura da ação pauliana é conferida:

A) Aos credores quirografários: como dito, credor quirografário é o credor sem garantia especial, cuja satisfação do crédito está sujeita apenas à garantia genérica do patrimônio do devedor (art. 158, §2º CC/02). Em princípio, os credores com garantias especiais, como, por exemplo, o credor hipotecário e o pignoratício, não têm legitimidade para ingressar com a ação pauliana, porque seus créditos estão garantidos pelos bens dados em hipoteca e penhor, respectivamente. O art. 158 §1º do CC/02 garante legitimidade ativa aos credores privilegiados quando a garantia se tornar insuficiente;

B) Aos credores que já o eram ao tempo da alienação fraudulenta: como dito, também, só tem legitimidade para pleitear a anulação os credores que já tinham essa qualidade quando o negócio fraudulento foi praticado. Os credores que contratam posteriormente já o fizeram com o devedor insolvente, de forma que nada podem reclamar.

A ação pauliana deve ser proposta contra os signatários do negócio fraudulento, ou seja, contra o devedor insolvente e o terceiro adquirente (art. 161 do CC). A doutrina é unânime em indicar que ocorre, nesse caso, um litisconsórcio passivo necessário entre o devedor insolvente e o terceiro adquirente, de forma que, caso o credor não os inclua no polo passivo, deverá o juiz determinar que emende a inicial no prazo assinalado (artigos 114 e 115 do CPC).

CAPÍTULO 5

DA PRESCRIÇÃO E DA DECADÊNCIA

1. INTRODUÇÃO

O direito surge para trazer ordem, equilíbrio e paz para a sociedade.

Por tal razão, há vários institutos jurídicos criados e adotados para trazer segurança e estabilidade às relações sociais, como, por exemplo, o da coisa julgada e do ato jurídico perfeito.

Assim também o são a prescrição e a decadência, que visam impedir que as relações jurídicas se perpetuem no tempo.

O tempo, então, passa a ser o personagem principal da prescrição e da decadência, eis que, por meio dele, direitos são adquiridos e extintos.

O ordenamento jurídico estabelece prazos para que o titular do direito os exerça. Permanecendo inerte, perderá a faculdade de fazê-lo. Com isso, evita-se a conservação de intermináveis recibos de pagamento, pois ao devedor bastará guardar os recibos durante o prazo determinado pela lei para que o credor reclame o crédito.

Se, por um lado, a prescrição tem o objetivo impedir a perpetuação das relações jurídicas, por outro, tem o fim de punir o credor letárgico, que não buscou a satisfação de seu direito no prazo estabelecido pela lei.

O novel Código, norteado pelo princípio da operabilidade, encerrou o grande embate que havia entre prescrição e decadência no Código de 1916.

Assim, os prazos prescricionais são, exclusivamente, os disciplinados nos arts. 205 (regra geral) e 206 (regras especiais). Os demais prazos constantes do Código são todos decadenciais, como, por exemplo, os constantes dos arts. 1.302 e 513, parágrafo único, ambos do CC/02.

Flávio Tartuce, citando Agnelo Amorim Filho, traz importantes considerações sobre a natureza das ações e suas relações com a prescrição e decadência.

Segundo estes juristas, as ações de natureza condenatória, que, portanto, estão ligadas à satisfação de interesses subjetivos, estão sujeitas à prescrição.

Nos dizeres de Flávio Tartuce, "a prescrição mantém relação com deveres, obrigações e com a responsabilidade decorrente da inobservância das regras ditadas pelas partes ou pela ordem jurídica"[1].

---

1. *Direito Civil*. Vol. 1, 9ª ed. São Paulo: Método, 2013, p. 430.

As ações de natureza constitutiva (positivas ou negativas), como, por exemplo, as ações anulatórias, bem como os direitos potestativos, estão associados à decadência.

Segundo Flávio Tartuce, "a decadência, portanto, tem relação com um estado de sujeição, próprio dos direitos potestativos. Didaticamente, é certo que o direito potestativo, por se contrapor a um estado de sujeição, é aquele que *encurrala a outra parte, que não tem saída*"[2].

Finalmente, as ações declaratórias, como as que visam à decretação de nulidade absoluta de um negócio jurídico ou a declaração de existência de relação jurídica, são imprescritíveis.

Esse foi, inclusive, o entendimento do E. TRT da 15ª Região nos autos do Recurso Ordinário 01923-2008-054-15-00-4, de relatoria do E. Francisco Alberto da Motta Peixoto Giordani, que, nas razões de decidir, esclareceu:

> "(...)
>
> Conforme item 4 da fl. 5, verifico ter o reclamante formulado o seguinte pedido: "trabalhou para o reclamado sem que este efetuasse o respectivo registro do contrato de trabalho em sua CTPS, contrariando expressamente, o disposto no artigo 29 da CLT, assim há de ser compelido em proceder ao respectivo registro do período trabalhado...". **Este pedido contém típica pretensão de natureza declaratória – que é imprescritível –, não havendo falar em incidência do art. 7º, inciso XXIX, da Constituição da República.** Desta forma, desde já afasto a prescrição total pronunciada pela Origem, em relação à pretensão declaratória.
>
> (...)
>
> Por esses fundamentos, **correta a sentença que pronunciou a prescrição extintiva** prevista no inciso XXIX do art. 7º da Constituição da República, **com relação aos consectários legais**, uma vez que a presente ação foi ajuizada somente em 07/10/2008, quando decorridos mais de dois anos da prestação de serviços
>
> Sendo assim, dou provimento parcial ao recurso do reclamante para **afastar a prescrição total da pretensão declaratória** e reconhecer o vínculo de emprego havido entre as partes no período de 15/12/2003 a 20/08/2005, tornando a ação procedente em parte, nos termos da fundamentação."

Isto posto, analisaremos os temas em suas particularidades.

2. DA PRESCRIÇÃO

2.1. Conceito e requisitos

Como dito, o tempo é um fator determinante na extinção e aquisição de direitos.

2. *Direito Civil*. Vol. 1, 9ª ed. São Paulo: Método, 2013, p. 430.

Por isso, nosso ordenamento contempla a prescrição extintiva, disciplinada na parte geral do Código Civil, e a prescrição aquisitiva, que é a usucapião, regulada na parte especial, no livro do Direito das Coisas.

No presente momento, somente a prescrição extintiva será objeto de estudo.

Segundo o art. 189 do Código Civil, "violado o direito, nasce para o titular a pretensão, a qual se extingue, pela prescrição, nos prazos a que aludem os arts. 205 e 206".

O art. 189 é de suma importância porque traz três orientações precípuas.

A primeira é que a prescrição extingue a *pretensão*, estando, portanto, superada a ideia consagrada no Código Civil de 1916 de que a prescrição ocasionava a perda do direito de ação.

Observe que o art. 189 em momento algum utiliza a palavra ação. Esta ganhou autonomia própria e é regulada pelo direito processual, que é ramo do direito público. O direito de ação é, portanto, um direito público subjetivo abstrato.

O ilustre Humberto Theodoro Júnior nos ensina que "pretensão, portanto, é algo novo no mundo jurídico, algo que não corresponde a todo e qualquer direito, mas apenas àqueles que proporcionam ao titular o poder de, em determinado momento, exigir uma prestação de outrem"[3].

Não obstante o direito subjetivo propriamente dito permanecer intacto, este não encontra proteção jurídica, diante da extinção da pretensão.

O segundo ponto do art. 189 é que o início do prazo prescricional se dá com a violação do direito. Assim, para o recebimento de uma dívida a prazo, o prazo prescricional se iniciará com o vencimento; nas situações de ato ilícito, o prazo terá início quando do evento danoso.

O terceiro, que já foi dito no tópico anterior, é que o art. 189 diz expressamente que os prazos de prescrição são os indicados nos arts. 205 e 206 do Código Civil.

Para que a prescrição se configure é necessária a existência cumulativa dos seguintes requisitos:

a) A existência de um direito material a ser exigível por meio de ação ou omissão do devedor;

b) A violação desse direito, que faz com que surja a pretensão;

c) A inércia do titular;

d) O decurso do prazo fixado na lei.

3. *Comentários ao Novo Código Civil*. Vol. III, tomo II, 4ª ed. Rio de Janeiro: Forense, 2008, p. 161.

2.2. Pretensões imprescritíveis

Até o momento, é fácil compreender que nosso ordenamento confere um prazo para que o titular do direito o exerça. Permanecendo inerte, não poderá mais fazê-lo.

Entretanto, há algumas pretensões que são imprescritíveis. Por isso se fala que a prescritibilidade é a regra e a imprescritibilidade a exceção.

São imprescritíveis, portanto, as seguintes pretensões:

a) As relativas ao estado das pessoas, como, por exemplo, o estado de filiação. Logo, a ação de investigação de paternidade não prescreve;

b) As relacionadas aos direitos potestativos, pois, nesse caso, não existe direito violado. Não prescreve, portanto, a ação de extinção de condomínio;

c) As relativas a bens públicos;

d) As que visam anular a inscrição do nome empresarial feita com violação da lei ou do contrato (art. 1.167 CC/02);

e) As que buscam o ressarcimento do erário por danos decorrentes de improbidade administrativa (art. 37, §5º, CF).

Em princípio, a alegação de prescrição é suscitada na contestação, que é a primeira oportunidade de manifestação do réu. O correto é que a alegação de prescrição seja feita como **preliminar de mérito** e não como preliminar processual.

A principal diferença é que a preliminar processual impede o conhecimento do mérito, mas permite que a ação seja novamente proposta para que, uma vez sanado o vício, o mérito seja novamente apreciado. Isso é possível porque o processo será extinto sem resolução de mérito. É o caso, por exemplo, da ausência de legitimidade ou de interesse processual, bem como das hipóteses elencadas pelo art. 485 do CPC/15.

A preliminar de mérito, contudo impede que o mérito seja apreciado, mas, por sua vez, impede que a ação seja novamente proposta para análise do mérito, porque, nesse caso, o processo será extinto com resolução de mérito. É o que ocorre quando as alegações de decadência ou prescrição são acolhidas. O reconhecimento de uma delas impedirá que o mérito seja conhecido e impedirá nova discussão futura, eis que a extinção do processo ocorrerá com resolução de mérito, como preceitua o art. 487, II do CPC/15.

2.3. Prescrição e institutos afins

Há outros institutos jurídicos que também são influenciados pelo decurso do tempo e, por tal razão, são, comumente, confundidos com a prescrição.

São eles a preclusão, a perempção e a decadência.

Carlos Roberto Gonçalves ensina que "a preclusão consiste na perda de uma faculdade processual, por não ter sido exercida no momento próprio. Impede que se renovem as questões já decididas, dentro da mesma ação. Só produz efeitos dentro do próprio processo em que advém"[4].

A preclusão ocorre, por exemplo, com as nulidades relativas, que, não alegadas na primeira oportunidade, convalidam-se, dando a matéria por superada.

A perempção está prevista no art. 486, §3º, do novo CPC e ocorre quando o autor, ao litigar contra o mesmo réu, der causa a três arquivamentos sucessivos. Nesse caso, o autor não poderá mover a quarta ação.

É importante destacar que a perempção não coloca fim ao direito material, que poderá ser invocado, agora, apenas como matéria de defesa.

A decadência será vista adiante em tópico próprio.

2.4. Disposições legais sobre a prescrição

Já vimos que o início do prazo prescricional ocorre com a violação ao direito, nos termos do art. 189 do CC/02.

Vimos, também, que nosso ordenamento estabelece um prazo para o titular do direito exercê-lo. Eis que, segundo o art. 190, "a exceção prescreve no mesmo prazo em que a pretensão".

Isso significa que havendo a prescrição da pretensão, o que deixará o direito subjetivo sem proteção jurídica, prescreverá, igualmente, a exceção, que visa à arguição de matéria de defesa.

Assim, a prescrição fulmina não somente a pretensão, mas também a matéria que poderia ser usada como defesa.

Se assim não fosse, nosso ordenamento consagraria a prescrição da pretensão, mas, por outro lado, permitiria que o direito com pretensão prescrita pudesse ser utilizado perpetuamente como defesa.

Assim, o réu que pretenda alegar compensação, porque titular de um crédito contra o autor, somente poderá fazê-lo se ainda não tiver decorrido o prazo prescricional para a cobrança da dívida.

O art. 192 estabelece que "os prazos de prescrição não podem ser alterados por acordo das partes". Com o novel código, não há mais dúvida quanto à impossibilidade de alteração do prazo prescricional por conveniência das partes.

O referido texto é claro ao impedir isso, porque configuraria renúncia à prescrição. Dessa forma, os prazos prescricionais somente podem ser alterados por lei superveniente.

---

4. *Direito Civil I*. 3ª ed. São Paulo: Saraiva, 2011, p. 517.

Dispõe o art. 193 que "a prescrição pode ser alegada em qualquer grau de jurisdição, pela parte a quem aproveita".

Esse dispositivo traz duas informações importantes.

A primeira é que a prescrição pode ser alegada em qualquer fase do processo de conhecimento, seja em primeira ou em segunda instância. A alegação da prescrição, em regra, não está sujeita à preclusão, não importando se o réu deixou de suscitá-la na contestação, que configura a primeira oportunidade de manifestação.

O mesmo jurista[5] ainda leciona que a alegação de prescrição é, igualmente, inadmissível nos tribunais superiores, se não fora suscitada nas instâncias anteriores. Isso se dá em razão do prequestionamento da matéria exigido para a admissibilidade dos Recursos Especial e Extraordinário. Esse entendimento é compartilhado pelos ilustres Nelson Nery Júnior e Rosa Maria de Andrade Nery[6].

A segunda questão importante do art. 193 é a parte final, que diz que a prescrição pode ser alegada "pela parte a quem aproveita". Isso indica que a alegação da prescrição não é faculdade atribuída somente ao prescribente, mas a qualquer pessoa que tenha interesse econômico em ficar livre da obrigação, como, por exemplo, credores do prescribente insolvente.

Inicialmente, o juiz não podia conhecer, de ofício, a prescrição, pelo quanto preconizado pelo art. 194 do CC/02.

Tal dispositivo foi revogado pelo art. 11 da Lei 11.280/06, que também introduziu o §5º ao art. 219 do CPC/73 (art., 487, II do novo CPC), tornando obrigatório ao juiz conhecer a prescrição de ofício. É salutar, contudo, que o juiz, antes do pronunciamento, ouça o autor para que este possa demonstrar a ocorrência de causas impeditivas ou suspensivas da prescrição, se for o caso (art. 487, parágrafo único do CPC/15).

Segundo o art. 195, "os relativamente incapazes e as pessoas jurídicas têm ação contra os seus assistentes ou representantes legais, que derem causa à prescrição, ou não a alegarem oportunamente".

Trata-se de um dispositivo que visa proteger os incapazes e as pessoas jurídicas em geral, garantindo a estes o ressarcimento dos prejuízos que obtiverem pela inércia dos tutores ou administradores, ou seja, pelas pessoas que conduzem seus negócios. Tal dispositivo representa uma extensão do art. 186 do CC/02.

Cumpre observar que o art. 195 não se aplica aos absolutamente incapazes, uma vez que contra estes não corre a prescrição (art. 198, I CC/02).

Finalmente, "a prescrição iniciada contra uma pessoa continua a correr contra o seu sucessor", conforme art. 196. Os sucessores do *de cujus*, dessa forma, terão

---

5. *Direito Civil I*. 3ª ed. São Paulo: Saraiva, 2011, p. 521.
6. Comentários ao Código de Processo Civil, São Paulo, Editora Revista dos Tribunais, 2015, p. 912.

apenas o prazo restante para exercer a pretensão, caso o prazo tenha se iniciado com o autor da herança. Nesse caso, não há interrupção do prazo com a morte do titular.

2.5. Das causas que impedem ou suspendem a prescrição

As causas impeditivas são aquelas que não permitem que o prazo prescricional comece a correr.

As causas suspensivas são aquelas que têm o condão de "paralisar" o prazo prescricional, mas, cessados seus efeitos, o prazo prescricional voltará a fluir computando-se o período anteriormente decorrido.

A justificativa para o impedimento ou suspensão da prescrição está no fato de que algumas pessoas, dada à condição ou situação, estão impedidas de agir.

O Código Civil trata as causas impeditivas e suspensivas na mesma seção, porque a mesma causa ora pode ser impeditiva, ora pode ser suspensiva. Tudo depende, afinal, do momento em que ocorrer.

Segundo o art. 197, "não corre a prescrição:

> **I** - entre os cônjuges, na constância da sociedade conjugal;
>
> **II** - entre ascendentes e descendentes, durante o poder familiar;
>
> **III** - entre tutelados ou curatelados e seus tutores ou curadores, durante a tutela ou curatela".

A razão legal do texto é evidente e se fundamenta na confiança e na afeição entre as pessoas. Permitir que, nesses casos, o prazo prescricional seguisse seu curso regular seria "incentivar" que as pessoas elencadas no art. 197 litigassem umas contra as outras, o que traria consequências nefastas para os relacionamentos.

É importante destacar, também, que esse rol é taxativo, não admitindo interpretação extensiva.

Como dito há pouco, as causas previstas no art. 197 podem ser impeditivas ou suspensivas, de acordo com o momento. Para ilustrar, o ilustre Carlos Roberto Gonçalves[7] exemplifica a questão com a previsão da sociedade conjugal. Dessa forma, "se o prazo ainda não começou a fluir, a causa ou obstáculo (no caso, a constância da sociedade conjugal) impede que comece. Se, entretanto, o obstáculo (casamento) surge após o prazo ter se iniciado, dá-se a suspensão."

Há consenso na doutrina no sentido de que a expressão "sociedade conjugal" constante do art. 197, I do CC/02, abrange não só o casamento, mas também a união estável.

Dispõe o art. 198 que "também não corre a prescrição:

7. *Direito Civil I*. 3ª ed. São Paulo: Saraiva, 2011, p. 523.

> **I** – contra os incapazes de que trata o art. 3º;
>
> **II** – contra os ausentes do País em serviço público da União, dos Estados ou dos Municípios;
>
> **III** – contra os que se acharem servindo nas Forças Armadas, em tempo de guerra".

O inciso I diz expressamente que a prescrição não corre contra os absolutamente incapazes. Dessa forma, não serão prejudicados por não terem exercido o direito no prazo estabelecido pela legislação. Contra eles, a prescrição somente terá início quando completarem 16 anos, ocasião em que passarão a ser relativamente incapazes. Embora não possam ser prejudicados pela prescrição, os absolutamente incapazes podem ser beneficiados por ela, sendo-lhes lícito alegá-la em matéria de defesa quando acionados.

A prescrição também não corre contra os que estejam ausentes do país em serviço público da União, dos Estados e dos Municípios. A lei não especifica qual a espécie de serviço público, mas podem ser citados: a) os representantes diplomáticos brasileiros; b) os agentes consulares brasileiros; e c) os militares brasileiros. É importante destacar que o serviço público dessas pessoas deve ser realizado no estrangeiro (ausentes do país) para que possa se beneficiar dos dispostos nos incisos II e III do art. 198 CC/02.

O art. 199 ainda estabelece que "não corre igualmente a prescrição:

> **I** – pendendo condição suspensiva;
>
> **II** – não estando vencido o prazo;
>
> **III** – pendendo ação de evicção".

Nas hipóteses dos incisos I e II o direito ainda não é exigível, de forma que não se pode falar em prescrição.

No caso do inciso III, a prescrição ficará suspensa até o deslinde da ação de evicção, pois somente com o desfecho final desta é que ocorrerá a violação ao direito, que fará nascer a pretensão.

A prescrição também não terá início quando a ação se originar de fato que deva ser apurado no juízo criminal. Nesse caso, o início do lapso prescricional se dará após a sentença definitiva (art. 200 CC/02).

Finalmente, o art. 201 estabelece que "suspensa a prescrição em favor de um dos credores solidários, só aproveitam os outros se a obrigação for indivisível".

O exemplo de Carlos Roberto Gonçalves é esclarecedor. "Assim, existindo três credores contra devedor comum, de importância em dinheiro, sendo um dos credores absolutamente incapaz, por exemplo, a prescrição correrá contra os demais credores, pois a obrigação de efetuar pagamento em dinheiro é divisível, ficando suspensa somente em relação ao menor, se se tratasse, porém, de obrigação indivisível (de entregar um animal, p. ex.). A prescrição somente começaria a fluir, para todos, quando o incapaz completasse 16 anos. Sendo o direito indivisível, a suspensão aproveita a todos os credores".[8]

CAUSAS SUSPENSIVAS

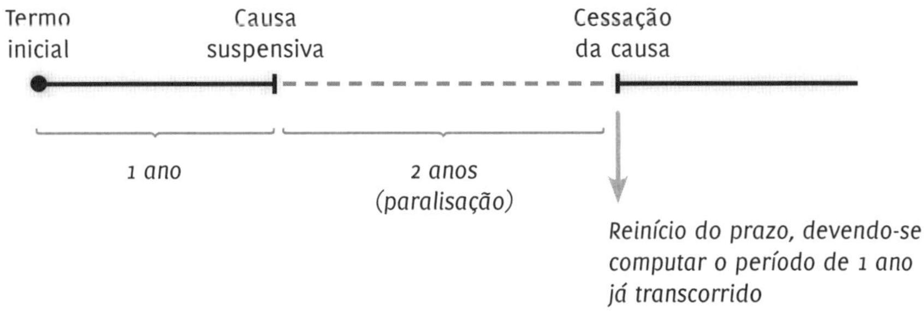

2.6. Das causas que interrompem a prescrição

Enquanto as causas impeditivas ou suspensivas visam proteger algumas pessoas, que não estão aptas a se defenderem adequadamente, as causas interruptivas decorrem de um comportamento do credor, que busca a satisfação de seu direito.

A interrupção da prescrição é disciplinada pelo art. 202, que assim estabelece:

> **Art. 202.** A interrupção da prescrição, que somente poderá ocorrer uma vez, dar-se-á:
>
> **I** - por despacho do juiz, mesmo incompetente, que ordenar a citação, se o interessado a promover no prazo e na forma da lei processual;
>
> **II** - por protesto, nas condições do inciso antecedente;
>
> **III** - por protesto cambial;
>
> **IV** - pela apresentação do título de crédito em juízo de inventário ou em concurso de credores;
>
> **V** - por qualquer ato judicial que constitua em mora o devedor;
>
> **VI** - por qualquer ato inequívoco, ainda que extrajudicial, que importe reconhecimento do direito pelo devedor.
>
> **Parágrafo único.** A prescrição interrompida recomeça a correr da data do ato que a interrompeu, ou do último ato do processo para a interromper.

O citado dispositivo é de suma importância e traz duas relevantes questões acerca da interrupção da prescrição.

---

8. *Direito Civil I.* 3ª ed. São Paulo: Saraiva, 2011, p. 526.

A primeira delas é que a interrupção da prescrição pode ocorrer apenas uma vez (art. 202, *caput*, CC/02). Dessa forma, não se admite mais que o credor promova inúmeras interrupções do prazo prescricional.

A segunda é que as causas interruptivas fazem com que, cessados seus efeitos, o lapso prescricional recomece por inteiro, não se computando o período decorrido anteriormente (art. 202, parágrafo único, CC/02).

O inciso I estabelece que a prescrição é interrompida "por despacho do juiz, mesmo incompetente, que ordenar a citação, se o interessado a promover no prazo e na forma da lei processual".

Na realidade, a interrupção da prescrição se dá através da citação, que consiste na interpelação máxima que o ordenamento jurídico coloca à disposição do credor. No entanto, o Código Civil assume como efeito interruptivo o simples despacho que ordena a citação. O que ocorre é que, segundo a disciplina do Código Civil, a prescrição é interrompida com a citação, cujos efeitos retroagem à data do despacho citatório.

Semelhante dispositivo é encontrado no art. 174, I do Código Tributário Nacional, que também estabelece que o despacho que ordena a citação interrompe o prazo prescricional nas ações de execução fiscal.

A prescrição também é interrompida pelo "protesto, nas condições do inciso antecedente" (art. 202, II). Trata-se do protesto judicial disciplinado pelo art. 726 do novo CPC, ainda que ordenado por juiz incompetente, e que não se confunde com o protesto cambial, que também é causa interruptiva e está indicado no inciso III do art. 202, porque demonstra que o titular do direito não está dormente.

A habilitação do credor no processo de inventário, falência ou insolvência civil, também interrompe a prescrição, porque demonstra um comportamento inequívoco do credor na obtenção de seu direito (art. 202, IV).

A prescrição também é interrompida por "qualquer ato judicial que constitua em mora o devedor" (art. 202, V). Trata-se de uma disposição abrangente, que comporta qualquer manifestação judicial do credor, como, por exemplo, medidas cautelares, interpelações e notificações.

O inciso VI é a única hipótese em que a interrupção da prescrição é proveniente de uma conduta do devedor, que reconhece o direito do credor, como, por exemplo, nos casos em que há pagamentos parciais e pedidos de prorrogação de prazo.

O art. 203 estabelece que "a prescrição pode ser interrompida por qualquer interessado", o que demonstra que a interrupção não é ato exclusivo do titular do direito, uma vez que pode ser efetivada por qualquer pessoa que tenha legítimo interesse, como, por exemplo, herdeiros e credores do prescribente.

O art. 204, *caput*, consagra que os efeitos da prescrição, em regra, são pessoais. Dessa forma, a interrupção efetivada por um credor não aproveita aos outros, assim como a interrupção operada contra um devedor ou seu herdeiro não prejudica aos demais coobrigados.

Essa regra encontra exceção na solidariedade, uma vez que o §1º do art. 204 diz expressamente que "a interrupção por um dos credores solidários aproveita aos outros; assim como a interrupção efetuada contra o devedor solidário envolve os demais e seus herdeiros". Assim, em se tratando de solidariedade, tanto ativa quanto passiva, a interrupção da prescrição beneficiará os demais credores ou prejudicará os demais devedores.

Finalmente, "a interrupção produzida contra o principal devedor prejudica o fiador", uma vez que a fiança é contrato acessório e, como tal, segue o destino do principal, de maneira que interrompida a prescrição contra o devedor principal, estará interrompida, também, contra o fiador. Entretanto, o contrário não é verdadeiro, pois o principal não segue o destino do acessório.

CAUSAS INTERRUPTIVAS

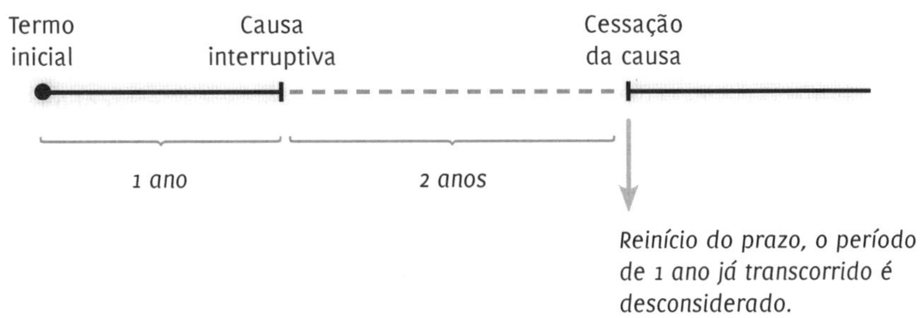

2.7. Dos prazos de prescrição

O Código Civil de 2002 trouxe modificações significativas em relação aos prazos de prescrição.

A mais significativa foi a adoção de um prazo ordinário único e que foi reduzido de vinte para dez anos.

Diversas situações jurídicas tiveram os prazos alterados, algumas recebendo prazos maiores e outras prazos menores, embora a redução, atendendo a uma tendência geral, tenha sido o padrão. O mundo moderno, caracterizado pelo amplo acesso à informação e pelas relações instantâneas, não pode contemplar prazos prescricionais extensos, porque, nesse caso, a prescrição não alcançaria o objetivo de trazer paz social.

A atual codificação teve a cautela de disciplinar a questão do direito intertemporal, que, evidentemente, traria inúmeras dúvidas, haja vista a alteração de diversos prazos prescricionais. De fato, a alteração dos prazos suscita questionamentos em relação ao exercício de direitos adquiridos, de forma que agiu bem o legislador em disciplinar a questão.

Quando o prazo prescricional se inicia e termina sob a vigência de determinada lei, nenhuma dúvida há nesse caso, porque o caso está sujeito, apenas, à disciplina jurídica da referida lei.

Questão controvertida, no entanto, é quando o prazo prescricional se inicia sob a égide de uma lei, mas se completará sob a vigência de uma nova lei, que lhe diminui ou altera o prazo.

O Código Civil de 2002 resolveu a questão criando uma regra de transição consubstanciada no art. 2.028, a seguir transcrito:

> **Art. 2.028.** Serão os da lei anterior os prazos, quando reduzidos por este Código, e se, na data de sua entrada em vigor, já houver transcorrido mais da metade do tempo estabelecido na lei revogada.

Como se observa, o dispositivo legal disciplina as situações em que houve redução dos prazos, porque para as ampliações nenhum problema haverá, bastando respeitar-se os prazos novos e descontar o prazo transcorrido na lei anterior.

Quando há redução do prazo, o art. 2.028 determina que sejam respeitados os prazos da lei anterior, quando, da entrada em vigor da lei atual, já houver transcorrido **mais** da metade do tempo estabelecido na lei antiga.

Evidentemente, para os casos em que houver transcorrido **menos** da metade do prazo da lei antiga, deverão ser observados os prazos estabelecidos pelo atual Código Civil.

Há, como se nota, duas disciplinas de transição aplicáveis conforme o tempo transcorrido na lei antiga. A aplicação da regra de transição passa a ser verificada da seguinte forma:

a) Se o prazo indicado na lei antiga já houver se consumado em **mais da metade**, continuarão sendo aplicados os prazos previstos na lei antiga, de forma que a lei nova não terá nenhuma influência no cômputo do prazo prescricional;

b) Se, contudo, houver se consumado um período **igual ou inferior à metade** do prazo indicado na lei antiga, quando da entrada em vigor do atual Código Civil, serão aplicados os prazos reduzidos instituídos pela atual codificação.

Pois bem.

Os prazos de prescrição estão elencados nos arts. 205 e 206 do CC/02. Nesse sentido, dispõe o art. 205:

> **Art. 205.** A prescrição ocorre em dez anos, quando a lei não lhe haja fixado prazo menor.

O art. 205 estabelece o prazo ordinário de dez anos para o exercício das pretensões sujeitas à prescrição.

Trata-se, evidentemente, de prazo "padrão", geral e supletivo, que deve ser observado sempre que a lei não tenha fixado prazo menor e específico. Isso porque há diversas pretensões indicadas no atual Código Civil e em leis especiais que disciplinam prazos prescricionais menores e específicos, os quais, evidentemente, devem prevalecer sobre o prazo geral do art. 205.

Outra observação de extrema importância é que o atual Código extinguiu a diferenciação de prazos que havia no Código de 1016, relativa ao exercício das ações reais e pessoais, sendo que, pela antiga codificação, as ações reais possuíam prazos extremamente inferiores ao das ações pessoais.

Pelo novo Código, agora, o prazo prescricional ordinário de dez anos (art. 205) é aplicado indistintamente a todas as pretensões, sejam elas reais ou pessoais, desde que não se tenha previsão de prazo inferior. Dessa forma, o prazo prescricional passa a ser único.

Ante a ausência de norma específica sobre a contagem do prazo prescricional, deve incidir a regra geral contida no art. 132, *caput*, do CC/02, que assim dispõe:

> **Art. 132.** Salvo disposição legal ou convencional em contrário, computam-se os prazos, excluído o dia do começo, e incluído o do vencimento.

O referido dispositivo é claro ao estabelecer que, no cômputo dos prazos, deve se excluir o dia do início e incluído o dia do vencimento.

Sobre o dispositivo, Humberto Theodoro Júnior esclarece:

> "Na verdade, o dia inicial (*dies a quo*) nunca se conta, porque o fato que gera a ação nunca, ou quase nunca, acontece a zero hora. Computá-lo, portanto, importaria tratar como dia apenas um fragmento do dia. No final, o prazo não corresponderia ao previsto na lei, pois o cômputo do fragmento em seu início impediria que no término se tivesse consumado todo o tempo dado à parte pela lei. Para que, então, a parte disponha da inteireza do prazo é necessário desprezar o dia do início (pois dele só se dispôs de um pedaço)"[9].

Enquanto o art. 205 disciplina o prazo ordinário de prescrição, o art. 206 disciplina os prazos específicos de prescrição, atribuindo às certas pretensões o período de um a cinco anos, dependendo do caso, para serem exercidas. Veja:

> **Art. 206.** Prescreve:
>
> **§ 1º Em um ano:**

9. Comentários ao novo código civil, v. III, tomo II, 4ª Ed., 2008, Forense, p. 364.

I - a pretensão dos hospedeiros ou fornecedores de víveres destinados a consumo no próprio estabelecimento, para o pagamento da hospedagem ou dos alimentos;

II - a pretensão do segurado contra o segurador, ou a deste contra aquele, contado o prazo:

a) para o segurado, no caso de seguro de responsabilidade civil, da data em que é citado para responder à ação de indenização proposta pelo terceiro prejudicado, ou da data que a este indeniza, com a anuência do segurador;

b) quanto aos demais seguros, da ciência do fato gerador da pretensão;

III - a pretensão dos tabeliães, auxiliares da justiça, serventuários judiciais, árbitros e peritos, pela percepção de emolumentos, custas e honorários;

IV - a pretensão contra os peritos, pela avaliação dos bens que entraram para a formação do capital de sociedade anônima, contado da publicação da ata da assembleia que aprovar o laudo;

V - a pretensão dos credores não pagos contra os sócios ou acionistas e os liquidantes, contado o prazo da publicação da ata de encerramento da liquidação da sociedade.

§ 2º Em dois anos, a pretensão para haver prestações alimentares, a partir da data em que se vencerem.

§ 3º Em três anos:

I - a pretensão relativa a aluguéis de prédios urbanos ou rústicos;

II - a pretensão para receber prestações vencidas de rendas temporárias ou vitalícias;

III - a pretensão para haver juros, dividendos ou quaisquer prestações acessórias, pagáveis, em períodos não maiores de um ano, com capitalização ou sem ela;

IV - a pretensão de ressarcimento de enriquecimento sem causa;

V - a pretensão de reparação civil;

VI - a pretensão de restituição dos lucros ou dividendos recebidos de má-fé, correndo o prazo da data em que foi deliberada a distribuição;

VII - a pretensão contra as pessoas em seguida indicadas por violação da lei ou do estatuto, contado o prazo:

a) para os fundadores, da publicação dos atos constitutivos da sociedade anônima;

b) para os administradores, ou fiscais, da apresentação, aos sócios, do balanço referente ao exercício em que a violação tenha sido praticada, ou da reunião ou assembleia geral que dela deva tomar conhecimento;

> c) para os liquidantes, da primeira assembleia semestral posterior à violação;
>
> VIII – a pretensão para haver o pagamento de título de crédito, a contar do vencimento, ressalvadas as disposições de lei especial;
>
> IX – a pretensão do beneficiário contra o segurador, e a do terceiro prejudicado, no caso de seguro de responsabilidade civil obrigatório.
>
> **§ 4º Em quatro anos**, a pretensão relativa à tutela, a contar da data da aprovação das contas.
>
> **§ 5º Em cinco anos:**
>
> I – a pretensão de cobrança de dívidas líquidas constantes de instrumento público ou particular;
>
> II – a pretensão dos profissionais liberais em geral, procuradores judiciais, curadores e professores pelos seus honorários, contado o prazo da conclusão dos serviços, da cessação dos respectivos contratos ou mandato;
>
> III – a pretensão do vencedor para haver do vencido o que despendeu em juízo.

2.8. Prescrição intercorrente

O estudo da prescrição comporta outros desdobramentos no plano prático. Poderia o lesado pensar que sua pretensão seria conhecida se demonstrasse a cautela devida e agisse no prazo estabelecido pela lei. Assim, uma vez proposta a ação no prazo legal, seu titular estaria assegurado de que a prescrição nunca mais apareceria para assombrá-lo. Não é bem assim, contudo.

Vimos que a prescrição é um instituto que visa impedir que as relações jurídicas se eternizem no tempo. É essa ideia que se consolida e que continua mesmo após a propositura da ação, de forma que a prescrição pode ocorrer durante o curso do processo, desde que ultrapassado o lapso legal sem que ocorresse uma das causas capazes de suspender ou de interromper o prazo prescricional.

Assim, uma vez proposta a ação, a citação tem o condão de interromper o prazo prescricional (art. 202, I do CC/02). Após essa interrupção, o prazo recomeça a fluir (art. 202, parágrafo único), de maneira que o decurso do lapso prescricional pode ocorrer no curso do processo.

A doutrina e a jurisprudência denominaram essa modalidade de prescrição intercorrente, porque ela sobrevém no curso do processo. Sua introdução na legislação só ocorreu expressamente por meio da Lei nº. 11.051/04 que alterou o art. 40 da Lei nº. 6.830/80, inserindo o § 4º no dispositivo com a seguinte redação:

> **Art. 40.** O Juiz suspenderá o curso da execução, enquanto não for localizado o devedor ou encontrados bens sobre os quais possa recair a penhora, e, nesses casos, não correrá o prazo de prescrição.

> (...)
>
> §4º Se da decisão que ordenar o arquivamento tiver decorrido o prazo prescricional, o juiz, depois de ouvida a Fazenda Pública, poderá, de ofício, reconhecer a **prescrição intercorrente** e decretá-la de imediato. (grifo nosso)

Sobre o instituto, o ilustre Maurício Godinho Delgado[10] traz a seguinte lição:

> "Intercorrente é a prescrição que flui durante o desenrolar do processo. Proposta a ação, interrompe-se o prazo prescritivo; logo a seguir, ele volta a correr, de seu início,, podendo consumar-se até mesmo antes que o processo termine. O critério intercorrente tem sido muito importante no cotidiano do Direito Penal, por exemplo".

Geralmente a prescrição intercorrente ocorre na fase executiva, porque na fase de conhecimento o processo se desenvolve regularmente com a realização de atos decisórios e instrutórios. Na fase executiva, contudo, inicia-se outra modalidade de tutela jurisdicional, que visa a satisfação do direito do credor. Aqui é necessária a dedicação do credor em localizar bens do devedor para que os atos de expropriação judicial sejam praticados.

O desenvolvimento do instituto da prescrição intercorrente fez surgir algumas dúvidas de ordem prática. A primeira delas consistia em saber se a prescrição da ação não arguida na fase de conhecimento poderia ser suscitada como matéria de defesa na execução por meio dos embargos.

Essa dúvida foi solucionada pelo entendimento jurisprudencial que norteou o legislador do CPC/73 a inserir o art. 741, VI admitindo a arguição de prescrição nos embargos à execução de sentença, desde que a causa extintiva depois da sentença. No mesmo sentido caminhou o legislador, quando a lei nº. 11.232/05 alterou o CPC/73 e incluiu o art. 475-L, VI, repetindo a mesma regra para a impugnação ao cumprimento de sentença. O CPC/15 trilhou o mesmo caminho, sendo que tais dispositivos encontram correspondência no art. 525, § 1º, VII, que assim dispõe:

> **Art. 525.** Transcorrido o prazo previsto no art. 523 sem o pagamento voluntário, inicia-se o prazo de 15 (quinze) dias para que o executado, independentemente de penhora ou nova intimação, apresente, nos próprios autos, sua impugnação.
>
> **§ 1º** Na impugnação, o executado poderá alegar:
>
> (...)
>
> **VII** - qualquer causa modificativa ou extintiva da obrigação, como pagamento, novação, compensação, transação ou **prescrição, desde que supervenientes à sentença**. (grifo nosso)

10. Curso de Direito do Trabalho, LTR, São Paulo, 12ª Ed. 2013, p.271.

Nesse ponto é importante destacar que o trânsito em julgado da sentença condenatória atua de forma soberana e peremptória sobre a prescrição anterior ao julgamento, de forma que se não foi alegada na fase de conhecimento não o poderá ser na fase executiva. Essa foi outra dúvida de ordem prática suscitada.

O trânsito em julgado da sentença condenatória não é causa interruptiva da prescrição, mas termo final da controvérsia. Em outras palavras, o trânsito em julgado da sentença condenatória sepulta a discussão anterior e faz nascer uma nova situação jurídica, que passa a ter novo prazo prescricional.

Nesse sentido, a lição do renomado Humberto Theodoro Júnior[11] é preciosa. Observe:

> "Não se deve, contudo, tratar a prescrição da execução como simples efeito de interrupção da prescrição da pretensão existente antes da sentença. Com a formação do título executivo nasceu uma nova situação jurídica para o titular: o direito à execução forçada, e a consequente pretensão de sujeitar o obrigado à realização da responsabilidade patrimonial. É em relação a essa nova pretensão que começará a fluir a prescrição, cujo prazo será igual ao que anteriormente prevalecera para a ação cognitiva (Súmula nº. 150 do STF).
>
> A distinção entre as duas prescrições é importante, porque se se tratasse apenas de uma interrupção de um só lapso prescricional não seria mais possível cogitar-se de interrupção alguma em relação à execução de sentença, porque o art. 202, *caput*, somente permite que a prescrição seja interrompida uma vez. Se, pois, já tivesse ocorrido a interrupção, por outro fato, antes da sentença, o prazo útil para sua execução poderia ficar muito estrito e, às vezes, até se anularia. (...).
>
> Esses embaraços e inconvenientes, todavia, não ocorrem justamente porque o caso não é de mera interrupção, mas de nascimento de outra prescrição, correspondente à ação nova surgida da sentença.
>
> (...)
>
> Uma vez que a sentença não interrompe a prescrição da ação, mas faz nascer a prescrição da execução, nada impede que o credor favorecido pelo título judicial promova, se entender necessário, a interrupção da prescrição da nova pretensão, isto é, da *actioiudicati*. A regra do art. 202 não será empecilho, já que a interrupção acontecida no processo de conhecimento não se referiu à pretensão executiva, mas à de acertamento, que consumou na sentença".

A última dúvida que surgiu foi a respeito do prazo. A prescrição teria início com novo prazo ou seria o mesmo?

---

11. Comentários ao novo código civil, v. III, tomo II, 4ª Ed., 2008, Forense, p. 219/220.

A questão foi dirimida pela jurisprudência, sendo, inclusive, objeto da Súmula nº. 150 do E. STF, que assim estabelece:

> **STF - Súmula nº. 150:** Prescreve a execução no mesmo prazo de prescrição da ação.

Pois bem. Por derradeiro é importante dizer que a prescrição intercorrente tem aplicação nos mais variados ramos do Direito. É aplicada, por exemplo, no processo civil, na execução fiscal e no processo penal.

No processo civil e no processo fiscal a prescrição intercorrente tem como principal função extinguir, respectivamente, o crédito do credor e da fazenda pública por meio do decurso do tempo. No processo penal a prescrição visa extinguir a pretensão punitiva do Estado e impedir a aplicação da pena em relação ao réu.

Sobre o tema, veja os seguintes julgados do E. STJ:

> **Ementa: PROCESSUAL CIVIL E TRIBUTÁRIO - EXECUÇÃO FISCAL - PRESCRIÇÃO INTERCORRENTE - TERMO INICIAL - SÚMULA 314 /STJ - ART. 40 , § 4º , DA LEF - DECRETAÇÃO DE OFÍCIO - POSSIBILIDADE - APÓS OUVIDA A FAZENDA PÚBLICA.**
>
> 1. A prescrição intercorrente, passível de ocorrência no bojo do processo executivo, conta-se da data do arquivamento da execução fiscal, após findo o prazo de um ano da suspensão determinada pelo magistrado. Inteligência da Súmula 314 /STJ.
>
> 2. Tratando-se de execução fiscal, a partir da Lei 11.051, de 29.12.04, que acrescentou o § 4º ao art. 40 da Lei nº 6.830 /80, pode o juiz decretar de ofício a prescrição, após ouvida a Fazenda Pública exequente, para opor algum fato impeditivo à incidência da prescrição.
>
> 3. Recurso especial provido. (STJ - REsp 1165994 RO 2009/0222593, data de publicação: 28/06/2010).

> **Ementa: AGRAVO REGIMENTAL NO AGRAVO EM RECURSO ESPECIAL. PROCESSUAL CIVIL. EXECUÇÃO. PARALISAÇÃO DO PROCESSO POR INÉRCIA DO EXEQUENTE. PRESCRIÇÃO INTERCORRENTE APLICADA PELAS INSTÂNCIAS ORDINÁRIAS. CABIMENTO. RECURSO NÃO PROVIDO.**
>
> 1. Com a suspensão do processo com base no art. 791, III , do CPC , o prazo prescricional não tem curso, ainda que se trate de prescrição intercorrente.
>
> 2. O prazo prescricional previsto em lei passa a fluir, porém, se o credor permanecer inerte, não atendendo às diligências necessárias ao andamento do feito. Assim, é a desídia do credor que constitui causa para a prescrição.
>
> 3. No caso dos autos, não há que se falar em suspensão do feito por ausência de bens a penhorar, uma vez que o devedor nem sequer chegou a ser citado na execução, por não ter o credor localizado ou diligenciado o endereço atualizado do devedor.

> 4. Demonstrado que o processo ficou paralisado por desídia da parte credora por mais de seis anos, que não diligenciou nem em busca do endereço do devedor nem em busca de bens a penhorar, impõe-se o reconhecimento da prescrição intercorrente.
>
> 5. Agravo regimental a que se nega provimento. (STJ AgRg no AREsp 386487 SP 2013/0278426-5)
>
> **Ementa: PENAL. CONCUSSÃO. PRETENSÃO PUNITIVA. PRESCRIÇÃO. PROCESSO PENAL. AGRAVO REGIMENTAL. FUNDAMENTOS. REITERAÇÃO. NÃO CONHECIMENTO. PUNIBILIDADE. EXTINÇÃO. RECONHECIMENTO DE OFÍCIO.**
>
> 1. Havendo sido entregue a prestação jurisdicional quando do julgamento dos embargos de declaração que tiveram intuito modificativo, não se conhece de agravo regimental que se limita a reiterar os argumentos antes arguidos.
>
> 2. Agravo regimental de que não se conhece.
>
> 3. Transcorrido o lapso necessário ao reconhecimento da prescrição da pretensão punitiva estatal, deve o juiz, de ofício, declarar extinta a punibilidade (art. 61 do Cód. de Pr. Penal).
>
> 4. Prescrição da pretensão punitiva que se evidencia diante da pena imposta - 4 (quatro) anos e 6 (seis) meses de reclusão - e do transcurso de mais de 12 (doze) anos desde o último marco interruptivo, a saber, a prolação de sentença condenatória, em 15/5/1998.
>
> 5. Habeas corpus concedido de ofício (art. 654, § 2º, do Cód. de Pr. Penal) para se declarar extinta a punibilidade do réu, ora agravante, por causa da prescrição intercorrente da pretensão punitiva estatal. (STJ AgRg nos EDcl no REsp 946795 DF 2007/0096797-7; data de publicação 09/03/2011)

2.8.1. Prescrição intercorrente no processo do trabalho

Embora a prescrição intercorrente seja aplicada nos mais variados ramos do Direito Processual, sua aplicação no Processo do Trabalho é bastante delicada.

Com efeito. Sobre o assunto, o E. STF se pronunciou a respeito através da Súmula nº.327, que assim dispõe:

> **STF - Súmula nº. 327.** O direito trabalhista admite a prescrição intercorrente.

Contudo, o C. TST também se manifestou sobre o assunto através da Súmula nº. 114 do TST, que traz previsão diversa. Veja:

> **TST - Súmula nº. 114.** É inaplicável da Justiça do Trabalho a prescrição intercorrente.

O principal argumento que sustenta a Súmula nº. 114 do TST é o caráter protetivo do Direito do Trabalho, que consagrou o princípio do impulso oficial nas execuções trabalhistas. Como a prescrição visa sepultar o direito do credor letárgico, esta não poderia ser aplicada no Processo do Trabalho, porque os atos de expropriação competiriam ao magistrado e não propriamente ao trabalhador, diante de sua hipossuficiência.

No humilde entendimento deste autor, contudo, a edição da súmula do E. STF é bastante lógica, de forma que, no campo das ideias, deveria prevalecer.

Ora, se a prescrição intercorrente tem aplicação até mesmo no Direito Penal, que visa, justamente, punir àqueles que praticaram crimes, ou seja, as condutas de maior potencial ofensivo e mais reprováveis na sociedade, com muito maior razão deveria ter aplicação no Direito do Trabalho.

Entender de maneira contrária, *data venia*, leva a um nó jurídico difícil de ser desatado. De fato, fica difícil sustentar e defender que um devedor trabalhista sofra uma punição vitalícia com uma dívida eterna, enquanto um criminoso que praticou os atos mais reprováveis possa ser beneficiado pelo reconhecimento da prescrição intercorrente.

E mais. O criminoso recebe punição por um período, podendo se valer da prescrição intercorrente, que colocará fim à pretensão punitiva. Com o mais profundo respeito às opiniões em contrário, não reconhecer, contudo, a aplicação da prescrição intercorrente no Direito do Trabalho é condenar o empregador a uma pena vitalícia, eis que a ação trabalhista se eternizará no tempo, o que não acontece nem com o criminoso, como visto.

A proteção jurídica ao trabalho, que é necessária, não pode, respeitados os entendimentos em contrário, levar a uma incoerência lógico-jurídica, pois é o mesmo que dizer que um devedor trabalhista tem uma posição jurídica pior que a de um criminoso, pois este pode ser beneficiado pela prescrição intercorrente, enquanto aquele não. Essa, com o devido respeito, não parece ser a melhor interpretação.

É importante destacar, também, que, atualmente, há uma grande oferta de serviços jurídicos na área trabalhista, de forma que praticamente todas as reclamações trabalhistas são patrocinadas por advogados. O *jus postulandi* existe na letra da lei, mas a prática forense demonstra que os trabalhadores estão assessorados por advogados competentes, fato que é de suma importância para o equilíbrio de forças no processo. A presença do advogado ao lado dos trabalhadores permite que estes tenham o melhor do aconselhamento jurídico e meios para que consigam a efetividade de seus direitos. Em outras palavras, o patrono do reclamante tem o conhecimento jurídico necessário para buscar a satisfação do crédito trabalhista, fato que não justifica uma atuação ativa do magistrado, tendo em vista, inclusive, que se trata de direito disponível.

É claro que sobre o assunto há outra questão óbvia e cuja simples observação poderia sepultar a dúvida: o E. STF é a corte máxima da República, de forma que seu entendimento deveria prevalecer sobre os demais tribunais, que são hierarquicamente inferiores.

De fato, essa simples análise da hierarquia dos órgãos judiciais seria suficiente para colocar um ponto final na controvérsia. A questão, todavia, não é tão simples.

O que mantém a controvérsia acesa é o fato de os entendimentos estão consolidados através de súmulas. Esse fato impede que os recursos extraordinários sejam recebidos pelo E. STF, porque não há previsão legal que permita a interposição de recurso extraordinário por ofensa à sumula do STF.

Isso significa que a palavra final sobre o assunto acaba sendo sempre do C. TST, que, evidentemente, privilegia e aplica o entendimento consagrado na súmula que editou. Então, o entendimento jurisprudencial consolidado é no sentido de aplicar a Súmula nº. 114 do TST e afastar a incidência da prescrição intercorrente no Processo do Trabalho.

Os doutrinadores de Processo do Trabalho, contudo, convergem no sentido de admitir a aplicação da prescrição intercorrente em uma única hipótese: quando o exequente se omitir reiteradamente no processo, a ponto de configurar abandono por prazo superior a 2 dois anos. Nesse caso, o exequente, apesar de devidamente intimado, não pratica atos processuais capazes de dar prosseguimento no feito, o que permite reconhecer a prescrição intercorrente por uma inércia que pode ser imputada ao exequente.

O ilustre Maurício Godinho Delgado, contudo, alerta para uma situação que parece ser a exceção da exceção e que não permite o reconhecimento da prescrição intercorrente. Veja o que diz o renomado autor:[12]

> "Mas atenção: a ausência de atos executórios derivada de falta de bens do executado (ou de seu desaparecimento...) *não* enseja a decretação da prescrição. É que, nesse caso, a inércia processual não pode ser imputada ao exequente."

DOS PRAZOS DE PRESCRIÇÃO	Art. 205 – prazo ordinário de 10 anos.
	Art. 206 – Prazos especiais de 1 a 5 anos.

3. DA DECADÊNCIA

3.1. Conceito e características

A decadência é a perda de um direito potestativo pela inércia do titular.

A identificação dos prazos decadenciais no Código Civil é feita por exclusão. Os prazos estabelecidos nos arts. 205 e 206, e apenas esses, são prescricionais. Todos os outros prazos previstos no código são decadenciais.

12. Curso de Direito do Trabalho, LTR, São Paulo, 12ª Ed. 2013, p.272.

Enquanto todos os prazos prescricionais são fixados em anos e estão dispostos na Parte Geral, os prazos decadenciais podem ser fixados em dias, meses, anos, além de ano e dia e constam da Parte Geral, como também da Parte Especial.

Vale lembrar que, enquanto a prescrição tem origem somente na lei, a decadência pode nascer da lei (decadência legal) ou da vontade das partes (decadência convencional).

Também se diferencia da prescrição, porque o prazo decadencial tem início quando o titular adquire o direito. Na prescrição, como vimos, a pretensão nasce com a violação do direito.

3.2. Disposições legais sobre a decadência

Já foi visto que os prazos decadenciais são, em princípio, fatais e peremptórios, de forma que o não exercício do direito potestativo no prazo assinalado levará à extinção do referido direito. Tais prazos, em regra, fluem ininterruptamente, não estando sujeitos às causas impeditivas, suspensivas ou interruptivas. Isso é o que dispõe o art. 207 do CC/02 a seguir transcrito:

> **Art. 208.** Salvo disposição legal em contrário, não se aplicam à decadência as normas que impedem, suspendem ou interrompem a prescrição.

O citado dispositivo deixa claro que, em regra, os prazos decadenciais correm continuamente. Dessa forma, o vendedor de um imóvel que assegurou o pacto de retrovenda perderá o direito a recomprá-lo caso não o exerça no prazo avençado.

No entanto, a regra do art. 207 não é absoluta, porque a expressão "salvo disposição legal em contrário" indica que pode haver situações especiais e excepcionais que justifiquem a aplicação (à decadência) das regras relativas à suspensão e interrupção da prescrição.

Tato é que o art. 208 determina, expressamente, que seja aplicado à decadência o disposto nos arts. 195 e 198, I do CC/02, que preveem, respectivamente, a ação regressiva dos relativamente incapazes e das pessoas jurídicas contra seus assistentes e administradores e, ainda, que não corre a prescrição contra os absolutamente incapazes, o que significa que também não corre o prazo decadencial contra os absolutamente incapazes.

A expressão "salvo disposição **legal** em contrário" consubstanciada no art. 207, além de indicar que a regra não é absoluta, também estabelece que as exceções somente são originárias da lei, não tendo a vontade das partes o condão afastar o dispositivo.

Os arts. 209, 210 e 211 estabelecem tratamentos distintos entre a decadência legal e a convencional. Nesse sentido, dispõe o art. 209 do CC/02:

> **Art. 209.** É nula a renúncia à decadência fixada em lei.

A razão do dispositivo é garantir a supremacia do interesse geral sobre o individual, eis que a decadência, como vimos, visa dar segurança às relações jurídicas. Dessa forma, o princípio da autonomia da vontade sofre limites quando encarado por norma de ordem pública. Em outras palavras, a vontade das partes não tem o condão de alterar o prazo fixado pela lei.

Prosseguindo, os arts. 210 e 211 do CC/02 estabelecem:

> **Art. 210.** Deve o juiz, de ofício, conhecer da decadência, quando estabelecida por lei.
>
> **Art. 211.** Se a decadência for convencional, a parte a quem aproveita pode alegá-la em qualquer grau de jurisdição, mas o juiz não pode suprir a alegação.

Como visto, os prazos decadenciais podem surgir da lei (decadência legal), que os cria com a finalidade de tutelar algum interesse público, ou ainda da vontade negocial (decadência convencional), no pleno exercício do princípio da autonomia da vontade.

Os arts. 210 e 211 são uma extensão do art. 209 e com ele devem ser interpretados.

Pois bem. Incumbe ao juiz conhecer e pronunciar a decadência **legal**, porque, como visto, esta é criada com o objetivo de tutelar algum interesse público, principalmente em relação a direitos indisponíveis, de forma que a expiração do prazo coloca fim ao próprio direito subjetivo. Se o direito subjetivo pereceu, o juiz deve reconhecer de ofício a decadência e negar a tutela jurisdicional, como preceitua o art. 332, §1º do novo CPC.

Em outras palavras, o silêncio da parte a quem o reconhecimento da decadência legal aproveita não configura perdão tácito, porque o juiz deve reconhecida de ofício pelo juiz, nos termos do citado art. 210. Este tipo de decadência, como dispõe o art. 209 do CC/02, não admite a renúncia.

Configura prazo de decadência legal, por exemplo, aquele estabelecido pelo art. 178 do CC/02, que fixa o período de quatro anos para pleitear a anulação de negócio jurídico.

No entanto, não pode o juiz reconhecer de ofício a decadência convencional, porque esta tem origem no próprio negócio e está relacionada a direitos disponíveis. Sendo, portanto, o direito disponível, somente a parte beneficiada pode alegá-la, porque, evidentemente, pode dispor do direito como bem entender. São prazos de decadência convencional, por exemplo, aqueles fixados nos negócios jurídicos para o exercício do direito de preferência para compra de imóvel, bem como para o exercício do pacto de retrovenda, que permite ao vendedor recomprar o imóvel vendido.

Nos termos do art. 211, o decurso do tempo da decadência convencional pode ser alegado pela parte em qualquer grau de jurisdição. Embora o referido dispositivo garanta à parte tal prerrogativa processual, eis que a alegação da decadência convencional não está sujeita à preclusão, estabelece, também, que o juiz não pode reconhecê-la de ofício. Assim, tendo em vista que a decadência convencional atua dentro dos direitos disponíveis, se não for alegada haverá a presunção de que foi renunciada.

▶ DECADÊNCIA LEGAL	▶ DECADÊNCIA CONVENCIONAL
É fixada pela lei	É fixada pela vontade das partes
Não pode ser renunciada	Pode ser renunciada
Deve ser reconhecida de ofício	Não pode ser reconhecida de ofício
Visa tutelar interesse público (Direitos Indisponíveis)	Visa tutelar interesse privado (Direitos Disponíveis)

4. LEGISLAÇÃO RELACIONADA AO CAPÍTULO

TÍTULO IV
DA PRESCRIÇÃO E DA DECADÊNCIA

CAPÍTULO I
DA PRESCRIÇÃO

Seção I
Disposições Gerais

Art. 189. Violado o direito, nasce para o titular a pretensão, a qual se extingue, pela prescrição, nos prazos a que aludem os arts. 205 e 206.

Art. 190. A exceção prescreve no mesmo prazo em que a pretensão.

Art. 191. A renúncia da prescrição pode ser expressa ou tácita, e só valerá, sendo feita, sem prejuízo de terceiro, depois que a prescrição se consumar; tácita é a renúncia quando se presume de fatos do interessado, incompatíveis com a prescrição.

Art. 192. Os prazos de prescrição não podem ser alterados por acordo das partes.

Art. 193. A prescrição pode ser alegada em qualquer grau de jurisdição, pela parte a quem aproveita.

Art. 194. O juiz não pode suprir, de ofício, a alegação de prescrição, salvo se favorecer a absolutamente incapaz. (Revogado pela Lei nº 11.280, de 2006)

Art. 195. Os relativamente incapazes e as pessoas jurídicas têm ação contra os seus assistentes ou representantes legais, que derem causa à prescrição, ou não a alegarem oportunamente.

Art. 196. A prescrição iniciada contra uma pessoa continua a correr contra o seu sucessor.

Seção II
Das Causas que Impedem ou Suspendem a Prescrição

Art. 197. Não corre a prescrição:

I – entre os cônjuges, na constância da sociedade conjugal;

II – entre ascendentes e descendentes, durante o poder familiar;

III – entre tutelados ou curatelados e seus tutores ou curadores, durante a tutela ou curatela.

Art. 198. Também não corre a prescrição:

I – contra os incapazes de que trata o art. 3º;

II – contra os ausentes do País em serviço público da União, dos Estados ou dos Municípios;

III – contra os que se acharem servindo nas Forças Armadas, em tempo de guerra.

Art. 199. Não corre igualmente a prescrição:

I – pendendo condição suspensiva;

II – não estando vencido o prazo;

III – pendendo ação de evicção.

Art. 200. Quando a ação se originar de fato que deva ser apurado no juízo criminal, não correrá a prescrição antes da respectiva sentença definitiva.

Art. 201. Suspensa a prescrição em favor de um dos credores solidários, só aproveitam os outros se a obrigação for indivisível.

Seção III
Das Causas que Interrompem a Prescrição

Art. 202. A interrupção da prescrição, que somente poderá ocorrer uma vez, dar-se-á:

I - por despacho do juiz, mesmo incompetente, que ordenar a citação, se o interessado a promover no prazo e na forma da lei processual;

II - por protesto, nas condições do inciso antecedente;

III - por protesto cambial;

IV - pela apresentação do título de crédito em juízo de inventário ou em concurso de credores;

V - por qualquer ato judicial que constitua em mora o devedor;

VI - por qualquer ato inequívoco, ainda que extrajudicial, que importe reconhecimento do direito pelo devedor.

Parágrafo único. A prescrição interrompida recomeça a correr da data do ato que a interrompeu, ou do último ato do processo para a interromper.

Art. 203. A prescrição pode ser interrompida por qualquer interessado.

Art. 204. A interrupção da prescrição por um credor não aproveita aos outros; semelhantemente, a interrupção operada contra o codevedor, ou seu herdeiro, não prejudica aos demais coobrigados.

§ 1º A interrupção por um dos credores solidários aproveita aos outros; assim como a interrupção efetuada contra o devedor solidário envolve os demais e seus herdeiros.

§ 2º A interrupção operada contra um dos herdeiros do devedor solidário não prejudica os outros herdeiros ou devedores, senão quando se trate de obrigações e direitos indivisíveis.

§ 3º A interrupção produzida contra o principal devedor prejudica o fiador.

Seção IV
Dos Prazos da Prescrição

Art. 205. A prescrição ocorre em dez anos, quando a lei não lhe haja fixado prazo menor.

Art. 206. Prescreve:

§ 1º Em um ano:

I - a pretensão dos hospedeiros ou fornecedores de víveres destinados a consumo no próprio estabelecimento, para o pagamento da hospedagem ou dos alimentos;

II - a pretensão do segurado contra o segurador, ou a deste contra aquele, contado o prazo:

a) para o segurado, no caso de seguro de responsabilidade civil, da data em que é citado para responder à ação de indenização proposta pelo terceiro prejudicado, ou da data que a este indeniza, com a anuência do segurador;

b) quanto aos demais seguros, da ciência do fato gerador da pretensão;

III - a pretensão dos tabeliães, auxiliares da justiça, serventuários judiciais, árbitros e peritos, pela percepção de emolumentos, custas e honorários;

IV - a pretensão contra os peritos, pela avaliação dos bens que entraram para a formação do capital de sociedade anônima, contado da publicação da ata da assembleia que aprovar o laudo;

V - a pretensão dos credores não pagos contra os sócios ou acionistas e os liquidantes, contado o prazo da publicação da ata de encerramento da liquidação da sociedade.

§ 2º Em dois anos, a pretensão para haver prestações alimentares, a partir da data em que se vencerem.

§ 3º Em três anos:

I - a pretensão relativa a aluguéis de prédios urbanos ou rústicos;

II - a pretensão para receber prestações vencidas de rendas temporárias ou vitalícias;

III - a pretensão para haver juros, dividendos ou quaisquer prestações acessórias, pagáveis, em períodos não maiores de um ano, com capitalização ou sem ela;

IV - a pretensão de ressarcimento de enriquecimento sem causa;

V - a pretensão de reparação civil;

VI - a pretensão de restituição dos lucros ou dividendos recebidos de má-fé, correndo o prazo da data em que foi deliberada a distribuição;

VII - a pretensão contra as pessoas em seguida indicadas por violação da lei ou do estatuto, contado o prazo:

a) para os fundadores, da publicação dos atos constitutivos da sociedade anônima;

b) para os administradores, ou fiscais, da apresentação, aos sócios, do balanço referente ao exercício em que a violação tenha sido praticada, ou da reunião ou assembleia geral que dela deva tomar conhecimento;

c) para os liquidantes, da primeira assembleia semestral posterior à violação;

VIII - a pretensão para haver o pagamento de título de crédito, a contar do vencimento, ressalvadas as disposições de lei especial;

IX - a pretensão do beneficiário contra o segurador, e a do terceiro prejudicado, no caso de seguro de responsabilidade civil obrigatório.

§ 4º Em quatro anos, a pretensão relativa à tutela, a contar da data da aprovação das contas.

§ 5º Em cinco anos:

I - a pretensão de cobrança de dívidas líquidas constantes de instrumento público ou particular;

II - a pretensão dos profissionais liberais em geral, procuradores judiciais, curadores e professores pelos seus honorários, contado o prazo da conclusão dos serviços, da cessação dos respectivos contratos ou mandato;

III - a pretensão do vencedor para haver do vencido o que despendeu em juízo.

CAPÍTULO II
DA DECADÊNCIA

Art. 207. Salvo disposição legal em contrário, não se aplicam à decadência as normas que impedem, suspendem ou interrompem a prescrição.

Art. 208. Aplica-se à decadência o disposto nos arts. 195 e 198, inciso I.

Art. 209. É nula a renúncia à decadência fixada em lei.

Art. 210. Deve o juiz, de ofício, conhecer da decadência, quando estabelecida por lei.

Art. 211. Se a decadência for convencional, a parte a quem aproveita pode alegá-la em qualquer grau de jurisdição, mas o juiz não pode suprir a alegação.

Questões

Capítulo 5

01. (Analista Judiciário - Área Judiciária - TRT 20 / 2011 / FCC) Sobre prescrição e decadência, considere:

I. Pode ser renunciada pela parte, e só valerá, sendo feita, sem prejuízo de terceiro, depois da consumação.

II. Não pode ser reconhecida de ofício pelo juiz.

Tais afirmativas são, dentre outras, características da

a) prescrição e da decadência convencional, respectivamente.

b) decadência legal e da prescrição, respectivamente.

c) prescrição e da decadência legal, respectivamente.

d) decadência legal.

e) prescrição.

COMENTÁRIOS

Alternativa correta: "a".

Item I: este item refere-se à prescrição. De acordo com o art. 191 do Código Civil, a prescrição pode ser renunciada expressa ou tacitamente, e só valerá, sendo feita, sem prejuízo de terceiro, depois que a prescrição se consumar. Lembrando que a decadência não pode ser renunciada (art. 209 do Código Civil).

Item II: este item concerne à decadência convencional. Consoante o art. 211 do Código Civil, se a decadência for convencional, a parte a quem aproveita pode alegá-la, mas o juiz não pode suprir essa alegação. Lembrando que a prescrição e a decadência legal podem ser reconhecidas de ofício pelo juiz (arts. 219, § 5º do Código de Processo Civil e 210 do Código Civil).

02. (Analista Judiciário - Área Judiciária - TRT 21 / 2010 / CESPE) Julgue o item seguinte, acerca dos prazos de prescrição previstos no Código Civil de 2002.

( ) Segundo entendimento do Tribunal Superior do Trabalho (TST), o prazo de prescrição de três anos previsto no atual diploma civil é aplicável ao pedido de indenização por dano moral e patrimonial decorrente de acidente de trabalho, desde que a data da ciência da lesão/doença tenha ocorrido após a vigência do atual Código Civil, mas antes da vigência da Emenda Constitucional n.º 45/2004.

COMENTÁRIOS

Item certo: antes da vigência da Emenda Constitucional 45/2004, sempre houve muitas controvérsias acerca da prescrição para o pedido de danos morais e materiais decorrentes de acidente de trabalho. Alguns entendiam que deveria ser aplicada a prescrição civil de três anos (art. 206, § 3º, V do Código Civil) e outros defendiam que deveria ser aplicada a prescrição trabalhista de cinco anos (art. 7º, XXIX da Constituição Federal). O TST, então, firmou o entendimento de que, quando a lesão for anterior à EC 45/2004, o prazo prescricional aplicável será o previsto no Código Civil de 2002, observada a regra de transição prevista no art. 2.028 desse mesmo código. Dessa maneira, tendo a ciência da lesão/doença ocorrido após a vigência do atual Código Civil e antes da vigência da EC 45/2004, deve ser aplicado o prazo prescricional de três anos previsto no art. 206, § 3º, V do Código Civil.

03. **(Técnico Judiciário – Área Administrativa – TRT 6 / 2012 / FCC)** Interrompe-se a prescrição

a) sobrevindo incapacidade absoluta ou relativa do credor.
b) na pendência de ação de evicção.
c) pelo protesto cambial.
d) somente por despacho de Juiz competente que ordenar a citação, se o interessado a promover no prazo e na forma da lei processual.
e) pelo casamento do devedor com a credora.

COMENTÁRIOS

Nota do autor: é importante diferenciar as causas interruptivas, impeditivas e suspensivas da prescrição. As causas interruptivas são as que inutilizam a prescrição iniciada, de forma que o seu prazo recomeça a correr da data do ato que a interrompeu. As causas impeditivas são as circunstâncias que impedem que o curso da prescrição inicie. E as causas suspensivas são as que paralisam temporariamente o curso da prescrição.

Alternativa "c" – correta: a prescrição é interrompida pelo protesto cambial (art. 202, III do Código Civil).

Alternativa "a" – errada: não corre a prescrição contra os incapazes (art. 198, I do Código Civil). Essa é uma causa impeditiva da prescrição.

Alternativa "b" – errada: não corre a prescrição na pendência de ação de evicção (art. 199, III do Código Civil). Essa é uma causa suspensiva da prescrição.

Alternativa "d" – errada: a prescrição é interrompida por despacho do juiz, mesmo incompetente, que ordenar a citação, se o interessado a promover no prazo e na forma da lei processual (art. 202, I do Código Civil). Porém, esta não é a única causa de interrupção da prescrição.

Alternativa "e" – errada: não corre a prescrição entre cônjuges na constância da sociedade conjugal (art. 197, I do Código Civil). Essa é uma causa impeditiva da prescrição.

04. **(Analista Judiciário – Área Judiciária – TRF 1ª região / 2006 / FCC)** Em conformidade com o Código Civil brasileiro, a prescrição:

a) não correrá entre ascendentes e descendentes, durante o poder familiar, mas correrá normalmente entre os cônjuges, na constância da sociedade conjugal.

b) iniciada contra uma pessoa não continua a correr contra o seu sucessor, em razão da característica da pessoalidade inerente ao instituto.

c) pode ser renunciada de forma expressa ou tácita e a renúncia só valerá, sendo feita, sem prejuízo de terceiro, depois que a prescrição se consumar.

d) da pretensão dos tabeliães, auxiliares da justiça, serventuários judiciais e peritos, pela percepção de emolumentos, custas e honorários ocorre em 5 anos.

e) da pretensão para haver prestações acessórias, pagáveis, em períodos não maiores de um ano, com capitalização ou sem ela, ocorre em dois anos.

COMENTÁRIOS

Alternativa "c" – correta: a renúncia da prescrição pode ser expressa ou tácita, e somente valerá sendo feita sem prejuízo de terceiro, depois que a prescrição se consumar (art. 191 do Código Civil). Ou seja, antes de consumada, a prescrição é irrenunciável.

Alternativa "a" – errada: a primeira parte da alternativa está correta. Não corre a prescrição entre ascendentes e descendentes, durante o poder familiar (art. 197, II do Código Civil). Todavia, igualmente não corre a prescrição entre os cônjuges, na constância da sociedade conjugal (art. 197, I do Código Civil).

Alternativa "b" – errada: a prescrição que começou a correr contra uma pessoa continua a correr contra o seu sucessor (art. 196 do Código Civil).

Alternativa "d" – errada: a prescrição da pretensão dos tabeliães, auxiliares da justiça, serventuários judiciais e peritos, pela percepção de emolumentos, custas e honorários ocorre em um ano (art. 206, § 1º, III do Código Civil).

Alternativa "e" – errada: a prescrição da pretensão para haver prestações acessórias, pagáveis, em períodos não maiores de um ano, com capitalização ou sem ela, ocorre em três anos (art. 206, § 3º, III do Código Civil).

05. **(Analista Judiciário – Área Judiciária – TRE do Amapá / 2011 / FCC)** Marina, advogada, foi contratada por Gabriela para ajuizar execução de contrato particular não cumprido mediante o pagamento de honorários advocatícios no valor de R$ 7.000,00, a serem pagos até o trânsito em julgado da demanda. O mencionado processo transitou em julgado, mas Gabriela não efetuou o pagamento dos honorários de Marina. Neste caso, segundo o Código Civil brasileiro, a pretensão relativa aos honorários advocatícios de Marina prescreverá no prazo, contado do trânsito em julgado da demanda, de:

a) dois anos.

b) um ano.

c) cinco anos.

d) três anos.

e) dez anos.

COMENTÁRIOS

Alternativa "c" - correta (responde todas as demais alternativas): a pretensão dos profissionais liberais e procuradores judiciais pelos seus honorários prescreve em cinco anos, contado o prazo da conclusão dos serviços, do término dos respectivos contratos ou mandato (art. 206, § 5º, II do Código Civil). Desta forma, a pretensão de Marina prescreverá em cinco anos.

06. **(Cespe - Delegado de Polícia - PE/2016)** Acerca de prescrição e decadência no direito civil, assinale a opção correta.

A) A prescrição não pode ser arguida em grau recursal.

B) Desde que haja consenso entre os envolvidos, é possível a renúncia prévia da decadência determinada por lei.

C) A prescrição não corre na pendência de condição suspensiva.

D) Ao celebrarem negócio jurídico, as partes, em livre manifestação de vontade, podem alterar a prescrição prevista em lei.

E) É válida a renúncia da prescrição, desde que determinada expressamente antes da sua consumação.

COMENTÁRIOS

Alternativa "c" - correta (responde as demais alternativas): Nos termos do art. 199, I do Código Civil, não corre a prescrição pendendo condição suspensiva, eis que o direito ainda não é exigível, diante da existência de cláusula que subordina o efeito do negócio a evento futuro e incerto.

Capítulo 6

Direito das obrigações

1. A RELAÇÃO JURÍDICA OBRIGACIONAL

1.1. Conceito

O atual Código Civil traz alterações quanto à ordem dos livros constantes da Parte Especial.

No Código de 1916, a Parte Especial iniciava-se com o direito de família. Na atual codificação, no entanto, a Parte Especial tem início com o direito das obrigações.

Isso mostra uma alteração significativa na sociedade brasileira.

Na vigência do Código Civil de 1916, a família era a base da sociedade, representada na pessoa do *pater familias*. Na vigência do Código Civil de 2002, a base da sociedade passa a ser a obrigação, representada pelos contratos, que passam a ter, inclusive, função social.

O Código Civil de 2002 não traz o conceito de obrigação. Tal fato é elogiado pela doutrina, que se incumbiu de conceituá-la.

Para Carlos Roberto Gonçalves, "obrigação é o vínculo jurídico que confere ao credor (sujeito ativo) o direito de exigir do devedor (sujeito passivo) o cumprimento de determinada prestação. Corresponde a uma relação de natureza pessoal, de crédito e débito, de caráter transitório (extingue-se pelo cumprimento), cujo objeto consiste numa prestação economicamente aferível"[1].

É comum pensar que *obrigação* guarde relação apenas com a prestação do devedor (sujeito passivo). Assim não o é, contudo, eis que o conceito técnico-jurídico de obrigação se refere à relação completa, estabelecida entre credor e devedor, de forma que abrange tanto a prestação do credor quanto do devedor.

1.2. Elementos constitutivos

1.2.1. Elemento subjetivo

O elemento subjetivo representa os sujeitos da obrigação. Nesse caso, cabe a observação de que o elemento subjetivo é duplo, vez que há um sujeito ativo e um sujeito passivo.

---

1. *Direito Civil*. Vol. II, 3ª ed. São Paulo: Saraiva, 2011, p. 37.

O sujeito ativo é o credor ou beneficiário da obrigação, que tem a prerrogativa de exigir o cumprimento da obrigação.

O sujeito passivo é o que se compromete a cumprir a prestação, ou melhor, que assume o dever jurídico de cumprir a obrigação, razão pela qual é comumente chamado de devedor.

Uma leitura superficial poderia levar à ideia de que credor e devedor são figuras dispostas em posições antagônicas. Na maioria das vezes, entretanto, não são.

Isso porque a grande maioria das relações obrigacionais são constituídas de forma bilateral, de forma que as partes passam a ser credoras e devedoras entre si, como ocorre nos contratos de venda e compra. Nessa modalidade contratual, o comprador assume a característica de credor em relação à entrega da coisa e de devedor quanto ao pagamento do preço. O vendedor, por sua vez, assume a condição de credor em relação ao preço e de devedor quanto à entrega da coisa.

Por vezes, os sujeitos da obrigação não são prontamente determinados, mas a fonte de obrigação fornece elementos capazes de proceder à identificação.

É o que ocorre, por exemplo, com o prêmio da loteria, cujo vencedor só é conhecido posteriormente, quando apresenta o bilhete premiado. De igual maneira ocorre quando se promete uma recompensa a quem encontrar um animal perdido. Nesse caso, o beneficiário da recompensa, quando esta é feita, ainda não é conhecido, eis que sua identificação somente ocorre posteriormente.

O sujeito passivo também pode ser momentaneamente não identificável, como se dá nas obrigações *propter rem*, que são as que recaem sobre a pessoa em razão de um direito real. Assim, as despesas de condomínio e o IPTU de um imóvel recaem sobre o novo adquirente, que deverá adimpli-las.

Cabe ressaltar, por fim, que qualquer pessoa, seja capaz ou incapaz, natural ou jurídica, pode figurar como sujeito ativo da obrigação. Se for incapaz, deverá ser representado ou assistido conforme o caso.

1.2.2. *Elemento objetivo*

O elemento objetivo é o *conteúdo* ou *objeto* da obrigação.

A obrigação possui um objeto *imediato* e um *mediato*.

O objeto imediato é a *prestação*, que pode ser positiva ou negativa. Será positiva quando tiver como conteúdo a entrega de uma coisa, que poderá ser certa ou incerta, ou o cumprimento de determinada tarefa. Será negativa quando o conteúdo corresponder a uma abstenção.

As prestações, então, se revestirão sempre de alguma das seguintes formas: a) de *dar*; b) de *fazer* ou c) de *não fazer*.

Aqui cabe a observação. O objeto imediato, que é a prestação, não se confunde com o bem jurídico prometido, que representa o *objeto mediato*.

Assim, na compra e venda de veículo, o vendedor tem a obrigação de dar o veículo alienado. A obrigação de entregar constitui o objeto imediato e o veículo o objeto mediato. Dessa forma, não se pode confundir a prestação (dar, fazer ou não fazer), com a coisa material ou tarefa prometida.

A prestação deve seguir os requisitos de validade do negócio jurídico. Isso significa que a prestação deve ser lícita, possível, determinada ou determinável, como explicado em tópico próprio.

O objeto da obrigação deve ser, ainda, economicamente apreciável. Relações jurídicas que não possuam conteúdo patrimonial, como algumas relacionadas ao direito de família, estão fora do alcance do direito das obrigações.

1.2.3. *Vínculo jurídico*

O vínculo jurídico é o elo existente entre os sujeitos ativo e passivo. É o que impõe o dever ao devedor de cumprir a obrigação e possibilita ao credor exigir o cumprimento.

O vínculo jurídico pode ter origem em um contrato, em uma declaração unilateral de vontade ou no ato ilícito, como será visto a seguir.

A doutrina moderna sustenta que nosso ordenamento adotou a *teoria dualista* das obrigações. Dessa forma, o vínculo jurídico é composto de dois elementos, o *débito* e a *responsabilidade*.

O *débito* corresponde ao dever de consciência que a lei impõe ao devedor para que cumpra a obrigação no prazo e forma pactuados. A *responsabilidade* corresponde ao direito conferido ao credor de exigir judicialmente o adimplemento da obrigação, com total submissão do patrimônio do devedor.

O Código Civil não conceitua o vínculo jurídico, mas sua ideia está consubstanciada no art. 391, que diz que "pelo inadimplemento das obrigações respondem todos os bens do devedor". Trata-se da consagração do princípio da responsabilidade patrimonial do devedor.

Não obstante a importância do tema, fato é que a redação do citado art. 391 é merecedora de crítica, eis que existem alguns bens do devedor que, por expressa previsão legal, estão impedidos de sofrer qualquer ato de constrição.

Por essa razão, a doutrina sustenta que é melhor a redação constante do art. 789 do novo CPC), que diz que "o devedor responde com todos os seus bens presentes e futuros para o cumprimento de suas obrigações, salvo as restrições estabelecidas em lei". O referido texto, que também consagra o princípio da responsabilidade patrimonial do devedor, é mais exato, na medida em que afasta da responsabilidade os bens não passíveis de penhora. Cabe lembrar que os bens absolutamente impenhoráveis estão elencados no art. 833 do novo CPC.

1.3. As fontes obrigacionais no direito brasileiro

O Código Civil não estabelece expressamente quais são as fontes do direito obrigacional. Essa tarefa é feita pela doutrina e pela jurisprudência.

As obrigações surgem por manifestações bilaterais ou plurilaterais de vontade, que são representadas pelos contratos. Surgem, igualmente, por manifestações unilaterais de vontade, como ocorre com a promessa de recompensa. Surgem, ainda, pelos atos ilícitos, que representam a conduta culposa que viola a lei e causa prejuízo a outrem.

Algumas obrigações, contudo, surgem por expressa imposição da lei, como se dá, por exemplo, com a obrigação alimentar, imposta entre parentes, cônjuges e conviventes.

Isso significa que a lei é fonte primária da obrigação. Por vezes, como dito, a obrigação surge diretamente da lei, e quando isso ocorre, age esta como fonte *imediata*. Outras vezes, a obrigação surge de uma manifestação da vontade (bilateral ou unilateral) ou de um ato ilícito. Nesses casos, a lei dá amparo para que tais atos produzam seus respectivos efeitos. Quando isso ocorre, age a lei como fonte *mediata*.

2. CLASSIFICAÇÃO DAS OBRIGAÇÕES

2.1. Introdução

A classificação das obrigações tem o objetivo de esquematizar as diversas espécies de obrigações como forma de facilitar o estudo. Contudo, não há um consenso na doutrina acerca das classificações, de maneira que existem variações conforme o enfoque que se pretende analisar.

O Código Civil de 2002 não abrange todas as espécies de obrigações, tendo em vista que a doutrina aponta a existência de outras obrigações que não encontram disciplina na atual codificação. Nesta obra serão analisadas apenas as obrigações reguladas pelo Código Civil.

2.2. Classificação quanto ao conteúdo do objeto obrigacional

2.2.1. *Obrigação de dar*

A obrigação de dar consiste na entrega ou restituição de determinada coisa pelo devedor ao credor. Em um contrato de comodato há a obrigação de dar quando o comodatário restitui a coisa emprestada gratuitamente.

Os atos de entregar ou restituir configuram-se pela *tradição*. Essa tradição pode se configurar com a entrega de coisa certa ou incerta.

O Código Civil disciplina as obrigações de dar coisa certa nos arts. 233 a 242 e as obrigações de dar coisa incerta nos arts. 243 a 246.

2.2.1.1. *Obrigação de dar coisa certa*

Segundo Carlos Roberto Gonçalves, "coisa certa é coisa *individualizada*, que se distingue das demais por características próprias, móvel ou imóvel"[2].

Nessa forma de obrigação, cabe ao devedor entregar ou restituir ao credor a coisa devidamente individualizada, como ocorre nos contratos de comodato, locação e compra e venda.

Não obstante tratar-se de entrega de coisa determinada, o credor não possui qualquer direito real sobre o objeto da relação obrigacional, uma vez que o contrato transfere apenas direitos pessoais.

Em um contrato de compra e venda, cabe ao vendedor entregar a coisa e ao comprador pagar o preço. A transferência do domínio somente ocorrerá com a tradição (art. 1.226 CC/02), para os bens móveis, e o registro (art. 1.227 CC/02), para os bens imóveis.

Nesse exemplo, se o vendedor não entrega a coisa vendida, o comprador não se pode valer de ação reivindicatória, eis que o contrato firmado nunca lhe transferiu o domínio, mas apenas direitos pessoais.

O comprador poderá, conforme seu interesse, valer-se da ação de rescisão contratual cumulando perdas e danos ou promover a ação que visa à entrega de coisa, nos termos do art. 806 do novo CPC.

No entanto, se o devedor, antes da propositura da ação, aliena o mesmo bem a terceiro, não poderá o primeiro adquirente valer-se das medidas previstas no art. 806 do novo CPC, eis que, por se tratar de direitos pessoais, não possui efeitos *erga omnes* contra terceiros. Nesse caso, o primeiro comprador terá a sua disposição apenas a ação de rescisão contratual, com a qual poderá cumular o pedido de perdas e danos.

Tendo em vista que essa modalidade obrigacional visa à entrega ou à restituição de coisa certa, ou seja, individualizada, o credor não pode ser compelido a aceitar coisa diversa, ainda que mais valiosa.

Tal fato encontra fundamento no art. 313 do atual Código, que diz que "o credor não é obrigado a receber prestação diversa da que lhe é devida, ainda que mais valiosa".

Interpretando-se em sentido contrário, o texto legal também impede que o credor exija coisa diversa, ainda que menos valiosa. Como a obrigação visa à entrega

---

2. *Direito Civil*. Vol. II, 3ª ed. São Paulo: Saraiva, 2011, p. 59.

ou à restituição de coisa individualizada, previamente convencionada, o credor não pode alterar o objeto da prestação e exigir coisa diversa que lhe seja preferível, ainda que menos valiosa.

A alteração do objeto obrigacional configura novação objetiva e só é admitida com o consentimento das partes do negócio, mediante a dação em pagamento (art. 356 CC/02).

Dispõe o **art. 233 que** "a obrigação de dar coisa certa abrange os acessórios dela embora não mencionados, salvo se o contrário resultar do título ou das circunstâncias do caso".

O citado dispositivo está em consonância com o princípio de que o acessório segue o principal. Como acessórios devem ser incluídos os frutos, os produtos e as benfeitorias.

No entanto, se, antes da tradição, a coisa se perder, ou seja, perecer, sem culpa do devedor, a obrigação será resolvida para ambas as partes, sem a incidência de perdas e danos. *Resolver* a obrigação significa recolocar as partes na situação em que estavam antes da celebração do negócio.

Frise-se que esta hipótese, prevista na primeira parte do art. 234 CC/02, só ocorre quando a coisa se perde sem a culpa do devedor, ou seja, quando a perda se dá em razão da ocorrência de caso fortuito e força maior.

Havendo culpa do devedor, vislumbrada em sentido amplo (dolo ou culpa em sentido estrito), responderá este pelo valor da obrigação acrescida de perdas e danos, conforme preceitua a segunda parte do art. 234 CC/02.

Segundo o **art. 235,** "deteriorada a coisa, não sendo o devedor culpado, poderá o credor resolver a obrigação, ou aceitar a coisa, abatido de seu preço o valor que perdeu".

O art. 235 se aplica quando a coisa certa a ser entregue se avaria ou se desvaloriza sem culpa do devedor.

Nesse caso, o credor tem à sua disposição duas opções:

a) Resolver a obrigação, restabelecendo-se as partes à situação em que estavam antes da obrigação, sem perdas e danos, eis que ausente o elemento culpa;

b) Aceitar a coisa deteriorada, com abatimento do preço, segundo o perecimento parcial da coisa.

O art. 236, por sua vez, prevê a hipótese de deterioração da coisa por culpa do devedor.

Nessa situação, o credor também terá duas opções:

a) Exigir o valor correspondente à obrigação, cumulando, se for o caso, perdas e danos;

b) Aceitar a coisa deteriorada no estado em que se encontre, cumulando, também se for o caso, perdas e danos.

Conforme leciona Carlos Roberto Gonçalves, "como no direito brasileiro o contrato, por si só, não transfere o domínio, mas apenas gera a obrigação de entregar a coisa alienada, enquanto não ocorrer a tradição, *na obrigação de entregar*, a coisa continuará a pertencer ao devedor"[3].

Esse é o preceito contido no **art. 237, que diz que** "até a tradição pertence ao devedor a coisa, com os seus melhoramentos e acrescidos, pelos quais poderá exigir aumento no preço; se o credor não anuir, poderá o devedor resolver a obrigação".

Observe que, valorizada a coisa, o devedor poderá exigir o aumento do preço, com vistas a manter o equilíbrio contratual e impedir o enriquecimento ilícito. Se o credor não concordar, o devedor poderá resolver a obrigação, sem perdas e danos, eis que não há culpa do credor.

O parágrafo único do art. 237 traz regra específica quanto aos frutos, prevendo que "os frutos percebidos são do devedor, cabendo ao credor os pendentes". Os frutos percebidos são do devedor, porque, até a tradição, a coisa lhe pertence. Os pendentes, contudo, são transmitidos com a coisa, passando a integrar o patrimônio do credor.

Na obrigação de *restituir* coisa certa, incumbe ao devedor devolver coisa que não lhe pertence, como ocorre nos contratos de comodato, locação e depósito.

Havendo o perecimento da coisa, antes da tradição e sem culpa do devedor, o prejuízo será suportado pelo credor, porquanto dono da coisa. Caberá ao credor apenas resolver a obrigação, ficando preservados seus direitos até o perecimento (art. 238 CC/02).

O ilustre Flávio Tartuce ilustra a questão, ensinando que "para concretizar a norma, imagine-se o caso de uma locação, em que há o dever de devolver o imóvel ao final do contrato. No caso de um incêndio causado por caso fortuito ou força maior e que destrói o apartamento, o locador (credor da coisa) não poderá pleitear um novo imóvel do locatário (devedor da coisa) que estava na posse do bem, ou o seu valor correspondente; mas terá direito aos aluguéis vencidos e não pagos até o evento danoso"[4].

No entanto, caso o perecimento da coisa ocorra por culpa do devedor, responderá este pela obrigação, acrescida de perdas e danos (art. 239 CC/02). Permanecendo no

---

3. *Direito Civil*. Vol. II, 3ª ed. São Paulo: Saraiva, 2011, p. 64.
4. *Direito Civil*. Vol. 2, 6ª ed. São Paulo: Método, 2013, p. 49.

exemplo do incêndio, caso este seja provocado por culpa do devedor (locatário), responderá este pelo valor do imóvel, sem prejuízo de perdas e danos.

De igual sorte, havendo deterioração da coisa a ser restituída, sem culpa do devedor, receberá o credor a coisa no estado em que se encontre, sem incidência de perdas e danos (art. 240, primeira parte, CC/02). Havendo, contudo, desvalorização da coisa a ser restituída, por culpa do devedor, responderá este pelo valor equivalente à coisa, sem prejuízo de perdas e danos (art. 240, segunda parte, CC/02).

Cabe destacar que a doutrina tem admitido a aplicação do art. 236 do CC/02, que permite ao credor optar entre o recebimento da coisa deteriorada ou a indenização equivalente, nos casos de obrigação de restituir (art. 240 do CC/02).

Nesse sentido, o Enunciado 15 do Conselho da Justiça Federal, aprovado na I Jornada de Direito Civil, dispõe que "as disposições do art. 236 do novo Código Civil também são aplicáveis à hipótese do art. 240, *in fine*".

Finalizando o tema, dispõe o **art. 241 que** "se, no caso do art. 238, sobrevier melhoramento ou acréscimo à coisa, sem despesa ou trabalho do devedor, lucrará o credor, desobrigado de indenização".

Assim, com o intuito de evitar o enriquecimento ilícito, os melhoramentos advindos à coisa reverterão em proveito do credor, se não for utilizado trabalho ou recursos do devedor. É o caso, por exemplo, do quanto preconizado pelo **art. 629, segundo o qual "o** depositário é obrigado a ter na guarda e conservação da coisa depositada o cuidado e diligência que costuma com o que lhe pertence, bem como a restituí-la, **com todos os frutos e acrescidos, quando o exija o depositante**" (grifo nosso).

Se, contudo, os melhoramentos forem fruto de trabalho ou do emprego de recursos do devedor, a questão se resolverá segundo as regras relativas às benfeitorias realizadas pelo possuidor de boa-fé ou de má-fé (art. 242 CC/02), já abordadas nessa obra no título próprio.

2.2.1.2. *Obrigação de dar coisa incerta*

Dispõe o **art. 243 que** "a coisa incerta será indicada, ao menos, pelo gênero e pela quantidade".

Enquanto a coisa certa é individualiza, como, por exemplo, um veículo que pode ser identificado pela marca, modelo, cor, chassi etc., a "coisa incerta" tem como objeto coisa indeterminada, mas determinável pelo gênero e quantidade.

Carlos Roberto Gonçalves leciona que "é indispensável, portanto, nas obrigações de dar coisa incerta, a *indicação*, de que fala o texto. Se faltar também o gênero, ou a quantidade (qualquer desses elementos), a indeterminação será absoluta, e a avença, com tal objeto, não gerará obrigação. Não pode ser objeto de prestação, por exemplo, a de "entregar sacas de café", por faltar a quantidade, bem como a de entregar "dez sacas", por faltar o gênero"[5].

Nos termos do art. 244, a escolha da coisa incerta cabe ao devedor, se não houver estipulação em contrário. O ato de escolha ou de determinação da coisa, recebe o nome de *concentração* e constitui um ato jurídico unilateral.

Segundo o mesmo dispositivo, não pode o devedor selecionar a coisa pior, mas também não pode ser compelido a entregar a melhor. Trata-se da consagração do princípio da equivalência das prestações e do princípio que impede o enriquecimento sem causa. Isso porque a escolha do objeto deve recair sobre coisa intermediária.

Embora o art. 244 trace as regras de indicação da coisa pelo devedor, a doutrina moderna, fundamentada no princípio da isonomia e da boa-fé objetiva, defende que tais regras são aplicáveis, também, quando a escolha competir ao credor. Assim, o credor não poderá selecionar a coisa mais valiosa, nem será obrigado a escolher a menos valiosa.

Após o ato de concentração, e tendo sido cientificado o credor, o art. 245 determina que sejam aplicadas as regras relativas à obrigação de dar coisa certa.

Estabelece o **art. 246 que** "antes da escolha, não poderá o devedor alegar perda ou deterioração da coisa, ainda que por força maior ou caso fortuito".

Há que se distinguir os efeitos da obrigação de dar coisa incerta em dois momentos distintos, isto é, antes da escolha e depois da escolha.

Na realidade, a expressão "antes da escolha", constante do art. 246, tem recebido inúmeras críticas da doutrina, porque não basta que o devedor selecione ou separe o objeto da obrigação. É necessário que, após a escolha, o devedor, para ficar exonerado da obrigação, pratique um ato positivo de colocar o objeto à disposição do credor. Esse ato positivo é representado pela ciência ao credor, indicada no art. 245 do Código.

Pois bem. Uma vez superada tal observação, cabe retomar que, antes da escolha, não ocorrerá o perecimento ou desvalorização da coisa, ainda que por caso fortuito ou força maior, tendo em vista que o gênero jamais perece.

Com efeito, antes do ato de concentração, o objeto permanece indeterminado, cabendo a identificação apenas pela quantidade e gênero. Quem assume a obrigação de entregar dez sacas de soja, continuará obrigado à prestação mesmo que pereçam todas as suas sacas de soja, pois o devedor pode adquiri-las de terceiros. Assim, antes da escolha, o devedor não poderá justificar o inadimplemento nem mesmo invocando causas excludentes da responsabilidade civil, como o caso fortuito e força maior.

---

5. *Direito Civil*. Vol. II, 3ª ed. São Paulo: Saraiva, 2011, p. 77.

Após a individualização da coisa, quando a obrigação passará a ser de dar coisa certa, as questões relativas ao perecimento e deterioração serão solucionadas pelas regras referentes a essa modalidade, segundo a disposição dos arts. 233 a 242 do atual Código Civil.

2.2.2. *Obrigação de fazer*

Para Flávio Tartuce, "a obrigação de fazer (*obligatio ad faciendum*) pode ser conceituada como uma obrigação positiva cuja prestação consiste no cumprimento de uma tarefa ou atribuição por parte do devedor"[6].

A análise do referido conceito poderia levar a conclusão de que existe uma aparente confusão entre as obrigações de dar e de fazer. Essa suposta confusão se dá, porque, no final das contas, *dar* ou *entregar* algo corresponde a *fazer* algo.

Cabe acrescentar, contudo, que tal confusão não existe.

A doutrina moderna aponta várias distinções entre essas duas espécies de obrigações. Uma delas é que, nas obrigações de dar, o interesse do credor recai sobre o objeto da prestação, pouco importando as características pessoais do devedor. Nas obrigações de fazer, entretanto, sobretudo nas obrigações infungíveis, as qualidades do devedor são indispensáveis.

A diferença mais relevante é apontada por Washington de Barros Monteiro, citado por Carlos Roberto Gonçalves. Segundo ele o "*substractum* da diferenciação está em verificar se o *dar* ou o *entregar* é ou não consequência do *fazer*. Assim, se o devedor tem de dar ou de entregar alguma coisa, não tendo, porém, de fazê-la previamente, a obrigação é de dar; todavia, se, primeiramente, tem ele de confeccionar a coisa para depois entregá-la, se tem ele de realizar algum ato, do qual será mero corolário o de dar, tecnicamente a obrigação é de fazer"[7].

Como exemplo, pode ser citada uma obrigação que recaia sobre uma escultura. Se a escultura ainda não existe e o devedor deve confeccioná-la, a obrigação será de fazer. Se, contudo, a escultura já existe, a obrigação será de dar.

A obrigação de fazer pode ser:

a) *Fungível*: que é aquela que pode ser cumprida por outra pessoa, por não exigir qualidades ou atribuições especiais. Nesse caso, as despesas relativas ao cumprimento da obrigação correrão por conta do devedor, segundo o que dispõem os arts. 816 e 817, ambos do Código de Processo Civil. É o caso, por exemplo, de um pedreiro contratado para levantar um muro. Não o fazendo, o credor poderá promover a execução por terceiro;

6. *Direito Civil*. Vol. 2, 6ª ed. São Paulo: Método, 2013, p. 57.
7. *Direito Civil*. Vol. II, 3ª ed. São Paulo: Saraiva, 2011, p. 85.

b) *Infungível*: que é a prestação que deve ser cumprida pessoalmente pelo devedor, por exigir qualidades especiais que só o devedor tem. Por isso se diz que a obrigação de fazer infungível é *intuito personae*. A prestação infungível pode ter origem na vontade das partes ou pela natureza da prestação. Em qualquer desses casos, o devedor só se eximirá da obrigação se a cumprir pessoalmente, como ocorre, por exemplo, com um famoso cirurgião plástico contratado para realizar uma cirurgia estética.

Os arts. 247 a 249 do Código Civil de 2002 regulam o inadimplemento das obrigações de fazer, seja por recusa do devedor, seja porque a prestação tornou-se impossível pela culpa ou não do devedor.

Dispõe o art. 247 que "incorre na obrigação de indenizar perdas e danos o devedor que recusar a prestação a ele só imposta, ou só por ele exequível".

O texto trata da *recusa* do devedor no cumprimento da obrigação de fazer infungível, disciplinando que a recusa resolve-se em perdas e danos, porque configura culpa. Nesse caso, efetivamente, não há como compelir o devedor a cumprir a obrigação. No entanto, o credor pode promover a execução específica, constante do art. 497 do Código de Processo Civil, que visam, de forma indireta e através da imposição de multa diária, obrigar o devedor a adimplir o que se obrigou.

Nos termos do **art. 248**, "se a prestação do fato tornar-se impossível sem culpa do devedor, resolver-se-á a obrigação; se por culpa dele, responderá por perdas e danos".

Há, portanto, duas previsões. A primeira é que o cumprimento da prestação tornou-se impossível sem culpa do devedor. Nesse caso, a obrigação será resolvida, sem a imposição de perdas e danos, porque o devedor não pode cumprir algo que é impossível.

A segunda é que o cumprimento da prestação tornou-se impossível por culpa do devedor. Nessa situação, a impossibilidade é criada pelo devedor, de forma que este passa a responder pelos prejuízos suportados pelo credor (perdas e danos).

Exemplificando, se um cantor famoso, às vésperas da apresentação contratada, é acometido por uma doença que lhe retira a voz, ficará liberado da obrigação porque a impossibilidade surgiu de eventos imprevisíveis e inevitáveis. Restará, contudo, o dever de restituir eventuais quantias adiantadas. No entanto, se na véspera da apresentação, o mesmo cantor viajar para local distante, ficará obrigado a indenizar o credor, porque a impossibilidade foi criada por culpa do devedor.

O **art. 249 trata da obrigação de fazer fungível ao dispor que "s**e o fato puder ser executado por terceiro, será livre ao credor mandá-lo executar à custa do devedor, havendo recusa ou mora deste, sem prejuízo da indenização cabível".

Como vimos, na obrigação de fazer fungível o que interessa ao credor é, propriamente, a realização do ato do ato em si, pouco importando a pessoa que o realizará.

Nesse caso, o credor poderá providenciar que terceiro execute a tarefa, imputando as despesas ao devedor, sem prejuízo da indenização pelos prejuízos que suportar.

Muitas vezes, contudo, a demora de um provimento jurisdicional pode colocar em risco o direito tutelado.

Com isso em vista, o parágrafo único do art. 249 dispõe que "em caso de urgência, pode o credor, independentemente de autorização judicial, executar ou mandar executar o fato, sendo depois ressarcido".

Assim, se, por exemplo, em um contrato de locação de imóvel, o locador se comprometer a consertar as telhas quebradas do telhado, porquanto em época de chuvas, e não o fizer, poderá o credor promover a execução por terceiro e depois pleitear o ressarcimento.

O procedimento para a execução de obrigação de fazer fungível está previsto nos arts. 634 a 637 do Código de Processo Civil.

2.2.3. *Obrigação de não fazer*

A obrigação de não fazer tem como objeto uma abstenção por parte do devedor. Por tal razão, a doutrina aponta que enquanto a obrigação de fazer é uma prestação de fato *positiva*, a obrigação de não fazer é uma prestação de fato *negativa*.

O devedor, por disposição legal ou contratual, fica impedido de realizar um ato que normalmente seria lícito e poderia realizar.

A obrigação de não fazer pode ter origem legal, como a que ocorre com as hipóteses previstas nos arts. 1.301 e 1.303, ambos do Código Civil, ou convencional, como se dá, por exemplo, nos contratos de confidencialidade e não divulgação de informações tecnológicas e segredos industriais.

A obrigação de não fazer quase sempre é infungível, porquanto personalíssima, e predominantemente indivisível pela sua natureza, como preceitua o art. 258 do CC/02[8].

Por força do art. 390 CC/02, o descumprimento da obrigação de não fazer ocorre quando o devedor pratica o ato de que devia se abster.

A obrigação será extinta se o cumprimento da prestação tornar-se impossível sem culpa do devedor, como preceitua o art. 250 do CC/02. Nesse caso, a obrigação será resolvida, sem a incidência de qualquer indenização.

No entanto, dispõe o **art. 251 que** "praticado pelo devedor o ato, a cuja abstenção se obrigara, o credor pode exigir dele que o desfaça, sob pena de se desfazer à sua custa, ressarcindo o culpado perdas e danos".

---

8. TARTUCE, Flávio. *Direito Civil*. Vol. 2, 6ª ed. São Paulo: Método, 2013, p. 65.

O referido texto legal afirma que, nas obrigações de não fazer, o inadimplemento ocorre com a prática do ato. Segundo o mesmo dispositivo, o credor pode exigir que o devedor o desfaça pessoalmente, ou poderá requerer judicialmente que o ato seja desfeito por terceiros. Em ambos os casos, o devedor responderá por perdas e danos como consequência do inadimplemento. No entanto, dadas as particularidades do caso, é possível que o credor pleiteie apenas as perdas e danos, vez que, muitas vezes, é impossível que o devedor desfaça o ato, como ocorre, por exemplo, na divulgação de segredos industriais e de tecnologia.

O **parágrafo único do art. 251 estabelece que** "em caso de urgência, poderá o credor desfazer ou mandar desfazer, independentemente de autorização judicial, sem prejuízo do ressarcimento devido".

Trata-se de dispositivo semelhante ao constante do parágrafo único do art. 249, já comentado, ao qual nos remetemos.

2.3. Classificação quanto à presença de elementos obrigacionais

2.3.1. *Obrigações solidárias*

2.3.1.1. *Regras gerais*

O estudo das obrigações solidárias é de extrema importância dada a sua utilidade prática que visa facilitar o cumprimento da obrigação.

Esclarece o **art. 264 que** "há solidariedade, quando na mesma obrigação concorre mais de um credor, ou mais de um devedor, cada um com direito, ou obrigado, à dívida toda".

A obrigação solidária tem como característica principal a pluralidade de sujeitos, que podem exigir ou responder pela totalidade da prestação. Segundo Silvio de Salvo Venosa, "a obrigação é solidária quando a totalidade de seu objeto pode ser reclamada por qualquer dos credores ou qualquer dos devedores"[9].

Então, a solidariedade pode ser ativa, quando há pluralidade de credores, passiva, quando há pluralidade de devedores, ou, ainda, ambas, quando houver pluralidade de credores e devedores simultaneamente.

Isso significa que na solidariedade ativa, para efeitos obrigacionais, todos os credores são vistos como um único credor, de forma que um credor solidário pode exigir o cumprimento da obrigação por inteiro.

De igual sorte, na solidariedade passiva, todos os devedores, para efeitos obrigacionais, são vistos como um único devedor, de maneira um devedor solidário pode ser compelido a cumprir integralmente a obrigação.

---

9. *Direito Civil*. Vol. 2, 4ª ed. São Paulo: Atlas, 2004, p. 130.

Dispõe o **art. 265 que**"a solidariedade não se presume; resulta da lei ou da vontade das partes".

O referido dispositivo consagra o princípio da inexistência de solidariedade presumida. Só há solidariedade por disposição legal ou contratual, porque a solidariedade significa, em princípio, um aumento ou agravamento da responsabilidade do devedor.

Como exemplo de solidariedade derivada da lei pode ser citado o art. 942, parágrafo único, do Código Civil, que estabelece a responsabilidade solidária das pessoas elencadas no art. 932, ou seja, pais e filhos, patrões e empregados etc. Isso significa que a vítima pode, a seu absoluto critério, acionar judicialmente qualquer deles ou todos, seja o pai, o filho ou ambos.

Como exemplo de solidariedade derivada do contrato pode ser citado o contrato de locação, que prevê, expressamente, a solidariedade entre locatário e fiador. A responsabilidade entre eles, em regra, é subsidiária, porque o fiador tem à sua disposição o benefício de ordem previsto no art. 827 do Código Civil. No entanto, na prática, a solidariedade entre locatário e fiador é inserida em cláusula expressa nos contratos de locação.

O art. 266 consagra o princípio de que a solidariedade pode ser de modalidade diferente para um ou alguns codevedores ou cocredores. Veja o citado dispositivo:

> **Art. 266** A obrigação solidária pode ser pura e simples para um dos cocredores ou codevedores, e condicional, ou a prazo, ou pagável em lugar diferente, para o outro.

O art. 266 estabelece que, vislumbrada a pluralidade de sujeitos, podem eles ser obrigados de forma diversa sem que isso traga prejuízo à solidariedade. Em outras palavras, a solidariedade admite multiplicidade de vínculos obrigacionais distintos.

Assim, admite-se que a obrigação seja pura e simples para alguns codevedores ou cocredores e condicional para outros. Admite-se, ainda, que o local de pagamento seja diverso para os codevedores.

Havendo, por exemplo, solidariedade passiva em que há uma obrigação pura e simples para um codevedor e condicional para outro, poderá o credor exigir o adimplemento integral da obrigação do codevedor cuja obrigação é pura e simples, vez que não há óbice para o cumprimento da prestação. Eventual direito de regresso do codevedor que cumpriu a prestação somente pode ser utilizado após a ocorrência do evento futuro e incerto, que obriga o codevedor condicional.

2.3.1.2. *Da obrigação solidária ativa*

A solidariedade ativa está disciplinada nos arts. 267 a 274 do atual Código Civil.

Dispõe o **art. 267 que** "cada um dos credores solidários tem direito a exigir do devedor o cumprimento da prestação por inteiro".

> "Na solidariedade ativa concorrem, assim, dois ou mais credores, podendo qualquer deles receber integralmente a prestação devida. O devedor libera-se pagando a qualquer dos credores, que, por sua vez, pagará aos demais a quota de cada um"[10].

Imagine, por exemplo, que uma pessoa pretenda alugar um imóvel que tenha oito proprietários condôminos. Sem a solidariedade ativa, o devedor/locatário, para se eximir do aluguel, deverá rateá-lo em oito partes e pagar cada quota ao respectivo credor/locador. O devedor/locatário, na realidade, estará obrigado a fazer oito pagamentos pelo aluguel de um imóvel. No entanto, com a solidariedade ativa consubstanciada no contrato, todos os credores/locadores serão vistos como um único credor, de forma que o devedor, pagando a totalidade do aluguel a um deles, estará pagando bem e se eximirá da obrigação (art. 268 CC/02). Caberá ao credor que recebeu, posteriormente, fazer o rateio aos demais (art. 272 do CC/02).

Parte da doutrina critica a solidariedade ativa argumentando que, nessa modalidade, os cocredores ficam reféns uns dos outros. Assim, no exemplo citado, se um dos cocredores perder a confiança no credor eleito para receber o aluguel, não terá ele qualquer medida unilateral para revogar a solidariedade criada. Tal revogação só é possível pela decisão unânime dos cocredores. Embora exista o inconveniente citado, a solidariedade ativa traz comodidade ao devedor.

De igual sorte, nos termos do art. 267, cada um dos credores solidários pode exigir o cumprimento integral da obrigação. Isso indica que o devedor não se libera da obrigação entregando ao cocredor exigente apenas a quota parte que cabe a este, vez que, neste caso, deve adimplir integralmente a prestação. Assim ocorre com as contas bancárias conjuntas, nas quais cada correntista (credor) pode movimentar e sacar todo o dinheiro depositado, não podendo o banco (devedor) recusar o saque, diante da solidariedade ativa entre os correntistas.

Segundo o **art. 270,** "se um dos credores solidários falecer deixando herdeiros, cada um destes só terá direito a exigir e receber a quota do crédito que corresponder ao seu quinhão hereditário, salvo se a obrigação for indivisível".

O dispositivo consagra o princípio da *refração do crédito*, que serve para distinguir a solidariedade da indivisibilidade. Dessa forma, em princípio, os herdeiros do credor falecido não poderão exigir o cumprimento integral da obrigação, uma vez que os herdeiros sucedem por quinhão, ou seja, os direitos passam a ser transmitidos de forma conjunta a todos os herdeiros e não a apenas um deles, isoladamente. Caberá aos herdeiros exigir, tão somente, a parte devida a cada um.

Exemplificando, caso o credor falecido tenha um crédito de vinte mil reais, cada um de seus quatro herdeiros poderá demanda contra o devedor e exigir apenas o valor de cinco mil reais, que representa o quinhão de cada herdeiro.

---

10. GONÇALVES, Carlos Roberto. *Direito Civil*. Vol. II, 3ª ed. São Paulo: Saraiva, 2011, p. 138.

Os herdeiros do credor falecido somente poderão demandar pelo cumprimento integral da obrigação, quando: a) houver um único herdeiro, ocasião em que assumirá a posição e condição do credor falecido; b) todos os herdeiros atuarem conjuntamente; e c) a obrigação for indivisível, porque, nesse caso, a prestação não pode ser partilhada.

Ainda que a obrigação seja convertida em perdas e danos, subsiste aos credores solidários o direito de exigir o pagamento integral da indenização fixada (art. 271 CC/02).

Nos termos do **art. 273**, "a um dos credores solidários não pode o devedor opor as exceções pessoais oponíveis aos outros".

Isso significa que o devedor não pode defender-se de um credor solidário utilizando-se de matéria de defesa que tem contra outro credor solidário.

> "Para ilustrar, se o devedor foi coagido por um credor solidário a celebrar determinado negócio jurídico, a anulabilidade do negócio somente poderá ser oposta em relação a esse credor, não em relação aos demais credores, que nada têm a ver com a coação exercida"[11].

Geralmente, as exceções de que trata o art. 273 são os vícios de consentimento, inadimplemento de condição e incapacidade jurídica.

Encerrando o presente estudo, o **art. 274** preleciona que "o julgamento contrário a um dos credores solidários não atinge os demais; mas o julgamento favorável aproveita-lhes, sem prejuízo de exceção pessoal que o devedor tenha direito de invocar em relação a qualquer deles".

O texto representa uma novidade na atual codificação.

A primeira parte do dispositivo é evidente, porque, primeiro, a solidariedade é caracterizada pela multiplicidade de vínculos obrigacionais e, segundo, porque dispor de forma contrária seria permitir que a coisa julgada atingisse quem não é parte no processo (terceiros), o que não é admitido pela sistemática processual (art. 506 do novo CPC).

A segunda parte, por sua vez, também traz importante preceito, porque a solidariedade objetiva unificar as múltiplas pessoas. "Embora se tenha, na solidariedade, mais de um credor, qualquer deles representa a totalidade ativa"[12].

Não obstante, o pagamento feito ao credor solidário demandante terá efeito liberatório ao devedor, eis que o recebimento do direito pelo demandante extingue o direito dos demais, que terão ação contra o credor que recebeu a prestação.

---

11. TARTUCE, Flávio. *Direito Civil*. Vol. 2, 6ª ed. São Paulo: Método, 2013, p. 78/79.
12. GONÇALVES, Carlos Roberto. *Direito Civil*. Vol. II, 3ª ed. São Paulo: Saraiva, 2011, p. 147.

2.3.1.3. *Da obrigação solidária passiva*

Na solidariedade passiva, "cada devedor está obrigado à prestação na sua integralidade, como se tivesse contraído sozinho o débito. Assim, na solidariedade passiva unificam-se os devedores, possibilitando ao credor, para maior segurança do crédito, exigir e receber de qualquer deles o adimplemento, parcial ou total, da dívida comum"[13].

A solidariedade passiva tem como pilares os princípios da *unidade de dívida* e da *pluralidade de vínculos*. É caracterizada pelo fato de o credor poder exigir o cumprimento parcial ou total da obrigação de um ou de todos os devedores comuns (CC/02, art. 275, primeira parte). Caso haja o pagamento parcial por um deles, todos os demais devedores continuam obrigados a responder pelo restante (CC/02, art. 275, segunda parte). Não configura renúncia à solidariedade o fato de o credor acionar apenas um ou alguns dos codevedores e deles receber apenas parte da dívida (CC/02, art. 275, parágrafo único).

Na solidariedade passiva, as relações jurídicas devem ser analisadas sob dois aspectos: a) o externo, que disciplina a relação dos devedores perante o credor; e o b) interno, que regula a relação dos devedores entre si.

No aspecto externo, perante o credor, todos os codevedores são vistos como um único devedor, obrigando-se cada um, isoladamente, pela integralidade da dívida comum (art. 275 CC/02). Isso significa que o credor tem a liberdade de acionar todos os codevedores conjuntamente, ou, simplesmente, optar por receber a prestação do codevedor que possui maior patrimônio. Observe que não é necessário que o credor litigue, necessariamente, contra todos. Na solidariedade passiva, o credor é livre para litigar contra um ou todos os codevedores.

No aspecto interno, todos os codevedores são responsáveis uns em relação aos outros, pois as obrigações de cada um são individuais e autônomas. Dessa maneira, o codevedor que for compelido a cumprir integralmente a obrigação poderá acionar regressivamente os demais codevedores, segundo a proporção de cada um.

Tome-se como exemplo um contrato de empréstimo em que o credor tem o direito de receber quinze mil reais de três devedores solidários. Nos termos do art. 275 do CC/02, poderá o credor exigir o pagamento integral de um, de dois ou dos três codevedores (aspecto externo), porque cada um deles é visto como um único devedor. No entanto, se apenas um codevedor for compelido a pagar a dívida toda, poderá acionar regressivamente os outros dois para receber, de cada um, a quantia de cinco mil reais (aspecto interno).

Segundo o **art. 276,** "se um dos devedores solidários falecer deixando herdeiros, nenhum destes será obrigado a pagar senão a quota que corresponder ao seu

13. DINIZ, Maria Helena. *Curso de Direito Civil Brasileiro*. 28ª ed., v. 2. São Paulo: Saraiva, p. 197/198.

quinhão hereditário, salvo se a obrigação for indivisível; mas todos reunidos serão considerados como um devedor solidário em relação aos demais devedores".

Com a morte de um dos devedores solidários, cessa a solidariedade em relação aos sucessores. O dispositivo está em perfeita consonância com o art. 1.792, primeira parte, do atual Código, que consagra que cada herdeiro somente responde pelas dívidas do *de cujus* segundo as forças da herança, salvo se a obrigação for indivisível. Está em consonância, também, com o art. 270 do CC/02, já estudado.

Conforme o exemplo citado, imagine o contrato de empréstimo com uma dívida de quinze mil reais assumida por três devedores solidários. Havendo a morte de um dos codevedores e deixando ele cinco herdeiros, cada herdeiro será responsabilizado apenas pelo valor de mil reais, pois, com a morte, a solidariedade cessa em relação aos herdeiros. Cabe acrescentar, ainda, que os herdeiros do *de cujus* somente poderão ser responsabilizados pelos mil reais se receberem herança em valor igual ou superior, conforme interpretação conjugada nos arts. 276 e 1.792, primeira parte, ambos do CC/02.

Solução diferente só é possível se a obrigação for indivisível, caso em que cada sucessor ou codevedor será obrigado pela dívida toda, uma vez que o objeto da obrigação não comporta fracionamento.

Nos termos do **art. 278**, "qualquer cláusula, condição ou obrigação adicional, estipulada entre um dos devedores solidários e o credor, não poderá agravar a posição dos outros sem consentimento destes".

O texto consagra o princípio da representação mútua entre os codevedores, com a presunção de que, diante da pluralidade de vínculos, cada codevedor é representante de todos e de cada um.

Tal representação, evidentemente, possui limites. Um codevedor não poderá agravar a situação dos outros, porque ninguém poderá ser compelido a cumprir prestação a que não consentiu. Isso é o que dispõe o art. 278.

Interpretando o art. 278, conclui-se que os atos praticados por um dos codevedores que visam desonerar ou extinguir a obrigação beneficiam os demais codevedores. Veja que o art. 278 impede que um codevedor *agrave* a posição dos demais, não havendo qualquer vedação a que ele *melhore* a posição dos demais.

Dessa forma, um codevedor que, à revelia dos demais, pactua com o credor taxa de juros mais elevada, trará sobre si o dever de suportar os efeitos de tal pacto. Os demais codevedores que não consentiram não serão obrigados a adimplir a nova situação criada pela vontade única do codevedor. No entanto, se um codevedor for bem-sucedido em negociar taxa de juros menores ou um abatimento na dívida, tais situações beneficiarão a todos os codevedores.

Os arts. 279 e 280 do atual Código Civil contêm disposições importantes, que possuem algumas semelhanças.

Segundo o art. 279, todos os codevedores continuarão responsáveis pelo cumprimento da obrigação, ainda que esta se torne impossível por culpa de um deles. No entanto, as perdas e danos somente serão suportados pelo devedor solidário que deu causa.

Observe que o texto fala em culpa, que, no caso, deve ser entendida em seu sentido amplo (dolo e culpa). Caso a obrigação se torne impossível em razão de caso fortuito ou força maior, estará, em princípio, livre o devedor, segundo disposto no art. 393 do Código.

De igual sorte, o art. 280 dispõe que, perante o credor, todos os codevedores são responsáveis pelo pagamento dos juros de mora, que incidem pelo atraso no cumprimento da prestação. Contudo, nas relações entre os codevedores, tais juros serão suportados por aquele que deu causa à mora.

O art. 282 possibilita ao credor renunciar a solidariedade, parcial ou totalmente. Não se trata de renúncia ao objeto da prestação, mas à pluralidade de vínculos existentes entre os devedores.

O parágrafo único do mesmo artigo estabelece que, em caso de renúncia parcial, feita em relação a um ou mais devedores, a solidariedade persistirá em relação aos demais.

O ilustre Flávio Tartuce exemplifica que "se *A* é o credor de uma dívida de R$ 30.000,00, havendo três devedores solidários, *B*, *C* e *D*, e renuncia à solidariedade em relação à *B*, este estará exonerado da solidariedade, mas continua sendo responsável por R$ 10.000,00. Quanto aos demais devedores, por óbvio, continuam respondendo solidariamente pela dívida"[14].

Finalmente, o art. 282 consagra o direito de regresso ao devedor solidário que cumpriu integralmente a obrigação. Poderá ele exigir a quota devida a cada um dos codevedores.

O direito de regresso consagrado pelo dispositivo é reflexo da sub-rogação legal, prevista no art. 346, III do Código Civil. Para o exercício do direito de regresso, estabelecido no art. 282, é necessário que o devedor solidário tenha pago a dívida por inteiro.

2.4. Classificação quanto à divisibilidade do objeto obrigacional

Essa classificação leva em consideração o objeto obrigacional, perquirindo se admite ou não fracionamento. A doutrina aponta que tal classificação só tem relevância quando existe pluralidade de sujeitos, sejam credores ou devedores. Havendo apenas um credor e um devedor, a obrigação será única e simples.

Assim, quanto à divisibilidade do objeto, as obrigações poderão ser:

---

14. *Direito Civil*. Vol. 2, 6ª ed. São Paulo: Método, 2013, p. 85.

a) *Divisíveis*: quando tem por objeto uma coisa ou fato que admite fracionamento;

b) *Indivisíveis*: quando tem por objeto uma coisa ou fato não suscetíveis de divisão.

A doutrina dominante sugere que os conceitos de obrigação divisível e indivisível estão relacionados com as noções de bem divisível e indivisível (arts. 87 e 88 do CC/02).

Nas obrigações divisíveis, ocorre um rateio na obrigação, que se fraciona originando obrigações distintas segundo a quantidade de pessoas envolvidas. Dessa forma, nos termos do art. 257 do Código, cada credor só pode exigir a sua quota e cada devedor só responde por sua parte.

Dessa forma, se três credores possuem um crédito de R$ 30.000,00 em relação a um devedor, este, para se eximir da obrigação, deverá pagar a quantia de R$ 10.000,00 a cada um deles, vez que o cumprimento comporta divisão. Em caso de inadimplemento, cada credor poderá exigir apenas o valor de sua quota.

Esse rateio, contudo, é afastado em duas situações excepcionais: a) a da solidariedade, já estudada; e b) da indivisibilidade, que será analisada a seguir.

Segundo o **art. 258,** "a obrigação é indivisível quando a prestação tem por objeto uma coisa ou um fato não suscetível de divisão, por sua natureza, por motivo de ordem econômica, ou dada a razão determinante do negócio jurídico".

Assim como ocorre com os bens indivisíveis, estudados no capítulo III, a indivisibilidade pode ser:

a) *Natural*, quando resulta do próprio objeto da prestação, que não admite fracionamento. É indivisível, portanto, a obrigação de entregar um animal, porque este não pode ser entregue em partes;

b) *Legal*, quando a indivisibilidade decorre da lei. Muitas vezes, a lei tem o interesse público ou social de manter certas coisas como indivisíveis, como sucede com a servidão, o penhor e a hipoteca.

c) *Convencional*, quando resulta da vontade das partes. Nesse caso, a obrigação, originariamente divisível, torna-se indivisível pelo desejo das partes, cuja convenção afasta o cumprimento fracionado.

Em se tratando de obrigações indivisíveis, quando houver pluralidade de devedores, cada um será obrigado pela dívida toda, conforme preceitua o *caput* do art. 259 do CC/02.

A obrigatoriedade no cumprimento integral da prestação, consubstanciada pelo art. 259, tem origem na indivisibilidade do objeto, que, frise-se, pode ser natural, legal ou convencional. Assim, um dos devedores estará impossibilitado de cumprir apenas a parte que lhe cabe, porque a coisa é indivisível.

A diferença substancial entre a obrigação indivisível e a solidária é exatamente a origem, pois enquanto a primeira deriva na indivisibilidade do objeto, a segunda tem origem na lei ou no contrato. E mais, o dever de adimplir a dívida toda, no caso do art. 259, desaparece caso a obrigação indivisível seja convertida em perdas e danos (art. 263 CC/02). Nessa hipótese, a obrigação tornar-se-á divisível, respondendo cada devedor por sua parte.

Segundo o parágrafo único do art. 259, o devedor que pagar toda a dívida se sub-rogará no direito do credor em relação aos outros devedores. Trata-se de corolário do art. 346, III do CC/02.

Quando houver, nas obrigações indivisíveis, pluralidade de credores, cada um deles poderá exigir o cumprimento integral, pois, como visto, o objeto da prestação não comporta fracionamento (art. 260, primeira parte do CC/02). Assim, o credor que pretende o cumprimento da obrigação, não fica refém do cocredor que permanece inerte.

Contudo, em tais situações, o devedor somente se exime da obrigação pagando: a) a todos os credores conjuntamente (art. 260, I do CC/02), ocasião em que o devedor deverá chamar todos os credores no momento de adimplir a obrigação; ou b) a um dos credores, exigindo deste caução de ratificação dos outros credores (art. 260, II do CC/02). Caso o credor não forneça a caução, o devedor deverá constituir todos os credores em mora em depositar em juízo a coisa que representa o objeto da prestação.

Dispõe o **art. 261 que "s**e um só dos credores receber a prestação por inteiro, a cada um dos outros assistirá o direito de exigir dele em dinheiro a parte que lhe caiba no total".

O dispositivo impede o enriquecimento ilícito do credor que recebeu além de sua quota, o qual deverá restituir as quotas dos demais credores em dinheiro. A solução do art. 261 representa uma regra geral, devendo ser aplicada quando não há estipulação em contrário firmada pelos credores.

De igual sorte, o perdão, a transação, a novação ou a compensação efetuados por um dos credores para com o devedor, terão efeitos somente em relação à quota desse credor, porque configuram, de alguma forma, atos de disposição patrimonial. Persistirá a obrigação, contudo, para com os outros credores, que poderão exigir a prestação, descontada a parte do credor responsável pelo perdão, transação, novação ou compensação (art. 262 CC/02). A mesma solução será dada nos casos em que houver *confusão* entre credor e devedor.

2.5. Classificação quanto ao modo de execução

2.5.1. *Das obrigações alternativas*

Para a professora Maria Helena Diniz, "a obrigação alternativa ou disjuntiva é a que contém duas ou mais prestações com objetos distintos, da qual o devedor se libera com o cumprimento de uma só delas, mediante escolha sua ou do credor"[15].

Nas obrigações alternativas existem duas ou mais prestações, mas o devedor dela se exonera cumprindo apenas uma. Há, pois, múltiplas prestações e liberação pelo cumprimento de apenas uma, pois o credor se satisfaz com qualquer delas.

Carlos Roberto Gonçalves, citando Carlos Alberto Bittar, esclarece que "trata-se, pois, de obrigação única, com prestações várias, realizando-se, pela escolha, com força retroativa, a concentração numa delas e a consequente exigibilidade, como se fosse simples desde a sua constituição"[16].

Essa modalidade obrigacional possui enorme relevância prática, porque permite que o devedor possa adimplir a obrigação cumprindo qualquer uma das prestações convencionadas, sendo que qualquer delas satisfaz os almejos do credor.

A título de ilustração, tome-se como exemplo um contrato de locação de veículo, no qual o locatário assume a obrigação de, em caso de acidente, dar um novo veículo *ou* de reparar os danos ocasionados. Observe, nesse caso, que as prestações estão unidas pela disjuntiva "ou", sendo certo que o devedor fica livre da obrigação cumprindo qualquer uma delas.

A individualização da prestação depende de um ato de escolha (concentração). No silêncio, a escolha compete ao devedor, mas as partes podem convencionar de forma diversa, estipulando que a escolha seja feita pelo credor (art. 252, *caput* do CC/02).

Dispõe o **art. 253 que** "se uma das duas prestações não puder ser objeto de obrigação ou se tornada inexequível, subsistirá o débito quanto à outra".

O dispositivo trata da *impossibilidade material*, superveniente e não imputável a nenhuma das partes, que impede o cumprimento de uma das prestações, como se dá, por exemplo, quando não mais se fabrica uma das coisas que o devedor se obrigou a entregar. Nesse caso, a obrigação se concentrará, automaticamente, nas outras prestações[17].

Se, contudo, a impossibilidade for de todas as prestações, sem culpa do devedor, a obrigação será extinta (art. 256 CC/02).

Ocorrendo a impossibilidade de todas as prestações, por culpa do devedor, e cabendo a escolha a este, responderá pelo valor da que por último se impossibilitou,

---

15. *Curso de Direito Civil Brasileiro*. 28ª ed., v. 2. São Paulo: Saraiva, 2013, p. 142.
16. *Direito Civil*. Vol. II, 3ª ed. São Paulo: Saraiva, 2011, p. 99.
17. GONÇALVES, Carlos Roberto. *Direito Civil*. Vol. II, 3ª ed. São Paulo: Saraiva, 2011, p. 99.

mais perdas e danos, se houver (art. 254 CC/02). Nesse caso, deverá o devedor pagar o valor da última prestação que se impossibilitou, porque, com a impossibilidade das primeiras, o objeto da obrigação se concentra na última.

No entanto, havendo a impossibilidade de uma das prestações, por culpa do devedor, e cabendo a escolha ao credor, terá este o direito de exigir qualquer delas, seja a remanescente ou a que se tornou impossível, inclusive perdas e danos (art. 255 CC/02). Isso porque, como a escolha compete ao credor, não poderá ele ser compelido a aceitar a prestação subsistente, porque poderia escolher a outra.

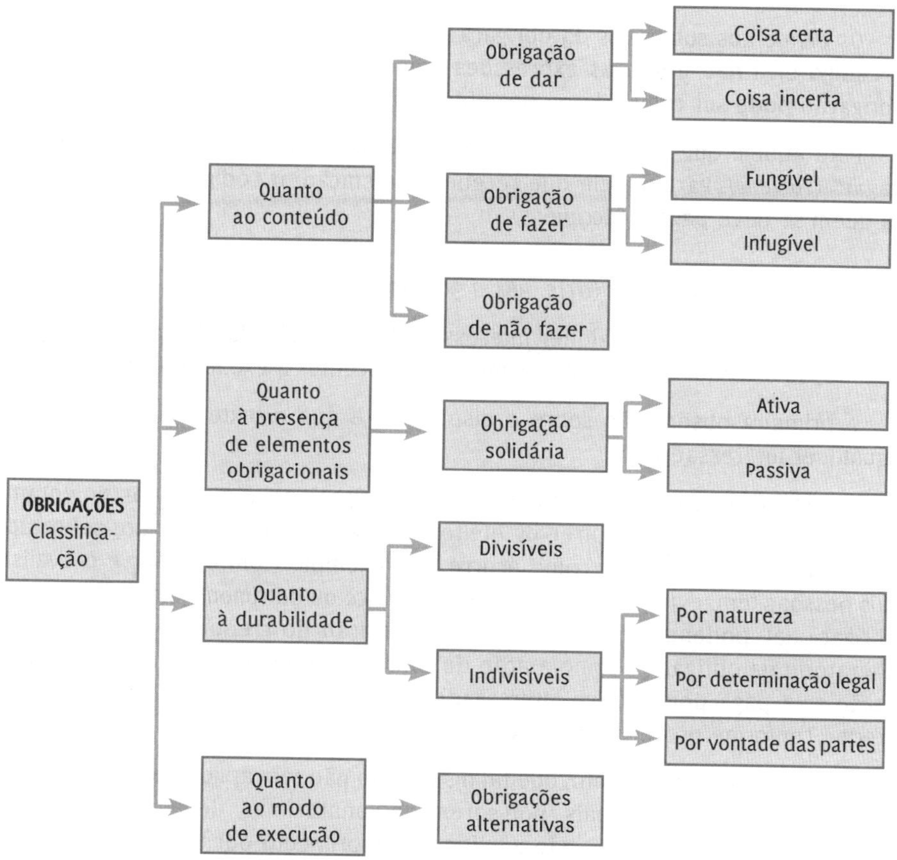

3. DO ADIMPLEMENTO OBRIGACIONAL

A obrigação nasce para ser cumprida. Ela permite ao credor exigir a prestação e obriga o devedor a cumpri-la.

Quando o devedor entrega a prestação devida, no prazo e lugar avençados, ocorre o cumprimento, que provoca a extinção da obrigação.

3.1. Do pagamento direto

O Código Civil trata o pagamento como o cumprimento voluntário da obrigação, seja pelo devedor ou por terceiro. Constitui a principal forma de extinção das obrigações e pode ser *direto* ou *indireto*. Será direto quando o devedor entregar a prestação devida, e indireto quando o devedor entregar prestação diversa da convencionada, como ocorre, por exemplo, na dação em pagamento e na novação.

3.1.1. *Elementos subjetivos do pagamento direto*

Os elementos subjetivos da obrigação são as pessoas que nela se relacionam. O Código Civil não utiliza as expressões *credor* e *devedor*, porque, por vezes, a obrigação pode ser cumprida ou recebida por terceiros.

Para aquele que cumpre a obrigação, o Código o identifica como "quem deve pagar" (*solvens*). Para aquele que recebe a prestação, o Código o identifica como "a quem se deve pagar" (*accipiens*).

3.1.1.1. Quem deve pagar (arts. 304 a 307 do CC/02)

Dispõe o **art. 304,** "qualquer interessado na extinção da dívida pode pagá-la, usando, se o credor se opuser, dos meios conducentes à exoneração do devedor".

A primeira observação sobre o dispositivo é que o texto utiliza a expressão "qualquer interessado".

O principal interessado no adimplemento obrigacional é o devedor. No entanto, algumas pessoas podem sofrer os efeitos do inadimplemento, tendo, sobretudo, seus patrimônios afetados, como ocorre, por exemplo, com o fiador e o avalista. Tais pessoas têm, evidentemente, *interesse jurídico* ou *patrimonial* no adimplemento obrigacional, podendo-se valer, caso haja oposição do credor, de qualquer meio liberatório da obrigação, como a ação de consignação em pagamento. Caso a obrigação seja paga por terceiro interessado, este ficará sub-rogado nos direitos do credor, conforme preceitua o art. 346, III do CC/02).

Cabe ressaltar, entretanto, que tal dispositivo não tem aplicação nas obrigações de fazer infungíveis, as quais, por serem personalíssimas, devem ser cumpridas pessoalmente pelo devedor, não admitindo cumprimento por terceiros.

O pagamento ainda pode ser efetuado por terceiro que não tenha interesse jurídico ou patrimonial, mas simplesmente interesse moral ou afetivo, como ocorre quando a dívida é paga por familiares do devedor. Quando isso ocorrer, duas situações devem ser observadas:

a) O terceiro não interessado pode efetuar o pagamento *em seu próprio nome*. Nesse caso, não se sub-rogará nos direitos do credor, mas terá garantido o direito ao reembolso da quantia que pagou (art. 305, *caput*, CC/02). Se fizer o pagamento antes do vencimento, somente nesta data é que terá direito à restituição (art. 305, parágrafo único, CC/02);

b) O terceiro não interessado pode efetuar o pagamento *em nome e à conta do devedor*. Nessa hipótese, poderá, inclusive, utilizar dos meios liberatórios da obrigação, como a ação de consignação em pagamento, caso não haja oposição do devedor (art. 304, parágrafo único, CC/02). Observe que a expressão "salvo oposição deste", transcrita no final do texto legal, indica que o devedor pode proibir terceiro não interessado de efetuar o pagamento. No entanto, tal proibição constitui apenas óbice para a consignação, porque o credor pode aceitar voluntariamente o pagamento efetuado pelo terceiro não interessado[18].

Continuando o assunto, preceitua o **art. 306** que "o pagamento feito por terceiro, com desconhecimento ou oposição do devedor, não obriga a reembolsar aquele que pagou, se o devedor tinha meios para ilidir a ação".

O texto legal indica que o terceiro (interessado ou não) não terá direito ao reembolso, se o devedor se opuser ao pagamento e tiver condições de impedir a ação. Exemplo clássico é quando o devedor se opõe ao pagamento por terceiro, porque pode opor a prescrição contra o credor.

3.1.1.2. A quem deve pagar (art. 308 a 312 do CC/02)

Em princípio, o destinatário da obrigação é o credor, de forma que o pagamento deve ser feito a este ou ao seu representante, como preceitua o art. 307 do CC/02.

Cumpre observar, contudo, que o "conceito" de credor é o de "credor atual", o que indica que o devedor deve pagar a quem seja o credor no momento do pagamento da obrigação. Dessa forma, "credor" pode ser não só o credor originário, mas também o herdeiro, o legatário, o cessionário ou o sub-rogado.

Dispõe o **art. 309 que** "o pagamento feito de boa-fé ao credor putativo é válido, ainda provado depois que não era credor".

Credor putativo é o credor aparente, ou seja, aquele que circunstâncias levam a crer que seja, de fato, o credor. Nesse caso, nos termos do art. 309, o pagamento será válido.

É o caso, por exemplo, de um acordo judicial em que se convenciona que os pagamentos mensais serão realizados no escritório ou na conta bancária do advogado do credor. Caso haja rompimento entre o credor e seu advogado, não cientificado ao devedor, os pagamentos feitos por este ao advogado, desde que de boa-fé, serão perfeitamente válidos. Se, contudo, o devedor tenha ciência do rompimento,

18. *Direito Civil*. Vol. II, 3ª ed. São Paulo: Saraiva, 2011, p. 259.

não se eximirá da obrigação pagando ao advogado, porque, nesse caso, estará afastada a boa-fé.

Segundo o **art. 310,** "não vale o pagamento cientemente feito ao credor incapaz de quitar, se o devedor não provar que em benefício dele efetivamente reverteu".

A quitação pressupõe capacidade, de forma que o devedor não pode obtê-la de quem não seja capaz de dá-la.

Observe que o texto utiliza a palavra "cientemente", o que significa que o pagamento ao incapaz será válido se o devedor, sem culpa, desconhecer a incapacidade do credor. De igual maneira, o pagamento feito ao incapaz pelo devedor, que seja conhecedor da incapacidade, poderá ser válido se este provar que o pagamento reverteu em benefício do credor. Entende-se que o pagamento reverteu em benefício do credor, quando traz um acréscimo ao patrimônio do credor, seja na aquisição de direitos ou no pagamento de dívidas.

Finalmente, preceitua o **art. 312 que** "se o devedor pagar ao credor, apesar de intimado da penhora feita sobre o crédito, ou da impugnação a ele oposta por terceiros, o pagamento não valerá contra estes, que poderão constranger o devedor a pagar de novo, ficando-lhe ressalvado o regresso contra o credor".

O texto trata do pagamento feito ao credor, mas que, mesmo assim, não será válido. Dessa forma, havendo penhora do crédito por terceiro e cientificado o devedor, este, para se eximir da obrigação, deverá efetuar o pagamento em juízo. Se, contudo, efetuar o pagamento diretamente ao credor, o pagamento não valerá perante o terceiro, que poderá compelir o devedor a repetir o pagamento. Nesse caso, o devedor terá garantido o direito de regresso contra o credor.

3.1.2. *Elementos objetivos do pagamento direto*

3.1.2.1. *Do objeto*

O objeto do pagamento é a prestação. A lei e o contrato vinculam o devedor ao credor, de maneira que só há pagamento porque existe um débito e este precisa ser extinto. Do contrário, não seria pagamento, uma vez que o suposto devedor poderia pedir a repetição do indébito.

Cabe ao devedor, portanto, cumprir a prestação devida, uma vez que o credor não pode ser obrigado a receber prestação diversa, ainda que mais valiosa (art. 313 CC/02).

De igual sorte, preceitua o **art. 314 que** "ainda que a obrigação tenha por objeto prestação divisível, não pode o credor ser obrigado a receber, nem o devedor a pagar, por partes, se assim não se ajustou".

A regra consagra o princípio da *identidade física da prestação*[19], que preceitua que a prestação deve ser cumprida integralmente, ainda que o objeto seja divisível. Dessa forma, o credor não pode ser compelido a receber a prestação de forma parcelada e nem o devedor pode ser obrigado a cumpri-la dessa maneira.

O art. 315 do atual Código trata do pagamento em dinheiro ao consagrar que "as dívidas em dinheiro deverão ser pagas no vencimento, em moeda corrente e pelo valor nominal, salvo o disposto nos artigos subsequentes".

Através deste dispositivo, a atual codificação adotou o princípio do *nominalismo*, que indica que o valor da dívida é aquele consagrado no título ou no contrato. Assim, o devedor se eximirá da obrigação entregando ao credor a *exata quantiaem dinheiro* (valor nominal) consubstanciada no título.

Para evitar o efeito inflacionário, o art. 316 permite a estipulação da *cláusula de escala móvel*, que possibilita o reajuste do valor por índices de atualização, previamente pactuados, como forma de proteger o credor dos efeitos da inflação. Em outras palavras, a cláusula de escala móvel permite a *preservação* do objeto, porque quando da contratação, o valor do crédito concede ao credor um certo poder de compra, e, quando do pagamento, muitas vezes, o crédito, em razão da inflação, tem um poder de compra menor. A cláusula de escala móvel permite a adoção de um índice de atualização que permitirá ao credor manter o mesmo poder de compra, tanto da data de contratação quanto da data de pagamento.

Dispõe o **art. 317 que** "quando, por motivos imprevisíveis, sobrevier desproporção manifesta entre o valor da prestação devida e o do momento de sua execução, poderá o juiz corrigi-lo, a pedido da parte, de modo que assegure, quanto possível, o valor real da prestação".

Através do art. 317, o Código Civil acolheu a *teoria da imprevisão*, ou, como prefere Flávio Tartuce[20], a *revisão contratual por fato superveniente, diante de uma imprevisibilidade somada a uma onerosidade excessiva*.

A teoria da imprevisão atua como exceção ao princípio da força obrigatória dos contratos e permite que o contrato seja discutido judicialmente, caso haja um fator imprevisível e superveniente que traga desproporção às prestações convencionadas. A teoria da imprevisão permite que o juiz, a requerimento da parte, corrija a prestação, como forma de reestabelecer o equilíbrio contratual.

O Enunciado 17, aprovado na I Jornada de Direito Civil pelo Conselho da Justiça Federal, assim dispõe: "A interpretação da expressão 'motivos imprevisíveis', constante do art. 317 do novo Código Civil deve abarcar tanto causas de desproporção não previsíveis como também causas previsíveis, mas de resultados imprevisíveis".

---

19. *Direito Civil*. Vol. 2, 6ª ed. São Paulo: Método, 2013, p. 129.
20. *Direito Civil*. Vol. 2, 6ª ed. São Paulo: Método, 2013, p. 129.

Para a aplicação do art. 317 é necessário que: a) o contrato seja bilateral e oneroso (remuneratório); b) o contrato seja comutativo, cujas prestações já são de conhecimento das partes; c) o contrato seja de execução continuada; d) haja um elemento imprevisível e superveniente; e e) haja uma desproporção no negócio, que abala o equilíbrio do contrato.

3.1.2.2. *Da prova*

O pagamento exonera o devedor da obrigação e, consequentemente, dos efeitos do inadimplemento. Pagando no prazo e forma convencionados, o devedor não arcará com os encargos da mora, como, por exemplo, juros, correção e honorários advocatícios.

Em regra, o pagamento não se presume, de forma que cabe ao devedor o ônus de provar que efetuou o pagamento. Por tal razão, a comprovação do pagamento é questão de extrema importância, a ponto de ser garantido ao devedor exigir do credor a quitação, sob pena de reter o pagamento (art. 319 CC/02).

O **art. 320** estabelece que "a quitação, que sempre poderá ser dada por instrumento particular, designará o valor e a espécie da dívida quitada, o nome do devedor, ou quem por este pagou, o tempo e o lugar do pagamento, com a assinatura do credor, ou do seu representante".

O dispositivo traz os elementos da quitação, cuja interpretação não demanda maiores observações, exceto quanto à recomendação de ser elaborada por instrumento particular, como forma de facilitar a prova e garantir segurança jurídica.

É importante frisar que o Enunciado 18, aprovado na I Jornada de Direito Civil pelo Conselho da Justiça Federal, permite a "quitação por *e-mail*", prática comum nos dias de hoje. Dispõe o enunciado: "A 'quitação regular', referida no art. 319 do novo Código Civil, engloba a quitação dada por meios eletrônicos ou por quaisquer formas de 'comunicação à distância', assim entendida aquela que permite ajustar negócios jurídicos e praticar atos jurídicos sem a presença corpórea simultânea das partes ou dos seus representantes".

Não obstante o meio normal de comprovação do pagamento ser a exibição do recibo de quitação, fato é que o Código Civil estabelece algumas presunções de pagamento. São elas:

a) Quando o título de crédito estiver na posse do devedor (art. 324 CC/02): nesse caso, a posse do título pelo devedor traz a presunção de que a dívida foi paga, pois, se assim não o fosse, o credor não entregaria o título ao devedor. É importante observar, contudo, que essa presunção é relativa, eis que o credor pode provar que a dívida não foi paga, conforme preceitua o parágrafo único no art. 324.

b) Quando o pagamento é feito de forma sucessiva (art. 322 CC/02): nessa hipótese, a quitação da última traz a presunção de que as anteriores foram pagas. Isso porque se presume que o credor não receberia uma parcela sem que as anteriores não estivessem pagas. Mais uma vez, trata-se de presunção relativa, de maneira que o credor pode provar o contrário. Para a ressalva de direitos, é comum, pelos credores, a utilização das expressões "o pagamento desta parcela não quita débitos anteriores".

c) Quando há quitação do capital, sem ressalva dos juros (art. 323 CC/02): quando o recibo não contiver qualquer ressalva quanto aos juros, estes se presumirão pagos, porque os juros são rendimentos e não capital. Assim, se o credor fornece uma quitação geral, presume-se que os juros foram pagos.

3.1.3. Do lugar do pagamento direto

Inicialmente, cabe destacar que as partes são livres para estabelecer, contratualmente, o local em que a obrigação será cumprida, como preceitua o art. 78 do Código Civil.

No silêncio das partes, o pagamento será feito no domicílio do devedor, cabendo ao credor ir "buscar" o pagamento, segundo o quanto preconizado pelo art. 327 do CC/02. Igualmente, será o domicílio do devedor o foro competente para a ação judicial em caso de inadimplemento.

Tal regra, que representa uma presunção relativa, pode ser afastada "se o contrário resultar da lei, da natureza da obrigação ou das circunstâncias".

Havendo dois ou mais lugares designados para cumprimento, a escolha caberá ao credor. Nesse caso em particular, que representa uma das poucas oportunidades em que o credor tem o direito de escolha, a prática tem mostrado que o credor, em regra, escolhe o local de seu domicílio. Compete ao credor cientificar o devedor, em tempo hábil, sobre a escolha do lugar para pagamento.

Dispõe o **art. 328 que** "se o pagamento consistir na tradição de um imóvel, ou em prestações relativas a imóvel, far-se-á no lugar onde situado o bem". A primeira parte do dispositivo é, de certa forma, óbvia, porque é evidente que a transferência do imóvel ocorrerá no local em que este se situa, cabendo destacar que a aquisição da propriedade imóvel ocorre com o registro do título no cartório de registro de imóveis. As "prestações relativas a imóvel", indicadas na segunda parte, representam os serviços que só podem ser realizados no imóvel, como as reparações visando a conservação.

Segundo o **art. 329** "ocorrendo motivo grave para que se não efetue o pagamento no lugar determinado, poderá o devedor fazê-lo em outro, sem prejuízo para o credor". Como se observa, a lei não explica o que é "motivo grave". Trata-se de conceito aberto, no qual podem ser enquadradas diversas situações, como, por exemplo, uma doença grave ou uma calamidade pública. Havendo dúvida quando ao alcance do texto, a questão será solucionada pelo juiz.

Finalmente, preceitua o **art. 330 que** "o pagamento reiteradamente feito em outro local faz presumir renúncia do credor relativamente ao previsto no contrato".

O dispositivo permite que uma prática reiterada, ainda que posterior, inverta o lugar do pagamento. Dessa forma, caso o devedor, por repetidas vezes, efetue o pagamento em local diverso do avençado e não havendo oposição do credor, haverá a presunção de que este renunciou ao local previsto no contrato.

3.1.4. *Do tempo do pagamento direto*

É de suma importância definir o momento em que o pagamento deve ser feito. Inicialmente, credor e devedor são livres para estabelecer o tempo ou a data do vencimento.

Em princípio, o credor só pode exigir o cumprimento no vencimento. De igual sorte, o devedor não poderá cumpri-la depois do vencimento, sob pena de suportar os efeitos da mora (art. 397 CC/02).

Analisando-se a questão sob o enfoque do tempo do pagamento as obrigações podem ser: a) *instantâneas*, quando puderem ser exigidas a qualquer momento, eis que o pagamento é à vista; b) *de execução diferida*, quando o pagamento deve ser feito no futuro, em uma única parcela; e c) *execução periódica*, quando o pagamento é de trato sucessivo, prolongando-se no tempo.

Pois bem, dispõe o **art. 331 que** "salvo disposição legal em contrário, não tendo sido ajustada época para o pagamento, pode o credor exigi-lo imediatamente".

O dispositivo, mais uma vez, estabelece uma regra supletiva ao silêncio das partes. Dessa forma, não havendo estipulação de data para pagamento, poderá o credor exigi-lo imediatamente, porque, em regra, a obrigação será instantânea.

Tratando-se, no entanto, de obrigações condicionais, a obrigação só poderá ser exigida com o implemento do evento futuro e incerto, devendo o credor provar que o devedor tomou ciência do fato (art. 332 CC/02).

O art. 333 do atual Código prevê as hipóteses legais que permitem ao credor exigir o cumprimento da obrigação antes do vencimento. São elas:

a) no caso de falência do devedor, ou de concurso de credores;

b) se os bens, hipotecados ou empenhados, forem penhorados em execução por outro credor;

c) se cessarem, ou se se tornarem insuficientes, as garantias do débito, fidejussórias ou reais, e o devedor, intimado, se negar a reforçá-las.

O referido dispositivo guarda estreita relação com o art. 1.425 do atual Código, que regula o vencimento antecipado da dívida garantida por hipoteca.

Cabe destacar que as partes podem convencionar outras hipóteses de vencimento antecipado, como ocorre, por exemplo, nas obrigações de execução continuada, em que o não pagamento de uma ou mais parcelas implicará no vencimento antecipado de todas.

3.2. Dos pagamentos especiais

O pagamento direto constitui o meio regular de extinção das obrigações. No entanto, há outras situações, de extrema importância no cotidiano, em que as obrigações são extintas, sem que ocorra o pagamento, segundo a origem da obrigação.

3.2.1. *Da consignação em pagamento*

Como vimos, o pagamento se qualifica pelo cumprimento voluntário da obrigação, do qual depende a concordância do credor. Este, por vezes, o credor pode recusar o pagamento e, consequentemente, não dar a quitação sob a alegação de que discorda do valor devido.

Para a professora Maria Helena Diniz, "o *pagamento em consignação* é o meio indireto de o devedor exonerar-se do liame obrigacional, consistente no depósito em juízo (consignação judicial) ou em estabelecimento bancário (consignação extrajudicial) da coisa devida, nos casos e formas legais"[21].

A consignação parte do pressuposto de que o devedor tem não só o *dever* mas também o *direito* de cumprir a obrigação para não ter de suportar os efeitos da mora. Representa uma prerrogativa colocada à disposição do devedor para viabilizar o cumprimento da obrigação. Possui, ainda, elementos de direito material e de direito processual.

As hipóteses que autorizam a consignação estão previstas no art. 335 do Código:

a) Se o credor não puder, ou, sem justa causa, recusar receber o pagamento ou dar quitação na devida forma. O texto trata da mora do credor que, *injustificadamente*, se recusa a receber o pagamento ou dar a quitação. Se a recusa é justa, porque o devedor, por exemplo, não quer pagar os juros, não há espaço para a consignação;

b) Se o credor não for nem mandar receber a coisa no lugar, tempo e condição devidos. O dispositivo tem aplicação quando as partes convencionarem que o local do pagamento não será o domicílio do credor, de forma que, nessa situação, caberá ao credor ir buscar o pagamento;

c) Se o credor for incapaz de receber, for desconhecido, declarado ausente, ou residir em lugar incerto ou de acesso perigoso ou difícil. O texto aborda impossibilidades subjetivas do credor que impedem que o devedor seja bem-sucedido em pagar e, consequentemente, obter a quitação. Como

---

21. *Curso de Direito Civil Brasileiro*. 28ª ed., v. 2. São Paulo: Saraiva, 2013, p. 275.

exemplo, podem ser citados o caso em que o credor esteja preso e o caso do credor falecido, do qual não se sabe quem são os sucessores;

d) Se ocorrer dúvida sobre quem deva legitimamente receber o objeto do pagamento. Nessa situação, mais de um credor se habilita para receber a prestação, de forma que o devedor não tem certeza sobre a titularidade do direito. O exemplo clássico é de competência tributária, quando dois ou mais municípios se julgam no direito de exigir o imposto sobre serviços;

e) Se pender litígio sobre o objeto do pagamento. Havendo, pois, dúvida sobre o próprio objeto da obrigação, o suposto devedor está legitimado a proceder à consignação. Tal caso ocorre, por exemplo, quando há discussão sobre a licitude na cobrança de determinado tributo. Ao contribuinte é lícito discutir a legalidade do tributo e consignar o valor do suposto débito, até que se decida sobre a licitude. Ao final, a parte vencedora levantará a importância consignada.

A doutrina moderna defende que o rol do art. 335 é meramente exemplificativo, sendo permitida a consignação em outras situações não descritas no dispositivo, como, por exemplo, nos casos de revisão contratual[22].

Para que a consignação tenha força de pagamento, é necessário que estejam presentes todos os elementos subjetivos e objetivos da obrigação (art. 336 do CC/02). Deverá, ainda, ser realizada no local do pagamento (art. 337 do CC/02), porque o credor não pode ser obrigado a receber em local diverso do convencionado.

Recaindo a obrigação sobre coisa indeterminada, cuja escolha seja de atribuição do credor, será este citado para tal fim, sob pena de perder o direito à escolha e de ser a coisa depositada (art. 342 do CC/02), haja vista que o devedor não pode ser obrigado a conservar a coisa indefinidamente.

Dispõe o **art. 344, que** "o devedor de obrigação litigiosa exonerar-se-á mediante consignação, mas, se pagar a qualquer dos pretendidos credores, tendo conhecimento do litígio, assumirá o risco do pagamento".

O texto aborda o litígio dos credores entre si, no qual vários credores disputam a titularidade sobre o objeto da obrigação. Nesse caso, o devedor, para se exonerar da obrigação, deverá consignar o pagamento, conforme interpretação conjugada do presente dispositivo e o art. 335, IV, ambos do CC/02. Se, contudo, o devedor efetuar o pagamento a um deles, sabedor do litígio, assumirá o risco de ter de repetir o pagamento ao vencedor.

3.2.2. *Do pagamento com sub-rogação*

Segundo Silvio de Salvo Venosa, "o termo *sub-rogação* significa, em nossa ciência, substituição. A sub-rogação não extingue propriamente a obrigação. O instituto contemplado nos arts. 346 e seguintes (antigo, arts. 985 e ss.) do Código faz substituir

---

22. TARTUCE, Flávio. *Direito Civil*. Vol. 2, 6ª ed. São Paulo: Método, 2013, p. 151.

o sujeito da obrigação. O termo pode também ser empregado para a sub-rogação *real*, quando uma coisa de um patrimônio é substituída por outra"[23].

O **art. 349 estabelece que** "a sub-rogação transfere ao novo credor todos os direitos, ações, privilégios e garantias do primitivo, em relação à dívida, contra o devedor principal e os fiadores".

A sub-rogação produz dois efeitos: a) o *liberatório*, eis que exonera o devedor de pagar o credor originário; e b) o *translativo*, uma vez que transfere o crédito com todos os privilégios ao credor que efetuou o pagamento.

O art. 346 do Código trata de *sub-rogação legal*, ao disciplinar que se opera de pleno direito, nos casos:

a) Do credor que paga a dívida do devedor comum. O texto aborda a hipótese do devedor que possui mais de um credor. O credor que efetua o pagamento procura defender seu crédito. Pode ocorrer, por exemplo, que um credor, cujo crédito não tenha garantia, pague a dívida do devedor para evitar que o patrimônio deste seja destinado a pagar a dívida com outro credor que possui garantia. Nesse caso, o credor se sub-rogará nos direitos do credor com garantia e poderá, conforme sua conveniência, escolher o melhor momento para executar o devedor;

b) Do adquirente do imóvel hipotecado, que paga a credor hipotecário, bem como do terceiro que efetiva o pagamento para não ser privado de direito sobre imóvel. A previsão legal encontra fundamento no fato de que o imóvel hipotecado responde pelas dívidas que garante. O credor hipotecário poderá perseguir o imóvel, esteja ele com quem estiver;

c) Do terceiro interessado, que paga a dívida pela qual era ou podia ser obrigado, no todo ou em parte. Como visto anteriormente, o dispositivo aplica-se aos casos do devedor solidário que paga a dívida toda ou, ainda, do fiador que paga a dívida do afiançado.

Nesses casos, havendo pagamento parcial, o sub-rogado somente poderá exercer os direitos e ações do credor até o limite do que pagou (art. 350 do CC/02).

O art. 347 trata de *sub-rogação convencional* nos seguintes casos:

a) Quando o credor recebe o pagamento de terceiro e expressamente lhe transfere todos os seus direitos. O dispositivo trata do *terceiro não interessado*,uma vez que o terceiro interessado automaticamente se sub-rogará nos direitos do credor. Neste caso, tem-se, na realidade, uma espécie de cessão de crédito (art. 348 CC/02);

b) Quando terceira pessoa empresta ao devedor a quantia precisa para solver a dívida, sob a condição expressa de ficar o mutuante sub-rogado nos direitos do credor satisfeito. Essa hipótese ocorre com frequência no cotidiano, na

23. *Direito Civil*. Vol. 2, 4ª ed. São Paulo: Atlas, 2004, p. 283.

> qual o devedor, sem a anuência do credor, o substitui por outro, por ser, por exemplo, mais maleável[24]. Carlos Roberto Gonçalves explica que essa situação "ocorre, com frequência, nos financiamentos regulados pelo Sistema Financeiro da Habitação, em que o agente financeiro empresta ao adquirente da casa própria (mutuário) a quantia necessária para o pagamento ao alienante, sob a condição *expressa* de ficar sub-rogada nos direitos deste"[25].

Finalmente, estabelece o **art. 351 que** "o credor originário, só em parte reembolsado, terá preferência ao sub-rogado, na cobrança da dívida restante, se os bens do devedor não chegarem para saldar inteiramente o que a um e outro dever".

Havendo pagamento parcial, a dívida será dividida entre os credores. Pela regra prevista no art. 351, o credor originário terá preferência no recebimento, caso o patrimônio do devedor não seja suficiente para pagar os dois.

DA SUB-ROGAÇÃO

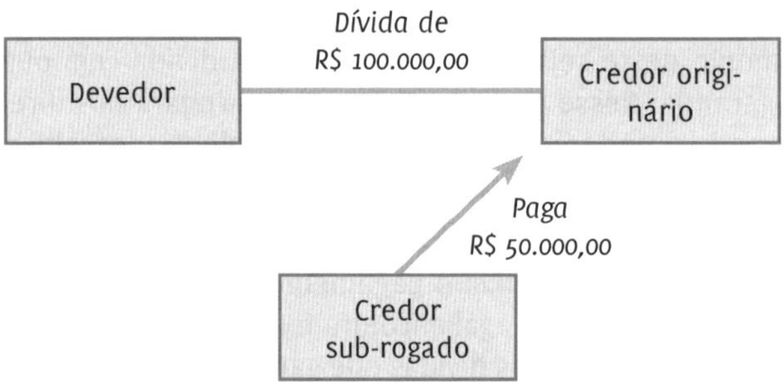

A situação passa a ficar da seguinte forma:

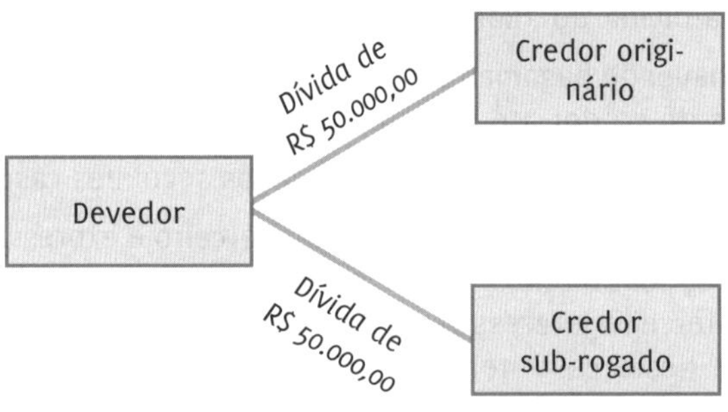

Se os bens do devedor alcançarem o valor de R$ 50.000,00, estes serão destinados integralmente ao credor originário (art. 351 CC)

24. *Curso de Direito Civil Brasileiro*. 28ª ed., v. 2. São Paulo: Saraiva, 2013, p. 298.
25. *Direito Civil*. Vol. II, 3ª ed. São Paulo: Saraiva, 2011, p. 314.

3.2.3. Da imputação do pagamento

No campo jurídico, *imputar* tem o sentido *indicar*. A imputação do pagamento tem lugar quando o devedor possui vários débitos com um credor. Nessa situação, poderá o devedor indicar qual a dívida que está sendo paga (art. 352, CC/02).

A imputação do pagamento pressupõe a existência dos seguintes requisitos:

a) Pluralidade de débitos, pois se houvesse apenas uma dívida seria desnecessária a imputação;

b) Identidade de partes, pois as relações obrigacionais devem vincular o mesmo credor e o mesmo devedor;

c) Igual natureza das dívidas, no sentido de que seja indiferente para o credor receber uma ou outra. Há, nesse caso, verdadeira fungibilidade dos débitos;

d) Possibilidade de o pagamento resgatar mais de um débito, ou seja, de que o valor entregue ao credor seja suficiente para pagar mais de uma dívida, razão pela qual poderá o devedor indicar qual está sendo paga. Se, contudo, o devedor, tendo duas dívidas, entrega valor correspondente à menor, não poderá imputar a maior, pois o credor não pode ser obrigado a receber em partes o que não convencionou (art. 314 do CC/02).

Se o devedor não fizer a imputação, a escolha caberá ao credor, que poderá considerar paga qualquer das dívidas. O devedor somente poderá reclamar se provar que o credor agiu com violência ou dolo (art. 353 do CC/02). Trata-se da imputação por vontade do credor.

Os arts. 354 e 355, ambos do Código, disciplinam a imputação legal, que tem aplicação subsidiária à vontade das partes. Segundo a imputação legal, deverão ser observados os seguintes critérios:

a) Havendo capital e juros, presumem-se pagos, primeiramente, os juros;

b) Entre dívidas vencidas e vincendas, presumem-se pagas, primeiramente, as vencidas;

c) Havendo dívidas líquidas e ilíquidas, presumem-se pagas, primeiramente, as líquidas, segundo a ordem de seu vencimento;

d) Se todas forem líquidas e vencidas ao mesmo tempo, presume-se paga, primeiramente, a mais onerosa, assim entendida, por exemplo, a que rende juros em relação a que não rende, ou a que possui gravame em relação a que não possui, ou, ainda, a que pode ser exigida mediante processo de execução em relação a que pode ser exigida por meio de ação ordinária.

DA IMPUTAÇÃO AO PAGAMENTO

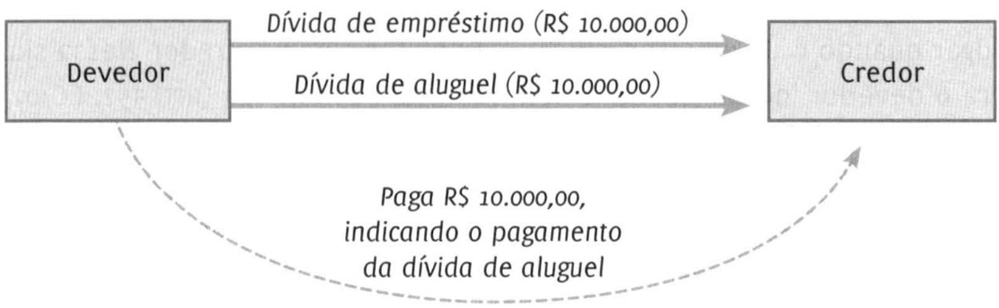

3.2.4. Da dação em pagamento

Já vimos que o credor não pode ser compelido a aceitar prestação diversa, ainda que mais valiosa (art. 313 do CC/02).

Contudo, as partes podem convencionar que, para extinção de determinada obrigação, o credor receba prestação diversa da que originariamente se avençou. Nesse sentido, dispõe o **art. 356** que "o credor pode consentir em receber prestação diversa da que lhe é devida".

A dação pode ocorrer, por exemplo, com a substituição de dinheiro por um bem móvel, imóvel ou por um título de crédito; de uma coisa por outra (imóvel por móvel e vice-versa); ou, ainda, de uma coisa por uma obrigação de fazer.

Em regra, não é necessário que a coisa recebida pelo credor seja de valor idêntico à prestação originária, pois o que caracteriza a dação é a substituição da prestação devida. A doutrina tem admitido que o credor possa dar quitação parcial, caso receba uma coisa menos valiosa que o objeto principal da obrigação original.

Segundo o **art. 357**, "determinado o preço da coisa dada em pagamento, as relações entre as partes regular-se-ão pelas normas do contrato de compra e venda".

Como dito, o credor não recebe a prestação que substitui a original por preço certo, mas como satisfação do crédito. No entanto, a fixação de um preço fará com que sejam aplicadas ao negócio as regras inerentes à compra e venda. Não se trata de transformar o negócio em compra venda, mas apenas de aplicar as regras atinentes à compra e venda. Dessa forma, será anulável, por exemplo, a dação em pagamento operada em fraude contra credores (art. 158 e seguintes do CC/02).

Dispõe o **art. 358 que** "se for título de crédito a coisa dada em pagamento, a transferência importará em cessão".

A previsão legal é evidente, porque a transmissão do título importa, necessariamente, na transmissão do crédito nele representado. Transmitindo-se, assim, o título, haverá a cessão do crédito nele consignado. Mais uma vez, cabe ressaltar que a dação não se transforma ou se converte em cessão, mas apenas que devem ser aplicadas as regras inerentes à cessão.

Finalmente, preceitua o **art. 359 que** "se o credor for evicto da coisa recebida em pagamento, restabelecer-se-á a obrigação primitiva, ficando sem efeito a quitação dada, ressalvados os direitos de terceiros".

O dispositivo está em consonância com o art. 447 do CC/02, que consagra a responsabilidade do alienante pela evicção, nos contratos onerosos. Evicção é a perda da propriedade por decisão judicial, que a transfere a outra pessoa. Dessa forma, se o devedor der em pagamento coisa da qual não é dono, a obrigação primitiva será restabelecida.

DA DAÇÃO EM PAGAMENTO

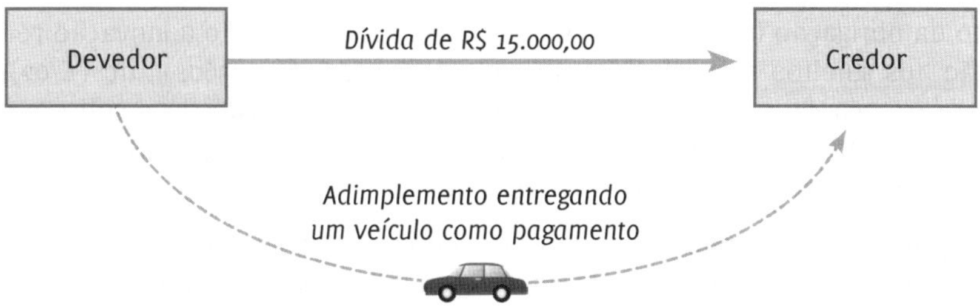

3.2.5. *Da novação*

Ensina Silvio de Salvo Venosa que "a novação é a operação jurídica por meio da qual uma obrigação nova substitui a obrigação originária. O credor e o devedor, ou apenas o credor, dão por extinta a obrigação e criam outra. A existência dessa nova obrigação é condição de extinção da anterior"[26].

Não se trata simplesmente de uma renegociação da obrigação. A novação tem uma natureza mais ampla e representa a extinção da obrigação de maneira não satisfatória, porque o credor não recebe o que originariamente se convencionou, mas adquire um outro direito ou o exerce contra outra pessoa.

A novação, portanto, possui natureza dúplice, porque faz *nascer* uma nova obrigação para *extinguir* a obrigação originária.

Os requisitos da novação são os seguintes:

a) *Existência de obrigação jurídica anterior*, porque a novação visa, exatamente, extinguir uma obrigação. Para que esta seja extinta, é necessário que ela exista. Evidentemente que as obrigações nulas não podem ser objeto de novação, diante do quanto preconizado pelo art. 367 do CC/02;

26. *Direito Civil*. Vol. 2, 4ª ed. São Paulo: Atlas, 2004, p. 299.

b) *Criação de obrigação nova*, eis que o que extingue a obrigação primitiva é exatamente a geração de uma nova, que a substitui. Não é possível falar em novação se não for constituída uma nova obrigação;

c) *Elemento novo*, que represente uma diversidade significativa em relação à obrigação anterior, a ponto de diferenciá-las. Essa inovação ou elemento novo pode recair sobre o objeto ou sobre os sujeitos da obrigação;

d) *Ânimo de novar*, que representa o elemento subjetivo da novação. Tal requisito é de suma importância, porque da novação resulta, necessariamente, a extinção da obrigação anterior. Cabe acrescentar que a intenção de novar deve ser revelada de forma inequívoca e clara, uma vez que a novação não se presume (art. 361 do CC/02).

A novação, ainda, pode ser: a) *real*, quando a inovação ocorre em relação ao objeto da obrigação (art. 360, I, do CC/02); b) *subjetiva*, quando a inovação recai em relação aos sujeitos da obrigação, seja ele o devedor (art. 360, II, do CC/02), ou o credor (art. 360, III, do CC/02); ou c) *mista*, quando a inovação recai sobre o objeto e sobre uma das pessoas que compõem a obrigação. A novação mista é uma construção da doutrina e não consta expressamente do Código Civil.

Dispõe o **art. 363 que** "se o novo devedor for insolvente, não tem o credor, que o aceitou, ação regressiva contra o primeiro, salvo se este obteve por má-fé a substituição".

O texto aborda a novação subjetiva por substituição do devedor, deixando claro que a insolvência do novo devedor correrá por conta e risco do credor. Isso se justifica, uma vez que a substituição do devedor se deu com o consentimento e aceitação do credor. Somente a má-fé do primitivo devedor, ao efetivar a substituição, tem o intuito de restabelecer a obrigação originária.

De igual sorte, havendo novação, os devedores solidários da obrigação primitiva estarão exonerados, exceto se participaram da novação (art. 365 do CC/02). Isso significa que somente permanecerão vinculados à nova obrigação aqueles devedores que dela participarem. A novação exonerará os devedores solidários da primeira obrigação, que não firmaram ou consentiram com a obrigação nova.

Constitui efeito da novação a extinção de todos os acessórios e garantias da dívida primitiva, salvo se as partes convencionarem de forma diversa. O credor, contudo, não poderá ressalvar o penhor, a hipoteca e a anticrese, se os bens dados em garantia forem de terceiro que não participou da novação (art. 364 do CC/02). O dispositivo é corolário dos princípios de que o contrato vincula as partes signatárias e de que o acessório segue o principal.

Estabelece o **art. 366 que** "importa exoneração do fiador a novação feita sem seu consenso com o devedor principal". Trata-se de consequência lógica do disposto no art. 364 do CC/02, de forma que a fiança persistirá na obrigação nova apenas se o fiador concordar.

3.2.6. Da compensação

Dispõe o **art. 368 que** "se duas pessoas forem ao mesmo tempo credor e devedor uma da outra, as duas obrigações extinguem-se, até onde se compensarem".

A compensação é uma forma de pagamento indireto de extrema utilidade prática porque visa eliminar que a moeda circule inutilmente.

Como é possível observar, a compensação visa extinguir dívidas recíprocas, nas quais as partes são, ao mesmo tempo, credoras e devedoras umas das outras.

A compensação pode ser: a) *total*, quando os valores das dívidas forem iguais; ou b) *parcial*, quando os valores forem desiguais. Nesse último caso, a compensação se operará até o valor da dívida menor, permanecendo a diferença em favor do credor. Assim, se *A* possui um crédito de R$ 10.000,00 em relação a *B* e este possui um crédito de R$ 6.000,00 em relação a *A*, a compensação ocorrerá até o valor de R$ 6.000,00, permanecendo o crédito de *A* sobre os R$ 4.000,00 restantes.

A compensação pode ser, ainda:

a) *Legal*: que decorre da lei e se opera automática e independentemente da vontade das partes. Para sua caracterização, é necessária a presença dos seguintes requisitos:

a.1) *Reciprocidade dos créditos*: para que a compensação se opere é indispensável que haja créditos e débitos recíprocos, o que pressupõe, necessariamente, a identidade de credores e devedores. Assim, o credor de uma dívida é devedor de outra e vice-versa. Diante desse requisito, o terceiro não interessado não pode proceder à compensação com o credor, porque, nesse caso, não há reciprocidade, ou seja, identidade de pessoas. Há, no entanto, uma exceção, pois a lei permite que o fiador, que configura terceiro interessado, possa alegar, contra o credor, a compensação de créditos existentes entre o credor e o afiançado (art. 371, segunda parte);

a.2) *Liquidez das dívidas*: a compensação só ocorre entre dívidas líquidas, ou seja, aquelas cujo valor é certo e determinado (art. 369 do CC/02). Não é possível efetuar a compensação entre uma dívida líquida e outra que ainda demanda apuração;

a.3) *Exigibilidade das prestações*: a compensação, igualmente, só ocorre entre dívidas vencidas (art. 369 do CC/02). De fato, a dívida somente passa a ser exigível com o advento do vencimento, ocasião em que o devedor poderá ser compelido a cumpri-la;

a.4) *Fungibilidade dos débitos*: é necessário, também, que os débitos sejam fungíveis entre si (art. 369 do CC/02). Isso significa que não basta que as prestações recaiam sobre coisas fungíveis, porque é indispensável que as coisas sejam fungíveis entre si, ou seja, da mesma natureza. Em outras palavras, uma dívida em dinheiro só pode ser compensada por outra também em dinheiro. Logo, não pode haver compensação entre uma dívida em dinheiro e uma dívida de fazer uma escultura. A questão da fungibilidade é ainda mais relevante porque o art. 370 do CC/02 exige que as coisas fungíveis sejam da mesma *qualidade*. Dessa forma, uma dívida de entregar sacas de arroz tipo "I" só pode ser compensada por outra dívida também de arroz tipo "I".

b) *Convencional*: tem origem na vontade das partes e deriva do princípio da autonomia de vontade. A compensação convencional ocorre, geralmente, quando não estão presentes um ou alguns dos requisitos exigidos para a configuração da compensação legal. Assim, as partes podem convencionar que ocorrerá a compensação entre uma dívida vencida e uma não vencida, ou, ainda, entre uma dívida em dinheiro e uma dívida de entregar sacas de arroz.

c) *Judicial*: ocorre quando determinada pelo juiz, quando presentes os requisitos legais. O exemplo clássico é o da procedência da ação e da reconvenção, em que o autor cobra do réu o valor de R$ 5.000,00 e o réu cobra do autor o valor de R$ 4.000,00. O juiz condenará o réu a pagar somente a diferença de R$ 1.000,00.

O art. 375 do CC/02 prevê que as partes podem, de forma bilateral, excluir a compensação, e, ainda, que esta pode ser renunciada de forma unilateral por uma das partes. Havendo uma ou outra situação (exclusão bilateral ou renúncia unilateral) a compensação não ocorrerá.

Há, quanto a esse dispositivo, grande discussão na doutrina. Sobre ele existem três teses.

A primeira defende que a compensação legal envolve matéria de ordem pública, de forma que a vontade das partes não pode afastá-la, seja pela exclusão ou pela renúncia.

A segunda tese sustenta que as cláusulas de exclusão e de renúncia só terão validade nos contratos em que houver plena paridade entre as partes. Logo, tais cláusulas não terão validade, por exemplo, nos contratos de adesão, em que uma das partes impõe o conteúdo do negócio à outra, que, incapaz de discutir, apenas adere.

A terceira argumenta que a compensação não envolve matéria de ordem pública, sendo sua natureza eminentemente privada. Dessa forma, diante dos princípios da autonomia de vontade e da força obrigatória dos contratos, as cláusulas de exclusão e de renúncia serão válidas para todas as modalidades de contrato.

Segundo o art. 373, a compensação ocorrerá ainda que as dívidas tenham causas distintas, exceto: a) se provier de esbulho, furto ou roubo; b) se uma se originar de comodato, depósito ou alimentos; e c) se uma for de coisa não suscetível de penhora.

A vedação consubstanciada no item "a" é de ordem moral, porque as situações ali expostas constituem atos ilícitos. O "credor" que agiu contra o direito não pode invocar a compensação em seu benefício.

A vedação imposta ao comodato e ao depósito indicados no item "b", se justifica porque nessas modalidades uma das partes recebe a coisa em confiança com o dever de restituir. Dessa forma, não pode a parte que recebe a coisa com o dever de restituir invocar a compensação em seu favor. No caso dos alimentos, a proibição é evidente, porque os alimentos visam garantir a subsistência da pessoa, não estando, portanto, sujeitos à devolução (art. 1.707 do CC/02).

Finalmente, as coisas impenhoráveis não podem ser objeto de compensação, porque se não podem responder por uma dívida não podem ser compensadas. Caso contrário, se estaria permitindo a alienação de uma coisa que a lei diz ser, em regra, impenhorável.

Segundo o **art. 377**, "o devedor que, notificado, nada opõe à cessão que o credor faz a terceiros dos seus direitos, não pode opor ao cessionário a compensação, que antes da cessão teria podido opor ao cedente. Se, porém, a cessão lhe não tiver sido notificada, poderá opor ao cessionário compensação do crédito que antes tinha contra o cedente".

O dispositivo é claro. O devedor, notificado da cessão de crédito realizada pelo credor a terceiro deve opor-se a ela e demonstrar que iria opor a compensação contra o credor. Se permanecer silente, não poderá invocar a compensação contra o cessionário (terceiro).

O art. 378 permite a dedução das despesas quando as dívidas compensáveis serão pagas em locais distintos. A finalidade da norma é impedir o enriquecimento ilícito, porque uma das partes pode ter elevadas despesas de locomoção, transporte, ou, ainda, de câmbio para que a compensação se opere.

Preceitua o **art. 379 que** "sendo a mesma pessoa obrigada por várias dívidas compensáveis, serão observadas, no compensá-las, as regras estabelecidas quanto à imputação do pagamento". Logo, havendo pluralidade de débitos compensáveis, aplicam-se as regras relativas à imputação do pagamento, já analisadas.

Finalmente, dispõe o **art. 380** que "não se admite a compensação em prejuízo de direito de terceiro. O devedor que se torne credor do seu credor, depois de penhorado o crédito deste, não pode opor ao exequente a compensação, de que contra o próprio credor disporia".

Como se observa, a compensação não pode ocasionar prejuízos a terceiros, que não participaram no negócio. O que é relevante, para a proteção dos interesses do terceiro, é que a penhora tenha sido efetivada antes que as dívidas estivessem aptas a serem compensadas.

DA COMPENSAÇÃO TOTAL

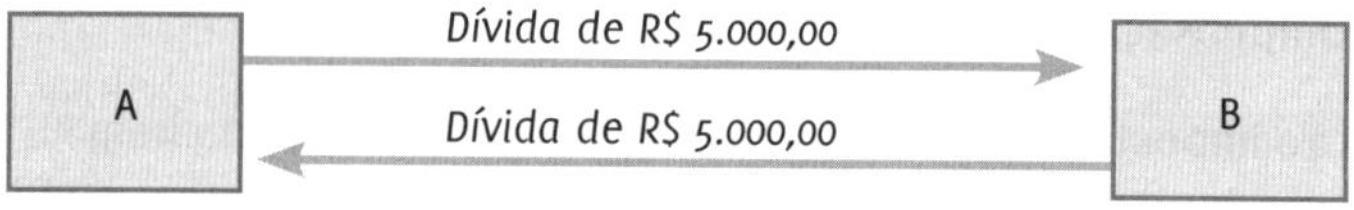

As dívidas se compensam integralmente

DA COMPENSAÇÃO PARCIAL

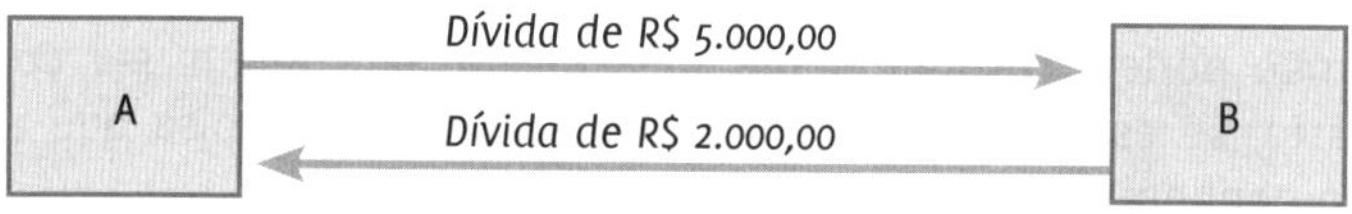

As dívidas se compensam em R$ 2.000,00

3.2.7. *Da confusão*

Preceitua o **art. 381 que** "extingue-se a obrigação, desde que na mesma pessoa se confundam as qualidades de credor e devedor".

A obrigação pressupõe a existência de um sujeito ativo e um passivo, ou seja, de um que pode exigir o cumprimento da prestação e outro que deve cumprir a prestação. Se, contudo, as figuras do sujeito ativo e passivo ficam concentradas na mesma pessoa, dá-se a confusão.

A confusão acarreta a extinção da obrigação não porque a obrigação é satisfeita, mas porque não se pode exigir que uma pessoa cumpra a obrigação em benefício próprio. Nos dizeres de Carlos Roberto Gonçalves, há "impossibilidade do exercício simultâneo da ação creditória e da prestação"[27].

Imagine, por exemplo, um empréstimo tomado entre irmãos, no qual o irmão *A* empresta ao irmão *B* a quantia de R$ 50.000,00. Falecendo o credor *A*, sem deixar descendentes, ascendentes e cônjuge/companheira, seu sucessor legal será o irmão *B*, que o sucederá em todos os direitos. Nessa situação, dar-se-á a confusão porque o irmão *B* tornara-se credor e devedor de si mesmo.

Segundo o art. 382 do CC/02, a confusão pode ser total ou parcial, conforme se dê na totalidade ou não da dívida. Conforme o exemplo anterior, se o irmão *B* for o único herdeiro de *A*, a confusão será total. No entanto, se existirem mais irmãos para sucedê-lo, a confusão será parcial. A análise da matéria é semelhante à compensação.

27. *Direito Civil*. Vol. II, 3ª ed. São Paulo: Saraiva, 2011, p. 359/360.

Estabelece o **art. 383** que "A confusão operada na pessoa do credor ou devedor solidário só extingue a obrigação até a concorrência da respectiva parte no crédito, ou na dívida, subsistindo quanto ao mais a solidariedade".

A confusão não tem o condão de desfazer a solidariedade, porque, nesse caso, haverá outros credores (solidariedade ativa) ou devedores (solidariedade passiva) participantes do negócio. Em ambos os casos, a confusão será apenas parcial.

Nos termos do **art. 384** "cessando a confusão, para logo se restabelece, com todos os seus acessórios, a obrigação anterior".

Uma vez cessados os motivos que acarretaram a confusão, a obrigação automaticamente se restabelece com todos os seus acessórios e privilégios. O exemplo clássico mencionado na doutrina é da abertura da sucessão provisória de pessoa declarada ausente. Reaparecendo esta, a confusão cessará com o restabelecimento da obrigação tal como avençada.

3.2.8. Da remissão de dívidas

Remissão é o perdão da dívida. Representa uma liberalidade do credor, que exonera o devedor do cumprimento da obrigação.

Dispõe o **art. 385 que** "a remissão da dívida, aceita pelo devedor, extingue a obrigação, mas sem prejuízo de terceiro".

Pelo texto, observa-se que a remissão é um negócio bilateral, porque exige a aceitação do devedor.

O ilustre Carlos Roberto Gonçalves traz importante lição ao consignar que "a remissão é espécie do gênero *renúncia*. Embora não se confundam, equivalem-se quanto aos efeitos. A renúncia é unilateral, enquanto a remissão se reveste de caráter convencional, porque depende de aceitação"[28].

A remissão pode ser total ou parcial conforme se dê, respectivamente, no todo ou em parte da dívida. Pode ser, ainda, expressa, tácita ou presumida.

Será expressa quando o credor a externar por instrumento público ou particular, por ato *inter vivos* ou *mortis causa*.

Será tácita quando o comportamento do credor, embora não expresso, demonstrar intenção liberatória, porque suas atitudes se mostram incompatíveis com a preservação do direito, como ocorre, por exemplo, quando destrói o título.

Será, ainda, presumida em duas situações: a) *pela devolução voluntária do título*, no caso do art. 386 do CC/02; e b) *pela devolução do objeto empenhado*, no caso do art. 387 do CC/02.

---

28. *Direito Civil*. Vol. II, 3ª ed. São Paulo: Saraiva, 2011, p. 364.

Por derradeiro, estabelece o **art. 388 que** "a remissão concedida a um dos codevedores extingue a dívida na parte a ele correspondente; de modo que, ainda reservando o credor a solidariedade contra os outros, já lhes não pode cobrar o débito sem dedução da parte remitida".

O texto está em consonância com o art. 277, já estudado. Havendo remissão em benefício de um dos codevedores, subsistirá a solidariedade quanto aos demais, mas o credor, ao exigir a dívida, deverá deduzir a parte remitida.

4. DO INADIMPLEMENTO CONTRATUAL

4.1. Introdução

As obrigações são criadas para serem cumpridas, diante do princípio da força obrigatória dos contratos. Em regra, as obrigações são cumpridas voluntariamente, seja por iniciativa do próprio devedor ou por posterior interpelação feita pelo credor.

No entanto, não são raros os casos em que o devedor deixa de cumprir a obrigação, o que acarreta no inadimplemento obrigacional, e, consequentemente, na imputação da responsabilidade.

O inadimplemento obrigacional pode ser: a) *culposo*, quando o descumprimento ocorre porque o devedor não observa um dever de cautela e age com culpa em sentido amplo (dolo e culpa). Nesse caso, cabe ao credor exigir o cumprimento forçado ou a indenização devida; ou b) *fortuito*, quando o descumprimento deriva de eventos imprevisíveis e inevitáveis (caso fortuito e força maior), que não podem ser imputados ao devedor.

O inadimplemento contratual, pode ser, ainda: a) *parcial*, também chamado de *mora*, que se caracteriza pelo descumprimento parcial, seja em relação ao tempo, lugar e forma convencionados, mas que ainda pode ser cumprida; e b) *total*, também conhecido como *absoluto*, que se configura quando a obrigação não pode mais ser cumprida porque não é mais útil ao credor.

Como se observa, o inadimplemento contratual é verificado segundo o critério de *utilidade* da obrigação para o credor. Assim, se a obrigação ainda é útil ao credor, tem-se o descumprimento parcial, caracterizado pela mora. Se, contudo, a obrigação não é mais útil ao credor, tem-se o descumprimento total.

Flávio Tartuce ilustra a questão com um exemplo extremamente feliz. "Imagine-se o caso em que alguém contratou a entrega de um bolo de noiva para o dia do seu casamento. A entrega foi pactuada para 19 horas, estando o casamento marcado para 20 horas e servindo o bolo como decoração do local da celebração. Até o primeiro horário não haverá mora ou inadimplemento caso o bolo não seja entregue. A partir das 19 horas e 1 minuto, haverá mora, pois a obrigação ainda pode ser cumprida. Entretanto, com a entrada da noiva na igreja, às 20 horas e 1 minuto, haverá inadimplemento absoluto. A obrigação, no último caso, tornou-se imprestável, inútil ao credor"[29].

4.2. Do inadimplemento absoluto da obrigação

Segundo o **art. 389, "n**ão cumprida a obrigação, responde o devedor por perdas e danos, mais juros e atualização monetária segundo índices oficiais regularmente estabelecidos, e honorários de advogado".

O texto trata do inadimplemento *culposo* e *absoluto*, prevendo que o devedor inadimplente arcará com perdas e danos, juros, atualização monetária e honorários advocatícios.

O atual dispositivo inova em relação ao art. 1.056 do CC/16, ao acrescentar a atualização monetária, os juros e os honorários advocatícios. Tais acréscimos apenas incorporaram a posição da jurisprudência, que já incluíam tais verbas nas condenações.

Com efeito, sobre os juros, a súmula 254 do STF estabelece que: "Incluem-se os juros moratórios na liquidação, embora omisso o pedido inicial ou a condenação".

Os honorários advocatícios são previstos no art. 20 do Código de Processo Civil.

A atualização monetária, por sua vez, visa impedir a desvalorização da moeda pela inflação e garantir o poder de compra. Visa, também, impedir que o devedor se enriqueça ilicitamente ao se furtar do pagamento da correção monetária.

Como dito, o art. 389 pressupõe que o devedor não tenha cumprido a obrigação de maneira culposa. Esse dispositivo tem aplicação na responsabilidade civil contratual, eis que a responsabilidade civil extracontratual tem amparo no art. 186 do CC/02.

Segundo o art. 393, o devedor, em regra, não responde pelo inadimplemento fortuito da obrigação. Tal dispositivo será melhor analisado adiante, no capítulo que estuda a responsabilidade civil.

4.3. Da mora

Dispõe o **art. 394 que** "considera-se em mora o devedor que não efetuar o pagamento e o credor que não quiser recebê-lo no tempo, lugar e forma que a lei ou a convenção estabelecer".

A mora se configurará não só quando houver atraso no pagamento, mas, também, quando o pagamento for efetuado na data correta, mas em lugar ou forma diversa da convencionada. Haverá mora tanto no descumprimento contratual quanto na violação à lei, como, por exemplo, na prática de ato ilícito.

29. *Direito Civil*. Vol. 2, 6ª ed. São Paulo: Método, 2013, p. 194.

A mora pode ser de três espécies:

a) Mora do devedor: caracterizada quando este, culposamente, não cumpre a obrigação no prazo, forma e lugar devidos, indicados pela lei ou pelo contrato;

b) Mora do credor: caracterizada quando este, injustamente, se recusa a aceitar o adimplemento da obrigação no prazo, forma e lugar devidos;

c) Mora de ambas as partes: que ocorre quando há mora simultânea. Nesse caso, a doutrina tradicional sugere que as partes sejam colocadas no estado em que estavam anteriormente, como se não houvesse mora de qualquer dos contratantes. É indispensável, contudo, que a mora do credor e do devedor sejam simultâneas, pois se a mora de um preceder a do outro, apenas a última é que produzirá efeitos.

Novamente, cabe a observação de que o descumprimento da obrigação, por parte do devedor, deve ser culposo, conforme preceitua o art. 396 do CC/02.

Dispõe o **art. 397** que "o inadimplemento da obrigação, positiva e líquida, no seu termo, constitui de pleno direito em mora o devedor".

Nas obrigações positivas (dar ou fazer) e líquidas (com valor certo), a mora do devedor se caracterizará automaticamente com o não cumprimento. Em tais casos, portanto, não há necessidade de qualquer conduta do credor, como, por exemplo a notificação, para que o devedor seja constituído em mora. No entanto, quando as obrigações não tiverem data para cumprimento, a mora do devedor só se verifica com a interpelação judicial ou extrajudicial feita pelo credor (art. 397, parágrafo único do CC/02).

Cabe acrescentar que, nas relações contratuais de compra e venda de imóveis loteados em prestações, os devedores somente serão constituídos em mora depois de notificados judicialmente ou pelo Cartório de Registro de Imóveis, com prazo de trinta dias, ainda que as parcelas tenham valor certo e data estipulada para pagamento, a respeito do que preconiza o art. 14 do Decreto-Lei 58/37.

Nas obrigações decorrentes de ato ilícito, o devedor estará em mora desde a data em que praticou o ato (art. 398 do CC/02). Nesse sentido, dispõe a súmula 54 do STJ que "os juros moratórios fluem a partir do evento danoso, em caso de responsabilidade extracontratual".

Para a configuração da mora do credor, no entanto, a doutrina moderna não exige que a recusa seja culposa, mas tão somente que seja injusta, ou seja, que a recusa do credor não tenha justa causa.

Nesse sentido, preceitua o **art. 400 que** "a mora do credor subtrai o devedor isento de dolo à responsabilidade pela conservação da coisa, obriga o credor a ressarcir as despesas empregadas em conservá-la, e sujeita-o a recebê-la pela estimação mais favorável ao devedor, se o seu valor oscilar entre o dia estabelecido para o pagamento e o da sua efetivação".

Sobre o dispositivo é importante destacar que a mora do credor subtrai a responsabilidade do devedor *isento de dolo*. Isso significa que, ainda que o credor recuse o recebimento da coisa devida, o devedor deve manter uma diligência mínima para evitar que a coisa pereça.

Ainda segundo o art. 400, a mora do credor faz com que este seja responsabilizado pelas *despesas de conservação da coisa* e, também, pela *oscilação do preço*. Ora, a responsabilidade por tais medidas se justifica porque o credor não pode lucrar ou ser beneficiado com sua mora, ou seja, por sua desídia. Dessa forma, havendo aumento do valor da soja no mercado, o credor suportará a diferença, porque não pode se beneficiar da desvalorização da coisa no período de sua mora.

4.4. Da purgação da mora

Silvio de Salvo Venosa ensina que "purgar a mora é o ato pelo qual a parte que nela incorreu retira-lhe os efeitos. Aplica-se tanto no caso do devedor, como no caso do credor. Diz-se também emendar a mora, ou reparar a mora"[30].

O art. 401 estabelece duas situações em que a mora pode ser emendada:

a) por parte do devedor, oferecendo este a prestação mais a importância dos prejuízos decorrentes do dia da oferta (inciso I): compete ao devedor oferecer a prestação com os acréscimos devidos, como, por exemplo, cláusula penal e juros moratórios;

b) por parte do credor, oferecendo-se este a receber o pagamento e sujeitando-se aos efeitos da mora até a mesma data (inciso II): a purgação da mora do credor se dá quando este se dispõe a receber a prestação e reembolsa as despesas relativas à conservação da coisa (art. 440 do CC/02).

É importante destacar que não se confunde *purgação da mora* com *cessação da mora*. Esta possui efeitos pretéritos, porque decorre da extinção da obrigação, como, por exemplo, no caso em que o devedor em mora tem a dívida perdoada. Nesse caso, tem-se a cessação da mora porque a obrigação foi extinta. A purgação, contudo, só produz efeitos futuros, eis que não impede os já produzidos.

4.5. Dos juros remuneratórios e moratórios

Juros são os rendimentos do capital e constituem o pagamento pela utilização do capital alheio[31].

Os juros podem ser classificados em:

30. *Direito Civil*. Vol. 2, 4ª ed. São Paulo: Atlas, 2004, p. 250.
31. *Direito Civil*. Vol. II, 3ª ed. São Paulo: Saraiva, 2011, p. 401.

a) *Remuneratórios*: decorrentes da utilização do capital de outrem, como ocorre, por exemplo, nos contratos de mútuo. É permitida a capitalização anual, segundo o art. 591, parte final do CC/02;

b) *Moratórios*: decorrentes como consequência do atraso ou retardamento no cumprimento da obrigação. São devidos da data em que o devedor é constituído em mora e ainda que o credor não alegue ou prove eventual prejuízo suportado (art. 407 do CC/02);

c) *Convencionais*: cujo valor é pactuado pelas partes, de comum acordo;

d) *Legais*: quando resultantes ou impostos pela lei. Os juros legais incidirão mesmo quando as partes não convencionarem expressamente, mas estarão limitados à "taxa que estiver em vigor para a mora do pagamento de impostos devidos à Fazenda Nacional" (art. 406 do CC/02). Há um forte embate na doutrina e na jurisprudência sobre qual seria a taxa indicada no art. 406. Alguns autores sustentam que a referida taxa se trata da Selic. Outros, no entanto, sustentam que essa taxa é a prevista no art. 161, §1º, do CTN, ou seja, de 1% ao mês, porque a Selic contém juros e correção monetária. Há decisões em ambos os sentidos, sendo que este autor filia-se à corrente que entende se tratar da taxa constante do art. 161, §1º, do CTN;

e) *Simples*: quando são computados apenas sobre o valor principal, isto é, do capital inicial;

f) *Compostos*: quando são calculados sobre o principal e sobre os juros, que passarão a integrar o principal para efeito de cálculo. Ocorre, nesse caso, a capitalização, que pode ocorrer anualmente (art. 591, parte final, do CC/02). É a prática conhecida como "contar juros dos juros".

Pela redação do art. 406, percebe-se que os juros moratórios podem ser tanto convencionais, quando sua estipulação decorre de negociação das partes, quanto legais, quando resultarem da lei.

Não obstante as disposições constantes do Código Civil, o Egrégio Superior Tribunal de Justiça entendeu que as instituições bancárias e outros agentes do Sistema Financeiro Nacional não se restringem às limitações impostas pelo Código, porque estão agasalhados pela Lei 4.595/64, que, por ser lei especial, não foi revogada pelo Código Civil, que é lei geral.

5. DAS ARRAS OU SINAL

5.1. Conceito e características

Muitas vezes, nos contratos bilaterais, um contratante entrega ao outro uma parcela em dinheiro como forma de confirmar o negócio, vinculando as partes à conclusão do contrato, ou de servir como início de pagamento para garantir o cumprimento da obrigação. Essa "antecipação de pagamento" recebe o nome de arras ou sinal. Conceituando o instituto, o ilustre HamidCharafBdine Júnior[32] nos ensina:

> "O conceito jurídico de arras ou sinal é a quantia em dinheiro ou o bem móvel que um dos contratantes entrega ao outro o objetivo de confirmar o acordo de vontades e de servir de princípio de pagamento.

As arras ou sinal são disciplinadas nos arts. 417 a 420 do CC e, segundo a professora Maria Helena Diniz[33], tem as seguintes características:

a) Somente são aplicadas nos contratos bilaterais que servem de título translativo do domínio;

b) Requerem um contrato perfeito, pois se trata de pacto acessório que visa confirmar o negócio e servir de início de pagamento. Não haverá, portanto, sinal se não houver um contrato principal;

c) Possuem natureza real, porque só se aperfeiçoam com a entrega de uma quantia em dinheiro, ou de outro bem móvel, geralmente fungível;

d) Requerem que sejam entregues de um contratante a outro;

e) Visam cimentar o negócio e servir como início de pagamento, evitando a possibilidade de arrependimento.

5.2. Espécies de arras

As arras podem ser classificadas segundo suas diferentes funções. Poderão ser:

a) Arras Confirmatórias: que consistem na entrega de quantia em dinheiro ou outro bem móvel para sustentar o negócio, demonstrando que o contrato foi celebrado e está em execução, o que diminui a chance de arrependimento e, consequentemente, de rescisão unilateral. Havendo inexecução do contrato, as arras confirmatórias servirão como indenização mínima. Seu conceito é extraído do art. 417 do CC, que diz:

> **Art. 417.** Se, por ocasião da conclusão do contrato, uma parte der à outra, a título de arras, dinheiro ou outro bem móvel, deverão as arras, em caso de execução, ser restituídas ou computadas na prestação devida, se do mesmo gênero da principal.

Da análise do dispositivo verifica-se que as arras confirmatórias tem os seguintes objetivos: a) consolidar o contrato, demonstrando que foi celebrado e o cumprimento iniciado; b) antecipar o pagamento do preço, porque o valor entregue será embutido

32. Código Civil Comentado, Manole, 8ª Ed., 2014, p. 420.
33. Curso de Direito Civil Brasileiro, Saraiva, v. 3. 29ª ed., 2013, p.160/161.

no preço; c) determinar, antecipadamente, as perdas e danos em favor daquele que não deu causa ao inadimplemento. É importante destacar, contudo, que as arras confirmatórias não excluem a indenização por danos, diante da previsão expressa contida no art. 419 do CC. Observe:

> **Art. 419.** A parte inocente pode pedir indenização suplementar, se provar maior prejuízo, valendo as arras como taxa mínima. Pode, também, a parte inocente exigir a execução do contrato, com as perdas e danos, valendo as arras como o mínimo da indenização.

As arras atuarão como limitadoras das perdas e danos somente quando o negócio for extinto sem culpa dos contratantes. Se ficar caracterizada culpa de um deles, a parte inocente poderá pleitear a indenização complementar, com fundamento no art. 419. Essa indenização complementar deve ter como referência o desfalque patrimonial sofrido pelo contratante que não deu causa à extinção do contrato.

De se consignar, outrossim, que o art. 418 do CC estabelece o direito da parte que recebeu as arras de retê-las, caso o contrato não for executado pela parte que as entregou. De igual sorte, o mesmo dispositivo confere o direito ao contratante que entregou as arras o direito de desfazer o contrato e de pleitear a restituição acrescida de atualização monetária, juros e honorários advocatícios, se a inexecução se deu por iniciativa do contratante que recebeu as arras.

b) Arras penitenciais: que tem função acessória de permitir o arrependimento e, consequentemente, de limitar a indenização pelo valor entregue como sinal. Seu conceito é extraído do art. 420 do CC. Veja:

> **Art. 420.**Se no contrato for estipulado o direito de arrependimento para qualquer das partes, as arras ou sinal terão função unicamente indenizatória. Neste caso, quem as deu perdê-las-á em benefício da outra parte; e quem as recebeu devolvê-las-á, mais o equivalente. Em ambos os casos não haverá direito a indenização suplementar.

Como se verifica, as arras penitenciais permitem que as partes se retratem ao custo de uma penalidade, que será a perda do valor por aquele que entregou ou a devolução do valor, mais o equivalente, por aquele que o recebeu. A expressão "mais o equivalente" deve ser entendida como a restituição em dobro do valor recebido (restituição das arras, mais o equivalente). As arras penitenciais servirão como uma pena convencional, estabelecida previamente como forma de determinar a indenização em favor da parte inocente.

As arras penitenciais distinguem-se das arras confirmatórias em dois pontos: a) permitem o direito de arrependimento e, consequentemente, a rescisão unilateral; e b) servirão como valor limitador da reparação, não permitindo pedido de indenização complementar.

6. LEGISLAÇÃO APLICÁVEL AO CAPÍTULO

PARTE ESPECIAL

LIVRO I

DO DIREITO DAS OBRIGAÇÕES

TÍTULO I

DAS MODALIDADES DAS OBRIGAÇÕES

CAPÍTULO I

DAS OBRIGAÇÕES DE DAR

Seção I

Das Obrigações de Dar Coisa Certa

Art. 233. A obrigação de dar coisa certa abrange os acessórios dela embora não mencionados, salvo se o contrário resultar do título ou das circunstâncias do caso.

Art. 234. Se, no caso do artigo antecedente, a coisa se perder, sem culpa do devedor, antes da tradição, ou pendente a condição suspensiva, fica resolvida a obrigação para ambas as partes; se a perda resultar de culpa do devedor, responderá este pelo equivalente e mais perdas e danos.

Art. 235. Deteriorada a coisa, não sendo o devedor culpado, poderá o credor resolver a obrigação, ou aceitar a coisa, abatido de seu preço o valor que perdeu.

Art. 236. Sendo culpado o devedor, poderá o credor exigir o equivalente, ou aceitar a coisa no estado em que se acha, com direito a reclamar, em um ou em outro caso, indenização das perdas e danos.

Art. 237. Até a tradição pertence ao devedor a coisa, com os seus melhoramentos e acrescidos, pelos quais poderá exigir aumento no preço; se o credor não anuir, poderá o devedor resolver a obrigação.

Parágrafo único. Os frutos percebidos são do devedor, cabendo ao credor os pendentes.

Art. 238. Se a obrigação for de restituir coisa certa, e esta, sem culpa do devedor, se perder antes da tradição, sofrerá o credor a perda, e a obrigação se resolverá, ressalvados os seus direitos até o dia da perda.

Art. 239. Se a coisa se perder por culpa do devedor, responderá este pelo equivalente, mais perdas e danos.

Art. 240. Se a coisa restituível se deteriorar sem culpa do devedor, recebê-la-á o credor, tal qual se ache, sem direito a indenização; se por culpa do devedor, observar-se-á o disposto no art. 239.

Art. 241. Se, no caso do art. 238, sobrevier melhoramento ou acréscimo à coisa, sem despesa ou trabalho do devedor, lucrará o credor, desobrigado de indenização.

Art. 242. Se para o melhoramento, ou aumento, empregou o devedor trabalho ou dispêndio, o caso se regulará pelas normas deste Código atinentes às benfeitorias realizadas pelo possuidor de boa-fé ou de má-fé.

Parágrafo único. Quanto aos frutos percebidos, observar-se-á, do mesmo modo, o disposto neste Código, acerca do possuidor de boa-fé ou de má-fé.

Seção II

Das Obrigações de Dar Coisa Incerta

Art. 243. A coisa incerta será indicada, ao menos, pelo gênero e pela quantidade.

Art. 244. Nas coisas determinadas pelo gênero e pela quantidade, a escolha pertence ao devedor, se o contrário não resultar do título da obrigação; mas não poderá dar a coisa pior, nem será obrigado a prestar a melhor.

Art. 245. Cientificado da escolha o credor, vigorará o disposto na Seção antecedente.

Art. 246. Antes da escolha, não poderá o devedor alegar perda ou deterioração da coisa, ainda que por força maior ou caso fortuito.

CAPÍTULO II

DAS OBRIGAÇÕES DE FAZER

Art. 247. Incorre na obrigação de indenizar perdas e danos o devedor que recusar a prestação a ele só imposta, ou só por ele exequível.

Art. 248. Se a prestação do fato tornar-se impossível sem culpa do devedor, resolver-se-á a obrigação; se por culpa dele, responderá por perdas e danos.

Art. 249. Se o fato puder ser executado por terceiro, será livre ao credor mandá-lo executar à custa do devedor, havendo recusa ou mora deste, sem prejuízo da indenização cabível.

Parágrafo único. Em caso de urgência, pode o credor, independentemente de autorização judicial, executar ou mandar executar o fato, sendo depois ressarcido.

CAPÍTULO III

DAS OBRIGAÇÕES DE NÃO FAZER

Art. 250. Extingue-se a obrigação de não fazer, desde que, sem culpa do devedor, se lhe torne impossível abster-se do ato, que se obrigou a não praticar.

Art. 251. Praticado pelo devedor o ato, a cuja abstenção se obrigara, o credor pode exigir dele que o desfaça, sob pena de se desfazer à sua custa, ressarcindo o culpado perdas e danos.

Parágrafo único. Em caso de urgência, poderá o credor desfazer ou mandar desfazer, independentemente de autorização judicial, sem prejuízo do ressarcimento devido.

CAPÍTULO IV
DAS OBRIGAÇÕES ALTERNATIVAS

Art. 252. Nas obrigações alternativas, a escolha cabe ao devedor, se outra coisa não se estipulou.

§ 1º Não pode o devedor obrigar o credor a receber parte em uma prestação e parte em outra.

§ 2º Quando a obrigação for de prestações periódicas, a faculdade de opção poderá ser exercida em cada período.

§ 3º No caso de pluralidade de optantes, não havendo acordo unânime entre eles, decidirá o juiz, findo o prazo por este assinado para a deliberação.

§ 4º Se o título deferir a opção a terceiro, e este não quiser, ou não puder exercê-la, caberá ao juiz a escolha se não houver acordo entre as partes.

Art. 253. Se uma das duas prestações não puder ser objeto de obrigação ou se tornada inexequível, subsistirá o débito quanto à outra.

Art. 254. Se, por culpa do devedor, não se puder cumprir nenhuma das prestações, não competindo ao credor a escolha, ficará aquele obrigado a pagar o valor da que por último se impossibilitou, mais as perdas e danos que o caso determinar.

Art. 255. Quando a escolha couber ao credor e uma das prestações tornar-se impossível por culpa do devedor, o credor terá direito de exigir a prestação subsistente ou o valor da outra, com perdas e danos; se, por culpa do devedor, ambas as prestações se tornarem inexequíveis, poderá o credor reclamar o valor de qualquer das duas, além da indenização por perdas e danos.

Art. 256. Se todas as prestações se tornarem impossíveis sem culpa do devedor, extinguir-se-á a obrigação.

CAPÍTULO V
DAS OBRIGAÇÕES DIVISÍVEIS E INDIVISÍVEIS

Art. 257. Havendo mais de um devedor ou mais de um credor em obrigação divisível, esta presume-se dividida em tantas obrigações, iguais e distintas, quantos os credores ou devedores.

Art. 258. A obrigação é indivisível quando a prestação tem por objeto uma coisa ou um fato não suscetíveis de divisão, por sua natureza, por motivo de ordem econômica, ou dada a razão determinante do negócio jurídico.

Art. 259. Se, havendo dois ou mais devedores, a prestação não for divisível, cada um será obrigado pela dívida toda.

Parágrafo único. O devedor, que paga a dívida, sub-roga-se no direito do credor em relação aos outros coobrigados.

Art. 260. Se a pluralidade for dos credores, poderá cada um destes exigir a dívida inteira; mas o devedor ou devedores se desobrigarão, pagando:

I - a todos conjuntamente;

II - a um, dando este caução de ratificação dos outros credores.

Art. 261. Se um só dos credores receber a prestação por inteiro, a cada um dos outros assistirá o direito de exigir dele em dinheiro a parte que lhe caiba no total.

Art. 262. Se um dos credores remitir a dívida, a obrigação não ficará extinta para com os outros; mas estes só a poderão exigir, descontada a quota do credor remitente.

Parágrafo único. O mesmo critério se observará no caso de transação, novação, compensação ou confusão.

Art. 263. Perde a qualidade de indivisível a obrigação que se resolver em perdas e danos.

§ 1º Se, para efeito do disposto neste artigo, houver culpa de todos os devedores, responderão todos por partes iguais.

§ 2º Se for de um só a culpa, ficarão exonerados os outros, respondendo só esse pelas perdas e danos.

CAPÍTULO VI
DAS OBRIGAÇÕES SOLIDÁRIAS

Seção I
Disposições Gerais

Art. 264. Há solidariedade, quando na mesma obrigação concorre mais de um credor, ou mais de um devedor, cada um com direito, ou obrigado, à dívida toda.

Art. 265. A solidariedade não se presume; resulta da lei ou da vontade das partes.

Art. 266. A obrigação solidária pode ser pura e simples para um dos cocredores ou codevedores, e condicional, ou a prazo, ou pagável em lugar diferente, para o outro.

Seção II
Da Solidariedade Ativa

Art. 267. Cada um dos credores solidários tem direito a exigir do devedor o cumprimento da prestação por inteiro.

Art. 268. Enquanto alguns dos credores solidários não demandarem o devedor comum, a qualquer daqueles poderá este pagar.

Art. 269. O pagamento feito a um dos credores solidários extingue a dívida até o montante do que foi pago.

Art. 270. Se um dos credores solidários falecer deixando herdeiros, cada um destes só terá direito a exigir e receber a quota do crédito que corresponder ao seu quinhão hereditário, salvo se a obrigação for indivisível.

Art. 271. Convertendo-se a prestação em perdas e danos, subsiste, para todos os efeitos, a solidariedade.

Art. 272. O credor que tiver remitido a dívida ou recebido o pagamento responderá aos outros pela parte que lhes caiba.

Art. 273. A um dos credores solidários não pode o devedor opor as exceções pessoais oponíveis aos outros.

Art. 274. O julgamento contrário a um dos credores solidários não atinge os demais; o julgamento favorável aproveita-lhes, a menos que se funde em exceção pessoal ao credor que o obteve. (Vide Lei nº 13.105, de 2015) (Vigência)

Seção III
Da Solidariedade Passiva

Art. 275. O credor tem direito a exigir e receber de um ou de alguns dos devedores, parcial ou totalmente, a dívida comum; se o pagamento tiver sido parcial, todos os demais devedores continuam obrigados solidariamente pelo resto.

Parágrafo único. Não importará renúncia da solidariedade a propositura de ação pelo credor contra um ou alguns dos devedores.

Art. 276. Se um dos devedores solidários falecer deixando herdeiros, nenhum destes será obrigado a pagar senão a quota que corresponder ao seu quinhão hereditário, salvo se a obrigação for indivisível; mas todos reunidos serão considerados como um devedor solidário em relação aos demais devedores.

Art. 277. O pagamento parcial feito por um dos devedores e a remissão por ele obtida não aproveitam aos outros devedores, senão até à concorrência da quantia paga ou relevada.

Art. 278. Qualquer cláusula, condição ou obrigação adicional, estipulada entre um dos devedores solidários e o credor, não poderá agravar a posição dos outros sem consentimento destes.

Art. 279. Impossibilitando-se a prestação por culpa de um dos devedores solidários, subsiste para todos o encargo de pagar o equivalente; mas pelas perdas e danos só responde o culpado.

Art. 280. Todos os devedores respondem pelos juros da mora, ainda que a ação tenha sido proposta somente contra um; mas o culpado responde aos outros pela obrigação acrescida.

Art. 281. O devedor demandado pode opor ao credor as exceções que lhe forem pessoais e as comuns a todos; não lhe aproveitando as exceções pessoais a outro codevedor.

Art. 282. O credor pode renunciar à solidariedade em favor de um, de alguns ou de todos os devedores.

Parágrafo único. Se o credor exonerar da solidariedade um ou mais devedores, subsistirá a dos demais.

Art. 283. O devedor que satisfez a dívida por inteiro tem direito a exigir de cada um dos codevedores a sua quota, dividindo-se igualmente por todos a do insolvente, se o houver, presumindo-se iguais, no débito, as partes de todos os codevedores.

Art. 284. No caso de rateio entre os codevedores, contribuirão também os exonerados da solidariedade pelo credor, pela parte que na obrigação incumbia ao insolvente.

Art. 285. Se a dívida solidária interessar exclusivamente a um dos devedores, responderá este por toda ela para com aquele que pagar.

TÍTULO II
DA TRANSMISSÃO DAS OBRIGAÇÕES

CAPÍTULO I
DA CESSÃO DE CRÉDITO

Art. 286. O credor pode ceder o seu crédito, se a isso não se opuser a natureza da obrigação, a lei, ou a convenção com o devedor; a cláusula proibitiva da cessão não poderá ser oposta ao cessionário de boa-fé, se não constar do instrumento da obrigação.

Art. 287. Salvo disposição em contrário, na cessão de um crédito abrangem-se todos os seus acessórios.

Art. 288. É ineficaz, em relação a terceiros, a transmissão de um crédito, se não celebrar-se mediante instrumento público, ou instrumento particular revestido das solenidades do § 1º do art. 654.

Art. 289. O cessionário de crédito hipotecário tem o direito de fazer averbar a cessão no registro do imóvel.

Art. 290. A cessão do crédito não tem eficácia em relação ao devedor, senão quando a este notificada; mas por notificado se tem o devedor que, em escrito público ou particular, se declarou ciente da cessão feita.

Art. 291. Ocorrendo várias cessões do mesmo crédito, prevalece a que se completar com a tradição do título do crédito cedido.

Art. 292. Fica desobrigado o devedor que, antes de ter conhecimento da cessão, paga ao credor primitivo, ou que, no caso de mais de uma cessão notificada, paga ao cessionário que lhe apresenta, com o título de cessão, o da obrigação cedida; quando o crédito constar de escritura pública, prevalecerá a prioridade da notificação.

Art. 293. Independentemente do conhecimento da cessão pelo devedor, pode o cessionário exercer os atos conservatórios do direito cedido.

Art. 294. O devedor pode opor ao cessionário as exceções que lhe competirem, bem como as que, no momento em que veio a ter conhecimento da cessão, tinha contra o cedente.

Art. 295. Na cessão por título oneroso, o cedente, ainda que não se responsabilize, fica responsável ao cessionário pela existência do crédito ao tempo em que lhe cedeu; a mesma responsabilidade lhe cabe nas cessões por título gratuito, se tiver procedido de má-fé.

Art. 296. Salvo estipulação em contrário, o cedente não responde pela solvência do devedor.

Art. 297. O cedente, responsável ao cessionário pela solvência do devedor, não responde por mais do que daquele recebeu, com os respectivos juros; mas tem de ressarcir-lhe as despesas da cessão e as que o cessionário houver feito com a cobrança.

Art. 298. O crédito, uma vez penhorado, não pode mais ser transferido pelo credor que tiver conhecimento da penhora; mas o devedor que o pagar, não tendo notificação dela, fica exonerado, subsistindo somente contra o credor os direitos de terceiro.

CAPÍTULO II
DA ASSUNÇÃO DE DÍVIDA

Art. 299. É facultado a terceiro assumir a obrigação do devedor, com o consentimento expresso do credor, ficando exonerado o devedor primitivo, salvo se aquele, ao tempo da assunção, era insolvente e o credor o ignorava.

Parágrafo único. Qualquer das partes pode assinar prazo ao credor para que consinta na assunção da dívida, interpretando-se o seu silêncio como recusa.

Art. 300. Salvo assentimento expresso do devedor primitivo, consideram-se extintas, a partir da assunção da dívida, as garantias especiais por ele originariamente dadas ao credor.

Art. 301. Se a substituição do devedor vier a ser anulada, restaura-se o débito, com todas as suas garantias, salvo as garantias prestadas por terceiros, exceto se este conhecia o vício que inquinava a obrigação.

Art. 302. O novo devedor não pode opor ao credor as exceções pessoais que competiam ao devedor primitivo.

Art. 303. O adquirente de imóvel hipotecado pode tomar a seu cargo o pagamento do crédito garantido; se o credor, notificado, não impugnar em trinta dias a transferência do débito, entender-se-á dado o assentimento.

TÍTULO III
DO ADIMPLEMENTO E EXTINÇÃO DAS OBRIGAÇÕES

CAPÍTULO I
DO PAGAMENTO

Seção I
De Quem Deve Pagar

Art. 304. Qualquer interessado na extinção da dívida pode pagá-la, usando, se o credor se opuser, dos meios conducentes à exoneração do devedor.

Parágrafo único. Igual direito cabe ao terceiro não interessado, se o fizer em nome e à conta do devedor, salvo oposição deste.

Art. 305. O terceiro não interessado, que paga a dívida em seu próprio nome, tem direito a reembolsar-se do que pagar; mas não se sub-roga nos direitos do credor.

Parágrafo único. Se pagar antes de vencida a dívida, só terá direito ao reembolso no vencimento.

Art. 306. O pagamento feito por terceiro, com desconhecimento ou oposição do devedor, não obriga a reembolsar aquele que pagou, se o devedor tinha meios para ilidir a ação.

Art. 307. Só terá eficácia o pagamento que importar transmissão da propriedade, quando feito por quem possa alienar o objeto em que ele consistiu.

Parágrafo único. Se se der em pagamento coisa fungível, não se poderá mais reclamar do credor que, de boa-fé, a recebeu e consumiu, ainda que o solvente não tivesse o direito de aliená-la.

Seção II
Daqueles a Quem se Deve Pagar

Art. 308. O pagamento deve ser feito ao credor ou a quem de direito o represente, sob pena de só valer depois de por ele ratificado, ou tanto quanto reverter em seu proveito.

Art. 309. O pagamento feito de boa-fé ao credor putativo é válido, ainda provado depois que não era credor.

Art. 310. Não vale o pagamento cientemente feito ao credor incapaz de quitar, se o devedor não provar que em benefício dele efetivamente reverteu.

Art. 311. Considera-se autorizado a receber o pagamento o portador da quitação, salvo se as circunstâncias contrariarem a presunção daí resultante.

Art. 312. Se o devedor pagar ao credor, apesar de intimado da penhora feita sobre o crédito, ou da impugnação a ele oposta por terceiros, o pagamento não valerá contra estes, que poderão constranger o devedor a pagar de novo, ficando-lhe ressalvado o regresso contra o credor.

Seção III
Do Objeto do Pagamento e Sua Prova

Art. 313. O credor não é obrigado a receber prestação diversa da que lhe é devida, ainda que mais valiosa.

Art. 314. Ainda que a obrigação tenha por objeto prestação divisível, não pode o credor ser obrigado a receber, nem o devedor a pagar, por partes, se assim não se ajustou.

Art. 315. As dívidas em dinheiro deverão ser pagas no vencimento, em moeda corrente e pelo valor nominal, salvo o disposto nos artigos subsequentes.

Art. 316. É lícito convencionar o aumento progressivo de prestações sucessivas.

Art. 317. Quando, por motivos imprevisíveis, sobrevier desproporção manifesta entre o valor da prestação devida e o do momento de sua execução, poderá o juiz corrigi-lo, a pedido da parte, de modo que assegure, quanto possível, o valor real da prestação.

Art. 318. São nulas as convenções de pagamento em ouro ou em moeda estrangeira, bem como para compensar a diferença entre o valor desta e o da moeda nacional, excetuados os casos previstos na legislação especial.

Art. 319. O devedor que paga tem direito a quitação regular, e pode reter o pagamento, enquanto não lhe seja dada.

Art. 320. A quitação, que sempre poderá ser dada por instrumento particular, designará o valor e a espécie da dívida quitada, o nome do devedor, ou quem por este pagou, o tempo e o lugar do pagamento, com a assinatura do credor, ou do seu representante.

Parágrafo único. Ainda sem os requisitos estabelecidos neste artigo valerá a quitação, se de seus termos ou das circunstâncias resultar haver sido paga a dívida.

Art. 321. Nos débitos, cuja quitação consista na devolução do título, perdido este, poderá o devedor exigir, retendo o pagamento, declaração do credor que inutilize o título desaparecido.

Art. 322. Quando o pagamento for em quotas periódicas, a quitação da última estabelece, até prova em contrário, a presunção de estarem solvidas as anteriores.

Art. 323. Sendo a quitação do capital sem reserva dos juros, estes presumem-se pagos.

Art. 324. A entrega do título ao devedor firma a presunção do pagamento.

Parágrafo único. Ficará sem efeito a quitação assim operada se o credor provar, em sessenta dias, a falta do pagamento.

Art. 325. Presumem-se a cargo do devedor as despesas com o pagamento e a quitação; se ocorrer aumento por fato do credor, suportará este a despesa acrescida.

Art. 326. Se o pagamento se houver de fazer por medida, ou peso, entender-se-á, no silêncio das partes, que aceitaram os do lugar da execução.

Seção IV
Do Lugar do Pagamento

Art. 327. Efetuar-se-á o pagamento no domicílio do devedor, salvo se as partes convencionarem diversamente, ou se o contrário resultar da lei, da natureza da obrigação ou das circunstâncias.

Parágrafo único. Designados dois ou mais lugares, cabe ao credor escolher entre eles.

Art. 328. Se o pagamento consistir na tradição de um imóvel, ou em prestações relativas a imóvel, far-se-á no lugar onde situado o bem.

Art. 329. Ocorrendo motivo grave para que se não efetue o pagamento no lugar determinado, poderá o devedor fazê-lo em outro, sem prejuízo para o credor.

Art. 330. O pagamento reiteradamente feito em outro local faz presumir renúncia do credor relativamente ao previsto no contrato.

Seção V
Do Tempo do Pagamento

Art. 331. Salvo disposição legal em contrário, não tendo sido ajustada época para o pagamento, pode o credor exigi-lo imediatamente.

Art. 332. As obrigações condicionais cumprem-se na data do implemento da condição, cabendo ao credor a prova de que deste teve ciência o devedor.

Art. 333. Ao credor assistirá o direito de cobrar a dívida antes de vencido o prazo estipulado no contrato ou marcado neste Código:

I – no caso de falência do devedor, ou de concurso de credores;

II – se os bens, hipotecados ou empenhados, forem penhorados em execução por outro credor;

III – se cessarem, ou se se tornarem insuficientes, as garantias do débito, fidejussórias, ou reais, e o devedor, intimado, se negar a reforçá-las.

Parágrafo único. Nos casos deste artigo, se houver, no débito, solidariedade passiva, não se reputará vencido quanto aos outros devedores solventes.

CAPÍTULO II
DO PAGAMENTO EM CONSIGNAÇÃO

Art. 334. Considera-se pagamento, e extingue a obrigação, o depósito judicial ou em estabelecimento bancário da coisa devida, nos casos e forma legais.

Art. 335. A consignação tem lugar:

I – se o credor não puder, ou, sem justa causa, recusar receber o pagamento, ou dar quitação na devida forma;

II – se o credor não for, nem mandar receber a coisa no lugar, tempo e condição devidos;

III – se o credor for incapaz de receber, for desconhecido, declarado ausente, ou residir em lugar incerto ou de acesso perigoso ou difícil;

IV – se ocorrer dúvida sobre quem deva legitimamente receber o objeto do pagamento;

V – se pender litígio sobre o objeto do pagamento.

Art. 336. Para que a consignação tenha força de pagamento, será mister concorram, em relação às pessoas, ao objeto, modo e tempo, todos os requisitos sem os quais não é válido o pagamento.

Art. 337. O depósito requerer-se-á no lugar do pagamento, cessando, tanto que se efetue, para o depositante, os juros da dívida e os riscos, salvo se for julgado improcedente.

Art. 338. Enquanto o credor não declarar que aceita o depósito, ou não o impugnar, poderá o devedor requerer o levantamento, pagando as respectivas despesas, e subsistindo a obrigação para todas as consequências de direito.

Art. 339. Julgado procedente o depósito, o devedor já não poderá levantá-lo, embora o credor consinta, senão de acordo com os outros devedores e fiadores.

Art. 340. O credor que, depois de contestar a lide ou aceitar o depósito, aquiescer no levantamento, perderá a preferência e a garantia que lhe competiam com respeito à coisa consignada, ficando para logo desobrigados os codevedores e fiadores que não tenham anuído.

Art. 341. Se a coisa devida for imóvel ou corpo certo que deva ser entregue no mesmo lugar onde está, poderá o devedor citar o credor para vir ou mandar recebê-la, sob pena de ser depositada.

Art. 342. Se a escolha da coisa indeterminada competir ao credor, será ele citado para esse fim, sob cominação de perder o direito e de ser depositada a coisa que o devedor escolher; feita a escolha pelo devedor, proceder-se-á como no artigo antecedente.

Art. 343. As despesas com o depósito, quando julgado procedente, correrão à conta do credor, e, no caso contrário, à conta do devedor.

Art. 344. O devedor de obrigação litigiosa exonerar-se-á mediante consignação, mas, se pagar a qualquer dos pretendidos credores, tendo conhecimento do litígio, assumirá o risco do pagamento.

Art. 345. Se a dívida se vencer, pendendo litígio entre credores que se pretendem mutuamente excluir, poderá qualquer deles requerer a consignação.

CAPÍTULO III
DO PAGAMENTO COM SUB-ROGAÇÃO

Art. 346. A sub-rogação opera-se, de pleno direito, em favor:

I - do credor que paga a dívida do devedor comum;

II - do adquirente do imóvel hipotecado, que paga a credor hipotecário, bem como do terceiro que efetiva o pagamento para não ser privado de direito sobre imóvel;

III - do terceiro interessado, que paga a dívida pela qual era ou podia ser obrigado, no todo ou em parte.

Art. 347. A sub-rogação é convencional:

I - quando o credor recebe o pagamento de terceiro e expressamente lhe transfere todos os seus direitos;

II - quando terceira pessoa empresta ao devedor a quantia precisa para solver a dívida, sob a condição expressa de ficar o mutuante sub-rogado nos direitos do credor satisfeito.

Art. 348. Na hipótese do inciso I do artigo antecedente, vigorará o disposto quanto à cessão do crédito.

Art. 349. A sub-rogação transfere ao novo credor todos os direitos, ações, privilégios e garantias do primitivo, em relação à dívida, contra o devedor principal e os fiadores.

Art. 350. Na sub-rogação legal o sub-rogado não poderá exercer os direitos e as ações do credor, senão até à soma que tiver desembolsado para desobrigar o devedor.

Art. 351. O credor originário, só em parte reembolsado, terá preferência ao sub-rogado, na cobrança da dívida restante, se os bens do devedor não chegarem para saldar inteiramente o que a um e outro dever.

CAPÍTULO IV
DA IMPUTAÇÃO DO PAGAMENTO

Art. 352. A pessoa obrigada por dois ou mais débitos da mesma natureza, a um só credor, tem o direito de indicar a qual deles oferece pagamento, se todos forem líquidos e vencidos.

Art. 353. Não tendo o devedor declarado em qual das dívidas líquidas e vencidas quer imputar o pagamento, se aceitar a quitação de uma delas, não terá direito a reclamar contra a imputação feita pelo credor, salvo provando haver ele cometido violência ou dolo.

Art. 354. Havendo capital e juros, o pagamento imputar-se-á primeiro nos juros vencidos, e depois no capital, salvo estipulação em contrário, ou se o credor passar a quitação por conta do capital.

Art. 355. Se o devedor não fizer a indicação do art. 352, e a quitação for omissa quanto à imputação, esta se fará nas dívidas líquidas e vencidas em primeiro lugar. Se as dívidas forem todas líquidas e vencidas ao mesmo tempo, a imputação far-se-á na mais onerosa.

CAPÍTULO V
DA DAÇÃO EM PAGAMENTO

Art. 356. O credor pode consentir em receber prestação diversa da que lhe é devida.

Art. 357. Determinado o preço da coisa dada em pagamento, as relações entre as partes regular-se-ão pelas normas do contrato de compra e venda.

Art. 358. Se for título de crédito a coisa dada em pagamento, a transferência importará em cessão.

Art. 359. Se o credor for evicto da coisa recebida em pagamento, restabelecer-se-á a obrigação primitiva, ficando sem efeito a quitação dada, ressalvados os direitos de terceiros.

CAPÍTULO VI
DA NOVAÇÃO

Art. 360. Dá-se a novação:

I - quando o devedor contrai com o credor nova dívida para extinguir e substituir a anterior;

II - quando novo devedor sucede ao antigo, ficando este quite com o credor;

III - quando, em virtude de obrigação nova, outro credor é substituído ao antigo, ficando o devedor quite com este.

Art. 361. Não havendo ânimo de novar, expresso ou tácito mas inequívoco, a segunda obrigação confirma simplesmente a primeira.

Art. 362. A novação por substituição do devedor pode ser efetuada independentemente de consentimento deste.

Art. 363. Se o novo devedor for insolvente, não tem o credor, que o aceitou, ação regressiva contra o primeiro, salvo se este obteve por má-fé a substituição.

Art. 364. A novação extingue os acessórios e garantias da dívida, sempre que não houver estipulação em contrário. Não aproveitará, contudo, ao credor ressalvar o penhor, a hipoteca ou a anticrese, se os bens dados em garantia pertencerem a terceiro que não foi parte na novação.

Art. 365. Operada a novação entre o credor e um dos devedores solidários, somente sobre os bens do que contrair a nova obrigação subsistem as preferências e garantias do crédito novado. Os outros devedores solidários ficam por esse fato exonerados.

Art. 366. Importa exoneração do fiador a novação feita sem seu consenso com o devedor principal.

Art. 367. Salvo as obrigações simplesmente anuláveis, não podem ser objeto de novação obrigações nulas ou extintas.

CAPÍTULO VII
DA COMPENSAÇÃO

Art. 368. Se duas pessoas forem ao mesmo tempo credor e devedor uma da outra, as duas obrigações extinguem-se, até onde se compensarem.

Art. 369. A compensação efetua-se entre dívidas líquidas, vencidas e de coisas fungíveis.

Art. 370. Embora sejam do mesmo gênero as coisas fungíveis, objeto das duas prestações, não se compensarão, verificando-se que diferem na qualidade, quando especificada no contrato.

Art. 371. O devedor somente pode compensar com o credor o que este lhe dever; mas o fiador pode compensar sua dívida com a de seu credor ao afiançado.

Art. 372. Os prazos de favor, embora consagrados pelo uso geral, não obstam a compensação.

Art. 373. A diferença de causa nas dívidas não impede a compensação, exceto:

I - se provier de esbulho, furto ou roubo;

II - se uma se originar de comodato, depósito ou alimentos;

III - se uma for de coisa não suscetível de penhora.

Art. 374. A matéria da compensação, no que concerne às dívidas fiscais e parafiscais, é regida pelo disposto neste capítulo. (Revogado pela Lei nº 10.677, de 22.5.2003)

Art. 375. Não haverá compensação quando as partes, por mútuo acordo, a excluírem, ou no caso de renúncia prévia de uma delas.

Art. 376. Obrigando-se por terceiro uma pessoa, não pode compensar essa dívida com a que o credor dele lhe dever.

Art. 377. O devedor que, notificado, nada opõe à cessão que o credor faz a terceiros dos seus direitos, não pode opor ao cessionário a compensação, que antes da cessão teria podido opor ao cedente. Se, porém, a cessão lhe não tiver sido notificada, poderá opor ao cessionário compensação do crédito que antes tinha contra o cedente.

Art. 378. Quando as duas dívidas não são pagáveis no mesmo lugar, não se podem compensar sem dedução das despesas necessárias à operação.

Art. 379. Sendo a mesma pessoa obrigada por várias dívidas compensáveis, serão observadas, no compensá-las, as regras estabelecidas quanto à imputação do pagamento.

Art. 380. Não se admite a compensação em prejuízo de direito de terceiro. O devedor que se torne credor do seu credor, depois de penhorado o crédito deste, não pode opor ao exequente a compensação, de que contra o próprio credor disporia.

CAPÍTULO VIII
DA CONFUSÃO

Art. 381. Extingue-se a obrigação, desde que na mesma pessoa se confundam as qualidades de credor e devedor.

Art. 382. A confusão pode verificar-se a respeito de toda a dívida, ou só de parte dela.

Art. 383. A confusão operada na pessoa do credor ou devedor solidário só extingue a obrigação até a concorrência da respectiva parte no crédito, ou na dívida, subsistindo quanto ao mais a solidariedade.

Art. 384. Cessando a confusão, para logo se restabelece, com todos os seus acessórios, a obrigação anterior.

CAPÍTULO IX
DA REMISSÃO DAS DÍVIDAS

Art. 385. A remissão da dívida, aceita pelo devedor, extingue a obrigação, mas sem prejuízo de terceiro.

Art. 386. A devolução voluntária do título da obrigação, quando por escrito particular, prova desoneração do devedor e seus coobrigados, se o credor for capaz de alienar, e o devedor capaz de adquirir.

Art. 387. A restituição voluntária do objeto empenhado prova a renúncia do credor à garantia real, não a extinção da dívida.

Art. 388. A remissão concedida a um dos codevedores extingue a dívida na parte a ele correspondente; de modo que, ainda reservando o credor a solidariedade contra os outros, já lhes não pode cobrar o débito sem dedução da parte remitida.

TÍTULO IV
DO INADIMPLEMENTO DAS OBRIGAÇÕES

CAPÍTULO I
DISPOSIÇÕES GERAIS

Art. 389. Não cumprida a obrigação, responde o devedor por perdas e danos, mais juros e atualização monetária segundo índices oficiais regularmente estabelecidos, e honorários de advogado.

Art. 390. Nas obrigações negativas o devedor é havido por inadimplente desde o dia em que executou o ato de que se devia abster.

Art. 391. Pelo inadimplemento das obrigações respondem todos os bens do devedor.

Art. 392. Nos contratos benéficos, responde por simples culpa o contratante, a quem o contrato aproveite, e por dolo aquele a quem não favoreça. Nos contratos onerosos, responde cada uma das partes por culpa, salvo as exceções previstas em lei.

Art. 393. O devedor não responde pelos prejuízos resultantes de caso fortuito ou força maior, se expressamente não se houver por eles responsabilizado.

Parágrafo único. O caso fortuito ou de força maior verifica-se no fato necessário, cujos efeitos não era possível evitar ou impedir.

CAPÍTULO II
DA MORA

Art. 394. Considera-se em mora o devedor que não efetuar o pagamento e o credor que não quiser recebê-lo no tempo, lugar e forma que a lei ou a convenção estabelecer.

Art. 395. Responde o devedor pelos prejuízos a que sua mora der causa, mais juros, atualização dos valores monetários segundo índices oficiais regularmente estabelecidos, e honorários de advogado.

Parágrafo único. Se a prestação, devido à mora, se tornar inútil ao credor, este poderá enjeitá-la, e exigir a satisfação das perdas e danos.

Art. 396. Não havendo fato ou omissão imputável ao devedor, não incorre este em mora.

Art. 397. O inadimplemento da obrigação, positiva e líquida, no seu termo, constitui de pleno direito em mora o devedor.

Parágrafo único. Não havendo termo, a mora se constitui mediante interpelação judicial ou extrajudicial.

Art. 398. Nas obrigações provenientes de ato ilícito, considera-se o devedor em mora, desde que o praticou.

Art. 399. O devedor em mora responde pela impossibilidade da prestação, embora essa impossibilidade resulte de caso fortuito ou de força maior, se estes ocorrerem durante o atraso; salvo se provar isenção de culpa, ou que o dano sobreviria ainda quando a obrigação fosse oportunamente desempenhada.

Art. 400. A mora do credor subtrai o devedor isento de dolo à responsabilidade pela conservação da coisa, obriga o credor a ressarcir as despesas empregadas em conservá-la, e sujeita-o a recebê-la pela estimação mais favorável ao devedor, se o seu valor oscilar entre o dia estabelecido para o pagamento e o da sua efetivação.

Art. 401. Purga-se a mora:

I – por parte do devedor, oferecendo este a prestação mais a importância dos prejuízos decorrentes do dia da oferta;

II – por parte do credor, oferecendo-se este a receber o pagamento e sujeitando-se aos efeitos da mora até a mesma data.

CAPÍTULO III
DAS PERDAS E DANOS

Art. 402. Salvo as exceções expressamente previstas em lei, as perdas e danos devidas ao credor abrangem, além do que ele efetivamente perdeu, o que razoavelmente deixou de lucrar.

Art. 403. Ainda que a inexecução resulte de dolo do devedor, as perdas e danos só incluem os prejuízos efetivos e os lucros cessantes por efeito dela direto e imediato, sem prejuízo do disposto na lei processual.

Art. 404. As perdas e danos, nas obrigações de pagamento em dinheiro, serão pagas com atualização monetária segundo índices oficiais regularmente estabelecidos, abrangendo juros, custas e honorários de advogado, sem prejuízo da pena convencional.

Parágrafo único. Provado que os juros da mora não cobrem o prejuízo, e não havendo pena convencional, pode o juiz conceder ao credor indenização suplementar.

Art. 405. Contam-se os juros de mora desde a citação inicial.

CAPÍTULO IV
DOS JUROS LEGAIS

Art. 406. Quando os juros moratórios não forem convencionados, ou o forem sem taxa estipulada, ou quando provierem de determinação da lei, serão fixados segundo a taxa que estiver em vigor para a mora do pagamento de impostos devidos à Fazenda Nacional.

Art. 407. Ainda que se não alegue prejuízo, é obrigado o devedor aos juros da mora que se contarão assim às dívidas em dinheiro, como às prestações de outra natureza, uma vez que lhes esteja fixado o valor pecuniário por sentença judicial, arbitramento, ou acordo entre as partes.

CAPÍTULO V
DA CLÁUSULA PENAL

Art. 408. Incorre de pleno direito o devedor na cláusula penal, desde que, culposamente, deixe de cumprir a obrigação ou se constitua em mora.

Art. 409. A cláusula penal estipulada conjuntamente com a obrigação, ou em ato posterior, pode referir-se à inexecução completa da obrigação, à de alguma cláusula especial ou simplesmente à mora.

Art. 410. Quando se estipular a cláusula penal para o caso de total inadimplemento da obrigação, esta converter-se-á em alternativa a benefício do credor.

Art. 411. Quando se estipular a cláusula penal para o caso de mora, ou em segurança especial de outra cláusula determinada, terá o credor o arbítrio de exigir a satisfação da pena cominada, juntamente com o desempenho da obrigação principal.

Art. 412. O valor da cominação imposta na cláusula penal não pode exceder o da obrigação principal.

Art. 413. A penalidade deve ser reduzida equitativamente pelo juiz se a obrigação principal tiver sido cumprida em parte, ou se o montante da penalidade for manifestamente excessivo, tendo-se em vista a natureza e a finalidade do negócio.

Art. 414. Sendo indivisível a obrigação, todos os devedores, caindo em falta um deles, incorrerão na pena; mas esta só se poderá demandar integralmente do culpado, respondendo cada um dos outros somente pela sua quota.

Parágrafo único. Aos não culpados fica reservada a ação regressiva contra aquele que deu causa à aplicação da pena.

Art. 415. Quando a obrigação for divisível, só incorre na pena o devedor ou o herdeiro do devedor que a infringir, e proporcionalmente à sua parte na obrigação.

Art. 416. Para exigir a pena convencional, não é necessário que o credor alegue prejuízo.

Parágrafo único. Ainda que o prejuízo exceda ao previsto na cláusula penal, não pode o credor exigir indenização suplementar se assim não foi convencionado. Se o tiver sido, a pena vale como mínimo da indenização, competindo ao credor provar o prejuízo excedente.

CAPÍTULO VI
DAS ARRAS OU SINAL

Art. 417. Se, por ocasião da conclusão do contrato, uma parte der à outra, a título de arras, dinheiro ou outro bem móvel, deverão as arras, em caso de execução, ser restituídas ou computadas na prestação devida, se do mesmo gênero da principal.

Art. 418. Se a parte que deu as arras não executar o contrato, poderá a outra tê-lo por desfeito, retendo-as; se a inexecução for de quem recebeu as arras, poderá quem as deu haver o contrato por desfeito, e exigir sua devolução mais o equivalente, com atualização monetária segundo índices oficiais regularmente estabelecidos, juros e honorários de advogado.

Art. 419. A parte inocente pode pedir indenização suplementar, se provar maior prejuízo, valendo as arras como taxa mínima. Pode, também, a parte inocente exigir a execução do contrato, com as perdas e danos, valendo as arras como o mínimo da indenização.

Art. 420. Se no contrato for estipulado o direito de arrependimento para qualquer das partes, as arras ou sinal terão função unicamente indenizatória. Neste caso, quem as deu perdê-las-á em benefício da outra parte; e quem as recebeu devolvê-las-á, mais o equivalente. Em ambos os casos não haverá direito a indenização suplementar.

Questões

Capítulo 6

01. **(Analista Judiciário - Área Judiciária - TRT 8 / 2010 / FCC)** Em determinado contrato, convencionaram as partes duas obrigações alternativas, bem como que, na data do cumprimento, a escolha caberia ao credor. Ocorre que, uma das obrigações convencionadas tornou-se fisicamente inexequível. Nesse caso,

a) o credor poderá escolher outra obrigação similar para substituir a que se tornou inexequível.

b) não haverá escolha e a obrigação subsistirá quanto à prestação remanescente.

c) o negócio jurídico será rescindido, voltando as partes ao estado anterior à sua celebração.

d) o devedor poderá escolher outra prestação para substituir a que se tornou inexequível.

e) as partes deverão pedir ao juiz que indique outra prestação para substituir a que se tornou inexequível.

COMENTÁRIO

Alternativa "b" - correta: consoante o art. 253 do Código Civil, se uma das duas prestações se tornar inexequível, subsistirá o débito quanto à outra.

Alternativa "a" - errada: o art. 253 do Código Civil determina que, se uma das duas prestações não puder ser objeto de obrigação ou se tornar inexequível, subsistirá o débito quanto à outra.

Alternativa "c" - errada: neste caso, não há que se falar em extinção do negócio jurídico. Somente há extinção da obrigação quando todas as prestações se tornarem impossíveis, sem culpa do devedor (art. 256 do Código Civil).

Alternativa "d" - errada: a escolha só cabe ao devedor se outra coisa não se estipulou (art. 252, *caput* do Código Civil). Entretanto, nesta situação, as partes convencionaram que a escolha caberia ao credor.

Alternativa "e" - errada: nas obrigações alternativas, há interferência do juiz em apenas duas situações: quando houver pluralidade de optantes e estes não chegarem a um acordo unânime (art. 252, § 3º do Código Civil) e quando o título deferir a opção a terceiro, este não quiser ou não puder exercê-la e, em seguida, as partes não chegarem a um acordo (art. 252, § 4º do Código Civil).

02. **(Analista Judiciário - Área Judiciária - TRT 11 / 2012 / FCC)** Considere as seguintes assertivas a respeito da obrigação de dar coisa certa e da obrigação de dar coisa incerta:

I. Até a tradição pertence ao devedor a coisa, com os seus melhoramentos e acrescidos, pelos quais poderá exigir aumento no preço. Os frutos percebidos são do devedor, cabendo ao credor os pendentes.
II. Em regra, a obrigação de dar coisa certa abrange os acessórios dela embora não mencionados.
III. Antes da escolha, não poderá o devedor alegar perda ou deterioração da coisa, ainda que por força maior ou caso fortuito.
IV. A coisa incerta será indicada, ao menos, pelo gênero. Nas coisas determinadas pelo gênero, em regra, a escolha pertence ao credor.

De acordo com o Código Civil brasileiro está correto o que se afirma APENAS em

a) I, II e III.
b) I, II e IV.
c) I e III.
d) II, III e IV.
e) II e IV.

COMENTÁRIOS

Alternativa correta: "a".

Item I - correto: a coisa pertence ao devedor até a tradição, com os seus melhoramentos e acrescidos, pelos quais poderá exigir aumento no preço; se o credor não anuir com esse aumento, poderá o devedor resolver a obrigação (art. 237, *caput* do Código Civil). Lembrando que os frutos percebidos são do devedor, enquanto os pendentes são do credor (art. 237, parágrafo único do Código Civil).

Item II - correto: a obrigação de dar coisa certa abrange os acessórios dela, mesmo que não mencionados, salvo se o contrário resultar do título ou das circunstâncias do caso (art. 233 do Código Civil). Desse modo, a regra é de que as coisas acessórias devem ser entregues com a coisa principal.

Item III - correto: no caso das obrigações de dar coisa incerta, enquanto não houver a escolha, não poderá o devedor alegar perda ou deterioração da coisa, ainda que por força maior ou caso fortuito, uma vez que o gênero não perece (art. 246 do Código Civil).

Item IV - errado: o item contém dois erros. O primeiro é que a coisa incerta deve ser indicada, ao menos, pelo gênero e pela quantidade (art. 243 do Código Civil). E o segundo erro é que nas coisas determinadas pelo gênero e pela quantidade, a escolha, em regra, pertence ao devedor (art. 244 do Código Civil).

03. (Analista Judiciário - Área Judiciária - TRT 11 / 2012 / FCC) De acordo com o Código Civil brasileiro, o pagamento feito de boa-fé ao credor putativo é

a) inválido, desde que seja arguida a nulidade no prazo decadencial de dois anos contados do pagamento.
b) válido, exceto se provado depois que não era credor.
c) inválido em qualquer hipótese podendo ser arguida a qualquer momento.
d) válido, ainda provado depois que não era credor.

e) inválido, desde que seja arguida a nulidade no prazo decadencial de um ano contado do pagamento.

COMENTÁRIOS

Nota do autor: vale ressaltar que credor putativo é "aquele que se apresenta aos olhos de todos como o verdadeiro credor". Quer dizer, é quem aparenta ser credor.

Alternativa "d" - correta (responde todas as demais alternativas): o pagamento feito de boa-fé ao credor putativo é considerado válido, ainda que se prove depois que este não era o verdadeiro credor (art. 309 do Código Civil).

04. (FCC - Analista Judiciário - Oficial de Just. Avaliador - TRT 11/2017) Paulo e Pedro firmaram contrato pelo qual Pedro comprometeu-se a comprar o automóvel de placas XX-22 ou o caminhão de placas YY-33, ambos de propriedade de Paulo, no prazo de 30 dias, pelo preço médio de mercado. O contrato nada mais estabeleceu a respeito. Nesse caso, preenchidas as condições de prazo e de preço,

(A) se o automóvel for destruído por incêndio fortuito, não subsistirá a obrigação de comprar o caminhão.

(B) Pedro poderá obrigar Paulo a vender-lhe os dois veículos.

(C) a escolha do veículo a ser comprado cabe a Pedro.

(D) se o automóvel e o caminhão forem destruídos por incêndio fortuito, subsistirá a obrigação, devendo Paulo fornecer outros veículos para venda.

(E) se o automóvel e o caminhão forem destruídos por culpa de Pedro, Paulo poderá exigir apenas a quantia correspondente ao veículo de maior valor.

COMENTÁRIOS

Resposta: Alternativa correta letra "c"

Nas obrigações alternativas existem duas ou mais prestações, mas o devedor dela se exonera cumprindo apenas uma. Há, pois, múltiplas prestações e liberação pelo cumprimento de apenas uma, pois o credor se satisfaz com qualquer delas. A individualização da prestação depende de um ato de escolha (concentração). No silêncio, a escolha compete ao devedor, razão pela qual coube à Pedro efetuar a escolha. Contudo, as partes podem convencionar de forma diversa, estipulando que a escolha seja feita pelo credor (art. 252, *caput* do CC).

Alternativa "e" - errada: havendo solidariedade ativa, convertendo-se a prestação em perdas e danos, para todos os efeitos, subsiste a solidariedade (art. 271 do Código Civil).

05. **(Analista Judiciário - Área Judiciária - TRT 20 / 2011 / FCC)** João é devedor das quantias de R$ 2.000,00 e R$ 5.000,00 para um estabelecimento bancário, relativas a débitos da mesma natureza, ambos líquidos e vencidos. O direito que a lei lhe assegura de indicar a qual deles oferece pagamento denomina-se

a) dação em pagamento.

b) imputação do pagamento.

c) pagamento com sub-rogação.
d) novação.
e) compensação.

COMENTÁRIOS

Alternativa "b" - correta: a imputação do pagamento consiste na indicação da dívida a ser quitada, quando a pessoa se encontra obrigada, por dois ou mais débitos da mesma natureza, líquidos e vencidos, a um só credor, e efetua pagamento não suficiente para saldar todas as dívidas (art. 352 do Código Civil).

Alternativa "a" - errada: a dação em pagamento "é um acordo de vontades entre credor e devedor, por meio do qual o primeiro concorda em receber do segundo, para exonerá-lo da dívida, prestação diversa da que lhe é devida"2.

Alternativa "c" - errada: no pagamento com sub-rogação, um terceiro, e não o devedor originário, efetua o pagamento.

Alternativa "d" - errada: a novação "é a operação jurídica por meio da qual uma obrigação nova substitui a obrigação originária"3.

Alternativa "e" - errada: a compensação é uma forma de extinção das obrigações que ocorre quando duas pessoas são ao mesmo tempo credor e devedor uma da outra, extinguindo-se as duas obrigações até onde se compensarem (art. 368 do Código Civil).

06. **(FGV - Analista Judiciário - Área Judiciária - TRT 12/2017)** Enzo e Lucas são grandes amigos e, por estar Enzo em dificuldades financeiras, Lucas emprestou-lhe R$2.000,00, ficando acertado que a devolução do numerário ocorreria 30 dias depois. Passado um mês, Enzo disse que continuava com grave dificuldade e que não teria dinheiro para honrar o compromisso. Penalizado com a situação, Lucas resolveu perdoar a dívida, afirmando que uma boa amizade teria maior valor que dinheiro. Enzo agradeceu a sensibilidade e aceitou a oferta do amigo. No caso apresentado, a obrigação foi extinta por:

(A) remissão;
(B) transação;
(C) dação em pagamento;
(D) remição;
(E) compensação.

COMENTÁRIOS

Resposta: Alternativa correta letra "a"

Remissão é o perdão da dívida. Representa uma liberalidade do credor, que exonera o devedor do cumprimento da obrigação. Dispõe o art. 385 que "a remissão da dívida, aceita pelo devedor, extingue a obrigação, mas sem prejuízo de terceiro". Pelo texto, observa-se que a remissão é um negócio bilateral, porque exige a aceitação do devedor.

CAPÍTULO 7

TEORIA GERAL DOS CONTRATOS

1. PRINCÍPIOS GERAIS DO DIREITO CONTRATUAL

1.1. Autonomia da vontade

Já vimos no capítulo 4 que a vontade é elemento determinante do negócio jurídico. Quando a vontade está maculada, o negócio pode ser anulado, por erro, dolo, coação, estado de perigo e lesão, todos vícios do consentimento.

As partes, então, são livres para celebrar o negócio segundo seus interesses. Essa liberdade, ou autonomia, se revela de três maneiras: a) pela liberdade de negociar o conteúdo do contrato e estabelecer direitos e deveres recíprocos; e b) pela liberdade de escolher a modalidade de contrato que atenda suas necessidades, podendo as partes valer-se dos modelos constantes do ordenamento ou, ainda, de criarem outras modalidades, conforme seus objetivos; e c) pela liberdade de escolher o outro contratante ou de contratar com quem quiser.

O princípio da autonomia da vontade é o elemento que fundamenta a celebração de contratos atípicos. Sobre o assunto, veja o que leciona o ilustre Carlos Roberto Gonçalves[34]:

> "Contrato atípico é o que resulta de um acordo de vontades não regulado no ordenamento jurídico, mas gerado pelas necessidades e interesses das partes. É válido, desde que estas sejam capazes e o objeto lícito, possível, determinado ou determinável e suscetível de apreciação econômica. Ao contrário do contrato típico, cujas características e requisitos são definidos na lei, que passam a integrá-lo, o atípico requer muitas cláusulas minudenciando todos os direitos e obrigações que o compõem. Essas noções, aceitas na doutrina, foram convertidas em preceito legal, no novo diploma civil".

A autonomia da vontade só pode ser limitada por questões de ordem pública, como, por exemplo, a função social dos contratos, consagrada no art. 421 do CC/02, que afasta o caráter individualista do contrato e reconhece o valor social que o negócio possui na seara jurídica. O referido dispositivo foi recentemente alterado pela MP nº 881 de 2019, que acrescentou, ao final, a expressão "observado o disposto na Declaração de Direitos de Liberdade Econômica". Assim, a liberdade de contratar

---

34. Direito Civil Brasileiro, v. 3, Saraiva, 2014, 11ª Ed., p. 42.

encontra limites na função social dos contratos, que deve observar o disposto na MP nº 881 de 2019.

A citada MP também acrescentou o parágrafo único no art. 421, consagrando a intervenção mínima nos contratos privados, bem como o caráter excepcional da revisão contratual. Veja o que diz o dispositivo:

> Art. 421. A liberdade de contratar será exercida em razão e nos limites da função social do contrato, observado o disposto na Declaração de Direitos de Liberdade Econômica. (Redação dada pela Medida Provisória nº 881, de 2019)
>
> Parágrafo único. Nas relações contratuais privadas, prevalecerá o princípio da intervenção mínima do Estado, por qualquer dos seus poderes, e a revisão contratual determinada de forma externa às partes será excepcional. (Incluído pela Medida Provisória nº 881, de 2019)

É importante relembrar que a referida MP necessita ser convertida em lei pelo Poder Legislativo, sob pena de perder a eficácia. Se a MP não for convertida em lei, retornará a redação original do art. 421.

A liberdade de escolher o outro contratante também pode encontrar limitação, principalmente nas relações de consumo, nas quais o fornecedor de produtos não pode se recusar a vender aos consumidores, segundo a disponibilidade de estoque, bem como com certas concessionárias de serviços públicos, que detêm o monopólio da atividade.

1.2. Força obrigatória dos contratos

O princípio da força obrigatória dos contratos é a base que sustenta todo o direito contratual. Assim, presentes os elementos essenciais e requisitos de validade, o contrato deve ser cumprido pelos signatários, pois, do contrário, ter-se-ia um caos jurídico.

Ora, se um contrato válido pudesse ser descumprido pela simples vontade de um dos contratantes, sem que esteja presente qualquer questão de ordem pública, os negócios jurídicos trariam mais insegurança à sociedade, o que colocaria em descrédito todo o direito contratual.

Por tal razão que se diz que o contrato faz lei entre as partes (*pacta sunt servanda*), permitindo que o credor promova judicialmente a execução patrimonial contra o inadimplente.

Do princípio da força obrigatória dos contratos deriva o princípio da *intangibilidade do contrato*, que preconiza que o contrato não pode ser alterado unilateralmente pelas partes ou por terceiros, incluindo o Poder Judiciário.

Nesse sentido, é importante transcrever a lição da professora Maria Helena Diniz[35]:

> "O contrato é intangível, a menos que ambas as partes o rescindam voluntariamente ou haja a escusa por caso fortuito ou força maior (CC, art. 393, parágrafo único). Fora dessas hipóteses ter-se-á a intangibilidade ou imutabilidade contratual. Esse princípio da força obrigatória funda-se na regra de que o contrato é lei entre as partes, desde que estipulado validamente (*RT*, 543:243, 478:93), com observância dos requisitos legais. Se os contratantes ajustaram os termos do negócio jurídico contratual, não se poderá alterar seu conteúdo, nem mesmo judicialmente, qualquer que seja o motivo alegado por uma das partes, e o inadimplemento do avençado autoriza o credor a executar o patrimônio do devedor por meio do Poder Judiciário, desde que não tenha havido força maior ou caos fortuito".

Essa é a regra, que pode ser suavizada em determinadas situações previstas no ordenamento jurídico, em que o negócio será passível de revisão e adequação, por onerosidade excessiva ou pela teoria da imprevisão, cuja finalidade será manter o equilíbrio contratual. Por isso, diz-se que o princípio da força obrigatória não é absoluto.

1.3. Princípio da relatividade dos efeitos do contrato

Como dito, o contrato faz lei entre as partes. Em regra, ninguém pode adquirir direitos ou assumir deveres contra sua vontade, razão pela qual os contratos não podem afetar terceiros, estranhos ao negócio. Da mesma maneira, em princípio, ninguém pode sofrer os efeitos de um contrato que não participou, porque o contrato é celebrado, basicamente, para a satisfação de interesses pessoais dos contratantes.

Esse preceito, contudo, possui exceções. Há casos em que o contrato atinge terceiros alheios à relação, como ocorre, por exemplo, nas estipulações em favor de terceiro e nas convenções coletivas de trabalho.

Os contratos de seguro de vida, por exemplo, são firmados entre segurado e seguradora. No entanto, o beneficiário é um terceiro estipulado no momento da contratação, que não participa do negócio. Ocorrendo o sinistro, com o óbito do segurado, o beneficiário estará legitimado a exigir a prestação (art. 436 do CC/02).

Dessa forma, o contrato não produz efeitos perante terceiros, exceto nos casos previstos na lei. Nesse ponto, é salutar a diferença entre os direitos pessoais (contratos), cujos efeitos atingem apenas as partes, e os direitos reais, que são oponíveis contra todos (*erga omnes*).

---

35. Curso de Direito Civil Brasileiro, Saraiva, 29ª. Ed., 2013, p.48.

1.4. Princípio da revisão dos contratos ou da onerosidade excessiva

Como visto, o contrato faz lei entre as partes e, nessa condição, deve ser cumprido nos moldes em que foi pactuado (*pacta sunt servanda*). O princípio da força obrigatória, contudo, não é absoluto. Opõe-se a ele o princípio da revisão dos contratos ou da onerosidade excessiva, que permite aos contratantes, em certas situações, procurarem o Poder Judiciário com o intuito de alterarem o que foi originariamente pactuado para que o equilíbrio contratual seja preservado.

Sobre o assunto, a lição de Carlos Roberto Gonçalves[36] é salutar e merece ser transcrita:

> "A teoria recebeu o nome de *rebus sic stantibus* e consiste basicamente em presumir, nos contratos *comutativos*, de trato sucessivo e de execução diferida, a existência implícita (não expressa) de uma *cláusula*, pela qual a obrigatoriedade de seu cumprimento pressupõe a inalterabilidade da situação de fato. Se esta, no entanto, modificar-se em razão de acontecimentos extraordinários (uma guerra, p. ex.), que tornem excessivamente oneroso para o devedor o seu adimplemento, poderá este requerer ao juiz que o isente da obrigação, parcial ou totalmente".

O ordenamento pátrio agasalhou a teoria e deu a ela nova roupagem sob a denominação de **teoria da imprevisão**. É evidente que a aplicação da referida teoria tem aplicação restrita e bastante criteriosa, porque configura exceção ao princípio da força obrigatória dos contratos. A aplicação indiscriminada certamente levaria à uma inversão perigosa de que a exceção se tornaria a regra, o que abalaria toda a disciplina dos contratos.

O Código Civil cuidou do assunto nos arts. 478 a 480, sob o título "Da Resolução por Onerosidade Excessiva". Veja os citados dispositivos:

> **Art. 478.**Nos contratos de execução continuada ou diferida, se a prestação de uma das partes se tornar excessivamente onerosa, com extrema vantagem para a outra, em virtude de acontecimentos extraordinários e imprevisíveis, poderá o devedor pedir a resolução do contrato. Os efeitos da sentença que a decretar retroagirão à data da citação.
>
> **Art. 479.**A resolução poderá ser evitada, oferecendo-se o réu a modificar equitativamente as condições do contrato.
>
> **Art. 480.**Se no contrato as obrigações couberem a apenas uma das partes, poderá ela pleitear que a sua prestação seja reduzida, ou alterado o modo de executá-la, a fim de evitar a onerosidade excessiva.

A doutrina moderna sustenta que a aplicação da teoria da imprevisão deve estar relacionada à presença dos seguintes requisitos: **a)** existência de contrato comutativo de execução diferida ou de trato sucessivo (lembrando que os contratos aleatórios contém o risco como elemento do negócio); **b)** ocorrência de um evento imprevisível

---

36. Direito Civil Brasileiro, v. 3, Saraiva, 2014, 11ª Ed., p. 51.

e inevitável; **c)** alteração substancial na situação havida no momento da execução com a que existia no momento da contratação; **d)** onerosidade excessiva para um dos contratantes e vantagem exagerada para o outro.

Recentemente, a MP nº 881 de 2019 acrescentou os arts. 480-A e 480-B, que possibilitam às partes criarem parâmetros objetivos para a revisão ou resolução contratual, bem como fazem presumir a simetria dos riscos contratuais. Veja:

> Art. 480-A. Nas relações interempresariais, é licito às partes contratantes estabelecer parâmetros objetivos para a interpretação de requisitos de revisão ou de resolução do pacto contratual. (Incluído pela Medida Provisória nº 881, de 2019)
>
> Art. 480-B. Nas relações interempresariais, deve-se presumir a simetria dos contratantes e observar a alocação de riscos por eles definida. (Incluído pela Medida Provisória nº 881, de 2019)

Vale novamente a ressalva de que a referida MP necessita ser convertida em lei pelo Poder Legislativo, sob pena de perder a eficácia.

1.5. Princípio do consensualismo

O princípio do consensualismo prega que o contrato se aperfeiçoa pelo simples encontro de vontade das partes. Tem como baluarte o art. 107 do CC, já estudado no capítulo 4 desta obra e que assim estabelece:

> **Art. 107.** A validade da declaração de vontade não dependerá de forma especial, senão quando a lei expressamente a exigir.

Como a regra geral é que o negócio jurídico seja celebrado de forma livre, seu aperfeiçoamento se dá com o simples acordo de vontades. Somente em casos excepcionais é que a lei exige a forma solene para a celebração de certos negócios, como a compra e venda de imóveis, que deve ser feita mediante escritura pública.

Assim, os negócios jurídicos se concretizam com o simples encontro de vontade, porque o consensualismo é regra e o formalismo exceção. É perfeitamente possível, e portanto válido, por exemplo, um contrato de locação verbal, porquanto celebrado de forma expressa. É evidente, contudo, que a formalização do negócio por meio de um documento é altamente recomendável para que se facilite a prova dos elementos do negócio, como o valor do aluguel e o prazo de locação, mas a locação subsistirá mesmo se não houver minuta contratual, bastando a prova por outros meios, como a confissão, por exemplo.

1.6. Princípio da boa-fé nos contratos

O atual Código Civil consagrou o princípio da boa-fé objetiva, que está ligado não somente à interpretação, mas também à execução do contrato. O referido princípio foi consagrado no **art. 422** que dispõe que "os contratantes são obrigados a guardar, assim na conclusão do contrato, como em sua execução, os princípios de probidade e boa-fé".

Embora o dispositivo possa indicar que a boa-fé objetiva deva ser guardada apenas nas fases de execução e conclusão do contrato, fato é que a doutrina e a jurisprudência têm sustentado que a boa-fé deve ser observada, igualmente, nas fases negociais e preliminares.

Comentando o art. 422, o ilustre Nelson Rosenvald[37] traz importante lição:

> "Para descobrir a boa-fé no caso concreto, objetiva-se a situação - livrando-a dos aspectos subjetivos - indagando-se: qual seria a conduta confiável e leal conforme os padrões culturais incidentes no tempo e no lugar? Diante da resposta, cumpre observar se os contratantes observaram ou não o aludido padrão.
>
> A boa-fé funciona como modelo capaz de nortear o teor geral da colaboração intersubjetiva, devendo o princípio ser articulado de forma coordenada às outras normas integrantes do ordenamento, a fim de lograr adequada concreção. Reportando-se a boa-fé a valores e expectativas compartilhados em uma comunidade, necessariamente haverá um balanceamento entre os interesses privados dos contratos e outros objetivos da sociedade, sobremaneira o bem-estar dos indivíduos. Tal equilíbrio é dimensionado pela via da boa-fé, ao equilibrar princípios e contraprincípios, amenizando a tensão entre polos e direções. A boa-fé determina que o direito contratual deve ser controlado, e o exercício do poder limitado, de modo a se atingir em parâmetros de decência. Como se verifica, os contratantes, durante toda a relação contratual, deverão agir com lealdade, honestidade, probidade e confiança recíprocas, como forma de garantir o equilíbrio nas prestações e evitar o enriquecimento ilícito. Devem as partes, além de todas as condutas já indicadas, procurar sempre o cumprimento do contrato, esclarecendo dúvidas e mantendo um comportamento honrado, tudo isso como forma de preservar o interesse social.

Sobre o assunto, é importante assinalar, ainda, o Enunciado 170 do Conselho da Justiça Federal, aprovado na III Jornada de Direito Civil, preceitua que "a boa-fé objetiva deve ser observada pelas partes na fase de negociações preliminares e após a execução do contrato, quando tal exigência decorrer da natureza do contrato".

2. CONCEITO

O contrato é um instituto que acompanha o homem desde os primórdios. Sua evolução tem seguido o desenvolvimento social, uma vez que o contrato surge com o próprio convívio em sociedade.

---

37. Código Civil Comentado, Ed. Manole, 8ª Ed., 2014, p. 433.

Na antiguidade, o contrato estava presente nas mais variadas relações sociais, como, por exemplo, na troca de objetos (permuta) e nas diversas prestações de serviços. Passou a ter grande destaque com a criação da moeda e o desenvolvimento do comércio.

Pode-se dizer que os contratos, atualmente, são a base da sociedade moderna. Tanto é que o atual Código Civil deslocou o direito das obrigações para o Livro II, logo após a Parte Geral, que, na codificação anterior, era ocupado pelo direito de família.

Pois bem. O contrato pode ser conceituado como sendo "um negócio jurídico bilateral ou plurilateral que visa à criação, modificação ou extinção de direitos e deveres com conteúdo patrimonial"[38].

Para Maria Helena Diniz, o contrato "é o acordo de duas ou mais vontades, na conformidade da ordem jurídica, destinado a estabelecer uma regulamentação de interesses entre as partes, com o escopo de adquirir, modificar ou extinguir relações jurídicas de natureza patrimonial"[39].

Como se observa, o contrato é um ato jurídico bilateral, uma vez que depende, ao menos, de duas declarações de vontade. Os contratos representam uma significativa forma de criação de vínculos jurídicos entre as pessoas, que, por seu próprio desejo, escolhem agir de determinada forma e produzir determinado efeito.

Tendo em vista que o contrato é o negócio jurídico por excelência, sua validade está sujeita ao preenchimento dos requisitos contidos no art. 104 do CC/02, já analisados no capítulo IV, item 2.5, e que são: a) agente capaz; b) objeto lícito, possível, determinado ou determinável; e c) forma prescrita ou não defesa em lei.

3. CLASSIFICAÇÃO DOS CONTRATOS

Classificar o contrato significa verificar sua natureza jurídica e catalogá-lo segundo as diversas características que apresenta.

Além da utilidade teórica, a classificação dos contratos tem a finalidade de situar o intérprete e facilitar a compreensão do contrato segundo as duas questões mais pertinentes: o adimplemento e o inadimplemento.

Dessa forma, o intérprete, ao examinar, na prática, um contrato, poderá fazer um diagnóstico da espécie e antever as consequências jurídicas do negócio. Por tais razões é que a classificação dos contratos é relevante.

3.1. Contratos unilaterais, bilaterais e plurilaterais

O contrato é sempre negócio jurídico bilateral ou plurilateral, porque estão envolvidas, no mínimo, duas pessoas.

---

38. *Direito Civil*. Vol. 3, 8ª ed. São Paulo: Método, 2013, p. 2.
39. *Curso de Direito Civil Brasileiro*. 20ª ed., v. 3. São Paulo: Saraiva, 2013, p. 32.

Quanto aos direitos e deveres das partes envolvidas, os contratos podem ser:

a) *Unilaterais:* que são aqueles em que apenas um dos contratantes assume obrigações em relação ao outro. O exemplo clássico é a doação pura e simples, que apresenta duas vontades, mas todos os deveres são assumidos pelo doador;

b) *Bilaterais:* são aqueles em que ambos os contratantes assumem direitos e deveres, de forma recíproca e simultânea. O exemplo clássico é a compra e venda, na qual o vendedor deve entregar a coisa e receber o preço e o comprador deve receber a coisa e pagar o preço. São também chamados de contratos sinalagmáticos, tendo em vista a equivalência das prestações;

c) *Plurilaterais:* são aqueles em que há a participação de várias partes, que assumem direitos e obrigações. Os exemplos clássicos são os contratos de seguro de vida em grupo e os contratos de consórcio. É importante destacar que a ideia de *parte*, que manifesta a vontade no negócio, não está vinculada, necessariamente, à ideia de pessoa, mas a de centro de interesses. Assim, em um contrato de compra e venda em que há um vendedor e um comprador, a ideia de parte coincide com a ideia de pessoa, pois haverá duas pessoas que manifestarão duas vontades (vender e comprar). No entanto, em um contrato de compra e venda em que há, por exemplo, dois vendedores e um comprador, as ideias de parte e pessoas não coincidem. Nesse caso, haverá três pessoas que manifestarão duas vontades (vender e comprar), ou seja, três pessoas situadas em dois centros de interesses.

3.2. Contratos gratuitos e contratos onerosos

Quanto ao sacrifício patrimonial das partes, os contratos podem ser:

a) *Gratuitos:* também chamados de benéficos, os contratos gratuitos são aqueles em que toda a carga contratual recai sobre apenas uma das partes. A outra apenas obtém vantagens. O exemplo clássico é, novamente, a doação pura e simples;

b) *Onerosos:* são aqueles em que o sacrifício patrimonial recai sobre ambos os contratantes. Nessa modalidade haverá uma prestação e uma contraprestação, como é o caso da compra e venda.

Como é possível observar, os contratos gratuitos são, em regra, unilaterais, e os onerosos são, em regra, bilaterais.

3.3. Contratos comutativos e aleatórios

Quanto aos riscos que envolvem a prestação, os contratos podem ser:

a) *Comutativos:* são aqueles em que não há qualquer fator de risco envolvendo a prestação. No momento da contratação, as partes sabem, exatamente, quais serão as prestações e contraprestações. Assim ocorre, por exemplo, na locação de imóveis, em que locador e locatário sabem qual será o imóvel alugado e o valor do aluguel;

b) *Aleatórios:* são aqueles em que a prestação, por envolver a sorte, não é totalmente conhecida no momento da contratação. Há, como se observa, um elemento desconhecido, que tornará desconhecida a prestação. É o que ocorre, por exemplo, com o contrato de seguro, em que o pagamento da indenização depende da ocorrência ou não do sinistro, objeto da cobertura. Em outras palavras, depende da sorte. Tais contratos, quanto à parte aleatória, não podem ser objeto de revisão judicial com base na teoria da imprevisão ou da onerosidade excessiva. A razão é evidente: o risco é da essência do negócio. Contudo, a doutrina moderna tem sustentado que a revisão contratual é possível quanto à parte comutativa.

3.4. Contratos típicos e atípicos

Quanto à previsão legal, os contratos podem ser:

a) *Típicos:* quando regulados por lei, como, por exemplo, a empreitada, compra e venda e demais modalidades previstas e regulamentadas pelo atual Código Civil;

b) *Atípicos:* quando não previstos e não regulados por lei. Dispõe o **art. 425** que "é lícito às partes estipular contratos atípicos, observadas as normas gerais fixadas neste Código". Como *normas gerais* devem ser entendidas, por exemplo, o respeito aos princípios da função social do contrato e da boa-fé objetiva, consagrados, respectivamente, nos arts. 421 e 422 do CC/02.

3.5. Contratos consensuais e reais

Quanto ao momento do aperfeiçoamento, os contratos podem ser:

a) *Consensuais:* que são aqueles que se aperfeiçoam pela manifestação de vontade das partes, como é o caso da locação, da compra e venda e do mandato;

b) *Reais:* que são aqueles que se aperfeiçoam quando um contratante entrega a outro o bem objeto do negócio. É o caso, por exemplo, do contrato de comodato, que tem início quando o comodante entrega a coisa emprestada ao comodatário.

3.6. Contratos solenes e não solenes

Quanto à presença de formalidades, os contratos podem ser:

a) *Solenes:* que são aqueles que exigem escritura pública, cuja ausência os tornam nulos. O exemplo clássico é a alienação de bem imóvel cujo valor seja superior a trinta vezes o maior salário mínimo vigente no país (art. 108 do CC/02);

b) *Não solenes:* que são aqueles que dispensam sua constituição através de escritura pública.

Nesse ponto cabe uma observação importante.

A doutrina tradicional trata como sinônimos os contratos solenes dos formais e, obviamente, os não solenes dos informais. Segundo esse entendimento, seriam solenes e formais os contratos aos quais a lei exigisse forma específica, ainda que não seja a escritura pública, como, por exemplo, a fiança, que deve ser celebrada de forma escrita (art. 819 do CC/02). Como a lei exige a contratação da fiança pela forma escrita, tal modalidade seria formal e, portanto, solene.

No entanto, a doutrina moderna tem feito a distinção entre forma e solenidade, com base no art. 107 do CC/02. Segundo esse entendimento, a distinção entre forma e solenidade é importante em razão das consequências jurídicas.

Nesse sentido, o ilustre Silvio de Salvo Venosa esclarece que "o contrato *solene* entre nós é aquele que exige escritura pública. Outros contratos exigem a forma escrita, o que os torna *formais*, porém *não solenes*. No contrato solene, a ausência de forma torna-o nulo. Nem sempre ocorrerá a nulidade, e a relação jurídica gerará efeitos entre as partes, quando se trata de preterição de formalidade, em contrato não solene"[40].

O mesmo jurista continua o magistério esclarecendo que "as partes podem, por sua vontade, determinar que um contrato seja formal. Não se converterá em contrato solene, mas a inobservância da regra invalidará o contrato, já que se leva em conta a autonomia da vontade dos contratantes. Já um contrato de tipo solene não poderá ter validade com preterição das formalidades, ainda que as partes assim o queira"[41].

Por derradeiro, cabe registrar que, nos termos do art. 107 do CC/02, o formalismo é exceção e só decorre de expressa previsão legal. A regra é que os negócios jurídicos sejam informais.

3.7. Contratos principais e acessórios

Quanto à independência, os contratos podem ser:

a) *Principais:* que são aqueles que existem por si só e não dependem de outra avença. Como exemplo, podem ser citados os contratos de locação de imóveis;

b) *Acessórios:* que são aqueles que dependem da existência de outro, que é o principal. Assim, o contrato de fiança, por exemplo, é acessório porque garante um outro contrato.

40. *Direito Civil.* Vol. 2, 4ª ed. São Paulo: Atlas, 2004, p. 431.
41. *Direito Civil.* Vol. 2, 4ª ed. São Paulo: Atlas, 2004, p. 431.

Como já estudado no capítulo 3, item 3.2.1., o princípio da gravitação jurídica dispõe que o acessório segue o principal. Dessa forma, tudo o que ocorre com o contrato principal afeta o contrato acessório. Se, por exemplo, o principal for nulo, nulo será o acessório; se, por outro lado, ocorrer a prescrição da dívida do principal, extinto será o acessório.

No entanto, o que ocorre com o contrato acessório não afeta o principal. Dessa forma, a nulidade do contrato acessório não implicará na nulidade do contrato principal. Essa é a regra contida no art. 184 do CC/02, que dispõe "respeitada a intenção das partes, a invalidade parcial de um negócio jurídico não o prejudicará na parte válida, se esta for separável; a invalidade da obrigação principal implica a das obrigações acessórias, mas a destas não induz a da obrigação principal".

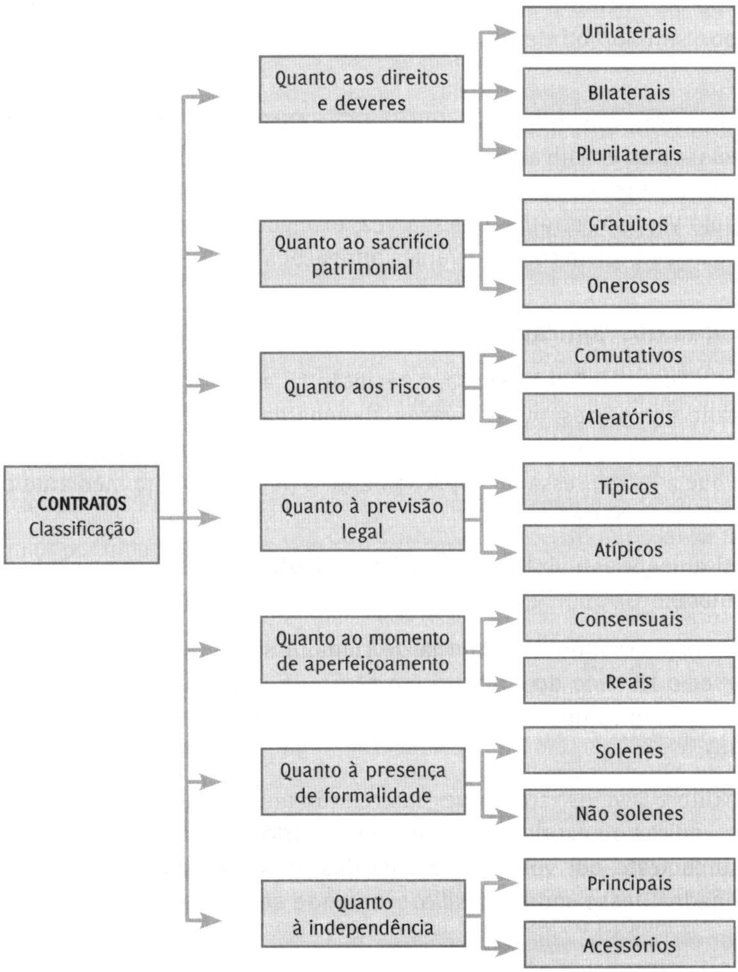

4. DESFAZIMENTO DA RELAÇÃO CONTRATUAL

4.1. Extinção

Os contratos são celebrados para serem cumpridos. Com o cumprimento, os contratos se extinguem. O término do contrato é almejado pelas partes desde o início do negócio.

A doutrina muito diverge sobre a nomenclatura correta para o término natural do contrato. Tal divergência se dá porque a lei é omissa nesse sentido. A melhor doutrina emprega o termo *extinção* para indicar o término natural do contrato, como, por exemplo, quando, em obrigação instantânea, o preço é pago.

Segundo De Plácido e Silva, a "*extinção* traz consigo o sentido de tudo que se acabou, que se finou ou deixou de existir, seja o *direito*, seja a *obrigação*, ou seja a *coisa*"[42].

Cabe destacar, por derradeiro, que não se confundem as causas extintivas das obrigações com as extintivas dos contratos. As obrigações se extinguem pelo pagamento e outras formas, como a compensação, remissão etc., já estudadas no item 3 do capítulo VII. Os contratos, por sua vez, extinguem-se pelas razões que lhe são próprias, eis que podem conter diversas obrigações em suas variadas modalidades.

4.2. Resilição dos contratos

Segundo Silvio de Salvo Venosa, a resilição "é a cessação do vínculo contratual pela vontade das partes, ou, por vezes, de uma das partes"[43]. A expressão é utilizada pelo atual Código Civil no art. 473, que dispõe que "a resilição unilateral, nos casos em que a lei expressa ou implicitamente o permita, opera mediante denúncia notificada à outra parte".

A prática negocial utiliza as expressões *resilição* e *rescisão* como sinônimas. Não o são, contudo.

A *rescisão* pressupõe a existência de culpa. Assim, ocorre a rescisão quando a parte requer o término do contrato em razão de culpa da outra, que descumpre a avença. A sentença que reconhece a culpa do contratante determina a rescisão do contrato.

De Plácido e Silva esclarece que "em relação aos contratos, resilir é empregado tanto para indicar ou exprimir *dissolver* por acordo das partes contratantes, como *dissolver* o contrato por vontade de uma das partes, quando firmado por tempo indeterminado. Desse modo, *resilição* entende-se a *dissolução* seja por mútuo

---

42. *Vocabulário Jurídico Conciso*. 1ª ed. Rio de Janeiro: Forense, 2008, p. 338.
43. *Direito Civil*. Vol. 2, 4ª ed. São Paulo: Atlas, 2004, p. 515.

consentimento, seja por provocação de uma das partes, quando lhe é atribuído o direito de a pedir"[44].

4.2.1. *Distrato e forma*

Distrato é o negócio bilateral pelo qual as partes colocam fim a um negócio jurídico anterior, com a finalidade de prevenir litígio. O distrato é o pleno exercício da princípio da autonomia de vontade e da liberdade negocial, sendo natural que as partes façam concessões mútuas para corrigir eventuais pontos de insucesso no negócio originário e evitar futuras demandas judiciais.

Nesse sentido, a professora Maria Helena Diniz[45] traz importante lição:

> "A resilição bilateral ou distrato vem a ser a dissolução do vínculo contratual, deliberada por ambos os contraentes. O distrato, portanto, é um negócio jurídico que rompe o vínculo contratual, mediante a declaração de vontade de ambos os contraentes de pôr fim ao contrato que firmaram. É um contrato que extingue outro, que ainda não foi executado, isto é, cujos efeitos não se exauriram e cujo prazo de vigência não expirou. Pressupõe, portanto, contrato anterior e novo consentimento dos contratantes, no sentido de extinguir o elo obrigacional anteriormente estabelecido por eles, por ser de seu interesse. É um acordo liberatório, tendo em vista as obrigações ainda não cumpridas, desatando o laço que prendia as partes. Percebe-se, então, que a relação jurídica contratual poderá a qualquer tempo, extinguir-se pela vontade comum daqueles que a celebraram. Pelo distrato, portanto, as partes desfazem a relação contratual que estabeleceram anteriormente".

Como se verifica, o distrato é o negócio pelo qual as partes desfazem outro negócio. Nesse ponto, é importante esclarecer que as questões relativas ao negócio originário não podem mais ser suscitadas, porque o distrato atua maneira peremptória sobre essas questões.

Como negócio jurídico autônomo, o distrato só pode ser atacado pela presença de algum defeito que macule o negócio jurídico, como a existência de erro, dolo, coação etc. O mero arrependimento da parte não tem o condão de anular o distrato.

Esse foi o entendimento consagrado pelo E. TJSP na Apelação nº. 0000438-13.2009.8.26.0648, de relatoria do E. Des. Beretta da Silveira e que recebeu a seguinte ementa:

> Apelações. Ação de anulação de distrato cumulada com os pedidos de rescisão de negócio e indenização por danos moral e material. Solidariedade entre as rés. Existência. Identidade dos sócios e afinidade de atividades que conduzem ao reconhecimento de tal estado, com nítida formação de grupo econômico. Distrato. Negócio jurídico que envolveu o

---

44. *Vocabulário Jurídico Conciso*. 1ª ed. Rio de Janeiro: Forense, 2008, p. 640.
45. Curso de Direito Civil Brasileiro, Saraiva, V. 3. 29ª ed., 2013, p.186.

> desfazimento da anterior avença, com a fixação de novas obrigações e direitos. Ausência da alegação de vício de consentimento. Cláusulas de irretratabilidade e irrevogabilidade que apenas impedem a denúncia unilateral. Interpretação inadequada, ademais, de cláusula de quitação. Inadimplemento que não autoriza a invalidação do distrato, mas, tão somente, a sua execução. Sentença reformada. Recurso da ré Emprimo improvido, provido o da ré Savegnago.

Nas razões de decidir, o excelentíssimo desembargador assim consignou:

> "É que nenhum fundamento concreto trouxeram os autores no sentido de invalidar o distrato celebrado.
>
> **Apesar da denominação empregada, o distrato é negócio jurídico tanto quanto o é o instrumento que ele resolve. Dotado dos mesmos pressupostos, a sua invalidação depende da prova exuberante de sua nulidade ou anulabilidade.**
>
> In casu, a leitura da petição inicial não revela em que consistiria o vício, condição essencial à quebra do distrato. **O que se vê, sim, é o descontentamento dos autores com o descumprimento das obrigações então ajustadas, o que não basta, renovado o máximo acatamento ao ilustre Sentenciador de piso, a servir de âncora à anulação decretada".**

De outro lado, dispõe o **art. 472** que "o distrato faz-se pela mesma forma exigida para o contrato".

Uma interpretação literal do texto pode levar a situações estranhas e a alguns equívocos. Segundo a letra fria do dispositivo, o distrato de um contrato verbal só poderia ser verbal. Não se admitiria, por exemplo, o distrato escrito de um contrato verbal. Esse, no entanto, não é o sentido da norma.

O art. 472 visa dar uma segurança aos contratantes e aos negócios evitando-se discussões temerárias. Dessa maneira, a doutrina tem interpretado o dispositivo com certa relatividade. É possível, por exemplo, que o distrato de um contrato verbal seja feito por escrito, e, ainda, que o distrato de um contrato escrito seja feito por escritura pública.

Como se observa, o distrato deve, *no mínimo*, seguir a forma exigida para o contrato. Pode o distrato, contudo, seguir forma mais solene, porque, nesse caso, nenhum prejuízo advirá às partes.

O que não pode, segundo a melhor doutrina, é justamente o contrário, ou seja, que um contrato celebrado por escrito tenha o distrato feito de forma verbal.

4.2.2. *Resilição unilateral*

Em alguns contratos, dada a sua natureza, um dos contratantes pode colocar fim à avença. É o caso, por exemplo, do mandato e do comodato, nos quais a *confiança* é elemento essencial. Cessando a confiança no curso do contrato, é lícito à parte colocar fim à relação contratual.

Outras modalidades contratuais de trato sucessivo, quando por prazo indeterminado, permitem que um dos contratantes coloque fim à relação, noticiando à outra o desejo de resilir o contrato. É o que ocorre nos contratos de trabalho, de locação e de prestação de serviços. Em tais casos, é indispensável a notificação demonstrando o interesse em não mais continuar com o contrato.

Sobre o assunto, ainda, o **parágrafo único do art. 473** traz importante inovação ao dispor que "se, porém, dada a natureza do contrato, uma das partes houver feito investimentos consideráveis para a sua execução, a denúncia unilateral só produzirá efeito depois de transcorrido prazo compatível com a natureza e o vulto dos investimentos".

O dispositivo é importante porque privilegia a finalidade social e a boa-fé objetiva nas relações contratuais. Imagine, por exemplo, um contrato de prestação de serviços em que um contratante terceiriza ao outro a assistência técnica de seus equipamentos. A empresa terceira terá que fazer investimentos com a compra de materiais e a contratação de pessoal qualificado para atender a nova demanda. Após todos os investimentos efetuados, a empresa terceira é surpreendida por uma notificação da empresa tomadora cientificando que o contrato será resilido em trinta dias. O parágrafo único do art. 473, com base nos princípios da função social do contrato e da boa-fé objetiva, visa impedir que essa situação ocorra.

5. LEGISLAÇÃO APLICÁVEL AO CAPÍTULO

TÍTULO V
DOS CONTRATOS EM GERAL

CAPÍTULO I
DISPOSIÇÕES GERAIS

Seção I
Preliminares

Art. 421. A liberdade de contratar será exercida em razão e nos limites da função social do contrato, observado o disposto na Declaração de Direitos de Liberdade Econômica. (Redação dada pela Medida Provisória nº 881, de 2019)

Parágrafo único. Nas relações contratuais privadas, prevalecerá o princípio da intervenção mínima do Estado, por qualquer dos seus poderes, e a revisão contratual determinada de forma externa às partes será excepcional. (Incluído pela Medida Provisória nº 881, de 2019)

Art. 422. Os contratantes são obrigados a guardar, assim na conclusão do contrato, como em sua execução, os princípios de probidade e boa-fé.

Art. 423. Quando houver no contrato de adesão cláusulas que gerem dúvida quanto à sua interpretação, será adotada a mais favorável ao aderente. (Redação dada pela Medida Provisória nº 881, de 2019)

Parágrafo único. Nos contratos não atingidos pelo disposto no caput, exceto se houver disposição específica em lei, a dúvida na interpretação beneficia a parte que não redigiu a cláusula controvertida. (Incluído pela Medida Provisória nº 881, de 2019)

Art. 424. Nos contratos de adesão, são nulas as cláusulas que estipulem a renúncia antecipada do aderente a direito resultante da natureza do negócio.

Art. 425. É lícito às partes estipular contratos atípicos, observadas as normas gerais fixadas neste Código.

Art. 426. Não pode ser objeto de contrato a herança de pessoa viva.

Seção II
Da Formação dos Contratos

Art. 427. A proposta de contrato obriga o proponente, se o contrário não resultar dos termos dela, da natureza do negócio, ou das circunstâncias do caso.

Art. 428. Deixa de ser obrigatória a proposta:

I - se, feita sem prazo a pessoa presente, não foi imediatamente aceita. Considera-se também presente a pessoa que contrata por telefone ou por meio de comunicação semelhante;

II - se, feita sem prazo a pessoa ausente, tiver decorrido tempo suficiente para chegar a resposta ao conhecimento do proponente;

III - se, feita a pessoa ausente, não tiver sido expedida a resposta dentro do prazo dado;

IV - se, antes dela, ou simultaneamente, chegar ao conhecimento da outra parte a retratação do proponente.

Art. 429. A oferta ao público equivale a proposta quando encerra os requisitos essenciais ao contrato, salvo se o contrário resultar das circunstâncias ou dos usos.

Parágrafo único. Pode revogar-se a oferta pela mesma via de sua divulgação, desde que ressalvada esta faculdade na oferta realizada.

Art. 430. Se a aceitação, por circunstância imprevista, chegar tarde ao conhecimento do proponente, este comunicá-lo-á imediatamente ao aceitante, sob pena de responder por perdas e danos.

Art. 431. A aceitação fora do prazo, com adições, restrições, ou modificações, importará nova proposta.

Art. 432. Se o negócio for daqueles em que não seja costume a aceitação expressa, ou o proponente a tiver dispensado, reputar-se-á concluído o contrato, não chegando a tempo a recusa.

Art. 433. Considera-se inexistente a aceitação, se antes dela ou com ela chegar ao proponente a retratação do aceitante.

Art. 434. Os contratos entre ausentes tornam-se perfeitos desde que a aceitação é expedida, exceto:

I - no caso do artigo antecedente;

II - se o proponente se houver comprometido a esperar resposta;

III - se ela não chegar no prazo convencionado.

Art. 435. Reputar-se-á celebrado o contrato no lugar em que foi proposto.

Seção III
Da Estipulação em Favor de Terceiro

Art. 436. O que estipula em favor de terceiro pode exigir o cumprimento da obrigação.

Parágrafo único. Ao terceiro, em favor de quem se estipulou a obrigação, também é permitido exigi-la, ficando, todavia, sujeito às condições e normas do contrato, se a ele anuir, e o estipulante não o inovar nos termos do art. 438.

Art. 437. Se ao terceiro, em favor de quem se fez o contrato, se deixar o direito de reclamar-lhe a execução, não poderá o estipulante exonerar o devedor.

Art. 438. O estipulante pode reservar-se o direito de substituir o terceiro designado no contrato, independentemente da sua anuência e da do outro contratante.

Parágrafo único. A substituição pode ser feita por ato entre vivos ou por disposição de última vontade.

Seção IV
Da Promessa de Fato de Terceiro

Art. 439. Aquele que tiver prometido fato de terceiro responderá por perdas e danos, quando este o não executar.

Parágrafo único. Tal responsabilidade não existirá se o terceiro for o cônjuge do promitente, dependendo da sua anuência o ato a ser praticado, e desde que, pelo regime do casamento, a indenização, de algum modo, venha a recair sobre os seus bens.

Art. 440. Nenhuma obrigação haverá para quem se comprometer por outrem, se este, depois de se ter obrigado, faltar à prestação.

Seção V
Dos Vícios Redibitórios

Art. 441. A coisa recebida em virtude de contrato comutativo pode ser enjeitada por vícios ou defeitos ocultos, que a tornem imprópria ao uso a que é destinada, ou lhe diminuam o valor.

Parágrafo único. É aplicável a disposição deste artigo às doações onerosas.

Art. 442. Em vez de rejeitar a coisa, redibindo o contrato (art. 441), pode o adquirente reclamar abatimento no preço.

Art. 443. Se o alienante conhecia o vício ou defeito da coisa, restituirá o que recebeu com perdas e danos; se o não conhecia, tão-somente restituirá o valor recebido, mais as despesas do contrato.

Art. 444. A responsabilidade do alienante subsiste ainda que a coisa pereça em poder do alienatário, se perecer por vício oculto, já existente ao tempo da tradição.

Art. 445. O adquirente decai do direito de obter a redibição ou abatimento no preço no prazo de trinta dias se a coisa for móvel, e de um ano se for imóvel, contado da entrega efetiva; se já estava na posse, o prazo conta-se da alienação, reduzido à metade.

§ 1º Quando o vício, por sua natureza, só puder ser conhecido mais tarde, o prazo contar-se-á do momento em que dele tiver ciência, até o prazo máximo de cento e oitenta dias, em se tratando de bens móveis; e de um ano, para os imóveis.

§ 2º Tratando-se de venda de animais, os prazos de garantia por vícios ocultos serão os estabelecidos em lei especial, ou, na falta desta, pelos usos locais, aplicando-se o disposto no parágrafo antecedente se não houver regras disciplinando a matéria.

Art. 446. Não correrão os prazos do artigo antecedente na constância de cláusula de garantia; mas o adquirente deve denunciar o defeito ao alienante nos trinta dias seguintes ao seu descobrimento, sob pena de decadência.

Seção VI
Da Evicção

Art. 447. Nos contratos onerosos, o alienante responde pela evicção. Subsiste esta garantia ainda que a aquisição se tenha realizado em hasta pública.

Art. 448. Podem as partes, por cláusula expressa, reforçar, diminuir ou excluir a responsabilidade pela evicção.

Art. 449. Não obstante a cláusula que exclui a garantia contra a evicção, se esta se der, tem direito o evicto a receber o preço que pagou pela coisa evicta, se não soube do risco da evicção, ou, dele informado, não o assumiu.

Art. 450. Salvo estipulação em contrário, tem direito o evicto, além da restituição integral do preço ou das quantias que pagou:

I – à indenização dos frutos que tiver sido obrigado a restituir;

II – à indenização pelas despesas dos contratos e pelos prejuízos que diretamente resultarem da evicção;

III – às custas judiciais e aos honorários do advogado por ele constituído.

Parágrafo único. O preço, seja a evicção total ou parcial, será o do valor da coisa, na época em que se evenceu, e proporcional ao desfalque sofrido, no caso de evicção parcial.

Art. 451. Subsiste para o alienante esta obrigação, ainda que a coisa alienada esteja deteriorada, exceto havendo dolo do adquirente.

Art. 452. Se o adquirente tiver auferido vantagens das deteriorações, e não tiver sido condenado a indenizá-las, o valor das vantagens será deduzido da quantia que lhe houver de dar o alienante.

Art. 453. As benfeitorias necessárias ou úteis, não abonadas ao que sofreu a evicção, serão pagas pelo alienante.

Art. 454. Se as benfeitorias abonadas ao que sofreu a evicção tiverem sido feitas pelo alienante, o valor delas será levado em conta na restituição devida.

Art. 455. Se parcial, mas considerável, for a evicção, poderá o evicto optar entre a rescisão do contrato e a restituição da parte do preço correspondente ao desfalque sofrido. Se não for considerável, caberá somente direito a indenização.

Art. 456. Para poder exercitar o direito que da evicção lhe resulta, o adquirente notificará do litígio o alienante imediato, ou qualquer dos anteriores, quando e como lhe determinarem as leis do processo.

Parágrafo único. Não atendendo o alienante à denunciação da lide, e sendo manifesta a procedência da evicção, pode o adquirente deixar de oferecer contestação, ou usar de recursos.

Art. 457. Não pode o adquirente demandar pela evicção, se sabia que a coisa era alheia ou litigiosa.

Seção VII
Dos Contratos Aleatórios

Art. 458. Se o contrato for aleatório, por dizer respeito a coisas ou fatos futuros, cujo risco de não virem a existir um dos contratantes assuma, terá o outro direito de receber integralmente o que lhe foi prometido, desde que de sua parte não tenha havido dolo ou culpa, ainda que nada do avençado venha a existir.

Art. 459. Se for aleatório, por serem objeto dele coisas futuras, tomando o adquirente a si o risco de virem a existir em qualquer quantidade, terá também direito o alienante a todo o preço, desde que de sua parte não tiver concorrido culpa, ainda que a coisa venha a existir em quantidade inferior à esperada.

Parágrafo único. Mas, se da coisa nada vier a existir, alienação não haverá, e o alienante restituirá o preço recebido.

Art. 460. Se for aleatório o contrato, por se referir a coisas existentes, mas expostas a risco, assumido pelo adquirente, terá igualmente direito o alienante a todo o preço, posto que a coisa já não existisse, em parte, ou de todo, no dia do contrato.

Art. 461. A alienação aleatória a que se refere o artigo antecedente poderá ser anulada como dolosa pelo prejudicado, se provar que o outro contratante não ignorava a consumação do risco, a que no contrato se considerava exposta a coisa.

Seção VIII
Do Contrato Preliminar

Art. 462. O contrato preliminar, exceto quanto à forma, deve conter todos os requisitos essenciais ao contrato a ser celebrado.

Art. 463. Concluído o contrato preliminar, com observância do disposto no artigo antecedente, e desde que dele não conste cláusula de arrependimento, qualquer das partes terá o direito de exigir a celebração do definitivo, assinando prazo à outra para que o efetive.

Parágrafo único. O contrato preliminar deverá ser levado ao registro competente.

Art. 464. Esgotado o prazo, poderá o juiz, a pedido do interessado, suprir a vontade da parte inadimplente, conferindo caráter definitivo ao contrato preliminar, salvo se a isto se opuser a natureza da obrigação.

Art. 465. Se o estipulante não der execução ao contrato preliminar, poderá a outra parte considerá-lo desfeito, e pedir perdas e danos.

Art. 466. Se a promessa de contrato for unilateral, o credor, sob pena de ficar a mesma sem efeito, deverá manifestar-se no prazo nela previsto, ou, inexistindo este, no que lhe for razoavelmente assinado pelo devedor.

Seção IX
Do Contrato com Pessoa a Declarar

Art. 467. No momento da conclusão do contrato, pode uma das partes reservar-se a faculdade de indicar a pessoa que deve adquirir os direitos e assumir as obrigações dele decorrentes.

Art. 468. Essa indicação deve ser comunicada à outra parte no prazo de cinco dias da conclusão do contrato, se outro não tiver sido estipulado.

Parágrafo único. A aceitação da pessoa nomeada não será eficaz se não se revestir da mesma forma que as partes usaram para o contrato.

Art. 469. A pessoa, nomeada de conformidade com os artigos antecedentes, adquire os direitos e assume as obrigações decorrentes do contrato, a partir do momento em que este foi celebrado.

Art. 470. O contrato será eficaz somente entre os contratantes originários:

I - se não houver indicação de pessoa, ou se o nomeado se recusar a aceitá-la;

II - se a pessoa nomeada era insolvente, e a outra pessoa o desconhecia no momento da indicação.

Art. 471. Se a pessoa a nomear era incapaz ou insolvente no momento da nomeação, o contrato produzirá seus efeitos entre os contratantes originários.

CAPÍTULO II
DA EXTINÇÃO DO CONTRATO

Seção I
Do Distrato

Art. 472. O distrato faz-se pela mesma forma exigida para o contrato.

Art. 473. A resilição unilateral, nos casos em que a lei expressa ou implicitamente o permita, opera mediante denúncia notificada à outra parte.

Parágrafo único. Se, porém, dada a natureza do contrato, uma das partes houver feito investimentos consideráveis para a sua execução, a denúncia unilateral só produzirá efeito depois de transcorrido prazo compatível com a natureza e o vulto dos investimentos.

Seção II
Da Cláusula Resolutiva

Art. 474. A cláusula resolutiva expressa opera de pleno direito; a tácita depende de interpelação judicial.

Art. 475. A parte lesada pelo inadimplemento pode pedir a resolução do contrato, se não preferir exigir-lhe o cumprimento, cabendo, em qualquer dos casos, indenização por perdas e danos.

Seção III
Da Exceção de Contrato não Cumprido

Art. 476. Nos contratos bilaterais, nenhum dos contratantes, antes de cumprida a sua obrigação, pode exigir o implemento da do outro.

Art. 477. Se, depois de concluído o contrato, sobrevier a uma das partes contratantes diminuição em seu patrimônio capaz de comprometer ou tornar duvidosa a prestação pela qual se obrigou, pode a outra recusar-se à prestação que lhe incumbe, até que aquela satisfaça a que lhe compete ou dê garantia bastante de satisfazê-la.

Seção IV
Da Resolução por Onerosidade Excessiva

Art. 478. Nos contratos de execução continuada ou diferida, se a prestação de uma das partes se tornar excessivamente onerosa, com extrema vantagem para a outra, em virtude de acontecimentos extraordinários e imprevisíveis, poderá o devedor pedir a resolução do contrato. Os efeitos da sentença que a decretar retroagirão à data da citação.

Art. 479. A resolução poderá ser evitada, oferecendo-se o réu a modificar equitativamente as condições do contrato.

Art. 480. Se no contrato as obrigações couberem a apenas uma das partes, poderá ela pleitear que a sua prestação seja reduzida, ou alterado o modo de executá-la, a fim de evitar a onerosidade excessiva.

Art. 480-A. Nas relações interempresariais, é licito às partes contratantes estabelecer parâmetros objetivos para a interpretação de requisitos de revisão ou de resolução do pacto contratual. (Incluído pela Medida Provisória nº 881, de 2019)

Art. 480-B. Nas relações interempresariais, deve-se presumir a simetria dos contratantes e observar a alocação de riscos por eles definida. (Incluído pela Medida Provisória nº 881, de 2019)

Capítulo 8

Da Responsabilidade Civil

1. INTRODUÇÃO

O principal objetivo do direito é manter a ordem na sociedade, garantindo a todos o convívio pacífico. Nesse contexto, protege-se o lícito e reprime-se o ilícito.

Para alcançar esse objetivo, o ordenamento jurídico impõe uma série de deveres, que podem ser positivos, de dar ou fazer, ou negativos, de não fazer.

O descumprimento do dever jurídico imposto, acarreta, geralmente, dano a terceiros, o que acarreta, consequentemente, um novo dever jurídico de reparar o dano causado. Por isso que a doutrina tradicional fala em dever jurídico originário e sucessivo. Originário é o dever de observar o comando imposto; secundário é o dever de reparar o dano causado pela inobservância do dever jurídico originário.

Nesse cenário, é importante destacar a distinção entre obrigação e responsabilidade trazida por Sérgio Cavalieri Filho, para quem "*obrigação* é sempre um dever jurídico originário; *responsabilidade* é um dever jurídico sucessivo, consequente à violação do primeiro. Se alguém se compromete a prestar serviços profissionais a outrem, assume uma obrigação, um dever jurídico originário. Se não cumprir a obrigação (deixar de prestar os serviços), violará o dever jurídico originário, surgindo daí a responsabilidade, o dever de compor o prejuízo causado pelo não cumprimento da obrigação"[1].

A noção de responsabilidade civil surge para corrigir o desvio de conduta e impor ao ofensor o dever de reparar o ofendido pelo dano sofrido. Dessa forma, só é possível falar em responsabilidade civil quando há um dever jurídico preexistente, ou em outras palavras, uma obrigação descumprida.

2. RESPONSABILIDADE SUBJETIVA E OBJETIVA

Como é possível observar, a responsabilidade civil está intimamente ligada à ideia de culpa, aqui referida em seu conceito amplo, ou seja, o de culpa em sentido estrito e o dolo.

Como a responsabilidade pressupõe o descumprimento de uma obrigação, seja pelo fato de o agente ter a intenção de provocar o resultado ou pela simples

1. *Programa de Responsabilidade Civil*. 10ª ed. São Paulo: Atlas, 2012, p. 2/3.

inobservância de um dever de cautela, a doutrina clássica adotou a culpa como elemento essencial da responsabilidade civil.

Nesse sentido, o art. 186 do CC/02 consagra que "aquele que, por ação ou omissão voluntária, negligência ou imprudência, violar direito e causar dano a outrem, ainda que exclusivamente moral, comete ato ilícito".

Pela leitura do dispositivo, fica evidente que a responsabilidade civil só se configura se o ofendido provar que o ofensor descumpriu culposamente o dever jurídico que lhe foi imposto. Trata-se da adoção da responsabilidade civil subjetiva como regra geral de responsabilidade civil no ordenamento jurídico. Diz-se *subjetiva* porque embasada na demonstração da *culpa* do agente.

Há, ainda, situações em que a culpa é presumida. Nesse caso, há a inversão do ônus da prova, cabendo à vítima apenas a prova da conduta do ofensor (ação ou omissão) e do dano proveniente dessa conduta, porque a culpa do ofensor é presumida. Este apenas afastará sua responsabilidade se comprovar a existência de alguma causa excludente da ilicitude. É o caso, por exemplo, do art. 936 do Código Civil.

A responsabilidade civil subjetiva tem como pressupostos o nexo causal, o dano e a culpa do agente, elementos que serão vistos com mais detalhes adiante.

No entanto, o avanço da sociedade em inúmeros setores, bem como a prática do cotidiano forense, levaram a uma necessária evolução do pensamento doutrinário.

Com efeito, o desenvolvimento econômico e a massificação do mercado de consumo criaram novos modelos de relações jurídicas. Não eram raros os casos de pessoas lesadas que não conseguiam provar a culpa do agente e, por tal razão, ficavam sem a devida e justa indenização.

Para solucionar a questão, houve uma evolução no pensamento jurídico que acabou por adotar, em algumas situações específicas, a responsabilidade legal, também chamada de objetiva, que dispensa a prova da culpa. Vale dizer que a lei impõe a determinadas pessoas e em determinados casos o dever de indenizar o dano causado, independentemente de ter agido com culpa.

Para a configuração da responsabilidade objetiva é necessária apenas a demonstração do nexo causal e do dano suportado. Em outras palavras, basta que a vítima demonstre que sofreu um dano e que esse dano adveio de uma conduta do ofensor. Não há a necessidade de demonstração de que tal conduta é culposa ou não. Tal demonstração, na realidade, é dispensável.

É o que ocorre, dentro do Código Civil, nos casos do art. 931, que trata do *fato do produto* e dos arts. 932 e 933, que disciplinam o *fato de outrem*.

Após essas considerações, vale dizer que as responsabilidades subjetiva e objetiva coexistem dentro do Código Civil. A subjetiva é a regra consubstanciada nos arts. 186 e 927. A objetiva é consagrada em alguns dispositivos esparsos e específicos.

RESPONSABILIDADE SUBJETIVA
- Culpa
- Dano
- Nexo Causal

RESPONSABILIDADE OBJETIVA
- Dano
- Nexo Causal

3. RESPONSABILIDADE CONTRATUAL E EXTRACONTRATUAL

O dever jurídico pode ter origem na vontade das partes ou na lei.

No primeiro caso, as partes, através de um contrato, criam o dever jurídico, obrigando-se ao cumprimento. No segundo, o dever jurídico é imposto pela lei.

Assim, quando uma companhia de ônibus vende uma passagem, assume a obrigação de levar o passageiro incólume até o destino contratado. Se ocorre um acidente, no trajeto, dá-se o inadimplemento contratual, que acarreta o dever de indenizar. Tem-se, nesse caso, a responsabilidade civil contratual, porque há o descumprimento de uma obrigação criada pela vontade das partes.

No entanto, tem-se a responsabilidade civil extracontratual quando o dever de indenizar decorre de uma obrigação imposta pela lei. Se, por exemplo, um motorista não respeita a sinalização de "pare" e atropela um pedestre, descumprirá uma obrigação imposta pela lei, o que gerará o dever de indenizar.

Observe que, no primeiro caso, o dever de indenizar é proveniente da vontade das partes, que celebraram um contrato. No segundo, ele decorre da lei, pois não existe nenhum vínculo entre o motorista e o pedestre.

A responsabilidade extracontratual é disciplinada genericamente pelo Código Civil nos arts. 186 a 188 e 927 a 954. A contratual é disciplinada nos arts. 389 e seguintes e 395 e seguintes.

A distinção de tratamento entre a responsabilidade contratual e extracontratual tem sido alvo de críticas por parte da doutrina, porque, independentemente de como surge a responsabilidade civil, seus efeitos são os mesmos.

De fato, no âmbito prático, pouco importa se a responsabilidade surge do descumprimento de um contrato ou de um dever legal, pois ambos os casos impõem o dever de reparar os danos causados, que representa o efeito final e necessário da responsabilidade civil.

No entanto, além da origem do dever de reparar, há algumas distinções importantes, inclusive de ordem prática, que justificam a diferenciação adotada pelo Código Civil.

A mais importante é referente ao *ônus da prova*.

Na responsabilidade civil contratual o ônus da prova incumbe ao devedor. De fato, cabe ao credor apenas demonstrar que a obrigação assumida foi descumprida. O devedor somente se exime do dever de indenizar se comprovar a existência de uma das causas excludentes da ilicitude. Observe que, em se tratando de responsabilidade contratual, compete ao devedor provar o cumprimento da obrigação ou a impossibilidade de fazê-lo, porque presentes alguma das excludentes.

Na responsabilidade civil extracontratual, diferentemente, o ônus da prova cabe à vítima. A esta compete provar a existência dos pressupostos caracterizadores da responsabilidade civil, como a culpa do agente, o dano e o nexo de causalidade.

Veja que a vítima tem maior probabilidade de obter indenização na responsabilidade contratual, pois nessa modalidade está dispensada de provar a culpa do agente, bastando noticiar o descumprimento contratual.

Outra diferenciação importante é em relação à *capacidade do agente* que causa o dano.

Na responsabilidade contratual, a capacidade do agente sofre limitações, porque, como vimos anteriormente, a validade do negócio está submetida à capacidade do agente. Assim, na responsabilidade contratual, o causador do dano, em princípio, deve ter dezoito anos, no mínimo.

Tal premissa não se aplica em se tratando de responsabilidade extracontratual, porque nesta o descumprimento da obrigação geral de não lesar pode se dar por ato de incapaz, o que pode impor o dever de reparação àqueles responsáveis por sua guarda (art. 928 CC/02).

Logo, parece acertada a adoção, pelo Código Civil, de tratamento distinto entre as responsabilidades contratual e extracontratual.

RESPONSABILIDADE CONTRATUAL	RESPONSABILIDADE EXTRACONTRATUAL
O ônus da prova é do devedor	O ônus da prova é da vítima
O agente, em princípio, deve ter 18 anos no mínimo	O agente pode ter qualquer idade

4. ATO ILÍCITO

Segundo Flávio Tartuce, "o ato ilícito é o ato praticado em desacordo com a ordem jurídica violando direitos e causando prejuízos a outrem. Diante da sua ocorrência a norma jurídica cria o dever de reparar o dano, o que justifica o fato de ser o ato ilícito fonte do direito obrigacional"[2].

2. *Direito Civil*. Vol. 2, 8ª ed. São Paulo: Método, 2013, p. 310.

O Código Civil traz o conceito de ato ilícito no art. 186, que diz que "aquele que, por ação ou omissão voluntária, negligência ou imprudência, violar direito e causar dano a outrem, ainda que exclusivamente moral, comete ato ilícito".

O referido art. 186 correspondia ao art. 159 do CC/16, que assim previa: "aquele que, por ação ou omissão voluntária, negligência, ou imprudência, violar direito, ou causar prejuízo a outrem, fica obrigado a reparar o dano. A verificação da culpa e a avaliação da responsabilidade regulam-se pelo disposto neste Código, **arts. 1.518 a 1.532** e **arts. 1.537 a 1.553**".

Pelo que se observa, há significativa mudança entre os dispositivos, que mostra que a atual codificação evoluiu para atender aos anseios da doutrina e da jurisprudência.

Com efeito, o art. 186 do CC/02 traz duas alterações em relação ao art. 159 do CC/16.

A primeira delas é que o art. 159 do CC/16 dizia "violar direito, *ou* causar prejuízo a outrem". A expressão *ou* dá a ideia de alternatividade, ou seja, de que seria necessária a violação do direito *ou* o prejuízo a outrem. Antes, havia a configuração do ato ilícito pela simples lesão a direitos.

No caso do art. 186 do CC/02 são necessários os dois requisitos concomitantemente, ou seja, a violação do direito e que tal violação cause prejuízo a outrem.

A segunda alteração é que o art. 159 do CC/16 utilizava a expressão "fica obrigado a reparar o dano". Com a evolução do direito, tal redação sofreu muitas críticas, porque muitos argumentavam que a expressão destacada permitia a reparação apenas dos danos materiais. Segundo esse pensamento, estava excluída a reparação pelo dano moral puro. No entanto, a doutrina e a jurisprudência firmaram entendimento sólido, sobretudo após a Constituição Federal de 1988, no sentido de que o art. 159 do CC/16 contemplava a reparação por danos morais.

Nesse sentido, a atual codificação, para não deixar dúvidas, fez menção expressa à possibilidade de reparação pelo dano moral puro, quando constou a expressão "ainda que exclusivamente moral".

Outra inovação do atual Código Civil é a equiparação do abuso de direito como ato ilícito, consubstanciada no art. 187. Segundo o citado dispositivo, "também comete ato ilícito o titular de um direito que, ao exercê-lo, excede manifestamente os limites impostos pelo seu fim econômico ou social, pela boa-fé ou pelos bons costumes".

Tem-se o abuso de direito quando o titular exerce um direito irregularmente. No caso, o ato é inicialmente lícito, mas o titular o exerce de forma excessiva, ultrapassando os limites colocados pelo fim econômico ou social, pela boa-fé e pelos bons costumes.

Observe que os quatro elementos que limitam o exercício do direito possuem conceitos amplos, permitindo ao magistrado avaliar os fatos segundo o caráter social dos negócios jurídicos. Nesse ponto, cabe lembrar que o atual Código Civil é regido pelos princípios da socialidade e da eticidade, corolários do moderno conceito de ato ilícito por abuso de direito.

O ilustre Flávio Tartuce leciona que "a ilicitude do abuso de direito está presente na forma de execução do ato. Desse conceito conclui-se que a diferença em relação ao ato ilícito tido como *puro*reside no fato de que o último é ilícito no todo, quanto ao conteúdo e quanto às consequências"[3].

Nesse sentido, o juízo de direito da 1ª Vara Cível de Sertãozinho, através de sentença proferida pelo E. Dr. Renê Jean Marchi Filho, nos autos do processo 504/2007-054-15-00-4-RT, assim decidiu:

> "Da análise do conjunto probatório nos autos emerge a inexistência de *animus* do autor para abandonar o emprego, à toda evidência. Ademais, impossível o abandono de emprego se o empregador já recebeu comunicação verbal emitida pelo empregado pertinente à rescisão contratual.
>
> Referida conduta da reclamada – 'imputar abandono de emprego ao reclamante, publicá-la em jornal, após recebimento de aviso verbal da rescisão indireta', revela-se contrária à boa-fé que deve prevalecer nas relações contratuais, desde o início até o final (art. 422 do CC).
>
> **As provas nos autos evidenciam, com clareza solar, que a reclamada desrespeitou os limites da boa-fé e dos bons costumes (art. 187 do CC) ao exercer o seu direito potestativo e poder diretivo (ambos característicos do empregador), ao imputar abandono de emprego pelo reclamante, consciente do aviso do autor acerca da rescisão indireta em 16/12/2006.**
>
> Ora, a acusação, manifestamente divorciada da realidade, de falta grave (abandono de emprego), de que foi vítima o autor, configura inegável ofensa à integridade moral deste".

Não obstante tratar-se de sentença proferida por juízo de primeiro grau, tal sentença tornou-se definitiva, porque não atacada por recurso ordinário.

Como se observa, o ato ilícito passa a ser, então, o ato praticado *contra* o direito e *além* do direito. Pode ocorrer, por exemplo, quando há excesso no exercício do direito de greve, ou a ocorrência de lide temerária, que nada mais é do que o abuso do direito de ação.

Há um debate na doutrina acerca da natureza jurídica da responsabilidade civil por abuso do direito. A corrente majoritária defende que a responsabilidade é objetiva, dispensando-se a prova da culpa. A corrente minoritária, no entanto, sustenta que é necessário provar a intenção de lesar, o que torna a responsabilidade subjetiva.

---

3. *Direito Civil*. Vol. 2, 8ª ed. São Paulo: Método, 2013, p. 316.

ATO ILÍCITO

Abuso de direito (art. 187 CC) → exercício irregular de um direito que ultrapassa →
- Fim econômico
- Fim social
- Boa-fé
- Bons costumes

5. CULPA

A culpa é um dos pressupostos da responsabilidade civil e o elemento diferenciador entre a responsabilidade subjetiva e objetiva.

Apesar dos avanços no campo da responsabilidade civil, alcançados pela doutrina e jurisprudência e que foram incorporados pelo atual Código Civil, a responsabilidade subjetiva permanece como regra geral de responsabilidade no ordenamento jurídico (arts. 927 e 186 do CC/02).

Dessa forma, o dever de indenizar está associado ao fato de que a conduta do agente causador do dano seja merecedora de reprovação do direito.

O ilustre Carlos Roberto Gonçalves leciona que "agir com culpa significa atuar o agente em termos de, pessoalmente, merecer a censura ou reprovação do direito. E o agente só pode ser pessoalmente censurado, ou reprovado na sua conduta, quando, em face das circunstâncias concretas da situação, caiba a afirmação de que ele podia e devia ter agido de outro modo"[4].

Para análise da culpa, são essenciais as diferenciações traçadas a seguir.

5.1. Culpa em sentido amplo (*latu sensu*)

Culpa em sentido amplo abrange toda espécie de comportamento contrário ao direito. Abrange o dolo e a culpa em sentido estrito.

Segundo Sérgio Cavalieri Filho[5], a conduta humana, positiva ou negativa, pode ser *intencional* ou *tencional*.

Quando o dano causado é *intencionalmente* provocado pelo agente, fala-se que agiu com *dolo*, que nada mais é do que "a violação deliberada, consciente, intencional, do dever jurídico"[6]. Nesse caso, a conduta já nasce ilícita porque praticada com o intuito de obter um resultado antijurídico.

Quando o dano causado é proveniente da falta de cuidado do agente, sem que este tenha qualquer intenção de provocá-lo, fala-se que agiu com culpa em sentido estrito (*stricto sensu*), caracterizada pela imprudência, negligência ou imperícia. Nesse

4. *Direito Civil IV*, Saraiva, 2011, p. 314.
5. *Programa de Responsabilidade Civil*. 10 ed. São Paulo: Atlas, 2012, p. 31.
6. *Direito Civil*. Vol. IV. São Paulo: Saraiva, 2011, p. 315.

caso, a aferição da culpa é feita com base na figura do "homem médio", ou seja, do homem ideal, que diligentemente evita o perigo.

Vale dizer que, no dolo, o agente quer a ação e o resultado. Na culpa, o agente quer apenas a ação. O juízo de desvalor, no dolo, recai sobre a ação, ilícita desde o nascedouro. Na culpa, o juízo de desvalor recai apenas sobre o resultado.

CULPA EM SENTIDO AMPLO
- Dolo
- Culpa em sentido estrito

5.2. Imprudência, negligência e imperícia

Imprudência, negligência e imperícia não são espécies de culpa, mas formas de exteriorização da conduta.

Pois bem.

Imprudência é a falta de cuidado que se exterioriza por uma conduta comissiva (positiva), como, por exemplo, do motorista que conduz o veículo com excesso de velocidade. Observe que, nesse caso, há uma imposição para que o condutor não exceda a velocidade e, mesmo assim, ele o faz. Há uma imposição negativa, mas o agente não a respeita.

A negligência é a falta de cuidado que se exterioriza por uma conduta omissiva (negativa), como, por exemplo, do motorista que conduz o veículo com os freios desgastados. Observe que, nesse caso, há uma imposição para que o condutor proceda à manutenção das peças e equipamentos do veículo, mas, mesmo assim, ele não o faz. Há uma imposição positiva, mas o agente a descumpre.

A imperícia é a falta de habilidade técnica para o desempenho de uma atividade, como, por exemplo, de alguém que conduz um veículo automotor sem possuir a necessária habilitação, ou de um engenheiro civil que calcula errado a estrutura de uma obra.

Veja que no mesmo fato a culpa pode se exteriorizar nas três formas. Assim, se um motorista conduz o veículo sem possuir habilitação, sua culpa se caracteriza pela imperícia; se conduz com os freios desgastados, age de forma negligente; se trafega em velocidade excessiva, sua conduta é imprudente.

▸ EXTERIORIZAÇÃO DA CULPA	
Imprudência	O agente age quando deveria se abster
Negligência	O agente se abstém quando deveria agir
Imperícia	Falta de habilidade técnica

5.3. Espécies de culpa

5.3.1. *Culpa grave, leve e levíssima*

O Código Civil não faz qualquer distinção entre culpa grave, leve e levíssima, o que faz com que muitos doutrinadores apontem a falta de utilidade prática na distinção.

A culpa grave ocorre quando a falta de cuidado é grosseira, ou seja, quando o agente não observa o que todos observam. Há, nesse caso, um descuido injustificável, visto que todo homem comum estaria apto a agir de forma diversa, como ocorre com o motorista que não respeita a sinalização do semáforo.

A culpa leve é quando a falta puder ser evitada com atenção regular, com a atenção própria do homem médio.

Já a culpa levíssima é caracterizada quando a falta só puder ser evitada mediante uma atenção e perspicácia extraordinárias, dignas do homem que possui conhecimentos e habilidades especiais sobre os fatos.

No entanto, havendo a culpa, seja ela grave, leve ou levíssima, haverá o dever de indenizar, pois a responsabilidade civil não se baseia no grau de culpa, mas na extensão do dano (art. 944 do CC/02).

Havendo um dano provocado por conduta culposa, ainda que levíssima, incidirá a responsabilidade civil impondo ao ofensor o dever de indenizar.

Tal questão, ao longo do Código Civil de 1916, sofreu forte crítica por parte da doutrina, que abordava a grande possibilidade de se cometer injustiças, nos casos concretos. De fato, havia a possibilidade de impor condenações pesadas, conforme a extensão do dano, às pessoas que tinham agido com o mínimo de culpa (culpa levíssima).

O atual Código Civil trouxe importante dispositivo consubstanciado no parágrafo único do art. 944, que dispõe que "se houver excessiva desproporção entre a gravidade da culpa e o dano, poderá o juiz reduzir, equitativamente, a indenização".

Esse dispositivo permite que o juiz analise a proporção entre o dano e o grau de culpa e, se for o caso, limite a indenização conforme seu prudente arbítrio.

Quanto ao referido texto, cabe esclarecer que só é aplicável aos casos em que configurada a culpa levíssima do ofensor que tenha causado danos de grandes proporções à vítima. Estão fora do campo de aplicação da norma, portanto, o dolo, a culpa grave e leve, bem como os casos de responsabilidade objetiva, porque, nesses casos, a existência de culpa é irrelevante.

5.3.2. *Culpa contratual e extracontratual*

A culpa será contratual quando o dever jurídico violado for proveniente da vontade das partes manifestada em um contrato. Nesse caso, como foi dito anteriormente, bastará ao credor noticiar o inadimplemento contratual, ou seja, a mora do devedor. Não há necessidade de provar a culpa, porque o inadimplemento se presume culposo. Em se tratando de culpa contratual, inverte-se o ônus da prova, cabendo ao devedor a prova de alguma excludente.

A culpa extracontratual se caracteriza pela violação de um dever jurídico genérico, imposto pela lei. Nesse caso, a prova da culpa é ônus da vítima.

5.3.3. *Culpa* in eligendo, in vigilandoein custodiendo

A culpa *in eligendo* é a que decorre da má escolha do preposto ou representante.

A culpa *in vigilando* surge pela falta de atenção sobre a pessoa que se encontra sob a guarda ou responsabilidade do agente.

A culpa *in custodiendo*, por sua vez, deriva da ausência de cuidados na guarda de animal ou objeto que estejam em poder do agente.

O Código Civil de 1916 presumia a culpa dos agentes (pais, tutores, patrões etc.), nos casos de culpa *in eligendoe in vigilando*.

No entanto, o atual Código Civil, no art. 933, trouxe significativa alteração ao prever a responsabilidade objetiva das pessoas arroladas no art. 932 (pais, tutores, empregadores etc.), ao estabelecer que "ainda que não haja culpa de sua parte, responderão pelos atos praticados pelos terceiros ali referidos".

Tem-se, então, que nos casos de guarda de menores e má escolha de representantes e prepostos não mais se indagará a existência culpa *in vigilando* e *in eligendo*, uma vez que, nessas hipóteses, a responsabilidade é objetiva, por força do art. 933 do CC/02.

De forma diferente ocorre nos casos de culpa *in custodiendo*. O art. 936 do atual Código Civil estabelece uma presunção de culpa do dono do animal, havendo, nesse caso, inversão do ônus da prova. Tal presunção, contudo, é relativa, sendo facultado ao dono do animal provar alguma excludente da ilicitude, como, por exemplo, a culpa exclusiva da vítima.

5.3.4. *Da culpa concorrente*

O dever de indenizar, em princípio, está associado a ideia de culpa do agente causador do dano.

Em algumas situações, entretanto, o dano não é proveniente de uma conduta culposa do agente, mas surge de uma conduta culposa da própria vítima. Nesse caso, há excludente da ilicitude, que afasta o dever de indenizar.

Há situações, ainda, que o dano surge de uma combinação de condutas culposas, tanto do agente quanto da vítima. Quando isso ocorre, fala-se em concorrência de culpa, porque ambos contribuem para o evento danoso.

Na verdade, a doutrina moderna tem sustentado que não se trata propriamente de *concorrência de culpa*, mas de *concorrência de causas ou de responsabilidade*[7].

A solução para a questão é dada pelo **art. 945** que dispõe que "se a vítima tiver concorrido culposamente para o evento danoso, a sua indenização será fixada tendo-se em conta a gravidade de sua culpa em confronto com a do autor do dano".

Tal dispositivo não possui correspondente no Código Civil de 1016. No entanto, o assunto estava pacificado na doutrina e na jurisprudência, que admitiam, há muito, a concorrência de culpas.

Quando ocorrer a hipótese prevista no art. 945, o julgador, ao fixar a indenização, deve levar em conta a participação culposa do agente e da vítima, dividindo proporcionalmente a indenização segundo o grau de culpa de cada um.

Há um debate ferrenho na doutrina sobre a possibilidade de se reconhecer a culpa concorrente nos casos de responsabilidade objetiva, como, por exemplo, na responsabilidade civil do Estado e nas relações de consumo.

A doutrina majoritária tem defendido que a culpa concorrente não pode ser reconhecida nos casos de responsabilidade objetiva, porque nesta, justamente, não se discute a culpa.

No entanto, tendo em vista que se fala, atualmente, em *concorrência de causas* (e não de culpa), parte da doutrina tem sustentado que é possível o reconhecimento da concorrência de culpa, porque a participação culposa da vítima afasta, na verdade, a ocorrência do nexo causal. Sem o nexo causal não há o dever de indenizar.

A quarta turma do C. STJ, no julgamento do REsp. 287.849-SP, de relatoria do E. Ministro Ruy Rosado de Aguiar Júnior, assim decidiu:

> CÓDIGO DE DEFESA DO CONSUMIDOR. Responsabilidade do fornecedor. Culpa concorrente da vítima. Hotel. Piscina. Agência de viagens.
>
> – Responsabilidade do hotel, que não sinaliza convenientemente a profundidade da piscina, de acesso livre aos hóspedes. Art. 14 do CDC. – A culpa concorrente da vítima permite a redução da condenação imposta ao fornecedor. Art. 12, § 2º, III, do CDC.
>
> A agência de viagens responde pelo dano pessoal que decorreu do mau serviço do hotel contratado por ela para a hospedagem durante o pacote de turismo.
>
> Recursos conhecidos e providos em parte.

7. DIREITO, Carlos Alberto Menezes; CAVALIERI FILHO, Sérgio. *Comentários ao Novo Código Civil*. Vol. XIII, 3ª ed. Rio de Janeiro: Forense, p. 406.

6. DANO

Segundo Sérgio Cavalieri Filho, dano é a "subtração ou diminuição de um bem jurídico, qualquer que seja a sua natureza, quer se trate de um bem patrimonial, quer se trate de um bem integrante da própria personalidade da vítima, como a sua honra, a imagem, a liberdade etc."[8].

O dano é o grande personagem da responsabilidade civil. Nas linhas anteriores, vimos que pode haver responsabilidade civil sem culpa, como ocorre na responsabilidade objetiva. No entanto, não há responsabilidade civil sem dano, que representa a *medida* da responsabilidade civil.

Como vimos, o art. 927 do CC/02 é expresso no sentido de que "aquele que, por ato ilícito (arts. 186 e 187), **causar dano a outrem**, fica obrigado a repará-lo".

A responsabilidade civil visa, justamente, o ressarcimento do dano sofrido pela vítima, restabelecendo a situação existente antes do ato ilícito. Em outras palavras, a indenização visa recompor a subtração ou a diminuição do bem jurídico da vítima.

Conceder uma indenização sem a existência de dano, configura a imposição de uma pena para o agente e enriquecimento ilícito para a vítima. Ambos não são tolerados pelo ordenamento jurídico.

6.1. Dano material

Também chamado de dano patrimonial, o dano material é aquele que atinge apenas o patrimônio do ofendido, seja ele no presente ou no futuro. O dano material é o que causa diminuição no patrimônio da vítima ou o que impeça que o patrimônio aumente.

Nesse sentido é o que estabelece o art. 402 do Código Civil, que diz "salvo as exceções expressamente previstas em lei, as perdas e danos devidos ao credor abrangem, além do que ele efetivamente perdeu, o que razoavelmente deixou de lucrar".

Por atingir o patrimônio, o dano moral pode atacar bens corpóreos, como os veículos, imóveis etc., e também os bens incorpóreos, como o crédito.

Segundo Carlos Roberto Gonçalves, "o dano pode ser, ainda, *direto* e *indireto* (ou *reflexo*) Este é também denominado "dano em ricochete" e se configura quando uma pessoa sofre o reflexo de um dano causado a outrem. É o que acontece, por exemplo, quando o ex-marido, que deve à ex-mulher ou aos filhos pensão alimentícia, vem a ficar incapacitado para prestá-la, em consequência de um dano que sofreu. Nesse caso, o prejudicado tem ação contra o causador do dano, embora não seja ele diretamente o atingido, porque existe a certeza do prejuízo"[9].

---

8. *Programa de Responsabilidade Civil*. 10ª ed. São Paulo: Atlas, 2012, p. 77.
9. *Direito Civil*. Vol. IV. São Paulo: Saraiva, 2011, p. 358.

6.1.1. Dano emergente

O dano emergente configura a real diminuição do patrimônio da vítima, obtido em razão do ato ilícito. Sua configuração no art. 402 do CC/02 se dá na expressão "além do que ele efetivamente perdeu".

Sua configuração não comporta muitas delongas, porque representa a diferença existente no patrimônio da vítima antes e depois do ato ilícito. É o dano causado no tempo presente. Em uma colisão de veículos, por exemplo, o dano emergente representa o valor gasto pela vítima no conserto do veículo.

6.1.2. Lucros cessantes

Como vimos, o ato ilícito pode afetar o patrimônio da vítima, tanto no tempo presente quanto no tempo futuro.

O dano causado no tempo presente recebe o nome de dano emergente.

Os lucros cessantes, por sua vez, são os danos que impedem que o patrimônio da vítima aumente ao longo do tempo. Por isso que se diz que é o dano que traz efeitos no futuro.

Segundo Sérgio Cavalieri Filho, o lucro cessante "consiste, portanto, o lucro cessante na perda do ganho esperável, na frustração da expectativa de lucro, na diminuição potencial do patrimônio da vítima. Pode decorrer não só da paralisação da atividade lucrativa ou produtiva da vítima, como, por exemplo, a cessação dos rendimentos que alguém já vinha obtendo da sua profissão, como, também, da frustração daquilo que era razoavelmente esperado"[10].

Como exemplo, pode-se citar, novamente, a colisão de veículos. O conserto relativo às peças, funilaria e pintura representa o dano emergente. No entanto, se a vítima for um taxista, que dependa do veículo para obter renda, fará jus, também, aos lucros cessantes, pois, no período em que o veículo permanecer na oficina, deixará de auferir a renda que habitualmente ganhava com a utilização do veículo danificado.

No art. 402 do Código Civil, os lucros cessantes são identificados na expressão "o que *razoavelmente* deixou de lucrar".

É importante observar que o referido dispositivo consagra o princípio da razoabilidade, como ferramenta de orientação ao magistrado, haja vista que o arbitramento de indenização a título de lucros cessantes constitui, por vezes, tarefa de extrema dificuldade.

Assim, o magistrado deve agir com prudência e estabelecer a fixação segundo o que era razoavelmente esperado. Não se trata de mera possibilidade ou absoluta

10. *Programa de Responsabilidade Civil*. 10ª ed. São Paulo: Atlas, 2012, p. 79.

certeza. O magistrado deve observar como seria o curso normal das coisas, se o ilícito não fosse praticado.

Seguindo o mesmo exemplo da colisão, imagine que o veículo do taxista permaneceu na oficina em período de festividades na cidade, quando o volume de passageiros aumenta. Nesse caso, é razoável que os lucros cessantes sejam maiores, porque é esperado que o taxista tenha mais passageiros a transportar.

6.2. Dano moral

Enquanto o dano material é que atinge o patrimônio da vítima, o dano moral é o que ataca os direitos da personalidade, que são inerentes à pessoa humana.

São, por exemplo, ofensas à honra, à intimidade, à dignidade e ao bom nome, cujo ataque causa humilhação e sofrimento à vítima.

Não mais se discute na doutrina e na jurisprudência a possibilidade ou não de cumulação entre dano moral e dano material. Tal questão já foi superada há muito. A cumulação é possível tendo em vista que a ofensa se dá a bens jurídicos distintos, ambos com proteção do direito.

É importante não confundir dano moral com o sofrimento. É possível que haja o dano moral sem dor, como também é possível que haja dor sem dano moral. Muitas vezes, a dor e o sofrimento podem ser consequências e não causas.

Confundir dor e sofrimento com o dano moral, seria dizer que as pessoas com alguma deficiência mental e as crianças de tenra idade não poderiam sofrer dano moral simplesmente porque não sofreram efetivamente, eis que incapazes de compreender a extensão do dano.

O dano moral, repisa-se, é uma ofensa aos direitos da personalidade, que são ínsitos a toda pessoa humana, tenha ela a idade que tiver ou o desenvolvimento mental que possuir.

Nesse contexto, cabe destacar que não é qualquer aborrecimento experimentado no cotidiano que configurará o dano moral.

Atualmente, o Poder Judiciário tem sido acionado para resolver questões absolutamente banais.

Pessoas extremamente sensíveis, intolerantes com as diferenças, seja no modo de pensar ou de agir, ingressam com ações judiciais pleiteando indenizações por danos morais, por conta de meros dissabores inerentes ao convívio social.

Tais fatos, apesar de serem desagradáveis, não configuram dano moral indenizável. Entender de forma contrária, com o devido respeito, seria banalizar o dano moral e incentivar que as pessoas, ao mero aborrecimento, proponham inúmeras ações judiciais, o que tornaria o convívio social insuportável. Nesse sentido, o ilustre Sérgio Cavalieri Filho explica:

> Nessa linha de princípio, só deve ser reputado como dano moral a dor, vexame, sofrimento ou humilhação que, fugindo à normalidade, interfira intensamente no comportamento psicológico do indivíduo, causando-lhe aflições, angústia e desequilíbrio em seu bem-estar. Mero dissabor, aborrecimento, mágoa, irritação ou sensibilidade exacerbada estão fora da órbita do dano moral, porquanto, além de fazerem parte da normalidade do nosso dia a dia, no trabalho, no trânsito, entre os amigos e até no ambiente familiar, tais situações não são intensas e duradouras, a ponto de romper o equilíbrio psicológico do indivíduo. Se assim não se entender, acabaremos por banalizar o dano moral, ensejando ações judiciais em busca de indenizações pelos mais triviais aborrecimentos.[11]

Sobre o assunto, o E. TJSP, nos autos da Apelação 0039107-23.2010.8.26.0577, de relatoria do E. Des. Giffoni Ferreira, assim decidiu:

> INDENIZAÇÃO - QUEDA EM SHOPPING CENTER - SOFRIMENTO DE DANOS FÍSICOS E MORAIS - AUTORA QUE TROPEÇA EM CARRINHO DE ENTREGAS PARADO AO LADO DA FILA - ALEGADA CULPA DA EMPRESA - INEXISTÊNCIA - OBJETO GRANDE E VISÍVEL - **INVOCAÇÃO DO DANO MORAL A GERAR INSUSTENTABILIDADE DA VIDA SOCIAL - FATO QUE NÃO ATINGIU O COMPLEXO VALORATIVO DA PESSOA HUMANA - PROTEÇÃO ILIMITADA DO CONSUMIDOR A GERAR ESTADO DE NEUROSE DE SUSPENSE** - APELAÇÃO PROVIDA.

Nas razões de decidir, o E. relator assim consignou:

> **Vivemos a época do abuso da invocação do dano moral. Em verdade, com tal instituto sendo aplicado a esmo, corre-se o risco de que o maltratado instituto venha a tornar insuportável a vida em sociedade. Qualquer coisa, qualquer fato mínimo da vida social, implica na invocação da figura.** A proteção ao consumidor deveras está sem limites e basta que ocorra um problema, por mínimo que fôra, para que ocorra o ajuizamento de pleitos fragílimos que tais de que é candente exemplo este episódio.

Por se tratar de ofensa a direitos da personalidade, o dano moral ocorre com a simples conduta ofensiva. Isso significa que a *prova* do dano moral é dispensável, porque há presunção absoluta de que o dano ocorreu.

Dessa forma, a vítima não precisa comprovar que realmente sofreu com a ofensa, porque a simples ofensa ao direito da personalidade configura o dano moral.

Não se trata de dispensar o dano. O dano, em sede de responsabilidade civil, sempre é exigido. O que ocorre é que o dano é presumido, porque é impossível que a vítima comprove o sofrimento e a dor suportados.

---

11. *Programa de Responsabilidade Civil.* 10ª ed. São Paulo: Atlas, 2012, p. 93.

Observe que tal presunção se dá apenas em relação ao dano moral, em razão da gravidade do dano. Nas demais espécies, cabe à vítima o ônus de provar a existência do dano.

Houve muito debate na doutrina acerca da possibilidade de a pessoa jurídica sofrer dano moral. Atualmente, tal questão já foi superada, tendo em vista a súmula 227 do E. STJ, que diz expressamente que a pessoa jurídica pode sofrer dano moral.

Outra questão extremamente complexa é a questão do arbitramento do dano moral. Não há parâmetros seguros, tendo em vista que não há como quantificar a dor e o sofrimento suportados pela vítima. Não há tabela ou precificação.

Atualmente, o arbitramento do dano moral é feito de forma ponderada pelo magistrado, que terá alguns critérios como elementos de orientação.

Como dito anteriormente, o valor da indenização é fixada pela extensão do dano (art. 944, CC/02), como, por exemplo, a repercussão da ofensa e a intensidade da dor. No entanto, em se tratando de dano moral, o grau de culpa também é utilizado como critério de quantificação.

Por fim, a insigne Maria Helena Diniz esclarece que "na quantificação do dano moral o arbitramento deverá, portanto, não só atender ao princípio da razoabilidade, como também se feito com bom-senso e moderação (CC, art. 944), proporcionalmente ao grau de culpa, sendo caso de responsabilidade civil subjetiva, à gravidade da ofensa, ao nível socioeconômico do lesante, à realidade da vida e às particularidades do caso *sub examine*"[12].

Leva-se em consideração, igualmente, a condição financeira das partes e o princípio que impede o enriquecimento ilícito.

Isso significa que o dano moral não pode ser fonte de lucro. A indenização deve ser suficiente para reparar o dano, apenas.

De se consignar que o arbitramento do dano moral possui um caráter punitivo indireto. A indenização passa a ter um caráter dúplice, de compensação e punição. Se, por um lado, o dano moral visa reparar o dano sofrido pela vítima, por outro, visa punir o ofensor para que a conduta ilícita não se reitere na sociedade. Observe, contudo, que o elemento punitivo é indireto, porque o objetivo precípuo da indenização é reparar o dano. O elemento punitivo, ou pedagógico, é apenas reflexo.

6.3. Dano estético

O dano estético não encontra dispositivo expresso no Código Civil, mas sua previsão é admitida pela doutrina e pela jurisprudência, enquadrando-o no art. 949.

A professora Maria Helena Diniz, citando Lopes Vieira, esclarece que "o dano estético é toda alteração morfológica do indivíduo, que, além do aleijão, abrange as

12. *Curso de Direito Civil Brasileiro*. 27ª ed., v. 7. São Paulo: Saraiva, 2013, p. 122.

deformidades ou deformações, marcas e defeitos, ainda que mínimos, e que impliquem sob qualquer aspecto um afeiamento da vítima, consistindo numa simples lesão desgostante ou num permanente motivo de exposição ao ridículo ou de complexo de inferioridade, exercendo ou não influência sobre sua capacidade laborativa"[13].

Como visto, o dano estético é a lesão que deixa cicatrizes, feridas ou cortes profundos, capazes de abalar a aparência da pessoa e causar repugnância.

Para a configuração do dano estético, é indispensável que tais lesões sejam permanentes, pois se forem passageiras e, portanto, passíveis de reparação, a questão se resolve como dano material.

Inicialmente, o dano estético era considerado uma modalidade de dano moral, o que levou a uma interpretação de que não era possível a cumulação entre dano estético e o dano moral.

Atualmente, o E. STJ tem entendido que o dano estético configura uma terceira espécie de direito, diferente do dano moral. O dano estético é a lesão corporal duradoura que afeta a aparência da pessoa, o dano moral é o sofrimento mental.

Dessa forma, dano moral e dano estético têm causas distintas, de forma que devem ter reparação distintas, razão pela qual a cumulação é possível.

Cabe acrescentar que a lesão ou deformidade pode acarretar dano patrimonial à vítima. Imagine uma mulher que trabalhe como modelo e, por conta de sua beleza e formosura, tenha vários contratos publicitários. A lesão ou deformidade certamente ocasionará a perda dos contratos, o que ofenderá o patrimônio da vítima. Tem-se, nesse caso, dano material configurado na modalidade de lucros cessantes.

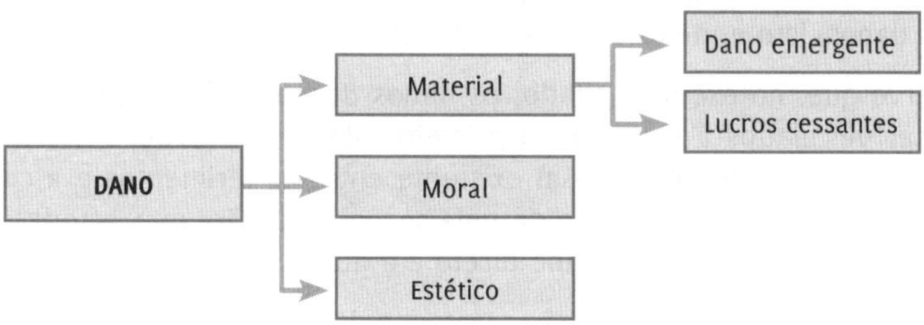

7. NEXO CAUSAL

O nexo causal é o pressuposto da responsabilidade civil que deve ser examinado em primeiro lugar. Antes de verificar se o ofensor agiu com culpa, é necessário verificar se sua conduta deu causa ao resultado.

13. *Curso de Direito Civil Brasileiro*. Vol. 7, 27ª ed. São Paulo: Saraiva, 2013.

Segundo Sérgio Cavalieri Filho, "o conceito de nexo causal não é exclusivamente jurídico; decorre primeiramente das leis naturais. É o vínculo, a ligação ou relação de causa e efeito entre a conduta e o resultado"[14].

A verificação do nexo causal, dependendo da situação, pode-se revelar uma atividade tormentosa, principalmente quando se verificar a existência de concausas.

O atual Código Civil adotou a *teoria do dano direto e imediato*, consubstanciada no art. 403:

> **Art. 403.** Ainda que a inexecução resulte de dolo do devedor, as perdas e danos só incluem os prejuízos efetivos e os lucros cessantes por efeito dela direto e imediato, sem prejuízo do disposto na lei processual.

Pela referida teoria, o agente somente responde pelos danos diretos e imediatos causados à vítima. Estabelece-se uma relação de proximidade entre a conduta e o dano. Essa proximidade não é *temporal* ou cronológica, mas sim *determinante* para o evento.

Pela leitura do art. 403, é possível compreender que o legislador quis que o agente respondesse somente pelas consequências diretas ou imediatas do inadimplemento.

Carlos Roberto Gonçalves, citando o exemplo mencionado por Wilson Melo da Silva, "do acidentado que, ao ser conduzido em uma ambulância pra o hospital, vem a falecer em virtude de tremenda colisão da ambulância com outro veículo, responderia o autor do dano primeiro da vítima, o responsável pelo seu ferimento, apenas pelos prejuízos de tais ferimento oriundos. Pelos danos da morte dessa mesma vítima em decorrência do abalroamento da ambulância, na qual era transportada ao hospital, com o outro veículo, responderia o motorista da ambulância ou o do carro abalroador, ou ambos. Mas o agente do primeiro evento não responderia por todos os danos, isto é, pelos ferimentos e pela morte"[15].

Observe que, no exemplo citado, os danos diretos sofridos pela vítima e que podem ser vinculados à conduta do primeiro ofensor são apenas os ferimentos. Há uma interrupção no nexo causal existente entre os ferimentos e a conduta do primeiro ofensor. A interrupção se dá pela segunda colisão, que, a toda evidência, cria um novo nexo causal, cujo dano direto é a morte da vítima.

Dessa forma, em princípio, estão afastados da indenização os chamados *danos remotos*, que representam as consequências *indiretas* do inadimplemento e cuja ocorrência concorrem diversas causas.

O nexo causal deve ser certo, porque corresponde ao evento que une a conduta culposa ao dano. Para a configuração do dever de indenizar não pode o nexo causal ser nebuloso ou duvidoso.

---

14. *Programa de Responsabilidade Civil*. 10ª ed. São Paulo: Atlas, 2012, p. 49.
15. *Direito Civil*. Vol. IV. São Paulo: Saraiva, 2001, p. 351.

A respeito, o E. TRT da 15ª Região, nos autos do Recurso Ordinário 0000287-36.2012.5.15.0054 RO, de relatoria da E. Des. Olga Aida Joaquim Gomieri, assim decidiu:

> DANOS MORAIS E MATERIAIS. INDENIZAÇÃO. ACIDENTE DO TRABALHO: REINTEGRAÇÃO E DECORRÊNCIAS REMUNERATÓRIAS. NÃO COMPROVADO, SUFICIENTEMENTE, O NEXO DE CAUSALIDADE. MANTIDA A R. SENTENÇA DE 1º GRAU. Coadunamos com o entendimento exposado pela Origem, que coloca em dúvida a existência do acidente de trabalho noticiado na inicial. O nexo causal é duvidoso, não houve a comunicação do suposto acidente pelo reclamante à reclamada, na época oportuna, sendo que, ao que parece, a empresa tomou conhecimento dos fatos alegados somente com a petição inicial. Não pode a empresa, como bem pontuou o MM Juízo primevo, ser surpreendida, após a rescisão contratual, com pedido de indenização por dano moral, em razão de suposto acidente de trabalho não comunicado pelo empregado, e ser responsabilizada pelo mesmo, ainda mais quando há dúvidas quanto ao nexo causal. Reputo, portanto, como não comprovado o nexo de causalidade entre a doença indicada pelo reclamante na inicial e as funções desempenhadas pelo autor nas dependências da reclamada.

8. EXCLUDENTES DA RESPONSABILIDADE

As excludentes da responsabilidade são eventos que rompem o nexo causal e excluem a responsabilidade do ofensor. Na verdade, as excludentes impedem que se estabeleça uma relação causal entre a conduta e dano. Como não há nexo causal, não há dever de indenizar.

As principais excludentes da responsabilidade são o estado de necessidade, a legítima defesa, a culpa exclusiva da vítima e o caso fortuito ou força maior, que serão analisados a seguir.

8.1. Culpa exclusiva da vítima

Ocorre a culpa exclusiva da vítima quando o evento danoso é provocado por uma conduta direta do próprio lesado. Nesse caso, o suposto agente causador do dano é mero instrumento do acidente, que ocorre pela conduta da vítima e não do ofensor.

É o caso, por exemplo, do suicida que se atira contra um veículo na rodovia. O condutor do veículo é um simples instrumento para que o resultado ocorra.

É importante destacar que a culpa exclusiva da vítima é causa de exclusão do nexo causal e não de exclusão da culpa do agente.

Como se observa no exemplo citado, não é possível verificar uma relação causal entre a conduta do motorista e o dano suportado. O nexo causal está na conduta da vítima, que foi a responsável pela ocorrência do dano.

Se a culpa da vítima fosse admitida como causa de exclusão da culpa do agente, o dever de indenizar, nesses casos, subsistiria na responsabilidade objetiva, que dispensa a prova da culpa. No entanto, como se trata de exclusão do nexo causal, a culpa exclusiva da vítima afasta o dever de indenizar em qualquer tipo de responsabilidade, porque não existe indenização sem nexo causal.

8.2. Caso fortuito e força maior

Quanto ao caso fortuito e força maior, a atual codificação manteve a disciplina do Código Civil de 1916.

Segundo o *caput* do **art. 393** o "devedor não responde pelos prejuízos resultantes de caso fortuito ou força maior, se expressamente não se houver por eles responsabilizado".

É evidente, portanto, que o caso fortuito ou de força maior são excludentes da responsabilidade civil, de forma que o agente só responde pelos danos se expressamente se responsabilizou.

Embora haja muita discussão sobre a diferença entre caso fortuito e força maior, fato é que até hoje não há um consenso sobre os conceitos.

Tanto é que o **parágrafo único do art. 393 trata os institutos da mesma forma, não fazendo qualquer distinção**. Segundo o texto "o caso fortuito ou de força maior verifica-se no fato necessário, cujos efeitos não era possível evitar ou impedir".

Para Carlos Roberto Gonçalves, "o *caso fortuito* geralmente decorre de fato ou alheio à vontade das partes: greve, motim, guerra. *Força maior* é a derivada de acontecimentos naturais: raio, inundação, terremoto. Ambos, equiparados no dispositivo legal supratranscrito, constituem excludentes da responsabilidade porque afetam a relação de causalidade, rompendo-a, entre o ato do agente e o dano sofrido pela vítima"[16].

A doutrina moderna aponta que a *imprevisibilidade* é o elemento caracterizador do caso fortuito, enquanto a *irresistibilidade* é o caracterizador da força maior. Em ambos os casos, no entanto, há a *inevitabilidade*.

Observe que tais eventos afastam o nexo de causalidade, porque é impossível uma relação entre o dano e a conduta do agente, eis que o evento é inevitável. Em outras palavras, o agente não deu causa ao evento.

Atualmente, há uma distinção entre "fortuito interno", que está ligado às questões da pessoa ou da coisa, e "fortuito externo", que está ligado às questões da natureza, estranhas às questões do agente.

A jurisprudência tem admitido como excludente apenas o "fortuito externo". O "fortuito interno" ainda gera o dever de indenizar, porque admitido dentro do risco do negócio, o que é suficiente para afastar o elemento da imprevisibilidade.

---

16. *Direito Civil*. Vol. IV. São Paulo: Saraiva, 2001, p. 473.

Assim, em um contrato de transporte de pessoas, em que o transportador se compromete a levar o contratante incólume até o destino, se ocorrer um acidente, por exemplo, por falha mecânica relacionada ao veículo, persistirá o dever de indenizar, porque configurado o "fortuito interno", diante da previsibilidade que é inerente ao risco do negócio. No entanto, se o acidente tiver como causa questões alheias ao transportador, como, por exemplo, um raio que atinge o veículo, haverá a exclusão do nexo causal, vez que configurado o "fortuito externo".

8.3. Estado de necessidade

O estado de necessidade, no âmbito civil, está previsto no art. 188, II do atual Código, que assim dispõe:

> **Art. 188.** Não constituem atos ilícitos:
>
> (...)
>
> **II** – a deterioração ou destruição da coisa alheia, ou a lesão a pessoa, a fim de remover perigo iminente.
>
> **Parágrafo único.** No caso do inciso II, o ato será legítimo somente quando as circunstâncias o tornarem absolutamente necessário, não excedendo os limites do indispensável para a remoção do perigo.

O texto traz uma inovação importante, porque o Código de 1916 somente previa o estado de necessidade para a *destruição de coisa*. O atual Código prevê o estado de necessidade para a *destruição de coisa* e *lesão a pessoa*.

Veja que, em um primeiro momento, o art. 188 considera que o ato praticado em estado de necessidade não configura ato ilícito, o que afastaria o dever de indenizar.

Contudo, há uma evidente contradição no atual Código Civil.

O estado de necessidade também é disciplinado pelos arts. 929 e 930 do Código/02.

Segundo o **art. 929**, "se a pessoa lesada, ou o dono da coisa, no caso do inciso II do art. 188, não forem culpados do perigo, assistir-lhes-á direito à indenização do prejuízo que sofreram".

Isso demonstra que, mesmo sendo o ato praticado em estado de necessidade, persistirá o dever de indenizar, exceto se o lesado for a pessoa que deu causa ao perigo.

Trata-se de um dispositivo que visa proteger a pessoa lesada, mas que pode acarretar inúmeras injustiças, ao impor ao agente, que não deu causa ao perigo, o dever de indenizar todo o dano sofrido.

Tal fato pode levar a situações em que o agente, diante do perigo iminente, opte por não evitá-lo, justamente para não se ver obrigado a indenizar a parte lesada por um fato que não provocou.

Continuando, o *caput* do **art. 930** dispõe que "no caso do inciso II do art. 188, se o perigo ocorrer por culpa de terceiro, contra este terá o autor do dano ação regressiva para haver a importância que tiver ressarcido ao lesado".

O art. 930, como se vê, consagra o direito de regresso do agente, que praticou o ato em estado de necessidade, contra o terceiro que deu causa ao perigo.

Embora se trate de dispositivo importante, fato é que, na prática, não soluciona a questão.

Imagine, por exemplo, uma situação em que um motorista está conduzindo o veículo prudentemente. Um outro veículo não respeita a sinalização e avança em sua direção. O condutor prudente, para evitar perigo à sua vida, muda a direção e atropela um pedestre, tornando-o inválido permanentemente.

Nesse caso, o condutor prudente deverá indenizar a vítima inválida, para, depois em ação regressiva, ser restituído pelo condutor imprudente, que deu causa ao acidente.

Cabe destacar, no entanto, que, se o condutor imprudente, que deu causa ao evento, não tiver patrimônio para restituir a indenização paga pelo condutor prudente, este, no final das constas, arcará com a totalidade da indenização, mesmo não dando causa ao acidente. Vale lembrar que a indenização é medida pela extensão do dano, nos termos do art. 944 do CC/02.

8.4. A legítima defesa, o exercício regular de um direito e o estrito cumprimento do dever legal

Em princípio, a legítima defesa e o exercício regular também são causas que excluem o nexo causal, eis que previstas no art. 188, I. Veja:

> **Art. 188.** Não constituem atos ilícitos:
>
> **I** – os praticados em legítima defesa ou no exercício regular de um direito reconhecido;
>
> (...)

Embora o estrito cumprimento do dever legal não conste expressamente do texto legal, a doutrina é unânime em ponderar que se trata, igualmente, de causa excludente, porque configura uma espécie de exercício regular de um direito.

Pois bem.

A legítima defesa recebe o mesmo tratamento do estado de necessidade, ou seja, somente afasta o dever de indenizar quando o ato do agente é praticado contra o agressor, que deu causa ao evento. Trata-se da legítima defesa real, que é a única hipótese que afasta o nexo causal.

Se, no entanto, o ato do agente atinge terceira pessoa, ou coisa de terceiro, persistirá o dever de indenizar, ficando garantido ao agente o direito de regresso contra o agressor, que deu causa ao evento.

Nesse sentido, é o que consta no **parágrafo único do art. 930**, que diz que "a mesma ação competirá contra aquele em defesa de quem se causou o dano (art. 188, inciso I)".

Dessa forma, os arts. 929 e 930 do CC/02, estabelecem situações em que o dever de indenizar subsiste, mesmo a conduta do agente sendo lícita. Nos casos do estado de necessidade e da legítima defesa, o dever de indenizar só será afastado se a vítima for a pessoa que deu causa ao evento.

É evidente, portanto, que o tratamento legal da questão poderá levar aos mesmos problemas indicados no estado de necessidade.

Conforme devidamente abordado, quando se tratou do ato ilícito por abuso de direito, quem exerce regularmente um direito não causa prejuízo a outrem. Dessa forma, o exercício de um direito, nos limites delineados pela lei, configura excludente do nexo causal.

Em se tratando de estrito cumprimento do dever legal, a vítima, na maioria das vezes, conseguirá obter a indenização do Estado, tendo em vista a responsabilidade objetiva consagrada no art. 37, §6º da Constituição Federal. O Estado, contudo, não terá direito de regresso contra o agente, porque sua conduta está amparada pelo estrito cumprimento do dever legal.

EXCLUDENTES

- Culpa exclusiva da vítima
- Caso fortuito e força maior
- Estado de necessidade
- Legítima defesa
- Exercício regular de direito
- Estrito cumprimento do dever legal

9. LEGISLAÇÃO APLICÁVEL AO CAPÍTULO

TÍTULO IX
DA RESPONSABILIDADE CIVIL

CAPÍTULO I
DA OBRIGAÇÃO DE INDENIZAR

Art. 927. Aquele que, por ato ilícito (arts. 186 e 187), causar dano a outrem, fica obrigado a repará-lo.

Parágrafo único. Haverá obrigação de reparar o dano, independentemente de culpa, nos casos especificados em lei, ou quando a atividade normalmente desenvolvida pelo autor do dano implicar, por sua natureza, risco para os direitos de outrem.

Art. 928. O incapaz responde pelos prejuízos que causar, se as pessoas por ele responsáveis não tiverem obrigação de fazê-lo ou não dispuserem de meios suficientes.

Parágrafo único. A indenização prevista neste artigo, que deverá ser equitativa, não terá lugar se privar do necessário o incapaz ou as pessoas que dele dependem.

Art. 929. Se a pessoa lesada, ou o dono da coisa, no caso do inciso II do art. 188, não forem culpados do perigo, assistir-lhes-á direito à indenização do prejuízo que sofreram.

Art. 930. No caso do inciso II do art. 188, se o perigo ocorrer por culpa de terceiro, contra este terá o autor do dano ação regressiva para haver a importância que tiver ressarcido ao lesado.

Parágrafo único. A mesma ação competirá contra aquele em defesa de quem se causou o dano (art. 188, inciso I).

Art. 931. Ressalvados outros casos previstos em lei especial, os empresários individuais e as empresas respondem independentemente de culpa pelos danos causados pelos produtos postos em circulação.

Art. 932. São também responsáveis pela reparação civil:

I - os pais, pelos filhos menores que estiverem sob sua autoridade e em sua companhia;

II - o tutor e o curador, pelos pupilos e curatelados, que se acharem nas mesmas condições;

III - o empregador ou comitente, por seus empregados, serviçais e prepostos, no exercício do trabalho que lhes competir, ou em razão dele;

IV - os donos de hotéis, hospedarias, casas ou estabelecimentos onde se albergue por dinheiro, mesmo para fins de educação, pelos seus hóspedes, moradores e educandos;

V - os que gratuitamente houverem participado nos produtos do crime, até a concorrente quantia.

Art. 933. As pessoas indicadas nos incisos I a V do artigo antecedente, ainda que não haja culpa de sua parte, responderão pelos atos praticados pelos terceiros ali referidos.

Art. 934. Aquele que ressarcir o dano causado por outrem pode reaver o que houver pago daquele por quem pagou, salvo se o causador do dano for descendente seu, absoluta ou relativamente incapaz.

Art. 935. A responsabilidade civil é independente da criminal, não se podendo questionar mais sobre a existência do fato, ou sobre quem seja o seu autor, quando estas questões se acharem decididas no juízo criminal.

Art. 936. O dono, ou detentor, do animal ressarcirá o dano por este causado, se não provar culpa da vítima ou força maior.

Art. 937. O dono de edifício ou construção responde pelos danos que resultarem de sua ruína, se esta provier de falta de reparos, cuja necessidade fosse manifesta.

Art. 938. Aquele que habitar prédio, ou parte dele, responde pelo dano proveniente das coisas que dele caírem ou forem lançadas em lugar indevido.

Art. 939. O credor que demandar o devedor antes de vencida a dívida, fora dos casos em que a lei o permita, ficará obrigado a esperar o tempo que faltava para o vencimento, a descontar os juros correspondentes, embora estipulados, e a pagar as custas em dobro.

Art. 940. Aquele que demandar por dívida já paga, no todo ou em parte, sem ressalvar as quantias recebidas ou pedir mais do que for devido, ficará obrigado a pagar ao devedor, no primeiro caso, o dobro do que houver cobrado e, no segundo, o equivalente do que dele exigir, salvo se houver prescrição.

Art. 941. As penas previstas nos arts. 939 e 940 não se aplicarão quando o autor desistir da ação antes de contestada a lide, salvo ao réu o direito de haver indenização por algum prejuízo que prove ter sofrido.

Art. 942. Os bens do responsável pela ofensa ou violação do direito de outrem ficam sujeitos à reparação do dano causado; e, se a ofensa tiver mais de um autor, todos responderão solidariamente pela reparação.

Parágrafo único. São solidariamente responsáveis com os autores os coautores e as pessoas designadas no art. 932.

Art. 943. O direito de exigir reparação e a obrigação de prestá-la transmitem-se com a herança.

CAPÍTULO II
DA INDENIZAÇÃO

Art. 944. A indenização mede-se pela extensão do dano.

Parágrafo único. Se houver excessiva desproporção entre a gravidade da culpa e o dano, poderá o juiz reduzir, equitativamente, a indenização.

Art. 945. Se a vítima tiver concorrido culposamente para o evento danoso, a sua indenização será fixada tendo-se em conta a gravidade de sua culpa em confronto com a do autor do dano.

Art. 946. Se a obrigação for indeterminada, e não houver na lei ou no contrato disposição fixando a indenização devida pelo inadimplente, apurar-se-á o valor das perdas e danos na forma que a lei processual determinar.

Art. 947. Se o devedor não puder cumprir a prestação na espécie ajustada, substituir-se-á pelo seu valor, em moeda corrente.

Art. 948. No caso de homicídio, a indenização consiste, sem excluir outras reparações:

I - no pagamento das despesas com o tratamento da vítima, seu funeral e o luto da família;

II - na prestação de alimentos às pessoas a quem o morto os devia, levando-se em conta a duração provável da vida da vítima.

Art. 949. No caso de lesão ou outra ofensa à saúde, o ofensor indenizará o ofendido das despesas do tratamento e dos lucros cessantes até ao fim da convalescença, além de algum outro prejuízo que o ofendido prove haver sofrido.

Art. 950. Se da ofensa resultar defeito pelo qual o ofendido não possa exercer o seu ofício ou profissão, ou se lhe diminua a capacidade de trabalho, a indenização, além das despesas do tratamento e lucros cessantes até ao fim da convalescença, incluirá pensão correspondente à importância do trabalho para que se inabilitou, ou da depreciação que ele sofreu.

Parágrafo único. O prejudicado, se preferir, poderá exigir que a indenização seja arbitrada e paga de uma só vez.

Art. 951. O disposto nos arts. 948, 949 e 950 aplica-se ainda no caso de indenização devida por aquele que, no exercício de atividade profissional, por negligência, imprudência ou imperícia, causar a morte do paciente, agravar-lhe o mal, causar-lhe lesão, ou inabilitá-lo para o trabalho.

Art. 952. Havendo usurpação ou esbulho do alheio, além da restituição da coisa, a indenização consistirá em pagar o valor das suas deteriorações e o devido a título de lucros cessantes; faltando a coisa, dever-se-á reembolsar o seu equivalente ao prejudicado.

Parágrafo único. Para se restituir o equivalente, quando não exista a própria coisa, estimar-se-á ela pelo seu preço ordinário e pelo de afeição, contanto que este não se avantaje àquele.

Art. 953. A indenização por injúria, difamação ou calúnia consistirá na reparação do dano que delas resulte ao ofendido.

Parágrafo único. Se o ofendido não puder provar prejuízo material, caberá ao juiz fixar, equitativamente, o valor da indenização, na conformidade das circunstâncias do caso.

Art. 954. A indenização por ofensa à liberdade pessoal consistirá no pagamento das perdas e danos que sobrevierem ao ofendido, e se este não puder provar prejuízo, tem aplicação o disposto no parágrafo único do artigo antecedente.

Parágrafo único. Consideram-se ofensivos da liberdade pessoal:

I - o cárcere privado;

II - a prisão por queixa ou denúncia falsa e de má-fé;

III - a prisão ilegal.

Questões

Capítulo 8

01. (Analista Judiciário - Área Judiciária - TRT 8 / 2010 / FCC) A indenização decorrente da responsabilidade civil por ato ilícito

a) no caso de homicídio consiste exclusivamente no pagamento das despesas de tratamento médico, funeral e luto.

b) mede-se pela extensão do dano, não podendo, em nenhuma hipótese, ser reduzida pelo juiz.

c) não pode ser reduzida se a vítima tiver concorrido culposamente para o evento danoso.

d) pode ser reduzida equitativamente pelo juiz quando houver excessiva desproporção entre a gravidade da culpa e o dano.

e) no caso de lesão corporal engloba as despesas de tratamento do ofendido, mas não inclui os lucros cessantes até o final da convalescença.

COMENTÁRIOS

Alternativa "d" - correta: nos termos do parágrafo único do art. 944 do Código Civil, havendo excessiva desproporção entre a gravidade da culpa e o dano, poderá o juiz reduzir, equitativamente, a indenização.

Alternativa "a" - errada: no caso de homicídio, a indenização consiste, sem excluir outras reparações, nas despesas com tratamento médico, funeral e luto e na prestação de alimentos às pessoas a quem o morto os devia (art. 948 do Código Civil).

Alternativa "b" - errada: o juiz pode reduzir a indenização quando houver excessiva desproporção entre a gravidade da culpa e o dano (art. 944, parágrafo único do Código Civil).

Alternativa "c" - errada: quando a vítima concorre culposamente para o evento danoso, a indenização é fixada tendo-se em conta a gravidade da culpa da vítima em confronto com a do autor do dano (art. 945 do Código Civil).

Alternativa "e" - errada: na hipótese de lesão corporal, a indenização engloba as despesas do tratamento e os lucros cessantes até o fim da convalescença, além de qualquer outro prejuízo que o ofendido prove ter sofrido (art. 949 do Código Civil).

02. (Analista Judiciário - Área Judiciária - TRT 20 / 2011 / FCC) José foi acusado de, dirigindo um veículo automotor, ter atropelado um pedestre e lhe causado ferimentos. No processo criminal relativo ao fato, foi decidido que José não foi o autor do fato, tendo a sentença criminal transitado em julgado. Nesse caso, na esfera civil, José

a) só poderá vir a ser responsabilizado pelos danos morais decorrentes do atropelamento.
b) poderá vir a ser responsabilizado pelos danos materiais e morais decorrentes do atropelamento porque a responsabilidade civil é independente da criminal.
c) não mais poderá ser responsabilizado pelos danos materiais e morais decorrentes do atropelamento.
d) poderá vir a ser responsabilizado pelos danos materiais decorrentes do atropelamento porque a sentença criminal não afastou a existência do fato.
e) poderá vir a ser responsabilizado pelos danos morais decorrentes do atropelamento porque a sentença criminal não afastou a existência do fato.

COMENTÁRIOS

Alternativa "c" - correta (responde todas as demais alternativas): segundo o art. 935 do Código Civil, a responsabilidade civil é independente da criminal. Todavia, quando o juízo criminal decidir sobre a existência do fato ou sobre quem seja o seu autor, esses temas não podem mais ser questionados no juízo cível. Na situação do enunciado, como o juízo criminal decidiu que José não foi o autor do fato, essa decisão vincula o juízo cível e, consequentemente, ele não poderá mais ser responsabilizado.

03. **(Analista Judiciário - Área Judiciária - TRT 23 / 2011 / FCC)** Paulo caminhava na calçada de uma via pública e foi abordado por João, José e Pedro. João e José tinham 22 anos de idade; Pedro tinha apenas 16 anos de idade. José e Pedro seguraram Paulo, enquanto João o agrediu a golpes de pau, causando-lhe ferimentos graves. Nesse caso,

a) João responderá pela metade da indenização pelos danos causados, sendo que José e Pedro responderão pela outra metade.
b) João, José e os pais de Pedro responderão solidariamente pela indenização pelos danos causados a Paulo.
c) João responderá pela metade da indenização e José pela outra metade, sendo que Pedro ficará isento de responsabilidade por ser menor de 18 anos na época do fato.
d) João, José e os pais de Pedro responderão cada qual por um terço da indenização pelos danos causados a Paulo.
e) João responderá pela metade da indenização pelos danos causados, sendo que José e os pais de Pedro responderão pela outra metade.

COMENTÁRIOS

Alternativa "b" - correta (responde todas as demais alternativas): quem, por ato ilícito, causa dano a outrem, fica obrigado a repará-lo (art. 927, *caput* do Código Civil). E, caso a ofensa tenha mais de um autor, todos responderão solidariamente pela reparação (art. 942, *caput* do Código Civil). Por consequência, todos os que participaram da agressão a Paulo são responsáveis pela reparação. Todavia, Pedro tinha 16 anos de idade na época dos fatos, o que altera os responsáveis pela reparação. Consoante o art. 932, I do Código Civil, os pais respondem pelos atos praticados pelos filhos menores, sendo que o menor apenas responde pelos prejuízos que causar se os seus responsáveis não dispuserem de meios suficientes (art. 928, *caput* do Código Civil). Então, neste caso, responderão solidariamente pela indenização João, José e os pais de Pedro.

04. **(Técnico Judiciário – Área Administrativa – TRT 14 / 2011 / FCC)** Tício, em decorrência de doença mental, é absolutamente incapaz de exercer pessoalmente os atos da vida civil. Seus pais e responsáveis não possuem bens e vivem, assim como os filhos menores de Tício, dos rendimentos de dois prédios que a este pertencem. Tício, num acesso de loucura, ateou fogo em duas casas, destruindo-as e causando dano considerável aos respectivos proprietários. Nesse caso, o incapaz

a) não responde pelos prejuízos que causou, passando essa responsabilidade ao Estado, em decorrência da sua incapacidade.
b) não responde pelos prejuízos que causou por falta de capacidade para exercer os atos da vida civil.
c) responde integralmente pelos prejuízos que causou, pois seus responsáveis não dispõem de recursos para fazê-lo.
d) responde pelos prejuízos que causou, mas a indenização deverá ser equitativa, não podendo privar do necessário o incapaz e as pessoas que dele dependem.
e) responde pela metade dos prejuízos que causou, sendo que a outra metade só poderá ser pleiteada após a sua morte.

COMENTÁRIOS

Alternativa "d" – correta (responde todas as demais alternativas): o incapaz responde pelos prejuízos que causar se as pessoas por ele responsáveis não dispuserem de meios suficientes (art. 928, *caput* do Código Civil). Contudo, neste caso, a indenização deverá ser equitativa, não podendo privar do necessário o incapaz e as pessoas que dele dependem (art. 928, parágrafo único do Código Civil). Na situação do enunciado, Tício tem dois prédios e seus pais e responsáveis não possuem bens. Assim, Tício responderá pelos danos que causou, mas a indenização deverá ser equitativa, resguardando um mínimo de patrimônio para a sobrevivência e uma vida digna.

05. **(Técnico Judiciário – Área Administrativa – TRT 6 / 2012 / FCC)** Sendo o patrão responsável pela reparação civil dos danos causados culposamente por seus empregados no exercício do trabalho que lhes competir, ou em razão dele,

a) a obrigação de indenizar é subsidiária à do empregado que causou o dano.
b) é obrigado a indenizar ainda que o patrão não tenha culpa.
c) só será obrigado a indenizar se o patrão também tiver culpa.
d) não será obrigado a indenizar, se o empregado for absolvido pelo mesmo ato, em processo criminal, por insuficiência de prova.
e) só será obrigado a indenizar se o ato também constituir crime e se o empregado for condenado no processo criminal.

COMENTÁRIOS

Alternativa "b" – correta (responde todas as demais alternativas): o empregador responde pelos atos praticados por seus empregados, serviçais e prepostos no exercício do trabalho que lhes competir ou em razão dele (art. 932, III do Código Civil). Ainda, o empregador responde pelos atos praticados por seus empregados ainda que não haja culpa de sua parte (art. 933 do Código Civil). A responsabilidade do empregador é objetiva.

06. **(IBADE – Delegado de Polícia – AC/2017)** Sobre a responsabilidade civil extracontratual, é correto afirmar que:

A) o ato ilícito que dá ensejo à responsabilização civil não pode decorrer de omissão do agente.

B) depende da verificação dos seguintes elementos: ação ou omissão do agente, dano e nexo de causalidade.

C) o direito de exigir reparação civil não se transmite com a herança.

D) o dano experimentado pelai vítima não pode ser de natureza moral.

E) a responsabilidade objetiva, para ser configurada, requerer a culpa do agente.

COMENTÁRIOS

Resposta: Alternativa correta letra "b".

O dever jurídico pode ter origem na vontade das partes ou na lei. No primeiro caso, as partes, através de um contrato, criam o dever jurídico, obrigando-se ao cumprimento. No segundo, o dever jurídico é imposto pela lei. Em outras apalavras, a responsabilidade civil extracontratual se caracteriza quando o dever de indenizar decorre de uma obrigação imposta pela lei.

A responsabilidade extracontratual é disciplinada genericamente pelo Código Civil nos arts. 186 a 188 e 927 a 954 e tem como elementos caracterizadores: a) ação ou omissão do agente; b) dano; e c) nexo causal

Capítulo 9

Direito das Coisas

1. INTRODUÇÃO

1.1. Conceito

Segundo a sistemática do Código Civil de 2002, os direitos patrimoniais são classificados em direitos pessoais e direitos reais. Os direitos patrimoniais pessoais são regulados pelo Direito das Obrigações, Direito Contratual e Direito de Empresa. Os direitos patrimoniais reais, por sua vez, são disciplinados pelo Direito das Coisas, consubstanciado nos arts. 1.196 a 1.510 do Código.

Não obstante existir uma "divisão" na doutrina quanto à questão terminológica, havendo nomes de peso que utilizam a expressão Direitos Reais e outros autores igualmente consagrados que se valem da expressão Direito das Coisas, utilizaremos esta última, por ser a expressão empregada pelo Código Civil, para designar o ramo do direito que disciplina as relações entre as pessoas e as coisas.

No capítulo III desta obra vimos que *coisa* é gênero do qual *bem* é espécie.

Segundo preciosa lição da professora Maria Helena Diniz[1], "as coisas são o gênero do qual os bens são espécies. As coisas abrangem tudo quanto existe na natureza, exceto a pessoa, mas como "bens" só se consideram as coisas existentes que proporcionam ao homem uma utilidade, sendo suscetíveis de apropriação, constituindo, então, o seu patrimônio".

Vê-se, dessa forma, que o conceito de bem está ligado ao de **utilidade** e ao de **apreciação econômica**. Em outras palavras, o homem sempre busca se apropriar de um bem que lhe satisfaça uma necessidade. Se, por outro lado, a apropriação visa recair sobre um bem extremamente abundante, como, por exemplo, o ar atmosférico e a luz solar, não há razão para que essa relação seja disciplinada pelo direito, ante a ausência de apreciação econômica.

O Direito das Coisas, juntamente com o Direito de Família, representa o ramo do direito que mais sofreu influência do Direito Romano. Possui extrema importância nos dias atuais, porque regula o direito de propriedade, consagrado no art. 5º, XXII, da CF. A garantia à propriedade privada representa um pilar relevante na estrutura da sociedade.

---

1. Curso de Direito Civil Brasileiro. 30ª ed., v. 1. São Paulo: Saraiva, 2013, p. 365/366.

A professora Maria Helena Diniz, inspirada por Clóvis Beviláqua, conceitua o Direito das Coisas como sendo "um conjunto de normas que regem as relações jurídicas concernentes aos bens materiais ou imateriais suscetíveis de apropriação pelo homem"[2].

1.2. Direitos reais e direitos pessoais

1.2.1. *Distinção*

Enquanto os direitos reais regulam as relações jurídicas do titular (sujeito) para com o bem (objeto do direito), os direitos pessoais patrimoniais regulam as relações entre o sujeito ativo (credor) para com o sujeito passivo (devedor) com vistas ao cumprimento de uma prestação.

Embora não exista um critério absolutamente seguro para diferenciar os direitos reais dos pessoais, a doutrina enumera algumas características dos direitos reais como forma de compará-los e a alcançar a referida diferenciação.

Inicialmente, cabe destacar que as normas que regem os direitos reais são, em regra, de natureza *cogente* e de *ordem pública*. As que regem os direitos pessoais são, em regra, *dispositivas* ou *facultativas*[3]. Tais questões são relevantes quando se analisa a possibilidade de as partes disporem de certos direitos e, ainda, quando se vislumbra a existência de nulidades.

Os direitos reais, como visto, regulam as relações entre pessoas e coisas, na medida em que disciplina o campo de ação do titular sobre a coisa na qual exerce o domínio pleno ou fragmentado. É importante ressaltar que essas relações podem ser - e muitas vezes são - diretas, não sofrendo influência de qualquer outra pessoa, como ocorre, por exemplo, nas hipóteses de aquisição originária da propriedade, como é o caso da usucapião (art. 1.238 e seguintes do CC/02) e da ocupação (art. 1.263 e seguintes do CC/02). Observe que, nesses casos, o sujeito age diretamente sobre a coisa, sem que haja influência ou intermediação de qualquer outra pessoa, motivo pelo qual o objeto da relação jurídica é a coisa em si. Nos direitos pessoais, por sua vez, a relação jurídica é estabelecida entre duas ou mais pessoas, que elegem, como objeto da relação, o cumprimento de uma prestação.

Dessa forma, os elementos essenciais da relação jurídica regida pelo direito das coisas são: a) o sujeito ativo; b) a coisa; e c) o poder do sujeito sobre a coisa. Os elementos essenciais da relação jurídica disciplinada pelos direitos pessoais são: a) sujeito ativo; b) sujeito passivo; e c) a prestação.

Nos direitos reais há apenas um sujeito ativo determinado, que exerce o domínio pleno ou fragmentado sobre a coisa contra toda a coletividade. Veja que no polo passivo estão incluídas todas as pessoas, que estão obrigadas a abster-se de qualquer

---

2. Curso de Direito Civil Brasileiro, 28ª ed., v. 4 - São Paulo, Saraiva, 2013, p. 17.
3. Carlos Roberto Gonçalves, Direito Civil 5, Saraiva, 2ª ed., 2011, p. 29.

comportamento que possa prejudicar o pleno exercício desse direito. Quando há a violação do direito do titular é que surge a identificação do sujeito passivo. Nos direitos pessoais patrimoniais, contudo, há, desde o início, o pleno conhecimento da figura dos sujeitos, seja o ativo (credor) ou o passivo (devedor).

Por tal razão é que se diz que os direitos reais tem eficácia *erga omnes*, sendo oponíveis contra todos. Os direitos pessoais patrimoniais, em princípio, tem efeitos *inter partes*, segundo o princípio da relatividade dos contratos, produzindo efeitos apenas entre as partes signatárias. Contudo, cabe, novamente, a observação de que, em algumas situações, os efeitos do contrato atinge terceiros, como é o caso, por exemplo, do seguro de vida, no qual o segurado contrata com a seguradora o pagamento de certa quantia em favor do beneficiário em caso de morte do segurado. Observe que o beneficiário não é parte da relação contratual, mas, mesmo assim, é afetado pelos efeitos do contrato.

Outra importante diferença ocorre em relação aos princípios que regulam os institutos. O direito das coisas é extremamente influenciado pelo princípio da *publicidade*, uma vez que a tradição e o registro são extremamente importantes para a aquisição da propriedade e consequente tutela dos direitos. Os direitos pessoais, por sua vez, são dirigidos pelo princípio da *autonomia privada*, que confere às partes contratantes liberdade para agir no vasto campo contratual.

A doutrina ainda esclarece que os direitos reais são somente aqueles enumerados na lei, tendo como referência o art. 1.225 do CC/02, sendo o rol, portanto, *taxativo*. O rol dos direitos pessoais patrimoniais, no caso os contratos em espécie, é apenas *exemplificativo*, tendo em vista o quanto preconizado pelo art. 425 do CC/02, abaixo transcrito:

> **Art. 425**. É lícito às partes estipular contratos atípicos, observadas as normas gerais fixadas neste Código.

É importante destacar, por derradeiro, que os direitos reais implicam no *direito de sequela*, que possibilita ao credor buscar a coisa com quem a detenha. Por tal razão, quando se trata de direitos reais, diz-se que a coisa responde pela dívida. Nos direitos pessoais, o que responde pela dívida é o patrimônio do devedor, ante a regra geral da responsabilidade patrimonial, preconizada no art. 391 do CC/02.

▸ DIREITOS REAIS	▸ DIREITOS PESSOAIS
Normas cogentes e de ordem pública	Normas dispositivas e facultativas
Regulam relações entre pessoas e coisas	Regulam relações entre pessoas que visam o cumprimento de uma prestação
Elementos: a) Sujeito ativo b) A coisa c) O poder do sujeito sobre a coisa	Elementos: a) Sujeito ativo b) Sujeito passivo c) Prestação

▶ DIREITOS REAIS	▶ DIREITOS PESSOAIS
Possuem eficácia *erga omnes*	Possuem eficácia *inter partes*
Sofrem forte influência do princípio da publicidade	Sofrem forte influência do princípio da autonomia da vontade
Rol taxativo	Rol exemplificativo
Conferem o direito de sequela	O patrimônio do devedor é que responde pela dívida

1.2.2. *Princípios fundamentais dos direitos reais*

O Direito das Coisas é norteado pelos princípios a seguir indicados, cujo estudo é importante para identificar as diferenças entre os direitos reais e os direitos pessoais.

a) *Princípio do absolutismo*: os direitos reais são exercidos contra todos os cidadãos (*erga omnes*), que devem se abster de prejudicar o pleno exercício do direito pelo seu titular. É o princípio do absolutismo que confere ao titular o *direito de sequela*, que possibilita ao titular o direito de buscar e reivindicar a coisa contra quem a detenha. Assim, eventuais transmissões do bem não prejudicarão o direito do titular, eis que o direito real a acompanhará.

b) *Princípio da taxatividade*: os direitos reais são apenas aqueles constantes do direito positivo. Isso significa que não há criação de direitos reais pelo processo analógico ou pela vontade das partes. Portanto, só são direitos reais aqueles indicados pela legislação, sendo preponderante o rol indicado no art. 1.225 do CC/02. Há, contudo, outros direitos reais elencados ao longo do Código Civil e em outras legislações esparsas.

Com efeito, há um consenso na doutrina em reconhecer como direito real o pacto de retrovenda, consubstanciado nos arts. 1.140 a 1.143 do CC/02, haja vista que o referido pacto adere à coisa e pode ser exercido contra qualquer pessoa que o detenha[4].

c) *Princípio da aderência*: que estabelece uma relação imediata entre o sujeito e a coisa, independentemente da intervenção ou intermediação de qualquer outra pessoa. Segundo esse princípio, há um vínculo direto entre o titular do direito real e a coisa em si.

d) *Princípio da publicidade*: a visibilidade é de extrema importância na disciplina dos direitos reais, que, por serem oponíveis *erga omnes*, devem ter sua titularidade conhecida por todos. Como é cediço, a aquisição da propriedade imóvel é adquirida com o registro do título no Cartório de Registro de Imóveis (art. 1.227 do CC/02), enquanto a propriedade móvel é adquirida com

4. Carlos Roberto Gonçalves, Direito Civil 5, Saraiva, 2ª ed., 2011, p. 33/34.

a tradição (art. 1.226 do CC/02). Assim, tanto o registro quanto a tradição servem como forma de dar publicidade à titularidade.

e) *Princípio da perpetuidade*: a propriedade, em regra, é um direito perpétuo, porque não se extingue pelo não uso. A perda da propriedade só ocorre segundo as formas legais, como, por exemplo, a usucapião e as causas previstas no art. 1.275 do CC/02. Sobre o citado princípio, o ilustre Carlos Roberto Gonçalves esclarece que os direitos reais "também desmembram-se do direito-matriz, que é a propriedade, e, uma vez extintos, o poder que se encontrava em mãos do titular de tais direitos retorna, ou seja, consolida-se em mãos do proprietário"[5].

f) *Princípio da exclusividade*: que preconiza que os direitos reais, em regra, são conferidos com exclusividade. Dessa forma, não é possível existir direitos reais de igual conteúdo sobre a mesma coisa, porque a existência de um direito real, necessariamente, exclui outro igual. Dessa maneira, a propriedade sobre um bem, conferida a uma pessoa, exclui que a mesma propriedade seja conferida a outra. Assim o é até mesmo no condomínio, porque, nesse caso, cada condômino é titular de partes ideias, distintas e exclusivas.

g) *Princípio do desmembramento*: que estabelece que a propriedade, em seu exercício pleno, pode ser desmembrada, dando origem a outros direitos reais, como, por exemplo, o usufruto. Não obstante, a extinção do usufruto, enquanto "direito desmembrado", acarretará, novamente, a consolidação da propriedade plena.

1.3. Figuras híbridas

1.3.1. *Obrigações propter rem*

A obrigação *propter rem* é aquela a que uma pessoa está obrigada a cumprir por ser titular de um direito real. O titular de um direito real passa a ser devedor de uma prestação simplesmente por ter esse direito. Pode-se dizer, dessa forma, que a fonte da obrigação *propter rem* é um direito real. É o caso, por exemplo, das despesas condominiais a que o condômino está obrigado a concorrer para a manutenção da coisa comum (art. 1.315 do CC/02).

O atual Código Civil não disciplina especificamente as obrigações *propter rem*, mas apresenta vários dispositivos em que essa modalidade é identificada.

É o que ocorre, por exemplo, nos seguintes casos:

a) na obrigação de indenizar benfeitorias (art. 1.219 do CC/02);

b) na obrigação imposta aos proprietários e possuidores de um prédio de não prejudicarem a segurança, o sossego e a saúde dos vizinhos (art. 1.277 do CC/02);

---

5. Direito Civil 5, Saraiva, 2ª ed., 2011, p. 37.

c) na obrigação de oferecer caução pelo dano iminente, quando o prédio vizinho estiver ameaçado de ruína (art. 1.280 do CC/02);

d) na obrigação imposta aos proprietários de concorrer para as despesas de demarcação entre os prédios confinantes (art. 1.297 do CC/02);

e) na obrigação imposta aos proprietários de concorrer para as despesas de construção e conservação de tapumes divisórios (art. 1.297, §1º do CC/02);

f) na obrigação imposta aos condôminos, no condomínio em edificações, de não alterar a fachada do prédio (art. 1.336, III do CC/02).

Como se observa, são obrigações impostas pela lei ao titular de um direito real, em razão disso.

As obrigações *propter rem* não constituem um direito real em si e com eles não se confundem. De fato, os direitos reais configuram direitos sobre a coisa ou na coisa. As obrigações *propter rem*, por sua vez, representam uma obrigação em razão da coisa ou advinda da coisa.

1.3.2. *Ônus reais*

Segundo Carlos Roberto Gonçalves, "ônus reais são obrigações que limitam o uso e gozo da propriedade, constituindo gravames ou direitos oponíveis *erga omnes*, como, por exemplo, a renda constituída sobre imóvel. Aderem e acompanham a coisa. Por isso se diz que quem deve é esta e não a pessoa"[6].

Os ônus reais não se confundem com as obrigações *propter rem*. Distinguem-se, basicamente, quanto ao seguinte:

a) Os ônus reais desaparecem com o perecimento da coisa, enquanto que as obrigações *propter rem* permanecem mesmo com o perecimento do objeto;

b) Os ônus reais impõem sempre uma prestação positiva, enquanto que as obrigações *propter rem* podem impor prestações positivas (art. 1.219 do CC/02) e negativas (art. 1.277 do CC/02);

c) Nos ônus reais, a responsabilidade do devedor é limitada à coisa onerada, pois é "esta quem deve", enquanto nas obrigações *propter rem* todos os bens do devedor encontram-se vinculados ao cumprimento da prestação, pois quem deve é a pessoa, ante a regra geral da responsabilidade patrimonial, preconizada no art. 391 do CC/02;

d) Nos ônus reais a ação cabível é de natureza real, enquanto nas obrigações *propter rem* a ação é de natureza pessoal.

---

6. Direito Civil 5, Saraiva, 2ª ed., 2011, p. 41.

2. CLASSIFICAÇÃO DOS DIREITOS REAIS

Os direitos reais podem ser classificados da seguinte forma:

a) Direitos reais sobre a própria coisa, que são: a.1) a propriedade; a.2) o condomínio; e a.3) a propriedade horizontal;

b) Direitos reais sobre coisa alheia, que se dividem em:

b.1.) Direitos de gozo, que garantem ao seu titular prerrogativas de uso e fruição efetivas sobre a coisa. São direitos de gozo: b.1.1.) o usufruto; b.1.2) o uso; b.1.3) a habitação; e b.1.4.) as servidões positivas.

b.2.) Direitos de garantia, que conferem ao titular uma espécie de segurança para o cumprimento de uma obrigação pelo devedor. Os direitos reais de garantia só existem em razão de uma obrigação, que passa a ser o elemento principal do negócio, sendo a garantia elemento acessório. Não obstante, Silvio de Salvo Venosa[7] esclarece que, no penhor, o devedor cede ao credor parte do gozo do bem dado em garantia, tendo em vista a necessidade de se transferir a posse do bem (art. 1.431, *caput* do CC/02). São eles: b.2.1.) o penhor; b.2.2.) a hipoteca; e b.2.3.) a anticrese.

CLASSIFICAÇÃO DOS DIREITOS REAIS

- **A) DIREITOS REAIS SOBRE A PRÓPRIA COISA**
  - Propriedade
  - Condomínio
  - Propriedade horizontal
- **B) DIREITOS REAIS SOBRE A COISA ALHEIA**
  - Direitos de Gozo
    - Usufruto
    - Uso
    - Habitação
    - Servidões positivas
  - Direitos de Garantia
    - Penhor
    - Hipoteca
    - Anticrese

3. DA POSSE

3.1. Posse e propriedade. Juízo possessório e juízo petitório

A propriedade confere ao seu titular o direito de usar, gozar e dispor da coisa. Confere, ainda, o direito de reavê-la do poder de quem quer que injustamente a possua (art. 1.228 do CC/02). Como dito, a propriedade é o direito real por excelência

7. Direito Civil, vol. V, Atlas, 4ª Ed., 2004, p. 38.

e a transmissão da propriedade de um bem transfere, também, a posse, ainda que indireta.

A posse, contudo, é a exteriorização da propriedade e com ela não se confunde. É uma situação de fato autônoma, que possui proteção jurídica, independentemente da existência de um título. O direito protege essa situação de fato, exigindo que todos respeitem o exercício da posse, inclusive o proprietário.

A proteção jurídica ocorre para preservar a paz social, tendo em vista que a situação de fato aparenta ser a situação de direito.

Oliveira Ascensão, citado por Carlos Roberto Gonçalves[8], esclarece que a proteção da posse é decorrência do princípio fundamental da inércia. Deve-se proteger a posse para que não haja os desgastes provenientes de uma mudança. Assim, se alguém exerce poderes sobre uma coisa, a ordem jurídica lhe permite que continue a exercê-lo.

O exercício da posse mansa e pacífica, independentemente de título aquisitivo, cria uma situação autônoma, que recebe o nome de juízo possessório (*jus possessionis*), ou *posse formal*. O juízo possessório tem como fundamento o exercício da posse, que, repisa-se, recebe proteção jurídica contra todos, inclusive o proprietário. O possuidor, neste caso, só perderá a coisa para o proprietário nas vias ordinárias.

De outro lado está o *direito à posse*, proveniente do título transcrito. Recebe o nome de juízo petitório (*jus possidendi*) ou *posse casual*. Nesse caso, a posse é consequência da propriedade e não o exercício do poder sobre a coisa. Dessa forma, não se estabelece uma relação fática autônoma.

O ideal e mais comum, evidentemente, é que tanto a posse formal quanto a casual coincidam no mesmo sujeito. Assim, o titular do direito é, ao mesmo tempo, proprietário e possuidor, consolidando a situação de direito (propriedade) e a de fato (posse).

Se essa coincidência não se dá, duas situações podem ocorrer: a) o proprietário pode ter uma conduta passiva de deixar de defender seu direito, o que, invariavelmente, solidifica e facilita a situação do possuidor, dando a este, inclusive, a possibilidade de adquirir a propriedade pela usucapião; ou, ainda, b) o proprietário reivindica a coisa judicialmente, invocando seu direito. Enquanto não o fizer, contudo, o possuidor será protegido, porque aparenta ser o proprietário.

► JUÍZO POSSESSÓRIO E JUÍZO PETITÓRIO		
Juízo possessório	Direito de posse	Posse formal
Juízo petitório	Direito à posse	Posse casual

8. Direito Civil 5, Saraiva, 2ª ed., 2011, p. 46.

3.2. Conceito de posse

O conceito de posse é trazido pelo art. 1.1.96 do CC/02, que dispõe:

> **Art. 1.196.** Considera-se possuidor todo aquele que tem de fato o exercício, pleno ou não, de algum dos poderes inerentes à propriedade.

A professora Maria Helena Diniz leciona que "caracteriza-se a posse como a exteriorização da conduta de quem procede como normalmente age o dono. O possuidor é, portanto, o que tem o pleno exercício de fato dos poderes constitutivos de propriedade ou somente alguns deles, como no caso dos direitos reais sobre a coisa alheia como o usufruto, a servidão etc."[9].

A conceituação é importante porque o direito confere proteção jurídica somente àquele que exerce a posse com intenção de dono. Se isso não ocorrer, tem-se a mera detenção, que não encontra amparo na tutela possessória.

Nesse sentido, o art. 1.198 da atual codificação estabelece que:

> **Art. 1.198.** Considera-se detentor aquele que, achando-se em relação de dependência para com outro, conserva a posse em nome deste e em cumprimento de ordens ou instruções suas.
>
> **Parágrafo único.** Aquele que começou a comportar-se do modo como prescreve este artigo, em relação ao bem e à outra pessoa, presume-se detentor, até que prove o contrário.

Como é possível observar do texto legal, o detentor ou "fâmulo da posse" é aquele que detém a custódia física da coisa, mas exerce a posse em nome de outra pessoa, que é o verdadeiro possuidor. Como o detentor não exerce a posse em seu próprio nome, não pode invocar a tutela possessória em seu proveito. São os casos, por exemplo, dos empregados, caseiros, bibliotecários, administradores etc.

De igual sorte, também não induzem em posse os "atos de mera permissão ou tolerância", como preceitua a primeira parte do art. 1.208 do CC/02.

Esses atos de permissão ou tolerância configuram uma simples concessão do possuidor que tem a finalidade precípua de remover o caráter ilícito da conduta de terceiro. A doutrina moderna diferencia os atos de permissão dos atos de tolerância. Os primeiros são caracterizados pelo consentimento expresso do possuidor, enquanto os segundos representam um comportamento passivo, de apenas não intervenção.

Em ambos os casos, contudo, essa concessão do possuidor, seja ela consciente ou não, não importa em renúncia da posse e não confere maiores direitos ao terceiro, uma vez que não tem natureza negocial.

A professora Maria Helena Diniz nos ensina que "os atos de mera permissão são oriundos de uma anuência expressa ou concessão do dono, sendo revogáveis

9. Curso de Direito Civil Brasileiro, v. 4, 28ª Ed., 2013, Saraiva, p. 54.

pelo concedente: podem ser exercidos por convenção das partes, como a permissão de abertura de janela para o prédio do concedente, fechável à sua requisição, a recepção de um hóspede, cedendo, temporariamente, o uso de um quarto etc. Não se confunde nem com a outorga nem com a cessão de direito. Há, sem dúvida, uma licença, mas o termo "mera" adverte que o concedido não é um direito para o concessionário, não é parcela alguma dos direitos do senhor da coisa, senão uma autorização revogável por aquele que a concedeu"[10].

Sobre o assunto, é importante destacar o v. acórdão proferido pelo E. TJSP, nos autos da Apelação nº 0023787-09.2006.8.26.0597, de relatoria do E. Des. Francisco Loureiro e que recebeu a seguinte ementa:

> "USUCAPIÃO Ação corretamente julgada improcedente Demanda que, a rigor, deveria ter sido extinta sem julgamento do mérito, por indeferimento da inicial Necessidade de descrição especializada do imóvel, que não possui matricula individualizada Impossibilidade, ademais, de reconhecer usucapião sobre imóvel ocupado pelos autores sem animus domini. Evidências de que os demandantes eram fâmulos da posse, e depois passaram a ocupar o bem por mera tolerância dos herdeiros proprietários Impossibilidade de concessão da usucapião sem prova cabal da inversão da qualidade da posse, excluindo de modo claro os direitos dos legítimos herdeiros e, posteriormente, do adquirente do imóvel Recurso não provido".

Nas razões de decidir, o excelentíssimo desembargador assim consignou:

> "4. **Na condição de empregada dos proprietários do imóvel, a autora, assim como o marido que com ela vivia, não tinha posse, mas simples detenção, na forma do artigo 1.198 do Código Civil. Eram meros fâmulos da posse, pois a exerciam em nome, por ordem e em proveito dos proprietários. Não tinham posse porque lhes faltava autonomia, eram subordinados, dependentes, obedientes, apenas representavam os patrões na posse da gleba. Por isso é que essa figura recebe os nomes de servidão da posse, detenção dependente e detenção subordinada**.
>
> E, após a morte dos empregadores da requerente, ou a extinção de seu contrato de contrato de trabalho, o que aconteceu primeiro, os demandantes permaneceram no imóvel por simples tolerância dos proprietários, ou, quando muito, como possuidores diretos, na qualidade de comodatários.
>
> É o art. 1.208 do Código Civil que prevê que não induzem posse os atos de mera permissão ou tolerância, sendo esta o comportamento de inação, omissivo, consciente ou não do possuidor, que, sem renunciar à posse, admite a atividade de terceiro em relação à coisa ou não intervém quando ela acontece. Sendo uma mera indulgência, uma simples condescendência, não implica transferência de direitos.

10. Curso de Direito Civil Brasileiro, v. 4, 28ª Ed., 2013, Saraiva, p. 56.

> Em outras palavras, o período em que os apelantes ocuparam o imóvel, ainda que longo, é imprestável para contar tempo para consumação da usucapião, por uma simples razão: não existe nem sequer posse, quanto mais posse qualificada, com animus domini".

▶ ATOS QUE NÃO INDUZEM EM POSSE	
Detenção	O detentor exerce a posse em nome do verdadeiro possuidor (art. 1198, CC/02)
Mera permissão	Concessão expressa do possuidor, sem implicar na renúncia da posse (art. 1208, Primeira Parte, CC/02)
Tolerância	Comportamento passivo do possuidor, que não interfere no comportamento do terceiro, mas que também não configura renúncia da posse (art. 1209, Primeira Parte CC/02)

A segunda parte do art. 1.208 do CC/02 dispõe que também não autorizam a aquisição da posse "os atos violentos, ou clandestinos, senão depois de cessar a violência ou a clandestinidade".

Algumas considerações são importantes sobre esse preceito.

Por primeiro, cabe ressaltar que o exercício de atos violentos ou clandestinos coloca aquele que os pratica na condição de mero detentor, porque tais atos impedem que a posse seja adquirida. Segundo Carlos Roberto Gonçalves[11], o dispositivo trata da *detenção independente*, que é aquela em que o detentor não possui qualquer subordinação em relação ao possuidor.

Em segundo lugar, a posse só será adquirida quando os atos violentos ou clandestinos cessarem. Caso isso ocorra, é importante notar que a posse adquirida será considerada *injusta*. Não obstante, essa característica da posse só é relevante quando se verifica a relação jurídica existente entre aquele que exerce a posse injusta (esbulhador) e o antigo possuidor (esbulhado), que será o único legitimado a alegar a natureza injusta da posse. De se consignar, contudo, que, perante *todos os demais terceiros*, a natureza injusta da posse é irrelevante, sendo que, nesse caso, aquele que exerce a posse, ainda que injusta, é considerado possuidor.

3.3. Classificação da posse

3.3.1. Posse direta e indireta

A classificação da posse em direta e indireta é de extrema importância para o estudo do Direito das Coisas, sobretudo de ordem prática no cotidiano forense.

Estabelece o art. 1.197 do CC/02 que "a posse direta, de pessoa que tem a coisa em seu poder, temporariamente, em virtude de direito pessoal, ou real, não anula

11. Direito Civil 5, Saraiva, 2ª ed., 2011, p. 65.

a indireta, de quem aquela foi havida, podendo o possuidor direto defender a sua posse contra o indireto".

Segundo Flávio Tartuce e José Fernando Simão[12], a posse direta é "aquela que é exercida por quem tem a coisa materialmente, havendo um poder físico imediato". Já a posse indireta é "aquela exercida por meio de outra pessoa, havendo mero exercício de direito, geralmente decorrente da propriedade".

Essa diferenciação surge do desmembramento da posse plena. Assim, o proprietário, por exemplo, pode usar e fruir da coisa, exercendo a posse de forma pessoal e direta. Pode, para atender seus interesses econômicos, ceder o uso e fruição a outrem, ocasião em que transferirá a posse direta e conservará a posse indireta.

Dessa forma, o usufrutuário, o comodatário, o locatário e o depositário exercem a posse direta sobre a coisa, enquanto o nu-proprietário, o comodante, o locador e o depositante conservam a posse indireta. Ambas as posses (direta e indireta) coexistem, de forma que tanto o possuidor direto quanto o indireto podem valer-se da tutela possessória.

É interessante observar que a posse pode ser desmembrada sucessivamente. Assim, aquele que exerce a posse direta pode cedê-la a outrem, passando a exercer a posse indireta. É o que ocorre, por exemplo, com a sublocação de imóveis. Nesse caso, o locador, mediante contrato de locação, cede a posse direta ao locatário, conservando a posse indireta. O locatário, através de um contrato de sublocação, cede a posse direta, recebida do contrato de locação, ao sublocatário, conservando, também, a posse indireta. Havendo este ou mais desmembramentos, a posse direta será exercida apenas pelo último integrante da "cadeia" de desmembramentos, ou seja, por aquele que detenha a coisa consigo. Os demais membros da "cadeia" serão possuidores indiretos.

3.3.2. Composse

Ocorre a composse quando duas ou mais pessoas, ao mesmo tempo, possuem a mesma coisa. Assim como existe o condomínio quando duas ou mais pessoas são proprietárias da mesma coisa, existe a composse quando duas ou mais pessoas são possuidoras da mesma coisa. Então, o condomínio está para a propriedade assim como a composse está para a posse.

Nesse sentido, o art. 1.199 do CC/02 dispõe que "se duas ou mais pessoas possuírem coisa indivisa, poderá cada uma exercer sobre ela atos possessórios, contanto que não excluam os dos outros compossuidores".

Existe composse, por exemplo, entre os cônjuges casados no regime da comunhão de bens, entre os adquirentes de coisa indivisível, e, ainda, entre os coerdeiros antes da partilha.

12. Direito Civil 4, Direito das Coisas, Editora Método, 2013, 5ª ed., p. 36.

Silvio de Salvo Venosa esclarece que "essa composse pode ocorrer ainda que dela não tenham ciência os compossuidores, como ocorre na hipótese de herdeiro que se acredita único, quando de fato não o é. Ainda que ele não saiba da existência de outros herdeiros, todos têm a posse dos bens hereditários desde o momento da morte do autor da herança, por força do princípio da *saisine* mencionado"[13].

Sobre o assunto é importante destacar, ainda, que cada compossuidor pode valer-se da tutela possessória contra o outro, caso um tente exercer a posse de forma exclusiva e excluir o outro do exercício da posse. Dessa forma, a esposa pode utilizar-se dos remédios possessórios para impedir que o esposo ameace o exercício de sua posse, relativa aos bens comuns.

3.3.3. *Posse justa e injusta*

O art. 1.200 do CC/02 traz importante orientação para o estudo do tema ao estabelecer que "é justa a posse que não for violenta, clandestina ou precária".

A orientação do texto legal serve para conceituar tanto a posse justa quanto a injusta. Se, por um lado, a posse justa é aquela que não é violenta, clandestina ou precária, a posse injusta é exatamente a que possui tais características.

Posse violenta é, evidentemente, a obtida mediante o uso da violência, seja ela física (força) ou moral (coação). A violência física é caracterizada pela brutalidade do agente, que despoja a coisa de seu legítimo possuidor. A violência moral é um temor criado pelo esbulhador, que exige que o esbulhado lhe entregue a posse da coisa, sob pena de lhe causar um mal iminente. Em ambos os casos a posse será violenta, o que lhe classifica como injusta.

Posse clandestina, por sua vez, é aquela adquirida de forma furtiva, às escondidas. Nesse caso, não há violência, mas o esbulho é perpetrado de maneira oculta, às escondidas do legítimo possuidor.

Exemplificando, se pessoas de determinado movimento popular, empregando violência, ingressam em uma propriedade rural, expulsando o legítimo possuidor, fica caracterizada a posse violenta. Se, contudo, ingressam na propriedade no período noturno, sorrateiramente e sem violência, fica caracterizada a posse clandestina.

Finalmente, configura a *posse precária* quando o agente se nega a devolver a coisa, que detém por contrato ou por confiança. É o que ocorre quando o comodatário se recusa a devolver a coisa emprestada pelo comodante. Observe que, nesse caso, a existência do contrato de comodato impede que o comodatário tenha a posse com ânimo de dono, vez que recebe a coisa com a obrigação de restituí-la. Quando se nega a fazê-lo, a posse do comodatário torna-se precária ficando configurado o esbulho.

13. Direito Civil, vol. V, Atlas, 4ª Ed., 2004, p. 70.

A doutrina moderna costuma assemelhar os vícios da posse com certos tipos penais. Assim, a posse violenta é assemelhada ao roubo; a posse clandestina ao furto e a posse precária à apropriação indébita ou estelionato.

▶ VÍCIOS DA POSSE		
Violência	**Clandestinidade**	**Precariedade**
Uso da força física ou coação moral.	É empregada de forma sorrateira e oculta.	É proveniente do abuso de confiança, quando o agente se recusa a restituir coisa.
É assemelhada ao crime de roubo, tipificado no CP.	É assemelhada ao crime de furto, tipificado no CP.	É assemelhada aos crimes de apropriação indébita e estelionato, tipificados no CP.

Note que basta uma dessas características para viciar a posse e qualificá-la como injusta.

É importante frisar, novamente, que a posse, mesmo que injusta, ainda é posse. Dessa forma, a alegação de posse injusta fica adstrita à relação estabelecida entre o esbulhador e o esbulhado, sendo este o único que pode alegar em seu proveito a existência dos vícios que maculam a posse do esbulhador. Contra todos os demais, o esbulhador é considerado possuidor legítimo, podendo valer-se da tutela possessória. Dessa forma, a posse adquirida por meio de furto é injusta em relação à vítima, mas é justa em relação às demais pessoas.

Além dos casos previstos no art. 1.200 do CC/02, considera-se, ainda, injusta a posse quando o esbulhador, sem violência e sem tentar ocultar a invasão, ingressa na propriedade alheia. Essa conduta não se enquadra em nenhuma das hipóteses previstas no art. 1.200 do CC/02, mas, ainda assim, torna a posse do esbulhador viciada. Por isso, diz-se que o referido texto legal traz orientações importantes, mas não esgota o conceito de posse justa e injusta.

Finalmente, cabe destacar que a posse injusta impede a aquisição da propriedade pela usucapião.

3.3.4. Posse de boa-fé e posse de má-fé

Dispõe o caput do art. 1.201 do CC/02 que "é de boa-fé a posse, se o possuidor ignora o vício, ou o obstáculo que impede a aquisição da coisa".

Segundo o dispositivo legal, a análise da boa-fé do possuidor é feita de forma subjetiva, pois se exige apenas que ele ignore o vício ou o obstáculo, por imaginar que se encontra em uma situação legítima. O vício indicado no texto pode ser a violência, clandestinidade ou precariedade.

Carlos Roberto Gonçalves leciona que "é de suma importância, para caracterizar a posse de boa-fé, a crença do possuidor de se encontrar em uma situação legítima.

Se ignora a existência de vício na aquisição da posse, ela é de *boa-fé*; se o vício é de seu conhecimento, a posse é de *má-fé*"[14].

Como a boa-fé é presumida, compete ao interessado fazer prova da má-fé do possuidor. Nesse ponto, a doutrina e a jurisprudência inclinam-se em adotar a *teoria ética*, que liga a má-fé à ideia de culpa. Dessa forma, a posse será de boa-fé apenas quando a ignorância se fundar em erro escusável. A culpa do possuidor atuará como excludente da boa-fé, tornando a posse de má-fé. Os casos mais comuns ocorrem quando há falta de zelo e cautela do comprador na aquisição de imóveis, situações em que o adquirente não emprega a diligência necessária ao examinar a prova da propriedade do alienante.

O fato de a posse ser de **boa-fé** é relevante para os seguintes aspectos:

a) permitir ao possuidor adquirir a propriedade da coisa por meio da usucapião;

b) garantir ao possuidor o direito à indenização pelas benfeitorias úteis e necessárias, conferindo-lhe, também, o direito de retê-las até o pagamento da indenização (art. 1.219 do CC/02);

c) garantir ao possuidor o direito à indenização pelas benfeitorias voluptuárias, conferindo-lhe, também, o direito de levantá-las até o pagamento da indenização, desde que não cause detrimento na coisa (art. 1.219 do CC/02);

d) garantir ao possuidor o direito aos frutos percebidos, que são aqueles já colhidos e separados da coisa principal (art. 1.214, *caput*, do CC/02);

e) isentar o possuidor da responsabilidade pela perda ou deterioração da coisa, a que não deu causa (art. 1.217 do CC/02).

A posse de **má-fé**, por sua vez, acarreta as consequências abaixo:

a) não permite a aquisição da propriedade pela usucapião;

b) confere ao possuidor, apenas, o direito à indenização pelas benfeitorias necessárias, uma vez que estas representam melhoramentos que o próprio proprietário deveria realizar (art. 1.220, primeira parte do CC/02);

c) não confere ao possuidor o direito de retenção das melhorias úteis e necessárias e nem de levantar as voluptuárias (art. 1.220, segunda parte do CC/02);

d) responsabiliza o possuidor por todos os frutos, sejam os percebidos ou aqueles que por sua culpa deixou de perceber, sendo lhe garantido, apenas, o direito à indenização pelas despesas de produção e custeio (art. 1.216 do CC/02);

---

14. Direito Civil 5, Saraiva, 2ª ed., 2011, p. 94.

e) responsabiliza o possuidor pela perda ou deterioração da coisa, ainda que acidentais, salvo se provar que a perda ou deterioração ocorreria ainda que a coisa estivesse em poder do legítimo possuidor (art. 1.218 do CC/02).

Continuando o estudo, estabelece o parágrafo único do art. 1.201 que "o possuidor com justo título tem por si a presunção de boa-fé, salvo prova em contrário, ou quando a lei expressamente não admite esta presunção".

Segundo o texto legal a existência de justo título faz presumir que o possuidor exerce sobre a coisa a posse de boa-fé. Para Carlos Roberto Gonçalves, *justo título* "é o que seria hábil para transmitir o domínio e a posse se não contivesse nenhum vício impeditivo dessa transmissão"[15].

Sobre o assunto, a IV Jornada de Direito Civil, promovida pelo CJF/STJ, aprovou o enunciados nº. 302, a seguir transcrito, que ajuda a compreender a abrangência da expressão "justo título". Observe:

> "IV Jornada de Direito Civil - Enunciado 302
>
> Pode ser considerado justo título para a posse de boa-fé o ato jurídico capaz de transmitir a posse *ad usucapionem*, observado o disposto no art. 113 do Código Civil".

Os exemplos clássicos de justo título são a escritura pública e o compromisso de compra e venda, esteja ele registrado ou não na matrícula do imóvel. Imagine, por exemplo, que o comprador adquira um imóvel mediante escritura pública, que é levada a registro. Tal fato, por si só, é suficiente para a transmissão da propriedade e, consequentemente, da posse (art. 1.245, *caput*, do CC/02). Imagine que, posteriormente, essa escritura seja anulada pela existência de algum dos defeitos do negócio jurídico. Nesse caso, o adquirente não mais terá a propriedade, mas terá a posse de boa-fé, eis que fundada em justo título.

Evidentemente que a presunção legal é *juris tantum*, admitindo, portanto, prova em contrário. Essa conclusão decorre do próprio dispositivo legal, que utiliza a expressão " salvo prova em contrário".

3.3.5. Princípio da continuidade do caráter da posse

Através de um raciocínio aparentemente lógico, em um primeiro momento poderia se pensar que toda posse justa seria de boa fé e que toda posse de boa-fé seria justa. O inverso também seria verdadeiro, de forma que toda posse injusta seria de má-fé e toda posse de má-fé seria injusta.

Tal raciocínio, no entanto, é equivocado, eis que se exige investigar o verdadeiro caráter da posse exercida pelo possuidor.

---

15. Direito Civil 5, Saraiva, 2ª ed., 2011, p. 97.

Isso porque o art. 1.203 do CC/02 consagra o *princípio da continuidade do caráter da posse*, que determina que a posse é transmitida com a mesma natureza que já lhe caracterizava. Observe o que diz o referido dispositivo:

> **Art. 1.203.** Salvo prova em contrário, entende-se manter a posse o mesmo caráter com que foi adquirida.

Dessa forma, o possuidor direto transmite a posse direta, assim como o que detém a posse injusta somente posse injusta pode transmitir, porque os vícios continuam a acompanhar a posse. Isso significa que um possuidor de boa-fé pode exercer uma posse injusta se foi essa que adquiriu do antigo possuidor.

Importante observação a ser feita é que a vontade unilateral no possuidor não tem o condão de alterar a natureza da posse, de forma que não basta o possuidor ao adquirir a posse querer, simplesmente, transformar a posse injusta em justa.

A alteração da natureza da posse só é possível através de ato bilateral, que conte com a manifestação de vontade do legítimo possuidor. É por esse motivo que no art. 1.203 há a expressa ressalva de "salvo prova em contrário" Dessa forma, o possuidor precário sempre o será, salvo expressa anuência do legítimo possuidor.

Sobre o assunto, é importante destacar o v. acórdão proferido pelo E. TJSP, nos autos da Apelação nº 0023787-09.2006.8.26.0597, de relatoria do E. Des. Francisco Loureiro e que recebeu a seguinte ementa:

> "USUCAPIÃO Ação corretamente julgada improcedente Demanda que, a rigor, deveria ter sido extinta sem julgamento do mérito, por indeferimento da inicial Necessidade de descrição especializada do imóvel, que não possui matricula individualizada Impossibilidade, ademais, de reconhecer usucapião sobre imóvel ocupado pelos autores sem animus domini Evidências de que os demandantes eram fâmulos da posse, e depois passaram a ocupar o bem por mera tolerância dos herdeiros proprietários Impossibilidade de concessão da usucapião sem prova cabal da inversão da qualidade da posse, excluindo de modo claro os direitos dos legítimos herdeiros e, posteriormente, do adquirente do imóvel Recurso não provido".

Nas razões de decidir, o excelentíssimo desembargador assim consignou:

> "5. É possível indagar como poderiam inverter os autores a qualidade de detentores para possuidores com posse ad usucapionem. Tal situação somente ocorreria no exato momento em que o detentor não reconheça ou deixe de reconhecer essa posição e revele isso de modo inequívoco e claro ao titular do domínio, para que este possa reagir e retomar a coisa. Nasce, nesse momento, o prazo para usucapião, porque o requisito do animus domini estará então presente. Na lição de Lenine Nequete, há uma inversão da causa da posse, "mas os fatos de oposição, por seu turno, devem ser tais que não deixem dúvida quanto à vontade do possuidor de transmudar a sua posse precária em posse a título de proprietário e quanto à ciência que dessa inversão

tenha tido o proprietário: pois que a mera falta de pagamento de locativos ou outras circunstâncias semelhantes das quais o proprietário não possa concluir claramente a intenção de se inverter o título não constituem atos de contradição eficazes" (Da prescrição aquisitiva, 3. ed. Porto Alegre, Ajuris, p. 123).

A existência somente da vontade não altera o caráter da posse, segundo o art. 1.203 do Código Civil. Ninguém pode, apenas mudando de vontade, transformar uma relação possessória existente. A transformação decorre da inversão do título da posse, que decorre de ato negocial ou de conduta inequívoca do possuidor frente ao esbulhado. Estes simplesmente não ocorreram no caso em tela".

Prosseguindo, vale destacar, ainda, o disposto no art. 1.207 do CC/02, que estabelece que "o sucessor universal continua de direito a posse do seu antecessor; e ao sucessor singular é facultado unir sua posse à do antecessor, para os efeitos legais".

Pois bem. Em se tratando de sucessão *mortis causa*, o sucessor universal é aquele que é chamado para suceder na totalidade da herança ou fração dela. O sucessor singular, por sua vez, é o que recebe bem certo e determinado do testador, como uma joia ou um terreno. As sucessões *inter vivos*, geralmente, se concretizam a título singular, como ocorre quando alguém compra um bem.

Esclarecidos tais conceitos, cabe destacar que o disposto no art. 1.207 é de extrema importância para a aquisição da propriedade pela usucapião. Segundo o texto legal, o sucessor universal recebe, necessariamente, a posse com as mesmas características de seu antecessor, de maneira que se a posse era injusta, injusta continuará a ser. No entanto, ao sucessor singular é permitido unir a posse com a do antecessor ou iniciar a posse com uma nova natureza. Dessa forma, se o antecessor transmite uma posse justa, o sucessor singular poderá recebê-la com essa característica e somar os prazos para efeitos da usucapião. Se, contudo, o antecessor transmite uma posse injusta, poderá o sucessor singular desprezá-la e iniciar um novo período possessório para livrar-se do vício que maculava a posse anterior.

MODOS DE AQUISIÇÃO DA POSSE

MODOS ORIGINÁRIOS	- Apreensão da coisa - Exercício do direito - Disposição da coisa ou do direito
MODOS DERIVADOS	- Tradição - Sucessão na posse

3.3.6. *Posse nova e posse velha*

Posse nova é a que conta com menos de ano e dia, enquanto a *posse velha* é a que conta com mais de ano e dia.

Não há informação sólida na doutrina acerca da origem desses prazos. Alguns indicam que esses prazos estão relacionados ao período das colheitas, que, geralmente, ocorrem em um ano. Outros indicam que os prazos encontram amparo no costume germânico, que os fixou para constituir uma presunção de propriedade.

A classificação entre posse nova e posse velha é relevante para consolidar a situação de fato, já existente.

O Código Civil de 1916 trazia disposições importantes sobre o assunto, consubstanciadas nos arts. 507 e 523, abaixo transcritos:

> **Art. 507.** Na posse de menos de ano e dia, nenhum possuidor será manutenido, ou reintegrado judicialmente, senão contra os que não tiverem melhor posse.
>
> **Art. 523.** As ações de manutenção e as de esbulho serão sumárias, quando intentadas dentro em ano e dia da turbação ou esbulho; e, passado esse prazo, ordinárias, não perdendo, contudo, o caráter possessório.

Esses dispositivos, contudo, **não** foram reproduzidos no Código Civil de 2002, razão pela qual se encontram revogados.

Em razão disso, a matéria passou a ser disciplinada pelo art. 558 do novo CPC, que dispõe:

> **Art. 558.** Regem o procedimento de manutenção e de reintegração de posse as normas da Seção II deste Capítulo quando a ação for proposta dentro de ano e dia da turbação ou do esbulho afirmado na inicial.
>
> **Parágrafo único.** Passado o prazo referido no *caput*, será comum o procedimento, não perdendo, contudo, o caráter possessório.

Como é possível observar, a distinção entre posse nova e posse velha é relevante para o trâmite processual da ação possessória, de forma que será sumário, quando a ação for proposta dentro de ano e dia, e ordinário, quando proposta depois desse prazo.

3.4. Aquisição da posse

3.4.1. *Modos de aquisição da posse*

O estudo da aquisição da posse e a consequente delimitação do termo inicial é relevante, porque, primeiro, possibilita marcar o início do prazo de usucapião; segundo, porque permite verificar se a posse é nova ou velha; e, terceiro, permite verificar se a aquisição da posse foi viciada ou não.

Segundo o art. 1.204 do CC/02, "adquire-se a posse desde o momento em que se torna possível o exercício, em nome próprio, de qualquer dos poderes inerentes à propriedade".

Comentando o dispositivo, Carlos Roberto Gonçalves leciona que "a sua aquisição pode concretizar-se, portanto, por qualquer dos modos de aquisição em geral, como, exemplificativamente, a apreensão, o constituto possessório e qualquer outro ato ou negócio jurídico, a título gratuito ou oneroso, *inter vivos* ou *causa mortis*"[16].

3.4.1.1. *Modos originários de aquisição da posse*

Para efeitos didáticos, a aquisição da posse pode se dar por meios *originários* ou *derivados*.

A aquisição originária da posse é a que ocorre de forma unilateral, sem qualquer anuência do antigo possuidor. Nesse caso, não há negócio jurídico entre as partes que faça com que a posse seja transferida de um para outro. É o que ocorre, por exemplo, no caso de esbulho, em que o possuidor se apropria da coisa pertencente a outrem.

Note que a *aquisição originária* da posse faz surgir nova situação possessória autônoma, completamente desvinculada da situação possessória anterior. Assim, não importa se o antigo possuidor exercia a posse injusta ou de má-fé, o novo possuidor exercerá posse autônoma, sem qualquer relação de continuidade, porque entre as partes não houve qualquer ato negocial. É claro que, em se tratando de esbulho, o esbulhador exercerá posse injusta em relação ao esbulhado. No entanto, exercerá a posse justa perante os demais, como já analisado.

Os modos aquisitivos originários da posse são: a) a apreensão da coisa; b) o exercício do direito; e c) a disposição da coisa ou do direito;

3.4.1.1.1. *Apreensão da coisa*

A professora Maria Helena Diniz ensina que a apreensão da coisa ocorre quando o "possuidor passa a ter condições de dispor dele livremente, excluindo a ação de terceiros e exteriorizando, assim, seu domínio"[17]. Essa apreensão unilateral se dá: a) em coisa sem dono (*res nullius*); b) em coisa que foi abandonada pelo dono (*res derelicta*); ou, ainda, c) em coisa de outrem, mas sem o consentimento deste, por meio de atos de violência ou clandestinidade, que se convalescerão se o legítimo possuidor não utilizar-se da tutela possessória.

Dessa forma, quem, por exemplo, recolhe um cão de rua, abandonado pelo dono, adquire-lhe a posse pelo simples fato de apoderar-se fisicamente dele.

---

16. Direito Civil 5, Saraiva, 2ª ed., 2011, p. 97.
17. Curso de Direito Civil Brasileiro, v, 4. 2013, 28ª edição, Saraiva, p. 84.

A apreensão da coisa, para os bens móveis, se dá pela ocupação (art. 1.263 do CC/02), e, para os imóveis, pelo uso.

3.4.1.1.2. *Exercício do direito*

Segundo Silvio de Salvo Venosa, "como regra geral, tudo o que pode ser utilizado pode ser objeto de posse. É suscetível de proteção possessória tudo aquilo que puder ser apropriado e exteriormente demonstrado. O exercício do direito é o poder de usá-la e gozá-la. Na realidade, quem exerce direito sobre a coisa já exerce a posse"[18].

Segundo a doutrina tradicional, a aquisição da posse pelo exercício do direito ocorre, por exemplo, quando alguém constrói um aqueduto, em terreno alheio, utilizando-o sem oposição do proprietário. Observe que o exercício do direito de servidão faz com que o possuidor adquira a posse sobre o imóvel serviente.

3.4.1.1.3. *Disposição da coisa ou do direito*

O ato de dispor da coisa configura conduta condizente com a condição de proprietário ou possuidor. Dessa forma, aquele que dispõe da coisa assim o faz porque exerce sobre ela a posse, nos termos do art. 1.196 do CC/02.

A professora Maria Helena Diniz, citando Washington de Barros Monteiro, exemplifica que "se uma pessoa dá em comodato coisa pertencente a outrem, essa circunstância indica que essa pessoa se encontra no exercício de um dos poderes inerentes ao domínio, o de disposição, portanto, fácil é deduzir que adquiriu a posse do bem, uma vez que dele já a desfrutava"[19].

3.4.1.2. *Modos derivados de aquisição da posse*

A *aquisição derivada* da posse, por sua vez, é aquela em que o antigo possuidor transfere a posse ao novo possuidor com todas as suas características. Dessa forma, se a posse do antigo possuidor era violenta, assim será a posse do novo possuidor. Se, contudo, a posse era clandestina, clandestina será a posse do adquirente.

Isso porque dispõe o art. 1.203 do CC/02 que "salvo prova em contrário, entende-se manter a posse o mesmo caráter com que foi adquirida".

Nesse caso, a aquisição da posse se dá através de negócio jurídico bilateral entre o antigo e o novo possuidor.

Os modos aquisitivos derivados da posse são: a) a tradição; e b) a sucessão na posse;

---

18. Direito Civil, vol. V, Atlas, 4ª Ed., 2004, p. 93.
19. Curso de Direito Civil Brasileiro, v, 4. 2013, 28ª edição, Saraiva, p. 84.

3.4.1.2.1. *Tradição*

A tradição é o modo mais frequente de aquisição da posse. Segundo Carlos Roberto Gonçalves, "na sua acepção mais pura, ela se manifesta por um ato material de entrega da coisa, ou a sua transferência de mão a mão, passando do antigo ao novo possuidor"[20].

Tendo em vista que nem sempre é fácil proceder à entrega material da coisa, a tradição pode ser classificada de três formas:

a) *tradição real ou material*: que é aquela em que há a efetiva entrega da coisa, como ocorre na compra de uma joia.

b) *tradição simbólica*: que é aquela em que não há a entrega material da coisa, mas de algo que simbolize ou represente a transferência da posse, como ocorre, por exemplo, quando o alienante entrega as chaves do imóvel ao adquirente. Nesse caso, não há a entrega efetiva do imóvel, mas o ato de entregar as chaves representa e simboliza a intenção de fazê-lo.

c) *tradição ficta*: que é aquela em que o possuidor deixa de possuir a coisa em nome alheio para possuí-la em nome próprio, como ocorre, por exemplo, quando o locatário adquire a coisa locada. Observe que, nesse caso, não há nenhum ato formal de tradição, mas há uma mudança no status da posse, que deixa de ser apenas direta para consolidar-se como posse plena. Também há tradição ficta no constituto possessório, também chamado de cláusula *constituti*, em que o possuidor deixa de possuir a coisa em nome próprio para possuí-la em nome alheio. É o que ocorre, por exemplo, quando o alguém aliena o imóvel, mas, através da cláusula *constituti* expressa, permanece ocupando o imóvel na condição de locatário. Nesse caso, não há, novamente, um ato formal de tradição, mas apenas a alteração no status da posse, que deixará de ser plena para ser apenas direta.

3.4.1.2.2. *Sucessão na posse*

A posse também pode ser adquirida por sucessão *mortis causa* ou *inter vivos*.

Nesse sentido, o art. 1.206 do CC/02 não deixa dúvidas ao estabelecer que "a posse transmite-se aos herdeiros ou legatários do possuidor com os mesmos caracteres". Como se observa, há menção expressa de aquisição da posse por meio da sucessão.

Diante disso, o art. 1.207 do CC/02 dispõe que "o sucessor universal continua de direito a posse do seu antecessor; e ao sucessor singular é facultado unir sua posse à do antecessor, para os efeitos legais".

---

20. Direito Civil 5, Saraiva, 2ª ed., 2011, p. 112.

Em se tratando de sucessão *mortis causa*, o sucessor universal é aquele que é chamado para suceder na totalidade da herança ou fração dela. O sucessor singular, por sua vez, é o que recebe bem certo e determinado do testador, como uma joia ou um terreno. As sucessões *inter vivos*, geralmente, se concretizam a título singular, como ocorre quando alguém compra um bem.

Segundo o texto o texto do art. 1.207, o sucessor universal recebe, necessariamente, a posse com as mesmas características de seu antecessor, de maneira que se a posse era injusta, injusta continuará a ser. Em outras palavras, os herdeiros passam a ocupar o lugar do *de cujus* exercendo a mesma posse que este exercia. Só há uma forma de os herdeiros evitarem que isso não ocorra, que é a de renunciar à própria herança.

No entanto, segundo o mesmo dispositivo, ao sucessor singular é permitido unir a posse com a do antecessor ou iniciar a posse com uma nova natureza. Dessa forma, se o antecessor transmite uma posse justa, o sucessor singular poderá recebê-la com essa característica e somar os prazos para efeitos da usucapião. Se, contudo, o antecessor transmite uma posse injusta, poderá o sucessor singular desprezá-la e iniciar um novo período possessório para livrar-se do vício que maculava a posse anterior.

3.5. Perda da posse

O Código Civil não disciplina causas específicas para a perda da posse. A verificação de tal situação deverá ser feita pelo magistrado no caso concreto.

Sobre o assunto, dispõe o art. 1.223 do CC/02 que "perde-se a posse quando cessa, embora contra a vontade do possuidor, o poder sobre o bem, ao qual se refere o art. 1.196".

A doutrina enumera algumas situações em que ocorre a perda da posse.

Assim, *perde-se a posse da coisa*:

a) *Pelo abandono*: que ocorre quando o possuidor, voluntariamente, se afasta fisicamente da coisa com o intuito de não mais exercer qualquer poder ou disponibilidade sobre ela. É o que ocorre, por exemplo, quando alguém atira um objeto na rua, ou, voluntariamente, abandona um animal do qual não quer mais cuidar. O abandono faz nascer a *res derelicta*, que é a coisa que foi abandonada pelo dono. No entanto, a perda definitiva da posse dependerá da apreensão da coisa por outrem, que passará a exercer a posse.

A professora Maria Helena Diniz adverte que "é bom lembrar que nem sempre o abandono da posse acarreta abandono de propriedade, P. ex.: se se jogarem objetos no quintal da própria casa ou se se atirarem objetos ao mar para salvar navio do naufrágio, pois nestes casos não há intenção de não mais desejar as coisas como suas, de modo que o dono desses bens tem o direito de recuperá-los"[21].

b) *Pela tradição*: que, como visto, é o ato de entregar a coisa transferindo-lhe a posse. A tradição é tanto modo de aquisição quanto de perda da posse. Para o adquirente, a entrega da coisa (tradição) representa modo aquisitivo da posse. Para o transmitente, contudo, o mesmo ato de entrega da coisa configura modalidade de perda da posse. Sobre o assunto, retomamos os apontamentos feitos no item 3.4.1.2.1. deste capítulo.

c) *Pela perda da própria coisa*: que ocorre quando a coisa desaparece, impossibilitando a utilização pelo possuidor. A *perda da coisa* difere do *abandono* porque neste a perda da posse se dá pela vontade do possuidor, que, intencionalmente, se afasta da coisa. No caso da perda, o desaparecimento se dá sem a vontade do possuidor.

O exemplo clássico é o do pássaro que foge da gaiola ou do relógio que cai no mar. Em ambos os casos, o possuidor fica privado da coisa por tê-la perdido sem sua vontade.

Contudo, a perda da coisa deve ser ponderada para que se verifique se o possuidor, realmente, perdeu a posse. Se, por exemplo, o possuidor perde o relógio em casa, não há que se falar em perda da posse, de forma que o possuidor, achando a coisa, exercerá sobre ela a mesma posse que já exercia. Se, no entanto, o possuidor perde o relógio na rua, a posse estará conservada enquanto o possuidor procurá-lo; somente a perderá definitivamente se desistir de procurar o bem[22].

d) *Pela destruição da coisa*: cujo perecimento pode decorrer de um evento natural, fortuito, de ato do próprio possuidor ou de terceiro. Tem-se a destruição da coisa por evento natural quando, por exemplo, o animal morre em razão da idade avançada. Se, contudo, a morte do animal for proveniente de um raio ou de uma enchente, a destruição decorrerá de um evento fortuito. O perecimento da coisa pode ocorrer, ainda, por ato do próprio possuidor que destrói ou inutiliza a coisa tornando-a imprópria para uso. É o caso, por exemplo, do possuidor que destrói um cartão de crédito. O perecimento pode se dar, também, por ato de terceiros que, violentamente, destroem a propriedade alheia, como ocorre em depredações perpetradas em manifestações populares.

e) *Pela posse de outrem*: ocorre perda da posse quando outrem a adquire, ainda que contra a vontade do antigo possuidor. Competirá a este valer-se da tutela possessória para obter a manutenção ou reintegração da coisa,

---

21. Curso de Direito Civil Brasileiro, v, 4. 2013, 28ª edição, Saraiva, p. 93.
22. Maria Helena Diniz, Curso de Direito Civil Brasileiro, v, 4. 2013, 28ª edição, Saraiva, p. 94.

porque o exercício da posse, em princípio, é exclusivo. Assim, estabelecida uma posse nova, opera-se a extinção da anterior.

f) *Pelo constituto possessório*: como visto no item 3.4.1.2.1., "c", configura o constituto possessório quando o possuidor deixa de possuir a coisa em nome próprio para possuí-la em nome alheio. É o que ocorre, por exemplo, quando o alguém aliena o imóvel, mas, através da cláusula *constituti* expressa, permanece ocupando o imóvel na condição de locatário. Não há ato formal de tradição, mas a cláusula altera a relação possessória, extinguindo, para o alienante, a posse com *animus* de dono, que passará a ser exercida pelo adquirente.

De igual sorte, dispõe o art. 1.224 do CC/02 que "só se considera perdida a posse para quem não presenciou o esbulho, quando, tendo notícia dele, se abstém de retomar a coisa, ou, tentando recuperá-la, é violentamente repelido".

Segundo o texto legal, o possuidor que não presenciou o esbulho só perderá a posse, quando, após obter a notícia dele, abster-se de procurar a tutela possessória, porque, nesse caso, estará configurado o completo desinteresse sobre a coisa.

Nos termos da segunda parte do art. 1.224, o mesmo possuidor perderá a posse, se, tentando recuperar a coisa, for violentamente repelido. O ato violento, capaz de evitar a apreensão do legítimo possuidor, acarreta, para este, a perda da posse, embora fique legitimado a valer-se da tutela possessória para recuperá-la, tendo em vista a posse injusta do novo possuidor.

PERDA DA POSSE

PERDE-SE A POSSE

- Pelo abandono
- Pela tradição
- Pela perda da coisa
- Pela destruição da coisa
- Pela posse de outrem
- Pelo constituto possessório

4. DA PROPRIEDADE

4.1. Conceito. Direitos e faculdades

O Código Civil não traz o conceito de propriedade. O *caput* do art. 1.228 dispõe, apenas, os poderes do proprietário ao estabelecer que "o proprietário tem a faculdade de usar, gozar e dispor da coisa, e o direito de reavê-la do poder de quem quer que injustamente a possua ou detenha".

Com base nos poderes constante do art. 1.228, Carlos Roberto Gonçalves define o direito de propriedade "como o poder jurídico atribuído a uma pessoa de usar, gozar e dispor de um bem, corpóreo ou incorpóreo, em sua plenitude e dentro dos limites estabelecidos na lei, bem como de reivindicá-lo de quem injustamente o detenha"[23].

Semelhantemente, a professora Maria Helena Diniz define a propriedade "como sendo o direito que a pessoa natural ou jurídica tem dentro dos limites normativos, de usar, gozar e dispor de um bem, corpóreo ou incorpóreo, bem como de reivindicá-lo de quem injustamente o detenha"[24].

Argumentando sobre a complexidade do direito de propriedade, Flávio Tartuce e José Fernando Simão esclarecem que "a propriedade é o direito que alguém possui em relação a um bem determinado. Trata-se de um direito fundamental, protegido no art. 5.º, inc. XXII da Constituição Federal, mas que deve sempre atender a uma função social, em prol de toda a coletividade. A propriedade é preenchida a partir dos atributos que constam do Código Civil de 2002 (art. 1.228), sem perder de vista outros direitos, sobretudo aqueles com substrato constitucional"[25].

Como visto, a propriedade está relacionada com os quatro atributos previstos no *caput* do art. 1.228, que estabelece três faculdades (usar, gozar e dispor) e um direito (reivindicar a coisa). A atual codificação, neste ponto, inovou em relação ao Código Civil de 1916, que elencava os atributos como quatro direitos. Houve, portanto, uma espécie de "abrandamento" do Código de 2002, que, segundo a doutrina contemporânea, está associado ao exercício relativo desses atributos, a ponto de sugerir que o direito de propriedade não é absoluto. É como se o texto legal dissesse que o proprietário "pode" usar, gozar e dispor da coisa, cuja ideia está associada ao exercício de direitos subjetivos.

Prosseguindo, a primeira faculdade estampada no *caput* do art. 1.228 é a de *usar* a coisa (*jus utendi*), que consiste em poder utilizá-la conforme a melhor conveniência do proprietário. A mesma faculdade confere ao proprietário a prerrogativa de não usar a coisa, deixando-a inerte sob seu poder até que escolha o momento adequado para usá-la[26]. É importante destacar que o uso da coisa deve ser feito dentro dos parâmetros legais e deve atender à função social da propriedade, segundo o disposto no art. 1.228, §1º, do CC/02.

A segunda faculdade é a de *gozar* a coisa (*jus fruendi*), que corresponde ao poder que o proprietário tem de perceber os frutos (naturais e civis), bem como de aproveitar economicamente os produtos.

A faculdade de *dispor* (*jus abutendi*) permite que o proprietário possa alienar a coisa, transferindo-a a terceiros, seja a título gratuito ou oneroso ou por ato *inter*

23. Direito Civil 5, 2ª ed., 2011, Saraiva, p. 229/230.
24. Curso de Direito Civil Brasileiro, v, 4. 2013, 28ª edição, Saraiva, p. 134.
25. Direito Civil 4, Direito das Coisas, Editora Método, 2013, 5ª ed., p. 102.
26. Carlos Roberto Gonçalves, Direito Civil 5, 2ª ed., 2011, Saraiva, p. 230.

vivos ou *mortis causa*. Permite, também, que o proprietário possa gravá-la de ônus real. Não permite, contudo, que o proprietário destrua deliberadamente a coisa, quando esta for útil para a coletividade. Isso porque o art. 5, XXIII, da CF estabelece que a propriedade atenderá sua função social. Nesse caso, a destruição da coisa configurará evidente abuso de direito.

O último atributo, a que o art. 1.228 consagrou expressamente como direito, é o de *reaver* a coisa (*rei vindicatio*), que consiste em retomar e recuperar a coisa de quem injustamente a detenha, como consequência natural do direito de sequela. O direito de reaver a coisa é feito por meio da ação reivindicatória.

Dessa forma, os atributos inerentes à propriedade (**G**ozar, **R**eaver, **U**sar e **D**ispor), para efeitos didáticos, podem ser lembrados pelo acróstico **GRUD**[27].

DA PROPRIEDADE[28]

G ozar ou fruir

R eaver ou buscar

U sar ou utilizar

D ispor ou alienar

Pois bem. Terá a *propriedade plena* o proprietário que tiver em seu poder o exercício dos quatro atributos constantes *caput* do art. 1.228 do CC/02. Contudo, em algumas situações, alguns desses atributos podem estar distribuídos em outras pessoas, de forma que o proprietário terá a *propriedade restrita*.

Assim, podemos conceituar propriedade plena e restrita da seguinte maneira:

a) *Propriedade plena*: ocorre quando o proprietário concentra em seu poder os atributos de usar, gozar, dispor e reaver a coisa, consubstanciados no *caput* do art. 1.228 do CC/02. Havendo a propriedade plena, não incide a interferência de qualquer terceiro.

b) *Propriedade restrita*: ocorre quando o proprietário não concentra os quatro atributos em seu poder, porque algum deles é exercido por um terceiro. É o que ocorre, por exemplo, quando o imóvel é gravado com usufruto, no qual a faculdade de gozar é exercida pelo usufrutuário. Fica configurada a propriedade restrita, ainda, quando recai algum ônus sobre a propriedade, como, por exemplo, a hipoteca e a servidão.

---

27. Flávio Tartuce e José Fernando Simão, Direito Civil 4, Direito das Coisas, Editora Método, 2013, 5ª ed., p. 108.
28. Esquema adaptado de Flávio Tartuce e José Fernando Simão, Direito Civil 4, Direito das Coisas, Editora Método, 2013, 5ª ed., p. 108.

4.2. Caracteres da propriedade

Dispõe o art. 1.231 do CC/02:

> **Art. 1.231.** A propriedade presume-se plena e exclusiva, até prova em contrário.

O referido dispositivo permite que se extraia as características da propriedade. Dessa forma, a propriedade pode ser enquadrada como:

a) *Direito absoluto*: já foi visto que o direito de propriedade é o direito real por excelência, de forma que, por ser exercido *erga omnes*, configura um direito absoluto. Também o é porque a propriedade permite ao proprietário desfrutar do bem conforme sua conveniência. Não obstante, o direito de propriedade mantém o caráter absoluto quando se coloca diante de um direito pessoal patrimonial. Contudo, deve ser relativizado quando confrontado com direitos da personalidade ou direitos fundamentais consagrados pela Constituição Federal. Nesse sentido, cabe, novamente, a observação de que o direito de propriedade deve ser exercido em consonância com as suas finalidades econômicas e sociais (art. 1.228, §1º do CC/02).

b) *Direito exclusivo*: isso porque o direito do proprietário sobre determinada coisa exclui, automaticamente, o direito de outro sobre a mesma coisa. Em outras palavras, a mesma coisa não pode pertencer, de maneira exclusiva e simultânea, a duas ou mais pessoas. O caráter exclusivo do direito de propriedade não é afastado nem mesmo quando há o condomínio, haja vista que cada condômino é proprietário exclusivo de sua fração ideal.

c) *Direito perpétuo*: porque a propriedade não se extingue pelo não uso. Dessa forma, o direito de propriedade subsiste ainda que o titular não o exerça, haja vista que o direito só se extingue por uma das formas previstas na lei, como, por exemplo, a desapropriação, a usucapião e a transmissão. Logo, é necessária a ocorrência de um fato novo, que caracterize uma das formas extintivas da propriedade para que o titular perca seu direito.

d) *Direito fundamental*: haja vista que o direito de propriedade está consagrado no art. 5º, XXII e XXIII da Constituição Federal.

4.3. Restrições ao direito de propriedade

Como dito, o direito de propriedade tem sido relativizado em alguns pontos. Nessas situações, deixa de ter um caráter absoluto e ilimitado para encontrar restrições impostas pela ordem jurídica.

A Constituição Federal, por exemplo, dispõe que a propriedade atenda sua função social. Outras limitações são impostas por outras codificações, como o Código Florestal e o Código de Mineração.

Outras limitações podem surgir pela vontade das partes, como ocorre, por exemplo, nas doações com cláusulas de inalienabilidade, impenhorabilidade e incomunicabilidade.

O Código Civil também traz limitações como as decorrentes das relações de vizinhança (arts. 1.277 a 1.313 do CC/02).

De igual sorte, o art. 1.229 do CC/02, ao regular o espaço aéreo e o subsolo, limita o uso da propriedade pelo critério da *utilidade*, ao estabelecer que a extensão da propriedade será até onde for útil ao proprietário.

Veja o citado dispositivo:

> **Art. 1.229.** A propriedade do solo abrange a do espaço aéreo e subsolo correspondentes, em altura e profundidade úteis ao seu exercício, não podendo o proprietário opor-se a atividades que sejam realizadas, por terceiros, a uma altura ou profundidade tais, que não tenha ele interesse legítimo em impedi-las.

Segundo o texto legal, a propriedade do solo abrange a do espaço aéreo e subsolo correspondentes. Não obstante, essa abrangência é limitada até onde tais espaços sejam úteis ao proprietário, o que significa, a toda evidência, uma relativização ao direito de propriedade. O exemplo clássico na doutrina é o bonde aéreo do Pão de Açúcar, localizado na cidade do Rio de Janeiro, sendo que, devido à sua grande altura, o proprietário do solo não teria legítimo interesse em impedir a passagem dos cabos empregados na tração do bonde.

O art. 1.230 do CC/02 também impõe uma restrição à propriedade. Observe o dispositivo:

> **Art. 1.230.** A propriedade do solo não abrange as jazidas, minas e demais recursos minerais, os potenciais de energia hidráulica, os monumentos arqueológicos e outros bens referidos por leis especiais.

Como se observa, os bens excetuados pelo art. 1.230 possuem propriedade distinta do solo, porque são destinados à exploração. As minas, jazidas, etc., pertencem à União por força do art. 176 da CF, bem como do art. 84 do Código de Mineração. O produto da exploração pertence ao cessionário que a explora, cabendo ao proprietário do solo apenas uma participação nos resultados.

4.4. Aquisição da propriedade imóvel pela transcrição. Registro de imóveis

Assim como ocorre com a posse, há formas originárias e derivadas de aquisição da propriedade imóvel.

As formas originárias são aquelas em que há um contato direto e pessoal entre o titular e a coisa, sem qualquer intervenção de terceiros. São exemplos as acessões e a usucapião. As formas derivadas são aquelas em que o titular adquire a propriedade por intermédio de outra pessoa, como nos casos de aquisição pelo registro do título ou mediante sucessão hereditária.

Tendo em vista a matéria constante dos editais, a que a presente coleção se destina, a presente obra tratará, apenas, da aquisição da propriedade imóvel pelo registro do título.

Pois bem.

A simples vontade das partes, manifestada pelo compromisso de compra e venda, não tem o condão de transferir a propriedade dos bens imóveis. Segundo o atual Código Civil, a vontade das partes deve ser seguida e completada pelo registro do título no Cartório de Registro de Imóveis.

Isso é o que dispõe o art. 1.245 do CC/02, transcrito a seguir:

> **Art. 1.245.** Transfere-se entre vivos a propriedade mediante o registro do título translativo no Registro de Imóveis.
>
> § 1º. Enquanto não se registrar o título translativo, o alienante continua a ser havido como dono do imóvel.
>
> § 2º. Enquanto não se promover, por meio de ação própria, a decretação de invalidade do registro, e o respectivo cancelamento, o adquirente continua a ser havido como dono do imóvel.

A propriedade de bens imóveis possui enorme relevância para a estrutura econômica e jurídica da sociedade. Dessa forma, o ordenamento jurídico pátrio considera que a propriedade de bens imóveis é um fato que deve ser conhecido por todos, seja de forma real ou presumida, motivo pelo qual exige o registro do título como condição para aquisição da propriedade imóvel. O registro do título tem o objetivo de dar publicidade ao ato, haja vista que a propriedade, enquanto direito real por excelência e oponível *erga omnes*, deve ter sua titularidade conhecida por todos.

A Lei dos Registros Públicos (Lei nº. 6.015/73) disciplina diversos princípios jurídicos que norteiam o registro dos atos, com o objetivo de dar maior segurança e eficácia a eles. São eles:

a) *Princípio da publicidade*: o registro confere publicidade às negociações imobiliárias, de forma que qualquer pessoa, por qualquer motivo, pode requerer a expedição de certidão perante o oficial de registro, que obrigatoriamente deverá fornecê-la. Em regra, devem constar do registro todas as características relacionadas ao imóvel, como, por exemplo, edificações, medidas, confrontações, alterações no nome de ruas, número do cadastro no município, etc. Algumas características relacionadas aos proprietários também devem constar do registro, como, por exemplo, a contração de matrimônio e o respectivo regime de bens, ou, ainda, o falecimento de um dos titulares. Tais informações são relevantes para se saber ao certo quem são os titulares do domínio. Outras características, no entanto, não devem ser lançadas no registro, por estarem relacionadas à preservação da intimidade da pessoa, como, por exemplo, de que o filho do proprietário o sucede por ter sido adotado;

b) *Princípio da legalidade*: que preconiza que o oficial de registro deve verificar a legalidade dos títulos que são apresentados. A verificação da legalidade deve ser feita tanto nos aspectos intrínsecos quanto extrínsecos, ou seja, o oficial deve verificar se o negócio consubstanciado no título é lícito, bem como se a forma com a qual se materializou é a prevista na lei. A doutrina é uníssona, no entanto, em indicar que o oficial de registro não pode suscitar vícios do consentimento que sejam alegáveis somente pelos interessados.

c) *Princípio da territorialidade ou obrigatoriedade*: que disciplina que o registro do título deve ser feito no Cartório de Registro de Imóveis da situação do imóvel, segundo exigência expressa do art. 169 da Lei dos Registros Públicos (Lei nº. 6.015/73). Muito embora a escritura pública possa ser lavrada em qualquer Tabelionato de Notas, o registro da escritura, necessariamente, deve ser feita na circunscrição imobiliária da situação do imóvel, como forma de facilitar a pesquisa. Caso a comarca possua mais de um cartório de registro, a atribuição de cada um será definida pelas leis de organização judiciária;

d) *Princípio da presunção ou da força probante*: o registro traz a presunção de que o direito real indicado pertence à pessoa em cujo nome está registrado. Essa presunção, no entanto, é *juris tantum* (relativa), admitindo prova em contrário. Não obstante, o adquirente em cujo nome está registrado o título será considerado como proprietário do imóvel até que, por meio de ação própria, seja reconhecida a inviabilidade do registro. Isso é o que dispõe o art. 1.245, §2º do CC/02.

Nesse sentido, o E. TJSP, nos autos da Apelação 0011083- 56.2009.8.26.0597, de relatoria do E. Des. Mendes Pereira, assim decidiu:

> NEGÓCIO JURÍDICO - Nulidade - Escritura de compra e venda imobiliária - Caracterização - Direitos sobre o mesmo imóvel anteriormente cedidos pelas demandadas ao falecido autor - Contrato de cessão de direitos que possui eficácia entre as partes que dele participaram - Existente prova de vício e má fé - Sentença de procedência mantida - Recursos desprovidos.

e) *Princípio da continuidade*: que estabelece que só é feito o registro de um título se o alienante nele indicado for o proprietário constante do registro. Esse princípio consta expressamente do art. 195 da Lei dos Registros Públicos (Lei nº. 6.015/73), abaixo transcrito:

> **Art. 195.** Se o imóvel não estiver matriculado ou registrado em nome do outorgante, o oficial exigirá a prévia matrícula e o registro do título anterior, qualquer que seja a sua natureza, para manter a continuidade do registro.

Isso significa que só pode ser registrado o título em que o alienante for o proprietário constante do registro. Assim, por exemplo, se "A" é o proprietário constante do registro e vende o imóvel a "B", que, posteriormente, o revende a "C", será necessário registrar primeiramente a escritura outorgada por "A" a "B", pois, se o registro consta em nome de "A", o próximo registro de transferência deve partir de "A". Não será possível, nesse sentido, registrar diretamente a escritura outorgada por "B" a "C", porque, segundo o registro, o proprietário é "A" e não "B"[29].

Deve haver, dessa forma, uma sequência lógica nos registros no que se refere às pessoas e às características do imóvel.

f) *Princípio da retificação ou anulação*: porque o registro pode ser corrigido para exprimir a verdade, como preconiza o art. 1.247 do CC/02:

> **Art. 1.247.** Se o teor do registro não exprimir a verdade, poderá o interessado reclamar que se retifique ou anule.

Isso significa que o interessado pode pedir que o registro seja retificado ou anulado quando não exprimir a realidade fática ou jurídica. A alteração do registro, contudo, exige a oitiva de todas as partes interessadas, como se dá na retificação de área, que demanda a notificação de todos os confrontantes.

A retificação do registro é regulamentada pelos arts. 213 e 216, ambos da Lei dos Registros Públicos (Lei nº. 6.015/73).

4.5. Perda da propriedade

Já foi visto que o direito de propriedade é perpétuo, o que significa que o seu titular não o perde por não usá-lo. A perda da propriedade ocorre, apenas, pela vontade do titular ou mediante a ocorrência de algumas hipóteses legais.

Nesse sentido, dispõe o art. 1.275 do CC/02 que se perde a propriedade:

a) *Pela alienação*: que é a transferência do direito de propriedade a outra pessoa. Pode ser realizada a título oneroso (compra e venda, permuta etc.) ou gratuito (doação). Pode, ainda, ser voluntária (dação em pagamento) ou compulsória (arrematação). Em se tratando de bem imóvel, a perda da propriedade está condicionada ao registro do título no Cartório de Registro de Imóveis, segundo previsão expressa do art. 1.275, parágrafo único do CC/02;

b) *Pela renúncia*: que constitui o ato unilateral pelo qual o proprietário, expressamente, abre mão de seu direito sobre a coisa. Através da renúncia, o proprietário abdica de seu direito sobre a coisa, deixando de exercer os poderes inerentes ao domínio. Vale frisar que, por ser ato unilateral, independe de aceitação e não pode ser presumida. A renúncia do direito

29. Carlos Roberto Gonçalves, Direito Civil 5, 2ª ed., 2011, Saraiva, p. 305.

de propriedade é extremamente rara no campo do Direito das Coisas, mas é comum no Direito das Sucessões, quando ocorre, por exemplo, com a renúncia à herança, ocasião em que o sucessor abdica de recebê-la. Cabe ressaltar que, nos termos do art. 108 do CC/02, exige-se a escritura pública para a "renúncia de direitos reais sobre imóveis de valor superior a trinta vezes o maior salário mínimo vigente no País". Assim como ocorre com a alienação, em se tratando de bem imóvel, a perda da propriedade pela renúncia está condicionada ao registro do título no Cartório de Registro de Imóveis, segundo previsão expressa do art. 1.275, parágrafo único do CC/02;

c) *Pelo abandono*: que também configura ato unilateral pelo qual o proprietário abdica de seu direito sobre a coisa. O que diferencia o abandono da renúncia é que esta necessariamente deve ser expressa, enquanto o abandono não. Não obstante, o abandono não se presume, de forma que é indispensável que esteja presente a *intenção* de não mais ter a coisa para si. A doutrina tradicional é uníssona no sentido de que a simples negligência não configura abandono, porque, nesse caso, não está presente a intenção de abandonar. Ficando abandonada a coisa, qualquer pessoa poderá adquiri-lhe a propriedade por meio da ocupação, se móvel, ou da usucapião, se imóvel;

d) *Pelo perecimento da coisa*: ocorre a perda da propriedade quando a coisa fenece, porque, nesse caso, a propriedade perde o seu objeto. É o que ocorre, por exemplo, quando um imóvel é destruído por um incêndio. Desaparecendo o imóvel, desaparece também o direito que seus proprietários exerciam sobre ele. Também haverá perda da propriedade quando uma peste ocasionar a morte de todo o rebanho de animais, ou, ainda, quando o proprietário deixar cair uma joia no mar, ficando impossibilitado de reavê-la;

e) *Pela desapropriação*: que consiste na perda involuntária e compulsória da propriedade, operada em prol da coletividade. A desapropriação é a consagração do princípio da supremacia do interesse social sobre o individual. O atual Código Civil disciplina, no art. 1.228, §3º, a hipótese mais comum de desapropriação, que é a efetivada por necessidade e interesse público. De igual sorte, no art. 1.228, §4º, o Código Civil também disciplina a desapropriação efetivada no interesse privado, através da posse trabalho. Confira os citados dispositivos:

> **Art. 1.228.** O proprietário tem a faculdade de usar, gozar e dispor da coisa, e o direito de reavê-la do poder de quem quer que injustamente a possua ou detenha.
>
> (...)
>
> **§ 3º** – O proprietário pode ser privado da coisa, nos casos de desapropriação, por necessidade ou utilidade pública ou interesse social, bem como no de requisição, em caso de perigo público iminente.

§ 4º – O proprietário também pode ser privado da coisa se o imóvel reivindicado consistir em extensa área, na posse ininterrupta e de boa-fé, por mais de cinco anos, de considerável número de pessoas, e estas nela houverem realizado, em conjunto ou separadamente, obras e serviços considerados pelo juiz de interesse social e econômico relevante.

É importante observar que a desapropriação pela posse trabalho, prevista no art. 1.228, §4º, embora tenha caráter privado é efetuada em prol da coletividade. Isso porque o texto legal exige que a posse seja exercida por *considerável número de pessoas*, bem como que as obras e serviços realizados sejam considerados de *interesse social e econômico relevante*.

Qualquer que seja o motivo (§3º ou §4º), o proprietário receberá a justa indenização, conforme preceitua o art. 5º, XXIV, da CF, bem como o art. 1.228, §5º do CC/02.

PERDA DA PROPRIEDADE

PERDE-SE A PROPRIEDADE (art. 1275 CC/02)

- Pela alienação
- Pela renúncia
- Pelo abandono
- Pelo perecimento da coisa
- Pela desapropriação

5. LEGISLAÇÃO APLICÁVEL AO CAPÍTULO

LIVRO III
DO DIREITO DAS COISAS

TÍTULO I
DA POSSE

CAPÍTULO I
DA POSSE E SUA CLASSIFICAÇÃO

Art. 1.196. Considera-se possuidor todo aquele que tem de fato o exercício, pleno ou não, de algum dos poderes inerentes à propriedade.

Art. 1.197. A posse direta, de pessoa que tem a coisa em seu poder, temporariamente, em virtude de direito pessoal, ou real, não anula a indireta, de quem aquela foi havida, podendo o possuidor direto defender a sua posse contra o indireto.

Art. 1.198. Considera-se detentor aquele que, achando-se em relação de dependência para com outro, conserva a posse em nome deste e em cumprimento de ordens ou instruções suas.

Parágrafo único. Aquele que começou a comportar-se do modo como prescreve este artigo, em relação ao bem e à outra pessoa, presume-se detentor, até que prove o contrário.

Art. 1.199. Se duas ou mais pessoas possuírem coisa indivisa, poderá cada uma exercer sobre ela atos possessórios, contanto que não excluam os dos outros compossuidores.

Art. 1.200. É justa a posse que não for violenta, clandestina ou precária.

Art. 1.201. É de boa-fé a posse, se o possuidor ignora o vício, ou o obstáculo que impede a aquisição da coisa.

Parágrafo único. O possuidor com justo título tem por si a presunção de boa-fé, salvo prova em contrário, ou quando a lei expressamente não admite esta presunção.

Art. 1.202. A posse de boa-fé só perde este caráter no caso e desde o momento em que as circunstâncias façam presumir que o possuidor não ignora que possui indevidamente.

Art. 1.203. Salvo prova em contrário, entende-se manter a posse o mesmo caráter com que foi adquirida.

CAPÍTULO II
DA AQUISIÇÃO DA POSSE

Art. 1.204. Adquire-se a posse desde o momento em que se torna possível o exercício, em nome próprio, de qualquer dos poderes inerentes à propriedade.

Art. 1.205. A posse pode ser adquirida:

I - pela própria pessoa que a pretende ou por seu representante;

II - por terceiro sem mandato, dependendo de ratificação.

Art. 1.206. A posse transmite-se aos herdeiros ou legatários do possuidor com os mesmos caracteres.

Art. 1.207. O sucessor universal continua de direito a posse do seu antecessor; e ao sucessor singular é facultado unir sua posse à do antecessor, para os efeitos legais.

Art. 1.208. Não induzem posse os atos de mera permissão ou tolerância assim como não autorizam a sua aquisição os atos violentos, ou clandestinos, senão depois de cessar a violência ou a clandestinidade.

Art. 1.209. A posse do imóvel faz presumir, até prova contrária, a das coisas móveis que nele estiverem.

CAPÍTULO III
DOS EFEITOS DA POSSE

Art. 1.210. O possuidor tem direito a ser mantido na posse em caso de turbação, restituído no de esbulho, e segurado de violência iminente, se tiver justo receio de ser molestado.

§ 1º O possuidor turbado, ou esbulhado, poderá manter-se ou restituir-se por sua própria força, contanto que o faça logo; os atos de defesa, ou de desforço, não podem ir além do indispensável à manutenção, ou restituição da posse.

§ 2º Não obsta à manutenção ou reintegração na posse a alegação de propriedade, ou de outro direito sobre a coisa.

Art. 1.211. Quando mais de uma pessoa se disser possuidora, manter-se-á provisoriamente a que tiver a coisa, se não estiver manifesto que a obteve de alguma das outras por modo vicioso.

Art. 1.212. O possuidor pode intentar a ação de esbulho, ou a de indenização, contra o terceiro, que recebeu a coisa esbulhada sabendo que o era.

Art. 1.213. O disposto nos artigos antecedentes não se aplica às servidões não aparentes, salvo quando os respectivos títulos provierem do possuidor do prédio serviente, ou daqueles de quem este o houve.

Art. 1.214. O possuidor de boa-fé tem direito, enquanto ela durar, aos frutos percebidos.

Parágrafo único. Os frutos pendentes ao tempo em que cessar a boa-fé devem ser restituídos, depois de deduzidas as despesas da produção e custeio; devem ser também restituídos os frutos colhidos com antecipação.

Art. 1.215. Os frutos naturais e industriais reputam-se colhidos e percebidos, logo que são separados; os civis reputam-se percebidos dia por dia.

Art. 1.216. O possuidor de má-fé responde por todos os frutos colhidos e percebidos, bem como pelos que, por culpa sua, deixou de perceber, desde o momento em que se constituiu de má-fé; tem direito às despesas da produção e custeio.

Art. 1.217. O possuidor de boa-fé não responde pela perda ou deterioração da coisa, a que não der causa.

Art. 1.218. O possuidor de má-fé responde pela perda, ou deterioração da coisa, ainda que acidentais, salvo se provar que de igual modo se teriam dado, estando ela na posse do reivindicante.

Art. 1.219. O possuidor de boa-fé tem direito à indenização das benfeitorias necessárias e úteis, bem como, quanto às voluptuárias, se não lhe forem pagas, a levantá-las, quando o puder sem detrimento da coisa, e poderá exercer o direito de retenção pelo valor das benfeitorias necessárias e úteis.

Art. 1.220. Ao possuidor de má-fé serão ressarcidas somente as benfeitorias necessárias; não lhe assiste o direito de retenção pela importância destas, nem o de levantar as voluptuárias.

Art. 1.221. As benfeitorias compensam-se com os danos, e só obrigam ao ressarcimento se ao tempo da evicção ainda existirem.

Art. 1.222. O reivindicante, obrigado a indenizar as benfeitorias ao possuidor de má-fé, tem o direito de optar entre o seu valor atual e o seu custo; ao possuidor de boa-fé indenizará pelo valor atual.

CAPÍTULO IV
DA PERDA DA POSSE

Art. 1.223. Perde-se a posse quando cessa, embora contra a vontade do possuidor, o poder sobre o bem, ao qual se refere o art. 1.196.

Art. 1.224. Só se considera perdida a posse para quem não presenciou o esbulho, quando, tendo notícia dele, se abstém de retornar a coisa, ou, tentando recuperá-la, é violentamente repelido.

TÍTULO II
DOS DIREITOS REAIS

CAPÍTULO ÚNICO
DISPOSIÇÕES GERAIS

Art. 1.225. São direitos reais:

I - a propriedade;

II - a superfície;

III - as servidões;

IV - o usufruto;

V - o uso;

VI - a habitação;

VII - o direito do promitente comprador do imóvel;

VIII - o penhor;

IX - a hipoteca;

X - a anticrese.

XI - a concessão de uso especial para fins de moradia;

XII -a concessão de direito real de uso; e

XIII - a laje.

Art. 1.226. Os direitos reais sobre coisas móveis, quando constituídos, ou transmitidos por atos entre vivos, só se adquirem com a tradição.

Art. 1.227. Os direitos reais sobre imóveis constituídos, ou transmitidos por atos entre vivos, só se adquirem com o registro no Cartório de Registro de Imóveis dos referidos títulos (arts. 1.245 a 1.247), salvo os casos expressos neste Código.

TÍTULO III
DA PROPRIEDADE

CAPÍTULO I
DA PROPRIEDADE EM GERAL

Seção I
Disposições Preliminares

Art. 1.228. O proprietário tem a faculdade de usar, gozar e dispor da coisa, e o direito de reavê-la do poder de quem quer que injustamente a possua ou detenha.

§ 1º O direito de propriedade deve ser exercido em consonância com as suas finalidades econômicas e sociais e de modo que sejam preservados, de conformidade com o estabelecido em lei especial, a flora, a fauna, as belezas naturais, o equilíbrio ecológico e o patrimônio histórico e artístico, bem como evitada a poluição do ar e das águas.

§ 2º São defesos os atos que não trazem ao proprietário qualquer comodidade, ou utilidade, e sejam animados pela intenção de prejudicar outrem.

§ 3º O proprietário pode ser privado da coisa, nos casos de desapropriação, por necessidade ou utilidade pública ou interesse social, bem como no de requisição, em caso de perigo público iminente.

§ 4º O proprietário também pode ser privado da coisa se o imóvel reivindicado consistir em extensa área, na posse ininterrupta e de boa-fé, por mais de cinco anos, de considerável número de pessoas, e estas nela houverem realizado, em conjunto ou separadamente, obras e serviços considerados pelo juiz de interesse social e econômico relevante.

§ 5º No caso do parágrafo antecedente, o juiz fixará a justa indenização devida ao proprietário; pago o preço, valerá a sentença como título para o registro do imóvel em nome dos possuidores.

Art. 1.229. A propriedade do solo abrange a do espaço aéreo e subsolo correspondentes, em altura e profundidade úteis ao seu exercício, não podendo o proprietário opor-se a atividades que sejam realizadas, por terceiros, a uma altura ou profundidade tais, que não tenha ele interesse legítimo em impedi-las.

Art. 1.230. A propriedade do solo não abrange as jazidas, minas e demais recursos minerais, os potenciais de energia hidráulica, os monumentos arqueológicos e outros bens referidos por leis especiais.

Parágrafo único. O proprietário do solo tem o direito de explorar os recursos minerais de emprego imediato na construção civil, desde que não submetidos a transformação industrial, obedecido o disposto em lei especial.

Art. 1.231. A propriedade presume-se plena e exclusiva, até prova em contrário.

Art. 1.232. Os frutos e mais produtos da coisa pertencem, ainda quando separados, ao seu proprietário, salvo se, por preceito jurídico especial, couberem a outrem.

(...)

CAPÍTULO II
DA AQUISIÇÃO DA PROPRIEDADE IMÓVEL

Seção I
Da Usucapião

Art. 1.238. Aquele que, por quinze anos, sem interrupção, nem oposição, possuir como seu um imóvel, adquire-lhe a propriedade, independentemente de título e boa-fé; podendo requerer ao juiz que assim o declare por sentença, a qual servirá de título para o registro no Cartório de Registro de Imóveis.

Parágrafo único. O prazo estabelecido neste artigo reduzir-se-á a dez anos se o possuidor houver estabelecido no imóvel a sua moradia habitual, ou nele realizado obras ou serviços de caráter produtivo.

Art. 1.239. Aquele que, não sendo proprietário de imóvel rural ou urbano, possua como sua, por cinco anos ininterruptos, sem oposição, área de terra em zona rural não superior a cinquenta hectares, tornando-a produtiva por seu trabalho ou de sua família, tendo nela sua moradia, adquirir-lhe-á a propriedade.

Art. 1.240. Aquele que possuir, como sua, área urbana de até duzentos e cinquenta metros quadrados, por cinco anos ininterruptamente e sem oposição, utilizando-a para sua moradia ou de sua família, adquirir-lhe-á o domínio, desde que não seja proprietário de outro imóvel urbano ou rural.

§ 1º O título de domínio e a concessão de uso serão conferidos ao homem ou à mulher, ou a ambos, independentemente do estado civil.

§ 2º O direito previsto no parágrafo antecedente não será reconhecido ao mesmo possuidor mais de uma vez.

Art. 1.240-A. Aquele que exercer, por 2 (dois) anos ininterruptamente e sem oposição, posse direta, com exclusividade, sobre imóvel urbano de até 250m² (duzentos e cinquenta metros quadrados) cuja propriedade divida com ex-cônjuge ou ex-companheiro que abandonou o lar, utilizando-o para sua moradia ou de sua família, adquirir-lhe-á o domínio integral, desde que não seja proprietário de outro imóvel urbano ou rural.

§ 1º O direito previsto no caput não será reconhecido ao mesmo possuidor mais de uma vez.

§ 2º (VETADO). (Incluído pela Lei nº 12.424, de 2011)

Art. 1.241. Poderá o possuidor requerer ao juiz seja declarada adquirida, mediante usucapião, a propriedade imóvel.

Parágrafo único. A declaração obtida na forma deste artigo constituirá título hábil para o registro no Cartório de Registro de Imóveis.

Art. 1.242. Adquire também a propriedade do imóvel aquele que, contínua e incontestadamente, com justo título e boa-fé, o possuir por dez anos.

Parágrafo único. Será de cinco anos o prazo previsto neste artigo se o imóvel houver sido adquirido, onerosamente, com base no registro constante do respectivo cartório, cancelada posteriormente, desde que os possuidores nele tiverem estabelecido a sua moradia, ou realizado investimentos de interesse social e econômico.

Art. 1.243. O possuidor pode, para o fim de contar o tempo exigido pelos artigos antecedentes, acrescentar à sua posse a dos seus antecessores (art. 1.207), contanto que todas sejam contínuas, pacíficas e, nos casos do art. 1.242, com justo título e de boa-fé.

Art. 1.244. Estende-se ao possuidor o disposto quanto ao devedor acerca das causas que obstam, suspendem ou interrompem a prescrição, as quais também se aplicam à usucapião.

Seção II
Da Aquisição pelo Registro do Título

Art. 1.245. Transfere-se entre vivos a propriedade mediante o registro do título translativo no Registro de Imóveis.

§ 1º Enquanto não se registrar o título translativo, o alienante continua a ser havido como dono do imóvel.

§ 2º Enquanto não se promover, por meio de ação própria, a decretação de invalidade do registro, e o respectivo cancelamento, o adquirente continua a ser havido como dono do imóvel.

Art. 1.246. O registro é eficaz desde o momento em que se apresentar o título ao oficial do registro, e este o prenotar no protocolo.

Art. 1.247. Se o teor do registro não exprimir a verdade, poderá o interessado reclamar que se retifique ou anule.

Parágrafo único. Cancelado o registro, poderá o proprietário reivindicar o imóvel, independentemente da boa-fé ou do título do terceiro adquirente.

(...)

CAPÍTULO IV
DA PERDA DA PROPRIEDADE

Art. 1.275. Além das causas consideradas neste Código, perde-se a propriedade:

I - por alienação;

II - pela renúncia;

III - por abandono;

IV - por perecimento da coisa;

V - por desapropriação.

Parágrafo único. Nos casos dos incisos I e II, os efeitos da perda da propriedade imóvel serão subordinados ao registro do título transmissivo ou do ato renunciativo no Registro de Imóveis.

Art. 1.276. O imóvel urbano que o proprietário abandonar, com a intenção de não mais o conservar em seu patrimônio, e que se não encontrar na posse de outrem, poderá ser arrecadado, como bem vago, e passar, três anos depois, à propriedade do Município ou à do Distrito Federal, se se achar nas respectivas circunscrições.

§ 1º O imóvel situado na zona rural, abandonado nas mesmas circunstâncias, poderá ser arrecadado, como bem vago, e passar, três anos depois, à propriedade da União, onde quer que ele se localize.

§ 2º Presumir-se-á de modo absoluto a intenção a que se refere este artigo, quando, cessados os atos de posse, deixar o proprietário de satisfazer os ônus fiscais.

(...)

(...)

TÍTULO X
DO PENHOR, DA HIPOTECA E DA ANTICRESE

CAPÍTULO I
DISPOSIÇÕES GERAIS

Art. 1.419. Nas dívidas garantidas por penhor, anticrese ou hipoteca, o bem dado em garantia fica sujeito, por vínculo real, ao cumprimento da obrigação.

Art. 1.420. Só aquele que pode alienar poderá empenhar, hipotecar ou dar em anticrese; só os bens que se podem alienar poderão ser dados em penhor, anticrese ou hipoteca.

§ 1º A propriedade superveniente torna eficaz, desde o registro, as garantias reais estabelecidas por quem não era dono.

§ 2º A coisa comum a dois ou mais proprietários não pode ser dada em garantia real, na sua totalidade, sem o consentimento de todos; mas cada um pode individualmente dar em garantia real a parte que tiver.

Art. 1.421. O pagamento de uma ou mais prestações da dívida não importa exoneração correspondente da garantia, ainda que esta compreenda vários bens, salvo disposição expressa no título ou na quitação.

Art. 1.422. O credor hipotecário e o pignoratício têm o direito de excutir a coisa hipotecada ou empenhada, e preferir, no pagamento, a outros credores, observada, quanto à hipoteca, a prioridade no registro.

Parágrafo único. Excetuam-se da regra estabelecida neste artigo as dívidas que, em virtude de outras leis, devam ser pagas precipuamente a quaisquer outros créditos.

Art. 1.423. O credor anticrético tem direito a reter em seu poder o bem, enquanto a dívida não for paga; extingue-se esse direito decorridos quinze anos da data de sua constituição.

Art. 1.424. Os contratos de penhor, anticrese ou hipoteca declararão, sob pena de não terem eficácia:

I - o valor do crédito, sua estimação, ou valor máximo;

II - o prazo fixado para pagamento;

III - a taxa dos juros, se houver;

IV - o bem dado em garantia com as suas especificações.

Art. 1.425. A dívida considera-se vencida:

I - se, deteriorando-se, ou depreciando-se o bem dado em segurança, desfalcar a garantia, e o devedor, intimado, não a reforçar ou substituir;

II - se o devedor cair em insolvência ou falir;

III - se as prestações não forem pontualmente pagas, toda vez que deste modo se achar estipulado o pagamento. Neste caso, o recebimento posterior da prestação atrasada importa renúncia do credor ao seu direito de execução imediata;

IV - se perecer o bem dado em garantia, e não for substituído;

V - se se desapropriar o bem dado em garantia, hipótese na qual se depositará a parte do preço que for necessária para o pagamento integral do credor.

§ 1º Nos casos de perecimento da coisa dada em garantia, esta se sub-rogará na indenização do seguro, ou no ressarcimento do dano, em benefício do credor, a quem assistirá sobre ela preferência até seu completo reembolso.

§ 2º Nos casos dos incisos IV e V, só se vencerá a hipoteca antes do prazo estipulado, se o perecimento, ou a desapropriação recair sobre o bem dado em garantia, e esta não abranger outras; subsistindo, no caso contrário, a dívida reduzida, com a respectiva garantia sobre os demais bens, não desapropriados ou destruídos.

Art. 1.426. Nas hipóteses do artigo anterior, de vencimento antecipado da dívida, não se compreendem os juros correspondentes ao tempo ainda não decorrido.

Art. 1.427. Salvo cláusula expressa, o terceiro que presta garantia real por dívida alheia não fica obrigado a substituí-la, ou reforçá-la, quando, sem culpa sua, se perca, deteriore, ou desvalorize.

Art. 1.428. É nula a cláusula que autoriza o credor pignoratício, anticrético ou hipotecário a ficar com o objeto da garantia, se a dívida não for paga no vencimento.

Parágrafo único. Após o vencimento, poderá o devedor dar a coisa em pagamento da dívida.

Art. 1.429. Os sucessores do devedor não podem remir parcialmente o penhor ou a hipoteca na proporção dos seus quinhões; qualquer deles, porém, pode fazê-lo no todo.

Parágrafo único. O herdeiro ou sucessor que fizer a remição fica sub-rogado nos direitos do credor pelas quotas que houver satisfeito.

Art. 1.430. Quando, excutido o penhor, ou executada a hipoteca, o produto não bastar para pagamento da dívida e despesas judiciais, continuará o devedor obrigado pessoalmente pelo restante.

CAPÍTULO II
Do Penhor

Seção I
Da Constituição do Penhor

Art. 1.431. Constitui-se o penhor pela transferência efetiva da posse que, em garantia do débito ao credor ou a quem o represente, faz o devedor, ou alguém por ele, de uma coisa móvel, suscetível de alienação.

Parágrafo único. No penhor rural, industrial, mercantil e de veículos, as coisas empenhadas continuam em poder do devedor, que as deve guardar e conservar.

Art. 1.432. O instrumento do penhor deverá ser levado a registro, por qualquer dos contratantes; o do penhor comum será registrado no Cartório de Títulos e Documentos.

Seção II
Dos Direitos do Credor Pignoratício

Art. 1.433. O credor pignoratício tem direito:

I – à posse da coisa empenhada;

II – à retenção dela, até que o indenizem das despesas devidamente justificadas, que tiver feito, não sendo ocasionadas por culpa sua;

III – ao ressarcimento do prejuízo que houver sofrido por vício da coisa empenhada;

IV – a promover a execução judicial, ou a venda amigável, se lhe permitir expressamente o contrato, ou lhe autorizar o devedor mediante procuração;

V – a apropriar-se dos frutos da coisa empenhada que se encontra em seu poder;

VI – a promover a venda antecipada, mediante prévia autorização judicial, sempre que haja receio fundado de que a coisa empenhada se perca ou deteriore, devendo o preço ser depositado. O dono da coisa empenhada pode impedir a venda antecipada, substituindo-a, ou oferecendo outra garantia real idônea.

Art. 1.434. O credor não pode ser constrangido a devolver a coisa empenhada, ou uma parte dela, antes de ser integralmente pago, podendo o juiz, a requerimento do proprietário, determinar que seja vendida apenas uma das coisas, ou parte da coisa empenhada, suficiente para o pagamento do credor.

Seção III
Das Obrigações do Credor Pignoratício

Art. 1.435. O credor pignoratício é obrigado:

I – à custódia da coisa, como depositário, e a ressarcir ao dono a perda ou deterioração de que for culpado, podendo ser compensada na dívida, até a concorrente quantia, a importância da responsabilidade;

II – à defesa da posse da coisa empenhada e a dar ciência, ao dono dela, das circunstâncias que tornarem necessário o exercício de ação possessória;

III – a imputar o valor dos frutos, de que se apropriar (art. 1.433, inciso V) nas despesas de guarda e conservação, nos juros e no capital da obrigação garantida, sucessivamente;

IV - a restituí-la, com os respectivos frutos e acessões, uma vez paga a dívida;

V - a entregar o que sobeje do preço, quando a dívida for paga, no caso do inciso IV do art. 1.433.

Seção IV
Da Extinção do Penhor

Art. 1.436. Extingue-se o penhor:

I - extinguindo-se a obrigação;

II - perecendo a coisa;

III - renunciando o credor;

IV - confundindo-se na mesma pessoa as qualidades de credor e de dono da coisa;

V - dando-se a adjudicação judicial, a remissão ou a venda da coisa empenhada, feita pelo credor ou por ele autorizada.

§ 1º Presume-se a renúncia do credor quando consentir na venda particular do penhor sem reserva de preço, quando restituir a sua posse ao devedor, ou quando anuir à sua substituição por outra garantia.

§ 2º Operando-se a confusão tão-somente quanto a parte da dívida pignoratícia, subsistirá inteiro o penhor quanto ao resto.

Art. 1.437. Produz efeitos a extinção do penhor depois de averbado o cancelamento do registro, à vista da respectiva prova.

CAPÍTULO III
DA HIPOTECA

Seção I
Disposições Gerais

Art. 1.473. Podem ser objeto de hipoteca:

I - os imóveis e os acessórios dos imóveis conjuntamente com eles;

II - o domínio direto;

III - o domínio útil;

IV - as estradas de ferro;

V - os recursos naturais a que se refere o art. 1.230, independentemente do solo onde se acham;

VI - os navios;

VII - as aeronaves.

VIII - o direito de uso especial para fins de moradia; (Incluído pela Lei nº 11.481, de 2007)

IX - o direito real de uso; (Incluído pela Lei nº 11.481, de 2007)

X - a propriedade superficiária; e (Redação dada pela Medida Provisória nº 700, de 2015) Vigência encerrada

X - a propriedade superficiária. (Incluído pela Lei nº 11.481, de 2007)

XI - Os direitos oriundos da imissão provisória na posse, quando concedida à união, aos estados, ao distrito federal, aos municípios ou às suas entidades delegadas e respectiva cessão e promessa de ces-são. (Incluído pela Medida Provisória nº 700, de 2015) Vigência encerrada

§ 1º a hipoteca dos navios e das aeronaves reger-se-á pelo disposto em lei especial. (Renumerado do parágrafo único pela Lei nº 11.481, de 2007)

§ 2º Os direitos de garantia instituídos nas hipóteses dos incisos IX e X do **caput** deste artigo ficam limitados à duração da concessão ou direito de superfície, caso tenham sido transferidos por período determinado. (Incluído pela Lei nº 11.481, de 2007)

Art. 1.474. A hipoteca abrange todas as acessões, melhoramentos ou construções do imóvel. Subsistem os ônus reais constituídos e registrados, anteriormente à hipoteca, sobre o mesmo imóvel.

Art. 1.475. É nula a cláusula que proíbe ao proprietário alienar imóvel hipotecado.

Parágrafo único. Pode convencionar-se que vencerá o crédito hipotecário, se o imóvel for alienado.

Art. 1.476. O dono do imóvel hipotecado pode constituir outra hipoteca sobre ele, mediante novo título, em favor do mesmo ou de outro credor.

Art. 1.477. Salvo o caso de insolvência do devedor, o credor da segunda hipoteca, embora vencida, não poderá executar o imóvel antes de vencida a primeira.

Parágrafo único. Não se considera insolvente o devedor por faltar ao pagamento das obrigações garantidas por hipotecas posteriores à primeira.

Art. 1.478. Se o devedor da obrigação garantida pela primeira hipoteca não se oferecer, no vencimento, para pagá-la, o credor da segunda pode promover-lhe a extinção, consignando a importância e citando o primeiro credor para recebê-la e o devedor para pagá-la; se este não pagar, o segundo credor, efetuando o pagamento, se sub-rogará nos direitos da hipoteca anterior, sem prejuízo dos que lhe competirem contra o devedor comum.

Parágrafo único. Se o primeiro credor estiver promovendo a execução da hipoteca, o credor da segunda depositará a importância do débito e as despesas judiciais.

Art. 1.479. O adquirente do imóvel hipotecado, desde que não se tenha obrigado pessoalmente a pagar as dívidas aos credores hipotecários, poderá exonerar-se da hipoteca, abandonando-lhes o imóvel.

Art. 1.480. O adquirente notificará o vendedor e os credores hipotecários, deferindo-lhes, conjuntamente, a posse do imóvel, ou o depositará em juízo.

Parágrafo único. Poderá o adquirente exercer a faculdade de abandonar o imóvel hipotecado, até as vinte e quatro horas subsequentes à citação, com que se inicia o procedimento executivo.

Art. 1.481. Dentro em trinta dias, contados do registro do título aquisitivo, tem o adquirente do imóvel hipotecado o direito de remi-lo, citando os credores hipotecários e propondo importância não inferior ao preço por que o adquiriu.

§ 1º Se o credor impugnar o preço da aquisição ou a importância oferecida, realizar-se-á licitação, efetuando-se a venda judicial a quem oferecer maior preço, assegurada preferência ao adquirente do imóvel.

§ 2º Não impugnado pelo credor, o preço da aquisição ou o preço proposto pelo adquirente, haver-se-á por definitivamente fixado para a remissão do imóvel, que ficará livre de hipoteca, uma vez pago ou depositado o preço.

§ 3º Se o adquirente deixar de remir o imóvel, sujeitando-o a execução, ficará obrigado a ressarcir os credores hipotecários da desvalorização que, por sua culpa, o mesmo vier a sofrer, além das despesas judiciais da execução.

§ 4º Disporá de ação regressiva contra o vendedor o adquirente que ficar privado do imóvel em consequência de licitação ou penhora, o que pagar a hipoteca, o que, por causa de adjudicação ou licitação, desembolsar com o pagamento da hipoteca importância excedente à da compra e o que suportar custas e despesas judiciais.

Art. 1.482. Realizada a praça, o executado poderá, até a assinatura do auto de arrematação ou até que seja publicada a sentença de adjudicação, remir o imóvel hipotecado, oferecendo preço igual ao da avaliação, se não tiver havido licitantes, ou ao do maior lance oferecido. Igual direito caberá ao cônjuge, aos descendentes ou ascendentes do executado. (Vide Lei n º 13.105, de 2015) (Vigência)

Art. 1.483. No caso de falência, ou insolvência, do devedor hipotecário, o direito de remição defere-se à massa, ou aos credores em concurso, não podendo o credor recusar o preço da avaliação do imóvel. (Vide Lei n º 13.105, de 2015) (Vigência)

Parágrafo único. Pode o credor hipotecário, para pagamento de seu crédito, requerer a adjudicação do imóvel avaliado em quantia inferior àquele, desde que dê quitação pela sua totalidade.

Art. 1.484. É lícito aos interessados fazer constar das escrituras o valor entre si ajustado dos imóveis hipotecados, o qual, devidamente atualizado, será a base para as arrematações, adjudicações e remições, dispensada a avaliação.

Art. 1.485. Mediante simples averbação, requerida por ambas as partes, poderá prorrogar-se a hipoteca, até perfazer vinte anos, da data do contrato. Desde que perfaça esse prazo, só poderá subsistir o contrato de hipoteca, reconstituindo-se por novo título e novo registro; e, nesse caso, lhe será mantida a precedência, que então lhe competir.

Art. 1.485. Mediante simples averbação, requerida por ambas as partes, poderá prorrogar-se a hipoteca, até 30 (trinta) anos da data do contrato. Desde que perfaça esse prazo, só poderá subsistir o contrato de hipoteca reconstituindo-se por novo título e novo registro; e, nesse caso, lhe será mantida a precedência, que então lhe competir. (Redação dada pela Lei nº 10.931, de 2004)

Art. 1.486. Podem o credor e o devedor, no ato constitutivo da hipoteca, autorizar a emissão da correspondente cédula hipotecária, na forma e para os fins previstos em lei especial.

Art. 1.487. A hipoteca pode ser constituída para garantia de dívida futura ou condicionada, desde que determinado o valor máximo do crédito a ser garantido.

§ 1º Nos casos deste artigo, a execução da hipoteca dependerá de prévia e expressa concordância do devedor quanto à verificação da condição, ou ao montante da dívida.

§ 2º Havendo divergência entre o credor e o devedor, caberá àquele fazer prova de seu crédito. Reconhecido este, o devedor responderá, inclusive, por perdas e danos, em razão da superveniente desvalorização do imóvel.

Art. 1.488. Se o imóvel, dado em garantia hipotecária, vier a ser loteado, ou se nele se constituir condomínio edilício, poderá o ônus ser dividido, gravando cada lote ou unidade autônoma, se o requererem ao juiz o credor, o devedor ou os donos, obedecida a proporção entre o valor de cada um deles e o crédito.

§ 1º O credor só poderá se opor ao pedido de desmembramento do ônus, provando que o mesmo importa em diminuição de sua garantia.

§ 2º Salvo convenção em contrário, todas as despesas judiciais ou extrajudiciais necessárias ao desmembramento do ônus correm por conta de quem o requerer.

§ 3º O desmembramento do ônus não exonera o devedor originário da responsabilidade a que se refere o art. 1.430, salvo anuência do credor.

Seção II
Da Hipoteca Legal

Art. 1.489. A lei confere hipoteca:

I - às pessoas de direito público interno (art. 41) sobre os imóveis pertencentes aos encarregados da cobrança, guarda ou administração dos respectivos fundos e rendas;

II - aos filhos, sobre os imóveis do pai ou da mãe que passar a outras núpcias, antes de fazer o inventário do casal anterior;

III - ao ofendido, ou aos seus herdeiros, sobre os imóveis do delinquente, para satisfação do dano causado pelo delito e pagamento das despesas judiciais;

IV - ao coerdeiro, para garantia do seu quinhão ou torna da partilha, sobre o imóvel adjudicado ao herdeiro reponente;

V - ao credor sobre o imóvel arrematado, para garantia do pagamento do restante do preço da arrematação.

Art. 1.490. O credor da hipoteca legal, ou quem o represente, poderá, provando a insuficiência dos imóveis especializados, exigir do devedor que seja reforçado com outros.

Art. 1.491. A hipoteca legal pode ser substituída por caução de títulos da dívida pública federal ou estadual, recebidos pelo valor de sua cotação mínima no ano corrente; ou por outra garantia, a critério do juiz, a requerimento do devedor.

Seção III
Do Registro da Hipoteca

Art. 1.492. As hipotecas serão registradas no cartório do lugar do imóvel, ou no de cada um deles, se o título se referir a mais de um.

Parágrafo único. Compete aos interessados, exibido o título, requerer o registro da hipoteca.

Art. 1.493. Os registros e averbações seguirão a ordem em que forem requeridas, verificando-se ela pela da sua numeração sucessiva no protocolo.

Parágrafo único. O número de ordem determina a prioridade, e esta a preferência entre as hipotecas.

Art. 1.494. Não se registrarão no mesmo dia duas hipotecas, ou uma hipoteca e outro direito real, sobre o mesmo imóvel, em favor de pessoas diversas, salvo se as escrituras, do mesmo dia, indicarem a hora em que foram lavradas.

Art. 1.495. Quando se apresentar ao oficial do registro título de hipoteca que mencione a constituição de anterior, não registrada, sobrestará ele na inscrição da nova, depois de a prenotar, até trinta dias, aguardando que o interessado inscreva a precedente; esgotado o prazo, sem que se requeira a inscrição desta, a hipoteca ulterior será registrada e obterá preferência.

Art. 1.496. Se tiver dúvida sobre a legalidade do registro requerido, o oficial fará, ainda assim, a prenotação do pedido. Se a dúvida, dentro em noventa dias, for julgada improcedente, o registro efetuar-se-á com o mesmo número que teria na data da prenotação; no caso contrário, cancelada esta, receberá o registro o número correspondente à data em que se tornar a requerer.

Art. 1.497. As hipotecas legais, de qualquer natureza, deverão ser registradas e especializadas.

§ 1º O registro e a especialização das hipotecas legais incumbem a quem está obrigado a prestar a garantia, mas os interessados podem promover a inscrição delas, ou solicitar ao Ministério Público que o faça.

§ 2º As pessoas, às quais incumbir o registro e a especialização das hipotecas legais, estão sujeitas a perdas e danos pela omissão.

Art. 1.498. Vale o registro da hipoteca, enquanto a obrigação perdurar; mas a especialização, em completando vinte anos, deve ser renovada.

Seção IV
Da Extinção da Hipoteca

Art. 1.499. A hipoteca extingue-se:

I - pela extinção da obrigação principal;

II - pelo perecimento da coisa;

III - pela resolução da propriedade;

IV - pela renúncia do credor;

V - pela remição;

VI - pela arrematação ou adjudicação.

Art. 1.500. Extingue-se ainda a hipoteca com a averbação, no Registro de Imóveis, do cancelamento do registro, à vista da respectiva prova.

Art. 1.501. Não extinguirá a hipoteca, devidamente registrada, a arrematação ou adjudicação, sem que tenham sido notificados judicialmente os respectivos credores hipotecários, que não forem de qualquer modo partes na execução.

CAPÍTULO IV
DA ANTICRESE

Art. 1.506. Pode o devedor ou outrem por ele, com a entrega do imóvel ao credor, ceder-lhe o direito de perceber, em compensação da dívida, os frutos e rendimentos.

§ 1º É permitido estipular que os frutos e rendimentos do imóvel sejam percebidos pelo credor à conta de juros, mas se o seu valor ultrapassar a taxa máxima permitida em lei para as operações financeiras, o remanescente será imputado ao capital.

§ 2º Quando a anticrese recair sobre bem imóvel, este poderá ser hipotecado pelo devedor ao credor anticrético, ou a terceiros, assim como o imóvel hipotecado poderá ser dado em anticrese.

Art. 1.507. O credor anticrético pode administrar os bens dados em anticrese e fruir seus frutos e utilidades, mas deverá apresentar anualmente balanço, exato e fiel, de sua administração.

§ 1º Se o devedor anticrético não concordar com o que se contém no balanço, por ser inexato, ou ruinosa a administração, poderá impugná-lo, e, se o quiser, requerer a transformação em arrendamento, fixando o juiz o valor mensal do aluguel, o qual poderá ser corrigido anualmente.

§ 2º O credor anticrético pode, salvo pacto em sentido contrário, arrendar os bens dados em anticrese a terceiro, mantendo, até ser pago, direito de retenção do imóvel, embora o aluguel desse arrendamento não seja vinculativo para o devedor.

Art. 1.508. O credor anticrético responde pelas deteriorações que, por culpa sua, o imóvel vier a sofrer, e pelos frutos e rendimentos que, por sua negligência, deixar de perceber.

Art. 1.509. O credor anticrético pode vindicar os seus direitos contra o adquirente dos bens, os credores quirografários e os hipotecários posteriores ao registro da anticrese.

§ 1º Se executar os bens por falta de pagamento da dívida, ou permitir que outro credor o execute, sem opor o seu direito de retenção ao exequente, não terá preferência sobre o preço.

§ 2º O credor anticrético não terá preferência sobre a indenização do seguro, quando o prédio seja destruído, nem, se forem desapropriados os bens, com relação à desapropriação.

Art. 1.510. O adquirente dos bens dados em anticrese poderá remi-los, antes do vencimento da dívida, pagando a sua totalidade à data do pedido de remição e imitir-se-á, se for o caso, na sua posse.

Questões

Capítulo 9

01. **(Analista Judiciário – Área Judiciária – TRE de Ceará / 2012 / FCC)** Com relação a Posse, considere:

I. As benfeitorias não se compensam com os danos, e só obrigam ao ressarcimento se, ao tempo da evicção, ainda existirem.

II. O possuidor pode intentar a ação de esbulho, ou a de indenização, contra o terceiro, que recebeu a coisa esbulhada sabendo que o era.

III. Ao possuidor de má-fé serão ressarcidos somente as benfeitorias necessárias.

IV. O possuidor de boa-fé tem direito, enquanto ela durar, aos frutos percebidos.

De acordo com o Código Civil brasileiro, está correto o que se afirma APENAS em

a) II e IV.

b) I, II e III.

c) I e III.

d) III e IV.

e) II, III e IV.

COMENTÁRIOS

Alternativa correta: "e".

Item I – incorreto: Conforme prescreve o art. 1.221 do CC/02, as benfeitorias compensam-se com os danos, e só obrigam ao ressarcimento se ao tempo da evicção ainda existirem. Assim, a lei permite a compensação, caso haja diferenças a pagar entre proprietário e possuidor. Ademais, somente terá direito à indenização se a benfeitoria existir no momento da evicção.

Item II – correto: O possuidor, que sofreu esbulho, poderá intentar ação de reintegração de posse cumulada ou não com a de indenização de perdas e danos não só contra o esbulhador, mas também contra terceiro, que recebeu o bem esbulhado, sabendo que o era, por ser receptador de coisa esbulhada, devido a sua má-fé ao adquiri-la do esbulhador, conforme prescreve o art. 1.212 do CC/02.

Item III – correto: O possuidor de má-fé só poderá ser ressarcido pelas benfeitorias necessárias que fizer em bem de outrem, porque tais benfeitorias visam à conservação do bem. Isso porque se o proprietário estivesse na posse da coisa, também seria forçado a realizá-las, conforme previsto no art. 1.220 do CC/02. Quanto às benfeitorias úteis e voluptuárias, não terá direito à indenização.

Item IV – correto: O possuidor de boa-fé, enquanto durar a boa-fé, terá direito aos frutos percebidos/colhidos, tendo em vista que exerce o poder sobre o bem. Contudo, terá estas vantagens se estiver de boa-fé no momento da percepção, não tendo, ainda, o dever de devolver os frutos colhidos durante este período que gozou do bem, conforme preceitua o art. 1.214 do CC/02.

02. (Analista Judiciário – Área Judiciária – TRE do Pernambuco / 2011 / FCC) De acordo com o Código Civil brasileiro, o imóvel urbano que o proprietário abandonar, com a intenção de não mais o conservar em seu patrimônio, e que não se encontrar na posse de outrem,

a) não poderá ser arrecadado como bem vago, uma vez que não existe a figura do abandono de bem imóvel no Código Civil brasileiro.
b) poderá ser arrecadado como bem vago e passar, três anos depois, à propriedade do Município ou à do Distrito Federal, se se achar nas respectivas circunscrições.
c) poderá ser arrecadado como bem vago e passar, dois anos depois, à propriedade do Município ou à do Distrito Federal, se se achar nas respectivas circunscrições.
d) poderá ser arrecadado como bem vago e passar, cinco anos depois, à propriedade da União.
e) poderá ser arrecadado como bem vago e passar, dez anos depois, à propriedade do Estado ou à do Distrito Federal, se se achar nas respectivas circunscrições.

COMENTÁRIOS

Alternativa "b" - correta: Trata-se de um ato unilateral na qual o proprietário de um imóvel dele se desfaz voluntariamente. Ou seja, deve ter a intenção de não mais querer o bem. Assim, cessados os atos de posse, o proprietário deixa de cumprir as obrigações de ordem fiscal, o que demonstra seu desinteresse. Ocorrendo a intenção de abandono do imóvel pelo seu proprietário ele será arrecadado como bem vago, conforme prescreve o art. 1.276 do CC/02.

03. **(Analista Judiciário - Área Judiciária - TRE do Rio Grande do Sul / 2010 / FCC)** O imóvel urbano que o proprietário abandonar, com a intenção de não mais o conservar em seu patrimônio, e que se não encontrar na posse de outrem, poderá ser arrecadado, como bem vago, e passar:

a) três anos depois, à propriedade do Município ou à do Distrito Federal, se se achar nas respectivas circunscrições.
b) dez anos depois, à propriedade da União.
c) cinco anos depois, à propriedade do respectivo Estado ou à do Distrito Federal, se se achar nas respectivas circunscrições.
d) cinco anos depois, à propriedade da União.
e) dez anos depois, à propriedade do Município ou à do Distrito Federal, se se achar nas respectivas circunscrições.

COMENTÁRIOS

Alternativa "a" - correta: Conforme prevê o art. 1.276 do CC/02, após 3 (três) anos da declaração de vacância, o imóvel passará a ser do Município ou Distrito Federa, se situado na zona urbana e à União, se situada na área rural, conforme prescreve o art. 1.276 do CC/02.

04. (Analista Judiciário - Execução de Mandados - TRF 4ª região / 2010 / FCC) Considere as seguintes assertivas a respeito da posse:

I. A posse pode ser adquirida por terceiro sem mandato, dependendo de ratificação.

II. A posse não se transmite aos herdeiros ou legatários do possuidor, em razão do caráter personalíssimo que a diferencia da propriedade.

III. Não obsta à manutenção ou reintegração na posse a alegação de propriedade, ou de outro direito sobre a coisa.

IV. Em regra, o possuidor de má-fé responde pela perda, ou deterioração da coisa, ainda que acidentais.

Está correto o que consta APENAS em

a) I, II e III.
b) I, III e IV.
c) II, III e IV.
d) I e IV.
e) I e III.

COMENTÁRIOS

Alternativa correta: "b".

Item I - correto: Conforme prescreve o inciso II do art. 1.205 do CC/02, a posse pode ser adquirida por terceiro sem mandato, dependendo de ratificação. Assim, com a ratificação do interessado, a posse que foi adquirida pelo terceiro será tida como válida, desde o momento do ato aquisitivo.

Item II - incorreto: Conforme prevê o art. 1.206 do CC/02, a posse **é** transmitida aos herdeiros ou legatários do possuidor, que darão continuidade à posse do *de cujus*, com os mesmos caracteres (vícios e qualidades).

Item III - correto: Trata-se da transcrição literal do § 2º do art. 1.210 do CC/02 que dispõe que "não obsta à manutenção ou reintegração de posse a alegação de propriedade, ou de outro direito sobre a coisa". Assim, o possuidor poderá ingressar com ação de manutenção na posse, em caso de turbação ou de ação de reintegração de posse em caso de esbulho, ainda que a outra parte alegue possuir o domínio sobre a coisa.

Item IV - correto: O possuidor de má-fé responde pela perda, ou deterioração da coisa, ainda que acidentais, devido à ilicitude de sua conduta de se apossar de coisa alheia. Tendo em vista, pela aplicação do princípio da má-fé não pode aproveitar a ninguém, devendo, com isso, ser responsabilizado pelos prejuízos que causar ao reivindicante, conforme prescrito no art. 1.218 do CC/02.

05. (Analista Judiciário - Execução de Mandados - TRF 1ª região / 2006 / FCC) Segundo o Código Civil brasileiro, a posse direta de pessoa que tem a coisa em seu poder, temporariamente, em virtude de direito pessoal, ou real,

a) anula a indireta, de quem aquela foi havida, podendo o possuidor direto defender a sua posse contra o indireto.

b) não anula a indireta, de quem aquela foi havida, podendo o possuidor direto defender a sua posse contra o indireto.
c) anula a indireta, de quem aquela foi havida, mas não pode o possuidor direto defender a sua posse contra o indireto.
d) não anula a indireta, de quem aquela foi havida, mas não pode o possuidor direto defender a sua posse contra o indireto.
e) anula a indireta, de quem aquela foi havida, bem como de terceiros ocupantes ou detentores, não havendo meio de defesa da posse em razão de sua anulação.

COMENTÁRIOS

Alternativa "b" – correta: Conforme prevê o art. 1.197 do CC/02, a posse direta é a do possuidor direto que a recebe em decorrência de direito real ou de contrato. Já a posse indireta é a do possuidor indireto que cede o uso do bem a outrem. Essa diferenciação surge do desmembramento da posse plena. Assim, o proprietário, por exemplo, pode usar e fruir da coisa, exercendo a posse de forma pessoal e direta. Pode, para atender seus interesses econômicos, ceder o uso e fruição a outrem, ocasião em que transferirá a posse direta e conservará a posse indireta. Dessa forma, o usufrutuário, o comodatário, o locatário e o depositário exercem a posse direta sobre a coisa, enquanto o nu-proprietário, o comodante, o locador e o depositante conservam a posse indireta. Ambas as posses (direta e indireta) coexistem, de forma que tanto o possuidor direto quanto o indireto podem valer-se da tutela possessória. Contudo, como o possuidor direto está **diretamente** ligado à coisa, exercendo sobre ela um poder físico imediato, pode defender a posse direta inclusive contra o possuidor indireto.

06. (Consulplan – Cartórios – Provimento - TJ – MG/2017) Acerca da posse, nos termos do Código Civil, é correto afirmar:

A) O possuidor de má-fé responde pela perda, ou deterioração da coisa, ainda que acidentais, salvo se provar que de igual modo se teriam dado, estando ela na posse do reivindicante.
B) Ao possuidor de má-fé não serão ressarcidas as benfeitorias necessárias; mas lhe assiste o direito de retenção pela importância destas, e pode levantar as voluptuárias.
C) As benfeitorias não se compensam com os danos, e só obrigam ao ressarcimento se ao tempo da evicção ainda existirem.
D) O reivindicante, obrigado a indenizar as benfeitorias ao possuidor de má-fé, tem o direito de optar entre o seu valor atual e o seu custo; ao possuidor de boa-fé indenizará pelo valor da data da turbação ou esbulho.

COMENTÁRIOS

Resposta: Alternativa correta letra "a".

Trata-se de transcrição literal do art. 1.218 do CC. A posse de boa-fé é conceituada pelo art. 1.201 do CC, que dispõe que "é de boa-fé a posse, se o possuidor ignora o vício, ou o obstáculo que impede a aquisição da coisa".Como o dispositivo só trata da posse de boa-fé, o conceito da posse de má-fé é feito *a contrario sensu*. Como a boa-fé é presumida, compete ao interessado fazer prova da má-fé do possuidor. Nesse ponto, a doutrina e a jurisprudência inclinam-se em adotar a teoria ética, que liga a má-fé à ideia de culpa. Dessa forma, a posse será de boa-fé apenas quando a ignorância se fundar em erro escusável. A culpa do possuidor atuará como excludente da boa-fé, tornando a posse de má-fé.

A posse de má-fé, por sua vez, acarreta as consequências abaixo:

a) não permite a aquisição da propriedade pela usucapião;

b) confere ao possuidor, apenas, o direito à indenização pelas benfeitorias necessárias, uma vez que estas representam melhoramentos que o próprio proprietário deveria realizar (art. 1.220, primeira parte do CC/02);

c) não confere ao possuidor o direito de retenção das melhorias úteis e necessárias e nem de levantar as voluptuárias (art. 1.220, segunda parte do CC/02);

d) responsabiliza o possuidor por todos os frutos, sejam os percebidos ou aqueles que por sua culpa deixou de perceber, sendo lhe garantido, apenas, o direito à indenização pelas despesas de produção e custeio (art. 1.216 do CC/02);

e) responsabiliza o possuidor pela perda ou deterioração da coisa, ainda que acidentais, salvo se provar que a perda ou deterioração ocorreria ainda que a coisa estivesse em poder do legítimo possuidor (art. 1.218 do CC/02).

Segunda parte
Processo Civil

Luciano Alves Rossato

CAPÍTULO 1

DIREITO PROCESSUAL CIVIL E AS NORMAS FUNDAMENTAIS

1. DIREITO PROCESSUAL CIVIL

1.1. Conceito

O **Direito Processual** constitui-se no "*conjunto de princípios e normas destinados a reger a solução de conflitos mediante o exercício do poder estatal ou arbitral*"[1], tendo como **subespécies** o *direito processual civil* e o *direito processual penal*.[2]

1.2. Ondas renovatórias de acesso à justiça

Atento à evolução da ciência processual e à busca da mitigação das dificuldades para o acesso à tutela jurisdicional, Mauro Cappelletti identificou as denominadas *ondas renovatórias de acesso à justiça* que, em suma, buscaram a universalização da tutela jurisdicional.[3]

São três as ***ondas renovatórias*** *(ou ondas de acesso):*

▸ ONDA	▸ ALCANCE
Primeira	Previsão da assistência judiciária, de modo que a hipossuficiência econômica não fosse obstáculo à busca do amparo judicial.
Segunda	Adoção de instrumentos para a tutela de direitos *transindividuais*.
Terceira	A justiça coexistencial, mais justa, com a participação efetiva das partes.

1.3. Fases metodológicas evolutivas

O direito processual experimentou, ao longo da história, várias fases, que foram identificadas como *fases metodológicas* evolutivas. São elas:

1. DINAMARCO, Cândido Rangel. *Instituições de Direito Processual Civil*. 8ª. ed. Vol. I. São Paulo: Malheiros, 2016, p. 99.
2. DINAMARCO, Cândido Rangel. *Instituições de Direito Processual Civil*. 8ª. ed. Vol. I. São Paulo: Malheiros, 2016, p. 99.
3. DINAMARCO, Cândido Rangel. *Instituições de Direito Processual Civil*. 8ª. ed. Vol. I. São Paulo: Malheiros, 2016, p. 93.

i) **Fase imanentista (do sincretismo)**: o processo era considerado mero apêndice do direito material. Não se identificava a relação jurídica processual, mas tão somente a relação jurídica de direito material. Savigny, a propósito, defendia que o próprio direito à tutela judicial decorre da lesão de um direito. Por isso, o direito se transformava em direito lesionado.

ii) **Fase autonomista (ou conceitual)**: com a identificação da diferenciação entre as relações jurídicas de direito *material* e *processual*, sendo esta dotada de pressupostos próprios (pressupostos processuais). Reconheceu-se que o direito processual é ramo da ciência jurídica, dotado de princípios próprios.[4]

iii) **Fase instrumentalista (teleológica)**: busca-se tornar mais célere a prestação jurisdicional, sem se afastar dos princípios básicos do direito processual.

▶ **ATENÇÃO:**

Oskar Von Büllow, doutrinador alemão, consolidou a ideia de ser o processo uma relação jurídica desenvolvida entre as partes e o juiz, oportunidade em que o direito processual adquiriu autonomia. As suas ideias podem ser assim resumidas: i) o processo é uma relação jurídica pública; ii) há a prática de atos que se desenvolvem de maneira lógica, buscando-se a resolução do mérito; iii) houve a identificação dos pressupostos processuais (pressupostos de uma relação jurídica específica).

O Código de Processo Civil de 2015 buscou a observância da *efetividade-adequação-tempestividade*[5], com a implementação de uma justiça coexistencial, acessível à toda população (enfim, universal) e a um processo justo.

O acesso à justiça, ou ***acesso à ordem jurídica justa*** (na lição de Kazuo Watanabe), revela não somente a postulação em juízo, mas também a permissão de participação efetiva na relação processual e obtenção de pronunciamento jurídico de mérito, justo e efetivo.

2. CONSTITUCIONALISMO E A EFETIVAÇÃO DOS DIREITOS FUNDAMENTAIS

2.1. Estado Democrático e de Direito

O Estado Constitucional somente estará alinhado ao constitucionalismo moderno se for democrático e de direito, vigas mestras da ordem jurídica, independentemente do sistema, tradição ou família jurídica em que se enquadre e que possa ter relação com a proposta de defesa do Direito, de segurança jurídica e igualdade.

---

4. Concepção que se deve, notadamente, aos estudos de Windscheid & Muther, dos quais se concebeu um novo conceito de ação, autônomo em face do direito subjetivo, e a defesa de uma nova relação jurídica, dita processual, diferente da relação de direito material, ideia defendida por *Oskar Von Büllow*.

5. DINAMARCO, Cândido Rangel. *Instituições de Direito Processual Civil*. 8ª. ed. Vol. I. São Paulo: Malheiros, 2016, p. 94.

A partir do momento em que se encampou a ideia de Estado Constitucional de Direito, **ocupando a Constituição o centro do sistema normativo, dotado de carga valorativa de grau correspondente à sua real importância, a legislação passou a encontrar nos princípios e nas regras constitucionais o seu fundamento de validade e de eficácia.**

Dessa maneira, o Direito Processual Civil também acompanhou o movimento de constitucionalização do Direito, o que, aliado à força normativa da Constituição, foi determinante para que o Texto Constitucional deixasse de ser uma mera *Carta de Intenções*.

Fala-se, então, que os princípios processuais se constituem em direitos fundamentais processuais, notadamente aqueles previstos expressamente no Texto, sendo o processo o palco adequado para a sua realização.

Nesse sentido, reza o art. 1º do CPC: *"O processo civil será ordenado, disciplinado e interpretado conforme os valores e as normas fundamentais estabelecidos na Constituição da República Federativa do Brasil, observando-se as disposições deste Código"*.

2.2. Modelo Constitucional de Processo

A análise das Normas Fundamentais é extremamente importante para se entender os fundamentos interpretativos do Código de Processo Civil e o que se espera do Direito Processual Civil brasileiro na atualidade, partindo-se da constatação de que houve verdadeira alteração de paradigma na aplicação do Direito, com a proposta de que o processo seja compreendido como um instrumento democrático de busca de solução dos conflitos.

Estas Normas Fundamentais encontram-se indicadas não só nos artigos 1º a 12 do Código de Processo Civil, mas estão espalhadas por todo o texto codificado, partindo-se da imposição de que o processo civil brasileiro será ordenado, disciplinado e interpretado conforme os valores e as normas fundamentais estabelecidos na Constituição, observando-se as disposições do Código (art. 1º).

Como é perceptível, as Normas Fundamentais têm a sua origem na Constituição Federal, constituindo-se na forma de como o legislador compreendeu a aplicação, no âmbito processual, **do princípio do devido processo legal em sua plenitude**, nele contido todos os princípios que lhe são derivados, como os do contraditório, ampla defesa, boa-fé etc.

Para tanto, as Normas Fundamentais partem do modelo fundamental ou do ***modelo constitucional de processo***, o que foi motivado pela constatação de que este passou a ter base normativa na Constituição e não apenas na lei processual.

Ora, é o Texto Fundamental que estabelece o modelo fundamental de processo a ser seguido por todos os ramos do direito processual, em observância à compatibilidade vertical normativa[6], constituindo-se em garantia orientada por valores e princípios encampados na Constituição.

Portanto, estabelece a Constituição as linhas fundamentais do processo[7], suas bases normativas e garantias mínimas[8], competindo ao legislador infraconstitucional traçar as especificidades próprias de cada ramo processual rumo à sua otimização.[9]

Constituição → Modelo Constitucional de Processo { Processo Civil; Processo Penal; Processo Administrativo }

E o modelo constitucional de processo brasileiro é orientado por vários princípios processuais, que assim podem ser enumerados: i) devido processo legal; ii) contraditório; iii) ampla defesa; iv) acesso à justiça; v) duplo grau de jurisdição; vi) publicidade; vii) motivação; viii) juiz natural, independente e imparcial; ix) inadmissibilidade de provas ilícitas; x) celeridade; e, xi) eficiência.

É verdade que o Código de 1973, embora elaborado sob a vigência de outra ordem constitucional, foi objeto de várias reformas para adaptação ao modelo de processo formatado pela Constituição. Além disso, a doutrina e a jurisprudência também faziam a sua parte, com a finalidade moldar o direito processual às diretrizes correspondentes.

Mas todas as reformas e mesmo o trabalho doutrinário e jurisprudencial corriam o risco de não seguir fundamentos coerentes, motivo pelo qual foi necessário elaborar-se um Novo Código de Processo Civil, alinhado à ordem constitucional.

Desse modo, o Código de Processo Civil de 2015 seguiu a tendência de conceder importância aos princípios fundamentais do processo, os quais servirão de premissa interpretativa, tendo como grandes vetores o modelo constitucional de processo e seus corolários, devido processo legal (formal e substantivo), o contraditório - em uma versão dinâmica (art. 10, CPC), a ampla defesa e uma renovada fundamentação estruturada e legítima das decisões judiciais (art. 486, CPC).

Por tais motivos, as Normas Fundamentais erigidas no Código de Processo Civil buscam regulamentar as normas constitucionais processuais, especificando a sua aplicação no âmbito do Direito Processual Civil, sem prejuízo de sua aplicabilidade supletiva e subsidiária aos processos eleitorais, trabalhistas e administrativos.

---

6. SANTOS, Eduardo Rodrigues dos. Princípios Processuais Constitucionais. Salvador: Juspodivm, 2016, p. 74.
7. CINTRA, Antônio Carlos de Araújo; GRINOVER, Ada Pellegrini; DINAMARCO, Candido Rangel. Teoria Geral do Processo. 26ª. ed. São Paulo: Malheiros, 2010, p. 84.
8. SANTOS, Eduardo Rodrigues dos. Princípios Processuais Constitucionais. Salvador: Juspodivm, 2016, p. 77.
9. SANTOS, Eduardo Rodrigues dos. Princípios Processuais Constitucionais. Salvador: Juspodivm, 2016, p. 77.

2.3. Os Princípios e as Regras Processuais

A partir dos estudos de Dworkin e Alexy, chegou-se à compreensão da **amplitude das normas**.

Dworkin: filósofo do Direito norte-americano
Defendeu que o sistema jurídico não está restrito às leis e que os princípios não funcionam simplesmente como meios de integração.
Alexy: filósofo do Direito alemão
Defendeu que o Direito é constituído não somente por regras, mas também por princípios e diretrizes políticas.

Partindo-se dos estudos de Dworkin, Robert Alex construiu a **tese da distinção entreregras e princípios**, que pode ser sintetizada no seguinte quadro:

▶ DIFERENCIAÇÃO ENTRE REGRAS E PRINCÍPIOS (ROBERT ALEXY)	
REGRAS	**PRINCÍPIOS**
As regras são aplicáveis atentando-se para "o tudo ou nada". Sendo válida uma regra, ela deve ser aplicada.	Para os princípios, diferentemente, deve-se observar a proporcionalidade, havendo uma "dimensão de peso entre princípios". Por isso, os princípios "apresentam a natureza de *mandamentos de otimização*".[10]

3. NORMAS FUNDAMENTAIS DO PROCESSO CIVIL

3.1. O Princípio do Devido Processo Legal como Princípio Nuclear

Os princípios fundamentais decorrem de um **núcleo comum**, que é o **princípio do devido processo legal**, "o gênero do qual todos os demais princípios constitucionais do processo são espécies".[11] Encontra-se previsto no art. 5º, LIV, da CF e, genericamente, é caracterizado pelo "trinômio vida-liberdade-propriedade, vale dizer, tem-se o direito de tutela àqueles bens da vida em seu sentido mais amplo e genérico".[12]

O devido processo legal pode se expressar por meio dos seguintes sentidos:

(i) **Devido processo legal em sentido material**: busca-se evitar o arbítrio do legislador e a discricionariedade do Poder Público, exigindo-se a edição de normas que observem a razoabilidade e a proporcionalidade.

---

10. THEODORO JÚNIOR, Humberto. NUNES, Dierle. BAHIA, Alexandre Melo Franco. PEDRON, Flávio Quinaud. Novo CPC - Fundamentos e Sistematização. Rio de Janeiro: GEN-Forense, 2015, p. 45.
11. NERY JR, Nelson. *Princípios do Processo Civil na Constituição Federal*. 8ª. ed. São Paulo: RT, 2004, p. 60.
12. NERY JR, Nelson. *Princípios do Processo Civil na Constituição Federal*. 8ª. ed. São Paulo: RT, 2004, p. 63.

(ii) **Devido processo legal em sentido processual**: concretiza-se com a possibilidade efetiva de acesso à justiça, com a apresentação de pretensão e oferecimento de defesa da forma mais ampla possível.[13]

3.2. Regra Jurídica da Iniciativa da Parte e do Impulso Oficial

O Poder Judiciário deverá ser provocado para que possa atuar no caso concreto. Trata-se de efeito corolário da regra jurídica da iniciativa da parte, dispositivo ou inércia da jurisdição.

De acordo com o art. 2º do CPC, o processo começa por iniciativa da parte, com a ressalva das exceções previstas em lei. Em complemento, o art. 312 do CPC consagra que o processo somente se inicia com o protocolo da petição inicial perante o Poder Judiciário.

Ao provocar o Poder Judiciário, o jurisdicionado exerce a **demanda** por meio do instrumento específico denominado petição inicial.

A ordem jurídica admite, **em situações excepcionais**, que ocorra a atuação do Poder Judiciário sem prévio pedido da parte. Podem ser indicados como exemplos: i) arrecadação de herança jacente; ii) condenação por litigância de má-fé processual; iii) admissão do *amicus curiae*; iv) determinação da medida coercitiva adequada para o cumprimento de obrigação de fazer ou de entregar; v) início do procedimento de remoção de irregularidades em entidade de atendimento processado perante a Vara da Infância e da Juventude.

> ▶ **ATENÇÃO!**
> Pelo CPC de 2015, a abertura de **inventário não poderá ocorrer de ofício pelo juiz**, tal como era autorizado no Código anterior.

3.3. Impulso Oficial

Por força do caráter publicístico do processo, a lei processual atribui ao juiz o dever de impulsioná-lo em busca de seu desfecho. Trata-se de tradição entre os países de *civil law*.

O labor impulsionador do magistrado seguirá uma sequência lógica, tendo como objetivo a solução de mérito justa e efetiva.

3.4. Princípio do Acesso à Justiça ou Inafastabilidade do Controle Jurisdicional

O princípio do acesso à justiça foi positivado no inciso XXXV, do art. 5º, da CF, garantindo-se que "a lei não excluirá da apreciação do Poder Judiciário lesão ou ameaça a direito".

---

13. NERY JR, Nelson. *Princípios do Processo Civil na Constituição Federal*. 8ª. ed. São Paulo: RT, 2004, p. 70.

O acesso à justiça consiste, a um só tempo, em um direito fundamental e uma garantia à efetivação de direitos[14], formando-se entre as partes uma situação de interdependência e não propriamente de submissão. O Código de Processo Civil repetiu a fórmula de que "não se excluirá da apreciação jurisdicional ameaça ou lesão a direito" no *caput* do art. 3º e, na sequência, trouxe uma novidade, que se apresentou como uma transformação radical.[15]

Com efeito, a adequada leitura do art. 3º demonstra que o acesso à justiça não se encerra apenas como direito à ordem jurídica justa por meio de acesso aos tribunais. Pelo novo modelo, garante-se o acesso à ***justiça coexistencial***, em que a solução adjudicada pela autoridade judiciária representará o último remédio, a ser ministrado unicamente se adequado ao caso concreto. Busca-se "o acesso aos direitos pela via adequada de composição".[16]

Nesse sentido, o acesso à justiça não se efetivará apenas pela via adjudicada, mas por várias alternativas, abrindo-se muitas portas que objetivam o acesso à efetivação de direitos. Fala-se, então, **em tribunal multiportas,** em que a efetivação de direitos pode ser obtida pela conciliação, mediação, arbitragem, entre outras técnicas.

A ideia de acesso à justiça partiu de uma concepção de cunho exclusivamente formal, por meio da qual se buscava garantir ao jurisdicionado demandar em juízo.

Atualmente, porém, esta concepção não se revelou suficiente para a efetivação de direitos, evoluindo-se para alcançar também a concepção material, por meio da qual "o partícipe do discurso de aplicação do direito pelo Judiciário na condição de seu coautor".[17]

3.5. Princípio da Primazia do Julgamento de Mérito

Em conformidade com o disposto no art. 4º do CPC, "as partes têm o direito de obter em prazo razoável a solução integral do mérito, incluída a atividade satisfativa". Neste dispositivo é possível extrair o princípio da preferência ou da primazia pelo julgamento de mérito.

Uma vez iniciada a relação processual, deverá o magistrado conduzir o processo com vista ao julgamento de seu mérito, aproveitando-se ao máximo os atos processuais, evitando-se reconhecer nulidades quando estas podem ser sanadas ou se o mérito pode ser decidido em favor do prejudicado, deixando de lado a jurisprudência defensiva etc.

---

14. CICHOCKI NETO, José. Limitações ao Acesso à Justiça. Curitiba: Paraná, 1999, p. 65.
15. DIDIER JR., Fredie. ZANETI JR., Hermes. *Justiça Multiportas e Tutela Constitucional Adequada*. Grandes Temas do NCPC, vol. 9. Salvador: Juspodivm, 2016, p. 36.
16. DIDIER JR., Fredie. ZANETI JR., Hermes. *Justiça Multiportas e Tutela Constitucional Adequada*. Grandes Temas do NCPC, vol. 9. Salvador: Juspodivm, 2016, p. 36.
17. PEDRON, Folávio Quinaud. *Reflexões sobre o "acesso à justiça" qualitativo no Código de Processo Civil Brasileiro"*. DIDIER JR, Fredie (org.). *Normas Fundamentais*. Salvador: Juspodivm, 2016, p. 34.

Consequentemente, o formalismo vazio não encontra aderência ao processo de cunho democrático.

3.6. Princípio da Duração Razoável do Processo

Seguindo a tendência internacional, a Emenda Constitucional n. 45/2004 inseriu o inciso LXXVIII ao art. 5º da Constituição Federal e, a partir de então, o princípio da duração razoável do processo passou a ter *status* constitucional.

No mesmo sentido, o Código de Processo Civil de 2015 encampou o princípio conforme se vê do art. 4º, no sentido de que as partes têm o direito de obter em prazo razoável a solução integral do mérito, incluída a atividade satisfativa. No mesmo passo, incumbiu ao magistrado o dever de velar pela duração razoável do processo (art. 139, II).

3.7. Princípio da boa-fé processual

O princípio da boa-fé decorre da segurança jurídica, um dos fundamentos da República, bem como da dignidade da pessoa humana (art. 1º, III) e da própria solidariedade social (art. 3º, I). Para outros, trata-se de corolário do devido processo legal.[18] Consiste em:

> Exigir do agente a prática do ato jurídico sempre pautado em condutas normativamente corretas e coerentes, identificadas com a ideia de *lealdade* e *lisura*. Com isso, confere-se segurança às relações jurídicas, permitindo-se aos respectivos sujeitos confiar nos seus efeitos programados e esperados.[19]

O CPC de 2015 incluiu a boa-fé processual entre as normas fundamentais do processo civil, sob a forma de cláusula geral (art. 5º). Possui como destinatários todos os sujeitos do processo, alcançando, portanto, as partes, terceiros interessados e intervenientes, auxiliares da justiça, juízes e Tribunais, que devem estabelecer um diálogo transparente, eficiente e probo.[20]

Adotando a cláusula geral da boa-fé objetiva, o Código de Processo Civil propõe melhorar a relação juiz-litigantes, permitindo o estabelecimento de um verdadeiro diálogo entre os sujeitos processuais nas mais diferenciadas fases do processo, quer seja na preparatória do procedimento, de problematização e até mesmo na fase recursal.

---

18. GAJARDONI, Fernando da Fonseca. DELLORE, Luiz. ROQUE, André Vasconcelos. OLIVEIRA JR., Zulmar Duarte de Oliveira. *Teoria Geral do Processo. Comentários ao CPC de 2015. Parte geral.* São Paulo: Método, 2015, p. 252.
19. THEODORO JÚNIOR, Humberto. NUNES, Dierle. BAHIA, Alexandre Melo Franco. PEDRON, Flávio Quinaud. *Novo CPC. Op. Cit.*, p. 163.
20. THEODORO JÚNIOR, Humberto. NUNES, Dierle. BAHIA, Alexandre Melo Franco. PEDRON, Flávio Quinaud. *Op. Cit.*, p. 163.

Durante esse diálogo e na prática de todos os atos processuais, devem os litigantes pautar as suas condutas sob a ordem da boa-fé objetiva processual.

Cada litigante, então, tem o dever de boa-fé (que é presumido) para cada ato processual praticado. Há um vínculo jurídico com a probidade em cada ato e "a má-fé a respeito de um ato não se contagia a outro, nem cria, a respeito dessoutro, presunção de má-fé. O princípio é de o que hão de se tratar, para os efeitos de se caracterizar o abuso, separados, pluralisticamente, os atos e omissões do litigante".[21]

3.8. Princípio da Cooperação Processual

O princípio processual da cooperação processual tem o seu cerne na concepção de que o processo rege uma relação processual entre as partes e o juiz, que interagem entre si, estabelecendo-se uma comunidade de trabalho.

Nesse sentido, a cooperação processual pode ser vista sob a ótica do juiz, que tem o dever de direcionar o processo em busca da decisão de mérito justa e efetiva, bem como pela ótica das partes, que possam participar da condução do processo.

O CPC previu expressamente o princípio da cooperação em seu artigo 6º, de acordo com o qual "todos os sujeitos do processo devem cooperar entre si para que se obtenha, em tempo razoável, decisão de mérito justa e efetiva". O princípio da cooperação imputa aos sujeitos processuais determinados deveres (dever de lealdade, dever de esclarecimento, dever de consulta, dever de proteção, dever de prevenção etc).

Da forma como previsto no Código de Processo Civil, tem-se que o dever de cooperação deve ser visto como uma cláusula geral, vislumbrando-se um modelo cooperativo de processo.

3.9. Princípio da Isonomia

O art. 7º do CPC assegura a paridade de tratamento em relação ao exercício de direitos e faculdades processuais, aos meios de defesa, aos ônus, aos deveres e à aplicação de sanções processuais, cabendo ao magistrado zelar pelo efetivo contraditório. Encampou-se o direito à igualdade processual como sendo um componente integrante do processo justo.

Veda-se a concessão de discriminações sem que exista justo motivo para tanto. Além disso, deve-se garantir que todos aqueles que tenham iguais posições processuais possam buscar influenciar, em igual medida, o juiz.

---

21. MIRANDA, Pontes. *Comentários ao Código de Processo Civil*. Tomo I. 5ª. ed. Rio de Janeiro: Forense, 1995, p. 358.

3.10. Princípio da publicidade dos atos processuais

Em conformidade com o art. 5º, LX, da CF, "a lei só poderá restringir a publicidade dos atos processuais quando a defesa da intimidade ou o interesse social o exigirem", enquanto o art. 93, IX, também da CF, dispõe que "todos os julgamentos dos órgãos do Poder Judiciário serão públicos".

E o CPC, dando-se efetividade à publicidade dos atos processuais, prevê o art. 189 do CPC que os atos processuais são públicos. Porém, há determinados processos e atos que correm em segredo de justiça.

▸ CORRERÃO EM SEGREDO DE JUSTIÇA OS SEGUINTES PROCESSOS:
I) em que se o exija o interesse público ou social;
II) que versem sobre casamento, separação de corpos, divórcio, separação, união estável, filiação, alimentos e guarda de crianças e adolescentes;
III)em que constem dados protegidos pelo direito constitucional à intimidade;
IV)que versem sobre arbitragem, inclusive sobre cumprimento de carta arbitral, desde que a confidencialidade estipulada na arbitragem seja comprovada perante o juízo.

O direito de consultar os autos de processo que tramite em segredo de justiça e de pedir certidões de seus atos é restrito às partes e aos seus procuradores.

O terceiro que demonstrar interesse jurídico poderá requerer ao juiz certidão do dispositivo da sentença, bem como de inventário e de partilha resultantes de divórcio ou separação.

Realizando-se a comparação entre os Códigos de 1973 e 2015, nota-se que houve ampliação das hipóteses em que o processo poderá correr sob segredo de justiça.

Tem-se que as hipóteses mencionadas integram rol exemplificativo, admitindo-se que o juiz fixe o segredo de justiça também para outras situações.

Existem determinados atos que são atingidos pelo segredo de justiça, muito embora o processo como um todo seja público.

3.11. Princípio do Contraditório Dinâmico

Não há processo sem o efetivo contraditório. Trata-se de princípio inerente ao devido processo legal, pelo qual deve ser garantido às partes a possibilidade de se manifestar previamente à decisão judicial, com a finalidade de influenciá-lo, evitando-se a decisão surpresa.

Dessa maneira, ainda que se trate de matéria que possa conhecer de ofício, o juiz não poderá decidir, em grau algum de jurisdição, com base em fundamento a respeito do qual não se tenha dado às partes oportunidade de se manifestar.

Não obstante o que foi dito anteriormente, admite-se que o contraditório seja postergado, ou seja, ocorra posteriormente, ante a necessidade de urgência no deferimento da medida pleiteada.

Por isso, o parágrafo único do art. 9º do CPC indica não ser proferida decisão contra uma das partes sem que ela seja previamente ouvida, o que não é aplicável à tutela provisória de urgência, às hipóteses de tutela da evidência indicadas nos incisos II e III do art. 311, bem como à decisão prevista no art. 701.

3.12. Princípio da Fundamentação Analítica

A fundamentação das decisões judiciais é um dever imposto pela Constituição Federal (art. 93, IX), reiterado pelo Código de Processo Civil (art. 11), que registrou o conteúdo mínimo das decisões judiciais (art. 489 do CPC).

Na medida em que se garante o contraditório dinâmico (ou, substancial), dando-se voz às partes para que possam influenciar o magistrado, o Código de Processo Civil também impõe o dever de que o juiz possa oferecer uma resposta adequada.

Ou seja, deve-se garantir que as partes tenham os seus argumentos considerados pelo juiz quando da tomada das decisões.

Em conformidade com o previsto no § 1º do art. 489 do CPC, não se considera fundamentada qualquer decisão judicial, seja ela interlocutória, sentença ou acórdão, que:

I) se limitar à indicação, à reprodução ou à paráfrase de ato normativo, sem explicar sua relação com a causa ou a questão decidida;

II) empregar conceitos jurídicos indeterminados, sem explicar o motivo concreto de sua incidência no caso;

III) invocar motivos que prestariam a justificar qualquer outra decisão;

IV) não enfrentar todos os argumentos deduzidos no processo capazes de, em tese, infirmar a conclusão adotada pelo julgador;

V) se limitar a invocar precedente ou enunciado de súmula, sem identificar seus fundamentos determinantes nem demonstrar que o caso sob julgamento se ajusta àqueles fundamentos;

VI) deixar de seguir enunciado de súmula, jurisprudência ou precedente invocado pela parte, sem demonstrar a existência de distinção no caso em julgamento ou a superação do entendimento.

A propósito do tema, foram aprovados os seguintes Enunciados da Escola Nacional de Formação e Aperfeiçoamento dos Magistrados:

Enunciados da Escola Nacional de Formação e Aperfeiçoamento dos Magistrados:

- **Enunciado nº 10:** A fundamentação sucinta não se confunde com a ausência de fundamentação e não acarreta a nulidade da decisão se forem enfrentadas todas as questões cuja resolução, em tese, influencie a decisão da causa.

- **Enunciado nº 11:** Os precedentes a que se referem os incisos V e VI do § 1º do art. 489 do CPC/2015 são apenas os mencionados no art. 927 e no inciso IV do art. 332.
- **Enunciado nº 12:** Não ofende a norma extraível do inciso IV do § 1º do art. 489 do CPC/2015 a decisão que deixar de apreciar questões cujo exame tenha ficado prejudicado em razão da análise anterior de questão subordinante.
- **Enunciado nº 13:** O art. 489, § 1º, IV, do CPC/2015 não obriga o juiz a enfrentar os fundamentos jurídicos invocados pela parte, quando já tenham sido enfrentados na formação dos precedentes obrigatórios.
- **Enunciado nº 19:** A decisão que aplica a tese jurídica firmada em julgamento de casos repetitivos não precisa enfrentar os fundamentos já analisados na decisão paradigma, sendo suficiente, para fins de atendimento das exigências constantes no art. 489, § 1º, do CPC/2015, a correlação fática e jurídica entre o caso concreto e aquele apreciado no incidente de solução concentrada.

3.13. Atendimento Preferencial da Ordem Cronológica

Os juízes e os tribunais atenderão, preferencialmente, à ordem cronológica de conclusão para proferir sentença ou acórdão. Estão excluídos desta regra:

I - as sentenças proferidas em audiência, homologatórias de acordo ou de improcedência liminar do pedido;

II - o julgamento de processos em bloco para aplicação de tese jurídica firmada em julgamento de casos repetitivos;

III - o julgamento de recursos repetitivos ou de incidente de resolução de demandas repetitivas;

IV - as decisões proferidas com base nos arts. 485 e 932;

V - o julgamento de embargos de declaração;

VI - o julgamento de agravo interno;

VII - as preferências legais e as metas estabelecidas pelo Conselho Nacional de Justiça; VIII - os processos criminais, nos órgãos jurisdicionais que tenham competência penal; IX - a causa que exija urgência no julgamento, assim reconhecida por decisão fundamentada.

▶ PRIORIDADE ESPECIAL:

De acordo com o Estatuto do Idoso, **dentre os processos de idosos**, dar-se-á **prioridade especial aos maiores de oitenta anos** (art. 71, §5º - redação dada pela Lei nº 13.466/2017).

3.14. Princípio da Autonomia de Vontade das Partes e do Dispositivo em Sentido Processual

O publicismo processual inseriu o magistrado como figura central do processo, tendo as partes a sua autonomia extremamente reduzida, desconsiderando-se que os seus interesses privados não estão adstritos ao direito material, abrangendo também o processual.

E a proposta do Código de Processo Civil foi a de abrandar o modelo e permitir que as partes se utilizem de instrumentos convencionais, com a repartição do poder no processo, "numa relação de coordenação própria do formalismo processual contemporâneo".[22]

A partir dessa concepção, as partes deixam de ser simples provocadores da jurisdição, para participar também da própria condução do processo, admitindo-se que tracem as linhas necessárias do procedimento.[23]

Esta autonomia das partes em relação ao processo tem fundamento no *princípio do debate*, também designado como *princípio do dispositivo em sentido processual*[24], que corresponde "ao princípio regente da autonomia e liberdade dos sujeitos do processo não apenas no que toca à disponibilidade sobre o direito material, mas também sobre as situações processuais. Dele decorrem as faculdades de alegar fatos e produzir prova, por exemplo".[25]

► **IMPORTANTE:**

Diferenciação entre os sentidos material e processual do princípio do dispositivo.

"Enquanto o princípio dispositivo (em sentido material) tem sede constitucional (e portanto adquire uma maior dimensão política), o princípio do debate é técnico, e significa uma opção legislativa para o desenvolvimento do processo. (...) Trata-se de uma opção política e ideológica de cada sistema processual: ou apostar na condução do processo exclusivamente focada no juiz, ou uma tendência de valorização das partes. E o sistema processual brasileiro introduziu e incorporou o princípio do debate".[26][grifo nosso].

Enfim, **o princípio do debate (dispositivo em sentido processual)** atribui maior autonomia às partes na condução do procedimento, permitindo-lhes firmar o negócio processual (típico e atípico), conforme mencionado no art. 190 do Código de Processo Civil.

Admite-se, então, o princípio do respeito ao autorregramento da vontade (autorregramento formal), que limitará a regra do impulso oficial, admitindo-se a derrogação do regramento legislado pela regra convencional.

A partir dessa concepção, concentra o art. 190 do Novo CPC duas normas diferentes, uma das quais importa na atribuição de competência (permitindo-se as partes a previsão de normas nesse sentido) e outra como norma legal, de modo que o procedimento previsto na lei será o vigente se não houver acordo em sentido contrário.[27]

22. CABRAL, Antonio do Passo. Convenções Processuais. Salvador: Juspodivm, 2016, p. 138.
23. CABRAL, Antonio do Passo. Convenções Processuais. Salvador: Juspodivm, 2016, p. 140.
24. CABRAL, Antonio do Passo. Convenções Processuais. Salvador: Juspodivm, 2016, p. 140.
25. CABRAL, Antonio do Passo. Convenções Processuais. Salvador: Juspodivm, 2016, p. 140.
26. CABRAL, Antonio do Passo. Convenções Processuais. Salvador: Juspodivm, 2016, p. 140.
27. CABRAL, Antonio do Passo. Convenções Processuais. Salvador: Juspodivm, 2016, p. 148.

3.15. Princípios Regentes da Aplicação do Ordenamento Jurídico

Conforme dispõe o art. 8º do Código de Processo Civil, ao aplicar o ordenamento jurídico, "o juiz atenderá aos fins sociais e às exigências do bem comum, resguardando e promovendo a dignidade da pessoa humana e observando a proporcionalidade, a razoabilidade, a legalidade, a publicidade e a eficiência".

4. A NORMA PROCESSUAL CIVIL

4.1. Definição de Lei Processual Civil

O Código de Processo Civil em vigor foi aprovado pela Lei n. 13.105/2015, posteriormente modificado pela Lei n. 13.257/2016. Aquela é uma das leis processuais civis em vigência no Brasil.

A Lei Processual Civil constitui toda aquela que "disciplina a função jurisdicional desenvolvida pelos juízes e tribunais, quando convocados pelos titulares de interesses jurídicos em conflito na órbita civil *lato sensu*".[28]

Em conformidade com o art. 13 do NCPC, a "jurisdição civil será regida pelas normas processuais brasileiras, ressalvadas as disposições específicas previstas em tratados, convenções ou acordos internacionais de que o Brasil seja parte".

A lei processual terá eficácia imediata aos processos em curso, respeitando-se os atos processuais praticados e as situações jurídicas consolidadas sob a vigência da norma revogada.

4.2. Interpretação da norma processual

No processo de interpretação, busca-se descobrir o sentido da lei. Na atualidade, em razão da constitucionalização do direito processual civil, as regras de hermenêutica tradicional se mostram insuficientes.

4.3. Norma processual no tempo e no espaço.

A Lei Processual Civil constitui toda aquela que "disciplina a função jurisdicional desenvolvida pelos juízes e tribunais, quando convocados pelos titulares de interesses jurídicos em conflito na órbita civil *lato sensu*".[29]

Em conformidade com o art. 13 do CPC, a "jurisdição civil será regida pelas normas processuais brasileiras, ressalvadas as disposições específicas previstas em tratados, convenções ou acordos internacionais de que o Brasil seja parte".

---

28. THEODORO JÚNIOR, Humberto. Curso de Direito Processual Civil. 56a. ed. Vol. I. Rio de Janeiro: Gen-Forense, 2015, p. 33.
29.. THEODORO JÚNIOR, Humberto. Curso de Direito Processual Civil. 56a. ed. Vol. I. Rio de Janeiro: Gen-Forense, 2015, p. 33.

A lei processual terá eficácia imediata aos processos em curso, respeitando-se os atos processuais praticados e as situações jurídicas consolidadas sob a vigência da norma revogada.

5. O CPC E O DIREITO INTERTEMPORAL

5.1. Conceito de direito intertemporal

As "normas jurídicas têm vida própria, pois nascem, existem e morrem. Esses momentos dizem respeito à determinação do início, da continuidade e da cessação de sua vigência".[30] Tomando emprestadas estas palavras, tem-se um excelente início de estudo do direito intertemporal, permitindo-se investigar, no caso concreto, se a nova norma(ou, como adiante denominado, *metanorma*), pode ou não repercutir em relação a atos regidos pela norma anterior.

Deveras, se a norma morre, outra assume o seu lugar no contexto da ordem jurídica, impondo-se questionar **se os atos praticados sob a vigência da primeira estarão ou não resguardados**, bem como em qual momento é iniciada a aplicação da nova lei.

A propósito do tema, a Constituição Federal, de modo inflexível[31], em prol da segurança jurídica, determinou que a lei deverá observar o ato jurídico perfeito, o direito adquirido e a coisa julgada.

A Lei de Introdução às normas do Direito Brasileiro, por sua vez, também impõe que a lei em vigor tem efeito imediato e geral, respeitados o ato jurídico perfeito, o direito adquirido e a coisa julgada, indicando ser o primeiro aquele ato já consumado de acordo com a lei vigente ao tempo em que se efetuou (art. 6º, *caput* e § 1º).

Dessa maneira, tem-se a importância do estudo do *direito intertemporal*, que regula os conflitos que possam existir (e naturalmente ocorrerão) entre as relações jurídicas regidas pela lei anterior e as novas disposições. Enfim, a "nova lei só tem vigor para o futuro ou regula situações anteriormente constituídas?".[32]

Para resolver esta questão, é que são previstas, entre outras, disposições transitórias, que são denominadas de *direito intertemporal*, que possuem a finalidade de harmonizar as disposições contidas na lei nova com as relações jurídicas anteriormente definidas.

O direito processual se ocupa também de prever estas disposições transitórias, notadamente pelo fato de ser o processo uma *relação jurídica*, existindo a prática

30. DINIZ, Maria Helena. *Compêndio de introdução à ciência do direito*. 24ª.ed. São Paulo: Saraiva, 2013, p. 419.
31. ÁVILA, Humberto. *Teoria da segurança jurídica*. 3ª. ed. São Paulo: Malheiros, 2014, p. 363.
32. DINIZ, Maria Helena. *Compêndio de Introdução à Ciência do Direito*. 24ª. ed. São Paulo: Saraiva, 2013, p. 423.

de inúmeros atos sequenciais, surgindo as seguintes perguntas: os atos praticados anteriormente à nova lei e que influenciam a relação jurídica processual terão os seus efeitos resguardados? E os atos processuais que se seguirão deverão observar a nova lei apesar de praticados em relação processual antes iniciada?

5.2. Critérios

A doutrina prevê **quatro critérios de resolução de conflitos de direito processual intertemporal.**[33] São eles:

a) **Metanorma de total não incidência**: impede a aplicabilidade da lei processual nova aos processos pendentes;

b) **Metanorma de total incidência**: a lei processual nova será aplicada imediatamente aos processos pendentes e a todos os atos processuais, independentemente de quando praticados;

c) **Metanorma de incidência parcial por isolamento de fase processual**: a lei processual será aplicada imediatamente, preservando-se, porém, os atos que forem praticados de acordo com a fase processual já iniciada;

d) **Metanorma de incidência parcial por isolamento de ato processual**: a lei processual nova será aplicada imediatamente, preservando-se os atos praticados de acordo com a lei anterior. Foi o modelo adotado pelo CPC brasileiro.

▶ MODELO ADOTADO PELO CPC BRASILEIRO

Portanto, em conformidade com o modelo brasileiro, **as leis processuais civis são de efeito imediato, aplicando-se aos processos em andamento**, respeitando-se, de outro lado, os atos já praticados. Adotou-se o critério da *metanorma de incidência parcial por isolamento de atos processuais*, que já era encampado pelo CPC de 1973.

O Código de Processo Civil fez importantes previsões de direito intertemporal nos artigos 1.046, §§ 1º e 5º, 1.047, 1.054, 1.056 e 1.057, das quais se extrai que foi encampado o sistema de isolamento de atos processuais.

Em nome da segurança jurídica e atendendo às expectativas dos litigantes, se praticado o ato processual sob a vigência do CPC de 1973 e este contar com efeitos pendentes, a eficácia do Código anterior continua até a sua consolidação.

Com a finalidade de não deixar quaisquer dúvidas sobre essa importante questão, o Superior Tribunal de Justiça editou *Enunciados Administrativos*, dos quais se enfatiza as seguintes regras:

---

33. GALINDO, Beatriz Magalhães. Kohlbach, Marcela (coord). *Recursos no CPC/2015. Perspectivas, críticas e desafios.* MARQUES, Paula Menna Barreto. *Agravo de instrumento no direito intertemporal.* Salvador: Juspodivm, 2017, p. 294.

Síntese dos Enunciados Administrativos do STJ relativos ao direito intertemporal

(i) O CPC de 2015 entrou em vigência em **18.03.2016**;

(ii) Aos recursos interpostos com fundamento no CPC de 1973 devem ser exigidos os requisitos de admissibilidade na forma nele prevista, com as interpretações dadas, até então, pela jurisprudência do STJ;

(iii) Aos recursos interpostos para impugnar decisões publicadas a partir de 18.03.2016, serão exigidos os requisitos de admissibilidade recursal do CPC de 2015;

(iv) Aos recursos interpostos sob a égide do CPC de 1973 (publicados anteriormente a 18.03.2016), não caberá a abertura de prazo para correção de vícios prevista no art. 932 do CPC;

(v) Para os recursos interpostos para impugnar decisões publicadas a partir de 18.03.2016, será possível o arbitramento de honorários sucumbenciais recursais.

Não obstante, com a finalidade de evitar surpresas ilegítimas, o Código de Processo Civil adotou algumas exceções ao sistema de aplicabilidade imediata das normas processuais, podendo aqui ser apontadas:

▶ EXCEÇÃO 1:

Disposições de direito probatório e direito intertemporal.

As disposições contidas no Novo CPC e que inovem o sistema serão aplicadas apenas às provas requeridas ou deferidas de ofício a partir da data de início de sua vigência.

Portanto, se a prova tiver sido requerida anteriormente à vigência do Código de Processo Civil de 2015, segue-se a sistemática do Código anterior em relação às disposições de direito probatório.

▶ EXCEÇÃO 2:

Coisa julgada e questão prejudicial.

A coisa julgada abrangerá apenas a questão principal. Ocorre que o CPC 2015, atento à simplificação, fez previsão no sentido de que a coisa julgada também alcançará a questão prejudicial, desde que seja decidida expressa e incidentalmente no processo, observando-se os incisos do § 1º do art. 503 (independentemente de ação declaratória incidental, abolida no Novo CPC).

Esta regra, contudo, **somente será aplicada aos processos iniciados após a vigência do Código de Processo Civil.** Aos anteriores, será necessário que a parte tenha se valido da ação declaratória incidental para que a questão prejudicial decidida faça coisa julgada.

Portanto, **a regra processual encampada no art. 503, § 1º do CPC, seguirá o sistema designado como *metanorma de total não incidência*,** pois não será aplicada para os processos iniciados anteriormente à sua vigência.

6. SÚMULAS

▶ **SUPREMO TRIBUNAL FEDERAL**

STF, 636. Não cabe recurso extraordinário por contrariedade ao princípio constitucional da legalidade, quando a sua verificação pressuponha rever a interpretação dada a normas infraconstitucionais pela decisão recorrida.

▶ **SUPERIOR TRIBUNAL DE JUSTIÇA**

Súmula 242, STJ: Cabe ação declaratória para reconhecimento de tempo de serviço para fins previdenciários.

Súmula 181, STJ: É admissível ação declaratória, visando a obter certeza quanto à exata interpretação de cláusula contratual.

Súmula 358, STJ: O cancelamento de pensão alimentícia de filho que atingiu a maioridade está sujeito à decisão judicial, mediante contraditório, ainda que nos próprios autos.

Súmula 577, STJ: É possível reconhecer o tempo de serviço rural anterior ao documento mais antigo apresentado, desde que amparado em convincente prova testemunhal colhida sob o contraditório.

7. LEGISLAÇÃO RELACIONADA AO CAPÍTULO

▶ **CONSTITUIÇÃO FEDERAL**

Art. 5º, LIV - ninguém será privado da liberdade ou de seus bens sem o devido processo legal;

Art. 5º, LV - aos litigantes, em processo judicial ou administrativo, e aos acusados em geral são assegurados o contraditório e ampla defesa, com os meios e recursos a ela inerentes;

Art. 5º, LVI - são inadmissíveis, no processo, as provas obtidas por meios ilícitos;

Art. 5º, LX - a lei só poderá restringir a publicidade dos atos processuais quando a defesa da intimidade ou o interesse social o exigirem;

Art. 5º, LXVII - não haverá prisão civil por dívida, salvo a do responsável pelo inadimplemento voluntário e inescusável de obrigação alimentícia e a do depositário infiel.

Art. 93, IX - todos os julgamentos dos órgãos do Poder Judiciário serão públicos, e fundamentadas todas as decisões, sob pena de nulidade, podendo a lei limitar a presença, em determinados atos, às próprias partes e a seus advogados, ou somente a estes, em casos nos quais a preservação do direito à intimidade do interessado no sigilo não prejudique o interesse público à informação.

▶ **CÓDIGO DE PROCESSO CIVIL**

Art. 1º O processo civil será ordenado, disciplinado e interpretado conforme os valores e as normas fundamentais estabelecidos na Constituição da República Federativa do Brasil, observando-se as disposições deste Código.

Art. 2º O processo começa por iniciativa da parte e se desenvolve por impulso oficial, salvo as exceções previstas em lei.

Art. 3º Não se excluirá da apreciação jurisdicional ameaça ou lesão a direito. [...]

Art. 4º As partes têm o direito de obter em prazo razoável a solução integral do mérito, incluída a atividade satisfativa.

Art. 5º Aquele que de qualquer forma participa do processo deve comportar-se de acordo com a boa-fé.

Art. 7º É assegurada às partes paridade de tratamento em relação ao exercício de direitos e faculdades processuais, aos meios de defesa, aos ônus, aos deveres e à aplicação de sanções processuais, competindo ao juiz zelar pelo efetivo contraditório.

Art. 8º Ao aplicar o ordenamento jurídico, o juiz atenderá aos fins sociais e às exigências do bem comum, resguardando e promovendo a dignidade da pessoa humana e observando a proporcionalidade, a razoabilidade, a legalidade, a publicidade e a eficiência.

Art. 9º Não se proferirá decisão contra uma das partes sem que ela seja previamente ouvida.

Parágrafo único. O disposto no *caput* não se aplica:

I - à tutela provisória de urgência;

II - às hipóteses de tutela da evidência previstas no art. 311, incisos II e III;

III - à decisão prevista no art. 701.

Art. 10. O juiz não pode decidir, em grau algum de jurisdição, com base em fundamento a respeito do qual não se tenha dado às partes oportunidade de se manifestar, ainda que se trate de matéria sobre a qual deva decidir de ofício.

Art. 11. Todos os julgamentos dos órgãos do Poder Judiciário serão públicos, e fundamentadas todas as decisões, sob pena de nulidade.

Parágrafo único. Nos casos de segredo de Justiça, pode ser autorizada a presença somente das partes, de seus advogados, de defensores públicos ou do Ministério Público.

Art. 12. Os juízes e os tribunais atenderão, preferencialmente, à ordem cronológica de conclusão para proferir sentença ou acórdão.

§ 1º A lista de processos aptos a julgamento deverá estar permanentemente à disposição para consulta pública em cartório e na rede mundial de computadores.

§ 2º Estão excluídos da regra do *caput*:

I - as sentenças proferidas em audiência, homologatórias de acordo ou de improcedência liminar do pedido;

II - o julgamento de processos em bloco para aplicação de tese jurídica firmada em julgamento de casos repetitivos;

III - o julgamento de recursos repetitivos ou de incidente de resolução de demandas repetitivas;

IV - as decisões proferidas com base nos arts. 485 e 932;

V - o julgamento de embargos de declaração;

VI - o julgamento de agravo interno;

VII - as preferências legais e as metas estabelecidas pelo Conselho Nacional de Justiça;

VIII - os processos criminais, nos órgãos jurisdicionais que tenham competência penal;

IX -a causa que exija urgência no julgamento, assim reconhecida por decisão fundamentada.

§ 3º Após elaboração de lista própria, respeitar-se-á a ordem cronológica das conclusões entre as preferências legais.

§ 4º Após a inclusão do processo na lista de que trata o § 1º, o requerimento formulado pela parte não altera a ordem cronológica para a decisão, exceto quando implicar a reabertura da instrução ou a conversão do julgamento em diligência.

§ 5º Decidido o requerimento previsto no § 4º, o processo retornará à mesma posição em que anteriormente se encontrava na lista.

§ 6º Ocupará o primeiro lugar na lista prevista no § 1º ou, conforme o caso, no § 3º, o processo que:

I - tiver sua sentença ou acórdão anulado, salvo quando houver necessidade de realização de diligência ou de complementação da instrução;

II - se enquadrar na hipótese do art. 1.040, inciso II.

Art. 489. São elementos essenciais da sentença: [...]

§ 1º Não se considera fundamentada qualquer decisão judicial, seja ela interlocutória, sentença ou acórdão, que:

[...] IV - não enfrentar todos os argumentos deduzidos no processo capazes de, em tese, infirmar a conclusão adotada pelo julgador;

Art. 926. Os tribunais devem uniformizar sua jurisprudência e mantê-la estável, íntegra e coerente.

§ 1º Na forma estabelecida e segundo os pressupostos fixados no regimento interno, os tribunais editarão enunciados de súmula correspondentes a sua jurisprudência dominante.

§ 2º Ao editar enunciados de súmula, os tribunais devem ater-se às circunstâncias fáticas dos precedentes que motivaram sua criação.

Art. 927. Os juízes e os tribunais observarão:

I - as decisões do Supremo Tribunal Federal em controle concentrado de constitucionalidade;

II - os enunciados de súmula vinculante;

III - os acórdãos em incidente de assunção de competência ou de resolução de demandas repetitivas e em julgamento de recursos extraordinário e especial repetitivos;

IV - os enunciados das súmulas do Supremo Tribunal Federal em matéria constitucional e do Superior Tribunal de Justiça em matéria infraconstitucional;

V - a orientação do plenário ou do órgão especial aos quais estiverem vinculados.

§ 1º Os juízes e os tribunais observarão o disposto no art. 10 e no art. 489, § 1º, quando decidirem com fundamento neste artigo.

§ 2º A alteração de tese jurídica adotada em enunciado de súmula ou em julgamento de casos repetitivos poderá ser precedida de audiências públicas e da participação de pessoas, órgãos ou entidades que possam contribuir para a rediscussão da tese.

§ 3º Na hipótese de alteração de jurisprudência dominante do Supremo Tribunal Federal e dos tribunais superiores ou daquela oriunda de julgamento de casos repetitivos, pode haver modulação dos efeitos da alteração no interesse social e no da segurança jurídica.

§ 4º A modificação de enunciado de súmula, de jurisprudência pacificada ou de tese adotada em julgamento de casos repetitivos observará a necessidade de fundamentação adequada e específica, considerando os princípios da segurança jurídica, da proteção da confiança e da isonomia.

Art. 1.029. O recurso extraordinário e o recurso especial, nos casos previstos na Constituição Federal, serão interpostos perante o presidente ou o vice-presidente do tribunal recorrido, em petições distintas que conterão:

[...] § 3º O Supremo Tribunal Federal ou o Superior Tribunal de Justiça poderá desconsiderar vício formal de recurso tempestivo ou determinar sua correção, desde que não o repute grave.

CAPÍTULO 2

JURISDIÇÃO, AÇÃO E COMPETÊNCIA

1. JURISDIÇÃO

1.1. Categorias Jurídicas Básicas

A doutrina tradicional de Direito Processual Civil identifica a existência de categorias processuais básicas, indicadas como sendo a jurisdição, ação, exceção e processo, sendo que cada qual será vista nos itens abaixo.

1.2. Definição de jurisdição

A Jurisdição é o poder que detém o Estado de fazer atuar as regras jurídicas de forma concreta. Frise-se: só diante de casos concretos é que atuará a função jurisdicional. Essa atividade apresenta-se como secundária, instrumental, declarativa, desinteressada e provocada.

1.3. Natureza jurídica

Há várias teorias que tentam explicar a natureza jurídica da jurisdição.

- **Teoria organicista**: que os atos jurisdicionais teriam essa natureza em razão do órgão de que provêm. Ocorre que mesmo tais órgãos também emitem atos administrativos, motivo pelo qual não pode ser aceita.
- **Teoria subjetiva**: considera-se que a jurisdição tem a finalidade de tutelar direitos e aplicar a lei ao caso concreto. É criticável na medida em que é possível que haja necessidade da tutela ainda que não exista direito subjetivo violado.
- **Teoria objetiva**: a jurisdição asseguraria a vigência do direito, que é aplicável ao caso concreto. Não é capaz de separar os atos administrativos dos atos judiciais e, por isso, também criticável.
- **Teoria da substituição**: o Estado-Juiz substitui a vontade das partes por meio da atividade de seus órgãos jurisdicionais, fazendo com que haja a atuação da vontade concreta da lei.

Atualmente, a jurisdição já vem sendo vista como uma forma de inclusão social.

1.4. Princípios

A Jurisdição é informada por três princípios basilares:

(i) **Princípio do Juiz Natural**: Somente exercerá a Jurisdição aquele devidamente investido na forma prevista pela Constituição Federal;

(ii) **A Jurisdição é improrrogável**: Os limites do poder jurisdicional são traçados pela Constituição Federal.

(iii) **A Jurisdição é indeclinável**: Não pode o Poder Jurisdicional recusar-se a cumprir a sua função, e nem a delegar a quem quer que seja.

1.5. Jurisdições contenciosa e voluntária

Reconhece-se a jurisdição contenciosa e a jurisdição voluntária.

A jurisdição voluntária consiste na administração pública de negócios privados. Em razão da importância destes, há necessidade da chancela judicial, do controle pelo juiz, tal como ocorre, por exemplo, com a alienação de bem pertencente a incapazes.

1.6. Características da jurisdição

Podem ser apontadas como características da jurisdição:

a) **substitutividade**: o Estado-Juiz substitui a vontade das partes, aplicando o direito ao caso concreto;

b) **imparcialidade**: o magistrado não poderá ter qualquer interesse no resultado do litígio;

c) **lide**: embora questionada atualmente, a doutrina clássica defendia que a lide era característica da jurisdição, na medida em que o seu papel seria solucioná-las;

d) **monopólio do Estado**: a atividade jurisdicional é monopólio do Estado. Não obstante, permite-se que as partes, em determinados casos, elejam pessoa que possa solucionar a lide que lhes é apresentada, ajustando a convenção de arbitragem;

e) **inércia**: não haverá atividade do Estado-Juiz sem a devida provocação pela parte interessada. Somente em casos excepcionalíssimos admite-se que a jurisdição atue sem ser previamente provocada;

f) **unidade**: o poder jurisdicional, embora possa ser repartido, é uno;

g) **definitividade**: o exercício da jurisdição implicará em se alcançar a decisão definitiva sobre o assunto.

2. LIMITES DA JURISDIÇÃO NACIONAL E COOPERAÇÃO INTERNACIONAL

2.1. Jurisdição exclusiva e jurisdição concorrente

O CPC 2015 corrigiu a imprecisão conceitual existente anteriormente, ao modificar o tratamento da antiga competência internacional para "limites da jurisdição nacional e da cooperação internacional". De fato, não se trata de um problema que envolva a competência, mas de jurisdição, porque se verifica quais são as causas ou que deverão ser submetidas à jurisdição nacional.

Dessa maneira, algumas matérias somente poderão ser submetidas à jurisdição brasileira, como ocorre, por exemplo, com aquelas relativas a imóveis situados no Brasil. Não será admissível decisão estrangeira a respeito desse tema.

Para outras matérias, no entanto, será admissível que haja decisão por jurisdição estrangeira, produzindo efeitos em território nacional se a decisão for homologada pelo Superior Tribunal de Justiça, por meio de procedimento específico.

Tem-se, então, **hipóteses de jurisdição exclusiva e outras de jurisdição concorrente**, consoante o seguinte quadro:

EXCLUSIVA	CONCORRENTE
Somente podem ser decididas pela jurisdição brasileira. Eventuais decisões estrangeiras não serão homologadas pelo Superior Tribunal de Justiça.	**Podem ser decididas tanto pelo tribunal estrangeiro quanto pela jurisdição nacional, ressalvadas disposições em contrário de tratados internacionais e acordos bilaterais.** Eventual decisão estrangeira deverá ser homologada pelo Superior Tribunal de Justiça. A ação proposta perante o Tribunal estrangeiro não induz litispendência.

O juízo estrangeiro poderá decretar o divórcio, hipótese em que estará dispensada a homologação da sentença no Brasil (art. 961 CPC). Porém, a decisão sobre a partilha somente poderá ser proferida pela autoridade judicial brasileira.

> ***Divórcio consensual puro ou simples***: estará dispensada a homologação da sentença pelo Superior Tribunal de Justiça. Competirá a qualquer juiz examinar a validade da decisão, em caráter principal ou incidental, quando essa questão for suscitada em processo de sua competência (art. 961, §§ 5º e 6º).
>
> ***Divórcio consensual qualificado*: assim considerado aquele que dispõe sobre a guarda, alimentos e/ou partilha de bens,** nos termos dos artigos 1º e 2º, do Provimento nº 56/2016, do CNJ, não dispensará a homologação da sentença pelo Superior Tribunal de Justiça.

Determinadas matérias poderão ser objeto de decisão pela autoridade jurisdicional brasileira ou pela estrangeira. No caso de haver concomitância de ações, prevalecerá aquela que transitar em julgado em primeiro lugar.

Para todos os efeitos, transitará em julgado a decisão estrangeira tão somente após a sua homologação pelo Superior Tribunal de Justiça.

Como é possível verificar, o fato de existir uma demanda em trâmite perante a autoridade judiciária estrangeira não induz litispendência em relação à ação movida em território nacional, admitindo-se a concomitância de trâmite de ações.

Admite-se à autoridade judiciária brasileira processar e julgar as seguintes ações em que:

Jurisdição concorrente – admite-se decisão brasileira ou estrangeira.

i) o réu, qualquer que seja a sua nacionalidade, estiver domiciliado no Brasil;

ii) no Brasil tiver de ser cumprida a obrigação;

iii) o fundamento seja fato ocorrido ou ato praticado no Brasil;

iv) de alimentos, se o credor tiver domicílio ou residência no Brasil ou o réu mantiver vínculos no Brasil, tais como posse ou propriedade de bens, recebimento de renda ou obtenção de benefícios econômicos;

v) decorrentes de relações de consumo, quando o consumidor tiver domicílio ou residência no Brasil;

vi) em que as partes, expressa ou tacitamente, se submeteram à jurisdição nacional.

Nas ações de jurisdição concorrente, se houver cláusula de eleição de foro exclusivo estrangeiro em contrato internacional e tal for arguido na contestação, não poderá a decisão ser proferida pela autoridade judiciária brasileira.

2.2. Cooperação internacional

A cooperação jurídica internacional terá por objeto: I - citação, intimação e notificação judicial e extrajudicial; II - colheita de provas e obtenção de informações; III - homologação e cumprimento de decisão; IV - concessão de medida judicial de urgência; V - assistência jurídica internacional; VI - qualquer outra medida judicial ou extrajudicial não proibida pela lei brasileira.

3. AÇÃO

3.1. Conceito

Como o Estado-juiz é o detentor do monopólio jurisdicional, o cidadão possui o direito à jurisdição ou o direito de ação, que se apresenta como um direito subjetivo distinto.

Trata-se de um direito que não é vinculado ao direito material da parte, motivo pelo qual o direito de ação é abstrato, tal como prevalece doutrinariamente na atualidade.

A ação é um direito público subjetivo, abstrato, autônomo e instrumental.

Os elementos da ação proporcionam a sua individualização. São três: partes, pedido e causa de pedir.

3.2. Condições da Ação

A Constituição Federal assegura o direito de ação, mas é a lei processual que estabelece as condições necessárias para a devida prestação jurisdicional necessitada. No modelo de Liebman, adotado pelo CPC de 1973, para que se obtivesse a sentença de mérito, deveriam estar presentes as condições da ação, indicadas como sendo três: interesse processual, legitimidade de agir e possibilidade jurídica do pedido.

Dividiu-se a doutrina ao interpretar o Novo Código de Processo Civil, sendo possível vislumbrar a existência de dois posicionamentos principais. Pelo primeiro, ainda persiste a categoria jurídica processual das condições da ação, sendo, porém, limitada a duas, quais sejam, interesse de agir e a legitimidade ad causam. Pelo segundo, não mais persiste esta categoria processual, sendo o interesse processual e a legitimidade tratadas entre os pressupostos processuais.

Dessa maneira, deve ser novamente enfatizado que as condições da ação, por essa concepção, resumem-se a duas, que são o interesse de agir e a legitimidade ad causam. A possibilidade jurídica do pedido deixou de ser tratada como condição da ação para ser enfrentada como matéria de mérito.

CONDIÇÕES DA AÇÃO → { Legitimidade ad causam; Interesse de agir }

3.3. Classificação

A ação poderá ser declaratória, condenatória, constitutiva e, encampando-se a teoria quinária, pode ser também mandamental e executiva lato sensu. Para evitar repetição, sugere-se que seja vista a classificação das sentenças, quando o tema foi abordado com mais profundidade

4. COMPETÊNCIA

4.1. Critérios

Consiste a competência na delimitação da jurisdição. Em outras palavras, na repartição do trabalho entre todos aqueles que podem atuar como julgadores e que integram o Poder Judiciário.

Dessa maneira, um Ministro do Supremo Tribunal Federal tem competência para julgar mandado de segurança impetrado em que a autoridade coatora se trata do

Presidente da República, mas não tem competência para julgar a mesma ação quando a autoridade coatora for um Prefeito municipal.

A fixação da competência se dá por meio de disposições legais, que se valem de determinados critérios objetivos. Sem prejuízo, admite-se que as partes convencionem sobre o *foro de eleição*, hipótese em que estabelecem um negócio processual típico e ajustam que determinado processo tramitará em um foro específico.

Estes critérios de competência engendrados pela lei levarão em consideração o ***interesse público***, quando então não se admitirá qualquer alteração pelas partes, ou então, o ***interesse de cada parte (comodidade)***, quando então será admitido que as partes a alterem, por meio de cláusula de foro de eleição, ou então pela não alegação da incompetência pelo réu em ação que lhe foi movida.

Dessa maneira, prevê a Constituição Federal ser o Superior Tribunal de Justiça competente para julgar mandado de segurança impetrado contra ato praticado pelo Comandante do Exército (art. 105, I, "b"), o que se deve ao interesse público de que tal julgamento se dê perante aquele Tribunal Superior. Em contrapartida, prevê o CPC ser competente o foro do domicílio ou residência do alimentando na ação de alimentos que lhe é movida, o que é feito no interesse da parte e, por isso, poderá ser modificada.

▶ DICA IMPORTANTE:

A competência prevista na Constituição Federal tem por fundamento o interesse público e, por isso, não poderá ser modificada pela vontade das partes!

Vários são os critérios utilizados para a fixação da competência.

a) Competência em razão da matéria

Analisando-se a causa de pedir e o pedido chega-se à definição da competência em razão da matéria, e leva em consideração a repartição do trabalho por conta da previsão de especialização.

Nesse sentido, podem existir varas especializadas em falência, família, direito do consumidor e outras, todas com competência absoluta para o conhecimento da matéria proposta.

A competência determinada em razão da matéria, da pessoa ou da função é inderrogável por convenção das partes.

b) Competência em Razão do Valor e do Território

Admite-se a modificação da competência determinada em razão do valor e do território, elegendo foro onde será proposta ação oriunda de direitos e obrigações. Trata-se de negócio processual celebrado entre as partes, conhecido como foro de eleição.

Obrigatoriamente, a sua celebração deverá ser por escrito e indicar expressamente a determinado negócio jurídico.

Não se admite foro de eleição fixado de forma genérica sem especificação do negócio jurídico a que relacionado.

Admite-se que o magistrado reconheça, de ofício, ser abusiva a cláusula de eleição de foro, antes de ser o réu citado. Nesse caso, será determinada a remessa dos autos ao juízo do foro do domicílio do réu.

Porém, se o réu já tiver sido citado, o juízo dependerá de alegação do réu para que reconheça a ineficácia da cláusula em razão de suposta abusividade.

Portanto, se o réu não a alegar, a matéria estará preclusa.

c) Competência funcional

O critério funcional considera a função do órgão jurisdicional e tem como subdivisões a vertical e a horizontal.

Em conformidade com a distribuição vertical, compete ao juízo de primeiro grau processar a demanda e sentenciá-la, enquanto ao Tribunal conhecer dos recursos inerentes. De outro lado, a distribuição horizontal não considera qualquer hierarquia entre os juízos, como ocorre na vertical, como ocorre com a hipótese de ser deprecada a prática de um ato processual.

d) Competência territorial

Como já visto, a competência territorial, em regra, será relativa, pois prevista no interesse das partes, que podem modificá-la por convenção (foro de eleição) ou por não terem apresentado a respectiva preliminar no tempo oportuno.

Constituem-se exceções à regra as ações fundadas em direito real sobre imóveis e ações possessórias, que devem ser processadas perante o foro da situação da coisa.

Admite-se que o autor opte pelo foro de domicílio do réu ou pelo foro de eleição se o litígio não recair sobre direito de propriedade, vizinhança, servidão, divisão e demarcação de terras e de nunciação de obra nova.

Questão interessante surge na hipótese de a demanda situar-se em localidade em que não há instalada vara da Justiça Federal e houver interesse da União. Nessa hipótese, prevalecerá a competência da Justiça Federal ou então a do foro da situação da coisa e, portanto, da Justiça Estadual?

Em conformidade com o Superior Tribunal de Justiça, a competência será da Justiça Federal, regra que predomina, pois não se está diante de competência delegada. A propósito, vide a Súmula 218 STJ: "é competente o juízo da fazenda nacional da capital do Estado, e não o da situação da coisa, para a desapropriação promovida por empresa de energia elétrica e a União intervém como assistente".

A ação fundada em direito pessoal e a ação fundada em direito real sobre bens móveis serão propostas, em regra, no foro do domicílio do réu. Tendo este mais de um domicílio, poderá ser demandado em qualquer um deles. Essa é a regra geral, sem prejuízo da existência de regras subsidiárias, se acaso aquela não puder ser aplicada.

Assim, sendo incerto ou desconhecido o domicílio do réu, ele será demandado onde for encontrado ou no foro do domicílio do autor. Ou, se o réu não tiver domicílio nem residência no Brasil, a ação será proposta no foro do domicílio do autor. Se este também residir fora do Brasil, a ação será proposta em qualquer foro.

Havendo dois ou mais réus com diferentes domicílios, serão demandados no foro de qualquer deles, à escolha do autor.

O foro do domicílio do autor da herança, no Brasil, é o competente para o inventário, a partilha, a arrecadação, o cumprimento de disposições de última vontade, a impugnação ou anulação de partilha extrajudicial e para todas as ações em que o espólio for réu, ainda que o óbito tenha ocorrido no estrangeiro.

A ação em que o incapaz for réu será proposta no foro de seu representante ou assistente.

As causas movidas pela União serão processadas perante o foro do domicílio do réu. Se a União for a demanda, será competente o foro do domicílio do autor, no de ocorrência do ato ou fato que originou a demanda, no de situação da coisa ou no Distrito Federal.

As hipóteses de foro especial sobrepõem-se à regra geral, segundo a qual a ação deve ser ajuizada perante o domicílio do réu.

4.2. *Modificações de competência.*

A competência poderá ser alterada em **decorrência de previsão legal** (como ocorre com a conexão, por exemplo) **ou por vontade das partes** (foro de eleição ou não formulação de preliminar na contestação).

Prevê o art. 54 que a competência relativa poderá ser modificada pela conexão ou pela continência.

É possível estabelecer uma relação de afinidade entre ações, o que pode gerar vários efeitos práticos, como a reunião de processos para julgamento conjunto, a suspensão de um processo para se aguardar o julgamento de outro etc.

Consideram-se conexas duas ações quando lhes for comum o pedido ou a causa de pedir. Trata-se de hipótese mínima em que as causas serão conexas, porque é possível que exista esta relação muito embora não seja comum o pedido ou a causa de pedir.

EXISTIRÁ CONEXÃO ENTRE CAUSAS:
se houver comunhão entre elas em relação
ao pedido OU a causa de pedir.

Para que não ocorram decisões conflitantes e se gere injustiça, determina o Código que, havendo conexão entre as causas, sejam elas reunidas para decisão conjunta. Dessa maneira, será proferida uma única sentença, solucionando as duas ações.

A reunião dos processos será feita em favor do juízo prevento, que os decidirá. A prevenção do juízo será estabelecida pelo registro ou pela distribuição. Não mais se trata de efeito da citação válida.

A prevenção não mais se trata de efeito da citação válida. O juízo prevento será estabelecido em razão do registro ou da distribuição.

► **IMPORTANTE:**

Para que ocorra a reunião dos processos haverá a necessidade de observância dos seguintes requisitos: i) juízo absolutamente competente para decidir as causas; ii) existência de liame entre elas; iii) que a causa não tenha sido sentenciada.

Ainda que exista ligação entre duas causas, se uma delas já foi sentenciada, não será possível a reunião dos processos.

A reunião dos processos para julgamento conjunto também será possível à execução de título executivo extrajudicial e à ação de conhecimento relativa ao mesmo ato jurídico, bem como às execuções fundadas no mesmo título executivo.

Admite o CPC, ainda, a reunião de processos para julgamento conjunto, ainda que não haja conexão. Isso será permitido em relação aos processos que **possam gerar risco de prolação de decisões conflitantes ou contraditórias caso decididas separadamente.**

ADMITE-SE A REUNIÃO DE PROCESSOS, AINDA QUE NÃO HAJA CONEXÃO ENTRE AS DEMANDAS.

Ocorrerá a **continência** entre duas ou mais ações quando houver identidade quanto às partes e à causa de pedir, mas o pedido de uma, por ser mais amplo, abrange o das demais (art. 57).

Havendo continência e a ação continente tiver sido proposta anteriormente, no processo relativo à ação contida será proferida sentença sem resolução de mérito. Caso contrário, as ações serão necessariamente reunidas. Assim, se a ação A (mais ampla – continente) for proposta anteriormente à ação B (menos ampla – contida), nesta (ação B) será proferida sentença sem resolução de mérito.

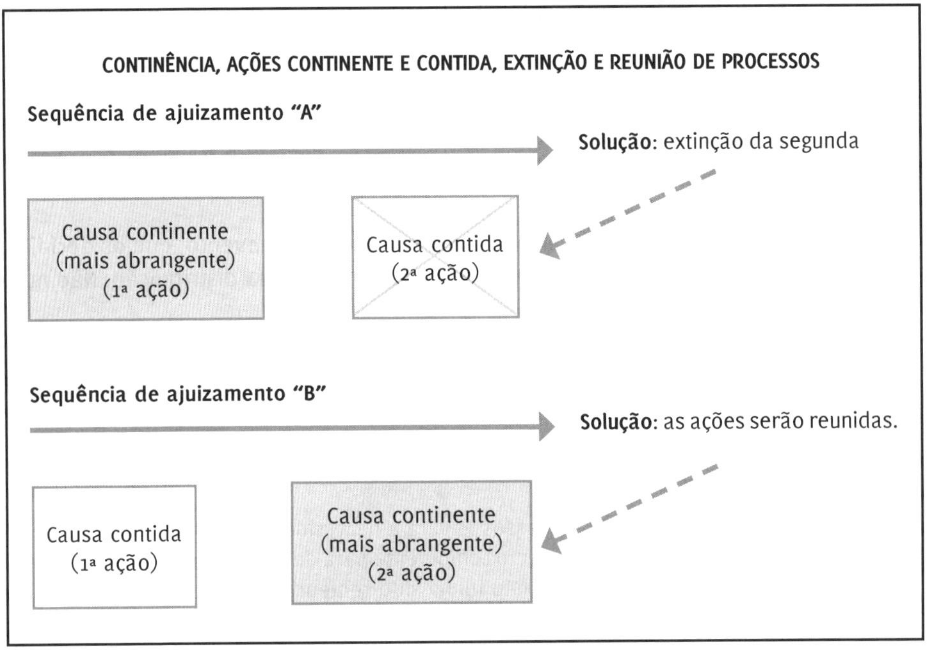

4.3. Incompetência

As regras de competência podem existir para atendimento do interesse público, quando então se diz que se está diante da **competência absoluta**, ou para **comodidade das partes**, hipótese em que será **relativa**.

A Constituição Federal aponta regras de competência absoluta. O Código de Processo Civil, por sua vez, também a prevê, levando-se em conta regras pertinentes à matéria, à função e à pessoa. A competência absoluta é um pressuposto de validade da relação processual, configurando-se matéria que pode ser conhecida de ofício pelo juiz.

A inobservância das regras fixadoras de competência, ainda que absoluta, salvo decisão judicial em sentido contrário, **conservarão os seus efeitos até que outra seja proferida, se for o caso, pelo juízo competente (art. 64, § 4º do CPC)**. Esta é uma hipótese em que houve a relativização de regra de competência absoluta, mas não se trata da única.

Hipóteses de relativização da incidência do efeito da nulidade de decisão proferida por juízo incompetente:
a) A inobservância das regras fixadoras de competência, salvo decisão judicial em sentido contrário, conservarão os seus efeitos até que outra seja proferida, se for o caso, pelo juízo competente (art. 64, § 4º do CPC).
b) A citação válida, ainda que ordenada por juízo incompetente, induzirá litispendência, tornará litigiosa a coisa e constituirá em mora o devedor, salvo nas hipóteses dos artigos 397 e 398 do Código Civil Brasileiro (art. 240, *caput* do CPC);
c) A interrupção da prescrição, ainda que ordenada por juízo incompetente, retroagirá à data de propositura da ação;
d) Na execução, o despacho que ordena a citação, desde que realizada em observância com o § 2º do art. 240, interrompe a prescrição, ainda que determinada por juízo incompetente;
e) Ao decidir o incidente de conflito de competência, o tribunal declarará qual o juízo competente, bem como se pronunciará sobre a validade dos atos do juízo incompetente.

A relativização tem por fundamento a aplicabilidade do **princípio da *Kompetenz-Kompetenz*,** segundo o qual entende-se que qualquer juiz tem um grau mínimo de competência, possibilitando-lhe examinar a sua própria competência.

A inobservância das regras de competência gera a *incompetência absoluta ou relativa*, matéria que poderá ser alegada em **sede de contestação, como preliminar**. Ao contrário do CPC anterior, não mais se admite a *exceção de incompetência*.

A incompetência absoluta poderá ser conhecida de ofício pelo juiz e alegada pelas partes a qualquer tempo, diferentemente da incompetência relativa, que deverá ser alegada pela parte na própria contestação.

A INCOMPETÊNCIA ABSOLUTA E A RELATIVA DEVEM SER ALEGADAS COMO PRELIMINARES, NA PRÓPRIA CONTESTAÇÃO.

4.4. Fixação da competência

Com o **registro ou a distribuição da petição inicial** estará fixada a competência, sendo irrelevantes as modificações do estado de fato ou de direito ocorridas posteriormente, **salvo** quando suprimirem órgão judiciário ou alterarem a competência absoluta.

Assim, as alterações supervenientes do estado de fato ou de direito são irrelevantes, de modo que não importarão na modificação da competência. A essa manutenção da competência deu-se o nome de *perpetuatiojurisdicionis*, prevista no art. 43 do CPC.

A perpetuação da competência não ocorrerá em algumas situações, conforme a própria ressalva do Código. Assim, se houver supressão do órgão judiciário ou alteração da competência da competência absoluta em decorrência das modificações do estado de fato ou de direito, haverá a alteração da competência.

Regra da *perpetuatiojurisdicionis*: a alteração do endereço do réu não acarreta na alteração da competência e necessidade de remessa dos autos para o juízo que seria competente.

> ✦ ***Exemplo de hipótese de alteração da competência:*** *ação previdenciária tramita perante a Justiça Estadual, por conta da competência delegada prevista na Constituição Federal (art. 109, § 3º da CF). Ocorre, porém, que houve a instalação de Vara da Justiça Federal no local, o que importará na remessa dos autos desta àquela.*

A perpetuação da competência não impedirá a alteração da competência, também, se o superior interesse da criança justificar a mudança. Com efeito, encampou o Estatuto da Criança e do Adolescente, em seu artigo 147, incisos, o princípio do juízo imediato, por meio do qual será competente o juízo da Vara da Infância e da Juventude do local onde residem ou domiciliam os pais ou responsável e, na sua ausência, o local onde estiver o infante.

Este princípio prevalece ao da perpetuação da competência, desde que o superior interesse assim indique ser a alteração mais benéfica à criança e ao adolescente. Desse modo, se ajuizada ação de destituição do poder familiar de um infante que não se encontra sob o poder familiar de seus pais, a demanda tramitará perante a Vara da Infância e da Juventude de onde estiver acolhido. Se houver mudança durante o trâmite processual, o processo deverá ser enviado à respectiva comarca, se o superior interesse assim o autorizar.

4.5. Conflito de competência

Será possível que, entre dois Juízos, haja divergência quanto à competência para o julgamento de determinada demanda, quando se está diante **do conflito de competência, que poderá ser positivo ou negativo.**

O conflito positivo de competência ocorrerá quando dois ou mais juízos se derem por competentes. Diferentemente, haverá o conflito negativo se houver a recusa entre eles, por entenderem não serem competentes, ou se surgir controvérsia sobre a reunião ou separação de processos.

Se excluído do feito o ente federal, cuja presença foi fator preponderante para que o juízo estadual declinasse de sua competência, deverá o juízo federal restituir os autos e não suscitar o conflito (Súmula 224 STJ), não podendo o juízo estadual discutir sobre o interesse do ente federal.

O juiz que não acolher a competência declinada deverá suscitar o conflito, salve se a atribuir a outro juízo.

O conflito poderá ser suscitado por qualquer das partes, pelo Ministério Público ou pelo juiz. A parte, contudo, não poderá suscitá-lo se já alegou a incompetência relativa.

A competência para o julgamento do conflito segue as seguintes regras: - entre dois juízos do mesmo Tribunal: julgamento pelo próprio Tribunal; – entre dois juízos federais da mesma Região: julgamento pelo respectivo Tribunal Regional Federal; entre juízo de primeiro grau e tribunal a que está subordinado: julgamento pelo próprio tribunal; entre juízo estadual com competência delegada e juízo federal, da mesma região: julgamento pelo respectivo Tribunal Regional Federal; entre quaisquer tribunais e entre os tribunais e juízos a eles não vinculados, e, ainda, entre juízos vinculados a tribunais diversos: ao Superior Tribunal de Justiça; entre o STJ e quaisquer tribunais, entre tribunais superiores ou entre esses e qualquer outro tribunal: ao Supremo Tribunal Federal.

O conflito poderá ser decidido por decisão monocrática ou pelo colegiado.

Permite-se ao relator julgar de plano o conflito quando sua decisão estiver baseada em súmula do STF, do STJ ou do próprio tribunal, ou se a tese estiver firmada em julgamento de casos repetitivos ou em incidente de assunção de competência.

Ao decidir o conflito, o Tribunal não só reconhecerá o juízo competente (que poderá ser até um terceiro, que não tenha participado do conflito), como também se pronunciará sobre a validade dos atos do juiz incompetente.

4.6. Cooperação nacional

Aos órgãos do Poder Judiciário, estadual ou federal, especializado ou comum, em todas as instâncias e graus de jurisdição, inclusive aos tribunais superiores, incumbe o dever de **recíproca cooperação**, por meio de seus magistrados e servidores.

O pedido de cooperação jurisdicional deve ser prontamente atendido, prescinde de forma específica e pode ser executado como: I - auxílio direto; II - reunião ou apensamento de processos; III - prestação de informações; IV - atos concertados entre os juízes cooperantes.

O pedido de cooperação judiciária pode ser realizado entre órgãos jurisdicionais de diferentes ramos do Poder Judiciário.

4.7. Dos atos concertados entre os juízes cooperantes

Os atos concertados entre os juízes cooperantes poderão consistir, além de outros, no estabelecimento de procedimento para: I - a prática de citação, intimação ou notificação de ato; II - a obtenção e apresentação de provas e a coleta de depoimentos; III - a efetivação de tutela provisória; IV - a efetivação de medidas e providências para recuperação e preservação de empresas; V - a facilitação de habilitação de créditos na falência e na recuperação judicial; VI - a centralização de processos repetitivos; VII - a execução de decisão jurisdicional.

4.8. Da competência da justiça federal

A competência da Justiça Federal está prevista na Constituição Federal, sendo admitida a sua delegação à Justiça Estadual em determinadas hipóteses.

Serão julgadas pela Justiça Federal as causas em que a União, a entidade autárquica ou empresa pública federal forem interessadas na condição de autoras, rés, assistentes ou opoentes, salvo nos casos de recuperação judicial, falência, insolvência civil e acidente de trabalho e aquelas sujeitas à justiça eleitoral e à justiça do trabalho (art. 45 do CPC).

Além disso, compete à Justiça Federal julgar as causas fundadas em contratos internacionais ou tratados firmados pela União, que digam respeito a grave violação a direitos humanos, sobre disputas de terras indígenas e referentes à nacionalidade e à naturalização.

Assim, o critério "em razão das pessoas", leva em consideração o fato de atuarem nos processos, como parte ou interveniente, a União, entidades autárquicas federais (autarquias, agências reguladoras e fundações autárquicas), empresas públicas federais (excluídas as sociedades de economia mista), os Conselhos de fiscalização profissional, o Ministério Público Federal.

Ação acidentária: a competência é da Justiça Estadual.

Súmula Vinculante n. 22: a Justiça do Trabalho é competente para processar e julgar as ações de indenização por danos morais e patrimoniais decorrentes de acidente de trabalho propostas por empregado contra empregador, inclusive aquelas que ainda não possuíam sentença de mérito em primeiro grau quando da promulgação da Emenda Constitucional n. 45/04.

Também devem tramitar as causas envolvendo pessoa residente no Brasil ou município brasileiro em face de Estado estrangeiro ou organismo internacional.

É de competência da Justiça Federal julgar os mandados de segurança e *habeas data* contra ato de autoridade federal, salvo se for o caso de competência originária de tribunal.

▸ IMPORTANTE:

As execuções fiscais federais serão processadas perante a Justiça Federal. Até o ano de 2014, se o domicílio do executado não contasse com sede da Justiça Federal, a ação tramitaria perante a Justiça Estadual. Tratava-se de hipótese de delegação da competência. Porém, em virtude de alteração da Lei n. 5.021/1966, esta delegação foi revogada, de modo que todas aquelas ações tramitarão perante a Justiça Federal, salvo aquelas que já tinham sido ajuizadas.

Verificando existir interesse da União, de suas entidades autárquicas ou de suas empresas públicas, deverá o Juízo Estadual remeter os autos à Justiça Federal, competindo a esta fiscalizar a existência deste interesse.

Se o Juízo federal verificar que não há interesse da União ou de outras entidades que justificariam a competência da Justiça Federal, promoverá à devida exclusão do processo e encaminhará os autos à Justiça Estadual, sem suscitar conflito de interesse.

A ação ajuizada pelo Ministério Público Federal será de competência da Justiça Federal, por aplicação direta do art. 109, I da Constituição Federal. Porém, reconhece o STJ que a presença do MPF, como autor, é insuficiente para que o processo continue a tramitar perante a Justiça Federal. Com efeito, se não existir atribuição do MPF, deverá o processo ser extinto sem resolução do mérito, por ilegitimidade ativa, ou, então, enviado à Justiça Estadual para que o MP Estadual assuma o seu lugar.

5. INFORMATIVOS DE JURISPRUDÊNCIA RELACIONADOS AOS TEMAS

- **Inadimplemento de títulos de créditos. Pedido de falência. Art. 94, I da Lei n. 11.101/2005. Contrato com cláusula compromissória. Instauração prévia do juízo arbitral. Desnecessidade.** A existência de cláusula compromissória não afeta a executividade do título de crédito inadimplido e não impede a deflagração do procedimento falimentar, fundamentado no art. 94, I, da Lei n. 11.101/2005. (Informativo do STJ nº 637, de 7.12.2018)

- **Cláusula compromissória. Competência. Juízo arbitral. Aplicação do princípio kompetenz-kompetenz. Afastamento do juízo estatal.** A previsão contratual de convenção de arbitragem enseja o reconhecimento da competência do Juízo arbitral para decidir com primazia sobre o Poder Judiciário as questões acerca da existência, validade e eficácia da convenção de arbitragem e do contrato que contenha a cláusula compromissória. (Informativo do STJ nº 622, de 20.4.2018)

- **Homologação de sentenças arbitrais estrangeiras. Alegação de parcialidade do árbitro. Decisão da Justiça Americana sobre o tema. Vinculação do Superior Tribunal de Justiça. Não ocorrência. Ofensa à ordem pública nacional.** A prerrogativa de imparcialidade do julgador aplica-se à arbitragem e sua inobservância resulta em ofensa direta à ordem pública nacional – o que legitima o exame da matéria pelo Superior Tribunal de Justiça, independentemente de decisão proferida pela Justiça estrangeira acerca do tema. (Informativo do STJ nº 605, de 12.7.2017)

- **DIREITO PROCESSUAL CIVIL. COMPETÊNCIA DO PODER JUDICIÁRIO PARA DECLARAR NULIDADE DE CLÁUSULA DE COMPROMISSO ARBITRAL.** Independentemente do estado em que se encontre o procedimento de arbitragem, o Poder Judiciário pode declarar a nulidade de compromisso arbitral quando o vício for detectável prima facie, como ocorre na hipótese de inobservância, em contrato de franquia, do disposto no art. 4º, § 2º, da Lei n. 9.307/1996. Como regra geral, a jurisprudência do STJ indica a prioridade do Juízo arbitral para se manifestar acerca de sua própria competência e, inclusive, sobre a validade ou nulidade da cláusula arbitral (REsp 1.602.696-PI, Terceira Turma, DJe 16/8/2016). Toda regra, porém, comporta exceções para melhor se adequar a situações cujos contornos escapam às situações típicas abarcadas pelo núcleo duro da generalidade e que, pode-se dizer, estão em áreas cinzentas da aplicação do Direito. Obviamente, o princípio competência-competência (kompetenz-kompetenz) deve ser privilegiado, inclusive para o indispensável fortalecimento da arbitragem no País. Por outro lado, é inegável a finalidade de integração e desenvolvimento do Direito a admissão na jurisprudência do STJ de cláusulas compromissórias "patológicas" - como os compromissos arbitrais vazios (REsp 1.082.498-MT, Quarta Turma, DJe 4/12/2012) e aqueles que não atendam o requisito legal específico (art. 4º, § 2º, da Lei n. 9.307/1996) - cuja apreciação e declaração de nulidade podem ser feitas pelo Poder Judiciário mesmo antes do procedimento arbitral. São, assim, exceções que permitem uma melhor acomodação do princípio competência-competência a situações limítrofes à regra geral de prioridade do Juízo arbitral. REsp 1.602.076-SP, Rel. Min. Nancy Andrighi, julgado em 15/9/2016, DJe 30/9/2016. (Informativo do STJ nº 591, de 4 a 18.10.2016)

- **DIREITO PROCESSUAL CIVIL. VALIDADE DE CLÁUSULA ARBITRAL QUE RESERVE A SOLUÇÃO DE DETERMINADAS SITUAÇÕES PARA A VIA JUDICIAL.** É válida a cláusula compromissória que excepcione do juízo arbitral certas situações especiais a serem submetidas ao Poder Judiciário. Isso porque a Lei n. 9.307/1996 não exige, como condição de existência da cláusula compromissória, que a arbitragem seja a única via de resolução admitida pelas partes, para todos os litígios e em relação a todas as matérias. Cabe lembrar, ainda, que a liberdade de contratar encontra respaldo no art. 425 do CC, que estabelece ser "[...] lícito às partes estipular contratos atípicos, observadas as normas gerais fixadas neste Código". Caso os contratantes pudessem o mais, que seria afastar da jurisdição estatal todos os litígios eventualmente decorrentes do contrato, remetendo-os à arbitragem, certamente poderiam o menos, prevendo hipóteses especiais em que determinadas divergências fossem submetidas ao Judiciário. Trata-se de o contrato não ignorar o princípio da inafastabilidade da tutela jurisdicional (art. 5º, XXXV, da CF), com o qual convive a Lei de Arbitragem, aplicável apenas a direitos disponíveis. Determinadas questões urgentes, especialmente as anteriores à instauração do painel arbitral, não só podem como devem ser ajuizadas no Judiciário, para que as partes não se vejam num "vazio jurisdicional", em que não poderiam alcançar tutela judicial ou arbitral (porque não instalada ainda a arbitragem). Nesse sentido, o STJ possui relevantes precedentes: CC 111.230-DF, Segunda Seção, DJe 3/4/2014; REsp 1.277.725-AM, Terceira Turma, DJe 8/3/2013; e REsp 1.297.974-RJ, Terceira Turma, DJe 19/6/2012. Como se vê nos precedentes, mesmo nas hipóteses em que as partes não estabeleceram previamente a competência do Judiciário sobre determinados litígios decorrentes do contrato, o STJ aplicou o princípio da inafastabilidade da jurisdição, pela impossibilidade de ser exercida a jurisdição arbitral antes de instaurada a arbitragem e constituído o painel arbitral. Desse modo, não pode ser considerada nula a cláusula compromissória constante de acordo que excepcione ou reserve certas situações especiais a serem submetidas ao Judiciário, mormente quando essas demandem tutelas de urgência. A contrario sensu, nulidade haveria em previsão que vedasse completamente toda e qualquer apreciação de litígio pelo Judiciário. O convívio harmônico dos juízos arbitrais com os órgãos do Judiciário constitui ponto fundamental ao prestígio da arbitragem. Na escala de apoio do Judiciário à arbitragem, ressai como aspecto essencial o da execução específica da cláusula compromissória, sem a qual a convenção de arbitragem quedaria inócua. REsp 1.331.100-BA, Rel. Min. Maria Isabel Gallotti, Rel. para acórdão Min. Raul Araújo, julgado em 17/12/2015, DJe 22/2/2016. (Informativo do STJ nº 577, de 20.2 a 2.3.2016.

- **Có**digo de Processo Civil de 2015. Decisão interlocutória que examina competência. Dúvida razoável sobre o cabimento de agravo de instrumento. Mandado de Segurança. Cabimento. Na vigência do novo Código de Processo Civil, é possível a impetração de mandado de segurança, em caso de dúvida razoável sobre o cabimento de agravo de instrumento, contra decisão interlocutória que examina competência. (Informativo do STJ nº 636, de 23.11.2018)

- Ação de restauração de autos. Prazo para propositura. Provimento da Corregedoria local. Norma de natureza processual. Usurpação de competência da União. Violação do devido processo legal. Tribunal de Justiça não tem competência para, por meio de provimento da respectiva Corregedoria, estabelecer prazo para a propositura de ação de restauração de autos. (Informativo do STJ nº 630, de 31.8.2018)

- Competência. Plano de saúde coletivo. Entidade de autogestão vinculada ao empregador. Manutenção do ex-empregado. Natureza predominantemente civil do litígio. Justiça Comum Estadual. Compete à Justiça Comum Estadual o julgamento de demanda com natureza predominantemente civil entre ex-empregado aposentado ou demitido sem justa causa e operadoras de plano de saúde na modalidade autogestão vinculadas ao empregador. (Informativo do STJ nº 627, de 29.6.2018)

- Competência. Juizado Especial Cível. Ação de cobrança. Associação de moradores de loteamento urbano. Taxas de manutenção de áreas comuns. Morador não associado. O Juizado Especial Cível é competente para o processamento e o julgamento de ação proposta por associação de moradores visando à cobrança de taxas de manutenção de loteamento em face de morador não associado. (Informativo do STJ nº 627, de 29.6.2018)

- Plano de saúde coletivo. Entidade de autogestão. Ex-empregado aposentado. Manutenção no plano original. Autonomia da saúde suplementar. Não integração no contrato de trabalho. Término da relação de emprego. Caráter cível da lide. Competência. Justiça Comum Estadual. Compete à Justiça Comum Estadual o exame e o julgamento de feito que discute direitos de ex-empregado aposentado ou demitido sem justa causa de permanecer em plano de saúde coletivo oferecido pela própria empresa empregadora aos trabalhadores ativos, na modalidade de auto-gestão. (Informativo do STJ nº 620, de 23.3.2018)

6. LEGISLAÇÃO RELACIONADA AO TEMA

- **CF/1988**

Art. 109. Aos juízes federais compete processar e julgar:

I – as causas em que a União, entidade autárquica ou empresa pública federal forem interessadas na condição de autoras, rés, assistentes ou oponentes, exceto as de falência, as de acidentes de trabalho e as sujeitas à Justiça eleitoral e à Justiça do Trabalho;

II – as causas entre Estado estrangeiro ou organismo internacional e município ou pessoa domiciliada ou residente no país;

III – as causas fundadas em tratado ou contrato da União com Estado estrangeiro ou organismo internacional;

IV – os crimes políticos e as infrações penais praticadas em detrimento de bens, serviços ou interesse da União ou de suas entidades autárquicas ou empresas públicas, excluídas as contravenções e ressalvada a competência da Justiça Militar e da Justiça eleitoral;

V – os crimes previstos em tratado ou convenção internacional, quando, iniciada a execução no país, o resultado tenha ou devesse ter ocorrido no estrangeiro, ou reciprocamente;

V – A as causas relativas a direitos humanos a que se refere o § 5º deste artigo; (Incluído pela Emenda Constitucional nº 45, de 2004)

VI – os crimes contra a organização do trabalho e, nos casos determinados por lei, contra o sistema financeiro e a ordem econômico-financeira;

VII – os *habeas corpus*, em matéria criminal de sua competência ou quando o constrangimento provier de autoridade cujos atos não estejam diretamente sujeitos a outra jurisdição;

VIII – os mandados de segurança e os *habeas data* contra ato de autoridade federal, excetuados os casos de competência dos tribunais federais;

IX – os crimes cometidos a bordo de navios ou aeronaves, ressalvada a competência da Justiça Militar;

X - os crimes de ingresso ou permanência irregular de estrangeiro, a execução de carta rogatória, após o "*exequatur*", e de sentença estrangeira, após a homologação, as causas referentes à nacionalidade, inclusive a respectiva opção, e à naturalização;

XI - a disputa sobre direitos indígenas.

§ 1º As causas em que a União for autora serão aforadas na seção judiciária onde tiver domicílio a outra parte.

§ 2º As causas intentadas contra a União poderão ser aforadas na seção judiciária em que for domiciliado o autor, naquela onde houver ocorrido o ato ou fato que deu origem à demanda ou onde esteja situada a coisa, ou, ainda, no Distrito Federal.

§ 3º Serão processadas e julgadas na justiça estadual, no foro do domicílio dos segurados ou beneficiários, as causas em que forem parte instituição de previdência social e segurado, sempre que a comarca não seja sede de vara do juízo federal, e, se verificada essa condição, a lei poderá permitir que outras causas sejam também processadas e julgadas pela Justiça estadual.

§ 4º Na hipótese do parágrafo anterior, o recurso cabível será sempre para o Tribunal Regional Federal na área de jurisdição do juiz de primeiro grau.

§ 5º Nas hipóteses de grave violação de direitos humanos, o Procurador-Geral da República, com a finalidade de assegurar o cumprimento de obrigações decorrentes de tratados internacionais de direitos humanos dos quais o Brasil seja parte, poderá suscitar, perante o Superior Tribunal de Justiça, em qualquer fase do inquérito ou processo, incidente de deslocamento de competência para a Justiça Federal. [...]

Art. 114. Compete à Justiça do Trabalho processar e julgar:

I - as ações oriundas da relação de trabalho, abrangidos os entes de direito público externo e da Administração Pública Direta e Indireta da União, dos estados, do Distrito Federal e dos municípios;

II - as ações que envolvam exercício do direito de greve;

III - as ações sobre representação sindical, entre sindicatos, entre sindicatos e trabalhadores, e entre sindicatos e empregadores;

IV - os mandados de segurança, *habeas corpus* e *habeas data*, quando o ato questionado envolver matéria sujeita à sua jurisdição;

V - os conflitos de competência entre órgãos com jurisdição trabalhista, ressalvado o disposto no art. 102, I, *o*;

VI - as ações de indenização por dano moral ou patrimonial, decorrentes da relação de trabalho;

VII -as ações relativas às penalidades administrativas impostas aos empregadores pelos órgãos de fiscalização das relações de trabalho;

VIII -a execução, de ofício, das contribuições sociais previstas no art. 195, I, *a*, e II, e seus acréscimos legais, decorrentes das sentenças que proferir;

IX - outras controvérsias decorrentes da relação de trabalho, na forma da lei.

§ 1º Frustrada a negociação coletiva, as partes poderão eleger árbitros.

§ 2º Recusando-se qualquer das partes à negociação coletiva ou à arbitragem, é facultado às mesmas, de comum acordo, ajuizar dissídio coletivo de natureza econômica, podendo a Justiça do Trabalho decidir o conflito, respeitadas as disposições mínimas legais de proteção ao trabalho, bem como as convencionadas anteriormente.

§ 3º Em caso de greve em atividade essencial, com possibilidade de lesão do interesse público, o Ministério Público do Trabalho poderá ajuizar dissídio coletivo, competindo à Justiça do Trabalho decidir o conflito.

▶ **CPC DE 2015**

Art. 2º O processo começa por iniciativa da parte e se desenvolve por impulso oficial, salvo as exceções previstas em lei.

Art. 3º Não se excluirá da apreciação jurisdicional ameaça ou lesão a direito.

§ 1º É permitida a arbitragem, na forma da lei.

§ 2º O Estado promoverá, sempre que possível, a solução consensual dos conflitos.

§ 3º A conciliação, a mediação e outros métodos de solução consensual de conflitos deverão ser estimulados por juízes, advogados, defensores públicos e membros do Ministério Público, inclusive no curso do processo judicial. [...]

Art. 16. A jurisdição civil é exercida pelos juízes e pelos tribunais em todo o território nacional, conforme as disposições deste Código.

Art. 17. Para postular em juízo é necessário ter interesse e legitimidade.

Art. 18. Ninguém poderá pleitear direito alheio em nome próprio, salvo quando autorizado pelo ordenamento jurídico.

Parágrafo único. Havendo substituição processual, o substituído poderá intervir como assistente litisconsorcial.

Art. 19. O interesse do autor pode limitar-se à declaração:

I - da existência, da inexistência ou do modo de ser de uma relação jurídica;

II - da autenticidade ou da falsidade de documento.

Art. 20. É admissível a ação meramente declaratória, ainda que tenha ocorrido a violação do direito. [...]

Art. 21. Compete à autoridade judiciária brasileira processar e julgar as ações em que:

I - o réu, qualquer que seja a sua nacionalidade, estiver domiciliado no Brasil;

II - no Brasil tiver de ser cumprida a obrigação;

III - o fundamento seja fato ocorrido ou ato praticado no Brasil.

Parágrafo único. Para o fim do disposto no inciso I, considera-se domiciliada no Brasil a pessoa jurídica estrangeira que nele tiver agência, filial ou sucursal.

Art. 22. Compete, ainda, à autoridade judiciária brasileira processar e julgar as ações:

I - de alimentos, quando:

a) o credor tiver domicílio ou residência no Brasil;

b) o réu mantiver vínculos no Brasil, tais como posse ou propriedade de bens, recebimento de renda ou obtenção de benefícios econômicos;

II - decorrentes de relações de consumo, quando o consumidor tiver domicílio ou residência no Brasil;

III - em que as partes, expressa ou tacitamente, se submeterem à jurisdição nacional.

Art. 23. Compete à autoridade judiciária brasileira, com exclusão de qualquer outra:

I - conhecer de ações relativas a imóveis situados no Brasil;

II - em matéria de sucessão hereditária, proceder à confirmação de testamento particular e ao inventário e à partilha de bens situados no Brasil, ainda que o autor da herança seja de nacionalidade estrangeira ou tenha domicílio fora do território nacional;

III - em divórcio, separação judicial ou dissolução de união estável, proceder à partilha de bens situados no Brasil, ainda que o titular seja de nacionalidade estrangeira ou tenha domicílio fora do território nacional.

Art. 24. A ação proposta perante tribunal estrangeiro não induz litispendência e não obsta a que a autoridade judiciária brasileira conheça da mesma causa e das que lhe são conexas, ressalvadas as disposições em contrário de tratados internacionais e acordos bilaterais em vigor no Brasil.

Parágrafo único. A pendência de causa perante a jurisdição brasileira não impede a homologação de sentença judicial estrangeira quando exigida para produzir efeitos no Brasil.

Art. 25. Não compete à autoridade judiciária brasileira o processamento e o julgamento da ação quando houver cláusula de eleição de foro exclusivo estrangeiro em contrato internacional, arguida pelo réu na contestação.

§ 1º Não se aplica o disposto no *caput* às hipóteses de competência internacional exclusiva previstas neste Capítulo.

§ 2º Aplica-se à hipótese do *caput* o art. 63, §§ 1º a 4º.

Art. 26. A cooperação jurídica internacional será regida por tratado de que o Brasil faz parte e observará:

I - o respeito às garantias do devido processo legal no Estado requerente;

II - a igualdade de tratamento entre nacionais e estrangeiros, residentes ou não no Brasil, em relação ao acesso à justiça e à tramitação dos processos, assegurando-se assistência judiciária aos necessitados;

III - a publicidade processual, exceto nas hipóteses de sigilo previstas na legislação brasileira ou na do Estado requerente;

IV - a existência de autoridade central para recepção e transmissão dos pedidos de cooperação;

V - a espontaneidade na transmissão de informações a autoridades estrangeiras.

§ 1º Na ausência de tratado, a cooperação jurídica internacional poderá realizar-se com base em reciprocidade, manifestada por via diplomática.

§ 2º Não se exigirá a reciprocidade referida no § 1º para homologação de sentença estrangeira.

§ 3º Na cooperação jurídica internacional não será admitida a prática de atos que contrariem ou que produzam resultados incompatíveis com as normas fundamentais que regem o Estado brasileiro.

§ 4º O Ministério da Justiça exercerá as funções de autoridade central na ausência de designação específica.

Art. 27. A cooperação jurídica internacional terá por objeto:

I - citação, intimação e notificação judicial e extrajudicial;

II - colheita de provas e obtenção de informações;

III - homologação e cumprimento de decisão;

IV - concessão de medida judicial de urgência;

V - assistência jurídica internacional;

VI - qualquer outra medida judicial ou extrajudicial não proibida pela lei brasileira.

Art. 28. Cabe auxílio direto quando a medida não decorrer diretamente de decisão de autoridade jurisdicional estrangeira a ser submetida a juízo de delibação no Brasil.

Art. 29. A solicitação de auxílio direto será encaminhada pelo órgão estrangeiro interessado à autoridade central, cabendo ao Estado requerente assegurar a autenticidade e a clareza do pedido.

Art. 30. Além dos casos previstos em tratados de que o Brasil faz parte, o auxílio direto terá os seguintes objetos:

I - obtenção e prestação de informações sobre o ordenamento jurídico e sobre processos administrativos ou jurisdicionais findos ou em curso;

II - colheita de provas, salvo se a medida for adotada em processo, em curso no estrangeiro, de competência exclusiva de autoridade judiciária brasileira;

III - qualquer outra medida judicial ou extrajudicial não proibida pela lei brasileira.

Art. 31. A autoridade central brasileira comunicar-se-á diretamente com suas congêneres e, se necessário, com outros órgãos estrangeiros responsáveis pela tramitação e pela execução de pedidos de cooperação enviados e recebidos pelo Estado brasileiro, respeitadas disposições específicas constantes de tratado.

Art. 32. No caso de auxílio direto para a prática de atos que, segundo a lei brasileira, não necessitem de prestação jurisdicional, a autoridade central adotará as providências necessárias para seu cumprimento.

Art. 33. Recebido o pedido de auxílio direto passivo, a autoridade central o encaminhará à Advocacia Geral da União, que requererá em juízo a medida solicitada.

Parágrafo único. O Ministério Público requererá em juízo a medida solicitada quando for autoridade central.

Art. 34. Compete ao juízo federal do lugar em que deva ser executada a medida apreciar pedido de auxílio direto passivo que demande prestação de atividade jurisdicional.

Art. 36. O procedimento da carta rogatória perante o Superior Tribunal de Justiça é de jurisdição contenciosa e deve assegurar às partes as garantias do devido processo legal.

§ 1º A defesa restringir-se-á à discussão quanto ao atendimento dos requisitos para que o pronunciamento judicial estrangeiro produza efeitos no Brasil.

§ 2º Em qualquer hipótese, é vedada a revisão do mérito do pronunciamento judicial estrangeiro pela autoridade judiciária brasileira.

Art. 37. O pedido de cooperação jurídica internacional oriundo de autoridade brasileira competente será encaminhado à autoridade central para posterior envio ao Estado requerido para lhe dar andamento.

Art. 38. O pedido de cooperação oriundo de autoridade brasileira competente e os documentos anexos que o instruem serão encaminhados à autoridade central, acompanhados de tradução para a língua oficial do Estado requerido.

Art. 39. O pedido passivo de cooperação jurídica internacional será recusado se configurar manifesta ofensa à ordem pública.

Art. 40. A cooperação jurídica internacional para execução de decisão estrangeira dar-se-á por meio de carta rogatória ou de ação de homologação de sentença estrangeira, de acordo com o art. 960.

Art. 41. Considera-se autêntico o documento que instruir pedido de cooperação jurídica internacional, inclusive tradução para a língua portuguesa, quando encaminhado ao Estado brasileiro por meio de autoridade central ou por via diplomática, dispensando-se a juramentação, autenticação ou qualquer procedimento de legalização.

Parágrafo único. O disposto no *caput* não impede, quando necessária, a aplicação pelo Estado brasileiro do princípio da reciprocidade de tratamento.

Art. 42. As causas cíveis serão processadas e decididas pelo juiz nos limites de sua competência, ressalvado às partes o direito de instituir juízo arbitral, na forma da lei.

Art. 43. Determina-se a competência no momento do registro ou da distribuição da petição inicial, sendo irrelevantes as modificações do estado de fato ou de direito ocorridas posteriormente, salvo quando suprimirem órgão judiciário ou alterarem a competência absoluta.

Art. 44. Obedecidos os limites estabelecidos pela Constituição Federal, a competência é determinada pelas normas previstas neste Código ou em legislação especial, pelas normas de organização judiciária e, ainda, no que couber, pelas constituições dos Estados.

Art. 45. Tramitando o processo perante outro juízo, os autos serão remetidos ao juízo federal competente se nele intervier a União, suas empresas públicas, entidades autárquicas e fundações, ou conselho de fiscalização de atividade profissional, na qualidade de parte ou de terceiro interveniente, exceto as ações:

I - de recuperação judicial, falência, insolvência civil e acidente de trabalho;

II - sujeitas à justiça eleitoral e à justiça do trabalho.

§ 1º Os autos não serão remetidos se houver pedido cuja apreciação seja de competência do juízo perante o qual foi proposta a ação.

§ 2º Na hipótese do § 1º, o juiz, ao não admitir a cumulação de pedidos em razão da incompetência para apreciar qualquer deles, não examinará o mérito daquele em que exista interesse da União, de suas entidades autárquicas ou de suas empresas públicas.

§ 3º O juízo federal restituirá os autos ao juízo estadual sem suscitar conflito se o ente federal cuja presença ensejou a remessa for excluído do processo.

Art. 46. A ação fundada em direito pessoal ou em direito real sobre bens móveis será proposta, em regra, no foro de domicílio do réu.

§ 1º Tendo mais de um domicílio, o réu será demandado no foro de qualquer deles.

§ 2º Sendo incerto ou desconhecido o domicílio do réu, ele poderá ser demandado onde for encontrado ou no foro de domicílio do autor.

§ 3º Quando o réu não tiver domicílio ou residência no Brasil, a ação será proposta no foro de domicílio do autor, e, se este também residir fora do Brasil, a ação será proposta em qualquer foro.

§ 4º Havendo dois ou mais réus com diferentes domicílios, serão demandados no foro de qualquer deles, à escolha do autor.

§ 5º A execução fiscal será proposta no foro de domicílio do réu, no de sua residência ou no do lugar onde for encontrado.

Art. 47. Para as ações fundadas em direito real sobre imóveis é competente o foro de situação da coisa.

§ 1º O autor pode optar pelo foro de domicílio do réu ou pelo foro de eleição se o litígio não recair sobre direito de propriedade, vizinhança, servidão, divisão e demarcação de terras e de nunciação de obra nova.

§ 2º A ação possessória imobiliária será proposta no foro de situação da coisa, cujo juízo tem competência absoluta.

Art. 48. O foro de domicílio do autor da herança, no Brasil, é o competente para o inventário, a partilha, a arrecadação, o cumprimento de disposições de última vontade, a impugnação ou anulação de partilha extrajudicial e para todas as ações em que o espólio for réu, ainda que o óbito tenha ocorrido no estrangeiro.

Parágrafo único. Se o autor da herança não possuía domicílio certo, é competente:

I - o foro de situação dos bens imóveis;

II - havendo bens imóveis em foros diferentes, qualquer destes;

III - não havendo bens imóveis, o foro do local de qualquer dos bens do espólio.

Art. 49. A ação em que o ausente for réu será proposta no foro de seu último domicílio, também competente para a arrecadação, o inventário, a partilha e o cumprimento de disposições testamentárias.

Art. 50. A ação em que o incapaz for réu será proposta no foro de domicílio de seu representante ou assistente.

Art. 51. É competente o foro de domicílio do réu para as causas em que seja autora a União.

Parágrafo único. Se a União for a demandada, a ação poderá ser proposta no foro de domicílio do autor, no de ocorrência do ato ou fato que originou a demanda, no de situação da coisa ou no Distrito Federal.

Art. 52. É competente o foro de domicílio do réu para as causas em que seja autor estado ou o Distrito Federal.

Parágrafo único. Se Estado ou o Distrito Federal for o demandado, a ação poderá ser proposta no foro de domicílio do autor, no de ocorrência do ato ou fato que originou a demanda, no de situação da coisa ou na capital do respectivo ente federado.

Art. 53. É competente o foro:

I - para a ação de divórcio, separação, anulação de casamento e reconhecimento ou dissolução de união estável:

a) de domicílio do guardião de filho incapaz;

b) do último domicílio do casal, caso não haja filho incapaz;

c) de domicílio do réu, se nenhuma das partes residir no antigo domicílio do casal;

II - de domicílio ou residência do alimentando, para a ação em que se pedem alimentos;

III - do lugar:

a) onde está a sede, para a ação em que for ré pessoa jurídica;

b) onde se acha agência ou sucursal, quanto às obrigações que a pessoa jurídica contraiu;

c) onde exerce suas atividades, para a ação em que for ré sociedade ou associação sem personalidade jurídica;

d) onde a obrigação deve ser satisfeita, para a ação em que se lhe exigir o cumprimento;

e) de residência do idoso, para a causa que verse sobre direito previsto no respectivo estatuto;

f) da sede da serventia notarial ou de registro, para a ação de reparação de dano por ato praticado em razão do ofício;

IV - do lugar do ato ou fato para a ação:

a) de reparação de dano;

b) em que for réu administrador ou gestor de negócios alheios;

V - de domicílio do autor ou do local do fato, para a ação de reparação de dano sofrido em razão de delito ou acidente de veículos, inclusive aeronaves.

Art. 54. A competência relativa poderá modificar-se pela conexão ou pela continência, observado o disposto nesta Seção.

Art. 55. Reputam-se conexas duas ou mais ações quando lhes for comum o pedido ou a causa de pedir.

§ 1º Os processos de ações conexas serão reunidos para decisão conjunta, salvo se um deles já houver sido sentenciado.

§ 2º Aplica-se o disposto no *caput*:

I - à execução de título extrajudicial e à ação de conhecimento relativa ao mesmo ato jurídico;

II - às execuções fundadas no mesmo título executivo.

§ 3º Serão reunidos para julgamento conjunto os processos que possam gerar risco de prolação de decisões conflitantes ou contraditórias caso decididos separadamente, mesmo sem conexão entre eles.

Art. 56. Dá-se a continência entre duas ou mais ações quando houver identidade quanto às partes e à causa de pedir, mas o pedido de uma, por ser mais amplo, abrange o das demais.

Art. 57. Quando houver continência e a ação continente tiver sido proposta anteriormente, no processo relativo à ação contida será proferida sentença sem resolução de mérito, caso contrário, as ações serão necessariamente reunidas.

Art. 58. A reunião das ações propostas em separado far-se-á no juízo prevento, onde serão decididas simultaneamente.

Art. 59. O registro ou a distribuição da petição inicial torna prevento o juízo.

Art. 60. Se o imóvel se achar situado em mais de um Estado, comarca, seção ou subseção judiciária, a competência territorial do juízo prevento estender-se-á sobre a totalidade do imóvel.

Art. 61. A ação acessória será proposta no juízo competente para a ação principal.

Art. 62. A competência determinada em razão da matéria, da pessoa ou da função é inderrogável por convenção das partes.

Art. 63. As partes podem modificar a competência em razão do valor e do território, elegendo foro onde será proposta ação oriunda de direitos e obrigações.

§ 1º A eleição de foro só produz efeito quando constar de instrumento escrito e aludir expressamente a determinado negócio jurídico.

§ 2º O foro contratual obriga os herdeiros e sucessores das partes.

§ 3º Antes da citação, a cláusula de eleição de foro, se abusiva, pode ser reputada ineficaz de ofício pelo juiz, que determinará a remessa dos autos ao juízo do foro de domicílio do réu.

§ 4º Citado, incumbe ao réu alegar a abusividade da cláusula de eleição de foro na contestação, sob pena de preclusão.

Art. 64. A incompetência, absoluta ou relativa, será alegada como questão preliminar de contestação.

§ 1º A incompetência absoluta pode ser alegada em qualquer tempo e grau de jurisdição e deve ser declarada de ofício.

§ 2º Após manifestação da parte contrária, o juiz decidirá imediatamente a alegação de incompetência.

§ 3º Caso a alegação de incompetência seja acolhida, os autos serão remetidos ao juízo competente.

§ 4º Salvo decisão judicial em sentido contrário, conservar-se-ão os efeitos de decisão proferida pelo juízo incompetente até que outra seja proferida, se for o caso, pelo juízo competente.

Art. 65. Prorrogar-se-á a competência relativa se o réu não alegar a incompetência em preliminar de contestação.

Parágrafo único. A incompetência relativa pode ser alegada pelo Ministério Público nas causas em que atuar.

Art. 66. Há conflito de competência quando:

I - dois ou mais juízes se declaram competentes;

II - dois ou mais juízes se consideram incompetentes, atribuindo um ao outro a competência;

III - entre dois ou mais juízes surge controvérsia acerca da reunião ou separação de processos.

Parágrafo único. O juiz que não acolher a competência declinada deverá suscitar o conflito, salvo se a atribuir a outro juízo.

Art. 67. Aos órgãos do Poder Judiciário, estadual ou federal, especializado ou comum, em todas as instâncias e graus de jurisdição, inclusive aos tribunais superiores, incumbe o dever de recíproca cooperação, por meio de seus magistrados e servidores.

Art. 68. Os juízos poderão formular entre si pedido de cooperação para prática de qualquer ato processual.

Art. 69. O pedido de cooperação jurisdicional deve ser prontamente atendido, prescinde de forma específica e pode ser executado como:

I - auxílio direto;

II - reunião ou apensamento de processos;

III - prestação de informações;

IV - atos concertados entre os juízes cooperantes.

§ 1º As cartas de ordem, precatória e arbitral seguirão o regime previsto neste Código.

§ 2º Os atos concertados entre os juízes cooperantes poderão consistir, além de outros, no estabelecimento de procedimento para:

I - a prática de citação, intimação ou notificação de ato;

II - a obtenção e apresentação de provas e a coleta de depoimentos;

III - a efetivação de tutela provisória;

IV - a efetivação de medidas e providências para recuperação e preservação de empresas;

V - a facilitação de habilitação de créditos na falência e na recuperação judicial;

VI - a centralização de processos repetitivos;

VII - a execução de decisão jurisdicional.

§ 3º O pedido de cooperação judiciária pode ser realizado entre órgãos jurisdicionais de diferentes ramos do Poder Judiciário. [...]

Art. 73. O cônjuge necessitará do consentimento do outro para propor ação que verse sobre direito real imobiliário, salvo quando casados sob o regime de separação absoluta de bens.

§ 1º Ambos os cônjuges serão necessariamente citados para a ação:

I - que verse sobre direito real imobiliário, salvo quando casados sob o regime de separação absoluta de bens;

II - resultante de fato que diga respeito a ambos os cônjuges ou de ato praticado por eles;

III - fundada em dívida contraída por um dos cônjuges a bem da família;

IV - que tenha por objeto o reconhecimento, a constituição ou a extinção de ônus sobre imóvel de um ou de ambos os cônjuges.

§ 2º Nas ações possessórias, a participação do cônjuge do autor ou do réu somente é indispensável nas hipóteses de composse ou de ato por ambos praticado.

§ 3º Aplica-se o disposto neste artigo à união estável comprovada nos autos. [...]

Art. 113. Duas ou mais pessoas podem litigar, no mesmo processo, em conjunto, ativa ou passivamente, quando:

I - entre elas houver comunhão de direitos ou de obrigações relativamente à lide;

II - entre as causas houver conexão pelo pedido ou pela causa de pedir;

III - ocorrer afinidade de questões por ponto comum de fato ou de direito.

§ 1º O juiz poderá limitar o litisconsórcio facultativo quanto ao número de litigantes na fase de conhecimento, na liquidação de sentença ou na execução, quando este comprometer a rápida solução do litígio ou dificultar a defesa ou o cumprimento da sentença.

§ 2º O requerimento de limitação interrompe o prazo para manifestação ou resposta, que recomeçará da intimação da decisão que o solucionar.

Art. 114. O litisconsórcio será necessário por disposição de lei ou quando, pela natureza da relação jurídica controvertida, a eficácia da sentença depender da citação de todos que devam ser litisconsortes.

Art. 115. A sentença de mérito, quando proferida sem a integração do contraditório, será:

I - nula, se a decisão deveria ser uniforme em relação a todos que deveriam ter integrado o processo;

II - ineficaz, nos outros casos, apenas para os que não foram citados.

Parágrafo único. Nos casos de litisconsórcio passivo necessário, o juiz determinará ao autor que requeira a citação de todos que devam ser litisconsortes, dentro do prazo que assinar, sob pena de extinção do processo.

Art. 116. O litisconsórcio será unitário quando, pela natureza da relação jurídica, o juiz tiver de decidir o mérito de modo uniforme para todos os litisconsortes.

Art. 117. Os litisconsortes serão considerados, em suas relações com a parte adversa, como litigantes distintos, exceto no litisconsórcio unitário, caso em que os atos e as omissões de um não prejudicarão os outros, mas os poderão beneficiar.

Art. 118. Cada litisconsorte tem o direito de promover o andamento do processo, e todos devem ser intimados dos respectivos atos.

Art. 119. Pendendo causa entre duas ou mais pessoas, o terceiro juridicamente interessado em que a sentença seja favorável a uma delas poderá intervir no processo para assisti-la.

Parágrafo único. A assistência será admitida em qualquer procedimento e em todos os graus de jurisdição, recebendo o assistente o processo no estado em que se encontre.

Art. 120. Não havendo impugnação no prazo de quinze dias, o pedido do assistente será deferido, salvo se for caso de rejeição liminar.

Parágrafo único. Se qualquer parte alegar que falta ao requerente interesse jurídico para intervir, o juiz decidirá o incidente, sem suspensão do processo.

Art. 121. O assistente simples atuará como auxiliar da parte principal, exercerá os mesmos poderes e sujeitar-se-á aos mesmos ônus processuais que o assistido.

Parágrafo único. Sendo revel ou, de qualquer outro modo, omisso o assistido, o assistente será considerado seu substituto processual.

Art. 122. A assistência simples não obsta a que a parte principal reconheça a procedência do pedido, desista da ação, renuncie ao direito sobre o que se funda a ação ou transija sobre direitos controvertidos.

Art. 123. Transitada em julgado a sentença no processo em que interveio o assistente, este não poderá, em processo posterior, discutir a justiça da decisão, salvo se alegar e provar que:

I - pelo estado em que recebeu o processo ou pelas declarações e pelos atos do assistido, foi impedido de produzir provas suscetíveis de influir na sentença;

II - desconhecia a existência de alegações ou de provas das quais o assistido, por dolo ou culpa, não se valeu.

Art. 124. Considera-se litisconsorte da parte principal o assistente sempre que a sentença influir na relação jurídica entre ele e o adversário do assistido.

Art. 125. É admissível a denunciação da lide, promovida por qualquer das partes:

I - ao alienante imediato, no processo relativo à coisa cujo domínio foi transferido ao denunciante, a fim de que possa exercer os direitos que da evicção lhe resultam;

II - àquele que estiver obrigado, por lei ou pelo contrato, a indenizar, em ação regressiva, o prejuízo de quem for vencido no processo.

§ 1º O direito regressivo será exercido por ação autônoma quando a denunciação da lide for indeferida, deixar de ser promovida ou não for permitida.

§ 2º Admite-se uma única denunciação sucessiva, promovida pelo denunciado, contra seu antecessor imediato na cadeia dominial ou quem seja responsável por indenizá-lo, não podendo o denunciado sucessivo promover nova denunciação, hipótese em que eventual direito de regresso será exercido por ação autônoma.

Art. 126. A citação do denunciado será requerida na petição inicial, se o denunciante for autor, ou na contestação, se o denunciante for réu, devendo ser realizada na forma e nos prazos previstos no art. 131.

Art. 127. Feita a denunciação pelo autor, o denunciado poderá assumir a posição de litisconsorte do denunciante e acrescentar novos argumentos à petição inicial, procedendo-se em seguida à citação do réu.

Art. 128. Feita a denunciação pelo réu:

I – se o denunciado contestar o pedido formulado pelo autor, o processo prosseguirá tendo, na ação principal, em litisconsórcio, denunciante e denunciado;

II – se o denunciado for revel, o denunciante pode deixar de prosseguir com sua defesa, eventualmente oferecida, e abster-se de recorrer, restringindo sua atuação à ação regressiva;

III – se o denunciado confessar os fatos alegados pelo autor na ação principal, o denunciante poderá prosseguir com sua defesa ou, aderindo a tal reconhecimento, pedir apenas a procedência da ação de regresso.

Parágrafo único. Procedente o pedido da ação principal, pode o autor, se for o caso, requerer o cumprimento da sentença também contra o denunciado, nos limites da condenação deste na ação regressiva.

Art. 129. Se o denunciante for vencido na ação principal, o juiz passará ao julgamento da denunciação da lide.

Parágrafo único. Se o denunciante for vencedor, a ação de denunciação não terá o seu pedido examinado, sem prejuízo da condenação do denunciante ao pagamento das verbas de sucumbência em favor do denunciado.

Art. 130. É admissível o chamamento ao processo, requerido pelo réu:

I – do afiançado, na ação em que o fiador for réu;

II – dos demais fiadores, na ação proposta contra um ou alguns deles;

III – dos demais devedores solidários, quando o credor exigir de um ou de alguns o pagamento da dívida comum.

Art. 131. A citação daqueles que devam figurar em litisconsórcio passivo será requerida pelo réu na contestação e deve ser promovida no prazo de trinta dias, sob pena de ficar sem efeito o chamamento.

Parágrafo único. Se o chamado residir em outra comarca, seção ou subseção judiciárias, ou em lugar incerto, o prazo será de dois meses.

Art. 132. A sentença de procedência valerá como título executivo em favor do réu que satisfizer a dívida, a fim de que possa exigi-la, por inteiro, do devedor principal, ou, de cada um dos codevedores, a sua quota, na proporção que lhes tocar.

Art. 133. O incidente de desconsideração da personalidade jurídica será instaurado a pedido da parte ou do Ministério Público, quando lhe couber intervir no processo.

1º O pedido de desconsideração da personalidade jurídica observará os pressupostos previstos em lei.

§ 2º Aplica-se o disposto neste Capítulo à hipótese de desconsideração inversa da personalidade jurídica.

Art. 134. O incidente de desconsideração é cabível em todas as fases do processo de conhecimento, no cumprimento de sentença e na execução fundada em título executivo extrajudicial.

§ 1º A instauração do incidente será imediatamente comunicada ao distribuidor para as anotações devidas.

§ 2º Dispensa-se a instauração do incidente se a desconsideração da personalidade jurídica for requerida na petição inicial, hipótese em que será citado o sócio ou a pessoa jurídica.

§ 3º A instauração do incidente suspenderá o processo, salvo na hipótese do § 2º.

§ 4º O requerimento deve demonstrar o preenchimento dos pressupostos legais específicos para desconsideração da personalidade jurídica.

Art. 135. Instaurado o incidente, o sócio ou a pessoa jurídica será citado para manifestar-se e requerer as provas cabíveis no prazo de 15 (quinze) dias.

Art. 136. Concluída a instrução, se necessária, o incidente será resolvido por decisão interlocutória.

Parágrafo único. Se a decisão for proferida pelo relator, cabe agravo interno.

Art. 137. Acolhido o pedido de desconsideração, a alienação ou a oneração de bens, havida em fraude de execução, será ineficaz em relação ao requerente.

Art. 138. O juiz ou o relator, considerando a relevância da matéria, a especificidade do tema objeto da demanda ou a repercussão social da controvérsia, poderá, por decisão irrecorrível, de ofício ou a requerimento das partes ou de quem pretenda manifestar-se, solicitar ou admitir a participação de pessoa natural ou jurídica, órgão ou entidade especializada, com representatividade adequada, no prazo de quinze dias de sua intimação.

§ 1º A intervenção de que trata o *caput* não implica alteração de competência nem autoriza a interposição de recursos, ressalvadas a oposição de embargos de declaração e a hipótese do § 3º.

§ 2º Caberá ao juiz ou ao relator, na decisão que solicitar ou admitir a intervenção, definir os poderes do *amicus curiae*.

§ 3º O *amicus curiae* pode recorrer da decisão que julgar o incidente de resolução de demandas repetitivas.

Art. 139. O juiz dirigirá o processo conforme as disposições deste Código, incumbindo-lhe:

I - assegurar às partes igualdade de tratamento;

II - velar pela duração razoável do processo;

III - prevenir ou reprimir qualquer ato contrário à dignidade da Justiça e indeferir postulações meramente protelatórias;

IV - determinar todas as medidas indutivas, coercitivas, mandamentais ou sub-rogatórias necessárias para assegurar o cumprimento de ordem judicial, inclusive nas ações que tenham por objeto prestação pecuniária;

V - promover, a qualquer tempo, a autocomposição, preferencialmente com auxílio de conciliadores e mediadores judiciais;

VI - dilatar os prazos processuais e alterar a ordem de produção dos meios de prova, adequando-os às necessidades do conflito de modo a conferir maior efetividade à tutela do direito;

VII - exercer o poder de polícia, requisitando, quando necessário, força policial, além da segurança interna dos fóruns e tribunais;

VIII - determinar, a qualquer tempo, o comparecimento pessoal das partes, para inquiri-las sobre os fatos da causa, hipótese em que não incidirá a pena de confesso;

IX - determinar o suprimento de pressupostos processuais e o saneamento de outros vícios processuais;

X - quando se deparar com diversas demandas individuais repetitivas, oficiar o Ministério Público, a Defensoria Pública e, na medida do possível, outros legitimados a que se referem o art. 5º da Lei no 7.347, de 24 de julho de 1985, e o art. 82 da Lei no 8.078, de 11 de setembro de 1990, para, se for o caso, promover a propositura da ação coletiva respectiva.

Parágrafo único. A dilação de prazos prevista no inciso VI somente pode ser determinada antes de encerrado o prazo regular.

Art. 140. O juiz não se exime de decidir sob a alegação de lacuna ou obscuridade do ordenamento jurídico.

Parágrafo único. O juiz só decidirá por equidade nos casos previstos em lei.

Art. 141. O juiz decidirá o mérito nos limites propostos pelas partes, sendo-lhe vedado conhecer de questões não suscitadas a cujo respeito a lei exige iniciativa da parte.

Art. 142. Convencendo-se, pelas circunstâncias, de que autor e réu se serviram do processo para praticar ato simulado ou conseguir fim vedado por lei, o juiz proferirá decisão que impeça os objetivos das partes, aplicando, de ofício, as penalidades da litigância de má-fé.

Art. 143. O juiz responderá, civil e regressivamente, por perdas e danos quando:

I - no exercício de suas funções, proceder com dolo ou fraude;

II - recusar, omitir ou retardar, sem justo motivo, providência que deva ordenar de ofício ou a requerimento da parte.

Parágrafo único. As hipóteses previstas no inciso II somente serão verificadas depois que a parte requerer ao juiz que determine a providência e o requerimento não for apreciado no prazo de dez dias.

Art. 144. Há impedimento do juiz, sendo-lhe vedado exercer suas funções no processo:

I - em que interveio como mandatário da parte, oficiou como perito, funcionou como membro do Ministério Público ou prestou depoimento como testemunha;

II - de que conheceu em outro grau de jurisdição, tendo proferido decisão;

III - quando nele estiver postulando, como defensor público, advogado ou membro do Ministério Público, seu cônjuge ou companheiro, ou qualquer parente, consanguíneo ou afim, em linha reta ou colateral, até o terceiro grau, inclusive;

IV - quando for parte no processo ele próprio, seu cônjuge ou companheiro, ou parente, consanguíneo ou afim, em linha reta ou colateral, até o terceiro grau, inclusive;

V - quando for sócio ou membro de direção ou de administração de pessoa jurídica parte no processo;

VI - quando for herdeiro presuntivo, donatário ou empregador de qualquer das partes;

VII - em que figure como parte instituição de ensino com a qual tenha relação de emprego ou decorrente de contrato de prestação de serviços;

VIII - em que figure como parte cliente do escritório de advocacia de seu cônjuge, companheiro ou parente, consanguíneo ou afim, em linha reta ou colateral, até o terceiro grau, inclusive, mesmo que patrocinado por advogado de outro escritório;

IX - quando promover ação contra a parte ou seu advogado.

§ 1º Na hipótese do inciso III, o impedimento só se verifica quando o defensor público, o advogado ou o membro do Ministério Público já integrava o processo antes do início da atividade judicante do juiz.

§ 2º É vedada a criação de fato superveniente a fim de caracterizar impedimento do juiz.

§ 3º O impedimento previsto no inciso III também se verifica no caso de mandato conferido a membro de escritório de advocacia que tenha em seus quadros advogado que individualmente ostente a condição nele prevista, mesmo que não intervenha diretamente no processo.

Art. 145. Há suspeição do juiz:

I - amigo íntimo ou inimigo de qualquer das partes ou de seus advogados;

II - que receber presentes de pessoas que tiverem interesse na causa antes ou depois de iniciado o processo, que aconselhar alguma das partes acerca do objeto da causa ou que subministrar meios para atender às despesas do litígio;

III - quando qualquer das partes for sua credora ou devedora, de seu cônjuge ou companheiro ou de parentes destes, em linha reta até o terceiro grau, inclusive;

IV - interessado no julgamento do processo em favor de qualquer das partes.

§ 1º Poderá o juiz declarar-se suspeito por motivo de foro íntimo, sem necessidade de declarar suas razões.

§ 2º Será ilegítima a alegação de suspeição quando:

I - houver sido provocada por quem a alega;

II - a parte que a alega houver praticado ato que signifique manifesta aceitação do arguido.

Art. 146. No prazo de quinze dias, a contar do conhecimento do fato, a parte alegará o impedimento ou a suspeição, em petição específica dirigida ao juiz do processo, na qual indicará o fundamento da recusa, podendo instruí-la com documentos em que se fundar a alegação e com rol de testemunhas.

§ 1º Se reconhecer o impedimento ou a suspeição ao receber a petição, o juiz ordenará imediatamente a remessa dos autos a seu substituto legal, caso contrário, determinará a autuação em apartado da petição e, no prazo de quinze dias, apresentará suas razões, acompanhadas de documentos e de rol de testemunhas, se houver, ordenando a remessa do incidente ao tribunal.

§ 2º Distribuído o incidente, o relator deverá declarar os seus efeitos, sendo que, se o incidente for recebido:

I - sem efeito suspensivo, o processo voltará a correr;

II - com efeito suspensivo, o processo permanecerá suspenso até o julgamento do incidente.

§ 3º Enquanto não for declarado o efeito em que é recebido o incidente ou quando este for recebido com efeito suspensivo, a tutela de urgência será requerida ao substituto legal.

§ 4º Verificando que a alegação de impedimento ou de suspeição é improcedente, o tribunal rejeitá-la-á.

§ 5º Acolhida a alegação, tratando-se de impedimento ou de manifesta suspeição, o tribunal condenará o juiz nas custas e remeterá os autos ao seu substituto legal, podendo o juiz recorrer da decisão.

§ 6º Reconhecido o impedimento ou a suspeição, o tribunal fixará o momento a partir do qual o juiz não poderia ter atuado.

§ 7º O tribunal decretará a nulidade dos atos do juiz, se praticados quando já presente o motivo de impedimento ou de suspeição.

Art. 147. Quando dois ou mais juízes forem parentes, consanguíneos ou afins, em linha reta ou colateral, até o terceiro grau, inclusive, o primeiro que conhecer do processo impede que o outro nele atue, caso em que o segundo se escusará, remetendo os autos ao seu substituto legal.

Art. 148. Aplicam-se os motivos de impedimento e de suspeição:

I - ao membro do Ministério Público;

II - aos auxiliares da Justiça;

III - aos demais sujeitos imparciais do processo.

§ 1º A parte interessada deverá arguir o impedimento ou a suspeição, em petição fundamentada e devidamente instruída, na primeira oportunidade em que lhe couber falar nos autos.

§ 2º O juiz mandará processar o incidente em separado e sem suspensão do processo, ouvindo o arguido no prazo de quinze dias e facultando a produção de prova, quando necessária.

§ 3º Nos tribunais, a arguição a que se refere o § 1º será disciplinada pelo regimento interno.

§ 4º O disposto nos §§ 1º e 2º não se aplica à arguição de impedimento ou de suspeição de testemunha. [...]

Art. 165. Os tribunais criarão centros judiciários de solução consensual de conflitos, responsáveis pela realização de sessões e audiências de conciliação e mediação e pelo desenvolvimento de programas destinados a auxiliar, orientar e estimular a autocomposição.

§ 1º A composição e a organização dos centros serão definidas pelo respectivo tribunal, observadas as normas do Conselho Nacional de Justiça.

§ 2º O conciliador, que atuará preferencialmente nos casos em que não houver vínculo anterior entre as partes, poderá sugerir soluções para o litígio, sendo vedada a utilização de qualquer tipo de constrangimento ou intimidação para que as partes conciliem.

§ 3º O mediador, que atuará preferencialmente nos casos em que houver vínculo anterior entre as partes, auxiliará aos interessados a compreender as questões e os interesses em conflito, de modo que eles possam, pelo restabelecimento da comunicação, identificar, por si próprios, soluções consensuais que gerem benefícios mútuos.

Art. 166. A conciliação e a mediação são informadas pelos princípios da independência, da imparcialidade, da autonomia da vontade, da confidencialidade, da oralidade, da informalidade e da decisão informada.

§ 1º A confidencialidade estende-se a todas as informações produzidas no curso do procedimento, cujo teor não poderá ser utilizado para fim diverso daquele previsto por expressa deliberação das partes.

§ 2º Em razão do dever de sigilo, inerente às suas funções, o conciliador e o mediador, assim como os membros de suas equipes, não poderão divulgar ou depor acerca de fatos ou elementos oriundos da conciliação ou da mediação.

§ 3º Admite-se a aplicação de técnicas negociais, com o objetivo de proporcionar ambiente favorável à autocomposição.

§ 4º A mediação e a conciliação serão regidas conforme a livre autonomia dos interessados, inclusive no que diz respeito à definição das regras procedimentais.

Art. 167. Os conciliadores, os mediadores e as câmaras privadas de conciliação e mediação serão inscritos em cadastro nacional e em cadastro de tribunal de Justiça ou de tribunal regional federal, que manterá registro de profissionais habilitados, com indicação de sua área profissional.

§ 1º Preenchendo o requisito da capacitação mínima, por meio de curso realizado por entidade credenciada, conforme parâmetro curricular definido pelo Conselho Nacional de Justiça em conjunto com o Ministério da Justiça, o conciliador ou o mediador, com o respectivo certificado, poderá requerer sua inscrição no cadastro nacional e no cadastro de tribunal de Justiça ou de tribunal regional federal.

§ 2º Efetivado o registro, que poderá ser precedido de concurso público, o tribunal remeterá ao diretor do foro da comarca, seção ou subseção judiciária onde atuará o conciliador ou o mediador os dados necessários para que seu nome passe a constar da respectiva lista, a ser observada na distribuição alternada e aleatória, respeitado o princípio da igualdade dentro da mesma área de atuação profissional.

§ 3º Do credenciamento das câmaras e do cadastro de conciliadores e mediadores constarão todos os dados relevantes para a sua atuação, tais como o número de processos de que participou, o sucesso ou insucesso da atividade, a matéria sobre a qual versou a controvérsia, bem como outros dados que o tribunal julgar relevantes.

§ 4º Os dados colhidos na forma do § 3º serão classificados sistematicamente pelo tribunal, que os publicará, ao menos anualmente, para conhecimento da população e para fins estatísticos e de avaliação da conciliação, da mediação, das câmaras privadas de conciliação e de mediação, dos conciliadores e dos mediadores.

§ 5º Os conciliadores e mediadores judiciais cadastrados na forma do *caput*, se advogados, estarão impedidos de exercer a advocacia nos juízos em que desempenhem suas funções.

§ 6º O tribunal poderá optar pela criação de quadro próprio de conciliadores e mediadores, a ser preenchido por concurso público de provas e títulos, observadas as disposições deste Capítulo.

Art. 168. As partes podem escolher, de comum acordo, o conciliador, o mediador ou a câmara privada de conciliação e de mediação.

§ 1º O conciliador ou mediador escolhido pelas partes poderá ou não estar cadastrado no tribunal.

§ 2º Inexistindo acordo quanto à escolha do mediador ou conciliador, haverá distribuição entre aqueles cadastrados no registro do tribunal, observada a respectiva formação.

§ 3º Sempre que recomendável, haverá a designação de mais de um mediador ou conciliador.

Art. 169. Ressalvada a hipótese do art. 167, § 6º, o conciliador e o mediador receberão pelo seu trabalho remuneração prevista em tabela fixada pelo tribunal, conforme parâmetros estabelecidos pelo Conselho Nacional de Justiça.

§ 1º A mediação e a conciliação podem ser realizadas como trabalho voluntário, observada a legislação pertinente e a regulamentação do tribunal.

§ 2º Os tribunais determinarão o percentual de audiências não remuneradas que deverão ser suportadas pelas câmaras privadas de conciliação e mediação, com o fim de atender aos processos em que deferida gratuidade da Justiça, como contrapartida de seu credenciamento.

Art. 170. No caso de impedimento, o conciliador ou mediador o comunicará imediatamente, de preferência por meio eletrônico, e devolverá os autos ao juiz do processo ou ao coordenador do centro judiciário de solução de conflitos, devendo este realizar nova distribuição.

Parágrafo único. Se a causa de impedimento for apurada quando já iniciado o procedimento, a atividade será interrompida, lavrando-se ata com relatório do ocorrido e solicitação de distribuição para novo conciliador ou mediador.

Art. 171. No caso de impossibilidade temporária do exercício da função, o conciliador ou mediador informará o fato ao centro, preferencialmente por meio eletrônico, para que, durante o período em que perdurar a impossibilidade, não haja novas distribuições.

Art. 172. O conciliador e o mediador ficam impedidos, pelo prazo de 1 (um) ano, contado do término da última audiência em que atuaram, de assessorar, representar ou patrocinar qualquer das partes.

Art. 173. Será excluído do cadastro de conciliadores e mediadores aquele que:

I – agir com dolo ou culpa na condução da conciliação ou da mediação sob sua responsabilidade ou violar qualquer dos deveres decorrentes do art. 166, §§ 1º e 2º;

II – atuar em procedimento de mediação ou conciliação, apesar de impedido ou suspeito.

§ 1º Os casos previstos neste artigo serão apurados em processo administrativo.

§ 2º O juiz do processo ou o juiz coordenador do centro de conciliação e mediação, se houver, verificando atuação inadequada do mediador ou conciliador, poderá afastá-lo de suas atividades por até 180 dias, por decisão fundamentada, informando o fato imediatamente ao tribunal para instauração do respectivo processo administrativo.

Art. 174. A União, os estados, o Distrito Federal e os municípios criarão câmaras de mediação e conciliação, com atribuições relacionadas à solução consensual de conflitos no âmbito administrativo, tais como:

I – dirimir conflitos envolvendo órgãos e entidades da Administração Pública;

II – avaliar a admissibilidade dos pedidos de resolução de conflitos, por meio de conciliação, no âmbito da Administração Pública;

III - promover, quando couber, a celebração de termo de ajustamento de conduta.

Art. 175. As disposições desta Seção não excluem outras formas de conciliação e mediação extrajudiciais vinculadas a órgãos institucionais ou realizadas por intermédio de profissionais independentes, que poderão ser regulamentadas por lei específica.

Parágrafo único. Os dispositivos desta Seção aplicam-se, no que couber, às câmaras privadas de conciliação e mediação.

Art. 176. O Ministério Público atuará na defesa da ordem jurídica, do regime democrático e dos interesses e direitos sociais e individuais indisponíveis.

Art. 177. O Ministério Público exercerá o direito de ação em conformidade com suas atribuições constitucionais.

Art. 178. O Ministério Público será intimado para, no prazo de trinta dias, intervir como fiscal da ordem jurídica nas hipóteses previstas em lei ou na Constituição Federal e nos processos que envolvam:

I - interesse público ou social;

II - interesse de incapaz;

III - litígios coletivos pela posse de terra rural ou urbana.

Parágrafo único. A participação da Fazenda Pública não configura, por si só, hipótese de intervenção do Ministério Público.

Art. 179. Nos casos de intervenção como fiscal da ordem jurídica, o Ministério Público:

I - terá vista dos autos depois das partes, sendo intimado de todos os atos do processo;

II - poderá produzir provas, requerer as medidas processuais pertinentes e recorrer.

Art. 180. O Ministério Público gozará de prazo em dobro para manifestar-se nos autos, que terá início a partir de sua intimação pessoal, nos termos do art. 183, § 1º.

§ 1º Findo o prazo para manifestação do Ministério Público sem o oferecimento de parecer, o juiz requisitará os autos e dará andamento ao processo.

§ 2º Não se aplica o benefício da contagem em dobro quando a lei estabelecer, de forma expressa, prazo próprio para o Ministério Público.

Art. 181. O membro do Ministério Público será civil e regressivamente responsável quando agir com dolo ou fraude no exercício de suas funções. [...]

Art. 185. A Defensoria Pública exercerá a orientação jurídica, a promoção dos direitos humanos e a defesa dos direitos individuais e coletivos dos necessitados, em todos os graus, de forma integral e gratuita.

Art. 186. A Defensoria Pública gozará de prazo em dobro para todas as suas manifestações processuais.

§ 1º O prazo tem início com a intimação pessoal do defensor público, nos termos do art. 183, § 1º.

§ 2º A requerimento da Defensoria Pública, o juiz determinará a intimação pessoal da parte patrocinada quando o ato processual depender de providência ou informação que somente por ela possa ser realizada ou prestada.

§ 3º O disposto no *caput* aplica-se aos escritórios de prática jurídica das faculdades de Direito reconhecidas na forma da lei e às entidades que prestam assistência jurídica gratuita em razão de convênios firmados com a Defensoria Pública.

§ 4º Não se aplica o benefício da contagem em dobro quando a lei estabelecer, de forma expressa, prazo próprio para a Defensoria Pública.

Art. 187. O membro da Defensoria Pública será civil e regressivamente responsável quando agir com dolo ou fraude no exercício de suas funções. [...]

Art. 229. Os litisconsortes que tiverem diferentes procuradores, de escritórios de advocacia distintos, terão prazos contados em dobro para todas as suas manifestações, em qualquer juízo ou tribunal, independentemente de requerimento.

§ 1º Cessa a contagem do prazo em dobro se, havendo apenas dois réus, é oferecida defesa por apenas um deles.

§ 2º Não se aplica o disposto no *caput* aos processos em autos eletrônicos. [...]

Art. 719. Quando este Código não estabelecer procedimento especial, regem os procedimentos de jurisdição voluntária as disposições constantes desta Seção.

Art. 720. O procedimento terá início por provocação do interessado, do Ministério Público ou da Defensoria Pública, cabendo-lhes formular o pedido devidamente instruído com os documentos necessários e com a indicação da providência judicial.

Art. 721. Serão citados todos os interessados, bem como intimado o Ministério Público, nos casos do art. 178, para que se manifestem, querendo, no prazo de quinze dias.

Art. 722. A Fazenda Pública será sempre ouvida nos casos em que tiver interesse.

Art. 723. O juiz decidirá o pedido no prazo de dez dias.

Parágrafo único. O juiz não é obrigado a observar critério de legalidade estrita, podendo adotar em cada caso a solução que considerar mais conveniente ou oportuna.

Art. 724. Da sentença caberá apelação.

Art. 725. Processar-se-á na forma estabelecida nesta Seção o pedido de:

I - emancipação;

II - sub-rogação;

III - alienação, arrendamento ou oneração de bens de crianças ou adolescentes, de órfãos e de interditos;

IV - alienação, locação e administração da coisa comum;

V - alienação de quinhão em coisa comum;

VI - extinção de usufruto, quando não decorrer da morte do usufrutuário, do termo da sua duração ou da consolidação, e de fideicomisso, quando decorrer de renúncia ou quando ocorrer antes do evento que caracterizar a condição resolutória;

VII - expedição de alvará judicial;

VIII - homologação de autocomposição extrajudicial, de qualquer natureza ou valor.

Parágrafo único. As normas desta Seção aplicam-se, no que couber, aos procedimentos regulados nas seções seguintes.

Art. 951. O conflito de competência pode ser suscitado por qualquer das partes, pelo Ministério Público ou pelo juiz.

Parágrafo único. O Ministério Público somente será ouvido nos conflitos de competência relativos aos processos previstos no art. 178, mas terá qualidade de parte nos conflitos que suscitar.

Art. 952. Não pode suscitar conflito a parte que, no processo, arguiu incompetência relativa.

Parágrafo único. O conflito de competência não obsta, porém, a que a parte que não o arguiu suscite a incompetência.

Art. 953. O conflito será suscitado ao tribunal:

I - pelo juiz, por ofício;

II - pela parte e pelo Ministério Público, por petição.

Parágrafo único. O ofício e a petição serão instruídos com os documentos necessários à prova do conflito.

Art. 954. Após a distribuição, o relator determinará a oitiva dos juízes em conflito ou, se um deles for suscitante, apenas do suscitado.

Parágrafo único. No prazo designado pelo relator, incumbirá ao juiz ou aos juízes prestar as informações.

Art. 955. O relator poderá, de ofício ou a requerimento de qualquer das partes, determinar, quando o conflito for positivo, o sobrestamento do processo e, nesse caso, bem como no de conflito negativo, designará um dos juízes para resolver, em caráter provisório, as medidas urgentes.

Parágrafo único. O relator poderá julgar de plano o conflito de competência quando sua decisão se fundar em:

I - súmula do Supremo Tribunal Federal, do Superior Tribunal de Justiça ou do próprio tribunal;

II - tese firmada em julgamento de casos repetitivos ou em incidente de assunção de competência.

Art. 956. Decorrido o prazo designado pelo relator, será ouvido o Ministério Público, no prazo de cinco dias, ainda que as informações não tenham sido prestadas, e, em seguida, o conflito irá a julgamento.

Art. 957. Ao decidir o conflito, o tribunal declarará qual o juízo competente, pronunciando-se também sobre a validade dos atos do juízo incompetente.

Parágrafo único. Os autos do processo em que se manifestou o conflito serão remetidos ao juiz declarado competente.

Art. 958. No conflito que envolva órgãos fracionários dos tribunais, desembargadores e juízes em exercício no tribunal, observar-se-á o que dispuser o regimento interno do tribunal.

Art. 959. O regimento interno do tribunal regulará o processo e o julgamento do conflito de atribuições entre autoridade judiciária e autoridade administrativa.

Questões

CAPÍTULOS 1 E 2

▶ **ATENÇÃO:**

Foram inseridas também questões de concursos de Analista Judiciário para possibilitar a ampliação do estudo.

1. **(Consulplan - Técnico Judiciário - Área Administrativa - TRF 2/2017)** O Poder Judiciário deve se nortear pela atividade satisfativa dos direitos discutidos em juízo. Nessa vertente, o Código de Processo Civil de 2015 (Lei Federal n° 13.105/15) tutela, entre suas normas fundamentais, o princípio da primazia da resolução do mérito. Com base nas normas processuais em vigor que tratam do instituto da coisa julgada e dos seus efeitos, assinale a alternativa correta.

a) Não se considera fundamentada qualquer decisão judicial, seja ela interlocutória, sentença ou acórdão, que não enfrentar todos os argumentos deduzidos no processo capazes de, em tese, infirmar a conclusão adotada pelo julgador.

b) Haverá resolução de mérito na sentença que homologar a desistência da ação por parte do autor da demanda.

c) Em regra, além da parte dispositiva, também fazem coisa julgada os motivos e a verdade dos fatos estabelecida como fundamento da sentença.

d) O Código de Processo Civil de 2015 (Lei Federal ne 13.105/15), prestigiando o princípio da igualdade material entre as partes, não mais prevê a sistemática da remessa necessária ou do duplo grau de jurisdição obrigatório às sentenças proferidas contra a União, os Estados, o Distrito Federal, os Municípios e suas respectivas autarquias e fundações de direito público.

COMENTÁRIOS

De acordo com o princípio da primazia do julgamento do mérito, previsto, entre outros, no art. 4º, do CPC, deve-se buscar a prática de atos processuais que conduzam à solução da causa. Assim, deverá o relator, por exemplo, por decisão monocrática, antes de considerar inadmissível o recurso, conceder o prazo de cinco dias ao recorrente para que seja sanado o vício ou complementada a documentação exigível (art. 932, parágrafo único).

Alternativa correta: letra "A". O CPC fez previsão de um conteúdo mínimo das decisões interlocutórias, sentenças e acórdãos, conforme se vê do § 1º, do art. 489. Assim, não se considera fundamentada qualquer decisão que, entre outros aspectos, não enfrentar todos os argumentos deduzidos no processo capazes de, em tese, infirmar a conclusão adotada pelo julgador (inciso IV).

2. **(Consulplan - Técnico Judiciário - Área Administrativa - TRF 2/2017)** O Código de Processo Civil de 2015 (Lei Federal n° 13.105/15) buscou combater o excesso de formalismo que existia nos diplomas processuais que o precederam, corroborando a máxima doutrinária de que "o processo não é um fim em si mesmo". Sobre o tema, assinale a alternativa correta.

a) Podem as partes, independentemente da aquiescência do juiz da causa, fixar calendário para a prática de atos processuais.

b) Antes de considerar inadmissível o recurso, o relator concederá o prazo de 5 (cinco) dias ao recorrente para que seja sanado vício ou complementada a documentação exigível.

c) Caso verifique a ocorrência de vícios sanáveis ou de irregularidades no processo, o juiz determinará sua correção em prazo nunca superior a dez dias.

d) Verificando que a petição inicial não preenche os requisitos legais ou que apresenta defeitos e irregularidades capazes de dificultar o julgamento de mérito, o juiz deverá indeferi-la e extinguir o processo sem resolução do mérito.

COMENTÁRIOS

Assim como a anterior, a presente questão também tratou do princípio da primazia do julgamento do mérito. Desse modo, dá-se preferência pela solução de mérito da causa, aproveitando-se todo o esforço já empreendido. Há de se levar em conta, ainda, a necessidade do máximo aproveitamento dos atos processuais, bem como o princípio da instrumentalidade das formas.

Alternativa correta: letra "B". A alternativa é fundamentada no art. 932, parágrafo único, CPC. Desse modo, por exemplo, se a parte interpuser o recurso de agravo de instrumento e não promove a juntada de instrumento de procuração, o relator, ao invés de considerá-lo inadmissível, concederá o prazo de cinco dias ao recorrente para que seja sanado o vício. Há de se levar em conta, porém, que nem todo vício será sanável. Assim, se a parte interpuser o seu recurso de apelação sem que esteja acompanhada das respectivas razões recursais, por conta da preclusão consumativa, não poderá complementar o recurso posteriormente.

3. **(Cespe - Analista Judiciário - Área Judiciária - TRE - PE/2017)** Acerca das normas processuais civis, assinale a opção correta.

a) O juiz não pode decidir com base em fundamento a respeito do qual não tenha sido dada oportunidade de manifestação às partes, ressalvado o caso de matéria que deva decidir de ofício.

b) Os juízes e tribunais terão de, inexoravelmente, atender à ordem cronológica de conclusão para proferir sentença ou decisão.

c) A boa-fé processual objetiva, que não se aplica ao juiz, prevê que as partes no processo tenham um comportamento probo e leal.

d) O modelo cooperativo, que atende à nova ordem do processo civil no Estado constitucional, propõe que o juiz seja assimétrico no decidir e na condução do processo.

e) O contraditório substancial tem por escopo propiciar às partes a ciência dos atos processuais, bem como possibilitar que elas influenciem na formação da convicção do julgador.

COMENTÁRIOS

Entre as Normas Fundamentais do Código de Processo Civil, encontra-se o princípio do contraditório substancial, ou dinâmico. Por meio de tal princípio, possibilita-se às partes não apenas terem ciência dos atos processuais praticados, como também a chance de influenciarem na tomada da decisão judicial respectiva. A propósito, vide os artigos 9º e 10 do CPC. Em conformidade com tais dispositivos, o juiz não poderá decidir, em grau algum de jurisdição, com base em fundamento a respeito do qual não se tenha dado ás partes oportunidade de se manifestar, ainda que se trate de matéria sobre a qual deva decidir de ofício. Alternativa correta: letra "E".

4. **(FCC - Analista Judiciário - Área Judiciária - TRT 6/2018)** Em relação às modificações de competência,

a) o foro contratual eleito pelas partes é personalíssimo e, portanto, não obriga os herdeiros e sucessores das partes.
b) a determinada em razão da matéria, da pessoa ou do valor é inderrogável por convenção das partes.
c) quando houver continência e a ação continente houver sido proposta anteriormente, no processo relativo à ação contida será proferida sentença sem resolução de mérito, caso contrário, as ações serão necessariamente reunidas.
d) a abusividade da cláusula de eleição de foro deve ser alegada pela parte a quem aproveita, não podendo ser examinada de ofício pelo juiz, salvo em relações consumeristas.
e) serão reunidos para julgamento conjunto os processos que possam gerar risco de prolação de decisões conflitantes ou contraditórias caso decididos separadamente, desde que haja conexão entre eles.

COMENTÁRIOS

A conexão e a continência são apontadas como causas de *modificação* da competência. De acordo com o art. 55, reputam-se conexas duas ou mais ações quando lhes for comum o pedido ou a causa de pedir; e com o art. 56, dá-se a continência entre duas ou mais ações quando houver identidade quanto às partes e à causa de pedir, mas o pedido de uma, por ser mais amplo, abrange o das demais. Nota-se que se verifica a existência de conexão ou de continência *entre demandas*, ou seja, há necessidade de se fazer uma comparação e identificar a existência de ligação entre elas. Nesse sentido, se for identificada a existência de continência, tem-se a *causa continente* e a *causa contida*. A primeira é a ação mais ampla, ao passo que a segunda estará contida naquela. Dessa maneira, o CPC propõe as seguintes soluções: a) quando houver continência e a ação continente tiver sido proposta anteriormente, no processo relativo à ação contida será proferida sentença sem resolução de mérito; b) caso contrário, se a ação continente tiver sido proposta posteriormente, as ações serão necessariamente reunidas (art. 57). Alternativa correta: letra "C".

5. **(FCC - Analista Judiciário - Área Judiciária - TRT 2/2018)** Sobre a competência, nos termos preconizados pelo Código de Processo Civil, é correto afirmar:

a) Após a consumação da citação do réu a cláusula de eleição de foro, se abusiva, pode ser reputada ineficaz pelo juiz, que determinará a remessa dos autos ao juízo do foro do domicílio do réu.

b) Tramitando uma ação de recuperação judicial perante a justiça estadual, havendo intervenção nos autos de uma empresa pública federal como terceiro interveniente, os autos serão encaminhados imediatamente ao juízo federal competente.

c) Quando o réu não tiver domicílio ou residência no Brasil, a ação será proposta, em regra, no foro do domicílio do autor, e, se este também residir fora do Brasil, a ação será proposta obrigatoriamente em Brasília, na capital federal.

d) A ação possessória imobiliária será proposta, em regra, no foro de situação da coisa, mas o autor pode optar por demandar no foro do domicílio do réu.

e) Quando houver continência e a ação continente tiver sido proposta anteriormente, no processo relativo à ação contida será proferida sentença sem resolução de mérito, caso contrário, as ações serão necessariamente reunidas.

COMENTÁRIOS

A questão, mais uma vez, exige conhecimento sobre a conexão e a continência, demonstrando-se que se trata de um tema constante nas provas de um modo geral. Alternativa correta: letra "E".

6. **(FCC - Analista Judiciário - Oficial de Just. Avaliador Federal - TRT 15/2018)** É competente o foro

a) do domicílio do réu, somente, para a ação de reparação de dano sofrido em razão de delito ou acidente de veículos, inclusive aeronaves.

b) do lugar da sede da serventia notarial ou de registro, para a ação de reparação de dano por ato praticado em razão do ofício.

c) de domicílio do autor, exclusivamente, para as causas em que sejam autores Estado, Distrito Federal ou União.

d) de domicílio do autor ou do réu na ação em que este último for incapaz.

e) de situação da coisa, sempre, para as ações fundadas em direito pessoal sobre bens móveis.

COMENTÁRIOS

Como regra, a competência nas ações pessoais será do foro do domicílio do réu (art. 46, *caput*). Porém, em certas situações, o CPC excepciona a regra. Assim ocorre, por exemplo, nas hipóteses previstas no art. 53, entre elas, a do inciso III, letra "f", segundo a qual será competente o foro do lugar da sede da serventia notarial ou de registro, para a ação de reparação de dano por ato praticado em razão do ofício. Alternativa correta: letra "B".

7. **(Consulplan – Analista Judiciário – Área Judiciária – TRF 2/2017)** O Novo Código de Processo Civil de 2015, Lei Federal n° 13.105, trouxe consideráveis aprofundamentos em relação à cooperação jurídica internacional e aos instrumentos que a viabilizam. Sobre o tema proposto, assinale a alternativa correta.

a) O auxílio direto é via útil ao órgão estrangeiro interessado para requerer quaisquer medidas judiciais ou extrajudiciais não proibidas pela lei brasileira.

b) Não poderá ser objeto de auxílio direto a obtenção e prestação de informações sobre o ordenamento jurídico e sobre processos administrativos ou jurisdicionais findos ou em curso.

c) Apenas quando houver prévio tratado de cooperação jurídica bilateral celebrado entre o Brasil e o país requerente será possível a prática de atos de cooperação jurídica internacional em território nacional.

d) O Superior Tribunal de Justiça, no juízo de delibação da carta rogatória, pode rever o mérito do pronunciamento judicial estrangeiro para adequá-lo com as normas fundamentais que regem o Estado brasileiro.

COMENTÁRIOS

A cooperação jurídica internacional será regida por tratado de que o Brasil faz parte. Na ausência de tratado, poderá realizar-se com base em reciprocidade, manifestada por via diplomática (art. 26, *caput* e §1º). Está previsto o cabimento do auxílio direto quando a medida não decorrer diretamente de decisão de autoridade jurisdicional estrangeira a ser submetida a juízo de delibação no Brasil (art. 28), tendo os seguintes objetos: I - obtenção e prestação de informações sobre o ordenamento jurídico e sobre processos administrativos ou jurisdicionais findos ou em curso; II - colheita de provas, salvo se a medida for adotada em processo, em curso no estrangeiro, de competência exclusiva de autoridade judiciária brasileira; e, III - qualquer outra medida judicial ou extrajudicial não proibida pela lei brasileira. Alternativa correta: letra "A".

8. **(FCC – Analista Judiciário – Oficial de Just. Avaliador – TRF 5/2017)** Acerca da jurisdição e da ação,

a) carece de interesse o autor da ação que se limita a pleitear a declaração da autenticidade de documento.

b) é permitido pleitear direito alheio em nome próprio, independentemente de autorização normativa, desde que demonstrado interesse.

c) é inadmissível a ação meramente declaratória caso tenha ocorrido a violação do direito.

d) o interesse do autor pode se limitar à declaração do modo de ser de uma relação jurídica.

e) havendo substituição processual, ao substituído não será admitido intervir como assistente litisconsorcial.

COMENTÁRIOS

O autor poderá ajuizar a ação para a declaração (I) da existência, da inexistência ou do modo de ser de uma relação jurídica; ou, (II) da autenticidade ou da falsidade de documento (art. 19). Admite-se a ação meramente declaratória, ainda que tenha ocorrido a violação do direito (art. 20). Alternativa correta: letra "D".

9. **(FCC – Analista Judiciário – Oficial de Just. Avaliador – TRF 5/2017)** A ação de falência tramitando na Justiça Estadual

a) será remetida à Justiça Federal se a União for credora do falido, mas desde que tenha habilitado o seu crédito na falência.

b) será remetida à Justiça Federal se a União for credora do falido, independentemente de ter ou não habilitado o seu crédito na falência.

c) será remetida à Justiça Federal sempre que houver interesse jurídico da União, ainda que não seja credora do falido.

d) não deve ser remetida à Justiça Federal, salvo se a União expressamente o requerer, e houver a concordância do administrador judicial e do Ministério Público com o pedido.

e) não deve ser remetida à Justiça Federal, nem mesmo se nela intervier a União.

COMENTÁRIOS:

A competência da Justiça Federal está prevista no art. 109, da Constituição Federal. Entre as hipóteses narradas, indica o inciso I: as causas em que a União, entidade autárquica ou empresa pública federal forem interessadas nas condições de autoras, rés, assistentes ou oponentes, *exceto as de falência, as de acidente de trabalho e as sujeitas à Justiça Eleitoral e à Justiça do Trabalho.* Desse modo, ainda que a União seja tenha interesse no processo, a ação falimentar tramitará perante a Justiça Estadual. Alternativa correta: letra "E".

10. **(Cespe – Analista Judiciário – Área Administrativa – TRE – BA/2017)** É sabido que o advogado é indispensável à administração da justiça e que a capacidade postulatória é pressuposto processual de validade dos atos decorrente da representação por advogado. Contudo, conforme o Código de Processo Civil (CPC), mesmo sem procuração o advogado pode

a) postular em juízo para praticar ato considerado urgente.

b) obter cópias de todo e qualquer processo independentemente da fase de tramitação.

c) requerer vista dos autos de qualquer processo.

d) examinar autos de todo e qualquer processo em cartório de fórum e secretaria de tribunal.

e) retirar os autos em conjunto com o procurador da outra parte do processo.

COMENTÁRIOS

Não se admite ao advogado postular em juízo sem o instrumento procuratório, salvo para evitar preclusão, decadência ou prescrição, ou para praticar ato considerado urgente (art. 104, *caput*). Nestas hipóteses excepcionais, deverá o advogado exibir a procuração no prazo de quinze dias, prorrogável por igual período por despacho do juiz. Se o ato não for ratificado, porém, será considerado ineficaz relativamente àquele em cujo nome foi praticado, respondendo o advogado pelas despesas e por perdas e danos (art. 104, § 2º). Alternativa correta: letra "A".

11. **(Cespe – Analista Judiciário – Área Judiciária – TRE – TO/2017)** A procuração geral para o foro, outorgada pela parte a seu patrono no início da fase de conhecimento, habilita o advogado a

a) assinar declaração de hipossuficiência econômica em nome da parte.
b) atuar na fase de cumprimento de sentença, salvo disposição contrária na procuração.
c) receber citação ou intimação.
d) reconhecer a procedência do pedido.
e) representar a parte que não possa comparecer à audiência de conciliação.

COMENTÁRIOS

Salvo se existir disposição em sentido contrário, a procuração outorgada na fase de conhecimento é eficaz para todas as fases do processo, inclusive para o cumprimento de sentença (art. 105, § 4º). Alternativa correta: letra "B".

12. **(Cespe – Analista Judiciário – Área Judiciária – TRE – BA/2017)** Durante a instrução probatória no curso de processo referente a ação de cobrança proposta por indivíduo identificado, na petição inicial, como credor do réu, o juiz verificou que o demandante não era o verdadeiro titular do crédito. Nessa situação, o juiz deve considerar o autor como parte legítima e examinar o mérito do processo se adotar a teoria da

a) carga dinâmica da prova.
b) substanciação.
c) asserção.
d) exposição.
e) causa madura.

COMENTÁRIOS

De acordo com a teoria da asserção, deverá o magistrado verificar a presença das condições da ação quando da análise da própria petição inicial. Ultrapassada essa fase, se o juiz verificar que estão ausentes quaisquer das condições da ação, deverá, ainda assim, examinar o mérito da causa, ao invés de julgá-la extinta, sem resolução do mérito. Alternativa correta: letra "C".

13. **(Cespe – Técnico Judiciário – Área Administrativa – TRF 1/2017)** A respeito de aspectos relativos à ação, julgue os itens a seguir.

Ninguém poderá pleitear, em seu próprio nome, direito alheio, salvo quando autorizado por lei.

COMENTÁRIOS

Como regra, a pessoa, em seu próprio nome e para defesa de seus direitos, demandará em face do réu. Trata-se da *legitimidade ordinária*. Contudo, em hipóteses excepcionais, unicamente previstos em lei, será admitido que a pessoa, em seu nome, demanda direito alheio (art. 18). Trata-se da *substituição processual*. Como exemplo de tal instituto, tem-se a ação civil pública, por meio da qual os seus titulares postulam, em seus próprios nomes, para a defesa da coletividade. Assertiva correta.

14. **(Cespe – Técnico Judiciário – Área Administrativa – TRF 1/2017)** A respeito de aspectos relativos à ação, julgue os itens a seguir.

O interesse processual deverá estar presente tanto para propor quanto para contestar a ação.

COMENTÁRIOS

Assim como a legitimidade *ad causam*, o interesse processual se apresenta como uma das condições da ação. Estará configurado de acordo com o binômio necessidade-adequação, devendo estar presente tanto para propor, quanto para contestar a ação. Assertiva correta.

15. **(Cespe – Técnico Judiciário – Área Administrativa – TRF 1/2017)** A respeito de aspectos relativos à ação, julgue os itens a seguir.

Integram as condições da ação o interesse de agir e a legitimidade ad causam.

COMENTÁRIOS

Em consonância com o CPC 2015, são condições da ação o interesse de agir e a legitimidade *ad causam*. A possibilidade jurídica do pedido não mais se encontra entre as condições da ação, por se tratar de matéria de mérito. Assertiva correta.

16. **(Cespe – Técnico Judiciário – Área Administrativa – TRF 1/2017)** A respeito de aspectos relativos à ação, julgue os itens a seguir.

Os vícios relativos ao interesse de agir e à legitimidade podem ser reconhecidos a qualquer tempo, mesmo após o trânsito em julgado da ação.

COMENTÁRIOS

existem determinadas matérias que podem ser conhecidas a qualquer tempo, compreendendo, entre elas, a maioria das preliminares (lembrando-se de que existem exceções). Assim, a falta de interesse de agir e a ilegitimidade *ad causam* podem ser alegadas a qualquer tempo, bem como reconhecidas de ofício pelo juiz. Contudo, uma vez transitada em julgado a decisão, tem-se a formação da coisa julgada e, em decorrência de seu efeito preclusivo, não se admitirá que tais matérias sejam posteriormente conhecidas. Assertiva errada.

CAPÍTULO 3

SUJEITOS PROCESSUAIS

1. DAS PARTES E DOS SEUS PROCURADORES

1.1. Partes

Há dois sentidos para o conceito parte: sentido material e o sentido processual. Por meio do primeiro, traça-se correlação para com o negócio jurídico de direito material discutido em juízo. Porém, é possível que o demandante ou demandado não seja esse titular, mas ainda assim possa postular ou ser postulado. Tem-se aqui o conceito de parte em sentido processual, pois não se identifica com a lide.

A titularidade, como regra, será daquele que tem relação com o direito material em discussão. Nesse sentido, "ninguém poderá pleitear direito alheio em nome próprio, salvo quando autorizado pelo ordenamento jurídico" (art. 18). Terá, então, a legitimação ordinária.

Porém, como ressalvado na lei, há certas hipóteses em que o legislador autoriza que terceiro possa demandar ou ser demandado em nome próprio, mas para a defesa de direito de terceiro. Ou seja, a parte não é titular do direito material em jogo, ocorrendo a substituição processual.

1.2. Capacidade processual

As pessoas físicas maiores (salvo as emancipadas) e as pessoas jurídicas possuem capacidade civil de direito e de ser parte. Tem aptidão para ter direitos e podem praticar os atos da vida civil. Tendo possibilidade de exercício, terão capacidade processual.

Nesse sentido, o art. 70 do CPC: "toda pessoa que se encontre no exercício de seus direitos tem capacidade para estar em juízo".

Se o indivíduo, embora tenha capacidade civil de direito, não puder exercê-la, deve ter a capacidade de agir ou processual integrada. Por isso, o incapaz será representado ou assistido por seus pais, por tutor ou por curador, na forma da lei.

> **LEGITIMAÇÃO PROCESSUAL** também é um pressuposto processual de desenvolvimento regular. Verifica-se se está presente a partir de uma situação específica. Exemplo: cada um dos conviventes poderá ter capacidade processual para acionar o Poder Judiciário e promover ação sobre direitos reais imobiliários, em conformidade com a lei civil. Porém, para que tenham legitimidade processual, deverão agir em conjunto, não individualmente.

1.3. Curatela especial

Prevê a lei que, em certas ocasiões, deverá o juiz nomear curador especial:

i) ao incapaz, se não tiver representante legal ou se os interesses destes colidirem com os daquele, enquanto durar a incapacidade, bem como

ii) ao réu preso revel, bem como ao réu revel citado por edital ou com hora certa, enquanto não constituído advogado.

A curatela especial será exercida pela Defensoria Pública (que tem essa atribuição institucional). O curador especial tem a obrigatoriedade de oferecer a resposta, o que poderá fazer por negativa geral, não lhe sendo aplicado o ônus da impugnação especificada. De outro lado, não estará obrigado a recorrer.

1.4. Representação de pessoas jurídicas e de entes despersonalizados

O artigo 75 trata da representação em juízo, ativa e passivamente, de determinadas pessoas jurídicas e também de entes despersonalizados. Não se trata de buscar suprir a capacidade processual, mas tornar possível a atuação dessas pessoas.

1.5. Deveres das partes e dos procuradores

O Novo Código de Processo Civil enfatizou que as partes devem agir no processo em conformidade com a boa-fé processual, observando-se a lealdade. A propósito, a boa-fé objetiva foi prevista no art. 5º do CPC, funcionando como cláusula geral, a orientar a participação de todos no processo.

E os artigos 77 a 81 tratam de deveres e proibições que se fundamentam na boa-fé processual, no dever de probidade.

A propósito, são deveres das partes, de seus procuradores e de todos aqueles que participem do processo: I - expor os fatos em juízo conforme a verdade; II - não formular pretensão ou de apresentar defesa quando cientes de que são destituídas de fundamento; III - não produzir provas e não praticar atos inúteis ou desnecessários à declaração ou à defesa do direito; IV - cumprir com exatidão as decisões jurisdicionais, de natureza provisória ou final, e não criar embaraços à sua efetivação; V - declinar, no primeiro momento que lhes couber falar nos autos, o endereço residencial ou profissional onde receberão intimações, atualizando essa informação sempre que ocorrer qualquer modificação temporária ou definitiva; VI - não praticar inovação ilegal no estado de fato de bem ou direito litigioso.

▸ OBSERVAÇÃO:

Merece muita atenção o fato de que o regime do ato atentatório à dignidade da justiça foi alterado pelo CPC de 2015. A inobservância do dever de boa-fé, nesta hipótese, alcança um grau diferenciado. Assim o juiz poderá entender, entre outras situações, o ato de não cumprir com exatidão as decisões jurisdicionais, de natureza provisória ou final, e criar embaraço à sua efetivação, e praticar inovação ilegal no estado de fato de bem ou direito litigioso. Em tais hipóteses, poderá o juiz aplicar multa de até 20% do valor da causa, variando conforme a gravidade da conduta.

A multa em razão da prática de ato atentatório à dignidade da justiça será devida ora à União ou ao Estado), devidamente inscrita como dívida ativa (art. 77, § 3º CPC), ora será devida à parte contrária, conforme foi previsto no art. 774, parágrafo único. Não será aplicada ao membro do Ministério Público, da Defensoria Pública e aos Advogados Privado e Público, o que não retira a possibilidade de apuração da responsabilidade no âmbito funcional.

1.6. Responsabilidade das Partes por Dano Processual

A exigência de comportamento ético no processual faz com que o legislador determina a repressão ao comportamento ímprobo. O CPC elenca, em rol exemplificativo, situações objetivas de má-fé processual, nas quais não se examina o elemento subjetivo, a existência de dolo ou culpa. Se o comportamento da parte não se enquadrar em qualquer das situações indicadas no art. 80 do CPC, mas se apresentar como inobservante da boa-fé exigida, eventual sanção por litigância de má-fé pressuporá a comprovação do dolo.

Por isso, independentemente da demonstração de dolo, considera-se litigante de má-fé aquele que: I - deduzir pretensão ou defesa contra texto expresso de lei ou fato incontroverso; II - alterar a verdade dos fatos; III - usar do processo para conseguir objetivo ilegal; IV - opuser resistência injustificada ao andamento do processo; V - proceder de modo temerário em qualquer incidente ou ato do processo; VI - provocar incidente manifestamente infundado; VII - interpuser recurso com intuito manifestamente protelatório.

▶ **ATENÇÃO:**

Ao litigante de má-fé será aplicada multa, entre 1 a 10% do valor da causa, devendo ainda indenizar a parte contrária pelos prejuízos que esta sofreu e arcar com os honorários advocatícios e despesas efetuadas.

1.7. Sucessão, substituição e representação processual

A substituição processual não se confunde com a sucessão de parte. Naquela, terceiro demanda em seu nome na defesa de direito de outrem. Na sucessão, de outro lado, altera-se o polo da ação (por exemplo, o cessionário do crédito na execução).

A propósito do tema, tem-se que os Tribunais Superiores delinearam as seguintes regras:

Hipóteses	Regra	Explicação
Mandado de segurança coletivo impetrado por associação	Caso de substituição processual.	A associação poderá impetrar o mandado de segurança, independentemente da concordância expressa dos substituídos.
Ação ajuizada por associação para a defesa dos interesses dos associados	Caso de representação processual.	Há necessidade da autorização específica dos associados.
Ação ajuizada pelos sindicatos na defesa dos interesses da categoria.	Caso de substituição processual.	Não há necessidade da concordância expressa dos substituídos.

▶ **OBSERVAÇÃO:**

O STF, no RE n. 612.043, fixou a seguinte tese:

A eficácia subjetiva da coisa julgada formada a partir de ação coletiva, de rito ordinário, ajuizada por associação civil na defesa de interesses dos associados, somente alcança os filiados, residentes no âmbito da jurisdição do órgão julgador, que o sejam em momento anterior ou até a data da propositura da demanda, constantes de relação juntada à inicial do processo de conhecimento.

▶ **ATENÇÃO:**

A legitimidade dos sindicatos para a representação de determinada categoria depende do devido registro no Ministério do Trabalho em obediência ao princípio constitucional da unicidade sindical (RE 740434 AgR/MA).

Deve ser enfatizado que a Lei nº 13.806/2019 inseriu o art. 88-A à Lei nº 5.764/1971, admitiu também a substituição processual às cooperativas, que poderão agir em defesa dos direitos coletivos de seus associados quando a causa de pedir versar sobre atos de interesse direto dos associados que tenham relação com as operações de mercado da cooperativa, desde que isso seja previsto em seu estatuto e haja, de forma expressa, autorização manifestada individualmente pelo associado ou por meio de assembleia geral que delibere sobre a propositura de medida judicial.

São requisitos para permitir a substituição processual mencionada:
a) previsão estatutária (art. 21, XI, da Lei nº 5.764/1971);
b) autorização individual do associado ou por meio de assembleia geral que delibere sobre a propositura de medida judicial;
c) demanda versar sobre atos de interesse direto dos associados que tenham relação com as operações de mercado da cooperativa.

A redação do art. 88-A, da Lei nº 5.764/1971, mencionou expressamente que "a cooperativa poderá ser dotada de legitimidade extraordinária autônoma concorrente para agir como substituta processual em defesa dos direitos coletivos ...". Vale a pena explicar o significado da expressão *legitimidade extraordinária autônoma concorrente*.

Levando-se em conta o **grau de independência** do legitimado extraordinário em relação à iniciativa para a propositura da ação, Barbosa Moreira classificou a legitimidade extraordinária em *autônoma* [é suficiente a presença do legitimado extraordinário] e *subordinada* [é mister a presença do legitimado ordinário e do extraordinário].

A legitimidade extraordinária autônoma, por sua vez, subdivide-se em *exclusiva* e *concorrente* - esta em *primária* e *subsidiária*, consoante o seguinte quadro:

Legitimação Processual
- Ordinária
- Extraordinária
  - Autônoma
    - Exclusiva
    - Concorrente
      - Primária
      - Subsidiária
  - Subordinada

Na legitimidade exclusiva somente o legitimado extraordinário poderá propor a ação ou ser demandado. Porém, na legitimidade concorrente, os legitimados ordinário e extraordinário poderão, sozinhos, fazê-lo.

Lembrando-se que a legitimidade processual extraordinária autônoma concorrente poderá ser *primária*, ou seja, os legitimados ordinário e extraordinário estão em pé de igualdade, de modo que qualquer um deles poderá propor a ação; porém, na subsidiária, admite-se que o legitimado extraordinário somente o faça se o legitimado ordinário se omitir.

A legitimidade do Ministério Público, por exemplo, para a propositura de ação civil pública para a defesa de interesses difusos se apresenta como *legitimidade processual extraordinária autônoma concorrente primária*, pois além daquele órgão, há outros entes autorizados à propositura de tal ação.

1.8. Procuradores

A parte somente litigará em juízo se for representado por advogado devidamente inscrito na OAB. Permite-se a litigância em causa própria, desde que a parte tenha habilitação legal.

Há situações excepcionais em que se admite que a parte demande sem o patrocínio de advogado, como ocorre nas ações trabalhistas, nos Juizados Especiais Cíveis (até vinte salários mínimos), nos alimentos provisórios e nas ações para inserção de criança em família substituta quando os genitores consentirem ou já houver ocorrida a prévia destituição do poder familiar.

O advogado não poderá postular sem procuração, salvo para evitar a preclusão, decadência ou a prescrição, ou ainda para praticar ato considerado urgente.

Nestes casos, compromete-se o advogado a apresentar a procuração no prazo de 15 dias, prorrogável pelo mesmo período. A apresentação da procuração acarretará a ratificação do ato. A não observância da regra acarretará na ineficácia do ato em relação àquele em cujo nome foi praticado.

A procuração habilita o advogado para o foro em geral. Para alguns atos, no entanto, exige-se que conste expressamente a autorização.

O advogado tem direito a:

I - examinar, em cartório de fórum e secretaria de tribunal, mesmo sem procuração, autos de qualquer processo, independentemente da fase de tramitação, assegurados a obtenção de cópias e o registro de anotações, salvo na hipótese de segredo de justiça, nas quais apenas o advogado constituído terá acesso aos autos;

> ▶ **ATENÇÃO:**
>
> **Alteração legislativa em 2019:**
>
> Esta disposição se aplica integralmente a processos eletrônicos! (art. 107, § 5º, CPC).

II - requerer, como procurador, vista dos autos de qualquer processo, pelo prazo de 5 (cinco) dias;

III - retirar os autos do cartório ou da secretaria, pelo prazo legal, sempre que neles lhe couber falar por determinação do juiz, nos casos previstos em lei.

A parte que revogar o mandato outorgado a seu advogado constituirá, no mesmo ato, outro que assuma o patrocínio da causa. Não sendo constituído novo procurador no prazo de 15 (quinze) dias, observar-se-á o disposto no art. 76.

Portanto, descumprida a determinação, caso o processo esteja na instância originária: I - o processo será extinto, se a providência couber ao autor; II - o réu será considerado revel, se a providência lhe couber; III - o terceiro será considerado revel ou excluído do processo, dependendo do polo em que se encontre.

De outro lado, descumprida a determinação em fase recursal perante tribunal de justiça, tribunal regional federal ou tribunal superior, o relator: I - não conhecerá do recurso, se a providência couber ao recorrente; II - determinará o desentranhamento das contrarrazões, se a providência couber ao recorrido.

O advogado poderá renunciar ao mandato a qualquer tempo, provando que comunicou a renúncia ao mandante, a fim de que este nomeie sucessor.

Durante os 10 (dez) dias seguintes, o advogado continuará a representar o mandante, desde que necessário para lhe evitar prejuízo.

Dispensa-se a comunicação referida no caput quando a procuração tiver sido outorgada a vários advogados e a parte continuar representada por outro, apesar da renúncia.

> ▸ **ATENÇÃO:**
> A habilitação de advogado em autos eletrônicos não é suficiente para a presunção de ciência inequívoca das decisões, sendo inaplicável a lógica dos autos físicos (AgInt no REsp 1.592.443-PR).

2. DESPESAS, HONORÁRIOS ADVOCATÍCIOS E MULTAS. GRATUIDADE DA JUSTIÇA

2.1. Despesas

Por despesas processuais devem ser entendidos "todos os itens do custo do processo que de algum modo e em algum momento serão devidos aos agentes estatais (Poder Judiciário, auxiliares da Justiça), mas não abrange os honorários advocatícios".[1]

A regra geral do nosso regime processual é que as partes adiantem as despesas dos atos realizados a seu requerimento, ao longo do processo e "até a sentença final" (art. 82, caput, CPC/2015), sendo certo que, ao final, a parte sucumbente será responsabilizada pelo pagamento, total ou parcial, das despesas processuais e honorários advocatícios, ainda que pela via do ressarcimento da parte contrária, tal como deflui do parágrafo 2° do dispositivo antes citado, combinado com o artigo 85, caput.

Entre as despesas processuais está incluída a taxa judiciária.

As despesas dos atos processuais praticados a requerimento da Fazenda Pública, do Ministério Público ou da Defensoria Pública serão pagas ao final pelo vencido.

De outro lado, as perícias requeridas pela Fazenda Pública, pelo Ministério Público ou pela Defensoria Pública poderão ser realizadas por entidade pública ou, havendo previsão orçamentária, ter os valores adiantados por aquele que requerer a prova.

Não havendo previsão orçamentária no exercício financeiro para adiantamento dos honorários periciais, eles serão pagos no exercício seguinte ou ao final, pelo vencido, caso o processo se encerre antes do adiantamento a ser feito pelo ente público.

1.. DINAMARCO, Candido Rangel. *Instituições de Direito Processual Civil*. v. II. 6ª ed. Malheiros: São Paulo, 2009, p. 651.

PERÍCIA REQUERIDA PELO MINISTÉRIO PÚBLICO em ação civil pública: deverá ser custeada pelo Estado?

- Regra CPC: serão realizadas por entidades públicas, ou, havendo previsão orçamentária, poderá ter o valor adiantado.
- Exceção: não havendo previsão orçamentária, os honorários periciais serão pagos no exercício seguinte, ou ao final, pelo vencido, caso o processo se encerre antes do adiantamento a ser feito pelo ente público.

O Superior Tribunal Justiça (Recurso Especial n. 1.253.844/SC, submetido ao rito do art. 543-C), firmou entendimento segundo o qual a isenção prevista pelo art. 18 da Lei n. 7.347/85, em relação aos honorários periciais, não pode obrigar o perito a exercer seu ofício gratuitamente, devendo ser aplicada, por analogia, a Súmula n. 232 desta Corte ("A Fazenda Pública, quando parte no processo, fica sujeita à exigência do depósito prévio dos honorários do perito"), **de modo a determinar que a Fazenda Pública da pessoa política** à **qual o Ministério Público esteja vinculado, arque com o adiantamento das despesas periciais.**
Portanto, na ação civil pública, quando a prova pericial for requerida pelo Ministério Público, os honorários periciais deverão ser adiantados pela Fazenda Pública da pessoa política à qual o *parquet* esteja vinculado.

Na Ação Cível Originária nº 1.560, o Ministro Lewandowski proferiu decisão determinando que o Ministério Público Federal arcasse com o pagamento dos honorários periciais.

"O novo CPC disciplinou o tema de forma minudente, tendo instituído regime legal específico e observado que o Ministério Público ostenta capacidade orçamentária própria, tendo, ainda, fixado prazo razoável para o planejamento financeiro do órgão", disse Lewandowski. Segundo o ministro, essa interpretação não enfraquece o processo coletivo. "Pelo contrário, o que se pretende é, de fato, fortalecê-lo, desenvolvendo-se incentivos para que apenas ações coletivas efetivamente meritórias sejam ajuizadas", afirmou, enfatizando que as perícias poderão ser realizadas por entidades públicas ou mesmo por universidades públicas, fazendo com que os custos sejam menores ou até inexistentes.

2.2. Honorários advocatícios

No que tange aos honorários advocatícios, por sua vez, tem que o artigo 85 dedicou ao tema dezenove parágrafos, cujas regras podem ser assim resumidas, em conjunto com entendimento jurisprudencial e o que é previsto em outras leis:

a) A sentença condenará o vencido a pagar honorários ao advogado do vencedor, salvo se este for patrocinado pela Defensoria Pública da União ou do Estado e o vencido for a União ou o Estado-membro respectivos;

b) Não serão devidos honorários advocatícios à Defensoria Pública quando atuar como curadora especial;

c) Não serão devidos honorários advocatícios no mandado de segurança, e nem mesmo em sede recursal;

d) Não serão devidos honorários advocatícios nos Juizados Especiais, os quais serão fixados se for dado provimento a recurso interposto ou então se houver a apresentação de contrarrazões;

e) Serão devidos honorários advocatícios na reconvenção, no cumprimento de sentença (provisório ou definitivo), na execução (resistida ou não), e nos recursos interpostos, cumulativamente;

f) Não serão devidos honorários advocatícios no cumprimento de sentença promovido contra a Fazenda Pública, desde que esta não tenha oferecido impugnação e o pagamento for realizado mediante precatório;

No tocante aos honorários relativos à fase de cumprimento de sentença - incidentes nas demandas entre particulares nos casos em que não há pagamento voluntário no prazo de quinze dias (art. 523, § 1°) - mantém-se regra anterior, no sentido de que estes não incidem nas execuções movidas contra a Fazenda Pública que ensejem a expedição de precatório, a não ser se esta apresentar impugnação que venha a ser rejeitada (art. 85, § 7°).

Trata-se, de decorrência do fato de que a Fazenda Pública, mesmo quando julgada procedente a demanda contra ela movida e fixada judicialmente sua obrigação de pagar quantia certa, não pode efetuar tal pagamento voluntariamente, mas somente de acordo com o regramento do art. 100 da Constituição Federal.

O dispositivo indicado do CPC/2015, ao aludir apenas ao cumprimento de sentença "que enseje a expedição de precatório", prestigia a decisão antes mencionada, proferida no julgamento do Recurso Extraordinário 420.816, possibilitando, no nosso sentir injustificadamente, a incidência de honorários advocatícios no cumprimento de sentença que culminar com a expedição de requisição de pequeno valor, limitado o percentual dos honorários, de todo modo, a 10% (art. 523, § 1°).

g) Serão devidos honorários advocatícios no cumprimento individual de sentença coletiva genérica com condenação a ser suportada pela Fazenda Pública, impugnada ou não;

h) Não serão devidos honorários advocatícios no cumprimento de sentença invertido promovido pela Fazenda Pública, desde que não impugnada, obviamente;

i) Os honorários serão fixados entre o mínimo de dez e o máximo de vinte por cento sobre o valor da condenação, do proveito econômico obtido ou, não sendo possível mensurá-lo, sobre o valor atualizado da causa, atendidos os critérios indicados no § 2º, incisos, do art. 85;

j) Os honorários sucumbenciais fixados contra a Fazenda Pública também foram objeto de regulamentação específica (e bastante detalhada), em novo modelo, reduzindo a esfera de atuação discricionária dos magistrados nesse particular. A distinção vem na determinação de que serão observados percentuais diversos daquele limite fixo de 10% a 20%, aplicado o escalonamento previsto nos incisos desse mesmo § 3º;

k) A fixação dos honorários devidos pela Fazenda Pública, que pode ocorrer desde logo (se líquida a sentença), ou posteriormente, quando liquidada, em qualquer caso observado o valor do salário mínimo então em vigor (§ 4°, I, II e IV), é feita de modo escalonado, variando o percentual dos honorários advocatícios de acordo com a extensão de sua base de cálculo, que pode ser o valor da causa se não houver condenação e não for possível mensurar o total do proveito econômico obtido (§ 4°, III);

   Além disso, o CPC/2015 impõe a possibilidade de fixação fracionada, pois sendo o conteúdo econômico da demanda muito alto "a fixação do percentual de honorários deve observar a faixa inicial e, naquilo que a exceder, a faixa subsequente, e assim sucessivamente" (§ 5°).

   Vale ressaltar que esse intrincado regime de fixação dos honorários aplica-se em qualquer demanda que tenha a Fazenda Pública como parte, mesmo nos casos de improcedência e de extinção do processo sem resolução de mérito (§ 6°), nas hipóteses em que o ente público ocupar o polo ativo da demanda.

l) Execução de honorários advocatícios: para efeitos de pagamento segundo o regime da obrigação de pequeno valor, admite-se o fracionamento dos honorários advocatícios do valor principal.

▶ ATENÇÃO:

Porém, a execução dos honorários advocatícios, quando existente litisconsórcio ativo facultativo, não pode ocorrer de maneira fracionária, ou seja, não é possível a requisição individual dos honorários devidos, pois o crédito é um só, fixado de maneira global, e consiste em título a ser executada de forma una e indivisível. O fato de o patrono ter atuado em causa plúrima não torna plúrimo também o seu crédito. A verba advocatícia é única, visto ser calculada sobre o montante total devido, ainda que esse consista na soma de vários créditos unitários. Como se trata de credor e devedor único, não há como parcelar o débito, sob pena de gerar desequilíbrio e frustração do que está determinado no art. 100 da Constituição Federal (CF), prejudicando-se a Fazenda. A verba honorária goza de autonomia em relação ao crédito principal, podendo ser destacada do montante da execução. Assim, o fracionamento dessa parcela caracteriza, indubitavelmente, hipótese vedada pelo art. 100, § 8º, da CF. Essa mesma conclusão foi adotada pela Segunda Turma deste Tribunal no julgamento do RE 949.383 (RE 919.269-ED-EDv/RS).

m) honorários advocatícios em sede de ação desapropriatória: segue a sistemática constante do Decreto-lei n. 3.365/1941.

n) Honorários advocatícios. Execução de sentença contra a Fazenda Pública. Inexiste reciprocidade das obrigações ou de bilateralidade de crédito (pressupostos do instituto da compensação, art. 368, CC), o que implica a impossibilidade de se compensarem os honorários fixados em embargos à execução com aqueles fixados na própria ação de execução (Tema 587, Jurisprudência do STJ).

2.3. Multas

O valor das sanções impostas ao litigante de má-fé reverterá em benefício da parte contrária, e o valor das sanções impostas aos serventuários pertencerá ao Estado ou à União.

2.4. Gratuidade da justiça

A pessoa natural ou jurídica, brasileira ou estrangeira, com insuficiência de recursos para pagar as custas, as despesas processuais e os honorários advocatícios têm direito à gratuidade da justiça.

Conforme é possível verificar, as pessoas jurídicas também podem ser beneficiadas com a gratuidade, desde que comprovem a condição de hipossuficiência.

Registre-se, ainda, que o direito à gratuidade é pessoal e não se estende automaticamente a litisconsorte ou a sucessor do beneficiário, salvo requerimento e deferimento expressos.

A concessão de gratuidade não afasta a responsabilidade do beneficiário pelas despesas processuais e pelos honorários advocatícios decorrentes de sua sucumbência.

Vencido o beneficiário, as obrigações decorrentes de sua sucumbência ficarão sob condição suspensiva de exigibilidade e somente poderão ser executadas se, nos 5 (cinco) anos subsequentes ao trânsito em julgado da decisão que as certificou, o credor demonstrar que deixou de existir a situação de insuficiência de recursos que justificou a concessão de gratuidade, extinguindo-se, passado esse prazo, tais obrigações do beneficiário.

A gratuidade poderá ser requerida na petição inicial, na contestação, na petição para ingresso de terceiro no processo e no recurso. Se superveniente à primeira manifestação, poderá ser apresentado mediante simples petição.

Formulado o pedido de gratuidade no recurso, o recorrente estará dispensado de comprovar o recolhimento do preparo recursal, incumbindo ao relator, neste caso, apreciar o requerimento e, se indeferi-lo, fixar prazo para realização do recolhimento.

Deferido o pedido de gratuidade da justiça, poderá a parte contrário impugná-lo na contestação, na réplica, nas contrarrazões de recurso ou, nos casos de pedido superveniente ou formulado por terceiro, por meio de petição simples, a ser apresentada no prazo de quinze dias, nos autos do próprio processo, sem suspensão de seu curso.

Contra a decisão que indeferir a gratuidade ou a que acolher pedido de sua revogação caberá agravo de instrumento, exceto quando a questão for resolvida na sentença, quando então caberá o recurso de apelação.

O recorrente, nestes casos, estará dispensado de comprovar o recolhimento do preparo recursal até que haja decisão do relator sobre a questão, preliminarmente ao julgamento do recurso.

Se confirmada a denegação ou a revogação da gratuidade, o relator ou o órgão colegiado determinará ao recorrente o recolhimento das custas processuais, no prazo de cinco dias, sob pena de não conhecimento do recurso.

3. LITISCONSÓRCIO

Tem-se o litisconsórcio quando duas ou mais pessoas litigarem em conjunto, no mesmo processo, em um dos polos da ação. Todos integrarão a relação jurídica processual na condição de partes.

O litisconsórcio comporta diversas classificações, com suas consequências práticas.

a) Quanto à posição dos sujeitos.

A reunião de pessoas poderá ocorrer no polo ativo, no polo passivo, ou até nos dois. Desse modo, identifica-se o litisconsórcio ativo, passivo e misto.

b) Quanto ao momento de sua formação.

Em relação ao momento de sua formação, tem-se o litisconsórcio inicial, quando o autor, na sua postulação, já indica a existência de mais de um componente do polo ativo, ou mais de um réu.

Porém, se tal indicação ocorrer supervenientemente, por determinação do juiz ou pela própria vontade da parte, tem-se o litisconsórcio ulterior.

c) Quanto à obrigatoriedade de sua formação.

A formação do litisconsórcio poderá ser uma opção do autor ou uma necessidade imposta pela lei. Tem-se, dessa maneira, o litisconsórcio facultativo e o necessário.

O litisconsórcio facultativo decorre exclusivamente da iniciativa do autor, que ao invés de propor várias ações contra réus diferentes, apresenta uma única demanda. Poderá ocorrer nas hipóteses indicadas no art. 113: I - entre elas houver comunhão de direitos ou de obrigações relativamente à lide; II - entre as causas houver conexão pelo pedido ou pela causa de pedir; III - ocorrer afinidade de questões por ponto comum de fato ou de direito (litisconsórcio impróprio).

Ocorre, contudo, que o número de litisconsortes poderá comprometer a rápida solução do litígio ou dificultar a defesa ou o cumprimento da sentença, hipótese em que se admite a sua limitação. Trata-se do que foi denominado de litisconsórcio facultativo multitudinário.

Litisconsórcio facultativo multitudinário é aquele em que o número de litisconsortes poderá comprometer a rápida solução do litígio ou dificultar a defesa ou o cumprimento da sentença. Poderá ser determinada a sua limitação pelo juízo, de ofício, ou atendendo a requerimento da parte contrária.

A parte poderá requerer a limitação do litisconsórcio multitudinário, quando então o prazo para manifestação ou resposta será interrompido, retomando-se da intimação do pronunciamento que decidir o requerimento.

Se, apresentado o requerimento de limitação do litisconsórcio, não for o mesmo acolhido pelo magistrado, poderá o prejudicado interpor recurso de agravo de instrumento (art. 1.015, VII).

Paralelamente, o litisconsórcio também poderá ser obrigatório ou necessário, quer em razão de disposição legal ou por conta da natureza da relação jurídica. Para tais hipóteses, a eficácia da sentença depende da citação de todos os litisconsortes.

A formação do litisconsórcio necessário deverá ser fiscalizada pelo juiz que, detectando a falha, determinará a regularização pelo autor, indicando prazo para tanto, sob pena de extinção do processo.

Note-se que o Código elencou consequências diferentes para a inobservância do litisconsórcio necessário, a depender se a decisão deveria ou não ser uniforme em relação a todos os que deveriam ter integrado o processo.

Como adiante se verá, o litisconsórcio será unitário se a decisão for obrigatoriamente uniforme em relação a todos os litisconsortes e será simples se tal uniformidade não for obrigatória.

Adianta-se tal informação justamente para que seja possível analisar, com mais precisão, a consequência advinda da inobservância da citação de todos os litisconsortes. Não se pode, com essa informação, confundir as modalidades de litisconsórcio.

Com efeito, litisconsórcio necessário não é a mesma coisa que unitário. No primeiro, há obrigatoriedade de sua formação. Por este, a formação do litisconsórcio não é obrigatória, mas, se ocorrer, a decisão deverá ser uniforme para todos os litisconsortes, não se admitindo pronunciamentos de teor diferentes.

Nesse sentido, tratando-se de litisconsórcio necessário e unitário, ao mesmo tempo, proferida sentença de mérito sem a citação de todos os litisconsortes, tem-se que esta é nula. Por outro lado, não havendo necessidade de tal uniformidade, a sentença não produzirá efeitos em relação àqueles que não foram citados.

Consequências decorrentes da não citação de todos os litisconsortes:

Litisconsórcio necessário e unitário	Litisconsórcio necessário e simples
Sentença nula	Ineficaz em relação aos litisconsortes não citados

d) Quanto à uniformidade da decisão.

Analisa-se, nesse ponto, se a decisão proferida deverá ser uniforme para todos os litisconsortes, ou se não há essa necessidade de identidade (muito embora ela possa ocorrer).

A propósito de tal critério, tem-se o litisconsórcio simples e o unitário, cada qual com seu regime jurídico.

No litisconsórcio simples, a decisão não precisa necessariamente uniforme em relação a todos os litisconsortes, sendo tratados como litigantes distintos. Consequentemente, os atos e omissões não beneficiarão ou prejudicarão os demais litisconsortes.

No litisconsórcio simples, a contestação apresentada por um dos litisconsortes não afastará a incidência do efeito material da revelia em relação aos demais.

Diferentemente, no litisconsórcio unitário, a decisão há de ser uniforme em relação a todos os litisconsortes. Por essa razão, estes serão considerados como integrantes de um bloco único, motivo pelo qual o ato praticado por um deles a todos aproveitará, embora as omissões não prejudicarão aos demais.

No litisconsórcio unitário, a contestação apresentada por um dos litisconsortes afastará a incidência do efeito material da revelia em relação aos demais.

Deve-se diferenciar, ainda, as figuras do litisconsórcio eventual, alternativo e sucessivo.

- ***Litisconsórcio eventual***: são colocadas em juízo duas pessoas, estabelecendo-se uma ordem de preferência entre elas. Ocorre, por exemplo, na desconsideração da personalidade jurídica.
- ***Litisconsórcio alternativo***: o autor postula contra dois réus, pois se encontra em dúvida sobre quem deve ocupar o polo passivo. Exemplo típico é o da ação de consignação em pagamento. E outro exemplo é o do pedido postulado em face da seguradora e do intermediário do seguro, pois, se aquele se livrar da responsabilização, requer que este seja obrigado a reparar.
- ***Litisconsórcio sucessivo***: o segundo litisconsorte somente terá reconhecido o seu direito se, antes, o primeiro também o tiver. É o exemplo da ação de alimentos com indenização de ressarcimento de despesas do parto.

4. INTERVENÇÃO DE TERCEIROS

4.1. Observações gerais

A intervenção de terceiros é caracterizada pelo ingresso de um **sujeito em processo pendente**. Ele não participava do processo, sendo provocado para tanto, ou comparecendo e requerendo o seu ingresso espontaneamente.

O CPC 2015 trouxe algumas alterações em relação ao tema. A primeira delas foi incluir a assistência entre as modalidades interventivas, corrigindo falha do CPC de 1973. Pode ser citada, ainda, a exclusão da nomeação à autoria, enquanto modalidade interventiva, bem como da oposição. Foram inseridos, entretanto, o incidente de desconsideração de personalidade jurídica e a intervenção do *amicus curiae*.

A nomeação à autoria foi excluída. A oposição, por sua vez, foi prevista como modalidade de procedimento especial.

Além dessas modalidades interventivas, é possível também indicar a intervenção anômala, que poderá ser requerida pelas pessoas jurídicas de direito público, desde que portem interesse econômico (art. 5º, parágrafo único, da Lei n. 9.469/1997).

Algumas modalidades de intervenção são voluntárias, ingressando o terceiro por vontade própria, sob o crivo do juiz, enquanto em outras o terceiro é chamado ao processo, citado para compor o processo, motivo porque são denominadas de provocadas.

Embora o art. 109, I, da Constituição Federal não tenha feito referência à denunciação da lide e ao chamamento ao processo, o Superior Tribunal de Justiça entende que, havendo provocação para incluir na demanda a União, suas autarquias ou empresas públicas, competirá à Justiça Federal examinar se há interesse que justifique o seu ingresso.

O benefício da prioridade na tramitação processual abrange também a intervenção de terceiros.

4.2. Da Assistência

a) Definição

A assistência é uma modalidade de intervenção de terceiros. Por meio dela, tem-se o ingresso voluntário de terceiro que demonstra possuir um interesse jurídico.

Como se vê, não é qualquer interesse que justifica a intervenção como assistente, mas somente o interesse jurídico, que não se confunde com o econômico.

A assistência não importa na ampliação do objeto do processo, sendo que o juiz julgará a demanda inicial do autor.

Ingressando no processo, o assistente estará impedido de discutir a justiça da decisão (art. 123 CPC 2015), vinculando-se a ela por conta da eficácia da intervenção atribuída pela lei. Nesse sentido, dispõe o Código que, transitada em julgado a sentença no processo em que interveio o assistente, este não poderá, em processo ulterior, discutir a justiça da decisão.

Contudo, não estará vinculado à justiça da decisão se alegar e provar que: i) pelo estado em que recebeu o processo ou pelas declarações e pelos atos do assistido, foi impedido de produzir provas suscetíveis de influir na sentença; e, ii) desconhecia a existência de alegações ou de provas das quais o assistido, por dolo ou culpa, não se valeu.

Tal modalidade de intervenção será admitida em qualquer procedimento e em todos os graus de jurisdição, recebendo o assistente o processo no estado em que se encontre.

b) Modalidades de assistência

Há duas modalidades de assistência: simples e litisconsorcial.

Na assistência simples, o terceiro intervém no processo para auxiliar o assistido, uma vez que sua esfera jurídica será afetada de forma reflexa. Deve demonstrar a existência de interesse jurídico. O assistente, ao ingressar na ação, não poderá manifestar-se contrariamente aos interesses do assistido.

Nessa hipótese, sendo revel o assistido, o assistente será considerado seu substituto processual.

A assistência simples não obsta que a parte principal reconheça a procedência do pedido, desista da ação ou transija sobre direito controvertido, estando a atividade do assistente subordinada à vontade do assistido.

Em princípio, os poderes do assistente são os mesmos do assistido. Porém, não terá eficácia o que fizer o assistente em contraste com a vontade manifesta do assistido.

De outro lado, há assistência litisconsorcial (ou qualificada) quando a sentença houver de influir na relação jurídica entre ele o adversário do assistido. Nessa hipótese, o assistente poderia ser parte no processo.

Os seus poderes são os mesmos de um litisconsorte. Ainda que o assistido renuncie à pretensão ou transija, pode o assistente litisconsorcial atuar de forma contrária a essas atitudes. Somente com anuência do assistente litisconsorcial terá efeito a desistência da ação, transação, renúncia etc. O direito discutido é de todos, ao mesmo tempo.

Como é possível de se ver, na assistência simples, se o assistido manifestar-se no sentido da desistência da ação, não poderá se opor o assistente, pois estará vinculado à vontade deste. Porém, na assistência litisconsorcial, o assistente poderá até mesmo manifestar-se contrariamente aos interesses de seu assistido.

c) Procedimento de ingresso do assistente

O procedimento para ingresso do assistente tem o mesmo trâmite, independentemente de sua modalidade.

Assim, havendo o requerimento de ingresso de terceiro como assistente, as partes serão ouvidas. Se qualquer delas alegar que falece ao assistente interesse jurídico para intervir a bem do assistido, o juiz decidirá o incidente, sem suspensão do processo.

d) Requerimento de assistência formulado pela União

Tramitando o processo perante a Justiça Estadual e requerendo a União, suas autarquias, fundações e empresas públicas, o seu ingresso como assistente, deverá o juiz determinar a remessa dos autos à Justiça Federal, oportunidade em que será decidido se a União possui, de fato, interesse jurídico.

4.3. Da Denunciação da Lide

a) Definição

Tem-se a denunciação da lide quando uma das partes promove, no mesmo processo, ação regressiva contra terceiro, dito denunciado. Pressupõe-se que o denunciante tenha uma pretensão própria contra o denunciado.

São requisitos indispensáveis para o deferimento da denunciação: a) pretensão própria do denunciante versus o denunciado; e b) existência de direito de regresso do denunciante frente ao denunciado.

Trata-se de espécie de intervenção de terceiros provocada, que possui natureza jurídica de ação condenatória eventual. Diz-se que é eventual, pois somente será julgada se o responsável pela denunciação (denunciante) for vencido no mérito da ação principal. Nesse sentido, dispôs o parágrafo único do art. 129: "Se o denunciante for vencedor, a ação de denunciação não terá o seu pedido examinado, sem prejuízo da condenação do denunciante ao pagamento das verbas de sucumbência em favor do denunciado".

Percebe-se que a denunciação da lide cria uma nova relação jurídica processual, com lide própria.

b) A provocação da denunciação da lide

Têm legitimidade à denunciação as partes da ação principal (autor e réu, além dos que já figurem como denunciados), desde que exista uma pretensão de regresso.

DENUNCIAÇÃO DA LIDE PELO AUTOR	DENUNCIAÇÃO DA LIDE PELO RÉU
O autor requer a denunciação na própria petição inicial. Ela somente será julgada se a ação principal, movida em face do réu, for julgada improcedente.	O réu a requer no prazo de resposta. Somente será julgada se a ação principal, movida em face do denunciante, for julgada procedente.
Requerida a citação do denunciado, o processo principal permanecerá paralisado. Realizada a citação, poderá o denunciado assumir a posição de litisconsorte do denunciante e acrescentar novos argumentos à petição inicial, procedendo-se em seguida à citação do réu.	Oferecida a denunciação, podem surgir três situações distintas: i) se o denunciado contestar o pedido formulado pelo autor, o processo prosseguirá tendo, na ação principal, em litisconsórcio, denunciante e denunciado; ii) se o denunciado for revel, o denunciante pode deixar de prosseguir com a sua defesa e abster-se de recorrer, restringindo sua atuação à ação regressiva; iii) se o denunciado confessar os fatos alegados pelo autor, o denunciante poderá prosseguir com sua defesa ou, aderindo a tal reconhecimento, pedir apenas a procedência da ação de regresso.

Independentemente da modalidade de denunciação – requerida pelo autor ou pelo réu –, será a ação regressiva julgada na mesma sentença em que analisada a ação principal.

De toda maneira, estando prejudicada a denunciação da lide por conta de ser a ação principal favorável ao denunciante, deverá este ser condenado ao pagamento dos honorários devidos ao advogado do denunciado.

c) Cabimento da Denunciação da Lide

Será admissível a denunciação da lide, promovida por qualquer das partes: I – ao alienante imediato, no processo relativo à coisa cujo domínio foi transferido ao denunciante, a fim de que possa exercer os direitos que da evicção lhe resultam; II – àquele que estiver obrigado, por lei ou pelo contrato, a indenizar, em ação regressiva, o prejuízo de quem for vencido no processo.

Em primeiro lugar, deve ser destacado que, em nenhuma hipótese, a denunciação da lide será obrigatória. Já não o era no CPC de 1973, de acordo com último entendimento do Superior Tribunal de Justiça, e não o será agora por conta da expressão "admissível", contida no art. 125 do CPC 2015.

Assim, a parte poderá exercer o seu direito de regresso por meio da denunciação da lide, ou, optando diferentemente, ou pela sua inaplicabilidade, o fará por meio de ação autônoma.

Passa-se à análise das particularidades em relação a cada uma das modalidades interventivas.

a) Denunciação para exercício do direito que da evicção resulta

A hipótese do inciso I do art. 125, traz duas importantes alterações.

A primeira delas é constar que será admitida a denunciante exclusivamente ao alienante imediato, de modo que não poderá ser escolhido qualquer integrante da cadeia contratual, mas unicamente aquele que alienou o bem ao denunciante.

Também é digno de nota que houve a revogação do art. 456 do Código Civil e, como mencionado expressamente no § 2º do art. 125, somente será admitida uma única denunciação sucessiva, promovida pelo denunciado, contra seu antecessor imediato na cadeia dominial ou quem seja responsável por indenizá-lo, não podendo o denunciado sucessivo promover nova denunciação, hipótese em que eventual direito de regresso será exercido por ação autônoma.

Portanto, não se admite a denunciação *per saltum*, permitindo-se apenas uma denunciação sucessiva para com o alienante imediato.

b) Denunciação àquele que estiver obrigado a indenizar em ação regressiva

A segunda hipótese de admissibilidade da denunciação da lide é em relação àquele que estiver obrigado, por lei ou pelo contrato, a indenizar, em ação regressiva, o prejuízo de quem for vencido no processo. Trata-se de hipótese típica do contrato de seguro.

A inadmissibilidade da denunciação *per saltum* e a possibilidade apenas uma denunciação sucessiva também se aplica a esta hipótese.

d) Cumprimento da obrigação de pagar exigido diretamente pelo autor em face do denunciado

Como dito acima, a denunciação da lide poderá ser exercida pelo autor ou pelo réu, promovendo-se ação de regresso em face do denunciado.

Interessa, neste momento, trazer um detalhe interessante em relação à denunciação promovida pelo réu.

Imagine-se o seguinte exemplo: João promoveu ação reparatória em face de Pedro. Este, por sua vez, tem contrato de seguro em relação à Companhia de Seguros Jesus. Neste caso, o réu denunciará à lide a empresa de seguros, exercendo, de imediato, a sua pretensão regressiva. Têm-se, então, no mesmo processo, duas ações: a principal e a secundária. Ao final do processo, o pedido apresentado por João, na ação principal, é acolhido e o juiz, na mesma sentença, já analisa a pretensão regressiva, também acolhida, para que a seguradora responda pelo montante total da condenação.

Nesse caso, o autor, no momento oportuno, é claro, poderá exigir o cumprimento da obrigação consubstanciada na sentença em face do réu, ou, se preferir, diretamente em face do denunciado, nos limites da condenação deste na ação regressiva (art. 128, parágrafo único).

Tal possibilidade já era admitida, pelo Superior Tribunal de Justiça, nos contratos de seguro, mas, agora, foi ampliada para outras situações.

e) Vedação da Denunciação da Lide no Código de Defesa do Consumidor ligada à indenização por fato do produto.

O Código de Defesa do Consumidor vedou a possibilidade da denunciação da lide no seu art. 88, que assim se pronuncia: "Na hipótese do art. 13, parágrafo único deste código, a ação de regresso poderá ser ajuizada em processo autônomo, facultada a possibilidade de prosseguir-se nos mesmos autos, vedada a denunciação da lide". O art. 13, parágrafo único, por sua vez, determina que "aquele que efetivar o pagamento ao prejudicado poderá exercer o direito de regresso contra os demais responsáveis, segundo sua participação na causação do evento danoso".

Nesse passo, e isso é importante, o fornecedor não poderá exercer direito de regresso no processo que demandado. Não obstante, permite-lhe o mesmo Código de Defesa do Consumidor, em seu art. 101, II, ampliar o polo passivo da ação, formando-se litisconsórcio entre ele e o segurador, na hipótese de existir contrato de seguro, vedada a integração do contraditório pelo Instituto de Resseguros do Brasil.

Ocorre que a vedação à denunciação da lide está restrita às hipóteses da existência de fato do produto, não se aplicando em relação ao fato de serviço.

Portanto, não está vedada a denunciação da lide nos casos de defeito na prestação de serviços.

4.4. Do Chamamento ao Processo

a) Definição

O chamamento ao processo é modalidade de intervenção de terceiros provocada pelo réu, que deverá exercer tal direito na contestação.

Existem duas teses a respeito da natureza do chamamento ao processo.

a) Trata-se de ação condenatória requerida pelo devedor solidário que, acionado sozinho para responder pela totalidade da dívida, pretende acertar, na ação secundária de chamamento, a responsabilidade do devedor principal ou dos demais codevedores solidários, na proporção de suas cotas. De acordo com os autores adeptos desta teoria, tese contrária ofenderia a opção do litisconsórcio facultativo para o autor nos casos de solidariedade.

b) Outros autores defendem tratar-se de forma de ampliação subjetiva passiva da relação processual.

O CPC/2015, ao que parece, adotou a segunda tese, como se pode extrair do que está previsto no art. 131, caput, ao mencionar que "a citação daqueles que devam figurar em litisconsórcio passivo (...)".

b) Da admissibilidade do Chamamento ao Processo

O chamamento ao processo poderá ser requerido réu, na sua contestação, quando: i) o fiador for réu, hipótese em que chamará o afiançado; ii) os demais fiadores, na ação proposta contra um ou alguns deles; iii) os demais devedores solidários, quando o credor exigir de um ou de alguns o pagamento da dívida comum.

Nessas hipóteses, o réu foi citado para responder sozinho pela obrigação. Então, buscando fixar a responsabilidade do devedor principal ou dos demais devedores, poderá chamá-los ao processo, com quem formará litisconsórcio passivo.

Após requerer a citação do chamado e sendo a intervenção deferida pelo juiz, o réu deverá providenciar a sua citação, disponibilizando o que for necessário. Deverá tomar tal providência no prazo de trinta dias, sob pena de ficar sem efeito o chamamento. Porém, se o chamado residir em outra comarca, seção ou subseção judiciária, ou ainda em lugar incerto, o prazo será de dois meses.

c) Da sentença de procedência

O réu, ao promover o chamamento ao processo, tem o interesse, como já foi dito, de ver reconhecida a responsabilidade do chamado em responder total ou parcialmente pela dívida. E, em conformidade com o art. 132 do CPC 2015, a sentença de procedência valerá como título executivo judicial em favor do réu que satisfizer a dívida, a fim de que possa exigi-la, por inteiro, do devedor principal, ou de cada um dos codevedores, na proporção que lhes tocar.

d) Chamamento ao processo e o Código de Defesa do Consumidor

O Código de Defesa do Consumidor prevê uma hipótese de chamamento ao processo no art. 101, II, indicando que, nas ações de responsabilidade do fornecedor de produtos e serviços, o réu que houver contratado seguro de responsabilidade poderá chamar ao processo o segurador, vedada a integração do contraditório pelo Instituto de Resseguros do Brasil.

Sendo o réu falido, será o administrador intimado para indicar se há contrato de seguro de responsabilidade e, sendo positiva a resposta, poderá o autor demandar diretamente à seguradora, sendo novamente vedada a denunciação da lide ao Instituto de Resseguros.

4.5. Do incidente de desconsideração da personalidade jurídica

a) Definição

Com a finalidade de resguardar os princípios do contraditório dinâmico e da ampla defesa, o legislador fez previsão do incidente de desconsideração da personalidade jurídica, por meio do qual o sócio ou a própria pessoa jurídica (desconsideração invertida) serão previamente ouvidos, antes de se decidir pela possibilidade de desconsiderá-la.

A lei processual não fez previsão das hipóteses em que será admitida a desconsideração, reservando tal regulação para o direito material, como é possível verificar no Código Civil, Código de Defesa do Consumidor etc.

Trata-se de novidade inserida pelo CPC de 2015, pois, embora o ordenamento jurídico admitisse a desconsideração em algumas hipóteses, não se preocupava com aspectos processuais.

b) Desconsideração requerida na própria inicial

O pedido de desconsideração da personalidade jurídica não depende propriamente da instauração de um incidente próprio, pois poderá ser requerido na própria petição inicial, ou em reconvenção (apresentada na contestação).

Optando por tal procedimento, o demandante requererá a formação de litisconsórcio passivo entre a pessoa jurídica e o sócio (ou, o sócio e a pessoa jurídica, no caso da desconsideração invertida).

c) Legitimidade para requerer a instauração do incidente

O incidente de desconsideração da personalidade jurídica será instaurado a pedido da parte ou do Ministério Público, quando lhe couber intervir no processo.

Aquele que demandar no processo poderá requerer a instauração do incidente de desconsideração da personalidade jurídica. Nesse sentido, poderão fazê-lo: i) autor; ii) o réu, por meio de reconvenção; iii) o autor ou o réu, quando requererem a denunciação da lide; iv) o réu, quando valer-se do chamamento ao processo; v) o assistente litisconsorcial também poderá requerer, até porque poderia ser parte na relação processual.

O Ministério Público também poderá fazê-lo, atuando como parte no processo, ou como fiscal da ordem jurídica.

d) Admissibilidade do incidente

O incidente de desconsideração da personalidade jurídica é cabível em todas as fases do processo de conhecimento, no cumprimento de sentença ou na execução fundada em título executivo extrajudicial.

e) Procedimento

O incidente será requerido por meio do interessado, em petição dirigida ao juízo. Uma vez instaurado, haverá comunicação ao distribuidor para as anotações devidas, acarretando a imediata suspensão do processo.

Trata-se, como se vê, de suspensão imprópria, na medida em que, enquanto outros atos processuais não serão praticados, o incidente tramitará, com a citação do sócio ou da pessoa jurídica para manifestar-se e requerer as provas cabíveis no prazo de quinze dias.

Terminada a instrução, se acaso for necessário, o incidente será solucionado por meio de decisão interlocutória, podendo ser impugnada pelo recurso de agravo de instrumento. Se a decisão for proferida pelo relator, caberá o recurso de agravo interno.

Sendo acolhido o incidente, o juiz determinará que os bens do sócio ou da pessoa jurídica também responderão pela dívida. Além disso, a alienação ou a oneração de bens, havida em fraude de execução, será ineficaz em relação ao requerente.

4.6. Do *Amicus Curiae*

a) Definição

O *amicus curiae* não é parte no processo, pois não tem qualquer interesse no resultado da ação. Tem unicamente interesse em auxiliar o órgão judicial. Terá legitimidade recursal limitada, pois somente poderá recorrer para opor embargos declaratórios e para impugnar o pronunciamento que julgar o incidente de resolução de demandas repetitivas (art. 138, § 3º do CPC).

b) Limitação à legitimação recursal do *Amicus Curiae*

Se, de um lado, o CPC prevê a intervenção do *amicus curiae* em quatro dispositivos, restringe a possibilidade de interposição de recurso a apenas um deles - incidente de resolução de demandas repetitivas - e admite a apresentação de embargos declaratórios em todos (art. 138, §§ 1º e 3º), ressalvado nos processos de controle concentrado de constitucionalidade, em que o STF não admite tal interposição.

> ▸ **ATENÇÃO!**
>
> O Supremo Tribunal Federal já firmou posicionamento no sentido de que o *amicus curiae* não detém legitimidade para opor embargos declaratórios em sede de controle concentrado de constitucionalidade (ADI 4163 ED, Rel. Min. Teori Zavascki, Tribunal Pleno, DJE-207 DIVULG 17.10.2013 PUBLIC 18-10-2013).

5. DO JUIZ E DOS AUXILIARES DA JUSTIÇA

5.1. Incumbências do juiz

O juiz atuará como presidente do processo, sendo de sua atribuição dirigi-lo (princípio do impulso oficial), como um verdadeiro gestor para a garantia da ampla defesa, contraditório e com o objetivo de ser alcançada uma sentença de mérito justa e efetiva.

Para tanto, terá as incumbências indicadas no art. 139, quais sejam: I - assegurar às partes igualdade de tratamento; II - velar pela duração razoável do processo; III - prevenir ou reprimir qualquer ato contrário à dignidade da justiça e indeferir postulações meramente protelatórias; IV - determinar todas as medidas indutivas, coercitivas, mandamentais ou sub-rogatórias necessárias para assegurar o cumprimento de ordem judicial, inclusive nas ações que tenham por objeto prestação pecuniária; V - promover, a qualquer tempo, a autocomposição, preferencialmente com auxílio de conciliadores e mediadores judiciais; VI - dilatar os prazos processuais e alterar a ordem de produção dos meios de prova, adequando-os às necessidades do conflito de modo a conferir maior efetividade à tutela do direito; VII - exercer o poder de polícia, requisitando, quando necessário, força policial, além da segurança interna dos fóruns e tribunais; VIII - determinar, a qualquer tempo, o comparecimento pessoal das partes, para inquiri-las sobre os fatos da causa, hipótese em que não incidirá a pena de confesso; IX - determinar o suprimento de pressupostos processuais e o saneamento de outros vícios processuais; X - quando se deparar com diversas demandas individuais repetitivas, oficiar o Ministério Público, a Defensoria Pública e, na medida do possível, outros legitimados a que se referem o art. 5º da Lei nº 7.347, de 24 de julho de 1985, e o art. 82 da Lei nº 8.078, de 11 de setembro de 1990, para, se for o caso, promover a propositura da ação coletiva respectiva.

5.2. Proibição do *non liquet*

É sabido que o juiz não se exime de decidir sob a alegação de lacuna ou obscuridade do ordenamento jurídico, sendo proibido o *non liquet*, como consequência do princípio da indeclinabilidade da jurisdição.

O ordenamento jurídico é composto não apenas pela lei, mas por várias fontes, compreendendo-se os princípios, entre outros.

5.3. Decisão por equidade

A admissibilidade de o juiz decidir por equidade somente ocorrerá nos casos expressamente previstos em lei, como ocorre nos juizados especiais.

A propósito, prevê o art. 723, parágrafo único, que o juiz não é obrigado a observar critério da legalidade estrita, podendo adotar em cada caso a solução que considerar mais conveniente ou oportuna.

5.4. Processo utilizado para a prática de ato simulado ou para fim vedado pela lei

Convencendo-se, pelas circunstâncias, de que autor e réu se serviram do processo para praticar ato simulado ou conseguir fim vedado por lei, o juiz proferirá decisão que impeça os objetivos das partes, aplicando, de ofício, as penalidades da litigância de má-fé.

5.5. Responsabilidade civil do juiz

O juiz responderá civil e regressivamente por perdas e danos quando: i) no exercício de suas funções, proceder com dolo ou fraude; ii) recusar, omitir ou retardar, sem justo motivo, providência que deva ordenar de ofício ou a requerimento da parte (art. 143).

> ▸ **OBSERVAÇÃO:**
>
> **NOTE-SE QUE SE TRATA DE RESPONSABILIDADE REGRESSIVA**

5.6. Auxiliares da Justiça

5.6.1. *Escrivão e Oficial de Justiça*

O juiz não atua sozinho no processo. Ao contrário, é auxiliado por outros profissionais, que podem ter vínculo funcional direto com o Tribunal, ou apenas exercerem a sua função de forma eventual, sem vínculo funcional.

Para fins penais, são considerados *funcionários públicos*. Para o Direito Administrativo, alguns ocupam cargos públicos, enquanto outros não.

São auxiliares da Justiça, além de outros cujas atribuições sejam determinadas pelas normas de organização judiciária, o escrivão, o chefe de secretaria, o oficial de justiça, o perito, o depositário, o administrador, o intérprete, o tradutor, o mediador, o conciliador judicial, o partidor, o distribuidor, o contabilista e o regulador de avarias.

Em cada juízo (foro ou comarca) haverá um ou mais ofícios de justiça (unidades judiciárias), cujas atribuição serão determinadas pelas normas de organização judiciária. Cada uma dessas unidades será dirigida por um Escrivão.

Incumbirá ao escrivão ou ao chefe de secretaria:

I - redigir, na forma legal, os ofícios, os mandados, as cartas precatórias e os demais atos que pertençam ao seu ofício;

II - efetivar as ordens judiciais, realizar citações e intimações, bem como praticar todos os demais atos que lhe forem atribuídos pelas normas de organização judiciária;

III - comparecer às audiências ou, não podendo fazê-lo, designar servidor para substituí-lo;

IV - manter sob sua guarda e responsabilidade os autos, não permitindo que saiam do cartório, exceto: a) quando tenham de seguir à conclusão do juiz; b) com vista a procurador, à Defensoria Pública, ao Ministério Público ou à Fazenda Pública; c) quando devam ser remetidos ao contabilista ou ao partidor; d) quando forem remetidos a outro juízo em razão da modificação da competência;

V - fornecer certidão de qualquer ato ou termo do processo, independentemente de despacho, observadas as disposições referentes ao segredo de justiça;

VI - praticar, de ofício, os atos meramente ordinatórios, nos termos regulamentados por ato do juiz.

No impedimento do escrivão ou chefe de secretaria, o juiz convocará substituto e, não o havendo, nomeará pessoa idônea para o ato.

O escrivão ou o chefe de secretaria atenderá, preferencialmente, à ordem cronológica de recebimento para publicação e efetivação dos pronunciamentos judiciais, com exceção dos atos urgentes, assim reconhecidos pelo juiz no pronunciamento judicial a ser efetivado, bem como as preferências legais.

A parte que se considerar preterida na ordem cronológica poderá reclamar, nos próprios autos, ao juiz do processo, que requisitará informações ao servidor, a serem prestadas no prazo de dois dias. Constatada a preterição, o juiz determinará o imediato cumprimento do ato e a instauração de processo administrativo disciplinar contra o servidor.

São incumbências do oficial de justiça:

I - fazer pessoalmente citações, prisões, penhoras, arrestos e demais diligências próprias do seu ofício, sempre que possível na presença de 2 (duas) testemunhas, certificando no mandado o ocorrido, com menção ao lugar, ao dia e à hora;

II - executar as ordens do juiz a que estiver subordinado;

III - entregar o mandado em cartório após seu cumprimento;

IV - auxiliar o juiz na manutenção da ordem;

V - efetuar avaliações, quando for o caso;

VI - certificar, em mandado, proposta de autocomposição apresentada por qualquer das partes, na ocasião de realização de ato de comunicação que lhe couber, hipótese em que o juiz ordenará a intimação da parte contrária para manifestar-se, no prazo de 5 (cinco) dias, sem prejuízo do andamento regular do processo, entendendo-se o silêncio como recusa.

O escrivão, o chefe de secretaria e o oficial de justiça são responsáveis, civil e regressivamente, quando: I - sem justo motivo, se recusarem a cumprir no prazo os atos impostos pela lei ou pelo juiz a que estão subordinados; II - praticarem ato nulo com dolo ou culpa.

Note-se que há menção à responsabilidade civil e regressiva, de modo que, em primeiro lugar, responderá o Estado pelo dano, cabendo a busca da responsabilização posteriormente aos agentes públicos.

▶ **QUESTÃO COMENTADA:**

(FCC – Técnico Judiciário – Área Administrativa – TRF 2/ 2012) NÃO se inclui dentre os auxiliares da justiça o

a) perito.
b) intérprete.
c) administrador.
d) oficial de justiça.
e) advogado.

COMENTÁRIOS:

Ao lado dos sujeitos principais do processo (juiz, autor e réu), existem os sujeitos secundários, cuja categoria é formada por todas as pessoas que não têm a condição de sujeitos principais.

Alternativa correta: letra "e" (responde as demais alternativas). São auxiliares da Justiça, além de outros cujas atribuições sejam determinadas pelas normas de organização judiciária, o escrivão, o chefe de secretaria, **o oficial de justiça, o perito**, o depositário, **o administrador, o intérprete**, o tradutor, o mediador, o conciliador judicial, o partidor, o distribuidor, o contabilista e o regulador de avarias (CPC, art. 149).

5.6.2. Perito

O juiz será assistido por perito quando a prova do fato depender de conhecimento técnico ou científico.

O perito tem o dever de cumprir o ofício no prazo que lhe designar o juiz, empregando toda sua diligência, podendo escusar-se do encargo alegando motivo legítimo. Tal escusa será apresentada no prazo de quinze dias, contado da intimação, da suspeição ou do impedimento supervenientes, sob pena de renúncia ao direito a alegá-la.

O perito que, por dolo ou culpa, prestar informações inverídicas responderá pelos prejuízos que causar à parte e ficará inabilitado para atuar em outras perícias no prazo de dois a cinco anos, independentemente das demais sanções previstas em lei, devendo o juiz comunicar o fato ao respectivo órgão de classe para adoção das medidas que entender cabíveis.

5.6.3. Do Depositário e do Administrador

A guarda e a conservação de bens penhorados, arrestados, sequestrados ou arrecadados serão confiadas a depositário ou a administrador, não dispondo a lei de outro modo.

Por seu trabalho o depositário ou o administrador perceberá remuneração que o juiz fixará levando em conta a situação dos bens, o tempo do serviço e s dificuldades de execução.

O depositário ou o administrador responde pelos prejuízos que, por dolo ou culpa, causar à parte, perdendo a remuneração que lhe foi arbitrada, mas tem o direito haver o que legitimamente despendeu no exercício do encargo. O depositário infiel responde civilmente pelos prejuízos causados, sem prejuízo de sua responsabilidade penal e da imposição de sanção por ato atentatório à dignidade da Justiça.

5.6.4. Do Intérprete e do Tradutor

O juiz nomeará intérprete ou tradutor quando necessário para: I - traduzir documento redigido em língua estrangeira; II - verter para o português as declarações das partes e das testemunhas que não conhecerem o idioma nacional; III - realizar a interpretação simultânea dos depoimentos das partes e testemunhas com deficiência auditiva que se comuniquem por meio da Língua Brasileira de Sinais, ou equivalente, quando assim for solicitado.

Não pode ser intérprete ou tradutor quem: I - não tiver a livre administração de seus bens; II - for arrolado como testemunha ou atuar como perito no processo; III - estiver inabilitado para o exercício da profissão por sentença penal condenatória, enquanto durarem seus efeitos.

5.6.5. Mediadores e Conciliadores

Os mediadores e os conciliadores foram incluídos como auxiliares do juízo, constando do Código alguns dispositivos que regulam sua atividade.

O CPC enfatizou o princípio do tribunal multiportas, por meio do qual, uma vez provocado o Poder Judiciário, admitem-se outros meios de solução do conflito que não só por meio de decisão adjudicada pelo juiz. Admite-se a mediação e a conciliação como meios alternativos de resolução, a serem presididos por mediadores ou conciliadores.

A conciliação ocorrerá preferencialmente nos casos em que não houver vínculo anterior entre as partes, podendo ser sugeridas soluções para o litígio, não sendo admitida a utilização de qualquer tipo de constrangimento ou intimidação para que as partes se conciliem.

A mediação, por sua vez, atuará preferencialmente nos casos em que houver vínculo anterior entre as partes, auxiliando aos interessados a compreender as questões e os interesses em conflito, de modo que eles possam, pelo restabelecimento da comunicação, identificar por si próprios soluções consensuais que gerem benefícios mútuos.

A conciliação e a mediação são informadas pelos princípios da independência, da imparcialidade, da autonomia de vontade, da confidencialidade, da oralidade, da informalidade e da decisão informada.

Os conciliadores e mediadores judiciais cadastrados, se advogados, estarão impedidos de exercer a advocacia nos juízos em que desempenhem suas funções.

O conciliador e o mediador ficam impedidos, pelo prazo de um ano, contado do término da última audiência em que atuaram, de assessorar, representar ou patrocinar qualquer das partes.

6. MINISTÉRIO PÚBLICO

6.1. Perfil Constitucional

A Constituição Federal de 1988 foi responsável pelo fortalecimento da iniciativa do Ministério Público nas áreas civil e criminal, atribuindo-lhe, ainda, a incumbência específica de promover a defesa dos interesses sociais (art. 127, CF).

Entende-se por interesse social aqueles cuja tutela, em uma ordem jurídica específica, é oportuna para que a sociedade possa progredir material e moralmente.

O Ministério Público atuará na defesa da ordem jurídica, do regime democrático e dos interesses e direitos sociais e individuais indisponíveis, conforme determina a Constituição Federal, a sua Lei Orgânica e o art. 176 do CPC.

> São princípios institucionais do Ministério Público: a unidade, a indivisibilidade e a independência funcional (art. 127, § 1º, CF). A estes, podem ser somados: princípio constitucional do promotor natural, princípio infraconstitucional do livre exercício da ação penal, princípio infraconstitucional da irresponsabilidade e princípio infraconstitucional da irrecusabilidade.

6.2. Intervenção como parte

Poderá atuar no processo civil como parte.

Nesse passo, poderá ajuizar ações com fundamento na Constituição Federal (como, por exemplo, a representação para impugnação de mandato eletivo (art. 14, § 10, c.c. art. 22, I, da LC 64/90), dissídio coletivo (art. 1124, § 3º), ação civil pública para a proteção do patrimônio público e social, do meio ambiente e de outros interesses difusos e coletivos (art. 129, III).

Também poderá a ação ser fundada no Código Civil, como poderá ocorrer no pedido de declaração de ausência e nomeação de curador (art. 22), ação de nulidade ou de anulação de atos jurídicos (CC, art. 168).

O Código de Processo Civil também dá suporte para o ajuizamento de ações, como poderá ocorrer na ação rescisória, no pedido de abertura de inventário, no procedimento de jurisdição voluntária etc.

> O Ministério Público tem legitimidade para propor ação de cobrança de multa decorrente de sentença penal condenatória transitada em julgado, com possibilidade subsidiária de cobrança pela Fazenda Pública.
>
> De acordo com a decisão do STF, a competência para a execução da multa, proposta pelo MP, será da vara de execuções penais. Porém, se o MP não propuser a ação em noventa dias, o juiz da execução deverá dar ciência ao órgão competente da Fazenda Pública para a respectiva cobrança na própria vara da execução fiscal, com a observância da Lei nº 6.830/1980 (ADI 3150/DF; AP 470/MG).

- **Súmula 594, STJ**: O Ministério Público tem legitimidade ativa para ajuizar ação de alimentos em proveito de criança ou adolescente independentemente do exercício do poder familiar dos pais, ou do fato de o menor se encontrar nas situações de risco descritas no art. 98 do Estatuto da Criança e do Adolescente, ou de quaisquer outros questionamentos acerca da existência ou eficiência da Defensoria Pública na comarca.

6.3. Intervenção como fiscal da ordem jurídica

Atuará como fiscal da ordem jurídica nas hipóteses previstas na Constituição e na lei e, também nos processos: i) que envolvam interesse público ou social; ii) interesse de incapaz; iii) litígios coletivos pela posse de terra rural ou urbana.

> É de se ter atenção com a mudança ocorrida. O Ministério Público não mais atuará nas causas de divórcio, por exemplo, se não existir interesse de incapaz. Além disso, a participação da Fazenda Pública (pessoa jurídica de direito público) não importa na necessidade de participação do MP.

O Ministério Público, no exercício de suas funções, contará com determinadas prerrogativas. Dessa maneira, gozará de prazo em dobro para manifestar-se nos autos e fará jus à intimação pessoal.

6.4. Poderes investigatórios

No exercício de suas funções, o Ministério Público poderá instaurar inquéritos civis e outras medidas e procedimentos administrativos pertinentes e, para instruí-los, entre outras providências, requisitar informações, exames periciais e documentos de autoridades federais, estaduais e municipais, bem como dos órgãos e entidades da administração direta, indireta ou fundacional, de qualquer dos Poderes da União, dos Estados, do Distrito Federal e dos Municípios, bem como, promover inspeções e diligências investigatórias junto às autoridades, órgãos e entidades a que se refere a alínea anterior e, ainda, requisitar informações e documentos a entidades privadas, para instruir procedimentos ou processo em que oficie.

6.5. Responsabilidades

O Ministério Público será civil e regressivamente responsável quando agir com dolo ou fraude no exercício de suas funções:

▶ **RESPONSABILIDADE REGRESSIVA DO MEMBRO DO MINISTÉRIO PÚBLICO.**

6.6. Impedimentos e suspeição

Aplicam-se ao membro do Ministério Público os motivos de impedimento e de suspeição previstos para o juiz.

A parte interessada deverá arguir o impedimento ou a suspeição, em petição fundamentada e devidamente instruída, na primeira oportunidade em que lhe couber falar nos autos.

O juiz mandará processar o incidente em separado e sem suspensão do processo, ouvindo o arguido no prazo de 15 (quinze) dias e facultando a produção de prova, quando necessária.

7. ADVOCACIA PÚBLICA

É missão da Advocacia Pública a defesa e promoção dos interesses públicos da União, dos Estados, do Distrito Federal e dos Municípios, por meio de representação judicial, em todos os âmbitos federativos, das pessoas jurídicas de direito público que integram a administração direta e indireta.

É integrada por profissionais que ingressam por meio de concurso.

As pessoas jurídicas de direito público gozam de prazo em dobro para a prática de atos processuais (ressalvados os prazos que lhe são específicos), bem como da prerrogativa da intimação pessoal.

As prerrogativas processuais da Fazenda Pública se legitimam na aplicação do princípio constitucional da isonomia que reclama tratamento instrumental condizente com a defesa do interesse público em juízo.

A União, os Estados, o Distrito Federal, os Municípios e suas respectivas autarquias e fundações de direito público gozarão de prazo em dobro para todas as suas manifestações processuais, cuja contagem terá início a partir da intimação pessoal.

Não se aplica o benefício da contagem em dobro quando a lei estabelecer, de forma expressa, prazo próprio para o ente público.

O membro da Advocacia Pública será civil e regressivamente responsável quando agir com dolo ou fraude no exercício de suas funções

8. DEFENSORIA PÚBLICA.

A Defensoria Pública exercerá a orientação jurídica, a promoção dos direitos humanos e a defesa dos direitos individuais e coletivos dos necessitados, em todos os graus, de forma integral e gratuita.

A Defensoria Pública gozará de prazo em dobro para todas as suas manifestações processuais.

O prazo tem início com a intimação pessoal do defensor público.

A requerimento da Defensoria Pública, o juiz determinará a intimação pessoal da parte patrocinada quando o ato processual depender de providência ou informação que somente por ela possa ser realizada ou prestada.

Não se aplica o benefício da contagem em dobro quando a lei estabelecer, de forma expressa, prazo próprio para a Defensoria Pública.

A prerrogativa do prazo em dobro aplica-se aos escritórios de prática jurídica das faculdades de Direito reconhecidas na forma da lei e às entidades que prestam assistência jurídica gratuita em razão de convênios firmados com a Defensoria Pública.

O membro da Defensoria Pública será civil e regressivamente responsável quando agir com dolo ou fraude no exercício de suas funções.

9. SÚMULAS E INFORMATIVOS

9.1. Súmulas do STF

- **Súmula 256, STF.** É dispensável pedido expresso para condenação do réu em honorários, com fundamento nos arts. 63 ou 64 do Código de Processo Civil (art. 20, § 3º, e seguintes do CPC de 1973).
- **Súmula 365,STF.** Pessoa jurídica não tem legitimidade para propor ação popular.

9.2. Súmulas do STJ

- **Súmula 453, STJ.** Os honorários sucumbenciais, quando omitidos em decisão transitada em julgado, não podem ser cobrados em execução ou em ação própria.
- **Súmula 421, STJ.** Os honorários advocatícios não são devidos à Defensoria Pública quando ela atua contra a pessoa jurídica de Direito público à qual pertença.
- **Súmula 268, STJ.** O fiador que não integrou a relação processual na ação de despejo não responde pela execução do julgado.
- **STJ, 481** - Faz jus ao benefício da Justiça gratuita a pessoa jurídica com ou sem fins lucrativos que demonstrar sua impossibilidade de arcar com os encargos processuais
- **STJ, 14** - Arbitrados os honorários advocatícios em percentual sobre o valor da causa, a correção monetária incide a partir do respectivo ajuizamento.

- **STJ, 201** - Os honorários advocatícios não podem ser fixados em salários mínimos.
- **STJ, 345** - São devidos honorários advocatícios pela Fazenda Pública nas execuções individuais de sentença proferida em ações coletivas, ainda que não embargadas.
- **STJ, 517** - São devidos honorários advocatícios no cumprimento de sentença, haja ou não impugnação, depois de escoado o prazo para pagamento voluntário, que se inicia após a intimação do advogado da parte executada.
- **STJ, 519** - Na hipótese de rejeição da impugnação ao cumprimento de sentença, não são cabíveis honorários advocatícios.
- **STJ, 232** - A Fazenda Pública, quando parte no processo, fica sujeita à exigência do depósito prévio dos honorários do perito

9.3. Informativos do STF

- **Das partes e dos procuradores.** Assistência judiciária gratuita: art. 12 da Lei 1.060/1950 e recepção. O art. 12 da Lei 1.060/1950 ("A parte beneficiada pela isenção do pagamento das custas ficará obrigada a pagá-las, desde que possa fazê-lo, sem prejuízo do sustento próprio ou da família, se dentro de cinco anos, a contar da sentença final, o assistido não puder satisfazer tal pagamento, a obrigação ficará prescrita") foi recepcionado pela presente ordem constitucional. RE 249003 ED/RS, Rel. Min. Edson Fachin, 9.12.2015. Pleno (Info 811).
- **Honorários recursais e não apresentação de contrarrazões ou contraminuta.** É cabível a fixação de honorários recursais, prevista no art. 85, § 11, do CPC, mesmo quando não apresentadas contrarrazões ou contraminuta pelo advogado. AI 864689 AgR/MS, Rel. p/ ac. Min. Edson Fachin, 27.9.2016. 1ª T. (Info 841).
- **CPC e ação originária sem previsão de honorários.** Descabe a fixação de honorários recursais, preconizados no art. 85, § 11, do CPC/2015, na hipótese de recurso extraordinário formalizado no curso de processo cujo rito os exclua. ARE 948578 AgR/RS, Rel. Min. Marco Aurélio, 21.6.2016. 1ª T. (Info 831).
- **Da competência.** OAB e competência jurisdicional. Compete à Justiça federal processar e julgar ações em que a Ordem dos Advogados do Brasil, quer mediante o conselho federal, quer seccional, figure na relação processual. A OAB é autarquia corporativista, o que atrai, a teor do art. 109, I, da CF, a competência da Justiça federal para o exame de ações - de qualquer natureza - nas quais ela integra a relação processual. RE 595332/PR, repercussão geral, Rel. Min. Marco Aurélio, 31.8.2016. Pleno (Info 837).

9.4. Informativos do STJ

- **Curador Provisório. Ação de Divórcio. Impossibilidade.** Na hipótese, a ação de divórcio foi ajuizada pelo curador provisório, em representação do cônjuge alegadamente incapaz, tendo a sentença e o acórdão recorrido afastado a preliminar suscitada pelo recorrente ao fundamento de que a lei não faz distinção entre a espécie de curatela exigível para o ajuizamento da ação - se provisória ou se definitiva. Examinando-se a justificativa que deu origem ao projeto de lei destinado a criar a figura do curador provisório - PLC n. 71/2005 (proteger o interditando com a nomeação de curador provisório para a prática de atos de vida civil, exceto alienação ou oneração de bens), a natureza jurídica da nomeação de curador provisório (tutela provisória antecipada) e a exigência legal de que a nomeação judicial especifique quais atos poderão ser praticados pelo curador (especialmente atos de gestão negocial e patrimonial), conclui-se não ser possível equiparar o curador provisório e o curador definitivo de modo que a melhor interpretação aos arts. 1.576, parágrafo único, e 1.582, *caput*, do CC/2002, é no sentido de, em regra, limitar a sua incidência exclusivamente ao curador definitivo, especialmente diante da potencial irreversibilidade dos efeitos concretamente produzidos com a eventual procedência da ação de dissolução de vínculo conjugal ajuizada pelo curador provisório, inclusive no que diz respeito a terceiros. Diante desse cenário, é possível concluir, em síntese, que: (i) a ação em que se pleiteia a dissolução do vínculo conjugal, por possuir natureza personalíssima, deve ser ajuizada, em regra, pelo próprio cônjuge; (ii) excepcionalmente, admite-se a representação processual do cônjuge por curador, ascendente ou irmão; (iii) justamente em virtude de se tratar de representação de natureza absolutamente excepcional, a regra que autoriza terceiros a ajuizarem a ação de dissolução de vínculo conjugal deverá ser interpretada restritivamente, limitando-se a sua incidência apenas à hipótese de curatela definitiva; (iv) em situações ainda mais excepcionais, poderá o curador provisório ajuizar a ação de dissolução do vínculo conjugal em representação do cônjuge potencialmente incapaz, desde que expressa e previamente autorizado pelo juiz após a oitiva do Ministério Público, como orientam os arts. 749, parágrafo único, do CPC/2015, e 87 da Lei n. 13.146/2015. REsp 1.645.612-SP, Rel. Min. Nancy Andrighi, por unanimidade, julgado em 16/10/2018, DJe 12/11/2018 (Info 637).

- **Da capacidade processual.** Legitimidade ativa de associação para defender os interesses de seus filiados. Associação não tem legitimidade ativa para defender os interesses dos associados que vierem a se agregar somente após o ajuizamento da ação de conhecimento. REsp 1.468.734-SP, Rel. Min. Humberto Martins, *DJe* 15.3.2016. 2ª T. (Info 579).

- **Dos deveres das partes e dos seus procuradores (honorários advocatícios).** Interpretação extensiva do art. 19, § 1º, I, da Lei 10.522/02. Aplica-se a dispensa de condenação em honorários advocatícios prevista no art. 19, § 1º, I, da Lei 10.522/02, na hipótese em que a Fazenda Nacional contesta a demanda, mas, ato contínuo, antes de pronunciamento do juízo ou da parte contrária, apresenta petição em que reconhece a procedência do pedido e requer a desconsideração da peça contestatória. REsp 1.551.780-SC, Rel. Min. Mauro Campbell Marques, *DJe* 19.8.2016. 2ª T. (Info 588).

- **Rescisão de decisão judicial e restituição de verba honorária.** Se a decisão judicial que ensejou a fixação de honorários de sucumbência for parcialmente rescindida, é possível que o autor da rescisória, em posterior ação de cobrança, pleiteie a restituição da parte indevida da verba advocatícia, ainda que o causídico, de boa-fé, já a tenha levantado. REsp 1.549.836-RS, Rel. p/ ac. Min. João Otávio de Noronha, *DJ* 6.9.2016. 3ª T. (Info 589).

- **Do Ministério Público.** Possibilidade de atuação do MP estadual no âmbito do STJ. O Ministério Público estadual (MP estadual) tem legitimidade para atuar diretamente no STJ nos processos em que figurar como parte. EREsp 1.236.822-PR, Rel. Min. Mauro Campbell Marques, *DJe* 5.2.2016. Corte Especial (Info 576).

- **Dos órgãos judiciários e dos auxiliares da Justiça. Da competência.** Dever de remessa dos autos ao juízo competente e processo eletrônico. Implica indevido obstáculo ao acesso à tutela jurisdicional a decisão que, após o reconhecimento da incompetência absoluta do juízo, em vez de determinar a remessa dos autos ao juízo competente, extingue o feito sem exame do mérito, sob o argumento de impossibilidade técnica do Judiciário em remeter os autos para o órgão julgador competente, ante as dificuldades inerentes ao processamento eletrônico. REsp 1.526.914-PE, Rel. Min. Diva Malerbi, *DJe* 28.6.2016. 2ª T. (Info 586).

▶ **Do juiz, dos auxiliares da Justiça.** Suspeição por motivo superveniente. A autodeclaração de suspeição realizada por magistrado em virtude de motivo superveniente não importa nulidade dos atos processuais praticados em momento anterior ao fato ensejador da suspeição. Isso porque essa declaração não gera efeitos retroativos. Pet no REsp 1.339.313-RJ, Rel. p/ ac. Min. Assusete Magalhães, *DJe* 9.8.2016. 1ª S. (Info 587).

10 LEGISLAÇÃO RELACIONADA AO CAPÍTULO

▶ **CPC DE 2015**

Art. 70. Toda pessoa que se encontre no exercício de seus direitos tem capacidade para estar em juízo.

Art. 71. O incapaz será representado ou assistido por seus pais, por tutor ou por curador, na forma da lei.

Art. 72. O juiz nomeará curador especial ao:

I - incapaz, se não tiver representante legal ou se os interesses deste colidirem com os daquele, enquanto durar a incapacidade;

II - réu preso revel, bem como ao réu revel citado por edital ou com hora certa, enquanto não for constituído advogado.

Parágrafo único. A curatela especial será exercida pela Defensoria Pública, nos termos da lei.

Art. 73. O cônjuge necessitará do consentimento do outro para propor ação que verse sobre direito real imobiliário, salvo quando casados sob o regime de separação absoluta de bens.

§ 1º Ambos os cônjuges serão necessariamente citados para a ação:

I - que verse sobre direito real imobiliário, salvo quando casados sob o regime de separação absoluta de bens;

II - resultante de fato que diga respeito a ambos os cônjuges ou de ato praticado por eles;

III - fundada em dívida contraída por um dos cônjuges a bem da família;

IV - que tenha por objeto o reconhecimento, a constituição ou a extinção de ônus sobre imóvel de um ou de ambos os cônjuges.

§ 2º Nas ações possessórias, a participação do cônjuge do autor ou do réu somente é indispensável nas hipóteses de composse ou de ato por ambos praticado.

§ 3º Aplica-se o disposto neste artigo à união estável comprovada nos autos.

Art. 74. O consentimento previsto no art. 73 pode ser suprido judicialmente quando for negado por um dos cônjuges sem justo motivo, ou quando lhe seja impossível concedê-lo.

Parágrafo único. A falta de consentimento, quando necessário e não suprido pelo juiz, invalida o processo.

Art. 75. Serão representados em juízo, ativa e passivamente:

I - a União, pela Advocacia Geral da União, diretamente ou mediante órgão vinculado;

II - o estado e o Distrito Federal, por seus procuradores;

III - o município, por seu prefeito ou procurador;

IV - a autarquia e a fundação de Direito público, por quem a lei do ente federado designar;

V - a massa falida, pelo administrador judicial;

VI - a herança jacente ou vacante, por seu curador;

VII - o espólio, pelo inventariante;

VIII - a pessoa jurídica, por quem os respectivos atos constitutivos designarem ou, não havendo essa designação, por seus diretores;

IX - a sociedade e a associação irregulares e outros entes organizados sem personalidade jurídica, pela pessoa a quem couber a administração de seus bens;

X - a pessoa jurídica estrangeira, pelo gerente, representante ou administrador de sua filial, agência ou sucursal aberta ou instalada no Brasil;

XI - o condomínio, pelo administrador ou síndico.

§ 1º Quando o inventariante for dativo, os sucessores do falecido serão intimados no processo no qual o espólio seja parte.

§ 2º A sociedade ou associação sem personalidade jurídica não poderá opor a irregularidade de sua constituição quando demandada.

§ 3º O gerente de filial ou agência presume-se autorizado pela pessoa jurídica estrangeira a receber citação para qualquer processo.

§ 4º Os estados e o Distrito Federal poderão ajustar compromisso recíproco para prática de ato processual por seus procuradores em favor de outro ente federado, mediante convênio firmado pelas respectivas procuradorias.

Art. 76. Verificada a incapacidade processual ou a irregularidade da representação da parte, o juiz suspenderá o processo e designará prazo razoável para que seja sanado o vício.

§ 1º Descumprida a determinação, caso o processo esteja na instância originária:

I - o processo será extinto, se a providência couber ao autor;

II - o réu será considerado revel, se a providência lhe couber;

III - o terceiro será considerado revel ou excluído do processo, dependendo do polo em que se encontre.

§ 2º Descumprida a determinação em fase recursal perante tribunal de Justiça, tribunal regional federal ou tribunal superior, o relator:

I - não conhecerá do recurso, se a providência couber ao recorrente;

II - determinará o desentranhamento das contrarrazões, se a providência couber ao recorrido.

Art. 77. Além de outros previstos neste Código, são deveres das partes, de seus procuradores e de todos aqueles que de qualquer forma participem do processo:

I - expor os fatos em juízo conforme a verdade;

II - não formular pretensão ou de apresentar defesa quando cientes de que são destituídas de fundamento;

III - não produzir provas e não praticar atos inúteis ou desnecessários à declaração ou à defesa do direito;

IV - cumprir com exatidão as decisões jurisdicionais, de natureza provisória ou final, e não criar embaraços à sua efetivação;

V - declinar, no primeiro momento que lhes couber falar nos autos, o endereço residencial ou profissional onde receberão intimações, atualizando essa informação sempre que ocorrer qualquer modificação temporária ou definitiva;

VI - não praticar inovação ilegal no estado de fato de bem ou direito litigioso.

§ 1º Nas hipóteses dos incisos IV e VI, o juiz advertirá qualquer das pessoas mencionadas no *caput* de que sua conduta poderá ser punida como ato atentatório à dignidade da Justiça.

§ 2º A violação ao disposto nos incisos IV e VI constitui ato atentatório à dignidade da Justiça, devendo o juiz, sem prejuízo das sanções criminais, civis e processuais cabíveis, aplicar ao responsável multa de até 20% do valor da causa, de acordo com a gravidade da conduta.

§ 3º Não sendo paga no prazo a ser fixado pelo juiz, a multa prevista no § 2º será inscrita como dívida ativa da União ou do estado após o trânsito em julgado da decisão que a fixou, e sua execução observará o procedimento da execução fiscal, revertendo-se aos fundos previstos no art. 97.

§ 4º A multa estabelecida no § 2º poderá ser fixada independentemente da incidência das previstas nos arts. 523, § 1º, e 536, § 1º.

§ 5º Quando o valor da causa for irrisório ou inestimável, a multa prevista no § 2º poderá ser fixada em até dez vezes o valor do salário mínimo.

§ 6º Aos advogados públicos ou privados e aos membros da Defensoria Pública e do Ministério Público não se aplica o disposto nos §§ 2º a 5º, devendo eventual responsabilidade disciplinar ser apurada pelo respectivo órgão de classe ou corregedoria, ao qual o juiz oficiará.

§ 7º Reconhecida violação ao disposto no inciso VI, o juiz determinará o restabelecimento do estado anterior, podendo, ainda, proibir a parte de falar nos autos até a purgação do atentado, sem prejuízo da aplicação do § 2º.

§ 8º O representante judicial da parte não pode ser compelido a cumprir decisão em seu lugar.

Art. 78. É vedado às partes, a seus procuradores, aos juízes, aos membros do Ministério Público e da Defensoria Pública e a qualquer pessoa que participe do processo empregar expressões ofensivas nos escritos apresentados.

§ 1º Quando expressões ou condutas ofensivas forem manifestadas oral ou presencialmente, o juiz advertirá o ofensor de que não as deve usar ou repetir, sob pena de lhe ser cassada a palavra.

§ 2º De ofício ou a requerimento do ofendido, o juiz determinará que as expressões ofensivas sejam riscadas e, a requerimento do ofendido, determinará a expedição de certidão com inteiro teor das expressões ofensivas e a colocará à disposição da parte interessada.

Art. 79. Responde por perdas e danos aquele que litigar de má-fé como autor, réu ou interveniente.

Art. 80. Considera-se litigante de má-fé aquele que:

I - deduzir pretensão ou defesa contra texto expresso de lei ou fato incontroverso;

II - alterar a verdade dos fatos;

III - usar do processo para conseguir objetivo ilegal;

IV - opuser resistência injustificada ao andamento do processo;

V - proceder de modo temerário em qualquer incidente ou ato do processo;

VI - provocar incidente manifestamente infundado;

VII - interpuser recurso com intuito manifestamente protelatório.

Art. 81. De ofício ou a requerimento, o juiz condenará o litigante de má-fé a pagar multa, que deverá ser superior a um por cento e inferior a dez por cento do valor corrigido da causa, a indenizar a parte contrária pelos prejuízos que esta sofreu e a arcar com os honorários advocatícios e com todas as despesas que efetuou.

§ 1º Quando forem dois ou mais os litigantes de má-fé, o juiz condenará cada um na proporção de seu respectivo interesse na causa ou solidariamente aqueles que se coligaram para lesar a parte contrária.

§ 2º Quando o valor da causa for irrisório ou inestimável, a multa poderá ser fixada em até dez vezes o valor do salário mínimo.

§ 3º O valor da indenização será fixado pelo juiz ou, caso não seja possível mensurá-lo, liquidado por arbitramento ou pelo procedimento comum, nos próprios autos.

Art. 82. Salvo as disposições concernentes à gratuidade da Justiça, incumbe às partes prover as despesas dos atos que realizarem ou requererem no processo, antecipando-lhes o pagamento, desde o início até a sentença final ou, na execução, até a plena satisfação do direito reconhecido no título.

§ 1º Incumbe ao autor adiantar as despesas relativas a ato cuja realização o juiz determinar de ofício ou a requerimento do Ministério Público, quando sua intervenção ocorrer como fiscal da ordem jurídica.

§ 2º A sentença condenará o vencido a pagar ao vencedor as despesas que antecipou.

Art. 83. O autor, brasileiro ou estrangeiro, que residir fora do Brasil ou deixar de residir no país ao longo da tramitação de processo prestará caução suficiente ao pagamento das custas e dos honorários de advogado da parte contrária nas ações que propuser, se não tiver no Brasil bens imóveis que lhes assegurem o pagamento.

§ 1º Não se exigirá a caução de que trata o *caput*:

I - quando houver dispensa prevista em acordo ou tratado internacional de que o Brasil faz parte;

II - na execução fundada em título extrajudicial e no cumprimento de sentença;

III - na reconvenção.

§ 2º Verificando-se no trâmite do processo que se desfalcou a garantia, poderá o interessado exigir reforço da caução, justificando seu pedido com a indicação da depreciação do bem dado em garantia e a importância do reforço que pretende obter.

Art. 84. As despesas abrangem as custas dos atos do processo, a indenização de viagem, a remuneração do assistente técnico e a diária de testemunha.

Art. 85. A sentença condenará o vencido a pagar honorários ao advogado do vencedor.

§ 1º São devidos honorários advocatícios na reconvenção, no cumprimento de sentença, provisório ou definitivo, na execução, resistida ou não, e nos recursos interpostos, cumulativamente.

§ 2º Os honorários serão fixados entre o mínimo de dez e o máximo de vinte por cento sobre o valor da condenação, do proveito econômico obtido ou, não sendo possível mensurá-lo, sobre o valor atualizado da causa, atendidos:

I - o grau de zelo do profissional;

II - o lugar de prestação do serviço;

III - a natureza e a importância da causa;

IV - o trabalho realizado pelo advogado e o tempo exigido para o seu serviço.

§ 3º Nas causas em que a Fazenda Pública for parte, a fixação dos honorários observará os critérios estabelecidos nos incisos I a IV do § 2º e os seguintes percentuais:

I - mínimo de 10% e máximo de 20% sobre o valor da condenação ou do proveito econômico obtido até duzentos salários mínimos;

II - mínimo de 8% e máximo de 10% sobre o valor da condenação ou do proveito econômico obtido acima de duzentos salários mínimos até 2 mil salários mínimos;

III – mínimo de 5% e máximo de 8% sobre o valor da condenação ou do proveito econômico obtido acima de 2 mil salários mínimos até 20 mil salários mínimos;

IV – mínimo de 3% e máximo de 5% sobre o valor da condenação ou do proveito econômico obtido acima de 20 mil salários mínimos até 100 mil salários mínimos;

V – mínimo de 1% e máximo de 3% sobre o valor da condenação ou do proveito econômico obtido acima de 100 mil salários mínimos.

§ 4º Em qualquer das hipóteses do § 3º:

I – os percentuais previstos nos incisos I a V devem ser aplicados desde logo, quando for líquida a sentença;

II – não sendo líquida a sentença, a definição do percentual, nos termos previstos nos incisos I a V, somente ocorrerá quando liquidado o julgado;

III – não havendo condenação principal ou não sendo possível mensurar o proveito econômico obtido, a condenação em honorários dar-se-á sobre o valor atualizado da causa;

IV – será considerado o salário mínimo vigente quando prolatada sentença líquida ou o que estiver em vigor na data da decisão de liquidação.

§ 5º Quando, conforme o caso, a condenação contra a Fazenda Pública ou o benefício econômico obtido pelo vencedor ou o valor da causa for superior ao valor previsto no inciso I do § 3º, a fixação do percentual de honorários deve observar a faixa inicial e, naquilo que a exceder, a faixa subsequente, e assim sucessivamente.

§ 6º Os limites e critérios previstos nos §§ 2º e 3º aplicam-se independentemente de qual seja o conteúdo da decisão, inclusive aos casos de improcedência ou de sentença sem resolução de mérito.

§ 7º Não serão devidos honorários no cumprimento de sentença contra a Fazenda Pública que enseje expedição de precatório, desde que não tenha sido impugnada.

§ 8º Nas causas em que for inestimável ou irrisório o proveito econômico ou, ainda, quando o valor da causa for muito baixo, o juiz fixará o valor dos honorários por apreciação equitativa, observando o disposto nos incisos do § 2º.

§ 9º Na ação de indenização por ato ilícito contra pessoa, o percentual de honorários incidirá sobre a soma das prestações vencidas acrescida de doze prestações vincendas.

§ 10. Nos casos de perda do objeto, os honorários serão devidos por quem deu causa ao processo.

§ 11. O tribunal, ao julgar recurso, majorará os honorários fixados anteriormente levando em conta o trabalho adicional realizado em grau recursal, observando, conforme o caso, o disposto nos §§ 2º a 6º, sendo vedado ao tribunal, no cômputo geral da fixação de honorários devidos ao advogado do vencedor, ultrapassar os respectivos limites estabelecidos nos §§ 2º e 3º para a fase de conhecimento.

§ 12. Os honorários referidos no § 11 são cumuláveis com multas e outras sanções processuais, inclusive as previstas no art. 77.

§ 13. As verbas de sucumbência arbitradas em embargos à execução rejeitados ou julgados improcedentes e em fase de cumprimento de sentença serão acrescidas no valor do débito principal, para todos os efeitos legais.

§ 14. Os honorários constituem direito do advogado e têm natureza alimentar, com os mesmos privilégios dos créditos oriundos da legislação do trabalho, sendo vedada a compensação em caso de sucumbência parcial.

§ 15. O advogado pode requerer que o pagamento dos honorários que lhe caibam seja efetuado em favor da sociedade de advogados que integra na qualidade de sócio, aplicando-se à hipótese o disposto no § 14.

§ 16. Quando os honorários forem fixados em quantia certa, os juros moratórios incidirão a partir da data do trânsito em julgado da decisão.

§ 17. Os honorários serão devidos quando o advogado atuar em causa própria.

§ 18. Caso a decisão transitada em julgado seja omissa quanto ao direito aos honorários ou ao seu valor, é cabível ação autônoma para sua definição e cobrança.

§ 19. Os advogados públicos perceberão honorários de sucumbência, nos termos da lei.

Art. 86. Se cada litigante for, em parte, vencedor e vencido, serão proporcionalmente distribuídas entre eles as despesas.

Parágrafo único. Se um litigante sucumbir em parte mínima do pedido, o outro responderá, por inteiro, pelas despesas e pelos honorários.

Art. 87. Concorrendo diversos autores ou diversos réus, os vencidos respondem proporcionalmente pelas despesas e pelos honorários.

§ 1º A sentença deverá distribuir entre os litisconsortes, de forma expressa, a responsabilidade proporcional pelo pagamento das verbas previstas no *caput*.

§ 2º Se a distribuição de que trata o § 1º não for feita, os vencidos responderão solidariamente pelas despesas e pelos honorários.

Art. 88. Nos procedimentos de jurisdição voluntária, as despesas serão adiantadas pelo requerente e rateadas entre os interessados.

Art. 89. Nos juízos divisórios, não havendo litígio, os interessados pagarão as despesas proporcionalmente a seus quinhões.

Art. 90. Proferida sentença com fundamento em desistência, em renúncia ou em reconhecimento do pedido, as despesas e os honorários serão pagos pela parte que desistiu, renunciou ou reconheceu.

§ 1º Sendo parcial a desistência, a renúncia ou o reconhecimento, a responsabilidade pelas despesas e pelos honorários será proporcional à parcela reconhecida, à qual se renunciou ou da qual se desistiu.

§ 2º Havendo transação e nada tendo as partes disposto quanto às despesas, estas serão divididas igualmente.

§ 3º Se a transação ocorrer antes da sentença, as partes ficam dispensadas do pagamento das custas processuais remanescentes, se houver.

§ 4º Se o réu reconhecer a procedência do pedido e, simultaneamente, cumprir integralmente a prestação reconhecida, os honorários serão reduzidos pela metade.

Art. 91. As despesas dos atos processuais praticados a requerimento da Fazenda Pública, do Ministério Público ou da Defensoria Pública serão pagas ao final pelo vencido.

§ 1º As perícias requeridas pela Fazenda Pública, pelo Ministério Público ou pela Defensoria Pública poderão ser realizadas por entidade pública ou, havendo previsão orçamentária, ter os valores adiantados por aquele que requerer a prova.

§ 2º Não havendo previsão orçamentária no exercício financeiro para adiantamento dos honorários periciais, eles serão pagos no exercício seguinte ou ao final, pelo vencido, caso o processo se encerre antes do adiantamento a ser feito pelo ente público.

Art. 92. Quando, a requerimento do réu, o juiz proferir sentença sem resolver o mérito, o autor não poderá propor novamente a ação sem pagar ou depositar em cartório as despesas e os honorários a que foi condenado.

Art. 93. As despesas de atos adiados ou cuja repetição for necessária ficarão a cargo da parte, do auxiliar da Justiça, do órgão do Ministério Público ou da Defensoria Pública ou do juiz que, sem justo motivo, houver dado causa ao adiamento ou à repetição.

Art. 94. Se o assistido for vencido, o assistente será condenado ao pagamento das custas em proporção à atividade que houver exercido no processo.

Art. 95. Cada parte adiantará a remuneração do assistente técnico que houver indicado, sendo a do perito adiantada pela parte que houver requerido a perícia ou rateada quando a perícia for determinada de ofício ou requerida por ambas as partes.

§ 1º O juiz poderá determinar que a parte responsável pelo pagamento dos honorários do perito deposite em juízo o valor correspondente.

§ 2º A quantia recolhida em depósito bancário à ordem do juízo será corrigida monetariamente e paga de acordo com o art. 465, § 4º.

§ 3º Quando o pagamento da perícia for de responsabilidade de beneficiário de gratuidade da Justiça, ela poderá ser:

I – custeada com recursos alocados no orçamento do ente público e realizada por servidor do Poder Judiciário ou por órgão público conveniado;

II – paga com recursos alocados no orçamento da União, do estado ou do Distrito Federal, no caso de ser realizada por particular, hipótese em que o valor será fixado conforme tabela do tribunal respectivo ou, em caso de sua omissão, do Conselho Nacional de Justiça.

§ 4º Na hipótese do § 3º, o juiz, após o trânsito em julgado da decisão final, oficiará a Fazenda Pública para que promova, contra quem tiver sido condenado ao pagamento das despesas processuais, a execução dos valores gastos com a perícia particular ou com a utilização de servidor público ou da estrutura de órgão público, observando-se, caso o responsável pelo pagamento das despesas seja beneficiário de gratuidade da Justiça, o disposto no art. 98, § 2º.

§ 5º Para fins de aplicação do § 3º, é vedada a utilização de recursos do fundo de custeio da Defensoria Pública.

Art. 96. O valor das sanções impostas ao litigante de má-fé reverterá em benefício da parte contrária, e o valor das sanções impostas aos serventuários pertencerá ao estado ou à União.

Art. 97. A União e os estados podem criar fundos de modernização do Poder Judiciário, aos quais serão revertidos os valores das sanções pecuniárias processuais destinadas à União e aos estados, e outras verbas previstas em lei. Art. 98. A pessoa natural ou jurídica, brasileira ou estrangeira, com insuficiência de recursos para pagar as custas, as despesas processuais e os honorários advocatícios tem direito à gratuidade da Justiça, na forma da lei.

§ 1º A gratuidade da Justiça compreende:

I - as taxas ou as custas judiciais;

II - os selos postais;

III - as despesas com publicação na imprensa oficial, dispensando-se a publicação em outros meios;

IV - a indenização devida à testemunha que, quando empregada, receberá do empregador salário integral, como se em serviço estivesse;

V - as despesas com a realização de exame de código genético -DNA e de outros exames considerados essenciais;

VI - os honorários do advogado e do perito e a remuneração do intérprete ou do tradutor nomeado para apresentação de versão em português de documento redigido em língua estrangeira;

VII - o custo com a elaboração de memória de cálculo, quando exigida para instauração da execução;

VIII - os depósitos previstos em lei para interposição de recurso, para propositura de ação e para a prática de outros atos processuais inerentes ao exercício da ampla defesa e do contraditório;

IX - os emolumentos devidos a notários ou registradores em decorrência da prática de registro, averbação ou qualquer outro ato notarial necessário à efetivação de decisão judicial ou à continuidade de processo judicial no qual o benefício tenha sido concedido.

§ 2º A concessão de gratuidade não afasta a responsabilidade do beneficiário pelas despesas processuais e pelos honorários advocatícios decorrentes de sua sucumbência.

§ 3º Vencido o beneficiário, as obrigações decorrentes de sua sucumbência ficarão sob condição suspensiva de exigibilidade e somente poderão ser executadas se, nos cinco anos subsequentes ao trânsito em julgado da decisão que as certificou, o credor demonstrar que deixou de existir a situação de insuficiência de recursos que justificou a concessão de gratuidade, extinguindo-se, passado esse prazo, tais obrigações do beneficiário.

§ 4º A concessão de gratuidade não afasta o dever de o beneficiário pagar, ao final, as multas processuais que lhe sejam impostas.

§ 5º A gratuidade poderá ser concedida em relação a algum ou a todos os atos processuais, ou consistir na redução percentual de despesas processuais que o beneficiário tiver de adiantar no curso do procedimento.

§ 6º Conforme o caso, o juiz poderá conceder direito ao parcelamento de despesas processuais que o beneficiário tiver de adiantar no curso do procedimento.

§ 7º Aplica-se o disposto no art. 95, §§ 3º a 5º, ao custeio dos emolumentos previstos no § 1º, inciso IX, do presente artigo, observada a tabela e as condições da lei estadual ou distrital respectiva.

§ 8º Na hipótese do § 1º, inciso IX, havendo dúvida fundada quanto ao preenchimento atual dos pressupostos para a concessão de gratuidade, o notário ou registrador, após praticar o ato, pode requerer, ao juízo competente para decidir questões notariais ou registrais, a revogação total ou parcial do benefício ou a sua substituição pelo parcelamento de que trata o § 6º deste artigo, caso em que o beneficiário será citado para, em quinze dias, manifestar-se sobre esse requerimento.

Art. 99. O pedido de gratuidade da Justiça pode ser formulado na petição inicial, na contestação, na petição para ingresso de terceiro no processo ou em recurso.

§ 1º Se superveniente à primeira manifestação da parte na instância, o pedido poderá ser formulado por petição simples, nos autos do próprio processo, e não suspenderá seu curso.

§ 2º O juiz somente poderá indeferir o pedido se houver nos autos elementos que evidenciem a falta dos pressupostos legais para a concessão de gratuidade, devendo, antes de indeferir o pedido, determinar à parte a comprovação do preenchimento dos referidos pressupostos.

§ 3º Presume-se verdadeira a alegação de insuficiência deduzida exclusivamente por pessoa natural.

§ 4º A assistência do requerente por advogado particular não impede a concessão de gratuidade da Justiça.

§ 5º Na hipótese do § 4º, o recurso que verse exclusivamente sobre valor de honorários de sucumbência fixados em favor do advogado de beneficiário estará sujeito a preparo, salvo se o próprio advogado demonstrar que tem direito à gratuidade.

§ 6º O direito à gratuidade da Justiça é pessoal, não se estendendo a litisconsorte ou a sucessor do beneficiário, salvo requerimento e deferimento expressos.

§ 7º Requerida a concessão de gratuidade da Justiça em recurso, o recorrente estará dispensado de comprovar o recolhimento do preparo, incumbindo ao relator, neste caso, apreciar o requerimento e, se indeferi-lo, fixar prazo para realização do recolhimento.

Art. 100. Deferido o pedido, a parte contrária poderá oferecer impugnação na contestação, na réplica, nas contrarrazões de recurso ou, nos casos de pedido superveniente ou formulado por terceiro, por meio de petição simples, a ser apresentada no prazo de quinze dias, nos autos do próprio processo, sem suspensão de seu curso.

Parágrafo único. Revogado o benefício, a parte arcará com as despesas processuais que tiver deixado de adiantar e pagará, em caso de má-fé, até o décuplo de seu valor a título de multa, que será revertida em benefício da Fazenda Pública estadual ou federal e poderá ser inscrita em dívida ativa.

Art. 101. Contra a decisão que indeferir a gratuidade ou a que acolher pedido de sua revogação caberá agravo de instrumento, exceto quando a questão for resolvida na sentença, contra a qual caberá apelação.

§ 1º O recorrente estará dispensado do recolhimento de custas até decisão do relator sobre a questão, preliminarmente ao julgamento do recurso.

§ 2º Confirmada a denegação ou a revogação da gratuidade, o relator ou o órgão colegiado determinará ao recorrente o recolhimento das custas processuais, no prazo de cinco dias, sob pena de não conhecimento do recurso.

Art. 102. Sobrevindo o trânsito em julgado de decisão que revoga a gratuidade, a parte deverá efetuar o recolhimento de todas as despesas de cujo adiantamento foi dispensada, inclusive as relativas ao recurso interposto, se houver, no prazo fixado pelo juiz, sem prejuízo de aplicação das sanções previstas em lei.

Parágrafo único. Não efetuado o recolhimento, o processo será extinto sem resolução de mérito, tratando-se do autor, e, nos demais casos, não poderá ser deferida a realização de nenhum ato ou diligência requerida pela parte enquanto não efetuado o depósito.

Art. 103. A parte será representada em juízo por advogado regularmente inscrito na Ordem dos Advogados do Brasil.

Parágrafo único. É lícito à parte postular em causa própria quando tiver habilitação legal.

Art. 104. O advogado não será admitido a postular em juízo sem procuração, salvo para evitar preclusão, decadência ou prescrição, ou para praticar ato considerado urgente.

§ 1º Nas hipóteses previstas no *caput*, o advogado deverá, independentemente de caução, exibir a procuração no prazo de quinze dias, prorrogável por igual período por despacho do juiz.

§ 2º O ato não ratificado será considerado ineficaz relativamente àquele em cujo nome foi praticado, respondendo o advogado pelas despesas e por perdas e danos.

Art. 105. A procuração geral para o foro, outorgada por instrumento público ou particular assinado pela parte, habilita o advogado a praticar todos os atos do processo, exceto receber citação, confessar, reconhecer a procedência do pedido, transigir, desistir, renunciar ao direito sobre o qual se funda a ação, receber, dar quitação, firmar compromisso e assinar declaração de hipossuficiência econômica, que devem constar de cláusula específica.

§ 1º A procuração pode ser assinada digitalmente, na forma da lei.

§ 2º A procuração deverá conter o nome do advogado, seu número de inscrição na Ordem dos Advogados do Brasil e endereço completo.

§ 3º Se o outorgado integrar sociedade de advogados, a procuração também deverá conter o nome dessa, seu número de registro na Ordem dos Advogados do Brasil e endereço completo.

§ 4º Salvo disposição expressa em sentido contrário constante do próprio instrumento, a procuração outorgada na fase de conhecimento é eficaz para todas as fases do processo, inclusive para o cumprimento de sentença.

Art. 106. Quando postular em causa própria, incumbe ao advogado:

I - declarar, na petição inicial ou na contestação, o endereço, seu número de inscrição na Ordem dos Advogados do Brasil e o nome da sociedade de advogados da qual participa, para o recebimento de intimações;

II - comunicar ao juízo qualquer mudança de endereço.

§ 1º Se o advogado descumprir o disposto no inciso I, o juiz ordenará que se supra a omissão, no prazo de cinco dias, antes de determinar a citação do réu, sob pena de indeferimento da petição.

§ 2º Se o advogado infringir o previsto no inciso II, serão consideradas válidas as intimações enviadas por carta registrada ou meio eletrônico ao endereço constante dos autos.

Art. 107. O advogado tem direito a:

I - examinar, em cartório de fórum e secretaria de tribunal, mesmo sem procuração, autos de qualquer processo, independentemente da fase de tramitação, assegurados a obtenção de cópias e o registro de anotações, salvo na hipótese de segredo de Justiça, nas quais apenas o advogado constituído terá acesso aos autos;

II - requerer, como procurador, vista dos autos de qualquer processo, pelo prazo de cinco dias;

III - retirar os autos do cartório ou da secretaria, pelo prazo legal, sempre que neles lhe couber falar por determinação do juiz, nos casos previstos em lei.

§ 1º Ao receber os autos, o advogado assinará carga em livro ou documento próprio.

§ 2º Sendo o prazo comum às partes, os procuradores poderão retirar os autos somente em conjunto ou mediante prévio ajuste, por petição nos autos.

§ 3º Na hipótese do § 2º, é lícito ao procurador retirar os autos para obtenção de cópias, pelo prazo de duas a seis horas, independentemente de ajuste e sem prejuízo da continuidade do prazo.

§ 4º O procurador perderá no mesmo processo o direito a que se refere o § 3º se não devolver os autos tempestivamente, salvo se o prazo for prorrogado pelo juiz.

§ 5º O disposto no inciso I do *caput* deste artigo aplica-se integralmente a processos eletrônicos. (Incluído pela Lei nº 13.793, de 2019)

Art. 108. No curso do processo, somente é lícita a sucessão voluntária das partes nos casos expressos em lei.

Art. 109. A alienação da coisa ou do direito litigioso por ato entre vivos, a título particular, não altera a legitimidade das partes.

§ 1º O adquirente ou cessionário não poderá ingressar em juízo, sucedendo o alienante ou cedente, sem que o consinta a parte contrária.

§ 2º O adquirente ou cessionário poderá intervir no processo como assistente litisconsorcial do alienante ou cedente.

§ 3º Estendem-se os efeitos da sentença proferida entre as partes originárias ao adquirente ou cessionário.

Art. 110. Ocorrendo a morte de qualquer das partes, dar-se-á a sucessão pelo seu espólio ou pelos seus sucessores, observado o disposto no art. 313, §§ 1º e 2º.

Art. 111. A parte que revogar o mandato outorgado a seu advogado constituirá, no mesmo ato, outro que assuma o patrocínio da causa.

Parágrafo único. Não sendo constituído novo procurador no prazo de quinze dias, observar-se-á o disposto no art. 76.

Art. 112. O advogado poderá renunciar ao mandato a qualquer tempo, provando, na forma prevista neste Código, que comunicou a renúncia ao mandante, a fim de que este nomeie sucessor.

§ 1º Durante os dez dias seguintes, o advogado continuará a representar o mandante, desde que necessário para lhe evitar prejuízo

§ 2º Dispensa-se a comunicação referida no *caput* quando a procuração tiver sido outorgada a vários advogados e a parte continuar representada por outro, apesar da renúncia.

Art. 113. Duas ou mais pessoas podem litigar, no mesmo processo, em conjunto, ativa ou passivamente, quando:

I - entre elas houver comunhão de direitos ou de obrigações relativamente à lide;

II - entre as causas houver conexão pelo pedido ou pela causa de pedir;

III - ocorrer afinidade de questões por ponto comum de fato ou de direito.

§ 1º O juiz poderá limitar o litisconsórcio facultativo quanto ao número de litigantes na fase de conhecimento, na liquidação de sentença ou na execução, quando este comprometer a rápida solução do litígio ou dificultar a defesa ou o cumprimento da sentença.

§ 2º O requerimento de limitação interrompe o prazo para manifestação ou resposta, que recomeçará da intimação da decisão que o solucionar.

Art. 114. O litisconsórcio será necessário por disposição de lei ou quando, pela natureza da relação jurídica controvertida, a eficácia da sentença depender da citação de todos que devam ser litisconsortes.

Art. 115. A sentença de mérito, quando proferida sem a integração do contraditório, será:

I - nula, se a decisão deveria ser uniforme em relação a todos que deveriam ter integrado o processo;

II - ineficaz, nos outros casos, apenas para os que não foram citados.

Parágrafo único. Nos casos de litisconsórcio passivo necessário, o juiz determinará ao autor que requeira a citação de todos que devam ser litisconsortes, dentro do prazo que assinar, sob pena de extinção do processo.

Art. 116. O litisconsórcio será unitário quando, pela natureza da relação jurídica, o juiz tiver de decidir o mérito de modo uniforme para todos os litisconsortes.

Art. 117. Os litisconsortes serão considerados, em suas relações com a parte adversa, como litigantes distintos, exceto no litisconsórcio unitário, caso em que os atos e as omissões de um não prejudicarão os outros, mas os poderão beneficiar.

Art. 118. Cada litisconsorte tem o direito de promover o andamento do processo, e todos devem ser intimados dos respectivos atos.

Art. 119. Pendendo causa entre duas ou mais pessoas, o terceiro juridicamente interessado em que a sentença seja favorável a uma delas poderá intervir no processo para assisti-la.

Parágrafo único. A assistência será admitida em qualquer procedimento e em todos os graus de jurisdição, recebendo o assistente o processo no estado em que se encontre.

Art. 120. Não havendo impugnação no prazo de quinze dias, o pedido do assistente será deferido, salvo se for caso de rejeição liminar.

Parágrafo único. Se qualquer parte alegar que falta ao requerente interesse jurídico para intervir, o juiz decidirá o incidente, sem suspensão do processo.

Art. 121. O assistente simples atuará como auxiliar da parte principal, exercerá os mesmos poderes e sujeitar-se-á aos mesmos ônus processuais que o assistido.

Parágrafo único. Sendo revel ou, de qualquer outro modo, omisso o assistido, o assistente será considerado seu substituto processual.

Art. 122. A assistência simples não obsta a que a parte principal reconheça a procedência do pedido, desista da ação, renuncie ao direito sobre o que se funda a ação ou transija sobre direitos controvertidos.

Art. 123. Transitada em julgado a sentença no processo em que interveio o assistente, este não poderá, em processo posterior, discutir a justiça da decisão, salvo se alegar e provar que:

I - pelo estado em que recebeu o processo ou pelas declarações e pelos atos do assistido, foi impedido de produzir provas suscetíveis de influir na sentença;

II - desconhecia a existência de alegações ou de provas das quais o assistido, por dolo ou culpa, não se valeu.

Art. 124. Considera-se litisconsorte da parte principal o assistente sempre que a sentença influir na relação jurídica entre ele e o adversário do assistido.

Art. 125. É admissível a denunciação da lide, promovida por qualquer das partes:

I - ao alienante imediato, no processo relativo à coisa cujo domínio foi transferido ao denunciante, a fim de que possa exercer os direitos que da evicção lhe resultam;

II - àquele que estiver obrigado, por lei ou pelo contrato, a indenizar, em ação regressiva, o prejuízo de quem for vencido no processo.

§ 1º O direito regressivo será exercido por ação autônoma quando a denunciação da lide for indeferida, deixar de ser promovida ou não for permitida.

§ 2º Admite-se uma única denunciação sucessiva, promovida pelo denunciado, contra seu antecessor imediato na cadeia dominial ou quem seja responsável por indenizá-lo, não podendo o denunciado sucessivo promover nova denunciação, hipótese em que eventual direito de regresso será exercido por ação autônoma.

Art. 126. A citação do denunciado será requerida na petição inicial, se o denunciante for autor, ou na contestação, se o denunciante for réu, devendo ser realizada na forma e nos prazos previstos no art. 131.

Art. 127. Feita a denunciação pelo autor, o denunciado poderá assumir a posição de litisconsorte do denunciante e acrescentar novos argumentos à petição inicial, procedendo-se em seguida à citação do réu.

Art. 128. Feita a denunciação pelo réu:

I – se o denunciado contestar o pedido formulado pelo autor, o processo prosseguirá tendo, na ação principal, em litisconsórcio, denunciante e denunciado;

II – se o denunciado for revel, o denunciante pode deixar de prosseguir com sua defesa, eventualmente oferecida, e abster-se de recorrer, restringindo sua atuação à ação regressiva;

III – se o denunciado confessar os fatos alegados pelo autor na ação principal, o denunciante poderá prosseguir com sua defesa ou, aderindo a tal reconhecimento, pedir apenas a procedência da ação de regresso.

Parágrafo único. Procedente o pedido da ação principal, pode o autor, se for o caso, requerer o cumprimento da sentença também contra o denunciado, nos limites da condenação deste na ação regressiva.

Art. 129. Se o denunciante for vencido na ação principal, o juiz passará ao julgamento da denunciação da lide.

Parágrafo único. Se o denunciante for vencedor, a ação de denunciação não terá o seu pedido examinado, sem prejuízo da condenação do denunciante ao pagamento das verbas de sucumbência em favor do denunciado.

Art. 130. É admissível o chamamento ao processo, requerido pelo réu:

I – do afiançado, na ação em que o fiador for réu;

II – dos demais fiadores, na ação proposta contra um ou alguns deles;

III – dos demais devedores solidários, quando o credor exigir de um ou de alguns o pagamento da dívida comum.

Art. 131. A citação daqueles que devam figurar em litisconsórcio passivo será requerida pelo réu na contestação e deve ser promovida no prazo de trinta dias, sob pena de ficar sem efeito o chamamento.

Parágrafo único. Se o chamado residir em outra comarca, seção ou subseção judiciárias, ou em lugar incerto, o prazo será de dois meses.

Art. 132. A sentença de procedência valerá como título executivo em favor do réu que satisfizer a dívida, a fim de que possa exigi-la, por inteiro, do devedor principal, ou, de cada um dos codevedores, a sua quota, na proporção que lhes tocar.

Art. 133. O incidente de desconsideração da personalidade jurídica será instaurado a pedido da parte ou do Ministério Público, quando lhe couber intervir no processo.

§ 1º O pedido de desconsideração da personalidade jurídica observará os pressupostos previstos em lei.

§ 2º Aplica-se o disposto neste Capítulo à hipótese de desconsideração inversa da personalidade jurídica.

Art. 134. O incidente de desconsideração é cabível em todas as fases do processo de conhecimento, no cumprimento de sentença e na execução fundada em título executivo extrajudicial.

§ 1º A instauração do incidente será imediatamente comunicada ao distribuidor para as anotações devidas.

§ 2º Dispensa-se a instauração do incidente se a desconsideração da personalidade jurídica for requerida na petição inicial, hipótese em que será citado o sócio ou a pessoa jurídica.

§ 3º A instauração do incidente suspenderá o processo, salvo na hipótese do § 2º.

§ 4º O requerimento deve demonstrar o preenchimento dos pressupostos legais específicos para desconsideração da personalidade jurídica.

Art. 135. Instaurado o incidente, o sócio ou a pessoa jurídica será citado para manifestar-se e requerer as provas cabíveis no prazo de quinze dias.

Art. 136. Concluída a instrução, se necessária, o incidente será resolvido por decisão interlocutória.

Parágrafo único. Se a decisão for proferida pelo relator, cabe agravo interno.

Art. 137. Acolhido o pedido de desconsideração, a alienação ou a oneração de bens, havida em fraude de execução, será ineficaz em relação ao requerente.

Art. 138. O juiz ou o relator, considerando a relevância da matéria, a especificidade do tema objeto da demanda ou a repercussão social da controvérsia, poderá, por decisão irrecorrível, de ofício ou a requerimento das partes ou de quem pretenda manifestar-se, solicitar ou admitir a participação de pessoa natural ou jurídica, órgão ou entidade especializada, com representatividade adequada, no prazo de quinze dias de sua intimação.

§ 1º A intervenção de que trata o *caput* não implica alteração de competência nem autoriza a interposição de recursos, ressalvadas a oposição de embargos de declaração e a hipótese do § 3º.

§ 2º Caberá ao juiz ou ao relator, na decisão que solicitar ou admitir a intervenção, definir os poderes do amicus curiae.

§ 3º O amicus curiae pode recorrer da decisão que julgar o incidente de resolução de demandas repetitivas.

Art. 139. O juiz dirigirá o processo conforme as disposições deste Código, incumbindo-lhe:

I - assegurar às partes igualdade de tratamento;

II - velar pela duração razoável do processo;

III - prevenir ou reprimir qualquer ato contrário à dignidade da Justiça e indeferir postulações meramente protelatórias;

IV - determinar todas as medidas indutivas, coercitivas, mandamentais ou sub-rogatórias necessárias para assegurar o cumprimento de ordem judicial, inclusive nas ações que tenham por objeto prestação pecuniária;

V - promover, a qualquer tempo, a autocomposição, preferencialmente com auxílio de conciliadores e mediadores judiciais;

VI - dilatar os prazos processuais e alterar a ordem de produção dos meios de prova, adequando-os às necessidades do conflito de modo a conferir maior efetividade à tutela do direito;

VII - exercer o poder de polícia, requisitando, quando necessário, força policial, além da segurança interna dos fóruns e tribunais;

VIII - determinar, a qualquer tempo, o comparecimento pessoal das partes, para inquiri-las sobre os fatos da causa, hipótese em que não incidirá a pena de confesso;

IX - determinar o suprimento de pressupostos processuais e o saneamento de outros vícios processuais;

X - quando se deparar com diversas demandas individuais repetitivas, oficiar o Ministério Público, a Defensoria Pública e, na medida do possível, outros legitimados a que se referem o art. 5º da Lei no 7.347, de 24 de julho de 1985, e o art. 82 da Lei no 8.078, de 11 de setembro de 1990, para, se for o caso, promover a propositura da ação coletiva respectiva.

Parágrafo único. A dilação de prazos prevista no inciso VI somente pode ser determinada antes de encerrado o prazo regular.

Art. 140. O juiz não se exime de decidir sob a alegação de lacuna ou obscuridade do ordenamento jurídico.

Parágrafo único. O juiz só decidirá por equidade nos casos previstos em lei.

Art. 141. O juiz decidirá o mérito nos limites propostos pelas partes, sendo-lhe vedado conhecer de questões não suscitadas a cujo respeito a lei exige iniciativa da parte.

Art. 142. Convencendo-se, pelas circunstâncias, de que autor e réu se serviram do processo para praticar ato simulado ou conseguir fim vedado por lei, o juiz proferirá decisão que impeça os objetivos das partes, aplicando, de ofício, as penalidades da litigância de má-fé.

Art. 143. O juiz responderá, civil e regressivamente, por perdas e danos quando:

I - no exercício de suas funções, proceder com dolo ou fraude;

II - recusar, omitir ou retardar, sem justo motivo, providência que deva ordenar de ofício ou a requerimento da parte.

Parágrafo único. As hipóteses previstas no inciso II somente serão verificadas depois que a parte requerer ao juiz que determine a providência e o requerimento não for apreciado no prazo de dez dias.

Art. 144. Há impedimento do juiz, sendo-lhe vedado exercer suas funções no processo:

I - em que interveio como mandatário da parte, oficiou como perito, funcionou como membro do Ministério Público ou prestou depoimento como testemunha;

II - de que conheceu em outro grau de jurisdição, tendo proferido decisão;

III - quando nele estiver postulando, como defensor público, advogado ou membro do Ministério Público, seu cônjuge ou companheiro, ou qualquer parente, consanguíneo ou afim, em linha reta ou colateral, até o terceiro grau, inclusive;

IV - quando for parte no processo ele próprio, seu cônjuge ou companheiro, ou parente, consanguíneo ou afim, em linha reta ou colateral, até o terceiro grau, inclusive;

V - quando for sócio ou membro de direção ou de administração de pessoa jurídica parte no processo;

VI - quando for herdeiro presuntivo, donatário ou empregador de qualquer das partes;

VII - em que figure como parte instituição de ensino com a qual tenha relação de emprego ou decorrente de contrato de prestação de serviços;

VIII - em que figure como parte cliente do escritório de advocacia de seu cônjuge, companheiro ou parente, consanguíneo ou afim, em linha reta ou colateral, até o terceiro grau, inclusive, mesmo que patrocinado por advogado de outro escritório;

IX - quando promover ação contra a parte ou seu advogado.

§ 1º Na hipótese do inciso III, o impedimento só se verifica quando o defensor público, o advogado ou o membro do Ministério Público já integrava o processo antes do início da atividade judicante do juiz.

§ 2º É vedada a criação de fato superveniente a fim de caracterizar impedimento do juiz.

§ 3º O impedimento previsto no inciso III também se verifica no caso de mandato conferido a membro de escritório de advocacia que tenha em seus quadros advogado que individualmente ostente a condição nele prevista, mesmo que não intervenha diretamente no processo.

Art. 145. Há suspeição do juiz:

I - amigo íntimo ou inimigo de qualquer das partes ou de seus advogados;

II - que receber presentes de pessoas que tiverem interesse na causa antes ou depois de iniciado o processo, que aconselhar alguma das partes acerca do objeto da causa ou que subministrar meios para atender às despesas do litígio;

III - quando qualquer das partes for sua credora ou devedora, de seu cônjuge ou companheiro ou de parentes destes, em linha reta até o terceiro grau, inclusive;

IV - interessado no julgamento do processo em favor de qualquer das partes.

§ 1º Poderá o juiz declarar-se suspeito por motivo de foro íntimo, sem necessidade de declarar suas razões.

§ 2º Será ilegítima a alegação de suspeição quando:

I - houver sido provocada por quem a alega;

II - a parte que a alega houver praticado ato que signifique manifesta aceitação do arguido.

Art. 146. No prazo de quinze dias, a contar do conhecimento do fato, a parte alegará o impedimento ou a suspeição, em petição específica dirigida ao juiz do processo, na qual indicará o fundamento da recusa, podendo instruí-la com documentos em que se fundar a alegação e com rol de testemunhas.

§ 1º Se reconhecer o impedimento ou a suspeição ao receber a petição, o juiz ordenará imediatamente a remessa dos autos a seu substituto legal, caso contrário, determinará a autuação em apartado da petição e, no prazo de quinze dias, apresentará suas razões, acompanhadas de documentos e de rol de testemunhas, se houver, ordenando a remessa do incidente ao tribunal.

§ 2º Distribuído o incidente, o relator deverá declarar os seus efeitos, sendo que, se o incidente for recebido:

I - sem efeito suspensivo, o processo voltará a correr;

II - com efeito suspensivo, o processo permanecerá suspenso até o julgamento do incidente.

§ 3º Enquanto não for declarado o efeito em que é recebido o incidente ou quando este for recebido com efeito suspensivo, a tutela de urgência será requerida ao substituto legal.

§ 4º Verificando que a alegação de impedimento ou de suspeição é improcedente, o tribunal rejeitá-la-á.

§ 5º Acolhida a alegação, tratando-se de impedimento ou de manifesta suspeição, o tribunal condenará o juiz nas custas e remeterá os autos ao seu substituto legal, podendo o juiz recorrer da decisão.

§ 6º Reconhecido o impedimento ou a suspeição, o tribunal fixará o momento a partir do qual o juiz não poderia ter atuado.

§ 7º O tribunal decretará a nulidade dos atos do juiz, se praticados quando já presente o motivo de impedimento ou de suspeição.

Art. 147. Quando dois ou mais juízes forem parentes, consanguíneos ou afins, em linha reta ou colateral, até o terceiro grau, inclusive, o primeiro que conhecer do processo impede que o outro nele atue, caso em que o segundo se escusará, remetendo os autos ao seu substituto legal.

Art. 148. Aplicam-se os motivos de impedimento e de suspeição:

I - ao membro do Ministério Público;

II - aos auxiliares da Justiça;

III - aos demais sujeitos imparciais do processo.

§ 1º A parte interessada deverá arguir o impedimento ou a suspeição, em petição fundamentada e devidamente instruída, na primeira oportunidade em que lhe couber falar nos autos.

§ 2º O juiz mandará processar o incidente em separado e sem suspensão do processo, ouvindo o arguido no prazo de quinze dias e facultando a produção de prova, quando necessária.

§ 3º Nos tribunais, a arguição a que se refere o § 1º será disciplinada pelo regimento interno.

§ 4º O disposto nos §§ 1º e 2º não se aplica à arguição de impedimento ou de suspeição de testemunha.

Art. 149. São auxiliares da Justiça, além de outros cujas atribuições sejam determinadas pelas normas de organização judiciária, o escrivão, o chefe de secretaria, o oficial de Justiça, o perito, o depositário, o administrador, o intérprete, o tradutor, o mediador, o conciliador judicial, o partidor, o distribuidor, o contabilista e o regulador de avarias.

Art. 150. Em cada juízo haverá um ou mais ofícios de Justiça, cujas atribuições serão determinadas pelas normas de organização judiciária.

Art. 151. Em cada comarca, seção ou subseção judiciária haverá, no mínimo, tantos oficiais de Justiça quantos sejam os juízos.

Art. 152. Incumbe ao escrivão ou ao chefe de secretaria:

I - redigir, na forma legal, os ofícios, os mandados, as cartas precatórias e os demais atos que pertençam ao seu ofício;

II - efetivar as ordens judiciais, realizar citações e intimações, bem como praticar todos os demais atos que lhe forem atribuídos pelas normas de organização judiciária;

III - comparecer às audiências ou, não podendo fazê-lo, designar servidor para substituí-lo;

IV - manter sob sua guarda e responsabilidade os autos, não permitindo que saiam do cartório, exceto:

a) quando tenham de seguir à conclusão do juiz;

b) com vista a procurador, à Defensoria Pública, ao Ministério Público ou à Fazenda Pública;

c) quando devam ser remetidos ao contabilista ou ao partidor;

d) quando forem remetidos a outro juízo em razão da modificação da competência;

V - fornecer certidão de qualquer ato ou termo do processo, independentemente de despacho, observadas as disposições referentes ao segredo de Justiça;

VI - praticar, de ofício, os atos meramente ordinatórios.

§ 1º O juiz titular editará ato a fim de regulamentar a atribuição prevista no inciso VI.

§ 2º No impedimento do escrivão ou chefe de secretaria, o juiz convocará substituto e, não o havendo, nomeará pessoa idônea para o ato.

Art. 153. O escrivão ou chefe de secretaria deverá obedecer à ordem cronológica de recebimento para publicação e efetivação dos pronunciamentos judiciais.

Art. 153. O escrivão ou o chefe de secretaria atenderá, preferencialmente, à ordem cronológica de recebimento para publicação e efetivação dos pronunciamentos judiciais. (Redação dada pela Lei nº 13.256, de 2016) (Vigência)

§ 1º A lista de processos recebidos deverá ser disponibilizada, de forma permanente, para consulta pública.

§ 2º Estão excluídos da regra do *caput*:

I - os atos urgentes, assim reconhecidos pelo juiz no pronunciamento judicial a ser efetivado;

II - as preferências legais.

§ 3º Após elaboração de lista própria, respeitar-se-ão a ordem cronológica de recebimento entre os atos urgentes e as preferências legais.

§ 4º A parte que se considerar preterida na ordem cronológica poderá reclamar, nos próprios autos, ao juiz do processo, que requisitará informações ao servidor, a serem prestadas no prazo de dois dias.

§ 5º Constatada a preterição, o juiz determinará o imediato cumprimento do ato e a instauração de processo administrativo disciplinar contra o servidor.

Art. 154. Incumbe ao oficial de Justiça:

I - fazer pessoalmente citações, prisões, penhoras, arrestos e demais diligências próprias do seu ofício, sempre que possível na presença de duas testemunhas, certificando no mandado o ocorrido, com menção ao lugar, ao dia e à hora;

II - executar as ordens do juiz a que estiver subordinado;

III - entregar o mandado em cartório após seu cumprimento;

IV - auxiliar o juiz na manutenção da ordem;

V - efetuar avaliações, quando for o caso;

VI - certificar, em mandado, proposta de autocomposição apresentada por qualquer das partes, na ocasião de realização de ato de comunicação que lhe couber.

Parágrafo único. Certificada a proposta de autocomposição prevista no inciso VI, o juiz ordenará a intimação da parte contrária para manifestar-se, no prazo de cinco dias, sem prejuízo do andamento regular do processo, entendendo-se o silêncio como recusa.

Art. 155. O escrivão, o chefe de secretaria e o oficial de Justiça são responsáveis, civil e regressivamente, quando:

I - sem justo motivo, se recusarem a cumprir no prazo os atos impostos pela lei ou pelo juiz a que estão subordinados;

II - praticarem ato nulo com dolo ou culpa.

Art. 156. O juiz será assistido por perito quando a prova do fato depender de conhecimento técnico ou científico.

§ 1º Os peritos serão nomeados entre os profissionais legalmente habilitados e os órgãos técnicos ou científicos devidamente inscritos em cadastro mantido pelo tribunal ao qual o juiz está vinculado.

§ 2º Para formação do cadastro, os tribunais devem realizar consulta pública, por meio de divulgação na rede mundial de computadores ou em jornais de grande circulação, além de consulta direta a universidades, a conselhos de classe, ao Ministério Público, à Defensoria Pública e à Ordem dos Advogados do Brasil, para a indicação de profissionais ou de órgãos técnicos interessados.

§ 3º Os tribunais realizarão avaliações e reavaliações periódicas para manutenção do cadastro, considerando a formação profissional, a atualização do conhecimento e a experiência dos peritos interessados.

§ 4º Para verificação de eventual impedimento ou motivo de suspeição, nos termos dos arts. 148 e 467, o órgão técnico ou científico nomeado para realização da perícia informará ao juiz os nomes e os dados de qualificação dos profissionais que participarão da atividade.

§ 5º Na localidade onde não houver inscrito no cadastro disponibilizado pelo tribunal, a nomeação do perito é de livre escolha pelo juiz e deverá recair sobre profissional ou órgão técnico ou científico comprovadamente detentor do conhecimento necessário à realização da perícia.

Art. 157. O perito tem o dever de cumprir o ofício no prazo que lhe designar o juiz, empregando toda sua diligência, podendo escusar-se do encargo alegando motivo legítimo.

§ 1º A escusa será apresentada no prazo de quinze dias, contado da intimação, da suspeição ou do impedimento supervenientes, sob pena de renúncia ao direito a alegá-la.

§ 2º Será organizada lista de peritos na vara ou na secretaria, com disponibilização dos documentos exigidos para habilitação à consulta de interessados, para que a nomeação seja distribuída de modo equitativo, observadas a capacidade técnica e a área de conhecimento.

Art. 158. O perito que, por dolo ou culpa, prestar informações inverídicas responderá pelos prejuízos que causar à parte e ficará inabilitado para atuar em outras perícias no prazo de dois a cinco anos, independentemente das demais sanções previstas em lei, devendo o juiz comunicar o fato ao respectivo órgão de classe para adoção das medidas que entender cabíveis.

Art. 159. A guarda e a conservação de bens penhorados, arrestados, sequestrados ou arrecadados serão confiadas a depositário ou a administrador, não dispondo a lei de outro modo.

Art. 160. Por seu trabalho o depositário ou o administrador perceberá remuneração que o juiz fixará levando em conta a situação dos bens, ao tempo do serviço e às dificuldades de sua execução.

Parágrafo único. O juiz poderá nomear um ou mais prepostos por indicação do depositário ou do administrador.

Art. 161. O depositário ou o administrador responde pelos prejuízos que, por dolo ou culpa, causar à parte, perdendo a remuneração que lhe foi arbitrada, mas tem o direito a haver o que legitimamente despendeu no exercício do encargo.

Parágrafo único. O depositário infiel responde civilmente pelos prejuízos causados, sem prejuízo de sua responsabilidade penal e da imposição de sanção por ato atentatório à dignidade da Justiça.

Art. 162. O juiz nomeará intérprete ou tradutor quando necessário para:

I - traduzir documento redigido em língua estrangeira;

II - verter para o português as declarações das partes e das testemunhas que não conhecerem o idioma nacional;

III - realizar a interpretação simultânea dos depoimentos das partes e testemunhas com deficiência auditiva que se comuniquem por meio da Língua Brasileira de Sinais, ou equivalente, quando assim for solicitado.

Art. 163. Não pode ser intérprete ou tradutor quem:

I - não tiver a livre administração de seus bens;

II - for arrolado como testemunha ou atuar como perito no processo;

III - estiver inabilitado para o exercício da profissão por sentença penal condenatória, enquanto durarem seus efeitos.

Art. 164. O intérprete ou tradutor, oficial ou não, é obrigado a desempenhar seu ofício, aplicando-se-lhe o disposto nos arts. 157 e 158.

Art. 165. Os tribunais criarão centros judiciários de solução consensual de conflitos, responsáveis pela realização de sessões e audiências de conciliação e mediação e pelo desenvolvimento de programas destinados a auxiliar, orientar e estimular a autocomposição.

§ 1º A composição e a organização dos centros serão definidas pelo respectivo tribunal, observadas as normas do Conselho Nacional de Justiça.

§ 2º O conciliador, que atuará preferencialmente nos casos em que não houver vínculo anterior entre as partes, poderá sugerir soluções para o litígio, sendo vedada a utilização de qualquer tipo de constrangimento ou intimidação para que as partes conciliem.

§ 3º O mediador, que atuará preferencialmente nos casos em que houver vínculo anterior entre as partes, auxiliará aos interessados a compreender as questões e os interesses em conflito, de modo que eles possam, pelo restabelecimento da comunicação, identificar, por si próprios, soluções consensuais que gerem benefícios mútuos.

Art. 166. A conciliação e a mediação são informadas pelos princípios da independência, da imparcialidade, da autonomia da vontade, da confidencialidade, da oralidade, da informalidade e da decisão informada.

§ 1º A confidencialidade estende-se a todas as informações produzidas no curso do procedimento, cujo teor não poderá ser utilizado para fim diverso daquele previsto por expressa deliberação das partes.

§ 2º Em razão do dever de sigilo, inerente às suas funções, o conciliador e o mediador, assim como os membros de suas equipes, não poderão divulgar ou depor acerca de fatos ou elementos oriundos da conciliação ou da mediação.

§ 3º Admite-se a aplicação de técnicas negociais, com o objetivo de proporcionar ambiente favorável à autocomposição.

§ 4º A mediação e a conciliação serão regidas conforme a livre autonomia dos interessados, inclusive no que diz respeito à definição das regras procedimentais.

Art. 167. Os conciliadores, os mediadores e as câmaras privadas de conciliação e mediação serão inscritos em cadastro nacional e em cadastro de tribunal de Justiça ou de tribunal regional federal, que manterá registro de profissionais habilitados, com indicação de sua área profissional.

§ 1º Preenchendo o requisito da capacitação mínima, por meio de curso realizado por entidade credenciada, conforme parâmetro curricular definido pelo Conselho Nacional de Justiça em conjunto com o Ministério da Justiça, o conciliador ou o mediador, com o respectivo certificado, poderá requerer sua inscrição no cadastro nacional e no cadastro de tribunal de Justiça ou de tribunal regional federal.

§ 2º Efetivado o registro, que poderá ser precedido de concurso público, o tribunal remeterá ao diretor do foro da comarca, seção ou subseção judiciária onde atuará o conciliador ou o mediador os dados necessários para que seu nome passe a constar da respectiva lista, a ser observada na distribuição alternada e aleatória, respeitado o princípio da igualdade dentro da mesma área de atuação profissional.

§ 3º Do credenciamento das câmaras e do cadastro de conciliadores e mediadores constarão todos os dados relevantes para a sua atuação, tais como o número de processos de que participou, o sucesso ou insucesso da atividade, a matéria sobre a qual versou a controvérsia, bem como outros dados que o tribunal julgar relevantes.

§ 4º Os dados colhidos na forma do § 3º serão classificados sistematicamente pelo tribunal, que os publicará, ao menos anualmente, para conhecimento da população e para fins estatísticos e de avaliação da conciliação, da mediação, das câmaras privadas de conciliação e de mediação, dos conciliadores e dos mediadores.

§ 5º Os conciliadores e mediadores judiciais cadastrados na forma do *caput*, se advogados, estarão impedidos de exercer a advocacia nos juízos em que desempenhem suas funções.

§ 6º O tribunal poderá optar pela criação de quadro próprio de conciliadores e mediadores, a ser preenchido por concurso público de provas e títulos, observadas as disposições deste Capítulo.

Art. 168. As partes podem escolher, de comum acordo, o conciliador, o mediador ou a câmara privada de conciliação e de mediação.

§ 1º O conciliador ou mediador escolhido pelas partes poderá ou não estar cadastrado no tribunal.

§ 2º Inexistindo acordo quanto à escolha do mediador ou conciliador, haverá distribuição entre aqueles cadastrados no registro do tribunal, observada a respectiva formação.

§ 3º Sempre que recomendável, haverá a designação de mais de um mediador ou conciliador.

Art. 169. Ressalvada a hipótese do art. 167, § 6º, o conciliador e o mediador receberão pelo seu trabalho remuneração prevista em tabela fixada pelo tribunal, conforme parâmetros estabelecidos pelo Conselho Nacional de Justiça.

§ 1º A mediação e a conciliação podem ser realizadas como trabalho voluntário, observada a legislação pertinente e a regulamentação do tribunal.

§ 2º Os tribunais determinarão o percentual de audiências não remuneradas que deverão ser suportadas pelas câmaras privadas de conciliação e mediação, com o fim de atender aos processos em que deferida gratuidade da Justiça, como contrapartida de seu credenciamento.

Art. 170. No caso de impedimento, o conciliador ou mediador o comunicará imediatamente, de preferência por meio eletrônico, e devolverá os autos ao juiz do processo ou ao coordenador do centro judiciário de solução de conflitos, devendo este realizar nova distribuição.

Parágrafo único. Se a causa de impedimento for apurada quando já iniciado o procedimento, a atividade será interrompida, lavrando-se ata com relatório do ocorrido e solicitação de distribuição para novo conciliador ou mediador.

Art. 171. No caso de impossibilidade temporária do exercício da função, o conciliador ou mediador informará o fato ao centro, preferencialmente por meio eletrônico, para que, durante o período em que perdurar a impossibilidade, não haja novas distribuições.

Art. 172. O conciliador e o mediador ficam impedidos, pelo prazo de um ano, contado do término da última audiência em que atuaram, de assessorar, representar ou patrocinar qualquer das partes.

Art. 173. Será excluído do cadastro de conciliadores e mediadores aquele que:

I – agir com dolo ou culpa na condução da conciliação ou da mediação sob sua responsabilidade ou violar qualquer dos deveres decorrentes do art. 166, §§ 1º e 2º;

II – atuar em procedimento de mediação ou conciliação, apesar de impedido ou suspeito.

§ 1º Os casos previstos neste artigo serão apurados em processo administrativo.

§ 2º O juiz do processo ou o juiz coordenador do centro de conciliação e mediação, se houver, verificando atuação inadequada do mediador ou conciliador, poderá afastá-lo de suas atividades por até 180 dias, por decisão fundamentada, informando o fato imediatamente ao tribunal para instauração do respectivo processo administrativo.

Art. 174. A União, os estados, o Distrito Federal e os municípios criarão câmaras de mediação e conciliação, com atribuições relacionadas à solução consensual de conflitos no âmbito administrativo, tais como:

I – dirimir conflitos envolvendo órgãos e entidades da Administração Pública;

II – avaliar a admissibilidade dos pedidos de resolução de conflitos, por meio de conciliação, no âmbito da Administração Pública;

III – promover, quando couber, a celebração de termo de ajustamento de conduta.

Art. 175. As disposições desta Seção não excluem outras formas de conciliação e mediação extrajudiciais vinculadas a órgãos institucionais ou realizadas por intermédio de profissionais independentes, que poderão ser regulamentadas por lei específica.

Parágrafo único. Os dispositivos desta Seção aplicam-se, no que couber, às câmaras privadas de conciliação e mediação.

Art. 176. O Ministério Público atuará na defesa da ordem jurídica, do regime democrático e dos interesses e direitos sociais e individuais indisponíveis.

Art. 177. O Ministério Público exercerá o direito de ação em conformidade com suas atribuições constitucionais.

Art. 178. O Ministério Público será intimado para, no prazo de trinta dias, intervir como fiscal da ordem jurídica nas hipóteses previstas em lei ou na Constituição Federal e nos processos que envolvam:

I - interesse público ou social;

II - interesse de incapaz;

III - litígios coletivos pela posse de terra rural ou urbana.

Parágrafo único. A participação da Fazenda Pública não configura, por si só, hipótese de intervenção do Ministério Público.

Art. 179. Nos casos de intervenção como fiscal da ordem jurídica, o Ministério Público:

I - terá vista dos autos depois das partes, sendo intimado de todos os atos do processo;

II - poderá produzir provas, requerer as medidas processuais pertinentes e recorrer.

Art. 180. O Ministério Público gozará de prazo em dobro para manifestar-se nos autos, que terá início a partir de sua intimação pessoal, nos termos do art. 183, § 1º.

§ 1º Findo o prazo para manifestação do Ministério Público sem o oferecimento de parecer, o juiz requisitará os autos e dará andamento ao processo.

§ 2º Não se aplica o benefício da contagem em dobro quando a lei estabelecer, de forma expressa, prazo próprio para o Ministério Público.

Art. 181. O membro do Ministério Público será civil e regressivamente responsável quando agir com dolo ou fraude no exercício de suas funções.

Art. 182. Incumbe à Advocacia Pública, na forma da lei, defender e promover os interesses públicos da União, dos estados, do Distrito Federal e dos municípios, por meio da representação judicial, em todos os âmbitos federativos, das pessoas jurídicas de direito público que integram a Administração Direta e Indireta.

Art. 183. A União, os estados, o Distrito Federal, os municípios e suas respectivas autarquias e fundações de direito público gozarão de prazo em dobro para todas as suas manifestações processuais, cuja contagem terá início a partir da intimação pessoal.

§ 1º A intimação pessoal far-se-á por carga, remessa ou meio eletrônico.

§ 2º Não se aplica o benefício da contagem em dobro quando a lei estabelecer, de forma expressa, prazo próprio para o ente público.

Art. 184. O membro da Advocacia Pública será civil e regressivamente responsável quando agir com dolo ou fraude no exercício de suas funções

Art. 185. A Defensoria Pública exercerá a orientação jurídica, a promoção dos direitos humanos e a defesa dos direitos individuais e coletivos dos necessitados, em todos os graus, de forma integral e gratuita.

Art. 186. A Defensoria Pública gozará de prazo em dobro para todas as suas manifestações processuais.

§ 1º O prazo tem início com a intimação pessoal do defensor público, nos termos do art. 183, § 1º.

§ 2º A requerimento da Defensoria Pública, o juiz determinará a intimação pessoal da parte patrocinada quando o ato processual depender de providência ou informação que somente por ela possa ser realizada ou prestada.

§ 3º O disposto no *caput* aplica-se aos escritórios de prática jurídica das faculdades de Direito reconhecidas na forma da lei e às entidades que prestam assistência jurídica gratuita em razão de convênios firmados com a Defensoria Pública.

§ 4º Não se aplica o benefício da contagem em dobro quando a lei estabelecer, de forma expressa, prazo próprio para a Defensoria Pública.

Art. 187. O membro da Defensoria Pública será civil e regressivamente responsável quando agir com dolo ou fraude no exercício de suas funções.

Questões

Capítulo 3

1. **(FCC – Analista Judiciário – Área Judiciária – TRE – SP/2017)** Acerca dos impedimentos e suspeições do juiz, segundo o novo Código de Processo Civil, considere:

I. Há suspeição do juiz quando promover ação contra a parte ou seu advogado.

II. Há impedimento do juiz que for amigo íntimo ou inimigo de qualquer das partes ou de seus advogados.

III. Há impedimento do juiz quando qualquer das partes for sua credora ou devedora, de seu cônjuge ou companheiro ou de parentes destes, em linha reta até o terceiro grau, inclusive.

IV. Há impedimento do juiz no processo em que figure como parte cliente do escritório de advocacia de seu cônjuge, companheiro ou parente, consanguíneo ou afim, em linha reta ou colateral, até o terceiro grau, inclusive.

V. Há suspeição do juiz interessado no julgamento do processo em favor de qualquer das partes.

Está correto o que consta APENAS em

a) I e III.

b) I e II.

c) II e IV.

d) III e V.

e) IV e V.

COMENTÁRIOS

As causas de impedimento e de suspeição estão previstas, respectivamente, nos artigos 144 e 145 do CPC. No prazo de quinze dias, a contar do conhecimento do fato, a parte alegará o impedimento ou a suspeição, em petição específica dirigida ao juiz do processo, na qual indicará o fundamento da recusa, podendo instruí-la com documentos em que se fundar a alegação e com rol de testemunhas (art. 146, *caput*). Alternativa correta: letra "E".

2. **(Consulplan – Analista Judiciário – Oficial de Just. Avaliador – TRF 2/2017)** O Novo Código de Processo Civil de 2015 (Lei Federal n° 13.105) assegura alguns poderes ao juiz da causa, mas também impõe ao mesmo a observância de uma série de deveres e responsabilidades. Sobre o tema, assinale a alternativa correta.

a) Há impedimento do juiz, sendo-lhe vedado exercer suas funções, no processo em que seja amigo íntimo ou inimigo de qualquer das partes ou de seus advogados.

b) O juiz não pode decidir, em grau algum de jurisdição, com base em fundamento a respeito do qual não se tenha dado às partes oportunidade de se manifestar, ainda que se trate de matéria sobre a qual deva decidir de ofício.

c) Com esteio nos princípios da cooperação e da não surpresa, o Código de Processo Civil veda a prolação de quaisquer decisões concessivas de tutela da evidência em desfavor de uma das partes sem que ela seja previamente ouvida.

d) Ante a exigência de que todas as decisões sejam fundamentadas, o juiz não mais poderá declarar-se suspeito por motivo de foro íntimo ou, quando o fizer, deverá necessariamente externar suas razões, sob pena de nulidade do pronunciamento.

COMENTÁRIOS

A questão trata da necessidade do magistrado observar o contraditório dinâmico e, nesse sentido, em conformidade com os artigos 9º e 10, não deverá decidir, em grau algum de jurisdição, com base em fundamento do qual não se tenha dado às partes oportunidade de se manifestar, ainda que se trate de matéria sobre a qual deva decidir de ofício. Alternativa correta: letra "B".

3. **(FCC – Analista Judiciário – Oficial de Just. Avaliador Federal – TRT 15/2018)** Em relação ao juiz,

a) responderá por perdas e danos, civil e diretamente, quando, no exercício de suas funções, proceder com dolo, fraude ou culpa.

b) poderá dilatar os prazos processuais, mas não alterar a ordem de produção dos meios de prova, que é peremptória e, se desobedecida, acarretará a nulidade do ato.

c) poderá, como regra, julgar por equidade e considerando os usos e costumes e princípios gerais do direito.

d) deverá decidir o mérito da lide nos limites propostos pela parte, em princípio, podendo porém conhecer de questões não suscitadas a cujo respeito a lei exige iniciativa da parte.

e) cabe determinar todas as medidas indutivas, coercitivas, mandamentais ou sub-rogatórias necessárias para assegurar o cumprimento de ordem judicial, inclusive nas ações que tenham por objeto prestação pecuniária.

COMENTÁRIOS

Incumbe ao magistrado, entre outras atribuições, determinar todas as medidas indutivas, coercitivas, mandamentais ou sub-rogatórias necessárias para assegurar o cumprimento de ordem judicial, inclusive nas ações que tenham por objeto prestação pecuniária (art. 139, V). Alternativa correta: letra "E".

4. **(Cespe – Analista Judiciário – Área Administrativa – TRE – BA/2017)** João ajuizou ação contra Maria e Joana, as quais, citadas, se fizeram representar por diferentes procuradores, de escritórios de advocacia distintos. As procurações foram

juntadas aos autos eletrônicos. Nessa situação hipotética, o prazo para Maria e Joana apresentarem suas contestações no processo é de

a) 5 dias.
b) 15 dias.
c) 10 dias.
d) 8 dias.
e) 30 dias.

COMENTÁRIOS

Trata-se de hipótese em que se tem litisconsortes com diferentes procuradores, porém, não será aplicável o prazo dobrado previsto no art. 229, CPC, o que ocorreria se presentes os seguintes requisitos: a) litisconsortes com advogados distintos, de escritórios diferentes; b) não se tratar de autos eletrônicos. Na questão, o examinador deixou claro que se tratava de processo eletrônico. Assim, o prazo para a resposta será de quinze dias. Alternativa correta: letra "B".

5. **(AOCP – Analista Judiciário – Oficial de Just. Avaliador Federal – TRT 1/2018)** Os formandos de um determinado curso de ensino superior tiveram problemas em relação à contratação com a empresa de formatura que realizaria suas solenidades festivas. Ocorre que a empresa não realizou o evento na data contratada. A má prestação dos serviços da empresa de formatura acarretou ajuizamento de ação judicial por vinte dos formandos contra a empresa. Diante do exposto e considerando a legislação processual civil vigente, assinale a alternativa correta.

a) Caso o magistrado julgador do caso disposto no enunciado entenda que a quantidade de pessoas no polo ativo da ação pode prejudicar a rápida solução do litígio, poderá limitar o litisconsórcio.
b) Diante da inexistência de comunhão de direitos ou obrigações, no caso em tela o litisconsórcio não é permitido, devendo cada um dos litigantes manejar ação própria.
c) Tendo-se em vista que no caso exposto pelo enunciado ocorre apenas afinidade de questões por ponto comum de fato ou de direito, o litisconsórcio é necessário.
d) Intimado um dos litisconsortes, todos serão dados como intimados, independentemente de como regem-se suas representações em juízo, o que se justifica em razão da conexão de direitos que os une.
e) Ao realizar o juízo de admissibilidade da petição inicial, o juiz elegerá um litisconsorte como principal para gerir o andamento do processo, sendo que apenas este assim poderá fazê-lo.

COMENTÁRIOS

No litisconsórcio facultativo (não obrigatório), o juiz poderá limitar o número de litigantes na fase de conhecimento, na liquidação de sentença ou na execução, quando este comprometer a rápida solução do litígio ou dificultar a defesa ou o cumprimento da sentença (art. 113, § 1º, CPC). Trata-se da *limitação ao litisconsórcio facultativo multitudinário*. Alternativa correta: letra "A".

6. **(FCC – Analista Judiciário – Área Judiciária – TRE - PR/2017)** Em matéria de litisconsórcio, é correto afirmar:

a) O litisconsórcio é simples quando, pela natureza da relação jurídica, o juiz tiver de decidir o mérito de modo uniforme para todos os litisconsortes.
b) No litisconsórcio unitário os atos e omissões de um dos litisconsortes, benéficos ou prejudiciais, estendem-se aos demais litisconsortes.
c) O litisconsórcio necessário por força de lei é sempre unitário.
d) Nos casos de litisconsórcio passivo necessário, o juiz, se o caso, determinará ao autor que requeira a citação de todos que devam ser litisconsortes, dentro do prazo que assinar, sob pena de extinção do processo.
e) Os litisconsortes que tiverem diferentes procuradores, de escritórios de advocacia distintos, terão prazos contados em quádruplo para todas as suas manifestações, em qualquer juízo ou tribunal, independentemente de requerimento.

COMENTÁRIOS

Na hipótese de litisconsórcio passivo necessário, deverá o autor requerer a citação de todos os litisconsortes, sob pena de extinção do processo. A sentença de mérito, quando proferida sem a integração do contraditório, será: I) nula, se a decisão deveria ser uniforme em relação a todos que deveriam ter integrado o processo; II) ineficaz, nos outros casos, apenas para os que não foram citados (art. 115, CPC). Alternativa correta: letra "D".

7. **(FCC – Analista Judiciário – Área Judiciária – TRE – SP/2017)** O incidente de desconsideração da personalidade jurídica, disciplinado pelo novo Código de Processo Civil,

a) pode ser instaurado de ofício.
b) é cabível no cumprimento de sentença, mas não na execução fundada em título executivo extrajudicial.
c) não suspende o processo se instaurado na fase de cumprimento de sentença.
d) é resolvido por sentença.
e) é cabível em todas as fases do processo de conhecimento.

COMENTÁRIOS

O incidente de desconsideração da personalidade jurídica está previsto entre as hipóteses de intervenção de terceiros. O CPC foi responsável pela previsão de seu procedimento, mas as hipóteses de cabimento estão indicadas na lei material. Será cabível em todas as fases do processo de conhecimento, no cumprimento de sentença e na execução fundada em título executivo extrajudicial (art. 134, *caput*). Alternativa correta: letra "E".

8. **(FCC – Analista Judiciário – Área Judiciária – TRT 2/2018)** Sobre a intervenção de terceiros no Código de Processo Civil, é correto afirmar:

a) Na assistência simples sendo revel o assistido, o assistente não será considerado seu substituto processual.

b) A decisão do Magistrado que admitir uma entidade especializada, com representatividade adequada como *amicus curiae*, pode ser objeto de recurso de agravo de instrumento.

c) Havendo denunciação da lide, se o denunciante for vencedor na ação principal, a ação de denunciação não terá o seu pedido examinado, sem prejuízo da condenação do denunciante ao pagamento das verbas de sucumbência em favor do denunciado.

d) Instaurado o incidente de desconsideração da personalidade jurídica, o sócio ou a pessoa jurídica será citado para manifestar-se e requerer as provas cabíveis no prazo de 10 dias.

e) Admitido o assistente simples a parte principal não pode renunciar ao direito sobre o que se funda a ação.

COMENTÁRIOS

A denunciação da lide é hipótese de intervenção de terceiros pela qual o *denunciante* exercerá demanda regressiva em face do *denunciado*. Para que seja conhecida, deverá o denunciante ser o sucumbente na ação. Assim, se o denunciante for o autor, será conhecida a denunciação da lide se a demanda proposta for improcedente; se a denunciação partir do réu, será conhecida se a ação proposta pelo autor for procedente. Desse modo, se o denunciante não for sucumbente, estará a denunciação da lide prejudicada, sem prejuízo da condenação ao pagamento de verba honorária. Assertiva correta: letra "C".

9. **(Cespe – Analista Judiciário – Área Judiciária – TRE – BA/2017)** De acordo com o Código de Processo Civil, o amicus curiae

a) deve ser pessoa jurídica, órgão ou entidade especializada, sendo vedado à pessoa natural atuar nessa condição.

b) depende de autorização da parte interessada para participar da relação processual.

c) pode opor embargos de declaração e ainda recorrer da decisão que julgar o incidente de resolução de demandas repetitivas.

d) pode ingressar somente em demandas que tramitem nos tribunais.

e) tem o direito, assegurado na lei, de realizar sustentação oral em julgamento de qualquer causa da qual participe.

COMENTÁRIOS

A intervenção do *amicus curiae* também está prevista entre as hipóteses de intervenção de terceiros. A propósito, o juiz ou o relator, considerando a relevância da matéria, a especificidade do tema objeto da demanda ou a repercussão social da controvérsia, poderá, por decisão irrecorrível, de ofício ou a requerimento das partes ou de quem pretenda manifestar-se, solicitar ou admitir a participação de pessoa natural ou jurídica, órgão ou entidade especializada, com representatividade adequada, no prazo de quinze dias da sua intimação (art. 138, *caput*). O *amicus curiae* não estará autorizado a interpor embargos recursos, salvo os embargos declaratórios, bem como impugnar a decisão que julgar o incidente de resolução de demandas repetitivas (art. 138, § 3º). Alternativa correta: letra "C".

CAPÍTULO 4

FATOS E ATOS PROCESSUAIS

1. FATOS JURÍDICOS PROCESSUAIS

Fatos processuais são acontecimentos que independem da ação humana, mas que têm importância para o processo.

2. ATOS PROCESSUAIS

2.1. Conceito

São atos processuais aqueles que se destinam à criação, modificação, conservação ou extinção da *relação jurídica processual*. Podem ser praticados pelas partes, pelos auxiliares do juízo e pelo magistrado.

2.2. Classificação

Sob o aspecto subjetivo, os atos processuais podem ser classificados como sendo: i) atos das partes; ii) atos dos auxiliares do juízo; iii) atos do juiz, nestes compreendidos os pronunciamentos jurisdicionais.

2.3. Forma dos atos processuais

Os atos processuais não dependem de prova determinada, salvo quando a lei expressamente o exigir.

Princípio da instrumentalidade das formas: consideram-se válidos os atos processuais que, embora realizados de outro modo, tenham preenchido a finalidade essencial.

Deve ser observado, ainda, os princípios da primazia do julgamento do mérito e do máximo aproveitamento do ato processual.

Como regra, os atos processuais são públicos. Porém, correrão em segredo de justiça: i) aqueles em que se exija o interesse público ou social; ii) que versem sobre casamento, separação de corpos, divórcio, separação, união estável, filiação, alimentos e guarda de crianças e adolescentes; iii) em que constem dados protegidos pelo direito constitucional à intimidade; iv) que versem sobre arbitragem, inclusive sobre cumprimento de carta arbitral, desde que a confidencialidade estipulada na arbitragem seja comprovada perante o juízo.

▶ **QUESTÃO COMENTADA:**

(FCC - Técnico Judiciário - Área Administrativa - TRF 2/ 2012) Quanto à forma dos atos processuais, considere: I.Em todos os termos e atos do processo é obrigatório o uso do vernáculo. II.Poderá ser juntado aos autos documento redigido em língua estrangeira, cabendo ao juiz, se não dominar o idioma, ordenar a tradução. III. É lícito o uso da taquigrafia, da estenotipia, ou de outro método idôneo, em qualquer juízo ou tribunal. Está correto o que consta SOMENTE em

a) I e II.
b) I e III.
c) II e III.
d) I.

COMENTÁRIOS

Ato processual é toda manifestação humana com o fito de criar, modificar, conservar ou extinguir a relação jurídica processual (CPC, art. 188). Importa notar que os atos processuais podem ser total ou parcialmente digitais, de forma a permitir que sejam produzidos, comunicados, armazenados e validados por meio eletrônico, na forma da lei (CPC, art. 193, *caput*).

Alternativa Correta: letra "b". Estão corretos os itens I e III.

Item I. Certo. Em todos os atos e termos do processo é obrigatório o uso da língua portuguesa (CPC, 192, *caput*). **Item II. Errado.** O documento redigido em língua estrangeira somente poderá ser juntado aos autos quando acompanhado de versão para a língua portuguesa tramitada por via diplomática ou pela autoridade central, ou firmada por tradutor juramentado (CPC, art. 192, Parágrafo Único)

Item III. Certo. É lícito o uso da taquigrafia, da estenotipia, ou de outro método idôneo em qualquer juízo ou tribunal (CPC, art. 210).

2.4. Tempo e lugar

Os atos processuais serão praticados em horário autorizado por lei, qual seja, das 6 às 20 horas. Se iniciados antes, podem ser concluídos após as 20 horas, se o adiamento prejudicar a diligência ou causar grave dano.

As citações, intimações e as penhoras podem ser realizadas no período de férias forenses, nos feriados ou dias úteis fora do horário estabelecido, desde que se observe a impossibilidade de ingresso em domicílio em horário noturno sem a autorização do morador.

O ato eletrônico poderá ser praticado até as 24 horas do último dia do prazo.

Durante as férias forenses e nos feriados não serão praticados atos processuais, salvo as citações, intimações e penhoras, como acima afirmado, bem como a tutela de urgência.

Citação, intimação e penhora poderão ser praticadas nas férias, nos feriados e após as 20 horas, desde que se observe que o domicílio é o asilo inviolável do indivíduo.

A tutela de urgência é uma espécie da tutela provisória. Há o fundamento urgência, o que a distingue da tutela da evidência (de alta probabilidade). Comporta a tutela antecipada (em que se antecipa o mérito que seria analisado ao final) e a tutela cautelar (com análise do fumus boni iuris e do periculum in mora).

Logo, poderão ser praticados atos processuais relacionados à tutela antecipada e à tutela cautelar. Não estão abrangidos os que disserem respeito à tutela da evidência.

Durante as férias serão processuais determinadas demandas, continuando o trâmite ainda pela que pela superveniência delas: i) os procedimentos de jurisdição voluntária e os necessários à conservação de direitos, quando puderem ser prejudicados pelo adiamento; ii) a ação de alimentos e os processos de nomeação ou remoção de tutor e curador; iii) os processos que a lei determinar.

Consideram-se feriados, para efeito forense, os sábados, domingos, os dias em que não haja expediente forense, bem como os declarados por lei.

Os atos processuais, como regra, serão praticados na sede do juízo. Excepcionalmente, poderão ser praticados em outro lugar em razão de deferência, interesse da justiça, da natureza do ato ou de obstáculo arguido pelo interessado e acolhido pelo juiz.

2.5. Prazos

A lei prescreverá os prazos em que serão realizados os atos processuais. Prazo pode ser entendido como o período de tempo entre um termo inicial e um termo final.

Se a lei não fizer previsão do prazo, o juiz o fixará, levando em consideração a sua complexidade.

▸ CONTAGEM DOS PRAZOS PROCESSUAIS NO PROCESSO CIVIL
a) **Regra:** somente serão contados os dias úteis.
b) **Juizados Especiais:** na contagem de prazo em dias, estabelecidos por lei ou pelo juiz, para a prática de qualquer ato processual, inclusive para a interposição de recursos, computar-se-ão somente os dias úteis (art. 12-A, da Lei nº 9.099/1995).
c) **Procedimentos do Estatuto da Criança e do Adolescente que tramitem perante a Vara da Infância:** os prazos estabelecidos no ECA e aplicáveis aos seus procedimentos são contados em dias corridos, excluído o dia do começo e incluído o do vencimento.

Suspende-se o prazo processual no período de 20 de dezembro a 20 de janeiro, inclusive, o que não retira a necessidade de exercício da atribuição pelos juízes, membros do MP, Defensoria Pública, Advocacia Pública e os auxiliares da Justiça.

Entende-se por prazo peremptório, em conformidade com o CPC/2015, aqueles nos quais o juiz não poderá diminuir sem a concordância das partes. Verifica-se que o juiz poderá dilatar quaisquer prazos, ainda que processuais, como ocorre com o prazo para oferecimento de contestação. Ele poderá ser aumentado por decisão judicial. Porém, para diminuí-lo, deverá o magistrado contar com a concordância das partes.

> ▸ **ATENÇÃO:**
> - O MAGISTRADO PODERÁ DILATAR QUAISQUER PRAZOS.
> - PARA DIMINUI-LOS, PORÉM, PRECISA DA CONCORDÂNCIA DAS PARTES.

Em certas hipóteses o prazo processual será contado de forma diferenciada. Podem ser citados: i) para os litisconsortes com diversos procuradores; ii) para o Ministério Público, Defensor Público e integrantes da Advocacia Pública.

Litisconsortes: serão litisconsortes aqueles que litigarem lado a lado em um dos polos da ação. Tais pessoas podem contar com um único advogado, ou então cada um deles poderá ter o patrocínio de um causídico. Neste último caso, têm-se os litisconsortes com diversos procuradores, que contarão com o prazo em dobro para a prática de atos processuais desde que preenchidos determinados requisitos, resumidos no quadro a seguir.

Requisitos para a contagem em dobro do prazo para os litisconsortes com diversos procuradores:

i) serem os Advogados dos litisconsortes integrantes de escritórios de advocacia distintos;

ii) que não se trate de processo eletrônico.

A contagem em dobro cessará se, havendo apenas dois réus, for oferecida defesa apenas por um deles.

O Código disciplina o dia do começo do prazo, que será, salvo disposição em sentido contrário:

I - a data de juntada aos autos do aviso de recebimento, quando a citação ou a intimação for pelo correio;

II - a data de juntada aos autos do mandado cumprido, quando a citação ou a intimação for por oficial de justiça;

III - a data de ocorrência da citação ou da intimação, quando ela se der por ato do escrivão ou do chefe de secretaria;

IV - o dia útil seguinte ao fim da dilação assinada pelo juiz, quando a citação ou a intimação for por edital;

V - o dia útil seguinte à consulta ao teor da citação ou da intimação ou ao término do prazo para que a consulta se dê, quando a citação ou a intimação for eletrônica;

VI - a data de juntada do comunicado de que trata o art. 232 (comunicação de cumprimento da carta precatória) ou, não havendo esse, a data de juntada da carta aos autos de origem devidamente cumprida, quando a citação ou a intimação se realizar em cumprimento de carta;

VII - a data de publicação, quando a intimação se der pelo Diário da Justiça impresso ou eletrônico;

VIII - o dia da carga, quando a intimação se der por meio da retirada dos autos, em carga, do cartório ou da secretaria.

O prazo da intimação será contado individualmente. De outro lado, no caso de citação, o prazo se iniciará com a última das datas, ressalvado se houver pedido de dispensa da realização da audiência de conciliação ou de mediação, quando então será contado de cada protocolo de petição.

2.5. Comunicação dos atos processuais

Citação é o ato pelo qual são convocados o réu, o executado ou o interessado para integrar a relação processual. Para que a relação processual seja válida, é imprescindível a citação do réu ou do executado, salvo nas hipóteses de indeferimento da petição inicial ou de improcedência liminar do pedido.

▶ **Atenção ao conceito de citação.**

Portanto, o réu, o executado e o interessado serão convocados para integrar a relação processual por meio da citação. Não obstante, é possível que haja o comparecimento espontâneo, quando então o prazo para resposta ou embargos se inicia desta data.

Poderá o réu/executado/interessado comparecerem unicamente para alegar a nulidade da citação. Se rejeitada a alegação, o réu será considerado revel, no processo de conhecimento, ou a execução prosseguirá.

Decorrem certos efeitos da citação válida, ainda que o ato tenha sido ordenado por juiz incompetente.

▶ EFEITOS DA CITAÇÃO VÁLIDA
i) induzir litispendência;
ii) tornar litigiosa a coisa;
iii) constituir em mora o devedor, ressalvadas excepcionalidades previstas no Código Civil.

▶ **Tornar prevento o juízo não é mais efeito da citação válida.**

A interrupção da prescrição ocorrerá por força do despacho judicial, conforme prevê o art. 202, I do Código Civil. Tal interrupção vai retroagir à data da propositura da ação, desde que o autor providencie as providências necessárias para viabilizar a citação. Se isso não ocorrer, não irá retroagir.

O efeito retroativo aplica-se à prescrição, decadência e também a outros prazos extintivos.

A citação poderá ser realizada: por correio; por oficial de justiça; pelo escrivão ou chefe de secretaria, se o citando comparecer em cartório; por edital; por meio eletrônico.

Deverão as empresas públicas e privadas manter cadastro nos sistemas de processo em autos eletrônicos, para efeito de recebimento de citações e intimações, que serão realizadas de forma preferencial por este meio. Tal regra se aplica às pessoas jurídicas de direito público e também de direito privado integrantes da Administração Pública. Estão excluídas as microempresas e as empresas de pequeno porte.

Como regra, a citação será realizada pelo correio. Contudo, em determinadas situações, será realizada por oficial de justiça nas seguintes hipóteses: nas ações de estado, quando o citando for incapaz, quando o citando for pessoa jurídica de direito público, quando o citando residir em local não atendido pela entrega domiciliar de correspondência e quanto o autor, justificadamente, a requerer de outra forma.

▶ **IMPORTANTE:**

No caso de condomínio edilícios ou nos loteamentos com controle de acesso, admite-se como válida a entrega do mandado a funcionário da portaria responsável pelo recebimento de correspondência. Admite-se, porém, a recusa, se o funcionário atestar, por escrito, que o destinatário da correspondência está ausente.

A citação com hora certa poderá ser realizada pelo oficial de justiça quando, tendo procurador o citando em seu domicílio ou residência sem o encontrar, por duas vezes, havendo suspeita de ocultação, deverá intimar qualquer pessoa da família ou, em sua falta, qualquer vizinho de que, no dia útil imediato, voltará a fim de efetuar a citação, na hora que designar. Será admitida a entrega a funcionário de portaria nos condomínios ou nos loteamentos com controle de acesso.

No dia e hora designados, o oficial de justiça, de ofício (sem precisar de decisão judicial), comparecerá ao domicílio ou à residência do citando a fim de realizar a diligência. Estando este não presente, será apurado o motivo da ausência, dando por feita a citação, ainda que a ocultação tenha ocorrido em outra comarca.

A citação com hora certa será feita ainda que a pessoa anteriormente intimada não esteja presente, ou se esta se recusar a receber o mandado.

Uma vez efetivada tal citação, o escrivão enviará ao réu, executado ou interessado, em dez dias, carta, telegrama ou correspondência eletrônica, dando-lhe de tudo ciência.

Decidiu o Superior Tribunal de Justiça que é possível a realização de citação daquele que é residente no estrangeiro por meio do correio.

> HOMOLOGAÇÃO DE DECISÃO ESTRANGEIRA. CONDENAÇÃO POR INADIMPLEMENTO CONTRATUAL. PESSOA JURÍDICA COM SEDE NO BRASIL. CITAÇÃO VIA POSTAL NO PROCESSO ALIENÍGENA. VALIDADE. OBSERVÂNCIA DA LEI LOCAL E DO CONTRATO. PEDIDO DEFERIDO.
>
> 1. O cumprimento dos requisitos relativos aos institutos processuais no processo alienígeno deve obedecer as regras locais, daí porque não cabe arguição no sentido de que a citação não se deu nos termos da legislação processual pátria.
>
> 2. No caso, a realização do ato citatório no processo estrangeiro via postal está em conformidade com as leis vigentes no Estado em que prolatada a sentença e também de acordo com o pactuado no contrato. 3. Pedido de homologação deferido. Homologação de Sentença Estrangeira nº 89-EX.

2.6. Nulidades

O Código de Processo Civil encampou a Norma Fundamental do máximo aproveitamento processual e da primazia do julgamento do mérito, bem como o princípio da instrumentalidade, de modo que o vício somente importará em nulidade se houver prejuízo. Em outros termos, o ato não será repetido nem sua falta será suprida quando não prejudicar a parte. Dá-se o aproveitamento dos atos praticados desde que não resulte prejuízo à defesa de qualquer parte.

A primazia do julgamento do mérito e o máximo aproveitamento do ato processual impõem que, quando puder decidir o mérito a favor da parte a quem aproveite a decretação da nulidade, o juiz não a pronunciará nem mandará repetir o ato ou suprir-lhe a falta.

Ou seja, o juiz poderá até desconsiderar o vício existente e decidir o mérito em favor da parte a quem se aproveite a decretação da nulidade.

O prejuízo é exigido na nulidade absoluta e também na relativa.

A nulidade absoluta é aquela que pode ser conhecida de ofício pelo juízo e as partes podem alegá-la a qualquer tempo. Na nulidade relativa, por sua vez, haverá a necessidade de que seja alegada na primeira oportunidade em que couber à parte falar nos autos, sob pena de preclusão.

Reconhecida a nulidade do ato, consideram-se sem efeito aqueles que forem atingidos, por serem dependentes.

3. DOS NEGÓCIOS PROCESSUAIS

O princípio do debate (dispositivo em sentido processual) atribui maior autonomia às partes na condução do procedimento, permitindo-lhes firmar o negócio processual típico e atípico, conforme mencionado no art. 190 do Código de Processo Civil.

Admite-se, então, o princípio do respeito ao autorregramento da vontade (autorregramento formal), que limitará a regra do impulso oficial, admitindo-se a derrogação do regramento legislado pela regra convencional.

A partir dessa concepção, concentra o art. 190 do CPC duas normas diferentes, uma das quais importa na atribuição de competência (permitindo-se as partes a previsão de normas nesse sentido) e outra como norma legal, de modo que o procedimento previsto na lei será o vigente se não houver acordo em sentido contrário.

Permite o Código de Processo Civil que as partes capazes, valendo-se da autonomia de vontade, alterem o procedimento legal e convencionem sobre os seus ônus, poderes, faculdades e deveres processuais.

Tais acordos podem ser celebrados antes ou após iniciada a relação processual, tendo como exemplos a cláusula de eleição de foro contida em contrato, a avença de suspensão do processo, a limitação do número de testemunhas etc.

O Código de Processo Civil de 1973 já admitia a negociação processual, porém, restringia o ajuste a casos específicos, que podem ser designados como negócios típicos (exemplo: suspensão do processo). E a grande novidade do CPC de 2015 foi a de permitir a celebração do ajuste também para situação que não estavam previstas expressamente (negócios atípicos).

Tais acordos produzirão efeitos a partir da celebração da avença, muito embora necessitem ser homologados pela autoridade judiciária, que tão somente negará a sua aplicabilidade se o negócio processual não for válido, se inserido em forma abusiva em contrato de adesão ou se a parte estiver em situação de vulnerabilidade.

O art. 191 do CPC autoriza que as partes e o magistrado, de comum acordo, ajustem a observância de um calendário para a prática de atos processuais, podendo dilatar e reduzir os prazos previstos em lei.

Embora no negócio processual haja necessidade de homologação pelo juiz, a sua atividade é restrita ao controle da validade das cláusulas.

Diferentemente, no calendário processual, a atividade do juiz não se circunscreve ao controle de validade das cláusulas, mas se estende ao próprio juízo de viabilidade do ajuste, tanto que será celebrado unicamente se o magistrado entender conveniente para o processo.

4. DA DISTRIBUIÇÃO E DO REGISTRO

Deve haver bastante atenção na comparação entre o que se encontra previsto nos artigos 59 e 312 do Código de Processo Civil.

De acordo com este, considera-se proposta a ação com o seu protocolo. Em termos práticos, a propositura ocorre com a entrada da petição inicial perante a Secretaria ou o Portal Eletrônico próprio do Poder Judiciário, dando-se recibo ao autor.

Após o protocolo, no entanto, devem ser realizados outros atos, que podem até ser concomitantes, mas nem sempre o serão. Tais atos não são propriamente de iniciativa da parte, como é o protocolo, mas são executados oficiosamente pelos serventuários e consistem no registro (o registro do novo processo) ou na distribuição ao juízo competente, onde existir mais de um (art. 284 e seguintes).

Dessa maneira, embora a ação se considere proposta com o seu protocolo (ato de entrega da inicial ao Judiciário), considera-se prevento o juízo a partir do registro (quando desnecessária a distribuição) ou da própria distribuição.

> ▸ **ATENÇÃO:**
>
> O protocolo da inicial é ato de iniciativa da parte autora, cabendo ao Judiciário recepcionar o instrumento.
>
> De outro lado, o registro e a distribuição são atos internos do próprio Poder Judiciário.

5. SÚMULAS E INFORMATIVOS DOS TRIBUNAIS SUPERIORES

5.1. Súmulas do STF

- **Súmula 310, STF.** Quando a intimação tiver lugar na sexta-feira, ou a publicação com efeito de intimação for feita nesse dia, o prazo judicial terá início na segunda-feira imediata, salvo se não houver expediente, caso em que começará no primeiro dia útil que se seguir.

5.2. Súmulas do STJ

- **Súmula 429, STJ.** A citação postal, quando autorizada por lei, exige o aviso de recebimento.
- **STJ, 106** - Proposta a ação no prazo fixado para o seu exercício, a demora na citação, por motivos inerentes ao mecanismo da Justiça, não justifica o acolhimento da arguição de prescrição ou decadência.
- **STJ, 117** - A inobservância do prazo de 48 horas, entre a publicação de pauta e o julgamento sem a presença das partes, acarreta nulidade.

5.3. Informativos do Superior Tribunal de Justiça

- **Prazo Processual. Litisconsórcio. Procuradores distintos. Sucumbência de apenas um dos litisconsortes. Prazo em dobro. Inaplicabilidade. Súmula n. 641/STF. Preservação.** Registre-se, inicialmente, que a razão da norma que amplia o prazo comum diz respeito à paridade de armas no processo, considerando a inevitável dificuldade de acesso aos autos físicos para o pleno exercício do direito de defesa, ante o interesse comum de litisconsortes com diferentes procuradores, de escritórios de advocacia distintos, recorrerem da decisão que, em alguma medida, lhes é desfavorável. O fundamento para a excepcional contagem diferenciada do prazo no novo código segue a inteligência da Súmula n. 641/STF e a jurisprudência sedimentada sobre a matéria no código revogado. Nessa linha, a doutrina assinala que "para que exista direito ao prazo em dobro, há que se observarem dois requisitos cumulativos: existência de litisconsórcio e de prazo comum para os litisconsortes praticarem o ato processual. Se, por qualquer razão, não há prazo comum, mas exclusivo para apenas um dos litisconsortes, não há que se cogitar de prazo em dobro. Dessa forma, a razão da norma permanece idêntica, a de garantir acesso aos autos oportunizando a obtenção da tutela recursal que lhe pareça mais favorável. Tanto é assim que o CPC/2015 dispõe não se computar prazo diferenciado quando os autos do processo forem eletrônicos, permitindo aos litigantes amplo e irrestrito acesso aos autos. Daí porque se não houver sucumbência do litisconsorte, igualmente, não há se falar em prazo em dobro para recorrer. Assim, a inteligência da Súmula n. 641/STF resta preservada em relação aos recursos interpostos sob a vigência do CPC/2015. REsp 1.709.562-RS, Rel. Min. Nancy Andrighi, por unanimidade, julgado em 16/10/2018, DJe 18/10/2018 (Info 636).

- **Direito previdenciário e processual civil. Devolução de valores recebidos a título de antecipação de tutela posteriormente revogada.** Se a antecipação da tutela anteriormente concedida a assistido de plano de previdência complementar fechada houver sido revogada em decorrência de sentença de improcedência do seu pedido, independentemente de culpa ou má-fé, será possível à entidade previdenciária – administradora do plano de benefícios que tenha suportado os prejuízos da tutela antecipada – efetuar descontos mensais no percentual de 10% sobre o montante total de cada prestação do benefício suplementar que vier a ser recebida pelo assistido, até que ocorra a integral compensação, com atualização monetária, da verba que fora antecipada, ainda que não tenha havido prévio pedido ou reconhecimento judicial da restituição. De fato, a sistemática adotada pelos dispositivos da legislação processual civil que visam combater o dano processual – relacionado à tutela antecipada, à tutela cautelar e à execução provisória – inspira-se, conforme entendimento doutrinário, em princípios diversos daqueles que norteiam as demais disposições processuais, as quais buscam reprimir as condutas maliciosas e temerárias das partes no trato com o processo, o chamado *improbus litigator*. Cuida-se de responsabilidade processual objetiva, bastando a existência do dano decorrente da pretensão deduzida em juízo para que sejam aplicados os arts. 273, § 3º, 475-O, I e II, e 811 do CPC/1973 (correspondentes aos arts. 297, parágrafo único, 520, I e II, e 302 do CPC/2015). Desse modo, os danos causados a partir da execução de tutela antecipada (assim também a tutela cautelar e a execução provisória) são disciplinados pelo sistema processual vigente à revelia de indagação acerca da culpa da parte ou de questionamento sobre a existência ou não de má-fé. Nesse contexto, em linha de princípio, a obrigação de indenizar o dano causado pela execução de tutela antecipada posteriormente revogada é consequência natural da improcedência do pedido, decorrência *ex lege* da sentença. Por isso, independe de pronunciamento judicial, dispensando também, por lógica, pedido da parte interessada. Com mais razão, essa obrigação também independe de pedido reconvencional ou de ação própria para o acertamento da responsabilidade da parte acerca do dano causado pela execução da medida. Aliás, o art. 302, parágrafo único, do CPC/2015 estabelece que, independentemente da reparação por dano processual, a parte responde pelo prejuízo que a tutela de urgência causar à parte adversa, devendo a indenização ser "liquidada nos autos em que a medida tiver sido concedida, sempre que possível". Realmente, toda sentença é apta a produzir efeitos principais (condenar, declarar, constituir, por exemplo), que decorrem da demanda e da pretensão apresentada pelo autor, e também efeitos secundários, que independem da vontade das partes ou do próprio juízo. Nessa conjuntura, a sentença de improcedência, quando revoga tutela antecipadamente concedida, constitui, como efeito secundário, título de certeza da obrigação de o autor indenizar o réu pelos danos eventualmente experimentados, cujo valor exato será posteriormente apurado em liquidação nos próprios autos. Com efeito, a responsabilidade objetiva pelo dano processual causado por tutela antecipada posteriormente revogada decorre da inexistência do direito anteriormente acautelado, responsabilidade que independe de reconhecimento judicial prévio ou de pedido do lesado. Além do mais, o CC positivou princípio de sobredireito regente das relações jurídicas privadas, qual seja, a boa-fé objetiva (art. 422), o qual constitui cláusula geral, dirigida precipuamente ao julgador, afigurando-se como instrumentalizadora do sistema, a emprestar a este um aspecto móbil apto a mitigar a rigidez da norma posta, legalmente ou contratualmente. REsp 1.548.749-RS, Rel. Min. Luis Felipe Salomão, julgado em 13/4/2016, *DJe* 6/6/2016 (Informativo nº 0584).

- **Direito processual civil. Perda do objeto de agravo de instrumento interposto contra decisão proferida em antecipação de tutela.** A superveniência de sentença de mérito implica a perda do objeto de agravo de instrumento interposto contra decisão anteriormente proferida em tutela antecipada. A definição acerca de a superveniência de sentença de mérito ocasionar a perda do objeto do agravo de instrumento deve ser feita casuisticamente, mediante o cotejo da pretensão contida no agravo com o conteúdo da sentença, de modo a viabilizar a perquirição sobre eventual e remanescente interesse e utilidade no julgamento do recurso. Entretanto, na específica hipótese de interposição de agravo contra decisão de deferimento ou indeferimento de antecipação de tutela, vislumbra-se que a prolatação de sentença meritória implicará a perda do objeto do agravo de instrumento, em virtude da superveniente perda do interesse recursal. Isso porque a sentença de procedência do pedido - que substitui a decisão concessiva da tutela de urgência - torna-se plenamente eficaz ante o recebimento da apelação tão somente no efeito devolutivo, permitindo-se desde logo a execução provisória do julgado, nos termos do art. 520, VII, do CPC, o qual dispõe que: "Art. 520. A apelação será recebida em seu efeito devolutivo e suspensivo. Será, no entanto, recebida só no efeito devolutivo, quando interposta de sentença que: [...] VII - confirmar a antecipação dos efeitos da tutela." O mesmo se diz em relação à sentença de improcedência do pedido, a qual tem o condão de revogar a decisão concessiva de antecipação, ante a existência de evidente antinomia entre elas. Portanto, a superveniência da sentença de mérito ocasiona a perda de objeto de anterior agravo de instrumento interposto contra decisão proferida em sede de medida antecipatória. EAREsp 488.188-SP, Rel. Min. Luis Felipe Salomão, julgado em 7/10/2015, *DJe* 19/11/2015 (Informativo nº 0573).

- **Direito processual civil. Execução provisória de multa cominatória fixada em antecipação de tutela. Recurso repetitivo (art. 543-C do CPC e Res. 8/2008-STJ).** A multa diária prevista no § 4º do art. 461 do CPC, devida desde o dia em que configurado o descumprimento, quando fixada em antecipação de tutela, somente poderá ser objeto de execução provisória após a sua confirmação pela sentença de mérito e desde que o recurso eventualmente interposto não seja recebido com efeito suspensivo. Isso porque se deve prestigiar a segurança jurídica e evitar que a parte se beneficie de quantia que, posteriormente, venha se saber indevida, reduzindo, dessa forma, o inconveniente de um eventual pedido de repetição de indébito que, por vezes, não se mostra exitoso. Ademais, o termo "sentença", assim como utilizado nos arts. 475-O e 475-N, I, do CPC, deve ser interpretado de forma restrita, razão pela qual é inadmissível a execução provisória de multa fixada por decisão interlocutória em antecipação dos efeitos da tutela, ainda que ocorra a sua confirmação por acórdão. Esclareça-se que a ratificação de decisão interlocutória que arbitra multa cominatória por posterior acórdão, em razão da interposição de recurso contra ela interposto, continuará tendo em sua gênese apenas a análise dos requisitos de prova inequívoca e verossimilhança, próprios da cognição sumária que ensejaram o deferimento da antecipação dos efeitos da tutela. De modo diverso, a confirmação por sentença da decisão interlocutória que impõe multa cominatória decorre do próprio reconhecimento da existência do Direito material reclamado que lhe dá suporte, o qual é apurado após ampla dilação probatória e exercício do contraditório. Desta feita, o risco de cassação da multa e, por conseguinte, a sobrevinda de prejuízo à parte contrária em decorrência de sua cobrança prematura tornar-se-á reduzido após a prolação da sentença, ao invés de quando a execução ainda estiver amparada em decisão interlocutória proferida no início do processo, inclusive no que toca à possibilidade de modificação do seu valor ou da sua periodicidade. REsp 1.200.856-RS, Rel. Min. Sidnei Beneti, julgado em 1º/7/2014.

6. LEGISLAÇÃO RELACIONADA AO ASSUNTO

► **CPC/2015**

Art. 188. Os atos e os termos processuais independem de forma determinada, salvo quando a lei expressamente a exigir, considerando-se válidos os que, realizados de outro modo, lhe preencham a finalidade essencial.

Art. 189. Os atos processuais são públicos, todavia tramitam em segredo de Justiça os processos:

I - em que o exija o interesse público ou social;

II - que versem sobre casamento, separação de corpos, divórcio, separação, união estável, filiação, alimentos e guarda de crianças e adolescentes;

III - em que constem dados protegidos pelo direito constitucional à intimidade;

IV - que versem sobre arbitragem, inclusive sobre cumprimento de carta arbitral, desde que a confidencialidade estipulada na arbitragem seja comprovada perante o juízo.

§ 1º O direito de consultar os autos de processo que tramite em segredo de Justiça e de pedir certidões de seus atos é restrito às partes e aos seus procuradores.

§ 2º O terceiro que demonstrar interesse jurídico pode requerer ao juiz certidão do dispositivo da sentença, bem como de inventário e de partilha resultantes de divórcio ou separação.

Art. 190. Versando o processo sobre direitos que admitam autocomposição, é lícito às partes plenamente capazes estipular mudanças no procedimento para ajustá-lo às especificidades da causa e convencionar sobre os seus ônus, poderes, faculdades e deveres processuais, antes ou durante o processo.

Parágrafo único. De ofício ou a requerimento, o juiz controlará a validade das convenções previstas neste artigo, recusando-lhes aplicação somente nos casos de nulidade ou de inserção abusiva em contrato de adesão ou em que alguma parte se encontre em manifesta situação de vulnerabilidade.

Art. 191. De comum acordo, o juiz e as partes podem fixar calendário para a prática dos atos processuais, quando for o caso.

§ 1º O calendário vincula as partes e o juiz, e os prazos nele previstos somente serão modificados em casos excepcionais, devidamente justificados.

§ 2º Dispensa-se a intimação das partes para a prática de ato processual ou a realização de audiência cujas datas tiverem sido designadas no calendário.

Art. 192. Em todos os atos e termos do processo é obrigatório o uso da língua portuguesa.

Parágrafo único. O documento redigido em língua estrangeira somente poderá ser juntado aos autos quando acompanhado de versão para a língua portuguesa tramitada por via diplomática ou pela autoridade central, ou firmada por tradutor juramentado.

Art. 193. Os atos processuais podem ser total ou parcialmente digitais, de forma a permitir que sejam produzidos, comunicados, armazenados e validados por meio eletrônico, na forma da lei.

Parágrafo único. O disposto nesta Seção aplica-se, no que for cabível, à prática de atos notariais e de registro.

Art. 194. Os sistemas de automação processual respeitarão a publicidade dos atos, o acesso e a participação das partes e de seus procuradores, inclusive nas audiências e sessões de julgamento, observadas as garantias da disponibilidade, independência da plataforma computacional, acessibilidade e interoperabilidade dos sistemas, serviços, dados e informações que o Poder Judiciário administre no exercício de suas funções.

Art. 195. O registro de ato processual eletrônico deverá ser feito em padrões abertos, que atenderão aos requisitos de autenticidade, integridade, temporalidade, não repúdio, conservação e, nos casos que tramitem em segredo de justiça, confidencialidade, observada a infraestrutura de chaves públicas unificada nacionalmente, nos termos da lei.

Art. 196. Compete ao Conselho Nacional de Justiça e, supletivamente, aos tribunais, regulamentar a prática e a comunicação oficial de atos processuais por meio eletrônico e velar pela compatibilidade dos sistemas, disciplinando a incorporação progressiva de novos avanços tecnológicos e editando, para esse fim, os atos que forem necessários, respeitadas as normas fundamentais deste Código.

Art. 197. Os tribunais divulgarão as informações constantes de seu sistema de automação em página própria na rede mundial de computadores, gozando a divulgação de presunção de veracidade e confiabilidade.

Parágrafo único. Nos casos de problema técnico do sistema e de erro ou omissão do auxiliar da justiça responsável pelo registro dos andamentos, poderá ser configurada a justa causa prevista no art. 223, *caput* e § 1º.

Art. 198. As unidades do Poder Judiciário deverão manter gratuitamente, à disposição dos interessados, equipamentos necessários à prática de atos processuais e à consulta e ao acesso ao sistema e aos documentos dele constantes.

Parágrafo único. Será admitida a prática de atos por meio não eletrônico no local onde não estiverem disponibilizados os equipamentos previstos no *caput*.

Art. 199. As unidades do Poder Judiciário assegurarão às pessoas com deficiência acessibilidade aos seus sítios na rede mundial de computadores, ao meio eletrônico de prática de atos judiciais, à comunicação eletrônica dos atos processuais e à assinatura eletrônica.

Art. 200. Os atos das partes consistentes em declarações unilaterais ou bilaterais de vontade produzem imediatamente a constituição, modificação ou extinção de direitos processuais.

Parágrafo único. A desistência da ação só produzirá efeitos após homologação judicial.

Art. 201. As partes poderão exigir recibo de petições, arrazoados, papéis e documentos que entregarem em cartório.

Art. 202. É vedado lançar nos autos cotas marginais ou interlineares, as quais o juiz mandará riscar, impondo a quem as escrever multa correspondente à metade do salário mínimo.

Art. 203. Os pronunciamentos do juiz consistirão em sentenças, decisões interlocutórias e despachos.

§ 1º Ressalvadas as disposições expressas dos procedimentos especiais, sentença é o pronunciamento por meio do qual o juiz, com fundamento nos arts. 485 e 487, põe fim à fase cognitiva do procedimento comum, bem como extingue a execução.

§ 2º Decisão interlocutória é todo pronunciamento judicial de natureza decisória que não se enquadre no § 1º.

§ 3º São despachos todos os demais pronunciamentos do juiz praticados no processo, de ofício ou a requerimento da parte.

§ 4º Os atos meramente ordinatórios, como a juntada e a vista obrigatória, independem de despacho, devendo ser praticados de ofício pelo servidor e revistos pelo juiz quando necessário.

Art. 204. Acórdão é o julgamento colegiado proferido pelos tribunais.

Art. 205. Os despachos, as decisões, as sentenças e os acórdãos serão redigidos, datados e assinados pelos juízes.

§ 1º Quando os pronunciamentos previstos no *caput* forem proferidos oralmente, o servidor os documentará, submetendo-os aos juízes para revisão e assinatura.

§ 2º A assinatura dos juízes, em todos os graus de jurisdição, pode ser feita eletronicamente, na forma da lei.

§ 3º Os despachos, as decisões interlocutórias, o dispositivo das sentenças e a ementa dos acórdãos serão publicados no Diário de Justiça eletrônico.

Art. 206. Ao receber a petição inicial de processo, o escrivão ou o chefe de secretaria a autuará, mencionando o juízo, a natureza do processo, o número de seu registro, os nomes das partes e a data de seu início, e procederá do mesmo modo em relação aos volumes em formação.

Art. 207. O escrivão ou o chefe de secretaria numerará e rubricará todas as folhas dos autos.

Parágrafo único. À parte, ao procurador, ao membro do Ministério Público, ao defensor público e aos auxiliares da Justiça é facultado rubricar as folhas correspondentes aos atos em que intervierem.

Art. 208. Os termos de juntada, vista, conclusão e outros semelhantes constarão de notas datadas e rubricadas pelo escrivão ou pelo chefe de secretaria.

Art. 209. Os atos e os termos do processo serão assinados pelas pessoas que neles intervierem, todavia, quando essas não puderem ou não quiserem firmá-los, o escrivão ou o chefe de secretaria certificará a ocorrência.

§ 1º Quando se tratar de processo total ou parcialmente documentado em autos eletrônicos, os atos processuais praticados na presença do juiz poderão ser produzidos e armazenados de modo integralmente digital em arquivo eletrônico inviolável, na forma da lei, mediante registro em termo, que será assinado digitalmente pelo juiz e pelo escrivão ou chefe de secretaria, bem como pelos advogados das partes.

§ 2º Na hipótese do § 1º, eventuais contradições na transcrição deverão ser suscitadas oralmente no momento de realização do ato, sob pena de preclusão, devendo o juiz decidir de plano e ordenar o registro, no termo, da alegação e da decisão.

Art. 210. É lícito o uso da taquigrafia, da estenotipia ou de outro método idôneo em qualquer juízo ou tribunal.

Art. 211. Não se admitem nos atos e termos processuais espaços em branco, salvo os que forem inutilizados, assim como entrelinhas, emendas ou rasuras, exceto quando expressamente ressalvadas.

Art. 212. Os atos processuais serão realizados em dias úteis, das 6 às 20 horas.

§ 1º Serão concluídos após as 20 horas os atos iniciados antes, quando o adiamento prejudicar a diligência ou causar grave dano.

§ 2º Independentemente de autorização judicial, as citações, intimações e penhoras poderão realizar-se no período de férias forenses, onde as houver, e nos feriados ou dias úteis fora do horário estabelecido neste artigo, observado o disposto no art. 5º, inciso XI, da Constituição Federal.

§ 3º Quando o ato tiver de ser praticado por meio de petição em autos não eletrônicos, essa deverá ser protocolada no horário de funcionamento do fórum ou tribunal, conforme o disposto na lei de organização judiciária local.

Art. 213. A prática eletrônica de ato processual pode ocorrer em qualquer horário até as 24 horas do último dia do prazo.

Parágrafo único. O horário vigente no juízo perante o qual o ato deve ser praticado será considerado para fins de atendimento do prazo.

Art. 214. Durante as férias forenses e nos feriados, não se praticarão atos processuais, excetuando-se:

I - os atos previstos no art. 212, § 2º;

II - a tutela de urgência.

Art. 215. Processam-se durante as férias forenses, onde as houver, e não se suspendem pela superveniência delas:

I - os procedimentos de jurisdição voluntária e os necessários à conservação de direitos, quando puderem ser prejudicados pelo adiamento;

II - a ação de alimentos e os processos de nomeação ou remoção de tutor e curador;

III - os processos que a lei determinar.

Art. 216. Além dos declarados em lei, são feriados, para efeito forense, os sábados, os domingos e os dias em que não haja expediente forense.

Art. 217. Os atos processuais realizar-se-ão ordinariamente na sede do juízo, ou, excepcionalmente, em outro lugar em razão de deferência, de interesse da Justiça, da natureza do ato ou de obstáculo arguido pelo interessado e acolhido pelo juiz.

Art. 218. Os atos processuais serão realizados nos prazos prescritos em lei.

§ 1º Quando a lei for omissa, o juiz determinará os prazos em consideração à complexidade do ato.

§ 2º Quando a lei ou o juiz não determinar prazo, as intimações somente obrigarão a comparecimento após decorridas 48 horas.

§ 3º Inexistindo preceito legal ou prazo determinado pelo juiz, será de cinco dias o prazo para a prática de ato processual a cargo da parte.

§ 4º Será considerado tempestivo o ato praticado antes do termo inicial do prazo.

Art. 219. Na contagem de prazo em dias, estabelecido por lei ou pelo juiz, computar-se-ão somente os dias úteis.

Parágrafo único. O disposto neste artigo aplica-se somente aos prazos processuais.

Art. 220. Suspende-se o curso do prazo processual nos dias compreendidos entre 20 de dezembro e 20 de janeiro, inclusive.

§ 1º Ressalvadas as férias individuais e os feriados instituídos por lei, os juízes, os membros do Ministério Público, da Defensoria Pública e da Advocacia Pública e os auxiliares da Justiça exercerão suas atribuições durante o período previsto no *caput*.

§ 2º Durante a suspensão do prazo, não se realizarão audiências nem sessões de julgamento.

Art. 221. Suspende-se o curso do prazo por obstáculo criado em detrimento da parte ou ocorrendo qualquer das hipóteses do art. 313, devendo o prazo ser restituído por tempo igual ao que faltava para sua complementação.

Parágrafo único. Suspendem-se os prazos durante a execução de programa instituído pelo Poder Judiciário para promover a autocomposição, incumbindo aos tribunais especificar, com antecedência, a duração dos trabalhos.

Art. 222. Na comarca, seção ou subseção judiciária onde for difícil o transporte, o juiz poderá prorrogar os prazos por até dois meses.

§ 1º Ao juiz é vedado reduzir prazos peremptórios sem anuência das partes.

§ 2º Havendo calamidade pública, o limite previsto no *caput* para prorrogação de prazos poderá ser excedido.

Art. 223. Decorrido o prazo, extingue-se o direito de praticar ou de emendar o ato processual, independentemente de declaração judicial, ficando assegurado, porém, à parte provar que não o realizou por justa causa.

§ 1º Considera-se justa causa o evento alheio à vontade da parte e que a impediu de praticar o ato por si ou por mandatário.

§ 2º Verificada a justa causa, o juiz permitirá à parte a prática do ato no prazo que lhe assinar.

Art. 224. Salvo disposição em contrário, os prazos serão contados excluindo o dia do começo e incluindo o dia do vencimento.

§ 1º Os dias do começo e do vencimento do prazo serão protraídos para o primeiro dia útil seguinte, se coincidirem com dia em que o expediente forense for encerrado antes ou iniciado depois da hora normal ou houver indisponibilidade da comunicação eletrônica.

§ 2º Considera-se como data de publicação o primeiro dia útil seguinte ao da disponibilização da informação no Diário da Justiça eletrônico.

§ 3º A contagem do prazo terá início no primeiro dia útil que seguir ao da publicação.

Art. 225. A parte poderá renunciar ao prazo estabelecido exclusivamente em seu favor, desde que o faça de maneira expressa.

Art. 226. O juiz proferirá:

I – os despachos no prazo de cinco dias;

II – as decisões interlocutórias no prazo de dez dias;

III – as sentenças no prazo de trinta dias.

Art. 227. Em qualquer grau de jurisdição, havendo motivo justificado, pode o juiz exceder, por igual tempo, os prazos a que está submetido.

Art. 228. Incumbirá ao serventuário remeter os autos conclusos no prazo de um dia e executar os atos processuais no prazo de cinco dias, contado da data em que:

I – houver concluído o ato processual anterior, se lhe foi imposto pela lei;

II – tiver ciência da ordem, quando determinada pelo juiz.

§ 1º Ao receber os autos, o serventuário certificará o dia e a hora em que teve ciência da ordem referida no inciso II.

§ 2º Nos processos em autos eletrônicos, a juntada de petições ou de manifestações em geral ocorrerá de forma automática, independentemente de ato de serventuário da Justiça.

Art. 229. Os litisconsortes que tiverem diferentes procuradores, de escritórios de advocacia distintos, terão prazos contados em dobro para todas as suas manifestações, em qualquer juízo ou tribunal, independentemente de requerimento.

§ 1º Cessa a contagem do prazo em dobro se, havendo apenas dois réus, é oferecida defesa por apenas um deles.

§ 2º Não se aplica o disposto no *caput* aos processos em autos eletrônicos.

Art. 230. O prazo para a parte, o procurador, a Advocacia Pública, a Defensoria Pública e o Ministério Público será contado da citação, da intimação ou da notificação.

Art. 231. Salvo disposição em sentido diverso, considera-se dia do começo do prazo:

I – a data de juntada aos autos do aviso de recebimento, quando a citação ou a intimação for pelo correio;

II – a data de juntada aos autos do mandado cumprido, quando a citação ou a intimação for por oficial de Justiça;

III – a data de ocorrência da citação ou da intimação, quando ela se der por ato do escrivão ou do chefe de secretaria;

IV – o dia útil seguinte ao fim da dilação assinada pelo juiz, quando a citação ou a intimação for por edital;

V – o dia útil seguinte à consulta ao teor da citação ou da intimação ou ao término do prazo para que a consulta se dê, quando a citação ou a intimação for eletrônica;

VI – a data de juntada do comunicado de que trata o art. 232 ou, não havendo esse, a data de juntada da carta aos autos de origem devidamente cumprida, quando a citação ou a intimação se realizar em cumprimento de carta;

VII – a data de publicação, quando a intimação se der pelo Diário da Justiça impresso ou eletrônico;

VIII –o dia da carga, quando a intimação se der por meio da retirada dos autos, em carga, do cartório ou da secretaria.

§ 1º Quando houver mais de um réu, o dia do começo do prazo para contestar corresponderá à última das datas a que se referem os incisos I a VI do *caput*.

§ 2º Havendo mais de um intimado, o prazo para cada um é contado individualmente.

§ 3º Quando o ato tiver de ser praticado diretamente pela parte ou por quem, de qualquer forma, participe do processo, sem a intermediação de representante judicial, o dia do começo do prazo para cumprimento da determinação judicial corresponderá à data em que se der a comunicação.

§ 4º Aplica-se o disposto no inciso II do *caput* à citação com hora certa.

Art. 232. Nos atos de comunicação por carta precatória, rogatória ou de ordem, a realização da citação ou da intimação será imediatamente informada, por meio eletrônico, pelo juiz deprecado ao juiz deprecante.

Art. 233. Incumbe ao juiz verificar se o serventuário excedeu, sem motivo legítimo, os prazos estabelecidos em lei.

§ 1º Constatada a falta, o juiz ordenará a instauração de processo administrativo, na forma da lei.

§ 2º Qualquer das partes, o Ministério Público ou a Defensoria Pública poderá representar ao juiz contra o serventuário que injustificadamente exceder os prazos previstos em lei.

Art. 234. Os advogados públicos ou privados, o defensor público e o membro do Ministério Público devem restituir os autos no prazo do ato a ser praticado.

§ 1º É lícito a qualquer interessado exigir os autos do advogado que exceder prazo legal.

§ 2º Se, intimado, o advogado não devolver os autos no prazo de três dias, perderá o direito à vista fora de cartório e incorrerá em multa correspondente à metade do salário mínimo.

§ 3º Verificada a falta, o juiz comunicará o fato à seção local da Ordem dos Advogados do Brasil para procedimento disciplinar e imposição de multa.

§ 4º Se a situação envolver membro do Ministério Público, da Defensoria Pública ou da Advocacia Pública, a multa, se for o caso, será aplicada ao agente público responsável pelo ato.

§ 5º Verificada a falta, o juiz comunicará o fato ao órgão competente responsável pela instauração de procedimento disciplinar contra o membro que atuou no feito.

Art. 235. Qualquer parte, o Ministério Público ou a Defensoria Pública poderá representar ao corregedor do tribunal ou ao Conselho Nacional de Justiça contra juiz ou relator que injustificadamente exceder os prazos previstos em lei, regulamento ou regimento interno.

§ 1º Distribuída a representação ao órgão competente e ouvido previamente o juiz, não sendo caso de arquivamento liminar, será instaurado procedimento para apuração da responsabilidade, com intimação do representado por meio eletrônico para, querendo, apresentar justificativa no prazo de quinze dias.

§ 2º Sem prejuízo das sanções administrativas cabíveis, em até 48 horas após a apresentação ou não da justificativa de que trata o § 1º, se for o caso, o corregedor do tribunal ou o relator no Conselho Nacional de Justiça determinará a intimação do representado por meio eletrônico para que, em dez dias, pratique o ato.

§ 3º Mantida a inércia, os autos serão remetidos ao substituto legal do juiz ou do relator contra o qual se representou para decisão em dez dias.

Art. 236. Os atos processuais serão cumpridos por ordem judicial.

§ 1º Será expedida carta para a prática de atos fora dos limites territoriais do tribunal, da comarca, da seção ou da subseção judiciárias, ressalvadas as hipóteses previstas em lei.

§ 2º O tribunal poderá expedir carta para juízo a ele vinculado, se o ato houver de se realizar fora dos limites territoriais do local de sua sede.

§ 3º Admite-se a prática de atos processuais por meio de videoconferência ou outro recurso tecnológico de transmissão de sons e imagens em tempo real.

Art. 237. Será expedida carta:

I - de ordem, pelo tribunal, na hipótese do § 2º do art. 236;

II - rogatória, para que órgão jurisdicional estrangeiro pratique ato de cooperação jurídica internacional, relativo a processo em curso perante órgão jurisdicional brasileiro;

III - precatória, para que órgão jurisdicional brasileiro pratique ou determine o cumprimento, na área de sua competência territorial, de ato relativo a pedido de cooperação judiciária formulado por órgão jurisdicional de competência territorial diversa;

IV - arbitral, para que órgão do Poder Judiciário pratique ou determine o cumprimento, na área de sua competência territorial, de ato objeto de pedido de cooperação judiciária formulado por juízo arbitral, inclusive os que importem efetivação de tutela provisória.

Parágrafo único. Se o ato relativo a processo em curso na justiça federal ou em tribunal superior houver de ser praticado em local onde não haja vara federal, a carta poderá ser dirigida ao juízo estadual da respectiva comarca.

Art. 238. Citação é o ato pelo qual são convocados o réu, o executado ou o interessado para integrar a relação processual.

Art. 239. Para a validade do processo é indispensável a citação do réu ou do executado, ressalvadas as hipóteses de indeferimento da petição inicial ou de improcedência liminar do pedido.

§ 1º O comparecimento espontâneo do réu ou do executado supre a falta ou a nulidade da citação, fluindo a partir desta data o prazo para apresentação de contestação ou de embargos à execução.

§ 2º Rejeitada a alegação de nulidade, tratando-se de processo de:

I - conhecimento, o réu será considerado revel;

II - execução, o feito terá seguimento.

Art. 240. A citação válida, ainda quando ordenada por juízo incompetente, induz litispendência, torna litigiosa a coisa e constitui em mora o devedor, ressalvado o disposto nos arts. 397 e 398 da Lei no 10.406, de 10 de janeiro de 2002 (Código Civil).

§ 1º A interrupção da prescrição, operada pelo despacho que ordena a citação, ainda que proferido por juízo incompetente, retroagirá à data de propositura da ação.

§ 2º Incumbe ao autor adotar, no prazo de dez dias, as providências necessárias para viabilizar a citação, sob pena de não se aplicar o disposto no § 1º.

§ 3º A parte não será prejudicada pela demora imputável exclusivamente ao serviço judiciário.

§ 4º O efeito retroativo a que se refere o § 1º aplica-se à decadência e aos demais prazos extintivos previstos em lei.

Art. 241. Transitada em julgado a sentença de mérito proferida em favor do réu antes da citação, incumbe ao escrivão ou ao chefe de secretaria comunicar-lhe o resultado do julgamento.

Art. 242. A citação será pessoal, podendo, no entanto, ser feita na pessoa do representante legal ou do procurador do réu, do executado ou do interessado.

§ 1º Na ausência do citando, a citação será feita na pessoa de seu mandatário, administrador, preposto ou gerente, quando a ação se originar de atos por eles praticados.

§ 2º O locador que se ausentar do Brasil sem cientificar o locatário de que deixou, na localidade onde estiver situado o imóvel, procurador com poderes para receber citação será citado na pessoa do administrador do imóvel encarregado do recebimento dos aluguéis, que será considerado habilitado para representar o locador em juízo.

§ 3º A citação da União, dos estados, do Distrito Federal, dos municípios e de suas respectivas autarquias e fundações de direito público será realizada perante o órgão de Advocacia Pública responsável por sua representação judicial.

Art. 243. A citação poderá ser feita em qualquer lugar em que se encontre o réu, o executado ou o interessado.

Parágrafo único. O militar em serviço ativo será citado na unidade em que estiver servindo, se não for conhecida sua residência ou nela não for encontrado.

Art. 244. Não se fará a citação, salvo para evitar o perecimento do direito:

I – de quem estiver participando de ato de culto religioso;

II – de cônjuge, de companheiro ou de qualquer parente do morto, consanguíneo ou afim, em linha reta ou na linha colateral em segundo grau, no dia do falecimento e nos sete dias seguintes;

III – de noivos, nos três primeiros dias seguintes ao casamento;

IV – de doente, enquanto grave o seu estado.

Art. 245. Não se fará citação quando se verificar que o citando é mentalmente incapaz ou está impossibilitado de recebê-la.

§ 1º O oficial de Justiça descreverá e certificará minuciosamente a ocorrência.

§ 2º Para examinar o citando, o juiz nomeará médico, que apresentará laudo no prazo de cinco dias.

§ 3º Dispensa-se a nomeação de que trata o § 2º se pessoa da família apresentar declaração do médico do citando que ateste a incapacidade deste.

§ 4º Reconhecida a impossibilidade, o juiz nomeará curador ao citando, observando, quanto à sua escolha, a preferência estabelecida em lei e restringindo a nomeação à causa.

§ 5º A citação será feita na pessoa do curador, a quem incumbirá a defesa dos interesses do citando.

Art. 246. A citação será feita:

I – pelo correio;

II – por oficial de Justiça;

III – pelo escrivão ou chefe de secretaria, se o citando comparecer em cartório;

IV – por edital;

V – por meio eletrônico, conforme regulado em lei.

§ 1º Com exceção das microempresas e das empresas de pequeno porte, as empresas públicas e privadas são obrigadas a manter cadastro nos sistemas de processo em autos eletrônicos, para efeito de recebimento de citações e intimações, as quais serão efetuadas preferencialmente por esse meio.

§ 2º O disposto no § 1º aplica-se à União, aos estados, ao Distrito Federal, aos municípios e às entidades da Administração Indireta.

§ 3º Na ação de usucapião de imóvel, os confinantes serão citados pessoalmente, exceto quando tiver por objeto unidade autônoma de prédio em condomínio, caso em que tal citação é dispensada.

Art. 247. A citação será feita pelo correio para qualquer comarca do país, exceto:

I – nas ações de estado, observado o disposto no art. 695, § 3º;

II – quando o citando for incapaz;

III – quando o citando for pessoa de direito público;

IV – quando o citando residir em local não atendido pela entrega domiciliar de correspondência;

V – quando o autor, justificadamente, a requerer de outra forma.

Art. 248. Deferida a citação pelo correio, o escrivão ou o chefe de secretaria remeterá ao citando cópias da petição inicial e do despacho do juiz e comunicará o prazo para resposta, o endereço do juízo e o respectivo cartório.

§ 1º A carta será registrada para entrega ao citando, exigindo-lhe o carteiro, ao fazer a entrega, que assine o recibo.

§ 2º Sendo o citando pessoa jurídica, será válida a entrega do mandado a pessoa com poderes de gerência geral ou de administração ou, ainda, a funcionário responsável pelo recebimento de correspondências.

§ 3º Da carta de citação no processo de conhecimento constarão os requisitos do art. 250.

§ 4º Nos condomínios edilícios ou nos loteamentos com controle de acesso, será válida a entrega do mandado a funcionário da portaria responsável pelo recebimento de correspondência, que, entretanto, poderá recusar o recebimento, se declarar, por escrito, sob as penas da lei, que o destinatário da correspondência está ausente.

Art. 249. A citação será feita por meio de oficial de Justiça nas hipóteses previstas neste Código ou em lei, ou quando frustrada a citação pelo correio.

Art. 250. O mandado que o oficial de Justiça tiver de cumprir conterá:

I – os nomes do autor e do citando e seus respectivos domicílios ou residências;

II – a finalidade da citação, com todas as especificações constantes da petição inicial, bem como a menção do prazo para contestar, sob pena de revelia, ou para embargar a execução;

III – a aplicação de sanção para o caso de descumprimento da ordem, se houver;

IV – se for o caso, a intimação do citando para comparecer, acompanhado de advogado ou de defensor público, à audiência de conciliação ou de mediação, com a menção do dia, da hora e do lugar do comparecimento;

V – a cópia da petição inicial, do despacho ou da decisão que deferir tutela provisória;

VI – a assinatura do escrivão ou do chefe de secretaria e a declaração de que o subscreve por ordem do juiz.

Art. 251. Incumbe ao oficial de Justiça procurar o citando e, onde o encontrar, citá-lo:

I – lendo-lhe o mandado e entregando-lhe a contrafé;

II – portando por fé se recebeu ou recusou a contrafé;

III – obtendo a nota de ciente ou certificando que o citando não a apôs no mandado.

Art. 252. Quando, por duas vezes, o oficial de Justiça houver procurado o citando em seu domicílio ou residência sem o encontrar, deverá, havendo suspeita de ocultação, intimar qualquer pessoa da família ou, em sua falta, qualquer vizinho de que, no dia útil imediato, voltará a fim de efetuar a citação, na hora que designar.

Parágrafo único. Nos condomínios edilícios ou nos loteamentos com controle de acesso, será válida a intimação a que se refere o *caput* feita a funcionário da portaria responsável pelo recebimento de correspondência.

Art. 253. No dia e na hora designados, o oficial de Justiça, independentemente de novo despacho, comparecerá ao domicílio ou à residência do citando a fim de realizar a diligência.

§ 1º Se o citando não estiver presente, o oficial de Justiça procurará informar-se das razões da ausência, dando por feita a citação, ainda que o citando se tenha ocultado em outra comarca, seção ou subseção judiciárias.

§ 2º A citação com hora certa será efetivada mesmo que a pessoa da família ou o vizinho que houver sido intimado esteja ausente, ou se, embora presente, a pessoa da família ou o vizinho se recusar a receber o mandado.

§ 3º Da certidão da ocorrência, o oficial de Justiça deixará contrafé com qualquer pessoa da família ou vizinho, conforme o caso, declarando-lhe o nome.

§ 4º O oficial de Justiça fará constar do mandado a advertência de que será nomeado curador especial se houver revelia.

Art. 254. Feita a citação com hora certa, o escrivão ou chefe de secretaria enviará ao réu, executado ou interessado, no prazo de dez dias, contado da data da juntada do mandado aos autos, carta, telegrama ou correspondência eletrônica, dando-lhe de tudo ciência.

Art. 255. Nas comarcas contíguas de fácil comunicação e nas que se situem na mesma região metropolitana, o oficial de Justiça poderá efetuar, em qualquer delas, citações, intimações, notificações, penhoras e quaisquer outros atos executivos.

Art. 256. A citação por edital será feita:

I – quando desconhecido ou incerto o citando;

II – quando ignorado, incerto ou inacessível o lugar em que se encontrar o citando;

III – nos casos expressos em lei.

§ 1º Considera-se inacessível, para efeito de citação por edital, o país que recusar o cumprimento de carta rogatória.

§ 2º No caso de ser inacessível o lugar em que se encontrar o réu, a notícia de sua citação será divulgada também pelo rádio, se na comarca houver emissora de radiodifusão.

§ 3º O réu será considerado em local ignorado ou incerto se infrutíferas as tentativas de sua localização, inclusive mediante requisição pelo juízo de informações sobre seu endereço nos cadastros de órgãos públicos ou de concessionárias de serviços públicos.

Art. 257. São requisitos da citação por edital:

I – a afirmação do autor ou a certidão do oficial informando a presença das circunstâncias autorizadoras;

II – a publicação do edital na rede mundial de computadores, no sítio do respectivo tribunal e na plataforma de editais do Conselho Nacional de Justiça, que deve ser certificada nos autos;

III – a determinação, pelo juiz, do prazo, que variará entre vinte e sessenta dias, fluindo da data da publicação única ou, havendo mais de uma, da primeira;

IV – a advertência de que será nomeado curador especial em caso de revelia.

Parágrafo único. O juiz poderá determinar que a publicação do edital seja feita também em jornal local de ampla circulação ou por outros meios, considerando as peculiaridades da comarca, da seção ou da subseção judiciárias.

Art. 258. A parte que requerer a citação por edital, alegando dolosamente a ocorrência das circunstâncias autorizadoras para sua realização, incorrerá em multa de cinco vezes o salário mínimo.

Parágrafo único. A multa reverterá em benefício do citando.

Art. 259. Serão publicados editais:

I – na ação de usucapião de imóvel;

II – na ação de recuperação ou substituição de título ao portador;

III – em qualquer ação em que seja necessária, por determinação legal, a provocação, para participação no processo, de interessados incertos ou desconhecidos.

Art. 260. São requisitos das cartas de ordem, precatória e rogatória:

I – a indicação dos juízes de origem e de cumprimento do ato;

II – o inteiro teor da petição, do despacho judicial e do instrumento do mandato conferido ao advogado;

III – a menção do ato processual que lhe constitui o objeto;

IV – o encerramento com a assinatura do juiz.

§ 1º O juiz mandará trasladar para a carta quaisquer outras peças, bem como instruí-la com mapa, desenho ou gráfico, sempre que esses documentos devam ser examinados, na diligência, pelas partes, pelos peritos ou pelas testemunhas.

§ 2º Quando o objeto da carta for exame pericial sobre documento, este será remetido em original, ficando nos autos reprodução fotográfica.

§ 3º A carta arbitral atenderá, no que couber, aos requisitos a que se refere o *caput* e será instruída com a convenção de arbitragem e com as provas da nomeação do árbitro e de sua aceitação da função.

Art. 261. Em todas as cartas o juiz fixará o prazo para cumprimento, atendendo à facilidade das comunicações e à natureza da diligência.

§ 1º As partes deverão ser intimadas pelo juiz do ato de expedição da carta.

§ 2º Expedida a carta, as partes acompanharão o cumprimento da diligência perante o juízo destinatário, ao qual compete a prática dos atos de comunicação.

§ 3º A parte a quem interessar o cumprimento da diligência cooperará para que o prazo a que se refere o *caput* seja cumprido.

Art. 262. A carta tem caráter itinerante, podendo, antes ou depois de lhe ser ordenado o cumprimento, ser encaminhada a juízo diverso do que dela consta, a fim de se praticar o ato.

Parágrafo único. O encaminhamento da carta a outro juízo será imediatamente comunicado ao órgão expedidor, que intimará as partes.

Art. 263. As cartas deverão, preferencialmente, ser expedidas por meio eletrônico, caso em que a assinatura do juiz deverá ser eletrônica, na forma da lei.

Art. 264. A carta de ordem e a carta precatória por meio eletrônico, por telefone ou por telegrama conterão, em resumo substancial, os requisitos mencionados no art. 250, especialmente no que se refere à aferição da autenticidade.

Art. 265. O secretário do tribunal, o escrivão ou o chefe de secretaria do juízo deprecante transmitirá, por telefone, a carta de ordem ou a carta precatória ao juízo em que houver de se cumprir o ato, por intermédio do escrivão do primeiro ofício da primeira vara, se houver na comarca mais de um ofício ou de uma vara, observando-se, quanto aos requisitos, o disposto no art. 264.

§ 1º O escrivão ou o chefe de secretaria, no mesmo dia ou no dia útil imediato, telefonará ou enviará mensagem eletrônica ao secretário do tribunal, ao escrivão ou ao chefe de secretaria do juízo deprecante, lendo-lhe os termos da carta e solicitando-lhe que os confirme.

§ 2º Sendo confirmada, o escrivão ou o chefe de secretaria submeterá a carta a despacho.

Art. 266. Serão praticados de ofício os atos requisitados por meio eletrônico e de telegrama, devendo a parte depositar, contudo, na secretaria do tribunal ou no cartório do juízo deprecante, a importância correspondente às despesas que serão feitas no juízo em que houver de praticar-se o ato.

Art. 267. O juiz recusará cumprimento a carta precatória ou arbitral, devolvendo-a com decisão motivada quando:

I – a carta não estiver revestida dos requisitos legais;

II – faltar ao juiz competência em razão da matéria ou da hierarquia;

III – o juiz tiver dúvida acerca de sua autenticidade.

Parágrafo único. No caso de incompetência em razão da matéria ou da hierarquia, o juiz deprecado, conforme o ato a ser praticado, poderá remeter a carta ao juiz ou ao tribunal competente.

Art. 268. Cumprida a carta, será devolvida ao juízo de origem no prazo de dez dias, independentemente de traslado, pagas as custas pela parte.

Art. 269. Intimação é o ato pelo qual se dá ciência a alguém dos atos e dos termos do processo.

§ 1º É facultado aos advogados promover a intimação do advogado da outra parte por meio do correio, juntando aos autos, a seguir, cópia do ofício de intimação e do aviso de recebimento.

§ 2º O ofício de intimação deverá ser instruído com cópia do despacho, da decisão ou da sentença.

§ 3º A intimação da União, dos estados, do Distrito Federal, dos municípios e de suas respectivas autarquias e fundações de direito público será realizada perante o órgão de Advocacia Pública responsável por sua representação judicial.

Art. 270. As intimações realizam-se, sempre que possível, por meio eletrônico, na forma da lei.

Parágrafo único. Aplica-se ao Ministério Público, à Defensoria Pública e à Advocacia Pública o disposto no § 1º do art. 246.

Art. 271. O juiz determinará de ofício as intimações em processos pendentes, salvo disposição em contrário.

Art. 272. Quando não realizadas por meio eletrônico, consideram-se feitas as intimações pela publicação dos atos no órgão oficial.

§ 1º Os advogados poderão requerer que, na intimação a eles dirigida, figure apenas o nome da sociedade a que pertençam, desde que devidamente registrada na Ordem dos Advogados do Brasil.

§ 2º Sob pena de nulidade, é indispensável que da publicação constem os nomes das partes e de seus advogados, com o respectivo número de inscrição na Ordem dos Advogados do Brasil, ou, se assim requerido, da sociedade de advogados.

§ 3º A grafia dos nomes das partes não deve conter abreviaturas.

§ 4º A grafia dos nomes dos advogados deve corresponder ao nome completo e ser a mesma que constar da procuração ou que estiver registrada na Ordem dos Advogados do Brasil.

§ 5º Constando dos autos pedido expresso para que as comunicações dos atos processuais sejam feitas em nome dos advogados indicados, o seu desatendimento implicará nulidade.

§ 6º A retirada dos autos do cartório ou da secretaria em carga pelo advogado, por pessoa credenciada a pedido do advogado ou da sociedade de advogados, pela Advocacia Pública, pela Defensoria Pública ou pelo Ministério Público implicará intimação de qualquer decisão contida no processo retirado, ainda que pendente de publicação.

§ 7º O advogado e a sociedade de advogados deverão requerer o respectivo credenciamento para a retirada de autos por preposto.

§ 8º A parte arguirá a nulidade da intimação em capítulo preliminar do próprio ato que lhe caiba praticar, o qual será tido por tempestivo se o vício for reconhecido.

§ 9º Não sendo possível a prática imediata do ato diante da necessidade de acesso prévio aos autos, a parte limitar-se-á a arguir a nulidade da intimação, caso em que o prazo será contado da intimação da decisão que a reconheça.

Art. 273. Se inviável a intimação por meio eletrônico e não houver na localidade publicação em órgão oficial, incumbirá ao escrivão ou chefe de secretaria intimar de todos os atos do processo os advogados das partes:

I - pessoalmente, se tiverem domicílio na sede do juízo;

II - por carta registrada, com aviso de recebimento, quando forem domiciliados fora do juízo.

Art. 274. Não dispondo a lei de outro modo, as intimações serão feitas às partes, aos seus representantes legais, aos advogados e aos demais sujeitos do processo pelo correio ou, se presentes em cartório, diretamente pelo escrivão ou chefe de secretaria.

Parágrafo único. Presumem-se válidas as intimações dirigidas ao endereço constante dos autos, ainda que não recebidas pessoalmente pelo interessado, se a modificação temporária ou definitiva não tiver sido devidamente comunicada ao juízo, fluindo os prazos a partir da juntada aos autos do comprovante de entrega da correspondência no primitivo endereço.

Art. 275. A intimação será feita por oficial de Justiça quando frustrada a realização por meio eletrônico ou pelo correio.

§ 1º A certidão de intimação deve conter:

I - a indicação do lugar e a descrição da pessoa intimada, mencionando, quando possível, o número de seu documento de identidade e o órgão que o expediu;

II - a declaração de entrega da contrafé;

III -a nota de ciente ou a certidão de que o interessado não a apôs no mandado.

§ 2º Caso necessário, a intimação poderá ser efetuada com hora certa ou por edital.

Art. 276. Quando a lei prescrever determinada forma sob pena de nulidade, a decretação desta não pode ser requerida pela parte que lhe deu causa.

Art. 277. Quando a lei prescrever determinada forma, o juiz considerará válido o ato se, realizado de outro modo, lhe alcançar a finalidade.

Art. 278. A nulidade dos atos deve ser alegada na primeira oportunidade em que couber à parte falar nos autos, sob pena de preclusão.

Parágrafo único. Não se aplica o disposto no *caput* às nulidades que o juiz deva decretar de ofício, nem prevalece a preclusão provando a parte legítimo impedimento.

Art. 279. É nulo o processo quando o membro do Ministério Público não for intimado a acompanhar o feito em que deva intervir.

§ 1º Se o processo tiver tramitado sem conhecimento do membro do Ministério Público, o juiz invalidará os atos praticados a partir do momento em que ele deveria ter sido intimado.

§ 2º A nulidade só pode ser decretada após a intimação do Ministério Público, que se manifestará sobre a existência ou a inexistência de prejuízo.

Art. 280. As citações e as intimações serão nulas quando feitas sem observância das prescrições legais.

Art. 281. Anulado o ato, consideram-se de nenhum efeito todos os subsequentes que dele dependam, todavia, a nulidade de uma parte do ato não prejudicará as outras que dela sejam independentes.

Art. 282. Ao pronunciar a nulidade, o juiz declarará que atos são atingidos e ordenará as providências necessárias a fim de que sejam repetidos ou retificados.

§ 1º O ato não será repetido nem sua falta será suprida quando não prejudicar a parte.

§ 2º Quando puder decidir o mérito a favor da parte a quem aproveite a decretação da nulidade, o juiz não a pronunciará nem mandará repetir o ato ou suprir-lhe a falta.

Art. 283. O erro de forma do processo acarreta unicamente a anulação dos atos que não possam ser aproveitados, devendo ser praticados os que forem necessários a fim de se observarem as prescrições legais.

Parágrafo único. Dar-se-á o aproveitamento dos atos praticados desde que não resulte prejuízo à defesa de qualquer parte.

Art. 284. Todos os processos estão sujeitos a registro, devendo ser distribuídos onde houver mais de um juiz.

Art. 285. A distribuição, que poderá ser eletrônica, será alternada e aleatória, obedecendo-se rigorosa igualdade.

Parágrafo único. A lista de distribuição deverá ser publicada no Diário de Justiça.

Art. 286. Serão distribuídas por dependência as causas de qualquer natureza:

I - quando se relacionarem, por conexão ou continência, com outra já ajuizada;

II - quando, tendo sido extinto o processo sem resolução de mérito, for reiterado o pedido, ainda que em litisconsórcio com outros autores ou que sejam parcialmente alterados os réus da demanda;

III - quando houver ajuizamento de ações nos termos do art. 55, § 3º, ao juízo prevento.

Parágrafo único. Havendo intervenção de terceiro, reconvenção ou outra hipótese de ampliação objetiva do processo, o juiz, de ofício, mandará proceder à respectiva anotação pelo distribuidor.

Art. 287. A petição inicial deve vir acompanhada de procuração, que conterá os endereços do advogado, eletrônico e não eletrônico.

Parágrafo único. Dispensa-se a juntada da procuração:

I - no caso previsto no art. 104;

II - se a parte estiver representada pela Defensoria Pública;

III - se a representação decorrer diretamente de norma prevista na Constituição Federal ou em lei.

Art. 288. O juiz, de ofício ou a requerimento do interessado, corrigirá o erro ou compensará a falta de distribuição.

Art. 289. A distribuição poderá ser fiscalizada pela parte, por seu procurador, pelo Ministério Público e pela Defensoria Pública.

Art. 290. Será cancelada a distribuição do feito se a parte, intimada na pessoa de seu advogado, não realizar o pagamento das custas e despesas de ingresso em quinze dias.

Art. 291. A toda causa será atribuído valor certo, ainda que não tenha conteúdo econômico imediatamente aferível.

Art. 292. O valor da causa constará da petição inicial ou da reconvenção e será:

I - na ação de cobrança de dívida, a soma monetariamente corrigida do principal, dos juros de mora vencidos e de outras penalidades, se houver, até a data de propositura da ação;

II - na ação que tiver por objeto a existência, a validade, o cumprimento, a modificação, a resolução, a resilição ou a rescisão de ato jurídico, o valor do ato ou o de sua parte controvertida;

III - na ação de alimentos, a soma de doze prestações mensais pedidas pelo autor;

IV -na ação de divisão, de demarcação e de reivindicação, o valor de avaliação da área ou do bem objeto do pedido;

V -na ação indenizatória, inclusive a fundada em dano moral, o valor pretendido;

VI -na ação em que há cumulação de pedidos, a quantia correspondente à soma dos valores de todos eles;

VII -na ação em que os pedidos são alternativos, o de maior valor;

VIII -na ação em que houver pedido subsidiário, o valor do pedido principal.

§ 1º Quando se pedirem prestações vencidas e vincendas, considerar-se-á o valor de umas e outras.

§ 2º O valor das prestações vincendas será igual a uma prestação anual, se a obrigação for por tempo indeterminado ou por tempo superior a um ano, e, se por tempo inferior, será igual à soma das prestações.

§ 3º O juiz corrigirá, de ofício e por arbitramento, o valor da causa quando verificar que não corresponde ao conteúdo patrimonial em discussão ou ao proveito econômico perseguido pelo autor, caso em que se procederá ao recolhimento das custas correspondentes.

Art. 293. O réu poderá impugnar, em preliminar da contestação, o valor atribuído à causa pelo autor, sob pena de preclusão, e o juiz decidirá a respeito, impondo, se for o caso, a complementação das custas.

▶ LEIS EXTRAVAGANTES

Lei 11.419/06 -
Informatização do Processo Judicial

[...] Art. 5º As intimações serão feitas por meio eletrônico em portal próprio aos que se cadastrarem na forma do art. 2º desta Lei, dispensando-se a publicação no órgão oficial, inclusive eletrônico.

§ 1º Considerar-se-á realizada a intimação no dia em que o intimando efetivar a consulta eletrônica ao teor da intimação, certificando-se nos autos a sua realização.

§ 2º Na hipótese do § 1º deste artigo, nos casos em que a consulta se dê em dia não útil, a intimação será considerada como realizada no primeiro dia útil seguinte.

§ 3º A consulta referida nos §§ 1º e 2º deste artigo deverá ser feita em até dez dias corridos contados da data do envio da intimação, sob pena de considerar-se a intimação automaticamente realizada na data do término desse prazo.

§ 4º Em caráter informativo, poderá ser efetivada remessa de correspondência eletrônica, comunicando o envio da intimação e a abertura automática do prazo processual nos termos do § 3º deste artigo, aos que manifestarem interesse por esse serviço.

§ 5º Nos casos urgentes em que a intimação feita na forma deste artigo possa causar prejuízo a quaisquer das partes ou nos casos em que for evidenciada qualquer tentativa de burla ao sistema, o ato processual deverá ser realizado por outro meio que atinja a sua finalidade, conforme determinado pelo juiz.

§ 6º As intimações feitas na forma deste artigo, inclusive da Fazenda Pública, serão consideradas pessoais para todos os efeitos legais.

Art. 6º Observadas as formas e as cautelas do art. 5º desta Lei, as citações, inclusive da Fazenda Pública, excetuadas as dos direitos processuais criminal e infracional, poderão ser feitas por meio eletrônico, desde que a íntegra dos autos seja acessível ao citando.

Questões
Capítulo 4

1. **(FCC – Técnico Judiciário – Área Administrativa – TRF 3/2014)** Pedro, oficial de justiça, viajou para visitar sua mãe doente e resolveu delegar a outra pessoa o cumprimento de mandado de citação do réu de uma ação de cobrança. A conduta de Pedro

a) é ilegal, pois está obrigado a realizar pessoalmente as diligências próprias de seu cargo.
b) é legal, se a pessoa à qual delegou as atribuições tiver cumprido as formalidades inerentes ao ato citatório e for analista judiciário oficial de justiça.
c) só é ilegal se a pessoa que cumpriu a diligência for seu cônjuge, irmão ou parente até o terceiro grau.
d) legal, porque a lei atribui ao oficial de justiça poderes para delegar suas funções por necessidade do serviço ou outro motivo justificado.
e) só é ilegal se a certidão a respeito da ocorrência, com menção de lugar, dia e hora, não tiver sido lavrada e assinada pelo próprio oficial de justiça.

COMENTÁRIOS

Deverá o oficial de justiça fazer pessoalmente citações, prisões, penhoras, arrestos e demais diligências próprias do seu ofício, sempre que possível na presença de duas testemunhas, certificando no mandado o ocorrido, com menção ao lugar, ao dia e à hora (art. 154, I, CPC). Alternativa correta: letra "A".

2. **(FCC – Analista Judiciário – Oficial de Just. Avaliador Federal – TRT 6/2018)** Em relação à citação, é correto afirmar:

a) Para a validade do processo é indispensável a citação do réu ou do executado, em qualquer hipótese.
b) A juntada aos autos de procuração com poderes para receber citação equivale ao comparecimento espontâneo do réu, desde que tenha o advogado a potencial possibilidade de ter acesso aos autos do processo.
c) É anulável a citação feita sem obediência às formalidades legais.
d) O juiz não pode, de ofício, reconhecer a falta ou nulidade da citação, dependendo de provocação da parte nesse sentido, em obediência ao princípio da inércia jurisdicional.
e) A citação será sempre pessoal, por se tratar de ato formal e solene, não podendo em nenhuma hipótese ser realizada na pessoa de terceiros, ainda que

representantes legais, neste último caso excepcionada a citação na figura dos pais, curadores ou tutores de incapazes.

COMENTÁRIOS

A citação é o ato processual pelo qual são convocados o réu, o executado ou o interessado para integrar a relação processual (art. 238, *caput*). Porém, admite-se que o réu compareça espontaneamente, quando então eventual falta ou nulidade da citação estará suprida, fluindo o prazo a partir desta data para apresentação de contestação ou de embargos à execução (art. 238, § 1º).

3. **(FCC – Analista Judiciário – Oficial de Just. Avaliador Federal – TRT 6/2018)** No tocante às intimações,

a) presumem-se válidas as intimações dirigidas ao endereço constante dos autos, ainda que não recebidas pessoalmente pelo interessado, se a modificação temporária ou definitiva não tiver sido devidamente comunicada ao juízo, fluindo os prazos a partir da juntada aos autos do comprovante de entrega da correspondência no primitivo endereço.
b) serão feitas preferencialmente por oficial de justiça; frustrado o ato por esse meio, realizar-se-ão por meio eletrônico ou pelo correio.
c) somente as citações podem ser feitas por hora certa ou edital; já as intimações podem eventualmente realizar-se por edital, defeso porém o ato com hora certa.
d) é obrigatório aos advogados promover a intimação do advogado da outra parte, por via postal, juntando-se aos autos em seguida cópia do aviso de recebimento.
e) o juiz determinará, a requerimento das partes, as intimações em processos pendentes, defeso o ato de ofício.

COMENTÁRIOS

Não havendo disposição legal em sentido contrário, as intimações serão feitas às partes, aos seus representantes legais, aos advogados e aos demais sujeitos do processo pelo correio ou, se presentes em cartório, diretamente pelo escrivão ou chefe de secretaria. Contudo, presumem-se válidas as intimações dirigidas ao endereço constante dos autos, ainda que não recebidas pessoalmente pelo interessado, se a modificação temporária ou definitiva não tiver sido devidamente comunicada ao juízo, fluindo os prazos a partir da juntada aos autos do comprovante de entrega da correspondência no primitivo endereço (art. 274, parágrafo único). Alternativa correta: letra "A".

4. **(FCC – Analista Judiciário – Área Judiciária – TRT 15/2018)** No tocante à citação,

a) verificando que o citando é mentalmente incapaz, o oficial de justiça procederá ao ato de citação, descrevendo e certificando minuciosamente a ocorrência, para que o juiz determine laudo médico que comprove a incapacidade.

b) com exceção das microempresas, das cooperativas e das sociedades de responsabilidade limitada, as empresas públicas e privadas são obrigadas a manter cadastro nos sistemas de processo em autos eletrônicos, para efeito de recebimento de citações e intimações, as quais serão efetuadas preferencialmente por esse meio.

c) será pessoal, podendo, no entanto, ser feita na pessoa do representante legal ou do procurador do réu, do executado ou do interessado.

d) não se procederá ao ato citatório de doente, em nenhuma hipótese, enquanto for grave o seu estado.

e) será feita por edital quando o oficial de justiça suspeitar por fortes evidências de ocultação por parte do citando.

COMENTÁRIOS

Como regra, a citação será pessoal. Admite-se, no entanto, que seja feita na pessoa do representante legal ou do procurador do réu, do executado ou do interessado (art. 242, *caput*). Alternativa correta: letra "C".

5. **(FCC – Analista Judiciário – Área Judiciária – TRT 6/2018)** A fim de agilizar o curso dos processos em sua Comarca, um dos juízes de Jundiaí determina que os prazos para contestação nas ações de procedimento ordinário serão de dez dias. Faz isso de forma geral, unilateralmente, e a circunstância passa a constar em todos os mandatos de citação, para que o réu não alegue ignorância ou prejuízo.

Essa conduta, em face do Código de Processo Civil, é

a) equivocada processualmente, pois não é dado ao juiz reduzir nenhum prazo, em nenhuma hipótese, salvo se pleiteado pelas partes de comum acordo em negócio jurídico processual.

b) correta processualmente, pois prestigia o princípio da duração razoável do processo, mostrando-se irrelevante a natureza do prazo.

c) correta processualmente, uma vez que os réus estão cientificados dos mandados de citação e não podem alegar ignorância ou prejuízo.

d) correta processualmente, uma vez que se trata da redução de um prazo dilatório e não peremptório, não havendo assim necessidade de anuência das partes.

e) equivocada processualmente, pois é defeso ao juiz reduzir prazos peremptórios e sem anuência das partes.

COMENTÁRIOS

Entre as incumbências do juiz, está de dilatar os prazos processuais (art. 139, VI), não havendo necessidade de concordância das partes. Contudo, não poderá o juiz, sem tal consentimento, reduzir prazos peremptórios (art. 222, § 1º). Alternativa correta: letra "E".

6. **(Cespe - Analista Judiciário - Área Judiciária - TRE - PE/2017)** A respeito dos poderes, deveres e responsabilidades do juiz e dos atos processuais, assinale a opção correta à luz do Código de Processo Civil (CPC).

a) Não podem ocorrer durante as férias forenses citações, intimações e penhoras, ainda que haja autorização judicial.

b) Na ausência de preceito legal ou prazo determinado pelo juiz, será de cinco dias úteis o prazo para a prática de ato processual a cargo da parte.

c) O juiz pode dilatar e reduzir os prazos processuais, adequando-os às necessidades do conflito, de modo a conferir maior efetividade à tutela do direito.

d) Pode o magistrado declarar-se suspeito no processo por razões de foro íntimo; contudo, para assim fazer, ele deve externar tais razões.

e) O terceiro que demonstre interesse jurídico poderá requerer ao juiz certidão de inteiro teor da sentença, no caso de processo que tramite sob segredo de justiça.

COMENTÁRIOS

Os atos processuais devem ser praticados no prazo previsto em lei; se esta for omissa, o juiz os fixará. Contudo, inexistindo preceito legal ou prazo determinado pelo juiz, será de cinco dias o prazo para a prática de ato processual a cargo da parte (art. 218, § 3º). Alternativa correta: letra "B".

7. **(Consulplan - Técnico Judiciário - Área Administrativa - TRF 2/2017)** O Código de Processo Civil de 2015 (Lei Federal nº 13.105/15) traz diversas regras dispondo sobre a forma como serão praticados os atos processuais. Acerca do tema proposto, assinale a alternativa correta.

a) Embora o Código de Processo Civil de 2015 (Lei Federal ne 13.105/15) contemple a figura do "processo judicial eletrônico", não se admite a prática de atos processuais por meio de videoconferência ou outro recurso tecnológico de transmissão de sons e imagens em tempo real.

b) Se um ato relativo a processo em curso na justiça federal ou em tribunal superior houver de ser praticado em local onde não haja vara federal, a carta poderá ser dirigida ao juízo estadual da respectiva comarca.

c) Será expedida carta de ordem para que órgão do Poder Judiciário pratique ou determine o cumprimento, na área de sua competência territorial, de ato objeto de pedido de cooperação judiciária formulado por juízo arbitral, inclusive os que importem efetivação de tutela provisória.

d) Quando, por três vezes, o oficial de justiça houver procurado o citando em seu domicílio ou residência sem o encontrar, deverá, havendo suspeita de ocultação, intimar qualquer pessoa da família ou, em sua falta, qualquer vizinho de que, no dia útil imediato, voltará a fim de efetuar a citação, na hora que designar.

COMENTÁRIOS

É possível que determinada localidade não seja sede de Vara da Justiça Federal. Em tal situação, admite-se que a respectiva carta seja dirigida ao juízo estadual da respectiva comarca (art. 237, parágrafo único). Alternativa correta: letra "B".

8. **(Consulplan – Técnico Judiciário – Área Administrativa – TRF 2/2017)** Com os avanços tecnológicos e a utilização cada vez mais acentuada dos meios informáticos e telemáticos, a adoção do processo eletrônico revelou-se como a única alternativa viável ao operador do Direito. Assim, o legislador brasileiro fez a opção correta ao regulamentá-lo no Código de Processo Civil de 2015 (Lei Federal n° 13.105/15). Sobre o tema, assinale a alternativa INCORRETA.

a) É vedada a gravação da audiência de instrução e julgamento realizada diretamente por qualquer das partes, salvo quando houver autorização judicial para fazê-lo.
b) Quando o advogado que postular em causa própria não comunicar sua mudança de endereço ao juízo, poderá ser intimado por meio eletrônico.
c) Admite-se a prática de atos processuais por meio de videoconferência ou outro recurso tecnológico de transmissão de sons e imagens em tempo real.
d) Com exceção das microempresas e das empresas de pequeno porte, as empresas públicas e privadas são obrigadas a manter cadastro nos sistemas de processo em autos eletrônicos, para efeito de recebimento de citações e intimações, as quais serão efetuadas preferencialmente por esse meio.

COMENTÁRIOS

A audiência poderá ser integralmente gravada em imagem e em áudio, em meio digital ou analógico, desde que assegure o rápido acesso das partes e dos órgãos julgadores. Esta gravação também poderá ser realizada diretamente por qualquer das partes, independentemente de autorização judicial. Assertiva falsa é a letra "A".

9. **(Cespe – Técnico Judiciário – Área Administrativa – TRF 1/2017)** Julgue os próximos itens, relativos aos atos processuais.

Serão considerados intempestivos os atos processuais realizados antes do termo inicial do prazo.

COMENTÁRIOS

Os atos processuais devem ser praticados no prazo legal; na ausência de previsão, o juiz os fixará; e, se não existir previsão legal ou judicial, serão de cinco dias. Contudo, admite-se que ocorra a sua prática ainda que não tenha iniciado o prazo, ou seja, antes de seu termo inicial (art. 218, § 4º). Assertiva errada.

10. **(Cespe – Técnico Judiciário – Área Administrativa – TRF 1/2017)** Julgue os próximos itens, relativos aos atos processuais.

A parte poderá renunciar ao prazo estabelecido exclusivamente em seu favor, desde que o faça expressamente.

COMENTÁRIOS

Admite-se que a parte renuncie a prazo que foi estabelecido exclusivamente em seu favor, desde que o faça de maneira expressa. Assim, por exemplo, poderá a parte renunciar ao prazo para a interposição de recurso. Assertiva certa.

11. **(Cespe - Técnico Judiciário - Área Administrativa - TRF 1/2017)** Julgue os próximos itens, relativos aos atos processuais.

O serventuário deverá remeter os autos conclusos no prazo de um dia contado da data em que tiver cumprido ato processual anterior; o não cumprimento dessa regra, sem motivo legítimo, acarretará a instauração de processo administrativo.

COMENTÁRIOS

Deverá o serventuário observar os prazos previstos no CPC para a prática de atos processuais. Assim, deverá remeter os autos conclusos no prazo de um dia e executar os atos processuais no prazo de cinco dias, contado da data em que: I) houver concluído o ato processual anterior, se lhe foi imposto pela lei; II) se tiver ciência da ordem, quando determinada pelo juiz. Assertiva correta.

12. **(Cespe - Técnico Judiciário - Área Administrativa - TRF 1/2017)** Julgue os próximos itens, relativos aos atos processuais.

Ato processual eletrônico pode ser praticado em qualquer horário desde que até as vinte horas do último dia do prazo.

COMENTÁRIOS

Diferentemente do que foi afirmado, a prática eletrônica de ato processual poderá ocorrer em qualquer horário até as 24 (vinte e quatro) horas do último dia do prazo (art. 213, *caput*). Assertiva errada.

14. **(Consulplan - Técnico Judiciário - Área Administrativa - TRF 2/2017)** A Constituição da República Federativa do Brasil de 1988 disciplina o princípio do juiz natural. Este princípio possui desdobramentos no Código de Processo Civil de 2015 (Lei Federal n° 13.105/15) voltados à concepção que deve existir um determinado juízo, previamente criado e estabelecido, para julgar a causa submetida à sua apreciação. Sobre as regras processuais que disciplinam a distribuição e o registro dos procedimentos em âmbito judicial, analise as afirmativas a seguir.

I. Todos os processos estão sujeitos a registro e, onde houver mais de um juiz, devem ser distribuídos. Tal distribuição que poderá ser eletrônica, será alternada e aleatória, obedecendo-se rigorosa igualdade.

II. Serão distribuídas por dependência as causas de qualquer natureza quando, tendo sido extinto o processo sem resolução de mérito, for reiterado o pedido, ainda que em litisconsórcio com outros autores ou que sejam parcialmente alterados os réus da demanda.

III. A citação válida, quando ordenada por juízo incompetente, não produz quaisquer efeitos.

Está(ão) correta(s) apenas a(s) afirmativa(s)

a) I.

b) I e III.

c) II e III.

d) I e II.

COMENTÁRIOS

Assertiva I – correta. Todos os processos estão sujeitos a registro, devendo ser distribuídos onde houver mais de um juiz (art. 284, *caput*).

Assertiva II – correta. A distribuição poderá ser livre, quando então não será direcionada a determinado juízo. Poderá, ainda, ser vinculada ou por dependência, quando então será direcionada, desde que: I - se relacionarem, por conexão ou continência, com outra já ajuizada; II - quando, tendo sido extinto o processo sem resolução de mérito, for reiterado o pedido, ainda que em litisconsórcio com outros autores ou que sejam parcialmente alterados os réus da demanda; III - quando houver ajuizamento de ações nos termos do art. 55, § 3º, ao juízo prevento.

Assertiva III – errada. A citação válida, ainda que ordenada por juiz incompetente, induz litispendência, torna litigiosa a coisa e constitui em mora o devedor (art. 240, *caput*).

Alternativa correta: letra "D".

15. **(Consulplan – Técnico Judiciário – Área Administrativa – TRF 2/2017)** Um dos principais paradigmas que nortearam a elaboração do Código de Processo Civil de 2015 (Lei Federal nº 13.105/15) foi a busca por um processo mais célere e eficiente, capaz de tutelar, em menor tempo e com o maior grau de abrangência possível, os interesses dos jurisdicionados. Sobre o tema proposto, assinale a alternativa correta.

a) Independentemente de autorização judicial, as citações, intimações e penhoras poderão ser realizadas no período de férias forenses, onde as houver, e nos feriados ou dias úteis fora do horário estabelecido, observadas as regras constitucionais atinentes à inviolabilidade do domicílio.

b) Os litisconsortes que tiverem diferentes procuradores, ainda que associados ao mesmo escritório de advocacia, terão prazos contados em dobro para todas as suas manifestações, em qualquer juízo ou tribunal, independentemente de requerimento.

c) A União, os Estados, o Distrito Federal, os Municípios e suas respectivas autarquias, fundações públicas e empresas estatais gozarão de prazo em dobro para todas as suas manifestações processuais, cuja contagem terá início a partir da publicação na imprensa oficial.

d) Os atos processuais pela via eletrônica podem ser praticados até as 24 (vinte e quatro) horas do último dia do prazo, não sendo este passível de prorrogação caso seu término se dê em um sábado, considerado dia útil pela nova sistemática processual para efeitos forenses.

COMENTÁRIOS

As citações, intimações e penhoras poderão ser realizadas no período de férias forenses, onde as houver, e nos feriados ou dias úteis fora do horário ordinário (das 6 às 20 horas), desde que observado o constante do art. 5º, XI, da Constituição Federal. Alternativa correta: letra "A".

CAPÍTULO 5
TUTELA PROVISÓRIA

1. TUTELAS DE URGÊNCIA E DE EVIDÊNCIA

O Código de Processo Civil de 2015 denominou de provisória a tutela sumária, revogável, que pode ser deferida para em razão da existência de fundamentos relevantes e de risco de dano grave ou de difícil reparação, ou por conta da alta probabilidade de acolhimento da pretensão, não se justificando a necessidade de aguardar-se pelo final da caminhada processual.

Para tanto, tentou abreviar o procedimento para deferimento dessa medida.

Portanto, diferentemente do modelo anterior, o Código de Processo Civil de 2015, ao mesmo tempo em que bem diferenciou a tutela satisfativa, cautelar e da evidência, as inseriu em dois grandes grupos: i) tutela de urgência; ii) tutela da evidência, conforme o seu fundamento.

2. DA TUTELA ANTECIPADA E TUTELA CAUTELAR

A tutela de urgência será concedida quando houver elementos que evidenciem a probabilidade do direito (fumus boni iuris) e o perigo de dano ou o risco ao resultado útil do processo (periculum in mora).

Como visto, o CPC/2015 não diferencia os requisitos para o deferimento da tutela antecipada ou da tutela cautelar, exigindo-se a probabilidade do direito e a urgência da medida para os dois. Nos casos concretos, deverá ser identificada a providência necessária, que pode consistir em antecipar o mérito que seria acolhido apenas ao final da fase de conhecimento (antecipação dos efeitos da tutela), quando o magistrado proferirá pronunciamento que versa sobre o mérito (ou mesmo de mérito, se o fizer concomitantemente à sentença), ou então em servir como instrumento para o sucesso do processo (tutela cautelar).

Para o deferimento da tutela de urgência, o seu requerente deverá demonstrar que se encontram presentes os seus requisitos. Para tanto, poderá valer-se de justificação prévia, que consiste em oportunidade na qual serão inquiridas testemunhas.

A justificação prévia será deferida nos próprios autos em que pleiteada a concessão da tutela provisória.

É condição para o deferimento da tutela provisória que não haja perigo de irreversibilidade dos efeitos da decisão.

3. A TUTELA ANTECIPADA REQUERIDA DE FORMA ANTECEDENTE

Inovou o Código de Processo Civil de 2015 ao permitir que a tutela antecipada seja requerida de forma antecedente à instauração da relação processual.

Diferentemente do CPC de 1973, as medidas requeridas de forma antecedente não serão objeto de processo próprio, mas importarão na própria provocação do Poder Judiciário, que aguardará a vinda de futura complementação, a ser juntada nos próprios autos.

Dessa maneira, não haverá uma ação para a tutela de urgência e outra para análise do pedido principal. Tudo será analisado em um único processo, no contexto de uma única relação processual.

Ocorre que, na tutela de urgência satisfativa requerida de forma antecedente, o Poder Judiciário será provocado por meio de uma petição que, muito embora possua importantes elementos, ainda poderá ser completada futuramente.

Nesse passo, o autor apresenta a sua petição inicial, que poderá ser limitada ao requerimento da tutela antecipada e à indicação do pedido de tutela final, com a exposição da lide, do direito que se busca realizar e do perigo de dano ou do risco ao resultado útil do processo.

Se o autor já puder apresentar a sua petição inicial de forma integral, naturalmente, não haveria necessidade de pleitear a tutela antecipada antecedente.

Deverá o autor observar a necessidade de fazer a petição inicial estar acompanhada dos requisitos extrínsecos necessários, como a comprovação do recolhimento das custas, bem como da procuração.

A petição inicial será distribuída (observando-se as regras de competência) e o juízo analisará se estão presentes os requisitos para a concessão da tutela antecipada requerida.

Em caso negativo, o juiz determinará que o autor emende a inicial no prazo de cinco dias, sob pena de extinção e arquivamento. Diferentemente, em caso positivo, o magistrado deferirá a medida de urgência e determinará o prosseguimento do processo.

Competirá ao autor, então, completar a inicial, deixando-a apta à compreensão de seus argumentos e ao exercício do direito de defesa do réu, que será citado.

Concomitantemente à citação para comparecimento à audiência de conciliação, o réu será também intimado dos termos da liminar concedida, abrindo-se o prazo para que possa interpor o seu recurso de agravo de instrumento (art. 1.015, I do CPC).

4. DA TUTELA CAUTELAR E PODER GERAL DE CAUTELA

Muito embora o CPC não tenha indicado requisitos específicos para as medidas cautelares, que podem ser deferidas se presentes os fumus boni iuris e o periculum in mora, menciona que a "tutela de urgência de natureza cautelar pode ser efetivada mediante arresto, sequestro, arrolamento de bens, registro de protesto contra alienação de bem e qualquer outra medida idônea para asseguração do direito". Ou seja, de um lado, tipifica algumas medidas, mas deixa aberta a possibilidade da adoção de qualquer medida atípica para salvaguardar o direito.

5. TUTELA CAUTELAR ANTECEDENTE

O procedimento da tutela cautelar requerida em caráter antecedente segue o disposto no art. 305 e seguintes do Código de Processo Civil.

A parte apresentará petição inicial antecedente, na qual indicará a lide e seu fundamento, a exposição sumária do direito que se objetiva assegurar e o perigo de dano ou o risco ao resultado útil do processo.

Entendendo o magistrado que a situação demanda tutela antecipada, aplicará a fungibilidade e processará o requerimento com observância das regras pertinentes.

Apresentado o pedido, o réu será citado para, no prazo de cinco dias, contestar o pedido e indicar as provas que entender pertinentes.

Não contestado o pedido, presumem-se verdadeiros os fatos articulados pelo autor e o juiz decidirá. De outro lado, oferecida contestação, será observado o procedimento comum. Muito embora o art. 307 CPC 2015 indique que o juiz decidirá após oportunizar que o réu se manifeste, tem-se a possibilidade de que a medida cautelar seja deferida liminarmente, postergando-se o contraditório.

Concedida e efetivada a medida cautelar, o pedido principal deverá ser formulado pelo autor no prazo de trinta dias, nos próprios autos, sendo possível o aditamento da causa de pedir.

Uma vez apresentado o pedido principal, as partes serão intimadas para a audiência de conciliação ou de mediação, seguindo-se o procedimento em seus ulteriores termos.

Cessará a eficácia da tutela cautelar concedida em caráter antecedente: i) se o autor não apresentar o pedido principal no prazo legal; ii) se a medida não for efetiva em trinta dias; iii) se o juiz julgar improcedente o pedido principal formulado pelo autor ou extinguir o processo sem resolução do mérito (art. 309 do CPC).

É de ser destacado que não será possível que a parte apresente o seu pedido principal no prazo legal em alguns casos. Com efeito, se apresente pedido de tutela cautelar antecedente para o arresto de bens do devedor e a dívida somente vencer-se em sessenta dias, o pedido principal não poderá ser apresentado de imediato, de modo que a regra deve ser ponderada no caso concreto.

Da mesma forma, se deferida medida cautelar antecedente em caso que envolva Direito de Família, por certo, o magistrado não reconhecerá que a tutela perdeu a eficácia, em razão do interesse envolvido.

Ainda que indeferida a tutela cautelar, como o juízo realizado foi exclusivamente da presença dos seus requisitos, não haverá prejuízo para a análise do mérito da questão, salvo se o juiz reconhecer a decadência ou a prescrição.

6. TUTELA DA EVIDÊNCIA

Para o deferimento da tutela de urgência, deve haver a demonstração da probabilidade do direito, de modo que tutela provisória, nesses casos, exige-se a urgência.

Porém, em outras situações, é evidente o direito, de modo que não é necessário aguardar-se todo o trâmite processual para antecipar a tutela requerida pelo autor.

Em casos como este, admite o sistema uma hipótese de antecipação de tutela em que o requisito urgência é desnecessário. Não se trata de novidade legislativa, pois o CPC de 1973 já o previa. No entanto, o CPC de 2015 inova ao sistematizar a tutela da evidência, que somente poderá ser deferida nas hipóteses legais.

A tutela da evidência - antecipação de tutela sem o requisito exigência - poderá ser deferida nas hipóteses indicadas no art. 311, 558, 563, 678 e 701 do CPC 2015, bem como na indisponibilidade de bens na ação de improbidade administrativa e liminar de busca e apreensão de bem alienado fiduciariamente (DL nº 911/69).

7. ESTABILIZAÇÃO DA TUTELA ANTECIPADA

Como regra, é possível afirmar que a parte procura o Poder Judiciário para dele obter o acertamento de uma situação subjetiva, ou seja, que seja certificado o seu direito, formada a coisa julgada e efetivada a tutela jurisdicional pretendida.

Pensando nessa situação, o Código de Processo Civil de 2015 previu a estabilização da tutela provisória, conforme se vê do *caput* do art. 304, que é restrita à tutela antecipada concedida em caráter antecedente.

A estabilização da tutela antecipada concedida em caráter antecedente a torna irrevogável no mesmo processo, exigindo que a parte ajuíze nova ação para o fim de rever, reformar ou invalidá-la.

Perceba-se que a estabilização da tutela não forma a coisa julgada. A propósito, não houve sentença de mérito sobre a questão, de modo que o magistrado não emitiu juízo de acertamento da situação subjetiva. Em outras palavras, não analisou se o pedido é procedente ou improcedente. Desse modo, o mérito continuará em aberto. De outro lado, foi estabilizada a tutela provisória, que permanecerá viva, mas somente modificável por meio de outra ação.

Haverá a estabilização da tutela se o réu não impugnar, por meio do recurso de agravo de instrumento (art. 1.015, I do CPC), a decisão interlocutória que, versando sobre o mérito, deferir a medida.

É certo, porém, que o STJ admitiu que o afastamento da estabilização da tutela não está restrito à hipótese em que a parte interpuser recurso contra a decisão que a deferir. A propósito, foi enfatizado que, embora o art. 304 do CPC, tenha determinado que "a tutela antecipada, concedida nos termos do art. 303, torna-se estável se da decisão que a conceder não for interposto o respectivo recurso", a interpretação correta é a de que a estabilização somente ocorrerá se não houver qualquer tipo dc impugnação pela parte contrária, de modo que o oferecimento de contestação seria suficiente para tanto.[1]

> ▶ **ATENÇÃO:**
> Portanto, não haverá a estabilização da tutela se a parte contrária apresentar qualquer tipo de impugnação, estando nesta expressão incluída a contestação.

8. SÚMULAS E INFORMATIVOS DOS TRIBUNAIS SUPERIORES

8.1. Súmula do STF

▶ **STF, 626** - A suspensão da liminar em mandado de segurança, salvo determinação em contrário da decisão que a deferir, vigorará até o trânsito em julgado da decisão definitiva de concessão da segurança ou, havendo recurso, até a sua manutenção pelo Supremo Tribunal Federal, desde que o objeto da liminar deferida coincida, total ou parcialmente, com o da impetração.

8.2. Súmula do STJ

▶ **STJ, 482** - A falta de ajuizamento da ação principal no prazo do art. 806 do CPC acarreta a perda da eficácia da liminar deferida e a extinção do processo cautelar.

8.3. Informativos do STJ

▶ Falta de citação e manifestação do réu em agravo de instrumento. Não supre a falta de citação em ação revisional de alimentos o comparecimento do réu para contraminutar agravo de instrumento contra decisão denegatória de tutela antecipada, sem que haja qualquer pronunciamento na ação principal por parte do demandado. De fato, a ação só produz efeitos para o réu a partir de quando é regularmente citado ou, na falta de citação, desde quando comparece espontaneamente em juízo. REsp 1.310.704-MS, Rel. Min. Ricardo Villas BôasCueva, *DJe* 16.11.2015. 3ª T. (Info 573).

▶ Perda do objeto de agravo de instrumento interposto contra decisão proferida em antecipação de tutela. A superveniência de sentença de mérito implica a perda do objeto de agravo de instrumento interposto contra decisão anteriormente proferida em tutela antecipada. EAREsp 488.188-SP, Rel. Min. Luis Felipe Salomão, *DJe* 19.11.2015. Corte Especial (Info 573).

---

1. (REsp 1760966/SP, Rel. Ministro MARCO AURÉLIO BELLIZZE, TERCEIRA TURMA, julgado em 04/12/2018, DJe 07/12/2018).

9. LEGISLAÇÃO RELACIONADA AO ASSUNTO

▶ **CPC/2015**

LIVRO V
DA TUTELA PROVISÓRIA

TÍTULO I
DISPOSIÇÕES GERAIS

Art. 294. A tutela provisória pode fundamentar-se em urgência ou evidência.

Parágrafo único. A tutela provisória de urgência, cautelar ou antecipada, pode ser concedida em caráter antecedente ou incidental.

Art. 295. A tutela provisória requerida em caráter incidental independe do pagamento de custas.

Art. 296. A tutela provisória conserva sua eficácia na pendência do processo, mas pode, a qualquer tempo, ser revogada ou modificada.

Parágrafo único. Salvo decisão judicial em contrário, a tutela provisória conservará a eficácia durante o período de suspensão do processo.

Art. 297. O juiz poderá determinar as medidas que considerar adequadas para efetivação da tutela provisória.

Parágrafo único. A efetivação da tutela provisória observará as normas referentes ao cumprimento provisório da sentença, no que couber.

Art. 298. Na decisão que conceder, negar, modificar ou revogar a tutela provisória, o juiz motivará seu convencimento de modo claro e preciso.

Art. 299. A tutela provisória será requerida ao juízo da causa e, quando antecedente, ao juízo competente para conhecer do pedido principal.

Parágrafo único. Ressalvada disposição especial, na ação de competência originária de tribunal e nos recursos a tutela provisória será requerida ao órgão jurisdicional competente para apreciar o mérito.

TÍTULO II
DA TUTELA DE URGÊNCIA

CAPÍTULO I
DISPOSIÇÕES GERAIS

Art. 300. A tutela de urgência será concedida quando houver elementos que evidenciem a probabilidade do direito e o perigo de dano ou o risco ao resultado útil do processo.

§ 1º Para a concessão da tutela de urgência, o juiz pode, conforme o caso, exigir caução real ou fidejussória idônea para ressarcir os danos que a outra parte possa vir a sofrer, podendo a caução ser dispensada se a parte economicamente hipossuficiente não puder oferecê-la.

§ 2º A tutela de urgência pode ser concedida liminarmente ou após justificação prévia.

§ 3º A tutela de urgência de natureza antecipada não será concedida quando houver perigo de irreversibilidade dos efeitos da decisão.

Art. 301. A tutela de urgência de natureza cautelar pode ser efetivada mediante arresto, sequestro, arrolamento de bens, registro de protesto contra alienação de bem e qualquer outra medida idônea para asseguração do direito.

Art. 302. Independentemente da reparação por dano processual, a parte responde pelo prejuízo que a efetivação da tutela de urgência causar à parte adversa, se:

I - a sentença lhe for desfavorável;

II - obtida liminarmente a tutela em caráter antecedente, não fornecer os meios necessários para a citação do requerido no prazo de cinco dias;

III - ocorrer a cessação da eficácia da medida em qualquer hipótese legal;

IV - o juiz acolher a alegação de decadência ou prescrição da pretensão do autor.

Parágrafo único. A indenização será liquidada nos autos em que a medida tiver sido concedida, sempre que possível.

CAPÍTULO II
DO PROCEDIMENTO DA TUTELA ANTECIPADA REQUERIDA EM CARÁTER ANTECEDENTE

Art. 303. Nos casos em que a urgência for contemporânea à propositura da ação, a petição inicial pode limitar-se ao requerimento da tutela antecipada e à indicação do pedido de tutela final, com a exposição da lide, do direito que se busca realizar e do perigo de dano ou do risco ao resultado útil do processo.

§ 1º Concedida a tutela antecipada a que se refere o *caput* deste artigo:

I - o autor deverá aditar a petição inicial, com a complementação de sua argumentação, a juntada de novos documentos e a confirmação do pedido de tutela final, em quinze dias ou em outro prazo maior que o juiz fixar;

II – o réu será citado e intimado para a audiência de conciliação ou de mediação na forma do art. 334;

III – não havendo autocomposição, o prazo para contestação será contado na forma do art. 335.

§ 2º Não realizado o aditamento a que se refere o inciso I do § 1º deste artigo, o processo será extinto sem resolução do mérito.

§ 3º O aditamento a que se refere o inciso I do § 1º deste artigo dar-se-á nos mesmos autos, sem incidência de novas custas processuais.

§ 4º Na petição inicial a que se refere o *caput* deste artigo, o autor terá de indicar o valor da causa, que deve levar em consideração o pedido de tutela final.

§ 5º O autor indicará na petição inicial, ainda, que pretende valer-se do benefício previsto no *caput* deste artigo.

§ 6º Caso entenda que não há elementos para a concessão de tutela antecipada, o órgão jurisdicional determinará a emenda da petição inicial em até cinco dias, sob pena de ser indeferida e de o processo ser extinto sem resolução de mérito.

Art. 304. A tutela antecipada, concedida nos termos do art. 303, torna-se estável se da decisão que a conceder não for interposto o respectivo recurso.

§ 1º No caso previsto no *caput*, o processo será extinto.

§ 2º Qualquer das partes poderá demandar a outra com o intuito de rever, reformar ou invalidar a tutela antecipada estabilizada nos termos do *caput*.

§ 3º A tutela antecipada conservará seus efeitos enquanto não revista, reformada ou invalidada por decisão de mérito proferida na ação de que trata o § 2º.

§ 4º Qualquer das partes poderá requerer o desarquivamento dos autos em que foi concedida a medida, para instruir a petição inicial da ação a que se refere o § 2º, prevento o juízo em que a tutela antecipada foi concedida.

§ 5º O direito de rever, reformar ou invalidar a tutela antecipada, previsto no § 2º deste artigo, extingue-se após dois anos, contados da ciência da decisão que extinguiu o processo, nos termos do § 1º.

§ 6º A decisão que concede a tutela não fará coisa julgada, mas a estabilidade dos respectivos efeitos só será afastada por decisão que a revir, reformar ou invalidar, proferida em ação ajuizada por uma das partes, nos termos do § 2º deste artigo.

CAPÍTULO III
DO PROCEDIMENTO DA TUTELA CAUTELAR REQUERIDA EM CARÁTER ANTECEDENTE

Art. 305. A petição inicial da ação que visa à prestação de tutela cautelar em caráter antecedente indicará a lide e seu fundamento, a exposição sumária do direito que se objetiva assegurar e o perigo de dano ou o risco ao resultado útil do processo.

Parágrafo único. Caso entenda que o pedido a que se refere o *caput* tem natureza antecipada, o juiz observará o disposto no art. 303.

Art. 306. O réu será citado para, no prazo de cinco dias, contestar o pedido e indicar as provas que pretende produzir.

Art. 307. Não sendo contestado o pedido, os fatos alegados pelo autor presumir-se-ão aceitos pelo réu como ocorridos, caso em que o juiz decidirá dentro de cinco dias.

Parágrafo único. Contestado o pedido no prazo legal, observar-se-á o procedimento comum.

Art. 308. Efetivada a tutela cautelar, o pedido principal terá de ser formulado pelo autor no prazo de trinta dias, caso em que será apresentado nos mesmos autos em que deduzido o pedido de tutela cautelar, não dependendo do adiantamento de novas custas processuais.

§ 1º O pedido principal pode ser formulado conjuntamente com o pedido de tutela cautelar.

§ 2º A causa de pedir poderá ser aditada no momento de formulação do pedido principal.

§ 3º Apresentado o pedido principal, as partes serão intimadas para a audiência de conciliação ou de mediação, na forma do art. 334, por seus advogados ou pessoalmente, sem necessidade de nova citação do réu.

§ 4º Não havendo autocomposição, o prazo para contestação será contado na forma do art. 335.

Art. 309. Cessa a eficácia da tutela concedida em caráter antecedente, se:

I – o autor não deduzir o pedido principal no prazo legal;

II – não for efetivada dentro de trinta dias;

III – o juiz julgar improcedente o pedido principal formulado pelo autor ou extinguir o processo sem resolução de mérito.

Parágrafo único. Se por qualquer motivo cessar a eficácia da tutela cautelar, é vedado à parte renovar o pedido, salvo sob novo fundamento.

Art. 310. O indeferimento da tutela cautelar não obsta a que a parte formule o pedido principal, nem influi no julgamento desse, salvo se o motivo do indeferimento for o reconhecimento de decadência ou de prescrição.

TÍTULO III
DA TUTELA DA EVIDÊNCIA

Art. 311. A tutela da evidência será concedida, independentemente da demonstração de perigo de dano ou de risco ao resultado útil do processo, quando:

I – ficar caracterizado o abuso do direito de defesa ou o manifesto propósito protelatório da parte;

II – as alegações de fato puderem ser comprovadas apenas documentalmente e houver tese firmada em julgamento de casos repetitivos ou em súmula vinculante;

III – se tratar de pedido reipersecutório fundado em prova documental adequada do contrato de depósito, caso em que será decretada a ordem de entrega do objeto custodiado, sob cominação de multa;

IV – a petição inicial for instruída com prova documental suficiente dos fatos constitutivos do direito do autor, a que o réu não oponha prova capaz de gerar dúvida razoável.

Parágrafo único. Nas hipóteses dos incisos II e III, o juiz poderá decidir liminarmente.

CAPÍTULO 6

FORMAÇÃO, SUSPENSÃO E EXTINÇÃO DO PROCESSO

1. PRINCÍPIO DA AÇÃO OU DA INÉRCIA DA JURISDIÇÃO

Em conformidade com o princípio da ação ou da inércia da jurisdição, a relação processual se desenvolve a partir de provocação da parte interessada, que o faz por meio do instrumento adequado. Nesse contexto, tem-se o sentido da palavra demanda, que significa o ato de vir a juízo e apresentar a devida postulação, sendo a petição inicial seu instrumento.

Somente de forma excepcional poderá o magistrado iniciar o processo sem que seja antes devidamente provocado pela parte interessada. A propósito, a título de exemplo, assim poderá proceder em relação ao procedimento de apuração de irregularidade praticada por entidade de atendimento, previsto no Estatuto da Criança e do Adolescente e, entre outros, do procedimento de arrecadação de bens em caso de herança jacente (art. 738 do CPC 2015), devendo ser registrado, de antemão, que o Novo Código de Processo Civil excluiu a possibilidade do magistrado de iniciar, de ofício, o procedimento de inventário.

▶ ATENÇÃO:

O Novo CPC não autoriza o início do procedimento de inventário, de ofício, pelo juízo.

2. A PROPOSITURA DA AÇÃO

Enquanto não protocolada a petição inicial, tem-se que se trata de um documento exclusivo da parte autora, elaborado por profissional a que a lei deu essa atribuição.

Por isso, somente se considera proposta a ação quando a petição inicial for protocolada (art. 312). Note-se que houve correção da falha técnica contida no CPC 1973 (art. 263), que considerava proposta a ação quando a petição inicial fosse despachada ou distribuída.

Estabelecer de forma adequada e objetiva o momento em que a ação é proposta tem importância prática, pois, como se verá adiante, a interrupção da prescrição, ocorrida com o despacho da inicial, retroagirá à data da propositura da ação (entenda-se, data em que foi protocolada), quando for providenciado o necessário para a realização da citação.

3. EFEITOS DA PROPOSITURA PARA O RÉU: SOMENTE A PARTIR DA CITAÇÃO VÁLIDA

Conforme deixa claro o art. 312 do CPC, embora se considere proposta a ação quando for protocolada, os efeitos de tal propositura para o réu somente se iniciam quando este for devidamente citado.

Assim, conforme já analisado no Capítulo 6, a citação válida induz litispendência, torna litigiosa a coisa e constitui em mora o devedor (salvo as exceções legais), retroagindo unicamente o efeito da interrupção da prescrição à data da propositura da ação, desde que tenha sido providenciado o necessário para a citação do réu.

Verifica-se que tais efeitos decorrem da citação válida e não da propositura da ação.

4. DA SUSPENSÃO DO PROCESSO

4.1. A Suspensão e a Extinção como Causas de Crise do Processo

A busca da solução do mérito é o caminho natural do processo. Aliás, em conformidade com o art. 4º, do CPC, tem-se como norma fundamental o princípio da preferência pelo julgamento do mérito. Não obstante, o caminhar do processo está sujeito a determinados eventos que poderão importar na sua paralisação ou até na extinção, pondo-se fim, neste último caso, à relação processual. Nas duas situações, ocorre o que se convencionou denominar de crise do processo.

Tal expressão, contudo, não é livre de críticas em relação à suspensão. Ora, é verdade que a relação processual deve ser desenvolvida para que tenha um fim. Porém, podem as partes entender que é conveniente para os seus interesses – e mesmo para a própria solução do litígio – que ocorra a paralização temporária do processo. Nesse passo, antevendo uma possível solução amigável, resolvem as partes suspender o andamento do processo, estabelecendo-se um negócio processual, em atenção ao princípio da autonomia de vontade (autorregularão do processo). Não se pode dizer, então, que a situação é reveladora de crise do processo, mas, justamente o contrário, de que o embate processual foi capaz de gerar reflexão e, quiçá, de conduzir as partes à solução amigável, sem a necessidade de resolução pelo Estado-Juiz.

4.2. Efeito da Suspensão: paralisação do processo.

A suspensão do processo, por si só, é capaz de gerar o paralisar de seu andamento. Porém, em certas situações, será possível a prática de alguns atos processuais.

Tem-se, como regra, a paralisação integral do processo, admitindo-se unicamente a prática de atos reputados urgentes, salvo no caso de arguição de impedimento ou de suspeição.

Pelo que se extrai do que está previsto no art. 314 do CPC, portanto, se arguido o impedimento ou a suspeição, o juiz não poderá praticar qualquer ato, com exceção daqueles destinados ao processamento (desentranhamento da petição e juntada de manifestação do próprio juiz) e encaminhamento ao Tribunal para análise. E isso, pois, a partir da entrada da petição em que se argui o impedimento ou a suspeição, estará o processo suspenso, situação essa que poderá ser reavaliada pelo relator a que for distribuída a petição.

▸ **ATENÇÃO:**

Na suspensão própria poderão ser praticados unicamente atos reputados urgentes, com exceção se arguido o impedimento ou a suspeição.

Como dito, ainda que suspenso o processo, salvo se arguido o impedimento ou a suspeição, poderá o magistrado determinar a prática de atos urgentes a fim de evitar dano irreparável, como, por exemplo, a efetivação de tutela provisória em razão da urgência (tutela antecipada ou tutela cautelar). Não é possível, em tese, que decida sobre a tutela da evidência, pois não se está diante de ato que tenha como requisito a urgência, salvo se tal requisito também for deliberadamente comprovado pela parte.

Praticado um ato reputado urgente, como o deferimento da tutela provisória de urgência, o prazo para que a parte contrária possa interpor o respectivo recurso (agravo de instrumento) não estará paralisado, correndo normalmente.

4.3. Causas de Suspensão do Processo

Sem prejuízo de outras causas mencionadas em lei, posto que o rol do artigo 265 do CPC não é taxativo, são causas de suspensão do processo:

I) Morte ou perda da capacidade processual de qualquer das partes, de seu representante legal ou de seu procurador

Ocorrendo a morte de qualquer uma das partes, o processo será suspenso, aguardando-se a habilitação dos herdeiros, salvo se a demanda versar sobre direitos intransmissíveis, como ocorre na ação de divórcio, quando então haverá a sua extinção.

Merece muita atenção a modificação de que se extrai da redação do art. 313, I do CPC, em comparação ao previsto no § 1°. do art. 265 do CPC 1973, pois, atualmente, não mais se diferencia se a morte ou a perda da capacidade processual ocorreram antes ou depois de iniciada a audiência de instrução e julgamento.

▸ **ATENÇÃO:**

Dessa forma, não importa se a morte ou a perda da capacidade processual ocorreram antes ou depois de iniciada a audiência de instrução e julgamento. Ocorrendo tais eventos, haverá a suspensão do processo, independentemente do momento.

A habilitação dos herdeiros seguirá o procedimento constante dos artigos 687 a 692 do Novo Código de Processo Civil. Poderá ser iniciada pela parte, em relação aos sucessores do falecido, ou pelos próprios sucessores do falecido, em relação à parte.

Será processada nos autos do processo principal, na instância em que estiver. Recebida a petição, o juiz determinará a citação dos requeridos para que se pronunciem no prazo de cinco dias. O ato poderá ser realizado na pessoa do advogado, se já constituído nos autos.

O magistrado decidirá o pedido de habilitação imediatamente, proferindo-se decisão interlocutória. Porém, se for necessária dilação probatória diversa da documental, determina o art. 691 que o pedido seja autuado em apartado, sendo decidido ao final por sentença.

▶ ATENÇÃO:

Não havendo impugnação ou sendo desnecessária dilação probatória complexa, a habilitação de herdeiros será processada nos próprios autos. Porém, havendo necessidade de prova documental diversa da probatória, o pedido será autuado em apartado e decidido por sentença (art. 692).

Ainda que se trate de habilitação processada em apartado, o pronunciamento jurisdicional desafiará o recurso de agravo de instrumento, com fundamento no art. 1.015, II do CPC 2015.

Se não providenciada a habilitação, ao tomar conhecimento da morte da parte, o magistrado determinará a suspensão do processo e observará o seguinte:

i) falecido o réu, ordenará a intimação do autor para que promova a citação do respectivo espólio, de quem for o sucessor ou, se for o caso, dos herdeiros, no prazo que designar, de no mínimo dois e no máximo seis meses;

ii) falecido o autor e sendo transmissível o direito, determinará a intimação de seu espólio, de quem for o sucessor ou, se for o caso, dos herdeiros, pelos meios de divulgação que reputar mais adequados, para que manifestem interesse na sucessão processual e promovam a respectiva habilitação no prazo designado, sob pena de extinção do processo sem resolução do mérito.

Como é possível extrair da interpretação conjunta dos artigos 313, § 2º, e 689, do CPC 2015, a suspensão do processo ocorrerá no momento em que o magistrado tiver conhecimento do falecimento da parte, seja por meio do pedido de habilitação, seja por outro meio. Neste último caso, determinará a intimação do indicado pela lei para que promova a habilitação.

Passa-se à análise da suspensão do processo em decorrência da morte do procurador de qualquer das partes.

Neste caso, também independentemente do momento em que ocorrida a morte, o processo será suspenso e o juiz determinará que a parte constitua novo mandatário, no prazo de quinze dias. Na inércia, o processo será extinto sem resolução do mérito, se o autor não nomear novo mandatário, ou ordenará o prosseguimento do processo à revelia do réu, se falecido procurador deste. Note-se que se trata de hipótese de revelia ulterior que produzirá unicamente efeito processual (não intimação dos atos processuais posteriores), se a resposta já tiver sido apresentada anteriormente.

II) Convenção das partes:

Poderão as partes ajustar a suspensão do processo, sendo a paralisação limitada a seis meses. Trata-se de negócio processual entabulado entre as partes, que produzirá efeitos a partir do momento em que ajustado, não obstante haja necessidade de homologação judicial.

Escoado o prazo de seis meses, deverá o juiz determinar a continuidade do processo.

III) Pela arguição de impedimento e suspeição:

As causas de impedimento e a suspeição prejudicam a imparcialidade do juiz e serão arguidas, de acordo com o CPC, mediante mera petição nos próprios autos. Não mais devem ser arguidas por meio de exceção.

Arguido o impedimento ou a suspeição, tem-se que ocorrerá a suspensão imediata do processo, não podendo o juiz praticar sequer atos reputados urgentes.

Ao ter ciência da arguição, o juiz poderá reconhecer a causa de impedimento ou de suspeição e determinar o encaminhamento dos autos ao seu substituto legal. De outro lado, discordando, determinará o desentranhamento da petição, podendo instruí-la, bem como o seu encaminhamento ao Tribunal para decisão a respeito.

Aportando no Tribunal respectivo e distribuída ao relator, este decidirá sobre a manutenção ou não do efeito suspensivo.

IV) Pela Admissão do Incidente de Resolução de Demandas Repetitivas

O incidente de resolução de demandas repetitivas será estudado, de forma mais aprofundada, no Capítulo 17, mas já é importante fazer algumas considerações a seu respeito para que se possa entender essa causa de suspensão do processo.

O Novo CPC se preocupou em atender aos reclamos da sociedade para solucionar a litigiosidade repetitiva. Para tanto, fez previsão de incidentes e meios capazes de formar pronunciamentos judiciais, dos quais será possível extrair precedentes que vincularão juízes e o tribunal no julgamento de casos futuros (art. 927).

Entre esses instrumentos, destaca-se o incidente de resolução de demandas repetitivas, por meio do qual, havendo efetiva repetição de processos que contenham controvérsia sobre a mesma questão unicamente de direito e risco de ofensa à isonomia e à segurança jurídica, visando fixar uma tese que possa ser aplicada pelos juízes do mesmo tribunal.

Em conformidade com o art. 982 do CPC, admitido o incidente, o relator suspenderá os processos pendentes, individuais ou coletivos, que tramitam no Estado ou na região (no caso de Tribunal Regional Federal).

Decidido o incidente, se não interposto recurso, cessará a suspensão dos processos. Contudo, interposto recurso (extraordinário e/ou especial, que terão efeito suspensivo nesse caso), a suspensão do processo prosseguirá.

Como se vê, a causa de suspensão do processo, aqui analisada, não é automática ou decorrente da instauração do incidente de resolução de demandas repetitivas, mas carece de decisão de seu relator e terá vigência enquanto tramitar, salvo se houver decisão em sentido contrário.

V) quando a sentença de mérito:

Nesta hipótese, abrem-se outras duas situações:

a) se a sentença de mérito depender do julgamento de outra causa ou da declaração da existência ou da inexistência de relação jurídica que constitua o objeto principal de outro processo pendente:

Neste caso, para que seja proferida sentença de mérito, há necessidade de se aguardar pelo julgamento de outro processo, no qual será analisada questão prejudicial externa.

Questão prejudicial é aquela que influenciará no mérito do processo. Pode ser interna (controvertida no próprio processo), ou externa (quando será decidida em outro processo).

b) tiver de ser proferida somente após a verificação de determinado fato ou a produção de certa prova:

Nesse caso, a prova será produzida em outro juízo, havendo necessidade de se aguardar por ela. A suspensão terá o prazo máximo de um ano nas duas hipóteses.

Dependendo o conhecimento do mérito de verificação de existência de fato delituoso, será determinada a suspensão do processo até que haja decisão no processo criminal. Será aguardado pelo prazo de três meses para o ajuizamento da ação penal. Se já ajuizada, porém, o processo ficará suspenso pelo prazo máximo de um ano.

VI) por motivo de força maior:

Na hipótese constante do inciso V, indica o CPC que o processo poderá ser suspenso por motivo de força maior, que não decorre propriamente da vontade das partes, como, por exemplo, o alagamento de uma cidade por conta de fortes chuvas.

VII) quando se discutir em juízo questão decorrente de acidentes e fatos da navegação de competência do Tribunal Marítimo:

Havendo necessidade de se aguardar por decisão do Tribunal Marítimo como questão que influenciará o mérito da decisão de mérito, o juiz suspenderá o processo.

VIII) nos demais casos previstos em lei:

O rol constante do art. 313 não é exaustivo, mas exemplificativo, existindo outras hipóteses de suspensão do processo, como, por exemplo, a concessão de efeito suspensivo em embargos à execução.

IX) pelo parto ou pela concessão de adoção, quando a advogada responsável pelo processo constituir a única patrona da causa:

Trata-se de hipótese incluída pela Lei n. 13.363/2016, em que o período de suspensão será de trinta dias, contado a partir da data do parto ou da concessão da adoção, mediante apresentação de certidão de nascimento ou documento similar que comprove a realização do parto, ou de termo judicial que tenha decidido a adoção, desde que haja notificação ao cliente.

X) quando o advogado responsável pelo processo constituir o único patrono da causa e tornar-se pai.

Hipótese também incluída pela Lei n. 13.363/2016, segundo a qual o período de suspensão será de oito dias, contado a partir da data do parto ou da concessão da adoção, mediante apresentação de certidão de nascimento ou documento similar que comprove a realização do parto, ou de termo judicial que tenha concedido a adoção, desde que haja notificação ao cliente.

5. EXTINÇÃO DO PROCESSO

A extinção do processo ocorrerá por meio de sentença, que terá por fundamento um dos incisos do art. 485, bem como os incisos II e III do art. 487 do CPC (vide, a respeito, o art. 354).

Nesse passo, a extinção do processo decorrerá de sentença em que não é analisado o mérito, ou, então, em sentença que decide, de ofício ou a requerimento, sobre a ocorrência de decadência ou prescrição, bem como a que homologa ato de reconhecimento da procedência do pedido e da reconvenção, a transação e a renúncia à pretensão formulada na ação ou na reconvenção.

▶ HIPÓTESES DE EXTINÇÃO DO PROCESSO	
SEM RESOLUÇÃO DO MÉRITO	**COM RESOLUÇÃO DO MÉRITO**
Hipóteses do art. 485 do CPC.	Hipóteses dos incisos II e III do art. 487 do CPC.

▸ **ATENÇÃO:**

Fala-se em extinção do processo, por isso, diz-se que será proferida sentença. Contudo, será possível que o magistrado profira decisão interlocutória em que extingue parcialmente o processo, com ou sem análise de mérito. Neste caso, o processo prosseguirá em relação à parte não objeto de extinção. A extinção também poderá ocorrer por meio de decisão monocrática, em julgamento, por exemplo, de agravo de instrumento.

CAPÍTULO 7
PROCEDIMENTO COMUM

1. ASPECTOS INICIAIS

Como é enfatizado no art. 318, o procedimento comum é aplicado a todas as causas, salvo disposição em contrário prevista no CPC ou em outra lei. Aplica-se, ainda, de forma subsidiária, aos demais procedimentos especiais e ao processo de execução.

A previsão de procedimentos especiais decorre da necessidade de proporcionar a tutela jurisdicional diferenciada, justificada em razão do bem jurídico que é tutelado. A depender do bem jurídico, justifica-se a previsão de um procedimento mais célere, com fases processuais que se concentram. A título de exemplo, tem-se a ação de alimentos, que conta com um procedimento com atos processuais concentrados em audiência e, por isso, mais célere. Tal celeridade se justifica em razão da própria natureza da obrigação.

É possível identificar a seguintes fases no procedimento comum: i) postulatória; ii) saneadora; iii) instrutória; e, iv) decisória.

2. AUDIÊNCIA DE CONCILIAÇÃO OU DE MEDIAÇÃO

O Código de Processo Civil de 2015 encampou o que foi denominado de Tribunal Multiportas (art. 3º), de modo que será verificada a possibilidade de solução da questão por meio da composição via conciliação ou mediação. Resultando infrutífera a tentativa, o processo será decidido por meio de sentença judicial.

Por esse motivo, foi enfatizada esta audiência de conciliação ou de mediação, bem como incluídos os conciliadores e mediadores no rol dos auxiliares do juízo, conforme adiante será visto.

É preciso bem entender a dinâmica do processo (ou o procedimento comum) para visualizar o momento em que se insere a audiência.

Portanto, estando a petição inicial em ordem e não entendendo o magistrado ser o caso de ser proferida sentença de improcedência liminar, será designada audiência de conciliação ou de mediação com antecedência mínima de 30 dias, devendo o réu ser citado com pelo menos vinte dias de antecedência.

No entanto, esta audiência não será realizada se ambas as partes manifestarem, expressamente, desinteresse na composição consensual ou se o litígio não admitir a autocomposição.

O autor poderá manifestar o seu desinteresse na realização da audiência já na petição inicial. O réu, por sua vez, terá oportunidade para fazê-lo por meio de petição, que deverá ser apresentada com dez dias de antecedência, contados da data da audiência.

Se houver mais de um autor ou réu (litisconsórcio), o desinteresse deverá ser manifestado por todos os litisconsortes.

Se não houver a dispensa da realização da audiência, o comparecimento da parte será obrigatório, importando a ausência injustificada em ato atentatório à dignidade

3. PETIÇÃO INICIAL

3.1. Requisitos e vícios

É possível a identificação de requisitos intrínsecos e extrínsecos da petição inicial. Aqueles devem estar constantes do próprio corpo da petição inicial, ao passo que estes se revelam como documentos que devem acompanhar a peça, por serem imprescindíveis à propositura da ação.

A falta dos requisitos intrínsecos acarretará a necessidade de emenda da petição inicial. De outro lado, a inobservância dos requisitos extrínsecos importará em atividade da parte para completá-la.

▸ CLASSIFICAÇÃO DOS REQUISITOS DA PETIÇÃO INICIAL	
Intrínsecos	**Extrínsecos**
Contidos no corpo da petição inicial	Documentos indispensáveis à propositura da ação
Ausência: o juiz determinará a emenda.	Ausência: o juiz determinará que a peça seja completada

Ausentes os requisitos intrínsecos e/ou extrínsecos, ou ainda se o juiz verificar que a petição inicial apresenta defeitos e irregularidades capazes de dificultar o julgamento de mérito, determinará ao autor que, no prazo de 15 dias, promova a emenda ou a complete, indicando com precisão o que deverá ser corrigido ou completado.

Importante é a previsão contida na parte final do caput do art. 321 do Código de Processo Civil, por meio da qual se determina ao juiz que indique com precisão o que deve ser corrigido ou completado. Trata-se de uma consequência da aplicação dos princípios processuais da primazia do julgamento do mérito, do máximo aproveitamento dos atos processuais, do contraditório dinâmico e da fundamentação analítica.

Por isso, não poderá o magistrado determinar que a parte emende ou complete a petição inicial, de forma genérica, sem indicar com precisão o que precisa ser ajustado. Ora, isso é natural de toda reforma ocorrida, pois o que se pretende é o julgamento do mérito, com celeridade, ao invés da simples extinção e deixar que a parte percorra todo o caminho processual novamente.

Porém, embora tenha o magistrado indicado com precisão o que precisa ser corrigido ou emendado, e a parte não o fizer, então não restará outra alternativa ao juiz senão a de indeferir a petição inicial.

3.2. Pedidos

Ao exercer a demanda por meio da petição inicial, a parte limita a cognição, pois especifica a causa de pedir e o pedido, sendo vedado ao magistrado proferir decisão de natureza diversa da pedida, bem como condenar a parte em quantidade superior ou em objeto diverso do que lhe foi demandado (art. 492 do CPC).

A inobservância da correlação entre o pedido e o pronunciamento jurisdicional surtirá a sentença *extra, ultra ou infra* petita.

O pedido corresponde ao objeto do processo. A parte, ao provocar a atividade jurisdicional, pretende ver proferida uma decisão declaratória, condenatória, constitutiva (ou desconstitutiva), mandamental e/ou executiva. Essa é a primeira face do pedido. Pede-se a tutela jurisdicional. Além disso, naturalmente, também é de seu interesse obter o bem da vida perseguido. Não lhe interessa apenas a condenação, como também a quantia em dinheiro. Não lhe interessa apenas a sentença executiva de reintegração de posse, como mais ainda o próprio bem esbulhado.

Verifica-se, então, a existência do PEDIDO IMEDIATO, que é a providência jurisdicional pretendida. Paralelamente, há o PEDIDO MEDIATO, que é o bem da vida perseguido.

O juiz estará atrelado ao pedido apresentado pela parte, por força do princípio da inércia. Estará adstrito ao que foi requerido pelo demandante. A essa adstrição correspondente o princípio da congruência, da correlação ou da adstrição.

Deve-se verificar que o princípio da inércia é a justificativa do princípio da adstrição. Como o magistrado deverá ser provocado, sem o que não poderá exercer da jurisdição, ressalvadas situações excepcionalíssimas.

A inobservância ao princípio da adstrição gerará a nulidade da sentença, que poderá ser sanada em grau recursal, se houver possibilidade de análise do mérito.

▸ INOBSERVÂNCIA DO PRINCÍPIO DA ADSTRIÇÃO - SENTENÇA		
ULTRA PETITA	***EXTRA PETITA***	***CITRA PETITA***
Vai além do pedido. *Exemplo:* o autor pede a condenação do réu em R$ 100,00 e o juiz defere R$ 200,00.	O magistrado defere pedido diverso do que foi requerido.	A sentença não analisa todos os pedidos apresentados.

Portanto, o pedido da parte deverá ser certo. Admite-se, contudo, o pedido implícito em algumas situações.

Por pedido implícito deve-se entender aquele que, muito embora não tenha constado da petição inicial, pode ser deferido pelo juiz. Por isso, o § 1º do art. 322

indica que se compreende no principal os juros legais, a correção monetária e as verbas de sucumbência, inclusive os honorários advocatícios.

Os honorários advocatícios, então, além de algumas verbas específicas, podem ser deferidos ainda que não haja pedido nesse sentido na petição inicial. Anteriormente ao Novo CPC, via a regra jurisprudencial que, embora admitisse a condenação dos honorários sem pedido expresso, não permitia a cobrança posterior se, uma vez transitada em julgado a sentença, a condenação ao pagamento dos honorários não constasse da sentença. Essa regra, contudo, foi alterada, conforme se vê do art. 85, § 18 do Código de Processo, que permite seja ajuizada ação de cobrança específica para tal fim.

O pedido apresentado na petição inicial deverá ser interpretado. Esta interpretação seguirá alguns parâmetros. Em primeiro lugar, deverá ser observado o conjunto da postulação e não de forma isolada. Além disso, ser observado o princípio da boa-fé processual, que, aliás, deve reger todos os atos do processo.

Surge a questão das prestações sucessivas, como ocorre, por exemplo, na ação para fixação de valor a título de alimentos por conta da prática de ato ilícito. Nesse caso, a parte requer que o magistrado certifique a obrigação de pagar os alimentos, bem como o seu respectivo valor. O pagamento de tal parcela prosseguirá nos meses seguintes e, por isso, constituem-se em prestações sucessivas.

Estas prestações sucessivas serão consideradas como incluídas no pedido. Não há necessidade de que haja pedido de condenação das prestações posteriores. Por isso, estará incluída na condenação, enquanto durar a obrigação, se o devedor, no curso do processo, deixar de pagá-las ou de consigná-las.

Além de certo, o pedido também deve ser determinado. Isso significa que deve estar bem delimitado. Não se pode pugnar pela condenação, há de ser indicado o seu valor.

Admite o Código que haja a formulação de pedido genérico em certas situações, o que se aplica também à reconvenção. Nestes casos, a sentença poderá ser ilíquida e, oportunamente, haverá a respectiva liquidação.

Poderá ser formulado pedido genérico nas seguintes situações (art. 324, § 1º): I - nas ações universais, se o autor não puder individuar os bens demandados; II - quando não for possível determinar, desde logo, as consequências do ato ou do fato; III - quando a determinação do objeto ou do valor da condenação depender de ato que deva ser praticado pelo réu.

Em casos como estes, em que formulado pedido genérico, na ação relativa à obrigação de pagar quantia certa, deverá a decisão judicial definir desde logo a extensão da obrigação, o índice de correção monetária, a taxa de juros, o termo inicial e a periodicidade da capitalização dos juros (art. 491), a não ser que: i) não for possível determinar, de modo definitivo, o montante devido; ii) a apuração do valor devido depender da produção de prova de realização demorada ou excessivamente dispendiosa, assim reconhecida na sentença.

Portanto, pode-se extrair a seguinte sequência:

> ▶ **REGRA: PEDIDO DETERMINADO**
>
> ▶ **EXCEPCIONALMENTE: PEDIDO GENÉRICO.** Mesmo neste caso, na ação relativa à obrigação de pagar quantia certa, deve a sentença definir desde logo a extensão da obrigação, salvo se: i) não for possível determinar de imediato o valor da obrigação; ii) a apuração do valor depende da produção da prova de realização demorada ou excessivamente dispendiosa.

Em resumo, deverá o pedido ser: CERTO e DETERMINADO.

Poderá o autor apresentar PEDIDO ALTERNATIVO, quando, pela natureza da obrigação, o devedor puder cumprir a prestação de mais de um modo.

A escolha do modo de cumprimento da prestação poderá competir ao autor ou ao réu. No primeiro caso, o autor já fará tal indicação na inicial. Competindo ao réu, de outro lado, o juiz lhe facultará o direito de cumprir a prestação de um ou de outro modo, ainda que o autor não tenha formulado pedido alternativo.

A petição inicial poderá contar com um único pedido, ou com mais de um pedido. Neste último caso, tem-se a cumulação de pedidos.

A interpretação do pedido considerará o conjunto da postulação e observará o princípio da boa-fé.

Até a citação do réu, poderá o autor aditar ou alterar o pedido ou a causa de pedir (que correspondem aos elementos objetivos da ação), independentemente de concordância daquele.

Posteriormente à citação, as alterações dependerão da concordância do réu e somente poderão ser requeridas até o saneamento do processo, assegurando-se o contraditório e o requerimento de prova suplementar.

Em razão disso, diz-se que com o saneamento ocorre a estabilização do processo, não podendo mais haver a modificação do pedido ou da causa de pedir.

Estas regras se aplicam também à reconvenção.

A cumulação de pedidos comporta a seguinte classificação:

▶ CUMULAÇÃO DE PEDIDOS	
PRÓPRIA	**IMPRÓPRIA**
Haverá a formulação de mais de um pedido e o demandante requer que todos eles sejam acolhidos.	Haverá a formulação de mais de um pedido e o demandante requer que apenas um deles seja acolhido.
Poderá ser simples e sucessiva.	Poderá ser subsidiária e alternativa.

Na cumulação própria, como afirmado, o demandante apresenta mais de um pedido na petição inicial e requer que todos eles sejam acolhidos. É o caso, por exemplo, do pedido de condenação ao pagamento de indenização por dano moral e também à entrega de determinado bem. Também pode ser citada a ação de investigação de paternidade cumulada com alimentos.

Na cumulação própria simples, o autor requer que mais de um pedido seja acolhido e a improcedência de um não refletirá diretamente no outro pedido. No caso de pedido de condenação ao pagamento de indenização em virtude de danos materiais e morais, o juiz poderá não acolher o primeiro pedido, pois não comprovados os danos, mas condenar a parte contrária em virtude do dano moral, por reconhecer que o seu ato causou sofrimento à parte.

De outro lado, na cumulação própria sucessiva, para que o juiz possa analisar o segundo pedido, deverá ter acolhido o primeiro. Na investigação de paternidade, como regra, o magistrado condenará ao pagamento de alimentos, se for reconhecida a paternidade do réu. Se improcedente este pedido (paternidade), não haverá a condenação ao pagamento de alimentos.

Por sua vez, na sua cumulação imprópria, o autor apresentará mais de um pedido, mas não requererá que todos eles sejam acolhidos.

O *caput* do art. 327 do Código de Processo Civil determina que é possível a cumulação de vários pedidos, contra o mesmo réu, em um único processo, ainda que entre eles não haja conexão. Para tanto, deverão os pedidos serem compatíveis entre si, o juízo ser competente para deles conhecer (competência absoluta) e o procedimento seja também adequado.

Duas observações são importantes para o art. 327, exigindo-se a máxima atenção do leitor. A compatibilidade dos pedidos deve ocorrer na cumulação própria, pois não é possível ao juiz deferir pedidos incompatíveis. De outro lado, aquela compatibilidade não é exigida para a cumulação imprópria, quer seja alternativa, quer seja subsidiária.

> ▸ **ATENÇÃO:**
> A COMPATIBILIDADE DOS PEDIDOS NÃO É REQUISITO NA CUMULAÇÃO SUBSIDIÁRIA E NA ALTERNATIVA.

Quando, para cada pedido, corresponder tipo diverso de procedimento, será admitida a cumulação se o autor empregar o procedimento comum, podendo ser empregadas as técnicas processuais diferenciadas previstas nos procedimentos especiais a que se sujeitam um ou mais pedidos cumulados, que não forem incompatíveis com as disposições sobre o procedimento comum.

Será subsidiária quando o autor formular mais de um pedido e estipular uma ordem entre eles. Assim, requererá o acolhimento do primeiro e, se acaso for improcedente o pedido, que se passe à análise do segundo e assim por diante. Pede-se a anulação do contrato e, se não for possível, a invalidade de uma das cláusulas.

A cumulação imprópria será alternativa na hipótese em que forem apresentados mais de um pedido e a parte não estipular uma ordem entre eles, podendo o juiz acolher o que entender correto. Nesse passo, o autor apresenta os pedidos 1 e 2 e pede que o magistrado julgue procedente um deles, sem estabelecer qualquer ordem de preferência. Se o magistrado julgar procedente o de número 1, não poderá o réu recorrer posteriormente.

Trata o Código de Processo Civil da pluralidade de credores de obrigação indivisível, em que um ou mais não tenham participado do processo. Um exemplo poderá auxiliar no entendimento. Imagine-se que existam dois credores de uma obrigação de entregar, consistente na entrega de uma máquina de colher grãos. No contrato estabelecido, firmou-se que se tratam de credores solidários, de modo que qualquer um deles poderá exigir o cumprimento da obrigação, sem necessidade da participação do outro. Em tal situação, aquele que não participou do processo deverá receber sua parte, mas serão abatidas as despesas de forma proporcional.

3.3. Deferimento e indeferimento da petição inicial

O indeferimento da petição inicial consiste na manifestação do juiz no sentido de que, a partir dos elementos indicados naquela peça, a ação não poderá prosseguir. Poderá ocorrer de forma parcial, com relação a algum dos pedidos, ou total, o que refletirá na natureza do pronunciamento jurisdicional (decisão interlocutória ou sentença).

Houve uma sensível diferença no tratamento da matéria pelo Código de Processo Civil de 2015. No CPC anterior, o indeferimento da inicial poderia consistir em um pronunciamento com ou sem análise de mérito. No CPC 2015, por sua vez, o indeferimento decorrerá de pronunciamento sem análise de mérito.

► **ATENÇÃO:**

INDEFERIMENTO DA INICIAL (CPC 2015)

PRONUNCIAMENTO SEM ANÁLISE DE MÉRITO

Há de ser lembrado que, em razão do princípio da primazia do julgamento do mérito, o ideal é que não ocorra o indeferimento da petição inicial. Esta medida somente ocorrerá se eventual vício não puder ser sanado, ou se a parte, intimada, não promoveu ao devido ajuste.

A petição inicial será indeferida quando: I - for inepta; II - a parte for manifestamente ilegítima; III - o autor carecer de interesse processual; IV - não atendidas as prescrições dos arts. 106 e 321.

A inépcia da inicial decorrerá de algum problema em relação ao discorrer dos fatos ou da causa de pedir. Nesse sentido, prevê o art. 301, § 1º, que se considera inepta a petição quando: I - lhe faltar pedido ou causa de pedir; II - o pedido for indeterminado, ressalvadas as hipóteses legais em que se permite o pedido genérico;

III – da narração dos fatos não decorrer logicamente a conclusão; IV – contiver pedidos incompatíveis entre si.

3.4. Improcedência liminar do pedido

Entende-se por liminar o pronunciamento proferido no início do processo, no seu limiar. A liminar poderá consistir em uma decisão interlocutória (tutela antecipada), em uma sentença (sentença de indeferimento da inicial), decisão monocrática proferida por relator e, porque não, até por decisão colegiada em Tribunal.

Como regra, uma vez iniciado o procedimento, haverá a citação da parte contrária e o andamento regular dos atos processuais, para que o magistrado possa, ao final, proferir a sentença de mérito.

Contudo, como visto no item anterior, será possível que o magistrado entenda que a petição inicial não reúne condições para que haja o desenrolar do processo, hipótese em que poderá indeferir a petição inicial, com pronunciamento sem análise de mérito.

Em outros casos, faculta o CPC que o juiz analise o mérito desde já, independentemente de citação da parte contrária, proferindo pronunciamento de improcedência liminar do pedido.

Há uma diferenciação a ser feita que é vital para o entendimento. Na improcedência liminar, o magistrado analisa o mérito. Julga-o desde já, com possibilidade de formação da coisa julgada material, se não houver a interposição de recurso. No indeferimento da inicial, contudo, não há análise de mérito.

Assim, o autor postula os seus pedidos e o magistrado, quando da análise da inicial, profere julgamento de improcedência liminar.

O CPC permite que tal julgamento ocorra, em suma, quando a pretensão apresentada pela parte contrária encampar tese jurídica contrária ao já decidido em determinados precedentes, quais sejam: I – enunciado de súmula do Supremo Tribunal Federal ou do Superior Tribunal de Justiça; II – acórdão proferido pelo Supremo Tribunal Federal ou pelo Superior Tribunal de Justiça em julgamento de recursos repetitivos; III – entendimento firmado em incidente de resolução de demandas repetitivas ou de assunção de competência; IV – enunciado de súmula de tribunal de justiça sobre direito local.

Também será admitida a improcedência liminar se o magistrado verificar, desde logo, a prescrição e a decadência.

> ▶ **ATENÇÃO:**
>
> Vale a pena enfatizar que a prescrição e a decadência, no CPC anterior, eram causas de indeferimento da inicial. Atualmente, não são mais motivos de indeferimento, mas justificam a liminar improcedência.

4. CONTESTAÇÃO E RECONVENÇÃO

4.1. Contestação

A contestação é regida pelos seguintes princípios:

a) **concentração:** deverá o réu concentrar em sua defesa toda a matéria de defesa, ainda que contraditória. Trata-se do momento oportuno para que isso seja feito. Uma vez apresentada, não poderá ser posteriormente complementada, uma vez que verificada a preclusão consumativa.

Há, porém, matérias que o réu poderá alegar posteriormente. Estão elencadas no art. 342 do CPC: i) relativas a direito ou a fato superveniente; ii) competir ao juiz conhecer delas de ofício; iii) por expressa autorização legal, puderem ser formuladas em qualquer tempo e grau de jurisdição.

Nestes casos, admite-se que a matéria seja alegada posteriormente. Imagine-se, por exemplo, o tema prescrição. Como sabido, dele o juiz poderá conhecer, de ofício, a qualquer momento. Por isso, o réu poderá alegá-la posteriormente, ainda que já oferecida contestação. A decadência contém uma particularidade, em razão de suas duas espécies. A decadência legal poderá ser alegada e conhecida a qualquer momento. De outro lado, a decadência convencional poderá ser alegada a qualquer tempo, muito embora somente poderá ser conhecida se houver requerimento nesse sentido. O juiz não poderá dela conhecer de ofício.

A regra, portanto, é de que toda a matéria de defesa seja alegada na contestação, ainda que ela seja contraditória.

b) **ônus da impugnação especificada:** a contestação é a oportunidade para que o réu impugne os fatos apresentados pelo autor na petição inicial. Algumas explicações preliminares são importantes para o entendimento correto deste princípio.

Tal ônus não será aplicado ao defensor público, ao advogado dativo e ao curador especial. Dessa maneira, pela previsão contida no art. 341, parágrafo único do CPC, se a parte for assistida por Defensor Público, ainda que não apresente resposta, tem-se que não serão presumidos como verdadeiros os fatos articulados na petição inicial.

4.2. Reconvenção

A reconvenção representa o contra-ataque exercido pelo réu (identificado como réu-reconvinte), ou, no mínimo este e mais pessoas, em face do autor ou também autor e outras pessoas. Trata-se de ação promovida no mesmo processo, que será exercida na própria contestação, quando então deverá o réu indicar o valor da causa (art. 292, *caput* CPC), devendo o pedido ser certo e determinado, admitindo-se também o pedido genérico nas hipóteses legais (art. 324 § 2º).

Por ser ação autônoma, a desistência da ação principal ou a ocorrência de causa extintiva que impeça o exame de seu mérito não obsta ao prosseguimento do processo quanto à reconvenção.

Oferecida a reconvenção, o magistrado determinará que se proceda à respectiva anotação pelo distribuidor (art. 286, parágrafo único).

Na reconvenção não se exigirá caução para que o brasileiro ou estrangeiro, que resida fora do Brasil ou que deixar de residir no país ao longo da tramitação de processo, ainda que não tenha bens imóveis no Brasil que assegure o pagamento das custas e dos honorários de advogado da parte contrária (art. 83, III do CPC).

Como visto, diferentemente do CPC anterior, a reconvenção será exercida na própria contestação. Se o réu optar por não apresentar a contestação, poderá oferecer reconvenção no prazo de que dispõe para protocolar a defesa.

A reconvenção poderá ser apresentada para o exercício de pretensão própria, conexa com a ação principal ou com o fundamento da defesa.

A reconvenção contará com, no mínimo, as partes da relação processual. O polo ativo será ocupado pelo réu da ação inicial, enquanto o polo passivo pelo seu autor. Não obstante, é possível que ocorra a acréscimo de partes, sendo permitida a formação de litisconsórcio.

Assim, se A propõe ação em face de B, tem-se que B poderá oferecer reconvenção em face de A.

Porém, admite-se também que B ofereça reconvenção em face de A e também de C, assim como, também é possível que B e D ofereçam reconvenção em face de A.

Enfim, é possível o acréscimo subjetivo do processo na reconvenção. Porém, esta deverá contar, no mínimo, com as partes originárias do processo inicial (principal).

Sendo o autor substituto processual, ou seja, demandando em seu nome para a defesa de interesses de outrem, em virtude de permissivo legal, será admitida a reconvenção se o reconvinte afirmar ser titular de direito em face do substituído, figurando o réu-reconvindo como substituto processual.

▶ **ATENÇÃO:**

Admite-se a ampliação subjetiva na reconvenção!!

O contraditório na reconvenção será formado a partir de intimação do autor, na pessoa de seu advogado, para apresentar resposta no prazo de 15 dias. Não há necessidade de citação do autor, conforme previsto no art. 343, § 1º.

Como regra, a ação inicial e a reconvenção serão julgadas pela mesma sentença. Trata-se de hipótese de cumulação objetiva de demandas. Haverá um capítulo para a ação inicial e outro para a reconvenção.

Contudo, é possível verificar hipóteses excepcionais, como pode ocorrer, a título de exemplo, com o julgamento antecipado em relação à ação inicial e a continuidade do processo no que toca à ação reconvencional.

Em conformidade com o art. 85, § 1º, do CPC, serão devidos honorários advocatícios na reconvenção, cumulativamente. Constituem-se em direito do advogado e têm natureza alimentar, com os mesmos privilégios dos créditos oriundos da legislação do trabalho, sendo vedada a compensação em caso de sucumbência parcial.

É admitida, como regra, a reconvenção à reconvenção. Assim, o réu apresenta o seu contra-ataque, o que também será exercido agora pelo autor-reconvindo, em razão da existência de conexão com o fundamento da defesa ou com a ação principal.

Porém, por expressa disposição legal, não se admite a reconvenção à reconvenção na ação monitória (art. 702 § 6º).

4.3. Revelia

A revelia é um fato e decorre da falta de oferecimento de resposta. Como visto anteriormente, para que o réu possa oferecer contestação, deverá observar o prazo previsto em lei.

Desse fato extraem-se determinados efeitos, conhecidos como efeitos material e processual da revelia.

É efeito material da revelia a presunção de veracidade dos fatos articulados pelo autor na inicial. Não decorre a lógica procedência do pedido, mas apenas a presunção de que os fatos indicados na petição inicial são verdadeiros.

Porém, não haverá a produção deste efeito se: i) havendo pluralidade de réus, algum deles contestar a ação; ii) o litígio versar sobre direitos indisponíveis; iii) a petição inicial não estiver acompanhada de instrumento que a lei considere indispensável à prova do ato; iv) as alegações de fato formuladas pelo autor forem inverossímeis ou estiverem em contradição com a prova constante dos autos.

Como é visto, não é sempre que haverá a incidência do efeito material da revelia. Este não se produzirá nas hipóteses mencionadas no art. 345 do CPC.

Entre as hipóteses, destaca-se a primeira prevista, no sentido de que, havendo pluralidade de réus, algum deles contestar a ação. A situação requer muito cuidado.

O litisconsórcio constitui-se na reunião de partes em um dos polos ou nos dois polos da ação. Admite várias classificações do litisconsórcio, sendo a mais importante a que se refere ao simples e ao unitário.

Pelo litisconsórcio simples, a decisão judicial a ser proferida não precisa ser uniforme para todos os litisconsortes. Poderá até ocorrer de ser, mas não é obrigatória a situação. Neste caso, cada litisconsorte é considerado como um litigante distinto.

No litisconsórcio unitário, por sua vez, a decisão a ser proferida obrigatoriamente deverá ser uniforme para todos os litisconsortes. Neste caso, todos eles são considerados como integrantes de um bloco único.

Pois bem. No litisconsórcio simples, uma vez apresentada a resposta por um dos litisconsortes, como eles são considerados como litigantes distintos, os demais não serão beneficiados ou prejudicados. Porém, no litisconsórcio unitário, como há necessidade de que a demanda seja julgada de modo uniforme para todos os litisconsortes, o ato processual praticado por um deles a todos se aproveita, ao passo que as omissões não prejudicam aos demais.

Por isso, a previsão contida no art. 345, I do CPC, refere-se exclusivamente ao litisconsórcio unitário, pois, apresentada a resposta por um dos litisconsortes, afasta-se a incidência do efeito material da revelia em relação aos demais, o que, contudo, não ocorrerá no litisconsorte simples.

Mas, muito cuidado ao resolver a questão, porque o examinador poderá não fazer qualquer distinção e exigir apenas conhecimento sobre o texto legal.

Também é digna de nota a situação das ações promovidas em face da Fazenda Pública (pessoas jurídicas de direito público). Nesses casos, questiona-se se esta estará sujeito ao efeito material da revelia. A questão vem sendo solucionada da seguinte maneira: como estas pessoas defendem interesses indisponíveis em juízo, a falta de resposta não acarretará a incidência de efeito material da revelia. Contudo, se a pessoa jurídica de direito público estiver defendendo interesse privado em juízo, então incidirá este efeito. Trata-se, em síntese, do posicionamento do Superior Tribunal de Justiça a respeito do tema.

Consiste o efeito processual da revelia na desnecessidade de intimação do réu dos demais atos processuais praticados no processo. A propósito, prevê o art. 346, caput do CPC, que, contra o revel que não tenha patrono constituído nos autos, os prazos fluirão da data de publicação do ato decisório no órgão oficial.

Portanto, revel o réu, este não será intimado dos demais atos processuais, salvo se constituir posteriormente advogado, caso em que este poderá interver em qualquer fase, recebendo-o no estado em que se encontrar.

Na fase de cumprimento de sentença, contudo, sendo o réu citado por edital e não oferecer resposta, será intimado também por edital para cumprir a sentença (art. 513, § 2º, IV CPC).

5. PROVIDÊNCIAS PRELIMINARES E DE SANEAMENTO

Tendo o réu apresentado a sua resposta, poderá o magistrado tomar algumas providências, indicadas como preliminares. E assim são identificadas, porque objetivam preparar o processo para a fase processual seguinte.

Nesse sentido, verificando o magistrado que o réu não ofereceu resposta, mas que não haverá a incidência do efeito material da revelia, abrirá oportunidade para que o autor possa especificar as provas que pretende produzir, se ainda não as tiver indicado (art. 348).

Poderá o réu, que não ofereceu resposta, também requerer a produção de provas, desde que se faça representar nos autos a tempo de praticar os atos processuais indispensáveis a essa produção.

Também deverá o magistrado dar oportunidade para que o autor se manifeste, no prazo de 15 dias, se o réu oferecer defesa de mérito indireta, ou seja, se alegar fato impeditivo, modificativo ou extintivo do direito do autor (art. 350).

Ou, então, se o réu alegar qualquer uma das preliminares (defesa processual), deverá o juiz também oportunizar a manifestação pelo autor, no prazo de 15 dias.

Como preparação, verificando o magistrado que existem vícios sanáveis, determinará a sua correção em no máximo 30 dias.

Se o magistrado entender que não é o caso de extinção do processo ou de promover ao julgamento antecipado do mérito, então, deverá proferir decisão de saneamento e de organização do processo, por meio da qual: i) resolverá as questões processuais pendentes, se houver; ii) delimitará as questões de fato sobre as quais recairá a atividade probatória, especificando os meios de prova admitidos; iii) definirá a distribuição do ônus probatório; iv) delimitará as questões de direito relevantes para a decisão do mérito; v) designará, se necessário, audiência de instrução e julgamento.

Uma vez saneado o feito, poderão as partes pedir esclarecimentos ou mesmo pedir ajustes, no prazo comum de cinco dias, a partir do que a decisão se torna estável.

As questões de fato e de direito poderão ser delimitadas pelas partes, por meio de convenção consensual, o que, se homologado, as vinculará, assim como também ao juiz.

Por vezes, a causa poderá apresentar complexidade em matéria de fato ou de direito, quando então o magistrado designará audiência para que o saneamento seja feito em cooperação com as partes, oportunidade em que o juiz, se for o caso, convidará as partes a integrar ou esclarecer suas alegações. Trata-se do saneamento compartilhado.

Se for realizada a produção de prova testemunhal, o magistrado fixará prazo para que as partes arrolem as suas testemunhas, não superior a quinze dias.

Se o magistrado entender que não é o caso de extinção do processo ou de promover ao julgamento antecipado do mérito, então, deverá proferir decisão de saneamento e de organização do processo, por meio da qual: i) resolverá as questões processuais pendentes, se houver; ii) delimitará as questões de fato sobre as quais recairá a atividade probatória, especificando os meios de prova admitidos; iii) definirá a distribuição do ônus probatório; iv) delimitará as questões de direito relevantes para a decisão do mérito; v) designará, se necessário, audiência de instrução e julgamento.

Uma vez saneado o feito, poderão as partes pedir esclarecimentos ou mesmo pedir ajustes, no prazo comum de cinco dias, a partir do que a decisão se torna estável.

As questões de fato e de direito poderão ser delimitadas pelas partes, por meio de convenção consensual, o que, se homologado, as vinculará, assim como também ao juiz.

Por vezes, a causa poderá apresentar complexidade em matéria de fato ou de direito, quando então o magistrado designará audiência para que o saneamento seja feito em cooperação com as partes, oportunidade em que o juiz, se for o caso, convidará as partes a integrar ou esclarecer suas alegações. Trata-se do saneamento compartilhado.

Se for realizada a produção de prova testemunhal, o magistrado fixará prazo para que as partes arrolem as suas testemunhas, não superior a quinze dias.

6. JULGAMENTO CONFORME O ESTADO DO PROCESSO

Verificando o magistrado que poderá proferir pronunciamento sem a análise de mérito por incidir uma das hipóteses do art. 485, ou então, ser possível a análise de mérito com fundamento nos incisos II e III do art. 487 do CPC, proferirá sentença e extinguirá o processo (se decidir sobre a decadência ou a prescrição, ou, ainda, se homologar o reconhecimento da procedência do pedido formulado na ação ou na reconvenção, a transação ou a renúncia à pretensão formulada ou na reconvenção).

Admite-se também pronunciamento sobre parcela do processo, quando então proferirá decisão interlocutória, impugnável pelo recurso de agravo de instrumento.

Admite-se, também, o julgamento antecipado parcial do mérito, quando então apenas um ou parcela dos pedidos será decidido, prosseguindo-se o processo em relação aos demais. Trata-se de decisão interlocutória de mérito, que poderá ser impugnada por meio do recurso de agravo de instrumento.

7. AUDIÊNCIA DE INSTRUÇÃO E JULGAMENTO

Tem a audiência de instrução e julgamento a finalidade de ser colhida a prova oral a ser produzida.

Esta prova será produzida com observância da seguinte ordem: i) oitiva do perito e de assistentes técnicos, que responderão a quesitos de esclarecimentos previamente apresentados; ii) o autor e o réu em depoimentos pessoais; iii) as testemunhas arroladas pelo autor e pelo réu, que serão inquiridas.

Admite-se a flexibilização dessa ordem, de modo que o juiz poderá alterá-la (art. 139, VI).

A audiência será adiada por convenção das partes, se não puder comparecer qualquer pessoa que dela necessariamente deveria participar, por motivo justiçado, e por atraso injustificado de seu início em tempo superior a 30 minutos do horário marcado.

Se acaso o advogado da parte que requereu a prova não comparecer, o juiz poderá dispensar a sua produção.

Terminada a instrução, será aberta oportunidade para as alegações finais, abrindo-se a palavra aos autos advogados e Ministério Público, se for necessária a sua intervenção. Tais alegações podem ser substituídas por razões finais escritas, a ser apresentadas no prazo sucessivo de 15 dias.

A audiência de instrução é una e contínua, podendo ser cindida se houver concordância das partes.

Terminados os debates, o juiz proferirá sentença, ou o fará em 30 dias.

8. PROVAS

8.1. Conceito e disposições gerais

Por *meios de prova* compreendem-se os procedimentos adequados para a obtenção da informação e o seu registro. Há vários meios de prova, como a pericial, a testemunhal. Não se confunde com fonte de prova.

A prova é extraída de uma fonte de prova. Uma pessoa pode ser uma fonte de prova, sendo aquela examinada por um perito médico, por exemplo. Tem-se, então, uma fonte de prova, que não se confunde com os meios de prova.

Serão admitidos todos os meios de prova moralmente legítimos, ainda que atípicos.

Admite-se, também, que o magistrado determine a produção da prova que entenda pertinente como decorrência do dever-poder instrutório do juiz (art. 370 do CPC).

Em consonância com o princípio da comunhão das provas, uma vez sendo produzida, poderá qualquer uma das partes dela se aproveitar, ainda que não tenha a requerido. A prova não pertence à parte que a produziu.

Em conformidade com o art. 5º, XII, CF, são inadmissíveis, no processo, as provas obtidas por meios ilícitos.

8.2. Distribuição do ônus da prova.

Ônus probatório: a propósito do tema, deve haver prévia análise da carga estática e da carga dinâmica do ônus probatório. Pela carga estática do ônus probatório, que ainda é a regra, há a prévia distribuição daquilo que cada parte no processo deverá comprovar. Desse modo, incumbe ao autor o ônus da prova quanto ao fato constitutivo de seu direito e ao réu, por sua vez, quanto ao fato impeditivo, modificativo ou extintivo do direito do autor.

Admite-se que as partes, por convenção, modifiquem o ônus da prova. Contudo, tal convenção não será admitida quando recair sobre direito indisponível da parte ou se tornar excessivamente difícil a uma parte o exercício do direito (art. 373, § 3º).

O CPC inovou ao prever, também, a carga dinâmica do ônus probatório. Diferentemente do que foi anteriormente analisado, será possível que o juiz atribua o ônus da prova de modo diverso, desde que o faça por decisão fundamentada, justificada nos casos previstos em lei ou diante de peculiaridades da causa decorrentes da excessiva dificuldade de cumprir o encargo. Enfim, terá o ônus de provar aquele que tiver melhores condições de fazê-lo.

8.3. Fatos que independem de prova

As provas buscam demonstrar os fatos. Porém, nem todos os fatos precisam ser demonstrados.

Nesse sentido, o art. 374 dispensa a prova dos fatos: i) notórios; ii) afirmados por uma parte e confessados pela parte contrária; iii) admitidos no processo como incontroversos; iv) em cujo favor milita presunção legal de existência ou de veracidade.

8.4. Produção antecipada de prova

O Código fez previsão da denominada ação probatória, que tem por finalidade exclusiva a produção antecipada de prova que poderá ser utilizada posteriormente em procedimento arbitral, judicial ou administrativo. Será admitida se: houver fundado receio de que venha a tornar-se impossível ou muito difícil a verificação de certos fatos na pendência da ação; a prova a ser produzida seja suscetível de viabilizar a autocomposição ou outro meio adequado de solução de conflito; o prévio conhecimento dos fatos possa justificar ou evitar o ajuizamento de ação.

Note-se que nem sempre haverá necessidade do elemento urgência.

A ação probatória não admitirá defesa ou recurso, salvo contra decisão que indeferir totalmente a produção da prova pleiteada pelo requerente originário.

Uma vez deferida e produzida a prova, os autos permanecerão durante um mês para extração de cópias e certidões.

8.5. Ata notarial

A existência e o modo de existir de algum fato podem ser atestados ou documentados, a requerimento do interessado, mediante ata lavrada por tabelião.

Dados representados por imagem ou som gravados em arquivos eletrônicos poderão constar da ata notarial.

8.6. Depoimento pessoal

O depoimento pessoal é um meio de prova consistente na colheita do depoimento do autor e do réu. Será produzido na audiência de instrução e julgamento, com possibilidade de que haja a formulação de reperguntas pelo advogado da parte contrária.

Não obstante, admite-se que, se a parte residir em comarca, seção ou subseção judiciária diversa daquela onde tramita o processo poderá ser colhida por meio de videoconferência ou outro recurso tecnológico de transmissão de sons e imagens em tempo real, o que poderá ocorrer, inclusive, durante a realização da audiência de instrução e julgamento.

Se a parte não comparecer, apesar de pessoalmente intimada, ser-lhe-á aplicada a pena de confesso. Da mesma forma, se recusar a depor.

A parte não é obrigada a depor sobre fatos criminosos ou torpes que lhe forem imputados, a cujo respeito, por estado ou profissão, deva guardar sigilo, acerca dos quais não possa responder sem desonra própria, de seu cônjuge, de seu companheiro ou de parente em grau sucessível, que coloquem em perigo a vida do depoente ou das pessoas antes indicadas. Esta regra, contudo, não se aplica às ações de estado e de família.

Difere o depoimento pessoal do interrogatório, que poderá ser colhido a qualquer momento. Porém, no interrogatório a parte não está obrigada a depor e, se deixar de fazê-lo, não lhe será aplicada a pena de confesso.

8.7. Confissão

Haverá a confissão quando a parte admite a verdade de fato contrário ao seu interesse e favorável ao do adversário.

Ela poderá ocorrer no âmbito judicial ou extrajudicial. Pode ainda ser espontânea ou provocada.

A confissão é irrevogável, mas poderá ser anulada se decorreu de erro de fato ou de coação. A legitimidade para a propositura desta ação é exclusiva do confitente e pode ser transferida a seus herdeiros se ele falecer após a propositura.

8.8. Exibição de documento ou coisa

A exibição poderá ser determinada pelo juiz, estando o documento ou coisa sob poder da parte ou de terceiros.

Se estiver em poder da parte contrária, esta será intimada para responder no prazo de cinco dias contados de sua intimação. Instaura-se um incidente processual. Poderá o requerido afirmar que não possui o documento. Se o juiz não admitir a sua recusa, admitirá como verdadeiros os fatos que, por meio do documento ou da coisa, a parte pretendia provar se: i) o requerido não efetuar a exibição e nem fizer nenhuma declaração no prazo de cinco dias; ii) a recusa for havida por ilegítima.

Estando o documento ou coisa em poder de terceiro, será instaurado processo incidente. Nesse sentido, o terceiro será citado para responder no prazo de 15 dias. Não havendo motivo justo, o juiz ordenará o depósito em cartório, podendo haver a expedição de mandado de busca e apreensão.

8.9. Prova documental

De todos os aspectos da prova documental, merecem ser destacados pela própria incidência em provas e concursos, alguns aspectos importantes.

O réu manifestar-se-á na contestação sobre os documentos anexos à inicial, e o autor na réplica sobre os documentos anexados na contestação.

A parte poderá requerer a juntada de documento aos processos e a outra poderá arguir a sua falsidade na contestação, na réplica ou no prazo de 15 dias contados da intimação da juntada dos documentos aos autos.

Arguida a falsidade como questão incidental, assim será decidida e não fará coisa julgada. Porém, poderá ser resolvida como questão principal, desde que haja requerimento da parte e seja o juiz competente, hipótese em que fará coisa julgada.

A propósito, indica o art. 433: "A declaração sobre a falsidade do documento, quando suscitada como questão principal, constará da parte dispositiva da sentença e sobre ela incidirá também a autoridade da coisa julgada".

Em regra, a prova documental deve ser apresentada juntamente com a petição inicial e contestação, sendo lícito às partes, porém, em qualquer momento, juntar aos autos documentos novos, se destinados a fazer prova de fatos ocorridos depois dos alegados, ou para contrapô-los aos que foram produzidos nos autos.

Sendo assim, se o réu apresenta fatos modificativos do direito do autor, poderá o autor apresentar novos documentos, afastando as alegações trazidas.

Os documentos podem ser públicos ou privados.

Competirá à parte impugnar a autenticidade da assinatura e a veracidade do contexto, o que presumir-se-á tendo em vista o seu silêncio. Tal eficácia cessa, contudo, se o documento foi obtido por erro, dolo ou coação, que podem ser alegados em momento posterior.

8.10. Documentos eletrônicos

A utilização de documentos eletrônicos no processo convencional dependerá de sua conversão à forma impressa e da verificação de sua autenticidade, na forma da lei.

O juiz apreciará o valor probante do documento eletrônico não convertido, assegurado às partes o acesso a seu teor.

Serão admitidos documentos eletrônicos produzidos e conservados com a observância da legislação específica.

8.11. Prova testemunhal

A testemunha é a fonte da prova testemunhal. É a pessoa que, não sendo parte, será chamada a depor sobre fatos tratados no processo, sendo indeferida a sua oitiva sobre fatos já provados por documento ou confissão da parte, ou que só por documento ou por exame pericial puderem ser provados.

Todas as pessoas podem ser acionadas como testemunhas, havendo ressalva, contudo, em relação às incapazes, impedidas e suspeitas.

Sendo necessário, o magistrado poderá ouvir as testemunhas menores, impedidas ou suspeitas, sem tomar-lhes o compromisso de dizer a verdade.

A testemunha é obrigada a depor e a dizer a verdade, sob pena de praticar o crime de falso testemunho. Porém, não é obrigada a depor sobre fatos: (i) que lhe acarretem grave dano, bem como ao seu cônjuge e aos seus parentes consanguíneos ou afins, em linha reta, ou na colateral em segundo grau; (ii) a cujo respeito, por estado ou profissão, deva guardar sigilo.

Nos casos em que a lei exigir prova escrita da obrigação, é admissível a prova testemunhal quando houver começo de prova por escrito, emanado da parte contra a qual se pretende produzir a prova.

Também se admite a prova testemunhal quando o credor não pode ou não podia, moral ou materialmente, obter a prova escrita da obrigação, em casos como o de parentesco, de depósito necessário ou de hospedagem em hotel ou em razão das práticas comerciais do local onde contraída a obrigação.

O juiz fixará, na decisão saneadora, o prazo comum não superior a 15 dias para que as partes apresentem rol de testemunhas. No caso de saneamento compartilhado, as partes devem levar consigo o rol de testemunhas.

O número de testemunhas não pode ser superior a dez, sendo 03 no máximo para a prova de cada fato.

Admite-se que o juiz limite o número de testemunhas levando em conta a complexidade da causa e dos fatos individualmente considerados.

8.12. Prova pericial

A prova pericial consiste em exame, vistoria ou avaliação. Trata-se de meio de prova em que se necessita dos conhecimentos de expert nomeado pelo Juízo.

A prova pericial poderá ser substituída pela prova técnica simplificada, se o ponto controvertido for de menor complexidade, consistindo apenas na inquirição de especialista pelo juiz.

Ao nomear o perito, o juiz fixará prazo para a entrega do laudo.

Uma vez intimada, a parte terá o prazo de quinze dias para arguir o impedimento ou a suspeição do perito, indicar assistente técnico ou apresentar quesitos.

Ciente da notificação, o perito apresentará proposta de honorários, currículo com comprovação de especialização e contatos profissionais, sendo as partes intimadas, podendo manifestar-se a respeito em cinco dias.

Ultrapassado o prazo, com ou sem manifestação, o juiz arbitrará o valor, intimando-se as partes.

É admissível a apresentação de quesitos suplementares durante a diligência, que poderão ser respondidos pelo perito previamente ou na audiência de instrução e julgamento.

É admissível também que as partes escolham o perito, indicando-o mediante requerimento, desde que sejam plenamente capazes e a causa possa ser resolvida por autocomposição.

8.13. Inspeção judicial

A inspeção judicial consiste na possibilidade de o juiz, sem intermediários, constatar determinado fato indicado na inicial ou na contestação.

Assim, o juiz, de ofício ou a requerimento da parte, poderá, em qualquer fase do processo, inspecionar pessoas ou coisas, com a finalidade de esclarecer sobre fato.

Realizada a inspeção, será lavrado auto circunstanciado.

9. INFORMATIVOS DE JURISPRUDÊNCIA RELACIONADOS AO TEMA

- Direito processual civil e tributário. Dispensabilidade da indicação do CPF e/ou RG do devedor (pessoa física) nas ações de execução fiscal. Recurso repetitivo (art. 543-C do CPC e Res. 8/2008 do STJ). **Em ações de execução fiscal, descabe indeferir a petição inicial sob o argumento da falta de indicação do CPF e/ou RG da parte executada, visto tratar-se de requisito não previsto no art. 6º da Lei 6.830/1980 (LEF), cujo diploma, por sua especialidade, ostenta primazia sobre a legislação de cunho geral, como ocorre em relação à exigência contida no art. 15 da Lei 11.419/2006.** A Lei 6.830/1980, ao elencar no art. 6º os requisitos da petição inicial, não previu o fornecimento do CPF da parte executada, providência, diga-se, também não contemplada no art. 282, II, do CPC. A previsão de que a petição inicial de qualquer ação judicial contenha o CPF ou o CNPJ do réu encontra suporte, unicamente, no art. 15 da Lei 11.419/2006, que disciplina a informatização dos processos judiciais, cuidando-se, nessa perspectiva, de norma de caráter geral. Portanto, não se pode cogitar do indeferimento da petição inicial com base em exigência não consignada na legislação específica (Lei 6.830/1980-LEF), tanto mais quando o nome e endereço da parte executada, trazidos com a inicial, possibilitem, em tese, a efetivação do ato citatório. A Primeira Seção do STJ concluiu, em sede de repetitivo, por afastar a exigência de que a exordial da execução se fizesse acompanhar, também, da planilha discriminativa de cálculos; isso porque "A petição inicial da execução fiscal apresenta seus requisitos essenciais próprios e especiais que não podem ser exacerbados a pretexto da aplicação do Código de Processo Civil, o qual, por conviver com a *lex specialis*, somente se aplica subsidiariamente" (REsp 1.138.202-ES, Primeira Seção, *DJe* 1º/2/2010). Em tal perspectiva, deve-se reconhecer que, por seu caráter geral, o art. 15 da Lei 11.419/2006, no que impõe à parte o dever de informar, ao distribuir a petição inicial de qualquer ação judicial, o CPF ou CNPJ de pessoas físicas e jurídicas, encerra comando que cede frente aos enxutos requisitos contidos na legislação de regência da execução fiscal (Lei 6.830/1980), notadamente em seu artigo 6º. Embora o questionado fornecimento do CPF ou CNPJ não chegue a revelar incompatibilidade maior com o procedimento fiscal em juízo, a falta de apresentação desses dados pelo Fisco, por não se erigir em requisito expressamente reclamado na lei especial de regência, não poderá obstruir o curso da execução, sem prejuízo de que esses dados possam aportar ao feito em momento ulterior. **REsp 1.450.819-AM, Rel. Min. Sérgio Kukina, Primeira Seção, julgado em 12/11/2014, *DJe* 12/12/2014.**

- Direito processual civil. Instrução da petição inicial da ação monitória. Recurso repetitivo (art. 543-C do CPC e Res. 8/2008-STJ). Tema 474. A petição inicial da ação monitória para cobrança de soma em dinheiro deve ser instruída com demonstrativo de débito atualizado até a data do ajuizamento, assegurando-se, na sua ausência ou insuficiência, o direito da parte de supri-la, nos termos do art. 284 do CPC. Não obstante o baixo formalismo que caracteriza o procedimento monitório, é indispensável, sempre que se tratar de cobrança de soma em dinheiro, a apresentação pelo credor de demonstrativo que possibilite ao devedor o perfeito conhecimento da quantia que lhe está sendo reclamada. De fato, embora seja possível a discussão sobre o *quantum debeatur* nos embargos à ação monitória, é necessário que haja o detalhamento da dívida, com a indicação de critérios, índices e taxas utilizados, a fim de que o devedor possa validamente impugná-los em sua peça de resistência. É importante registrar, contudo, que, detectada a falta ou insuficiência do demonstrativo, tem a parte o direito de saná-la, nos termos do art. 284 do CPC, entendimento que se estende à própria inicial de execução, na forma da jurisprudência dominante. **REsp 1.154.730-PE, Rel. Min. João Otávio de Noronha, Segunda Seção, julgado em 8/4/2015, *DJe* 15/4/2015.**

- Direito processual civil. Apresentação apenas de reconvenção sem contestação em peça autônoma e possibilidade de se afastar os efeitos da revelia. **Ainda que não ofertada contestação em peça autônoma, a apresentação de reconvenção na qual o réu efetivamente impugne o pedido do autor pode afastar a presunção de veracidade decorrente da revelia (art. 302 do CPC[41]).** Com efeito, a jurisprudência do STJ encontra-se consolidada no sentido de que a revelia, decorrente da não apresentação de contestação, enseja apenas presunção relativa de veracidade dos fatos narrados na inicial pelo autor da ação, podendo ser infirmada pelos demais elementos dos autos, motivo pelo qual não acarreta a procedência automática dos pedidos iniciais. Ademais, o STJ já se posicionou no sentido de que constitui mera irregularidade a apresentação de contestação e de reconvenção em peça única. **REsp 1.335.994-SP, Rel. Min. Ricardo Villas BôasCueva, julgado em 12/8/2014.**

- **Direito processual civil. Prova emprestada entre processos com partes diferentes.** É admissível, assegurado o contraditório, prova emprestada de processo do qual não participaram as partes do processo para o qual a prova será trasladada. **A grande valia da prova emprestada reside na economia processual que proporciona, tendo em vista que se evita a repetição desnecessária da produção de prova de idêntico conteúdo. Igualmente, a economia processual decorrente da utilização da prova emprestada importa em incremento de eficiência, na medida em que garante a obtenção do mesmo resultado útil, em menor período de tempo, em consonância com a garantia constitucional da duração razoável do processo, inserida na CF pela EC 45/2004.**

- **Assim, é recomendável que a prova emprestada seja utilizada sempre que possível, desde que se mantenha hígida a garantia do contraditório. Porém, a prova emprestada não pode se restringir a processos em que figurem partes idênticas, sob pena de se reduzir excessivamente sua aplicabilidade sem justificativa razoável para isso. Assegurado às partes o contraditório sobre a prova, isto é, o direito de se insurgir contra a prova e de refutá-la adequadamente, o empréstimo será válido. EREsp 617.428-SP, Rel. Min. Nancy Andrighi, julgado em 4/6/2014.**

- **Direito previdenciário. Comprovação da união estável para efeito de concessão de pensão por morte.** Para a concessão de pensão por morte, **é** possível a comprovação da união estável por meio de prova exclusivamente testemunhal. **Ressalte-se, inicialmente, que a prova testemunhal é sempre admissível caso a legislação não disponha em sentido contrário. Ademais, a Lei 8.213/1991 somente exige prova documental quando se tratar de comprovação do tempo de serviço. Precedentes citados: REsp 778.384-GO, Quinta Turma, *DJ* 18/9/2006; e REsp 783.697-GO, Sexta Turma, *DJ* 9/10/2006. AR 3.905-PE, Rel. Min. Campos Marques (Des. conv. do TJ-PR), julgado em 26/6/2013.**

- **Direito processual civil. Conhecimento em grau de recurso de prova documental cujo desentranhamento fora determinado na instância originária. A determinação do juiz para que se desentranhe prova documental dos autos em razão de sua juntada intempestiva, por si só, não inviabiliza o conhecimento da referida prova pelo tribunal, desde que seja observado o princípio do contraditório. O art. 397 do CPC** prevê as exceções à regra de que a prova documental deve acompanhar a petição inicial e a contestação, dispondo que "é lícito às partes, em qualquer tempo, juntar aos autos documentos novos, quando destinados a fazer prova de fatos ocorridos depois dos articulados, ou para contrapô-los aos que foram produzidos nos autos". A interpretação do referido dispositivo tem sido feita de forma ampliativa, de modo a admitir que a juntada de documentos novos ocorra em situações não formalmente previstas, relativizando a questão sobre a extemporaneidade da apresentação de prova documental, desde que não se trate de documento indispensável à propositura da ação e não haja má-fé na ocultação do documento, razão pela qual se impõe a oitiva da parte contrária (art. 398 do CPC). Dessa forma, a mera declaração do juiz de que a prova documental é intempestiva e, por isso, deve ser desentranhada dos autos não é capaz de, por si só, impedir o conhecimento da referida prova pelo tribunal, tendo em vista a maior amplitude, no processo civil moderno, dos poderes instrutórios do juiz, ao qual cabe determinar, até mesmo de ofício, a produção de provas necessárias à instrução do processo (art. 130 do CPC). **REsp 1.072.276-RN, Rel. Min. Luis Felipe Salomão, julgado em 21/2/2013.**

- **Petição Inicial. Execução de título extrajudicial. Réu falecido antes do ajuizamento da ação. Habilitação, sucessão ou substituição processual. Desnecessidade. Ausência de citação válida. Emenda à inicial para correção do polo passivo. Faculdade. Pretensão dirigida ao espólio. Arts. 43, 265 e 1.055 do CPC/1973.** É admissível a emenda à inicial, antes da citação, para a substituição de executado pelo seu espólio, em execução ajuizada em face de devedor falecido antes do ajuizamento da ação. (Informativo do STJ nº 632, de 28.9.2018).

- **Ação civil pública. Petição inicial inepta. Pedido genérico. Emenda após a contestação. Possibilidade.** Admite-se emenda à inicial de ação civil pública, em face da existência de pedido genérico, ainda que já tenha sido apresentada a contestação. (Informativo do STJ nº 615, de 6.12.2017)

- ***Fixação do valor da causa: discussão de cláusulas contratuais e benefício econômico.*** Não incide o art. 259, V, do CPC quando se discute, na ação principal, apenas algumas cláusulas contratuais. Ao reafirmar essa jurisprudência, o Plenário, por maioria, negou provimento a agravos regimentais em impugnação ao valor da causa interpostos, pela União e pelo estado do Rio de Janeiro, de decisão da Min. Cármen Lúcia, em ação cível originária da qual relatora. Os agravantes questionavam o valor da causa fixado pela relatora em R$ 85.921.597,23. A decisão fora pautada no benefício econômico pretendido pelo estado do Rio de Janeiro ao ajuizar ação cautelar para suspender bloqueio em suas contas. Na espécie, a União insurgira-se contra o valor simbólico de R$ 1.000,00 atribuído pelo estado do Rio de Janeiro, ao argumento de que o montante correto deveria corresponder à soma dos contratos envolvidos (R$ 19.462.464.409,65). Entendeu-se que as partes limitaram-se a reiterar as razões já expostas, sem apontar justificativas jurídicas suficientes para alterar os fundamentos esposados na decisão agravada. Reiterou-se a desproporção entre a pretensão do estado-autor, o valor decorrente das cláusulas por ele refutadas e o debatido na ação. ACO 664 Impugnação ao Valor da Causa-AgR/RJ, Rel. Min. Cármen Lúcia, 24.4.2012. Pleno.

- ***Pagamento de dividendos e juros sobre capital próprio como pedidos implícitos. Recurso repetitivo (art. 543-C do CPC e Res. 8/2008-STJ).*** Nas demandas por complementação de ações de empresas de telefonia, admite-se a condenação ao pagamento de dividendos e juros sobre capital próprio independentemente de pedido expresso. Relativamente à indenização a título de dividendos ao adquirente de linha telefônica, esta Corte Superior definiu, pelo rito do art. 543-C do CPC, que é possível a inclusão dos dividendos na condenação, independentemente de pedido expresso (REsp 1.034.255-RS, Segunda Seção, *DJe* 11/5/2010). É certo que o Direito processual civil tem aversão aos pedidos implícitos, pois eles geram surpresa para a contraparte, sacrificando dois pilares do processo civil, que são os princípios do contraditório e da ampla defesa. No CPC vigente, encontram-se poucas hipóteses de pedidos implícitos, como a correção monetária (Lei 6.899/1981), os juros (art. 293), os honorários advocatícios (art. 20, *caput*) e as prestações que se vencerem no curso da demanda (art. 290), não havendo nenhuma previsão que possa abarcar a inclusão dos dividendos ou dos juros sobre capital próprio (JCP) como pedido implícito. Porém, uma vez aberta exceção à regra processual para admitir os dividendos como pedido implícito, não há justificativa para adotar entendimento diverso quanto aos JCP, pois essas verbas têm a mesma natureza para o direito societário. A propósito, a despeito da existência de entendimento doutrinário em sentido contrário, ontologicamente, deve-se considerar que os JCP são, do ponto de vista societário, parcela do lucro a ser distribuído aos acionistas, sendo que, apenas por ficção jurídica, a lei tributária passou a considerá-los com natureza de juros. No entanto, é certo que, embora tenham a mesma natureza, os JCP não são idênticos aos dividendos. As diferenças, porém, entre os dois institutos não justificam um tratamento diverso no que tange aos pedidos no processo. A preocupação com o contraditório, embora extremamente relevante, fica atenuada no caso das demandas de massa, pois tanto os dividendos quanto os JCP são devidos de maneira uniforme para todos os acionistas, de modo que as possibilidades de defesa são as mesmas para os milhares de processos em que se discute a complementação de ações de empresas de telefonia. REsp 1.373.438-RS, Rel. Min. Paulo de Tarso Sanseverino, j. 11.6.2014. 2ª S.

- **Revelia. Ação de divórcio. Exclusão de patronímico adotado pela cônjuge por ocasião do casamento. Revelia. Manifestação expressa da vontade. Necessidade. Direito da Personalidade. Indisponibilidade.** A revelia em ação de divórcio na qual se pretende, também, a exclusão do patronímico adotado por ocasião do casamento não significa concordância tácita com a modificação do nome civil. (Informativo do STJ nº 631, de 14.9.2018)

- **Réu citado por edital. Revelia. Nomeação de curador especial. Legitimidade ativa para reconvir.** O curador especial tem legitimidade para propor reconvenção em favor de réu revel citado por edital. (Informativo do STJ nº 613, de 8.11.2017)

- ***Limites dos efeitos da revelia.*** Reconhecida a revelia, a presunção de veracidade quanto aos danos narrados na petição inicial não alcança a definição do *quantum* indenizatório indicado pelo autor. Como assentado na doutrina, a revelia não viola o processo justo, o devido processo legal, porque não significa a formação de um contraditório virtual ou presumido, muito menos a existência de uma confissão ficta. A própria existência da ação atesta a inconformação entre a pretensão do autor e a resistência do réu. Por isso, os efeitos da revelia não são absolutos, conduzindo à automática procedência dos pedidos. REsp 1.520.659-RJ, Rel. Min. Raul Araújo, *DJe* 30.11.2015. 4ª T. (Info 574).

- ***Necessidade de concessão do direito de vista*** à ***Defensoria Pública, em demanda submetida ao procedimento sumário, antes da data designada para a audiência de conciliação.*** No procedimento sumário, não pode ser reconhecida a revelia pelo não comparecimento à audiência de conciliação na hipótese em que tenha sido indeferido pedido de vista da Defensoria Pública formulado dias antes da data prevista para a referida audiência, no intuito de garantir a defesa do réu que somente tenha passado a ser assistido após a citação. O procedimento sumário prevê a necessidade da presença do réu na audiência de conciliação para que, restando infrutífera a tentativa de autocomposição, prossiga-se com a apresentação de contestação, sob pena de decretação da revelia. Dessa forma, na situação em análise, a não concessão de vista dos autos à Defensoria Pública, responsável pela defesa da parte ré, acaba privando esta de seu direito à ampla defesa, ao contraditório e de acesso à Justiça, gerando, assim, evidentes prejuízos, os quais não podem ser desconsiderados. REsp 1.096.396-DF, Rel. Min. Luis Felipe Salomão, j. 7.5.2013. 4ª T.

- ***Apresentação apenas de reconvenção sem contestação em peça autônoma e possibilidade de se afastar os efeitos da revelia.*** Ainda que não ofertada contestação em peça autônoma, a apresentação de reconvenção na qual o réu efetivamente impugne o pedido do autor pode afastar a presunção de veracidade decorrente da revelia (art. 302 do CPC). Com efeito, a jurisprudência do STJ encontra-se consolidada no sentido de que a revelia, decorrente da não apresentação de contestação, enseja apenas presunção relativa de veracidade dos fatos narrados na inicial pelo autor da ação, podendo ser infirmada pelos demais elementos dos autos, motivo pelo qual não acarreta a procedência automática dos pedidos iniciais. Ademais, o STJ já se posicionou no sentido de que constitui mera irregularidade a apresentação de contestação e de reconvenção em peça única. Resp 1.335.994-SP, Rel. Min. Ricardo Villas BôasCueva, j. 12.8.2014. 3ª T.

- **Julgamento conforme o estado do processo** ***Julgamento antecipado da lide. Indeferimento do pedido de produção de prova do estado de necessidade.*** Não caracteriza cerceamento de defesa o julgamento antecipado da lide em ação indenizatória, na hipótese de indeferimento, em audiência, do pedido da defesa de produção de provada alegação de estado de necessidade. O ato praticado em estado de necessidade, embora seja lícito, não afasta do respectivo autor o dever de indenizar o dono da coisa atingida ou a pessoa lesada pelo evento danoso, quando estes não incorrerem em culpa na criação da situação de perigo (art. 929 do CC). Assim, o indeferimento da prova pretendida pelo autor da conduta danosa não configura cerceamento de defesa, pois a comprovação do estado de necessidade em audiência não alteraria a conclusão do processo no sentido de ser devida a indenização pelos prejuízos causados, independentemente de caracterizada a excludente de ilicitude. De toda forma, persistiria a obrigação do autor do dano de indenizar. A comprovação do estado de necessidade seria relevante apenas para efeito de ação de regresso contra aquele que criou a situação de perigo (art. 930 do CC), o que não foi veiculado neste processo. REsp 1.278.627-SC, Rel. Min. Paulo de Tarso Sanseverino, j. 18.12.2012. 3ª T.

- **Provas** ***Conhecimento em grau de recurso de prova documental cujo desentranhamento fora determinado na instância originária.*** A determinação do juiz para que se desentranhe prova documental dos autos em razão de sua juntada intempestiva, por si só, não inviabiliza o conhecimento da referida prova pelo tribunal, desde que seja observado o princípio do contraditório. O art. 397 do CPC prevê as exceções à regra de que a prova documental deve acompanhar a petição inicial e a contestação, dispondo que "é lícito às partes, em qualquer tempo, juntar aos autos documentos novos, quando destinados a fazer prova de fatos ocorridos depois dos articulados, ou para contrapô-los aos que foram produzidos nos autos". A interpretação do referido dispositivo tem sido feita de forma ampliativa, de modo a admitir que a juntada de documentos novos ocorra em situações não formalmente previstas, relativizando a questão sobre a extemporaneidade da apresentação de prova documental, desde que não se trate de documento indispensável à propositura da ação e não haja má-fé na ocultação do documento, razão pela qual se impõe a oitiva da parte contrária (art. 398 do CPC). Dessa forma, a mera declaração do juiz de que a prova documental é intempestiva e, por isso, deve ser desentranhada dos autos não é capaz de, por si só, impedir o conhecimento da referida prova pelo tribunal, tendo em vista a maior amplitude, no processo civil moderno, dos poderes instrutórios do juiz, ao qual cabe determinar, até mesmo de ofício, a produção de provas necessárias à instrução do processo (art. 130 do CPC). REsp 1.072.276-RN, Rel. Min. Luis Felipe Salomão, j. 21.2.2013. 4ª T.

- ***Degravação de depoimento de testemunha inquirida no juízo deprecado por meio audiovisual.*** No âmbito do processo civil, não é do juízo deprecado o encargo de providenciar a degravação de depoimento de testemunha por ele inquirida pelo método audiovisual. A princípio, vale ressaltar que o tema em discussão não possui regra específica na legislação processual civil capaz de elucidar a controvérsia. Diante dessa lacuna, revela-se conveniente observar a Res. 105/2010 do CNJ, a qual veio dispor, no âmbito do processo penal, sobre a "documentação dos depoimentos por meio de sistema audiovisual e realização de interrogatório e inquirição de testemunha por videoconferência", não havendo óbice, por certo, para a aplicação dessa mesma regra no processo civil. Extrai-se da citada resolução "que caracteriza ofensa à independência funcional do juiz de primeiro grau a determinação, por magistrado integrante de tribunal, da transcrição de depoimentos tomados pelo sistema audiovisual". Nesse contexto, a situação em análise revela maior grau de constrangimento, na medida em que a determinação de haver degravação procede de um magistrado de primeiro grau (deprecante) para outro de idêntica hierarquia (deprecado). De outra parte, não se pode olvidar a advertência existente na parte inicial da referida resolução no sentido de que, para cada minuto de gravação, leva-se, no mínimo, dez minutos para a sua degravação, a denotar grandes dificuldades, sobretudo de tempo e de esforço laboral, que permeiam o ato de transcrição de depoimentos colhidos na forma audiovisual. Dessa forma, o art. 2º da citada resolução estabeleceu que os depoimentos documentados por meio audiovisual não precisam de transcrição, e o parágrafo único desse artigo instituiu regra segundo a qual o magistrado, quando for de sua preferência pessoal, poderá determinar que os servidores afetos a seu gabinete ou secretaria procedam à degravação. CC 126.770-RS, Rel. Min. Sérgio Kukina, j. 8.5.2013. 1ª S.

- ***Dispensabilidade da apólice de seguro nos autos de ação regressiva ajuizada por seguradora em face do suposto causador do sinistro.*** A apólice de seguro é peça dispensável à propositura de ação regressiva por seguradora em face do suposto causador do dano, tampouco configura documento essencial à comprovação do fato constitutivo do direito do autor na referida demanda. Conforme o art. 758 do CC, a apólice, o bilhete ou o comprovante do pagamento do prêmio constituem meios de prova do contrato de seguro. O referido dispositivo legal, entretanto, não exclui aprioristicamente outras formas aptas à comprovação da relação securitária. Não se trata, portanto, de hipótese de prova legal ou tarifada. Está-se, na verdade, diante de uma previsão de prova preconstituída, cuja exibição se dá para que, no futuro, não se levantem dúvidas acerca da existência da relação jurídica. Desse modo, mesmo em face de previsão legal de prova preconstituída – como é o caso do art. 758 do CC –, aplica-se o art. 332 do CPC, segundo o qual "todos os meios legais, bem como os moralmente legítimos, ainda que não especificados neste Código, são hábeis para provar a verdade dos fatos, em que se funda a ação ou defesa". Ademais, em uma ação regressiva ajuizada pela seguradora contra terceiros, assumir como essencial a apresentação da apólice consubstanciaria exigência de prova demasiado frágil, porquanto é documento criado unilateralmente por quem dele se beneficiaria. REsp 1.130.704-MG, Rel. Min. Luis Felipe Salomão, j. 19.3.2013. 4ª T.

- ***Não vinculação do juiz*** às ***conclusões do laudo pericial.*** É possível ao magistrado, na apreciação do conjunto probatório dos autos, desconsiderar as conclusões de laudo pericial, desde que o faça motivadamente. Conforme o art. 131 do CPC, "o juiz apreciará livremente a prova, atendendo aos fatos e circunstâncias constantes dos autos, ainda que não alegados pelas partes; mas deverá indicar na sentença os motivos que lhe formaram o convencimento". Por sua vez, o art. 436 do CPC dispõe que "o juiz não está adstrito ao laudo pericial, podendo afirmar a sua convicção com outros elementos ou fatos provados nos autos". Nesse contexto, pode-se concluir que, no sistema processual brasileiro, a norma resultante da interpretação conjunta dos referidos dispositivos legais permite ao juiz apreciar livremente a prova, mas não lhe confere a prerrogativa de trazer aos autos impressões pessoais e conhecimentos extraprocessuais que não possam ser objeto do contraditório e da ampla defesa pelas partes litigantes, nem lhe outorga a faculdade de afastar injustificadamente a prova pericial, porquanto a fundamentação regular é condição de legitimidade da sua decisão. REsp 1.095.668-RJ, Rel. Min. Luis Felipe Salomão, j. 12.3.2013. 4ª T.

- ***Necessidade de garantir*** às ***partes o direito de apresentar rol de testemunhas na hipótese de conversão do procedimento.*** Não é possível ao juiz converter, de ofício, o procedimento ordinário em sumário sem dar oportunidade às partes para que exerçam o direito de apresentação do rol de testemunhas a serem ouvidas na audiência de instrução e julgamento. Conforme o art. 276 do CPC, no procedimento sumário, o autor deve apresentar o rol de testemunhas na petição inicial e, se requerer perícia, deve, desde logo, formular os quesitos, podendo indicar assistente técnico. O réu, por sua vez, se não obtida conciliação em audiência, deve oferecer resposta, apresentar rol de testemunhas e requerer perícia, se for o caso. Já no procedimento ordinário, o CPC exige apenas que, na inicial, o autor proteste pela produção de provas (art. 282), a qual é postergada para a fase de saneamento e de instrução probatória (art. 331). Nesse contexto, se a parte escolheu o procedimento ordinário no lugar do sumário, não pode ela ser surpreendida por essa mudança com prejuízo da perda do momento de apresentação do rol de testemunhas, o que implicaria cerceamento do direito de defesa. Assim, quando o juízo de origem, de ofício, converte o procedimento de ordinário para sumário, deve adotar medidas de adequação ao novo rito, ordenando o processo, garantindo às partes a indicação das provas a serem produzidas, inclusive com a apresentação do rol de testemunhas. REsp 698.598-RR, Rel. Min. Raul Araújo, j. 2.4.2013. 4ª T.

- ***Prova emprestada entre processos com partes diferentes.*** É admissível, assegurado o contraditório, prova emprestada de processo do qual não participaram as partes do processo para o qual a prova será trasladada. A grande valia da prova emprestada reside na economia processual que proporciona, tendo em vista que se evita a repetição desnecessária da produção de prova de idêntico conteúdo. Igualmente, a economia processual decorrente da utilização da prova emprestada importa em incremento de eficiência, na medida em que garante a obtenção do mesmo resultado útil, em menor período de tempo, em consonância com a garantia constitucional da duração razoável do processo, inserida na CF pela EC 45/2004. Assim, é recomendável que a prova emprestada seja utilizada sempre que possível, desde que se mantenha hígida a garantia do contraditório. Porém, a prova emprestada não pode se restringir a processos em que figurem partes idênticas, sob pena de se reduzir excessivamente sua aplicabilidade sem justificativa razoável para isso. Assegurado às partes o contraditório sobre a prova, isto é, o direito de se insurgir contra a prova e de refutá-la adequadamente, o empréstimo será válido. EREsp 617.428-SP, Rel. Min. Nancy Andrighi, j. 4.6.2014. Corte Especial.

- ***Termo inicial da prescrição nas demandas por indenização do seguro DPVAT nos casos de invalidez permanente da vítima. Recurso repetitivo (art. 543-C do CPC e Res. 8/2008-STJ).*** No que diz respeito ao termo inicial do prazo prescricional nas demandas por indenização do seguro DPVAT que envolvem invalidez permanente da vítima: a) o termo inicial do prazo prescricional é a data em que o segurado teve ciência inequívoca do caráter permanente da invalidez; e b) exceto nos casos de invalidez permanente notória, a ciência inequívoca do caráter permanente da invalidez depende de laudo médico, sendo relativa a presunção de ciência. Sobre o tema em análise, o STJ editou a Súmula 278, segundo a qual "O termo inicial do prazo prescricional, na ação de indenização, é a data em que o segurado teve ciência inequívoca da incapacidade laboral". Com o advento desse enunciado, sepultou-se o entendimento de que o termo inicial da prescrição seria sempre a data do acidente, independentemente do tipo de lesão. Persiste, porém, controvérsia no que se refere à necessidade, ou não, de um laudo médico para que a vítima do acidente (beneficiária do seguro) tenha ciência inequívoca da invalidez permanente (total ou parcial). Essa controvérsia tem gerado três entendimentos jurisprudenciais diversos. O primeiro considera que a invalidez permanente depende de uma declaração médica, sem a qual não há como presumir a ciência da vítima. No segundo há uma ligeira mitigação do primeiro, pois se aceita a presunção de ciência inequívoca, independentemente de laudo médico, mas somente nas hipóteses em que a invalidez é notória, como nos casos de amputação de membro. O laudo médico, nesses casos, serviria mais para aferir o grau de invalidez do que para constatá-la. Interessante destacar que o fato de a invalidez permanente ser uma consequência imediata do acidente não implica, necessariamente, ciência inequívoca da vítima. A perda do baço, por exemplo, somente chegará ao conhecimento de uma vítima leiga em Medicina se essa informação lhe for prestada por um médico. Nesses casos, ainda que a lesão seja imediata, a ciência da vítima só ocorrerá em momento posterior. Voltando às teses acerca da ciência da invalidez, o terceiro entendimento admite que essa ciência possa ser presumida, conforme as circunstâncias do caso. Colhe-se da jurisprudência do STJ, por exemplo, julgado no qual o tribunal de origem entendeu que o longo decurso de tempo entre o acidente e a data do laudo, além da não submissão das vítimas a tratamento, permite que se presuma a ciência da invalidez. Posto isso, cumpre verificar o enquadramento dos entendimentos jurisprudenciais acima delineados nas hipóteses do art. 334 do CPC, transcrito a seguir: "Não dependem de prova os fatos: I - notórios; II - afirmados por uma parte e confessados pela parte contrária; III - admitidos, no processo, como incontroversos; IV - em cujo favor milita presunção legal de existência ou de veracidade." O primeiro entendimento, que exige um laudo médico para que se considere a ciência inequívoca da vítima, está de acordo com esse dispositivo legal (*acontrario sensu*), pois o laudo médico é uma prova documental. O segundo entendimento também está de acordo, pois o caráter permanente da invalidez em hipóteses como amputação de membro constitui fato notório para a vítima, enquadrando-se no inciso I, *supra*. O terceiro entendimento, contudo, parece afrontar o disposto no art. 334 do CPC, por não haver norma legal que autorize o julgador a presumir a ciência da invalidez a partir de circunstâncias fáticas como o decurso do tempo, a não submissão a tratamento ou a interrupção deste. Essa questão deve ser contextualizada à realidade brasileira, em que a maioria das vítimas se submete a tratamento médico e fisioterápico custeado pelo SUS (Sistema Único de Saúde), que sabidamente é bastante demorado nesses casos em que não há mais risco de vida. Desse modo, o fato de a vítima não persistir no tratamento iniciado não pode ser utilizado para fulminar seu direito à indenização, se não há previsão legal nesse sentido. Há de se ressaltar, ademais, que por mais que as vítimas sintam a redução em sua capacidade laboral ao longo dos anos, esse fato não é suficiente para autorizá-las a pleitear a indenização, pois a legislação do DPVAT exige mais do que mera incapacidade laboral, exige invalidez "permanente". E esse caráter permanente da invalidez é inalcançável ao leigo em Medicina. Para se afirmar que uma lesão é permanente, ou seja, sem perspectiva terapêutica, é necessário concluir pela inviabilidade de qualquer dos tratamentos disponíveis, o que não é possível sem conhecimentos médicos. Frise-se que não se pode confundir ciência da lesão (ou da incapacidade) com ciência do caráter permanente da invalidez, pois esta última só é possível com auxílio médico. De outra parte, cabe refletir sobre a possibilidade de manipulação do prazo prescricional por parte da vítima. Há a preocupação de que a vítima, depois de transcorrido o prazo prescricional, obtenha um novo laudo médico e ajuíze a ação, omitindo, por má-fé, a existência de um laudo médico mais antigo. Entretanto, cabe frisar que, no Direito brasileiro, a má-fé não pode ser presumida. Então, caso a seguradora desconfie dessa manipulação do prazo prescricional, cabe-lhe diligenciar junto ao IML para saber se a vítima submeteu-se, ou não, a exame médico em data anterior. Do contrário, há de prevalecer, como termo inicial da prescrição, a data indicada no laudo médico apresentado pela vítima. REsp 1.388.030-MG, Rel. Min. Paulo de Tarso Sanseverino, j. 11.6.2014. 2ª S.

- ***Utilização de prova emprestada.*** Desde que observado o devido processo legal, é possível a utilização de provas colhidas em processo criminal como fundamento para reconhecer, no âmbito de ação de conhecimento no juízo cível, a obrigação de reparação dos danos causados, ainda que a sentença penal condenatória não tenha transitado em julgado. Com efeito, a utilização de provas colhidas no processo criminal como fundamentação para condenação à reparação do dano causado não constitui violação ao art. 935 do CC/2002 (1.525 do CC/16). Ademais, conforme o art. 63 do CPP, o trânsito em julgado da sentença penal condenatória somente é pressuposto para a sua execução no juízo cível, não sendo, portanto, impedimento para que o ofendido proponha ação de conhecimento com o fim de obter a reparação dos danos causados, nos termos do art. 64 do CPP. AgRg no AREsp 24.940-RJ, Rel. Min. Napoleão Nunes Maia Filho, julgado em 18.2.2014. 1ª T.

- ***Juntada de documentos em sede de apelação.*** Em sede de apelação, é possível a juntada de documentos que não sejam indispensáveis à propositura da ação, desde que garantido o contraditório e ausente qualquer indício de má-fé. De fato, os documentos indispensáveis à propositura da ação devem ser obrigatoriamente oferecidos junto com a petição inicial ou contestação. Os demais documentos poderão ser oferecidos no curso do processo (art. 397 do CPC), pois, em verdade, apresentam cunho exclusivamente probatório, com o nítido caráter de esclarecer os eventos narrados. Impossibilitar a referida apresentação sacrificaria a apuração dos fatos sem uma razão ponderável. Precedentes citados: REsp 780.396-PB, Primeira Turma, *DJ* 19/11/2007; AgRg no REsp 897.548-SP, Terceira Turma, *DJ* 1º/8/2007; e REsp 431.716-PB, Quarta Turma, *DJ* 19/12/2002. REsp 1.176.440-RO, Rel. Min. Napoleão Nunes Maia Filho, j. 17.9.2013. 1ª T.

- ***Indeferimento de perícia requerida pela parte.*** O magistrado pode negar a realização de perícia requerida pela parte sem que isso importe, necessariamente, cerceamento de defesa. De fato, o magistrado não está obrigado a realizar todas as perícias requeridas pelas partes. Ao revés, dentro do livre convencimento motivado, pode dispensar exames que repute desnecessários ou protelatórios. Precedente citado: AgRg no AREsp 336.893-SC, Primeira Turma, *DJe* 25/9/2013. REsp 1.352.497-DF, Rel. Min. Og Fernandes, j. 4.2.2014. 2ª T.

- Ônus ***da prova referente*** à ***imunidade tributária de entidade de religiosa.*** Para fins de cobrança de ITBI, é do município o ônus da prova de que imóvel pertencente a entidade religiosa está desvinculado de sua destinação institucional. De fato, em se tratando de entidade religiosa, há presunção relativa de que o imóvel da entidade está vinculado às suas finalidades essenciais, o que impede a cobrança de impostos sobre aquele imóvel de acordo com o art. 150, VI, c, da CF. Nesse contexto, a descaracterização dessa presunção para que incida ITBI sobre imóvel de entidade religiosa é ônus da Fazenda Pública municipal, nos termos do art. 333, II, do CPC. Precedentes citados: AgRg no AREsp 239.268-MG, Segunda Turma, *DJe* 12.12.2012, e AgRg no AG 849.285-MG, Primeira Turma, *DJ* 17.5.2007. AgRg no AREsp 444.193-RS, Rel. Min. Mauro Campbell Marques, j. 4.2.2014. 2ª T.

- ***Efeitos do não comparecimento do filho menor de idade para submeter-se a exame de DNA.*** Em ação negatória de paternidade, o não comparecimento do filho menor de idade para submeter-se ao exame de DNA não induz presunção de inexistência de paternidade. De fato, é crucial que haja uma ponderação mínima para que se evite o uso imoderado de ações judiciais que têm aptidão para expor a intimidade das pessoas envolvidas e causar danos irreparáveis nas relações interpessoais. Nesse contexto, não é ético admitir que essas ações sejam propostas de maneira impensada ou por motivos espúrios, como as movidas por sentimentos de revanchismo, por relacionamentos extraconjugais ou outras espécies de vinganças processuais injustificadas. Portanto, impende cotejar, de um lado, o direito à identidade, como direito da personalidade, e, do outro, o direito à honra e à intimidade das pessoas afetadas, todos alçados à condição de direitos fundamentais.

Além disso, o sistema de provas no processo civil brasileiro permite que sejam utilizados todos os meios legais e moralmente legítimos para comprovar a verdade dos fatos. Assim, o exame genético, embora de grande proveito, não pode ser considerado o único meio de prova da paternidade, em um verdadeiro processo de sacralização do DNA. Com efeito, no intuito de mitigar esse *status* de prova única, a Lei 12.004/2009, acrescentando o art. 2º-A da Lei 8.560/1992, positivou o entendimento constante da Súmula 301 do STJ, segundo a qual, em "ação investigatória, a recusa do suposto pai a submeter-se ao exame de DNA induz presunção *juris tantum* de paternidade", posicionamento aplicável também ao não comparecimento injustificado daquele para a realização do exame. Nesses casos, a recusa, por si só, não pode resultar na procedência do pedido formulado em investigação ou negação de paternidade, pois a prova genética não gera presunção absoluta, cabendo ao autor comprovar a possibilidade de procedência do pedido por meio de outras provas. Nesse contexto, a interpretação *a contrario sensu* da Súmula 301 do STJ, de forma a desconstituir a paternidade devido ao não comparecimento do menor ao exame genético, atenta contra a diretriz constitucional e preceitos do CC e do ECA, tendo em vista que o ordenamento jurídico brasileiro protege, com absoluta prioridade, a dignidade e a liberdade da criança e do adolescente, instituindo o princípio do melhor interesse do menor e seu direito à identidade e desenvolvimento da personalidade. Vale ressaltar, ainda, que o não comparecimento do menor ao exame há de ser atribuído à mãe, visto que é ela a responsável pelos atos do filho. REsp 1.272.691-SP, Rel. Min. Nancy Andrighi, j. 5.11.2013. 3ª T.

- ***Presunção relativa de veracidade da quitação dada em escritura pública.*** A quitação dada em escritura pública gera presunção relativa do pagamento, admitindo prova em contrário que evidencie a invalidade do instrumento eivado de vício que o torne falso. Com efeito, nos termos do art. 215 do CC, a escritura lavrada em cartório tem fé pública, o que significa dizer que é documento dotado de presunção de veracidade. O que ocorre com a presunção legal do referido dispositivo é a desnecessidade de se provarem os fatos contidos na escritura (à luz do que dispõe o art. 334, IV, do CPC) e também a inversão do ônus da prova, em desfavor de quem, eventualmente, suscite a sua invalidade. Outro não é o motivo pelo qual os arts. 214 e 216 da Lei 6.015/1976 (Lei de Registros Públicos) assim preveem: "As nulidades de pleno direito do registro, uma vez provadas, invalidam-no, independentemente de ação direta" e "O registro poderá também ser retificado ou anulado por sentença em processo contencioso, ou por efeito do julgado em ação de anulação ou de declaração de nulidade de ato jurídico, ou de julgado sobre fraude à execução." Portanto, a quitação dada em escritura pública não é uma "verdade indisputável", na medida em que admite a prova de que o pagamento não foi efetivamente realizado, evidenciando, ao fim, a invalidade do instrumento em si, porque eivado de vício que o torna falso. Assim, entende-se que a quitação dada em escritura pública presume o pagamento, até que se prove o contrário. REsp 1.438.432-GO, Rel. Min. Nancy Andrighi, j. 22.4.2014. 3ª T.

- ***Hipótese em que ao magistrado não* é *possível indeferir pedido de realização de exame de DNA.*** Uma vez deferida a produção de prova pericial pelo magistrado – exame de DNA sobre os restos mortais daquele apontado como o suposto pai do autor da ação –, caso o laudo tenha sido inconclusivo, ante a inaptidão dos elementos materiais periciados, não pode o juiz indeferir o refazimento da perícia requerida por ambas as partes, quando posteriormente houverem sido disponibilizados os requisitos necessários à realização da prova técnica – materiais biológicos dos descendentes ou colaterais do suposto pai –, em conformidade ao consignado pelo perito por ocasião da lavratura do primeiro laudo pericial. De fato, o resultado inconclusivo do laudo, ante a extensa degradação do material biológico em exame, com a ressalva de que o exame poderia ser realizável a partir de materiais coletados junto a descendentes ou colaterais do falecido, cria expectativa e confiança no jurisdicionado de que outro exame de DNA será realizado, em razão da segurança jurídica e da devida prestação jurisdicional. Isso porque o processo civil moderno vem reconhecendo, dentro da cláusula geral do devido processo legal, diversos outros princípios que o regem, como a boa-fé processual, efetividade, o contraditório, cooperação e a confiança, normativos que devem alcançar não só as partes, mas também a atuação do magistrado que deverá fazer parte do diálogo processual. Desse modo, deve o magistrado se manter coerente com sua conduta processual até o momento do requerimento, por ambas as partes, de nova perícia, pois, ao deferir a produção do primeiro exame de DNA, o magistrado acaba por reconhecer a pertinência da prova técnica, principalmente pela sua aptidão na formação do seu convencimento e na obtenção da solução mais justa. Ademais, pode-se falar na ocorrência de preclusão para o julgador que deferiu a realização do exame de DNA, porque conferiu aos demandantes, em razão de sua conduta, um direito à produção daquela prova em específico, garantido constitucionalmente (art. 5°, LV, da CF) e que não pode simplesmente ser desconsiderado. Portanto, uma vez deferida a produção da prova genética e sendo viável a obtenção de seu resultado por diversas formas, mais razoável seria que o magistrado deferisse a sua feitura sobre alguma outra vertente de reconstrução do DNA, e não simplesmente suprimi-la das partes pelo resultado inconclusivo da primeira tentativa, até porque, "na fase atual da evolução do Direito de família, não se justifica desprezar a produção da prova genética pelo DNA, que a ciência tem proclamado idônea e eficaz" (REsp 192.681-PR, Quarta Turma, *DJ* 24/03/2003). REsp 1.229.905-MS, Rel. Min. Luis Felipe Salomão, j. 5.8.2014. 4ª T.

- ***Comprovação da invalidez para fins de indenização de seguro privado.*** Para fins de percepção da indenização por incapacidade total e permanente prevista em contrato de seguro privado, a concessão de aposentadoria por invalidez pelo INSS não desobriga o beneficiário de demonstrar que se encontra efetivamente incapacitado. Isso porque a concessão de aposentadoria pelo INSS faz prova apenas relativa da invalidez, daí a possibilidade da realização de nova perícia com vistas a comprovar, de forma irrefutável, a presença de incapacidade. Precedente citado: AgRg no Ag 1.086.577/MG, Terceira Turma, DJe de 11/5/2009. AgRg no AREsp 424.157-SP, Rel. Min. Raul Araújo, j. 21.11.2013. 4ª T.

10. LEGISLAÇÃO RELATIVA AO TEMA

CPC/2015

Art. 318. Aplica-se a todas as causas o procedimento comum, salvo disposição em contrário deste Código ou de lei.

Parágrafo único. O procedimento comum aplica-se subsidiariamente aos demais procedimentos especiais e ao processo de execução.

Art. 319. A petição inicial indicará:

I - o juízo a que é dirigida;

II - os nomes, os prenomes, o estado civil, a existência de união estável, a profissão, o número de inscrição no Cadastro de Pessoas Físicas ou no Cadastro Nacional da Pessoa Jurídica, o endereço eletrônico, o domicílio e a residência do autor e do réu;

III - o fato e os fundamentos jurídicos do pedido;

IV - o pedido com as suas especificações;

V - o valor da causa;

VI - as provas com que o autor pretende demonstrar a verdade dos fatos alegados;

VII - a opção do autor pela realização ou não de audiência de conciliação ou de mediação.

§ 1º Caso não disponha das informações previstas no inciso II, poderá o autor, na petição inicial, requerer ao juiz diligências necessárias a sua obtenção.

§ 2º A petição inicial não será indeferida se, a despeito da falta de informações a que se refere o inciso II, for possível a citação do réu.

§ 3º A petição inicial não será indeferida pelo não atendimento ao disposto no inciso II deste artigo se a obtenção de tais informações tornar impossível ou excessivamente oneroso o acesso à Justiça.

Art. 320. A petição inicial será instruída com os documentos indispensáveis à propositura da ação.

Art. 321. O juiz, ao verificar que a petição inicial não preenche os requisitos dos arts. 319 e 320 ou que apresenta defeitos e irregularidades capazes de dificultar o julgamento de mérito, determinará que o autor, no prazo de quinze dias, a emende ou a complete, indicando com precisão o que deve ser corrigido ou completado.

Parágrafo único. Se o autor não cumprir a diligência, o juiz indeferirá a petição inicial.

Art. 322. O pedido deve ser certo.

§ 1º Compreendem-se no principal os juros legais, a correção monetária e as verbas de sucumbência, inclusive os honorários advocatícios.

§ 2º A interpretação do pedido considerará o conjunto da postulação e observará o princípio da boa-fé.

Art. 323. Na ação que tiver por objeto cumprimento de obrigação em prestações sucessivas, essas serão consideradas incluídas no pedido, independentemente de declaração expressa do autor, e serão incluídas na condenação, enquanto durar a obrigação, se o devedor, no curso do processo, deixar de pagá-las ou de consigná-las.

Art. 324. O pedido deve ser determinado.

§ 1º É lícito, porém, formular pedido genérico:

I - nas ações universais, se o autor não puder individuar os bens demandados;

II - quando não for possível determinar, desde logo, as consequências do ato ou do fato;

III - quando a determinação do objeto ou do valor da condenação depender de ato que deva ser praticado pelo réu.

§ 2º O disposto neste artigo aplica-se à reconvenção.

Art. 325. O pedido será alternativo quando, pela natureza da obrigação, o devedor puder cumprir a prestação de mais de um modo.

Parágrafo único. Quando, pela lei ou pelo contrato, a escolha couber ao devedor, o juiz lhe assegurará o direito de cumprir a prestação de um ou de outro modo, ainda que o autor não tenha formulado pedido alternativo.

Art. 326. É lícito formular mais de um pedido em ordem subsidiária, a fim de que o juiz conheça do posterior, quando não acolher o anterior.

Parágrafo único. É lícito formular mais de um pedido, alternativamente, para que o juiz acolha um deles.

Art. 327. É lícita a cumulação, em um único processo, contra o mesmo réu, de vários pedidos, ainda que entre eles não haja conexão.

§ 1º São requisitos de admissibilidade da cumulação que:

I - os pedidos sejam compatíveis entre si;

II - seja competente para conhecer deles o mesmo juízo;

III - seja adequado para todos os pedidos o tipo de procedimento.

§ 2º Quando, para cada pedido, corresponder tipo diverso de procedimento, será admitida a cumulação se o autor empregar o procedimento comum, sem prejuízo do emprego das técnicas processuais diferenciadas previstas nos procedimentos especiais a que se sujeitam um ou mais pedidos cumulados, que não forem incompatíveis com as disposições sobre o procedimento comum.

§ 3º O inciso I do § 1º não se aplica às cumulações de pedidos de que trata o art. 326.

Art. 328. Na obrigação indivisível com pluralidade de credores, aquele que não participou do processo receberá sua parte, deduzidas as despesas na proporção de seu crédito.

Art. 329. O autor poderá:

I - até a citação, aditar ou alterar o pedido ou a causa de pedir, independentemente de consentimento do réu;

II - até o saneamento do processo, aditar ou alterar o pedido e a causa de pedir, com consentimento do réu, assegurado o contraditório mediante a possibilidade de manifestação deste no prazo mínimo de quinze dias, facultado o requerimento de prova suplementar.

Parágrafo único. Aplica-se o disposto neste artigo à reconvenção e à respectiva causa de pedir.

Art. 330. A petição inicial será indeferida quando:

I - for inepta;

II - a parte for manifestamente ilegítima;

III - o autor carecer de interesse processual;

IV - não atendidas as prescrições dos arts. 106 e 321.

§ 1º Considera-se inepta a petição inicial quando:

I - lhe faltar pedido ou causa de pedir;

II o pedido for indeterminado, ressalvadas as hipóteses legais em que se permite o pedido genérico;

III - da narração dos fatos não decorrer logicamente a conclusão;

IV - contiver pedidos incompatíveis entre si.

§ 2º Nas ações que tenham por objeto a revisão de obrigação decorrente de empréstimo, de financiamento ou de alienação de bens, o autor terá de, sob pena de inépcia, discriminar na petição inicial, dentre as obrigações contratuais, aquelas que pretende controverter, além de quantificar o valor incontroverso do débito.

§ 3º Na hipótese do § 2º, o valor incontroverso deverá continuar a ser pago no tempo e modo contratados.

Art. 331. Indeferida a petição inicial, o autor poderá apelar, facultado ao juiz, no prazo de cinco dias, retratar-se.

§ 1º Se não houver retratação, o juiz mandará citar o réu para responder ao recurso.

§ 2º Sendo a sentença reformada pelo tribunal, o prazo para a contestação começará a correr da intimação do retorno dos autos, observado o disposto no art. 334.

§ 3º Não interposta a apelação, o réu será intimado do trânsito em julgado da sentença.

Art. 332. Nas causas que dispensem a fase instrutória, o juiz, independentemente da citação do réu, julgará liminarmente improcedente o pedido que contrariar:

I - enunciado de súmula do Supremo Tribunal Federal ou do Superior Tribunal de Justiça;

II - acórdão proferido pelo Supremo Tribunal Federal ou pelo Superior Tribunal de Justiça em julgamento de recursos repetitivos;

III - entendimento firmado em incidente de resolução de demandas repetitivas ou de assunção de competência;

IV - enunciado de súmula de tribunal de Justiça sobre direito local.

§ 1º O juiz também poderá julgar liminarmente improcedente o pedido se verificar, desde logo, a ocorrência de decadência ou de prescrição.

§ 2º Não interposta a apelação, o réu será intimado do trânsito em julgado da sentença, nos termos do art. 241.

§ 3º Interposta a apelação, o juiz poderá retratar-se em cinco dias.

§ 4º Se houver retratação, o juiz determinará o prosseguimento do processo, com a citação do réu, e, se não houver retratação, determinará a citação do réu para apresentar contrarrazões, no prazo de quinze dias.

Art. 334. Se a petição inicial preencher os requisitos essenciais e não for o caso de improcedência liminar do pedido, o juiz designará audiência de conciliação ou de mediação com antecedência mínima de trinta dias, devendo ser citado o réu com pelo menos vinte dias de antecedência.

§ 1º O conciliador ou mediador, onde houver, atuará necessariamente na audiência de conciliação ou de mediação, observando o disposto neste Código, bem como as disposições da lei de organização judiciária.

§ 2º Poderá haver mais de uma sessão destinada à conciliação e à mediação, não podendo exceder a dois meses da data de realização da primeira sessão, desde que necessárias à composição das partes.

§ 3º A intimação do autor para a audiência será feita na pessoa de seu advogado.

§ 4º A audiência não será realizada:

I - se ambas as partes manifestarem, expressamente, desinteresse na composição consensual;

II - quando não se admitir a autocomposição.

§ 5º O autor deverá indicar, na petição inicial, seu desinteresse na autocomposição, e o réu deverá fazê-lo, por petição, apresentada com dez dias de antecedência, contados da data da audiência.

§ 6º Havendo litisconsórcio, o desinteresse na realização da audiência deve ser manifestado por todos os litisconsortes.

§ 7º A audiência de conciliação ou de mediação pode realizar-se por meio eletrônico, nos termos da lei.

§ 8º O não comparecimento injustificado do autor ou do réu à audiência de conciliação é considerado ato atentatório à dignidade da Justiça e será sancionado com multa de até dois por cento da vantagem econômica pretendida ou do valor da causa, revertida em favor da União ou do estado.

§ 9º As partes devem estar acompanhadas por seus advogados ou defensores públicos.

§ 10. A parte poderá constituir representante, por meio de procuração específica, com poderes para negociar e transigir.

§ 11. A autocomposição obtida será reduzida a termo e homologada por sentença.

§ 12. A pauta das audiências de conciliação ou de mediação será organizada de modo a respeitar o intervalo mínimo de vinte minutos entre o início de uma e o início da seguinte.

Art. 335. O réu poderá oferecer contestação, por petição, no prazo de quinze dias, cujo termo inicial será a data:

I – da audiência de conciliação ou de mediação, ou da última sessão de conciliação, quando qualquer parte não comparecer ou, comparecendo, não houver autocomposição;

II – do protocolo do pedido de cancelamento da audiência de conciliação ou de mediação apresentado pelo réu, quando ocorrer a hipótese do art. 334, § 4º, inciso I;

III – prevista no art. 231, de acordo com o modo como foi feita a citação, nos demais casos.

§ 1º No caso de litisconsórcio passivo, ocorrendo a hipótese do art. 334, § 6º, o termo inicial previsto no inciso II será, para cada um dos réus, a data de apresentação de seu respectivo pedido de cancelamento da audiência.

§ 2º Quando ocorrer a hipótese do art. 334, § 4º, inciso II, havendo litisconsórcio passivo e o autor desistir da ação em relação a réu ainda não citado, o prazo para resposta correrá da data de intimação da decisão que homologar a desistência.

Art. 336. Incumbe ao réu alegar, na contestação, toda a matéria de defesa, expondo as razões de fato e de direito com que impugna o pedido do autor e especificando as provas que pretende produzir.

Art. 337. Incumbe ao réu, antes de discutir o mérito, alegar:

I – inexistência ou nulidade da citação;

II – incompetência absoluta e relativa;

III – incorreção do valor da causa;

IV – inépcia da petição inicial;

V – perempção;

VI – litispendência;

VII – coisa julgada;

VIII – conexão;

IX – incapacidade da parte, defeito de representação ou falta de autorização;

X – convenção de arbitragem;

XI – ausência de legitimidade ou de interesse processual;

XII – falta de caução ou de outra prestação que a lei exige como preliminar;

XIII – indevida concessão do benefício de gratuidade de Justiça.

§ 1º Verifica-se a litispendência ou a coisa julgada quando se reproduz ação anteriormente ajuizada.

§ 2º Uma ação é idêntica a outra quando possui as mesmas partes, a mesma causa de pedir e o mesmo pedido.

§ 3º Há litispendência quando se repete ação que está em curso.

§ 4º Há coisa julgada quando se repete ação que já foi decidida por decisão transitada em julgado.

§ 5º Excetuadas a convenção de arbitragem e a incompetência relativa, o juiz conhecerá de ofício das matérias enumeradas neste artigo.

§ 6º A ausência de alegação da existência de convenção de arbitragem, na forma prevista neste Capítulo, implica aceitação da jurisdição estatal e renúncia ao juízo arbitral.

Art. 338. Alegando o réu, na contestação, ser parte ilegítima ou não ser o responsável pelo prejuízo invocado, o juiz facultará ao autor, em quinze dias, a alteração da petição inicial para substituição do réu.

Parágrafo único. Realizada a substituição, o autor reembolsará as despesas e pagará os honorários ao procurador do réu excluído, que serão fixados entre três e cinco por cento do valor da causa ou, sendo este irrisório, nos termos do art. 85, § 8º.

Art. 339. Quando alegar sua ilegitimidade, incumbe ao réu indicar o sujeito passivo da relação jurídica discutida sempre que tiver conhecimento, sob pena de arcar com as despesas processuais e de indenizar o autor pelos prejuízos decorrentes da falta de indicação.

§ 1º O autor, ao aceitar a indicação, procederá, no prazo de quinze dias, à alteração da petição inicial para a substituição do réu, observando-se, ainda, o parágrafo único do art. 338.

§ 2º No prazo de quinze dias, o autor pode optar por alterar a petição inicial para incluir, como litisconsorte passivo, o sujeito indicado pelo réu.

Art. 340. Havendo alegação de incompetência relativa ou absoluta, a contestação poderá ser protocolada no foro de domicílio do réu, fato que será imediatamente comunicado ao juiz da causa, preferencialmente por meio eletrônico.

§ 1º A contestação será submetida a livre distribuição ou, se o réu houver sido citado por meio de carta precatória, juntada aos autos dessa carta, seguindo-se a sua imediata remessa para o juízo da causa.

§ 2º Reconhecida a competência do foro indicado pelo réu, o juízo para o qual for distribuída a contestação ou a carta precatória será considerado prevento.

§ 3º Alegada a incompetência nos termos do *caput*, será suspensa a realização da audiência de conciliação ou de mediação, se tiver sido designada.

§ 4º Definida a competência, o juízo competente designará nova data para a audiência de conciliação ou de mediação.

Art. 341. Incumbe também ao réu manifestar-se precisamente sobre as alegações de fato constantes da petição inicial, presumindo-se verdadeiras as não impugnadas, salvo se:

I - não for admissível, a seu respeito, a confissão;

II - a petição inicial não estiver acompanhada de instrumento que a lei considerar da substância do ato;

III - estiverem em contradição com a defesa, considerada em seu conjunto.

Parágrafo único. O ônus da impugnação especificada dos fatos não se aplica ao defensor público, ao advogado dativo e ao curador especial.

Art. 342. Depois da contestação, só é lícito ao réu deduzir novas alegações quando:

I - relativas a direito ou a fato superveniente;

II - competir ao juiz conhecer delas de ofício;

III - por expressa autorização legal, puderem ser formuladas em qualquer tempo e grau de jurisdição.

Art. 343. Na contestação, é lícito ao réu propor reconvenção para manifestar pretensão própria, conexa com a ação principal ou com o fundamento da defesa.

§ 1º Proposta a reconvenção, o autor será intimado, na pessoa de seu advogado, para apresentar resposta no prazo de quinze dias.

§ 2º A desistência da ação ou a ocorrência de causa extintiva que impeça o exame de seu mérito não obsta ao prosseguimento do processo quanto à reconvenção.

§ 3º A reconvenção pode ser proposta contra o autor e terceiro.

§ 4º A reconvenção pode ser proposta pelo réu em litisconsórcio com terceiro.

§ 5º Se o autor for substituto processual, o reconvinte deverá afirmar ser titular de direito em face do substituído, e a reconvenção deverá ser proposta em face do autor, também na qualidade de substituto processual.

§ 6º O réu pode propor reconvenção independentemente de oferecer contestação.

Art. 344. Se o réu não contestar a ação, será considerado revel e presumir-se-ão verdadeiras as alegações de fato formuladas pelo autor.

Art. 345. A revelia não produz o efeito mencionado no art. 344 se:

I - havendo pluralidade de réus, algum deles contestar a ação;

II - o litígio versar sobre direitos indisponíveis;

III - a petição inicial não estiver acompanhada de instrumento que a lei considere indispensável à prova do ato;

IV - as alegações de fato formuladas pelo autor forem inverossímeis ou estiverem em contradição com prova constante dos autos.

Art. 346. Os prazos contra o revel que não tenha patrono nos autos fluirão da data de publicação do ato decisório no órgão oficial.

Parágrafo único. O revel poderá intervir no processo em qualquer fase, recebendo-o no estado em que se encontrar.

Art. 347. Findo o prazo para a contestação, o juiz tomará, conforme o caso, as providências preliminares constantes das seções deste Capítulo.

Art. 348. Se o réu não contestar a ação, o juiz, verificando a inocorrência do efeito da revelia previsto no art. 344, ordenará que o autor especifique as provas que pretenda produzir, se ainda não as tiver indicado.

Art. 349. Ao réu revel será lícita a produção de provas, contrapostas às alegações do autor, desde que se faça representar nos autos a tempo de praticar os atos processuais indispensáveis a essa produção.

Art. 350. Se o réu alegar fato impeditivo, modificativo ou extintivo do direito do autor, este será ouvido no prazo de quinze dias, permitindo-lhe o juiz a produção de prova.

Art. 351. Se o réu alegar qualquer das matérias enumeradas no art. 337, o juiz determinará a oitiva do autor no prazo de quinze dias, permitindo-lhe a produção de prova.

Art. 352. Verificando a existência de irregularidades ou de vícios sanáveis, o juiz determinará sua correção em prazo nunca superior a trinta dias.

Art. 353. Cumpridas as providências preliminares ou não havendo necessidade delas, o juiz proferirá julgamento conforme o estado do processo, observando o que dispõe o Capítulo X.

Art. 354. Ocorrendo qualquer das hipóteses previstas nos arts. 485 e 487, incisos II e III, o juiz proferirá sentença.

Parágrafo único. A decisão a que se refere o *caput* pode dizer respeito a apenas parcela do processo, caso em que será impugnável por agravo de instrumento.

Art. 355. O juiz julgará antecipadamente o pedido, proferindo sentença com resolução de mérito, quando:

I - não houver necessidade de produção de outras provas;

II - o réu for revel, ocorrer o efeito previsto no art. 344 e não houver requerimento de prova, na forma do art. 349.

Art. 356. O juiz decidirá parcialmente o mérito quando um ou mais dos pedidos formulados ou parcela deles:

I - mostrar-se incontroverso;

II - estiver em condições de imediato julgamento, nos termos do art. 355.

§ 1º A decisão que julgar parcialmente o mérito poderá reconhecer a existência de obrigação líquida ou ilíquida.

§ 2º A parte poderá liquidar ou executar, desde logo, a obrigação reconhecida na decisão que julgar parcialmente o mérito, independentemente de caução, ainda que haja recurso contra essa interposto.

§ 3º Na hipótese do § 2º, se houver trânsito em julgado da decisão, a execução será definitiva.

§ 4º A liquidação e o cumprimento da decisão que julgar parcialmente o mérito poderão ser processados em autos suplementares, a requerimento da parte ou a critério do juiz.

§ 5º A decisão proferida com base neste artigo é impugnável por agravo de instrumento.

Art. 357. Não ocorrendo nenhuma das hipóteses deste Capítulo, deverá o juiz, em decisão de saneamento e de organização do processo:

I - resolver as questões processuais pendentes, se houver;

II - delimitar as questões de fato sobre as quais recairá a atividade probatória, especificando os meios de prova admitidos;

III - definir a distribuição do ônus da prova, observado o art. 373;

IV - delimitar as questões de direito relevantes para a decisão do mérito;

V - designar, se necessário, audiência de instrução e julgamento.

§ 1º Realizado o saneamento, as partes têm o direito de pedir esclarecimentos ou solicitar ajustes, no prazo comum de cinco dias, findo o qual a decisão se torna estável.

§ 2º As partes podem apresentar ao juiz, para homologação, delimitação consensual das questões de fato e de direito a que se referem os incisos II e IV, a qual, se homologada, vincula as partes e o juiz.

§ 3º Se a causa apresentar complexidade em matéria de fato ou de direito, deverá o juiz designar audiência para que o saneamento seja feito em cooperação com as partes, oportunidade em que o juiz, se for o caso, convidará as partes a integrar ou esclarecer suas alegações.

§ 4º Caso tenha sido determinada a produção de prova testemunhal, o juiz fixará prazo comum não superior a quinze dias para que as partes apresentem rol de testemunhas.

§ 5º Na hipótese do § 3º, as partes devem levar, para a audiência prevista, o respectivo rol de testemunhas.

§ 6º O número de testemunhas arroladas não pode ser superior a dez, sendo três, no máximo, para a prova de cada fato.

§ 7º O juiz poderá limitar o número de testemunhas levando em conta a complexidade da causa e dos fatos individualmente considerados.

§ 8º Caso tenha sido determinada a produção de prova pericial, o juiz deve observar o disposto no art. 465 e, se possível, estabelecer, desde logo, calendário para sua realização.

§ 9º As pautas deverão ser preparadas com intervalo mínimo de uma hora entre as audiências.

Art. 358. No dia e na hora designados, o juiz declarará aberta a audiência de instrução e julgamento e mandará apregoar as partes e os respectivos advogados, bem como outras pessoas que dela devam participar.

Art. 359. Instalada a audiência, o juiz tentará conciliar as partes, independentemente do emprego anterior de outros métodos de solução consensual de conflitos, como a mediação e a arbitragem.

Art. 360. O juiz exerce o poder de polícia, incumbindo-lhe:

I - manter a ordem e o decoro na audiência;

II - ordenar que se retirem da sala de audiência os que se comportarem inconvenientemente;

III - requisitar, quando necessário, força policial;

IV - tratar com urbanidade as partes, os advogados, os membros do Ministério Público e da Defensoria Pública e qualquer pessoa que participe do processo;

V - registrar em ata, com exatidão, todos os requerimentos apresentados em audiência.

Art. 361. As provas orais serão produzidas em audiência, ouvindo-se nesta ordem, preferencialmente:

I - o perito e os assistentes técnicos, que responderão aos quesitos de esclarecimentos requeridos no prazo e na forma do art. 477, caso não respondidos anteriormente por escrito;

II - o autor e, em seguida, o réu, que prestarão depoimentos pessoais;

III - as testemunhas arroladas pelo autor e pelo réu, que serão inquiridas.

Parágrafo único. Enquanto depuserem o perito, os assistentes técnicos, as partes e as testemunhas, não poderão os advogados e o Ministério Público intervir ou apartear, sem licença do juiz.

Art. 362. A audiência poderá ser adiada:

I - por convenção das partes;

II - se não puder comparecer, por motivo justificado, qualquer pessoa que dela deva necessariamente participar;

III - por atraso injustificado de seu início em tempo superior a trinta minutos do horário marcado.

§ 1º O impedimento deverá ser comprovado até a abertura da audiência, e, não o sendo, o juiz procederá à instrução.

§ 2º O juiz poderá dispensar a produção das provas requeridas pela parte cujo advogado ou defensor público não tenha comparecido à audiência, aplicando-se a mesma regra ao Ministério Público.

§ 3º Quem der causa ao adiamento responderá pelas despesas acrescidas.

Art. 363. Havendo antecipação ou adiamento da audiência, o juiz, de ofício ou a requerimento da parte, determinará a intimação dos advogados ou da sociedade de advogados para ciência da nova designação.

Art. 364. Finda a instrução, o juiz dará a palavra ao advogado do autor e do réu, bem como ao membro do Ministério Público, se for o caso de sua intervenção, sucessivamente, pelo prazo de vinte minutos para cada um, prorrogável por dez minutos, a critério do juiz.

§ 1º Havendo litisconsorte ou terceiro interveniente, o prazo, que formará com o da prorrogação um só todo, dividir-se-á entre os do mesmo grupo, se não convencionarem de modo diverso.

§ 2º Quando a causa apresentar questões complexas de fato ou de direito, o debate oral poderá ser substituído por razões finais escritas, que serão apresentadas pelo autor e pelo réu, bem como pelo Ministério Público, se for o caso de sua intervenção, em prazos sucessivos de quinze dias, assegurada vista dos autos.

Art. 365. A audiência é una e contínua, podendo ser excepcional e justificadamente cindida na ausência de perito ou de testemunha, desde que haja concordância das partes.

Parágrafo único. Diante da impossibilidade de realização da instrução, do debate e do julgamento no mesmo dia, o juiz marcará seu prosseguimento para a data mais próxima possível, em pauta preferencial.

Art. 366. Encerrado o debate ou oferecidas as razões finais, o juiz proferirá sentença em audiência ou no prazo de trinta dias.

Art. 367. O servidor lavrará, sob ditado do juiz, termo que conterá, em resumo, o ocorrido na audiência, bem como, por extenso, os despachos, as decisões e a sentença, se proferida no ato.

§ 1º Quando o termo não for registrado em meio eletrônico, o juiz rubricar-lhe-á as folhas, que serão encadernadas em volume próprio.

§ 2º Subscreverão o termo o juiz, os advogados, o membro do Ministério Público e o escrivão ou chefe de secretaria, dispensadas as partes, exceto quando houver ato de disposição para cuja prática os advogados não tenham poderes.

§ 3º O escrivão ou chefe de secretaria trasladará para os autos cópia autêntica do termo de audiência.

§ 4º Tratando-se de autos eletrônicos, observar-se-á o disposto neste Código, em legislação específica e nas normas internas dos tribunais.

§ 5º A audiência poderá ser integralmente gravada em imagem e em áudio, em meio digital ou analógico, desde que assegure o rápido acesso das partes e dos órgãos julgadores, observada a legislação específica.

§ 6º A gravação a que se refere o § 5º também pode ser realizada diretamente por qualquer das partes, independentemente de autorização judicial.

Art. 368. A audiência será pública, ressalvadas as exceções legais.

Art. 369. As partes têm o direito de empregar todos os meios legais, bem como os moralmente legítimos, ainda que não especificados neste Código, para provar a verdade dos fatos em que se funda o pedido ou a defesa e influir eficazmente na convicção do juiz.

Art. 370. Caberá ao juiz, de ofício ou a requerimento da parte, determinar as provas necessárias ao julgamento do mérito.

Parágrafo único. O juiz indeferirá, em decisão fundamentada, as diligências inúteis ou meramente protelatórias.

Art. 371. O juiz apreciará a prova constante dos autos, independentemente do sujeito que a tiver promovido, e indicará na decisão as razões da formação de seu convencimento.

Art. 372. O juiz poderá admitir a utilização de prova produzida em outro processo, atribuindo-lhe o valor que considerar adequado, observado o contraditório.

Art. 373. O ônus da prova incumbe:

I - ao autor, quanto ao fato constitutivo de seu direito;

II - ao réu, quanto à existência de fato impeditivo, modificativo ou extintivo do direito do autor.

§ 1º Nos casos previstos em lei ou diante de peculiaridades da causa relacionadas à impossibilidade ou à excessiva dificuldade de cumprir o encargo nos termos do *caput* ou à maior facilidade de obtenção da prova do fato contrário, poderá o juiz atribuir o ônus da prova de modo diverso, desde que o faça por decisão fundamentada, caso em que deverá dar à parte a oportunidade de se desincumbir do ônus que lhe foi atribuído.

§ 2º A decisão prevista no § 1º deste artigo não pode gerar situação em que a desincumbência do encargo pela parte seja impossível ou excessivamente difícil.

§ 3º A distribuição diversa do ônus da prova também pode ocorrer por convenção das partes, salvo quando:

I - recair sobre direito indisponível da parte;

II - tornar excessivamente difícil a uma parte o exercício do direito.

§ 4º A convenção de que trata o § 3º pode ser celebrada antes ou durante o processo.

Art. 374. Não dependem de prova os fatos:

I - notórios;

II - afirmados por uma parte e confessados pela parte contrária;

III - admitidos no processo como incontroversos;

IV - em cujo favor milita presunção legal de existência ou de veracidade.

Art. 375. O juiz aplicará as regras de experiência comum subministradas pela observação do que ordinariamente acontece e, ainda, as regras de experiência técnica, ressalvado, quanto a estas, o exame pericial.

Art. 376. A parte que alegar direito municipal, estadual, estrangeiro ou consuetudinário provar-lhe-á o teor e a vigência, se assim o juiz determinar.

Art. 377. A carta precatória, a carta rogatória e o auxílio direto suspenderão o julgamento da causa no caso previsto no art. 313, inciso V, alínea *b*, quando, tendo sido requeridos antes da decisão de saneamento, a prova neles solicitada for imprescindível.

Parágrafo único. A carta precatória e a carta rogatória não devolvidas no prazo ou concedidas sem efeito suspensivo poderão ser juntadas aos autos a qualquer momento.

Art. 378. Ninguém se exime do dever de colaborar com o Poder Judiciário para o descobrimento da verdade.

Art. 379. Preservado o direito de não produzir prova contra si própria, incumbe à parte:

I - comparecer em juízo, respondendo ao que lhe for interrogado;

II - colaborar com o juízo na realização de inspeção judicial que for considerada necessária;

III - praticar o ato que lhe for determinado.

Art. 380. Incumbe ao terceiro, em relação a qualquer causa:

I - informar ao juiz os fatos e as circunstâncias de que tenha conhecimento;

II - exibir coisa ou documento que esteja em seu poder.

Parágrafo único. Poderá o juiz, em caso de descumprimento, determinar, além da imposição de multa, outras medidas indutivas, coercitivas, mandamentais ou sub-rogatórias.

Art. 381. A produção antecipada da prova será admitida nos casos em que:

I - haja fundado receio de que venha a tornar-se impossível ou muito difícil a verificação de certos fatos na pendência da ação;

II - a prova a ser produzida seja suscetível de viabilizar a autocomposição ou outro meio adequado de solução de conflito;

III - o prévio conhecimento dos fatos possa justificar ou evitar o ajuizamento de ação.

§ 1º O arrolamento de bens observará o disposto nesta Seção quando tiver por finalidade apenas a realização de documentação e não a prática de atos de apreensão.

§ 2º A produção antecipada da prova é da competência do juízo do foro onde esta deva ser produzida ou do foro de domicílio do réu.

§ 3º A produção antecipada da prova não previne a competência do juízo para a ação que venha a ser proposta.

§ 4º O juízo estadual tem competência para produção antecipada de prova requerida em face da União, de entidade autárquica ou de empresa pública federal se, na localidade, não houver vara federal.

§ 5º Aplica-se o disposto nesta Seção àquele que pretender justificar a existência de algum fato ou relação jurídica para simples documento e sem caráter contencioso, que exporá, em petição circunstanciada, a sua intenção.

Art. 382. Na petição, o requerente apresentará as razões que justificam a necessidade de antecipação da prova e mencionará com precisão os fatos sobre os quais a prova há de recair.

§ 1º O juiz determinará, de ofício ou a requerimento da parte, a citação de interessados na produção da prova ou no fato a ser provado, salvo se inexistente caráter contencioso.

§ 2º O juiz não se pronunciará sobre a ocorrência ou a inocorrência do fato, nem sobre as respectivas consequências jurídicas.

§ 3º Os interessados poderão requerer a produção de qualquer prova no mesmo procedimento, desde que relacionada ao mesmo fato, salvo se a sua produção conjunta acarretar excessiva demora.

§ 4º Neste procedimento, não se admitirá defesa ou recurso, salvo contra decisão que indeferir totalmente a produção da prova pleiteada pelo requerente originário.

Art. 383. Os autos permanecerão em cartório durante um mês para extração de cópias e certidões pelos interessados.

Parágrafo único. Findo o prazo, os autos serão entregues ao promovente da medida.

Art. 384. A existência e o modo de existir de algum fato podem ser atestados ou documentados, a requerimento do interessado, mediante ata lavrada por tabelião.

Parágrafo único. Dados representados por imagem ou som gravados em arquivos eletrônicos poderão constar da ata notarial.

Art. 385. Cabe à parte requerer o depoimento pessoal da outra parte, a fim de que esta seja interrogada na audiência de instrução e julgamento, sem prejuízo do poder do juiz de ordená-lo de ofício.

§ 1º Se a parte, pessoalmente intimada para prestar depoimento pessoal e advertida da pena de confesso, não comparecer ou, comparecendo, se recusar a depor, o juiz aplicar-lhe-á a pena.

§ 2º É vedado a quem ainda não depôs assistir ao interrogatório da outra parte.

§ 3º O depoimento pessoal da parte que residir em comarca, seção ou subseção judiciária diversa daquela onde tramita o processo poderá ser colhido por meio de videoconferência ou outro recurso tecnológico de transmissão de sons e imagens em tempo real, o que poderá ocorrer, inclusive, durante a realização da audiência de instrução e julgamento.

Art. 386. Quando a parte, sem motivo justificado, deixar de responder ao que lhe for perguntado ou empregar evasivas, o juiz, apreciando as demais circunstâncias e os elementos de prova, declarará, na sentença, se houve recusa de depor.

Art. 387. A parte responderá pessoalmente sobre os fatos articulados, não podendo servir-se de escritos anteriormente preparados, permitindo-lhe o juiz, todavia, a consulta a notas breves, desde que objetivem completar esclarecimentos.

Art. 388. A parte não é obrigada a depor sobre fatos:

I – criminosos ou torpes que lhe forem imputados;

II – a cujo respeito, por estado ou profissão, deva guardar sigilo;

III – acerca dos quais não possa responder sem desonra própria, de seu cônjuge, de seu companheiro ou de parente em grau sucessível;

IV – que coloquem em perigo a vida do depoente ou das pessoas referidas no inciso III.

Parágrafo único. Esta disposição não se aplica às ações de estado e de família.

Art. 389. Há confissão, judicial ou extrajudicial, quando a parte admite a verdade de fato contrário ao seu interesse e favorável ao do adversário.

Art. 390. A confissão judicial pode ser espontânea ou provocada.

§ 1º A confissão espontânea pode ser feita pela própria parte ou por representante com poder especial.

§ 2º A confissão provocada constará do termo de depoimento pessoal.

Art. 391. A confissão judicial faz prova contra o confitente, não prejudicando, todavia, os litisconsortes.

Parágrafo único. Nas ações que versarem sobre bens imóveis ou direitos reais sobre imóveis alheios, a confissão de um cônjuge ou companheiro não valerá sem a do outro, salvo se o regime de casamento for o de separação absoluta de bens.

Art. 392. Não vale como confissão a admissão, em juízo, de fatos relativos a direitos indisponíveis.

§ 1º A confissão será ineficaz se feita por quem não for capaz de dispor do direito a que se referem os fatos confessados.

§ 2º A confissão feita por um representante somente é eficaz nos limites em que este pode vincular o representado.

Art. 393. A confissão é irrevogável, mas pode ser anulada se decorreu de erro de fato ou de coação.

Parágrafo único. A legitimidade para a ação prevista no *caput* é exclusiva do confitente e pode ser transferida a seus herdeiros se ele falecer após a propositura.

Art. 394. A confissão extrajudicial, quando feita oralmente, só terá eficácia nos casos em que a lei não exija prova literal.

Art. 395. A confissão é, em regra, indivisível, não podendo a parte que a quiser invocar como prova aceitá-la no tópico que a beneficiar e rejeitá-la no que lhe for desfavorável, porém cindir-se-á quando o confitente a ela aduzir fatos novos, capazes de constituir fundamento de defesa de Direito material ou de reconvenção.

Art. 396. O juiz pode ordenar que a parte exiba documento ou coisa que se encontre em seu poder.

Art. 397. O pedido formulado pela parte conterá:

I – a individuação, tão completa quanto possível, do documento ou da coisa;

II – a finalidade da prova, indicando os fatos que se relacionam com o documento ou com a coisa;

III – as circunstâncias em que se funda o requerente para afirmar que o documento ou a coisa existe e se acha em poder da parte contrária.

Art. 398. O requerido dará sua resposta nos cinco dias subsequentes à sua intimação.

Parágrafo único. Se o requerido afirmar que não possui o documento ou a coisa, o juiz permitirá que o requerente prove, por qualquer meio, que a declaração não corresponde à verdade.

Art. 399. O juiz não admitirá a recusa se:

I – o requerido tiver obrigação legal de exibir;

II – o requerido tiver aludido ao documento ou à coisa, no processo, com o intuito de constituir prova;

III – o documento, por seu conteúdo, for comum às partes.

Art. 400. Ao decidir o pedido, o juiz admitirá como verdadeiros os fatos que, por meio do documento ou da coisa, a parte pretendia provar se:

I - o requerido não efetuar a exibição nem fizer nenhuma declaração no prazo do art. 398;

II - a recusa for havida por ilegítima.

Parágrafo único. Sendo necessário, o juiz pode adotar medidas indutivas, coercitivas, mandamentais ou sub-rogatórias para que o documento seja exibido.

Art. 401. Quando o documento ou a coisa estiver em poder de terceiro, o juiz ordenará sua citação para responder no prazo de quinze dias.

Art. 402. Se o terceiro negar a obrigação de exibir ou a posse do documento ou da coisa, o juiz designará audiência especial, tomando-lhe o depoimento, bem como o das partes e, se necessário, o de testemunhas, e em seguida proferirá decisão.

Art. 403. Se o terceiro, sem justo motivo, se recusar a efetuar a exibição, o juiz ordenar-lhe-á que proceda ao respectivo depósito em cartório ou em outro lugar designado, no prazo de cinco dias, impondo ao requerente que o ressarça pelas despesas que tiver.

Parágrafo único. Se o terceiro descumprir a ordem, o juiz expedirá mandado de apreensão, requisitando, se necessário, força policial, sem prejuízo da responsabilidade por crime de desobediência, pagamento de multa e outras medidas indutivas, coercitivas, mandamentais ou sub-rogatórias necessárias para assegurar a efetivação da decisão.

Art. 404. A parte e o terceiro se escusam de exibir, em juízo, o documento ou a coisa se:

I - concernente a negócios da própria vida da família;

II - sua apresentação puder violar dever de honra;

III - sua publicidade redundar em desonra à parte ou ao terceiro, bem como a seus parentes consanguíneos ou afins até o terceiro grau, ou lhes representar perigo de ação penal;

IV - sua exibição acarretar a divulgação de fatos a cujo respeito, por estado ou profissão, devam guardar segredo;

V - subsistirem outros motivos graves que, segundo o prudente arbítrio do juiz, justifiquem a recusa da exibição;

VI - houver disposição legal que justifique a recusa da exibição.

Parágrafo único. Se os motivos de que tratam os incisos I a VI do *caput* disserem respeito a apenas uma parcela do documento, a parte ou o terceiro exibirá a outra em cartório, para dela ser extraída cópia reprográfica, de tudo sendo lavrado auto circunstanciado.

Art. 405. O documento público faz prova não só da sua formação, mas também dos fatos que o escrivão, o chefe de secretaria, o tabelião ou o servidor declarar que ocorreram em sua presença.

Art. 406. Quando a lei exigir instrumento público como da substância do ato, nenhuma outra prova, por mais especial que seja, pode suprir-lhe a falta.

Art. 407. O documento feito por oficial público incompetente ou sem a observância das formalidades legais, sendo subscrito pelas partes, tem a mesma eficácia probatória do documento particular.

Art. 408. As declarações constantes do documento particular escrito e assinado ou somente assinado presumem-se verdadeiras em relação ao signatário.

Parágrafo único. Quando, todavia, contiver declaração de ciência de determinado fato, o documento particular prova a ciência, mas não o fato em si, incumbindo o ônus de prová-lo ao interessado em sua veracidade.

Art. 409. A data do documento particular, quando a seu respeito surgir dúvida ou impugnação entre os litigantes, provar-se-á por todos os meios de direito.

Parágrafo único. Em relação a terceiros, considerar-se-á datado o documento particular:

I - no dia em que foi registrado;

II - desde a morte de algum dos signatários;

III - a partir da impossibilidade física que sobreveio a qualquer dos signatários;

IV - da sua apresentação em repartição pública ou em juízo

V - do ato ou do fato que estabeleça, de modo certo, a anterioridade da formação do documento.

Art. 410. Considera-se autor do documento particular:

I - aquele que o fez e o assinou;

II - aquele por conta de quem ele foi feito, estando assinado;

III - aquele que, mandando compô-lo, não o firmou porque, conforme a experiência comum, não se costuma assinar, como livros empresariais e assentos domésticos.

Art. 411. Considera-se autêntico o documento quando:

I - o tabelião reconhecer a firma do signatário;

II - a autoria estiver identificada por qualquer outro meio legal de certificação, inclusive eletrônico, nos termos da lei;

III - não houver impugnação da parte contra quem foi produzido o documento.

Art. 412. O documento particular de cuja autenticidade não se duvida prova que o seu autor fez a declaração que lhe é atribuída.

Parágrafo único. O documento particular admitido expressa ou tacitamente é indivisível, sendo vedado à parte que pretende utilizar-se dele aceitar os fatos que lhe são favoráveis e recusar os que são contrários ao seu interesse, salvo se provar que estes não ocorreram.

Art. 413. O telegrama, o radiograma ou qualquer outro meio de transmissão tem a mesma força probatória do documento particular se o original constante da estação expedidora tiver sido assinado pelo remetente.

Parágrafo único. A firma do remetente poderá ser reconhecida pelo tabelião, declarando-se essa circunstância no original depositado na estação expedidora.

Art. 414. O telegrama ou o radiograma presume-se conforme com o original, provando as datas de sua expedição e de seu recebimento pelo destinatário.

Art. 415. As cartas e os registros domésticos provam contra quem os escreveu quando:

I - enunciam o recebimento de um crédito;

II - contêm anotação que visa a suprir a falta de título em favor de quem é apontado como credor;

III - expressam conhecimento de fatos para os quais não se exija determinada prova.

Art. 416. A nota escrita pelo credor em qualquer parte de documento representativo de obrigação, ainda que não assinada, faz prova em benefício do devedor.

Parágrafo único. Aplica-se essa regra tanto para o documento que o credor conservar em seu poder quanto para aquele que se achar em poder do devedor ou de terceiro.

Art. 417. Os livros empresariais provam contra seu autor, sendo lícito ao empresário, todavia, demonstrar, por todos os meios permitidos em direito, que os lançamentos não correspondem à verdade dos fatos.

Art. 418. Os livros empresariais que preencham os requisitos exigidos por lei provam a favor de seu autor no litígio entre empresários.

Art. 419. A escrituração contábil é indivisível, e, se dos fatos que resultam dos lançamentos, uns são favoráveis ao interesse de seu autor e outros lhe são contrários, ambos serão considerados em conjunto, como unidade.

Art. 420. O juiz pode ordenar, a requerimento da parte, a exibição integral dos livros empresariais e dos documentos do arquivo:

I - na liquidação de sociedade;

II - na sucessão por morte de sócio;

III - quando e como determinar a lei.

Art. 421. O juiz pode, de ofício, ordenar à parte a exibição parcial dos livros e dos documentos, extraindo-se deles a suma que interessar ao litígio, bem como reproduções autenticadas.

Art. 422. Qualquer reprodução mecânica, como a fotográfica, a cinematográfica, a fonográfica ou de outra espécie, tem aptidão para fazer prova dos fatos ou das coisas representadas, se a sua conformidade com o documento original não for impugnada por aquele contra quem foi produzida.

§ 1º As fotografias digitais e as extraídas da rede mundial de computadores fazem prova das imagens que reproduzem, devendo, se impugnadas, ser apresentada a respectiva autenticação eletrônica ou, não sendo possível, realizada perícia.

§ 2º Se se tratar de fotografia publicada em jornal ou revista, será exigido um exemplar original do periódico, caso impugnada a veracidade pela outra parte.

§ 3º Aplica-se o disposto neste artigo à forma impressa de mensagem eletrônica.

Art. 423. As reproduções dos documentos particulares, fotográficas ou obtidas por outros processos de repetição, valem como certidões sempre que o escrivão ou o chefe de secretaria certificar sua conformidade com o original.

Art. 424. A cópia de documento particular tem o mesmo valor probante que o original, cabendo ao escrivão, intimadas as partes, proceder à conferência e certificar a conformidade entre a cópia e o original.

Art. 425. Fazem a mesma prova que os originais:

I - as certidões textuais de qualquer peça dos autos, do protocolo das audiências ou de outro livro a cargo do escrivão ou do chefe de secretaria, se extraídas por ele ou sob sua vigilância e por ele subscritas;

II - os traslados e as certidões extraídas por oficial público de instrumentos ou documentos lançados em suas notas;

III - as reproduções dos documentos públicos, desde que autenticadas por oficial público ou conferidas em cartório com os respectivos originais;

IV - as cópias reprográficas de peças do próprio processo judicial declaradas autênticas pelo advogado, sob sua responsabilidade pessoal, se não lhes for impugnada a autenticidade;

V - os extratos digitais de bancos de dados públicos e privados, desde que atestado pelo seu emitente, sob as penas da lei, que as informações conferem com o que consta na origem;

VI - as reproduções digitalizadas de qualquer documento público ou particular, quando juntadas aos autos pelos órgãos da Justiça e seus auxiliares, pelo Ministério Público e seus auxiliares, pela Defensoria Pública e seus auxiliares, pelas procuradorias, pelas repartições públicas em geral e por advogados, ressalvada a alegação motivada e fundamentada de adulteração.

§ 1º Os originais dos documentos digitalizados mencionados no inciso VI deverão ser preservados pelo seu detentor até o final do prazo para propositura de ação rescisória.

§ 2º Tratando-se de cópia digital de título executivo extrajudicial ou de documento relevante à instrução do processo, o juiz poderá determinar seu depósito em cartório ou secretaria.

Art. 426. O juiz apreciará fundamentadamente a fé que deva merecer o documento, quando em ponto substancial e sem ressalva contiver entrelinha, emenda, borrão ou cancelamento.

Art. 427. Cessa a fé do documento público ou particular sendo-lhe declarada judicialmente a falsidade.

Parágrafo único. A falsidade consiste em:

I - formar documento não verdadeiro;

II - alterar documento verdadeiro.

Art. 428. Cessa a fé do documento particular quando:

I - for impugnada sua autenticidade e enquanto não se comprovar sua veracidade;

II - assinado em branco, for impugnado seu conteúdo, por preenchimento abusivo.

Parágrafo único. Dar-se-á abuso quando aquele que recebeu documento assinado com texto não escrito no todo ou em parte formá-lo ou completá-lo por si ou por meio de outrem, violando o pacto feito com o signatário.

Art. 429. Incumbe o ônus da prova quando:

I - se tratar de falsidade de documento ou de preenchimento abusivo, à parte que a arguir;

II - se tratar de impugnação da autenticidade, à parte que produziu o documento.

Art. 430. A falsidade deve ser suscitada na contestação, na réplica ou no prazo de quinze dias, contado a partir da intimação da juntada do documento aos autos.

Parágrafo único. Uma vez arguida, a falsidade será resolvida como questão incidental, salvo se a parte requerer que o juiz a decida como questão principal, nos termos do inciso II do art. 19.

Art. 431. A parte arguirá a falsidade expondo os motivos em que funda a sua pretensão e os meios com que provará o alegado.

Art. 432. Depois de ouvida a outra parte no prazo de quinze dias, será realizado o exame pericial.

Parágrafo único. Não se procederá ao exame pericial se a parte que produziu o documento concordar em retirá-lo.

Art. 433. A declaração sobre a falsidade do documento, quando suscitada como questão principal, constará da parte dispositiva da sentença e sobre ela incidirá também a autoridade da coisa julgada.

Art. 434. Incumbe à parte instruir a petição inicial ou a contestação com os documentos destinados a provar suas alegações.

Parágrafo único. Quando o documento consistir em reprodução cinematográfica ou fonográfica, a parte deverá trazê-lo nos termos do *caput*, mas sua exposição será realizada em audiência, intimando-se previamente as partes.

Art. 435. É lícito às partes, em qualquer tempo, juntar aos autos documentos novos, quando destinados a fazer prova de fatos ocorridos depois dos articulados ou para contrapô-los aos que foram produzidos nos autos.

Parágrafo único. Admite-se também a juntada posterior de documentos formados após a petição inicial ou a contestação, bem como dos que se tornaram conhecidos, acessíveis ou disponíveis após esses atos, cabendo à parte que os produzir comprovar o motivo que a impediu de juntá-los anteriormente e incumbindo ao juiz, em qualquer caso, avaliar a conduta da parte de acordo com o art. 5º.

Art. 436. A parte, intimada a falar sobre documento constante dos autos, poderá:

I - impugnar a admissibilidade da prova documental;

II - impugnar sua autenticidade;

III - suscitar sua falsidade, com ou sem deflagração do incidente de arguição de falsidade;

IV - manifestar-se sobre seu conteúdo.

Parágrafo único. Nas hipóteses dos incisos II e III, a impugnação deverá basear-se em argumentação específica, não se admitindo alegação genérica de falsidade.

Art. 437. O réu manifestar-se-á na contestação sobre os documentos anexados à inicial, e o autor manifestar-se-á na réplica sobre os documentos anexados à contestação.

§ 1º Sempre que uma das partes requerer a juntada de documento aos autos, o juiz ouvirá, a seu respeito, a outra parte, que disporá do prazo de quinze dias para adotar qualquer das posturas indicadas no art. 436.

§ 2º Poderá o juiz, a requerimento da parte, dilatar o prazo para manifestação sobre a prova documental produzida, levando em consideração a quantidade e a complexidade da documentação.

Art. 438. O juiz requisitará às repartições públicas, em qualquer tempo ou grau de jurisdição:

I - as certidões necessárias à prova das alegações das partes;

II - os procedimentos administrativos nas causas em que forem interessados a União, os estados, o Distrito Federal, os municípios ou entidades da Administração Indireta.

§ 1º Recebidos os autos, o juiz mandará extrair, no prazo máximo e improrrogável de um mês, certidões ou reproduções fotográficas das peças que indicar e das que forem indicadas pelas partes, e, em seguida, devolverá os autos à repartição de origem.

§ 2º As repartições públicas poderão fornecer todos os documentos em meio eletrônico, conforme disposto em lei, certificando, pelo mesmo meio, que se trata de extrato fiel do que consta em seu banco de dados ou no documento digitalizado.

Art. 439. A utilização de documentos eletrônicos no processo convencional dependerá de sua conversão à forma impressa e da verificação de sua autenticidade, na forma da lei.

Art. 440. O juiz apreciará o valor probante do documento eletrônico não convertido, assegurado às partes o acesso ao seu teor.

Art. 441. Serão admitidos documentos eletrônicos produzidos e conservados com a observância da legislação específica.

Art. 442. A prova testemunhal é sempre admissível, não dispondo a lei de modo diverso.

Art. 443. O juiz indeferirá a inquirição de testemunhas sobre fatos:

I - já provados por documento ou confissão da parte;

II - que só por documento ou por exame pericial puderem ser provados.

Art. 444. Nos casos em que a lei exigir prova escrita da obrigação, é admissível a prova testemunhal quando houver começo de prova por escrito, emanado da parte contra a qual se pretende produzir a prova.

Art. 445. Também se admite a prova testemunhal quando o credor não pode ou não podia, moral ou materialmente, obter a prova escrita da obrigação, em casos como o de parentesco, de depósito necessário ou de hospedagem em hotel ou em razão das práticas comerciais do local onde contraída a obrigação.

Art. 446. É lícito à parte provar com testemunhas:

I - nos contratos simulados, a divergência entre a vontade real e a vontade declarada;

II - nos contratos em geral, os vícios de consentimento.

Art. 447. Podem depor como testemunhas todas as pessoas, exceto as incapazes, impedidas ou suspeitas.

§ 1º São incapazes:

I - o interdito por enfermidade ou deficiência mental;

II - o que, acometido por enfermidade ou retardamento mental, ao tempo em que ocorreram os fatos, não podia discerni-los, ou, ao tempo em que deve depor, não está habilitado a transmitir as percepções;

III - o que tiver menos de 16 anos;

IV - o cego e o surdo, quando a ciência do fato depender dos sentidos que lhes faltam.

§ 2º São impedidos:

I - o cônjuge, o companheiro, o ascendente e o descendente em qualquer grau e o colateral, até o terceiro grau, de alguma das partes, por consanguinidade ou afinidade, salvo se o exigir o interesse público ou, tratando-se de causa relativa ao estado da pessoa, não se puder obter de outro modo a prova que o juiz repute necessária ao julgamento do mérito;

II - o que é parte na causa;

III - o que intervém em nome de uma parte, como o tutor, o representante legal da pessoa jurídica, o juiz, o advogado e outros que assistam ou tenham assistido as partes.

§ 3º São suspeitos:

I - o inimigo da parte ou o seu amigo íntimo;

II - o que tiver interesse no litígio.

§ 4º Sendo necessário, pode o juiz admitir o depoimento das testemunhas menores, impedidas ou suspeitas.

§ 5º Os depoimentos referidos no § 4º serão prestados independentemente de compromisso, e o juiz lhes atribuirá o valor que possam merecer.

Art. 448. A testemunha não é obrigada a depor sobre fatos:

I - que lhe acarretem grave dano, bem como ao seu cônjuge ou companheiro e aos seus parentes consanguíneos ou afins, em linha reta ou colateral, até o terceiro grau;

II - a cujo respeito, por estado ou profissão, deva guardar sigilo.

Art. 449. Salvo disposição especial em contrário, as testemunhas devem ser ouvidas na sede do juízo.

Parágrafo único. Quando a parte ou a testemunha, por enfermidade ou por outro motivo relevante, estiver impossibilitada de comparecer, mas não de prestar depoimento, o juiz designará, conforme as circunstâncias, dia, hora e lugar para inquiri-la.

Art. 450. O rol de testemunhas conterá, sempre que possível, o nome, a profissão, o estado civil, a idade, o número de inscrição no Cadastro de Pessoas Físicas, o número de registro de identidade e o endereço completo da residência e do local de trabalho.

Art. 451. Depois de apresentado o rol de que tratam os §§ 4º e 5º do art. 357, a parte só pode substituir a testemunha:

I - que falecer;

II - que, por enfermidade, não estiver em condições de depor;

III - que, tendo mudado de residência ou de local de trabalho, não for encontrada.

Art. 452. Quando for arrolado como testemunha, o juiz da causa:

I - declarar-se-á impedido, se tiver conhecimento de fatos que possam influir na decisão, caso em que será vedado à parte que o incluiu no rol desistir de seu depoimento;

II - se nada souber, mandará excluir o seu nome.

Art. 453. As testemunhas depõem, na audiência de instrução e julgamento, perante o juiz da causa, exceto:

I - as que prestam depoimento antecipadamente;

II - as que são inquiridas por carta.

§ 1º A oitiva de testemunha que residir em comarca, seção ou subseção judiciária diversa daquela onde tramita o processo poderá ser realizada por meio de videoconferência ou outro recurso tecnológico de transmissão e recepção de sons e imagens em tempo real, o que poderá ocorrer, inclusive, durante a audiência de instrução e julgamento.

§ 2º Os juízos deverão manter equipamento para a transmissão e recepção de sons e imagens a que se refere o § 1º.

Art. 454. São inquiridos em sua residência ou onde exercem sua função:

I - o Presidente e o Vice-Presidente da República;

II - os Ministros de Estado;

II - os Ministros do Supremo Tribunal Federal, os conselheiros do Conselho Nacional de Justiça e os ministros do Superior Tribunal de Justiça, do Superior Tribunal Militar, do Tribunal Superior Eleitoral, do Tribunal Superior do Trabalho e do Tribunal de Contas da União;

IV – o Procurador-Geral da República e os conselheiros do Conselho Nacional do Ministério Público;

V – o Advogado-Geral da União, o Procurador-Geral do estado, o Procurador-Geral do município, o Defensor Público-Geral federal e o Defensor Público-Geral do estado;

VI – os senadores e os deputados federais;

VII – os governadores dos estados e do Distrito Federal;

VIII – o prefeito;

IX – os deputados estaduais e distritais;

X – os desembargadores dos Tribunais de Justiça, dos Tribunais Regionais Federais, dos Tribunais Regionais do Trabalho e dos Tribunais Regionais Eleitorais e os conselheiros dos Tribunais de Contas dos estados e do Distrito Federal;

XI – o procurador-geral de Justiça;

XII – o embaixador de país que, por lei ou tratado, concede idêntica prerrogativa a agente diplomático do Brasil.

§ 1º O juiz solicitará à autoridade que indique dia, hora e local a fim de ser inquirida, remetendo-lhe cópia da petição inicial ou da defesa oferecida pela parte que a arrolou como testemunha.

§ 2º Passado um mês sem manifestação da autoridade, o juiz designará dia, hora e local para o depoimento, preferencialmente na sede do juízo.

§ 3º O juiz também designará dia, hora e local para o depoimento, quando a autoridade não comparecer, injustificadamente, à sessão agendada para a colheita de seu testemunho no dia, hora e local por ela mesma indicados.

Art. 455. Cabe ao advogado da parte informar ou intimar a testemunha por ele arrolada do dia, da hora e do local da audiência designada, dispensando-se a intimação do juízo.

§ 1º A intimação deverá ser realizada por carta com aviso de recebimento, cumprindo ao advogado juntar aos autos, com antecedência de pelo menos três dias da data da audiência, cópia da correspondência de intimação e do comprovante de recebimento.

§ 2º A parte pode comprometer-se a levar a testemunha à audiência, independentemente da intimação de que trata o § 1º, presumindo-se, caso a testemunha não compareça, que a parte desistiu de sua inquirição.

§ 3º A inércia na realização da intimação a que se refere o § 1º importa desistência da inquirição da testemunha.

§ 4º A intimação será feita pela via judicial quando:

I – for frustrada a intimação prevista no § 1º deste artigo;

II – sua necessidade for devidamente demonstrada pela parte ao juiz;

III – figurar no rol de testemunhas servidor público ou militar, hipótese em que o juiz o requisitará ao chefe da repartição ou ao comando do corpo em que servir;

IV – a testemunha houver sido arrolada pelo Ministério Público ou pela Defensoria Pública;

V – a testemunha for uma daquelas previstas no art. 454.

§ 5º A testemunha que, intimada na forma do § 1º ou do § 4º, deixar de comparecer sem motivo justificado será conduzida e responderá pelas despesas do adiamento.

Art. 456. O juiz inquirirá as testemunhas separada e sucessivamente, primeiro as do autor e depois as do réu, e providenciará para que uma não ouça o depoimento das outras.

Parágrafo único. O juiz poderá alterar a ordem estabelecida no *caput* se as partes concordarem.

Art. 457. Antes de depor, a testemunha será qualificada, declarará ou confirmará seus dados e informará se tem relações de parentesco com a parte ou interesse no objeto do processo.

§ 1º É lícito à parte contraditar a testemunha, arguindo-lhe a incapacidade, o impedimento ou a suspeição, bem como, caso a testemunha negue os fatos que lhe são imputados, provar a contradita com documentos ou com testemunhas, até três, apresentadas no ato e inquiridas em separado.

§ 2º Sendo provados ou confessados os fatos a que se refere o § 1º, o juiz dispensará a testemunha ou lhe tomará o depoimento como informante.

§ 3º A testemunha pode requerer ao juiz que a escuse de depor, alegando os motivos previstos neste Código, decidindo o juiz de plano após ouvidas as partes.

Art. 458. Ao início da inquirição, a testemunha prestará o compromisso de dizer a verdade do que souber e lhe for perguntado.

Parágrafo único. O juiz advertirá à testemunha que incorre em sanção penal quem faz afirmação falsa, cala ou oculta a verdade.

Art. 459. As perguntas serão formuladas pelas partes diretamente à testemunha, começando pela que a arrolou, não admitindo o juiz aquelas que puderem induzir a resposta, não tiverem relação com as questões de fato objeto da atividade probatória ou importarem repetição de outra já respondida.

§ 1º O juiz poderá inquirir a testemunha tanto antes quanto depois da inquirição feita pelas partes.

§ 2º As testemunhas devem ser tratadas com urbanidade, não se lhes fazendo perguntas ou considerações impertinentes, capciosas ou vexatórias.

§ 3º As perguntas que o juiz indeferir serão transcritas no termo, se a parte o requerer.

Art. 460. O depoimento poderá ser documentado por meio de gravação.

§ 1º Quando digitado ou registrado por taquigrafia, estenotipia ou outro método idôneo de documentação, o depoimento será assinado pelo juiz, pelo depoente e pelos procuradores.

§ 2º Se houver recurso em processo em autos não eletrônicos, o depoimento somente será digitado quando for impossível o envio de sua documentação eletrônica.

§ 3º Tratando-se de autos eletrônicos, observar-se-á o disposto neste Código e na legislação específica sobre a prática eletrônica de atos processuais.

Art. 461. O juiz pode ordenar, de ofício ou a requerimento da parte:

I - a inquirição de testemunhas referidas nas declarações da parte ou das testemunhas;

II - a acareação de duas ou mais testemunhas ou de alguma delas com a parte, quando, sobre fato determinado que possa influir na decisão da causa, divergirem as suas declarações.

§ 1º Os acareados serão reperguntados para que expliquem os pontos de divergência, reduzindo-se a termo o ato de acareação.

§ 2º A acareação pode ser realizada por videoconferência ou por outro recurso tecnológico de transmissão de sons e imagens em tempo real.

Art. 462. A testemunha pode requerer ao juiz o pagamento da despesa que efetuou para comparecimento à audiência, devendo a parte pagá-la logo que arbitrada ou depositá-la em cartório dentro de três dias.

Art. 463. O depoimento prestado em juízo é considerado serviço público.

Parágrafo único. A testemunha, quando sujeita ao regime da legislação trabalhista, não sofre, por comparecer à audiência, perda de salário nem desconto no tempo de serviço.

Art. 464. A prova pericial consiste em exame, vistoria ou avaliação.

§ 1º O juiz indeferirá a perícia quando:

I - a prova do fato não depender de conhecimento especial de técnico;

II - for desnecessária em vista de outras provas produzidas;

III - a verificação for impraticável.

§ 2º De ofício ou a requerimento das partes, o juiz poderá, em substituição à perícia, determinar a produção de prova técnica simplificada, quando o ponto controvertido for de menor complexidade.

§ 3º A prova técnica simplificada consistirá apenas na inquirição de especialista, pelo juiz, sobre ponto controvertido da causa que demande especial conhecimento científico ou técnico.

§ 4º Durante a arguição, o especialista, que deverá ter formação acadêmica específica na área objeto de seu depoimento, poderá valer-se de qualquer recurso tecnológico de transmissão de sons e imagens com o fim de esclarecer os pontos controvertidos da causa.

Art. 465. O juiz nomeará perito especializado no objeto da perícia e fixará de imediato o prazo para a entrega do laudo.

§ 1º Incumbe às partes, dentro de quinze dias contados da intimação do despacho de nomeação do perito

I - arguir o impedimento ou a suspeição do perito, se for o caso;

II - indicar assistente técnico;

III - apresentar quesitos.

§ 2º Ciente da nomeação, o perito apresentará em cinco dias:

I - proposta de honorários;

II - currículo, com comprovação de especialização;

III - contatos profissionais, em especial o endereço eletrônico, para onde serão dirigidas as intimações pessoais.

§ 3º As partes serão intimadas da proposta de honorários para, querendo, manifestar-se no prazo comum de cinco dias, após o que o juiz arbitrará o valor, intimando-se as partes para os fins do art. 95.

§ 4º O juiz poderá autorizar o pagamento de até cinquenta por cento dos honorários arbitrados a favor do perito no início dos trabalhos, devendo o remanescente ser pago apenas ao final, depois de entregue o laudo e prestados todos os esclarecimentos necessários.

§ 5º Quando a perícia for inconclusiva ou deficiente, o juiz poderá reduzir a remuneração inicialmente arbitrada para o trabalho.

§ 6º Quando tiver de realizar-se por carta, poder-se-á proceder à nomeação de perito e à indicação de assistentes técnicos no juízo ao qual se requisitar a perícia.

Art. 466. O perito cumprirá escrupulosamente o encargo que lhe foi cometido, independentemente de termo de compromisso.

§ 1º Os assistentes técnicos são de confiança da parte e não estão sujeitos a impedimento ou suspeição.

§ 2º O perito deve assegurar aos assistentes das partes o acesso e o acompanhamento das diligências e dos exames que realizar, com prévia comunicação, comprovada nos autos, com antecedência mínima de cinco dias.

Art. 467. O perito pode escusar-se ou ser recusado por impedimento ou suspeição.

Parágrafo único. O juiz, ao aceitar a escusa ou ao julgar procedente a impugnação, nomeará novo perito.

Art. 468. O perito pode ser substituído quando:

I - faltar-lhe conhecimento técnico ou científico;

II - sem motivo legítimo, deixar de cumprir o encargo no prazo que lhe foi assinado.

§ 1º No caso previsto no inciso II, o juiz comunicará a ocorrência à corporação profissional respectiva, podendo, ainda, impor multa ao perito, fixada tendo em vista o valor da causa e o possível prejuízo decorrente do atraso no processo.

§ 2º O perito substituído restituirá, no prazo de quinze dias, os valores recebidos pelo trabalho não realizado, sob pena de ficar impedido de atuar como perito judicial pelo prazo de cinco anos.

§ 3º Não ocorrendo a restituição voluntária de que trata o § 2º, a parte que tiver realizado o adiantamento dos honorários poderá promover execução contra o perito, na forma dos arts. 513 e seguintes deste Código, com fundamento na decisão que determinar a devolução do numerário.

Art. 469. As partes poderão apresentar quesitos suplementares durante a diligência, que poderão ser respondidos pelo perito previamente ou na audiência de instrução e julgamento.

Parágrafo único. O escrivão dará à parte contrária ciência da juntada dos quesitos aos autos.

Art. 470. Incumbe ao juiz:

I - indeferir quesitos impertinentes;

II - formular os quesitos que entender necessários ao esclarecimento da causa.

Art. 471. As partes podem, de comum acordo, escolher o perito, indicando-o mediante requerimento, desde que:

I - sejam plenamente capazes;

II - a causa possa ser resolvida por autocomposição.

§ 1º As partes, ao escolher o perito, já devem indicar os respectivos assistentes técnicos para acompanhar a realização da perícia, que se realizará em data e local previamente anunciados

§ 2º O perito e os assistentes técnicos devem entregar, respectivamente, laudo e pareceres em prazo fixado pelo juiz.

§ 3º A perícia consensual substitui, para todos os efeitos, a que seria realizada por perito nomeado pelo juiz.

Art. 472. O juiz poderá dispensar prova pericial quando as partes, na inicial e na contestação, apresentarem, sobre as questões de fato, pareceres técnicos ou documentos elucidativos que considerar suficientes.

Art. 473. O laudo pericial deverá conter:

I - a exposição do objeto da perícia;

II - a análise técnica ou científica realizada pelo perito;

III - a indicação do método utilizado, esclarecendo-o e demonstrando ser predominantemente aceito pelos especialistas da área do conhecimento da qual se originou;

IV - resposta conclusiva a todos os quesitos apresentados pelo juiz, pelas partes e pelo órgão do Ministério Público.

§ 1º No laudo, o perito deve apresentar sua fundamentação em linguagem simples e com coerência lógica, indicando como alcançou suas conclusões.

§ 2º É vedado ao perito ultrapassar os limites de sua designação, bem como emitir opiniões pessoais que excedam o exame técnico ou científico do objeto da perícia.

§ 3º Para o desempenho de sua função, o perito e os assistentes técnicos podem valer-se de todos os meios necessários, ouvindo testemunhas, obtendo informações, solicitando documentos que estejam em poder da parte, de terceiros ou em repartições públicas, bem como instruir o laudo com planilhas, mapas, plantas, desenhos, fotografias ou outros elementos necessários ao esclarecimento do objeto da perícia.

Art. 474. As partes terão ciência da data e do local designados pelo juiz ou indicados pelo perito para ter início a produção da prova.

Art. 475. Tratando-se de perícia complexa que abranja mais de uma área de conhecimento especializado, o juiz poderá nomear mais de um perito, e a parte, indicar mais de um assistente técnico.

Art. 476. Se o perito, por motivo justificado, não puder apresentar o laudo dentro do prazo, o juiz poderá conceder-lhe, por uma vez, prorrogação pela metade do prazo originalmente fixado.

Art. 477. O perito protocolará o laudo em juízo, no prazo fixado pelo juiz, pelo menos vinte dias antes da audiência de instrução e julgamento.

§ 1º As partes serão intimadas para, querendo, manifestar-se sobre o laudo do perito do juízo no prazo comum de quinze dias, podendo o assistente técnico de cada uma das partes, em igual prazo, apresentar seu respectivo parecer.

§ 2º O perito do juízo tem o dever de, no prazo de quinze dias, esclarecer ponto:

I – sobre o qual exista divergência ou dúvida de qualquer das partes, do juiz ou do órgão do Ministério Público;

II – divergente apresentado no parecer do assistente técnico da parte.

§ 3º Se ainda houver necessidade de esclarecimentos, a parte requererá ao juiz que mande intimar o perito ou o assistente técnico a comparecer à audiência de instrução e julgamento, formulando, desde logo, as perguntas, sob forma de quesitos.

§ 4º O perito ou o assistente técnico será intimado por meio eletrônico, com pelo menos dez dias de antecedência da audiência.

Art. 478. Quando o exame tiver por objeto a autenticidade ou a falsidade de documento ou for de natureza médico-legal, o perito será escolhido, de preferência, entre os técnicos dos estabelecimentos oficiais especializados, a cujos diretores o juiz autorizará a remessa dos autos, bem como do material sujeito a exame.

§ 1º Nas hipóteses de gratuidade de justiça, os órgãos e as repartições oficiais deverão cumprir a determinação judicial com preferência, no prazo estabelecido.

§ 2º A prorrogação do prazo referido no § 1º pode ser requerida motivadamente.

§ 3º Quando o exame tiver por objeto a autenticidade da letra e da firma, o perito poderá requisitar, para efeito de comparação, documentos existentes em repartições públicas e, na falta destes, poderá requerer ao juiz que a pessoa a quem se atribuir a autoria do documento lance em folha de papel, por cópia ou sob ditado, dizeres diferentes, para fins de comparação.

Art. 479. O juiz apreciará a prova pericial de acordo com o disposto no art. 371, indicando na sentença os motivos que o levaram a considerar ou a deixar de considerar as conclusões do laudo, levando em conta o método utilizado pelo perito.

Art. 480. O juiz determinará, de ofício ou a requerimento da parte, a realização de nova perícia quando a matéria não estiver suficientemente esclarecida.

§ 1º A segunda perícia tem por objeto os mesmos fatos sobre os quais recaiu a primeira e destina-se a corrigir eventual omissão ou inexatidão dos resultados a que esta conduziu.

§ 2º A segunda perícia rege-se pelas disposições estabelecidas para a primeira.

§ 3º A segunda perícia não substitui a primeira, cabendo ao juiz apreciar o valor de uma e de outra.

Art. 481. O juiz, de ofício ou a requerimento da parte, pode, em qualquer fase do processo, inspecionar pessoas ou coisas, a fim de se esclarecer sobre fato que interesse à decisão da causa.

Art. 482. Ao realizar a inspeção, o juiz poderá ser assistido por um ou mais peritos.

Art. 483. O juiz irá ao local onde se encontre a pessoa ou a coisa quando:

I – julgar necessário para a melhor verificação ou interpretação dos fatos que deva observar;

II - a coisa não puder ser apresentada em juízo sem consideráveis despesas ou graves dificuldades;

III - determinar a reconstituição dos fatos.

Parágrafo único. As partes têm sempre direito a assistir à inspeção, prestando esclarecimentos e fazendo observações que considerem de interesse para a causa.

Art. 484. Concluída a diligência, o juiz mandará lavrar auto circunstanciado, mencionando nele tudo quanto for útil ao julgamento da causa.

Parágrafo único. O auto poderá ser instruído com desenho, gráfico ou fotografia.

Questões

Capítulos 5, 6 e 7

1. **(FCC – Analista Judiciário – Área Judiciária – TRE – SP/2017)** Ao disciplinar a tutela provisória, o novo Código de Processo Civil estabelece que

a) a tutela de urgência não poderá ser concedida sem justificação prévia, salvo se prestada caução idônea, caso em que poderá ser concedida liminarmente.

b) a tutela antecipada requerida em caráter antecedente torna-se estável se da decisão que a conceder não for interposto o respectivo recurso, caso em que o processo será extinto.

c) para a concessão da tutela de evidência, exige-se, dentre outros requisitos, a demonstração de perigo de dano ou de risco ao resultado útil do processo.

d) efetivada a tutela cautelar requerida em caráter antecedente, o pedido principal terá de ser formulado pelo autor no prazo de 15 dias, em ação própria, cujos autos deverão ser apensados aos do pedido cautelar.

e) é vedada, em qualquer caso, a concessão liminar de tutela de evidência, antes da oitiva da parte contrária.

COMENTÁRIOS

A tutela provisória poderá ter por fundamentos, ou a urgência, ou a evidência. A tutela de urgência, por sua vez, admitirá a tutela antecipada e a tutela cautelar, que poderão ser concedidas em caráter antecedente ou em caráter incidental. No primeiro caso, a parte interessada apresentará a sua *petição inicial antecedente* para, no momento oportuno, apresentar a *petição complementar*. Requerida a tutela antecipada antecedente e sendo deferida pelo juiz, a parte contrária será intimada e, se não impugná-la, ocorrerá a estabilização da tutela, que somente poderá ser revista, reformada ou invalidada por meio de ação (art. 304). Alternativa correta: letra "B".

2. **(Cespe – Analista Judiciário – Área Judiciária – TRE – PE/2017)** No que se refere às provas no processo civil, assinale a opção correta.

a) Foi adotado o sistema do livre convencimento puro na valoração das provas pelo juiz.

b) O ônus da prova incumbirá à parte que produziu o documento, quando for contestada a autenticidade deste.

c) Devido ao fato de os indivíduos com menos de dezesseis anos de idade serem incapazes para depor, o juiz não pode admitir que eles deponham.

d) É permitido ao advogado requerer o depoimento pessoal da parte que esteja sob o seu patrocínio.

e) São admitidos os meios típicos e atípicos para a prova dos fatos em juízo, ainda que tais meios sejam moralmente ilegítimos.

COMENTÁRIOS

Se impugnada a autenticidade de documento, incumbe o ônus da prova à parte que o produziu (art. 429, II, CPC). Alternativa correta: letra "B".

3. **(Consulplan – Analista Judiciário – Área Judiciária – TRF 2/2017)** Diante das inovações trazidas pela Lei Federal n° 13.105/15, se ficar provado, durante o curso de um processo judicial, o abuso do direito de defesa por parte do réu, poderá ser adotada a seguinte providência pelo juiz da causa:

a) O réu que proceda com abuso do direito de defesa será equiparado ao revel. Assim, presumir-se-ão verdadeiras as alegações de fato formuladas pelo autor e o juiz julgará antecipadamente o pedido, proferindo sentença com resolução do mérito.

b) Independentemente da demonstração de perigo de dano ou de risco ao resultado útil do processo, poderá conceder tutela de evidência amparando o pleito do autor da causa. Idêntica solução deve ser adotada se presente o manifesto caráter protelatório da parte.

c) O abuso de direito de defesa configura ato atentatório à dignidade da justiça, não sendo passível de enfrentamento pela via da tutela provisória. Deve o juiz, neste caso, aplicar ao responsável multa de até vinte por cento do valor da causa, de acordo com a gravidade da conduta.

d) Será concedida a tutela antecipada em caráter antecedente, ainda que não haja demonstração de perigo de dano ou de risco ao resultado útil do processo. Contra tal decisão interlocutória poderá ser interposto, no prazo de quinze dias, o recurso de agravo de instrumento.

COMENTÁRIOS

A tutela da evidência será concedida, entre outras hipóteses, se ficar caracterizado o abuso do direito de defesa ou o manifesto propósito protelatório da parte (art. 311, I, CPC). Alternativa correta: letra "B".

4. **(Cespe – Analista Judiciário – Área Judiciária – TRF 1/2017)** A respeito da petição inicial, da tutela provisória, da suspensão do processo e das nulidades, julgue os próximos itens à luz do Código de Processo Civil vigente.

Se a decisão de mérito depender da verificação da existência de fato delituoso, o juiz poderá determinar a suspensão do processo até o pronunciamento da justiça criminal.

COMENTÁRIOS

O processo poderá ser suspenso quando a sentença de mérito depender do julgamento de outra causa ou da declaração de existência ou de inexistência de relação jurídica que constitua o objeto principal de outro processo pendente (art. 313, V, "a". Ainda há a possibilidade de que, se o conhecimento do mérito depender de verificação da existência de fato delituoso, o juiz poderá determinar a suspensão do processo até que se pronuncie a justiça criminal (art. 315, *caput*). Assertiva certa.

5. **(Cespe – Analista Judiciário – Área Judiciária – TRF 1/2017)** A respeito da petição inicial, da tutela provisória, da suspensão do processo e das nulidades, julgue os próximos itens à luz do Código de Processo Civil vigente.

   A ausência de requerimento de citação do réu na inicial não inviabiliza o ato, pois o juiz poderá determiná-lo de ofício.

COMENTÁRIOS

De fato, a ausência de requerimento de citação do réu não tornará o ato impraticável, pois será necessário que se complete a relação processual, podendo o ato ser determinado de ofício pelo juiz. Assertiva certa.

6. **(Cespe – Analista Judiciário – Área Judiciária – TRF 1/2017)** A respeito da petição inicial, da tutela provisória, da suspensão do processo e das nulidades, julgue os próximos itens à luz do Código de Processo Civil vigente.

   Para a concessão da tutela de evidência, é exigido que a parte demonstre o perigo de dano ao direito alegado.

COMENTÁRIOS

A concessão da tutela da evidência dispensa que a parte demonstre o perigo de dano ao direito alegado. Assertiva errada.

7. **(Cespe – Analista Judiciário – Área Judiciária – TRF 1/2017)** A respeito da petição inicial, da tutela provisória, da suspensão do processo e das nulidades, julgue os próximos itens à luz do Código de Processo Civil vigente.

   Caso verifique que o Ministério Público não foi intimado em processo que envolva interesse de incapaz, o juiz deverá, com base nos princípios da celeridade e da eficiência, decretar a nulidade do processo, intimando o Ministério Público da decisão.

COMENTÁRIOS

O Ministério Público poderá atuar como parte ou como fiscal da ordem jurídica. Assim, sendo necessária a sua intervenção no processo, será devidamente intimado para acompanhar o feito. A propósito, determina o CPC ser nulo o processo quando o membro do Ministério Público não for intimado a acompanhar o feito em que deva intervir (art. 279, *caput*). Porém, em decorrência do máximo aproveitamento dos atos processuais, da preferência pelo julgamento do mérito e com observância da instrumentalidade das formas, a nulidade somente será decretada após a intimação do Ministério Público, que se manifestará sobre a existência ou a inexistência de prejuízo (art. 279, § 2º). Assertiva errada.

8. **(Consulplan – Analista Judiciário – Oficial de Just. Avaliador – TRF 2/2017)** O Novo Código de Processo Civil de 2015 (Lei Federal nº 13.105) prestigia, em diversas passagens, os métodos alternativos de solução de conflitos como forma de entregar aos cidadãos uma prestação jurisdicional mais célere e que melhor atenda os interesses das partes em conflito, buscando-se, com isso, a pacificação social e a maior efetividade das decisões estatais. No que tange às disposições processuais que regem os conciliadores e mediadores judiciais, assinale a alternativa correta.

a) As partes podem escolher, de comum acordo, o conciliador ou o mediador, ainda que este não esteja cadastrado no tribunal onde tramita o processo.
b) A conciliação e a mediação são informadas pelo princípio da publicidade, devendo ser publicadas todas as informações produzidas no curso do procedimento.
c) Os conciliadores e mediadores judiciais devidamente cadastrados, se advogados, poderão continuar exercendo a advocacia nos juízos em que desempenham suas funções.
d) Eventuais conflitos no âmbito administrativo que envolvam órgãos e entidades da administração pública não estão sujeitos aos mecanismos de solução consensual de conflitos previstos no Código de Processo Civil de 2015.

COMENTÁRIOS

O conciliador e o mediador são auxiliares da justiça (art. 149, CPC). Admite-se que sejam escolhidos, de comum acordo, pelas partes, quando então não será necessário que seja previamente cadastrado no tribunal (art. 168, *caput*). Alternativa correta: letra "A".

9. **(FCC – Analista Judiciário – Área Administrativa – TRE – SP/2017)** É requisito da petição inicial a formulação de pedido, com suas especificações. De acordo com o novo Código de Processo Civil,

a) na ação que visar ao cumprimento de obrigação em prestações sucessivas, essas só serão consideradas incluídas no pedido mediante declaração expressa do autor.
b) é permitida a formulação de pedido genérico em reconvenção nas mesmas hipóteses em que seria cabível em ação principal.
c) o pedido poderá ser aditado até a citação, desde que haja consentimento do réu.
d) é lícita a cumulação, em um único processo, contra o mesmo réu, de vários pedidos, desde que entre eles haja conexão.

e) é vedada a cumulação de pedidos se para cada um deles corresponder tipo diverso de procedimento, ainda que o autor empregue o procedimento comum.

COMENTÁRIOS

Como regra, o pedido deve ser determinado. Admite-se, porém, que o pedido seja genérico, (I) nas ações universais, se o autor não puder individuar os bens demandados; (II) quando não for possível determinar, desde logo, as consequências do ato ou do fato; e, (III) quando a determinação do objeto ou do valor da condenação depender de ato que deva ser praticado pelo réu (art. 324, § 1º). Alternativa correta: letra "B".

10. **(Cespe – Analista Judiciário – Área Judiciária – TRE – TO/2017)** Após ter sido citado em demanda que tramita pelo procedimento comum, Celso, além de se defender quanto ao mérito das alegações, deseja alegar incompetência relativa e incorreção quanto ao valor da causa, bem como apresentar reconvenção.

Nessa situação hipotética, de acordo com o CPC, devem ser apresentadas

a) a defesa de mérito, a incompetência relativa e a incorreção do valor da causa, na contestação; e a reconvenção, em peça distinta.
b) a defesa de mérito, a alegação de incompetência relativa e a reconvenção, na peça de contestação; e a alegação de incorreção do valor da causa, em peça distinta.
c) a defesa de mérito, a alegação de incompetência relativa, a alegação de incorreção do valor da causa e a reconvenção, em uma única peça processual de contestação.
d) a defesa de mérito, na contestação; a alegação de incompetência relativa, por meio de exceção; a alegação de incorreção do valor da causa e a reconvenção, em peças distintas.
e) a defesa de mérito e a incompetência relativa, na contestação; a alegação de incorreção do valor da causa e a reconvenção, em peças distintas.

COMENTÁRIOS

O CPC 2015 foi responsável pela viabilidade de serem alegadas várias matérias processuais na própria contestação, bem como de permitir que, por meio deste instrumento, a parte ofereça reconvenção. Assim, a defesa de mérito, a alegação de incompetência relativa, a alegação de incorreção do valor da causa e a reconvenção, serão matérias que constarão da própria contestação. Alternativa correta: letra "C".

11. **(FCC – Analista Judiciário – Área Judiciária – TRT 2/2018)** Manoela ajuizou ação de cobrança contra Suzana, objetivando o recebimento da quantia de R$ 18.000,00 decorrente de um serviço de assessoria prestado durante o ano de 2017. Recebida a inicial e determinada a citação da ré, a contestação é apresentada no prazo legal, com arguição preliminar de ilegitimidade de parte passiva e impugnação integral ao pleito inicial no mérito. Neste caso, nos termos estabelecidos pelo Código de Processo Civil,

a) o juiz facultará ao autor, em 15 dias, a alteração da petição inicial para substituição do réu e, realizada a substituição, o autor reembolsará as despesas e pagará os honorários ao procurador do réu excluído, que serão fixados, em regra, entre três e cinco por cento do valor da causa.
b) não é admitida a substituição do réu após a consumação da citação, cabendo ao juiz extinguir o processo sem resolver o mérito no caso de acolhimento da preliminar arguida.
c) o juiz facultará ao autor, em 15 dias, a alteração da petição inicial para substituição do réu e, realizada a substituição, o autor não reembolsará as despesas processuais e também não pagará honorários ao procurador do réu excluído.
d) o juiz facultará ao autor, em 5 dias, a alteração da petição inicial para substituição do réu e, realizada a substituição, o autor reembolsará as despesas e pagará os honorários ao procurador do réu excluído, que serão fixados, em regra, entre três e cinco por cento do valor da causa.
e) o juiz facultará ao autor, em 5 dias, a alteração da petição inicial para substituição do réu e, realizada a substituição, o autor não reembolsará as despesas e também não pagará os honorários ao procurador do réu excluído.

COMENTÁRIOS

Em conformidade com o art. 338, *caput*, alegando o réu, na contestação, ser parte ilegítima ou não ser o responsável pelo prejuízo invocado, o juiz facultará ao autor, em quinze dias, a alteração da petição inicial para substituição do réu. Alternativa correta: letra "A".

12. **(FCC – Analista Judiciário – Área Judiciária – TRT 15/2018)** Em relação à formação, suspensão e extinção do processo,
a) durante a suspensão do processo é defesa a realização de qualquer ato processual, sem exceção, para proteção do princípio da isonomia.
b) considera-se proposta a ação quando a petição inicial for despachada pelo juiz, mas seus efeitos dependem quanto ao réu de sua citação válida.
c) se o conhecimento do mérito depender de verificação da existência de fato delituoso, o juiz deve determinar a suspensão do processo até que a justiça criminal se pronuncie; nesse caso, a ação penal deve ser proposta em até seis meses, sob pena de cessação dos efeitos da suspensão.
d) a extinção do processo sem resolução do mérito, por vício processual, dar-se-á de imediato; já a extinção com resolução de mérito dar-se-á somente por sentença, observados o contraditório e a ampla defesa.
e) suspende-se o processo pela admissão de incidente de resolução de demandas repetitivas.

COMENTÁRIOS

A admissibilidade do incidente de resolução de demandas repetitivas acarretará na suspensão do processo (art. 313, IV). Alternativa correta: letra "E".

CAPÍTULO 8

SENTENÇA E COISA JULGADA

1. DISPOSIÇÕES GERAIS

Conforme dispõe o parágrafo primeiro do art. 203, "ressalvadas as disposições expressas dos procedimentos especiais, sentença é o pronunciamento por meio do qual o juiz, com fundamento nos arts. 485 e 487, põe fim à fase cognitiva do procedimento comum, bem como extingue a execução".

A definição adotada pelo legislador levou em consideração os reclamos da doutrina, para o fim de unir os critérios de conteúdo e de efeito do ato.

O conceito, então, adotado pelo CPC/2015, leva em conta os critérios do conteúdo, de modo que será sentença o ato judicial que incidir em uma das hipóteses indicadas nos arts. 485 e 487, bem como do efeito, pois propiciará o encerramento de uma fase procedimental do procedimento comum, ou mesmo da execução.

> ▸ **ATENÇÃO:**
>
> Relevante foi a ressalva levada a cabo na parte inicial do parágrafo primeiro do art. 203, no sentido de ser levada em consideração as particularidades dos procedimentos especiais.

E isso, pois: "há procedimentos especiais em que haverá sentenças não correspondentes, exatamente, ao conceito do artigo 203, § 1º, do CPC, pois não terão o condão de pôr fim à fase cognitiva do procedimento comum, ou de extinguir a execução.[1]

2. CLASSIFICAÇÕES DE SENTENÇA

O Código de Processo Civil de 2015 também dividiu as sentenças em terminativas e definitivas.

As sentenças terminativas são aquelas em que, além de não haver a resolução do mérito, também ocorreu a extinção da fase procedimental.

A sentença terminativa enseja o que Dinamarco denominou de extinção anômala, em que não houve "a produção do provimento para o qual ele foi instaurado e,

1. GAJARDONI, Fernando da Fonseca; DELLORE, Luiz; ROQUE, Andre Vasconcelos; OLIVEIRA JR., Zulmar Duarte de Oliveira. *Teoria Geral do Processo Comentários ao CPC de 2015. Parte Geral*. São Paulo: Método, 2015, p. 663.

portanto, sem oferta de tutela jurisdicional plena e nenhuma das partes (...)".[2] Tal pronunciamento conduz à crise do processo[3] e está na contramão de direção do sentido do princípio da primazia do julgamento do mérito (art. 4º do CPC). A depender da hipótese extintiva, também vai de encontro com o contraditório efetivo, uma vez que é dever do magistrado indicar às partes o que for necessário para o aperfeiçoamento dos atos processuais, conforme adiante será visto.

A sentença extintiva importará em desgaste da máquina judiciária, pois haverá um processo com utilidade reduzida (ou nenhuma), que ocupou o tempo e recursos necessários para a análise de outros casos relevantes, em que se deve buscar a tutela jurisdicional adequada.

Muito embora não seja um fim em si mesma (e, muitas vezes, até dispensáveis porque uma decisão sem cognição exauriente pode ter utilidade prática à parte), o procedimento tramita com a finalidade de que, em primeiro lugar, tenha-se a sentença de mérito, bem como de que tal sentença seja efetiva.

A sentença de mérito acarretará o encerramento de uma fase procedimental ou da execução e será proferida nas hipóteses indicadas no art. 487 do CPC. Com o trânsito em julgado, formará a coisa julgada material.

Em atenção ao princípio da correlação, deverá a sentença observar os limites que foram impostos pelos pedidos apresentados no processo.

Quanto à espécie de tutela jurisdicional concedida à parte, tem-se que as sentenças podem ser declaratórias, constitutivas e condenatórias. Para os adeptos da teoria quinária da ação, também podem ser mandamentais e executivas lato sensu.

- Sentença declaratória: tem a finalidade de declarar a existência, a inexistência ou o modo de ser de uma relação jurídica. De se lembrar que toda sentença possui uma carga declaratória, mas há algumas em que isso prevalece. A improcedência de qualquer pedido gera uma sentença declaratória.
- Sentença condenatória: neste pronunciado, será certificado o direito da parte vencedora. Por meio dela, verifica-se a existência do direito e impõe o seu cumprimento.
- Sentença constitutiva: por meio dela, o pronunciamento criará, modificará ou extinguirá um estado ou uma relação jurídica. Exemplo: sentença de divórcio.

É possível que uma sentença encampe uma multiplicidade de efeitos. Poderá ter predominância em relação a um dos efeitos, mas imponha também outro.

2.. DINAMARCO, Cândido Rangel. *Instituições de Direito Processual Civil*. 6. ed. Vol. II. São Paulo: Malheiros, 2009, p. 646.

3.. DINAMARCO, Cândido Rangel. *Instituições de Direito Processual Civil*. 6. ed. Vol. II. São Paulo: Malheiros, 2009, p. 644.

- *Sentenças mandamental e executiva lato sensu*: para aqueles que defendem a sua existência, tem-se que na primeira haverá a imposição de uma ordem, de um mandamento, a ser cumprido pelo próprio obrigado. Diferentemente, na executiva lato sensu, impõe-se uma ordem que será cumprida independentemente da vontade daquele que tem o dever de fazê-lo. Exemplo: mandado de reintegração de posse. A ordem será cumprida ainda que o ocupante não concorde ou não o permita.

Quanto aos vícios das sentenças, o juiz estará atrelado ao pedido apresentado pela parte, por força do princípio da inércia. Estará adstrito ao que foi requerido pelo demandante. A essa adstrição correspondente o princípio da congruência, da correlação ou da adstrição.

▸ VÍCIOS DA INOBSERVÂNCIA DO PRINCÍPIO DA ADSTRIÇÃO NA SENTENÇA		
ULTRA PETITA	**EXTRA PETITA**	**CITRA PETITA**
Vai além do pedido. Exemplo: o autor pede a condenação do réu em R$ 100,00 e o juiz defere R$ 200,00.	O magistrado defere pedido diverso do que foi requerido.	A sentença não analisa todos os pedidos apresentados.

3. ELEMENTOS E EFEITOS DAS SENTENÇAS

Os pronunciamentos do juiz em que houve ou não a resolução do mérito já foram analisados anteriormente, quando do estudo dos pronunciamentos judiciais.

A sentença possui uma estrutura orgânica, devendo ser composta pelo relatório, pelos fundamentos e pelo dispositivo.

- Relatório: conterá os nomes das partes, a identificação do caso, com a suma do pedido e da contestação, e o registro das principais ocorrências havidas no andamento do processo;
- Fundamentação: por meio dos fundamentos o juiz analisará as questões de fato e de direito.
- Dispositivo: o juiz resolverá as questões principais que as partes lhe submeterem.

Em observância ao princípio da fundamentação analítica, não será considerada fundamentada qualquer decisão judicial, seja ela interlocutória, sentença ou acórdão, que: I - se limitar à indicação, à reprodução ou à paráfrase de ato normativo, sem explicar sua relação com a causa ou a questão decidida; II - empregar conceitos jurídicos indeterminados, sem explicar o motivo concreto de sua incidência no caso; III - invocar motivos que se prestariam a justificar qualquer outra decisão; IV - não enfrentar todos os argumentos deduzidos no processo capazes de, em tese, infirmar a conclusão adotada pelo julgador; V - se limitar a invocar precedente ou enunciado de súmula, sem identificar seus fundamentos determinantes nem demonstrar que o caso sob julgamento se ajusta àqueles fundamentos; VI – deixar de seguir enunciado de súmula, jurisprudência ou precedente invocado pela parte, sem demonstrar a existência de distinção no caso em julgamento ou a superação do entendimento.

Podem ser apontados os seguintes efeitos da sentença em que ocorra a análise de mérito:

i) colocar fim à fase cognitiva e na execução;

ii) a sentença que impuser obrigação se constituirá em título executivo judicial;

iii) a hipoteca judiciária, como previsto no art. 495: "a decisão que condenar o réu ao pagamento de prestação consistente em dinheiro e a que determinar a conversão de prestação de fazer, de não fazer ou de dar coisa em prestação pecuniária valerão como título constitutivo de hipoteca judiciária". Por isso, a decisão (pode ser sentença ou mesmo decisão interlocutória de mérito) produzirá hipoteca judiciária: a) ainda que a condenação seja genérica, exigindo futura liquidação; b) ainda que submetida a cumprimento provisório apenas; c) ainda que impugnada com recurso com efeito suspensivo.

A possibilidade de interposição de recurso com efeito suspensivo não retira a possibilidade da hipoteca judiciária.

A hipoteca judiciária, uma vez constituída, implicará, para o credor hipotecário, o direito de preferência, quanto ao pagamento, em relação a outros credores, observada a prioridade no registro. Responderá a parte de forma objetiva (sem necessidade de demonstração de dolo ou culpa) pelos prejuízos causados se acaso houver reforma ou invalidação da decisão que impôs o pagamento de quantia. Os danos serão apurados no próprio processo, onde também serão executados.

A hipoteca judiciária constitui efeito secundário da sentença.

4. PUBLICAÇÃO, INTIMAÇÃO, CORREÇÃO E INTEGRAÇÃO DA SENTENÇA

Constitui a publicação o ato de tornar pública a sentença. Trata-se da entrega do pronunciamento ao escrivão. A partir de então, o magistrado somente poderá alterar a sentença para corrigir-lhe, de ofício ou a requerimento da parte, inexatidões materiais ou erros de cálculo ou por meio dos embargos de declaração.

Para a correção de inexatidões materiais ou erros de cálculo, como foi dito, a correção poderá se dar de ofício, a qualquer tempo.

Tem os embargos declaratórios natureza mista, na medida em que se constituem em recursos, mas também em meio de correção e integração da sentença.

Uma vez publicada a sentença (tornada pública), providenciará o escrivão (e os demais agentes – auxiliares da justiça) a intimação das partes, seguindo-se as regras gerais para tanto.

5. REMESSA NECESSÁRIA

A remessa necessária é condição de eficácia da sentença proferida contra o Poder Público, de modo que, neste caso, aquela não produzirá efeitos depois de revista pelo tribunal.

De acordo com o art. 496 do Código de Processo Civil de 2015, existem algumas regras importantes quanto à incidência ou não da remessa necessária, assim enumeradas:

i) Incidência da remessa necessária quando o valor da condenação ou o proveito econômico obtido na causa for de valor certo e líquido superior a 1.000 salários mínimos para a União; 500 salários mínimos para os Estados e o Distrito Federal e os Municípios que forem capitais; e, 100 salários mínimos para os demais municípios. A mesma regra vale para as respectivas autarquias e fundações públicas.

ii) Aplicação dos precedentes:

Também não haverá a remessa oficial se a sentença proferida estiver em conformidade com súmula de tribunal superior, acórdão proferido pelo Supremo Tribunal Federal ou pelo Superior Tribunal de Justiça em julgamento de recursos repetitivos, ou, ainda, entendimento firmado em incidente de resolução de demandas repetitivas ou assunção de competência.

Ora, não se mostra razoável exigir-se que a sentença seja revista pelo Tribunal a que o juízo estiver vinculado, se o pronunciamento jurisdicional de primeiro grau já for fundado em precedente obrigatório, principalmente pela observância da coerência da jurisprudência.

iii) Entendimento coincidente com orientação vinculante firmada no âmbito administrativo do próprio ente público, consolidada em manifestação, parecer ou súmula administrativa:

O CPC de 2015 dispensa a incidência da remessa necessária se há orientação do ente público para não recorrer na hipótese.

6. JULGAMENTO DAS AÇÕES RELATIVAS ÀS PRESTAÇÕES DE FAZER, NÃO FAZER E ENTREGAR COISA

Prefere-se a concessão da tutela específica da obrigação ou a determinação de providências que possam assegurar a obtenção de tutela pelo resultado prático equivalente.

A obrigação somente será convertida em perdas e danos se o autor o requerer ou se impossível a tutela específica ou a obtenção de tutela pelo resultado prático equivalente.

A indenização por perdas e danos dar-se-á sem prejuízo da multa fixada periodicamente para compelir o réu ao cumprimento específico da obrigação

Na ação que tenha por objeto a emissão de declaração de vontade, a sentença que julgar procedente o pedido, uma vez transitada em julgado, produzirá todos os efeitos da declaração não emitida.

7. COISA JULGADA

a) Conceito

Quer seja por ter decorrido o prazo para interposição de recursos, quer seja porque houve o esgotamento das vias recursais possíveis, a sentença passa a conter uma qualidade especial, da *res judicata*, garantia constitucional (art. 5º, XXXVI, CF), que impede a discussão eterna da questão, propiciando segurança jurídica. É gerada, assim, a imutabilidade da sentença.

A coisa julgada, no entanto, não é uma garantia absoluta, devendo conviver com outras garantias e bens jurídicos de igual importância. Sendo assim, muito embora presente a coisa julgada, a lei permite, em casos excepcionais, a rescisão de tal qualidade, por meio da ação rescisória, apta a ser ajuizada nos casos mencionados no art. 966, do Código de Processo Civil.

Formada a coisa julgada, não se permitirá a rediscussão da sentença.

b) Espécies

Conforme já dito, estando formada a coisa julgada, não se permitirá a rediscussão da sentença.

Porém, é preciso verificar se essa impossibilidade de rediscussão ocorrerá no mesmo ou em outro processo.

E a resposta a essa indagação variará consoante tenha ocorrido ou não a resolução do mérito.

Com efeito, se proferida sentença extintiva processual, será permitido ao autor repropor a demanda em outra oportunidade, motivo pelo qual se diz que foi formada a coisa julgada exclusivamente formal. Trata-se da chamada preclusão máxima.

De outro lado, porém, se proferida sentença com resolução do mérito, será formada não só a coisa julgada formal, mas também a material, impedindo-se a sua rediscussão não só no mesmo, mas também em outro processo, tendo a sentença força de lei nos limites da lei e das questões decididas.

Nestas sentenças com resolução do mérito, a coisa julgada formal e a material formam-se no mesmo momento, que é o do trânsito em julgado. Ou seja, somente depois de decidido o último recurso interposto é que será formada, ainda que ele seja intempestivo.

c) Limites

O estudo do regime jurídico da coisa julgada compreende a análise de seus limites objetivos, limites subjetivos e também de seu modo de produção.

i) Limites objetivos.

Verifica-se o que é atingido pela coisa julgada material, se toda a sentença, ou se parte dela.

Como sabido, a sentença é constituída por três elementos essenciais: o relatório, a fundamentação e a parte dispositiva (dispositivo), mas somente a última é atingida pela coisa julgada, excluindo-se os motivos, ainda que importantes para determinar o alcance da parte dispositiva da sentença, assim como também a verdade dos fatos, estabelecida como fundamento da sentença.

A questão prejudicial, decidida incidentalmente no processo, também não fará coisa julgada material. Trata-se de antecedente lógico da sentença e, por isso, não abrangida pela coisa julgada, salvo em relação à hipótese analisada mais adiante.

ii) Limites subjetivos.

Nesse ponto, verifica-se quem será atingido pela coisa julgada formada.

Em um primeiro momento, a coisa julgada estará adstrita às partes do processo e, por isso, é denominada de *inter partes*.

Contudo, admitem-se exceções.

Na primeira, verifica-se a coisa julgada ultra partes, que vai além das partes do processo, para atingir também determinados terceiros. É o que ocorre nos casos de substituição processual, em que o substituído, apesar de não ter participado do processo, terá sua esfera jurídica atingida.

Outra exceção é a coisa julgada erga omnes, que atingirá a todos os jurisdicionados, sendo eles partes ou não. A ação de usucapião é um exemplo, assim como a procedência da ação civil pública para a tutela de interesses difusos.

c) Quanto ao modo de produção

De acordo com esse critério, a coisa julgada será *pro et contra*, *secundum eventum litis* e *secundum eventum probationis*.

Em regra, a coisa julgada forma-se independentemente do resultado do processo. Sendo o pedido procedente ou improcedente, havendo ou não o esgotamento das provas, haverá a coisa julgada.

Portanto, se o autor propuser a sua demanda e o magistrado julgá-la improcedente em decorrência da ausência de comprovação dos fatos apresentados na inicial, ainda assim, será formada a coisa julgada.

Nesse contexto, surgem as técnicas que se passa a expor.

Haverá a coisa julgada *secundum eventum litis* (segundo o resultado do processo), em casos específicos e previstos em lei. Assim, na procedência da ação civil pública em que se busca a tutela de interesses difusos, poderão as vítimas buscar, individualmente, a liquidação do julgado.

Já a coisa julgada *secundum eventum probationis* (segundo a prova produzida) existirá quando houver o esgotamento das provas. Assim, se a ação popular, por exemplo, for julgada improcedente, porém, sem o esgotamento das provas, admite-se a nova ação sobre a mesma matéria. Note-se que se trata de exceção à regra.

d) Eficácia preclusiva da coisa julgada

A coisa julgada produz três efeitos distintos: negativo, positivo e preclusivo.

Em razão do efeito negativo, impede-se que a questão seja decidida novamente em outro processo.

Por conta do efeito positivo, porém, havendo necessidade de retorno da questão principal ao Poder Judiciário, esta não poderá ser decidida de maneira diversa. Por esse motivo, por exemplo, havendo necessidade de liquidação da sentença, não poderá o magistrado decidir pela desnecessidade da indenização porque o autor não praticou o ato ilícito que lhe foi imputado. Estará impedido de fazê-lo, pois, deverá respeitar a coisa julgada formada.

Note-se, porém, que não há impedimento para a revisão da sentença pelo magistrado, desde que provocado por processo próprio, nas causas em que a modificação do estado das coisas poderá importar na alteração da própria obrigação, como ocorre na ação revisional de alimentos. Ou seja, um julgamento rebus sic stantibus, encampado em sentença determinativa, permite que a questão seja reanalisada, porque projeta a sua eficácia à frente.

Por conta do efeito preclusivo, reputam-se deduzidas e repelidas todas as alegações e defesas que a parte poderia opor assim ao acolhimento como à rejeição do pedido. A coisa julgada, dessa maneira, abrangerá aquilo que foi deduzido e aquilo que era deduzível, o que não afasta a possibilidade de ajuizamento de nova ação, fundada em elementos diversos.

Nelson Nery Júnior aponta a existência de um efeito especial, que é o substitutivo. Segunda ensina, "a sentença de mérito transitada em julgado substitui todas as atividades das partes e do juiz praticadas no processo, de sorte que as nulidades e anulabilidades porventura ocorridas durante o procedimento terão sido substituídas pela sentença, que as abarca".[4]

e) Coisa julgada e resolução de questão prejudicial

A coisa julgada abrangerá apenas a questão principal. Porém, de acordo com o CPC/2015, poderá abranger também a questão prejudicial, desde que seja decidida expressa e incidentalmente no processo, observando-se os incisos do § 1º do art. 503 (independentemente de ação declaratória incidental, abolida no CPC de 2015).

Esta regra, contudo, somente será aplicada aos processos iniciados após a vigência do Código de Processo Civil de 2015. Aos anteriores, será necessário que a parte tenha se valido da ação declaratória incidental para que a questão prejudicial decidida faça coisa julgada.

f) Relativização da coisa julgada

A coisa julgada, no entanto, não é uma garantia absoluta, devendo conviver com outras garantias e bens jurídicos de igual importância. Sendo assim, muito embora presente a coisa julgada, a lei permite, em casos excepcionais, a rescisão de tal qualidade, por meio da ação rescisória, apta a ser ajuizada nos casos mencionados no art. 966, do Código de Processo Civil.

g) Coisa julgada, inconstitucionalidade superveniente e relação jurídica continuativa

A declaração de inconstitucionalidade de ato normativo pelo Supremo Tribunal Federal possui duas consequências, denominadas pelo Ministro Teori Zavascki como eficácias normativa e executiva da decisão.[5]

A eficácia normativa refere-se à manutenção ou exclusão do ato normativo questionado do ordenamento jurídico. A eficácia executiva, por sua vez, diz respeito ao efeito vinculante, quando então se atribui força impositiva a prevalecer frente a futuros atos administrativos ou judiciais.[6]

Julgada a ação direta de inconstitucionalidade de ato normativo pelo Supremo Tribunal Federal, as decisões judiciais antes proferidas e que tenham adotado posicionamento contrário não estarão automaticamente extirpadas do mundo jurídico, devendo aquele que tenha tal interesse valer-se da ação rescisória, iniciando-se o seu termo inicial a partir da decisão daquele Tribunal Superior, devendo haver o ajuizamento da respectiva ação rescisória, como o Novo CPC autoriza, iniciando-se o termo inicial para tanto da inconstitucionalidade reconhecida.

---

4. Nery, princípios, p. 40-41.
5. Vide, a propósito, o RE-RG 730.462, Rel. Min. Teori Zavascki (tema 733), DJe 9.9.2015.
6. A lição do Ministro Teori foi lembrada pelo Ministro Gilmar Mendes quando do julgamento do Embargos declaratórios no Recurso Extraordinário nº 638.115/CE.

Contudo, se houver relação jurídica de trato sucessivo e sobrevier decisão do STF que, em controle concentrado, decide pela constitucionalidade ou a inconstitucionalidade de ato normativo que fundamentou a decisão proferida, não haverá necessidade de ser ajuizada ação rescisória, podendo ser cassado, administrativamente, o próprio pronunciamento no que tange aos seus efeitos futuros.

8. LIQUIDAÇÃO

8.1. Os Pronunciamentos Ilíquidos que Reconhecem a Existência de Obrigação

O pronunciamento jurisdicional que reconhece a existência de obrigação e impõe o seu cumprimento, como regra, deverá indicar a sua extensão, o índice de correção monetária, a taxa de juros, o termo inicial de ambos e a periodicidade da capitalização dos juros, se for o caso.

Ocorre, porém, que se o juiz não puder determinar, de modo definitivo, o montante devido, ou a apuração depender da produção de prova demorada ou excessivamente dispendiosa, assim reconhecida no pronunciamento, poderá proferir sentença ilíquida.

> ✦ *Exemplo: em razão de acidente automobilístico, ao qual o réu deu causa, o autor sofreu determinados danos materiais e morais. Ocorre que, de imediato, não é possível precisar a extensão da obrigação, havendo necessidade de se averiguar se o autor terá sequelas definitivas ou não.*

Como se vê, o pronunciamento judicial ilíquido é aquele que, embora certifique a existência de uma obrigação, não delimita a sua extensão, carecendo-se de nova manifestação do Poder Judiciário para complementação.

E, a partir da liquidação, a obrigação passa a preencher o requisito da liquidez, passível, então, de ter início a respectiva fase de cumprimento de sentença.

A esta atividade de individualização do objeto dá-se o nome de liquidação, e deve estar adstrita aos limites do comando judicial, sendo proibido discutir de novo a lide ou mesmo a sentença. Esta permanece incólume, restando à liquidação apenas complementá-la, devendo haver fidelidade ao título executivo formado (princípio da fidelidade ao título).

Sendo assim, a liquidação não poderá impor obrigação não contida na sentença. Se esta foi silente em relação à verba honorária, não se poderá buscar tal condenação na via da liquidação, sob pena de ofensa à coisa julgada.

Isso não quer dizer que não possa a liquidação seguir método diferente daquele determinado na sentença, consoante a súmula 344 do STJ. Ou seja, não foi porque a sentença determinou a liquidação por artigos que não se possa optar pela liquidação por arbitramento, sendo esta a mais adequada. O que se proíbe é a inserção de obrigações novas, estendendo-se o comando judicial além dos limites fixados na sentença, sendo que a discussão sobre fatos impeditivos, modificativos ou extintivos supervenientes à sentença devem dar-se na impugnação e não na liquidação.[7]

> **Súmula 344, STJ:** A liquidação por forma diversa da estabelecida na sentença não ofende a coisa julgada.

Não obstante, apesar de não indicados na condenação, devem ser incluídos os juros moratórios na liquidação, assim como outros acessórios devidos, ainda que não pedidos na inicial (como a correção monetária).[8]

> **Súmula 254, STF:** Incluem-se os juros moratórios na liquidação, embora omisso o pedido inicial ou a condenação.

8.2. Liquidação Provisória e Definitiva

A liquidação poderá ser iniciada apesar de estar pendente de julgamento o recurso interposto para impugnar o pronunciamento judicial, ainda que tenha efeito suspensivo.

Trata-se da liquidação provisória, que será processada em autos apartados, em que o credor busca adiantar-se. Poderia aguardar o julgamento do recurso, mas prefere já buscar delimitar o valor devido.

Não havendo modificação da decisão em execução, será iniciada a fase de cumprimento de sentença, bastando ao credor atualizar os cálculos. De outro lado, se houver modificação do pronunciamento, o valor da obrigação deverá ser ajustado ao novo desenho traçado com o julgamento do recurso.

8.3. Concomitantes liquidação e cumprimento de sentença em relação ao mesmo título

É possível que o mesmo título executivo judicial contenha uma parte líquida, permitindo-se o cumprimento de sentença imediato, e outra parte ilíquida, a exigir a devida apuração do valor. Nesse caso, poderá o credor, de imediato, iniciar a fase de cumprimento, em relação à primeira, e promover a liquidação no que tange à segunda.

8.4. Apuração do Valor Dependente de Cálculos Aritméticos

Não carecerá de liquidação o cumprimento de pronunciamento que reconheça obrigação, cujo montante poderá ser delimitado com a apresentação de cálculos aritméticos.

---

7. REsp 1312526/SP, Rel. Ministro BENEDITO GONÇALVES, Rel. p/ Acórdão Ministro FRANCISCO FALCÃO, PRIMEIRA TURMA, julgado em 07/08/2012, DJe 03/10/2012.
8. REsp 1423027/PR, Rel. Ministro HUMBERTO MARTINS, SEGUNDA TURMA, julgado em 06/02/2014, DJe 17/02/2014)

Tais cálculos deverão ser apresentados pelo credor ao requerer o início da fase de cumprimento de sentença, observando-se estritamente o que foi fixado no título judicial, sendo vedado discutir de novo a lide ou modificar a sentença que a julgou.

A propósito, o Superior Tribunal de Justiça admite a utilização da ação rescisória para rescindir a sentença que homologa a liquidação, se esta não respeitar a coisa julgada.[9]

8.5. Fixação de Honorários na Liquidação Proposta em Face da Fazenda Pública

O CPC inovou ao fixar uma série de regras para a fixação dos honorários devidos pela Fazenda Pública nas ações em que for vencida.

Para tanto, estabelece faixas de valores, estabelecidos em salários mínimos, bem como os respectivos percentuais máximos e mínimos. Por meio de tal regra, por exemplo, se o valor da condenação sofrida pela Fazenda Pública corresponder a 150 salários mínimos, os honorários serão fixados no percentual de 10 a 20%.

Ocorre, no entanto, que nem sempre será possível fixar, de imediato, o montante da condenação. Em tal hipótese, poderá o montante devido a título de honorários advocatícios ser fixado na própria liquidação.

8.6. Liquidação Incidental e Autônoma

Inicialmente, deve ser lembrado que o Código de Processo Civil adota a ideia do processo sincrético.

Nesse contexto, insere-se a liquidação como integrante de tal processo, uma fase específica para a delimitação do valor da obrigação.

Existem outras situações em que a liquidação não ocorre como fase no processo sincrético. Em verdade, o processo se inicia com a própria liquidação (incisos VI a IX, do art. 515 do CPC/2015), quando o devedor será citado no juízo cível para o cumprimento da sentença ou para a liquidação no prazo de 15 dias.

E assim ocorre nas seguintes hipóteses: a) sentença penal condenatória transitada em julgado; b) sentença arbitral; c) sentença estrangeira homologada pelo Superior Tribunal de Justiça; e, d) decisão interlocutória estrangeira, após a concessão do *exequatur* à carta rogatória pelo STJ.

A sentença penal condenatória transitada em julgado configura-se como título executivo judicial apto à execução. Porém, em regra, a sentença circunscreve-se

9. REsp 1513261/RS, Rel. Ministro PAULO DE TARSO SANSEVERINO, TERCEIRA TURMA, julgado em 22/09/2015, DJe 28/09/2015.

à condenação do réu pela prática criminosa, bem como na fixação da pena a ser cumprida.

É certo que Código de Processo Penal determina que o juiz fixe, sempre que possível, o valor da reparação devida em razão da prática delituosa. Contudo, tal valor configura-se em um mínimo, e nada impede que a parte busque, em processo autônomo, a complementação. Na maioria dos casos, simplesmente não há essa fixação de valor, porque o juiz, no processo penal, não possui elementos suficientes para a sua fixação.

Diante disso, compete à vítima ingressar no juízo cível e buscar executar o título executivo, passando, antes, pela liquidação da obrigação.

Dessa maneira, como a liquidação não se processará perante o juízo criminal, haverá necessidade da formação de nova relação processual, que tramitará no juízo cível competente para a execução.

Também enseja a liquidação autônoma a sentença arbitral, aquela decorrente da convenção de arbitragem, desde que, obviamente, não tenha sido fixado o objeto devido, o mesmo ocorrendo com os casos que exigem homologação pelo STJ.

Note-se que, neste caso, não houve anterior processo civil de conhecimento em trâmite no Poder Judiciário brasileiro, exigindo-se o início de uma ação para a apuração do valor, na qual, posteriormente, correrá o cumprimento de sentença.

8.7. Iniciativa da Liquidação

A liquidação poderá ser iniciada pelo próprio credor ou pelo devedor (liquidação invertida).

O credor, tendo-se em vista o pronunciamento judicial que lhe é favorável, requer a apuração do valor, fixando-se a extensão da obrigação.

Ocorre que o devedor, por sua vez, também terá interesse em requerer a liquidação, principalmente para ver-se livre o mais rápido possível daquela obrigação, propiciando o seu cumprimento imediato, sem precisar aguardar pelas diligências do credor.

8.8. Procedimentos para Apuração do Valor

O valor poderá ser apurado de duas formas: ou por arbitramento, ou por meio do procedimento comum.

Quando determinado pelo pronunciamento, convencionado pelas partes ou exigido pela natureza do objeto, esta poderá ser realizada por arbitramento.

É certo que, embora fixado na sentença que a liquidação deva ocorrer de uma determinada maneira, não há óbice à utilização de técnica diversa se isso for adequado ao procedimento.

Na liquidação por arbitramento, o juiz intimará as partes para a apresentação de seus pareceres ou documentos elucidativos, no prazo que fixar e, no caso de não poder decidir de plano, nomeará perito, observando-se, no que couber, o procedimento da prova pericial.

Admite-se, também, que a liquidação pelo procedimento comum, quando houver necessidade de alegar e provar fato novo. Trata-se da já conhecida liquidação por artigos.

Nesta modalidade de liquidação, o juiz determinará a intimação do requerido, na pessoa de seu advogado ou de sociedade de advogados, para, querendo, oferecer contestação no prazo de 15 dias.

8.9. Natureza do Pronunciamento que Julga da Liquidação

A liquidação será decidida por meio de decisão interlocutória, que poderá ser impugnada pelo recurso de agravo de instrumento (art. 1.015, parágrafo único do CPC de 2015).

8.10. Condenação em Verba Honorária na Liquidação

Neste último item, deve ser analisado se o juiz deverá condenar o devedor ao pagamento de verba honorária em sede de apuração do valor devido (liquidação).

A propósito, já decidiu o Superior Tribunal de Justiça que são cabíveis honorários advocatícios em sede de liquidação de sentença por arbitramento, quando houver resistência da parte ré.[10]

O Novo Código de Processo Civil silencia a respeito, indicando o § 1º, do art. 85, que serão devidos honorários advocatícios na reconvenção, no cumprimento de sentença, provisório ou definitivo, na execução, resistida ou não, e nos recursos interpostos, cumulativamente. Não há menção à liquidação de sentença.

Ocorre, porém, que o silêncio não foi propositado, devendo ser considerado o trabalho adicional do causídico ao pleitear a liquidação da obrigação, motivo pelo qual, havendo oposição da parte contrária, serão devidos honorários advocatícios.

8.11. Inviabilidade das Sentenças Ilíquidas no Âmbito dos Juizados

Nos Juizados Especiais Cíveis não se admite sentença condenatória por quantia ilíquida, ainda que tenha a parte formulado pedido genérico.

O mesmo se aplica, por extensão, aos Juizados Especiais Federais e aos Juizados Especiais da Fazenda Pública.

10. AgRg no REsp 1155885/SP, Rel. Ministro MARCO BUZZI, QUARTA TURMA, julgado em 16/02/2016, DJe 24/02/2016.

8.12. Liquidação Imprópria

Nas ações coletivas, é possível que ocorra a condenação genérica, competindo a cada uma das vítimas ajuizar as respectivas liquidações e execuções individuais. Trata-se, como dito acima, da liquidação imprópria, por meio da qual não se apura tão somente a extensão da obrigação, como também deverá o requerente demonstrar que pode se aproveitar do comando condenatório existente.

Ocorre, por exemplo, na ação civil pública em que é proferida sentença condenatória genérica. Nesse caso, a vítima poderá valer-se da sentença e promover a liquidação do valor que lhe é devido, demonstrando, em juízo, que faz jus ao recebimento do valor.[11]

Importante salientar que, nestes casos, o devedor será citado, correndo a liquidação como autônoma. E, a partir da citação, haverá a incidência dos juros moratórios.

A liquidação (e também a execução individual) de sentença condenatória genérica proferida em ação civil coletiva pode ser ajuizada no foro do domicílio do beneficiário.[12]

9. INFORMATIVOS DE JURISPRUDÊNCIA RELACIONADOS AO TEMA

- **Divórcio Consensual. Acordo sobre partilha de bens. Homologação por sentença. Posterior ajuste consensual acerca da destinação dos bens. Violação à coisa julgada. Inocorrência. Convenção sobre partilha de bens privados e disponíveis. Partes maiores e capazes. Possibilidade.** A coisa julgada material formada em virtude de acordo celebrado por partes maiores e capazes, versando sobre a partilha de bens imóveis privados e disponíveis e que fora homologado judicialmente por ocasião de divórcio consensual, não impede que haja um novo acordo sobre o destino dos referidos bens. (Informativo do STJ nº 624, de 18.5.2018)
- **Recuperação judicial. Habilitação de crédito. Atualização. Tratamento igualitário. Novação. Juros e correção. Data do pedido da recuperação.** Não ofende a coisa julgada, a decisão de habilitação de crédito que limita a incidência de juros de mora e correção monetária, delineados em sentença condenatória de reparação civil, até a data do pedido de recuperação judicial. (Informativo do STJ nº 610, de 27.9.2017)

11. "(...). 1. "A sentença de procedência na ação coletiva tendo por causa de pedir danos referentes a direitos individuais homogêneos, nos moldes do disposto no artigo 95 do Código de Defesa do Consumidor, será, em regra, genérica, de modo que depende de superveniente liquidação, não apenas para apuração do quantum debeatur, mas também para aferir a titularidade do crédito, por isso denominada pela doutrina 'liquidação imprópria'" (AgRg no REsp 1.348.512/DF, Relator o Ministro LUIS FELIPE SALOMÃO, QUARTA TURMA, DJe de 4/2/2013). 2. Com relação ao termo inicial dos juros moratórios, a jurisprudência desta Corte perfilha entendimento de que, em caso de cumprimento de sentença oriunda de ação civil pública, os juros de mora devem incidir a partir da citação na liquidação de sentença. (...). AgRg no REsp 1374761/MS, Rel. Ministro RAUL ARAÚJO, QUARTA TURMA, julgado em 20/02/2014, DJe 26/03/2014)".
12. REsp 1243887/PR, Rel. Ministro LUIS FELIPE SALOMÃO, CORTE ESPECIAL, julgado em 19/10/2011, DJe 12/12/2011.

- **Direito processual civil. Efeito erga omnes da sentença civil proferida em ação civil pública.** Tem abrangência nacional a eficácia da coisa julgada decorrente de ação civil pública ajuizada pelo Ministério Público, com assistência de entidades de classe de âmbito nacional, perante a Seção Judiciária do Distrito Federal, e sendo o órgão prolator da decisão final de procedência o STJ. É o que se extrai da inteligência dos arts. 16 da LACP, 93, II, e 103, III, do CDC. REsp 1.319.232-DF, Rel. Min. Paulo de Tarso Sanseverino, julgado em 4/12/2014.

- **Direito processual civil. Correção de erro material após o trânsito em julgado.** O magistrado pode corrigir de ofício, mesmo após o trânsito em julgado, erro material consistente no desacordo entre o dispositivo da sentença que julga procedente o pedido e a fundamentação no sentido da improcedência da ação. Isso porque o art. 463, I, do CPC permite ao magistrado a correção de erros materiais existentes na sentença, ainda que a decisão já tenha transitado em julgado, sem que se caracterize ofensa à coisa julgada. Precedentes citados: AgRg no Aresp 89.520-DF, Primeira Turma, *DJe* 15/8/2014; e Resp 1.294.294-RS, Terceira Turma, *DJe* 16/5/2014. **RMS 43.956-MG, Rel. Min. Og Fernandes, julgado em 9/9/2014.**

- **Direito processual civil. Impossibilidade de fixação, ex officio, de indenização por danos sociais em ação individual. Recurso repetitivo (art. 534-C do CPC e RES. 8/2008 do STJ).** É nula, por configurar julgamento *extra petita*, a decisão que condena a parte ré, de ofício, em ação individual, ao pagamento de indenização a título de danos sociais em favor de terceiro estranho à lide. Inicialmente, cumpre registrar que o dano social vem sendo reconhecido pela doutrina como uma nova espécie de dano reparável, decorrente de comportamentos socialmente reprováveis, pois diminuem o nível social de tranquilidade, tendo como fundamento legal o art. 944 do CC. Desse modo, diante da ocorrência de ato ilícito, a doutrina moderna tem admitido a possibilidade de condenação ao pagamento de indenização por dano social, como categoria inerente ao instituto da responsabilidade civil, além dos danos materiais, morais e estéticos. Registre-se, ainda, que na V Jornada de Direito Civil do CJF foi aprovado o Enunciado 455, reconhecendo a existência do denominado dano social: "A expressão dano no art. 944 abrange não só os danos individuais, materiais ou imateriais, mas também os danos sociais, difusos, coletivos e individuais homogêneos a serem reclamados pelos legitimados para propor ações coletivas." A par disso, importa esclarecer que a condenação à indenização por dano social reclama interpretação envolvendo os princípios da demanda, da inércia e, fundamentalmente, da adstrição/congruência, o qual exige a correlação entre o pedido e o provimento judicial a ser exarado pelo Poder Judiciário, sob pena da ocorrência de julgamento *extra petita*. Na hipótese em foco, em sede de ação individual, houve condenação da parte ré ao pagamento de indenização por danos sociais em favor de terceiro estranho à lide, sem que houvesse pedido nesse sentido ou sem que essa questão fosse levada a juízo por qualquer das partes. Nessa medida, a decisão condenatória extrapolou os limites objetivos e subjetivos da demanda, uma vez que conferiu provimento jurisdicional diverso daquele delineado na petição inicial, beneficiando terceiro alheio à relação jurídica processual posta em juízo. Impende ressaltar que, mesmo que houvesse pedido de condenação em danos sociais na demanda em exame, o pleito não poderia ter sido julgado procedente, pois esbarraria na ausência de legitimidade para postulá-lo. Isso porque os danos sociais são admitidos somente em demandas coletivas e, portanto, somente os legitimados para propositura de ações coletivas têm legitimidade para reclamar acerca de supostos danos sociais decorrentes de ato ilícito, motivo por que não poderiam ser objeto de ação individual **STJ, Rcl 12.062-GO, 2ª Seção, rel. Ministro Raul Araújo, julgado em 12/11/2014.**

- É legítima a adoção da técnica de fundamentação referencial (*per relationem*), consistente na alusão e incorporação formal, em ato jurisdicional, de decisão anterior ou parecer do Ministério Público. Precedente citado: REsp 1.194.768-PR, Segunda Turma, *DJe* 10/11/2011. **EDcl no AgRg no AREsp 94.942-MG, Rel. Min. Mauro Campbell Marques, julgado em 5/2/2013.**

- **Direito processual civil. Fato superveniente. Provimento judicial.O provimento judicial que altera, modifica ou extingue direito pode ser considerado como fato superveniente a que se refere o art. 462 do CPC.**66 Apesar de algumas decisões terem efeitos apenas dentro do processo (endoprocessual), esses provimentos judiciais podem ser considerados como fatos supervenientes capazes de alterar, modificar ou extinguir direito discutido em outro feito, devendo ser considerados nos termos do art. 462 do CPC, a fim de impedir a coexistência de duas decisões inconciliáveis. **REsp 1.074.838-SP, Rel. Min. Luis Felipe Salomão, julgado em 23/10/2012.**

- **Direito processual civil. Erro material. Correção.** O erro material passível de ser corrigido de ofício e não sujeito à preclusão é o reconhecido *primuictuoculi*, consistente em equívocos materiais sem conteúdo decisório propriamente dito. O art. 463, I e II, do CPC67 autoriza ao juiz alterar a sentença de ofício ou a requerimento da parte, ainda que encerrada a função jurisdicional para correção de inexatidões materiais ou erros de cálculo, bem como mediante a interposição de embargos de declaração. Não sendo opostos os embargos de declaração, a única possibilidade de alteração da sentença transitada em julgado é a constatação de um eventual erro material, por exemplo, erros de grafia, de nome, valor etc. A doutrina, ao tratar da correção das inexatidões materiais, observa que elas não devem afetar em substância o decisório da sentença, não alterando, aumentando ou diminuindo os seus efeitos. Não é possível considerar que há erro material, cognoscível *primuictuoculi* e passível de ser corrigido a qualquer tempo, quando não se trata de mero ajuste do dispositivo da sentença, mas de verdadeira alteração ou ampliação do conteúdo decisório com a respectiva extensão dos efeitos da coisa julgada. O erro consistente na omissão, alteração ou ampliação do conteúdo decisório, com a extensão dos efeitos da coisa julgada, pode ser convertido em erro de julgamento a ser impugnado mediante o recurso cabível ou ação rescisória. **REsp 1.151.982-ES, Rel. Min. Nancy Andrighi, julgado em 23/10/2012.**

- **STJ. Corte Especial. REsp 1.324.152-SP, Rel. Min. Luis Felipe Salomão, julgado em 4/5/2016.** A sentença, qualquer que seja sua natureza, de procedência ou improcedência do pedido, constitui título executivo judicial, desde que estabeleça obrigação de pagar quantia, de fazer, não fazer ou entregar coisa, admitida sua prévia liquidação e execução nos próprios autos.

- **REsp 1.237.895-ES, Rel. Min. Og Fernandes, julgado em 15/9/2015, DJe 12/2/2016.** Não é possível utilizar ação declaratória de nulidade (*querela nullitatis*) contra título executivo judicial fundado em lei declarada não recepcionada pelo STF em decisão proferida em controle incidental que transitou em julgado após a constituição definitiva do referido título. Cabe registrar que o STF (RE 730.462, Tribunal Pleno, *DJe* 9/9/2015) concluiu que "a decisão do Supremo Tribunal Federal declarando a constitucionalidade ou a inconstitucionalidade de preceito normativo não produz a automática reforma ou rescisão das decisões anteriores que tenham adotado entendimento diferente. Para que tal ocorra, será indispensável a interposição de recurso próprio ou, se for o caso, a propositura de ação rescisória própria, nos termos do art. 485 do CPC, observado o respectivo prazo decadencial (art. 495)". Com esse fundamento, não se revela possível a utilização da *querela nullitatis* com a finalidade de desconstituir título executivo judicial fundada em lei declarada inconstitucional após o trânsito em julgado da ação de conhecimento.

▶ **Ofensa à coisa julgada e perícia em execução.** Reputou-se configurado desrespeito flagrante à coisa julgada. Em nome dos princípios da moralidade e da razoabilidade nas obrigações do Estado, o STJ colocou em plano secundário os parâmetros fixados em sentença transitada em julgado e objeto de execução. O recurso especial ganhou contornos de ação de impugnação autônoma. Apenas a ação rescisória, e não o recurso especial, seria o instrumental possível para afastar do cenário jurídico pronunciamento judicial já precluso na via da recorribilidade. No caso, após decisão transitada em julgado que fixara o valor de indenização referente à desapropriação de imóvel rural e a concordância do expropriado pelos índices e cálculos apresentados pelo Incra, o juízo da execução, de ofício[13][14], desconsiderara a coisa julgada e o acordo firmado entre as partes e determinara a realização de nova perícia. RE 602439/MA, rel. Min. Marco Aurélio, 11.11.14. 1ª T.

▶ **REsp 1.281.978-RS, Rel. Min. Ricardo Villas BôasCueva, DJe 20.5.15. 3ª T.** Mesmo após as alterações promovidas pela Lei 11.232/05 no conceito de sentença (arts. 162, § 1º, 269 e 463 do CPC), não se admite a resolução definitiva fracionada da causa mediante prolação de sentenças parciais de mérito.

▶ **Conflito entre coisas julgadas.** Havendo conflito entre duas coisas julgadas, prevalecerá a que se formou por último, enquanto não desconstituída mediante ação rescisória. REsp 1.524.123-SC, Rel. Min. Herman Benjamin, *DJe* 30.6.15. 2ª T.

▶ **REsp 1.163.649, Rel. Min. Marco Buzzi, DJe 27.2.15. 4ª T.** A mera alegação de que houve um erro de julgamento não é apta a justificar a aplicação da teoria da relativização da coisa julgada com vistas a desconstituir decisão que, em sede de incidente de habilitação de crédito, fixou equivocadamente os honorários advocatícios com base no § 3º do art. 20 do CPC – quando deveria ter utilizado o § 4º do referido dispositivo, ainda que o valor dos honorários seja excessivo e possa prejudicar os demais credores concursais.

▶ **REsp 1.354.225-RS, Rel. Min. Paulo de Tarso Sanseverino, DJe 5.3.15. 3ª T.** É possível acolher alegação de coisa julgada formulada em sede de exceção de pré-executividade caso se verifique, na fase de execução, que o comando da sentença exequenda transitada em julgado conflita com o comando de outra sentença, anteriormente transitada em julgado, proferida em idêntica demanda.

▶ **REsp 1.524.123-SC, Rel. Min. Herman Benjamin, DJe 30.6.15. 2ª T.** Havendo conflito entre duas coisas julgadas, prevalecerá a que se formou por último, enquanto não desconstituída mediante ação rescisória.

▶ **Coisa julgada e ação de cumprimento.** A 1ª Turma iniciou julgamento de agravo regimental interposto de decisão do Min. Menezes Direito, que negara seguimento a recurso extraordinário, do qual relator. No caso, o recurso extraordinário fora manejado de acórdão do TST, que declarara extinta a execução de ação de cumprimento, transitada em julgado, fundada em sentença normativa proferida em dissídio coletivo, mas lá reformada em grau de recurso. Ocorre que a ação de cumprimento fora proposta antes do trânsito em julgado da sentença normativa na qual se fundara. O Min. Dias Toffoli, relator, negou provimento ao agravo regimental. Ressaltou que a extinção da ação de cumprimento por afastamento da eficácia da sentença normativa que a embasara não ofenderia a coisa julgada. O Min. Luiz Fux acompanhou o relator. Afirmou que seria insustentável juridicamente dar curso

13. Corresponde ao art. 493, CPC/2015.
14. Correspondem aos incisos I e II do art. 494, CPC/2015.

à execução de título que teria por alicerce sentença normativa que não perduraria mais. Em divergência, o Min. Marco Aurélio deu provimento ao agravo regimental, no que foi seguido pela Min. Rosa Weber. Consignou que, uma vez transitada em julgado a ação de cumprimento, a única forma de afastá-la do cenário jurídico seria mediante revisão (CPC, art. 471), em se tratando de relação jurídica continuativa, ou rescisória, se cabível. Após, em razão do empate na votação, a turma suspendeu o julgamento do processo para aguardar convocação de Ministro integrante da 2ª Turma. RE 394051 AgR/SP, Rel. Min. Dias Toffoli, 19.3.2013. 1ª T.

▶ **EDcl no AI 721.353-SP. Rel. Min. Dias Toffoli.** Embargos de declaração no agravo de instrumento. Conversão em agravo regimental. Servidor público. Incidência de gratificação sobre adicionais por tempo de serviço e de sexta-parte. Coisa julgada formada antes da Constituição Federal de 1988. Direito adquirido. Não oponibilidade. Art. 17 do ADCT. 1. Embargos de declaração recebidos como agravo regimental, conforme pacífica orientação desta Corte. 2. Este STF firmou o entendimento de que a coisa julgada constituída anteriormente à vigência da Constituição Federal de 1988 não impede a incidência do disposto no art. 17 do ADCT, em razão da não oponibilidade do direito adquirido quando incompatível com a atual norma constitucional. 3. Agravo regimental não provido.

▶ **Ação anulatória de sentença que homologa transação.** Os efeitos da transação podem ser afastados mediante ação anulatória sempre que o negócio jurídico tiver sido objeto de sentença meramente homologatória. Se a sentença não dispõe nada a respeito do conteúdo da pactuação, não avançando para além da mera homologação, a ação anulatória prevista no art. 486 do CPC é adequada à desconstituição do acordo homologado. AgRg no REsp 1.314.900-CE, Rel. Min. Luis Felipe Salomão, j. 18.12.2012. 4ª T.

▶ **Aplicabilidade do art. 285-A do CPC condicionada à dupla conformidade.** Não é possível a aplicação do art. 285-A do CPC quando o entendimento exposto na sentença, apesar de estar em consonância com a jurisprudência do STJ, divergir do entendimento do tribunal de origem. Isso porque, se o entendimento constante da sentença não for o mesmo do tribunal local, eventual apelação interposta será provida e os autos retornarão ao juízo de primeiro grau para processamento e julgamento da ação. Assim, ao invés de acelerar o trâmite processual, em atenção aos princípios da celeridade e economia processuais, na verdade estaria atrasando o encerramento da ação. Nesse diapasão, deve-se reconhecer que o disposto no art. 285-A do CPC fundamenta-se na ideia de que a improcedência liminar somente está autorizada quando a tese jurídica trazida para julgamento estiver tão amadurecida que a sua discussão, naquele processo, seja dispensável. Ressalte-se que a mencionada dispensabilidade somente é verificada pela unidade de entendimento entre a sentença de improcedência, o tribunal local e os tribunais superiores. REsp 1.225.227-MS, Rel. Min. Nancy Andrighi, j. 28.5.2013. 3ª T.

▶ **Fundamentação *per relationem*.** É legítima a adoção da técnica de fundamentação referencial (*per relationem*), consistente na alusão e incorporação formal, em ato jurisdicional, de decisão anterior ou parecer do Ministério Público. EDcl no AgRg no AREsp 94.942-MG, Rel. Min. Mauro Campbell Marques, j. 5.2.2013. 2ª T.

▶ **Investigação de paternidade. Flexibilização da coisa julgada material.** É possível a flexibilização da coisa julgada material nas ações de investigação de paternidade, na situação em que o pedido foi julgado improcedente por falta de prova. Assim, configurada a exceção, não se pode impedir o ajuizamento de nova ação destinada a garantir o direito fundamental do interessado de investigar a ascendência genética, mediante a utilização do exame de

DNA, que fornece elementos de convicção quase absolutos do vínculo de parentesco. REsp 1.223.610-RS, Rel. Min. Maria Isabel Gallotti, j. 6.12.2012. 4ª T.

▶ **Investigação de paternidade. Impossibilidade de flexibilização da coisa julgada material.** A flexibilização da coisa julgada material em investigação de paternidade não atinge as decisões judiciais fundadas no conhecimento científico da época, se este ainda for válido nos dias atuais. Quando da primeira ação de investigação de paternidade, o exame de DNA ainda não existia. Contudo, a decisão foi fundamentada na impossibilidade de o investigado e de a genitora gerarem pessoa do mesmo grupo sanguíneo do investigante. Essa verdade científica ainda hoje é válida e, por tal razão, não deve ser flexibilizada a coisa julgada da aludida investigação. AgRg no REsp 929.773-RS, Rel. Min. Maria Isabel Gallotti, j. 6.12.2012. 4ª T.

▶ **Execução e limitação temporal de sentença transitada em julgado – 2.** A sentença que reconhece ao trabalhador ou servidor o direito a determinado percentual de acréscimo remuneratório deixa de ter eficácia a partir da superveniente incorporação definitiva do referido percentual nos seus ganhos. Essa a orientação do Plenário, que, em conclusão de julgamento e por maioria, negou provimento a recurso extraordinário em que se discutia o alcance da coisa julgada na hipótese em que o direito de incidência do percentual de 26,05% relativo à URP de fevereiro de 1989, sobre os vencimentos de trabalhador – reconhecido mediante sentença transitada em julgado – tivesse sido limitado no tempo na fase de execução do respectivo título judicial – v. Informativo 759. O Colegiado, de início, consignou que, consideradas as circunstâncias do caso, a questão jurídica em debate não diria respeito à coisa julgada, mas sim à eficácia temporal da sentença então proferida. Afirmou que esta teria reconhecido o direito dos recorrentes a incorporar, em seus vencimentos, o acréscimo remuneratório em comento. Tratar-se-ia, portanto, de típica sentença sobre relação jurídica de trato continuado, e que projetaria efeitos prospectivos. Asseverou, porém, que a força vinculativa desse título judicial atuaria *rebus sic stantibus*, porquanto, ao pronunciar juízos de certeza sobre a existência, a inexistência ou o modo de ser das relações jurídicas, levaria em consideração as circunstâncias de fato e de direito que se apresentassem no momento da sua prolação. Observou que, no caso, seria evidente a alteração no *statu quo*, esgotada, portanto, a eficácia temporal da sentença exequenda. Sublinhou que o percentual de 26,05%, objeto da condenação, teria sido inteiramente satisfeito pela instituição executada e, posteriormente, teria sido objeto de incorporação aos vencimentos dos recorrentes por força de superveniente cláusula de dissídio coletivo. Esta última ensejara o reajuste dos vencimentos dos ora recorrentes de acordo com os índices apurados pelo Dieese entre 1º.9.1988 a 31.8.1989, o que teria resultado na absorção do valor da URP correspondente ao mês de fevereiro de 1989. Vencidos os Ministros Marco Aurélio (relator) e Celso de Mello, que proviam o recurso e reconheciam a existência, no caso, de violação à coisa julgada. RE 596663/RJ, rel. orig. Min. Marco Aurélio, red. p/o acórdão Min. Teori Zavascki, 24.9.2014 (RE-596663) (Plenário, STF, Repercussão Geral).

▶ **Correção de erro material após o trânsito em julgado.** O magistrado pode corrigir de ofício, mesmo após o trânsito em julgado, erro material consistente no desacordo entre o dispositivo da sentença que julga procedente o pedido e a fundamentação no sentido da improcedência da ação. Isso porque o art. 463, I, do CPC permite ao magistrado a correção de erros materiais existentes na sentença, ainda que a decisão já tenha transitado em julgado, sem que se caracterize ofensa à coisa julgada. Precedentes citados: AgRg no Aresp 89.520-DF, Primeira Turma, *DJe* 15/8/2014; e Resp 1.294.294-RS, Terceira Turma, *DJe* 16/5/2014. RMS 43.956-MG, Rel. Min. Og Fernandes, j. 9.9.2014. 2ª T.

▶ **Preço a ser depositado para o exercício do direito de preferência em arrendamento rural.** Em ação de adjudicação compulsória proposta por arrendatário rural que teve desrespeitado o seu direito de preferência para a aquisição do imóvel, o preço a ser depositado para que o autor obtenha a transferência forçada do bem (art. 92, § 4°, da Lei 4.505/1964) deve corresponder àquele consignado na escritura pública de compra e venda registrada no cartório de registro de imóveis, ainda que inferior ao constante do contrato particular de compra e venda firmado entre o arrendador e o terceiro que tenha comprado o imóvel. De fato, o art. 92 do Estatuto da Terra (Lei 4.504/1964) e o art. 45 do Dec. 59.566/1966 (que regulamentou a lei) preveem expressamente o direito de preferência, legal e real, outorgado ao arrendatário como garantia do uso econômico da terra explorada por ele, direito que é exclusivo do preferente em adquirir o imóvel arrendado, em igualdade de condições, sendo uma forma de restrição ao direito de propriedade do arrendante. Dessa maneira, vendendo o arrendador o imóvel sem a notificação do arrendatário, aparece a pretensão do arrendatário em ver declarada a invalidade do negócio entre arrendador e o terceiro, adjudicando o imóvel ao preemptor, desde que realizada no prazo decadencial de seis meses, e desde que efetuado o depósito do preço. Realmente, no tocante ao preço, nem a lei nem o seu regulamento foram suficientemente claros sobre qual seria o valor a ser depositado. A interpretação sistemática e teleológica do comando legal leva à conclusão de que o melhor norte para definição do preço a ser depositado pelo arrendatário é aquele consignado na escritura pública de compra e venda registrada em cartório. Isso porque a própria lei estabelece como marco legal para o exercício do direito de preferência a data da transcrição da escritura pública no registro de imóveis, ou seja, confere ao arrendatário o prazo de 6 meses para depositar o preço constante do ato de alienação do imóvel a que teve conhecimento por meio da transcrição no cartório imobiliário. Nessa linha de intelecção, por consectário lógico, o arrendatário, ao tomar conhecimento do ato da alienação no registro de imóveis, verifica o preço lá declarado – constante da escritura pública – e efetua o depósito (se houver o intento na aquisição do imóvel), exercendo, no momento próprio, a faculdade que o ordenamento jurídico vigente lhe concedeu. Não se pode olvidar que a escritura pública é um ato realizado perante o notário que revela a vontade das partes na realização de negócio jurídico, revestida de todas as solenidades prescritas em lei, isto é, demonstra de forma pública e solene a substância do ato, gozando o seu conteúdo de presunção de veracidade, trazendo maior segurança jurídica e garantia para a regularidade da compra. Com efeito, referido instrumento é requisito formal de validade do negócio jurídico de compra de imóvel em valor superior a 30 salários mínimos (art. 108 do CC), justamente por sua maior segurança e por expressar a realidade econômica da transação, para diversos fins. Outrossim, não podem o arrendador e o terceiro se valer da própria torpeza para impedir a adjudicação compulsória, haja vista que simularam determinado valor no negócio jurídico publicamente escriturado, mediante declaração de preço que não refletia a realidade, com o fito de burlar a lei – pagando menos tributo. REsp 1.175.438-PR, Rel. Min. Luis Felipe Salomão, j. 25.3.2014. 4ª T.

▶ **Ausência de preclusão da decisão que fixa multa cominatória. Recurso repetitivo (art. 543-C do CPC e Res. 8/2008 do STJ).** A decisão que comina astreintes não preclui, não fazendo tampouco coisa julgada. A jurisprudência do STJ é pacífica no sentido de que a multa cominatória não integra a coisa julgada, sendo apenas um meio de coerção indireta ao cumprimento do julgado, podendo ser cominada, alterada ou suprimida posteriormente. Precedentes citados: REsp 1.019.455-MT, Terceira Turma, *DJe* 15/12/2011; e AgRg no AREsp 408.030-RS, Quarta Turma, *DJe* 24/2/2014. REsp 1.333.988-SP, Rel. Min. Paulo de Tarso Sanseverino, j. 9.4.2014. 2ª S.

10. LEGISLAÇÃO RELATIVA AO TEMA

► **CPC DE 2015**

Art. 485. O juiz não resolverá o mérito quando:

I - indeferir a petição inicial;

II - o processo ficar parado durante mais de um ano por negligência das partes;

III - por não promover os atos e as diligências que lhe incumbir, o autor abandonar a causa por mais de trinta dias;

IV - verificar a ausência de pressupostos de constituição e de desenvolvimento válido e regular do processo;

V - reconhecer a existência de perempção, de litispendência ou de coisa julgada;

VI - verificar ausência de legitimidade ou de interesse processual;

VII - acolher a alegação de existência de convenção de arbitragem ou quando o juízo arbitral reconhecer sua competência;

VIII - homologar a desistência da ação;

IX - em caso de morte da parte, a ação for considerada intransmissível por disposição legal; e

X - nos demais casos prescritos neste Código.

§ 1º Nas hipóteses descritas nos incisos II e III, a parte será intimada pessoalmente para suprir a falta no prazo de cinco dias.

§ 2º No caso do § 1º, quanto ao inciso II, as partes pagarão proporcionalmente as custas, e, quanto ao inciso III, o autor será condenado ao pagamento das despesas e dos honorários de advogado.

§ 3º O juiz conhecerá de ofício da matéria constante dos incisos IV, V, VI e IX, em qualquer tempo e grau de jurisdição, enquanto não ocorrer o trânsito em julgado.

§ 4º Oferecida a contestação, o autor não poderá, sem o consentimento do réu, desistir da ação.

§ 5º A desistência da ação pode ser apresentada até a sentença.

§ 6º Oferecida a contestação, a extinção do processo por abandono da causa pelo autor depende de requerimento do réu.

§ 7º Interposta a apelação em qualquer dos casos de que tratam os incisos deste artigo, o juiz terá cinco dias para retratar-se.

Art. 486. O pronunciamento judicial que não resolve o mérito não obsta a que a parte proponha de novo a ação.

§ 1º No caso de extinção em razão de litispendência e nos casos dos incisos I, IV, VI e VII do art. 485, a propositura da nova ação depende da correção do vício que levou à sentença sem resolução do mérito.

§ 2º A petição inicial, todavia, não será despachada sem a prova do pagamento ou do depósito das custas e dos honorários de advogado.

§ 3º Se o autor der causa, por três vezes, a sentença fundada em abandono da causa, não poderá propor nova ação contra o réu com o mesmo objeto, ficando-lhe ressalvada, entretanto, a possibilidade de alegar em defesa o seu direito.

Art. 487. Haverá resolução de mérito quando o juiz:

I - acolher ou rejeitar o pedido formulado na ação ou na reconvenção;

II - decidir, de ofício ou a requerimento, sobre a ocorrência de decadência ou prescrição;

III - homologar:

a) o reconhecimento da procedência do pedido formulado na ação ou na reconvenção;

b) a transação;

c) a renúncia à pretensão formulada na ação ou na reconvenção.

Parágrafo único. Ressalvada a hipótese do § 1º do art. 332, a prescrição e a decadência não serão reconhecidas sem que antes seja dada às partes oportunidade de manifestar-se.

Art. 488. Desde que possível, o juiz resolverá o mérito sempre que a decisão for favorável à parte a quem aproveitaria eventual pronunciamento nos termos do art. 485.

Art. 489. São elementos essenciais da sentença:

I - o relatório, que conterá os nomes das partes, a identificação do caso, com a suma do pedido e da contestação, e o registro das principais ocorrências havidas no andamento do processo;

II - os fundamentos, em que o juiz analisará as questões de fato e de direito;

III - o dispositivo, em que o juiz resolverá as questões principais que as partes lhe submeterem.

§ 1º Não se considera fundamentada qualquer decisão judicial, seja ela interlocutória, sentença ou acórdão, que:

I - se limitar à indicação, à reprodução ou à paráfrase de ato normativo, sem explicar sua relação com a causa ou a questão decidida;

II - empregar conceitos jurídicos indeterminados, sem explicar o motivo concreto de sua incidência no caso;

III - invocar motivos que se prestariam a justificar qualquer outra decisão;

IV - não enfrentar todos os argumentos deduzidos no processo capazes de, em tese, infirmar a conclusão adotada pelo julgador;

V - se limitar a invocar precedente ou enunciado de súmula, sem identificar seus fundamentos determinantes nem demonstrar que o caso sob julgamento se ajusta àqueles fundamentos;

VI - deixar de seguir enunciado de súmula, jurisprudência ou precedente invocado pela parte, sem demonstrar a existência de distinção no caso em julgamento ou a superação do entendimento.

§ 2º No caso de colisão entre normas, o juiz deve justificar o objeto e os critérios gerais da ponderação efetuada, enunciando as razões que autorizam a interferência na norma afastada e as premissas fáticas que fundamentam a conclusão.

§ 3º A decisão judicial deve ser interpretada a partir da conjugação de todos os seus elementos e em conformidade com o princípio da boa-fé.

Art. 490. O juiz resolverá o mérito acolhendo ou rejeitando, no todo ou em parte, os pedidos formulados pelas partes.

Art. 491. Na ação relativa à obrigação de pagar quantia, ainda que formulado pedido genérico, a decisão definirá desde logo a extensão da obrigação, o índice de correção monetária, a taxa de juros, o termo inicial de ambos e a periodicidade da capitalização dos juros, se for o caso, salvo quando:

I - não for possível determinar, de modo definitivo, o montante devido;

II - a apuração do valor devido depender da produção de prova de realização demorada ou excessivamente dispendiosa, assim reconhecida na sentença.

§ 1º Nos casos previstos neste artigo, seguir-se-á a apuração do valor devido por liquidação.

§ 2º O disposto no *caput* também se aplica quando o acórdão alterar a sentença.

Art. 492. É vedado ao juiz proferir decisão de natureza diversa da pedida, bem como condenar a parte em quantidade superior ou em objeto diverso do que lhe foi demandado.

Parágrafo único. A decisão deve ser certa, ainda que resolva relação jurídica condicional.

Art. 493. Se, depois da propositura da ação, algum fato constitutivo, modificativo ou extintivo do direito influir no julgamento do mérito, caberá ao juiz tomá-lo em consideração, de ofício ou a requerimento da parte, no momento de proferir a decisão.

Parágrafo único. Se constatar de ofício o fato novo, o juiz ouvirá as partes sobre ele antes de decidir.

Art. 494. Publicada a sentença, o juiz só poderá alterá-la:

I - para corrigir-lhe, de ofício ou a requerimento da parte, inexatidões materiais ou erros de cálculo;

II - por meio de embargos de declaração.

Art. 495. A decisão que condenar o réu ao pagamento de prestação consistente em dinheiro e a que determinar a conversão de prestação de fazer, de não fazer ou de dar coisa em prestação pecuniária valerão como título constitutivo de hipoteca judiciária.

§ 1º A decisão produz a hipoteca judiciária:

I - embora a condenação seja genérica;

II - ainda que o credor possa promover o cumprimento provisório da sentença ou esteja pendente arresto sobre bem do devedor;

III - mesmo que impugnada por recurso dotado de efeito suspensivo.

§ 2º A hipoteca judiciária poderá ser realizada mediante apresentação de cópia da sentença perante o cartório de registro imobiliário, independentemente de ordem judicial, de declaração expressa do juiz ou de demonstração de urgência.

§ 3º No prazo de até quinze dias da data de realização da hipoteca, a parte informá-la-á ao juízo da causa, que determinará a intimação da outra parte para que tome ciência do ato.

§ 4º A hipoteca judiciária, uma vez constituída, implicará, para o credor hipotecário, o direito de preferência, quanto ao pagamento, em relação a outros credores, observada a prioridade no registro.

§ 5º Sobrevindo a reforma ou a invalidação da decisão que impôs o pagamento de quantia, a parte responderá, independentemente de culpa, pelos danos que a outra parte tiver sofrido em razão da constituição da garantia, devendo o valor da indenização ser liquidado e executado nos próprios autos.

Art. 496. Está sujeita ao duplo grau de jurisdição, não produzindo efeito senão depois de confirmada pelo tribunal, a sentença:

I - proferida contra a União, os estados, o Distrito Federal, os municípios e suas respectivas autarquias e fundações de Direito público;

II - que julgar procedentes, no todo ou em parte, os embargos à execução fiscal.

§ 1º Nos casos previstos neste artigo, não interposta a apelação no prazo legal, o juiz ordenará a remessa dos autos ao tribunal, e, se não o fizer, o presidente do respectivo tribunal avocá-los-á.

§ 2º Em qualquer dos casos referidos no § 1º, o tribunal julgará a remessa necessária.

§ 3º Não se aplica o disposto neste artigo quando a condenação ou o proveito econômico obtido na causa for de valor certo e líquido inferior a:

I - mil salários mínimos para a União e as respectivas autarquias e fundações de Direito público;

II - quinhentos salários mínimos para os estados, o Distrito Federal, as respectivas autarquias e fundações de Direito público e os municípios que constituam capitais dos estados;

III - cem salários mínimos para todos os demais municípios e respectivas autarquias e fundações de Direito público.

§ 4º Também não se aplica o disposto neste artigo quando a sentença estiver fundada em:

I - súmula de tribunal superior;

II - acórdão proferido pelo Supremo Tribunal Federal ou pelo Superior Tribunal de Justiça em julgamento de recursos repetitivos;

III - entendimento firmado em incidente de resolução de demandas repetitivas ou de assunção de competência;

IV - entendimento coincidente com orientação vinculante firmada no âmbito administrativo do próprio ente público, consolidada em manifestação, parecer ou súmula administrativa. [...]

Art. 502. Denomina-se coisa julgada material a autoridade que torna imutável e indiscutível a decisão de mérito não mais sujeita a recurso.

Art. 503. A decisão que julgar total ou parcialmente o mérito tem força de lei nos limites da questão principal expressamente decidida.

§ 1º O disposto no *caput* aplica-se à resolução de questão prejudicial, decidida expressa e incidentemente no processo, se:

I - dessa resolução depender o julgamento do mérito;

II - a seu respeito tiver havido contraditório prévio e efetivo, não se aplicando no caso de revelia;

III - o juízo tiver competência em razão da matéria e da pessoa para resolvê-la como questão principal.

§ 2º A hipótese do § 1º não se aplica se no processo houver restrições probatórias ou limitações à cognição que impeçam o aprofundamento da análise da questão prejudicial.

Art. 504. Não fazem coisa julgada:

I - os motivos, ainda que importantes para determinar o alcance da parte dispositiva da sentença;

II - a verdade dos fatos, estabelecida como fundamento da sentença.

Art. 505. Nenhum juiz decidirá novamente as questões já decididas relativas à mesma lide, salvo:

I - se, tratando-se de relação jurídica de trato continuado, sobreveio modificação no estado de fato ou de direito, caso em que poderá a parte pedir a revisão do que foi estatuído na sentença;

II - nos demais casos prescritos em lei.

Art. 506. A sentença faz coisa julgada às partes entre as quais é dada, não prejudicando terceiros.

Art. 507. É vedado à parte discutir no curso do processo as questões já decididas a cujo respeito se operou a preclusão.

Art. 508. Transitada em julgado a decisão de mérito, considerar-se-ão deduzidas e repelidas todas as alegações e as defesas que a parte poderia opor tanto ao acolhimento quanto à rejeição do pedido. [...]

Art. 966. A decisão de mérito, transitada em julgado, pode ser rescindida quando:

I - se verificar que foi proferida por força de prevaricação, concussão ou corrupção do juiz;

II - for proferida por juiz impedido ou por juízo absolutamente incompetente;

III - resultar de dolo ou coação da parte vencedora em detrimento da parte vencida ou, ainda, de simulação ou colusão entre as partes, a fim de fraudar a lei;

IV - ofender a coisa julgada;

V - violar manifestamente norma jurídica;

VI - for fundada em prova cuja falsidade tenha sido apurada em processo criminal ou venha a ser demonstrada na própria ação rescisória;

VII - obtiver o autor, posteriormente ao trânsito em julgado, prova nova cuja existência ignorava ou de que não pôde fazer uso, capaz, por si só, de lhe assegurar pronunciamento favorável;

VIII - for fundada em erro de fato verificável do exame dos autos.

§ 1º Há erro de fato quando a decisão rescindenda admitir fato inexistente ou quando considerar inexistente fato efetivamente ocorrido, sendo indispensável, em ambos os casos, que o fato não represente ponto controvertido sobre o qual o juiz deveria ter se pronunciado.

§ 2º Nas hipóteses previstas nos incisos do *caput*, será rescindível a decisão transitada em julgado que, embora não seja de mérito, impeça:

I - nova propositura da demanda; ou

II - admissibilidade do recurso correspondente.

§ 3º A ação rescisória pode ter por objeto apenas 1 (um) capítulo da decisão.

§ 4º Os atos de disposição de direitos, praticados pelas partes ou por outros participantes do processo e homologados pelo juízo, bem como os atos homologatórios praticados no curso da execução, estão sujeitos à anulação, nos termos da lei.

Art. 967. Têm legitimidade para propor a ação rescisória:

I - quem foi parte no processo ou o seu sucessor a título universal ou singular;

II - o terceiro juridicamente interessado;

III - o Ministério Público:

a) se não foi ouvido no processo em que lhe era obrigatória a intervenção;

b) quando a decisão rescindenda é o efeito de simulação ou de colusão das partes, a fim de fraudar a lei;

c) em outros casos em que se imponha sua atuação;

IV - aquele que não foi ouvido no processo em que lhe era obrigatória a intervenção.

Parágrafo único. Nas hipóteses do art. 178, o Ministério Público será intimado para intervir como fiscal da ordem jurídica quando não for parte.

Art. 968. A petição inicial será elaborada com observância dos requisitos essenciais do art. 319, devendo o autor:

I - cumular ao pedido de rescisão, se for o caso, o de novo julgamento do processo;

II - depositar a importância de 5% sobre o valor da causa, que se converterá em multa caso a ação seja, por unanimidade de votos, declarada inadmissível ou improcedente.

§ 1º Não se aplica o disposto no inciso II à União, aos estados, ao Distrito Federal, aos municípios, às suas respectivas autarquias e fundações de Direito público, ao Ministério Público, à Defensoria Pública e aos que tenham obtido o benefício de gratuidade da Justiça.

§ 2º O depósito previsto no inciso II do *caput* deste artigo não será superior a mil salários mínimos.

§ 3º Além dos casos previstos no art. 330, a petição inicial será indeferida quando não efetuado o depósito exigido pelo inciso II do *caput* deste artigo.

§ 4º Aplica-se à ação rescisória o disposto no art. 332.

§ 5º Reconhecida a incompetência do tribunal para julgar a ação rescisória, o autor será intimado para emendar a petição inicial, a fim de adequar o objeto da ação rescisória, quando a decisão apontada como rescindenda:

I - não tiver apreciado o mérito e não se enquadrar na situação prevista no § 2º do art. 966;

II - tiver sido substituída por decisão posterior.

§ 6º Na hipótese do § 5º, após a emenda da petição inicial, será permitido ao réu complementar os fundamentos de defesa, e, em seguida, os autos serão remetidos ao tribunal competente.

Art. 969. A propositura da ação rescisória não impede o cumprimento da decisão rescindenda, ressalvada a concessão de tutela provisória.

Art. 970. O relator ordenará a citação do réu, designando-lhe prazo nunca inferior a quinze dias nem superior a trinta dias para, querendo, apresentar resposta, ao fim do qual, com ou sem contestação, observar-se-á, no que couber, o procedimento comum.

Art. 971. Na ação rescisória, devolvidos os autos pelo relator, a secretaria do tribunal expedirá cópias do relatório e as distribuirá entre os juízes que compuserem o órgão competente para o julgamento.

Parágrafo único. A escolha de relator recairá, sempre que possível, em juiz que não haja participado do julgamento rescindendo.

Art. 972. Se os fatos alegados pelas partes dependerem de prova, o relator poderá delegar a competência ao órgão que proferiu a decisão rescindenda, fixando prazo de um a três meses para a devolução dos autos.

Art. 973. Concluída a instrução, será aberta vista ao autor e ao réu para razões finais, sucessivamente, pelo prazo de dez dias.

Parágrafo único. Em seguida, os autos serão conclusos ao relator, procedendo-se ao julgamento pelo órgão competente.

Art. 974. Julgando procedente o pedido, o tribunal rescindirá a decisão, proferirá, se for o caso, novo julgamento e determinará a restituição do depósito a que se refere o inciso II do art. 968.

Parágrafo único. Considerando, por unanimidade, inadmissível ou improcedente o pedido, o tribunal determinará a reversão, em favor do réu, da importância do depósito, sem prejuízo do disposto no § 2º do art. 82. Art. 975. O direito à rescisão se extingue em dois anos contados do trânsito em julgado da última decisão proferida no processo.

§ 1º Prorroga-se até o primeiro dia útil imediatamente subsequente o prazo a que se refere o *caput*, quando expirar durante férias forenses, recesso, feriados ou em dia em que não houver expediente forense.

§ 2º Se fundada a ação no inciso VII do art. 966, o termo inicial do prazo será a data de descoberta da prova nova, observado o prazo máximo de cinco anos, contado do trânsito em julgado da última decisão proferida no processo.

§ 3º Nas hipóteses de simulação ou de colusão das partes, o prazo começa a contar, para o terceiro prejudicado e para o Ministério Público, que não interveio no processo, a partir do momento em que têm ciência da simulação ou da colusão.

Questões

Capítulo 8

1. **(FCC - Analista Judiciário - Área Judiciária - TRF 5/2017)** A União foi condenada em ação judicial ao pagamento de indenização por danos emergentes e lucros cessantes, em montante a ser apurado na fase de cumprimento de sentença, mediante procedimento de liquidação. Nesse caso, de acordo com o novo Código de Processo Civil, a sentença estará sujeita ao duplo grau de jurisdição, mediante remessa necessária,

a) apenas se o valor atribuído à causa for superior a 100 salários-mínimos, salvo se estiver fundada em súmula de tribunal superior, acórdão proferido pelo Supremo Tribunal Federal ou pelo Superior Tribunal de Justiça em julgamento de recursos repetitivos, entendimento firmado em incidente de resolução de demandas repetitivas ou de assunção de competência, ou entendimento coincidente com orientação vinculante firmada no âmbito administrativo do próprio ente público, consolidada em manifestação, parecer ou súmula administrativa.

b) apenas se o valor atribuído à causa for superior a 500 salários-mínimos, salvo se estiver fundada em súmula de tribunal superior, acórdão proferido pelo Supremo Tribunal Federal ou pelo Superior Tribunal de Justiça em julgamento de recursos repetitivos, entendimento firmado em incidente de resolução de demandas repetitivas ou de assunção de competência, ou entendimento coincidente com orientação vinculante firmada no âmbito administrativo do próprio ente público, consolidada em manifestação, parecer ou súmula administrativa.

c) apenas se o valor atribuído à causa for superior a 1.000 salários-mínimos, salvo se estiver fundada em súmula de tribunal superior, acórdão proferido pelo Supremo Tribunal Federal ou pelo Superior Tribunal de Justiça em julgamento de recursos repetitivos, entendimento firmado em incidente de resolução de demandas repetitivas ou de assunção de competência, ou entendimento coincidente com orientação vinculante firmada no âmbito administrativo do próprio ente público, consolidada em manifestação, parecer ou súmula administrativa.

d) independentemente do valor atribuído à causa, mesmo se estiver fundada em súmula de tribunal superior, acórdão proferido pelo Supremo Tribunal Federal ou pelo Superior Tribunal de Justiça em julgamento de recursos repetitivos, entendimento firmado em incidente de resolução de demandas repetitivas ou de assunção de competência, ou entendimento coincidente com orientação vinculante firmada no âmbito administrativo do próprio ente público, consolidada em manifestação, parecer ou súmula administrativa.

e) independentemente do valor atribuído à causa, salvo se estiver fundada em súmula de tribunal superior, acórdão proferido pelo Supremo Tribunal Federal ou pelo Superior Tribunal de Justiça em julgamento de recursos repetitivos, entendimento firmado em incidente de resolução de demandas repetitivas ou de assunção de competência, ou entendimento coincidente com orientação vinculante firmada no âmbito administrativo do próprio ente público, consolidada em manifestação, parecer ou súmula administrativa.

COMENTÁRIOS

a remessa necessária se constitui em condição de eficácia da sentença proferida contra a Fazenda Pública, salvo em situações específicas, em que ela é dispensada, previstas nos incisos do § 3º, do art. 496. Assim, não se aplica a remessa necessária quando a condenação ou o proveito econômico obtido na causa for de valor certo e líquido inferior a: I - 1.000 (mil) salários-mínimos para a União e as respectivas autarquias e fundações de direito público; II - 500 (quinhentos) salários-mínimos para os Estados, o Distrito Federal, as respectivas autarquias e fundações de direito público e os Municípios que constituam capitais dos Estados; III - 100 (cem) salários-mínimos para todos os demais Municípios e respectivas autarquias e fundações de direito público. Também não se aplica nos casos indicados no § 4º, do mesmo artigo: § 4º Também não se aplica o disposto neste artigo quando a sentença estiver fundada em: I - súmula de tribunal superior; II - acórdão proferido pelo Supremo Tribunal Federal ou pelo Superior Tribunal de Justiça em julgamento de recursos repetitivos; III - entendimento firmado em incidente de resolução de demandas repetitivas ou de assunção de competência; IV - entendimento coincidente com orientação vinculante firmada no âmbito administrativo do próprio ente público, consolidada em manifestação, parecer ou súmula administrativa.

Alternativa correta: letra "E".

2. **(FCC – Analista Judiciário – Oficial de Just. Avaliador Federal – TRT 6/2018)** Dispõe o CPC que o juiz decidirá o mérito nos limites propostos pelas partes, sendo-lhe vedado conhecer de questões não suscitadas a cujo respeito a lei exija a iniciativa da parte.

   Esse enunciado compreende os princípios:

a) da adstrição ou congruência e da persuasão racional.
b) do impulso oficial e dispositivo.
c) da adstrição ou congruência e dispositivo.
d) da persuasão racional e do livre convencimento.
e) do livre convencimento e da eventualidade.

COMENTÁRIOS

o processo se inicia por provocação da parte que, ao apresentar a sua petição inicial, já indica um projeto de sentença pretendido. O magistrado estará vinculado ao pedido formulado pela parte, ou seja, estará adstrita aos seus termos. Assim, se vai além do pedido, não observa o princípio da adstrição ou da congruência. Alternativa correta: letra "C".

3. **(FCC – Analista Judiciário – Oficial de Just. Avaliador – TRF 5/2017)** Acerca da coisa julgada, considere:

I. Denomina-se coisa julgada formal a autoridade que torna imutável e indiscutível a decisão de mérito não mais sujeita a recurso.

II. A verdade dos fatos faz coisa julgada, quando estabelecida como fundamento da sentença.

III. A sentença faz coisa julgada às partes entre as quais é dada, e em relação a terceiros juridicamente interessados.

IV. Os motivos não fazem coisa julgada, ainda que importantes para determinar o alcance da parte dispositiva da sentença.

V. Transitada em julgado a decisão de mérito, consideram-se formuladas e rejeitadas todas as defesas que a parte poderia opor tanto ao acolhimento quanto à rejeição do pedido.

Está correto o que se afirma APENAS em

a) I e III.
b) I e IV.
c) II e III.
d) II e V.
e) IV e V.

COMENTÁRIOS

Assertiva I – incorreta. Denomina-se coisa julgada *material* a autoridade que torna imutável e indiscutível a decisão de mérito não mais sujeita a recurso (art. 502).

Assertiva II – incorreta. A verdade dos fatos, estabelecida como fundamento da sentença, não faz coisa julgada (art. 504, II).

Assertiva III – incorreta. A sentença faz coisa julgada às partes entre as quais é dada, não prejudicando terceiros.

Assertiva IV – correta. Os motivos não fazem coisa julgada, ainda que importantes para determinar o alcance da parte dispositiva da sentença.

Assertiva V – correta. De fato, transitada em julgado a decisão de mérito, consideram-se deduzidas e repelidas todas as alegações e as defesas que a parte poderia opor tanto ao acolhimento quanto à rejeição do pedido (art. 508, CPC).

CAPÍTULO 9

CUMPRIMENTO DE SENTENÇA E EXECUÇÃO

1. CUMPRIMENTO DE SENTENÇA

1.1. Procedimento

Consoante prevê o § 1º do art. 513 do CPC, o cumprimento da sentença que reconhece o dever de pagar quantia, provisório ou definitivo, far-se-á a requerimento do exequente.

Encampa-se o princípio do dispositivo, mediante o qual compete ao credor promover os meios necessários para que o cumprimento de obrigação de pagar se inicie, sendo vedado o seu início de ofício, sem prévio requerimento.

De outro lado, em relação às obrigações de entregar e de fazer (e de não fazer), a efetivação do comando judicial independerá da manifestação da parte beneficiada, embora possam ser necessárias determinadas providências práticas, cuja falta pode inviabilizar o cumprimento da sentença.

Dessa maneira, se, por exemplo, em uma ação civil pública ambiental for imposto pelo juiz que a fábrica deixe de emitir determinados poluentes na atmosfera, poderá o magistrado, de ofício, determinar a medida coercitiva necessária para a efetividade da tutela jurisdicional, preferindo-se a tutela específica da obrigação.

Ainda em relação às obrigações de entregar e de fazer (e de não fazer), ainda que a parte interessada requeira a adoção de uma medida, ou silencie a respeito, poderá o juiz adotar medida diversa com o foco na produtividade.

1.2. Intimação do devedor

Por muitos anos se discutiu se haveria ou não a necessidade de prévia intimação do devedor para que desse cumprimento à obrigação. A Súmula 410 do STJ, nesse passo, foi editada para apaziguar os ânimos, consolidando-se que "a prévia intimação pessoal do devedor constitui condição necessária para a cobrança de multa pelo descumprimento da obrigação".

A intimação do devedor se dará:

I - pelo Diário da Justiça, na pessoa de seu advogado constituído nos autos, salvo se o requerimento de início da fase de execução ocorrer após um ano do trânsito em julgado, quando a intimação será realizada na pessoa do devedor;

Como regra, o devedor será intimado na pessoa de seu advogado, que o representou na fase de conhecimento ou que ingressou nos autos posteriormente. Porém, se já transcorrido prazo de um ano do trânsito em julgado, a intimação será realizada diretamente na pessoa do devedor e não mais do advogado.

II - por carta com aviso de recebimento, quando representado pela Defensoria Pública ou quando não tiver procurador constituído nos autos, ressalvada a hipótese do inciso IV;

Se o devedor será intimado por meio de carta com aviso de recebimento e não na pessoa do Defensor Público.

III - por meio eletrônico, quando, no caso do § 1o do art. 246, não tiver procurador constituído nos autos;

IV - por edital, quando, citado na forma do art. 256, tiver sido revel na fase de conhecimento.

Tendo sido o réu revel na fase de conhecimento, o devedor será intimado por edital na fase de execução.

> ▸ **IMPORTANTE!**
>
> Em razão do constante no art. 513, § 2º, CPC, resta prejudicada a Súmula 410 do Superior Tribunal de Justiça, apesar de ainda não ter sido cancelada.

Com efeito, tendo advogado constituído nos autos, não haverá necessidade de intimação pessoal do executado.

> ▸ **IMPORTANTE:**
>
> Sendo o réu citado por edital e não tendo constituído advogado na fase de conhecimento, deverá haver intimação por edital do executado.

Se o devedor mudar de endereço sem prévia comunicação ao juízo, considera-se realizada a intimação.

De toda forma, se já transcorrido o prazo de um ano do trânsito em julgado da sentença, a intimação será feita na pessoa do devedor, por meio de carta com aviso de recebimento.

Como ficou, então?

a) o executado precisa ser intimado, na pessoa de seu advogado, havendo procurador constituído nos autos;

b) se antes citado por edital, não tendo procurador constituído nos autos (ainda que tenha curador especial), deverá ser intimado por edital;

c) ultrapassado o prazo de um ano do trânsito em julgado, a intimação deverá feita na pessoa do devedor, por meio de carga com aviso de recebimento.

1.3. Legitimados no cumprimento de sentença

O cumprimento de sentença será direcionado em face daquele que a sentença impôs o cumprimento de uma obrigação. O fiador, o coobrigado ou o responsável que não tiverem participado da fase de conhecimento não poderão ser demandados diretamente na fase de conhecimento.

Admite-se que o réu, antes de ser intimado para o cumprimento da sentença, compareça em juízo o ofereça em pagamento o valor que entende devido, apresentando memória discriminada do cálculo (execução invertida).

Adotado este procedimento, o autor será ouvido, podendo impugnar o valor depositado, sem prejuízo de poder também levantar o valor da parcela incontroversa.

Entendendo o juiz que a parcela depositada é insuficiente, sobre a diferença incidirão multa de 10% e honorários advocatícios, também fixados em 10%, seguindo-se a execução com a penhora e expropriação.

1.4. Competência para a fase de cumprimento de sentença

O cumprimento da sentença efetuar-se-á perante:

I - os tribunais, nas causas de sua competência originária;

II - o juízo que decidiu a causa no primeiro grau de jurisdição;

III - o juízo cível competente, quando se tratar de sentença penal condenatória, de sentença arbitral, de sentença estrangeira ou de acórdão proferido pelo Tribunal Marítimo.

Nas hipóteses dos incisos II e III, o exequente poderá optar pelo juízo do atual domicílio do executado, pelo juízo do local onde se encontrem os bens sujeitos à execução ou pelo juízo do local onde deva ser executada a obrigação de fazer ou de não fazer, casos em que a remessa dos autos do processo será solicitada ao juízo de origem.

> ▶ **ATENÇÃO!**
>
> Tratando-se de execução individual de ação coletiva que tenha tramitado originariamente no Supremo Tribunal Federal, como um mandado de segurança coletivo, por exemplo, a competência para o cumprimento da obrigação será dos órgãos judiciários de primeira instância (PET nº 6076 QO/DF, rel. Min. Dias Toffoli, julgamento em 25.04.2017).

1.5. Admissibilidade do protesto

Em razão da nova natureza do protesto de títulos, não só possível para a comprovação da mora, mas também como meio extrajudicial apto a compelir o devedor a cumprir a obrigação, veio o art. 517 do CPC permitir que a decisão transitada em julgado poderá ser levada a protesto, nos termos da lei, depois de transcorrido o prazo para pagamento voluntário da obrigação.

Somente se admite o protesto de decisão judicial transitada em julgado (portanto, estará excluída a possibilidade no cumprimento provisório.

O executado que tiver proposto ação rescisória para impugnar a decisão exequenda poderá solicitar a anotação da propositura da ação à margem do título protestado.

1.6. Alegação de questões pertinentes à validade do procedimento de cumprimento de sentença e dos atos executivos subsequentes

Todas as questões relativas à validade do procedimento de cumprimento da sentença e dos atos executivos subsequentes poderão ser arguidas pelo executado nos próprios autos e nestes serão decididas pelo juiz.

As questões relativas a fato superveniente ao término do prazo para apresentação da impugnação, assim como aquelas relativas à validade e à adequação da penhora, da avaliação e dos atos executivos subsequentes, podem ser arguidas por simples petição, tendo o executado, em qualquer dos casos, o prazo de 15 (quinze) dias para formular esta arguição, contado da comprovada ciência do fato ou da intimação do ato.

1.7. Cumprimento provisório da sentença que reconhece a exigibilidade de obrigação de pagar quantia certa

O cumprimento da sentença que reconhece a exigibilidade de obrigação de pagar quantia certa poderá ser provisório ou definitivo, atentando-se ao seguinte esquema:

- **Cumprimento provisório**: se não ocorreu o trânsito em julgado da sentença e pende de julgamento recurso que possui apenas efeito devolutivo.
- **Cumprimento definitivo**: se a sentença já transitou em julgado.

O cumprimento de sentença provisório será realizado da mesma forma que o cumprimento definitivo, sujeitando-se ao seguinte regime:

I - corre por iniciativa e responsabilidade do exequente (responsabilidade objetiva);

II - fica sem efeito, sobrevindo decisão que modifique ou anule a sentença objeto da execução, restituindo-se as partes ao estado anterior e liquidando-se eventuais prejuízos nos mesmos autos;

> III - se a sentença objeto de cumprimento provisório for modificada ou anulada apenas em parte, somente nesta ficará sem efeito a execução; IV - o levantamento de depósito em dinheiro e a prática de atos que importem transferência de posse ou alienação de propriedade ou de outro direito real, ou dos quais possa resultar grave dano ao executado, dependem de caução suficiente e idônea, arbitrada de plano pelo juiz e prestada nos próprios autos. Esta caução, contudo, poderá ser dispensada nos casos em que: i) o crédito for de natureza alimentar, independentemente de sua origem; ii) o credor demonstrar situação de necessidade; iii) pender o agravo de despacho denegatório de recurso extraordinário ou de recurso especial; iv) a sentença a ser provisoriamente cumprida estiver em consonância com súmula da jurisprudência do STF ou do STJ ou em conformidade com acórdão proferido no julgamento de casos repetitivos.

Ainda que ocorra uma das situações em que a caução está dispensada, a garantia será mantida se por conta da dispensa possa resultar manifesto risco de grave dano de difícil ou incerta reparação.

Deverá o credor requerer o cumprimento de sentença por meio de petição dirigida ao juízo competente, instruindo-se a petição com as seguintes peças do processo, cuja autenticidade poderá ser certificada pelo próprio advogado, sob pena de sua responsabilidade pessoal: I - decisão exequenda; II - certidão de interposição do recurso não dotado de efeito suspensivo; III - procurações outorgadas pelas partes; IV - decisão de habilitação, se for o caso; V - facultativamente, outras peças processuais consideradas necessárias para demonstrar a existência do crédito.

1.8. Cumprimento de sentença e a fazenda pública

1.8.1. Cumprimento Provisório de Sentença contra a Fazenda Pública

O CPC de 1973 tratava da execução provisória (art. 475-O), que poderia ser iniciada se uma sentença fosse impugnada com recurso que tivesse apenas efeito devolutivo.

Dessa maneira, produzindo efeitos jurídicos imediatos, o CPC de 1973 permitia que o credor já exigisse o seu cumprimento, muito embora o trânsito em julgado não tivesse ocorrido.

Já à época era discutido se era possível a execução provisória contra a Fazenda Pública, notadamente porque o art. 100 da Constituição Federal exige que, para a expedição do precatório e para o cumprimento da obrigação de pequeno valor, há necessidade do trânsito em julgado.

Após sopesar todos os argumentos favoráveis e contrários, chegou o Superior Tribunal de Justiça à conclusão pela possibilidade da execução provisória, que permitiria a citação da Fazenda Pública para oferecer embargos e a instauração de eventual discussão consequente. Porém, por conta do óbice constitucional, estava impossibilitada a formação do precatório ou a expedição da requisição de pagamento no caso de obrigação de pequeno valor.

O CPC 2015 não trouxe qualquer impedimento ao cumprimento provisório de sentença contra a Fazenda Pública. Pelo contrário, analisando-se a efetividade exigida e as Normas Fundamentais encampadas, não há motivo para qualquer óbice a tal procedimento, desde que, obviamente, respeitada a regra constitucional de exigência do trânsito em julgado para a expedição do precatório e da requisição de pagamento da obrigação de pequeno valor.

Assim, iniciada a fase de cumprimento, deve-se observar a natureza da obrigação e seguir-se com a prática dos atos respectivos, podendo o representante judicial da Fazenda Pública ser intimado para oferecer impugnação ao cumprimento de sentença.

As regras relativas aos honorários advocatícios na execução também são aplicáveis ao cumprimento provisório (art. 520, § 2º do Novo CPC).

Não há sentido na exigência de caução (art. 520, V NCPC) para as situações de obrigação de pagar, até porque estas não se efetivarão por completo por falta do trânsito em julgado, ou, então, referem-se a exceções a tal regra, por se referirem a obrigação de natureza alimentar (exemplo: alimentos devidos por conta de indenização civil). Porém, para outras situações, é possível a exigência, como ocorre com a prática de atos que importem em transferência de posse ou alienação de propriedade ou de outro direito real.

1.8.2. Cumprimento de Obrigação de Fazer e de Entregar contra a Fazenda Pública

No que se refere à obrigação de fazer e de entregar contra a Fazenda Pública, a disciplina legal em relação ao particular é a mesma.

É certo que o juiz poderá, de ofício ou a requerimento, para a efetivação da tutela específica ou a obtenção de tutela pelo resultado prático equivalente, determinar as medidas necessárias à satisfação do exequente, como, por exemplo, a fixação de multa diária, a busca e apreensão, a remoção de pessoas e coisas, o desfazimento de obras e o impedimento de atividade nociva.

Discute-se se é possível a imposição de bloqueio de verbas públicas quando a administração pública não der cumprimento no prazo à obrigação. Sobre o assunto muito já se debateu, chegando à conclusão pela possibilidade, até como medida que seria mais benéfica à Administração Pública.

1.8.3. O Oferecimento de Impugnação ao Cumprimento de Sentença

Consoante prevê o art. 536, § 4º do CPC, é cabível o oferecimento de impugnação ao cumprimento de sentença, alegando-se, no que couber, as matérias previstas no art. 535 (idênticas às indicadas no art. 525, com exceção do excesso de penhora, inviável na execução contra a Fazenda).

Por isso, houve prudente uniformização do legislador, que deixou expresso que o meio de defesa adequado ao executado, tratando-se de obrigação de pagar, de entregar ou de fazer, é a impugnação, a ser apresentada, no caso da fazenda pública, no prazo de trinta dias, nos próprios autos, contada da intimação na pessoa de seu representante legal (art. 535 do CPC).

1.8.4. Procedimento

O cumprimento de sentença de obrigação de entregar ou de fazer será feito independentemente de requerimento do credor (ao contrário do que ocorre em relação à obrigação de pagar), consoante determinação judicial, que fixará a multa coercitiva (*astreinte*), que poderá posteriormente ser revista, ou a medida coercitiva adequada.

Não há mais dúvida quanto ao cabimento da multa contra a Fazenda Pública, tema esse tranquilo nos Tribunais. A propósito, o Novo CPC deixa claro o cabimento da multa, inclusive nos deveres de fazer e de não fazer de natureza não obrigacional, ou seja, que decorrem de lei, como ocorre, por exemplo, com a necessidade de realização de uma obra para assegurar o bom funcionamento de uma determinada penitenciária.

Uma vez intimado, o Advogado Público poderá oferecer impugnação, no prazo de trinta dias, alegando-se as matérias previstas no art. 535 que forem compatíveis com a natureza da obrigação.

Promovida a intimação, o Advogado Público contará com o prazo de trinta dias para oferecer impugnação, alegando-se as matérias previstas no art. 535 que forem compatíveis com a natureza da obrigação.

1.8.5. Cumprimento de Sentença que Reconheça a Exigibilidade de Obrigação de Pagar Quantia Certa pela Fazenda Pública

Os bens públicos, ante a sua finalidade institucional, são dotados de determinadas características, entre elas, a impenhorabilidade.

Logo, não podem tais bens serem objeto de expropriação para que haja o cumprimento de obrigação de pagar quantia certa.

A impossibilidade de expropriação de bens tem exceção na hipótese de sequestro de verbas públicas, prevista constitucionalmente para o caso de não cumprimento de obrigação de pequeno valor e inobservância da ordem cronológica de pagamento.

Em conformidade com o art. 517 do CPC, a decisão judicial transitada em julgado poderá ser levada a protesto, nos termos da lei, depois de transcorrido o prazo para pagamento voluntário. Contudo, tal previsão não tem aplicabilidade em relação à Fazenda Pública.

O CPC 2015 encampou, também em relação à Fazenda Pública, o princípio do sincretismo, havendo unificação dos processos de conhecimento e de execução. A partir de então, fala-se na existência de um único processo, com duas fases distintas.

Assim, esgotada a fase cognitiva, contando o credor com obrigação líquida - se ilíquida, carece de promover a respectiva liquidação -, certa e exigível, deverá requerer o início da fase de execução, instruindo o pedido com demonstrativo discriminado e atualizado do crédito, devendo a petição conter os requisitos indicados no art. 534. Havendo mais de um credor, cada um deverá apresentar o seu próprio demonstrativo (demonstrativos individuais, ainda que se trate de execução plúrima).

O Advogado Público deverá ser pessoalmente intimado (por carga, remessa ou meio eletrônico) para, querendo, no prazo de trinta dias e nos próprios autos, impugnar a execução.

Note-se que, diferentemente do CPC de 1973, não há mais necessidade de nova citação, o que importará, certamente, na celeridade do processo. Exige-se, tão somente, a intimação do Advogado Público, que analisará o caso.

Tal análise cinge-se, principalmente, à adequação do valor executado ao título executivo judicial, competindo-lhe oferecer a respectiva impugnação para a defesa do erário público, observando-se o princípio da indisponibilidade dos bens públicos e o dever funcional de agir, aliado ao poder processual de buscar a modificação de uma situação processual.

1.8.6. Do Não Oferecimento da Impugnação e os Honorários Advocatícios Devidos na Execução

Ao analisar o cálculo demonstrativo do débito, deverá o Advogado Público, como já dito, primar pela observância da indisponibilidade do interesse público, notadamente porque a coletividade exige a perfeita adequação entre o que é devido e o que será pago.

Assim, não havendo esta correlação, apresentará o Advogado Público a necessária impugnação, que se constitui em meio de defesa adequado na execução (independentemente da obrigação).

A propósito desse assunto, deve ser lembrado que o oferecimento ou não de impugnação poderá gerar consequências em relação à incidência de honorários advocatícios na execução.

Com efeito, em conformidade com o previsto no art. 1º-D, da Lei nº 9.494/1997, não serão devidos honorários advocatícios na execução não embargada. Trata-se, naturalmente, de dispositivo com redação derivada da regra vigente no CPC de

1973, segundo a qual a defesa da Fazenda Pública, na execução, se realizava por meio dos embargos.

Ocorre que o Supremo Tribunal Federal, em análise difusa de constitucionalidade, no **RE nº 420.816**, declarou, incidentalmente, a constitucionalidade do aludido dispositivo, reduzindo-lhe, porém, a aplicação à execução que é efetivada mediante precatório, excluindo-se, dessa maneira, aquela em que se efetiva com o pagamento de obrigação de pequeno valor.

Continuando o caminhar jurisprudencial, o STJ editou a Súmula 345, segundo a qual "são devidos honorários advocatícios pela Fazenda Pública nas execuções individuais de sentença proferida em ações coletivas, ainda que não embargadas".

Ou seja, tratando-se de execução individual de sentença coletiva (que impôs o dever genérico de indenizar), embargada ou não a execução, serão devidos honorários advocatícios. Tal entendimento foi impugnado mediante a interposição de recurso extraordinário. Contudo, o Supremo Tribunal Federal negou-lhe repercussão geral.

O CPC, por sua vez, trouxe o seguinte regramento, em seu art. 85, § 7º: "Não serão devidos honorários no cumprimento de sentença contra a Fazenda Pública que enseje expedição de precatório, desde que não tenha sido impugnada".

Em suma, no Novo CPC:

1. Serão devidos honorários na fase de execução de cumprimento de obrigação de pagar quantia certa, se esta for impugnada.
2. Não oferecida impugnação, serão devidos honorários se a obrigação for de pequeno valor.
3. Não oferecida impugnação, não serão devidos honorários se a obrigação for satisfeita mediante precatório, salvo se relativa a execução individual de sentença condenatória genérica.

1.8.7. Matérias Alegáveis na Impugnação

De toda forma, o art. 535 do Novo CPC autoriza que a Fazenda Pública, por meio da impugnação, alegue várias matérias. São elas:

I - **falta ou nulidade da citação se, na fase de conhecimento, o processo correu à revelia**: trata-se de vício transrecisório, que pode ser alegado pela Fazenda Pública, consistente na não observância do devido processo legal em decorrência de falha no seu chamamento para exercer a defesa. É óbvio que, se foi oferecida defesa na fase de conhecimento, não há que se alegar a nulidade da citação neste momento.

II - **ilegitimidade de parte**: a ilegitimidade aqui referida é exclusivamente na fase de execução, pois a alegável na fase de conhecimento está preclusa. Deve ser lembrado que o Advogado poderá postular, em separado, a execução de seus honorários advocatícios.

III – **inexequibilidade do título ou inexigibilidade da obrigação**: não sendo exigível a obrigação, não poderá ser objeto de execução, lembrando-se que é admita a execução provisória, conforme antes já registrado. Considera-se também inexigível a obrigação reconhecida em título executivo fundado em lei ou ato normativo considerado inconstitucional pelo Supremo Tribunal Federal, ou fundado em aplicação ou interpretação da lei ou do ato normativo tido pelo Supremo Tribunal Federal como incompatível com a Constituição Federal, em controle de constitucionalidade concentrado ou difuso.

IV – excesso de execução ou cumulação indevida de execuções: deverá a execução respeitar os limites da obrigação fixada na fase de conhecimento, pois o erário público não pode suportar valor superior ao que de fato é devido. Se o cálculo apresentado pelo credor não respeitar essa regra, deverá a Fazenda Pública impugnar e alegar o excesso de execução (*exceptio quanti minoris*), declarando de imediato o valor que entende correto, sob pena de não conhecimento da arguição. É muito comum a incorreção de juros, correção monetária e outras verbas acessórias, competindo ao Advogado Público não só alegar o erro, como também informar ao Juízo o valor que entende ser devido. Se não o fizer, mas existirem outras matérias alegadas, o excesso de execução estará prejudicado, passando o magistrado à análise das demais.

V – **incompetência absoluta ou relativa do juízo da execução**: imagine-se a execução individual de sentença condenatória genérica proferida pelo Juízo Federal. Nesse caso, a execução, obrigatoriamente, deverá correr também perante a Justiça Federal. Se iniciada na Vara da Fazenda Estadual, competirá à devedora alegar a incompetência. Note-se que não houve diferenciação, sendo que tanto a absoluta, quanto a relativa, poderão ser alegadas na impugnação. Com relação à relativa, não mais dependerá de exceção. Da mesma forma, o impedimento ou a suspeição do juiz também serão alegadas por meio de simples petição, independentemente de exceção.

VI – **qualquer causa modificativa ou extintiva da obrigação, como pagamento, novação, compensação, transação ou prescrição, desde que supervenientes ao trânsito em julgado da sentença**: havendo causas posteriores de extinção da obrigação, deverão ser alegadas na impugnação, como poderá ocorrer, por exemplo, com a prescrição da pretensão executiva.

1.8.8. Pronunciamento que Decide a Impugnação

O pronunciamento do ato judicial que decide a impugnação tem natureza de decisão interlocutória. E, por força do art. 1.015, parágrafo único, do NCPC, estará sujeito ao recurso de agravo de instrumento.

No entanto, o pronunciamento terá natureza de sentença, se importar na extinção da execução (art. 203, § 1º, Novo CPC), sendo objeto do recurso de apelação.

1.8.9. *Impugnação*

Não obstante tenha transcorrido toda a fase de conhecimento e formada a coisa julgada, deve-se admitir que existem determinadas matérias que surgem tão somente quando do cumprimento de sentença. Outras, ainda, revelam a pendência de mácula grave a fazer com que a obrigação seja inexigível.

Dessa maneira, assegurando-se o contraditório e a ampla defesa, sem prejuízo da petição mencionada no art. 518 do CPC, poderá o executado alegar, mediante instrumento específico, determinadas matérias, elencadas no rol do art. 525, § 1º do CPC.

Tal possibilidade não é correlata exclusivamente às obrigações de pagar, podendo ser manejada também no cumprimento de sentença de obrigação de fazer, não fazer e de entregar.

Também poderá ser utilizada no cumprimento provisório ou no definitivo.

A impugnação ao cumprimento de sentença possui a natureza jurídica de defesa endoprocessual do executado, pois será apresentada nos próprios autos, mediante simples petição, com a observância de algumas particularidades.

Não se trata de defesa incidental, reservada aos embargos, além do que não se caracteriza como ação autônoma.

Consequentemente, a impugnação ao cumprimento de sentença será decidida por meio de pronunciamento que tem a natureza de decisão interlocutória, sendo, portanto, objeto do recurso de agravo de instrumento,

Contudo, se a impugnação importar na extinção da fase de cumprimento de sentença, como, por exemplo, se acolher a alegação de pagamento, tem-se que foi proferida uma sentença e, por isso, deverá ser atacada pelo recurso de apelação.

Transcorrido o prazo de 15 dias sem o pagamento voluntário da obrigação, inicia-se o prazo de 15 dias para que o executado, independentemente de penhora ou nova intimação, apresente, nos próprios autos, sua impugnação.

Portanto, intimado o devedor para cumprimento da obrigação, terá:

15 dias para o pagamento
+
15 dias para o oferecimento de impugnação

Aplicando-se de forma subsidiária o que está previsto para os embargos, havendo litisconsórcio passivo de devedores, tem-se que o prazo de 15 dias será contado individualmente, a partir da intimação de cada devedor, salvo se for cônjuge.

A prévia garantia do juízo não é requisito de admissibilidade da impugnação ao cumprimento de sentença, restando prejudicado o anterior posicionamento do Superior Tribunal de Justiça.

Nesse sentido, a título de reforço, afigura-se importante deixar registrada a redação do art. 525, caput do CPC: "Transcorrido o prazo previsto no art. 523 sem o pagamento voluntário, inicia-se o prazo de 15 dias para que o executado, independentemente de penhora ou nova intimação, apresente, nos próprios autos, sua impugnação".

Não obstante, a garantia do juízo se apresenta como requisito para a concessão de efeito suspensivo à impugnação, como adiante se verá.

O devedor poderá alegar as seguintes matérias na impugnação:

I - falta ou nulidade da citação se, na fase de conhecimento, o processo correu à revelia;

II - ilegitimidade de parte;

III - inexequibilidade do título ou inexigibilidade da obrigação;

IV - penhora incorreta ou avaliação errônea;

V - excesso de execução ou cumulação indevida de execuções;

VI - incompetência absoluta ou relativa do juízo da execução;

VII - qualquer causa modificativa ou extintiva da obrigação, como pagamento, novação, compensação, transação ou prescrição, desde que supervenientes à sentença.

Alegando-se o excesso de execução, deverá o devedor impugnante declarar de imediato o valor que entende correto, apresentando demonstrativo discriminado e atualizado de seu cálculo, sob pena de ser rejeitada liminarmente, salvo se houver outra matéria alegada, quando então prosseguirá apenas em relação a esta.

Consoante o previsto no § 12 do art. 525 do CPC, considera-se também inexigível a obrigação reconhecida em título executivo judicial fundado em lei ou ato normativo considerado inconstitucional pelo Supremo Tribunal Federal, ou fundado em aplicação ou interpretação da lei ou do ato normativo tido pelo STF como incompatível com a Constituição Federal, em controle de constitucionalidade concentrado ou difuso.

Para possibilitar a alegação da inexigibilidade, a decisão emanada do Supremo Tribunal Federal há de ser anterior ao trânsito em julgado da decisão exequenda, pois, se posterior, não se mostra adequado o uso da impugnação.

▸ COISA JULGADA INCONSTITUCIONAL (Fundada em lei ou ato normativo tido como inconstitucional pelo STF) Decisão do STF x Decisão Exequenda	
Decisão do STF for anterior à exequenda	**Decisão exequenda for anterior à proveniente do STF.**
Alegável a inconstitucionalidade por meio de impugnação na execução, sendo inexigível a obrigação.	Deverá o devedor ajuizar ação rescisória e lá pleitear a concessão de tutela provisória para suspensão da execução

E isso porque, sendo a decisão do Supremo Tribunal Federal posterior à exequenda, não poderá a parte alegar a inexigibilidade da obrigação, mas buscar rescindir a coisa julgada por formada, ajuizando, para tanto, a ação rescisória, cujo biênio legal (prazo decadencial de dois anos para o ajuizamento) terá como termo inicial o trânsito em julgado da decisão proferida pelo Supremo Tribunal Federal.

Note-se, assim, que o prazo de dois anos poderá ser iniciado muito tempo depois do próprio trânsito em julgado da decisão exequenda, tão somente a partir do trânsito em julgado no Supremo Tribunal Federal, cujos efeitos da decisão abarcarão situações anteriores, salvo se houver modulação dos efeitos no tempo, de modo a favorecer a segurança jurídica (parágrafo sétimo).

Como regra, o oferecimento da impugnação não impedirá a prática dos atos executivos, inclusive os de expropriação, vez que não possui efeito suspensivo automático.

Dessa maneira, não obstante tenha sido apresentada a impugnação, poderá o credor requerer a continuidade da execução, com a prática de atos executivos e até expropriatórios.

> ▸ **ATENÇÃO!**
>
> Por isso, poderá ser realizada a alienação judicial do bem penhorado e, eventual acolhimento da impugnação não terá o condão de tornar sem efeito a arrematação ocorrida, o que se justifica diante da necessária segurança jurídica a ser resguardada ao negócio jurídico realizado.
>
> Para tanto, o ato expropriatório não dependerá de caução.

Contudo, poderá o executado pugnar a concessão de efeito suspensivo, o que não inviabilizará, ainda, a prática de atos de substituição, de reforço ou de redução da penhora e de avaliação dos bens.

> ▸ **ATENÇÃO!**
>
> Os atos de substituição, de reforço ou de redução da penhora e de avaliação dos bens poderão ser praticados, ainda que concedida efeito suspensivo à impugnação.

É certo, porém, que a concessão do efeito suspensivo obstará, por exemplo, os atos expropriatórios, como a alienação judicial do bem, salvo se o credor prestar caução suficiente e idônea, nos próprios autos.

Regras sobre o efeito suspensivo:

a) Depende de requerimento do devedor e será objeto de análise pelo juiz, que proferirá decisão interlocutória a respeito;

b) Não deferido o efeito suspensivo, a execução prosseguirá, admitindo-se a prática de outros atos executivos e de atos expropriatórios;

c) Deferido o efeito suspensivo, ainda se admite a prática de atos de substituição, reforço ou redução de penhora, bem como a avaliação de bens. Não se admitem outros atos, salvo se o credor apresentar caução.

Conforme será visto, é possível que o credor, ao invés do procedimento de cumprimento de sentença que leva à prisão civil do devedor, opte pela prática de atos executivos e expropriatórios, com a penhora, alienação judicial etc.

Nesse caso, o devedor poderá oferecer a impugnação ao cumprimento de sentença e, se estiverem preenchidos os requisitos legais, será lícita a concessão do efeito suspensivo.

Ocorre que a concessão de efeito suspensivo nesse caso, não impossibilitará o levantamento mensal da importância da prestação se recair a penhora em dinheiro.

1.8.10. A inexigibilidade das sentenças judiciais

O parágrafo quinto, do art. 535 do CPC, trata da coisa julgada inconstitucional e do fato de ser inexigível a obrigação dela decorrente. Estando a obrigação calcada em lei ou ato normativo incompatível com a Constituição Federal, conforme reconhecido pelo Supremo Tribunal Federal (guardião da Constituição), não poderá ser exigida em execução, competindo à Fazenda Pública alegar tal matéria em impugnação.

Registro importante foi feito pelo parágrafo mencionado, no sentido de que o reconhecimento da inconstitucionalidade poderá ser feito em controle concentrado - por exemplo, em ADI - ou mesmo em controle difuso, por meio da análise de recurso extraordinário.

Outro registro importante é o de que a decisão emanada do Supremo Tribunal Federal há de ser anterior ao trânsito em julgado da decisão exequenda, pois, se posterior, não se mostra adequado o uso da impugnação.

E isso porque, sendo a decisão do Supremo Tribunal Federal posterior à exequenda, não poderá a parte alegar a inexigibilidade da obrigação, mas buscar rescindir a coisa julgada por formada, ajuizando, para tanto, a ação rescisória, cujo biênio legal (prazo decadencial de dois anos para o ajuizamento) terá como termo inicial o trânsito em julgado da decisão proferida pelo Supremo Tribunal Federal.

2. PROCESSO DE EXECUÇÃO

2.1. Execução em geral

2.1.1. *Disposições gerais*

O processo de execução autônomo é objeto do Livro II, da Parte Especial, do Novo Código de Processo Civil. As suas disposições serão aplicadas, no que couber, aos procedimentos especiais de execução (execução fiscal, por exemplo), aos atos executivos realizados no procedimento de cumprimento de sentença, bem como aos efeitos de atos ou fatos processuais a que a lei atribuir força executiva.

> ▸ ATENÇÃO!
>
> Na fase de cumprimento de sentença será possível a prática de atos executivos (penhora), bem como de atos expropriatórios (como a adjudicação, por exemplo), aos quais serão aplicadas as disposições, no que couber, do processo de execução.

2.1.2. *Instrumentos Postos à Disposição do Juiz para a Efetividade da Execução*

Com a finalidade de garantir a efetividade da execução, poderá o juiz, em qualquer momento do processo: I - ordenar o comparecimento das partes; II - advertir o executado de que seu procedimento constitui ato atentatório à dignidade da justiça; III - determinar que sujeitos indicados pelo exequente forneçam informações em geral relacionadas ao objeto da execução, tais como documentos e dados que tenham em seu poder, assinando-lhes prazo razoável.

2.1.3. *Ato Atentatório à Dignidade da Justiça*

O ato atentatório à dignidade da justiça importa na prática de ação ou omissão que viola o respeito necessário às decisões do juiz. Somente poderá ser praticado pelo executado, não alcançando terceiro.

> ▸ ATENÇÃO:
>
> O terceiro poderá praticar ato em litigância de má-fé, mas o ato atentatório à dignidade da justiça somente pode ser imputado à parte.

Serão considerados atos atentatórios à dignidade da justiça, a ação ou omissão do executado que:

i) fraudar a execução:

ii) se opuser maliciosamente à execução, empregando ardis e meios artificiosos;

iii) dificulta ou embaraça a realização da penhora;

iv) resiste injustificadamente às ordens judiciais;

v) intimado, não indica ao juiz quais são os bens sujeitos à penhora e os respectivos valores, nem exibe prova de sua propriedade e, se for o caso, certidão negativa de ônus.

Reconhecida a prática de ato atentatório à dignidade da justiça, o juiz fixará multa em montante não superior a vinte por cento do valor atualizado do débito em execução.

Ocorre que, diferentemente do que era previsto no CPC de 1973, o valor correspondente à multa será revertido em prol do exequente, sendo exigível nos mesmos autos, podendo ser aplicada cumulativamente com outras sanções de natureza processual ou material.

2.1.4. Desistência da Execução

Em conformidade com o princípio do dispositivo, o credor poderá desistir do prosseguimento da execução ou de outra medida executiva, sem necessitar, para tanto, do consentimento da parte contrária, como regra, conforme prevê o art. 775 do CPC 2015. Tal regra se aplica tanto ao processo de execução autônomo, quanto ao cumprimento de obrigação.

Porém, há duas situações especiais que comportam mais detalhamento.

É possível que, apesar do credor haver iniciado a fase de cumprimento de obrigação ou o processo de execução, venha a desistir de seu prosseguimento, estando pendente de julgamento a impugnação ao cumprimento de sentença ou os embargos.

Nesse caso, é necessário que se analise a matéria que está sendo objeto de discussão na impugnação ou nos embargos do executado. Se estritamente processual, como a impenhorabilidade de um bem, a desistência por parte do credor acarretará a extinção dos embargos e a finalização da discussão em sede da impugnação, arcando o credor com as custas processuais e honorários advocatícios devidos à parte contrária.

De outro lado, se a impugnação ou os embargos não versarem estritamente sobre matéria processual, englobando também a discussão sobre questão de direito material, a extinção da execução dependerá da concordância do impugnante ou do embargante.

Também deve ser analisado se o executado houver optado por oferecer a exceção de pré-executividade (modalidade de defesa endoprocessual do executado).

E a respeito, de forma coerente, o Superior Tribunal de Justiça firmou posicionamento no sentido de que, tendo o executado oferecido exceção de pré-executividade, havendo desistência pelo credor, o juiz determinará o pagamento pelo credor de honorários advocatícios devidos à parte contrária, bem como das despesas processuais.

2.1.5. Responsabilidade pelos Danos Causados ao Devedor

O CPC 2015 impõe a responsabilidade objetiva ao credor no sentido de ressarcir o executado dos danos que este sofreu, quando a sentença, transitado em julgar, declarar inexistente, no todo ou em parte, a obrigação que ensejou a execução.

2.2. Das Partes

Os artigos 778 e 779 do Novo Código de Processo Civil indicam a legitimidade para a propositura da execução.

Em relação ao polo ativo, prevê o CPC a legitimidade primária e a secundária. Tem legitimidade ativa primária o credor, a quem a lei conferiu título executivo. De outro lado, tem legitimidade ativa secundária: I - o Ministério Público, nos casos previstos em lei; II - o espólio, os herdeiros ou os sucessores do credor, sempre que, por morte deste, lhes for transmitido o direito resultante do título executivo; III - o cessionário, quando o direito resultante do título executivo lhe for transferido por ato entre vivos; IV - o sub-rogado, nos casos de sub-rogação legal ou convencional.

No polo passivo, admite-se que a execução seja promovida contra: I - o devedor, reconhecido como tal no título executivo; II - o espólio, os herdeiros ou os sucessores do devedor; III - o novo devedor que assumiu, com o consentimento do credor, a obrigação resultante do título executivo; IV - o fiador do débito constante em título extrajudicial; V - o responsável titular do bem vinculado por garantia real ao pagamento do débito; VI - o responsável tributário, assim definido em lei.

2.3. Competência

As regras para a fixação da competência do juízo da execução observarão o constante do que está previsto de forma geral.

Notadamente em relação à competência territorial, contudo, admite-se que o processo tramite perante: I - no foro de domicílio do executado, de eleição constante do título ou, ainda, de situação dos bens a ela sujeitos; II - tendo mais de um domicílio, o executado poderá ser demandado no foro de qualquer deles; III - sendo incerto ou desconhecido o domicílio do executado, a execução poderá ser proposta no lugar onde for encontrado ou no foro de domicílio do exequente; IV - havendo mais de um devedor, com diferentes domicílios, a execução será proposta no foro de qualquer deles, à escolha do exequente; V - a execução poderá ser proposta no foro do lugar em que se praticou o ato ou em que ocorreu o fato que deu origem ao título, mesmo que nele não mais resida o executado.

A incompetência relativa poderá ser alegada por meios dos embargos à execução (art. 917, V do CPC), sob pena de preclusão.

2.4. Requisitos para realizar qualquer execução

Para que se admita a execução fundada em título executivo extrajudicial, a obrigação deve estar fundada em título líquido, certo e exigível.

▶ **Liquidez**: tem-se a obrigação líquida se especificado o *quantum*, o valor do débito em execução.
▶ **Certeza**: a obrigação deve ser certa quanto à sua existência.
▶ **Exigível**: a obrigação deve estar apta a ser exigida.

2.5. Responsabilidade Patrimonial

Os artigos 789 e 790 do CPC tratam da responsabilidade patrimonial para o cumprimento da obrigação.

É produtivo, neste momento, retomar a lição civilista do conceito de obrigação:

"relação jurídica transitória, estabelecendo vínculos jurídicos entre duas diferentes partes (denominadas credor e devedor, respectivamente), cujo objeto é uma prestação pessoal, positiva ou negativa, garantido o cumprimento sob pena de coerção judicial".[1]

Constata-se que a obrigação possui, ao menos, três elementos distintos: o subjetivo, o objetivo e o imaterial.

Nesse sentido, toda obrigação possui um credor (sujeito ativo) e um devedor (sujeito passivo). Este possui o dever de cumprir a obrigação, sob pena de responder com os seus bens.

Entre o credor e o devedor é estabelecida uma relação obrigacional, um vínculo jurídico, do qual pode transcorrer obrigação a ser cumprida exclusivamente por uma parte, dita devedora, ou obrigações recíprocas, a serem cumpridas pelas partes e ao que a doutrina denomina de *relação jurídica obrigacional complexa*.[2]

Há, ainda, o elemento objetivo da obrigação, que consiste na *prestação*, que pode ser positiva ou negativa e consistente na entrega de determinada quantia em dinheiro, em fazer, deixar de fazer etc.

Consoante foi lembrado no quadro exposto, a obrigação contém ínsito o elemento imaterial, consistente no vínculo jurídico entre o credor e o devedor. Em razão deste vínculo, dispõe o Código Civil que, pelo inadimplemento das obrigações respondem todos os bens do devedor (art. 391).

---

1. FARIAS, Cristiano Chaves; ROSENVALD, Nelsonn. *Direito das obrigações*. 4ª. ed. Rio de Janeiro: Lumen Juris, 2009, p. 11.
2. Conforme foi bem lembrado por Flávio Tartuce. *Manual de Direito Civil*. Vol. Único. 7ª. ed. Rio de Janeiro: Forense; São Paulo: METODO, 2017, p. 355.

Tem-se, então, que o patrimônio do devedor, consistente em seus bens, responderá perante o credor em razão do inadimplemento da obrigação.

É certo que o Código de Processo Civil, a esse respeito, fez observação pertinente ao aludir que o *devedor responde com todos os seus bens presentes e futuros para o cumprimento de suas obrigações, salvo as restrições estabelecidas em lei*, pois, não são todos os bens que poderão responder pelo cumprimento da obrigação.

Ao analisar os artigos 789 e 790 do CPC, verifica-se que o legislador levou em conta que, em situações excepcionais, não só o patrimônio do devedor responderá pelo inadimplemento da obrigação, mas também os bens de terceiros.

Nesse passo, identifica-se a responsabilidade patrimonial *primária e secundária.*

Responsabilidade patrimonial { Primária / Secundária

a) Responsabilidade patrimonial primária:

Na responsabilidade primária, tem-se que o devedor consta no polo passivo da obrigação como aquele que assumiu o compromisso de cumpri-la da forma como ajustado, bem como a responsabilidade de fazê-lo é sua.

Por isso, mais uma vez se registre, o art. 789 se refere ao fato de que o devedor responderá com todos os seus bens presentes e futuros para o cumprimento de suas obrigações, salvo as restrições legais.

E a responsabilidade patrimonial do devedor (entenda-se: que os bens do devedor respondem pela obrigação) persiste ainda que os mesmos estejam em poder de terceiros, tiverem sido alienados ou gravados com ônus real em fraude à execução ou se a alienação ou gravação com ônus real tiver sido anulada em razão do reconhecimento, em ação autônoma, de fraude contra credores (art. 790, incisos III, V e VI do CPC).

b) Responsabilidade patrimonial secundária:

Há hipóteses em que se identifica que a obrigação é do devedor, muito embora seja possível atribuir a responsabilidade pelo seu cumprimento a terceiro.

RESPONSABILIDADE PATRIMONIAL SECUNDÁRIA

- O polo passivo da obrigação (e não do processo) é ocupado pelo devedor.
- A responsabilidade pelo cumprimento pode ser atribuída a terceiro.
- Logo, o patrimônio do terceiro responderá.

A propósito, dispõe o CPC que estão sujeitos à execução os bens: do sucessor a título singular, tratando-se de execução fundada em direito real ou obrigação reipersecutória (inciso I); do sócio, nos termos da lei (inciso II); do cônjuge ou companheiro, nos casos em que seus bens próprios ou de sua meação respondem pela dívida (inciso IV); do responsável, nos casos de desconsideração da personalidade jurídica.

Note-se a menção que o Código faz à responsabilidade patrimonial nos casos de desconsideração da personalidade jurídica.

Conforme se viu no Capítulo 5, o Código de 2015 procedimentalizou o incidente de desconsideração da personalidade jurídica, deixando à lei material a previsão das hipóteses em que tal é possível.

Dessa maneira, a responsabilidade patrimonial em casos de desconsideração da personalidade jurídica demandará prévia observância do devido processo legal, com a citação do sócio (ou da pessoa jurídica, na desconsideração inversa) e, tão somente depois, já reconhecida a possibilidade do *descortinamento*, passar-se-á à prática de atos executivos direcionados ao patrimônio daquele que adquiriu esta responsabilidade.

Note-se, a propósito, que é muito particular a situação do sócio de uma pessoa jurídica, posto que a ele poderá ser atribuída a responsabilidade pelo cumprimento da obrigação, ou, então, poderá a lei vinculá-lo à obrigação como devedor direto.

Tratando-se da responsabilidade patrimonial secundária do fiador, assegura o CPC que, quando executado, este terá o direito de exigir que primeiro sejam executados os bens do devedor situados na mesma comarca, livres e desembargados, indicando-os pormenorizadamente à penhora. E assim procedendo, estará exercendo o benefício de ordem a que faz jus.

O espólio responderá pelas dívidas do falecido até que seja feita a partilha de bens. A partir de então cada herdeiro responderá por elas dentro das forças da herança e na proporção da parte que lhe couber.

2.6. Fraude à execução

O reconhecimento da responsabilidade patrimonial do devedor (ou de terceiros, excepcionalmente) não lhe retira a possibilidade de livre negociação de seus bens.

Ocorre, porém, que certas negociações podem se efetivar com o intuito fraudulento, de modo a prejudicar credores, o que não é admitido pela lei. Estas mesmas ações podem colocar em desprestígio a atividade jurisdicional estatal.

Por esse motivo, determinados negócios jurídicos em que o devedor dispõe de seus bens, quando realizados estando já pendente a ação, poderão ser reconhecidos como praticados em *fraude à execução*.

> ▶ **ATENÇÃO:**
>
> Na fraude à execução, diferentemente do que ocorre na fraude contra credores, o ato negocial praticado pelo devedor não é nulo. É válido. Porém, será considerado ineficaz em relação ao credor. Considera-se como se não praticado.

A ocorrência da fraude à execução e a declaração de ineficácia do negócio jurídico celebrado pelo responsável patrimonial poderá se consumar por meio de decisão interlocutória proferida no próprio processo em que apurada, independentemente da instauração de nova relação processual.

Ocorre, então, de forma incidental, no próprio processo em que houve a ofensa à Justiça, desde que reconhecida a presença de determinados requisitos.

Para que haja o reconhecimento da ocorrência de ato em fraude à execução, será necessário que o juízo, em cognição sumária, verifique estarem presentes os seguintes requisitos: a) realização do negócio jurídico após a instauração da relação processual; b) inexistência de outros bens suficientes; c) prévia manifestação do terceiro adquirente do bem.

> ▶ **ATENÇÃO:**
>
> O § 4º do art. 792 do CPC inseriu interessante novidade no procedimento de declaração da fraude à execução, ao determinar a prévia manifestação do terceiro adquirente do bem.

2.7. Das diversas espécies de execução

2.7.1. *Direito de Preferência*

O credor ingressa com a ação de execução e pugna pela prática de atos executivos e, se o caso, expropriatórios.

Tratando-se de execução por quantia certa, como adiante será visto com mais vagar, buscará o credor a realização da penhora, que consiste em ato executivo tendente a separar determinado bem do patrimônio do devedor, concentrando-se nele toda a execução.

É possível que o devedor tenha apenas um único débito, de modo que o credor não terá maiores dificuldades para o recebimento do valor proveniente de expropriação.

Porém, é possível que o executado seja devedor em mais de uma obrigação, com a pendência de vários processos executivos, nos quais se tentará a realização da penhora.

Não há óbice à efetivação de várias penhoras sobre um único bem. Cada qual garantirá a sua função de concentrar a execução naquele bem específico. Porém, poderá existir o problema de que, uma vez expropriado, não seja suficiente o montante apurado para o pagamento de todos os credores.

Nesse caso, de se questionar qual dos credores terá preferência em levantar o valor apurado e satisfazer o seu crédito, podendo, desde já, ser apresentado o seguinte quadro:

▸ DIREITO DE PREFERÊNCIA ENTRE CRÉDITOS	
DE NATUREZA DISTINTA	**DE MESMA NATUREZA**
Observa-se a ordem preferencial legal	Observa-se a precedência da penhora

Portanto, havendo preferência estabelecida no direito material, como ocorre, por exemplo, com o crédito trabalhista, não será observada a precedência da penhora.

Se estiverem pendentes dois processos de execução em face de um mesmo executado, tendo um fundamento em crédito trabalhista e outro em crédito quirografário, por exemplo, será resguardada a preferência legal.

Porém, tratando-se analisar a preferência entre créditos quirografários, a ordem a ser estabelecida coincidirá com a antecedência da penhora (art. 797, parágrafo único do CPC).

▸ ATENÇÃO!

A precedência da penhora influenciará na preferência do credor penhorante única e exclusivamente se concorrer com outro credor detentor de crédito quirografário, tendo ambos penhorado o mesmo bem.

O direito de preferência decorrente da precedência da penhora (também chamado de direito de prelação) será exercido em concurso de preferências instaurado no próprio processo executivo, quando então se decidirá o destino dos valores adquiridos por força da expropriação do bem comumente penhorado.

2.7.2. *Petição Inicial no Processo Executivo*

O CPC determinou que, ao propor a ação, incumbe ao exequente:

INSTRUIR A PETIÇÃO INICIAL COM	INDICAR NA PETIÇÃO INICIAL
a) o título executivo extrajudicial: como regra, deverá ser apresentado o título em seu original. No entanto, em alguns casos, será admitida a apresentação de fotocópia, desde que não tenha ocorrido a circulação do título de crédito; b) o demonstrativo do débito atualizado até a data de propositura da ação, quando se tratar de execução por quantia certa: competirá ao credor demonstrar, por meio de planilha adequada, o montante do débito, indicando-se os índices incidentes; c) a prova de que se verificou a condição ou ocorreu o termo, se for o caso; d) a prova, se for o caso, de que adimpliu a contraprestação que lhe corresponde ou que lhe assegura o cumprimento, se o executado não for obrigado a satisfazer a sua prestação senão mediante a contraprestação do exequente.	a) a espécie de execução de sua preferência, quando por mais de um modo puder ser realizada; b) os nomes completos do exequente e do executado e seus números de inscrição no Cadastro de Pessoas Físicas ou no Cadastro Nacional da Pessoa Jurídica; c) os bens suscetíveis de penhora, sempre que possível.

Além destes, há também alguns requisitos específicos, a depender de alguns fatores. Nesse sentido, incumbe ainda ao exequente:

I - requerer a intimação do credor pignoratício, hipotecário, anticrético ou fiduciário, quando a penhora recair sobre bens gravados por penhor, hipoteca, anticrese ou alienação fiduciária;

II - requerer a intimação do titular de usufruto, uso ou habitação, quando a penhora recair sobre bem gravado por usufruto, uso ou habitação;

III - requerer a intimação do promitente comprador, quando a penhora recair sobre bem em relação ao qual haja promessa de compra e venda registrada;

IV - requerer a intimação do promitente vendedor, quando a penhora recair sobre direito aquisitivo derivado de promessa de compra e venda registrada;

V - requerer a intimação do superficiário, enfiteuta ou concessionário, em caso de direito de superfície, enfiteuse, concessão de uso especial para fins de moradia ou concessão de direito real de uso, quando a penhora recair sobre imóvel submetido ao regime do direito de superfície, enfiteuse ou concessão;

VI - requerer a intimação do proprietário de terreno com regime de direito de superfície, enfiteuse, concessão de uso especial para fins de moradia ou concessão de direito real de uso, quando a penhora recair sobre direitos do superficiário, do enfiteuta ou do concessionário;

VII - requerer a intimação da sociedade, no caso de penhora de quota social ou de ação de sociedade anônima fechada, para o fim previsto no art. 876, § 7º;

VIII - pleitear, se for o caso, medidas urgentes;

IX - proceder à averbação em registro público do ato de propositura da execução e dos atos de constrição realizados, para conhecimento de terceiros.

X - requerer a intimação do titular da construção-base, bem como, se for o caso, do titular de lajes anteriores, quando a penhora recair sobre o direito real de laje;

XI - requerer a intimação do titular das lajes, quando a penhora recair sobre a construção-base.

Tratando-se de obrigação alternativa (que podem ser cumpridas de mais de um modo), competindo a escolha ao devedor, será este citado para exercer a opção e realização da prestação dentro de 10 dias, se outro prazo não lhe foi determinado em lei ou em contrato.

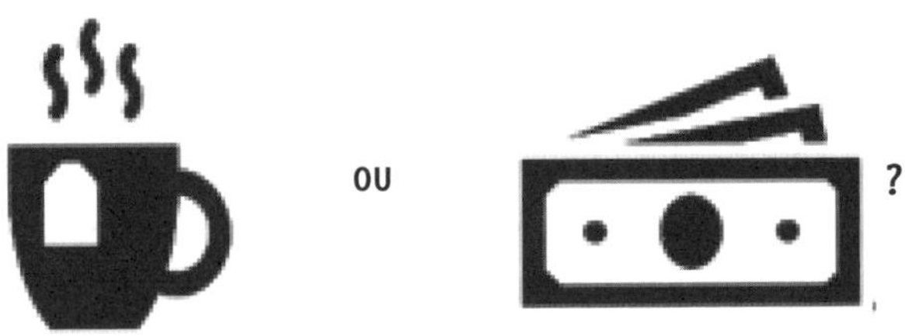

Imagine-se um contrato em que a parte se obriga a, em termo fixado, entregar a quantia de X, ou, então, mil sacas de café. Não cumprida uma obrigação e nem outra, competindo ao executado a escolha, será então citado para realização da opção e realização da prestação em dez dias, se não for outro o prazo fixado em lei ou em contrato.

Se transcorrer o prazo legal sem que o executado tenha feito a escolha, a opção passará ao credor. Competindo desde já a este, será indicada na própria petição inicial.

Consoante foi visto quando do estudo das Normas Fundamentais do Código de Processo Civil, tem o magistrado o dever de fazer as devidas indicações às partes para o aperfeiçoamento do ato processual.

Por isso, verificando-se que a petição inicial está incompleta ou que não está acompanhada dos documentos indispensáveis à propositura da execução, determinará que o exequente a corrija, no prazo de 15 dias, sob pena de indeferimento.

Dessa maneira, se, por exemplo, a inicial não for acompanhada com o demonstrativo atualizado do débito, deverá o magistrado instar o autor a cumprir com o requisito e, nada sendo feito, indeferir a petição inicial, proferindo sentença de extinção.

Em consonância com o que dispõe o art. 202, I, do Código Civil, o despacho do juiz interromperá a prescrição, desde que realizada a citação, retroagindo a interrupção à data de propositura da ação (art. 802, parágrafo único CPC).

2.7.3. *Nulidade da execução*

Reconhece-se a nulidade da execução se: I - o título executivo extrajudicial não corresponder a obrigação certa, líquida e exigível; II - o executado não for regularmente citado; III - for instaurada antes de se verificar a condição ou de ocorrer o termo.

A nulidade, por ser absoluta, poderá ser reconhecida de ofício pela autoridade judiciária. E, ao referir-se a tal nulidade, o legislador reconhece, em verdade, a existência de vícios em decorrência da falta de observância destes requisitos.

Além de poderem ser reconhecidas de ofício pelo juiz, a parte também poderá alegá-las, independentemente de embargos, mediante simples petição.

2.8. Da Execução para a Entrega de Coisa

Promovida a execução para compelir o executado a entregar coisa certa (já delimitada), este será citado para, no prazo de 15 dias, satisfazer a obrigação.

Recebendo a petição inicial e verificando a sua regularidade, o magistrado poderá fixar multa por dia de atraso no cumprimento da obrigação, ficando o respectivo valor sujeito a alteração, caso se revele insuficiente ou excessivo.

Note-se que há previsão para a fixação de medida coercitiva para a tutela específica da obrigação, a qual poderá ser reduzida, majorada, suspensa e até revogada, tudo a depender de análise casuística.

Como se trata de medida para a efetivação da tutela jurisdicional, poderá o magistrado fixá-la ainda que a parte não a requeira na inicial, ou majorá-la em relação ao pedido apresentado, sem que isso caracterize ofensa ao princípio da inércia e ao da correlação.

Se a coisa a ser entregue for um bem móvel, será expedida ordem para a sua entrega, se acaso transcorrer o prazo legal sem a entrega espontânea. Tratando-se de bem imóvel, por sua vez, tem-se a ordem de imissão na posse.

Nos dois casos (imóvel e móvel) admite-se o seu cumprimento da ordem em relação ao terceiro adquirente, desde que seja expedido mandado específico para tanto, exigindo-se que, para a oitiva deste, seja efetivado o depósito do bem.

Admite-se que sejam apurados os prejuízos decorrentes das perdas e danos e deterioração da coisa, observando-se o valor constante do título ou o que for apurado em liquidação.

Se existirem benfeitorias indenizáveis feitas na coisa pelo executado ou por terceiros de cujo poder ela houver sido tirada, a liquidação prévia é obrigatória. Havendo saldo em favor do executado ou de terceiros, o exequente depositará ao requerer a entrega da coisa. De outro lado, havendo saldo em favor do exequente, esse poderá cobrá-los nos autos do mesmo processo.

2.9. Da Entrega de Coisa Incerta

Se a execução tiver por objeto coisa determinada pelo gênero e pela quantidade, o executado será citado para entrega-la individualizada, se lhe couber a escolha. Competindo ao credor a escolha, ele a indicará na inicial.

Admite-se que qualquer das partes impugne, no prazo de 15 dias, a escolha feita pela outra, decidindo o juiz de plano, ou após a oitiva de perito.

No mais, aplica-se o quanto visto para entrega de coisa certa.

2.10. Da Execução das Obrigações de Fazer ou de Não Fazer

Ao receber a petição inicial na execução de obrigação de fazer ou de não fazer consubstanciada em título executivo extrajudicial, o juiz fixará multa por período de atraso no cumprimento da obrigação e a data a partir da qual será devida.

Permite o CPC que o juiz reduza o valor da multa, se acaso julgar que é excessiva a prevista no título.

Promovendo-se a execução, por título extrajudicial, de obrigação de fazer, o executado será citado para a sua satisfação no prazo designado pelo juiz ou o que estiver constando no título.

Não satisfeita a obrigação no prazo, poderá o credor, nos próprios autos, requerer a sua satisfação à custa do executado, ou poderá pugnar por ser ressarcidos pelas perdas e danos, convertendo-se em indenização.

A requerimento do credor, poderá o magistrado autorizar que a obrigação seja satisfeita por terceiro, que o fará à custa do executado. Compete ao exequente adiantar as quantias necessárias e previstas na proposta a ser aprovada pelo juiz, após a oitiva das partes.

Na obrigação de fazer *intuitu personae*, ou seja, que deve ser cumprida pelo próprio executado, como a obrigação de pintar um quadro, por exemplo, o exequente poderá solicitar que o juiz fixe prazo para a sua realização.

Se houver recusa ou mora do executado, a obrigação *intuitu personae*, será convertida em perdas e danos, observando-se o procedimento de execução por quantia certa.

Tendo o executado praticado ato, contrariamente ao dever de abstenção assumido, o exequente poderá solicitar que o juiz fixe prazo para que o ato seja desfeito pelo executado. Havendo recusa, permite-se que o juiz, a requerimento do credor, mande desfazer o ato à custa daquele, que responderá por perdas e danos.

De toda forma, não sendo possível desfazer-se o ato, a obrigação será resolvida em perdas e danos, caso em que, após a liquidação, será observado o procedimento de execução por quantia certa.

2.11. Da Execução por Quantia Certa

2.11.1. *Disposições Gerais*

Busca-se, por meio da execução por quantia certa, a realização da expropriação de bens do executado, com exceção de alguns casos de execução especial, como ocorre, por exemplo, na execução de alimentos, em que se é admitida a prisão civil.

A expropriação de bens, que será aprofundada mais adiante, consistirá em: i) adjudicação de bens; ii) alienação; iii) apropriação de frutos e rendimentos de empresa ou de estabelecimentos ou de outros bens.

Como se nota, o CPC concentra a expropriação (transformação do bem em dinheiro ou transferência) em três modalidades, cabendo, desde já, ressaltar que o Novo CPC não diferencia o *leilão* da *praça*, fazendo-se a designação ampla da alienação.

Admite-se a remição da execução (art. 826 CPC), que se trata de ato espontâneo do executado de dar cumprimento integral à obrigação antes de serem levados a cabo a adjudicação ou a alienação (modalidades expropriatórias).

Trata-se de direito do credor, a ser exercido anteriormente à adjudicação ou à alienação de bens, que não se confunde com a remissão, que consiste no perdão da dívida.

▸ **ATENÇÃO!**

Remição da execução = pagamento integral da obrigação, o que é admitido a qualquer tempo, desde que antes de adjudicado ou alienado o bem, independentemente de concordância do credor.

Remissão da execução = perdão da dívida.

Não há mais previsão da remição de bens, ato pelo qual determinados parentes e o cônjuge poderiam excluir um bem específico da execução, depositando-se o seu valor em juízo. Para estes, atualmente, há a possibilidade da adjudicação.

2.11.2. *Despacho Inicial*

Na execução de obrigação de pagar quantia certa, o juiz despachará a inicial, fixando os honorários advocatícios em 10%, a serem pagos pelo executado. Tal percentual poderá ser majorado para até 20%, quando rejeitados os embargos à execução, ou no final do procedimento executivo, ainda que não tenham sido apresentados embargos, levando-se em conta o trabalho realizado pelo advogado do exequente.

> **Despacho inicial**: o juiz determina a citação do executado e fixa os honorários advocatícios em 10%, a serem suportados pelo executado.
>
> Admite-se a majoração dos honorários para até 20%.
>
> Será também com o despacho que ocorrerá a interrupção da prescrição.

O executado será citado para que, no prazo de três dias, dê integral cumprimento ao pagamento. Se o fizer, a verba honorária será reduzida de metade.

> **Redução da verba honorária por ato do devedor:**
>
> Cumprida a obrigação, de forma voluntária, no prazo de três dias, haverá a redução do montante devido a título de verba honorária pela metade.
>
> **Portanto, em relação à verba honorária**:
>
> a) será fixada no despacho inicial (10%);
>
> b) se houver o pagamento espontâneo no prazo de 3 dias, será reduzida de metade;
>
> c) poderá ser majorada para o índice de 20%, se improcedentes os embargos, ou, ainda que não apresentados, no final do procedimento executivo.

2.11.3. *Averbação acautelatória*

O Novo CPC autorizou que o executado obtenha certidão de que a execução foi ADMITIDA pelo juiz, levando-a para averbação no registro de imóveis, de imóveis ou de outros bens sujeitos a penhora, arresto ou indisponibilidade.

> **Houve alteração em relação ao CPC de 1973?**
>
> **Sim**, houve alteração que, no texto, é sutil, mas na prática tem as suas consequências. Com efeito, o CPC de 1973 admitia que houvesse a averbação do ajuizamento da execução, de modo que não havia análise se ocorreu ou não a admissão da inicial. No CPC de 2015, por sua vez, tem-se que é exigido, para a averbação, que a inicial tenha sido admitida pela autoridade judiciária.

A averbação acautelatória (ou premonitória) se trata de ato executivo, por meio da qual se garante a presunção de fraude à execução se ocorrer a alienação ou a oneração de bens após a averbação.

> ▶ **ATENÇÃO!**
>
> Deve ser lembrado que, entre as hipóteses de fraude à execução, encontra-se a alienação ou a oneração de bem, quando tiver sido averbada, no registro respectivo, a pendência do processo de execução, na forma do art. 828 (art. 792, II do CPC).

Promovida a averbação acautelatória, deverá o exequente comunicar o juízo da execução em dez dias.

Com o processo em estágio mais avançado, sendo realizada a penhora sobre bens suficientes para cobrir a dívida, o exequente deverá promover o cancelamento das averbações relativas àqueles não penhorados, o que poderá ser determinado pela autoridade judiciária.

Responderá o exequente pelo dano causado em razão da averbação indevida, ou se não providenciar a devida baixa no prazo legal.

2.11.4. *Citação Inicial*

Após o despacho pelo juiz e expedição de mandado, o executado será citado para que, no prazo de três dias, pague a dívida.

Do próprio mandado de citação constarão, ainda, a ordem de penhora e a avaliação a serem cumpridas pelo oficial de justiça após verificar o não pagamento no prazo assinado, lavrando-se o respectivo auto.

Preferencialmente, a penhora recairá sobre os bens indicados pelo exequente, a não ser que o juiz aceite os bens oferecidos pelo executado, com fundamento na menor onerosidade da execução.

2.11.5. *Pré-penhora ou arresto no processo executivo*

A pré-penhora ou arresto no processo de execução é uma medida de cunho cautelar que poderá ser realizada, independentemente de ordem judicial, competindo ao oficial de justiça, em um primeiro momento, a análise de sua viabilidade.

Será providenciada pelo meirinho quando, não encontrando o executado para citação, encontrar bens que possam ser objeto de constrição. Sendo assim, serão arrestados tantos bens quantos forem necessários para garantir a execução.

Realização a constrição, o oficial de justiça procurará o executado nos dez dias seguintes, por duas vezes e em dias distintos e, havendo a suspeita de ocultação, realizará a citação com hora certa, certificando o ocorrido.

Uma vez frustrada a citação pessoal, ou mesmo a com hora certa, será o executado citado por edital, quando então será necessária a intervenção de curador especial para o oferecimento de embargos.

Transcorrido o prazo legal sem o efetivo pagamento, o arresto será convertido em penhora, independentemente de termo.

2.11.6. *Penhora*

a) Definição

A penhora é o ato executivo destinado à apreensão de bens do devedor, vinculando-os à execução. Com a penhora, o credor também passa a ter preferência em relação a outros credores de mesma categoria e que futuramente penhorem o mesmo bem. Trata-se do direito de prelação ou de preferência.

O auto de penhora é considerado ato complexo, pois engloba tanto a apreensão dos bens, sua avaliação, descrição e nomeação de depositário, como a intimação do devedor.

A intimação do devedor constitui formalidade essencial do ato de penhora, tanto para lhe dar conhecimento do ato como para lhe proporcionar oportunidade para que a impugne ou solicite a substituição do bem penhorado.

b) Bens Absoluta e Relativamente Impenhoráveis

A penhora consiste em um ato executivo, por meio do qual se concentra a execução em um bem específico do executado. Em razão do princípio da dignidade da pessoa humana (e do princípio do patrimônio mínimo, antes já analisado), há determinados bens que não podem ser objeto de constrição.

Nesse sentido, são absolutamente **impenhoráveis**:

I - os bens inalienáveis e os declarados, por ato voluntário, não sujeitos à execução;

II - os móveis, os pertences e as utilidades domésticas que guarnecem a residência do executado, salvo os de elevado valor ou os que ultrapassem as necessidades comuns correspondentes a um médio padrão de vida;

III - os vestuários, bem como os pertences de uso pessoal do executado, salvo se de elevado valor;

IV - os vencimentos, os subsídios, os soldos, os salários, as remunerações, os proventos de aposentadoria, as pensões, os pecúlios e os montepios, bem como as quantias recebidas por liberalidade de terceiro e destinadas ao sustento do devedor e de sua família, os ganhos de trabalhador autônomo e os honorários de profissional liberal, ressalvado o § 2o;

V - os livros, as máquinas, as ferramentas, os utensílios, os instrumentos ou outros bens móveis necessários ou úteis ao exercício da profissão do executado;

VI - o seguro de vida;

VII - os materiais necessários para obras em andamento, salvo se essas forem penhoradas;

VIII - a pequena propriedade rural, assim definida em lei, desde que trabalhada pela família;

IX - os recursos públicos recebidos por instituições privadas para aplicação compulsória em educação, saúde ou assistência social;

X - a quantia depositada em caderneta de poupança, até o limite de 40 (quarenta) salários-mínimos;

XI - os recursos públicos do fundo partidário recebidos por partido político, nos termos da lei;

XII - os créditos oriundos de alienação de unidades imobiliárias, sob regime de incorporação imobiliária, vinculados à execução da obra.

A impenhorabilidade também poderá ser relativa, pois se admite a constrição dos frutos e dos rendimentos dos bens inalienáveis, à falta de outros.

IMPENHORABILIDADE { Absoluta / Relativa

c) Ordem de Preferência de Bens,

Todos sabem que existem determinados bens que são de fácil comercialização, enquanto outros terão a sua circulação dependente de vários fatores.

Certamente o credor terá preferência pela penhora de bens que possam ser expropriados com mais facilidade, o que lhe poupará tempo e poderá propiciar a recuperação mais rápida daquilo que lhe é devido.

Por esses motivos, o Código de Processo Civil indica a ordem de preferência de bens à penhora, a começar com o dinheiro, em espécie ou em depósito ou aplicação em instituição financeira, passando-se por outros até chegar *a outros direitos* (art. 835 do CPC).[3]

Por óbvio, o primeiro na linha de preferência é o dinheiro, em espécie ou em depósito ou aplicação em instituição financeira, pois não haverá necessidade de

3. Art. 835. A penhora observará, preferencialmente, a seguinte ordem: I - dinheiro, em espécie ou em depósito ou aplicação em instituição financeira; II - títulos da dívida pública da União, dos Estados e do Distrito Federal com cotação em mercado; III - títulos e valores mobiliários com cotação em mercado; IV - veículos de via terrestre; V - bens imóveis; VI - bens móveis em geral; VII - semoventes; VIII - navios e aeronaves; IX - ações e quotas de sociedades simples e empresárias; X - percentual do faturamento de empresa devedora; XI - pedras e metais preciosos; XII - direitos aquisitivos derivados de promessa de compra e venda e de alienação fiduciária em garantia; XIII - outros direitos.

tomada de outras providências mais complexas, bastando a transferência de seu montante em favor do credor.

De toda forma, a ordem de preferência não é absoluta e não engessa a atividade desenvolvida pelo magistrado que, no caso concreto, poderá entender ser adequado alterar a ordem prevista.

Uma vez levada a efeito a penhora, bem como documentada, podem surgir a necessidade de substituição do bem, levando-se em consideração, sobretudo, os princípios da menor onerosidade e da máxima efetividade da execução.

Nesse sentido, é possível o deferimento da substituição da penhora, a ser determinada pelo magistrado, em decisão interlocutória que desafia o recurso de agravo de instrumento.

Antes da substituição, porém, deverá ser dada oportunidade para manifestação prévia pela parte adversa, sobretudo para que se possa sopesar adequadamente os princípios regedores da execução.

Embora haja preferência pelo dinheiro, como foi visto, a lei equipara, para fins de substituição da penhora, a fiança bancária e o seguro garantia judicial, desde que em valor não inferior ao constante da inicial, acrescido de trinta por cento.

Presume-se, nessa hipótese, que a fiança bancária e o seguro garantia judicial representam obrigação de pagar de liquidez certa, de modo que, havendo determinação do juízo, a instituição financeira promoverá o depósito do valor do débito.

Na hipótese de execução de crédito com garantia real, obviamente, a penhora recairá sobre a coisa dada em garantia e, se pertencer a terceiro garantidos, este também deverá ser intimado.

d) Penhora prejudicada

Considerando-se o princípio da eficiência, que também rege o processo civil, notadamente diante da atuação de agentes estatais, deve-se buscar a máxima efetividade dos atos processuais, evitando-se a realização de diligências inoportunas.

Diante disso, determina o art. 836 que não se levará a efeito a penhora quando ficar evidente que o produto da execução dos bens encontrados será absorvido pelo pagamento das custas da execução.

Ao diligenciar à busca de bens penhoráveis, é possível que a diligência resulte infrutífera, o que deverá ser expressamente certificado pelo oficial de justiça, que deverá, ainda, proceder à elaboração de listagem dos bens que guarnecem a residência ou o estabelecimento do executado, quando este for pessoa jurídica.

> ▸ **ATENÇÃO!**
> Providência a ser tomada pelo Oficial de Justiça se encontrar bens cujo valor será totalmente absorvido pelo pagamento das custas da execução:

Tratando-se de devedor pessoa jurídica, além de certificar o que está constando acima, também deverá elencar os bens, que permanecerão sob o depósito provisório do executado ou de seu representante legal até posterior determinação do juiz.

Repare-se que, neste caso, será o executado ou o representante legal nomeado depositário do bem, apesar de não ser efetivada a penhora.

e) Da Documentação da Penhora

A penhora deve ser documentada nos autos. Tal registro poderá ser feito, principalmente, pelo *auto de penhora*, que é lavrado pelo Oficial de Justiça, ou pelo *termo de penhora*, lavrado na própria unidade judiciária, pelo escrivão e que poderá ser utilizado para os casos em que houver a nomeação de bens à penhora, ou se for realizada penhora de bem à vista de certidão de sua propriedade.

Ao ser lavrado o auto ou o termo de penhora, deverá ser nomeado um depositário, lembrando-se que a ordem jurídica brasileira não mais encampa a prisão civil do depositário infiel.

Importante que, ao ser formalizada a penhora, quer seja por auto ou por termo, dela será imediatamente intimado o executado, o que será feito na pessoa do advogado ou à sociedade de advogados a que pertença, ou ainda, se não houver advogado constituídos nos autos, será feita pessoalmente ao executado, de preferência por via postal. Se o executado estiver presente quando da lavratura do auto ou termo, reputa-se automaticamente intimado.

A intimação da penhora é medida importante, pois a partir daí deverá o executado acompanhar com mais cuidado o desenrolar da execução, notadamente diante da possibilidade de expropriação de seus bens, possibilitando-lhe alegar eventuais nulidades.

De toda forma, se o executado mudar de residência sem avisar a autoridade judiciária, tem-se a presunção de que a intimação ocorreu.

Se a penhora incidir sobre bem imóvel ou direito real imobiliário, deverá o cônjuge do executado ser intimado, pois pode ter interesse em defender a sua meação ou até mesmo a propriedade absoluta. De toda forma, em razão da incomunicabilidade que lhe é inerente, tal intimação não será necessário se aqueles forem casados em regime de separação absoluta de bens.

Podem surgir dificuldades decorrentes do fato de ter a penhora incidido sobre bem indivisível. Não há óbice para que tal se efetive, sobretudo diante da determinação legal de que o equivalente à quota-parte do coproprietário ou do cônjuge alheio à execução recairá sobre o produto da alienação do bem.

f) Alienação de bem indivisível e a copropriedade

Fora das hipóteses admitidas pela lei, o cônjuge não responderá pela obrigação de seu consorte (ou convivente).

Porém, existem hipóteses em que o executado e o cônjuge detêm a propriedade do bem, que é indivisível, o que não é mais óbice à sua alienação.

Com efeito, admite-se a penhora de bem indivisível em tais condições, sendo que o equivalente à quota-parte do coproprietário ou do cônjuge alheio à execução recairá sobre o produto da alienação.

De toda forma, ao ser levado o bem à expropriação, não será possível a sua alienação por preço inferior ao da avaliação na qual o valor auferido seja incapaz de garantir, ao coproprietário ou ao cônjuge alheio à execução, o correspondente à sua quota-parte calculado sobre o valor da alienação.

Reserva-se ao cônjuge a preferência na arrematação do bem em igualdade de condições, assim como também tem a possibilidade de adjudicar o bem.

g) A presunção absoluta de conhecimento por terceiro

A cópia do auto ou do termo poderá ser levada para averbação perante o serviço de registro competente. Esta providência não assegura a preferência no levantamento do produto de eventual alienação, mas gera a presunção absoluta de conhecimento por terceiros do ato executivo.

Por esse motivo, realizada a averbação no registro competente, aquele que eventualmente vier a adquiri-lo não poderá alegar desconhecimento da existência de tal ônus, sendo viável a declaração da ineficácia em razão da fraude à execução.

A propósito, o Superior Tribunal de Justiça editou a Súmula 375, segundo a qual "o reconhecimento da fraude à execução depende do registro da penhora do bem alienado ou da prova de má-fé do terceiro adquirente".

Deste modo, em conformidade com entendimento daquele Tribunal Superior, sendo realizado o registro da penhora, há presunção absoluta de conhecimento da pendência da ação e da constrição, de modo que é totalmente desnecessário investigar se o adquirente agiu com má-fé.

De outro lado, porém, sem que tenha ocorrido a averbação, competirá ao credor demonstrar a má-fé.

h) Ainda sobre a presunção absoluta e a necessidade de prévia averbação da penhora

No ano de 2015 foram sancionadas as Leis n. 13.097/2015 e o próprio Código de Processo Civil (Lei n. 13.015/2015). A primeira consolidava entendimento doutrinário e jurisprudencial em relação à necessidade da averbação da penhora para a presunção de má-fé de adquirentes, que contava como denominador comum o entendimento consolidado na Súmula 375 do STJ. O Código de Processo Civil de 2015, por sua vez, trouxe a seguinte regra: "Art. 792. A alienação ou a oneração de bem é considerada fraude à execução: IV - quando, ao tempo da alienação ou da oneração, tramitava contra o devedor ação capaz de reduzi-lo à insolvência".

Por esse motivo, exsurge o seguinte questionamento: na hipótese do inciso IV do art. 792 do CPC, haveria necessidade do registro da penhora como requisito para que houvesse a declaração da ineficácia em razão de fraude à execução? Confrontam-se, então, dois dispositivos, sancionados praticamente na mesma época.

LEI N. 13.097/2015	NOVO CÓDIGO DE PROCESSO CIVIL
Art. 54. Os negócios jurídicos que tenham por fim constituir, transferir ou modificar direitos reais sobre imóveis são eficazes em relação a atos jurídicos precedentes, nas hipóteses em que não tenham sido registradas ou averbadas na matrícula do imóvel as seguintes informações: I - registro de citação de ações reais ou pessoais reipersecutórias; II - averbação, por solicitação do interessado, de constrição judicial, do ajuizamento de ação de execução ou de fase de cumprimento de sentença, procedendo-se nos termos previstos do art. 615-A da Lei no 5.869, de 11 de janeiro de 1973 - Código de Processo Civil; III - averbação de restrição administrativa ou convencional ao gozo de direitos registrados, de indisponibilidade ou de outros ônus quando previstos em lei; e IV - averbação, mediante decisão judicial, da existência de outro tipo de ação cujos resultados ou responsabilidade patrimonial possam reduzir seu proprietário à insolvência, nos termos do inciso II do art. 593 da Lei no 5.869, de 11 de janeiro de 1973 - Código de Processo Civil. Parágrafo único. Não poderão ser opostas situações jurídicas não constantes da matrícula no Registro de Imóveis, inclusive para fins de evicção, ao terceiro de boa-fé que adquirir ou receber em garantia direitos reais sobre o imóvel, ressalvados o disposto nos arts. 129 e 130 da Lei no 11.101, de 9 de fevereiro de 2005, e as hipóteses de aquisição e extinção da propriedade que independam de registro de título de imóvel.	Art. 792. A alienação ou a oneração de bem é considerada fraude à execução: I - quando sobre o bem pender ação fundada em direito real ou com pretensão reipersecutória, desde que a pendência do processo tenha sido averbada no respectivo registro público, se houver; II - quando tiver sido averbada, no registro do bem, a pendência do processo de execução, na forma do art. 828; III - quando tiver sido averbado, no registro do bem, hipoteca judiciária ou outro ato de constrição judicial originário do processo onde foi arguida a fraude; IV - quando, ao tempo da alienação ou da oneração, tramitava contra o devedor ação capaz de reduzi-lo à insolvência; V - nos demais casos expressos em lei.

Particularmente, em nosso sentir, as regras concebidas pelas duas leis não podem ser interpretadas de modo a uma excluir a outra.

Com efeito, a jurisprudência anterior ao CPC de 2015 foi construída a partir da interpretação do art. 593, II do CPC de 1973, cuja redação considerava em fraude de execução a alienação ou oneração de bens "quando, ao tempo da alienação ou oneração, corria contra o devedor demanda capaz de reduzi-lo à insolvência."

Como é possível notar, não havia qualquer referência expressa à necessidade de que a penhora estivesse averbada, mas o Tribunal Superior entendeu que tal providência era necessária, salvo se o credor pudesse demonstrar que a má-fé na alienação ou na oneração.

Dessa maneira, considerando-se que o CPC de 2015 praticamente repete a redação do Código anterior em relação a esta hipótese de fraude à execução, bem como diante do constante dos artigos 54 e 55 da Lei n. 13.097/2015 e de toda a jurisprudência já construída, há de ser mantido o entendimento consubstanciado na Súmula 375 do Superior Tribunal de Justiça.

i) Substituição do bem penhorado

Uma vez levada a cabo a penhora, permite o Código que o executado, no prazo de 10 dias, contados da intimação do ato constritivo, requeira a substituição do bem penhorado, devendo demonstrar, para tanto, que lhe será menos onerosa e não trará prejuízo ao exequente, ou seja, deverá demonstrar, em suma, a razoabilidade da modificação.

Apresentado o requerimento de substituição, deverá ser dada oportunidade para que o exequente se manifeste e, na sequência, o juiz decidirá.

Admite-se, ainda, o pedido de substituição da penhora, a ser formulado por qualquer uma das partes, se não for observada a ordem legal de nomeação, se ela não incidir sobre os bens designados em lei, contrato ou ato judicial para o pagamento; havendo bens no foro da execução, outros tiverem sido penhorados; havendo bens livres, ela tiver recaído sobre bens já penhorados ou objeto de gravame; se ela incidir sobre bens de baixa liquidez; se fracassar a tentativa de alienação judicial do bem; ou, então, se o executado não indicar o valor dos bens ou omitir qualquer das indicações previstas em lei.

Admite-se, também, a substituição da penhora por fiança bancária ou por seguro garantia judicial, em valor não inferior ao do débito constante da inicial, acrescido de 30%.

Ocorrida a substituição dos bens penhorados, deverá ser lavrado novo termo.

j) Segunda penhora

Cada penhora realizada nos autos será objeto de um auto ou de um termo respectivo, de modo que será documentada de forma individualizada. Se não houver a penhora de bens suficientes para garantir a execução, deverá o exequente pugnar pelo respectivo reforço.

Contudo, em determinadas hipóteses, apesar de ser realizada a penhora e de que, aparentemente, esta seja suficiente para garantir a execução, haverá necessidade da efetivação de um novo ato constritivo, denominado de *segunda penhora*.

A segunda penhora será efetivada excepcionalmente e somente se a primeira for anulada, se executados os bens, o produto da alienação não bastar para o pagamento do exequente ou se o exequente desistir da primeira penhora, por serem litigiosos os bens ou por estarem submetidos a constrição judicial.

Dessa forma, estando garantida a execução, como regra, não haverá a penhora de outros bens. Porém, é possível que, apesar da expropriação, ainda permaneça a necessidade de busca de outros bens, ou porque a primeira penhora não mais subsistir.

k) Alienação antecipada dos bens penhorados

Como regra, a efetivação da expropriação com a alienação dos bens penhorados somente ocorrerá em estágio já avançado do processo de execução.

Ocorre que o fator tempo poderá ensejar a perda de utilidade dos atos executivos, diminuindo-se consideravelmente o sucesso de eventual tentativa de expropriação.

Nesse sentido, admite-se a alienação antecipada dos bens penhorados quando: I - se tratar de veículos automotores, de pedras e metais preciosos e de outros bens móveis sujeitos à depreciação ou à deterioração; II - houver manifesta vantagem.

Apresentado o requerimento de alienação antecipada, o magistrado ouvirá a outra parte, que terá o prazo de três dias para se manifestar, decidindo-se de plano qualquer questão suscitada.

l) Penhora de Dinheiro em Depósito ou em Aplicação Financeira

Admite expressamente o Código de Processo Civil a realização da penhora *on-line*, consistente na penhora de dinheiro em depósito ou em aplicação financeira.

Realizado o requerimento pelo credor, o juiz, sem dar prévia ciência ao executado, determinará às instituições financeiras que torne indisponíveis ativos financeiros existentes em nome do executado, limitando-se a indisponibilidade ao valor indicado na execução.

Uma vez ocorrendo o retorno do sistema no sentido de que foram tornados indisponíveis os ativos financeiros do executado, este será intimado na pessoa de seu advogado ou, não o tendo, pessoalmente.

Poderá o executado, no prazo de cinco dias, comprovar que as quantias indisponíveis são impenhoráveis, ou, então, que há indisponibilidade excessiva de ativos financeiros.

Após a oitiva da parte, o juiz decidirá, podendo determinar a conversão da indisponibilidade em penhora, sem que haja necessidade de lavratura de termo, quando então haverá a transferência do montante indisponível para conta vinculada ao juízo da execução.

No CPC de 2015, a penhora *online* deverá observar os seguintes passos:

1) Requerimento do credor;
2) Decisão do juiz de que se proceda à indisponibilidade do valor à instituição financeira;
3) Efetiva a indisponibilidade dos ativos financeiros, será ouvido o executado;
4) Se rejeitada eventual alegação do executado, será convertida a indisponibilidade em penhora, independentemente de termo, com a transferência do montante para conta administrada pelo juízo.

m) Outras penhoras possíveis

i) *Penhora de crédito*: recaindo a penhora em crédito do executado, representado por letra de câmbio, nota promissória, duplicata, cheque ou outros títulos será realizada por meio de apreensão do documento, esteja ou não em poder do executado. Porém, se o título não for apreendido, mas o terceiro confessar a dívida, será este tido como depositário da importância, devendo depositar em juízo o seu valor para exonerar-se da obrigação.

ii) *penhora de quotas ou ações de sócio em sociedade simples ou empresária*: admite-se, ainda, a penhora de quotas ou ações de sócio em sociedade simples ou empresária, quando a lei atribui à sociedade o dever de apresentar balanço geral especial, na forma da lei, ofereça as quotas ou as ações aos demais sócios, observado o direito de preferência legal ou contratual e, não havendo interesse dos sócios na aquisição das ações, proceda à liquidação das quotas ou das ações, depositando em juízo o valor apurado, em dinheiro.

iii) *penhora de empresa, de outros estabelecimentos* e *de semoventes*: recaindo a penhora em estabelecimento comercial, industrial ou agrícola, bem como em semoventes, plantações ou edifícios em construção, o juiz nomeará administrador-depositário, determinando-lhe que apresenta em dez dias o plano de administração.

iv) *penhora de percentual de faturamento de empresa*: em caráter subsidiário, e se somente o executado não tiver outros bens penhoráveis ou se, tendo-os, esses forem de difícil alienação ou insuficientes para saldar o crédito executado, será admitida a penhora de percentual de faturamento de empresa.

v) *Penhora de frutos e rendimentos de coisa móvel ou imóvel:* se o juiz considerar mais eficiente para o recebimento do crédito e menos gravoso ao executado, poderá determinar a penhora de frutos e rendimentos de coisa móvel ou imóvel, nomeando administrador-depositário.

2.11.7. *Avaliação*

A penhora consiste em um ato de concentração da execução em um(alguns) bem(ns), que deverá ser devidamente avaliado, para que se tenha um padrão adequado de continuidade do processo.

A avaliação, como regra, constará do auto de penhora lavrado pelo oficial de justiça, salvo se este não tiver conhecimento técnico suficiente, quando então deverá ser nomeado avaliador.

▸ **ATENÇÃO!**

A avaliação realizada pelo meirinho constará de vistoria e de laudo anexados ao auto de penhora.

Se realizada pelo avaliador, constará de laudo apresentado no prazo fixado pelo juiz, com especificação, nas duas hipóteses: i) dos bens, com as suas características, e o estado em que se encontram; e, ii) o valor dos bens.

▸ **ATENÇÃO!**

Tratando-se de bem imóvel em que se admitir a cômoda divisão, levando-se em consideração o crédito reclamado, deverá a avaliação ser realizada em partes, com a apresentação de memorial descritivo, bem como dos possíveis desmembramentos para alienação.

Nesta hipótese, as partes serão ouvidas em cinco dias.

Existem casos em que não haverá a necessidade de efetivar-se o ato de avaliação, o que não retira a imprescindibilidade de ser atribuído um valor certo ao bem constrito.

Nesse sentido, se o executado oferecer um bem à penhora, com a respectiva estimativa de preço, se a outra parte a aceitar, não haverá necessidade de se realizar a avaliação. O mesmo ocorrerá se tratar de títulos ou de mercadorias que tenham cotação em bolsa, comprovada por certidão ou publicação no órgão oficial, se tratar de títulos da dívida pública, de ações de sociedades e de títulos de crédito negociáveis em bolsa ou de veículos automotores ou de outros bens cujos preço médio de mercado possa ser conhecido por meio de pesquisas realizadas por órgãos oficiais ou de anúncios de venda divulgados em meios de comunicação, caso em que caberá a quem fizer a nomeação o encargo de comprovar a cotação de mercado.

> ▶ **ATENÇÃO:**
> Note-se a interessante hipótese inserida no art. 871, em que é dispensada a avaliação de bens em que o preço médio de mercado possa ser conhecido por meio de pesquisas.

Realizada a avaliação do bem penhorado, admite-se a realização de novo ato se (i) qualquer das partes arguir, fundamentadamente, a ocorrência de erro na avaliação ou dolo do avaliador, (ii) se verificar, posteriormente à avaliação, que houve majoração ou diminuição no valor do bem e, (iii) se o juiz tiver dúvida sobre o valor atribuído ao bem na primeira avaliação.

E, neste último caso, a segunda avaliação não substituirá a primeira, competindo ao juiz apreciar o valor de um e de outra (art. 480, § 3º do CPC).

Feita a avaliação, será possível verificar se a execução está devidamente garantida, se a penhora é insuficiente ou, então, se há excesso, o que deverá ser devidamente ajustado na sequência.

Promovida a constrição do bem penhorado e feita a avaliação, se não houver a atribuição de eventual efeito suspensivo em razão do oferecimento de embargos (ou por conta de eventual decisão proferida em outro processo, como a que suspende a exigibilidade da obrigação em ação anulatória), o juiz passará aos atos de expropriação do bem.

2.11.8. *Meios Expropriatórios*

A execução por quantia certa será realizada por meio da expropriação de bens do executado, salvo as execuções especiais (como, por exemplo, a execução de alimentos, em que será possível a prisão do executado).

A expropriação consistirá em: i) adjudicação; ii) alienação; iii) apropriação de frutos e rendimentos de empresa ou de estabelecimentos e de outros bens, conforme o quadro a seguir:

Meios Expropriatórios
- Adjudicação
- Alienação
  - Iniciativa Particular
  - Leilão judicial eletrônico ou presencial
- Apropriação de frutos e rendimentos

a) Adjudicação

A expressão adjudicação é utilizada em vários ramos da ciência jurídica. Em comum a todos eles, tem o significado de atribuição.[4]

4. A propósito, vide: http://www.lucianorossato.pro.br/adjudicacao-liquidativa/

Por meio da adjudicação (enquanto modalidade de expropriação na execução por quantia certa) atribui-se determinado bem ao credor ou a terceiros legitimados. Não se trata de transferir de imediato a propriedade, mas de atribuí-la, levando o título (auto de adjudicação) a registro no Serviço de Registro de Imóveis ou sendo expedido mandado de entrega. Efetuado o registro ou entregue o bem (respectivamente), ocorrerá a transferência da propriedade.

São legitimados a requerê-la: o credor e determinados terceiros.

O credor poderá manifestar-se no sentido de que pretende a adjudicação do bem, para que o mesmo lhe seja atribuído, observando-se, para todos os fins, o valor da avaliação. Se o valor do bem for superior ao da dívida, deverá depositar em juízo a diferença. De outro lado, se for inferior, a execução prosseguirá em relação a outros bens.

Também poderão requerer a adjudicação aqueles indicados nos incisos II a VII do art. 889 e, ainda, credores concorrentes que tenham penhorado o mesmo bem, cônjuge, companheiro, descendentes e ascendentes do executado. Havendo mais de um interessado, abre-se licitação entre eles, sendo vencedor o que estiver disposto a pagar o maior valor, havendo preferência assegurada ao cônjuge, ao companheiro, ao descendente e ao ascendente, nesta ordem.

Na adjudicação deferida em favor de terceiro, este efetuará o depósito do valor que o bem foi avaliado, cuja quantia será revertida, como regra, ao credor. Propicia-se a liquidez de valor para a satisfação do direito do credor. Por isso, é denominada de adjudicação liquidativa.

▸ **ADJUDICAÇÃO LIQUIDATIVA:**
Deferida em favor de terceiro que, ao efetuar o depósito do valor do bem, promove a satisfação do direito do credor.

A adjudicação será requerida pelo credor ou pelo terceiro e, na sequência, o executado será intimado para se manifestar. Essa intimação será realizada: i) pelo Diário da Justiça, na pessoa do advogado constituído nos autos; ii) por carta com aviso de recebimento, se acaso representado por Defensor Público ou se não tiver advogado constituído nos autos; iii) por meio eletrônico aqueles que podem receber tal intimação não tiverem advogado constituído nos autos (art. 246, § 1º).

O prazo para manifestação do executado será de cinco dias, diferentemente do que ocorre na alienação, que será de dez dias. Decididas eventuais questões, o magistrado determinará que haja a lavratura do auto de adjudicação.

No caso de penhora de bem hipotecado, admite-se ao executado remi-lo até a assinatura do auto de adjudicação, desde que ofereça preço igual ao da avaliação, se não tiver havido licitantes, ou ao do maior lance ofertado. No caso de falência ou insolvência do devedor hipotecário, tal direito será deferido à massa ou aos credores em concurso, não podendo o exequente recusar o preço da avaliação do imóvel.

Feitas as intimações de praxe e decorrido o prazo de cinco dias, o juiz decidirá e determinará a lavratura do auto de adjudicação.

Considera-se perfeita e acabada a adjudicação com a assinatura do auto pelo juiz, pelo adjudicatário, pelo escrivão ou chefe de secretaria e, se estiver presente, o executado.

b) Da Alienação de Bens

Se não for efetivada a adjudicação de bens, admite-se que seja requerida a sua alienação por iniciativa particular ou em leilão judicial eletrônico ou presencial.

> O Novo CPC não fez diferenciação entre leilão ou praça. Pelo contrário, refere-se apenas ao leilão, que pode ser (i) judicial eletrônico ou (ii) judicial presencial.

A alienação do bem penhorado poderá ocorrer por meio de iniciativa do próprio credor, ou por meio de corretor ou leiloeiro público credenciado perante o órgão judiciário.

Dá-se preferência para que o credor possa providenciar a alienação do bem penhorado, o que se fará por sua própria iniciativa, podendo valer-se de corretor ou leiloeiro público, que devem estar credenciados, exigindo-se, no mínimo, três anos de exercício profissional.

> Percebe-se que a utilização de leiloeiro pode ocorrer quer seja na alienação por iniciativa particular ou em leilão judicial eletrônico ou presencial.

Nesta situação, a autoridade judiciária fixará as condições mínimas para a alienação (prazo em que a alienação deverá ser efetivada, a forma de publicidade, o preço mínimo, as condições de pagamento, as garantias e, se for o caso, a comissão de corretagem).

Se acaso a localidade não contar com leiloeiro público credenciado, admite-se corretor de livre escolha do exequente, motivo pelo qual se defende que a inobservância da regra do prévio cadastramento apenas ensejará a nulidade se houver prejuízo demonstrado.

A alienação judicial poderá ser realizada por dois meios: de forma eletrônica ou de forma presencial, no local designado pelo juiz. Compete ao magistrado designar o leiloeiro público, que poderá ser indicado pelo exequente.

Competirá ao juiz da execução fixar o preço mínimo, as condições de pagamento e as garantias que deverão ser prestadas pelo arrematante. Se o juiz não fixar aquele valor, a arrematação não poderá se realizar por quantia inferior a 50% do valor da avaliação. A propósito, o Novo CPC assim definiu o preço vil:

Preço Vil = valor inferior ao estipulado pelo juiz e constante do edital ou, no silêncio, preço inferior a 50% do valor da avaliação.

➔ Gerará a invalidade de eventual arrematação, a ser alegada no prazo de 10 dias, contados do aperfeiçoamento da alienação.

De se registrar que não será admitido lance que ofereça preço vil.

Pode ser indicada como uma sequência lógica que vai culminar no sucesso da alienação judicial:

i) requerimento do credor;

ii) deferimento da realização da alienação judicial, com a fixação das condições;

iii) publicidade por meio da publicação de edital (art. 886), com antecedência mínimo de cinco dias e indicação, entre outros pontos, a indicação do dia e hora do segundo leilão presencial, para a hipótese de não haver interessado no primeiro;

iv) cientificação de pessoas e entes específicos indicados no art. 889, entre eles o executado;

v) oferecimento de propostas para aquisição do bem em prestações;

vi) realização do primeiro leilão, com apresentação dos lances, não podendo a arrematação ocorrer por valor inferior ao da avaliação;

vii) realização do segundo leilão, podendo a arrematação ocorrer por valor inferior ao da avaliação, desde que não seja preço vil;

viii) análise das propostas apresentadas e decisão do juiz;

ix) lavratura do auto de arrematação;

x) pagamento do preço pelo arrematante;

xi) prazo de 10 dias para que se alegue que a arrematação é inválida, ineficaz ou resolvida;

xii) decisão do magistrado e expedição da carta de arrematação ou mandado de entrega.

Passa-se à explicação sucinta de todas essas providências.

Requerida a alienação judicial pelo credor, o magistrado deferirá que tal ato ocorra e, concomitantemente, fixará as condições para que a efetivação da medida. Nesse sentido, estabelecerá o preço mínimo, as condições de pagamento e as garantias que poderão ser prestadas pelo arrematante. Também designará o leiloeiro público, que poderá ser indicado pelo exequente e será remunerado pela comissão estabelecida em lei ou arbitrada pelo juiz.

Incumbirá ao leiloeiro público publicar o edital, anunciando a alienação, como requisito prévio para a alienação judicial. Para que tal ato se efetive, há necessidade de que se promova ampla publicidade. Esta publicação deve ocorrer com antecedência mínima de cinco dias à data da alienação, pela rede mundial de computadores, podendo o juiz, atendendo às particularidades existentes, determinar que o edital seja afixado em local de costume e publicado de forma resumida, por uma vez, em jornal de ampla circulação local.

Deverão ser cientificados, com antecedência mínima de cinco dias, entre outros, o executado, por meio de seu advogado ou, não tendo constituído advogado nos autos, por carta registrada, mandado, edital ou outro meio idôneo. Admite-se que esta cientificação do executado se realize no próprio edital de leilão se for revel, não tiver constituído advogado nos autos, não constando dos autos o seu endereço atual.

A União, o Estado e o Município, no caso de alienação de bem tombado, deverão ser cientificados com antecedência mínima de cinco dias, tendo, na ordem indicada, preferência na arrematação, em igualdade de oferta.

Até a data do leilão, será admitida a apresentação de lances para pagamento parcelado, o que não importará na suspensão do ato, já que se prefere a alienação com pagamento à vista.

No dia e hora designados, serão colhidos os lances. Procedida a análise, o magistrado fixará prazo para o pagamento do preço pelo oferecedor do lance vencedor e determinará a lavratura do auto de arrematação.

A arrematação constará de auto que será lavrado de imediato, podendo abranger bens penhorados em mais de uma execução.

Auto de Arrematação poderá abranger mais de um processo executivo.

Como será visto mais adiante, sabe-se que o executado poderá ter oferecido os seus embargos à execução e que estes não possuem efeito suspensivo automático. Tal efeito deverá ser deferido pela autoridade judiciária.

Se o efeito suspensivo não for deferido, admite-se que a execução prossiga normalmente, com a prática de atos executivos e até de atos expropriatórios, como a alienação judicial.

Para que seja assegurada a segurança jurídica, principalmente em relação a eventuais lançadores e arrematantes, registrou o Novo CPC que assinado o auto, considera-se a arrematação perfeita, acabada e irretratável, ainda que pendente de julgamento os embargos à execução e estes venham a ser acolhidos.

Dessa maneira, ainda que julgados procedentes os embargos à execução, a alienação ocorrida permanecerá íntegra, resolvendo-se a questão em perdas e danos.

Não obstante seja considerada perfeita, acabada e irretratável com a assinatura do auto de arrematação, poderão ser alegadas, no prazo de dez dias, as situações indicadas no art. 903, § 1º do CPC. Nesse passo, a arrematação poderá ser invalidada, considerada ineficaz ou resolvida, conforme explicado no seguinte quadro:

Invalidação	Se realizada por preço vil ou com outro vício.
Ineficácia em relação a determinadas pessoas.	Alienação sem a intimação prévia: i) dos respectivos credores pignoratício, hipotecário e anticrético; ii) do promitente comprador ou do cessionário de bem objeto de promessa de compra e venda ou de cessão registrada; iii) concedente ou concessionário de direito de superfície; iv) enfiteuta ou concessionário na alienação de imóvel sobre o qual tenha sido instituída a enfiteuse, concessão de uso especial para fins de moradia ou concessão de direito real de uso; do proprietário do imóvel no caso de alienação de direitos do enfiteuta, do concessionário de direito real de uso ou do concessionário de uso especial para fins de moradia; titular do direito de usufruto, uso ou habitação.
Resolvida	Se não for pago o preço ou não for prestada a caução.

Não será expedida a carta de arrematação nesse período e a alegação dessas matérias será óbice para tanto até que a questão seja solucionada pela autoridade judiciária.

É importante notar que o Novo CPC não mais admite os chamados embargos de segunda fase, ou embargos à arrematação, que eram previstos no CPC de 1973. Na atualidade, eventuais nulidades ou matérias posteriores aos embargos poderão ser alegadas na própria execução.

Porém, os vícios inerentes à arrematação poderão ser alegados pelo executado no prazo de dez dias contados do aperfeiçoamento do ato.

Se antes de expedida a carta ou a ordem de entrega, o executado alegar que a arrematação é inválida, ineficaz ou que deve ser resolvida, poderá o arrematante desistir da arrematação, sendo-lhe devolvido o depósito que tiver feito.

Expedida a carta de arrematação, ocorre a preclusão, de modo que a invalidação não poderá ser requerida nos próprios autos.

> Com a expedição da carta de arrematação ou da ordem de entrega, tem-se a inviabilidade de que o executado possa alegar a invalidação da arrematação nos próprios autos. Opera-se a preclusão.

Esta preclusão, contudo, inviabiliza o exercício desse direito nos próprios autos, podendo o executado fazê-lo em ação autônoma.

Por esse motivo, admite-se o ajuizamento da ação com pedido de invalidação da arrematação, figurando o arrematante como litisconsórcio necessário.

Como foi dito anteriormente, os lançadores necessitam de que lhes seja garantida a segurança jurídica necessária para a participação em tais atos, de modo a ser preservados de eventuais questões surgidas no processo.

Assim, muito embora se diga que o executado poderá ajuizar a ação autônoma para a invalidação da arrematação, tem-se que o ato expropriatório será considerado perfeito, acabado e irretratável pelo magistrado, ainda que venha a ser julgada aquela ação, aduzindo o Código que deve ser "assegurada a possibilidade de reparação pelos prejuízos sofridos" (art. 903, caput do CPC).

Deverá haver análise do caso concreto pelo juiz, mas é possível vislumbrar o reconhecimento da invalidade e ser determinado o desfazimento da arrematação nos casos em que o vício for muito grave, como, por exemplo, se o arrematante é uma das pessoas indicadas nos incisos do caput do art. 890, que são aqueles proibidos de fazê-lo por questões éticas.

De outro lado, em decorrência dos princípios da segurança jurídica, boa-fé processual e máximo aproveitamento dos atos processuais, é possível que o juiz reconheça existir a situação que poderia gerar a invalidade, mas, ainda assim, admita que deve permanecer preservada a arrematação, assegurando ao executado a possibilidade de reparação dos prejuízos sofridos.

De toda forma, poderá o arrematante desistir da arrematação quando citado para responder à ação autônoma referida, desde que o faça no prazo de resposta da ação.

Uma vez citado na ação autônoma proposta pelo executado, poderá o arrematante, no prazo de resposta, desistir da arrematação.

Tem o executado, então, o direito de desistir da arrematação, desde que o faça no prazo de resposta da ação autônoma ajuizada pelo executado.

Também poderá desistir da arrematação se provar, nos dez dias seguintes, a existência de ônus real ou gravame não mencionado no edital.

▸ ATENÇÃO

Portanto, poderá o arrematante desistir da arrematação em três situações:

i) se provar, no prazo de 10 dias, a existência de ônus real ou gravame não mencionado no edital;

ii) se, antes de expedida a carta de arrematação ou a ordem de entrega, o executado alegar que a arrematação deve ser invalidada, é ineficaz ou que foi resolvida;

iii) se citado para a ação autônoma, faça o requerimento de desistência no prazo de que dispõe para responder à ação.

2.11.9. *Satisfação do Crédito*

Todo o processo executivo caminhará à busca da satisfação do crédito exequendo, a partir da prática de atos executivos e de expropriação.

E a satisfação do crédito ocorrerá com a entrega do dinheiro ou por meio da adjudicação dos bens penhorados.

A entrega do dinheiro ocorrerá nas hipóteses em que for efetivada a penhora *online*, de penhora de crédito em dinheiro que foi depositado em conta vinculada ao juízo ou que ingressou em razão da alienação dos bens.

O Código se cercou de cuidados ao regulamentar a transferência do valor ao exequente, tanto que vedou a realização, durante o plantão judiciário, de concessão de pedidos de levantamento de importância em dinheiro ou valores ou de liberação de bens apreendidos (art. 906, parágrafo único do CPC).

▸ **ATENÇÃO!**

O Código vedou a possibilidade de que haja a concessão, durante o plantão judiciário, de pedidos de levantamento de importância em dinheiro ou valores ou de liberação de bens apreendidos.

Se o bem for objeto de várias penhoras, cada qual determinada em processo executivo promovido por credores distintos, será necessário que se instaure o respectivo concurso de preferência de credores.

Tal concurso de preferências levará em consideração o direito de preferência e a anterioridade da penhorada, fatores que, devidamente alegados, serão levados em consideração para decisão pelo juiz.

Avaliando tais fatores, o magistrado determinará a entrega do dinheiro em valor do credor que se beneficiar do concurso de preferências, sendo que a sobra poderá atender às demais penhoras, devolvendo-se ao devedor o montante que não for aproveitado pelos credores.

2.11.10. *Execução contra a Fazenda Pública*

O cumprimento de sentença contra a Fazenda Pública já foi analisado anteriormente. Resta, nesta oportunidade, verificar as particularidades da execução de título executivo extrajudicial, como pode ocorrer, por exemplo, com um cheque emitido pelo Poder Executivo, devidamente devolvido em razão da falta de provisão de fundos suficientes.

Diferentemente do que ocorre no cumprimento de sentença, a execução fundada em título executivo extrajudicial inaugurará relação processual própria, na qual a Fazenda Pública (entenda, a pessoa jurídica de direito público) será *citada* [e não intimada] para opor os seus *embargos* [e não cumprimento de sentença] no prazo de trinta dias.

> ▶ **ATENÇÃO!**
>
> Deve ser lembrado pelo estudioso que a Fazenda Pública não será *citada* ou *intimada* para cumprir voluntariamente a obrigação em razão do óbice contido no art. 100 da Constituição Federal, pelo qual, uma vez judicializada a questão, a obrigação deverá ser cumprida mediante a ordem cronológica de inscrição em precatório ou, a depender do valor, mediante pagamento no prazo de sessenta dias (obrigação de pequeno valor).

Como visto, a Fazenda Pública poderá oferecer os seus embargos à execução que, diferentemente da impugnação ao cumprimento de sentença, possui natureza jurídica de ação.

Admite-se que, nos embargos, a Fazenda Pública alegue qualquer matéria que lhe seria lícito deduzir como defesa no processo de conhecimento.

Em razão disso, os embargos deverão ser distribuídos por dependência à execução e, após o seu regular processamento, serão decididos por sentença, impugnável pelo recurso de apelação.

2.12. Embargos à Execução

2.12.1. *Natureza Jurídica*

Os embargos à execução possuem natureza jurídica de ação. Também são mencionados com defesa incidental (por meio de ação incidental), que pode ser apresentada pelo executado.

Como sabido, existem três tipos de defesa disponíveis ao executado: i) endoprocessual (nos próprios autos, como a impugnação ao cumprimento de sentença, já vista), a incidental (ação incidente - embargos) e a defesa heterotópica (que consiste no ajuizamento de outras ações, uma via diferente, paralela, que pode ser utilizada, como a ação anulatória de título, por exemplo).

2.12.2. *Requisitos para a Admissibilidade dos Embargos*

A admissibilidade dos embargos à execução depende da observância de alguns requisitos.

Os embargos à execução serão oferecidos de forma escrita, por meio de petição (que deverá observar os requisitos da petição inicial), instruída com as cópias das peças processuais relevantes, que poderão ser declaradas autênticas pelo próprio advogado, sob sua responsabilidade pessoal. Sendo alegado excesso de execução, deverá o embargante declarar o valor que entende correto.

A petição deverá ser distribuída por dependência. Será competente o juízo da execução, ainda que se trate de execução por carta, quando a competência será do juízo deprecante, salvo se a matéria alegada versar sobre vícios ou defeitos da penhora, da avaliação ou da alienação dos bens efetuadas no juízo deprecado, quando então por este serão julgados. Tais procedimentos, porém, não impedem que os embargos sejam oferecidos no juízo deprecante ou no juízo deprecado, mas a competência para julgá-lo observará as regras acima.

▶ ATENÇÃO!

É interessante que o art. 914, § 2º do CPC aluda à competência do juízo deprecado para conhecer de embargos em que se alegue vícios ou defeitos da alienação de bens efetuada no juízo deprecado, pois, quando da expropriação de bens, não mais haverá oportunidade para se oferecer embargos. Como foi dito anteriormente, não mais se admitem os embargos à arrematação.

Dessa maneira, é possível extrair que o pedido de invalidação da arrematação será julgado pelo juízo deprecado, se perante este foi praticada a alienação. Da mesma forma, será competente para julgar eventual ação autônoma em que se peça a invalidação do ato.

No art. 917 do CPC há indicação das matérias que podem ser alegadas pelo executado, como, por exemplo, a incompetência absoluta ou relativa.

Portanto, a incompetência relativa, na execução, deve ser alegada nos embargos à execução e, decorrido o prazo sem que isso tenha acontecido, prorroga-se a competência do juízo relativamente incompetente.

Indica o CPC que a incorreção da penhora ou da avaliação poderá ser impugnada por simples petição, no prazo de 15 dias, contado da ciência do ato.

Os embargos poderão ser oferecidos no prazo de quinze dias, contados da juntada do mandado (ou observando-se a regra do art. 231 em relação a todos os meios de citação possíveis). O prazo será contado individualmente para cada executado, salvo no caso de cônjuges ou companheiros, quando então será contado a partir da juntada do último.

Tratando-se de execução por carta precatória, o prazo será contado da juntada, na carta, da cientificação da citação, se versarem apenas sobre vícios ou defeitos da penhora, da avaliação ou da alienação dos bens, ou, versando sobre outras matérias, da data da juntada da comunicação da citação expedida pelo juízo deprecado.

O juiz poderá rejeitar liminarmente os embargos se intempestivos, nos casos de indeferimento da petição inicial e de improcedência liminar do pedido e se forem manifestamente protelatórios.

Se admitidos, porém, decidirá sobre a concessão de efeito suspensivo, se requerido, e determinará a oitiva do exequente, para se manifestar no prazo de 15 dias, podendo, na sequência, julgar o pedido ou designar audiência e, encerrada a instrução, proferir sentença.

2.12.3. *Efeito Suspensivo*

Os embargos não importarão automaticamente na concessão de efeito suspensivo. Para que isso ocorra, há necessidade de que haja requerimento da parte, bem com o que estejam presentes os requisitos para a concessão da tutela provisória e ainda que a execução esteja garantida.

> Portanto, a garantia da execução não é condição de sua admissibilidade, mas é para a concessão de efeito suspensivo.

Dessa maneira, o efeito suspensivo poderá ter por fundamento a urgência (relevantes fundamentos e risco de dano grave) ou a evidência (alta probabilidade de acolhimento da pretensão em razão de comportamento da parte contrária ou se aquela estiver fundada em tese em conformidade com precedente), o que ensejará, como regra, que seja proferida decisão interlocutória.

Como o efeito suspensivo é uma medida fundada em tutela provisória, poderá ser modificada ou revogada, por decisão fundamentada, desde que se reconheça que cessaram as circunstâncias que a motivaram.

A concessão do efeito suspensivo importará na impossibilidade de prosseguimento da execução, salvo em relação a atos de substituição, reforço ou redução de penhora, ou, ainda, de avaliação de bens, que poderão ser praticados.

Da mesma forma, também poderão ser praticados atos em relação à parte da execução que não for abrangida pelo efeito suspensivo, bem como em relação àqueles que não a embargaram, se a matéria alegada disser respeito exclusivamente ao embargante.

2.12.4. *Pronunciamento que decide os embargos*

Os embargos à execução, como regra, serão decididos por meio de sentença, impugnável por apelação.

As decisões interlocutórias não serão objeto de recurso de agravo de instrumento, salvo se a questão decidida estiver referida no art. 1.015 do CPC, como, por exemplo, a concessão, modificação ou revogação do efeito suspensivo aos embargos à execução (art. 1.015, X).

2.13. Suspensão e extinção do processo de execução.

2.13.1. *Suspensão do processo de execução*

A execução será suspensa:

i) nas hipóteses gerais de suspensão do processo;

ii) no todo ou em parte, quando recebidos com efeito suspensivo os embargos à execução;

iii) quando o executado não possuir bens penhoráveis, pelo prazo de um ano, durante o qual se suspenderá a prescrição. Ultrapassado esse prazo, inicia-se a prescrição intercorrente.

iv) se a alienação dos bens penhorados não se realizar por falta de licitantes e o exequente, em 15 (quinze) dias, não requerer a adjudicação nem indicar outros bens penhoráveis;

v) quando concedido o parcelamento judicial.

Uma vez suspensa a execução, não serão praticados atos processuais, podendo o juiz, entretanto, salvo no caso de arguição de impedimento ou de suspeição, ordenar providências urgentes.

2.13.2. *Extinção da execução*

A execução será extinta:

I - a petição inicial for indeferida;

II - a obrigação for satisfeita;

III - o executado obtiver, por qualquer outro meio, a extinção total da dívida;

IV - o exequente renunciar ao crédito;

V - ocorrer a prescrição intercorrente.

A extinção só produz efeito quando declarada por sentença.

3. EXECUÇÃO FISCAL

3.1. Espécie de Ação Tributária

Ações tributárias são aquelas em que o fisco se encontra em um dos polos da ação.

AÇÕES

- EXACIONAIS
  - Execução Fiscal
  - Cautelar Fiscal
- ANTIEXACIONAIS
  - Mandado de Segurança em Matéria Tributária
  - Ação Anulatória
  - Consignação em Pagamento
  - Embargos à execução fiscal
  - Ações no rito dos Juizados Especiais da Fazenda Pública.

É possível, ainda, apontar outra classificação, ligada ao processo de conhecimento, que são os *processos sobre relações jurídicas* e os *processos sobre atos.*

▶ PROCESSOS JUDICIAIS TRIBUTÁRIOS – FASE COGNITIVA	
PROCESSOS SOBRE RELAÇÕES JURÍDICAS TRIBUTÁRIAS	**PROCESSOS SOBRE ATOS**
Ações declaratórias Ações de condenação	Ações de anulação Os embargos do devedor Mandado de Segurança

Ação Anulatória.	▶ **SÚMULA VINCULANTE 28** - É inconstitucional a exigência de depósito prévio como requisito de admissibilidade de ação judicial na qual se pretenda discutir a exigibilidade de crédito tributário.
Ação para discutir regime especial imposto a contribuinte.	▶ O reconhecimento da inconstitucionalidade das sanções políticas não serve de salvo-conduto à prática pura e simples de sonegação como instrumento para assegurar vantagens competitivas.
	▶ Apelação nº 0000146-14.2017.8.26.0562 – Tribunal de Justiça do Estado de São Paulo.

Pode ser apresentado o seguinte conceito de execução fiscal: i) Execução de pagar quantia certa, ii) fundada em título executivo extrajudicial (certidão de dívida ativa - art. 784, IX do Novo CPC), iii) que representa obrigação de natureza tributária ou não tributária inscrita em dívida ativa (conforme autorizado pela Lei nº 4.320/1964), iv) por meio da qual o polo ativo pretende a v) expropriação de bens do devedor ou responsável tributário, assim definido em lei.

3.2. Técnica extrajudicial de cobrança: protesto de dívida ativa.

É possível o protesto de Certidão de Dívida Ativa (CDA). No regime instituído pelo art. 1º da Lei 9.492/1997 (...), o protesto foi ampliado, desvinculando-se dos títulos estritamente cambiariformes para abranger todos e quaisquer "títulos ou documentos de dívida". (...). Dada a natureza bifronte do protesto - o qual representa, de um lado, instrumento para constituir o devedor em mora e provar a inadimplência e, de outro, modalidade alternativa para cobrança de dívida -, não é dado ao Poder Judiciário substituir-se à Administração para eleger, sob o enfoque da necessidade (utilidade ou conveniência), as políticas públicas para recuperação, no âmbito extrajudicial, da dívida ativa da Fazenda Pública. A manifestação sobre essa relevante matéria, com base na valoração da necessidade e pertinência desse instrumento extrajudicial de cobrança de dívida, carece de legitimação por romper com os princípios da independência dos poderes (art. 2º da CF) e da imparcialidade. (...). A interpretação contextualizada da Lei 9.492/1997 representa medida que corrobora a tendência moderna de intersecção dos regimes jurídicos próprios do Direito Público e Privado. REsp 1.126.515-PR, Rel. Min. Herman Benjamin, julgado em 3/12/2013. A propósito, o STF reconheceu a constitucionalidade do protesto de C.D.A (ADI nº 5.135).

3.3. Regência da Execução Fiscal

A execução fiscal é regida por lei especial, que adota, subsidiariamente, o Código de Processo Civil. Com o Novo CPC, tem-se que:

▸ EXECUÇÃO FISCAL
Normas Fundamentais do CPC (princípios e regras)
Procedimento: especial previsto na Lei nº 6.830/1980 e subsidiariamente, o Novo CPC. Vide art. 771 do CPC.

3.4. Fundamento da execução fiscal

A execução fiscal funda-se em título executivo extrajudicial, qual seja, a certidão de dívida ativa (C.D.A.). Essa dívida ativa é constituída por qualquer valor definido como de natureza tributária ou não tributária pela Lei nº 4.320/64, e compreende, **além do principal, a atualização monetária, os juros, a multa e os demais encargos.**

Os acessórios da dívida, previstos no art. 2º, § 2º, da LEF, são devidos, cumulativamente, por se tratarem de instituto de natureza jurídica diversa. **Integram a dívida sem qualquer prejuízo no tocante à liquidez, uma vez que calculáveis mediante simples conta aritmética.**

A certidão de dívida ativa possui presunção de certeza e liquidez, e tem o efeito de prova pré-constituída. É certo que se trata de presunção relativa, porém, inverte o ônus da prova, de modo que compete ao executado ilidir essa presunção.

3.5. Cancelamento e Substituição da CDA:

Se, antes da decisão de primeira instância, a inscrição de Dívida Ativa for, a qualquer título, cancelada, a execução fiscal será extinta, sem qualquer ônus para as partes.

Além disso, até a decisão de primeira instância, a Certidão de Dívida Ativa poderá ser emendada ou substituída, assegurada ao executado a devolução do prazo para embargos.

Há de se observar a Súmula 392, do STJ, segundo a qual "a Fazenda Pública pode substituir a certidão de dívida ativa (CDA) até a prolação da sentença de embargos, quando se tratar de correção de erro material ou formal, vedada a modificação do sujeito passivo da execução".

3.6. Competência

Será do juízo do foro do domicílio do réu, no de sua residência ou no do lugar onde for encontrado (art. 46, § 5º do Código de Processo Civil).

Ainda que o devedor tiver domicílio em local não atendido pela Justiça Federal, deverá a execução fiscal ser proposta perante a Justiça Federal (alteração da Lei 5.010/66).

Essa competência é excludente de qualquer outro, inclusive do Juízo de Falência, não prevalecendo a *vis attractiva* do juízo universal falimentar. Se já penhorados bens antes da quebra, estes serão alienados na execução fiscal e o valor revertido à massa falida; se não houve penhora, será decretada a reserva de valores.

> ▶ A falência superveniente do devedor não tem o condão de paralisar o processo de execução fiscal, nem de desconstituir a penhora realizada anteriormente à quebra. O produto da alienação deve ser repassado ao juízo universal da falência para apuração das preferências.

As ações de natureza fiscal não se suspendem ante o deferimento de recuperação judicial, conforme consta do art. 6º, § 7º, da Lei nº 11.101/2005.

> ▶ Sendo o caso de liquidação de sociedade cooperativa, a Lei nº 5.764/1971 não autoriza a remessa, ao Juízo da liquidação, do produto da arrematação havido na execução fiscal.

3.7. Legitimidade Ativa

Tem legitimidade ativa para a propositura da execução fiscal a Fazenda Pública, seja ela a União, os Estados, os Municípios, o Distrito Federal e suas respectivas autarquias. A Ordem dos Advogados do Brasil, por sua vez, não pode valer-se da execução fiscal.

> A legitimidade para a execução fiscal de multa pendente de pagamento imposta em sentença condenatória é exclusiva da Procuradoria da Fazenda Pública.
>
> (Súmula 521, TERCEIRA SEÇÃO, julgado em 25/03/2015, DJe 06/04/2015)

3.8. Legitimidade Passiva

O polo passivo, por sua vez, será ocupado pelo devedor constante da certidão de dívida ativa ou por seus sucessores, a qualquer título.

Também poderá ser ocupado pelo responsável tributário, se assim inscrito na dívida ativa.

Se o nome do responsável já constar do termo de inscrição de dívida, a execução poderá, em face dele, ser diretamente proposta, havendo presunção legal de responsabilidade (relativa). Para tanto, deverá a Administração oferecer-lhe prévia oportunidade para o exercício da ampla defesa e do contraditório no âmbito administrativo, antes do lançamento da dívida.

Pode ocorrer, no entanto, de o nome do responsável não constar da inscrição da dívida ativa, até porque o fato foi apurado no trâmite da execução fiscal.

Nessa hipótese, porém, surge a oportunidade do redirecionamento da execução fiscal, que consiste no chamamento à execução do responsável tributário, aquele indicado pela lei tributária, competindo ao credor comprovar a responsabilidade.

Tem-se como exemplo clássico de redirecionamento a citação do sócio-gerente no caso da dissolução irregular da sociedade, com fundamento no inciso III, do art. 135, do Código Tributário Nacional.

Ocorre que, para a dissolução da sociedade, deverá o sócio-gerente promover a respectiva baixa na Junta Comercial e, se não o fizer, tem-se caso de prática de ato ilegal.

E a prática de ato ilegal é causa de imputação de responsabilização tributária ao sócio-gerente ou administrador, conforme se vê do inciso III, do art. 135.

Registre-se, por oportuno, que o simples inadimplemento da obrigação tributária não pode ensejar a responsabilização tributária, conforme reiteradamente decidido pelo Superior Tribunal de Justiça (súmula 430, STJ).

Ocorrido o redirecionamento no curso da execução fiscal, sem prévia inscrição na dívida ativa, inverte-se o ônus da prova, porém, "presume-se dissolvida irregularmente a empresa que deixar de funcionar no seu domicílio fiscal, sem comunicação aos órgãos competentes, legitimando o redirecionamento da execução fiscal para o sócio-gerente" (súmula 435, STJ).

A par de outras discussões que existem no âmbito do polêmico redirecionamento da execução fiscal, situa-se a relativa ao prazo prescricional para que tal ocorra.

O prazo prescricional para o redirecionamento se iniciaria com a citação da pessoa jurídica, ou então a partir da ciência da dissolução irregular da sociedade?

A própria pergunta já revela a existência de dois posicionamentos sobre o polêmico assunto, que será objeto de análise quando do julgamento do Recurso

Especial 1.201.993, afetado ao regime dos recursos repetitivos e que constituirá em diretriz sobre o assunto.

> Presume-se dissolvida irregularmente a empresa que deixar de funcionar no seu domicílio fiscal, sem comunicação aos órgãos competentes, legitimando o redirecionamento da execução fiscal para o sócio-gerente.
>
> (Súmula 435, PRIMEIRA SEÇÃO, julgado em 14/04/2010, DJe 13/05/2010)

A respeito do redirecionamento, foram afetados os Recursos Especiais nº 1.645.333-SP, 1.643.944-SP e 1.645.281-SP, Rel. Min. Assusete Magalhães, DJe 24/8/2017, para o fim de consolidar o entendimento sobre as seguintes controvérsias: "À luz do art. 135, III, do CTN, o pedido de redirecionamento da Execução Fiscal, quando fundado na hipótese de dissolução irregular da sociedade empresária executada ou de presunção de sua ocorrência (Súmula 435/STJ), pode ser autorizado contra: (i) o sócio com poderes de administração da sociedade, na data em que configurada a sua dissolução irregular ou a presunção de sua ocorrência (Súmula 435/STJ), e que, concomitantemente, tenha exercido poderes de gerência, na data em que ocorrido o fato gerador da obrigação tributária não adimplida; ou (ii) o sócio com poderes de administração da sociedade, na data em que configurada a sua dissolução irregular ou a presunção de sua ocorrência (Súmula 435/STJ), ainda que não tenha exercido poderes de gerência, na data em que ocorrido o fato gerador do tributo não adimplido".

3.9. Procedimento

Segundo determina a LEF, o executado será citado para, no prazo de cinco dias, pagar a dívida com os juros e multa de mora e encargos indicados na CDA, ou garantir a execução. A citação poderá ser realizada pelo correio.

> Em ações de execução fiscal, é desnecessária a instrução da petição inicial com o demonstrativo de cálculo do débito, por tratar-se de requisito não previsto no art. 6º da Lei n. 6.830/1980.
>
> (Súmula 559, PRIMEIRA SEÇÃO, julgado em 09/12/2015, DJe 15/12/2015)
>
> Em ações de execução fiscal, a petição inicial não pode ser indeferida sob o argumento da falta de indicação do CPF e/ou RG ou CNPJ da parte executada.
>
> (Súmula 558, PRIMEIRA SEÇÃO, julgado em 09/12/2015, DJe 15/12/2015).

Uma vez citado o executado, se este não pagar, não nomear bens à penhora e nem forem encontrados bens suficientes, poderá ser declarada a indisponibilidade de seus bens e direitos, comunicando-se aos órgãos competentes. Tal medida – não satisfativa - é determinada apenas se se tratar de débito tributário (excluindo-se os débitos não tributários). Vide, a propósito, o art. 185-A, do CTN.

VIDE SÚMULA N. 560 - DO SUPERIOR TRIBUNAL DE JUSTIÇA.

A decretação da indisponibilidade de bens e direitos, na forma do art. 185-A do CTN, pressupõe o exaurimento das diligências na busca por bens penhoráveis, o qual fica caracterizado quando infrutíferos o pedido de constrição sobre ativos financeiros e a expedição de ofícios aos registros públicos do domicílio do executado, ao Denatran ou Detran.

A citação por edital será cabível quando frustradas as demais formas de citação (súmula 414, STJ).

3.10. Garantia do juízo

São formas de garantia do juízo: depósito; fiança bancária/seguro-garantia; penhora (online, de outros bens e de faturamento). Ordem de bens à penhora no art. 11 da LEF.

Admite-se a penhora em crédito de precatório (súmula 406, STJ). Contudo, o precatório será considerado como direito de crédito, sendo, por isso, viável a recusa à substituição da penhora de bens por precatório se existirem outros bens penhoráveis.

Em qualquer fase do processo, será deferida pelo Juiz: I - ao executado, a substituição da penhora por depósito em dinheiro, fiança bancária ou seguro garantia; e II - à Fazenda Pública, a substituição dos bens penhorados por outros, independentemente da ordem enumerada no artigo 11, bem como o reforço da penhora insuficiente.

3.11. Atos executivos

O executado será citado para pagar ou garantir a execução no prazo de 5 dias. Juiz fixa os honorários, não sendo cabível a sua redução se houver pagamento espontâneo.

Tratando-se de execução fiscal, há a preferência assegurada na lei.

O auto de penhora é considerado ato complexo, pois engloba tanto a apreensão dos bens, sua avaliação, descrição e nomeação de depositário, como a intimação do devedor.

A intimação do devedor constitui formalidade essencial do ato de penhora, tanto para lhe dar conhecimento do ato como para lhe proporcionar oportunidade para que a impugne ou solicite a substituição do bem penhorado.

A penhora consiste em um ato executivo, por meio do qual se concentra a execução em um bem específico do executado. Em razão do princípio da dignidade da pessoa humana, há determinados bens que não podem ser objeto de constrição.

3.12. Defesa incidental

É possível vislumbrar três modalidades diferentes de defesa do executado: a defesa incidental, a endoprocessual e a heterotópica.

Consistem os embargos à execução em ação incidental de conhecimento, por meio da qual o devedor assume a posição de autor e postula a desconstituição parcial ou total do título, ou então questiona algum ato processual.

Podem ser apontados como requisitos de sua admissibilidade: a) regularidade formal; b) tempestividade; c) prévia garantia; d) observância das condições da ação e dos pressupostos processuais positivos e não incidência dos pressupostos processuais negativos; e) limites à cognição.

a) Regularidade formal

A petição inicial dos embargos deve observar as exigências legais, além de ser acompanhada de cópia das principais peças da execução e de outros documentos que o embargante reputar indispensáveis.

Sendo indicado excesso de execução, deverá o embargante apresentar ao juízo o valor que entende devido, sob pena desse argumento não ser conhecido.

A inicial dos embargos será distribuída por dependência ao juízo da execução, que é o competente para julgá-los.

b) Tempestividade

Os embargos devem ser interpostos no prazo de trinta dias, contados, nos termos do art. 16, da LEF, da intimação da penhora, do depósito ou da juntada da fiança bancária/seguro garantia.

Trata-se de prazo fatal, cuja inobservância acarretará o seu não conhecimento.

Se a execução fiscal for garantida por penhora, o trintídio legal conta-se a partir da intimação da constrição, e não da juntada do mandado de intimação aos autos.

Essa intimação há de ser pessoal, devendo constar do mandado a advertência de que o prazo para oferecimento de embargos será de trinta dias, contados da intimação, conforme já consolidado pelo Superior Tribunal de Justiça.

Tratando-se de marido e mulher, o prazo para embargar se inicia a partir do registro da última intimação.

Se ocorrida a constrição de faturamento, o prazo também se inicia a partir da intimação da penhora.

Se a garantia do juízo for feita mediante depósito em dinheiro, deve ele ser reduzido a termo, para que dele tenham conhecimento o exequente e o juiz. Sendo assim, decidiu o Superior Tribunal de Justiça que o prazo para a oposição de embargos conta-se da data da intimação do termo, oportunidade em que o executado já tem efetiva ciência da aceitação da constrição, apesar da lei mencionar que o prazo se iniciaria a partir do depósito.

Tratando-se de garantia por meio de fiança bancária, também deverá ser esta formalizada, sendo o devedor intimado, quando então será iniciado o prazo para os embargos.

c) Prévia garantia como condição de admissibilidade.

Para a apresentação de embargos à execução fiscal, diferentemente do regime previsto no Código de Processo Civil, deverá, como condição de admissibilidade, estar a execução previamente garantida.

E essa conclusão não poderia ser outra, principalmente pelo fato de a Lei de Execuções Fiscais, em seu art. 16, conter disposição expressa sobre a necessidade de prévia garantia do juízo, não sendo possível aplicar-se o novo regramento do Código de Processo Civil a respeito.

O STJ, contudo, vem admitindo os embargos se o executado demonstrar que não possui patrimônio suficiente para garantir a execução.

d) Observância dos pressupostos processuais e das condições da ação

Como não haveria deixar de ser e principalmente pelo fato de se constituírem os embargos à execução em ação, deverá o embargante preencher os requisitos gerais de admissibilidade da sentença de mérito, quais sejam, os pressupostos processuais (positivos de existência e de validade e a não presença dos negativos) e as condições da ação.

e) Limites à cognição

Por se tratar de execução de título extrajudicial, é amplo o objeto dos embargos, podendo o executado alegar qualquer matéria em seu favor, à exceção de COMPENSAÇÃO, tendo em vista a expressa vedação contida no art. 16, § 3º, da LEF, que poderá ser discutida em outro processo. Tal dispositivo vem sendo interpretado com cautela, vedando-se ao executado apresentar créditos que possui a fim de abater os créditos tributários em execução.

De outro lado, permite-se alegar-se a existência de compensações já realizadas, administrativa ou judicialmente, com os créditos que são objeto da CDA.

Analisados esses primeiros aspectos em relação aos embargos à execução, surge a questão relativa aos seus efeitos, questionando-se se os embargos teriam o condão de suspender automaticamente o andamento da execução ou não.

A Lei 6.830/80 silencia a respeito, de modo que o Código de Processo Civil deve ser aplicado subsidiariamente. A propósito, o CPC contém atual regra específica no sentido de que os embargos, por si, não suspendem o andamento da execução, salvo se o magistrado, atendendo a requerimento do embargante, verificar a presença concomitante de três requisitos: *garantia do juízo, relevantes fundamentos e perigo de dano grave ou de difícil reparação.*

3.13. Exceção de pré-executividade

É cabível quando for alegada matéria de ordem pública, e também quando, embora não seja de ordem pública, for desnecessária qualquer dilação probatória. Súmula 393 STJ – matérias conhecíveis de ofício que não demandem dilação probatória.

3.14. Recursos

As decisões interlocutórias proferidas poderão ser impugnadas pelo recurso de agravo de instrumento (art. 1.015, X e parágrafo único, CPC).

Para impugnar a sentença de primeira instância, em execuções fiscais de valor igual ou inferior a 50 ORTN, o recurso adequado não será o de apelação, mas os denominados *embargos infringentes de alçada.*

Os embargos infringentes são interpostos no prazo de dez dias, perante o mesmo juízo, que os julgará. Foi necessária a interpretação jurisprudencial para definir-se o valor de alçada, considerando-se que a ORTN foi extinta.

A propósito, a Primeira Seção do Superior Tribunal de Justiça, no julgamento do REsp 1.168.625/MG, de relatoria do Min. Luiz Fux, submetido ao regime dos recursos repetitivos (art. 543-C do CPC), consignou que, para a aplicação do art. 34, § 1º, da Lei 6.830/80 - Lei de Execuções Fiscais, adota-se como valor de alçada para o cabimento de apelação em sede de execução fiscal o valor de R$ 328,27 (trezentos e vinte e oito reais e vinte e sete centavos), corrigido pelo IPCA-E a partir de janeiro de 2001, valor esse que deve ser observado à data da propositura da execução.

Não havendo fundamento constitucional para a interposição do extraordinário, mas, de outro lado, verificando-se tratar-se a decisão proferida em sede de embargos infringentes ofensiva à lei, admite-se o mandado de segurança contra o ato judicial, pois vedada, na hipótese, a utilização do recurso especial.

3.15. Discussão sobre o art. 38, parágrafo único.

Em conformidade com o que está disposto no parágrafo único, do art. 38, da Lei de Execuções Fiscais, a propositura, pelo contribuinte, da ação prevista naquele artigo [destinadas à discussão judicial da validade de crédito inscrito em dívida ativa], importará na renúncia ao poder de recorrer na esfera administrativa e desistência do recurso acaso interposto, dispositivo que teve a sua constitucionalidade reconhecida em sede de controle difuso (RE 233582, Relator(a): Min. MARCO AURÉLIO, Relator(a) p/ Acórdão: Min. JOAQUIM BARBOSA, Tribunal Pleno, julgado em 16/08/2007, DJe-088 DIVULG 15-05-2008 PUBLIC 16-05-2008 EMENT VOL-02319-05 PP-01031).

3.16. Medida Cautelar Fiscal

A Lei n.º 8.397/92 fez previsão da medida cautelar fiscal, cujo objeto é a decretação da indisponibilidade dos bens do requerido, até o limite da satisfação da obrigação. Trata-se de previsão de ação privativa da Fazenda Pública, que pode ser instaurada após a constituição do crédito, ou mesmo no curso da execução judicial. Segundo já observou a doutrina, não se exige a constituição definitiva do crédito, mas apenas o seu lançamento regular. Porém, existem duas hipóteses em que não se exige prévia constituição do crédito (art. 1º, § 1º). 1. na hipótese de o devedor ter sido notificado pela Fazenda Pública para que proceda ao recolhimento do crédito fiscal e ponha ou tente pôr seus bens em nome de terceiros; 2. quando o devedor aliena bens ou direitos sem proceder à devida comunicação ao órgão da Fazenda Pública competente, quando exigível em virtude de lei.

4. SÚMULAS E INFORMATIVOS DOS TRIBUNAIS SUPERIORES

4.1. Súmulas do Supremo Tribunal Federal

Execução contra a Fazenda Pública

- **Súmula 655, STF.** A exceção prevista no art. 100, *caput*, da Constituição, em favor dos créditos de natureza alimentícia, não dispensa a expedição de precatório, limitando-se a isentá-los da observância da ordem cronológica dos precatórios decorrentes de condenações de outra natureza.
- **Súmula Vinculante 17.** Durante o período previsto no § 1º do artigo 100 da Constituição, não incidem juros de mora sobre os precatórios que nele sejam pagos.

4.2. Súmulas do Superior Tribunal de Justiça

Processo de execução

- **Súmula 519, STJ.** Na hipótese de rejeição da impugnação ao cumprimento de sentença, não são cabíveis honorários advocatícios.
- **Súmula 478, STJ.** Na execução de crédito relativo a cotas condominiais, este tem preferência sobre o hipotecário.
- **Súmula 410, STJ.** A prévia intimação pessoal do devedor constitui condição necessária para a cobrança de multa pelo descumprimento de obrigação de fazer ou não fazer.
- **Súmula 196, STJ.** Ao executado que, citado por edital ou por hora certa, permanecer revel, será nomeado curador especial, com legitimidade para apresentação de embargos.
- **Súmula 46, STJ.** Na execução por carta, os embargos do devedor serão decididos no juízo deprecante, salvo se versarem unicamente vícios ou defeitos da penhora, avaliação ou alienação dos bens.

Título executivo

- **Súmula 387, STF.** A cambial emitida ou aceita com omissões, ou em branco, pode ser completada pelo credor de boa-fé antes da cobrança ou do protesto.
- **Súmula 300, STJ.** O instrumento de confissão de dívida, ainda que originário de contrato de abertura de crédito, constitui título executivo extrajudicial.
- **Súmula 258, STJ.** A nota promissória vinculada a contrato de abertura de crédito não goza de autonomia em razão da iliquidez do título que a originou.
- **Súmula 233, STJ.** O contrato de abertura de crédito, ainda que acompanhado de extrato da conta-corrente, não é título executivo.
- **Súmula 27, STJ.** Pode a execução fundar-se em mais de um título extrajudicial relativos ao mesmo negócio.

Responsabilidade patrimonial

- **Súmula 375, STJ.** O reconhecimento da fraude à execução depende do registro da penhora do bem alienado ou da prova de má-fé do terceiro adquirente.
- **Penhora**
- **Súmula 549, STJ.** É válida a penhora de bem de família pertencente a fiador de contrato de locação.
- **Súmula 497, STJ.** Os créditos das autarquias federais preferem aos créditos da Fazenda estadual desde que coexistam penhoras sobre o mesmo bem.
- **Súmula 486, STJ.** É impenhorável o único imóvel residencial do devedor que esteja locado a terceiros, desde que a renda obtida com a locação seja revertida para a subsistência ou a moradia da sua família.
- **Súmula 478, STJ.** Na execução de crédito relativo a cotas condominiais, este tem preferência sobre o hipotecário.
- **Súmula 451, STJ.** É legítima a penhora da sede do estabelecimento comercial.
- **Súmula 417, STJ.** Na execução civil, a penhora de dinheiro na ordem de nomeação de bens não tem caráter absoluto.
- **Súmula 364, STJ.** O conceito de impenhorabilidade de bem de família abrange também o imóvel pertencente a pessoas solteiras, separadas e viúvas.
- **Súmula 328, STJ.** Na execução contra instituição financeira, é penhorável o numerário disponível, excluídas as reservas bancárias mantidas no Banco Central.
- **Súmula 205, STJ.** A Lei 8.009-90 aplica-se à penhora realizada antes de sua vigência.

Execução de alimentos

- **Súmula 358, STJ.** O cancelamento de pensão alimentícia de filho que atingiu a maioridade está sujeito à decisão judicial, mediante contraditório, ainda que nos próprios autos.

- **Súmula 309, STJ.** O débito alimentar que autoriza a prisão civil do alimentante é o que compreende as três prestações anteriores ao ajuizamento da execução e as que vencerem no curso do processo.

Execução contra a Fazenda Pública

- **Súmula 487, STJ.** O parágrafo único do art. 741 do CPC não se aplica às sentenças transitadas em julgado em data anterior à da sua vigência.
- **Súmula 279, STJ.** É cabível execução por título extrajudicial contra a Fazenda Pública.

Execução fiscal

- **Súmula 521 STJ.** A legitimidade para a execução fiscal de multa pendente de pagamento imposta em sentença condenatória é exclusiva da Procuradoria da Fazenda Pública.
- **Súmula 515, STJ.** A reunião de execuções fiscais contra o mesmo devedor constitui faculdade do Juiz.
- **Súmula 435, STJ.** Presume-se dissolvida irregularmente a empresa que deixar de funcionar no seu domicílio fiscal, sem comunicação aos órgãos competentes, legitimando o redirecionamento da execução fiscal para o sócio-gerente.
- **Súmula 430, STJ.** O inadimplemento da obrigação tributária pela sociedade não gera, por si só, a responsabilidade solidária do sócio-gerente.
- **Súmula 414, STJ.** A citação por edital na execução fiscal é cabível quando frustradas as demais modalidades.
- **Súmula 409, STJ.** Em execução fiscal, a prescrição ocorrida antes da propositura da ação pode ser decretada de ofício (art. 219, § 5º, do CPC).
- **Súmula 406, STJ.** A Fazenda Pública pode recusar a substituição do bem penhorado por precatório.
- **Súmula 394, STJ.** É admissível, em embargos à execução fiscal, compensar os valores de imposto de renda retidos indevidamente na fonte com os valores restituídos apurados na declaração anual.
- **Súmula 393, STJ.** A exceção de pré-executividade é admissível na execução fiscal relativamente às matérias conhecíveis de ofício que não demandem dilação probatória.
- **Súmula 392, STJ.** A Fazenda Pública pode substituir a certidão de dívida ativa (CDA) até a prolação de sentença de embargos, quando se tratar de correção de erro material ou formal, vedada a modificação do sujeito passivo da execução.
- **Súmula 345, STJ.** São devidos honorários advocatícios pela Fazenda Pública nas execuções individuais de sentença proferida em ações coletivas, ainda que não embargadas.
- **Súmula 314, STJ.** Em execução fiscal, não localizados bens penhoráveis, suspende-se o processo por um ano, findo o qual se inicia o prazo da prescrição quinquenal intercorrente.
- **Súmula 251, STJ.** A meação só responde pelo ato ilícito quando o credor, na execução fiscal, provar que o enriquecimento dele resultante aproveitou ao casal.

- **Súmula 190, STJ.** Na execução fiscal, processada perante a Justiça Estadual, cumpre à Fazenda Pública antecipar o numerário destinado ao custeio das despesas com o transporte dos oficiais de Justiça.
- **Súmula 189, STJ.** É desnecessária a intervenção do Ministério Público nas execuções fiscais.
- **Súmula 153, STJ.** A desistência da execução fiscal, após o oferecimento dos embargos, não exime o exequente dos encargos da sucumbência.
- **Súmula 128, STJ.** Na execução fiscal haverá segundo leilão, se no primeiro não houver lanço superior à avaliação.
- **Súmula 121, STJ.** Na execução fiscal o devedor deverá ser intimado, pessoalmente, do dia e hora da realização do leilão.
- **Súmula 66, STJ.** Compete à Justiça Federal processar e julgar execução fiscal promovida por Conselho de fiscalização profissional.
- **Súmula 58, STJ.** Proposta a execução fiscal, a posterior mudança de domicílio do executado não desloca a competência já fixada.
- **Súmula 27, STJ.** Pode a execução fundar-se em mais de um título extrajudicial relativos ao mesmo negócio.
- **Súmula 46, STJ.** Na execução por carta, os embargos do devedor serão decididos no juízo deprecante, salvo se versarem unicamente vícios ou defeitos da penhora, avaliação ou alienação dos bens.
- **Súmula 84, STJ.** É admissível a oposição de embargos de terceiro fundados em alegação de posse advinda do compromisso de compra e venda de imóvel, ainda que desprovido do registro.
- **Súmula 134, STJ.** Embora intimado da penhora em imóvel do casal, o cônjuge do executado pode opor embargos de terceiro para defesa de sua meação.
- **Súmula 195, STJ.** Em embargos de terceiro não se anula ato jurídico, por fraude contra credores.
- **Súmula 196, STJ.** Ao executado que, citado por edital ou por hora certa, permanecer revel, será nomeado curador especial, com legitimidade para apresentação de embargos.
- **Súmula 199, STJ.** Na execução hipotecária de crédito vinculado ao Sistema Financeiro da Habitação, nos termos da Lei n. 5.741/71, a petição inicial deve ser instruída com, pelo menos, dois avisos de cobrança.
- **Súmula 205, STJ.** A Lei 8.009/90 aplica-se a penhora realizada antes de sua vigência.
- **Súmula 233, STJ.** O contrato de abertura de crédito, ainda que acompanhado de extrato da conta-corrente, não é título executivo.
- **Súmula 239, STJ.** O direito à adjudicação compulsória não se condiciona ao registro do compromisso de compra e venda no cartório de imóveis.
- **Súmula 268, STJ.** O fiador que não integrou a relação processual na ação de despejo não responde pela execução do julgado.
- **Súmula 279, STJ.** É cabível execução por título extrajudicial contra a Fazenda Pública.

- **Súmula 300, STJ.** O instrumento de confissão de dívida, ainda que originário de contrato de abertura de crédito, constitui título executivo extrajudicial.
- **Súmula 304, STJ.** É ilegal a decretação da prisão civil daquele que não assume expressamente o encargo de depositário judicial.
- **Súmula 317, STJ.** É definitiva a execução de título extrajudicial, ainda que pendente apelação contra sentença que julgue improcedentes os embargos.
- **Súmula 319, STJ.** O encargo de depositário de bens penhorados pode ser expressamente recusado.
- **Súmula 328, STJ.** Na execução contra instituição financeira, é penhorável o numerário disponível, excluídas as reservas bancárias mantidas no Banco Central.
- **Súmula 364, STJ.** O conceito de impenhorabilidade de bem de família abrange também o imóvel pertencente a pessoas solteiras, separadas e viúvas.
- **Súmula 375, STJ.** O reconhecimento da fraude à execução depende do registro da penhora do bem alienado ou da prova de má-fé do terceiro adquirente.
- **Súmula 410, STJ.** A prévia intimação pessoal do devedor constitui condição necessária para a cobrança de multa pelo descumprimento de obrigação de fazer ou não fazer.
- **Súmula 417, STJ.** Na execução civil, a penhora de dinheiro na ordem de nomeação de bens não tem caráter absoluto.
- **Súmula 452, STJ.** A extinção das ações de pequeno valor é faculdade da Administração Federal, vedada a atuação judicial de ofício.
- **Súmula 478, STJ.** Na execução de crédito relativo a cotas condominiais, este tem preferência sobre o hipotecário.
- **Súmula 486, STJ.** É impenhorável o único imóvel residencial do devedor que esteja locado a terceiros, desde que a renda obtida com a locação seja revertida para a subsistência ou a moradia da sua família.
- **Súmula 487, STJ.** O parágrafo único do art. 741 do CPC não se aplica às sentenças transitadas em julgado em data anterior à da sua vigência.
- **Súmula 559, STJ.** Em ações de execução fiscal, é desnecessária a instrução da petição inicial com o demonstrativo de cálculo do débito, por tratar-se de requisito não previsto no art. 6º da Lei n. 6.830/1980.
- **Súmula 313, STJ.** Em ação de indenização, procedente o pedido, é necessária a constituição de capital ou caução fidejussória para a garantia de pagamento da pensão, independentemente da situação financeira do demandado.
- **Súmula 344, STJ.** A liquidação por forma diversa da estabelecida na sentença não ofende a coisa julgada.

5. INFORMATIVOS DO SUPREMO TRIBUNAL FEDERAL

- Fazenda Pública e atuação em juízo O prazo de 30 dias para a Fazenda Pública embargar execução é constitucional. Julgada improcedente ADI ajuizada pelo CFOAB contra o artigo 4º da MPv 2.102-27/2001 que, ao alterar outros dispositivos legais, promoveu alterações em prazos processuais, entre eles a interposição de recurso pela Fazenda Pública. A ADI alegava ofensa aos princípios da isonomia e do devido processo legal. Isto porque o dispositivo questionado, ao acrescentar o art. 1º-B à Lei 9.494/97, aumentou para 30 dias o prazo para interposição de recurso (embargos à execução) pela Fazenda Pública, permanecendo para o particular a previsão de 10 dias na área cível e 5 dias na área trabalhista. A OAB também argumentava afronta ao princípio da isonomia em razão de o dispositivo ter fixado prazo prescricional de cinco anos para ajuizamento de ações de indenização, uma vez que para os particulares a previsão é de 20 anos. Quanto ao parágrafo único, acrescentado ao artigo 741 do CPC/73, o conselho sustentava que a inexigibilidade de título executivo judicial quando firmado em dissonância com o entendimento do Supremo rescindiria sentença transitada em julgado, ferindo os princípios constitucionais da coisa julgada e da segurança jurídica. Somente em hipóteses excepcionais – quando manifestamente demonstrada a ausência dos requisitos de relevância e urgência – é que caberia anular o ato normativo editado, o que não ocorreu no caso. A ampliação do prazo para a oposição de embargos pela Fazenda Pública não viola os princípios da isonomia e do devido processo legal porque o tratamento processual especial conferido à Fazenda Pública é conhecido de todos – inclusive em relação a prazos diferenciados, quando razoáveis – e não apresenta restrição a direito ou prerrogativa da parte contrária, mas busca atender ao princípio da supremacia do interesse público. Também não viola a Constituição a fixação do prazo prescricional de cinco anos para os pedidos de indenização por danos causados por agentes de pessoas jurídicas de Direito público e de pessoas jurídicas de Direito privado prestadoras de serviço público. O dispositivo examinado simplesmente reproduziu o que já dispunha o art. 1º do Dec. 20.910/1932. A única novidade foi a inclusão, entre os destinatários dessa norma, das pessoas jurídicas de Direito privado prestadoras de serviço público, atribuindo o mesmo regime prescricional das pessoas jurídicas de Direito público. Justificada pelo art. 37, § 6º, da CF, que expressamente equipara essas entidades às pessoas de Direito público relativamente ao regime de responsabilidade civil pelos atos praticados por seus agentes. Em relação à inexigibilidade de título executivo judicial fundado em lei ou ato normativo declarados inconstitucionais pelo STF, consta inclusive incorporado ao CPC/2015. ADI 2418/DF, Rel. Min. Teori Zavascki, 4.5.2016. Pleno (Info 824).

- Execução de honorários sucumbenciais e fracionamento. É legítima a execução de honorários sucumbenciais proporcional à respectiva fração de cada um dos substituídos processuais em ação coletiva contra a Fazenda Pública. RE 919269 AgR/RS, Rel. Min. Edson Fachin, 15.12.2015. 1ª T. (Info 812).

- Execução de honorários sucumbenciais e fracionamento. Não é possível fracionar o crédito de honorários advocatícios em litisconsórcio ativo facultativo simples em execução contra a Fazenda Pública por frustrar o regime do precatório. RE 949383 AgR/RS, Rel. Min. Cármen Lúcia, 17.5.2016. 2ª T. (Info 826).

6. INFORMATIVOS STJ

- **Cumprimento de sentença. Art. 523 do CPC/2015. Obrigação de pagar quantia certa. Inadimplemento. Honorários advocatícios. Base de cálculo. Valor da dívida. Não inclusão da multa de dez por cento.** Inicialmente, salienta-se que de acordo com o § 1º do art. 85 do CPC/2015, são devidos honorários advocatícios no cumprimento provisório ou definitivo de sentença, caso não haja o adimplemento do valor estabelecido no referido título executivo judicial dentro do prazo previsto em lei. Eis, aqui, a aplicação do princípio da causalidade, o qual impõe ao devedor o pagamento da verba honorária em virtude da resistência à satisfação do crédito, acarretando, por conseguinte, a necessidade de postular a execução forçada. Para deflagrar o cumprimento de sentença, exige-se o requerimento expresso formulado pelo credor. Ocorrendo a intimação do executado, inicia-se o prazo de 15 (quinze) dias para a satisfação do comando sentencial, após o qual o débito será acrescido de multa e de honorários advocatícios no importe de 10% (dez por cento), totalizando, portanto, o aumento de 20% (vinte por cento). Nesse contexto, a base de cálculo da multa e da verba honorária é o valor do crédito perseguido na execução da sentença. Ou seja, calcula-se a multa sobre o montante executado e, em seguida, procede-se da mesma forma com os honorários devidos ao advogado. Portanto, a base de cálculo da multa e dos honorários advocatícios é a mesma, ou seja, ambos incidem sobre o débito. Por sua vez, a expressão "débito", presente no *caput* do art. 523 do CPC/2015, compreende o valor que o credor busca no cumprimento da sentença, acrescido, se houver, das custas processuais referentes à instauração da fase executiva, sem incluir a multa de 10% (dez por cento) pelo descumprimento da obrigação no prazo legal (art. 523, § 1º, do CPC/2015). REsp 1.757.033-DF, Rel. Min. Ricardo Villas BôasCueva, por unanimidade, julgado em 09/10/2018, DJe 15/10/2018 (Info 636).

- **Da liquidação de sentença** Possibilidade de utilização de deduções e presunções na apuração de lucros cessantes. É possível ao julgador, na fase de liquidação de sentença por arbitramento, acolher as conclusões periciais fundadas em presunções e deduções para a quantificação do prejuízo sofrido pelo credor a título de lucros cessantes. REsp 1.549.467-SP, Rel. Min. Marco Aurélio Bellizze, *DJ* 19.9.2016. 3ª T. (Info 590).

- **Do cumprimento da sentença** Impugnação ao cumprimento de sentença e necessidade de garantia do juízo. Na fase de cumprimento de sentença, não é cabível a apresentação de impugnação fundada em excesso de execução (art. 475-L, V, do CPC) antes do depósito da quantia devida (art. 475-J, *caput*, do CPC); contudo, se mesmo assim ela for apresentada, não haverá preclusão da faculdade de apresentar nova impugnação a partir da intimação da penhora realizada nos autos (art. 475-J, § 1º, do CPC). REsp 1.455.937-SP, Rel. Min. João Otávio de Noronha, *DJe* 9.11.2015. 3ª T. (Info 573).

Do processo de execução

- **Execução Fiscal. Art. 40, LEF. Prescrição intercorrente.** O espírito da Lei de Execuções Fiscais, em seu art. 40, é o de que nenhuma execução fiscal já ajuizada poderá permanecer eternamente nos escaninhos do Poder Judiciário ou da Procuradoria encarregada da execução das respectivas dívidas fiscais. Nessa lógica, com o intuito de dar cabo dos feitos executivos com pouca ou nenhuma probabilidade de êxito, estabeleceu-se então um prazo para que fossem localizados o devedor ou encontrados bens sobre os quais pudessem recair a penhora. Dito de outra forma, não havendo a citação de qualquer devedor (o que seria apenas marco interruptivo da prescrição) e/ou não sendo encontrados bens sobre os quais possa recair a penhora (o que permitiria o fim da inércia processual), inicia-se automaticamente o procedimento visto no art. 40 da Lei n. 6.830/1980, e respectivo prazo ao fim do qual restará prescrito o crédito fiscal. Esse é o teor da Súmula n. 314/STJ: "Em execução fiscal, não localizados bens penhoráveis, suspende-se o processo por um ano, findo o qual se inicia o prazo da prescrição qüinqüenal intercorrente". Na construção do sistema, o referido prazo foi segmentado em duas partes. A primeira parte tem por termo inicial a falta de localização de devedores ou bens penhoráveis (art. 40, *caput*, da LEF) e por termo final o prazo de 1 (um) ano dessa data (art. 40, §§ 1º e 2º, da LEF). Durante essa primeira parte, a execução fiscal fica suspensa com vista dos autos aberta ao representante judicial da Fazenda Pública (art. 40, § 1º, da LEF). Já a segunda parte tem por termo inicial o fim da primeira parte, isto é, o fim do prazo de 1 (um) ano da data da frustração na localização de devedores ou bens penhoráveis (art. 40, § 2º, da LEF), e por termo final o prazo prescricional próprio do crédito fiscal em cobrança (quinquenal, no caso dos créditos tributários - art. 174, do CTN), consoante o art. 40, § 4º, da LEF. Nessa segunda parte, a execução fiscal fica arquivada no Poder Judiciário, sem baixa na distribuição. Desse modo, se o crédito fiscal em cobrança for crédito tributário tem-se um prazo de 6 (seis) anos contados da constatação da falta de localização de devedores ou bens penhoráveis (art. 40, *caput*, da LEF) para que a Fazenda Pública encontre o devedor ou os referidos bens. Dentro desse prazo é que pode pedir as providências genéricas como a citação por edital e a penhora via BACEN-JUD, não havendo qualquer incompatibilidade. Considerando a jurisprudência desta Casa que entende ser o fluxo dos prazos do art. 40 da LEF automático, o prazo de 1 (um) ano de suspensão tem início automaticamente na data da ciência da Fazenda Pública a respeito da não localização do devedor e/ou da inexistência de bens penhoráveis no endereço fornecido. Isto porque nem o Juiz e nem a Procuradoria da Fazenda Pública são os senhores do termo inicial do prazo para a contagem da primeira parte (prazo de 1 ano de suspensão), somente a lei o é (ordena o art. 40: "[...] o juiz suspenderá [...]"). Assim, não cabe ao juiz ou à Procuradoria fazendária a escolha do melhor momento para o seu início. Constatada a ausência de bens pelo oficial de justiça e intimada a Fazenda Pública, inicia-se o prazo, na forma do art. 40, *caput*, da LEF. O que importa para a aplicação da lei é que a Fazenda Nacional tenha tomado ciência da inexistência de bens penhoráveis no endereço fornecido. Isso é o suficiente para inaugurar o prazo *ex lege*. REsp 1.340.553-RS, Rel. Min. Mauro Campbell Marques, Primeira Seção, por unanimidade, julgado em 12/09/2018, DJe 16/10/2018 (Tema 566) (Info 635).

- **Execução fiscal. Prescrição intercorrente. Art. 40 e parágrafos da Lei n. 6.830/1980. Final do prazo de 1 (um) ano de suspensão. Início automático do prazo prescricional. Temas 567 e 569.** A compreensão de que o prazo de suspensão do art. 40, da LEF somente tem início mediante peticionamento da Fazenda Pública ou determinação expressa do Juiz configura grave equívoco interpretativo responsável pelos inúmeros feitos executivos paralisados no Poder Judiciário ou Procuradorias, prolongando indevidamente o início da contagem do prazo da prescrição intercorrente. Essa interpretação equivocada já foi rechaçada no *leading case* que originou a Súmula n. 314/STJ (EREsp 97.328/PR). Desse modo, havendo ou não petição da Fazenda Pública e havendo ou não decisão judicial nesse sentido (essas decisões e despachos de suspensão e arquivamento são meramente declaratórios, não alterando os marcos prescricionais), inicia-se automaticamente o prazo prescricional de 5 (cinco) anos durante o qual o processo deveria estar arquivado sem baixa na distribuição. REsp 1.340.553-RS, Rel. Min. Mauro Campbell Marques, Primeira Seção, por unanimidade, julgado em 12/09/2018, DJe 16/10/2018 (Temas 567 e 569). (Info 635).

- **Execução Fiscal. Prescrição intercorrente. Ininterrupção. Efetiva constrição patrimonial. Efetiva citação. Art. 40 e parágrafos da Lei nº 6.830/1980. Tema 568.** Inicialmente, registre-se que o art. 40, *caput*, da LEF não dá qualquer opção ao Juiz (verbo: "suspenderá") diante da constatação de que não foram encontrados o devedor ou bens penhoráveis. De observar também que o art. 40, § 3º, da LEF quando se refere à localização do devedor ou dos bens para a interrupção da prescrição intercorrente ("§ 3º - Encontrados que sejam, a qualquer tempo, o devedor ou os bens, serão desarquivados os autos para prosseguimento da execução") não se refere à localização daqueles por parte da Fazenda Pública, mas a sua localização por parte do Poder Judiciário. Isto porque a palavra "encontrados", se interpretada à luz do princípio constitucional da eficiência, somente pode se referir a encontrados pelo Poder Judiciário. Explica-se. A Fazenda Pública de posse de um indicativo de endereço ou bem penhorável peticiona em juízo requerendo a citação ou penhora consoante as informações dadas ao Poder Judiciário. Essa petição, por si só, não satisfaz o requisito do art. 40, § 3º, da LEF. Para todos os efeitos, o devedor ou os bens ainda não foram encontrados (trata-se de mera indicação). É preciso também que a providência requerida ao Poder Judiciário seja frutífera, ou seja, que resulte em efetiva citação ou penhora (constrição patrimonial). Desse modo, estarão "Encontrados que sejam, [...] o devedor ou os bens", consoante o exige o art. 40, § 3º, da LEF. Outrossim, a providência requerida ao Poder Judiciário deve resultar em efetiva citação ou penhora - constrição patrimonial (isto é: ser frutífera/eficiente), ainda que estas ocorram fora do prazo de 6 (seis) anos. Indiferente ao caso que a penhora (constrição patrimonial) perdure, que o bem penhorado (constrito) seja efetivamente levado a leilão e que o leilão seja positivo. Cumprido o requisito, a prescrição intercorrente se interrompe na data em que protocolada a petição que requereu a providência frutífera, até porque, não é possível interromper a prescrição intercorrente fora do prazo de 6 (seis) anos, já que não se interrompe aquilo que já se findou. Isto significa que o Poder Judiciário precisa dar resposta às providências solicitadas pelo exequente dentro do prazo de 6 (seis) anos, ainda que para além desse prazo. Nesse sentido, a demora do Poder Judiciário para atender aos requerimentos tempestivos (feitos no curso do prazo de seis anos) há que ser submetida à mesma lógica que ensejou a publicação da Súmula n. 106/STJ ("Proposta a ação no prazo fixado para o seu exercício, a demora na citação, por motivos inerentes ao mecanismo da justiça, não justifica o acolhimento da arguição de prescrição ou decadência"). Se a providência requerida for infrutífera, decreta-se a prescrição, salvo se o Poder Judiciário excepcionalmente reconhecer a sua culpa (aplicação direta ou analógica da Súmula n. 106/STJ), o que deve ser averiguado de forma casuística, já que depende de pressupostos fáticos. Neste ponto, observa-se que a ausência de inércia do exequente de que trata o art. 40 da LEF é uma ausência de inércia qualificada pela efetividade da providência solicitada na petição. Essa é a característica específica do rito da LEF a distingui-lo dos demais casos de prescrição intercorrente. Decorre de leitura particular que se faz do art. 40, § 3º, da LEF que não está presente em nenhum outro procedimento afora a execução fiscal. REsp 1.340.553-RS, Rel. Min. Mauro Campbell Marques, Primeira Seção, por unanimidade, julgado em 12/09/2018, DJe 16/10/2018 (Tema 568). (Info 635).

▶ **Execução fiscal. Prescrição intercorrente. Art. 40 e parágrafos da Lei n. 6.830/1980. Nulidade por falta de intimação. Demonstração do prejuízo. Necessidade. Temas 570 e 571.** Embora a jurisprudência do STJ já tenha entendido que é necessário intimar a Fazenda Pública antes da decisão de decretação da prescrição intercorrente, consoante a literalidade do art. 40, § 4º, da LEF as duas previsões legais de intimação da Fazenda Pública dentro da sistemática do art. 40, da LEF são formas definidas pela lei cuja desobediência não está acompanhada de qualquer cominação de nulidade, ou seja, a teor do art. 244 do CPC: "Quando a lei prescrever determinada forma, sem cominação de nulidade, o juiz considerará válido o ato se, realizado de outro modo, lhe alcançar a finalidade". Sendo assim, se ao final do referido prazo de 6 (seis) anos contados da falta de localização de devedores ou bens penhoráveis (art. 40,*caput*, da LEF) a Fazenda Pública for intimada do decurso do prazo prescricional, sem ter sido intimada nas etapas anteriores, terá nesse momento e dentro do prazo para se manifestar (que pode ser inclusive em sede de apelação), a oportunidade de providenciar a localização do devedor ou dos bens e apontar a ocorrência no passado de qualquer causa interruptiva ou suspensiva da prescrição. Esse entendimento é o que está conforme o comando contido no art. 40, § 3º, da LEF. Por outro lado, caso a Fazenda Pública não faça uso dessa prerrogativa, é de ser reconhecida a prescrição intercorrente. O mesmo raciocínio é aplicável caso se entenda que a ausência de intimação das etapas anteriores tem enquadramento nos arts. 247 e 248 do CPC. Isto porque o princípio da instrumentalidade das formas recomenda que a Fazenda Pública, em sua primeira oportunidade de falar nos autos (art. 245 do CPC), ao alegar a nulidade pela falta de intimação demonstre o prejuízo que sofreu e isso somente é possível se houver efetivamente localizado o devedor ou os bens penhoráveis ou tenha ocorrido qualquer causa interruptiva ou suspensiva da prescrição. Desse modo, a jurisprudência do STJ evoluiu da necessidade imperiosa de prévia oitiva da Fazenda Pública para se decretar a prescrição intercorrente para a análise da utilidade da manifestação da Fazenda Pública na primeira oportunidade em que fala nos autos a fim de ilidir a prescrição intercorrente. Evoluiu-se da exigência indispensável da mera formalidade para a análise do conteúdo da manifestação feita pela Fazenda Pública. REsp 1.340.553-RS, Rel. Min. Mauro Campbell Marques, Primeira Seção, por unanimidade, julgado em 12/09/2018, DJe 16/10/2018 (Temas 570 e 571) (Info 635).

▶ **Execução fiscal. Prescrição intercorrente. Art. 40 e parágrafos da Lei n. 6.830/1980. Delimitação dos marcos legais aplicados. Necessidade de fundamentação pelo magistrado.** Essa tese foi adicionada por sugestão do Min. Og Fernandes para mais bem disciplinar a aplicação do repetitivo, que assim defendeu em seu voto-vista: "Transcorrido o período prescricional e constatada a falta de efetividade do exequente, será reconhecida a prescrição. Apenas não é imprescindível que haja decisão prévia sobre a suspensão do processo. Todavia, isso não dispensa o magistrado de, ao reconhecer a prescrição intercorrente, fundamentar o ato judicial por meio da delimitação dos marcos legais que foram aplicados na contagem do respectivo prazo, inclusive quanto ao período em que a execução ficou suspensa. Sendo assim, está sendo observado o teor do *caput*do art. 40 da LEF. (...) Com isso, restará a possibilidade de o exequente, intimado da decisão que reconheceu a prescrição intercorrente, utilizar-se dos meios recursais cabíveis para questionar a contagem dos marcos legais indicados na decisão judicial e demonstrar eventual equívoco do ato judicial impugnado". REsp 1.340.553-RS, Rel. Min. Mauro Campbell Marques, Primeira Seção, por unanimidade, julgado em 12/09/2018, DJe 16/10/2018 (Info 635).

▶ **Execução de título extrajudicial. Impenhorabilidade de vencimentos. Art. 649, § 2º, do CPC/1973. Dívida não alimentar. Exceção implícita. Possibilidade. Garantia do mínimo existencial.** Trata a controvérsia em definir se a regra de impenhorabilidade das verbas previstas no art. 649, IV, do CPC/1973 encontra exceção apenas para o pagamento de verba alimentar (conforme exceção expressa constante do parágrafo 2º do mesmo artigo) ou se também se deverá permitir a penhora de parte de tais verbas no caso de a proporção penhorada do salário do devedor se revelar razoável, de modo a não afrontar a dignidade ou subsistência do devedor e de sua família. Inicialmente, consoante se revela da divergência, as Turmas integrantes da Primeira Seção não admitem a penhora das verbas previstas no art. 649, IV, do CPC/1973, a não ser no caso de débito alimentar, ao passo que as Turmas integrantes da Segunda Seção admitem também a penhora em caso de empréstimo consignado e em casos em que a remuneração do devedor comporta penhora parcial sem prejuízo à dignidade e subsistência do devedor e de sua família. Registre-se que a interpretação do preceito legal deve ser feita a partir da Constituição da República, que veda a supressão injustificada de qualquer direito fundamental. Assim, a impenhorabilidade de salários, vencimentos e proventos tem por fundamento a proteção à dignidade do devedor, com a manutenção do mínimo existencial e de um padrão de vida digno em favor de si e de seus dependentes. Por outro lado, o credor tem direito ao recebimento de tutela jurisdicional capaz de dar efetividade, na medida do possível e do proporcional, a seus direitos materiais. Ademais, o processo civil em geral, nele incluída a execução civil, é orientado pela boa-fé que deve reger o comportamento dos sujeitos processuais. Embora o executado tenha o direito de não sofrer atos executivos que importem violação à sua dignidade e à de sua família, não lhe é dado abusar dessa diretriz com o fim de impedir injustificadamente a efetivação do direito material do exequente. Dessa forma, só se revela necessária, adequada, proporcional e justificada a impenhorabilidade daquela parte do patrimônio do devedor que seja efetivamente necessária à manutenção de sua dignidade e da de seus dependentes. EREsp 1.582.475-MG, Rel. Min. Benedito Gonçalves, por maioria, julgado em 03/10/2018, DJe 16/10/2018 (Info 635).

- **Alienação fiduciária em garantia. Direitos do devedor fiduciante. Penhora. Impossibilidade. Bem de família legal. Lei n. 8.009/1990.** Cinge-se a controvérsia a definir se os direitos (posse) do devedor fiduciante sobre o imóvel objeto do contrato de alienação fiduciária em garantia podem receber a proteção da impenhorabilidade do bem de família legal (Lei n. 8.009/1990) em execução de título extrajudicial (cheques). De início, para a aplicação da regra de impenhorabilidade do bem de família, a lei exige, em regra, que a propriedade pertença ao casal ou à entidade familiar, pois o legislador utilizou o termo "imóvel residencial próprio". Por conseguinte, se o imóvel sobre o qual incidiu a constrição pertence a terceiro não integrante do grupo familiar, este não pode, em regra, alegar a referida proteção legal. Contudo, a doutrina, alicerçada nos propósitos sociais tutelados pela Lei n. 8.009/1990, afirma que a proteção da impenhorabilidade também visa proteger a posse da família sobre o imóvel utilizado para a sua moradia, ainda que não tenha o título de propriedade. Nesse contexto, a exegese que melhor representa o objetivo legal compreende que a expressão "imóvel residencial próprio" engloba a posse advinda de contrato celebrado com a finalidade de transmissão da propriedade, a exemplo do compromisso de compra e venda ou de financiamento de imóvel para fins de moradia. Isso porque não se pode perder de vista que a proteção abrange o imóvel em fase de aquisição, sob pena de impedir que o devedor adquira o bem necessário à habitação da entidade familiar. Assim, tratando-se de contrato de alienação fiduciária em garantia, no qual, havendo a quitação integral da dívida, o devedor fiduciante consolidará a propriedade para si (art. 25, *caput*, da Lei n. 9.514/1997), deve prevalecer a regra de impenhorabilidade. REsp 1.677.079-SP, Rel. Min. Ricardo Villas BôasCueva, por unanimidade, julgado em 25/09/2018, DJe 01/10/2018 (Info 635).

- **Prisão civil. Débito alimentar incontroverso. Teoria do adimplemento substancial. Não aplicabilidade pela via estreita do** *writ*. Trata-se de *habeas corpus* em que se discute a possibilidade de aplicação da teoria do adimplemento substancial em controvérsias relacionadas a obrigações de natureza alimentar. A par de encontrar um estreito espaço de aplicação no direito contratual - exclusivamente nas hipóteses em que o inadimplemento revela-se de escassa importância quando cotejado com a obrigação como um todo, ao lado de elementos outros cuja análise demanda uma avaliação qualitativa, casuística e aprofundada da avença, incompatível com o rito do habeas corpus -, a teoria do adimplemento substancial não tem incidência nos vínculos jurídicos familiares, menos ainda para solver controvérsias relacionadas a obrigações de natureza alimentar. Com efeito, trata-se de instituto que, embora não positivado no ordenamento jurídico brasileiro, está incorporado em nosso Direito por força da aplicação prática de princípios típicos das relações jurídicas de natureza contratual. Por sua vez, a obrigação alimentar diz respeito a bem jurídico indisponível, intimamente ligado à subsistência do alimentando, cuja relevância ensejou fosse incluído como exceção à regra geral que veda a prisão civil por dívida, o que evidencia ter havido ponderação de valores, pelo próprio constituinte originário, acerca de possível conflito com a liberdade de locomoção, outrossim um direito fundamental de estatura constitucional. Isso porque os alimentos impostos por decisão judicial guardam consigo a presunção de que o valor econômico neles contido traduz o mínimo existencial do alimentando, de modo que a subtração de qualquer parcela dessa quantia pode ensejar severos prejuízos a sua própria manutenção. Além disso, o julgamento sobre a cogitada irrelevância do inadimplemento da obrigação não se prende ao exame exclusivo do critério quantitativo, sendo também necessário avaliar sua importância para satisfazer as necessidades do credor alimentar. Ora, a subtração de um pequeno percentual pode mesmo ser insignificante para um determinado alimentando, mas possivelmente não para outro, mais necessitado. Tem-se que o critério quantitativo não é suficiente nem exclusivo para a caracterização do adimplemento substancial, como já se manifesta parte da doutrina: "Observa-se, ainda, que predomina nos julgados a análise meramente quantitativa da parte inadimplida, principalmente através de percentual, sendo raros os acórdãos que abordam a significância do montante inadimplido em termos absolutos, o que entendemos correto. A ressalva que se faz, nesse ponto, é que o critério quantitativo é o menos relevante e significativo". HC 439.973-MG, Rel. Min. Luis Felipe Salomão, Rel. Acd. Min. Antonio Carlos Ferreira, por maioria, julgado em 16/08/2018, DJe 04/09/2018 (Info 634).

Da execução em geral

- **Das disposições gerais** Aplicação da multa por ato atentatório à dignidade da Justiça (art. 600, III, do CPC/73). A multa por ato atentatório à dignidade da Justiça previsto no art. 600, III, do CPC/73 constitui punição cuja aplicabilidade restringe-se aos atos do executado em procedimento executivo. Infere-se do art. 600, III, do CPC/73 que o ato atentatório à dignidade da Justiça se restringe ao processo de execução e que a conduta de deslealdade processual caracteriza-se somente como aquela praticada pelo executado. Isso porque o Código se utiliza da expressão "ato do executado", além do fato de as hipóteses previstas nos incisos I, II e IV do mesmo art. 600 se referirem a circunstâncias inerentes ao procedimento executivo. REsp 1.231.981/RS, Rel. Min. Luis Felipe Salomão, *DJe* 3.3.2016. 4ª T. (Info 578).

- Incompetência para cancelar gravame em matrícula de imóvel arrematado. Arrematado bem imóvel, o juízo da execução que conduziu a arrematação não pode determinar o cancelamento automático de constrições determinadas por outros juízos de mesma hierarquia e registradas na matrícula do bem, mesmo que o edital de praça e o auto de arrematação tivessem sido silentes quanto à existência dos referidos gravames. Isso porque, além de o juízo da execução não deter competência para o desfazimento ou cancelamento de constrições e registros determinados por outros juízos de mesma hierarquia, os titulares dos direitos decorrentes das decisões judiciais proferidas em outros processos, as quais geraram as constrições e registros imobiliários que os arrematantes pretendem cancelar, têm direito ao devido processo legal, com seus consectários contraditório e ampla defesa. Ademais, as possíveis falhas nos atos judiciais que antecederam a arrematação, porque não mencionavam as outras constrições de outros juízos sobre o imóvel a ser arrematado, não possibilitam ao juízo da arrematação determinar a baixa de outras constrições levadas a efeito por outros juízos. RMS 48.609-MT, Rel. Min. Raul Araújo, *DJe* 8.6.2016. 4ª T. (Info 585).

- Inexigibilidade de obrigação fundada em lei não recepcionada pela Constituição. Ainda que tenha havido o trânsito em julgado, é inexigível a obrigação reconhecida em sentença com base exclusivamente em lei não recepcionada pela Constituição. Fundado o título judicial exclusivamente na aplicação ou interpretação da lei ou ato normativo tidas pelo STF como incompatíveis com a CF, é perfeitamente permitido o reconhecimento da inexigibilidade da obrigação na própria fase de execução. REsp 1.531.095-SP, Rel. Min. Ricardo Villas BôasCueva, *DJe* 16.8.2016. 3ª T. (Info 588).

Das diversas espécies de execução

- **Das disposições gerais.** Exequibilidade de sentenças não condenatórias (art. 475-N, I, do CPC/73). Recurso repetitivo. Tema 889. A sentença, qualquer que seja sua natureza, de procedência ou improcedência do pedido, constitui título executivo judicial, desde que estabeleça obrigação de pagar quantia, de fazer, não fazer ou entregar coisa, admitida sua prévia liquidação e execução nos próprios autos. REsp 1.324.152-SP, Rel. Min. Luis Felipe Salomão, Corte Especial, *DJe* 15.6.2016. Corte Especial (Info 585).

- Possibilidade de o depositário judicial exercer direito de retenção. O particular que aceita exercer o múnus público de depositário judicial tem o direito de reter o depósito até que sejam ressarcidas as despesas com armazenagem e conservação do bem guardado e pagos os seus honorários. Não há dúvida de que a pessoa física ou jurídica que aceita o encargo de se tornar depositária de coisa ou bem apreendido em juízo tem o direito de ser ressarcida das despesas que efetuou, além de perceber uma remuneração pelo exercício do encargo público (honorários), nos precisos termos do art. 149 do CPC. Ademais, não há vedação à aplicação do direito de retenção previsto no art. 644 do CC também aos depósitos judiciais. REsp 1.300.584-MT, Rel. Min. João Otávio de Noronha, *DJe* 9.3.2016. 3ª T. (Info 578).

Da penhora, da avaliação e da expropriação de bens

- Cobrança de cota condominial e penhora sobre direito aquisitivo decorrente de compromisso de compra e venda. Em ação de cobrança de cotas condominiais proposta somente contra o promissário comprador, não é possível a penhora do imóvel que gerou a dívida - de propriedade do promissário vendedor -, admitindo-se, no entanto, a constrição dos direitos aquisitivos decorrentes do compromisso de compra e venda. REsp 1.273.313-SP, Rel. Min. Ricardo Villas BôasCueva, *DJe* 12.11.2015. 3ª T. (Info 573).

- Forma preferencial de pagamento ao credor. A adjudicação do bem penhorado deve ser assegurada ao legitimado que oferecer preço não inferior ao da avaliação. REsp 1.505.399-RS, Rel. Min. Maria Isabel Gallotti, *DJe* 12.5.2016. 4ª T. (Info 583).

- Impenhorabilidade da pequena propriedade rural. A pequena propriedade rural, trabalhada pela família, é impenhorável, ainda que dada pelos proprietários em garantia hipotecária para financiamento da atividade produtiva. REsp 1.368.404-SP, Rel. Min. Maria Isabel Gallotti, *DJe* 23.11.2015. 4ª T. (Info 574).

- Invalidade da penhora sobre a integralidade de imóvel submetido a *time sharing*. É inválida a penhora da integralidade de imóvel submetido ao regime de multipropriedade (*time-sharing*) em decorrência de dívida de condomínio de responsabilidade do organizador do compartilhamento. REsp 1.546.165-SP, Rel. p/ac. Min. João Otávio de Noronha, *DJ* 6.9.2016. 3ª T. (Info 589).

- Momento para requerimento da adjudicação. A adjudicação poderá ser requerida após resolvidas as questões relativas à avaliação do bem penhorado e antes de realizada a hasta pública. O limite temporal para requerimento da adjudicação, embora não esteja claro na legislação, consoante doutrina, parece ser o início da hasta pública. REsp 1.505.399-RS, Rel. Min. Maria Isabel Gallotti, *DJe* 12.5.2016. 4ª T. (Info 583).

- Ordem de nomeação à penhora de cota de fundo de investimento. Recurso repetitivo. Tema 913. A cota de fundo de investimento não se subsume à ordem de preferência legal disposta no inciso I do art. 655 do CPC/73. Direito processual civil em conformidade com o Novo Código de Processo Civil, 901 (ou no inciso I do art. 835 do CPC/2015). REsp 1.388.642-SP, Rel. Min. Marco Aurélio Bellizze, 2ª S., *DJ* 6.9.2016. (Info 589).

- Recusa de nomeação à penhora de cotas de fundo de investimento. Recurso repetitivo. Tema 913. A recusa da nomeação à penhora de cotas de fundo de investimento, reputada legítima a partir das particularidades de cada caso concreto, não encerra, em si, excessiva onerosidade ao devedor, violação do recolhimento dos depósitos compulsórios e voluntários do Banco Central do Brasil ou afronta à impenhorabilidade das reservas obrigatórias. REsp 1.388.642- SP, Rel. Min. Marco Aurélio Bellizze, 2ª S., *DJ* 6.9.2016. (Info 589).

Dos embargos do devedor

- Cabimento de embargos à adjudicação. Cabem embargos à adjudicação sob alegação de não ter sido excluída da obrigação exequenda a capitalização de juros conforme determinado pela sentença proferida em anteriores embargos à execução. REsp 1.173.304-SP, Rel. Min. Luis Felipe Salomão, *DJe* 1º.2.2016. 4ª T. (Info 575).

- Prévia intimação na prescrição intercorrente. Em execução de título extrajudicial, o credor deve ser intimado para opor fato impeditivo à incidência da prescrição intercorrente antes de sua decretação de ofício. REsp 1.589.753-PR, Rel. Min. Marco Aurélio Bellizze, *DJe* 31.5.2016. 3ª T. (Info 584).

- **Embargos de terceiro.** Aplicação do princípio da causalidade para verbas sucumbenciais em embargos de terceiro. Recurso repetitivo. Tema 872. Nos embargos de terceiro cujo pedido foi acolhido para desconstituir a constrição judicial, os honorários advocatícios serão arbitrados com base no princípio da causalidade, responsabilizando-se o atual proprietário (embargante), se este não atualizou os dados cadastrais; os encargos de sucumbência serão suportados pela parte embargada, porém, na hipótese em que esta, depois de tomar ciência da transmissão do bem, apresentar ou insistir na impugnação ou recurso para manter a penhora sobre o bem cujo domínio foi transferido para terceiro. REsp 1.452.840-SP, Rel. Min. Herman Benjamin, 1ª S., *DJ* 5.10.2016. (Info 591).

7. LEGISLAÇÃO

- **CPC/2015**

Art. 513. O cumprimento da sentença será feito segundo as regras deste Título, observando-se, no que couber e conforme a natureza da obrigação, o disposto no Livro II da Parte Especial deste Código.

§ 1º O cumprimento da sentença que reconhece o dever de pagar quantia, provisório ou definitivo, far-se-á a requerimento do exequente.

§ 2º O devedor será intimado para cumprir a sentença:

I – pelo*Diário da Justiça*, na pessoa de seu advogado constituído nos autos;

II – por carta com aviso de recebimento, quando representado pela Defensoria Pública ou quando não tiver procurador constituído nos autos, ressalvada a hipótese do inciso IV;

III – por meio eletrônico, quando, no caso do § 1º do art. 246, não tiver procurador constituído nos autos;

IV – por edital, quando, citado na forma do art. 256, tiver sido revel na fase de conhecimento.

§ 3º Na hipótese do § 2º, incisos II e III, considera-se realizada a intimação quando o devedor houver mudado de endereço sem prévia comunicação ao juízo, observado o disposto no parágrafo único do art. 274.

§ 4º Se o requerimento a que alude o § 1º for formulado após um ano do trânsito em julgado da sentença, a intimação será feita na pessoa do devedor, por meio de carta com aviso de recebimento encaminhada ao endereço constante dos autos, observado o disposto no parágrafo único do art. 274 e no § 3º deste artigo.

§ 5º O cumprimento da sentença não poderá ser promovido em face do fiador, do coobrigado ou do corresponsável que não tiver participado da fase de conhecimento.

Art. 514. Quando o juiz decidir relação jurídica sujeita a condição ou termo, o cumprimento da sentença dependerá de demonstração de que se realizou a condição ou de que ocorreu o termo.

Art. 515. São títulos executivos judiciais, cujo cumprimento dar-se-á de acordo com os artigos previstos neste Título:

I - as decisões proferidas no processo civil que reconheçam a exigibilidade de obrigação de pagar quantia, de fazer, de não fazer ou de entregar coisa;

II - a decisão homologatória de autocomposição judicial;

III - a decisão homologatória de autocomposição extrajudicial de qualquer natureza;

IV - o formal e a certidão de partilha, exclusivamente em relação ao inventariante, aos herdeiros e aos sucessores a título singular ou universal;

V - o crédito de auxiliar da Justiça, quando as custas, emolumentos ou honorários tiverem sido aprovados por decisão judicial;

VI - a sentença penal condenatória transitada em julgado;

VII - a sentença arbitral;

VIII - a sentença estrangeira homologada pelo Superior Tribunal de Justiça;

IX - a decisão interlocutória estrangeira, após a concessão do exequatur à carta rogatória pelo Superior Tribunal de Justiça;

X - (VETADO).

§ 1º Nos casos dos incisos VI a IX, o devedor será citado no juízo cível para o cumprimento da sentença ou para a liquidação no prazo de quinze dias.

§ 2º A autocomposição judicial pode envolver sujeito estranho ao processo e versar sobre relação jurídica que não tenha sido deduzida em juízo.

Art. 516. O cumprimento da sentença efetuar-se-á perante:

I - os tribunais, nas causas de sua competência originária;

II - o juízo que decidiu a causa no primeiro grau de jurisdição;

III - o juízo cível competente, quando se tratar de sentença penal condenatória, de sentença arbitral, de sentença estrangeira ou de acórdão proferido pelo Tribunal Marítimo.

Parágrafo único. Nas hipóteses dos incisos II e III, o exequente poderá optar pelo juízo do atual domicílio do executado, pelo juízo do local onde se encontrem os bens sujeitos à execução ou pelo juízo do local onde deva ser executada a obrigação de fazer ou de não fazer, casos em que a remessa dos autos do processo será solicitada ao juízo de origem.

Art. 517. A decisão judicial transitada em julgado poderá ser levada a protesto, nos termos da lei, depois de transcorrido o prazo para pagamento voluntário previsto no art. 523.

§ 1º Para efetivar o protesto, incumbe ao exequente apresentar certidão de teor da decisão.

§ 2º A certidão de teor da decisão deverá ser fornecida no prazo de três dias e indicará o nome e a qualificação do exequente e do executado, o número do processo, o valor da dívida e a data de decurso do prazo para pagamento voluntário.

§ 3º O executado que tiver proposto ação rescisória para impugnar a decisão exequenda pode requerer, a suas expensas e sob sua responsabilidade, a anotação da propositura da ação à margem do título protestado.

§ 4º A requerimento do executado, o protesto será cancelado por determinação do juiz, mediante ofício a ser expedido ao cartório, no prazo de três dias, contado da data de protocolo do requerimento, desde que comprovada a satisfação integral da obrigação.

Art. 518. Todas as questões relativas à validade do procedimento de cumprimento da sentença e dos atos executivos subsequentes poderão ser arguidas pelo executado nos próprios autos e nestes serão decididas pelo juiz.

Art. 519. Aplicam-se as disposições relativas ao cumprimento da sentença, provisório ou definitivo, e à liquidação, no que couber, às decisões que concederem tutela provisória.

Art. 520. O cumprimento provisório da sentença impugnada por recurso desprovido de efeito suspensivo será realizado da mesma forma que o cumprimento definitivo, sujeitando-se ao seguinte regime:

I - corre por iniciativa e responsabilidade do exequente, que se obriga, se a sentença for reformada, a reparar os danos que o executado haja sofrido;

II - fica sem efeito, sobrevindo decisão que modifique ou anule a sentença objeto da execução, restituindo-se as partes ao estado anterior e liquidando-se eventuais prejuízos nos mesmos autos;

III - se a sentença objeto de cumprimento provisório for modificada ou anulada apenas em parte, somente nesta ficará sem efeito a execução;

IV - o levantamento de depósito em dinheiro e a prática de atos que importem transferência de posse ou alienação de propriedade ou de outro direito real, ou dos quais possa resultar grave dano ao executado, dependem de caução suficiente e idônea, arbitrada de plano pelo juiz e prestada nos próprios autos.

§ 1º No cumprimento provisório da sentença, o executado poderá apresentar impugnação, se quiser, nos termos do art. 525.

§ 2º A multa e os honorários a que se refere o § 1º do art. 523 são devidos no cumprimento provisório de sentença condenatória ao pagamento de quantia certa.

§ 3º Se o executado comparecer tempestivamente e depositar o valor, com a finalidade de isentar-se da multa, o ato não será havido como incompatível com o recurso por ele interposto.

§ 4º A restituição ao estado anterior a que se refere o inciso II não implica o desfazimento da transferência de posse ou da alienação de propriedade ou de outro direito real eventualmente já realizada, ressalvado, sempre, o direito à reparação dos prejuízos causados ao executado.

§ 5º Ao cumprimento provisório de sentença que reconheça obrigação de fazer, de não fazer ou de dar coisa aplica-se, no que couber, o disposto neste Capítulo.

Art. 521. A caução prevista no inciso IV do art. 520 poderá ser dispensada nos casos em que:

I - o crédito for de natureza alimentar, independentemente de sua origem;

II - o credor demonstrar situação de necessidade;

III - pender o agravo fundado nos incisos II e III do art. 1.042;

III - pender o agravo do art. 1.042; (Redação dada pela Lei nº 13.256, de 2016) (Vigência)

IV - a sentença a ser provisoriamente cumprida estiver em consonância com súmula da jurisprudência do Supremo Tribunal Federal ou do Superior Tribunal de Justiça ou em conformidade com acórdão proferido no julgamento de casos repetitivos.

Parágrafo único. A exigência de caução será mantida quando da dispensa possa resultar manifesto risco de grave dano de difícil ou incerta reparação.

Art. 522. O cumprimento provisório da sentença será requerido por petição dirigida ao juízo competente.

Parágrafo único. Não sendo eletrônicos os autos, a petição será acompanhada de cópias das seguintes peças do processo, cuja autenticidade poderá ser certificada pelo próprio advogado, sob sua responsabilidade pessoal:

I - decisão exequenda;

II - certidão de interposição do recurso não dotado de efeito suspensivo;

III - procurações outorgadas pelas partes;

IV - decisão de habilitação, se for o caso;

V - facultativamente, outras peças processuais consideradas necessárias para demonstrar a existência do crédito.

Art. 523. No caso de condenação em quantia certa, ou já fixada em liquidação, e no caso de decisão sobre parcela incontroversa, o cumprimento definitivo da sentença far-se-á a requerimento do exequente, sendo o executado intimado para pagar o débito, no prazo de quinze dias, acrescido de custas, se houver.

§ 1º Não ocorrendo pagamento voluntário no prazo do *caput*, o débito será acrescido de multa de 10% e, também, de honorários de advogado de 10%.

§ 2º Efetuado o pagamento parcial no prazo previsto no *caput*, a multa e os honorários previstos no § 1º incidirão sobre o restante.

§ 3º Não efetuado tempestivamente o pagamento voluntário, será expedido, desde logo, mandado de penhora e avaliação, seguindo-se os atos de expropriação.

Art. 524. O requerimento previsto no art. 523 será instruído com demonstrativo discriminado e atualizado do crédito, devendo a petição conter:

I - o nome completo, o número de inscrição no Cadastro de Pessoas Físicas ou no Cadastro Nacional da Pessoa Jurídica do exequente e do executado, observado o disposto no art. 319, §§ 1º a 3º;

II - o índice de correção monetária adotado;

III - os juros aplicados e as respectivas taxas;

IV - o termo inicial e o termo final dos juros e da correção monetária utilizados;

V - a periodicidade da capitalização dos juros, se for o caso;

VI - especificação dos eventuais descontos obrigatórios realizados;

VII - indicação dos bens passíveis de penhora, sempre que possível.

§ 1º Quando o valor apontado no demonstrativo aparentemente exceder os limites da condenação, a execução será iniciada pelo valor pretendido, mas a penhora terá por base a importância que o juiz entender adequada.

§ 2º Para a verificação dos cálculos, o juiz poderá valer-se de contabilista do juízo, que terá o prazo máximo de trinta dias para efetuá-la, exceto se outro lhe for determinado.

§ 3º Quando a elaboração do demonstrativo depender de dados em poder de terceiros ou do executado, o juiz poderá requisitá-los, sob cominação do crime de desobediência.

§ 4º Quando a complementação do demonstrativo depender de dados adicionais em poder do executado, o juiz poderá, a requerimento do exequente, requisitá-los, fixando prazo de até trinta dias para o cumprimento da diligência.

§ 5º Se os dados adicionais a que se refere o § 4º não forem apresentados pelo executado, sem justificativa, no prazo designado, reputar-se-ão corretos os cálculos apresentados pelo exequente apenas com base nos dados de que dispõe.

Art. 525. Transcorrido o prazo previsto no art. 523 sem o pagamento voluntário, inicia-se o prazo de quinze dias para que o executado, independentemente de penhora ou nova intimação, apresente, nos próprios autos, sua impugnação.

§ 1º Na impugnação, o executado poderá alegar:

I - falta ou nulidade da citação se, na fase de conhecimento, o processo correu à revelia;

II - ilegitimidade de parte;

III - inexequibilidade do título ou inexigibilidade da obrigação;

IV - penhora incorreta ou avaliação errônea;

V - excesso de execução ou cumulação indevida de execuções;

VI - incompetência absoluta ou relativa do juízo da execução;

VII - qualquer causa modificativa ou extintiva da obrigação, como pagamento, novação, compensação, transação ou prescrição, desde que supervenientes à sentença.

§ 2º A alegação de impedimento ou suspeição observará o disposto nos arts. 146 e 148.

§ 3º Aplica-se à impugnação o disposto no art. 229.

§ 4º Quando o executado alegar que o exequente, em excesso de execução, pleiteia quantia superior à resultante da sentença, cumprir-lhe-á declarar de imediato o valor que entende correto, apresentando demonstrativo discriminado e atualizado de seu cálculo.

§ 5º Na hipótese do § 4º, não apontado o valor correto ou não apresentado o demonstrativo, a impugnação será liminarmente rejeitada, se o excesso de execução for o seu único fundamento, ou, se houver outro, a impugnação será processada, mas o juiz não examinará a alegação de excesso de execução.

§ 6º A apresentação de impugnação não impede a prática dos atos executivos, inclusive os de expropriação, podendo o juiz, a requerimento do executado e desde que garantido o juízo com penhora, caução ou depósito suficientes, atribuir-lhe efeito suspensivo, se seus fundamentos forem relevantes e se o prosseguimento da execução for manifestamente suscetível de causar ao executado grave dano de difícil ou incerta reparação.

§ 7º A concessão de efeito suspensivo a que se refere o § 6º não impedirá a efetivação dos atos de substituição, de reforço ou de redução da penhora e de avaliação dos bens

§ 8º Quando o efeito suspensivo atribuído à impugnação disser respeito apenas a parte do objeto da execução, esta prosseguirá quanto à parte restante.

§ 9º A concessão de efeito suspensivo à impugnação deduzida por um dos executados não suspenderá a execução contra os que não impugnaram, quando o respectivo fundamento disser respeito exclusivamente ao impugnante.

§ 10. Ainda que atribuído efeito suspensivo à impugnação, é lícito ao exequente requerer o prosseguimento da execução, oferecendo e prestando, nos próprios autos, caução suficiente e idônea a ser arbitrada pelo juiz.

§ 11. As questões relativas a fato superveniente ao término do prazo para apresentação da impugnação, assim como aquelas relativas à validade e à adequação da penhora, da avaliação e dos atos executivos subsequentes, podem ser arguidas por simples petição, tendo o executado, em qualquer dos casos, o prazo de quinze dias para formular esta arguição, contado da comprovada ciência do fato ou da intimação do ato.

§ 12. Para efeito do disposto no inciso III do § 1º deste artigo, considera-se também inexigível a obrigação reconhecida em título executivo judicial fundado em lei ou ato normativo considerado inconstitucional pelo Supremo Tribunal Federal, ou fundado em aplicação ou interpretação da lei ou do ato normativo tido pelo Supremo Tribunal Federal como incompatível com a Constituição Federal, em controle de constitucionalidade concentrado ou difuso.

§ 13. No caso do § 12, os efeitos da decisão do Supremo Tribunal Federal poderão ser modulados no tempo, em atenção à segurança jurídica.

§ 14. A decisão do Supremo Tribunal Federal referida no § 12 deve ser anterior ao trânsito em julgado da decisão exequenda.

§ 15. Se a decisão referida no § 12 for proferida após o trânsito em julgado da decisão exequenda, caberá ação rescisória, cujo prazo será contado do trânsito em julgado da decisão proferida pelo Supremo Tribunal Federal.

Art. 526. É lícito ao réu, antes de ser intimado para o cumprimento da sentença, comparecer em juízo e oferecer em pagamento o valor que entender devido, apresentando memória discriminada do cálculo.

§ 1º O autor será ouvido no prazo de cinco dias, podendo impugnar o valor depositado, sem prejuízo do levantamento do depósito a título de parcela incontroversa.

§ 2º Concluindo o juiz pela insuficiência do depósito, sobre a diferença incidirão multa de 10% e honorários advocatícios, também fixados em 10%, seguindo-se a execução com penhora e atos subsequentes.

§ 3º Se o autor não se opuser, o juiz declarará satisfeita a obrigação e extinguirá o processo.

Art. 527. Aplicam-se as disposições deste Capítulo ao cumprimento provisório da sentença, no que couber.

Art. 528. No cumprimento de sentença que condene ao pagamento de prestação alimentícia ou de decisão interlocutória que fixe alimentos, o juiz, a requerimento do exequente, mandará intimar o executado pessoalmente para, em três dias, pagar o débito, provar que o fez ou justificar a impossibilidade de efetuá-lo.

§ 1º Caso o executado, no prazo referido no *caput*, não efetue o pagamento, não prove que o efetuou ou não apresente justificativa da impossibilidade de efetuá-lo, o juiz mandará protestar o pronunciamento judicial, aplicando-se, no que couber, o disposto no art. 517.

§ 2º Somente a comprovação de fato que gere a impossibilidade absoluta de pagar justificará o inadimplemento.

§ 3º Se o executado não pagar ou se a justificativa apresentada não for aceita, o juiz, além de mandar protestar o pronunciamento judicial na forma do § 1º, decretar-lhe-á a prisão pelo prazo de um a três meses.

§ 4º A prisão será cumprida em regime fechado, devendo o preso ficar separado dos presos comuns.

§ 5º O cumprimento da pena não exime o executado do pagamento das prestações vencidas e vincendas.

§ 6º Paga a prestação alimentícia, o juiz suspenderá o cumprimento da ordem de prisão.

§ 7º O débito alimentar que autoriza a prisão civil do alimentante é o que compreende até as três prestações anteriores ao ajuizamento da execução e as que se vencerem no curso do processo.

§ 8º O exequente pode optar por promover o cumprimento da sentença ou decisão desde logo, nos termos do disposto neste Livro, Título II, Capítulo III, caso em que não será admissível a prisão do executado, e, recaindo a penhora em dinheiro, a concessão de efeito suspensivo à impugnação não obsta a que o exequente levante mensalmente a importância da prestação.

§ 9º Além das opções previstas no art. 516, parágrafo único, o exequente pode promover o cumprimento da sentença ou decisão que condena ao pagamento de prestação alimentícia no juízo de seu domicílio.

Art. 529. Quando o executado for funcionário público, militar, diretor ou gerente de empresa ou empregado sujeito à legislação do trabalho, o exequente poderá requerer o desconto em folha de pagamento da importância da prestação alimentícia.

§ 1º Ao proferir a decisão, o juiz oficiará à autoridade, à empresa ou ao empregador, determinando, sob pena de crime de desobediência, o desconto a partir da primeira remuneração posterior do executado, a contar do protocolo do ofício.

§ 2º O ofício conterá o nome e o número de inscrição no Cadastro de Pessoas Físicas do exequente e do executado, a importância a ser descontada mensalmente, o tempo de sua duração e a conta na qual deve ser feito o depósito.

§ 3º Sem prejuízo do pagamento dos alimentos vincendos, o débito objeto de execução pode ser descontado dos rendimentos ou rendas do executado, de forma parcelada, nos termos do *caput* deste artigo, contanto que, somado à parcela devida, não ultrapasse 50% de seus ganhos líquidos.

Art. 530. Não cumprida a obrigação, observar-se-á o disposto nos arts. 831 e seguintes.

Art. 531. O disposto neste Capítulo aplica-se aos alimentos definitivos ou provisórios.

§ 1º A execução dos alimentos provisórios, bem como a dos alimentos fixados em sentença ainda não transitada em julgado, se processa em autos apartados.

§ 2º O cumprimento definitivo da obrigação de prestar alimentos será processado nos mesmos autos em que tenha sido proferida a sentença.

Art. 532. Verificada a conduta procrastinatória do executado, o juiz deverá, se for o caso, dar ciência ao Ministério Público dos indícios da prática do crime de abandono material.

Art. 533. Quando a indenização por ato ilícito incluir prestação de alimentos, caberá ao executado, a requerimento do exequente, constituir capital cuja renda assegure o pagamento do valor mensal da pensão.

§ 1º O capital a que se refere o *caput*, representado por imóveis ou por direitos reais sobre imóveis suscetíveis de alienação, títulos da dívida pública ou aplicações financeiras em banco oficial, será inalienável e impenhorável enquanto durar a obrigação do executado, além de constituir-se em patrimônio de afetação.

§ 2º O juiz poderá substituir a constituição do capital pela inclusão do exequente em folha de pagamento de pessoa jurídica de notória capacidade econômica ou, a requerimento do executado, por fiança bancária ou garantia real, em valor a ser arbitrado de imediato pelo juiz.

§ 3º Se sobrevier modificação nas condições econômicas, poderá a parte requerer, conforme as circunstâncias, redução ou aumento da prestação.

§ 4º A prestação alimentícia poderá ser fixada tomando por base o salário mínimo.

§ 5º Finda a obrigação de prestar alimentos, o juiz mandará liberar o capital, cessar o desconto em folha ou cancelar as garantias prestadas.

Art. 534. No cumprimento de sentença que impuser à Fazenda Pública o dever de pagar quantia certa, o exequente apresentará demonstrativo discriminado e atualizado do crédito contendo:

I - o nome completo e o número de inscrição no Cadastro de Pessoas Físicas ou no Cadastro Nacional da Pessoa Jurídica do exequente;

II - o índice de correção monetária adotado;

III - os juros aplicados e as respectivas taxas;

IV - o termo inicial e o termo final dos juros e da correção monetária utilizados;

V - a periodicidade da capitalização dos juros, se for o caso;

VI - a especificação dos eventuais descontos obrigatórios realizados.

§ 1º Havendo pluralidade de exequentes, cada um deverá apresentar o seu próprio demonstrativo, aplicando-se à hipótese, se for o caso, o disposto nos §§ 1º e 2º do art. 113.

§ 2º A multa prevista no § 1º do art. 523 não se aplica à Fazenda Pública.

Art. 535. A Fazenda Pública será intimada na pessoa de seu representante judicial, por carga, remessa ou meio eletrônico, para, querendo, no prazo de trinta dias e nos próprios autos, impugnar a execução, podendo arguir:

I - falta ou nulidade da citação se, na fase de conhecimento, o processo correu à revelia;

II - ilegitimidade de parte;

III - inexequibilidade do título ou inexigibilidade da obrigação;

IV - excesso de execução ou cumulação indevida de execuções;

V - incompetência absoluta ou relativa do juízo da execução;

VI - qualquer causa modificativa ou extintiva da obrigação, como pagamento, novação, compensação, transação ou prescrição, desde que supervenientes ao trânsito em julgado da sentença.

§ 1º A alegação de impedimento ou suspeição observará o disposto nos arts. 146 e 148.

§ 2º Quando se alegar que o exequente, em excesso de execução, pleiteia quantia superior à resultante do título, cumprirá à executada declarar de imediato o valor que entende correto, sob pena de não conhecimento da arguição.

§ 3º Não impugnada a execução ou rejeitadas as arguições da executada:

I - expedir-se-á, por intermédio do presidente do tribunal competente, precatório em favor do exequente, observando-se o disposto na Constituição Federal;

II - por ordem do juiz, dirigida à autoridade na pessoa de quem o ente público foi citado para o processo, o pagamento de obrigação de pequeno valor será realizado no prazo de dois meses contado da entrega da requisição, mediante depósito na agência de banco oficial mais próxima da residência do exequente.

§ 4º Tratando-se de impugnação parcial, a parte não questionada pela executada será, desde logo, objeto de cumprimento.

§ 5º Para efeito do disposto no inciso III do *caput* deste artigo, considera-se também inexigível a obrigação reconhecida em título executivo judicial fundado em lei ou ato normativo considerado inconstitucional pelo Supremo Tribunal Federal, ou fundado em aplicação ou interpretação da lei ou do ato normativo tido pelo Supremo Tribunal Federal como incompatível com a Constituição Federal, em controle de constitucionalidade concentrado ou difuso.

§ 6º No caso do § 5º, os efeitos da decisão do Supremo Tribunal Federal poderão ser modulados no tempo, de modo a favorecer a segurança jurídica.

§ 7º A decisão do Supremo Tribunal Federal referida no § 5º deve ter sido proferida antes do trânsito em julgado da decisão exequenda.

§ 8º Se a decisão referida no § 5º for proferida após o trânsito em julgado da decisão exequenda, caberá ação rescisória, cujo prazo será contado do trânsito em julgado da decisão proferida pelo Supremo Tribunal Federal.

Art. 536. No cumprimento de sentença que reconheça a exigibilidade de obrigação de fazer ou de não fazer, o juiz poderá, de ofício ou a requerimento, para a efetivação da tutela específica ou a obtenção de tutela pelo resultado prático equivalente, determinar as medidas necessárias à satisfação do exequente.

§ 1º Para atender ao disposto no *caput*, o juiz poderá determinar, entre outras medidas, a imposição de multa, a busca e apreensão, a remoção de pessoas e coisas, o desfazimento de obras e o impedimento de atividade nociva, podendo, caso necessário, requisitar o auxílio de força policial.

§ 2º O mandado de busca e apreensão de pessoas e coisas será cumprido por dois oficiais de Justiça, observando-se o disposto no art. 846, §§ 1º a 4º, se houver necessidade de arrombamento.

§ 3º O executado incidirá nas penas de litigância de má-fé quando injustificadamente descumprir a ordem judicial, sem prejuízo de sua responsabilização por crime de desobediência.

§ 4º No cumprimento de sentença que reconheça a exigibilidade de obrigação de fazer ou de não fazer, aplica-se o art. 525, no que couber.

§ 5º O disposto neste artigo aplica-se, no que couber, ao cumprimento de sentença que reconheça deveres de fazer e de não fazer de natureza não obrigacional.

Art. 537. A multa independe de requerimento da parte e poderá ser aplicada na fase de conhecimento, em tutela provisória ou na sentença, ou na fase de execução, desde que seja suficiente e compatível com a obrigação e que se determine prazo razoável para cumprimento do preceito.

§ 1º O juiz poderá, de ofício ou a requerimento, modificar o valor ou a periodicidade da multa vincenda ou excluí-la, caso verifique que:

I - se tornou insuficiente ou excessiva;

II - o obrigado demonstrou cumprimento parcial superveniente da obrigação ou justa causa para o descumprimento.

§ 2º O valor da multa será devido ao exequente.

§ 3º A decisão que fixa a multa é passível de cumprimento provisório, devendo ser depositada em juízo, permitido o levantamento do valor após o trânsito em julgado da sentença favorável à parte.

§ 4º A multa será devida desde o dia em que se configurar o descumprimento da decisão e incidirá enquanto não for cumprida a decisão que a tiver cominado.

§ 5º O disposto neste artigo aplica-se, no que couber, ao cumprimento de sentença que reconheça deveres de fazer e de não fazer de natureza não obrigacional.

Art. 538. Não cumprida a obrigação de entregar coisa no prazo estabelecido na sentença, será expedido mandado de busca e apreensão ou de imissão na posse em favor do credor, conforme se tratar de coisa móvel ou imóvel.

§ 1º A existência de benfeitorias deve ser alegada na fase de conhecimento, em contestação, de forma discriminada e com atribuição, sempre que possível e justificadamente, do respectivo valor.

§ 2º O direito de retenção por benfeitorias deve ser exercido na contestação, na fase de conhecimento.

§ 3º Aplicam-se ao procedimento previsto neste artigo, no que couber, as disposições sobre o cumprimento de obrigação de fazer ou de não fazer.

Art. 771. Este Livro regula o procedimento da execução fundada em título extrajudicial, e suas disposições aplicam-se, também, no que couber, aos procedimentos especiais de execução, aos atos executivos realizados no procedimento de cumprimento de sentença, bem como aos efeitos de atos ou fatos processuais a que a lei atribuir força executiva.

Parágrafo único. Aplicam-se subsidiariamente à execução as disposições do Livro I da Parte Especial.

Art. 772. O juiz pode, em qualquer momento do processo:

I - ordenar o comparecimento das partes;

II - advertir o executado de que seu procedimento constitui ato atentatório à dignidade da Justiça;

III - determinar que sujeitos indicados pelo exequente forneçam informações em geral relacionadas ao objeto da execução, tais como documentos e dados que tenham em seu poder, assinando-lhes prazo razoável.

Art. 773. O juiz poderá, de ofício ou a requerimento, determinar as medidas necessárias ao cumprimento da ordem de entrega de documentos e dados.

Parágrafo único. Quando, em decorrência do disposto neste artigo, o juízo receber dados sigilosos para os fins da execução, o juiz adotará as medidas necessárias para assegurar a confidencialidade.

Art. 774. Considera-se atentatória à dignidade da Justiça a conduta comissiva ou omissiva do executado que:

I - frauda a execução;

II - se opõe maliciosamente à execução, empregando ardis e meios artificiosos;

III - dificulta ou embaraça a realização da penhora;

IV - resiste injustificadamente às ordens judiciais;

V - intimado, não indica ao juiz quais são e onde estão os bens sujeitos à penhora e os respectivos valores, nem exibe prova de sua propriedade e, se for o caso, certidão negativa de ônus.

Parágrafo único. Nos casos previstos neste artigo, o juiz fixará multa em montante não superior a 20% do valor atualizado do débito em execução, a qual será revertida em proveito do exequente, exigível nos próprios autos do processo, sem prejuízo de outras sanções de natureza processual ou material.

Art. 775. O exequente tem o direito de desistir de toda a execução ou de apenas alguma medida executiva.

Parágrafo único. Na desistência da execução, observar-se-á o seguinte:

I - serão extintos a impugnação e os embargos que versarem apenas sobre questões processuais, pagando o exequente as custas processuais e os honorários advocatícios;

II - nos demais casos, a extinção dependerá da concordância do impugnante ou do embargante.

Art. 776. O exequente ressarcirá ao executado os danos que este sofreu, quando a sentença, transitada em julgado, declarar inexistente, no todo ou em parte, a obrigação que ensejou a execução.

Art. 777. A cobrança de multas ou de indenizações decorrentes de litigância de má-fé ou de prática de ato atentatório à dignidade da Justiça será promovida nos próprios autos do processo.

Art. 778. Pode promover a execução forçada o credor a quem a lei confere título executivo.

§ 1º Podem promover a execução forçada ou nela prosseguir, em sucessão ao exequente originário:

I - o Ministério Público, nos casos previstos em lei;

II - o espólio, os herdeiros ou os sucessores do credor, sempre que, por morte deste, lhes for transmitido o direito resultante do título executivo;

III - o cessionário, quando o direito resultante do título executivo lhe for transferido por ato entre vivos;

IV - o sub-rogado, nos casos de sub-rogação legal ou convencional.

§ 2º A sucessão prevista no § 1º independe de consentimento do executado.

Art. 779. A execução pode ser promovida contra:

I - o devedor, reconhecido como tal no título executivo;

II - o espólio, os herdeiros ou os sucessores do devedor;

III - o novo devedor que assumiu, com o consentimento do credor, a obrigação resultante do título executivo;

IV - o fiador do débito constante em título extrajudicial;

V - o responsável titular do bem vinculado por garantia real ao pagamento do débito;

VI - o responsável tributário, assim definido em lei.

Art. 780. O exequente pode cumular várias execuções, ainda que fundadas em títulos diferentes, quando o executado for o mesmo e desde que para todas elas seja competente o mesmo juízo e idêntico o procedimento.

Art. 781. A execução fundada em título extrajudicial será processada perante o juízo competente, observando-se o seguinte:

I - a execução poderá ser proposta no foro de domicílio do executado, de eleição constante do título ou, ainda, de situação dos bens a ela sujeitos;

II - tendo mais de um domicílio, o executado poderá ser demandado no foro de qualquer deles;

III - sendo incerto ou desconhecido o domicílio do executado, a execução poderá ser proposta no lugar onde for encontrado ou no foro de domicílio do exequente;

IV - havendo mais de um devedor, com diferentes domicílios, a execução será proposta no foro de qualquer deles, à escolha do exequente;

V - a execução poderá ser proposta no foro do lugar em que se praticou o ato ou em que ocorreu o fato que deu origem ao título, mesmo que nele não mais resida o executado.

Art. 782. Não dispondo a lei de modo diverso, o juiz determinará os atos executivos, e o oficial de justiça os cumprirá.

§ 1º O oficial de Justiça poderá cumprir os atos executivos determinados pelo juiz também nas comarcas contíguas, de fácil comunicação, e nas que se situem na mesma região metropolitana.

§ 2º Sempre que, para efetivar a execução, for necessário o emprego de força policial, o juiz a requisitará.

§ 3º A requerimento da parte, o juiz pode determinar a inclusão do nome do executado em cadastros de inadimplentes.

§ 4º A inscrição será cancelada imediatamente se for efetuado o pagamento, se for garantida a execução ou se a execução for extinta por qualquer outro motivo.

§ 5º O disposto nos §§ 3º e 4º aplica-se à execução definitiva de título judicial.

Art. 783. A execução para cobrança de crédito fundar-se-á sempre em título de obrigação certa, líquida e exigível.

Art. 784. São títulos executivos extrajudiciais:

I - a letra de câmbio, a nota promissória, a duplicata, a debênture e o cheque;

II - a escritura pública ou outro documento público assinado pelo devedor;

III - o documento particular assinado pelo devedor e por duas testemunhas;

IV - o instrumento de transação referendado pelo Ministério Público, pela Defensoria Pública, pela Advocacia Pública, pelos advogados dos transatores ou por conciliador ou mediador credenciado por tribunal;

V - o contrato garantido por hipoteca, penhor, anticrese ou outro direito real de garantia e aquele garantido por caução;

VI - o contrato de seguro de vida em caso de morte;

VII - o crédito decorrente de foro e laudêmio;

VIII - o crédito, documentalmente comprovado, decorrente de aluguel de imóvel, bem como de encargos acessórios, tais como taxas e despesas de condomínio;

IX – a certidão de dívida ativa da Fazenda Pública da União, dos estados, do Distrito Federal e dos municípios, correspondente aos créditos inscritos na forma da lei;

X – o crédito referente às contribuições ordinárias ou extraordinárias de condomínio edilício, previstas na respectiva convenção ou aprovadas em assembleia geral, desde que documentalmente comprovadas;

XI – a certidão expedida por serventia notarial ou de registro relativa a valores de emolumentos e demais despesas devidas pelos atos por ela praticados, fixados nas tabelas estabelecidas em lei;

XII – todos os demais títulos aos quais, por disposição expressa, a lei atribuir força executiva.

§ 1º A propositura de qualquer ação relativa a débito constante de título executivo não inibe o credor de promover-lhe a execução.

§ 2º Os títulos executivos extrajudiciais oriundos de país estrangeiro não dependem de homologação para serem executados.

§ 3º O título estrangeiro só terá eficácia executiva quando satisfeitos os requisitos de formação exigidos pela lei do lugar de sua celebração e quando o Brasil for indicado como o lugar de cumprimento da obrigação.

Art. 785. A existência de título executivo extrajudicial não impede a parte de optar pelo processo de conhecimento, a fim de obter título executivo judicial.

Art. 786. A execução pode ser instaurada caso o devedor não satisfaça a obrigação certa, líquida e exigível consubstanciada em título executivo.

Parágrafo único. A necessidade de simples operações aritméticas para apurar o crédito exequendo não retira a liquidez da obrigação constante do título.

Art. 787. Se o devedor não for obrigado a satisfazer sua prestação senão mediante a contraprestação do credor, este deverá provar que a adimpliu ao requerer a execução, sob pena de extinção do processo.

Parágrafo único. O executado poderá eximir-se da obrigação, depositando em juízo a prestação ou a coisa, caso em que o juiz não permitirá que o credor a receba sem cumprir a contraprestação que lhe tocar.

Art. 788. O credor não poderá iniciar a execução ou nela prosseguir se o devedor cumprir a obrigação, mas poderá recusar o recebimento da prestação se ela não corresponder ao direito ou à obrigação estabelecidos no título executivo, caso em que poderá requerer a execução forçada, ressalvado ao devedor o direito de embargá-la.

Art. 789. O devedor responde com todos os seus bens presentes e futuros para o cumprimento de suas obrigações, salvo as restrições estabelecidas em lei.

Art. 790. São sujeitos à execução os bens:

I – do sucessor a título singular, tratando-se de execução fundada em direito real ou obrigação reipersecutória;

II – do sócio, nos termos da lei;

III – do devedor, ainda que em poder de terceiros;

IV – do cônjuge ou companheiro, nos casos em que seus bens próprios ou de sua meação respondem pela dívida;

V – alienados ou gravados com ônus real em fraude à execução;

VI – cuja alienação ou gravação com ônus real tenha sido anulada em razão do reconhecimento, em ação autônoma, de fraude contra credores;

VII – do responsável, nos casos de desconsideração da personalidade jurídica.

Art. 791. Se a execução tiver por objeto obrigação de que seja sujeito passivo o proprietário de terreno submetido ao regime do direito de superfície, ou o superficiário, responderá pela dívida, exclusivamente, o direito real do qual é titular o executado, recaindo a penhora ou outros atos de constrição exclusivamente sobre o terreno, no primeiro caso, ou sobre a construção ou a plantação, no segundo caso.

§ 1º Os atos de constrição a que se refere o *caput* serão averbados separadamente na matrícula do imóvel, com a identificação do executado, do valor do crédito e do objeto sobre o qual recai o gravame, devendo o oficial destacar o bem que responde pela dívida, se o terreno, a construção ou a plantação, de modo a assegurar a publicidade da responsabilidade patrimonial de cada um deles pelas dívidas e pelas obrigações que a eles estão vinculadas.

§ 2º Aplica-se, no que couber, o disposto neste artigo à enfiteuse, à concessão de uso especial para fins de moradia e à concessão de direito real de uso.

Art. 792. A alienação ou a oneração de bem é considerada fraude à execução:

I - quando sobre o bem pender ação fundada em direito real ou com pretensão reipersecutória, desde que a pendência do processo tenha sido averbada no respectivo registro público, se houver;

II - quando tiver sido averbada, no registro do bem, a pendência do processo de execução, na forma do art. 828;

III - quando tiver sido averbado, no registro do bem, hipoteca judiciária ou outro ato de constrição judicial originário do processo onde foi arguida a fraude;

IV - quando, ao tempo da alienação ou da oneração, tramitava contra o devedor ação capaz de reduzi-lo à insolvência;

V - nos demais casos expressos em lei.

§ 1º A alienação em fraude à execução é ineficaz em relação ao exequente.

§ 2º No caso de aquisição de bem não sujeito a registro, o terceiro adquirente tem o ônus de provar que adotou as cautelas necessárias para a aquisição, mediante a exibição das certidões pertinentes, obtidas no domicílio do vendedor e no local onde se encontra o bem.

§ 3º Nos casos de desconsideração da personalidade jurídica, a fraude à execução verifica-se a partir da citação da parte cuja personalidade se pretende desconsiderar.

§ 4º Antes de declarar a fraude à execução, o juiz deverá intimar o terceiro adquirente, que, se quiser, poderá opor embargos de terceiro, no prazo de quinze dias.

Art. 793. O exequente que estiver, por direito de retenção, na posse de coisa pertencente ao devedor não poderá promover a execução sobre outros bens senão depois de excutida a coisa que se achar em seu poder.

Art. 794. O fiador, quando executado, tem o direito de exigir que primeiro sejam executados os bens do devedor situados na mesma comarca, livres e desembargados, indicando-os pormenorizadamente à penhora.

§ 1º Os bens do fiador ficarão sujeitos à execução se os do devedor, situados na mesma comarca que os seus, forem insuficientes à satisfação do direito do credor.

§ 2º O fiador que pagar a dívida poderá executar o afiançado nos autos do mesmo processo.

§ 3º O disposto no *caput* não se aplica se o fiador houver renunciado ao benefício de ordem.

Art. 795. Os bens particulares dos sócios não respondem pelas dívidas da sociedade, senão nos casos previstos em lei.

§ 1º O sócio réu, quando responsável pelo pagamento da dívida da sociedade, tem o direito de exigir que primeiro sejam excutidos os bens da sociedade.

§ 2º Incumbe ao sócio que alegar o benefício do § 1º nomear quantos bens da sociedade situados na mesma comarca, livres e desembargados, bastem para pagar o débito.

§ 3º O sócio que pagar a dívida poderá executar a sociedade nos autos do mesmo processo.

§ 4º Para a desconsideração da personalidade jurídica é obrigatória a observância do incidente previsto neste Código.

Art. 796. O espólio responde pelas dívidas do falecido, mas, feita a partilha, cada herdeiro responde por elas dentro das forças da herança e na proporção da parte que lhe coube.

Art. 797. Ressalvado o caso de insolvência do devedor, em que tem lugar o concurso universal, realiza-se a execução no interesse do exequente que adquire, pela penhora, o direito de preferência sobre os bens penhorados.

Parágrafo único. Recaindo mais de uma penhora sobre o mesmo bem, cada exequente conservará o seu título de preferência.

Art. 798. Ao propor a execução, incumbe ao exequente:

I - instruir a petição inicial com:

a) o título executivo extrajudicial;

b) o demonstrativo do débito atualizado até a data de propositura da ação, quando se tratar de execução por quantia certa;

c) a prova de que se verificou a condição ou ocorreu o termo, se for o caso;

d) a prova, se for o caso, de que adimpliu a contraprestação que lhe corresponde ou que lhe assegura o cumprimento, se o executado não for obrigado a satisfazer a sua prestação senão mediante a contraprestação do exequente;

II - indicar:

a) a espécie de execução de sua preferência, quando por mais de um modo puder ser realizada;

b) os nomes completos do exequente e do executado e seus números de inscrição no Cadastro de Pessoas Físicas ou no Cadastro Nacional da Pessoa Jurídica;

c) os bens suscetíveis de penhora, sempre que possível.

Parágrafo único. O demonstrativo do débito deverá conter:

I - o índice de correção monetária adotado;

II - a taxa de juros aplicada;

III - os termos inicial e final de incidência do índice de correção monetária e da taxa de juros utilizados;

IV - a periodicidade da capitalização dos juros, se for o caso;

V - a especificação de desconto obrigatório realizado.

Art. 799. Incumbe ainda ao exequente:

I - requerer a intimação do credor pignoratício, hipotecário, anticrético ou fiduciário, quando a penhora recair sobre bens gravados por penhor, hipoteca, anticrese ou alienação fiduciária;

II - requerer a intimação do titular de usufruto, uso ou habitação, quando a penhora recair sobre bem gravado por usufruto, uso ou habitação;

III - requerer a intimação do promitente comprador, quando a penhora recair sobre bem em relação ao qual haja promessa de compra e venda registrada;

IV - requerer a intimação do promitente vendedor, quando a penhora recair sobre direito aquisitivo derivado de promessa de compra e venda registrada;

V - requerer a intimação do superficiário, enfiteuta ou concessionário, em caso de direito de superfície, enfiteuse, concessão de uso especial para fins de moradia ou concessão de direito real de uso, quando a penhora recair sobre imóvel submetido ao regime do direito de superfície, enfiteuse ou concessão;

VI - requerer a intimação do proprietário de terreno com regime de direito de superfície, enfiteuse, concessão de uso especial para fins de moradia ou concessão de direito real de uso, quando a penhora recair sobre direitos do superficiário, do enfiteuta ou do concessionário;

VII - requerer a intimação da sociedade, no caso de penhora de quota social ou de ação de sociedade anônima fechada, para o fim previsto no art. 876, § 7º;

VIII - pleitear, se for o caso, medidas urgentes;

IX - proceder à averbação em registro público do ato de propositura da execução e dos atos de constrição realizados, para conhecimento de terceiros.

X - requerer a intimação do titular da construção-base, bem como, se for o caso, do titular de lajes anteriores, quando a penhora recair sobre o direito real de laje; (Incluído pela Lei nº 13.465, de 2017)

XI - requerer a intimação do titular das lajes, quando a penhora recair sobre a construção-base. (Incluído pela Lei nº 13.465, de 2017)

Art. 800. Nas obrigações alternativas, quando a escolha couber ao devedor, esse será citado para exercer a opção e realizar a prestação dentro de dez dias, se outro prazo não lhe foi determinado em lei ou em contrato.

§ 1º Devolver-se-á ao credor a opção, se o devedor não a exercer no prazo determinado.

§ 2º A escolha será indicada na petição inicial da execução quando couber ao credor exercê-la.

Art. 801. Verificando que a petição inicial está incompleta ou que não está acompanhada dos documentos indispensáveis à propositura da execução, o juiz determinará que o exequente a corrija, no prazo de quinze dias, sob pena de indeferimento.

Art. 802. Na execução, o despacho que ordena a citação, desde que realizada em observância ao disposto no § 2º do art. 240, interrompe a prescrição, ainda que proferido por juízo incompetente.

Parágrafo único. A interrupção da prescrição retroagirá à data de propositura da ação.

Art. 803. É nula a execução se:

I - o título executivo extrajudicial não corresponder a obrigação certa, líquida e exigível;

II - o executado não for regularmente citado;

III - for instaurada antes de se verificar a condição ou de ocorrer o termo.

Parágrafo único. A nulidade de que cuida este artigo será pronunciada pelo juiz, de ofício ou a requerimento da parte, independentemente de embargos à execução.

Art. 804. A alienação de bem gravado por penhor, hipoteca ou anticrese será ineficaz em relação ao credor pignoratício, hipotecário ou anticrético não intimado.

§ 1º A alienação de bem objeto de promessa de compra e venda ou de cessão registrada será ineficaz em relação ao promitente comprador ou ao cessionário não intimado.

§ 2º A alienação de bem sobre o qual tenha sido instituído direito de superfície, seja do solo, da plantação ou da construção, será ineficaz em relação ao concedente ou ao concessionário não intimado.

§ 3º A alienação de direito aquisitivo de bem objeto de promessa de venda, de promessa de cessão ou de alienação fiduciária será ineficaz em relação ao promitente vendedor, ao promitente cedente ou ao proprietário fiduciário não intimado.

§ 4º A alienação de imóvel sobre o qual tenha sido instituída enfiteuse, concessão de uso especial para fins de moradia ou concessão de direito real de uso será ineficaz em relação ao enfiteuta ou ao concessionário não intimado.

§ 5º A alienação de direitos do enfiteuta, do concessionário de direito real de uso ou do concessionário de uso especial para fins de moradia será ineficaz em relação ao proprietário do respectivo imóvel não intimado.

§ 6º A alienação de bem sobre o qual tenha sido instituído usufruto, uso ou habitação será ineficaz em relação ao titular desses direitos reais não intimado.

Art. 805. Quando por vários meios o exequente puder promover a execução, o juiz mandará que se faça pelo modo menos gravoso para o executado.

Parágrafo único. Ao executado que alegar ser a medida executiva mais gravosa incumbe indicar outros meios mais eficazes e menos onerosos, sob pena de manutenção dos atos executivos já determinados.

Art. 806. O devedor de obrigação de entrega de coisa certa, constante de título executivo extrajudicial, será citado para, em quinze dias, satisfazer a obrigação.

§ 1º Ao despachar a inicial, o juiz poderá fixar multa por dia de atraso no cumprimento da obrigação, ficando o respectivo valor sujeito a alteração, caso se revele insuficiente ou excessivo.

§ 2º Do mandado de citação constará ordem para imissão na posse ou busca e apreensão, conforme se tratar de bem imóvel ou móvel, cujo cumprimento se dará de imediato, se o executado não satisfizer a obrigação no prazo que lhe foi designado.

Art. 807. Se o executado entregar a coisa, será lavrado o termo respectivo e considerada satisfeita a obrigação, prosseguindo-se a execução para o pagamento de frutos ou o ressarcimento de prejuízos, se houver.

Art. 808. Alienada a coisa quando já litigiosa, será expedido mandado contra o terceiro adquirente, que somente será ouvido após depositá-la.

Art. 809. O exequente tem direito a receber, além de perdas e danos, o valor da coisa, quando essa se deteriorar, não lhe for entregue, não for encontrada ou não for reclamada do poder de terceiro adquirente.

§ 1º Não constando do título o valor da coisa e sendo impossível sua avaliação, o exequente apresentará estimativa, sujeitando-a ao arbitramento judicial.

§ 2º Serão apurados em liquidação o valor da coisa e os prejuízos.

Art. 810. Havendo benfeitorias indenizáveis feitas na coisa pelo executado ou por terceiros de cujo poder ela houver sido tirada, a liquidação prévia é obrigatória.

Parágrafo único. Havendo saldo:

I – em favor do executado ou de terceiros, o exequente o depositará ao requerer a entrega da coisa;

II – em favor do exequente, esse poderá cobrá-lo nos autos do mesmo processo.

Art. 811. Quando a execução recair sobre coisa determinada pelo gênero e pela quantidade, o executado será citado para entregá-la individualizada, se lhe couber a escolha.

Parágrafo único. Se a escolha couber ao exequente, esse deverá indicá-la na petição inicial.

Art. 812. Qualquer das partes poderá, no prazo de quinze dias, impugnar a escolha feita pela outra, e o juiz decidirá de plano ou, se necessário, ouvindo perito de sua nomeação.

Art. 813. Aplicar-se-ão à execução para entrega de coisa incerta, no que couber, as disposições da Seção I deste Capítulo.

Art. 814. Na execução de obrigação de fazer ou de não fazer fundada em título extrajudicial, ao despachar a inicial, o juiz fixará multa por período de atraso no cumprimento da obrigação e a data a partir da qual será devida.

Parágrafo único. Se o valor da multa estiver previsto no título e for excessivo, o juiz poderá reduzi-lo.

Art. 815. Quando o objeto da execução for obrigação de fazer, o executado será citado para satisfazê-la no prazo que o juiz lhe designar, se outro não estiver determinado no título executivo.

Art. 816. Se o executado não satisfizer a obrigação no prazo designado, é lícito ao exequente, nos próprios autos do processo, requerer a satisfação da obrigação à custa do executado ou perdas e danos, hipótese em que se converterá em indenização.

Parágrafo único. O valor das perdas e danos será apurado em liquidação, seguindo-se a execução para cobrança de quantia certa.

Art. 817. Se a obrigação puder ser satisfeita por terceiro, é lícito ao juiz autorizar, a requerimento do exequente, que aquele a satisfaça à custa do executado.

Parágrafo único. O exequente adiantará as quantias previstas na proposta que, ouvidas as partes, o juiz houver aprovado.

Art. 818. Realizada a prestação, o juiz ouvirá as partes no prazo de dez dias e, não havendo impugnação, considerará satisfeita a obrigação.

Parágrafo único. Caso haja impugnação, o juiz a decidirá.

Art. 819. Se o terceiro contratado não realizar a prestação no prazo ou se o fizer de modo incompleto ou defeituoso, poderá o exequente requerer ao juiz, no prazo de quinze dias, que o autorize a concluí-la ou a repará-la à custa do contratante.

Parágrafo único. Ouvido o contratante no prazo de quinze dias, o juiz mandará avaliar o custo das despesas necessárias e o condenará a pagá-lo.

Art. 820. Se o exequente quiser executar ou mandar executar, sob sua direção e vigilância, as obras e os trabalhos necessários à realização da prestação, terá preferência, em igualdade de condições de oferta, em relação ao terceiro.

Parágrafo único. O direito de preferência deverá ser exercido no prazo de cinco dias, após aprovada a proposta do terceiro.

Art. 821. Na obrigação de fazer, quando se convencionar que o executado a satisfaça pessoalmente, o exequente poderá requerer ao juiz que lhe assine prazo para cumpri-la.

Parágrafo único. Havendo recusa ou mora do executado, sua obrigação pessoal será convertida em perdas e danos, caso em que se observará o procedimento de execução por quantia certa.

Art. 822. Se o executado praticou ato a cuja abstenção estava obrigado por lei ou por contrato, o exequente requererá ao juiz que assine prazo ao executado para desfazê-lo.

Art. 823. Havendo recusa ou mora do executado, o exequente requererá ao juiz que mande desfazer o ato à custa daquele, que responderá por perdas e danos.

Parágrafo único. Não sendo possível desfazer-se o ato, a obrigação resolve-se em perdas e danos, caso em que, após a liquidação, se observará o procedimento de execução por quantia certa.

Art. 824. A execução por quantia certa realiza-se pela expropriação de bens do executado, ressalvadas as execuções especiais.

Art. 825. A expropriação consiste em:

I - adjudicação;

II - alienação;

III - apropriação de frutos e rendimentos de empresa ou de estabelecimentos e de outros bens.

Art. 826. Antes de adjudicados ou alienados os bens, o executado pode, a todo tempo, remir a execução, pagando ou consignando a importância atualizada da dívida, acrescida de juros, custas e honorários advocatícios.

Art. 827. Ao despachar a inicial, o juiz fixará, de plano, os honorários advocatícios de 10%, a serem pagos pelo executado.

§ 1º No caso de integral pagamento no prazo de três dias, o valor dos honorários advocatícios será reduzido pela metade.

§ 2º O valor dos honorários poderá ser elevado até 20%, quando rejeitados os embargos à execução, podendo a majoração, caso não opostos os embargos, ocorrer ao final do procedimento executivo, levando-se em conta o trabalho realizado pelo advogado do exequente.

Art. 828. O exequente poderá obter certidão de que a execução foi admitida pelo juiz, com identificação das partes e do valor da causa, para fins de averbação no registro de imóveis, de veículos ou de outros bens sujeitos a penhora, arresto ou indisponibilidade.

§ 1º No prazo de dez dias de sua concretização, o exequente deverá comunicar ao juízo as averbações efetivadas.

§ 2º Formalizada penhora sobre bens suficientes para cobrir o valor da dívida, o exequente providenciará, no prazo de dez dias, o cancelamento das averbações relativas àqueles não penhorados.

§ 3º O juiz determinará o cancelamento das averbações, de ofício ou a requerimento, caso o exequente não o faça no prazo.

§ 4º Presume-se em fraude à execução a alienação ou a oneração de bens efetuada após a averbação.

§ 5º O exequente que promover averbação manifestamente indevida ou não cancelar as averbações nos termos do § 2º indenizará a parte contrária, processando-se o incidente em autos apartados.

Art. 829. O executado será citado para pagar a dívida no prazo de três dias, contado da citação.

§ 1º Do mandado de citação constarão, também, a ordem de penhora e a avaliação a serem cumpridas pelo oficial de justiça tão logo verificado o não pagamento no prazo assinalado, de tudo lavrando-se auto, com intimação do executado.

§ 2º A penhora recairá sobre os bens indicados pelo exequente, salvo se outros forem indicados pelo executado e aceitos pelo juiz, mediante demonstração de que a constrição proposta lhe será menos onerosa e não trará prejuízo ao exequente.

Art. 830. Se o oficial de justiça não encontrar o executado, arrestar-lhe-á tantos bens quantos bastem para garantir a execução.

§ 1º Nos dez dias seguintes à efetivação do arresto, o oficial de justiça procurará o executado duas vezes em dias distintos e, havendo suspeita de ocultação, realizará a citação com hora certa, certificando pormenorizadamente o ocorrido.

§ 2º Incumbe ao exequente requerer a citação por edital, uma vez frustradas a pessoal e a com hora certa.

§ 3º Aperfeiçoada a citação e transcorrido o prazo de pagamento, o arresto converter-se-á em penhora, independentemente de termo.

Art. 831. A penhora deverá recair sobre tantos bens quantos bastem para o pagamento do principal atualizado, dos juros, das custas e dos honorários advocatícios.

Art. 832. Não estão sujeitos à execução os bens que a lei considera impenhoráveis ou inalienáveis.

Art. 833. São impenhoráveis:

I – os bens inalienáveis e os declarados, por ato voluntário, não sujeitos à execução;

II – os móveis, os pertences e as utilidades domésticas que guarnecem a residência do executado, salvo os de elevado valor ou os que ultrapassem as necessidades comuns correspondentes a um médio padrão de vida;

III – os vestuários, bem como os pertences de uso pessoal do executado, salvo se de elevado valor;

IV – os vencimentos, os subsídios, os soldos, os salários, as remunerações, os proventos de aposentadoria, as pensões, os pecúlios e os montepios, bem como as quantias recebidas por liberalidade de terceiro e destinadas ao sustento do devedor e de sua família, os ganhos de trabalhador autônomo e os honorários de profissional liberal, ressalvado o § 2º;

V – os livros, as máquinas, as ferramentas, os utensílios, os instrumentos ou outros bens móveis necessários ou úteis ao exercício da profissão do executado;

VI – o seguro de vida;

VII – os materiais necessários para obras em andamento, salvo se essas forem penhoradas;

VIII – a pequena propriedade rural, assim definida em lei, desde que trabalhada pela família;

IX – os recursos públicos recebidos por instituições privadas para aplicação compulsória em educação, saúde ou assistência social;

X – a quantia depositada em caderneta de poupança, até o limite de 40 (quarenta) salários mínimos;

XI – os recursos públicos do fundo partidário recebidos por partido político, nos termos da lei;

XII – os créditos oriundos de alienação de unidades imobiliárias, sob regime de incorporação imobiliária, vinculados à execução da obra.

§ 1º A impenhorabilidade não é oponível à execução de dívida relativa ao próprio bem, inclusive àquela contraída para sua aquisição.

§ 2º O disposto nos incisos IV e X do *caput* não se aplica à hipótese de penhora para pagamento de prestação alimentícia, independentemente de sua origem, bem como às importâncias excedentes a cinquenta salários mínimos mensais, devendo a constrição observar o disposto no art. 528, § 8º, e no art. 529, § 3º.

§ 3º Incluem-se na impenhorabilidade prevista no inciso V do *caput* os equipamentos, os implementos e as máquinas agrícolas pertencentes a pessoa física ou a empresa individual produtora rural, exceto quando tais bens tenham sido objeto de financiamento e estejam vinculados em garantia a negócio jurídico ou quando respondam por dívida de natureza alimentar, trabalhista ou previdenciária.

Art. 834. Podem ser penhorados, à falta de outros bens, os frutos e os rendimentos dos bens inalienáveis.

Art. 835. A penhora observará, preferencialmente, a seguinte ordem:

I - dinheiro, em espécie ou em depósito ou aplicação em instituição financeira;

II - títulos da dívida pública da União, dos estados e do Distrito Federal com cotação em mercado;

III - títulos e valores mobiliários com cotação em mercado;

IV - veículos de via terrestre;

V - bens imóveis;

VI - bens móveis em geral;

VII - semoventes;

VIII - navios e aeronaves;

IX - ações e quotas de sociedades simples e empresárias;

X - percentual do faturamento de empresa devedora;

XI - pedras e metais preciosos;

XII - direitos aquisitivos derivados de promessa de compra e venda e de alienação fiduciária em garantia;

XIII - outros direitos.

§ 1º É prioritária a penhora em dinheiro, podendo o juiz, nas demais hipóteses, alterar a ordem prevista no *caput* de acordo com as circunstâncias do caso concreto.

§ 2º Para fins de substituição da penhora, equiparam-se a dinheiro a fiança bancária e o seguro garantia judicial, desde que em valor não inferior ao do débito constante da inicial, acrescido de 30%.

§ 3º Na execução de crédito com garantia real, a penhora recairá sobre a coisa dada em garantia, e, se a coisa pertencer a terceiro garantidor, este também será intimado da penhora.

Art. 836. Não se levará a efeito a penhora quando ficar evidente que o produto da execução dos bens encontrados será totalmente absorvido pelo pagamento das custas da execução.

§ 1º Quando não encontrar bens penhoráveis, independentemente de determinação judicial expressa, o oficial de justiça descreverá na certidão os bens que guarnecem a residência ou o estabelecimento do executado, quando este for pessoa jurídica.

§ 2º Elaborada a lista, o executado ou seu representante legal será nomeado depositário provisório de tais bens até ulterior determinação do juiz.

rt. 837. Obedecidas as normas de segurança instituídas sob critérios uniformes pelo Conselho Nacional de Justiça, a penhora de dinheiro e as averbações de penhoras de bens imóveis e móveis podem ser realizadas por meio eletrônico.

Art. 838. A penhora será realizada mediante auto ou termo, que conterá:

I - a indicação do dia, do mês, do ano e do lugar em que foi feita;

II - os nomes do exequente e do executado;

III - a descrição dos bens penhorados, com as suas características;

IV - a nomeação do depositário dos bens.

Art. 839. Considerar-se-á feita a penhora mediante a apreensão e o depósito dos bens, lavrando-se um só auto se as diligências forem concluídas no mesmo dia.

Parágrafo único. Havendo mais de uma penhora, serão lavrados autos individuais.

Art. 840. Serão preferencialmente depositados:

I - as quantias em dinheiro, os papéis de crédito e as pedras e os metais preciosos, no Banco do Brasil, na Caixa Econômica Federal ou em banco do qual o Estado ou o Distrito Federal possua mais da metade do capital social integralizado, ou, na falta desses estabelecimentos, em qualquer instituição de crédito designada pelo juiz;

II - os móveis, os semoventes, os imóveis urbanos e os direitos aquisitivos sobre imóveis urbanos, em poder do depositário judicial;

III - os imóveis rurais, os direitos aquisitivos sobre imóveis rurais, as máquinas, os utensílios e os instrumentos necessários ou úteis à atividade agrícola, mediante caução idônea, em poder do executado.

§ 1º No caso do inciso II do *caput*, se não houver depositário judicial, os bens ficarão em poder do exequente.

§ 2º Os bens poderão ser depositados em poder do executado nos casos de difícil remoção ou quando anuir o exequente.

§ 3º As joias, as pedras e os objetos preciosos deverão ser depositados com registro do valor estimado de resgate.

Art. 841. Formalizada a penhora por qualquer dos meios legais, dela será imediatamente intimado o executado.

§ 1º A intimação da penhora será feita ao advogado do executado ou à sociedade de advogados a que aquele pertença.

§ 2º Se não houver constituído advogado nos autos, o executado será intimado pessoalmente, de preferência por via postal.

§ 3º O disposto no § 1º não se aplica aos casos de penhora realizada na presença do executado, que se reputa intimado.

§ 4º Considera-se realizada a intimação a que se refere o § 2º quando o executado houver mudado de endereço sem prévia comunicação ao juízo, observado o disposto no parágrafo único do art. 274.

Art. 842. Recaindo a penhora sobre bem imóvel ou direito real sobre imóvel, será intimado também o cônjuge do executado, salvo se forem casados em regime de separação absoluta de bens.

Art. 843. Tratando-se de penhora de bem indivisível, o equivalente à quota-parte do coproprietário ou do cônjuge alheio à execução recairá sobre o produto da alienação do bem.

§ 1º É reservada ao coproprietário ou ao cônjuge não executado a preferência na arrematação do bem em igualdade de condições.

§ 2º Não será levada a efeito expropriação por preço inferior ao da avaliação na qual o valor auferido seja incapaz de garantir, ao coproprietário ou ao cônjuge alheio à execução, o correspondente à sua quota-parte calculado sobre o valor da avaliação.

Art. 844. Para presunção absoluta de conhecimento por terceiros, cabe ao exequente providenciar a averbação do arresto ou da penhora no registro competente, mediante apresentação de cópia do auto ou do termo, independentemente de mandado judicial.

Art. 845. Efetuar-se-á a penhora onde se encontrem os bens, ainda que sob a posse, a detenção ou a guarda de terceiros.

§ 1º A penhora de imóveis, independentemente de onde se localizem, quando apresentada certidão da respectiva matrícula, e a penhora de veículos automotores, quando apresentada certidão que ateste a sua existência, serão realizadas por termo nos autos.

§ 2º Se o executado não tiver bens no foro do processo, não sendo possível a realização da penhora nos termos do § 1º, a execução será feita por carta, penhorando-se, avaliando-se e alienando-se os bens no foro da situação.

Art. 846. Se o executado fechar as portas da casa a fim de obstar a penhora dos bens, o oficial de justiça comunicará o fato ao juiz, solicitando-lhe ordem de arrombamento.

§ 1º Deferido o pedido, dois oficiais de Justiça cumprirão o mandado, arrombando cômodos e móveis em que se presuma estarem os bens, e lavrarão de tudo auto circunstanciado, que será assinado por duas testemunhas presentes à diligência.

§ 2º Sempre que necessário, o juiz requisitará força policial, a fim de auxiliar os oficiais de Justiça na penhora dos bens.

§ 3º Os oficiais de Justiça lavrarão em duplicata o auto da ocorrência, entregando uma via ao escrivão ou ao chefe de secretaria, para ser juntada aos autos, e a outra à autoridade policial a quem couber a apuração criminal dos eventuais delitos de desobediência ou de resistência.

§ 4º Do auto da ocorrência constará o rol de testemunhas, com a respectiva qualificação.

Art. 847. O executado pode, no prazo de dez dias contado da intimação da penhora, requerer a substituição do bem penhorado, desde que comprove que lhe será menos onerosa e não trará prejuízo ao exequente.

§ 1º O juiz só autorizará a substituição se o executado:

I - comprovar as respectivas matrículas e os registros por certidão do correspondente ofício, quanto aos bens imóveis;

II - descrever os bens móveis, com todas as suas propriedades e características, bem como o estado deles e o lugar onde se encontram;

III - descrever os semoventes, com indicação de espécie, de número, de marca ou sinal e do local onde se encontram;

IV - identificar os créditos, indicando quem seja o devedor, qual a origem da dívida, o título que a representa e a data do vencimento; e

V - atribuir, em qualquer caso, valor aos bens indicados à penhora, além de especificar os ônus e os encargos a que estejam sujeitos.

§ 2º Requerida a substituição do bem penhorado, o executado deve indicar onde se encontram os bens sujeitos à execução, exibir a prova de sua propriedade e a certidão negativa ou positiva de ônus, bem como abster-se de qualquer atitude que dificulte ou embarace a realização da penhora.

§ 3º O executado somente poderá oferecer bem imóvel em substituição caso o requeira com a expressa anuência do cônjuge, salvo se o regime for o de separação absoluta de bens.

§ 4º O juiz intimará o exequente para manifestar-se sobre o requerimento de substituição do bem penhorado.

Art. 848. As partes poderão requerer a substituição da penhora se:

I - ela não obedecer à ordem legal;

II - ela não incidir sobre os bens designados em lei, contrato ou ato judicial para o pagamento;

III - havendo bens no foro da execução, outros tiverem sido penhorados;

IV - havendo bens livres, ela tiver recaído sobre bens já penhorados ou objeto de gravame;

V - ela incidir sobre bens de baixa liquidez;

VI - fracassar a tentativa de alienação judicial do bem; ou

VII - o executado não indicar o valor dos bens ou omitir qualquer das indicações previstas em lei.

Parágrafo único. A penhora pode ser substituída por fiança bancária ou por seguro garantia judicial, em valor não inferior ao do débito constante da inicial, acrescido de 30%.

Art. 849. Sempre que ocorrer a substituição dos bens inicialmente penhorados, será lavrado novo termo.

Art. 850. Será admitida a redução ou a ampliação da penhora, bem como sua transferência para outros bens, se, no curso do processo, o valor de mercado dos bens penhorados sofrer alteração significativa.

Art. 851. Não se procede à segunda penhora, salvo se:

I - a primeira for anulada;

II - executados os bens, o produto da alienação não bastar para o pagamento do exequente;

III - o exequente desistir da primeira penhora, por serem litigiosos os bens ou por estarem submetidos a constrição judicial.

Art. 852. O juiz determinará a alienação antecipada dos bens penhorados quando:

I - se tratar de veículos automotores, de pedras e metais preciosos e de outros bens móveis sujeitos à depreciação ou à deterioração;

II - houver manifesta vantagem.

Art. 853. Quando uma das partes requerer alguma das medidas previstas nesta Subseção, o juiz ouvirá sempre a outra, no prazo de três dias, antes de decidir.

Parágrafo único. O juiz decidirá de plano qualquer questão suscitada.

Art. 854. Para possibilitar a penhora de dinheiro em depósito ou em aplicação financeira, o juiz, a requerimento do exequente, sem dar ciência prévia do ato ao executado, determinará às instituições financeiras, por meio de sistema eletrônico gerido pela autoridade supervisora do sistema financeiro nacional, que torne indisponíveis ativos financeiros existentes em nome do executado, limitando-se a indisponibilidade ao valor indicado na execução.

§ 1º No prazo de 24 horas a contar da resposta, de ofício, o juiz determinará o cancelamento de eventual indisponibilidade excessiva, o que deverá ser cumprido pela instituição financeira em igual prazo.

§ 2º Tornados indisponíveis os ativos financeiros do executado, este será intimado na pessoa de seu advogado ou, não o tendo, pessoalmente.

§ 3º Incumbe ao executado, no prazo de cinco dias, comprovar que:

I - as quantias tornadas indisponíveis são impenhoráveis;

II - ainda remanesce indisponibilidade excessiva de ativos financeiros.

§ 4º Acolhida qualquer das arguições dos incisos I e II do § 3º, o juiz determinará o cancelamento de eventual indisponibilidade irregular ou excessiva, a ser cumprido pela instituição financeira em 24 horas.

§ 5º Rejeitada ou não apresentada a manifestação do executado, converter-se-á a indisponibilidade em penhora, sem necessidade de lavratura de termo, devendo o juiz da execução determinar à instituição financeira depositária que, no prazo de 24 horas, transfira o montante indisponível para conta vinculada ao juízo da execução.

§ 6º Realizado o pagamento da dívida por outro meio, o juiz determinará, imediatamente, por sistema eletrônico gerido pela autoridade supervisora do sistema financeiro nacional, a notificação da instituição financeira para que, em até 24 horas, cancele a indisponibilidade.

§ 7º As transmissões das ordens de indisponibilidade, de seu cancelamento e de determinação de penhora previstas neste artigo far-se-ão por meio de sistema eletrônico gerido pela autoridade supervisora do sistema financeiro nacional.

§ 8º A instituição financeira será responsável pelos prejuízos causados ao executado em decorrência da indisponibilidade de ativos financeiros em valor superior ao indicado na execução ou pelo juiz, bem como na hipótese de não cancelamento da indisponibilidade no prazo de 24 (vinte e quatro) horas, quando assim determinar o juiz.

§ 9º Quando se tratar de execução contra partido político, o juiz, a requerimento do exequente, determinará às instituições financeiras, por meio de sistema eletrônico gerido por autoridade supervisora do sistema bancário, que tornem indisponíveis ativos financeiros somente em nome do órgão partidário que tenha contraído a dívida executada ou que tenha dado causa à violação de direito ou ao dano, ao qual cabe exclusivamente a responsabilidade pelos atos praticados, na forma da lei.

Art. 855. Quando recair em crédito do executado, enquanto não ocorrer a hipótese prevista no art. 856, considerar-se-á feita a penhora pela intimação:

I - ao terceiro devedor para que não pague ao executado, seu credor;

II - ao executado, credor do terceiro, para que não pratique ato de disposição do crédito.

Art. 856. A penhora de crédito representado por letra de câmbio, nota promissória, duplicata, cheque ou outros títulos far-se-á pela apreensão do documento, esteja ou não este em poder do executado.

§ 1º Se o título não for apreendido, mas o terceiro confessar a dívida, será este tido como depositário da importância.

§ 2º O terceiro só se exonerará da obrigação depositando em juízo a importância da dívida.

§ 3º Se o terceiro negar o débito em conluio com o executado, a quitação que este lhe der caracterizará fraude à execução.

§ 4º A requerimento do exequente, o juiz determinará o comparecimento, em audiência especialmente designada, do executado e do terceiro, a fim de lhes tomar os depoimentos.

Art. 857. Feita a penhora em direito e ação do executado, e não tendo ele oferecido embargos ou sendo estes rejeitados, o exequente ficará sub-rogado nos direitos do executado até a concorrência de seu crédito.

§ 1º O exequente pode preferir, em vez da sub-rogação, a alienação judicial do direito penhorado, caso em que declarará sua vontade no prazo de dez dias contado da realização da penhora.

§ 2º A sub-rogação não impede o sub-rogado, se não receber o crédito do executado, de prosseguir na execução, nos mesmos autos, penhorando outros bens.

Art. 858. Quando a penhora recair sobre dívidas de dinheiro a juros, de direito a rendas ou de prestações periódicas, o exequente poderá levantar os juros, os rendimentos ou as prestações à medida que forem sendo depositados, abatendo-se do crédito as importâncias recebidas, conforme as regras de imputação do pagamento.

Art. 859. Recaindo a penhora sobre direito a prestação ou a restituição de coisa determinada, o executado será intimado para, no vencimento, depositá-la, correndo sobre ela a execução.

Art. 860. Quando o direito estiver sendo pleiteado em juízo, a penhora que recair sobre ele será averbada, com destaque, nos autos pertinentes ao direito e na ação correspondente à penhora, a fim de que esta seja efetivada nos bens que forem adjudicados ou que vierem a caber ao executado.

Art. 861. Penhoradas as quotas ou as ações de sócio em sociedade simples ou empresária, o juiz assinará prazo razoável, não superior a três meses, para que a sociedade:

I - apresente balanço especial, na forma da lei;

II - ofereça as quotas ou as ações aos demais sócios, observado o direito de preferência legal ou contratual;

III - não havendo interesse dos sócios na aquisição das ações, proceda à liquidação das quotas ou das ações, depositando em juízo o valor apurado, em dinheiro.

§ 1º Para evitar a liquidação das quotas ou das ações, a sociedade poderá adquiri-las sem redução do capital social e com utilização de reservas, para manutenção em tesouraria.

§ 2º O disposto no *caput* e no § 1º não se aplica à sociedade anônima de capital aberto, cujas ações serão adjudicadas ao exequente ou alienadas em bolsa de valores, conforme o caso.

§ 3º Para os fins da liquidação de que trata o inciso III do *caput*, o juiz poderá, a requerimento do exequente ou da sociedade, nomear administrador, que deverá submeter à aprovação judicial a forma de liquidação.

§ 4º O prazo previsto no *caput* poderá ser ampliado pelo juiz, se o pagamento das quotas ou das ações liquidadas:

I - superar o valor do saldo de lucros ou reservas, exceto a legal, e sem diminuição do capital social, ou por doação; ou

II - colocar em risco a estabilidade financeira da sociedade simples ou empresária.

§ 5º Caso não haja interesse dos demais sócios no exercício de direito de preferência, não ocorra a aquisição das quotas ou das ações pela sociedade e a liquidação do inciso III do *caput* seja excessivamente onerosa para a sociedade, o juiz poderá determinar o leilão judicial das quotas ou das ações.

Art. 862. Quando a penhora recair em estabelecimento comercial, industrial ou agrícola, bem como em semoventes, plantações ou edifícios em construção, o juiz nomeará administrador-depositário, determinando-lhe que apresente em dez dias o plano de administração.

§ 1º Ouvidas as partes, o juiz decidirá.

§ 2º É lícito às partes ajustar a forma de administração e escolher o depositário, hipótese em que o juiz homologará por despacho a indicação.

§ 3º Em relação aos edifícios em construção sob regime de incorporação imobiliária, a penhora somente poderá recair sobre as unidades imobiliárias ainda não comercializadas pelo incorporador.

§ 4º Sendo necessário afastar o incorporador da administração da incorporação, será ela exercida pela comissão de representantes dos adquirentes ou, se se tratar de construção financiada, por empresa ou profissional indicado pela instituição fornecedora dos recursos para a obra, devendo ser ouvida, neste último caso, a comissão de representantes dos adquirentes.

Art. 863. A penhora de empresa que funcione mediante concessão ou autorização far-se-á, conforme o valor do crédito, sobre a renda, sobre determinados bens ou sobre todo o patrimônio, e o juiz nomeará como depositário, de preferência, um de seus diretores.

§ 1º Quando a penhora recair sobre a renda ou sobre determinados bens, o administrador-depositário apresentará a forma de administração e o esquema de pagamento, observando-se, quanto ao mais, o disposto em relação ao regime de penhora de frutos e rendimentos de coisa móvel e imóvel.

§ 2º Recaindo a penhora sobre todo o patrimônio, prosseguirá a execução em seus ulteriores termos, ouvindo-se, antes da arrematação ou da adjudicação, o ente público que houver outorgado a concessão.

Art. 864. A penhora de navio ou de aeronave não obsta que continuem navegando ou operando até a alienação, mas o juiz, ao conceder a autorização para tanto, não permitirá que saiam do porto ou do aeroporto antes que o executado faça o seguro usual contra riscos.

Art. 865. A penhora de que trata esta Subseção somente será determinada se não houver outro meio eficaz para a efetivação do crédito.

Art. 866. Se o executado não tiver outros bens penhoráveis ou se, tendo-os, esses forem de difícil alienação ou insuficientes para saldar o crédito executado, o juiz poderá ordenar a penhora de percentual de faturamento de empresa.

§ 1º O juiz fixará percentual que propicie a satisfação do crédito exequendo em tempo razoável, mas que não torne inviável o exercício da atividade empresarial.

§ 2º O juiz nomeará administrador-depositário, o qual submeterá à aprovação judicial a forma de sua atuação e prestará contas mensalmente, entregando em juízo as quantias recebidas, com os respectivos balancetes mensais, a fim de serem imputadas no pagamento da dívida.

§ 3º Na penhora de percentual de faturamento de empresa, observar-se-á, no que couber, o disposto quanto ao regime de penhora de frutos e rendimentos de coisa móvel e imóvel.

Art. 867. O juiz pode ordenar a penhora de frutos e rendimentos de coisa móvel ou imóvel quando a considerar mais eficiente para o recebimento do crédito e menos gravosa ao executado.

Art. 868. Ordenada a penhora de frutos e rendimentos, o juiz nomeará administrador-depositário, que será investido de todos os poderes que concernem à administração do bem e à fruição de seus frutos e utilidades, perdendo o executado o direito de gozo do bem, até que o exequente seja pago do principal, dos juros, das custas e dos honorários advocatícios.

§ 1º A medida terá eficácia em relação a terceiros a partir da publicação da decisão que a conceda ou de sua averbação no ofício imobiliário, em caso de imóveis.

§ 2º O exequente providenciará a averbação no ofício imobiliário mediante a apresentação de certidão de inteiro teor do ato, independentemente de mandado judicial.

Art. 869. O juiz poderá nomear administrador-depositário o exequente ou o executado, ouvida a parte contrária, e, não havendo acordo, nomeará profissional qualificado para o desempenho da função.

§ 1º O administrador submeterá à aprovação judicial a forma de administração e a de prestar contas periodicamente.

§ 2º Havendo discordância entre as partes ou entre essas e o administrador, o juiz decidirá a melhor forma de administração do bem.

§ 3º Se o imóvel estiver arrendado, o inquilino pagará o aluguel diretamente ao exequente, salvo se houver administrador.

§ 4º O exequente ou o administrador poderá celebrar locação do móvel ou do imóvel, ouvido o executado.

§ 5º As quantias recebidas pelo administrador serão entregues ao exequente, a fim de serem imputadas ao pagamento da dívida.

§ 6º O exequente dará ao executado, por termo nos autos, quitação das quantias recebidas.

Art. 870. A avaliação será feita pelo oficial de Justiça.

Parágrafo único. Se forem necessários conhecimentos especializados e o valor da execução o comportar, o juiz nomeará avaliador, fixando-lhe prazo não superior a dez dias para entrega do laudo.

Art. 871. Não se procederá à avaliação quando:

I - uma das partes aceitar a estimativa feita pela outra;

II - se tratar de títulos ou de mercadorias que tenham cotação em bolsa, comprovada por certidão ou publicação no órgão oficial;

III - se tratar de títulos da dívida pública, de ações de sociedades e de títulos de crédito negociáveis em bolsa, cujo valor será o da cotação oficial do dia, comprovada por certidão ou publicação no órgão oficial;

IV - se tratar de veículos automotores ou de outros bens cujo preço médio de mercado possa ser conhecido por meio de pesquisas realizadas por órgãos oficiais ou de anúncios de venda divulgados em meios de comunicação, caso em que caberá a quem fizer a nomeação o encargo de comprovar a cotação de mercado.

Parágrafo único. Ocorrendo a hipótese do inciso I deste artigo, a avaliação poderá ser realizada quando houver fundada dúvida do juiz quanto ao real valor do bem.

Art. 872. A avaliação realizada pelo oficial de Justiça constará de vistoria e de laudo anexados ao auto de penhora ou, em caso de perícia realizada por avaliador, de laudo apresentado no prazo fixado pelo juiz, devendo-se, em qualquer hipótese, especificar:

I - os bens, com as suas características, e o estado em que se encontram;

II - o valor dos bens.

§ 1º Quando o imóvel for suscetível de cômoda divisão, a avaliação, tendo em conta o crédito reclamado, será realizada em partes, sugerindo-se, com a apresentação de memorial descritivo, os possíveis desmembramentos para alienação.

§ 2º Realizada a avaliação e, sendo o caso, apresentada a proposta de desmembramento, as partes serão ouvidas no prazo de cinco dias.

Art. 873. É admitida nova avaliação quando:

I - qualquer das partes arguir, fundamentadamente, a ocorrência de erro na avaliação ou dolo do avaliador;

II - se verificar, posteriormente à avaliação, que houve majoração ou diminuição no valor do bem;

III - o juiz tiver fundada dúvida sobre o valor atribuído ao bem na primeira avaliação.

Parágrafo único. Aplica-se o art. 480 à nova avaliação prevista no inciso III do *caput* deste artigo.

Art. 874. Após a avaliação, o juiz poderá, a requerimento do interessado e ouvida a parte contrária, mandar:

I - reduzir a penhora aos bens suficientes ou transferi-la para outros, se o valor dos bens penhorados for consideravelmente superior ao crédito do exequente e dos acessórios;

II - ampliar a penhora ou transferi-la para outros bens mais valiosos, se o valor dos bens penhorados for inferior ao crédito do exequente.

Art. 875. Realizadas a penhora e a avaliação, o juiz dará início aos atos de expropriação do bem.

Art. 876. É lícito ao exequente, oferecendo preço não inferior ao da avaliação, requerer que lhe sejam adjudicados os bens penhorados.

§ 1º Requerida a adjudicação, o executado será intimado do pedido:

I - pelo*Diário da Justiça*, na pessoa de seu advogado constituído nos autos;

II - por carta com aviso de recebimento, quando representado pela Defensoria Pública ou quando não tiver procurador constituído nos autos;

III - por meio eletrônico, quando, sendo o caso do § 1º do art. 246, não tiver procurador constituído nos autos.

§ 2º Considera-se realizada a intimação quando o executado houver mudado de endereço sem prévia comunicação ao juízo, observado o disposto no art. 274, parágrafo único.

§ 3º Se o executado, citado por edital, não tiver procurador constituído nos autos, é dispensável a intimação prevista no § 1º.

§ 4º Se o valor do crédito for:

I - inferior ao dos bens, o requerente da adjudicação depositará de imediato a diferença, que ficará à disposição do executado;

II - superior ao dos bens, a execução prosseguirá pelo saldo remanescente.

§ 5º Idêntico direito pode ser exercido por aqueles indicados no art. 889, incisos II a VIII, pelos credores concorrentes que hajam penhorado o mesmo bem, pelo cônjuge, pelo companheiro, pelos descendentes ou pelos ascendentes do executado.

§ 6º Se houver mais de um pretendente, proceder-se-á a licitação entre eles, tendo preferência, em caso de igualdade de oferta, o cônjuge, o companheiro, o descendente ou o ascendente, nessa ordem.

§ 7º No caso de penhora de quota social ou de ação de sociedade anônima fechada realizada em favor de exequente alheio à sociedade, esta será intimada, ficando responsável por informar aos sócios a ocorrência da penhora, assegurando-se a estes a preferência.

Art. 877. Transcorrido o prazo de cinco dias, contado da última intimação, e decididas eventuais questões, o juiz ordenará a lavratura do auto de adjudicação.

§ 1º Considera-se perfeita e acabada a adjudicação com a lavratura e a assinatura do auto pelo juiz, pelo adjudicatário, pelo escrivão ou chefe de secretaria, e, se estiver presente, pelo executado, expedindo-se:

I - a carta de adjudicação e o mandado de imissão na posse, quando se tratar de bem imóvel;

II - a ordem de entrega ao adjudicatário, quando se tratar de bem móvel.

§ 2º A carta de adjudicação conterá a descrição do imóvel, com remissão à sua matrícula e aos seus registros, a cópia do auto de adjudicação e a prova de quitação do imposto de transmissão.

§ 3º No caso de penhora de bem hipotecado, o executado poderá remi-lo até a assinatura do auto de adjudicação, oferecendo preço igual ao da avaliação, se não tiver havido licitantes, ou ao do maior lance oferecido.

§ 4º Na hipótese de falência ou de insolvência do devedor hipotecário, o direito de remição previsto no § 3º será deferido à massa ou aos credores em concurso, não podendo o exequente recusar o preço da avaliação do imóvel.

Art. 878. Frustradas as tentativas de alienação do bem, será reaberta oportunidade para requerimento de adjudicação, caso em que também se poderá pleitear a realização de nova avaliação.

Art. 879. A alienação far-se-á:

I - por iniciativa particular;

II - em leilão judicial eletrônico ou presencial.

Art. 880. Não efetivada a adjudicação, o exequente poderá requerer a alienação por sua própria iniciativa ou por intermédio de corretor ou leiloeiro público credenciado perante o órgão judiciário.

§ 1º O juiz fixará o prazo em que a alienação deve ser efetivada, a forma de publicidade, o preço mínimo, as condições de pagamento, as garantias e, se for o caso, a comissão de corretagem.

§ 2º A alienação será formalizada por termo nos autos, com a assinatura do juiz, do exequente, do adquirente e, se estiver presente, do executado, expedindo-se:

I - a carta de alienação e o mandado de imissão na posse, quando se tratar de bem imóvel;

II - a ordem de entrega ao adquirente, quando se tratar de bem móvel.

§ 3º Os tribunais poderão editar disposições complementares sobre o procedimento da alienação prevista neste artigo, admitindo, quando for o caso, o concurso de meios eletrônicos, e dispor sobre o credenciamento dos corretores e leiloeiros públicos, os quais deverão estar em exercício profissional por não menos que três anos.

§ 4º Nas localidades em que não houver corretor ou leiloeiro público credenciado nos termos do § 3º, a indicação será de livre escolha do exequente.

Art. 881. A alienação far-se-á em leilão judicial se não efetivada a adjudicação ou a alienação por iniciativa particular.

§ 1º O leilão do bem penhorado será realizado por leiloeiro público.

§ 2º Ressalvados os casos de alienação a cargo de corretores de bolsa de valores, todos os demais bens serão alienados em leilão público.

Art. 882. Não sendo possível a sua realização por meio eletrônico, o leilão será presencial.

§ 1º A alienação judicial por meio eletrônico será realizada, observando-se as garantias processuais das partes, de acordo com regulamentação específica do Conselho Nacional de Justiça.

§ 2º A alienação judicial por meio eletrônico deverá atender aos requisitos de ampla publicidade, autenticidade e segurança, com observância das regras estabelecidas na legislação sobre certificação digital.

§ 3º O leilão presencial será realizado no local designado pelo juiz.

Art. 883. Caberá ao juiz a designação do leiloeiro público, que poderá ser indicado pelo exequente.

Art. 884. Incumbe ao leiloeiro público:

I - publicar o edital, anunciando a alienação;

II - realizar o leilão onde se encontrem os bens ou no lugar designado pelo juiz;

III - expor aos pretendentes os bens ou as amostras das mercadorias;

IV - receber e depositar, dentro de um dia, à ordem do juiz, o produto da alienação;

V - prestar contas nos dois dias subsequentes ao depósito.

Parágrafo único. O leiloeiro tem o direito de receber do arrematante a comissão estabelecida em lei ou arbitrada pelo juiz.

Art. 885. O juiz da execução estabelecerá o preço mínimo, as condições de pagamento e as garantias que poderão ser prestadas pelo arrematante.

Art. 886. O leilão será precedido de publicação de edital, que conterá:

I - a descrição do bem penhorado, com suas características, e, tratando-se de imóvel, sua situação e suas divisas, com remissão à matrícula e aos registros;

II - o valor pelo qual o bem foi avaliado, o preço mínimo pelo qual poderá ser alienado, as condições de pagamento e, se for o caso, a comissão do leiloeiro designado;

III - o lugar onde estiverem os móveis, os veículos e os semoventes e, tratando-se de créditos ou direitos, a identificação dos autos do processo em que foram penhorados;

IV - o sítio, na rede mundial de computadores, e o período em que se realizará o leilão, salvo se este se der de modo presencial, hipótese em que serão indicados o local, o dia e a hora de sua realização;

V - a indicação de local, dia e hora de segundo leilão presencial, para a hipótese de não haver interessado no primeiro;

VI - menção da existência de ônus, recurso ou processo pendente sobre os bens a serem leiloados.

Parágrafo único. No caso de títulos da dívida pública e de títulos negociados em bolsa, constará do edital o valor da última cotação.

Art. 887. O leiloeiro público designado adotará providências para a ampla divulgação da alienação.

§ 1º A publicação do edital deverá ocorrer pelo menos cinco dias antes da data marcada para o leilão.

§ 2º O edital será publicado na rede mundial de computadores, em sítio designado pelo juízo da execução, e conterá descrição detalhada e, sempre que possível, ilustrada dos bens, informando expressamente se o leilão se realizará de forma eletrônica ou presencial.

§ 3º Não sendo possível a publicação na rede mundial de computadores ou considerando o juiz, em atenção às condições da sede do juízo, que esse modo de divulgação é insuficiente ou inadequado, o edital será afixado em local de costume e publicado, em resumo, pelo menos uma vez em jornal de ampla circulação local.

§ 4º Atendendo ao valor dos bens e às condições da sede do juízo, o juiz poderá alterar a forma e a frequência da publicidade na imprensa, mandar publicar o edital em local de ampla circulação de pessoas e divulgar avisos em emissora de rádio ou televisão local, bem como em sítios distintos do indicado no § 2º.

§ 5º Os editais de leilão de imóveis e de veículos automotores serão publicados pela imprensa ou por outros meios de divulgação, preferencialmente na seção ou no local reservados à publicidade dos respectivos negócios.

§ 6º O juiz poderá determinar a reunião de publicações em listas referentes a mais de uma execução.

Art. 888. Não se realizando o leilão por qualquer motivo, o juiz mandará publicar a transferência, observando-se o disposto no art. 887.

Parágrafo único. O escrivão, o chefe de secretaria ou o leiloeiro que culposamente der causa à transferência responde pelas despesas da nova publicação, podendo o juiz aplicar-lhe a pena de suspensão por cinco dias a três meses, em procedimento administrativo regular.

Art. 889. Serão cientificados da alienação judicial, com pelo menos cinco dias de antecedência:

I - o executado, por meio de seu advogado ou, se não tiver procurador constituído nos autos, por carta registrada, mandado, edital ou outro meio idôneo;

II - o coproprietário de bem indivisível do qual tenha sido penhorada fração ideal;

III - o titular de usufruto, uso, habitação, enfiteuse, direito de superfície, concessão de uso especial para fins de moradia ou concessão de direito real de uso, quando a penhora recair sobre bem gravado com tais direitos reais;

IV - o proprietário do terreno submetido ao regime de direito de superfície, enfiteuse, concessão de uso especial para fins de moradia ou concessão de direito real de uso, quando a penhora recair sobre tais direitos reais;

V - o credor pignoratício, hipotecário, anticrético, fiduciário ou com penhora anteriormente averbada, quando a penhora recair sobre bens com tais gravames, caso não seja o credor, de qualquer modo, parte na execução;

VI - o promitente comprador, quando a penhora recair sobre bem em relação ao qual haja promessa de compra e venda registrada;

VII - o promitente vendedor, quando a penhora recair sobre direito aquisitivo derivado de promessa de compra e venda registrada;

VIII - a União, o estado e o município, no caso de alienação de bem tombado.

Parágrafo único. Se o executado for revel e não tiver advogado constituído, não constando dos autos seu endereço atual ou, ainda, não sendo ele encontrado no endereço constante do processo, a intimação considerar-se-á feita por meio do próprio edital de leilão.

Art. 890. Pode oferecer lance quem estiver na livre administração de seus bens, com exceção:

I - dos tutores, dos curadores, dos testamenteiros, dos administradores ou dos liquidantes, quanto aos bens confiados à sua guarda e à sua responsabilidade;

II - dos mandatários, quanto aos bens de cuja administração ou alienação estejam encarregados;

III - do juiz, do membro do Ministério Público e da Defensoria Pública, do escrivão, do chefe de secretaria e dos demais servidores e auxiliares da Justiça, em relação aos bens e direitos objeto de alienação na localidade onde servirem ou a que se estender a sua autoridade;

IV - dos servidores públicos em geral, quanto aos bens ou aos direitos da pessoa jurídica a que servirem ou que estejam sob sua administração direta ou indireta;

V - dos leiloeiros e seus prepostos, quanto aos bens de cuja venda estejam encarregados;

VI - dos advogados de qualquer das partes.

Art. 891. Não será aceito lance que ofereça preço vil.

Parágrafo único. Considera-se vil o preço inferior ao mínimo estipulado pelo juiz e constante do edital, e, não tendo sido fixado preço mínimo, considera-se vil o preço inferior a 50% do valor da avaliação.

Art. 892. Salvo pronunciamento judicial em sentido diverso, o pagamento deverá ser realizado de imediato pelo arrematante, por depósito judicial ou por meio eletrônico.

§ 1º Se o exequente arrematar os bens e for o único credor, não estará obrigado a exibir o preço, mas, se o valor dos bens exceder ao seu crédito, depositará, dentro de três dias, a diferença, sob pena de tornar-se sem efeito a arrematação, e, nesse caso, realizar-se-á novo leilão, à custa do exequente.

§ 2º Se houver mais de um pretendente, proceder-se-á entre eles à licitação, e, no caso de igualdade de oferta, terá preferência o cônjuge, o companheiro, o descendente ou o ascendente do executado, nessa ordem.

§ 3º No caso de leilão de bem tombado, a União, os estados e os municípios terão, nessa ordem, o direito de preferência na arrematação, em igualdade de oferta.

Art. 893. Se o leilão for de diversos bens e houver mais de um lançador, terá preferência aquele que se propuser a arrematá-los todos, em conjunto, oferecendo, para os bens que não tiverem lance, preço igual ao da avaliação e, para os demais, preço igual ao do maior lance que, na tentativa de arrematação individualizada, tenha sido oferecido para eles.

Art. 894. Quando o imóvel admitir cômoda divisão, o juiz, a requerimento do executado, ordenará a alienação judicial de parte dele, desde que suficiente para o pagamento do exequente e para a satisfação das despesas da execução.

§ 1º Não havendo lançador, far-se-á a alienação do imóvel em sua integridade.

§ 2º A alienação por partes deverá ser requerida a tempo de permitir a avaliação das glebas destacadas e sua inclusão no edital, e, nesse caso, caberá ao executado instruir o requerimento com planta e memorial descritivo subscritos por profissional habilitado.

Art. 895. O interessado em adquirir o bem penhorado em prestações poderá apresentar, por escrito:

I - até o início do primeiro leilão, proposta de aquisição do bem por valor não inferior ao da avaliação;

II - até o início do segundo leilão, proposta de aquisição do bem por valor que não seja considerado vil.

§ 1º A proposta conterá, em qualquer hipótese, oferta de pagamento de pelo menos 25% do valor do lance à vista e o restante parcelado em até trinta meses, garantido por caução idônea, quando se tratar de móveis, e por hipoteca do próprio bem, quando se tratar de imóveis.

§ 2º As propostas para aquisição em prestações indicarão o prazo, a modalidade, o indexador de correção monetária e as condições de pagamento do saldo.

§ 3º (VETADO).

§ 4º No caso de atraso no pagamento de qualquer das prestações, incidirá multa de 10% sobre a soma da parcela inadimplida com as parcelas vincendas.

§ 5º O inadimplemento autoriza o exequente a pedir a resolução da arrematação ou promover, em face do arrematante, a execução do valor devido, devendo ambos os pedidos ser formulados nos autos da execução em que se deu a arrematação.

§ 6º A apresentação da proposta prevista neste artigo não suspende o leilão.

§ 7º A proposta de pagamento do lance à vista sempre prevalecerá sobre as propostas de pagamento parcelado.

§ 8º Havendo mais de uma proposta de pagamento parcelado:

I - em diferentes condições, o juiz decidirá pela mais vantajosa, assim compreendida, sempre, a de maior valor;

II - em iguais condições, o juiz decidirá pela formulada em primeiro lugar.

§ 9º No caso de arrematação a prazo, os pagamentos feitos pelo arrematante pertencerão ao exequente até o limite de seu crédito, e os subsequentes, ao executado.

Art. 896. Quando o imóvel de incapaz não alcançar em leilão pelo menos 80% do valor da avaliação, o juiz o confiará à guarda e à administração de depositário idôneo, adiando a alienação por prazo não superior a um ano.

§ 1º Se, durante o adiamento, algum pretendente assegurar, mediante caução idônea, o preço da avaliação, o juiz ordenará a alienação em leilão.

§ 2º Se o pretendente à arrematação se arrepender, o juiz impor-lhe-á multa de 20% sobre o valor da avaliação, em benefício do incapaz, valendo a decisão como título executivo.

§ 3º Sem prejuízo do disposto nos §§ 1º e 2º, o juiz poderá autorizar a locação do imóvel no prazo do adiamento.

§ 4º Findo o prazo do adiamento, o imóvel será submetido a novo leilão.

Art. 897. Se o arrematante ou seu fiador não pagar o preço no prazo estabelecido, o juiz impor-lhe-á, em favor do exequente, a perda da caução, voltando os bens a novo leilão, do qual não serão admitidos a participar o arrematante e o fiador remissos.

Art. 898. O fiador do arrematante que pagar o valor do lance e a multa poderá requerer que a arrematação lhe seja transferida.

Art. 899. Será suspensa a arrematação logo que o produto da alienação dos bens for suficiente para o pagamento do credor e para a satisfação das despesas da execução.

Art. 900. O leilão prosseguirá no dia útil imediato, à mesma hora em que teve início, independentemente de novo edital, se for ultrapassado o horário de expediente forense.

Art. 901. A arrematação constará de auto que será lavrado de imediato e poderá abranger bens penhorados em mais de uma execução, nele mencionadas as condições nas quais foi alienado o bem.

§ 1º A ordem de entrega do bem móvel ou a carta de arrematação do bem imóvel, com o respectivo mandado de imissão na posse, será expedida depois de efetuado o depósito ou prestadas as garantias pelo arrematante, bem como realizado o pagamento da comissão do leiloeiro e das demais despesas da execução.

§ 2º A carta de arrematação conterá a descrição do imóvel, com remissão à sua matrícula ou individuação e aos seus registros, a cópia do auto de arrematação e a prova de pagamento do imposto de transmissão, além da indicação da existência de eventual ônus real ou gravame.

Art. 902. No caso de leilão de bem hipotecado, o executado poderá remi-lo até a assinatura do auto de arrematação, oferecendo preço igual ao do maior lance oferecido.

Parágrafo único. No caso de falência ou insolvência do devedor hipotecário, o direito de remição previsto no *caput* defere-se à massa ou aos credores em concurso, não podendo o exequente recusar o preço da avaliação do imóvel.

Art. 903. Qualquer que seja a modalidade de leilão, assinado o auto pelo juiz, pelo arrematante e pelo leiloeiro, a arrematação será considerada perfeita, acabada e irretratável, ainda que venham a ser julgados procedentes os embargos do executado ou a ação autônoma de que trata o § 4º deste artigo, assegurada a possibilidade de reparação pelos prejuízos sofridos.

§ 1º Ressalvadas outras situações previstas neste Código, a arrematação poderá, no entanto, ser:

I - invalidada, quando realizada por preço vil ou com outro vício;

II - considerada ineficaz, se não observado o disposto no art. 804;

III - resolvida, se não for pago o preço ou se não for prestada a caução.

§ 2º O juiz decidirá acerca das situações referidas no § 1º, se for provocado em até dez dias após o aperfeiçoamento da arrematação.

§ 3º Passado o prazo previsto no § 2º sem que tenha havido alegação de qualquer das situações previstas no § 1º, será expedida a carta de arrematação e, conforme o caso, a ordem de entrega ou mandado de imissão na posse.

§ 4º Após a expedição da carta de arrematação ou da ordem de entrega, a invalidação da arrematação poderá ser pleiteada por ação autônoma, em cujo processo o arrematante figurará como litisconsorte necessário.

§ 5º O arrematante poderá desistir da arrematação, sendo-lhe imediatamente devolvido o depósito que tiver feito:

I - se provar, nos dez dias seguintes, a existência de ônus real ou gravame não mencionado no edital;

II - se, antes de expedida a carta de arrematação ou a ordem de entrega, o executado alegar alguma das situações previstas no § 1º;

III - uma vez citado para responder a ação autônoma de que trata o § 4º deste artigo, desde que apresente a desistência no prazo de que dispõe para responder a essa ação.

§ 6º Considera-se ato atentatório à dignidade da Justiça a suscitação infundada de vício com o objetivo de ensejar a desistência do arrematante, devendo o suscitante ser condenado, sem prejuízo da responsabilidade por perdas e danos, ao pagamento de multa, a ser fixada pelo juiz e devida ao exequente, em montante não superior a 20% do valor atualizado do bem.

Art. 904. A satisfação do crédito exequendo far-se-á:

I - pela entrega do dinheiro;

II - pela adjudicação dos bens penhorados.

Art. 905. O juiz autorizará que o exequente levante, até a satisfação integral de seu crédito, o dinheiro depositado para segurar o juízo ou o produto dos bens alienados, bem como do faturamento de empresa ou de outros frutos e rendimentos de coisas ou empresas penhoradas, quando:

I - a execução for movida só a benefício do exequente singular, a quem, por força da penhora, cabe o direito de preferência sobre os bens penhorados e alienados;

II - não houver sobre os bens alienados outros privilégios ou preferências instituídos anteriormente à penhora.

Parágrafo único. Durante o plantão judiciário, veda-se a concessão de pedidos de levantamento de importância em dinheiro ou valores ou de liberação de bens apreendidos.

Art. 906. Ao receber o mandado de levantamento, o exequente dará ao executado, por termo nos autos, quitação da quantia paga.

Parágrafo único. A expedição de mandado de levantamento poderá ser substituída pela transferência eletrônica do valor depositado em conta vinculada ao juízo para outra indicada pelo exequente.

Art. 907. Pago ao exequente o principal, os juros, as custas e os honorários, a importância que sobrar será restituída ao executado.

Art. 908. Havendo pluralidade de credores ou exequentes, o dinheiro lhes será distribuído e entregue consoante a ordem das respectivas preferências.

§ 1º No caso de adjudicação ou alienação, os créditos que recaem sobre o bem, inclusive os de natureza *propter rem*, sub-rogam-se sobre o respectivo preço, observada a ordem de preferência.

§ 2º Não havendo título legal à preferência, o dinheiro será distribuído entre os concorrentes, observando-se a anterioridade de cada penhora.

Art. 909. Os exequentes formularão as suas pretensões, que versarão unicamente sobre o direito de preferência e a anterioridade da penhora, e, apresentadas as razões, o juiz decidirá.

Art. 910. Na execução fundada em título extrajudicial, a Fazenda Pública será citada para opor embargos em trinta dias.

§ 1º Não opostos embargos ou transitada em julgado a decisão que os rejeitar, expedir-se-á precatório ou requisição de pequeno valor em favor do exequente, observando-se o disposto no art. 100 da Constituição Federal.

§ 2º Nos embargos, a Fazenda Pública poderá alegar qualquer matéria que lhe seria lícito deduzir como defesa no processo de conhecimento.

§ 3º Aplica-se a este Capítulo, no que couber, o disposto nos artigos 534 e 535.

Art. 911. Na execução fundada em título executivo extrajudicial que contenha obrigação alimentar, o juiz mandará citar o executado para, em três dias, efetuar o pagamento das parcelas anteriores ao início da execução e das que se vencerem no seu curso, provar que o fez ou justificar a impossibilidade de fazê-lo.

Parágrafo único. Aplicam-se, no que couber, os §§ 2º a 7º do art. 528.

Art. 912. Quando o executado for funcionário público, militar, diretor ou gerente de empresa, bem como empregado sujeito à legislação do trabalho, o exequente poderá requerer o desconto em folha de pagamento de pessoal da importância da prestação alimentícia.

§ 1º Ao despachar a inicial, o juiz oficiará à autoridade, à empresa ou ao empregador, determinando, sob pena de crime de desobediência, o desconto a partir da primeira remuneração posterior do executado, a contar do protocolo do ofício.

§ 2º O ofício conterá os nomes e o número de inscrição no Cadastro de Pessoas Físicas do exequente e do executado, a importância a ser descontada mensalmente, a conta na qual deve ser feito o depósito e, se for o caso, o tempo de sua duração.

Art. 913. Não requerida a execução nos termos deste Capítulo, observar-se-á o disposto nos arts. 824 e seguintes, com a ressalva de que, recaindo a penhora em dinheiro, a concessão de efeito suspensivo aos embargos à execução não obsta a que o exequente levante mensalmente a importância da prestação.

Art. 914. O executado, independentemente de penhora, depósito ou caução, poderá se opor à execução por meio de embargos.

§ 1º Os embargos à execução serão distribuídos por dependência, autuados em apartado e instruídos com cópias das peças processuais relevantes, que poderão ser declaradas autênticas pelo próprio advogado, sob sua responsabilidade pessoal.

§ 2º Na execução por carta, os embargos serão oferecidos no juízo deprecante ou no juízo deprecado, mas a competência para julgá-los é do juízo deprecante, salvo se versarem unicamente sobre vícios ou defeitos da penhora, da avaliação ou da alienação dos bens efetuadas no juízo deprecado.

Art. 915. Os embargos serão oferecidos no prazo de quinze dias, contado, conforme o caso, na forma do art. 231.

§ 1º Quando houver mais de um executado, o prazo para cada um deles embargar conta-se a partir da juntada do respectivo comprovante da citação, salvo no caso de cônjuges ou de companheiros, quando será contado a partir da juntada do último.

§ 2º Nas execuções por carta, o prazo para embargos será contado:

I - da juntada, na carta, da certificação da citação, quando versarem unicamente sobre vícios ou defeitos da penhora, da avaliação ou da alienação dos bens;

II - da juntada, nos autos de origem, do comunicado de que trata o § 4º deste artigo ou, não havendo este, da juntada da carta devidamente cumprida, quando versarem sobre questões diversas da prevista no inciso I deste parágrafo.

§ 3º Em relação ao prazo para oferecimento dos embargos à execução, não se aplica o disposto no art. 229.

§ 4º Nos atos de comunicação por carta precatória, rogatória ou de ordem, a realização da citação será imediatamente informada, por meio eletrônico, pelo juiz deprecado ao juiz deprecante.

Art. 916. No prazo para embargos, reconhecendo o crédito do exequente e comprovando o depósito de 30% do valor em execução, acrescido de custas e de honorários de advogado, o executado poderá requerer que lhe seja permitido pagar o restante em até seis parcelas mensais, acrescidas de correção monetária e de juros de 1% ao mês.

§ 1º O exequente será intimado para manifestar-se sobre o preenchimento dos pressupostos do *caput*, e o juiz decidirá o requerimento em cinco dias.

§ 2º Enquanto não apreciado o requerimento, o executado terá de depositar as parcelas vincendas, facultado ao exequente seu levantamento.

§ 3º Deferida a proposta, o exequente levantará a quantia depositada, e serão suspensos os atos executivos.

§ 4º Indeferida a proposta, seguir-se-ão os atos executivos, mantido o depósito, que será convertido em penhora.

§ 5º O não pagamento de qualquer das prestações acarretará cumulativamente:

I - o vencimento das prestações subsequentes e o prosseguimento do processo, com o imediato reinício dos atos executivos;

II - a imposição ao executado de multa de 10% sobre o valor das prestações não pagas.

§ 6º A opção pelo parcelamento de que trata este artigo importa renúncia ao direito de opor embargos

§ 7º O disposto neste artigo não se aplica ao cumprimento da sentença.

Art. 917. Nos embargos à execução, o executado poderá alegar:

I - inexequibilidade do título ou inexigibilidade da obrigação;

II - penhora incorreta ou avaliação errônea;

III - excesso de execução ou cumulação indevida de execuções;

IV - retenção por benfeitorias necessárias ou úteis, nos casos de execução para entrega de coisa certa;

V - incompetência absoluta ou relativa do juízo da execução;

VI - qualquer matéria que lhe seria lícito deduzir como defesa em processo de conhecimento.

§ 1º A incorreção da penhora ou da avaliação poderá ser impugnada por simples petição, no prazo de quinze dias, contado da ciência do ato.

§ 2º Há excesso de execução quando:

I - o exequente pleiteia quantia superior à do título;

II - ela recai sobre coisa diversa daquela declarada no título;

III - ela se processa de modo diferente do que foi determinado no título;

IV - o exequente, sem cumprir a prestação que lhe corresponde, exige o adimplemento da prestação do executado;

V - o exequente não prova que a condição se realizou.

§ 3º Quando alegar que o exequente, em excesso de execução, pleiteia quantia superior à do título, o embargante declarará na petição inicial o valor que entende correto, apresentando demonstrativo discriminado e atualizado de seu cálculo.

§ 4º Não apontado o valor correto ou não apresentado o demonstrativo, os embargos à execução:

I - serão liminarmente rejeitados, sem resolução de mérito, se o excesso de execução for o seu único fundamento;

II - serão processados, se houver outro fundamento, mas o juiz não examinará a alegação de excesso de execução.

§ 5º Nos embargos de retenção por benfeitorias, o exequente poderá requerer a compensação de seu valor com o dos frutos ou dos danos considerados devidos pelo executado, cumprindo ao juiz, para a apuração dos respectivos valores, nomear perito, observando-se, então, o art. 464.

§ 6º O exequente poderá a qualquer tempo ser imitido na posse da coisa, prestando caução ou depositando o valor devido pelas benfeitorias ou resultante da compensação.

§ 7º A arguição de impedimento e suspeição observará o disposto nos arts. 146 e 148.

Art. 918. O juiz rejeitará liminarmente os embargos:

I – quando intempestivos;

II – nos casos de indeferimento da petição inicial e de improcedência liminar do pedido;

III – manifestamente protelatórios.

Parágrafo único. Considera-se conduta atentatória à dignidade da Justiça o oferecimento de embargos manifestamente protelatórios.

Art. 919. Os embargos à execução não terão efeito suspensivo.

§ 1º O juiz poderá, a requerimento do embargante, atribuir efeito suspensivo aos embargos quando verificados os requisitos para a concessão da tutela provisória e desde que a execução já esteja garantida por penhora, depósito ou caução suficientes.

§ 2º Cessando as circunstâncias que a motivaram, a decisão relativa aos efeitos dos embargos poderá, a requerimento da parte, ser modificada ou revogada a qualquer tempo, em decisão fundamentada.

§ 3º Quando o efeito suspensivo atribuído aos embargos disser respeito apenas a parte do objeto da execução, esta prosseguirá quanto à parte restante.

§ 4º A concessão de efeito suspensivo aos embargos oferecidos por um dos executados não suspenderá a execução contra os que não embargaram quando o respectivo fundamento disser respeito exclusivamente ao embargante.

§ 5º A concessão de efeito suspensivo não impedirá a efetivação dos atos de substituição, de reforço ou de redução da penhora e de avaliação dos bens.

Art. 920. Recebidos os embargos:

I – o exequente será ouvido no prazo de quinze dias;

II – a seguir, o juiz julgará imediatamente o pedido ou designará audiência;

III – encerrada a instrução, o juiz proferirá sentença.

Art. 921. Suspende-se a execução:

I – nas hipóteses dos arts. 313 e 315, no que couber;

II – no todo ou em parte, quando recebidos com efeito suspensivo os embargos à execução;

III – quando o executado não possuir bens penhoráveis;

IV – se a alienação dos bens penhorados não se realizar por falta de licitantes e o exequente, em quinze dias, não requerer a adjudicação nem indicar outros bens penhoráveis;

V – quando concedido o parcelamento de que trata o art. 916.

§ 1º Na hipótese do inciso III, o juiz suspenderá a execução pelo prazo de 1 (um) ano, durante o qual se suspenderá a prescrição.

§ 2º Decorrido o prazo máximo de 1 (um) ano sem que seja localizado o executado ou que sejam encontrados bens penhoráveis, o juiz ordenará o arquivamento dos autos.

§ 3º Os autos serão desarquivados para prosseguimento da execução se a qualquer tempo forem encontrados bens penhoráveis.

§ 4º Decorrido o prazo de que trata o § 1º sem manifestação do exequente, começa a correr o prazo de prescrição intercorrente.

§ 5º O juiz, depois de ouvidas as partes, no prazo de quinze dias, poderá, de ofício, reconhecer a prescrição de que trata o § 4º e extinguir o processo.

Art. 922. Convindo as partes, o juiz declarará suspensa a execução durante o prazo concedido pelo exequente para que o executado cumpra voluntariamente a obrigação.

Parágrafo único. Findo o prazo sem cumprimento da obrigação, o processo retomará o seu curso.

Art. 923. Suspensa a execução, não serão praticados atos processuais, podendo o juiz, entretanto, salvo no caso de arguição de impedimento ou de suspeição, ordenar providências urgentes.

Art. 924. Extingue-se a execução quando:

I – a petição inicial for indeferida;

II – a obrigação for satisfeita;

III - o executado obtiver, por qualquer outro meio, a extinção total da dívida;

IV - o exequente renunciar ao crédito;

V - ocorrer a prescrição intercorrente.

Art. 925. A extinção só produz efeito quando declarada por sentença.

▶ **CÓDIGO CIVIL/2002**

Art. 1.024. Os bens particulares dos sócios não podem ser executados por dívidas da sociedade, senão depois de executados os bens sociais.

Art. 50. Em caso de abuso da personalidade jurídica, caracterizado pelo desvio de finalidade, ou pela confusão patrimonial, pode o juiz decidir, a requerimento da parte, ou do Ministério Público quando lhe couber intervir no processo, que os efeitos de certas e determinadas relações de obrigações sejam estendidos aos bens particulares dos administradores ou sócios da pessoa jurídica.

▶ **LEI DE EXECUÇÃO FISCAL - 6.830/80**

Art. 29. A cobrança judicial da Dívida Ativa da Fazenda Pública não é sujeita a concurso de credores ou habilitação em falência, concordata, liquidação, inventário ou arrolamento

Parágrafo único. O concurso de preferência somente se verifica entre pessoas jurídicas de Direito público, na seguinte ordem:

I - União e suas autarquias;

II - estados, Distrito Federal e territórios e suas autarquias, conjuntamente e *pro rata*;

III - municípios e suas autarquias, conjuntamente e *pro rata*.

Questões

Capítulo 9

1. **(FCC – Analista Judiciário – Área Judiciária – TRT 6/2018)** No cumprimento definitivo da sentença que reconhece a exigibilidade de obrigação de pagar quantia certa, em relação à impugnação, é correto afirmar:

a) As questões relativas a fato superveniente ao término do prazo para sua apresentação, assim como aquelas relativas à validade e à adequação da penhora, da avaliação e dos atos executivos subsequentes, podem ser arguidas por simples petição, tendo o executado, em qualquer dos casos, o prazo de quinze dias para formular esta arguição, contado da comprovada ciência do fato ou da intimação do ato.

b) Se atribuído apenas efeito devolutivo à impugnação, e somente nessa hipótese, é licito ao exequente requerer o prosseguimento da execução, oferecendo e prestando nos próprios autos, caução suficiente e idônea a ser arbitrada pelo juiz.

c) A concessão de efeito suspensivo à impugnação deduzida por um dos executados sempre suspenderá a execução também contra os que não impugnaram, por questão de isonomia processual.

d) É defeso ao réu, antes de ser intimado para o cumprimento da sentença, comparecer em juízo e oferecer em pagamento o valor que entender devido, apresentando memória discriminada do cálculo.

e) A concessão do efeito suspensivo à impugnação obsta à efetivação dos atos de substituição, de reforço ou de redução da penhora e de avaliação de bens, mantendo-se como válida porém a constrição já ocorrida.

COMENTÁRIOS

Ainda que esgotado o prazo para o oferecimento de impugnação, admite-se que o executado alegue questões relativas a fato superveniente, assim como aquelas relativas à validade e à adequação da penhora, da avaliação e dos atos executivos subsequentes, por simples petição, no prazo de quinze dias, contado da comprovada ciência do fato ou da intimação do ato (art. 525, § 11). De toda forma, todas as questões relativas à validade do procedimento de cumprimento da sentença e dos atos executivos subsequentes poderão ser arguidas pelo executado nos próprios autos e nestes serão decididas pelo juiz (art. 518). Alternativa correta: letra "A".

2. **(FCC – Analista Judiciário – Oficial de Just. Avaliador Federal – TRT 2/2018)** Na execução por quantia certa, nos termos preconizados pelo Código de Processo Civil, é correto afirmar:

a) São impenhoráveis bens considerados inalienáveis, bem como os frutos e os rendimentos dos referidos bens, ainda que não existam outros bens passíveis de penhora.
b) Havendo pagamento integral da dívida pelo executado no prazo de até 5 dias após a regular citação, o valor dos honorários advocatícios será reduzido pela metade.
c) A penhora de bens do executado poderá ser levada a efeito ainda quando ficar evidente que o produto da execução dos bens encontrados será totalmente absorvido pelo pagamento das custas da execução.
d) Realizada a penhora on-line de dinheiro em depósito ou em aplicação financeira, consumada a indisponibilidade dos ativos financeiros, o executado será intimado na pessoa do seu advogado ou, não o tendo, pessoalmente, e terá o prazo de 5 dias para comprovar que as quantias tornadas indisponíveis são impenhoráveis.
e) Havendo requerimento de adjudicação de bem imóvel penhorado do executado em igualdade de ofertas, terá preferência o descendente, o cônjuge, o companheiro ou o ascendente, nessa ordem.

COMENTÁRIOS

Realizada a penhora on-line de dinheiro em depósito ou em aplicação financeira, deverá ser observado o constante no art. 854, do CPC. Assim, o juiz determinará às instituições financeiras, por meio de sistema eletrônico gerido pela autoridade supervisora do sistema financeiro nacional, que torne indisponíveis ativos financeiros existentes em nome do executado, limitando-se a indisponibilidade ao valor indicado na execução. Tornados indisponíveis os ativos financeiros do executado, este será intimado na pessoa de seu advogado ou, não o tendo, pessoalmente, incumbindo-lhe, no prazo de cinco dias, comprovar que as quantias tornadas indisponíveis são impenhoráveis, ou ainda remanesce indisponibilidade excessiva de ativos financeiros (§3º). Alternativa correta: letra "D".

3. **(FCC – Analista Judiciário – Oficial de Just. Avaliador Federal – TRT 2/2018)** O Banco "X" ajuizou na comarca de São Paulo, Capital, ação de cobrança contra o correntista Afonso, julgada procedente por sentença transitada em julgado. Iniciada a fase de cumprimento de sentença, Afonso não cumpre espontaneamente a sentença condenatória. A penhora on-line é infrutífera. O Banco "X", então, descobre a existência de um imóvel comercial na cidade e comarca de Ribeirão Preto, requerendo a sua penhora. O Magistrado da Capital, onde o feito tramita, determina, então, a expedição de carta precatória à comarca de Ribeirão Preto para penhora do imóvel comercial em questão, de propriedade do devedor, e a sua respectiva avaliação. Os atos são devidamente cumpridos pelo juízo deprecado. O Banco exequente "X", apresenta requerimento de adjudicação do bem imóvel comercial penhorado. O executado é intimado para se manifestar sobre o requerimento e, em seguida, a adjudicação é deferida pelo Magistrado. Stela, esposa do executado Afonso, pretende resguardar sua meação no imóvel

comercial objeto de adjudicação e, para tanto, deverá oferecer embargos de terceiro perante o juízo

a) deprecado, onde foi realizada a constrição, no prazo de 5 dias depois da adjudicação.
b) deprecante, no prazo de 5 dias depois da adjudicação.
c) deprecante, no prazo de 15 dias depois da adjudicação.
d) deprecado, onde foi realizada a constrição, no prazo de 15 dias depois da adjudicação.
e) deprecante, no prazo de 10 dias depois da adjudicação.

COMENTÁRIOS

Não sendo parte no processo, a esposa do executado sofreu constrição sobre bem de sua propriedade, motivo pelo qual poderá valer-se dos embargos de terceiro, que deverá ser ajuizado em até cinco dias depois da adjudicação (art. 675, *caput*). Os embargos deverão ser oferecidos perante o juízo deprecante, pois foi este quem ordenou a constrição (art. 676, parágrafo único). Alternativa correta: letra "B".

4. **(FCC – Analista Judiciário – Oficial de Just. Avaliador Federal – TRT 2/2018)** Manoel ajuizou ação indenizatória decorrente de ato ilícito contra Rodolfo. A referida ação foi julgada procedente em primeiro grau de jurisdição, condenando o demandado Rodolfo ao pagamento em favor de Manoel da quantia de R$ 50.000,00. Rodolfo apresentou, tempestivamente, recurso de apelação, que aguarda apreciação pelo E. Tribunal de Justiça competente. Nesse caso, a sentença que condenou Rodolfo ao pagamento de indenização em favor de Manoel

a) valerá como título constitutivo de hipoteca judiciária e, sobrevindo a reforma ou a invalidação da sentença de primeiro grau que impôs o pagamento de quantia, a parte não responderá pelos danos sofridos pela outra parte em razão da constituição da garantia.
b) não valerá como título constitutivo de hipoteca judiciária, uma vez que existe recurso pendente de julgamento dotado de efeito suspensivo.
c) valerá como título constitutivo de hipoteca judiciária e, sobrevindo a reforma ou a invalidação da sentença de primeiro grau que impôs o pagamento de quantia, a parte responderá, independentemente de culpa, pelos danos que a outra parte tiver sofrido em razão da constituição da garantia, devendo o valor da indenização ser liquidado e executado nos próprios autos.
d) valerá como título constitutivo de hipoteca judiciária e, sobrevindo a reforma ou a invalidação da sentença de primeiro grau que impôs o pagamento de quantia, a parte responderá, desde comprovada a sua culpa, pelos danos que a outra parte tiver sofrido em razão da constituição da garantia, devendo o valor da indenização ser liquidado e executado em ação autônoma.
e) valerá como título constitutivo de hipoteca judiciária e, sobrevindo a reforma ou a invalidação da sentença de primeiro grau que impôs o pagamento de quantia,

a parte responderá, desde que comprovada a sua culpa, pelos danos que a outra parte tiver sofrido em razão da constituição da garantia, devendo o valor da indenização ser liquidado e executado nos próprios autos.

COMENTÁRIOS

A decisão que condenar o réu ao pagamento de prestação consistente em dinheiro e a que determinar a conversão de prestação de fazer, de não fazer ou de dar coisa em prestação pecuniária valerão como título constitutivo de hipoteca judiciária (art. 495, *caput*). A decisão produzirá a hipoteca judiciária, embora a condenação seja genérica, ainda que o credor possa promover o cumprimento provisório da sentença ou esteja pendente arresto sobre bem do devedor, ou ainda que impugnada por recurso dotado de efeito suspensivo (art. 495, § 1º). Alternativa correta: letra "C".

5. **(FCC – Analista Judiciário – Área Judiciária – TRT 15/2018)** Em relação à execução por quantia certa,

a) o exequente poderá obter certidão de que a execução foi admitida pelo juiz, com identificação das partes e do valor da causa, para fins de averbação no registro de imóveis, de veículos ou de outros bens sujeitos a penhora, arresto ou indisponibilidade.

b) ao despachar a inicial, o juiz fixará, de plano, os honorários advocatícios de 15%, a serem pagos pelo executado, reduzindo-se esse valor a 5% em caso de pagamento integral no prazo de três dias.

c) o executado será intimado para pagar a dívida em três dias, ou nomear bens suficientes à satisfação do crédito.

d) se o oficial de justiça não encontrar o executado, devolverá o mandado em cartório, que intimará o exequente para indicar bens à penhora.

e) no prazo para oferecimento de embargos à execução, impreterivelmente, poderá o executado remir a execução pagando o débito com os encargos e acréscimos legais.

COMENTÁRIOS

Admite-se a expedição de certidão para que se promova a *averbação premonitória* ou *acautelatória* (art. 828, *caput*, CPC). Alternativa correta: letra 'A".

6. **(Cespe – Analista Judiciário – Oficial de Just. Avaliador – TRF 1/2017)** A respeito da formação do processo, da penhora e do cumprimento de sentença, julgue os itens que se seguem.

São insuscetíveis de penhora os instrumentos necessários ao exercício da profissão do executado, desde que seja profissão reconhecida pelo Ministério do Trabalho.

COMENTÁRIOS

São impenhoráveis os livros, as máquinas, as ferramentas, os utensílios, os instrumentos ou outros bens móveis necessários ou úteis ao exercício da profissão do executado, ainda que esta não seja reconhecida pelo Ministério do Trabalho. Assertiva errada.

7. **(AOCP - Analista Judiciário - Área Judiciária - TRT 1/2018)** Marlene ajuizou ação de indenização por danos morais contra Salete, sendo que seu pedido foi julgado procedente, condenando a ré em dez mil reais. Transitada em julgado a sentença, Salete não realizou o pagamento, mesmo diante de intimação solicitada por Marlene para que viesse a cumprir sua obrigação definida em sentença. Diante da inadimplência, Marlene requereu a instauração da fase de cumprimento de sentença visando forçar o cumprimento da obrigação definida pelo título judicial. De acordo com o Código de Processo Civil de 2015, quanto ao procedimento de Cumprimento de Sentença Por Quantia Certa, assinale a alternativa correta.

a) Caso Salete realize impugnação ao cumprimento de sentença manejado por Marlene, não poderá ela se valer de pedido de suspensão do cumprimento de sentença, visto que o Código de Processo Civil de 2015 veda tal possibilidade.

b) Caso Salete realize impugnação ao cumprimento de sentença manejado por Marlene, limitando sua alegação a excesso de execução sem apresentar memória de cálculo do valor que entende devido, sua impugnação sofrerá rejeição liminar.

c) Para que possa Marlene manejar seu cumprimento de sentença, poderá ela realizar a mera alegação do valor que se entende devido, sendo tal ato suficiente para basear o pedido de instauração do cumprimento de sentença de pagamento de quantia, cabendo ao alegado devedor discutir o valor, caso equivocado.

d) Caso Salete verifique a possibilidade e interesse de manejo de impugnação ao cumprimento de sentença, será ela obrigada a realizar a garantia do juízo, sendo aceitas tanto a caução quanto eventual penhora já realizada nos autos.

e) Caso Salete verifique a possibilidade e interesse de manejo de impugnação ao cumprimento de sentença, terá ela o prazo de 15 (quinze) dias para tanto, contados da intimação para cumprir a sentença.

COMENTÁRIOS

Poderão ser alegadas, por meio da impugnação ao cumprimento de sentença, as matérias indicadas no art. 525 do CPC, entre elas, o excesso de execução (inciso V). Alegada tal matéria, impõe ao devedor declarar de imediato o valor que entende correto, apresentando demonstrativo discriminado e atualizado de seu cálculo (art. 525, § 4º). Alternativa correta: letra "B".

8. **(AOCP – Analista Judiciário – Oficial de Just. Avaliador Federal – TRT 1/2018)** Referente à exceção de pré- executividade, também denominada objeção de pré-executividade, assinale a alternativa correta.

a) Tal método de defesa deve ser manejado no prazo dos embargos à execução em caso de processo de execução, ou no prazo da impugnação ao cumprimento de sentença no caso de cumprimento de sentença.
b) Esse instituto processual civil é uma modalidade de procedimento executivo que visa ao preparo do procedimento de execução principal, contendo aspectos de tutela cautelar.
c) Em que pese não reconhecida de maneira expressamente positivada, essa forma de manifestação é amplamente aceita em procedimentos executivos, principalmente em razão de ser considerado cabível como matéria de discussão mormente as matérias classificadas como de ordem pública.
d) Trata-se de método constitucionalmente garantido, visando à ampla garantia do contraditório, até mesmo em casos de perda do prazo de embargos à execução.
e) Em sede de procedimento de execução, a prescrição não pode ser assunto tratado em exceção/objeção de pré-executividade, visto que a legislação processual civil reserva tal matéria para as defesas denominadas de embargos à execução ou impugnação ao cumprimento de sentença.

COMENTÁRIOS

A exceção de pré-executividade deriva de construção jurisprudencial e é voltada para discussão de matéria classificada como de ordem pública. Apresenta-se como uma *defesa endoprocessual* do executado. Alternativa correta: letra "C".

10 **(AOCP – Analista Judiciário – Oficial de Just. Avaliador Federal – TRT 1/2018)** Diante do não cumprimento da obrigação, munido do mandado de penhora, poderá o oficial de justiça

a) como primeiro ato de constrição a ser praticado penhorar os frutos ou rendimentos dos bens inalienáveis, tendo-se em vista respeitar a ordem de penhora prevista pela lei processual civil.
b) penhorar os livros, as máquinas, as ferramentas, os utensílios, os instrumentos ou outros bens móveis necessários ou úteis ao exercício da profissão do executado, em caso de dívida trabalhista.
c) realizar a penhora de bens suficientes para pagamento das custas processuais, mesmo que não abranjam o valor da dívida principal, tendo-se em vista a relevância do interesse público.
d) realizar a busca de bens penhoráveis e, encontrando-os, lavrar auto ou termo limitando-se a ali constar a descrição dos bens penhorados, com as suas características, em razão do Princípio da Celeridade e Economia aplicado à execução.
e) penhorar os bens necessários para pagamento do débito e a averbação do arresto ou da penhora no registro competente, sob pena de nulidade da penhora.

COMENTÁRIOS

Conforme determina o inciso V, do art. 833, do CPC, os livros, as máquinas, as ferramentas, os utensílios, os instrumentos ou outros bens móveis necessários ou úteis ao exercício da profissão do executado, são impenhoráveis. Da mesma forma, também o são os implementos e as máquinas agrícolas pertencentes a pessoa física ou a empresa individual produtora rural, exceto quando tais bens tenham sido objeto de financiamento e estejam vinculados em garantia a negócio jurídico ou quando respondam por dívida de natureza alimentar, trabalhista ou previdenciária (art. 833, § 3º). Alternativa correta: letra "B".

11. **(FCC – Analista Judiciário – Oficial de Just. Avaliador Federal – TRT 6/2018)** Na execução por quantia certa, em relação à penhora de bens:

a) A penhora de crédito representado por letra de câmbio, nota promissória ou cheque far-se-á pela apreensão do documento, desde que este se encontre em poder do executado.
b) São impenhoráveis quaisquer móveis, pertences ou utilidades domésticas que guarnecem a residência do executado, bem como os pertences de seu uso pessoal.
c) O rol de bens a serem penhorados na execução segue ordem compulsória e é taxativo.
d) Não se procederá à segunda penhora, salvo, exclusivamente, se a primeira for anulada ou o produto da alienação dos bens for insuficiente.
e) Será admitida a redução ou a ampliação da penhora, bem como sua transferência para outros bens, se, no curso do processo, o valor de mercado dos bens penhorados sofrer alteração significativa.

COMENTÁRIOS

Admite-se a redução ou a ampliação da penhora, bem como sua transferência para outros bens, se, no curso do processo, o valor de mercado dos bens penhorados sofrer alteração significativa (art. 850, CPC). Alternativa correta: letra "E".

CAPÍTULO 10

PROCEDIMENTOS ESPECIAIS

1. ESPÉCIES

O Código de Processo Civil de 2015, paralelamente ao procedimento comum, também fez previsão dos **procedimentos especiais**, cada qual com suas particularidades, tendo-se em vista a situação de **direito material tutelada.**

Os procedimentos especiais são de jurisdição contenciosa e também de jurisdição voluntária, podendo ser previstos também em lei especial.

Procedimentos (CPC 2015)		
	Comum	
	Especiais	Contenciosos
		Jurisdição voluntária

2. AÇÃO DE CONSIGNAÇÃO EM PAGAMENTO

2.1. Finalidade

Tem a ação de consignação em pagamento a finalidade de proporcionar ao devedor ou a terceiro liberar-se de determinada obrigação de pagar ou de entregar coisa. Para tanto, deverá depositar o respectivo valor ou coisa e pleitear que seja proferida sentença de natureza declaratória, pela qual o juiz declara extinta a obrigação.

2.2. Efeito interruptivo da prescrição:

O ajuizamento da ação consignatória importará na interrupção da prescrição da respectiva **ação de cobrança,** pois acarreta no reconhecimento inequívoco, por parte do devedor, do direito do credor em relação às prestações consignadas.

2.3. Consignação extrajudicial:

Permite o CPC de 2015 que, tratando-se de obrigação em dinheiro, poderá o valor ser depositado em estabelecimento bancário, oficial onde houver, situado no lugar do pagamento, **cientificando-se o credor por carta com aviso de recebimento,** assinado o prazo de dez dias para a manifestação de recusa.

> ▶ **ATENÇÃO!**
>
> A **consignação extrajudicial** somente tem cabimento para **depósito de dinheiro** e não é obrigatória.

2.4. Procedimento da Consignação Extrajudicial:

Notificado o credor, aguarda-se pelo prazo de dez dias, contado do retorno do aviso de recebimento. Decorrido o prazo, sem manifestação de recusa, estará o devedor liberado da obrigação, permanecendo o valor à disposição do credor. De outro lado, havendo manifestação de recusa, que deverá ser por escrito, **poderá ser proposta ação de consignação**, no prazo de um mês, instruindo-se a inicial com a prova do depósito e da recusa.

Ajuizada a ação, deverá o autor comprovar o ajuizamento à instituição financeira, para que a correção monetária tenha índice diverso. Com efeito, os depósitos extrajudiciais são atualizados pela TR, ao passo que os judiciais seguem as regras da caderneta de poupança (art. 60, parágrafo único, da Resolução n. 2.814 do Bacen). Se não ajuizada a ação no prazo de um mês, ficará sem efeito o depósito, podendo levantar o valor o depositante.

Embora a Lei de Locações não faça qualquer previsão a respeito da consignação extrajudicial, prevaleceu a tese segundo a qual poderá ser buscada a liberação do cumprimento da obrigação por esse meio.[1]

2.5. Procedimento da ação consignatória

A ação consignatória deverá ser ajuizada no lugar do pagamento, consoante preveem os artigos 540 CPC/2015 e art. 337 do Código Civil. Tratando-se, de outro lado, de consignação de alugueres, será competente o foro da situação da coisa.

Informativo n. 543 do STJ: competirá ao foro do local em que situado o imóvel o julgamento de ação consignatória e de ação de rescisão de contrato cumulada com retificação de escritura pública, reunidas para julgamento conjunto por conexão.

Efetuada a consignação, cessará para o devedor, à data do depósito, os juros e os riscos, se acolhido o pedido ao final, com a prolação de sentença declaratória. Se o pedido for julgado improcedente, naturalmente, não haverá a liberação.

Tratando-se de prestações sucessivas, consignada uma delas, permite-se ao autor continuar a depositar as que forem vencendo, no mesmo processo, observando-se o prazo de cinco dias contados do vencimento. O inadimplemento de uma das parcelas, contudo, não levará à improcedência da ação.

A previsão contida no art. 541 do CPC (que correspondia ao art. 892 do CPC 1973), no sentido de permitir que o depósito se faça em até cinco dias contados

---

1. LOCAÇÃO. ALUGUÉIS. CONSIGNAÇÃO EXTRAJUDICIAL. CREDOR. NOTIFICAÇÃO. PESSOAL. I- O depósito extrajudicial dos aluguéis tem o efeito de desonerar o locatário da obrigação. II - É necessário que o locatário comprove o efetivo conhecimento do depósito pelo locador, o que se perfaz com a notificação pessoal deste. Interpretação sistemática do §1º do art. 890 com o art. 223, parágrafo único do CPC. Recurso especial desprovido. (REsp 618.295/DF, Rel. Ministro FELIX FISCHER, QUINTA TURMA, julgado em 06/06/2006, DJ 01/08/2006, p. 514).

da data do respectivo vencimento, não é aplicável à consignatória tributária, pois, para a extinção de tal obrigação, o crédito deverá ser depositado dentro do prazo de vencimento.[2]

Os requisitos intrínsecos são aqueles que devem estar contidos, indicados, na própria petição inicial. Existem aqueles de ordem geral, previstos nos artigos 319 e 320 do CPC, bem como específicos para cada procedimento.

Nesse sentido, dispõe o art. 542 do CPC, que, na petição inicial, o autor **requererá**: I - o depósito da quantia ou da coisa devida, a ser efetivado no prazo de cinco dias contados do deferimento, ressalvada a hipótese de prévia consignação extrajudicial; e, II - a citação do réu para levantar o depósito ou oferecer contestação.

Uma vez sendo deferido o depósito pelo juiz, deverá o autor da consignatória promovê-lo em **cinco dias**, sob pena de extinção do processo sem resolução do mérito. Tratando-se de consignatória de alugueres, **o prazo para efetuar o depósito é de vinte e quatro horas (art. 67, II da Lei n. 8.245/1991)**.

Admite-se que haja a cumulação de pedidos, no sentido de se permitir a discussão sobre o débito, especialmente o exame de validade de cláusulas contratuais, bem como a própria consignação do valor que entende ser devido.

Se o autor buscar a liberação de cumprimento de coisa indeterminada, competindo a escolha ao credor, deverá requerer a sua citação para exercer tal direito no prazo de cinco dias, salvo se houver outro prazo previsto em lei ou em contrato, ou para que aceite eventual escolha pelo devedor.

Competindo a escolha ao devedor, pelo não exercício pelo credor, o juiz designará dia e hora em que se fará a entrega, sob pena de depósito.

Sendo o credor citado, poderá, no prazo de quinze dias, oferecer a sua contestação, que compreenderá defesa processual e de mérito.

Como se nota, há de se admitir a possibilidade de o réu apresentar as suas preliminares, como, por exemplo, a falta de interesse de agir. E, apesar da especificidade do procedimento, permite-se que o réu alegue as matérias indicadas no art. 544 CPC/2015, além de outras.

Deve ser notado que o procedimento da consignatória diferenciará conforme a matéria alegada. Se indicada uma das hipóteses dos incisos I a III, seguirá a ação um caminho. Alegada a matéria indicada no inciso IV, outro será o percurso a ser seguido.

Em conformidade com o art. 544, aludido, poderá o réu alegar que: I - não houve recusa ou mora em receber a quantia ou a coisa devida; II - foi justa a recusa; III - o depósito não se efetuou no prazo ou no lugar do pagamento.

---

2. AgRg no Ag 1.239.917-SP, Segunda Turma, DJe 17/5/2010.

Indicadas essas matérias, o processo seguirá, sem maiores novidades, em conformidade com o procedimento comum.

Porém, o artigo 544 também permite seja alegado que:

> IV – o depósito não é integral.

E complementa no parágrafo único, que tal alegação somente será admissível se o réu indicar o montante que entende devido.

Uma vez alegado que o depósito não é integral, permite-se ao autor complementá-lo, no prazo de dez dias, a não ser que corresponda à prestação cujo inadimplemento acarrete a rescisão do contrato.

De toda maneira, aceita-se que o réu promova ao levantamento da quantia ou da coisa depositada, com a consequente liberação parcial do autor, prosseguindo-se o processo em relação à parte incontroversa.

Alegado que o depósito não é integral, a discussão no processo se dirigirá a especificar o montante suficiente para a liberação da obrigação, o que refletirá na **sentença**.

2.6. Sentença na ação consignatória:

Dessa forma, a sentença: i) ou reconhecerá que o depósito inicial é suficiente, liberando-se o devedor (sentença declaratória), condenando-se o réu ao pagamento de custas e honorários advocatícios; ii) ou reconhecerá que o depósito não é integral e condenará o autor ao pagamento do valor restante, formando-se título executivo judicial, com possibilidade de exigir-se o cumprimento da obrigação nos próprios autos (cumprimento de sentença).

2.7. Consignatória: ação de natureza dúplice.

Consoante o § 2º do art. 545 do CPC, a consignatória é ação de natureza dúplice. Portanto, tendo sido apurada a diferença entre o valor efetivamente devido e o consignado, o juízo proferirá sentença condenatória, cujo cumprimento poderá ser exigido nos próprios autos. Assim, tal condenação independerá de reconvenção. No entanto, será possível a reconvenção para que se determine o despejo. Por isso, poderá o réu, na sua própria contestação, como determina o CPC, além de alegar as matérias de defesa, pugnar também pelo decreto de despejo do autor.

2.8. Consignatória: dúvida quanto ao titular do crédito.

Como regra, o autor formula o seu pedido e espera que o mesmo seja acolhido para acertamento da situação subjetiva ligada a um réu específico. Porém, existem situações em que o autor pode apresentar o pedido e deixar que o juiz escolha em face de qual dos litisconsortes passivos ele será acolhido.

A consignatória, nesse passo, poderá ser ajuizada em face de possíveis titulares do crédito, pois há dúvida de quem tem legitimidade para receber o pagamento.

Em tal caso, se, uma vez citados, não comparecer pretendente algum, converter-se-á o depósito em arrecadação de coisas vagas. De outro lado, comparecendo apenas um, o juiz decidirá de plano. E, por fim, comparecendo mais de um, o magistrado poderá declarar efetuado o depósito e extinta a obrigação, continuando o processo a correr unicamente entre os presuntivos credores, segundo o procedimento comum.

3. AÇÃO DE EXIGIR CONTAS

Ao iniciar-se o estudo deste procedimento especial, nota-se, de antemão, a alteração da denominação em relação ao paradigma previsto no CPC de 1973. Com efeito, o art. 550 e seguintes do CPC 2015 trata do procedimento de **exigir contas, pois não mais se admite que o devedor preste contas em juízo.**

Por isso, de acordo com as novas disposições, a ação poderá ser prestada unicamente pelo **credor** pugnando pela imposição do dever de prestá-las em juízo por aquele que administrou interesses alheios.

Há de se verificar a legitimidade para a propositura da ação. Nesse sentido, o condômino não pode, isoladamente, ajuizar ação de exigir contas em face do condomínio. E isso, pois, nos termos do art. 22, §1º, *f*, da Lei 4.591/1964, o condomínio, representado pelo síndico, não tem obrigação de prestar contas a cada um dos condôminos, mas a todos, perante a assembleia dos condôminos. No mesmo sentido, o art. 1.348, VIII, do CC dispõe que compete ao síndico, dentre outras atribuições, prestar contas à assembleia, anualmente e quando exigidas.[3]

Tal direito transmite-se aos herdeiros do credor, como pode ocorrer, por exemplo, com os herdeiros do mandante.[4]

> ▸ ATENÇÃO!
>
> **O advogado poderá ser réu na ação de exigir contas.**
>
> Procedimento com <u>**duas fases**</u>, encerradas cada qual por **SENTENÇA**, que pode ser objeto de **APELAÇÃO**.
>
> - **Primeira fase**: verifica-se o dever de prestar contas.
> - **Segunda fase**: apura-se se existe saldo.

O autor, em sua petição inicial, deverá especificar as razões pelas quais exige as contas, instruindo-a com documentos comprobatórios dessa necessidade.

---

3. REsp 1.046.652-RJ, Rel. Min. Ricardo Villas BôasCueva, julgado em 16/9/2014.
4. REsp 1.122.589-MG, Rel. Min. Paulo de Tarso Sanseverino, julgado em 10/4/2012.

O réu será citado e, no prazo de quinze dias, poderá prestar as contas ou contestar o pedido. O exercício de uma das opções, automaticamente, exclui a outra, por conta da preclusão lógica.

Prestadas as contas, o autor terá quinze dias para se manifestar, competindo-lhe, se o caso, impugná-las de forma precisa, seguindo-se a produção das provas.

Poderá o réu, no entanto, contestar o dever de prestar as contas, o que será objeto de análise pelo magistrado.

A ação de exigir contas conta com **duas fases distintas**, cada qual encerrada por **sentença** (note-se a exceção prevista na primeira parte do § 1o do art. 203 do CPC, pois se terá sentença sem encerramento da fase cognitiva), que pode ser impugnada pelo recurso de **apelação**.

Dessa maneira, **na primeira fase do procedimento, será analisado se existe ou não o dever de prestar contas.** Convencido disso, o magistrado proferirá sentença, que poderá ser impugnada pelo recurso de apelação, que contará com duplo efeito.

Assim, apenas após o trânsito em julgado, poderá ser exigida coercitivamente a prestação de contas, a partir do cumprimento de sentença.

Nesse passo, competirá ao réu prestar as contas no prazo de quinze dias, seguindo-se a apuração do valor devido. Se não o fizer, o autor poderá apresentá-las, sem possibilidade de o réu impugná-las.

Na segunda fase, porém, as contas serão julgadas e, se apurado saldo, será constituído título executivo judicial, a ser exigido em cumprimento de sentença, nos próprios autos.

As contas do inventariante, tutor, curador, depositário e de qualquer outro administrador serão prestadas em apenso aos autos do processo em que tiver sido nomeado.

4. AÇÕES POSSESSÓRIAS

A fungibilidade não é matéria restrita aos recursos, mas, em verdade, aplica-se à teoria geral do processo. Consiste na admissão de um meio ao invés de outro, que seria o mais adequado.

Em relação às ações possessórias, o CPC prevê a aplicabilidade do princípio da fungibilidade, de modo que a propositura de uma ação possessória em vez de outra não obsta a que o juiz defira a proteção necessária.

Dessa maneira, se ajuizada ação com pedido de interdito proibitório, porém, já verificado que houve o esbulho, deverá ser deferida a medida que conferir a tutela necessária – reintegração de posse.

A depender da proteção necessária, admite-se três tipos diferentes de ações possessórias: i) o interdito proibitório - que tem finalidade preventiva, em razão ser iminente a invasão; ii) a reintegração de posse - que pressupõe a perda total da posse (esbulho); iii) a manutenção de posse - que pressupõe a inexistência de privação integral.

Há de ser relembrado, porém, que o erro na indicação da ação ou a alteração dos fatos no transcorrer do processo, não acarreta a inviabilidade do deferimento da tutela possessória adequada, em razão do princípio da fungibilidade.

INTERDITO PROIBITÓRIO	REINTEGRAÇÃO DE POSSE	MANUTENÇÃO DE POSSE
Natureza Preventiva	Esbulho	Turbação

Não é incomum que existam ações possessórias de áreas ocupadas por uma coletividade, geralmente com a finalidade de fixar residência, em comunidades de baixa renda, embora não necessariamente.

Há uma preocupação constante nestas ações, notadamente diante do interesse social presente. Por isso, para estas ações a intervenção do Ministério Público, na condição de fiscal da ordem jurídica, é imprescindível. Envolvendo pessoas em situação de hipossuficiência econômica, ainda, deverá ser intimada a Defensoria Pública, para o cumprimento de sua missão institucional.

Proposta ação nessas condições, serão feitas a citação pessoal dos ocupantes que forem encontrados no local e a citação por edital dos demais. Para tais demandas, o juiz deverá determinar que se dê ampla publicidade de sua existência.

Ainda como diferencial, prevê o CPC/2015, em seu artigo 565, requisito para o deferimento de liminar na ação com posse de força velha, conforme se verá adiante.

Além da tutela possessória (inibitória, reintegratória ou de manutenção), poderá o autor cumular outros pedidos. São eles: i) condenação em perdas e danos; ii) indenização dos frutos. Trata-se de cumulação própria de pedidos, pois se requer o acolhimento de todos eles, lembrando que o rol do art. 555 do CPC 2015 é exemplificativo.

Além disso, poderá solicitar, ainda, a imposição de medida necessária para evitar-se nova turbação ou novo esbulho, bem como para cumprir-se a tutela provisória ou final.

Poderá o réu, em sua contestação, pugnar a proteção possessória e a indenização pelos prejuízos resultantes da turbação ou do esbulho cometido pelo autor, independentemente de reconvenção.

Dessa forma, a mesma sentença que nega o pedido do autor, reconhece a legitimidade da pretensão apresentada pelo réu.

Uma vez ajuizada a ação possessória, está vedado o ajuizamento de ação petitória destinada ao reconhecimento do domínio, salvo se for proposta em face de terceira pessoa (que não o autor da possessória).

Se a ação for proposta dentro do prazo de ano e dia a partir da turbação ou do esbulho, adota-se procedimento especial tratado no artigo 560 e seguintes do CPC 2015. No entanto, tratando-se de posse velha, será adotado o procedimento comum.

Como característica principal do procedimento especial, tem-se a possibilidade de deferimento de medida liminar inaudita altera parte, sem que se comprove o elemento urgência. Regendo-se pelo procedimento comum, no entanto, embora se admita - e como não poderia deixar de ser - a tutela provisória, deverão ser observados os seus requisitos (tutela provisória com fundamento na urgência, com comprovação do periculum in mora, ou tutela da evidência nas hipóteses do art. 311).

Se o réu provar que o autor provisoriamente mantido ou reintegrado na posse não tem idoneidade financeira para, no caso de sucumbência, responder por perdas e danos, o juiz lhe concederá o prazo de cinco dias para requerer caução, real ou fidejussória, sob pena de ser depositada a coisa litigiosa, salvo a impossibilidade da parte economicamente hipossuficiente.

Em conformidade com o art. 561, para o deferimento da tutela possessória na posse com força nova, competirá ao autor provar a sua posse, a turbação ou o esbulho e a sua data, a continuação da posse, embora turbada, na ação de manutenção, ou a perda da posse, na ação de reintegração.

Tais requisitos serão exigidos quer para o deferimento da tutela provisória e para o acolhimento da pretensão ao final.

Estando a petição inicial em ordem, o juiz deferirá a tutela possessória. Contudo, sendo necessária a comprovação de qualquer fato, designará audiência de justificação.

Em conformidade com o princípio do contraditório dinâmico, evita-se a decisão surpresa, de modo que deve ser permitido às partes influenciarem o magistrado, a partir de suas alegações.

Contudo, em determinadas situações, como para o deferimento da tutela provisória, permite-se que o contraditório seja exercido posteriormente, de modo que o juiz poderá deferir a liminar sem ouvir a parte contrária.

Ocorre, no entanto, que, em relação às pessoas jurídicas, considerando-se o impacto que a medida poderá causar à Administração Pública, exige-se que não será deferida a manutenção ou a reintegração liminar sem prévia audiência dos respectivos representantes judiciais.

O réu deverá ser citado para oferecer resposta no prazo de quinze dias, contados da juntada do mandado de citação.

Porém, se o juiz designar audiência de justificação prévia, deverá o réu ser citado para comparecer ao ato judicial, contando-se o prazo de 15 dias para oferecimento de defesa da intimação da decisão que deferir ou não a medida liminar.

Tratando-se de litígio coletivo pela posse de imóvel, quando o esbulho ou a turbação afirmado na petição inicial houver ocorrido há mais de ano e dia, deverá o juiz preocupar-se em equacionar a questão consensualmente, evitando-se conflitos. Para tanto, impõe o art. 565 que o juiz designe audiência de mediação, com a participação do Ministério Público, da Defensoria Pública e dos órgãos responsáveis pela política agrária e pela política urbana, como providência prévia à concessão de liminar.

Se deferida a medida liminar, se essa não for executada no prazo de um ano, a contar da distribuição, deverá o magistrado designar audiência de mediação, considerando que o fator tempo poderá alterar o ânimo das pessoas envolvidas, bem como poderão existir particularidades antes não constatadas.

Consoante jurisprudência do Superior Tribunal de Justiça, restando configurada ocupação indevida de bem público, não há que se falar de posse, mas de mera detenção, afastando-se o direito de retenção por benfeitorias.[5]

Também consoante jurisprudência do STJ, o exercício do direito de retenção deve ser exercido na própria contestação, sob pena de preclusão.[6]

5. EMBARGOS DE TERCEIRO

Os embargos de terceiro constituem-se em procedimento de jurisdição contenciosa por meio do qual se busca desfazer a constrição judicial que se entende indevida, já realizada ou na iminência de ser.[7]

Sem que exista indevida constrição, não há que se falar em embargos de terceiro.

O *terceiro* será parte legítima para a propositura de tal processo de jurisdição contenciosa.

E assim serão considerados aqueles que, embora não sejam parte no processo, sofram constrição ou ameaça de constrição sobre bens que possua ou sobre os quais tenha direito incompatível com o ato constritivo. Poderá ser o proprietário do bem, admitindo a lei que seja fiduciário, ou possuidor.

5. AgRg no AREsp 824.129/PE, Rel. Ministro MAURO CAMPBELL MARQUES, SEGUNDA TURMA, julgado em 23/02/2016, DJe 01/03/2016.
6. REsp 1278094/SP, Rel. Ministra NANCY ANDRIGHI, TERCEIRA TURMA, julgado em 16/08/2012, DJe 22/08/2012.
7. Cassio Scarpinella Bueno aduz que os embargos de terceiro poderiam ser disciplinados juntamente com as demais modalidades de intervenção de terceiros, justamente pela posição de seu autor. *Manual de Direito Processual Civil*. 2ª. ed. São Paulo: Saraiva, 2016, p. 497.

> ▸ **ATENÇÃO!**
>
> **O terceiro poderá ser o proprietário ou possuidor.**

A lei também equipara a terceiro, para fins de ajuizamento dos embargos: I – o cônjuge ou companheiro, quando defende a posse de bens próprios ou de sua meação, ressalvado o disposto no art. 843; II – o adquirente de bens cuja constrição decorreu de decisão que declara a ineficácia da alienação realizada em fraude à execução; III – quem sofre constrição judicial de seus bens por força de desconsideração da personalidade jurídica, de cujo incidente não fez parte; IV – o credor com garantia real para obstar expropriação judicial do objeto de direito real de garantia, caso não tenha sido intimado, nos termos legais dos atos expropriatórios respectivos.

O *termo final* para o ajuizamento dos embargos de terceiro variará em conformidade com o processo no qual a constrição foi realizada ou está na iminência de sê-lo.

Nesse sentido, se a constrição foi determinada em processo de conhecimento, os embargos poderão ser ajuizados enquanto não transitada em julgado a sentença.

> Por isso, se a constrição for determinada, por exemplo, em ação de reintegração de posse, os embargos deverão ser apresentados enquanto não transitada em julgado a sentença proferida nesta ação.

De outro lado, se a constrição foi determinada na fase de cumprimento de sentença ou no processo de execução, em até cinco dias depois da assinatura do auto de adjudicação, da alienação por iniciativa particular ou do auto de arrematação, mas sempre antes da assinatura da respectiva carta, competindo ao juiz, verificando a existência de terceiro titular de interesse em embargar o ato, determinar a sua intimação pessoal, como consequência do modelo de processo cooperativo.

Se a constrição ocorrer em razão da declaração da fraude à execução, há de se observar a existência de regra especial, concedendo-se o prazo de 15 dias para que o terceiro adquirente, a partir de sua intimação, possa apresentar os embargos de terceiro.

> ▸ **ATENÇÃO:**
>
> **Em relação ao prazo para o ajuizamento dos embargos, há de se observar duas regras:**
>
> a) **Regra geral**: antes do trânsito em julgado se a constrição ocorrer na fase de conhecimento, ou em cinco dias contados da adjudicação, da arrematação ou da alienação.
>
> b) **Regra especial**: se os embargos se justificarem na declaração de ineficácia proferida em razão de reconhecida fraude à execução, o prazo será de quinze dias, a partir de sua intimação.

O intuito da ação será o de desfazer a constrição levada a cabo ou que esteja na iminência de sê-lo. Em razão disso, a sentença a ser proferida terá natureza desconstitutiva e a constrição judicial será cancelada, com o reconhecimento do domínio, da manutenção da posse ou da reintegração definitiva do bem ou do direito ao embargante.

6. AÇÃO MONITÓRIA.

A ação monitória, conforme alerta Cássio Scarpinella Bueno, se encontra em meio termo entre os procedimentos em que se busca a formação de um título executivo judicial e aqueloutras em que já se tem um título extrajudicial.

Por meio de tal ação, aquele que se afirmar, com base em prova escrita sem eficácia de título executivo, ter direito de exigir do devedor capaz: i) o pagamento de quantia em dinheiro; ii) a entrega de coisa fungível ou infungível ou de bem móvel ou imóvel; iii) o adimplemento de obrigação de fazer ou de não fazer.

Podem ser apontadas como principais distinções entre as atuais disposições e aquelas constantes do CPC de 1973:

a) Polo passivo ocupado apenas por pessoas capazes.

De acordo com a parte final do caput do art. 700 do CPC, a ação monitória será ajuizada por aquele que afirmar ter direito de exigir do devedor capaz, o que revela a intenção do legislador de que o polo da ação seja ocupado apenas e tão somente por pessoas que ostentem tal condição.

Há de ser lembrado que o regime da capacidade foi consideravelmente alterado pela Lei n. 13.146/2015, que modificou os artigos 3º e 4º, entre outros, do Código Civil, de modo que, atualmente, são absolutamente incapazes de exercer pessoalmente os atos da vida civil os menores de 16 anos, ao passo que são considerados relativamente incapazes os maiores de dezesseis e menores de dezoito anos, os ébrios habituais e os viciados em tóxicos, aqueles que, por causa transitória ou permanente, não puderem exprimir sua vontade e os pródigos.

b) Extensão do objeto da ação.

Em conformidade com o novo regime da ação monitória, também poderão ser exigíveis, além do pagamento de dinheiro, de entrega de coisa fungível e de bem móvel, também a coisa infungível, bem imóvel e o cumprimento de obrigação de fazer e de não fazer.

c) Prova oral documentada.

Equiparada a prova escrita sem eficácia de título executivo a prova escrita documentada em ação de produção antecipada de prova.

Sendo ajuizada a ação monitória para a cobrança de valor em dinheiro, deverá o autor indicar a importância devida, apresentando o memorial demonstrativo do cálculo.

De outro lado, se o objeto da ação for a entrega de coisa ou o cumprimento de obrigação de fazer, deverá a petição inicial constar o valor atual da coisa reclamada e o conteúdo econômico patrimonial em discussão ou o proveito econômico perseguido.

O CPC encampou o entendimento jurisprudencial dominante da admissibilidade da ação monitória em face da Fazenda Pública.

Verificando-se estarem presentes os requisitos da petição inicial, o juiz deferirá a expedição de mandado de pagamento, de entrega de coisa ou para execução de obrigação de fazer ou de não fazer, concedendo-se ao réu o prazo de quinze dias para o cumprimento e o pagamento de honorários advocatícios de 5% do valor da causa.

Se houver o cumprimento da obrigação, estará o réu isento do pagamento de honorários.

Admite-se que o réu, no prazo de 15 dias, apresentar embargos à ação monitória. Transcorrido o prazo sem o pagamento ou o oferecimento dos embargos, haverá a constituição de pleno direito em título executivo judicial, passando-se a observar a fase de cumprimento de obrigação fundado em título desta natureza.

▸ **ATENÇÃO!**

A conversão do despacho inicial em título executivo judicial será automática, independentemente de nova decisão.

Admite-se o oferecimento de embargos à ação monitória, nos próprios autos, quando então estará afastada a possibilidade de que, de imediato, ocorresse a conversão da decisão inicial em título executivo judicial. Nesse sentido, dispõe o art. 702, § 4º do CPC, que a "oposição dos embargos suspende a eficácia da decisão referida no caput do art. 701 até o julgamento em primeiro grau".

Nos embargos poderá o réu apresentar matéria passível de alegação como defesa no procedimento comum. Se indicar que o autor pleiteou valor acima do que é devido, apresentará o memorial com discriminação da quantia que entende justa, sob pena de rejeição liminar dos embargos.

O autor da ação monitória será intimado para responder aos embargos no prazo de 15 dias.

Sendo os embargos parciais, poderá o juiz determinar a sua autuação em apartado, a fim de que haja a constituição de pleno direito do título executivo judicial no que tange à parte incontroversa.

Uma vez rejeitados os embargos, constitui-se de pleno direito o título executivo judicial, podendo a sentença que os decidir ser impugnada pelo recurso de apelação.

7. OPOSIÇÃO

No CPC de 1973, a oposição estava elencada entre as hipóteses de intervenção de terceiros. No CPC de 2015, por sua vez, houve o deslocamento da matéria para ser tratada entre os procedimentos especiais.

Trata-se de processo de jurisdição contenciosa, em que alguém, pretendendo coisa que está sendo disputa em outro processo, apresenta o seu pedido em face dos dois demandantes. Passa-se a ter, então, a ação principal e a oposição.

> ▸ **ATENÇÃO!**
>
> Há uma limitação quanto ao pedido a ser apresentado pelo *opoente* (autor na oposição), que é o objeto da ação principal.

O polo ativo da ação será ocupado pelo *opoente*, ou seja, aquele que pretende coisa ou direito sobre o que controvertem autor e réu.

No polo passivo, por sua vez, figurarão as partes do processo principal, denominados *opostos*, que serão citados na pessoa de seus advogados para contestar o pedido no prazo comum de 15 dias. Forma-se litisconsórcio passivo, necessário e simples.

> ▸ **ATENÇÃO!**
>
> Note-se que o prazo para o oferecimento de resposta será comum de 15 dias, não se contando em dobro o prazo, apesar de serem litisconsortes com diversos procuradores.

Ainda que um dos opostos reconheça o pedido, contra o outro prosseguirá o opoente.

A oposição poderá ser oferecida antes da sentença e será processada perante o juízo que for absolutamente competente para tanto.

Se apresentada antes do início da audiência de instrução, a oposição será apensada aos autos e tramitará simultaneamente à ação originária, com julgamento conjunto na mesma sentença.

Diferentemente, se a oposição for apresentada após o início da audiência de instrução, o juiz suspenderá o curso do processo ao fim da produção das provas, o que também poderá ocorrer em momento anterior, se entender que a unidade da instrução atende melhor ao princípio da duração razoável do processo.

> ▸ **ATENÇÃO!**
>
> Houve importante alteração no CPC de 2015 a respeito do regime jurídico da oposição. Com efeito, no CPC de 1973, a depender do momento em que ajuizada, a oposição seria *interventiva* ou *autônoma*. Atualmente, porém, a oposição é ação incidental e autônoma.

Decidindo simultaneamente a ação originária e a oposição, deverá o magistrado conhecer desta em primeiro lugar.

8. INVENTÁRIO E PARTILHA.

Como consequência do princípio da saisine, com a morte, os bens do falecido serão imediatamente transmitidos aos sucessores, o que ocorre de forma universal, sem que haja devida divisão entre os herdeiros.

E para que haja a devida divisão entre os herdeiros será possível que estes, sendo todos capazes, havendo concordância com os termos da partilha, assistidos por advogado ou defensor público e não sendo caso de cumprimento de testamento, poderão valer-se de escritura pública de inventário, ou, então podem ajuizar a respectiva ação de inventário.

Arrolamento litigioso ou inventário e partilha: se houver divergência entre os sucessores em relação ao inventário e a partilha.

Arrolamento sumário: procedimento de jurisdição voluntária, sendo todos os herdeiros capazes e havendo concordância quanto à partilha.

Arrolamento comum: se o total da herança for igual ou inferior a mil salários mínimos, ainda que haja discordância e também interesses de incapazes.

O processo deverá ser ajuizado no prazo de dois meses a contar da data da abertura da sucessão, terminando nos doze meses subsequentes, admitindo-se que o juiz prorrogue esses prazos, de ofício ou a requerimento da parte.

A lei tributária poderá prever multa ao espólio em razão do descumprimento do prazo mencionado na lei.

Súmula 542 do STF: não é inconstitucional a multa instituída pelo Estado-membro, como sanção pelo retardamento do início ou da ultimação do inventário.

Até que o inventariante preste o seu compromisso, continuará o espólio na posse de administrador provisório, encargo esse que será exercido de forma transitória, sem necessitar, para tanto, de decisão judicial.

O juízo decidirá todas as questões de direito desde que os fatos relevantes estejam provados por documentos, remetendo-se as partes para discutir em outro processo se as questões dependerem de outras provas.

Dessa maneira, se o suposto herdeiro necessitar comprovar essa sua condição a partir de prova pericial, deverá fazê-lo em processo à parte, e não no próprio inventário.

Possui legitimidade ordinária para requerer o inventário aquele que estiver na posse e na administração do espólio.

Porém, reconhece-se a legitimidade concorrente e disjuntiva (sem ordem preferencial ao): I - cônjuge ou companheiro supérstite; II - herdeiro; III - legatário; IV - o testamenteiro; V - cessionário do herdeiro ou do legatário; VI - credor do herdeiro, do legatário ou do autor da herança; VII - Ministério Público, havendo herdeiros incapazes; VIII - Fazenda Pública, quando tiver interesse; IX - administrador judicial da falência do herdeiro, do legatário, do autor da herança ou do cônjuge ou companheiro supérstite.

> ▶ ATENÇÃO!
>
> Pelo CPC de 2015, o magistrado não mais poderá, de ofício, proceder à abertura do inventário, tal como era admitido no CPC anterior.

9. HABILITAÇÃO

Como já foi visto no Capítulo 5, havendo o falecimento de qualquer das partes, o juiz suspenderá o processo, a fim de que os interessados possam sucedê-lo no processo.

Terá a habilitação a natureza de procedimento especial, embora existam dois procedimentos distintos para o seu processamento.

A regra da habilitação no CPC/2015 é a de que o seu processamento ocorrerá nos próprios autos principais. E assim será sempre requerida. Porém, verificando-se a necessidade de dilação probatória diversa da documental, determinará que o pedido seja autuado em apartado e disporá sobre a instrução.

> ▶ ATENÇÃO!
>
> - **Regra da habilitação:** processamento nos próprios autos principais.
> - **Exceção:** será autuada em apartado, se houver necessidade de dilação probatória diversa da documental.

A habilitação pode ser requerida: I - pela parte, em relação aos sucessores do falecido; II - pelos sucessores do falecido, em relação à parte.

Se requerida no próprio processo principal, os autos serão suspensos para o seu processamento.

Recebida a petição, os requeridos serão citados para se pronunciarem no prazo de cinco dias.

O juiz decidirá o pedido de habilitação imediatamente, salvo se este for impugnado e houver necessidade de dilação probatória diversa da documental, caso em que determinará que o pedido seja autuado em apartado e disporá sobre a instrução.

Transitada em julgado a sentença de habilitação, o processo principal retomará o seu curso, e cópia da sentença será juntada aos autos respectivos.

Não pode ser desconsiderada a existência de dissonância quanto à natureza do pronunciamento jurisdicional que soluciona a habilitação. Para Andre Vasconcelos Roque, trata-se de sentença, nos dois casos.[8] Em sentido diverso, já se entendeu tratar-se de decisão interlocutória, desafiando o recurso de agravo.[9]

10. AÇÕES DE FAMÍLIA

a) A abrangência das ações de família.

As ações que tratam este procedimento especial são aquelas que se referem a processos atinentes às entidades familiares, quer seja para decidir-se sobre as relações entre os cônjuges ou conviventes, quer para estabelecer o que for necessário em relação aos filhos ou pessoas que estejam sob os cuidados de outrem, em situação que não seja de risco.

> ▸ **ATENÇÃO!**
>
> De acordo com a concepção fundada na Constituição Federal e no atual Direito de Família, as entidades familiares têm como base as relações de afetividade existentes, que podem existir entre pessoas de mesmo ou diferentes sexos (o art. 3º, IV, da CF veda qualquer discriminação em virtude de sexo, raça, cor), que ainda possam viver em situação que não seja a de casados ou conviventes, como pode ocorrer com um grupo de irmãos.

Nesse sentido, o Código de Processo Civil resume que as normas do respectivo capítulo se aplicam aos processos contenciosos de divórcio, separação, reconhecimento e extinção de união estável, guarda, visitação e filiação.

> ▸ **ATENÇÃO!**
>
> Situações que se enquadram nas ações de família, entre outras: separação e divórcio entre pessoas de mesmo ou diferentes sexos; reconhecimento e extinção de união estável entre pessoas de mesmo ou diferentes sexos; guarda e visitação requeridas por um dos genitores em face do outro; guarda e visitação requeridas por um dos pais/mães em face do outro pai/mãe; guarda e visitação requeridas por pessoas que não sejam pais/mães quando a criança ou o adolescente não estiver em situação de risco; declaração de ascendência biológica; reconhecimento de paternidade ou de maternidade; e, desconstituição de vínculo de paternidade ou de maternidade.

---

8. GAJARDONI, Fernando da Fonseca. DELLORE, Luiz. ROQUE, Andre Vasconcelos. OLIVEIRA JR., Zulmar Duarte. *Processo de conhecimento e cumprimento de sentença. Comentários ao CPC de 2015*. Rio de Janeiro: Forense; São Paulo: Método, 2016, p. 1.174.
9. WAMBIER, Teresa Arruda Alvim. CONCEIÇÃO, Maria Lúcia Lins. RIBEIRO, Leonardo Ferres da Silva. MELLO, Rogério Licastro Torres. *Primeiros Comentários ao Novo Código de Processo Civil. Artigo por Artigo*. São Paulo: RT., 2015, p. 1.027.

b) Preferencial solução por meio da mediação e conciliação.

Nas ações de família, a busca pela mediação ou conciliação tem ainda mais justificativa, notadamente para preservar o mínimo necessário à convivência pacífica entre aqueles que compuseram ou compõem uma determinada entidade familiar.

Nesse sentido, determina o art. 694 que, nas ações de família, todos os esforços serão empreendidos para a solução consensual da controvérsia, devendo o juiz dispor do auxílio de profissionais de outras áreas de conhecimento para a mediação e conciliação.

Poderão as partes requerer, ainda, a suspensão do processo para que os litigantes possam se submeter à mediação extrajudicial ou atendimento multidisciplinar.

c) Particularidades da citação do requerido.

O réu será citado para comparecimento à audiência de mediação e conciliação, constando do mandado apenas os dados necessários à audiência e deverá estar desacompanhado de cópia da petição inicial, assegurado ao réu o direito de examinar seu conteúdo a qualquer tempo.

d) Intervenção do Ministério Público.

A intervenção do Ministério Público na condição de interveniente nas ações de família somente ocorrerá quando houver interesse de incapaz, conforme constam dos artigos 178, II e 698 do CPC.

e) Acompanhamento de especialista no caso de abuso ou alienação parental.

Determina o art. 699 que, quando o processo envolver discussão sobre fato relacionado a abuso ou a alienação parental, o juiz, ao tomar o depoimento do incapaz, deverá ser acompanhado por especialista.

Em conformidade com o art. 2º da Lei n. 12.318/2010, considera-se "ato de alienação parental a interferência na formação psicológica da criança ou do adolescente promovida ou induzida por um dos genitores, pelos avós ou pelos que tenham a criança ou adolescente sob a sua autoridade, guarda ou vigilância para que repudie genitor ou que cause prejuízo ao estabelecimento ou à manutenção de vínculos com este".

Em razão de todas as dificuldades que envolvem a colheita da prova e para se evitar maiores danos à criança ou ao adolescente, recomenda-se que o juiz esteja acompanhado de especialista. Aliás, a Resolução n. 33/2010 do Conselho Nacional de Justiça trata do depoimento sem dano

f) Processos contenciosos de divórcio, separação, reconhecimento e extinção de união estável, guarda, visitação, filiação e alimentos.

O item anterior tratou da maioria das ações aqui mencionadas.

A ação de alimentos será regida por lei especial, que determina a realização de audiência única, na qual haverá a tentativa de conciliação e a produção de provas.

Poderão ser fixados os alimentos provisórios, que têm natureza antecipada.

11. PROCEDIMENTOS DE JURISDIÇÃO VOLUNTÁRIA

11.1. Natureza Jurídica

A jurisdição voluntária consiste na administração pública de negócios privados. Em razão da importância destes, há necessidade da chancela judicial, do controle pelo juiz, tal como ocorre, por exemplo, com a alienação de bem pertencente a incapazes.

11.2. Ações processadas de acordo com as regras do Procedimento de Jurisdição Voluntária

O art. 725 do CPC elenca, exemplificativamente, os procedimentos que se processão pelo procedimento de jurisdição voluntária. São eles:

Emancipação: se o adolescente estiver sob tutela ou houver divergência entre os seus genitores, a emancipação deverá ser requerida por meio judicial.

Sub-rogação: considerando-se a existência de cláusula de inalienabilidade e a necessidade de liberação de um bem para que tal ônus passa a incidir sobre outro, deverá ser requerida a sub-rogação.

Alienação, arrendamento ou oneração de bens de crianças ou adolescentes, de órgãos e de interditos: a venda de bens de incapazes, ou de interditados, somente produzirá efeitos se requerida no âmbito judicial;

Alienação de quinhão de coisa comum: embora esteja elencada entre as hipóteses de jurisdição voluntária, na verdade seria de jurisdição contenciosa, à vista da discordância existente;

Extinção do usufruto, quando não decorrer da morte do usufrutuário, do termo de sua duração ou da consolidação, e de fideicomisso, quando decorrer de renúncia ou quando ocorrer antes do evento que caracterizar a condição resolutória: havendo a necessidade de extinção do usufruto ou do fideicomisso, deverá a parte indicar ao juiz os motivos para tanto, que serão avaliados;

Expedição de alvará judicial: o alvará judicial consistirá na autorização judicial para a prática de um ato, como, por exemplo, para que o interessado, que não o proprietário, possa promover a regularização de um imóvel junto ao cadastro do Município;

Homologação de autocomposição extrajudicial, de qualquer natureza ou valor: consiste na chancela judicial à composição levada a cabo pelas partes.

11.3. Notificação, Interpelação e do Protesto

A notificação e a interpelação são procedimentos que têm como finalidade precípua a documentação. O juízo não analisará o mérito e nem proferirá pronunciamento que o finalize. Poderá ser utilizada, por exemplo, para a interrupção da prescrição.

Por isso, quem tiver interesse em manifestar formalmente sua vontade a outra pessoa poderá notificar pessoas participantes da mesma relação jurídica para dar-lhes ciência de seu propósito.

Admite-se, também, que o interessado interpele o requerido, para que faça ou deixe de fazer alguma coisa.

Deferida a realização da notificação ou interpelação, os autos serão entregues ao requerente.

11.4. Alienação Judicial

Nos casos expressos em lei, não havendo acordo entre os interessados sobre o modo como se deve realizar a alienação do bem, o juiz, de ofício ou a requerimento dos interessados ou do depositário, mandará aliená-lo em leilão.

11.5. Separação, divórcio e alteração de regime de bens

A homologação do divórcio ou da separação consensuais, observados os requisitos legais, poderá ser requerida em petição assinada por ambos os cônjuges, da qual constarão: I - as disposições relativas à descrição e à partilha dos bens comuns; II - as disposições relativas à pensão alimentícia entre os cônjuges; III - o acordo relativo à guarda dos filhos incapazes e ao regime de visitas; e IV - o valor da contribuição para criar e educar os filhos.

Se os cônjuges não acordarem sobre a partilha dos bens, far-se-á esta depois de homologado o divórcio.

Estas regras aplicam-se, no que couber, ao processo de homologação da extinção consensual de união estável.

O divórcio consensual, a separação consensual e a extinção consensual de união estável, não havendo nascituro ou filhos incapazes e observados os requisitos legais, poderão ser realizados por escritura pública.

O tabelião somente lavrará a escritura se os interessados estiverem assistidos por advogado ou por defensor público, cuja qualificação e assinatura constarão do ato notarial.

A alteração do regime de bens do casamento, observados os requisitos legais, poderá ser requerida, motivadamente, em petição assinada por ambos os cônjuges, na qual serão expostas as razões que justificam a alteração, ressalvados os direitos de terceiros.

Ao receber a petição inicial, o juiz determinará a intimação do Ministério Público e a publicação de edital que divulgue a pretendida alteração de bens, somente podendo decidir depois de decorrido o prazo de 30 (trinta) dias da publicação do edital.

Os cônjuges, na petição inicial ou em petição avulsa, podem propor ao juiz meio alternativo de divulgação da alteração do regime de bens, a fim de resguardar direitos de terceiros.

Após o trânsito em julgado da sentença, serão expedidos mandados de averbação aos cartórios de registro civil e de imóveis e, caso qualquer dos cônjuges seja empresário, ao Registro Público de Empresas Mercantis e Atividades Afins.

11.6. Testamentos e dos codicilos

Recebendo testamento cerrado, o juiz, se não achar vício externo que o torne suspeito de nulidade ou falsidade, o abrirá e mandará que o escrivão o leia em presença do apresentante.

Do termo de abertura constarão o nome do apresentante e como ele obteve o testamento, a data e o lugar do falecimento do testador, com as respectivas provas, e qualquer circunstância digna de nota.

Depois de ouvido o Ministério Público, não havendo dúvidas a serem esclarecidas, o juiz mandará registrar, arquivar e cumprir o testamento.

Feito o registro, será intimado o testamenteiro para assinar o termo da testamentária.

Se não houver testamenteiro nomeado ou se ele estiver ausente ou não aceitar o encargo, o juiz nomeará testamenteiro dativo, observando-se a preferência legal.

O testamenteiro deverá cumprir as disposições testamentárias e prestar contas em juízo do que recebeu e despendeu.

Qualquer interessado, exibindo o traslado ou a certidão de testamento público, poderá requerer ao juiz que ordene o seu cumprimento.

11.7. Herança jacente

Nos casos em que a lei considere jacente a herança, o juiz em cuja comarca tiver domicílio o falecido procederá imediatamente à arrecadação dos respectivos bens.

A herança jacente ficará sob a guarda, a conservação e a administração de um curador até a respectiva entrega ao sucessor legalmente habilitado ou até a declaração de vacância.

Terminada a arrecadação, o juiz mandará expedir edital, que será publicado na rede mundial de computadores, no sítio do tribunal a que estiver vinculado o juízo e na plataforma de editais do Conselho Nacional de Justiça, onde permanecerá por

3 (três) meses, ou, não havendo sítio, no órgão oficial e na imprensa da comarca, por 3 (três) vezes com intervalos de 1 (um) mês, para que os sucessores do falecido venham a habilitar-se no prazo de 6 (seis) meses contado da primeira publicação.

Verificada a existência de sucessor ou de testamenteiro em lugar certo, far-se-á a sua citação, sem prejuízo do edital.

Quando o falecido for estrangeiro, será também comunicado o fato à autoridade consular.

Julgada a habilitação do herdeiro, reconhecida a qualidade do testamenteiro ou provada a identidade do cônjuge ou companheiro, a arrecadação converter-se-á em inventário.

Os credores da herança poderão habilitar-se como nos inventários ou propor a ação de cobrança.

Passado 1 (um) ano da primeira publicação do edital e não havendo herdeiro habilitado nem habilitação pendente, será a herança declarada vacante. Pendendo habilitação, a vacância será declarada pela mesma sentença que a julgar improcedente, aguardando-se, no caso de serem diversas as habilitações, o julgamento da última.

Transitada em julgado a sentença que declarou a vacância, o cônjuge, o companheiro, os herdeiros e os credores só poderão reclamar o seu direito por ação direta.

11.8. Bens dos ausentes

Declarada a ausência nos casos previstos em lei, o juiz mandará arrecadar os bens do ausente e nomear-lhes-á curador.

Feita a arrecadação, o juiz mandará publicar editais na rede mundial de computadores, no sítio do tribunal a que estiver vinculado e na plataforma de editais do Conselho Nacional de Justiça, onde permanecerá por 1 (um) ano, ou, não havendo sítio, no órgão oficial e na imprensa da comarca, durante 1 (um) ano, reproduzida de 2 (dois) em 2 (dois) meses, anunciando a arrecadação e chamando o ausente a entrar na posse de seus bens. Findo o prazo previsto no edital, poderão os interessados requerer a abertura da sucessão provisória, observando-se o disposto em lei.

11.9. Das coisas vagas

Recebendo do descobridor coisa alheia perdida, o juiz mandará lavrar o respectivo auto, do qual constará a descrição do bem e as declarações do descobridor.

Recebida a coisa por autoridade policial, esta a remeterá em seguida ao juízo competente.

Depositada a coisa, o juiz mandará publicar edital na rede mundial de computadores, no sítio do tribunal a que estiver vinculado e na plataforma de editais do Conselho Nacional de Justiça ou, não havendo sítio, no órgão oficial e na imprensa da comarca, para que o dono ou o legítimo possuidor a reclame, salvo se se tratar de coisa de pequeno valor e não for possível a publicação no sítio do tribunal, caso em que o edital será apenas afixado no átrio do edifício do fórum.

11.10. Da interdição

O estudo da **curatela** deverá compreender uma análise conjunta do Código Civil, Código de Processo Civil e também do Estatuto das Pessoas com Deficiência.

Note-se que, pelo Estatuto das Pessoas com Deficiência, a pessoa com deficiência não é mais considerada um incapaz.

Estão sujeitos à **curatela** aqueles que, por causa transitória ou permanente, não puderem exprimir a sua vontade, os ébrios habituais e os viciados em tóxico, bem como os pródigos.

Reconhece-se que a curatela se constitui em medida protetiva excepcional, proporcional às necessidades e às circunstâncias de cada caso, devendo durar o menor tempo possível.

De acordo com o novo regramento, a curatela afetará tão somente os atos relacionados aos direitos de natureza patrimonial e negocial, não alcançando o direito ao próprio corpo, à sexualidade, ao matrimônio, à privacidade, à educação, à saúde, ao trabalho e ao voto.

Na nomeação de curador para a pessoa com deficiência, o juiz poderá estabelecer curatela compartilhada a mais de uma pessoa.

Admite-se, como medida preferencial à curatela, o processo de tomada de decisão apoiada.

Para formular pedido de tomada de decisão apoiada, a pessoa com deficiência e os apoiadores devem apresentar termo em que constem os limites do apoio a ser oferecido e os compromissos dos apoiadores, inclusive o prazo de vigência do acordo e o respeito à vontade, aos direitos e aos interesses da pessoa que devem apoiar.

O pedido de tomada de decisão apoiada será requerido pela pessoa a ser apoiada, com indicação expressa das pessoas aptas a prestarem o apoio previsto no caput deste artigo.

Antes de se pronunciar sobre o pedido de tomada de decisão apoiada, o juiz, assistido por equipe multidisciplinar, após oitiva do Ministério Público, ouvirá pessoalmente o requerente e as pessoas que lhe prestarão apoio.

A decisão tomada por pessoa apoiada terá validade e efeitos sobre terceiros, sem restrições, desde que esteja inserida nos limites do apoio acordado

Terceiro com quem a pessoa apoiada mantenha relação negocial pode solicitar que os apoiadores contra-assinem o contrato ou acordo, especificando, por escrito, sua função em relação ao apoiado.

Em caso de negócio jurídico que possa trazer risco ou prejuízo relevante, havendo divergência de opiniões entre a pessoa apoiada e um dos apoiadores, deverá o juiz, ouvido o Ministério Público, decidir sobre a questão.

A interdição pode ser promovida: I - pelo cônjuge ou companheiro; II - pelos parentes ou tutores; III - pelo representante da entidade em que se encontra abrigado o interditando; IV - pelo Ministério Público.

A legitimidade deverá ser comprovada por documentação que acompanhe a petição inicial.

O Ministério Público só promoverá interdição em caso de doença mental grave, em casos excepcionais.

Na sentença que decretar a interdição, o juiz: I - nomeará curador, que poderá ser o requerente da interdição, e fixará os limites da curatela, segundo o estado e o desenvolvimento mental do interdito; II - considerará as características pessoais do interdito, observando suas potencialidades, habilidades, vontades e preferências.

A sentença de interdição será inscrita no registro de pessoas naturais e imediatamente publicada na rede mundial de computadores, no sítio do tribunal a que estiver vinculado o juízo e na plataforma de editais do Conselho Nacional de Justiça, onde permanecerá por 6 (seis) meses, na imprensa local, 1 (uma) vez, e no órgão oficial, por 3 (três) vezes, com intervalo de 10 (dez) dias, constando do edital os nomes do interdito e do curador, a causa da interdição, os limites da curatela e, não sendo total a interdição, os atos que o interdito poderá praticar autonomamente.

11.11. Disposições comuns à Tutela e à Curatela

O tutor ou o curador será intimado a prestar compromisso no prazo de 5 (cinco) dias contado da: I - nomeação feita em conformidade com a lei; II - intimação do despacho que mandar cumprir o testamento ou o instrumento público que o houver instituído.

O tutor ou o curador poderá eximir-se do encargo apresentando escusa ao juiz no prazo de 5 (cinco) dias contado: I - antes de aceitar o encargo, da intimação para prestar compromisso; II - depois de entrar em exercício, do dia em que sobrevier o motivo da escusa.

Incumbe ao Ministério Público ou a quem tenha legítimo interesse requerer, nos casos previstos em lei, a remoção do tutor ou do curador.

O tutor ou o curador será citado para contestar a arguição no prazo de 5 (cinco) dias, findo o qual observar-se-á o procedimento comum. Em caso de extrema gravidade, o juiz poderá suspender o tutor ou o curador do exercício de suas funções, nomeando substituto interino.

Admite-se ação para levantamento de curatela, que poderá ser ajuizada por qualquer um dos legitimados indicados no art. 756, § 1º, CPC, que encampa rol exemplificativo.

> ▶ Informativo nº 640, do STJ.
>
> O art. 756, §1º, do CPC/2015 ampliou o rol de legitimados para o ajuizamento da ação de levantamento da curatela previsto no art. 1.186, §1º, do CPC/1973, a fim de expressamente permitir que, além do próprio interdito, também o curador e o Ministério Público sejam legitimados para o ajuizamento dessa ação, acompanhando a tendência doutrinária que se estabeleceu ao tempo do código revogado. É, portanto, possível afirmar que a razão de existir do art. 756, §1º, do CPC/2015, até mesmo pelo uso pelo legislador do verbo "poderá", é de, a um só tempo, enunciar ao intérprete quais as pessoas têm a faculdade de ajuizar a ação de levantamento da curatela, garantindo-se ao interdito a possibilidade de recuperação de sua autonomia quando não mais houver causa que justifique a interdição, sem, contudo, excluir a possibilidade de que essa ação venha a ser ajuizada por pessoas que, a despeito de não mencionadas pelo legislador, possuem relação jurídica com o interdito e, consequentemente, possuem legitimidade para pleitear o levantamento da curatela. É correto concluir, dessa forma, que o rol previsto no dispositivo em questão não enuncia todos os legitimados a propor a ação de levantamento da curatela, havendo a possibilidade de que outras pessoas, que se pode qualificar como terceiros juridicamente interessados em levantá-la ou modificá-la, possam propor a referida ação.

11.12. Organização e da fiscalização das fundações

O juiz decidirá sobre a aprovação do estatuto das fundações e de suas alterações sempre que o requeira o interessado, quando: I – ela for negada previamente pelo Ministério Público ou por este forem exigidas modificações com as quais o interessado não concorde; II – o interessado discordar do estatuto elaborado pelo Ministério Público.

Antes de suprir a aprovação, o juiz poderá mandar fazer no estatuto modificações a fim de adaptá-lo ao objetivo do instituidor.

Qualquer interessado ou o Ministério Público promoverá em juízo a extinção da fundação quando: I – se tornar ilícito o seu objeto; II – for impossível a sua manutenção; III – vencer o prazo de sua existência.

12. SÚMULAS

12.1. Súmulas STF

Procedimentos especiais ações possessórias

- **Súmula 487, STF.** Será deferida a posse a quem, evidentemente, tiver o domínio, se com base neste for ela disputada.
- **Inventário e partilha**
- **Súmula 542, STF.** Não é inconstitucional a multa instituída pelo estado-membro, como sanção pelo retardamento do início ou da ultimação do inventário.

Ação monitória

- **Súmula 258, STF.** É admissível reconvenção em ação declaratória.
- **Procedimentos especiais na legislação extravagante – mandado de segurança**
- **Súmula 632, STF.** É constitucional lei que fixa o prazo de decadência para a impetração de mandado de segurança.
- **Súmula 631, STF.** Extingue-se o processo de mandado de segurança se o impetrante não promove, no prazo assinado, a citação do litisconsorte passivo necessário.
- **Súmula 630, STF.** A entidade de classe tem legitimação para o mandado de segurança ainda quando a pretensão veiculada interesse apenas a uma parte da respectiva categoria.
- **Súmula 629, STF.** A impetração de mandado de segurança coletivo por entidade de classe em favor dos associados independe da autorização destes.
- **Súmula 626, STF.** A suspensão da liminar em mandado de segurança, salvo determinação em contrário da decisão que a deferir, vigorará até o trânsito em julgado da decisão definitiva de concessão da segurança ou, havendo recurso, até a sua manutenção pelo Supremo Tribunal Federal, desde que o objeto da liminar deferida coincida, total ou parcialmente, com o da impetração.
- **Súmula 625, STF.** Controvérsia sobre matéria de direito não impede concessão de mandado de segurança.
- **Súmula 430, STF.** Pedido de reconsideração na via administrativa não interrompe o prazo para o mandado de segurança.
- **Súmula 271, STF.** Concessão de mandado de segurança não produz efeitos patrimoniais, em relação a período pretérito, os quais devem ser reclamados administrativamente ou pela via judicial própria.
- **Súmula 269, STF.** O mandado de segurança não é substitutivo de ação de cobrança.
- **Súmula 268, STF.** Não cabe mandado de segurança contra decisão judicial com trânsito em julgado.
- **Súmula 267, STF.** Não cabe mandado de segurança contra ato judicial passível de recurso ou correição.
- **Súmula 266, STF.** Não cabe mandado de segurança contra lei em tese.

- **Súmula 101, STF.** O mandado de segurança não substitui a ação popular.

Ação popular

- **Súmula 365, STF.** Pessoa jurídica não tem legitimidade para propor ação popular.

12.2. Súmulas STJ

Procedimentos especiais ações possessórias

- **Súmula 228, STJ.** É inadmissível o interdito proibitório para a proteção do Direito autoral.
- **Embargos de terceiros**
- **Súmula 303, STJ.** Em embargos de terceiro, quem deu causa à constrição indevida deve arcar com os honorários advocatícios.
- **Súmula 195, STJ.** Em embargos de terceiro não se anula ato jurídico, por fraude contra credores.
- **Súmula 134, STJ.** Embora intimado da penhora em imóvel do casal, o cônjuge do executado pode opor embargos de terceiro para defesa de sua meação.
- **Súmula 84, STJ.** É admissível a oposição de embargos de terceiro fundados em alegação de posse advinda de compromisso de compra e venda de imóvel, ainda que desprovido do registro.

Ação monitória

- **Súmula 247, STJ.** O contrato de abertura de crédito em conta-corrente, acompanhado do demonstrativo de débito, constitui documento hábil para o ajuizamento da ação monitória.
- **Súmula 282, STJ.** Cabe a citação por edital em ação monitória.
- **Súmula 292, STJ.** A reconvenção é cabível na ação monitória, após a conversão do procedimento em ordinário.
- **Súmula 299, STJ.** É admissível a ação monitória fundada em cheque prescrito.
- **Súmula 339, STJ.** É cabível ação monitória contra a Fazenda Pública.
- **Súmula 384, STJ.** Cabe ação monitória para haver saldo remanescente oriundo de venda extrajudicial de bem alienado fiduciariamente em garantia.
- **Súmula 503, STJ.** O prazo para ajuizamento de ação monitória em face do emitente de cheque sem força executiva é quinquenal, a contar do dia seguinte à data de emissão estampada na cártula.
- **Súmula 504, STJ.** O prazo para ajuizamento de ação monitória em face do emitente de nota promissória sem força executiva é quinquenal, a contar do dia seguinte ao vencimento do título.
- **Súmula 531, STJ.** Em ação monitória fundada em cheque prescrito ajuizada contra o emitente, é dispensável a menção ao negócio jurídico subjacente à emissão da cártula.

Procedimentos especiais na legislação extravagante – mandado de segurança

- **Súmula 376, STJ.** Compete a turma recursal processar e julgar o mandado de segurança contra ato de juizado especial.
- **Súmula 333, STJ.** Cabe mandado de segurança contra ato praticado em licitação promovida por sociedade de economia mista ou empresa pública.
- **Súmula 169, STJ.** São inadmissíveis embargos infringentes no processo de mandado de segurança.

Ações coletivas

- **Súmula 490, STJ.** A dispensa de reexame necessário, quando o valor da condenação ou do direito controvertido for inferior a 60 salários mínimos, não se aplica a sentenças ilíquidas.
- **Ação de prestação de contas**
- **Súmula 259, STJ.** A ação de prestação de contas pode ser proposta pelo titular de conta-corrente bancária.
- **Súmula 477, STJ.** A decadência do art. 26 do CDC não é aplicável à prestação de contas para obter esclarecimentos sobre cobrança de taxas, tarifas e encargos bancários.
- **Súmula 619, STJ.** A ocupação indevida de bem público configura mera detenção, de natureza precária, insuscetível de retenção ou indenização por acessões e benfeitorias

12.3. Informativos STF

- **Dos embargos de declaração.** Embargos de declaração e condenação em honorários advocatícios. Após 18 de março de 2016, data do início da vigência do Novo Código de Processo Civil, é possível condenar a parte sucumbente em honorários advocatícios na hipótese de o recurso de embargos de declaração não atender os requisitos previstos no art. 1.022 do referido diploma, tampouco se enquadrar em situações excepcionais que autorizem a concessão de efeitos infringentes. RE 929925 AgR-ED/RS, Rel. Min. Luiz Fux, 7.6.2016. 1ª T. (Info 829).

12.4. Informativos STJ

- **AÇÃO DE DIVÓRCIO. Curador provisório. Impossibilidade.** Na hipótese, a ação de divórcio foi ajuizada pelo curador provisório, em representação do cônjuge alegadamente incapaz, tendo a sentença e o acórdão recorrido afastado a preliminar suscitada pelo recorrente ao fundamento de que a lei não faz distinção entre a espécie de curatela exigível para o ajuizamento da ação - se provisória ou se definitiva. Examinando-se a justificativa que deu origem ao projeto de lei destinado a criar a figura do curador provisório - PLC n. 71/2005 (proteger o interditando com a nomeação de curador provisório para a prática de atos de vida civil, exceto alienação ou oneração de bens), a natureza jurídica da nomeação de curador provisório (tutela provisória antecipada) e a exigência legal de que a nomeação judicial especifique quais atos poderão ser praticados pelo curador (especialmente atos de gestão negocial e patrimonial), conclui-se não ser possível equiparar o curador provisório e o curador definitivo de modo que a melhor interpretação aos arts. 1.576, parágrafo único, e 1.582, *caput*, do CC/2002, é no sentido de, em regra, limitar a sua incidência exclusivamente ao curador definitivo, especialmente diante da potencial irreversibilidade dos efeitos concretamente produzidos com a eventual procedência da ação de dissolução de vínculo conjugal ajuizada pelo curador provisório, inclusive no que diz respeito a terceiros. Diante desse cenário, é possível concluir, em síntese, que: (i) a ação em que se pleiteia a dissolução do vínculo conjugal, por possuir natureza personalíssima, deve ser ajuizada, em regra, pelo próprio cônjuge; (ii) excepcionalmente, admite-se a representação processual do cônjuge por curador, ascendente ou irmão; (iii) justamente em virtude de se tratar de representação de natureza absolutamente excepcional, a regra que autoriza terceiros a ajuizarem a ação de dissolução de vínculo conjugal deverá ser interpretada restritivamente, limitando-se a sua incidência apenas à hipótese de curatela definitiva; (iv) em situações ainda mais excepcionais, poderá o curador provisório ajuizar a ação de dissolução do vínculo conjugal em representação do cônjuge potencialmente incapaz, desde que expressa e previamente autorizado pelo juiz após a oitiva do Ministério Público, como orientam os arts. 749, parágrafo único, do CPC/2015, e 87 da Lei n. 13.146/2015. REsp 1.645.612-SP, Rel. Min. Nancy Andrighi, por unanimidade, julgado em 16/10/2018, DJe 12/11/2018 (Info 637).

- **Ação de Consignação em Pagamento.** Inicialmente cumpre salientar que da análise dos artigos do Código Civil e do CPC de 1973, que trataram da ação de consignação em pagamento, nota-se: a) que a consignação de valor monetário é forma de pagamento integral da dívida vencida e que tem por objetivo extinguir a obrigação, ainda que se admita o depósito das parcelas vincendas, ainda não exigíveis (CC, arts. 334 e 336; CPC/1973, art. 890); b) que, em relação ao tema em debate, só tem lugar quando o credor não puder receber ou se recusar, sem justa causa, a receber ou dar quitação, ou pender litígio sobre o objeto (CC, art. 335); c) que devem concorrer os requisitos para a validade do pagamento, como tempo, modo, valor, sujeitos, lugar e acréscimos legais (CC, arts. 336 e 337; CPC/1973, arts. 890, § 1º, e 891); d) que a consignação em estabelecimento bancário (extrajudicial), assim como o ajuizamento do feito judicial, direito de ação que é, constitui faculdade ("poderá") do devedor (CPC/1973, art. 890, § 1º); e) que cessa para o devedor, sobre a importância depositada, a fluência de juros e os riscos, exceto se for julgada improcedente a consignatória (CPC/1973, art. 891); f) que o réu/credor, se alegar que o pagamento não é integral, deve indicar o montante que entende devido (CPC/1973, art. 896, inciso IV e parágrafo único); g) que com a procedência do pedido se dará a declaração de extinção da obrigação; e h) que existe possibilidade de julgamento de improcedência (CPC/1973, art. 891), caso em que o depósito não terá tido o efeito de fazer cessar a mora do devedor. A jurisprudência predominante do STJ, acerca da procedência parcial da ação em caso de depósito insuficiente, não é compatível com o princípio de direito civil de que não há mora simultânea, e nem com a disciplina processual da ação consignatória, a qual determina, como pressuposto para o exame do mérito, o depósito inicial da integralidade da dívida vencida, com o fito de extinção da obrigação. Os diversos julgados que representam o entendimento atualmente dominante desta Corte, na prática, suprimem a hipótese legal de improcedência do feito, ao arrepio do art. 891 do CPC/1973. Com efeito, não havendo depósito, a sentença será de extinção do processo sem exame do mérito (CPC 2015, art. 542, parágrafo único). Havendo depósito insuficiente, terá sido justa a recusa do credor, que não pode ser obrigado a receber em parte a prestação, se tal não foi convencionado, e, portanto, o resultado coerente com o ordenamento jurídico será a improcedência e não a procedência parcial do pedido. A aceitação de qualquer depósito, de qualquer valor, como hipótese de procedência parcial do pedido, privaria de efeito a regra legal segundo a qual cessa para o devedor "tanto que se efetue o depósito, os juros e os riscos, salvo se for julgada improcedente" a consignação (CPC/1973, art. 891; CPC/2015, art. 540); isso porque a ação seria sempre julgada parcialmente procedente, mesmo que manifestamente insuficiente o depósito para extinguir a obrigação, mesmo que justificada a recusa do credor, tendo o autor inadimplente dado causa ao ajuizamento da ação. Assim, quando o depósito não for integral, a solução imposta pelo ordenamento jurídico é o julgamento de improcedência do pedido consignatório. REsp 1.108.058-DF, Rel. Min. Lázaro Guimarães (Desembargador Convocado do TRF da 5ª Região), Rel. Acd. Min. Maria Isabel Gallotti, Segunda Seção, por maioria, julgado em 10/10/2018, DJe 23/10/2018 (Tema 967) (Info 636).

- **Ação de consignação em pagamento. Banco. Legitimidade. Prevenção de danos indevidos ao consumidor. Quitação de débito para cancelamento de protesto de cliente ensejado por fortuito interno. Viabilidade.** A questão controvertida consiste em definir se o banco, com o intuito de prevenir ou reparar dano a seu cliente, ante a possibilidade de ter sido adulterado cheque em razão de falha no serviço bancário, tem legitimidade para propor ação de consignação em pagamento visando quitar o débito referente a título apontado a protesto e evitar que venha a responder futura demanda indenizatória. Inicialmente, o procedimento da consignação em pagamento existe para atender as peculiaridades do direito material, cabendo às regras processuais regulamentar tão somente o *iter* para o reconhecimento judicial da eficácia liberatória do pagamento especial, constituindo o depósito em consignação modo de extinção da obrigação, com força de pagamento. Ressalvadas as obrigações infungíveis ou personalíssimas, que somente o devedor pode cumprir, como há interesse social no adimplemento das obrigações, o direito admite que um terceiro venha a pagar a dívida, não se vislumbrando prejuízo algum para o credor que recebe o pagamento de pessoa diversa do devedor, contanto que seu interesse seja atendido. O Código Civil, porém, distingue a disciplina aplicável conforme o terceiro possua ou não interesse jurídico no pagamento (arts. 304 a 306 do CC). Conforme leciona a abalizada doutrina, o credor só poderia recusar o pagamento de terceiro não interessado em três hipóteses: (a) caso exista no contrato expressa declaração proibitiva ao cumprimento da obrigação por terceiro; (b) na hipótese de tal cumprimento poder lhe causar prejuízo; e (c) na situação em que a obrigação, por sua natureza, somente possa ser cumprida pelo devedor. Na hipótese, é nítido que o banco autor da ação tem interesse jurídico, já que tem o dever de não causar danos à consumidora, reconhecendo haver verossimilhança na afirmação de sua cliente acerca de extravio do talonário e de sua falha na devolução do cheque por inexistência de fundos, o que propiciou o protesto. Assim, é patente a idoneidade do instrumento processual utilizado. REsp 1.318.747-SP, Rel. Min. Luis Felipe Salomão, por unanimidade, julgado em 04/10/2018, DJe 31/10/2018 (Info 636).

- **Arrolamento sumário. Desnecessidade prévio atendimento das obrigações tributárias principais e acessórias.** Inicialmente, cumpre salientar que o procedimento do arrolamento sumário é cabível quando todos os herdeiros forem capazes e estiverem concordes entre si quanto à partilha dos bens, sendo certo que a simplificação do procedimento em relação ao inventário e ao arrolamento comum afasta a possibilidade de maiores indagações no curso do procedimento especial, tais como a avaliação de bens do espólio e eventual questão relativa a lançamento, pagamento ou quitação de taxas judiciárias e tributos incidentes sobre a transmissão da propriedade, consoante o teor dos artigos 659 c/c 662 e seguintes do Código de Processo Civil. Consoante estas balizas legais, neste tocante, o Código de Processo Civil de 2015 dispõe que, no caso de arrolamento sumário, a partilha amigável será homologada de plano pelo juiz e, transitada em julgado a sentença, serão expedidos os alvarás referentes aos bens e rendas por ele abrangidos. Somente após, será o Fisco intimado para lançamento administrativo do imposto de transmissão e de outros tributos, porventura incidentes. Portanto, a obrigatoriedade de recolhimento de todos os tributos previamente ao julgamento da partilha (art. 664, § 5º, CPC) foi afastada pelo próprio art. 659, ao prever sua aplicação apenas ao arrolamento comum. O novo Código de Processo Civil de 2015, ao tratar do arrolamento sumário, permite que a partilha amigável seja homologada anteriormente ao recolhimento do imposto de transmissão *causa mortis*, e somente após a expedição do formal de partilha ou da carta de adjudicação é que a Fazenda Pública será intimada para providenciar o lançamento administrativo do imposto, supostamente devido. REsp 1.751.332-DF, Rel. Min. Mauro Campbell Marques, por unanimidade, julgado em 25/09/2018, DJe 03/10/2018 (Info 636).

- **Ação de cobrança. Distribuição de lucro. Sociedade empresária limitada. Ilegitimidade passiva do sócio não configurada. Citação da sociedade. Desnecessidade.** Nos termos do art. 601, parágrafo único, do NCPC, na ação de dissolução parcial de sociedade limitada, é desnecessária a citação da sociedade empresária se todos os que participam do quadro social integram a lide. Assim, da mesma forma, não há motivo para reconhecer o litisconsórcio passivo na hipótese de simples cobrança de valores quando todos os sócios foram citados. Por conseguinte, não há que se falar em ilegitimidade passiva do sócio ou necessidade de litisconsórcio passivo necessário com a sociedade, tendo em conta que, se todos os sócios já integram a lide, consideram-se representados os interesses da sociedade empresária. Além do mais, na linha dos precedentes desta Corte, o princípio processual da instrumentalidade das formas, sintetizado pelo brocardo *pas de nullité sans grief* e positivado nos arts. 249 e 250, ambos do CPC/1973 (arts. 282 e 283, ambos do NCPC), impede a anulação de atos inquinados de invalidade quando deles não tenham decorrido prejuízos concretos. REsp 1.731.464-SP, Rel. Min. Moura Ribeiro, por unanimidade, julgado em 25/09/2018, DJe 01/10/2018. (Info 636).

- **Arrolamento sumário. Art. 659, § 2º, do CPC/2015. Expedição dos formais de partilha ou da carta de adjudicação. Prévio pagamento do Imposto de Transmissão** ***Causa Mortis*** **(ITCM). Desnecessidade.** Cinge-se a controvérsia a definir sobre a possibilidade de, sob a égide do novo Código de Processo Civil, encerrar-se o processo de arrolamento sumário, com a expedição e entrega de formais de partilha e alvarás aos sucessores, sem a prévia quitação dos tributos devidos para com a Fazenda Pública. Inicialmente cumpre salientar que a sucessão *causa mortis*, independentemente do procedimento processual adotado, abrange os tributos relativos aos bens do espólio e às suas rendas, porquanto integrantes do passivo patrimonial deixado pelo *de cujus*, e constitui fato gerador dos tributos incidentes sobre a transmissão do patrimônio propriamente dita, dentre eles o ITCM. Segundo o que dispõe o art. 192 do CTN, a comprovação da quitação dos tributos referentes aos bens do espólio e às suas rendas é condição *sine quo non* para que o magistrado proceda a homologação da partilha. Registre-se que essa norma não é de natureza processual, mas sim de direito material, porquanto se refere ao levantamento e à quitação de parte destacada do passivo do espólio deixado pelo *de cujus*, encerrando prerrogativa da Fazenda Pública de recuperar seus créditos tributários antes que os ativos sejam destinados ao pagamento de outros credores ou à partilha com os sucessores, sendo certo que esse direito de preferência está inclusive expressamente assegurado no art. 189 do CTN. Apesar disso, o novo Código de Processo Civil, em seu art. 659, § 2º, traz uma significativa mudança normativa no tocante ao procedimento de arrolamento sumário, ao deixar de condicionar a entrega dos formais de partilha ou da carta de adjudicação à prévia quitação dos tributos concernentes à transmissão patrimonial aos sucessores. Assim, essa inovação normativa em nada altera a condição estabelecida no art. 192 do CTN, de modo que, interpretando conjuntamente esses dispositivos legais, é possível concluir que, no arrolamento sumário, o magistrado deve exigir a comprovação de quitação dos tributos relativos aos bens do espólio e às suas rendas para homologar a partilha (condição expressamente prevista para o inventário processado na forma de arrolamento - art. 664, § 5º) e, na sequência, com o trânsito em julgado, expedir os títulos de transferência de domínio e encerrar o processo, independentemente do pagamento do imposto de transmissão. REsp 1.704.359-DF, Rel. Min. Gurgel de Faria, por maioria, julgado em 28/08/2018, DJe 02/10/2018 (Info 634).

- **Devedor no juízo cível comum e credor na Justiça do Trabalho. Penhora no rosto dos autos de execução trabalhista. Possibilidade. Ordem emanada do juízo da execução cível. Poder geral de cautela. Falecimento do reclamante. Conflito entre direito à herança de menor e o direito à tutela executiva. Competência do juízo do inventário para análise qualitativa do crédito bloqueado.** Trata-se de controvérsia em torno da possibilidade de penhora no rosto dos autos de execução trabalhista por ordem emanada do juízo executivo cível, após o falecimento do reclamante, com base no seu poder geral de cautela. Na hipótese, o devedor no juízo cível comum era credor na Justiça do Trabalho. Por sua vez, os herdeiros do devedor alegaram o caráter alimentar da verba penhorada (art. 649, IV, do CPC/1973). Ora, é sabido que, na Justiça do Trabalho, o falecimento do reclamante, credor de verbas trabalhistas, não desnatura a qualidade de seu crédito, que é alcançado pelo juízo especial ao inventariante ou ao dependente do INSS, nas hipóteses do teto do valor previsto na Lei n. 8.212/1991. Todavia, arrecadado o bem a ser objeto de partilha no juízo do inventário entre os herdeiros e os credores do falecido, naquele juízo deverá ser feita a análise da qualidade do crédito e sua eventual impenhorabilidade, em razão de um herdeiro ser menor e presumidamente dependente da verba alimentar. Assim, o juízo do inventário é o competente para o exercício da ponderação entre o direito de herança do menor ao crédito alimentar e o direito a tutela executória dos credores do falecido pai. Portanto, possível a penhora no rosto dos autos de ação trabalhista como medida cautelar de tutela provisória, em que o juízo da execução, com o fito de evitar lesão ao direito de crédito, bloqueia verbas que deverão ser encaminhadas ao juízo do inventário antes de alcançar diretamente os herdeiros. REsp 1.678.209-PR, Rel. Min. Paulo de Tarso Sanseverino, por unanimidade, julgado em 02/10/2018, DJe 08/10/2018 (Info 634).

Dos procedimentos especiais de jurisdição contenciosa - da ação de prestação de contas.

- Ação de prestação de contas. Revisão de cláusulas contratuais. Impossibilidade. Recurso repetitivo. Tema 908. Tendo em vista a especialidade do rito, não se comporta no âmbito da prestação de contas a pretensão de alterar ou revisar cláusula contratual. As contas devem ser prestadas, com a exposição, de forma mercantil, das receitas e despesas, e o respectivo saldo (CPC/73, art. 917). A apresentação das contas e o respectivo julgamento devem ter por base os pressupostos assentados ao longo da relação contratual existente entre as partes. REsp 1.497.831-PR, Rel. p/ac. Min. Maria Isabel Gallotti, *DJe* 7.11.2016. 2ª S. (Info 592).

- Ausência de prejudicialidade entre a morte do interditando e a ação de prestação de contas ajuizada por ele. A morte do interditando no curso de ação de interdição não implica, por si só, a extinção do processo sem resolução de mérito da ação de prestação de contas por ele ajuizada mediante seu curador provisório, tendo o espólio legitimidade para prosseguir com a ação de prestação de contas. REsp 1.444.677-SP, Rel. Min. João Otávio de Noronha, *DJe* 9.5.2016. 3ª T. (Info 583)

Das ações possessórias

- Ajuizamento de ação possessória por invasor de terra pública contra outros particulares. É cabível o ajuizamento de ações possessórias por parte de invasor de terra pública contra outros particulares. REsp 1.484.304-DF, Rel. Min. Moura Ribeiro, *DJe* 15.3.2016. 3ª T. (Info 579).
- Contrato de compra e venda com reserva de domínio e proteção possessória requerida por vendedor. Ainda que sem prévia ou concomitante rescisão do contrato de compra e venda com reserva de domínio, o vendedor pode, ante o inadimplemento do comprador, pleitear a proteção possessória sobre o bem móvel objeto da avença. REsp 1.056.837-RN, Rel. Min. Marco Buzzi, *DJe* 10.11.2015. 4ª T. (Info 573).
- **Da ação de divisão e da demarcação de terras particulares.** Hipótese de inexistência de litisconsórcio passivo necessário em ação demarcatória. Em ação demarcatória de parte de imóvel, é facultativo – e não necessário – o litisconsórcio passivo entre o réu e os confinantes da área do bem que não é objeto de demarcação. Nas demarcatórias parciais, há o litisconsórcio passivo necessário entre demandante e os vizinhos lindeiros da área específica cuja demarcação é pretendida. É essa a única interpretação cabível do disposto no art. 950 do CPC/73. Tratamento diverso se dá aos demais confinantes da área que não é objeto de demarcação, pois, quanto a estes, não há litisconsórcio passivo necessário, apenas facultativo. Nesse sentido, há entendimento doutrinário sobre o art. 950 do CPC/73, segundo o qual "são legitimados passivamente todos os confinantes da área demarcanda; se a demarcação for parcial, são réus os confinantes da área a ser demarcada, e não os demais, o que é óbvio". REsp 1.599.403-MT, Rel. Min. João Otávio de Noronha, *DJe* 1.7.2016. 3ª T. (Info 586).

Da ação monitória

- Ação monitória. Prova escrita. Juízo de probabilidade. Correspondência eletrônica. *E-mail*. Documento hábil a comprovar a relação contratual e existência de dívida. O correio eletrônico (*e-mail*) pode fundamentar a pretensão monitória, desde que o juízo se convença da verossimilhança das alegações e da idoneidade das declarações. REsp 1.381.603- MS, Rel. Min. Luis Felipe Salomão, *DJe* 11.11.2016. 4ª T. (Info 593).
- Contrato de arrendamento rural como prova escrita para ação monitória. O contrato de arrendamento rural que, a despeito da vedação prevista no art. 18, parágrafo único, do Dec. 59.566/66, estabelece pagamento em quantidade de produtos agrícolas pode ser usado como prova escrita para instruir ação monitória. REsp 1.266.975-MG, Rel. Min. Ricardo Villas Bôas Cueva, *DJe* 28.3.2016. 3ª T. (Info 580).
- Natureza jurídica da conversão do mandado monitório em título executivo. Em ação monitória, após o decurso do prazo para pagamento ou entrega da coisa sem a oposição de embargos pelo réu, o juiz não poderá analisar matérias de mérito, ainda que conhecíveis de ofício. REsp 1.432.982-ES, Rel. Min. Marco Aurélio Bellizze, *DJe* 26.11.2015. 3ª T. (Info 574).

13. LEGISLAÇÃO RELACIONADA AO CAPÍTULO

- **CPC/2015**

Art. 539. Nos casos previstos em lei, poderá o devedor ou terceiro requerer, com efeito de pagamento, a consignação da quantia ou da coisa devida.

§ 1º Tratando-se de obrigação em dinheiro, poderá o valor ser depositado em estabelecimento bancário, oficial onde houver, situado no lugar do pagamento, cientificando-se o credor por carta com aviso de recebimento, assinado o prazo de dez dias para a manifestação de recusa.

§ 2º Decorrido o prazo do § 1º, contado do retorno do aviso de recebimento, sem a manifestação de recusa, considerar-se-á o devedor liberado da obrigação, ficando à disposição do credor a quantia depositada.

§ 3º Ocorrendo a recusa, manifestada por escrito ao estabelecimento bancário, poderá ser proposta, dentro de um mês, a ação de consignação, instruindo-se a inicial com a prova do depósito e da recusa.

§ 4º Não proposta a ação no prazo do § 3º, ficará sem efeito o depósito, podendo levantá-lo o depositante.

Art. 540. Requerer-se-á a consignação no lugar do pagamento, cessando para o devedor, à data do depósito, os juros e os riscos, salvo se a demanda for julgada improcedente.

Art. 541. Tratando-se de prestações sucessivas, consignada uma delas, pode o devedor continuar a depositar, no mesmo processo e sem mais formalidades, as que se forem vencendo, desde que o faça em até cinco dias contados da data do respectivo vencimento.

Art. 542. Na petição inicial, o autor requererá:

I – o depósito da quantia ou da coisa devida, a ser efetivado no prazo de cinco dias contados do deferimento, ressalvada a hipótese do art. 539, § 3º;

II – a citação do réu para levantar o depósito ou oferecer contestação.

Parágrafo único. Não realizado o depósito no prazo do inciso I, o processo será extinto sem resolução do mérito.

Art. 543. Se o objeto da prestação for coisa indeterminada e a escolha couber ao credor, será este citado para exercer o direito dentro de cinco dias, se outro prazo não constar de lei ou do contrato, ou para aceitar que o devedor a faça, devendo o juiz, ao despachar a petição inicial, fixar lugar, dia e hora em que se fará a entrega, sob pena de depósito.

Art. 544. Na contestação, o réu poderá alegar que:

I – não houve recusa ou mora em receber a quantia ou a coisa devida;

II – foi justa a recusa;

III – o depósito não se efetuou no prazo ou no lugar do pagamento;

IV – o depósito não é integral.

Parágrafo único. No caso do inciso IV, a alegação somente será admissível se o réu indicar o montante que entende devido.

Art. 545. Alegada a insuficiência do depósito, é lícito ao autor completá-lo, em dez dias, salvo se corresponder a prestação cujo inadimplemento acarrete a rescisão do contrato.

§ 1º No caso do *caput*, poderá o réu levantar, desde logo, a quantia ou a coisa depositada, com a consequente liberação parcial do autor, prosseguindo o processo quanto à parcela controvertida.

§ 2º A sentença que concluir pela insuficiência do depósito determinará, sempre que possível, o montante devido e valerá como título executivo, facultado ao credor promover-lhe o cumprimento nos mesmos autos, após liquidação, se necessária.

Art. 546. Julgado procedente o pedido, o juiz declarará extinta a obrigação e condenará o réu ao pagamento de custas e honorários advocatícios.

Parágrafo único. Proceder-se-á do mesmo modo se o credor receber e der quitação.

Art. 547. Se ocorrer dúvida sobre quem deva legitimamente receber o pagamento, o autor requererá o depósito e a citação dos possíveis titulares do crédito para provarem o seu direito.

Art. 548. No caso do art. 547:

I – não comparecendo pretendente algum, converter-se-á o depósito em arrecadação de coisas vagas;

II – comparecendo apenas um, o juiz decidirá de plano;

III – comparecendo mais de um, o juiz declarará efetuado o depósito e extinta a obrigação, continuando o processo a correr unicamente entre os presuntivos credores, observado o procedimento comum.

Art. 549. Aplica-se o procedimento estabelecido neste Capítulo, no que couber, ao resgate do aforamento.

Art. 550. Aquele que afirmar ser titular do direito de exigir contas requererá a citação do réu para que as preste ou ofereça contestação no prazo de quinze dias.

§ 1º Na petição inicial, o autor especificará, detalhadamente, as razões pelas quais exige as contas, instruindo-a com documentos comprobatórios dessa necessidade, se existirem.

§ 2º Prestadas as contas, o autor terá quinze dias para se manifestar, prosseguindo-se o processo na forma do Capítulo X do Título I deste Livro.

§ 3º A impugnação das contas apresentadas pelo réu deverá ser fundamentada e específica, com referência expressa ao lançamento questionado.

§ 4º Se o réu não contestar o pedido, observar-se-á o disposto no art. 355.

§ 5º A decisão que julgar procedente o pedido condenará o réu a prestar as contas no prazo de quinze dias, sob pena de não lhe ser lícito impugnar as que o autor apresentar.

§ 6º Se o réu apresentar as contas no prazo previsto no § 5º, seguir-se-á o procedimento do § 2º, caso contrário, o autor apresentá-las-á no prazo de quinze dias, podendo o juiz determinar a realização de exame pericial, se necessário.

Art. 551. As contas do réu serão apresentadas na forma adequada, especificando-se as receitas, a aplicação das despesas e os investimentos, se houver.

§ 1º Havendo impugnação específica e fundamentada pelo autor, o juiz estabelecerá prazo razoável para que o réu apresente os documentos justificativos dos lançamentos individualmente impugnados.

§ 2º As contas do autor, para os fins do art. 550, § 5º, serão apresentadas na forma adequada, já instruídas com os documentos justificativos, especificando-se as receitas, a aplicação das despesas e os investimentos, se houver, bem como o respectivo saldo.

Art. 552. A sentença apurará o saldo e constituirá título executivo judicial.

Art. 553. As contas do inventariante, do tutor, do curador, do depositário e de qualquer outro administrador serão prestadas em apenso aos autos do processo em que tiver sido nomeado.

Parágrafo único. Se qualquer dos referidos no *caput* for condenado a pagar o saldo e não o fizer no prazo legal, o juiz poderá destituí-lo, sequestrar os bens sob sua guarda, glosar o prêmio ou a gratificação a que teria direito e determinar as medidas executivas necessárias à recomposição do prejuízo.

Art. 554. A propositura de uma ação possessória em vez de outra não obstará a que o juiz conheça do pedido e outorgue a proteção legal correspondente àquela cujos pressupostos estejam provados.

§ 1º No caso de ação possessória em que figure no polo passivo grande número de pessoas, serão feitas a citação pessoal dos ocupantes que forem encontrados no local e a citação por edital dos demais, determinando-se, ainda, a intimação do Ministério Público e, se envolver pessoas em situação de hipossuficiência econômica, da Defensoria Pública.

§ 2º Para fim da citação pessoal prevista no § 1º, o oficial de Justiça procurará os ocupantes no local por uma vez, citando-se por edital os que não forem encontrados.

§ 3º O juiz deverá determinar que se dê ampla publicidade da existência da ação prevista no § 1º e dos respectivos prazos processuais, podendo, para tanto, valer-se de anúncios em jornal ou rádio locais, da publicação de cartazes na região do conflito e de outros meios.

Art. 555. É lícito ao autor cumular ao pedido possessório o de:

I – condenação em perdas e danos;

II – indenização dos frutos.

Parágrafo único. Pode o autor requerer, ainda, imposição de medida necessária e adequada para:

I – evitar nova turbação ou esbulho;

II – cumprir-se a tutela provisória ou final.

Art. 556. É lícito ao réu, na contestação, alegando que foi o ofendido em sua posse, demandar a proteção possessória e a indenização pelos prejuízos resultantes da turbação ou do esbulho cometido pelo autor.

Art. 557. Na pendência de ação possessória é vedado, tanto ao autor quanto ao réu, propor ação de reconhecimento do domínio, exceto se a pretensão for deduzida em face de terceira pessoa.

Parágrafo único. Não obsta à manutenção ou à reintegração de posse a alegação de propriedade ou de outro direito sobre a coisa.

Art. 558. Regem o procedimento de manutenção e de reintegração de posse as normas da Seção II deste Capítulo quando a ação for proposta dentro de ano e dia da turbação ou do esbulho afirmado na petição inicial.

Parágrafo único. Passado o prazo referido no *caput*, será comum o procedimento, não perdendo, contudo, o caráter possessório.

Art. 559. Se o réu provar, em qualquer tempo, que o autor provisoriamente mantido ou reintegrado na posse carece de idoneidade financeira para, no caso de sucumbência, responder por perdas e danos, o juiz designar-lhe-á o prazo de cinco dias para requerer caução, real ou fidejussória, sob pena de ser depositada a coisa litigiosa, ressalvada a impossibilidade da parte economicamente hipossuficiente.

Art. 560. O possuidor tem direito a ser mantido na posse em caso de turbação e reintegrado em caso de esbulho.

Art. 561. Incumbe ao autor provar:

I - a sua posse;

II - a turbação ou o esbulho praticado pelo réu;

III - a data da turbação ou do esbulho;

IV - a continuação da posse, embora turbada, na ação de manutenção, ou a perda da posse, na ação de reintegração.

Art. 562. Estando a petição inicial devidamente instruída, o juiz deferirá, sem ouvir o réu, a expedição do mandado liminar de manutenção ou de reintegração, caso contrário, determinará que o autor justifique previamente o alegado, citando-se o réu para comparecer à audiência que for designada.

Parágrafo único. Contra as pessoas jurídicas de Direito público não será deferida a manutenção ou a reintegração liminar sem prévia audiência dos respectivos representantes judiciais.

Art. 563. Considerada suficiente a justificação, o juiz fará logo expedir mandado de manutenção ou de reintegração.

Art. 564. Concedido ou não o mandado liminar de manutenção ou de reintegração, o autor promoverá, nos cinco dias subsequentes, a citação do réu para, querendo, contestar a ação no prazo de quinze dias.

Parágrafo único. Quando for ordenada a justificação prévia, o prazo para contestar será contado da intimação da decisão que deferir ou não a medida liminar.

Art. 565. No litígio coletivo pela posse de imóvel, quando o esbulho ou a turbação afirmado na petição inicial houver ocorrido há mais de ano e dia, o juiz, antes de apreciar o pedido de concessão da medida liminar, deverá designar audiência de mediação, a realizar-se em até trinta dias, que observará o disposto nos §§ 2º e 4º.

§ 1º Concedida a liminar, se essa não for executada no prazo de um ano, a contar da data de distribuição, caberá ao juiz designar audiência de mediação, nos termos dos §§ 2º a 4º deste artigo.

§ 2º O Ministério Público será intimado para comparecer à audiência, e a Defensoria Pública será intimada sempre que houver parte beneficiária de gratuidade da Justiça.

§ 3º O juiz poderá comparecer à área objeto do litígio quando sua presença se fizer necessária à efetivação da tutela jurisdicional.

§ 4º Os órgãos responsáveis pela política agrária e pela política urbana da União, de estado ou do Distrito Federal e de município onde se situe a área objeto do litígio poderão ser intimados para a audiência, a fim de se manifestarem sobre seu interesse no processo e sobre a existência de possibilidade de solução para o conflito possessório.

§ 5º Aplica-se o disposto neste artigo ao litígio sobre propriedade de imóvel.

Art. 566. Aplica-se, quanto ao mais, o procedimento comum.

Art. 567. O possuidor direto ou indireto que tenha justo receio de ser molestado na posse poderá requerer ao juiz que o segure da turbação ou esbulho iminente, mediante mandado proibitório em que se comine ao réu determinada pena pecuniária caso transgrida o preceito.

Art. 568. Aplica-se ao interdito proibitório o disposto na Seção II deste Capítulo.

Art. 569. Cabe:

I - ao proprietário a ação de demarcação, para obrigar o seu confinante a estremar os respectivos prédios, fixando-se novos limites entre eles ou aviventando-se os já apagados;

II - ao condômino a ação de divisão, para obrigar os demais consortes a estremar os quinhões.

Art. 570. É lícita a cumulação dessas ações, caso em que deverá processar-se primeiramente a demarcação total ou parcial da coisa comum, citando-se os confinantes e os condôminos.

Art. 571. A demarcação e a divisão poderão ser realizadas por escritura pública, desde que maiores, capazes e concordes todos os interessados, observando-se, no que couber, os dispositivos deste Capítulo.

Art. 572. Fixados os marcos da linha de demarcação, os confinantes considerar-se-ão terceiros quanto ao processo divisório, ficando-lhes, porém, ressalvado o direito de vindicar os terrenos de que se julguem despojados por invasão das linhas limítrofes constitutivas do perímetro ou de reclamar indenização correspondente ao seu valor.

§ 1º No caso do *caput*, serão citados para a ação todos os condôminos, se a sentença homologatória da divisão ainda não houver transitado em julgado, e todos os quinhoeiros dos terrenos vindicados, se a ação for proposta posteriormente.

§ 2º Neste último caso, a sentença que julga procedente a ação, condenando a restituir os terrenos ou a pagar a indenização, valerá como título executivo em favor dos quinhoeiros para haverem dos outros condôminos que forem parte na divisão ou de seus sucessores a título universal, na proporção que lhes tocar, a composição pecuniária do desfalque sofrido.

Art. 573. Tratando-se de imóvel georreferenciado, com averbação no registro de imóveis, pode o juiz dispensar a realização de prova pericial.

Art. 574. Na petição inicial, instruída com os títulos da propriedade, designar-se-á o imóvel pela situação e pela denominação, descrever-se-ão os limites por constituir, aviventar ou renovar e nomear-se-ão todos os confinantes da linha demarcanda.

Art. 575. Qualquer condômino é parte legítima para promover a demarcação do imóvel comum, requerendo a intimação dos demais para, querendo, intervir no processo.

Art. 576. A citação dos réus será feita por correio, observado o disposto no art. 247.

Parágrafo único. Será publicado edital, nos termos do inciso III do art. 259.

Art. 577. Feitas as citações, terão os réus o prazo comum de quinze dias para contestar.

Art. 578. Após o prazo de resposta do réu, observar-se-á o procedimento comum.

Art. 579. Antes de proferir a sentença, o juiz nomeará um ou mais peritos para levantar o traçado da linha demarcanda.

Art. 580. Concluídos os estudos, os peritos apresentarão minucioso laudo sobre o traçado da linha demarcanda, considerando os títulos, os marcos, os rumos, a fama da vizinhança, as informações de antigos moradores do lugar e outros elementos que coligirem.

Art. 581. A sentença que julgar procedente o pedido determinará o traçado da linha demarcanda.

Parágrafo único. A sentença proferida na ação demarcatória determinará a restituição da área invadida, se houver, declarando o domínio ou a posse do prejudicado, ou ambos.

Art. 582. Transitada em julgado a sentença, o perito efetuará a demarcação e colocará os marcos necessários.

Parágrafo único. Todas as operações serão consignadas em planta e memorial descritivo com as referências convenientes para a identificação, em qualquer tempo, dos pontos assinalados, observada a legislação especial que dispõe sobre a identificação do imóvel rural.

Art. 583. As plantas serão acompanhadas das cadernetas de operações de campo e do memorial descritivo, que conterá:

I – o ponto de partida, os rumos seguidos e a aviventação dos antigos com os respectivos cálculos;

II – os acidentes encontrados, as cercas, os valos, os marcos antigos, os córregos, os rios, as lagoas e outros;

III – a indicação minuciosa dos novos marcos cravados, dos antigos aproveitados, das culturas existentes e da sua produção anual;

IV – a composição geológica dos terrenos, bem como a qualidade e a extensão dos campos, das matas e das capoeiras;

V – as vias de comunicação;

VI – as distâncias a pontos de referência, tais como rodovias federais e estaduais, ferrovias, portos, aglomerações urbanas e polos comerciais;

VII – a indicação de tudo o mais que for útil para o levantamento da linha ou para a identificação da linha já levantada.

Art. 584. É obrigatória a colocação de marcos tanto na estação inicial, dita marco primordial, quanto nos vértices dos ângulos, salvo se algum desses últimos pontos for assinalado por acidentes naturais de difícil remoção ou destruição.

Art. 585. A linha será percorrida pelos peritos, que examinarão os marcos e os rumos, consignando em relatório escrito a exatidão do memorial e da planta apresentados pelo agrimensor ou as divergências porventura encontradas.

Art. 586. Juntado aos autos o relatório dos peritos, o juiz determinará que as partes se manifestem sobre ele no prazo comum de quinze dias.

Parágrafo único. Executadas as correções e as retificações que o juiz determinar, lavrar-se-á, em seguida, o auto de demarcação em que os limites demarcandos serão minuciosamente descritos de acordo com o memorial e a planta.

Art. 587. Assinado o auto pelo juiz e pelos peritos, será proferida a sentença homologatória da demarcação.

Art. 588. A petição inicial será instruída com os títulos de domínio do promovente e conterá:

I - a indicação da origem da comunhão e a denominação, a situação, os limites e as características do imóvel;

II - o nome, o estado civil, a profissão e a residência de todos os condôminos, especificando-se os estabelecidos no imóvel com benfeitorias e culturas;

III - as benfeitorias comuns.

Art. 589. Feitas as citações como preceitua o art. 576, prosseguir-se-á na forma dos arts. 577 e 578.

Art. 590. O juiz nomeará um ou mais peritos para promover a medição do imóvel e as operações de divisão, observada a legislação especial que dispõe sobre a identificação do imóvel rural.

Parágrafo único. O perito deverá indicar as vias de comunicação existentes, as construções e as benfeitorias, com a indicação dos seus valores e dos respectivos proprietários e ocupantes, as águas principais que banham o imóvel e quaisquer outras informações que possam concorrer para facilitar a partilha.

Art. 591. Todos os condôminos serão intimados a apresentar, dentro de dez dias, os seus títulos, se ainda não o tiverem feito, e a formular os seus pedidos sobre a constituição dos quinhões.

Art. 592. O juiz ouvirá as partes no prazo comum de quinze dias.

§ 1º Não havendo impugnação, o juiz determinará a divisão geodésica do imóvel.

§ 2º Havendo impugnação, o juiz proferirá, no prazo de dez dias, decisão sobre os pedidos e os títulos que devam ser atendidos na formação dos quinhões.

Art. 593. Se qualquer linha do perímetro atingir benfeitorias permanentes dos confinantes feitas há mais de um ano, serão elas respeitadas, bem como os terrenos onde estiverem, os quais não se computarão na área dividenda.

Art. 594. Os confinantes do imóvel dividendo podem demandar a restituição dos terrenos que lhes tenham sido usurpados.

§ 1º Serão citados para a ação todos os condôminos, se a sentença homologatória da divisão ainda não houver transitado em julgado, e todos os quinhoeiros dos terrenos vindicados, se a ação for proposta posteriormente.

§ 2º Nesse último caso terão os quinhoeiros o direito, pela mesma sentença que os obrigar à restituição, a haver dos outros condôminos do processo divisório ou de seus sucessores a título universal a composição pecuniária proporcional ao desfalque sofrido.

Art. 595. Os peritos proporão, em laudo fundamentado, a forma da divisão, devendo consultar, quanto possível, a comodidade das partes, respeitar, para adjudicação a cada condômino, a preferência dos terrenos contíguos às suas residências e benfeitorias e evitar o retalhamento dos quinhões em glebas separadas.

Art. 596. Ouvidas as partes, no prazo comum de quinze dias, sobre o cálculo e o plano da divisão, o juiz deliberará a partilha.

Parágrafo único. Em cumprimento dessa decisão, o perito procederá à demarcação dos quinhões, observando, além do disposto nos arts. 584 e 585, as seguintes regras:

I - as benfeitorias comuns que não comportarem divisão cômoda serão adjudicadas a um dos condôminos mediante compensação;

II - instituir-se-ão as servidões que forem indispensáveis em favor de uns quinhões sobre os outros, incluindo o respectivo valor no orçamento para que, não se tratando de servidões naturais, seja compensado o condômino aquinhoado com o prédio serviente;

III - as benfeitorias particulares dos condôminos que excederem à área a que têm direito serão adjudicadas ao quinhoeiro vizinho mediante reposição;

IV - se outra coisa não acordarem as partes, as compensações e as reposições serão feitas em dinheiro.

Art. 597. Terminados os trabalhos e desenhados na planta os quinhões e as servidões aparentes, o perito organizará o memorial descritivo.

§ 1º Cumprido o disposto no art. 586, o escrivão, em seguida, lavrará o auto de divisão, acompanhado de uma folha de pagamento para cada condômino.

§ 2º Assinado o auto pelo juiz e pelo perito, será proferida sentença homologatória da divisão.

§ 3º O auto conterá:

I – a confinação e a extensão superficial do imóvel;

II – a classificação das terras com o cálculo das áreas de cada consorte e com a respectiva avaliação ou, quando a homogeneidade das terras não determinar diversidade de valores, a avaliação do imóvel na sua integridade;

III – o valor e a quantidade geométrica que couber a cada condômino, declarando-se as reduções e as compensações resultantes da diversidade de valores das glebas componentes de cada quinhão.

§ 4º Cada folha de pagamento conterá:

I – a descrição das linhas divisórias do quinhão, mencionadas as confinantes;

II – a relação das benfeitorias e das culturas do próprio quinhoeiro e das que lhe foram adjudicadas por serem comuns ou mediante compensação;

III – a declaração das servidões instituídas, especificados os lugares, a extensão e o modo de exercício.

Art. 598. Aplica-se às divisões o disposto nos arts. 575 a 578.

Art. 599. A ação de dissolução parcial de sociedade pode ter por objeto:

I – a resolução da sociedade empresária contratual ou simples em relação ao sócio falecido, excluído ou que exerceu o direito de retirada ou recesso; e

II – a apuração dos haveres do sócio falecido, excluído ou que exerceu o direito de retirada ou recesso; ou

III – somente a resolução ou a apuração de haveres.

§ 1º A petição inicial será necessariamente instruída com o contrato social consolidado.

§ 2º A ação de dissolução parcial de sociedade pode ter também por objeto a sociedade anônima de capital fechado quando demonstrado, por acionista ou acionistas que representem 5% ou mais do capital social, que não pode preencher o seu fim.

Art. 600. A ação pode ser proposta:

I – pelo espólio do sócio falecido, quando a totalidade dos sucessores não ingressar na sociedade;

II – pelos sucessores, após concluída a partilha do sócio falecido;

III – pela sociedade, se os sócios sobreviventes não admitirem o ingresso do espólio ou dos sucessores do falecido na sociedade, quando esse direito decorrer do contrato social;

IV – pelo sócio que exerceu o direito de retirada ou recesso, se não tiver sido providenciada, pelos demais sócios, a alteração contratual consensual formalizando o desligamento, depois de transcorridos dez dias do exercício do direito;

V – pela sociedade, nos casos em que a lei não autoriza a exclusão extrajudicial; ou

VI – pelo sócio excluído.

Parágrafo único. O cônjuge ou companheiro do sócio cujo casamento, união estável ou convivência terminou poderá requerer a apuração de seus haveres na sociedade, que serão pagos à conta da quota social titulada por este sócio.

Art. 601. Os sócios e a sociedade serão citados para, no prazo de quinze dias, concordar com o pedido ou apresentar contestação.

Parágrafo único. A sociedade não será citada se todos os seus sócios o forem, mas ficará sujeita aos efeitos da decisão e à coisa julgada.

Art. 602. A sociedade poderá formular pedido de indenização compensável com o valor dos haveres a apurar.

Art. 603. Havendo manifestação expressa e unânime pela concordância da dissolução, o juiz a decretará, passando-se imediatamente à fase de liquidação.

§ 1º Na hipótese prevista no *caput*, não haverá condenação em honorários advocatícios de nenhuma das partes, e as custas serão rateadas segundo a participação das partes no capital social.

§ 2º Havendo contestação, observar-se-á o procedimento comum, mas a liquidação da sentença seguirá o disposto neste Capítulo.

Art. 604. Para apuração dos haveres, o juiz:

I – fixará a data da resolução da sociedade;

II – definirá o critério de apuração dos haveres à vista do disposto no contrato social; e

III – nomeará o perito.

§ 1º O juiz determinará à sociedade ou aos sócios que nela permanecerem que depositem em juízo a parte incontroversa dos haveres devidos.

§ 2º O depósito poderá ser, desde logo, levantando pelo ex-sócio, pelo espólio ou pelos sucessores.

§ 3º Se o contrato social estabelecer o pagamento dos haveres, será observado o que nele se dispôs no depósito judicial da parte incontroversa.

Art. 605. A data da resolução da sociedade será:

I - no caso de falecimento do sócio, a do óbito;

II - na retirada imotivada, o sexagésimo dia seguinte ao do recebimento, pela sociedade, da notificação do sócio retirante;

III - no recesso, o dia do recebimento, pela sociedade, da notificação do sócio dissidente;

IV - na retirada por justa causa de sociedade por prazo determinado e na exclusão judicial de sócio, a do trânsito em julgado da decisão que dissolver a sociedade; e

V - na exclusão extrajudicial, a data da assembleia ou da reunião de sócios que a tiver deliberado.

Art. 606. Em caso de omissão do contrato social, o juiz definirá, como critério de apuração de haveres, o valor patrimonial apurado em balanço de determinação, tomando-se por referência a data da resolução e avaliando-se bens e direitos do ativo, tangíveis e intangíveis, a preço de saída, além do passivo também a ser apurado de igual forma.

Parágrafo único. Em todos os casos em que seja necessária a realização de perícia, a nomeação do perito recairá preferencialmente sobre especialista em avaliação de sociedades.

Art. 607. A data da resolução e o critério de apuração de haveres podem ser revistos pelo juiz, a pedido da parte, a qualquer tempo antes do início da perícia.

Art. 608. Até a data da resolução, integram o valor devido ao ex-sócio, ao espólio ou aos sucessores a participação nos lucros ou os juros sobre o capital próprio declarados pela sociedade e, se for o caso, a remuneração como administrador.

Parágrafo único. Após a data da resolução, o ex-sócio, o espólio ou os sucessores terão direito apenas à correção monetária dos valores apurados e aos juros contratuais ou legais.

Art. 609. Uma vez apurados, os haveres do sócio retirante serão pagos conforme disciplinar o contrato social e, no silêncio deste, nos termos do § 2º do art. 1.031 da Lei nº 10.406, de 10 de janeiro de 2002 (Código Civil).

Art. 610. Havendo testamento ou interessado incapaz, proceder-se-á ao inventário judicial.

§ 1º Se todos forem capazes e concordes, o inventário e a partilha poderão ser feitos por escritura pública, a qual constituirá documento hábil para qualquer ato de registro, bem como para levantamento de importância depositada em instituições financeiras.

§ 2º O tabelião somente lavrará a escritura pública se todas as partes interessadas estiverem assistidas por advogado ou por defensor público, cuja qualificação e assinatura constarão do ato notarial.

Art. 611. O processo de inventário e de partilha deve ser instaurado dentro de dois meses, a contar da abertura da sucessão, ultimando-se nos doze meses subsequentes, podendo o juiz prorrogar esses prazos, de ofício ou a requerimento de parte.

Art. 612. O juiz decidirá todas as questões de direito desde que os fatos relevantes estejam provados por documento, só remetendo para as vias ordinárias as questões que dependerem de outras provas.

Art. 613. Até que o inventariante preste o compromisso, continuará o espólio na posse do administrador provisório.

Art. 614. O administrador provisório representa ativa e passivamente o espólio, é obrigado a trazer ao acervo os frutos que desde a abertura da sucessão percebeu, tem direito ao reembolso das despesas necessárias e úteis que fez e responde pelo dano a que, por dolo ou culpa, der causa.

Art. 615. O requerimento de inventário e de partilha incumbe a quem estiver na posse e na administração do espólio, no prazo estabelecido no art. 611.

Parágrafo único. O requerimento será instruído com a certidão de óbito do autor da herança.

Art. 616. Têm, contudo, legitimidade concorrente:

I - o cônjuge ou companheiro supérstite;

II - o herdeiro;

III - o legatário;

IV - o testamenteiro;

V - o cessionário do herdeiro ou do legatário;

VI - o credor do herdeiro, do legatário ou do autor da herança;

VII - o Ministério Público, havendo herdeiros incapazes;

VIII - a Fazenda Pública, quando tiver interesse;

IX - o administrador judicial da falência do herdeiro, do legatário, do autor da herança ou do cônjuge ou companheiro supérstite.

Art. 617. O juiz nomeará inventariante na seguinte ordem:

I - o cônjuge ou companheiro sobrevivente, desde que estivesse convivendo com o outro ao tempo da morte deste;

II - o herdeiro que se achar na posse e na administração do espólio, se não houver cônjuge ou companheiro sobrevivente ou se estes não puderem ser nomeados;

III - qualquer herdeiro, quando nenhum deles estiver na posse e na administração do espólio;

IV - o herdeiro menor, por seu representante legal;

V - o testamenteiro, se lhe tiver sido confiada a administração do espólio ou se toda a herança estiver distribuída em legados;

VI - o cessionário do herdeiro ou do legatário;

VII - o inventariante judicial, se houver;

VIII - pessoa estranha idônea, quando não houver inventariante judicial.

Parágrafo único. O inventariante, intimado da nomeação, prestará, dentro de cinco dias, o compromisso de bem e fielmente desempenhar a função.

Art. 618. Incumbe ao inventariante:

I - representar o espólio ativa e passivamente, em juízo ou fora dele, observando-se, quanto ao dativo, o disposto no art. 75, § 1º;

II - administrar o espólio, velando-lhe os bens com a mesma diligência que teria se seus fossem;

III - prestar as primeiras e as últimas declarações pessoalmente ou por procurador com poderes especiais;

IV - exibir em cartório, a qualquer tempo, para exame das partes, os documentos relativos ao espólio;

V - juntar aos autos certidão do testamento, se houver;

VI - trazer à colação os bens recebidos pelo herdeiro ausente, renunciante ou excluído;

VII - prestar contas de sua gestão ao deixar o cargo ou sempre que o juiz lhe determinar;

VIII - requerer a declaração de insolvência.

Art. 619. Incumbe ainda ao inventariante, ouvidos os interessados e com autorização do juiz:

I - alienar bens de qualquer espécie;

II - transigir em juízo ou fora dele;

III - pagar dívidas do espólio;

IV - fazer as despesas necessárias para a conservação e o melhoramento dos bens do espólio.

Art. 620. Dentro de vinte dias contados da data em que prestou o compromisso, o inventariante fará as primeiras declarações, das quais se lavrará termo circunstanciado, assinado pelo juiz, pelo escrivão e pelo inventariante, no qual serão exarados:

I - o nome, o estado, a idade e o domicílio do autor da herança, o dia e o lugar em que faleceu e se deixou testamento;

II - o nome, o estado, a idade, o endereço eletrônico e a residência dos herdeiros e, havendo cônjuge ou companheiro supérstite, além dos respectivos dados pessoais, o regime de bens do casamento ou da união estável;

III - a qualidade dos herdeiros e o grau de parentesco com o inventariado;

IV - a relação completa e individualizada de todos os bens do espólio, inclusive aqueles que devem ser conferidos à colação, e dos bens alheios que nele forem encontrados, descrevendo-se:

a) os imóveis, com as suas especificações, nomeadamente local em que se encontram, extensão da área, limites, confrontações, benfeitorias, origem dos títulos, números das matrículas e ônus que os gravam;

b) os móveis, com os sinais característicos;

c) os semoventes, seu número, suas espécies, suas marcas e seus sinais distintivos;

d) o dinheiro, as joias, os objetos de ouro e prata e as pedras preciosas, declarando-se-lhes especificadamente a qualidade, o peso e a importância;

e) os títulos da dívida pública, bem como as ações, as quotas e os títulos de sociedade, mencionando-se-lhes o número, o valor e a data;

f) as dívidas ativas e passivas, indicando-se-lhes as datas, os títulos, a origem da obrigação e os nomes dos credores e dos devedores;

g) direitos e ações;

h) o valor corrente de cada um dos bens do espólio.

§ 1º O juiz determinará que se proceda:

I - ao balanço do estabelecimento, se o autor da herança era empresário individual;

II - à apuração de haveres, se o autor da herança era sócio de sociedade que não anônima.

§ 2º As declarações podem ser prestadas mediante petição, firmada por procurador com poderes especiais, à qual o termo se reportará.

Art. 621. Só se pode arguir sonegação ao inventariante depois de encerrada a descrição dos bens, com a declaração, por ele feita, de não existirem outros por inventariar.

Art. 622. O inventariante será removido de ofício ou a requerimento:

I - se não prestar, no prazo legal, as primeiras ou as últimas declarações;

II - se não der ao inventário andamento regular, se suscitar dúvidas infundadas ou se praticar atos meramente protelatórios;

III - se, por culpa sua, bens do espólio se deteriorarem, forem dilapidados ou sofrerem dano;

IV - se não defender o espólio nas ações em que for citado, se deixar de cobrar dívidas ativas ou se não promover as medidas necessárias para evitar o perecimento de direitos;

V - se não prestar contas ou se as que prestar não forem julgadas boas;

VI - se sonegar, ocultar ou desviar bens do espólio.

Art. 623. Requerida a remoção com fundamento em qualquer dos incisos do art. 622, será intimado o inventariante para, no prazo de quinze dias, defender-se e produzir provas.

Parágrafo único. O incidente da remoção correrá em apenso aos autos do inventário.

Art. 624. Decorrido o prazo, com a defesa do inventariante ou sem ela, o juiz decidirá.

Parágrafo único. Se remover o inventariante, o juiz nomeará outro, observada a ordem estabelecida no art. 617.

Art. 625. O inventariante removido entregará imediatamente ao substituto os bens do espólio e, caso deixe de fazê-lo, será compelido mediante mandado de busca e apreensão ou de imissão na posse, conforme se tratar de bem móvel ou imóvel, sem prejuízo da multa a ser fixada pelo juiz em montante não superior a 3% do valor dos bens inventariados.

Art. 626. Feitas as primeiras declarações, o juiz mandará citar, para os termos do inventário e da partilha, o cônjuge, o companheiro, os herdeiros e os legatários e intimar a Fazenda Pública, o Ministério Público, se houver herdeiro incapaz ou ausente, e o testamenteiro, se houver testamento.

§ 1º O cônjuge ou o companheiro, os herdeiros e os legatários serão citados pelo correio, observado o disposto no art. 247, sendo, ainda, publicado edital, nos termos do inciso III do art. 259.

§ 2º Das primeiras declarações extrair-se-ão tantas cópias quantas forem as partes.

§ 3º A citação será acompanhada de cópia das primeiras declarações.

§ 4º Incumbe ao escrivão remeter cópias à Fazenda Pública, ao Ministério Público, ao testamenteiro, se houver, e ao advogado, se a parte já estiver representada nos autos.

Art. 627. Concluídas as citações, abrir-se-á vista às partes, em cartório e pelo prazo comum de quinze dias, para que se manifestem sobre as primeiras declarações, incumbindo às partes:

I - arguir erros, omissões e sonegação de bens;

II - reclamar contra a nomeação de inventariante

III - contestar a qualidade de quem foi incluído no título de herdeiro.

§ 1º Julgando procedente a impugnação referida no inciso I, o juiz mandará retificar as primeiras declarações.

§ 2º Se acolher o pedido de que trata o inciso II, o juiz nomeará outro inventariante, observada a preferência legal.

§ 3º Verificando que a disputa sobre a qualidade de herdeiro a que alude o inciso III demanda produção de provas que não a documental, o juiz remeterá a parte às vias ordinárias e sobrestará, até o julgamento da ação, a entrega do quinhão que na partilha couber ao herdeiro admitido.

Art. 628. Aquele que se julgar preterido poderá demandar sua admissão no inventário, requerendo-a antes da partilha.

§ 1º Ouvidas as partes no prazo de quinze dias, o juiz decidirá.

§ 2º Se para solução da questão for necessária a produção de provas que não a documental, o juiz remeterá o requerente às vias ordinárias, mandando reservar, em poder do inventariante, o quinhão do herdeiro excluído até que se decida o litígio.

Art. 629. A Fazenda Pública, no prazo de quinze dias, após a vista de que trata o art. 627, informará ao juízo, de acordo com os dados que constam de seu cadastro imobiliário, o valor dos bens de raiz descritos nas primeiras declarações

Art. 630. Findo o prazo previsto no art. 627 sem impugnação ou decidida a impugnação que houver sido oposta, o juiz nomeará, se for o caso, perito para avaliar os bens do espólio, se não houver na comarca avaliador judicial.

Parágrafo único. Na hipótese prevista no art. 620, § 1º, o juiz nomeará perito para avaliação das quotas sociais ou apuração dos haveres.

Art. 631. Ao avaliar os bens do espólio, o perito observará, no que for aplicável, o disposto nos arts. 872 e 873.

Art. 632. Não se expedirá carta precatória para a avaliação de bens situados fora da comarca onde corre o inventário se eles forem de pequeno valor ou perfeitamente conhecidos do perito nomeado.

Art. 633. Sendo capazes todas as partes, não se procederá à avaliação se a Fazenda Pública, intimada pessoalmente, concordar de forma expressa com o valor atribuído, nas primeiras declarações, aos bens do espólio.

Art. 634. Se os herdeiros concordarem com o valor dos bens declarados pela Fazenda Pública, a avaliação cingir-se-á aos demais.

Art. 635. Entregue o laudo de avaliação, o juiz mandará que as partes se manifestem no prazo de quinze dias, que correrá em cartório.

§ 1º Versando a impugnação sobre o valor dado pelo perito, o juiz a decidirá de plano, à vista do que constar dos autos.

§ 2º Julgando procedente a impugnação, o juiz determinará que o perito retifique a avaliação, observando os fundamentos da decisão.

Art. 636. Aceito o laudo ou resolvidas as impugnações suscitadas a seu respeito, lavrar-se-á em seguida o termo de últimas declarações, no qual o inventariante poderá emendar, aditar ou completar as primeiras.

Art. 637. Ouvidas as partes sobre as últimas declarações no prazo comum de quinze dias, proceder-se-á ao cálculo do tributo.

Art. 638. Feito o cálculo, sobre ele serão ouvidas todas as partes no prazo comum de cinco dias, que correrá em cartório, e, em seguida, a Fazenda Pública.

§ 1º Se acolher eventual impugnação, o juiz ordenará nova remessa dos autos ao contabilista, determinando as alterações que devam ser feitas no cálculo.

§ 2º Cumprido o despacho, o juiz julgará o cálculo do tributo.

Art. 639. No prazo estabelecido no art. 627, o herdeiro obrigado à colação conferirá por termo nos autos ou por petição à qual o termo se reportará os bens que recebeu ou, se já não os possuir, trar-lhes-á o valor.

Parágrafo único. Os bens a serem conferidos na partilha, assim como as acessões e as benfeitorias que o donatário fez, calcular-se-ão pelo valor que tiverem ao tempo da abertura da sucessão.

Art. 640. O herdeiro que renunciou à herança ou o que dela foi excluído não se exime, pelo fato da renúncia ou da exclusão, de conferir, para o efeito de repor a parte inoficiosa, as liberalidades que obteve do doador.

§ 1º É lícito ao donatário escolher, dentre os bens doados, tantos quantos bastem para perfazer a legítima e a metade disponível, entrando na partilha o excedente para ser dividido entre os demais herdeiros.

§ 2º Se a parte inoficiosa da doação recair sobre bem imóvel que não comporte divisão cômoda, o juiz determinará que sobre ela se proceda a licitação entre os herdeiros.

§ 3º O donatário poderá concorrer na licitação referida no § 2º e, em igualdade de condições, terá preferência sobre os herdeiros.

Art. 641. Se o herdeiro negar o recebimento dos bens ou a obrigação de os conferir, o juiz, ouvidas as partes no prazo comum de quinze dias, decidirá à vista das alegações e das provas produzidas.

§ 1º Declarada improcedente a oposição, se o herdeiro, no prazo improrrogável de quinze dias, não proceder à conferência, o juiz mandará sequestrar-lhe, para serem inventariados e partilhados, os bens sujeitos à colação ou imputar ao seu quinhão hereditário o valor deles, se já não os possuir.

§ 2º Se a matéria exigir dilação probatória diversa da documental, o juiz remeterá as partes às vias ordinárias, não podendo o herdeiro receber o seu quinhão hereditário, enquanto pender a demanda, sem prestar caução correspondente ao valor dos bens sobre os quais versar a conferência.

Art. 642. Antes da partilha, poderão os credores do espólio requerer ao juízo do inventário o pagamento das dívidas vencidas e exigíveis.

§ 1º A petição, acompanhada de prova literal da dívida, será distribuída por dependência e autuada em apenso aos autos do processo de inventário.

§ 2º Concordando as partes com o pedido, o juiz, ao declarar habilitado o credor, mandará que se faça a separação de dinheiro ou, em sua falta, de bens suficientes para o pagamento.

§ 3º Separados os bens, tantos quantos forem necessários para o pagamento dos credores habilitados, o juiz mandará aliená-los, observando-se as disposições deste Código relativas à expropriação.

§ 4º Se o credor requerer que, em vez de dinheiro, lhe sejam adjudicados, para o seu pagamento, os bens já reservados, o juiz deferir-lhe-á o pedido, concordando todas as partes.

§ 5º Os donatários serão chamados a pronunciar-se sobre a aprovação das dívidas, sempre que haja possibilidade de resultar delas a redução das liberalidades.

Art. 643. Não havendo concordância de todas as partes sobre o pedido de pagamento feito pelo credor, será o pedido remetido às vias ordinárias.

Parágrafo único. O juiz mandará, porém, reservar, em poder do inventariante, bens suficientes para pagar o credor quando a dívida constar de documento que comprove suficientemente a obrigação e a impugnação não se fundar em quitação.

Art. 644. O credor de dívida líquida e certa, ainda não vencida, pode requerer habilitação no inventário.

Parágrafo único. Concordando as partes com o pedido referido no *caput*, o juiz, ao julgar habilitado o crédito, mandará que se faça separação de bens para o futuro pagamento.

Art. 645. O legatário é parte legítima para manifestar-se sobre as dívidas do espólio:

I – quando toda a herança for dividida em legados;

II – quando o reconhecimento das dívidas importar redução dos legados.

Art. 646. Sem prejuízo do disposto no art. 860, é lícito aos herdeiros, ao separarem bens para o pagamento de dívidas, autorizar que o inventariante os indique à penhora no processo em que o espólio for executado.

Art. 647. Cumprido o disposto no art. 642, § 3º, o juiz facultará às partes que, no prazo comum de quinze dias, formulem o pedido de quinhão e, em seguida, proferirá a decisão de deliberação da partilha, resolvendo os pedidos das partes e designando os bens que devam constituir quinhão de cada herdeiro e legatário.

Parágrafo único. O juiz poderá, em decisão fundamentada, deferir antecipadamente a qualquer dos herdeiros o exercício dos direitos de usar e de fruir de determinado bem, com a condição de que, ao término do inventário, tal bem integre a cota desse herdeiro, cabendo a este, desde o deferimento, todos os ônus e bônus decorrentes do exercício daqueles direitos.

Art. 648. Na partilha, serão observadas as seguintes regras:

I – a máxima igualdade possível quanto ao valor, à natureza e à qualidade dos bens;

II – a prevenção de litígios futuros;

III – a máxima comodidade dos coerdeiros, do cônjuge ou do companheiro, se for o caso.

Art. 649. Os bens insuscetíveis de divisão cômoda que não couberem na parte do cônjuge ou companheiro supérstite ou no quinhão de um só herdeiro serão licitados entre os interessados ou vendidos judicialmente, partilhando-se o valor apurado, salvo se houver acordo para que sejam adjudicados a todos.

Art. 650. Se um dos interessados for nascituro, o quinhão que lhe caberá será reservado em poder do inventariante até o seu nascimento.

Art. 651. O partidor organizará o esboço da partilha de acordo com a decisão judicial, observando nos pagamentos a seguinte ordem:

I – dívidas atendidas;

II – meação do cônjuge;

III – meação disponível;

IV – quinhões hereditários, a começar pelo coerdeiro mais velho.

Art. 652. Feito o esboço, as partes manifestar-se-ão sobre esse no prazo comum de quinze dias, e, resolvidas as reclamações, a partilha será lançada nos autos.

Art. 653. A partilha constará:

I – de auto de orçamento, que mencionará:

a) os nomes do autor da herança, do inventariante, do cônjuge ou companheiro supérstite, dos herdeiros, dos legatários e dos credores admitidos;

b) o ativo, o passivo e o líquido partível, com as necessárias especificações;

c) o valor de cada quinhão;

II – de folha de pagamento para cada parte, declarando a quota a pagar-lhe, a razão do pagamento e a relação dos bens que lhe compõem o quinhão, as características que os individualizam e os ônus que os gravam.

Parágrafo único. O auto e cada uma das folhas serão assinados pelo juiz e pelo escrivão.

Art. 654. Pago o imposto de transmissão a título de morte e juntada aos autos certidão ou informação negativa de dívida para com a Fazenda Pública, o juiz julgará por sentença a partilha.

Parágrafo único. A existência de dívida para com a Fazenda Pública não impedirá o julgamento da partilha, desde que o seu pagamento esteja devidamente garantido.

Art. 655. Transitada em julgado a sentença mencionada no art. 654, receberá o herdeiro os bens que lhe tocarem e um formal de partilha, do qual constarão as seguintes peças:

I – termo de inventariante e título de herdeiros;

II – avaliação dos bens que constituíram o quinhão do herdeiro;

III – pagamento do quinhão hereditário;

IV – quitação dos impostos;

V – sentença.

Parágrafo único. O formal de partilha poderá ser substituído por certidão de pagamento do quinhão hereditário quando esse não exceder a cinco vezes o salário mínimo, caso em que se transcreverá nela a sentença de partilha transitada em julgado.

Art. 656. A partilha, mesmo depois de transitada em julgado a sentença, pode ser emendada nos mesmos autos do inventário, convindo todas as partes, quando tenha havido erro de fato na descrição dos bens, podendo o juiz, de ofício ou a requerimento da parte, a qualquer tempo, corrigir-lhe as inexatidões materiais.

Art. 657. A partilha amigável, lavrada em instrumento público, reduzida a termo nos autos do inventário ou constante de escrito particular homologado pelo juiz, pode ser anulada por dolo, coação, erro essencial ou intervenção de incapaz, observado o disposto no § 4º do art. 966.

Parágrafo único. O direito à anulação de partilha amigável extingue-se em um ano, contado esse prazo:

I – no caso de coação, do dia em que ela cessou;

II – no caso de erro ou dolo, do dia em que se realizou o ato;

III – quanto ao incapaz, do dia em que cessar a incapacidade.

Art. 658. É rescindível a partilha julgada por sentença:

I – nos casos mencionados no art. 657;

II – se feita com preterição de formalidades legais;

III – se preteriu herdeiro ou incluiu quem não o seja.

Art. 659. A partilha amigável, celebrada entre partes capazes, nos termos da lei, será homologada de plano pelo juiz, com observância dos arts. 660 a 663.

§ 1º O disposto neste artigo aplica-se, também, ao pedido de adjudicação, quando houver herdeiro único.

§ 2º Transitada em julgado a sentença de homologação de partilha ou de adjudicação, será lavrado o formal de partilha ou elaborada a carta de adjudicação e, em seguida, serão expedidos os alvarás referentes aos bens e às rendas por ele abrangidos, intimando-se o fisco para lançamento administrativo do imposto de transmissão e de outros tributos porventura incidentes, conforme dispuser a legislação tributária, nos termos do § 2º do art. 662.

Art. 660. Na petição de inventário, que se processará na forma de arrolamento sumário, independentemente da lavratura de termos de qualquer espécie, os herdeiros:

I – requererão ao juiz a nomeação do inventariante que designarem;

II - declararão os títulos dos herdeiros e os bens do espólio, observado o disposto no art. 630;

III - atribuirão valor aos bens do espólio, para fins de partilha.

Art. 661. Ressalvada a hipótese prevista no parágrafo único do art. 663, não se procederá à avaliação dos bens do espólio para nenhuma finalidade.

Art. 662. No arrolamento, não serão conhecidas ou apreciadas questões relativas ao lançamento, ao pagamento ou à quitação de taxas judiciárias e de tributos incidentes sobre a transmissão da propriedade dos bens do espólio.

§ 1º A taxa judiciária, se devida, será calculada com base no valor atribuído pelos herdeiros, cabendo ao fisco, se apurar em processo administrativo valor diverso do estimado, exigir a eventual diferença pelos meios adequados ao lançamento de créditos tributários em geral.

§ 2º O imposto de transmissão será objeto de lançamento administrativo, conforme dispuser a legislação tributária, não ficando as autoridades fazendárias adstritas aos valores dos bens do espólio atribuídos pelos herdeiros.

Art. 663. A existência de credores do espólio não impedirá a homologação da partilha ou da adjudicação, se forem reservados bens suficientes para o pagamento da dívida.

Parágrafo único. A reserva de bens será realizada pelo valor estimado pelas partes, salvo se o credor, regularmente notificado, impugnar a estimativa, caso em que se promoverá a avaliação dos bens a serem reservados.

Art. 664. Quando o valor dos bens do espólio for igual ou inferior a 1 mil salários mínimos, o inventário processar-se-á na forma de arrolamento, cabendo ao inventariante nomeado, independentemente de assinatura de termo de compromisso, apresentar, com suas declarações, a atribuição de valor aos bens do espólio e o plano da partilha.

§ 1º Se qualquer das partes ou o Ministério Público impugnar a estimativa, o juiz nomeará avaliador, que oferecerá laudo em dez dias.

§ 2º Apresentado o laudo, o juiz, em audiência que designar, deliberará sobre a partilha, decidindo de plano todas as reclamações e mandando pagar as dívidas não impugnadas.

§ 3º Lavrar-se-á de tudo um só termo, assinado pelo juiz, pelo inventariante e pelas partes presentes ou por seus advogados.

§ 4º Aplicam-se a essa espécie de arrolamento, no que couber, as disposições do art. 672, relativamente ao lançamento, ao pagamento e à quitação da taxa judiciária e do imposto sobre a transmissão da propriedade dos bens do espólio.

§ 5º Provada a quitação dos tributos relativos aos bens do espólio e às suas rendas, o juiz julgará a partilha.

Art. 665. O inventário processar-se-á também na forma do art. 664, ainda que haja interessado incapaz, desde que concordem todas as partes e o Ministério Público.

Art. 666. Independerá de inventário ou de arrolamento o pagamento dos valores previstos na Lei nº6.858, de 24 de novembro de 1980.

Art. 667. Aplicam-se subsidiariamente a esta Seção as disposições das Seções VII e VIII deste Capítulo.

Art. 668. Cessa a eficácia da tutela provisória prevista nas Seções deste Capítulo:

I - se a ação não for proposta em trinta dias contados da data em que da decisão foi intimado o impugnante, o herdeiro excluído ou o credor não admitido;

II - se o juiz extinguir o processo de inventário com ou sem resolução de mérito.

Art. 669. São sujeitos à sobrepartilha os bens:

I - sonegados;

II - da herança descobertos após a partilha;

III - litigiosos, assim como os de liquidação difícil ou morosa;

IV - situados em lugar remoto da sede do juízo onde se processa o inventário.

Parágrafo único. Os bens mencionados nos incisos III e IV serão reservados à sobrepartilha sob a guarda e a administração do mesmo ou de diverso inventariante, a consentimento da maioria dos herdeiros.

Art. 670. Na sobrepartilha dos bens, observar-se-á o processo de inventário e de partilha.

Parágrafo único. A sobrepartilha correrá nos autos do inventário do autor da herança.

Art. 671. O juiz nomeará curador especial:

I - ao ausente, se não o tiver;

II - ao incapaz, se concorrer na partilha com o seu representante, desde que exista colisão de interesses.

Art. 672. É lícita a cumulação de inventários para a partilha de heranças de pessoas diversas quando houver:

I - identidade de pessoas entre as quais devam ser repartidos os bens;

II - heranças deixadas pelos dois cônjuges ou companheiros;

III - dependência de uma das partilhas em relação à outra.

Parágrafo único. No caso previsto no inciso III, se a dependência for parcial, por haver outros bens, o juiz pode ordenar a tramitação separada, se melhor convier ao interesse das partes ou à celeridade processual.

Art. 673. No caso previsto no art. 672, inciso II, prevalecerão as primeiras declarações, assim como o laudo de avaliação, salvo se alterado o valor dos bens.

Art. 674. Quem, não sendo parte no processo, sofrer constrição ou ameaça de constrição sobre bens que possua ou sobre os quais tenha direito incompatível com o ato constritivo, poderá requerer seu desfazimento ou sua inibição por meio de embargos de terceiro.

§ 1º Os embargos podem ser de terceiro proprietário, inclusive fiduciário, ou possuidor.

§ 2º Considera-se terceiro, para ajuizamento dos embargos:

I - o cônjuge ou companheiro, quando defende a posse de bens próprios ou de sua meação, ressalvado o disposto no art. 843;

II - o adquirente de bens cuja constrição decorreu de decisão que declara a ineficácia da alienação realizada em fraude à execução;

III - quem sofre constrição judicial de seus bens por força de desconsideração da personalidade jurídica, de cujo incidente não fez parte;

IV - o credor com garantia real para obstar expropriação judicial do objeto de direito real de garantia, caso não tenha sido intimado, nos termos legais dos atos expropriatórios respectivos.

Art. 675. Os embargos podem ser opostos a qualquer tempo no processo de conhecimento enquanto não transitada em julgado a sentença e, no cumprimento de sentença ou no processo de execução, até cinco dias depois da adjudicação, da alienação por iniciativa particular ou da arrematação, mas sempre antes da assinatura da respectiva carta.

Parágrafo único. Caso identifique a existência de terceiro titular de interesse em embargar o ato, o juiz mandará intimá-lo pessoalmente.

Art. 676. Os embargos serão distribuídos por dependência ao juízo que ordenou a constrição e autuados em apartado.

Parágrafo único. Nos casos de ato de constrição realizado por carta, os embargos serão oferecidos no juízo deprecado, salvo se indicado pelo juízo deprecante o bem constrito ou se já devolvida a carta.

Art. 677. Na petição inicial, o embargante fará a prova sumária de sua posse ou de seu domínio e da qualidade de terceiro, oferecendo documentos e rol de testemunhas.

§ 1º É facultada a prova da posse em audiência preliminar designada pelo juiz.

§ 2º O possuidor direto pode alegar, além da sua posse, o domínio alheio.

§ 3º A citação será pessoal, se o embargado não tiver procurador constituído nos autos da ação principal.

§ 4º Será legitimado passivo o sujeito a quem o ato de constrição aproveita, assim como o será seu adversário no processo principal quando for sua a indicação do bem para a constrição judicial.

Art. 678. A decisão que reconhecer suficientemente provado o domínio ou a posse determinará a suspensão das medidas constritivas sobre os bens litigiosos objeto dos embargos, bem como a manutenção ou a reintegração provisória da posse, se o embargante a houver requerido.

Parágrafo único. O juiz poderá condicionar a ordem de manutenção ou de reintegração provisória de posse à prestação de caução pelo requerente, ressalvada a impossibilidade da parte economicamente hipossuficiente.

Art. 679. Os embargos poderão ser contestados no prazo de quinze dias, findo o qual se seguirá o procedimento comum.

Art. 680. Contra os embargos do credor com garantia real, o embargado somente poderá alegar que:

I - o devedor comum é insolvente;

II - o título é nulo ou não obriga a terceiro;

III - outra é a coisa dada em garantia.

Art. 681. Acolhido o pedido inicial, o ato de constrição judicial indevida será cancelado, com o reconhecimento do domínio, da manutenção da posse ou da reintegração definitiva do bem ou do direito ao embargante.

Art. 682. Quem pretender, no todo ou em parte, a coisa ou o direito sobre que controvertem autor e réu poderá até ser proferida a sentença, oferecer oposição contra ambos.

Art. 683. O opoente deduzirá o pedido em observação aos requisitos exigidos para propositura da ação.

Parágrafo único. Distribuída a oposição por dependência, serão os opostos citados, na pessoa de seus respectivos advogados, para contestar o pedido no prazo comum de quinze dias.

Art. 684. Se um dos opostos reconhecer a procedência do pedido, contra o outro prosseguirá o opoente.

Art. 685. Admitido o processamento, a oposição será apensada aos autos e tramitará simultaneamente à ação originária, sendo ambas julgadas pela mesma sentença.

Parágrafo único. Se a oposição for proposta após o início da audiência de instrução, o juiz suspenderá o curso do processo ao fim da produção das provas, salvo se concluir que a unidade da instrução atende melhor ao princípio da duração razoável do processo.

Art. 686. Cabendo ao juiz decidir simultaneamente a ação originária e a oposição, desta conhecerá em primeiro lugar.

Art. 687. A habilitação ocorre quando, por falecimento de qualquer das partes, os interessados houverem de suceder-lhe no processo.

Art. 688. A habilitação pode ser requerida:

I - pela parte, em relação aos sucessores do falecido;

II - pelos sucessores do falecido, em relação à parte.

Art. 689. Proceder-se-á à habilitação nos autos do processo principal, na instância em que estiver, suspendendo-se, a partir de então, o processo.

Art. 690. Recebida a petição, o juiz ordenará a citação dos requeridos para se pronunciarem no prazo de cinco dias.

Parágrafo único. A citação será pessoal, se a parte não tiver procurador constituído nos autos.

Art. 691. O juiz decidirá o pedido de habilitação imediatamente, salvo se este for impugnado e houver necessidade de dilação probatória diversa da documental, caso em que determinará que o pedido seja autuado em apartado e disporá sobre a instrução.

Art. 692. Transitada em julgado a sentença de habilitação, o processo principal retomará o seu curso, e cópia da sentença será juntada aos autos respectivos.

Art. 693. As normas deste Capítulo aplicam-se aos processos contenciosos de divórcio, separação, reconhecimento e extinção de união estável, guarda, visitação e filiação.

Parágrafo único. A ação de alimentos e a que versar sobre interesse de criança ou de adolescente observarão o procedimento previsto em legislação específica, aplicando-se, no que couber, as disposições deste Capítulo.

Art. 694. Nas ações de família, todos os esforços serão empreendidos para a solução consensual da controvérsia, devendo o juiz dispor do auxílio de profissionais de outras áreas de conhecimento para a mediação e conciliação.

Parágrafo único. A requerimento das partes, o juiz pode determinar a suspensão do processo enquanto os litigantes se submetem a mediação extrajudicial ou a atendimento multidisciplinar.

Art. 695. Recebida a petição inicial e, se for o caso, tomadas as providências referentes à tutela provisória, o juiz ordenará a citação do réu para comparecer à audiência de mediação e conciliação, observado o disposto no art. 694.

§ 1º O mandado de citação conterá apenas os dados necessários à audiência e deverá estar desacompanhado de cópia da petição inicial, assegurado ao réu o direito de examinar seu conteúdo a qualquer tempo.

§ 2º A citação ocorrerá com antecedência mínima de quinze dias da data designada para a audiência.

§ 3º A citação será feita na pessoa do réu.

§ 4º Na audiência, as partes deverão estar acompanhadas de seus advogados ou de defensores públicos.

Art. 696. A audiência de mediação e conciliação poderá dividir-se em tantas sessões quantas sejam necessárias para viabilizar a solução consensual, sem prejuízo de providências jurisdicionais para evitar o perecimento do direito.

Art. 697. Não realizado o acordo, passarão a incidir, a partir de então, as normas do procedimento comum, observado o art. 335.

Art. 698. Nas ações de família, o Ministério Público somente intervirá quando houver interesse de incapaz e deverá ser ouvido previamente à homologação de acordo.

Art. 699. Quando o processo envolver discussão sobre fato relacionado a abuso ou a alienação parental, o juiz, ao tomar o depoimento do incapaz, deverá estar acompanhado por especialista.

Art. 700. A ação monitória pode ser proposta por aquele que afirmar, com base em prova escrita sem eficácia de título executivo, ter direito de exigir do devedor capaz:

I – o pagamento de quantia em dinheiro;

II – a entrega de coisa fungível ou infungível ou de bem móvel ou imóvel;

III – o adimplemento de obrigação de fazer ou de não fazer.

§ 1º A prova escrita pode consistir em prova oral documentada, produzida antecipadamente nos termos do art. 381.

§ 2º Na petição inicial, incumbe ao autor explicitar, conforme o caso:

I – a importância devida, instruindo-a com memória de cálculo;

II – o valor atual da coisa reclamada;

III – o conteúdo patrimonial em discussão ou o proveito econômico perseguido.

§ 3º O valor da causa deverá corresponder à importância prevista no § 2º, incisos I a III.

§ 4º Além das hipóteses do art. 330, a petição inicial será indeferida quando não atendido o disposto no § 2º deste artigo.

§ 5º Havendo dúvida quanto à idoneidade de prova documental apresentada pelo autor, o juiz intimá-lo-á para, querendo, emendar a petição inicial, adaptando-a ao procedimento comum.

§ 6º É admissível ação monitória em face da Fazenda Pública.

§ 7º Na ação monitória, admite-se citação por qualquer dos meios permitidos para o procedimento comum.

Art. 701. Sendo evidente o direito do autor, o juiz deferirá a expedição de mandado de pagamento, de entrega de coisa ou para execução de obrigação de fazer ou de não fazer, concedendo ao réu prazo de quinze dias para o cumprimento e o pagamento de honorários advocatícios de 5% do valor atribuído à causa.

§ 1º O réu será isento do pagamento de custas processuais se cumprir o mandado no prazo.

§ 2º Constituir-se-á de pleno direito o título executivo judicial, independentemente de qualquer formalidade, se não realizado o pagamento e não apresentados os embargos previstos no art. 702, observando-se, no que couber, o Título II do Livro I da Parte Especial.

§ 3º É cabível ação rescisória da decisão prevista no *caput* quando ocorrer a hipótese do § 2º.

§ 4º Sendo a ré Fazenda Pública, não apresentados os embargos previstos no art. 702, aplicar-se-á o disposto no art. 496, observando-se, a seguir, no que couber, o Título II do Livro I da Parte Especial.

§ 5º Aplica-se à ação monitória, no que couber, o art. 916.

Art. 702. Independentemente de prévia segurança do juízo, o réu poderá opor, nos próprios autos, no prazo previsto no art. 701, embargos à ação monitória.

§ 1º Os embargos podem se fundar em matéria passível de alegação como defesa no procedimento comum.

§ 2º Quando o réu alegar que o autor pleiteia quantia superior à devida, cumprir-lhe-á declarar de imediato o valor que entende correto, apresentando demonstrativo discriminado e atualizado da dívida.

§ 3º Não apontado o valor correto ou não apresentado o demonstrativo, os embargos serão liminarmente rejeitados, se esse for o seu único fundamento, e, se houver outro fundamento, os embargos serão processados, mas o juiz deixará de examinar a alegação de excesso.

§ 4º A oposição dos embargos suspende a eficácia da decisão referida no *caput* do art. 701 até o julgamento em primeiro grau.

§ 5º O autor será intimado para responder aos embargos no prazo de quinze dias.

§ 6º Na ação monitória admite-se a reconvenção, sendo vedado o oferecimento de reconvenção à reconvenção.

§ 7º A critério do juiz, os embargos serão autuados em apartado, se parciais, constituindo-se de pleno direito o título executivo judicial em relação à parcela incontroversa.

§ 8º Rejeitados os embargos, constituir-se-á de pleno direito o título executivo judicial, prosseguindo-se o processo em observância ao disposto no Título II do Livro I da Parte Especial, no que for cabível.

§ 9º Cabe apelação contra a sentença que acolhe ou rejeita os embargos.

§ 10. O juiz condenará o autor de ação monitória proposta indevidamente e de má-fé ao pagamento, em favor do réu, de multa de até 10% sobre o valor da causa.

§ 11. O juiz condenará o réu que de má-fé opuser embargos à ação monitória ao pagamento de multa de até 10% sobre o valor atribuído à causa, em favor do autor.

Art. 703. Tomado o penhor legal nos casos previstos em lei, requererá o credor, ato contínuo, a homologação.

§ 1º Na petição inicial, instruída com o contrato de locação ou a conta pormenorizada das despesas, a tabela dos preços e a relação dos objetos retidos, o credor pedirá a citação do devedor para pagar ou contestar na audiência preliminar que for designada.

§ 2º A homologação do penhor legal poderá ser promovida pela via extrajudicial mediante requerimento, que conterá os requisitos previstos no § 1º deste artigo, do credor a notário de sua livre escolha.

§ 3º Recebido o requerimento, o notário promoverá a notificação extrajudicial do devedor para, no prazo de cinco dias, pagar o débito ou impugnar sua cobrança, alegando por escrito uma das causas previstas no art. 704, hipótese em que o procedimento será encaminhado ao juízo competente para decisão.

§ 4º Transcorrido o prazo sem manifestação do devedor, o notário formalizará a homologação do penhor legal por escritura pública.

Art. 704. A defesa só pode consistir em:

I - nulidade do processo;

II - extinção da obrigação;

III - não estar a dívida compreendida entre as previstas em lei ou não estarem os bens sujeitos a penhor legal;

IV - alegação de haver sido ofertada caução idônea, rejeitada pelo credor.

Art. 705. A partir da audiência preliminar, observar-se-á o procedimento comum.

Art. 706. Homologado judicialmente o penhor legal, consolidar-se-á a posse do autor sobre o objeto.

§ 1º Negada a homologação, o objeto será entregue ao réu, ressalvado ao autor o direito de cobrar a dívida pelo procedimento comum, salvo se acolhida a alegação de extinção da obrigação.

§ 2º Contra a sentença caberá apelação, e, na pendência de recurso, poderá o relator ordenar que a coisa permaneça depositada ou em poder do autor.

Art. 707. Quando inexistir consenso acerca da nomeação de um regulador de avarias, o juiz de direito da comarca do primeiro porto onde o navio houver chegado, provocado por qualquer parte interessada, nomeará um de notório conhecimento.

Art. 708. O regulador declarará justificadamente se os danos são passíveis de rateio na forma de avaria grossa e exigirá das partes envolvidas a apresentação de garantias idôneas para que possam ser liberadas as cargas aos consignatários.

§ 1º A parte que não concordar com o regulador quanto à declaração de abertura da avaria grossa deverá justificar suas razões ao juiz, que decidirá no prazo de dez dias.

§ 2º Se o consignatário não apresentar garantia idônea a critério do regulador, este fixará o valor da contribuição provisória com base nos fatos narrados e nos documentos que instruírem a petição inicial, que deverá ser caucionado sob a forma de depósito judicial ou de garantia bancária.

§ 3º Recusando-se o consignatário a prestar caução, o regulador requererá ao juiz a alienação judicial de sua carga na forma dos arts. 879 a 903.

§ 4º É permitido o levantamento, por alvará, das quantias necessárias ao pagamento das despesas da alienação a serem arcadas pelo consignatário, mantendo-se o saldo remanescente em depósito judicial até o encerramento da regulação.

Art. 709. As partes deverão apresentar nos autos os documentos necessários à regulação da avaria grossa em prazo razoável a ser fixado pelo regulador.

Art. 710. O regulador apresentará o regulamento da avaria grossa no prazo de até doze meses, contado da data da entrega dos documentos nos autos pelas partes, podendo o prazo ser estendido a critério do juiz.

§ 1º Oferecido o regulamento da avaria grossa, dele terão vista as partes pelo prazo comum de quinze dias, e, não havendo impugnação, o regulamento será homologado por sentença.

§ 2º Havendo impugnação ao regulamento, o juiz decidirá no prazo de dez dias, após a oitiva do regulador.

Art. 711. Aplicam-se ao regulador de avarias os arts. 156 a 158, no que couber.

Art. 712. Verificado o desaparecimento dos autos, eletrônicos ou não, pode o juiz, de ofício, qualquer das partes ou o Ministério Público, se for o caso, promover-lhes a restauração.

Parágrafo único. Havendo autos suplementares, nesses prosseguirá o processo.

Art. 713. Na petição inicial, declarará a parte o estado do processo ao tempo do desaparecimento dos autos, oferecendo:

I – certidões dos atos constantes do protocolo de audiências do cartório por onde haja corrido o processo;

II – cópia das peças que tenha em seu poder;

III – qualquer outro documento que facilite a restauração.

Art. 714. A parte contrária será citada para contestar o pedido no prazo de cinco dias, cabendo-lhe exibir as cópias, as contrafés e as reproduções dos atos e dos documentos que estiverem em seu poder.

§ 1º Se a parte concordar com a restauração, lavrar-se-á o auto que, assinado pelas partes e homologado pelo juiz, suprirá o processo desaparecido.

§ 2º Se a parte não contestar ou se a concordância for parcial, observar-se-á o procedimento comum.

Art. 715. Se a perda dos autos tiver ocorrido depois da produção das provas em audiência, o juiz, se necessário, mandará repeti-las.

§ 1º Serão reinquiridas as mesmas testemunhas, que, em caso de impossibilidade, poderão ser substituídas de ofício ou a requerimento.

§ 2º Não havendo certidão ou cópia do laudo, far-se-á nova perícia, sempre que possível pelo mesmo perito.

§ 3º Não havendo certidão de documentos, esses serão reconstituídos mediante cópias ou, na falta dessas, pelos meios ordinários de prova.

§ 4º Os serventuários e os auxiliares da Justiça não podem eximir-se de depor como testemunhas a respeito de atos que tenham praticado ou assistido.

§ 5º Se o juiz houver proferido sentença da qual ele próprio ou o escrivão possua cópia, esta será juntada aos autos e terá a mesma autoridade da original.

Art. 716. Julgada a restauração, seguirá o processo os seus termos.

Parágrafo único. Aparecendo os autos originais, neles se prosseguirá, sendo-lhes apensados os autos da restauração.

Art. 717. Se o desaparecimento dos autos tiver ocorrido no tribunal, o processo de restauração será distribuído, sempre que possível, ao relator do processo.

§ 1º A restauração far-se-á no juízo de origem quanto aos atos nele realizados.

§ 2º Remetidos os autos ao tribunal, nele completar-se-á a restauração e proceder-se-á ao julgamento.

Art. 718. Quem houver dado causa ao desaparecimento dos autos responderá pelas custas da restauração e pelos honorários de advogado, sem prejuízo da responsabilidade civil ou penal em que incorrer.

Art. 719. Quando este Código não estabelecer procedimento especial, regem os procedimentos de jurisdição voluntária as disposições constantes desta Seção.

Art. 720. O procedimento terá início por provocação do interessado, do Ministério Público ou da Defensoria Pública, cabendo-lhes formular o pedido devidamente instruído com os documentos necessários e com a indicação da providência judicial.

Art. 721. Serão citados todos os interessados, bem como intimado o Ministério Público, nos casos do art. 178, para que se manifestem, querendo, no prazo de quinze dias.

Art. 722. A Fazenda Pública será sempre ouvida nos casos em que tiver interesse.

Art. 723. O juiz decidirá o pedido no prazo de dez dias.

Parágrafo único. O juiz não é obrigado a observar critério de legalidade estrita, podendo adotar em cada caso a solução que considerar mais conveniente ou oportuna.

Art. 724. Da sentença caberá apelação.

Art. 725. Processar-se-á na forma estabelecida nesta Seção o pedido de:

I – emancipação;

II – sub-rogação;

III - alienação, arrendamento ou oneração de bens de crianças ou adolescentes, de órfãos e de interditos;

IV - alienação, locação e administração da coisa comum;

V - alienação de quinhão em coisa comum;

VI - extinção de usufruto, quando não decorrer da morte do usufrutuário, do termo da sua duração ou da consolidação, e de fideicomisso, quando decorrer de renúncia ou quando ocorrer antes do evento que caracterizar a condição resolutória;

VII - expedição de alvará judicial;

VIII - homologação de autocomposição extrajudicial, de qualquer natureza ou valor.

Parágrafo único. As normas desta Seção aplicam-se, no que couber, aos procedimentos regulados nas seções seguintes.

Art. 726. Quem tiver interesse em manifestar formalmente sua vontade a outrem sobre assunto juridicamente relevante poderá notificar pessoas participantes da mesma relação jurídica para dar-lhes ciência de seu propósito.

§ 1º Se a pretensão for a de dar conhecimento geral ao público, mediante edital, o juiz só a deferirá se a tiver por fundada e necessária ao resguardo de direito.

§ 2º Aplica-se o disposto nesta Seção, no que couber, ao protesto judicial.

Art. 727. Também poderá o interessado interpelar o requerido, no caso do art. 726, para que faça ou deixe de fazer o que o requerente entenda ser de seu direito.

Art. 728. O requerido será previamente ouvido antes do deferimento da notificação ou do respectivo edital:

I - se houver suspeita de que o requerente, por meio da notificação ou do edital, pretende alcançar fim ilícito;

II - se tiver sido requerida a averbação da notificação em registro público.

Art. 729. Deferida e realizada a notificação ou interpelação, os autos serão entregues ao requerente

Art. 730. Nos casos expressos em lei, não havendo acordo entre os interessados sobre o modo como se deve realizar a alienação do bem, o juiz, de ofício ou a requerimento dos interessados ou do depositário, mandará aliená-lo em leilão, observando-se o disposto na Seção I deste Capítulo e, no que couber, o disposto nos arts. 879 a 903.

Art. 731. A homologação do divórcio ou da separação consensuais, observados os requisitos legais, poderá ser requerida em petição assinada por ambos os cônjuges, da qual constarão:

I - as disposições relativas à descrição e à partilha dos bens comuns;

II - as disposições relativas à pensão alimentícia entre os cônjuges;

III - o acordo relativo à guarda dos filhos incapazes e ao regime de visitas; e

IV - o valor da contribuição para criar e educar os filhos.

Parágrafo único. Se os cônjuges não acordarem sobre a partilha dos bens, far-se-á esta depois de homologado o divórcio, na forma estabelecida nos arts. 647 a 658.

Art. 732. As disposições relativas ao processo de homologação judicial de divórcio ou de separação consensuais aplicam-se, no que couber, ao processo de homologação da extinção consensual de união estável.

Art. 733. O divórcio consensual, a separação consensual e a extinção consensual de união estável, não havendo nascituro ou filhos incapazes e observados os requisitos legais, poderão ser realizados por escritura pública, da qual constarão as disposições de que trata o art. 731.

§ 1ºA escritura não depende de homologação judicial e constitui título hábil para qualquer ato de registro, bem como para levantamento de importância depositada em instituições financeiras.

§ 2º O tabelião somente lavrará a escritura se os interessados estiverem assistidos por advogado ou por defensor público, cuja qualificação e assinatura constarão do ato notarial.

Art. 734. A alteração do regime de bens do casamento, observados os requisitos legais, poderá ser requerida, motivadamente, em petição assinada por ambos os cônjuges, na qual serão expostas as razões que justificam a alteração, ressalvados os direitos de terceiros.

§ 1º Ao receber a petição inicial, o juiz determinará a intimação do Ministério Público e a publicação de edital que divulgue a pretendida alteração de bens, somente podendo decidir depois de decorrido o prazo de trinta dias da publicação do edital.

§ 2ºOs cônjuges, na petição inicial ou em petição avulsa, podem propor ao juiz meio alternativo de divulgação da alteração do regime de bens, a fim de resguardar direitos de terceiros.

§ 3º Após o trânsito em julgado da sentença, serão expedidos mandados de averbação aos cartórios de registro civil e de imóveis e, caso qualquer dos cônjuges seja empresário, ao Registro Público de Empresas Mercantis e Atividades Afins.

Art. 735. Recebendo testamento cerrado, o juiz, se não achar vício externo que o torne suspeito de nulidade ou falsidade, o abrirá e mandará que o escrivão o leia em presença do apresentante.

§ 1º Do termo de abertura constarão o nome do apresentante e como ele obteve o testamento, a data e o lugar do falecimento do testador, com as respectivas provas, e qualquer circunstância digna de nota.

§ 2º Depois de ouvido o Ministério Público, não havendo dúvidas a serem esclarecidas, o juiz mandará registrar, arquivar e cumprir o testamento.

§ 3º Feito o registro, será intimado o testamenteiro para assinar o termo da testamentária.

§ 4º Se não houver testamenteiro nomeado ou se ele estiver ausente ou não aceitar o encargo, o juiz nomeará testamenteiro dativo, observando-se a preferência legal.

§ 5º O testamenteiro deverá cumprir as disposições testamentárias e prestar contas em juízo do que recebeu e despendeu, observando-se o disposto em lei.

Art. 736. Qualquer interessado, exibindo o traslado ou a certidão de testamento público, poderá requerer ao juiz que ordene o seu cumprimento, observando-se, no que couber, o disposto nos parágrafos do art. 735.

Art. 737. A publicação do testamento particular poderá ser requerida, depois da morte do testador, pelo herdeiro, pelo legatário ou pelo testamenteiro, bem como pelo terceiro detentor do testamento, se impossibilitado de entregá-lo a algum dos outros legitimados para requerê-la.

§ 1º Serão intimados os herdeiros que não tiverem requerido a publicação do testamento.

§ 2º Verificando a presença dos requisitos da lei, ouvido o Ministério Público, o juiz confirmará o testamento.

§ 3º Aplica-se o disposto neste artigo ao codicilo e aos testamentos marítimo, aeronáutico, militar e nuncupativo.

§ 4º Observar-se-á, no cumprimento do testamento, o disposto nos parágrafos do art. 735.

Art. 738. Nos casos em que a lei considere jacente a herança, o juiz em cuja comarca tiver domicílio o falecido procederá imediatamente à arrecadação dos respectivos bens.

Art. 739. A herança jacente ficará sob a guarda, a conservação e a administração de um curador até a respectiva entrega ao sucessor legalmente habilitado ou até a declaração de vacância.

§ 1º Incumbe ao curador:

I - representar a herança em juízo ou fora dele, com intervenção do Ministério Público;

II - ter em boa guarda e conservação os bens arrecadados e promover a arrecadação de outros porventura existentes;

III - executar as medidas conservatórias dos direitos da herança;

IV - apresentar mensalmente ao juiz balancete da receita e da despesa;

V - prestar contas ao final de sua gestão.

§ 2º Aplica-se ao curador o disposto nos arts. 159 a 161.

Art. 740. O juiz ordenará que o oficial de justiça, acompanhado do escrivão ou do chefe de secretaria e do curador, arrole os bens e descreva-os em auto circunstanciado.

§ 1ºNão podendo comparecer ao local, o juiz requisitará à autoridade policial que proceda à arrecadação e ao arrolamento dos bens, com duas testemunhas, que assistirão às diligências.

§ 2º Não estando ainda nomeado o curador, o juiz designará depositário e lhe entregará os bens, mediante simples termo nos autos, depois de compromissado.

§ 3º Durante a arrecadação, o juiz ou a autoridade policial inquirirá os moradores da casa e da vizinhança sobre a qualificação do falecido, o paradeiro de seus sucessores e a existência de outros bens, lavrando-se de tudo auto de inquirição e informação.

§ 4º O juiz examinará reservadamente os papéis, as cartas missivas e os livros domésticos e, verificando que não apresentam interesse, mandará empacotá-los e lacrá-los para serem assim entregues aos sucessores do falecido ou queimados quando os bens forem declarados vacantes.

§ 5º Se constar ao juiz a existência de bens em outra comarca, mandará expedir carta precatória a fim de serem arrecadados.

§ 6º Não se fará a arrecadação, ou essa será suspensa, quando, iniciada, apresentarem-se para reclamar os bens o cônjuge ou companheiro, o herdeiro ou o testamenteiro notoriamente reconhecido e não houver oposição motivada do curador, de qualquer interessado, do Ministério Público ou do representante da Fazenda Pública.

Art. 741. Ultimada a arrecadação, o juiz mandará expedir edital, que será publicado na rede mundial de computadores, no sítio do tribunal a que estiver vinculado o juízo e na plataforma de editais do Conselho Nacional de Justiça, onde permanecerá por três meses, ou, não havendo sítio, no órgão oficial e na imprensa da comarca, por três vezes com intervalos de um mês, para que os sucessores do falecido venham a habilitar-se no prazo de seis meses contado da primeira publicação.

§ 1º Verificada a existência de sucessor ou de testamenteiro em lugar certo, far-se-á a sua citação, sem prejuízo do edital.

§ 2º Quando o falecido for estrangeiro, será também comunicado o fato à autoridade consular.

§ 3º Julgada a habilitação do herdeiro, reconhecida a qualidade do testamenteiro ou provada a identidade do cônjuge ou companheiro, a arrecadação converter-se-á em inventário.

§ 4º Os credores da herança poderão habilitar-se como nos inventários ou propor a ação de cobrança.

Art. 742. O juiz poderá autorizar a alienação:

I - de bens móveis, se forem de conservação difícil ou dispendiosa;

II - de semoventes, quando não empregados na exploração de alguma indústria;

III - de títulos e papéis de crédito, havendo fundado receio de depreciação;

IV - de ações de sociedade quando, reclamada a integralização, não dispuser a herança de dinheiro para o pagamento;

V - de bens imóveis:

a) se ameaçarem ruína, não convindo a reparação;

b) se estiverem hipotecados e vencer-se a dívida, não havendo dinheiro para o pagamento.

§ 1º Não se procederá, entretanto, à venda se a Fazenda Pública ou o habilitando adiantar a importância para as despesas.

§ 2º Os bens com valor de afeição, como retratos, objetos de uso pessoal, livros e obras de arte, só serão alienados depois de declarada a vacância da herança.

Art. 743. Passado um ano da primeira publicação do edital e não havendo herdeiro habilitado nem habilitação pendente, será a herança declarada vacante.

§ 1º Pendendo habilitação, a vacância será declarada pela mesma sentença que a julgar improcedente, aguardando-se, no caso de serem diversas as habilitações, o julgamento da última.

§ 2º Transitada em julgado a sentença que declarou a vacância, o cônjuge, o companheiro, os herdeiros e os credores só poderão reclamar o seu direito por ação direta.

Art. 744. Declarada a ausência nos casos previstos em lei, o juiz mandará arrecadar os bens do ausente e nomear-lhes-á curador na forma estabelecida na Seção VI, observando-se o disposto em lei.

Art. 745. Feita a arrecadação, o juiz mandará publicar editais na rede mundial de computadores, no sítio do tribunal a que estiver vinculado e na plataforma de editais do Conselho Nacional de Justiça, onde permanecerá por um ano, ou, não havendo sítio, no órgão oficial e na imprensa da comarca, durante um ano, reproduzida de dois em dois meses, anunciando a arrecadação e chamando o ausente a entrar na posse de seus bens.

§ 1º Findo o prazo previsto no edital, poderão os interessados requerer a abertura da sucessão provisória, observando-se o disposto em lei.

§ 2º O interessado, ao requerer a abertura da sucessão provisória, pedirá a citação pessoal dos herdeiros presentes e do curador e, por editais, a dos ausentes para requererem habilitação, na forma dos arts. 689 a 692.

§ 3º Presentes os requisitos legais, poderá ser requerida a conversão da sucessão provisória em definitiva.

§ 4º Regressando o ausente ou algum de seus descendentes ou ascendentes para requerer ao juiz a entrega de bens, serão citados para contestar o pedido os sucessores provisórios ou definitivos, o Ministério Público e o representante da Fazenda Pública, seguindo-se o procedimento comum.

Art. 746. Recebendo do descobridor coisa alheia perdida, o juiz mandará lavrar o respectivo auto, do qual constará a descrição do bem e as declarações do descobridor.

§ 1º Recebida a coisa por autoridade policial, esta a remeterá em seguida ao juízo competente.

§ 2º Depositada a coisa, o juiz mandará publicar edital na rede mundial de computadores, no sítio do tribunal a que estiver vinculado e na plataforma de editais do Conselho Nacional de Justiça ou, não havendo sítio, no órgão oficial e na imprensa da comarca, para que o dono ou o legítimo possuidor a reclame, salvo se se tratar de coisa de pequeno valor e não for possível a publicação no sítio do tribunal, caso em que o edital será apenas afixado no átrio do edifício do fórum.

§ 3º Observar-se-á, quanto ao mais, o disposto em lei.

Art. 747. A interdição pode ser promovida:

I – pelo cônjuge ou companheiro;

II – pelos parentes ou tutores;

III – pelo representante da entidade em que se encontra abrigado o interditando;

IV – pelo Ministério Público.

Parágrafo único. A legitimidade deverá ser comprovada por documentação que acompanhe a petição inicial.

Art. 748. O Ministério Público só promoverá interdição em caso de doença mental grave:

I – se as pessoas designadas nos incisos I, II e III do art. 747 não existirem ou não promoverem a interdição;

II – se, existindo, forem incapazes as pessoas mencionadas nos incisos I e II do art. 747.

Art. 749. Incumbe ao autor, na petição inicial, especificar os fatos que demonstram a incapacidade do interditando para administrar seus bens e, se for o caso, para praticar atos da vida civil, bem como o momento em que a incapacidade se revelou.

Parágrafo único. Justificada a urgência, o juiz pode nomear curador provisório ao interditando para a prática de determinados atos.

Art. 750. O requerente deverá juntar laudo médico para fazer prova de suas alegações ou informar a impossibilidade de fazê-lo.

Art. 751. O interditando será citado para, em dia designado, comparecer perante o juiz, que o entrevistará minuciosamente acerca de sua vida, negócios, bens, vontades, preferências e laços familiares e afetivos e sobre o que mais lhe parecer necessário para convencimento quanto à sua capacidade para praticar atos da vida civil, devendo ser reduzidas a termo as perguntas e respostas.

§ 1º Não podendo o interditando deslocar-se, o juiz o ouvirá no local onde estiver.

§ 2º A entrevista poderá ser acompanhada por especialista.

§ 3º Durante a entrevista, é assegurado o emprego de recursos tecnológicos capazes de permitir ou de auxiliar o interditando a expressar suas vontades e preferências e a responder às perguntas formuladas.

§ 4º A critério do juiz, poderá ser requisitada a oitiva de parentes e de pessoas próximas.

Art. 752. Dentro do prazo de quinze dias contado da entrevista, o interditando poderá impugnar o pedido.

§ 1º O Ministério Público intervirá como fiscal da ordem jurídica.

§ 2º O interditando poderá constituir advogado, e, caso não o faça, deverá ser nomeado curador especial.

§ 3º Caso o interditando não constitua advogado, o seu cônjuge, companheiro ou qualquer parente sucessível poderá intervir como assistente.

Art. 753. Decorrido o prazo previsto no art. 752, o juiz determinará a produção de prova pericial para avaliação da capacidade do interditando para praticar atos da vida civil.

§ 1º A perícia pode ser realizada por equipe composta por expertos com formação multidisciplinar.

§ 2º O laudo pericial indicará especificadamente, se for o caso, os atos para os quais haverá necessidade de curatela.

Art. 754. Apresentado o laudo, produzidas as demais provas e ouvidos os interessados, o juiz proferirá sentença.

Art. 755. Na sentença que decretar a interdição, o juiz:

I – nomeará curador, que poderá ser o requerente da interdição, e fixará os limites da curatela, segundo o estado e o desenvolvimento mental do interdito;

II – considerará as características pessoais do interdito, observando suas potencialidades, habilidades, vontades e preferências.

§ 1º A curatela deve ser atribuída a quem melhor possa atender aos interesses do curatelado.

§ 2º Havendo, ao tempo da interdição, pessoa incapaz sob a guarda e a responsabilidade do interdito, o juiz atribuirá a curatela a quem melhor puder atender aos interesses do interdito e do incapaz.

§ 3º A sentença de interdição será inscrita no registro de pessoas naturais e imediatamente publicada na rede mundial de computadores, no sítio do tribunal a que estiver vinculado o juízo e na plataforma de editais do Conselho Nacional de Justiça, onde permanecerá por seis meses, na imprensa local, uma vez, e no órgão oficial, por três vezes, com intervalo de dez dias, constando do edital os nomes do interdito e do curador, a causa da interdição, os limites da curatela e, não sendo total a interdição, os atos que o interdito poderá praticar autonomamente.

Art. 756. Levantar-se-á a curatela quando cessar a causa que a determinou.

§ 1º O pedido de levantamento da curatela poderá ser feito pelo interdito, pelo curador ou pelo Ministério Público e será apensado aos autos da interdição.

§ 2º O juiz nomeará perito ou equipe multidisciplinar para proceder ao exame do interdito e designará audiência de instrução e julgamento após a apresentação do laudo.

§ 3º Acolhido o pedido, o juiz decretará o levantamento da interdição e determinará a publicação da sentença, após o trânsito em julgado, na forma do art. 755, § 3º, ou, não sendo possível, na imprensa local e no órgão oficial, por três vezes, com intervalo de dez dias, seguindo-se a averbação no registro de pessoas naturais.

§ 4º A interdição poderá ser levantada parcialmente quando demonstrada a capacidade do interdito para praticar alguns atos da vida civil.

Art. 757. A autoridade do curador estende-se à pessoa e aos bens do incapaz que se encontrar sob a guarda e a responsabilidade do curatelado ao tempo da interdição, salvo se o juiz considerar outra solução como mais conveniente aos interesses do incapaz.

Art. 758. O curador deverá buscar tratamento e apoio apropriados à conquista da autonomia pelo interdito.

Art. 759. O tutor ou o curador será intimado a prestar compromisso no prazo de cinco dias contado da:

I - nomeação feita em conformidade com a lei;

II - intimação do despacho que mandar cumprir o testamento ou o instrumento público que o houver instituído.

§ 1º O tutor ou o curador prestará o compromisso por termo em livro rubricado pelo juiz.

§ 2º Prestado o compromisso, o tutor ou o curador assume a administração dos bens do tutelado ou do interditado.

Art. 760. O tutor ou o curador poderá eximir-se do encargo apresentando escusa ao juiz no prazo de cinco dias contado:

I - antes de aceitar o encargo, da intimação para prestar compromisso;

II - depois de entrar em exercício, do dia em que sobrevier o motivo da escusa.

§ 1º Não sendo requerida a escusa no prazo estabelecido neste artigo, considerar-se-á renunciado o direito de alegá-la.

§ 2º O juiz decidirá de plano o pedido de escusa, e, não o admitindo, exercerá o nomeado a tutela ou a curatela enquanto não for dispensado por sentença transitada em julgado.

Art. 761. Incumbe ao Ministério Público ou a quem tenha legítimo interesse requerer, nos casos previstos em lei, a remoção do tutor ou do curador.

Parágrafo único. O tutor ou o curador será citado para contestar a arguição no prazo de cinco dias, findo o qual observar-se-á o procedimento comum.

Art. 762. Em caso de extrema gravidade, o juiz poderá suspender o tutor ou o curador do exercício de suas funções, nomeando substituto interino.

Art. 763. Cessando as funções do tutor ou do curador pelo decurso do prazo em que era obrigado a servir, ser-lhe-á lícito requerer a exoneração do encargo.

§ 1º Caso o tutor ou o curador não requeira a exoneração do encargo dentro dos dez dias seguintes à expiração do termo, entender-se-á reconduzido, salvo se o juiz o dispensar.

§ 2º Cessada a tutela ou a curatela, é indispensável a prestação de contas pelo tutor ou pelo curador, na forma da lei civil.

Art. 764. O juiz decidirá sobre a aprovação do estatuto das fundações e de suas alterações sempre que o requeira o interessado, quando:

I - ela for negada previamente pelo Ministério Público ou por este forem exigidas modificações com as quais o interessado não concorde;

II - o interessado discordar do estatuto elaborado pelo Ministério Público.

§ 1º O estatuto das fundações deve observar o disposto na Lei no 10.406, de 10 de janeiro de 2002 (Código Civil).

§ 2º Antes de suprir a aprovação, o juiz poderá mandar fazer no estatuto modificações a fim de adaptá-lo ao objetivo do instituidor.

Art. 765. Qualquer interessado ou o Ministério Público promoverá em juízo a extinção da fundação quando:

I – se tornar ilícito o seu objeto;

II – for impossível a sua manutenção;

III – vencer o prazo de sua existência.

Art. 766. Todos os protestos e os processos testemunháveis formados a bordo e lançados no livro Diário da Navegação deverão ser apresentados pelo comandante ao juiz de direito do primeiro porto, nas primeiras 24 horas de chegada da embarcação, para sua ratificação judicial.

Art. 767. A petição inicial conterá a transcrição dos termos lançados no livro Diário da Navegação e deverá ser instruída com cópias das páginas que contenham os termos que serão ratificados, dos documentos de identificação do comandante e das testemunhas arroladas, do rol de tripulantes, do documento de registro da embarcação e, quando for o caso, do manifesto das cargas sinistradas e a qualificação de seus consignatários, traduzidos, quando for o caso, de forma livre para o português.

Art. 768. A petição inicial deverá ser distribuída com urgência e encaminhada ao juiz, que ouvirá, sob compromisso a ser prestado no mesmo dia, o comandante e as testemunhas em número mínimo de duas e máximo de quatro, que deverão comparecer ao ato independentemente de intimação.

§ 1º Tratando-se de estrangeiros que não dominem a língua portuguesa, o autor deverá fazer-se acompanhar por tradutor, que prestará compromisso em audiência.

§ 2º Caso o autor não se faça acompanhar por tradutor, o juiz deverá nomear outro que preste compromisso em audiência.

Art. 769. Aberta a audiência, o juiz mandará apregoar os consignatários das cargas indicados na petição inicial e outros eventuais interessados, nomeando para os ausentes curador para o ato.

Art. 770. Inquiridos o comandante e as testemunhas, o juiz, convencido da veracidade dos termos lançados no Diário da Navegação, em audiência, ratificará por sentença o protesto ou o processo testemunhável lavrado a bordo, dispensado o relatório.

Parágrafo único. Independentemente do trânsito em julgado, o juiz determinará a entrega dos autos ao autor ou ao seu advogado, mediante a apresentação de traslado.

CAPÍTULO 11

AÇÕES CONSTITUCIONAIS

1. A APLICAÇÃO SUBSIDIÁRIA DO CÓDIGO DE PROCESSO CIVIL

Com o advento do Código de Processo Civil de 2015, tem-se como necessário o debate sobre o impacto das novas disposições em relação aos procedimentos especiais regulados por outras leis.

Nesse sentido, deve ser lembrado inicialmente que o processo civil será ordenado, disciplinado e interpretado conforme os valores e as normas fundamentais estabelecidos na Constituição Federal, observando-se as disposições do CPC (art. 1º).

Desse modo, naturalmente, há um núcleo fundamental, fundado na Constituição Federal, cuja aplicabilidade se estende muito além dos procedimentos regulados pelo CPC, mas também aos demais previstos em leis esparsas, resguardadas as devidas especificidades.

Partindo-se do núcleo fundamental constitucional, resguardam-se aquelas especificidades próprias de cada procedimento, que permanecem preservadas.

A propósito, prevê o § 2º do art. 1.046 que as disposições especiais dos procedimentos regulados em outras leis permanecem em vigor, aplicando-se supletivamente o Código de Processo Civil.

Desse processo de aplicação de regras diferentes tem-se a antinomia jurídica, com conflito entre os critérios de especialidade e o cronológico para a sua solução. Nesse caso, *lex posterior inferiori non derogat priori superiori*, até porque são provenientes de mesmo grau hierárquico. Prevalece, portanto, a regra especial.

2. A JURISDIÇÃO CONSTITUCIONAL DAS LIBERDADES

O gozo de direitos fundamentais deve ser garantido pelos instrumentos previstos na Constituição Federal, que se revelam como **meios de defesa jurisdicionais e não jurisdicionais.**[1]

Especialmente em relação aos meios jurisdicionais de defesa dos direitos fundamentais, que aqui mais interessam, requer-se a intervenção da autoridade judicial para afastar a ilegalidade e abuso de poder praticados com prejuízo de direitos e interesses individuais. Compreendem: o *habeas corpus*, o mandado de segurança, o

1. Conforme identificou J. J. Gomes Canotilho. *Direito constitucional*. 7ª ed. Coimbra: Almedina, 2003, p. 491.

mandado de injunção, o *habeas data*, a ação popular, a ação civil pública e a ação de improbidade administrativa.

3. O HABEAS CORPUS NO PROCESSO CIVIL

3.1. Aspectos Iniciais

Em conformidade com o art. 5º, LXVIII, da Constituição Federal, "conceder-se-á *habeas corpus* sempre que alguém sofrer ou se achar ameaçado de sofrer violência ou coação em sua liberdade de locomoção, por ilegalidade ou abuso de poder". Conforme se vê, trata-se o *habeas corpus* de **garantia constitucional ao direito de liberdade**, em que se busca do Poder Judiciário a correção da ilegalidade.

O processamento do *habeas corpus* está regrado pelo Código de Processo Penal, conforme se pode verificar nos arts. 647 e seguintes, extraindo-se de lá importantes lições, que serão aplicadas ainda que o remédio heroico tenha como pano de fundo uma lide civil.

3.2. Legitimidade de Agir

O *habeas corpus* poderá ser impetrado por qualquer pessoa, em seu favor ou de outrem, bem como pelo Ministério Público. Trata-se de legitimidade universal, aberta, estando habilitada qualquer pessoa, assim como ao órgão do Ministério Público, como consequência do múnus de que é investido de fazer prevalecer a ordem jurídico-constitucional.

A legitimação para a impetração do *habeas corpus*, portanto, será **ordinária**, quando ocorrer pelo próprio paciente, ou então **extraordinária**, quando ajuizada por terceiro, **pois, neste caso, não há correspondência entre a situação do legitimado e a situação jurídica apreciada**. Nesse sentido, quando terceiro impetra o *habeas corpus* em favor de determinado paciente, tem-se que passa a defender interesse de outrem, em seu nome.

O Código de Processo Penal, nesse passo, atribui também a legitimidade extraordinária para a impetração do *habeas corpus* (art. 649), regra essa extensível às lides civis em que há discussão sobre a liberdade do indivíduo.

Legitimidade para impetrar habeas corpus
- Ordinária
- Extraordinária

Deve ser lembrado que a legitimidade extraordinária é excepcional, dependendo de autorização do ordenamento jurídico (art. 18 do CPC), que não compreende apenas o previsto na lei, de modo que é admissível a previsão de tal legitimidade ainda que sem previsão legal, buscando-se fundamento normativo no sistema como um todo.[2]

2. Disponível em: http://www.frediedidier.com.br/artigos/fonte-normativa-da-legitimacao-extraordinaria-no-novo-codigo-de-processo-civil-a-legitimacao-extraordinaria-de-origem-negocial/.

No caso específico do *habeas corpus*, no entanto e como antes especificado, há expressa previsão na lei quanto à possibilidade de que terceiro busque a tutela da liberdade alheia.

3.3. Capacidade Postulatória

A capacidade postulatória para a impetração do *habeas corpus* não é privativa de advogado, motivo pelo qual qualquer pessoa pode pugnar diretamente pela tutela do direito de liberdade.[3]

De acordo com entendimento do Superior Tribunal de Justiça, exarado em processo penal, mas aplicável por extensão aos processos civis, vez que se busca a tutela do direito de liberdade da mesma forma, considerando a desnecessidade de demonstração da capacidade postulatória quando do ajuizamento do *habeas corpus*, dispensa-se também sua demonstração nos casos em que tanto o *habeas corpus* originário quanto o recurso em *habeas corpus* foram interpostos por leigo.4

3.4. Concessão de Ofício

Admite-se a concessão de ordem de *habeas corpus* de ofício pela autoridade judiciária, quando no curso de processo verificar que alguém sofre ou está na iminência de sofrer coação ilegal (art. 654, § 2º, CPP).

Por isso, se, em procedimento para apuração de irregularidade em entidade de atendimento, verificar o juiz que determinada criança está submetida a acolhimento institucional em hipótese não autorizada pela lei, poderá conceder de ofício a ordem para determinar a entrega aos pais, responsáveis ou para terceiros, nos termos do Estatuto da Criança e do Adolescente.

3.5. Atos que podem ser objeto do habeas corpus

Segundo Lenio Luiz Streck,

> Qualquer ato, judicial ou extrajudicial, seja qual for a sua natureza (não se restringindo, assim, a procedimentos processuais penais), hábil a ensejar eventual constrição à liberdade, ainda de maneira indireta, pode ser, a princípio, objeto de impugnação, via *habeas corpus*.[4]

Como se vê, é perfeitamente possível que os atos provenientes do processo civil sejam objeto de *habeas corpus*, desde que, é obvio, possam ensejar a restrição à liberdade.

---

3. RHC 28.867/MG, Rel. Ministro Joel Ilan Paciornik, Quinta Turma, julgado em 10/05/2016, *DJe* 18/05/2016.
4. STRECK, Lenio Luiz. In: CANOTILHO, J. J. Gomes; MENDES, Gilmar Ferreira; SARLET, Ingo Wolfgang; STRECK, Lenio Luiz (coords.). *Comentários à Constituição do Brasil*. São Paulo: Saraiva/Almedina/ Instituto Brasileiro de Direito Público, 2013, p. 474.

3.6. Prisão civil

Tem-se a admissão, de acordo com a Constituição Federal, da prisão civil nos casos de inadimplemento voluntário e inescusável de obrigação alimentar e de depositário infiel (art. 5º, LXVII).

Ocorre que o Supremo Tribunal Federal, no julgamento do RE 466.343, rel. Min. Cesar Peluso, e também no Habeas Corpus 87.585, rel. Min. Marco Aurélio, afastou a possibilidade da prisão civil do depositário infiel, permanecendo exclusivamente a decorrente do inadimplemento inescusável de obrigação de pagar alimentos.

A prisão civil do executado que não cumpriu a obrigação de pagar alimentos se constitui em medida coercitiva também prevista no Código de Processo Civil.

Com efeito, em conformidade com o § 3º do art. 528, se o executado não pagar ou se a justificativa apresentada não for aceita, o juiz, além de mandar protestar o pronunciamento judicial, também decretará a prisão pelo prazo de um a três meses, que será cumprida em regime fechado, devendo o preso ficar separado dos presos comuns.

Por esses motivos, sendo restrita a liberdade do indivíduo, é possível valer-se do remédio heroico para afastar a prisão nesse caso, observando-se, no entanto, os estreitos limites instrutórios do *habeas corpus*, não se admitindo o exame da capacidade financeira do paciente.[5] Admite-se o *habeas corpus* preventivo, mesmo na ausência de decreto de prisão, quando as circunstâncias evidenciarem o risco de constrição à liberdade do paciente.[6]

▶ Admite-se a utilização do *habeas corpus* para afastar a prisão civil em razão do inadimplemento de pensão alimentícia.
▶ O *habeas corpus*, porém, conta com limites instrutórios, não se admitindo o exame da capacidade financeira.

4. MANDADO DE SEGURANÇA

4.1. Evolução histórica e natureza do mandado de segurança

O mandado de segurança constitui-se em **garantia constitucional fundamental**, prevista no art. 5º, LXIX, do Texto Fundamental, a ser utilizada como remédio específico contra **atos ou omissões lesivos a direito líquido e certo**. Ao mesmo tempo, é **instrumento processual**, de jurisdição contenciosa, de rito célere, cujo procedimento é previsto pela **Lei n. 12.016/09**.

5. RHC 104.119/RJ, Rel. Ministro PAULO DE TARSO SANSEVERINO, TERCEIRA TURMA, julgado em 13/11/2018, DJe 20/11/2018.
6. HC 469.675/GO, Rel. Ministro MOURA RIBEIRO, TERCEIRA TURMA, julgado em 13/11/2018, DJe 20/11/2018

- **Garantia constitucional**
- **Instrumento processual**
- **Lei 12.016/2009**

Surgiu em razão do desdobramento do *habeas corpus*, considerado, na Constituição Federal de 1891, instrumento de tutela contra qualquer violação ou perigo de violência ou coação por ilegalidade ou ato de abuso de poder (disposição fundada na *teoria brasileira* do *habeas corpus*).[7]

A Constituição Federal de 1988 positivou o mandado de segurança como medida contra violação ou ameaça de lesão a direito líquido e certo não amparado por outra garantia constitucional. Também fez previsão do mandado de segurança coletivo.

Na atualidade, o mandado de segurança é regido pela Lei 12.016/09, que prevê um procedimento diferenciado das ações de conhecimento em geral, tipificando uma via rápida para a obtenção da tutela jurisdicional. Essa lei teve como mérito fundir o tratamento legislativo do *writ*, incorporando posicionamentos doutrinários e jurisprudenciais existentes, sem prejuízo da inserção de inovações.

4.2. O prazo para o ajuizamento do mandado de segurança

O criticado prazo para o ajuizamento do mandado de segurança persistiu com a Lei n. 12.016/2009 (art. 23), aliás, na esteira do entendimento encampado pelo Supremo Tribunal Federal (Súmula 632). Por esse motivo, tem o impetrante o prazo de 120 dias para ajuizar o mandado de segurança, contado da data da ciência do ato.

Esse prazo possui natureza decadencial, na medida em que, se não observado, o impetrante perde o direito de valer-se desse remédio heroico, impondo-se a extinção do processo sem resolução do mérito, por falta de interesse de agir.[8] Note-se que nesse caso o direito subjetivo permanece incólume e poderá ser pleiteado por outras vias, mas o direito de impetrar o mandado de segurança exige que o ato impugnado tenha sido praticado recentemente, senão deverá a parte valer-se de processo mais demorado.

Tratando-se de prazo de natureza decadencial, a contagem do prazo de 120 dias se dá de **forma contínua** e não em dias úteis.

Na hipótese de mandado de segurança contra lei de efeito concreto, o Superior Tribunal de Justiça decidiu que o prazo decadencial se inicia com a publicação da norma, ante a configuração de ato comissivo, único e de efeitos permanentes, afastando-se a tese de que se trata de relação jurídica de trato sucessivo.[9]

---

7. BARROSO, Darlan; ROSSATO, Luciano Alves. *Mandado de segurança*. São Paulo: RT, 2009, p. 12.
8. MEDINA, José Miguel Garcia; ARAÚJO, Fábio Caldas de. *Mandado de segurança individual e coletivo. Comentários à Lei 12.016, de 7 de agosto de 2009*. São Paulo: RT, 2009, p. 227.
9. Agravo regimental em recurso em mandado de segurança. Administrativo. Servidor público. Prêmio por desempenho fiscal (PDF). Supressão da vantagem pecuniária. Edição da Lei Estadual nº 13.627/2005.

Imagine-se o seguinte exemplo: a ocorrência de supressão de gratificação de desempenho de servidor público estadual por meio de ato normativo de efeito concreto (lei). Não se pode dizer que o prazo decadencial se iniciaria a cada mês em que tenha ocorrido o desconto baseado na lei, mas que o ato de supressão é único, produzindo efeitos permanecentes para o futuro.

Aliás, esse é o ponto central. Se o ato produzir efeitos permanentes, para o futuro, estar-se-á diante do início do prazo decadencial para o ajuizamento do mandado de segurança com a sua publicação, portanto, quando conhecido.[10]

O Supremo Tribunal Federal, não obstante, já decidiu em sentido contrário, reconhecendo que, no mesmo exemplo, de supressão de vantagem, a possível lesão aos direitos dos impetrantes renova-se mês a mês, motivo pelo qual se trata de relação jurídica de trato sucessivo.[11]

Prazo decadencial para ajuizamento do mandado de segurança: será contado de forma contínua e não em dias úteis.

4.3. O polo ativo do mandado de segurança individual

A legitimidade para o ajuizamento do *mandamus* é ampla, permitida a pessoas físicas e jurídicas, nacionais ou estrangeiras. Essa legitimação estende-se, também, a entes desprovidos de personalidade jurídica, muito embora possuam personalidade judiciária, como ocorre com a Câmara de Vereadores, condomínios, o Conselho Municipal do Meio Ambiente. As próprias pessoas jurídicas de Direito público podem ingressar com o mandado de segurança.

Detectam-se, no mandado de segurança individual, hipóteses de legitimação ordinária e também extraordinária.

Com efeito, consoante se extrai do art. 18 do CPC, ninguém poderá pleitear direito alheio em nome próprio, salvo quando autorizado pelo ordenamento jurídico. Trata-se da legitimação ordinária. De outra banda, vislumbra-se a legitimação extraordinária

Ato único, de efeitos concretos e permanentes. Decadência configurada. 1. Tratando-se de lei de efeitos concretos - mormente se houver determinação de supressão de vantagem pecuniária de servidor público -, o prazo decadencial para a impetração do *mandamus* se inicia com a publicação da norma, ante a configuração de ato comissivo, único e de efeitos permanentes. Descaracterização de relação de trato sucessivo. 2. Agravo regimental a que se nega provimento (STJ, 5ª T., AgRg no RMS27.756/CE, Rel. Ministro Marco Aurélio Bellizze, j. 13.11.2012, *DJe* 21.11.2012). No mesmo sentido: STJ, 6ª T., AgRg no RMS 28.231/DF, Rel. Ministro Sebastião Reis Júnior, j. 06.11.2012, *DJe* 22.11.2012.

10. STJ, 2ª T., AgRg no RMS 37.747/CE, Rel. Ministro Humberto Martins, j. 07.08.2012, *DJe* 14.08.2012.
11. STF, 1ª T., RMS 26719, rel Min. Carlos Britto, j. 13.11.2007, *DJe* 18.12.2007.

"quando aquele que tem legitimidade para estar no processo como parte não é o que se afirma titular do Direito material discutido em juízo".[12]

Os arts. 1º, § 3º, e 3º da Lei 12.016/09 encerram hipóteses de substituição processual, pois o impetrante postulará direito em seu nome, porém em favor de terceiro. Não obstante, há uma particularidade: concomitantemente, o impetrante também postula interesse seu.

Na hipótese do art. 1º, § 3º, o direito do impetrante não é dependente ou decorrente do direito de terceiro. O impetrante poderá perfeitamente exercê-lo, havendo ou não omissão de outras pessoas.

Ocorre, porém, que, se o direito do impetrante for dependente de direito de terceiro, aquele não poderá ajuizar automaticamente o mandado de segurança. Deverá, em providência prévia, requerer a notificação judicial do terceiro, para que este o exercite no prazo de trinta dias.

Havendo a omissão do terceiro, só então ocorrerá a substituição processual, podendo o impetrante requerer a tutela jurisdicional no sentido de reconhecer direito em favor de terceiro, bem como em seu próprio favor, por ser dele dependente.

Note-se que, no primeiro caso, não há qualquer menção a notificação do terceiro, pois o direito do impetrante não é dele dependente.

Enfim, nas duas situações, o impetrante defenderá direito seu e de terceiro. Contudo, na primeira (art. 1º, § 3º), sua legitimação deriva do fato de a lesão ou a ameaça ofender diretamente interesse seu, bem como de terceiro. O impetrante pode agir independentemente da omissão de terceiro, e por isso não precisa de qualquer autorização. Na segunda, no entanto, a ação do impetrante é dependente da omissão de terceiro, que deveria agir, mas não o fez. Também para esse caso, o exercício do direito somente poderá ocorrer se observado o prazo decadencial de 120 dias.

4.4. Litisconsórcio

Registra o art. 24 da Lei do MS que lhe são aplicados os artigos 46 a 49 do Código de Processo Civil de 1973, que correspondem aos artigos 113, 114, 115, 117 e 118 do Novo Código de Processo Civil.

As disposições concernentes ao litisconsórcio, previstas no CPC, são, portanto, extensíveis ao mandado de segurança.

Litisconsórcio é um "fenômeno de pluralidade de partes, em que o esquema da relação jurídica substancial vai além do mínimo indispensável para ter mais de uma

12. NERY, Nelson; NERY, Rosa Maria de Andrade. *Código de Processo Civil comentado e legislação extravagante*. São Paulo: Saraiva, 2008, p. 178.

pessoa no polo ativo, ou no passivo, ou em ambos".[13] Ao referir-se ao litisconsórcio, a lei não trata daquele formado entre a pessoa jurídica e a autoridade, até porque não há litisconsórcio entre elas.

De acordo com o § 2º do art. 10 da Lei nº 12.016/09, o ingresso de litisconsorte ativo não será admitido após o despacho da petição inicial.

A hipótese refere-se ao que Dinamarco denomina intervenção litisconsorcial voluntária, definida como o "ingresso em processo cognitivo pendente, mediante uma demanda conexa à do autor inicial e com o pedido de tutela jurisdicional da mesma natureza da pedida por este, em face do mesmo réu".[14]

A intervenção litisconsorcial voluntária não se confunde com assistência litisconsorcial. Na primeira, formula-se pedido em favor dos litisconsortes, ao passo que, na assistência, a atuação é direcionada em prol do assistido.

Pode ser apontada como exemplo de intervenção litisconsorcial voluntária a situação em que determinados vereadores ingressam com mandado de segurança contra o presidente da Casa Legislativa, uma vez que este lhes negou o pagamento de determinada verba. Após o ajuizamento da ação, outros vereadores comparecem no mesmo processo e formulam pedido idêntico, requerendo seu ingresso nos autos como parte. Verifica-se que, se for aceita a intervenção litisconsorcial, a sentença beneficiará a todos os litisconsortes, quer sejam iniciais, quer sejam ulteriores.

Para que esse litisconsórcio possa ocorrer no mandado de segurança, faz-se necessária a presença de duas ordens de requisitos.

A primeira delas encontra-se descrita no art. 10, § 2º, da Lei 10.216/2009, mediante a qual o ingresso do litisconsorte somente poderá ocorrer até o despacho da petição inicial.

O *despacho* indicado refere-se àquele em que ocorre a admissibilidade da inicial do mandado de segurança, quando o juiz verifica a presença das condições de ordem genérica e específica, bem como determina a notificação da autoridade apontada como coatora e a intimação da representação judicial.

Se acaso o juiz, em vez disso, determinar a emenda da inicial, ainda estará aberta a possibilidade de ingresso do litisconsorte, o que poderá ocorrer até que o juiz a receba e determine a continuidade do processo.

A restrição temporal indicada na lei é salutar, pois não se pode admitir a intervenção litisconsorcial quando o procedimento já está em estágio avançado, ainda

---

13. DINAMARCO, Cândido Rangel. *Instituições de Direito processual civil*. 6ª ed. São Paulo: Malheiros, 2009, p. 329.
14. DINAMARCO, Cândido Rangel. *Instituições de Direito processual civil*. 6ª ed. São Paulo: Malheiros, 2009, p. 387.

mais no caso do mandado de segurança. De fato, a providência não pode importar em prejuízo ao rito célere estabelecido pela lei.

Há um argumento persuasivo à impossibilidade de cabimento da intervenção litisconsorcial: a ofensa ao princípio do juiz natural, pois os litisconsortes ulteriores saberiam de antemão o juízo que analisaria seu pedido.

A restrição temporal indicada na lei, não obstante, afastará em parte esse argumento, já que os litisconsortes, muito embora saibam o juízo para o qual foi distribuída a ação, desconhecem se o juízo recebeu ou não a inicial, bem como se foi ou não deferida a medida liminar pleiteada.

Outro requisito é a presença de uma das hipóteses do art. 113 do CPC.

De fato, se não estiver presente uma das hipóteses que autoriza o litisconsórcio facultativo, não poderá o terceiro ingressar como tal em processo alheio.

4.5. O polo passivo no mandado de segurança

O polo passivo no mandado de segurança é ocupado pela pessoa jurídica de Direito público, que tem interesse imediato na composição da lide e no resultado do julgamento, pois será quem arcará com as consequências patrimoniais advindas da decisão judicial.

De fato, não é correto afirmar que o polo passivo é ocupado pela autoridade apontada como coatora, até porque esta não arcará com quaisquer ônus ou efeitos decorrentes da sentença judicial. Todos os ônus serão suportados pela pessoa jurídica de Direito público que deverá figurar no polo passivo da ação.

4.6. A autoridade apontada como coatora

A autoridade é a aquela que tenha praticado o ato impugnado ou da qual emane a ordem para sua prática (art. 6º, § 3º, da Lei n. 12.016/2009) e que ocupa determinado cargo ou função, quer em pessoa jurídica de Direito público, quer em pessoa jurídica de Direito privado. Não se confunde com o mero executor do ato.

Se a parte indicar de forma incorreta a autoridade apontada como coatora, deve ser determinada a emenda da petição inicial e, se o caso, a remessa dos autos ao juízo ou tribunal competente. Não mais prevalece o antigo entendimento – que aos poucos já estava sendo superado – no sentido de que a indicação errônea da autoridade apontada como coatora importava na extinção do processo, notadamente diante do princípio da preferência pelo julgamento de mérito (art. 4º do CPC).[15]

De toda forma, ainda que tenha prevalecido a indicação inadequada da autoridade coatora, tem-se a inexistência de vício se for possível a aplicação da *teoria da encampação*, consoante prevê a Súmula nº 628 do Superior Tribunal de Justiça.

---

15. MEIRELLES, Hely Lopes. *Mandado de segurança*. 28ª ed. São Paulo: Malheiros, 2005, p. 63.

> ▶ **Súmula 628:** "A teoria da encampação é aplicada no mandado de segurança quando presentes, cumulativamente, os seguintes requisitos: a) existência de vínculo hierárquico entre a autoridade que prestou informações e a que ordenou a prática do ato impugnado; b) manifestação a respeito do mérito nas informações prestadas; e c) ausência de modificação de competência estabelecida na Constituição Federal".

4.7. O direito líquido e certo como requisito específico de admissibilidade

O mandado de segurança tem um requisito específico de admissibilidade: o direito líquido e certo. Trata-se de condição da ação do *writ* que, se ausente, inviabiliza o exame do mérito.

O direito líquido e certo não se refere ao direito subjetivo da parte, mas à comprovação dos fatos.

Assim, o impetrante terá direito líquido e certo se comprovar os fatos alegados na petição inicial por meio de documentos, não se admitindo a dilação probatória durante o processamento da ação.

Estando ausente o direito líquido e certo, o juiz não concederá a ordem pleiteada. Porém, poderá o impetrante ajuizar outro mandado de segurança, desde que o faça com observância do prazo decadencial (art. 6º, § 6º, da Lei n. 12.016/2009) e valha-se de outros meios de prova para a demonstração dos fatos. Tem-se a técnica da coisa julgada *secundum eventum probationis*.

Estando presentes o direito líquido e certo e as demais condições da ação (interesse de agir e legitimidade de parte), então se admite o exame do mérito, e o magistrado poderá acolher ou denegar a pretensão.

4.8. Inviabilidade da produção de provas no mandado de segurança

Como ficou demonstrado, o autor deverá comprovar os fatos narrados na sua petição inicial por meio de documentos, sendo inviabilizado o requerimento de produção de provas.

4.9. Sentença proferida no mandado de segurança

Da análise dos artigos 6º, § 5º e 21 da Lei 12.016/2009, o legislador propôs a adoção de nomenclatura nos seguintes termos: a sentença poderá ser concessiva de ordem, quando o mérito terá obrigatoriamente sido analisado, ou denegatória de ordem. Neste último caso, o mérito poderá ou não ter sido analisado.

SENTENÇA
- concessiva de ordem
- denegatória de ordem
  - com resolução de mérito
  - sem resolução de mérito

Como visto, a sentença denegatória poderá ser proferida com ou sem resolução do mérito.

4.9.1. Sentença Denegatória da Ordem sem Análise do Mérito

Várias são as causas que justificam a denegação da ordem sem a análise do mérito. O § 5º do art. 6º da Lei n. 12.016/2009 faz referência às hipóteses do art. 267 do CPC de 1973, que atualmente correspondem ao art. 485 do CPC e que devem ser analisadas brevemente diante das particularidades do mandado de segurança.

a) ***Indeferimento da inicial:*** o indeferimento da inicial ocorrerá nas hipóteses indicadas no art. 330 do CPC, todas referentes a situações em que o mérito não será analisado, pois o reconhecimento de prescrição ou a sentença liminar de improcedência, por exemplo, não mais estão incluídas como situações de indeferimento da inicial;

b) ***o processo ficar parado durante mais de um ano por negligência das partes:*** tal conduta se mostra ainda mais grave no mandado de segurança, que é uma via rápida de solução de litígio;

c) ***por não promover os atos e as diligências que lhe incumbirem, o autor abandonar a causa por mais de trinta dias:*** o abandono da causa pelo impetrante constitui medida que vai na contramão de direção da celeridade do mandado de segurança;

d) ***ausência dos pressupostos processuais de constituição e desenvolvimento válido:*** a ausência dos pressupostos processuais positivos acarretará no proferimento de sentença sem resolução do mérito;

e) ***verificar ausência de legitimidade ou de interesse processual:*** correspondem às condições da ação. É verdade que a permanência desta categoria processual está sendo questionada doutrinariamente, mas, segundo aqui se defende, não há motivo para sua exclusão. Note-se que a possibilidade jurídica do pedido deixou de ser uma condição da ação para ser tratada como mérito. Assim, se o magistrado reconhecer a impossibilidade jurídica do pedido, o fará por meio de sentença com análise de mérito, denegando-se a ordem pleiteada. Além dessas condições da ação, deve ser lembrado de que existe uma condição específica, que se refere ao direito líquido e certo;

f) ***acolher a alegação de existência de convenção de arbitragem ou quando o juízo arbitral reconhecer sua competência:*** é possível que as partes, ainda que uma delas se refira a pessoa jurídica de Direito público, tenham convencionado resolver eventual litígio entre elas pela arbitragem. Interessante que tal convenção não pode ser feita diretamente com a autoridade apontada como coatora, mas exclusivamente com a própria pessoa que aquela faz presente em eventual ação;

g) ***homologar a desistência da ação:*** em conformidade com jurisprudência proveniente do Superior Tribunal de Justiça, é possível ao impetrante desistir, a qualquer momento, da continuidade do processo de mandado de segurança, sem que haja necessidade de consentimento da parte contrária.[16] Tal desistência poderá ocorrer mesmo após a prolação de sentença de mérito;[17]

h) ***em caso de morte da parte, a ação for considerada intransmissível por disposição legal:*** o direito de ajuizar o mandado de segurança é personalíssimo, de modo que, uma vez ocorrido o falecimento da parte, deverá ser denegada a ordem sem análise de mérito. Nesse sentido, não é cabível a sucessão de partes no mandado de segurança, permitindo-se, no entanto, tal habilitação se o feito estiver em fase de cumprimento de sentença (execução). A propósito, o termo demarcatório permissivo da habilitação é o trânsito em julgado da fase de conhecimento;[18]

i) ***nos demais casos prescritos neste Código:*** a inobservância do prazo decadencial para o ajuizamento do mandado de segurança é causa de denegação da ordem sem que o mérito seja analisado. A decadência, nesse caso, não é do direito em si, pois se permite que a parte se valha de outra ação, mas da própria possibilidade de utilizar a via rápida do mandado de segurança.

4.9.2. Denegação com análise de mérito ou Concessão da Ordem

Poderá o magistrado reconhecer que se encontram presentes todos os pressupostos processuais e condições da ação que permitam a análise do mérito apontado no mandado de segurança. Nesse caso, proferirá sentença denegatória da ordem, porém, analisando-se o mérito (art. 487, I do CPC), pois rejeitou o pedido formulado na inicial.

Em tal situação, a sentença terá natureza declaratória e fará coisa julgada material, afastando a possibilidade de o impetrante discutir a questão no mesmo ou em outro processo.

De outro lado, poderá o magistrado conceder a ordem pleiteada, quando então acolherá o pedido formulado na petição inicial (art. 487, I, do CPC). Trata-se de pronunciamento de natureza mandamental, pois encerra ordem dirigida à autoridade apontada como coatora, cujos ônus serão suportados pela pessoa a que vinculada (ou que faz presente). Poderá a sentença, ainda, ser desconstitutiva, declaratória e até executiva e declaratória.

---

16. Conforme decidido pelo Supremo Tribunal Federal, no RE 669.367, submetido ao regime de repercussão geral, publicado do *DJe* de 30.10.2014.
17. AgRg no REsp 1212141/RJ, Rel. Ministro Napoleão Nunes Maia Filho, Primeira Turma, julgado em 16/02/2016, *DJe* 26/02/2016.
18. AgRg no ExeMS 115/DF, Rel. Ministro Humberto Martins, Primeira Seção, julgado em 08/04/2015, *DJe* 15/04/2015.

Concedido o mandado de segurança, o juiz determinará sua transmissão, em ofício, à autoridade coatora e à pessoa jurídica, para cumprimento integral da decisão, bem como determinará a cientificação da representação judicial da pessoa jurídica. Em caso de urgência, a transmissão poderá ocorrer mediante telegrama, radiograma, fax ou outro meio idôneo.

Interessante que o art. 13, como indicado, determina a comunicação do ato também à pessoa jurídica, não a restringindo à autoridade coatora.

4.10. Coisa julgada e Cumprimento de Sentença

A coisa julgada é uma garantia constitucional, tendente à preservação da estabilidade das relações jurídicas. Consiste na imutabilidade da "norma jurídica individualizada contida na parte dispositiva de uma decisão judicial".[19]

Conforme a extensão da imutabilidade, tem-se a coisa julgada formal ou a coisa julgada material.

A coisa julgada formal, também denominada preclusão máxima, consiste na impossibilidade de rediscussão no mesmo processo, sendo, porém permitida em outros processos.

Particularmente no mandado de segurança, haverá coisa julgada apenas formal quando for denegada a ordem, por meio de sentença sem resolução do mérito, o que não impedirá, em tese, que o impetrante ingresse com nova ação.

Nesse sentido, importante a análise do art. 19 da Lei 12.016/09, *in verbis*: "A sentença ou o acórdão que denegar mandado de segurança, sem decidir o mérito, não impedirá que o requerente, por ação própria, pleiteie os seus direitos e os respectivos efeitos patrimoniais."

Pois bem, se o juiz denegar a ordem, com sentença sem resolução do mérito, poderá, por certo, o impetrante pleitear seu direito e os efeitos patrimoniais. Como exemplo, o juiz denega a segurança em razão de reconhecer ausência de direito líquido e certo. Nesse caso, poderá o impetrante valer-se de outra ação que não o mandado de segurança e buscar a tutela de seu direito.

Mesmos quando negada a ordem, sem análise do mérito, podem surgir situações em que o impetrante não poderá renovar a ação, ou, pelo menos, não poderá fazê-lo sem regularizar o vício existente.

Desse modo, se é reconhecida a ilegitimidade ativa do impetrante, não poderá ele repropor a ação, apesar de ser antes proferida sentença sem resolução do mérito.

---

19. DIDIER JR., Fredie; BRAGA, Paulo Sarno; OLIVEIRA, Rafael. *Curso de Direito processual civil*. v. II. 2ª ed. Salvador: JusPodivm, 2007, p. 552.

Formando-se a coisa julgada, é possível o cumprimento do julgado, especialmente com relação **a seus efeitos patrimoniais**, podendo ser objeto de execução, contra a pessoa jurídica, nos próprios autos do mandado de segurança, seguindo-se o regime de cumprimento de obrigação consubstanciada em título executivo judicial (arts. 535 e seguintes do CPC).

A propósito, sempre prevaleceu o entendimento de que poderiam ser englobadas no cumprimento de sentença unicamente as prestações que vencessem após a data de ajuizamento da inicial, não abarcando valores anteriores, que deveriam ser objeto de ação de conhecimento própria (art. 14, § 4º).

De toda forma, se reconhecido o direito em mandado de segurança coletivo, poderão os interessados se valer do título executivo judicial e promover a respectiva liquidação (se for necessária) e a execução individual. Nessa hipótese, o prazo de prescrição da pretensão para a cobrança se inicia quando do trânsito em julgado da sentença condenatória coletiva.[20]

4.11. Os recursos no mandado de segurança

Dos pronunciamentos jurisdicionais, monocráticos e colegiados proferidos no mandado de segurança, serão cabíveis os seguintes recursos:

a) *Das decisões interlocutórias proferidas pelos juízes de primeiro grau:* como já visto, o Novo Código de Processo Civil adotou como regra a irrecorribilidade das decisões interlocutórias proferidas pelo juízo de primeiro grau, cujas questões decididas podem ser impugnadas tão somente quando da interposição do recurso de apelação, ou nas contrarrazões. Excepcionam a regra os casos mencionados no art. 1.015 do Novo Código de Processo Civil, que traz rol das situações em que será cabível a impugnação por meio do recurso de agravo de instrumento.

20. Processual civil e tributário. Agravo interno. Execução (individual) de título judicial. Mandado de segurança coletivo. Prescrição. Prazo. Termo *a quo*. 1. Consoante pacífica jurisprudência desta Corte Superior, o prazo para propositura de execução contra a Fazenda Pública, nos termos do art. 1º do Decreto n. 20.910/1932 e da Súmula 150 do Supremo Tribunal Federal, é de cinco anos, contados do trânsito em julgado do processo de conhecimento, momento em que o título executivo se torna líquido e certo, incidindo o princípio da *actio nata*. Precedentes. 2. No julgamento do REsp 1.388.000/PR, representativo de controvérsia, a Primeira Seção superou as divergências sobre o tema, ao definir que o prazo prescricional para a execução individual é contado do trânsito em julgado da sentença coletiva, sendo desnecessária a providência de que trata o art. 94 da Lei n. 8.078/1990. 3. As turmas da Seção de Direito Público do STJ decidiram que a prescrição da execução, assim como a prescrição da própria ação de repetição do indébito tributário, é de cinco anos, não havendo falar em prazo de dez anos (cinco mais cinco) (AgRg nos EDcl no AREsp 637.311/DF, Rel. Ministro Mauro Campbell Marques, Segunda Turma, julgado em 14/04/2015, DJe 17/04/2015). 4. A pretensão executiva foi atingida pela prescrição, pois a execução da sentença foi iniciada em 20/06/2011, isto é, após cinco anos do trânsito em julgado do *writ*, em 28/02/2005. 5. Agravo interno desprovido (AgInt nos EDcl no REsp 1532022/DF, Rel. Ministro Gurgel de Faria, Primeira Turma, julgado em 27/10/2016, *DJe* 02/12/2016).

É necessário verificar como se comportará tal regra em relação ao procedimento do mandado de segurança.

Em primeiro lugar, deve ser registrado que o art. 7º, § 1º, da Lei 12.016/2009 prevê que da decisão do juiz de primeiro grau que conceder ou denegar a liminar caberá agravo de instrumento.

Não haverá conflito entre o previsto na Lei 12.016/2009 e no CPC, pois este prevê, entre as hipóteses de cabimento do agravo de instrumento, a impugnação da decisão interlocutória que versar sobre as tutelas provisórias (de urgência e da evidência).

A tutela de urgência será deferida quando houver elementos que evidenciem a probabilidade do direito e o perigo de dano ou o risco ao resultado útil do processo (art. 300 do CPC). Poderá ter natureza antecipada e cautelar.

Por sua vez, a tutela da evidência será concedida independentemente da demonstração de perigo de dano ou de risco ao resultado útil do processo. Nesse caso, o pronunciamento é fundado em cognição não exauriente, "que antecipa ao autor o acesso ao bem da vida apenas por conta da evidência de seu direito, sem exigir, como pressuposto fático, *o periculum in mora*".[21] Verifica-se um "alto grau de verossimilhança das alegações do autor".[22]

De acordo com o art. 7º, III, da Lei 12.016/2009, poderá ser deferida liminar quando houver fundamento relevante e do ato impugnado puder resultar a ineficácia da medida, caso seja finalmente deferida.

Dessa maneira, a liminar do mandado de segurança poderá ser fundada na urgência, pois do ato impugnado puder resultar a ineficácia da medida, sem prejuízo de também o ser na tutela da evidência, notadamente porque os fatos já devem estar devidamente comprovados por meio de documentos.

Tanto em um como no outro caso, será cabível a interposição do recurso de agravo de instrumento.

Importante registrar que o agravo de instrumento não importará em prejuízo ao conhecimento do pedido de suspensão de eficácia de liminar, a ser requerido diretamente ao presidente do tribunal de Justiça competente para análise do recurso, e ambos podem ser utilizados diante da decisão proferida.

b) *Da sentença de indeferimento da inicial:* da sentença que importe no indeferimento da inicial caberá o recurso de apelação (art. 10, § 1º, da Lei 12.016/09).

c) *Do indeferimento da inicial e da decisão que concede ou nega liminar pleiteada, por decisão monocrática de relator no mandado de segurança de competência originária de tribunal:* é sabido que a Constituição Federal e as Constituições

---

21. BORDARD, Bruno Vinícius. *Tutela de evidência*. São Paulo: RT, 2014, p. 127.
22. *Idem*, p. 127.

estaduais reservam aos tribunais a competência originária para o julgamento de mandados de segurança impetrados contra determinadas autoridades.

Nesse passo, incidindo quaisquer das hipóteses do art. 10, *caput*, da Lei 12.016/09, deverá o relator indeferir a petição inicial, proferindo pronunciamento sem a análise de mérito. Da mesma forma, competirá ao relator a análise da possibilidade ou não de concessão da liminar (art. 16, parágrafo único, da Lei 12.016/09). Contra decisão proferida pelo relator caberá agravo interno para o respectivo colegiado, observadas, quanto ao processamento, as regras do regimento interno do tribunal.

d) *Sentença que julga o mérito do mandado de segurança, concedendo ou denegando a ordem:* da sentença que analisa o mérito é cabível o recurso de apelação.

Houve previsão da possibilidade de interposição do recurso pela própria autoridade coatora (art. 14, § 2º, da Lei 12.016/09). Tal situação é merecedora de algumas considerações.

Primeiro, a concessão de legitimidade recursal à autoridade apontada como coatora em momento algum exclui a possibilidade de recurso pela pessoa jurídica da qual aquela faz parte. Com efeito, a própria lei deixa claro que esse direito se *estende à autoridade coatora.*

Segundo, deverá a autoridade demonstrar interesse recursal, de modo que somente poderá recorrer quando for pessoalmente prejudicada pelo julgado, ou ao menos puder responder, via regressiva, pelas consequências do ato cassado.

e) *Das decisões proferidas em única instância pelos Tribunais:* da decisão colegiada proferida em única instância pelos tribunais de Justiça ou tribunais regionais federais, caberá simultaneamente o recurso especial ao Superior Tribunal de Justiça e o recurso extraordinário ao Supremo Tribunal Federal. Nesse diapasão, a lei adequou a sistemática recursal à norma constitucional, especialmente ao contido nos arts. 102, III, e 105, III. No mesmo sentido, sendo denegada a ordem, competirá ao autor ingressar com recurso ordinário ao Superior Tribunal de Justiça, no caso de decisão emanada de Tribunal de Justiça ou de Tribunal Regional Federal (art. 105, II, *b*, da CF/1988), ou ao Supremo Tribunal Federal, quando proferida por Tribunal Superior (art. 102, II, *a*, da CF/1988).

f) *Impossibilidade de interposição de embargos infringentes:* nos termos do art. 25 da Lei 12.016/09, não são cabíveis embargos infringentes das decisões proferidas pelos órgãos colegiados.

De toda forma, tal recurso não é mais previsto no CPC.

É verdade que o art. 942 do CPC trouxe importante regra segundo a qual, quando o resultado da apelação for não unânime, o julgamento terá prosseguimento em sessão a ser designada com a presença de outros julgadores, convocados em número suficiente para garantir a possibilidade de inversão do resultado inicial, assegurado às partes e a eventuais terceiros o direito de sustentar oralmente suas razões perante os novos julgadores.

Trata-se, como se vê, de técnica de julgamento da apelação não unânime, interposta diante de sentença de mérito.[23]

Os recursos interpostos das decisões proferidas em mandado de segurança terão prioridade de processamento, salvo quanto ao *habeas corpus*, devendo ser levados a julgamento na primeira sessão que se seguir à data em que forem conclusos ao relator, e o prazo para conclusão dos autos não poderá exceder cinco dias (art. 20, *caput* e §§ 1º e 2º, da Lei 12.016/09).

Proferida nos recursos, a decisão deverá ser publicada em trinta dias contados da data do julgamento. Não respeitado esse prazo, o acórdão será substituído pelas respectivas notas taquigráficas, independentemente de revisão.

4.12. Mandado de Segurança Coletivo

O mandado de segurança também poderá ser espécie de ação coletiva para a tutela de determinados interesses.

Nesse sentido, assegura-se a possibilidade de ajuizamento do mandado de segurança coletivo por partido político com representação no Congresso Nacional ou por organização sindical, entidade de classe ou associação legalmente constituída e em funcionamento há pelo menos um ano, em defesa dos interesses de seus membros ou associados (art. 5º, LXX, da Constituição Federal).

O Superior Tribunal de Justiça também admite a legitimação ativa do Ministério Público para ao ajuizamento de mandado de segurança coletivo, defendendo-se que o *Parquet* pode se valer da ação necessária para a defesa de interesses metaindividuais.[24]

A Lei n. 12.016/2009, em seu artigo 21, regulamenta tal possibilidade, mas restringe seu alcance à defesa de direitos líquidos e certos da totalidade ou de parte dos membros ou associados, na forma dos seus estatutos, e desde que pertinentes às suas finalidades, dispensada, para tanto, autorização especial.

A partir de tal redação, defendeu-se, não sem críticas, que o mandado de segurança coletivo não tutela interesse difusos, estando restrito aos interesses coletivos

---

23. Nery e Nery defendem que, "muito embora o CPC 942 não consigne expressamente essa exigência, como o fazia o CPC/1973 530, ela é dedutível do contexto, porquanto admite a instauração do procedimento em caso de agravo de instrumento, quando a decisão interlocutória houver parcialmente decidido o mérito e for reformada". NERY JÚNIOR, Nelson; NERY, Rosa Maria de Andrade. *Comentários ao Código de Processo Civil. CPC – Lei 13.105/2015*, 2015. São Paulo: RT, p. 1.870.
24. AgRg no AREsp 746.846/RJ, Rel. Ministro Herman Benjamin, Segunda Turma, julgado em 15/12/2015, *DJe* 05/02/2016.

e individuais homogêneos. As críticas a tal entendimento são várias e podem ser resumidas no fato de que a lei importaria em restringir o alcance da própria Constituição Federal.

O entendimento, porém, foi objeto de análise do julgamento da Medida Cautelar em Mandado de Segurança nº 34.070-DF, Relatoria do Ministro Gilmar Mendes, quando se reconheceu que o mandado de segurança coletivo poderá ser utilizado para a tutela de interesses difusos.

4.13. Execução Individual da Sentença Coletiva

Concedida a ordem em mandado de segurança coletivo, poderá o beneficiado dar início à liquidação ao cumprimento de sentença e/ou o próprio cumprimento de sentença, se verificar que existem efeitos patrimoniais reflexos.

Em relação à execução individual, o Superior Tribunal de Justiça reconheceu que o prazo prescricional para a execução individual é contado do trânsito em julgado da sentença coletiva, sendo desnecessária a providência de que trata o art. 94 da Lei n. 8.078/1990 (Resp 1.388.000/PR, representativo de controvérsia).

4.14. Sustentação oral em Tribunal

O art. 16 da Lei do Mandado de Segurança (Lei nº 12.016/2009) foi alterado para permitir a defesa oral do pedido de **liminar** na sessão em que tal medida for julgada, passando a ter a seguinte redação: "Art. 16. Nos casos de competência originária dos tribunais, caberá ao relator a instrução do processo, sendo assegurada a **defesa oral** na sessão do julgamento do mérito **ou do pedido liminar**" [grifo nosso].

O Código de Processo Civil, em seu art. 937, prevê as hipóteses em que se admitirá a sustentação oral, entre elas, quando do julgamento do mandado de segurança, o que demonstra o alinhamento do dispositivo com o que já estava previsto na Lei nº 12.016/2009. Contudo, não prevê expressamente a viabilidade de tal deferimento quando da análise do pedido liminar.

É certo, de outro lado, que, partindo-se da viabilidade da sustentação oral no julgamento do agravo de instrumento interposto contra decisões interlocutórias que versem sobre tutelas provisórias, era razoável defender o cabimento da sustentação também quando do julgamento do pedido de liminar em mandado de segurança em processo de competência originária do Tribunal.

Por fim, é de se ressaltar a aplicabilidade do dispositivo também perante as Turmas Recursais dos Juizados Especiais Cíveis e Federais, nas hipóteses em que admitido o processamento do *writ* naquela instância.

5. AÇÃO POPULAR

5.1. Definição

Trata-se de ***remédio constitucional*** que tem por finalidade **corrigir atos lesivos ao patrimônio público ou de entidade de que o Estado participe, à moralidade administrativa, ao meio ambiente e ao patrimônio histórico e cultural.**

A Constituição Federal foi responsável pela ampliação de seu objeto, voltando-se também **à defesa de interesses metaindividuais, entre eles o meio ambiente.**

A ação popular pode ser estudada sob três enfoques: constitucional, administrativo e processual. Isso porque, a um só tempo, é uma ***garantia constitucional***, que efetiva o ***controle*** dos atos administrativos pelo cidadão, sendo uma *ação civil.*

5.2. Espécie do gênero ações coletivas

A regulamentação da Ação Popular pela Lei 4.717/65, e sua posterior alteração pela Lei 6.513/77, que considerou patrimônio público "os bens e direitos de valor econômico, artístico, estético, histórico e turístico", proporcionou a tutela de interesses difusos por meio de uma ação, abandonando-se o modelo derivado da tradição do processo civil individualista existente.[25]

Vinte anos depois, foi sancionada a Lei 7.347/85, conhecida como Lei da Ação Civil Pública, que, além de disciplinar um novo procedimento, inaugurou um novo subsistema de processo, direcionado à tutela dos direitos transindividuais, particularizados por não se encontrarem sob o domínio jurídico de uma pessoa, mas de uma coletividade.[26]

Posteriormente, com a Constituição Federal de 1988, foi registrada, de forma expressa, a tutela de diversos direitos com natureza transindividual, como o meio ambiente (art. 225), a proteção do consumidor (art. 5º, XXXII), a preservação da probidade administrativa (art. 37, § 4º), bem como a proteção à infância e juventude. O Texto Constitucional também conferiu legitimação ao Ministério Público para a tutela de qualquer espécie de direitos e interesses difusos e coletivos (art. 129, III).

Além disso, a Constituição Federal conferiu legitimação aos partidos políticos com representação no Congresso Nacional, às organizações sindicais, às entidades de classe e às associações para impetrar mandado de segurança coletivo, em defesa dos interesses de seus membros ou associados (art. 5º, LXX, *b*).

Pouco depois, foram aprovados o Estatuto da Criança e do Adolescente (Lei 8.069/90) e o Código de Defesa do Consumidor (Lei 8.078/90).

---

25. ZAVASCKI, Teori Albino. *Processo coletivo – tutela de direitos coletivos e tutela coletiva de direitos.* 3ª ed. São Paulo: RT, 2008, p. 34.
26. ZAVASCKI, Teori Albino. Op. cit., p. 35.

O Estatuto da Criança e do Adolescente, nos arts. 208 a 224, reporta-se à "proteção judicial dos interesses individuais, difusos e coletivos", tratando da tutela jurisdicional coletiva dos interesses daquelas pessoas, paralela à tutela socioindividual e à tutela socioeducativa, conforme constatado por Paulo Afonso Garrido de Paula.[27]

No mesmo ano, também foi aprovado o Código de Defesa do Consumidor, responsável pela definição dos interesses difusos, coletivos e individuais homogêneos (art. 82).

A partir desse conjunto normativo, reconhece-se a existência de um "subsistema específico, rico e sofisticado, aparelhado para atender aos conflitos coletivos, característicos da sociedade moderna",[28] denominado Direito processual coletivo, dividido, na concepção de Gregório Assagra de Almeida, em *especial* e *comum*.[29]

Para Gregório Assagra de Almeida, o Direito processual coletivo especial

> [...] engloba as demandas no controle da (in)constitucionalidade das leis e atos públicos, compreendendo o contraste por via de ação (ADIn, ADCon, inconstitucionalidade por omissão, descumprimento de preceito fundamental), previstas na Constituição Federal e reguladas pelas Leis 9.868 e 9.882, de 1999.[30]

Identificou o autor, ainda, o Direito processual coletivo comum, decorrente de três dispositivos constitucionais:

a) Art. 1º, que consagrou o Estado Democrático de Direito, o qual deve ser responsável pela transformação da realidade social com justiça, o que demanda a existência de instrumento potencializado de tutela dos direitos massificados;

b) Art. 5º, XXXV, pelo qual o Judiciário é tutelador de direitos individuais e de direitos coletivos, sem qualquer restrição;

c) Art. 129, III, que consagrou o princípio da não taxatividade da ação coletiva.[31]

Assim, o processo coletivo comum engloba a ação civil pública, a ação popular, o mandado de injunção, o mandado de segurança coletivo, o dissídio coletivo, a impugnação de mandato eletivo e a ação direta interventiva.

Por ação coletiva entende-se aquela que apresenta pretensão de natureza coletiva e que tenha, concomitantemente, três fatores: ***legitimidade ativa coletiva,***

---

27. PAULA, Paulo Afonso Garrido de. *Direito da criança e do adolescente e tutela jurisdicional diferenciada*. São Paulo: RT, 2002, p. 91.
28. ZAVASCKI, Teori Albino. Op. cit., p. 36.
29. MANCUSO, Rodolfo de Camargo. *Jurisdição coletiva e coisa julgada. teoria geral das ações coletivas*. 2ª ed. São Paulo: RT, 2007, p. 72-73.
30. MANCUSO, Rodolfo de Camargo. Op. cit., p. 73.
31. *Ibidem*.

objeto coletivo em regime lato e regime de coisa julgada aplicável para beneficiar a coletividade em juízo.

5.3. Legitimação ativa coletiva

É possível apontar a existência de três técnicas de legitimação adotadas internamente, tal como fez Fredie Didier Jr.:

a) legitimação do *cidadão* (particular) para as ações populares;

b) legitimação de pessoas jurídicas de Direito privado que possam representar a *coletividade*, como ocorre com associações, partidos políticos, sindicatos;

c) legitimação de órgãos do Poder Público e de pessoas jurídicas de Direito público, como ocorre, por exemplo, na ação civil pública.

5.4. Legitimação para a propositura da ação popular

A legitimação para a propositura da ação popular consta na Constituição Federal (art. 5º, LXXIII) e nos arts. 1º e 4º, da Lei 4.717/65. Portanto, somente o ***brasileiro*** (nato ou naturalizado), que ostente a condição de ***eleitor***, poderá ajuizá-la.

O autor popular agirá como substituto processual da coletividade e, por isso, se acaso abandonar a causa, poderá o polo ativo ser ocupado por outro legitimado. Supletivamente, poderá o Ministério Público assumir o polo ativo, se nenhum outro legitimado o fizer.[32]

Exclui-se a possibilidade de ser ajuizada por pessoa jurídica (Súmula 365, STF). Somente poderá ser ajuizada por aquele que se encontre no exercício pleno do direito político de eleger os representantes do povo.

O Superior Tribunal de Justiça também admite que a ação popular seja ajuizada pelo **Ministério Público**, legitimando-o a toda e qualquer demanda que vise à defesa dos interesses difusos e coletivos, sob os ângulos material ou imaterial.[33]

5.5. Polo passivo

De acordo com o art. 6º da Lei 4.717/65, o polo passivo da ação popular é bem abrangente, devendo constar: a pessoa jurídica lesada, o agente causador ou produtor direto do ato sindicado e ainda o beneficiado direto. Portanto, é subjetivamente complexo.

Trata-se, portanto, de ***litisconsórcio necessário*** e, pelo menos em um ponto, *unitário*, na medida em que a desconstituição do ato alcançará a todos.

---

32. REsp 638.011/RJ, Rel. Ministro Luiz Fux, Primeira Turma, julgado em 25/04/2006, *DJ* 18/05/2006, p. 182.
33. AgRg no AREsp 746.846/RJ, Rel. Ministro Herman Benjamin, Segunda Turma, julgado em 15/12/2015, *DJe* 05/02/2016.

A Administração Pública, embora conste necessariamente no polo passivo da ação como ré, poderá, a seu critério: i) contestar; ii) não contestar e assistir o autor; iii) quedar-se inerte. Fator determinante da escolha: ***o interesse público***.

O STJ já decidiu pela possibilidade da modificação da situação da Administração.[34]

5.6. Do Procedimento da Ação Popular

O polo passivo será citado para oferecer resposta no prazo comum de vinte dias. Tal prazo será contado **em dias úteis**. Poderá ser prorrogado uma única vez, por igual período, a requerimento do interessado, se particularmente difícil a produção da prova comum.

Admite-se, contudo, que por obra do juiz haja a ampliação do prazo para o oferecimento de resposta (art. 139, VI, CPC).

Ainda que existam litisconsortes com diversos procuradores de escritórios distintos e não se trate de processo eletrônico, o prazo para oferecimento de resposta não será contado em dobro. Porém, o prazo diferenciado será aplicado para o caso de recurso.

A pessoa jurídica de Direito público lesada será citada em litisconsórcio passivo necessário (não unitário). Nesse caso, tal como ocorre na ação de improbidade administrativa, poderá escolher o polo da ação que ocupará. Por isso, poderá defender o ato administrativo praticado, quando permanecerá no polo passivo da ação. De outro lado, poderá optar por integrar o polo ativo da demanda, para que o pleito apresentado seja acolhido. Ou, então, permanecerá inerte.

A escolha compete ao representante da Administração Pública e terá por fundamento o interesse público. Uma vez ocorrida a escolha, porém, será possível modificá-la posteriormente.

Uma vez citados os réus e apresentadas as respostas, determinará o magistrado a produção de provas, se necessário for.

Admite-se na ação popular o julgamento antecipado parcial da lide, hipótese em que o magistrado acolherá de imediato, por meio de decisão interlocutória de mérito, um dos pedidos, prosseguindo-se a demanda em relação aos demais. Tem-se, também, a possibilidade do julgamento antecipado da lide (total).

Sendo desnecessária a prova, ou se já produzida, proferirá o magistrado sua sentença, acolhendo ou rejeitando o pedido formulado pelo autor popular.

---

34. STJ, 2ª T., REsp 1185928/SP, Rel. Ministro Castro Meira, j. 15.06.2010, *DJe* 28.06.2010.

5.7. Da Sentença na Ação Popular

A sentença de procedência desconstituirá o ato administrativo praticado e determinará que o Erário seja ressarcido dos prejuízos sofridos, se houver danos.

5.8. Da Coisa Julgada

A sentença de procedência fará coisa julgada *erga omnes*, podendo ser executada pelo próprio autor popular, outro legitimado ou, ainda, pelo Ministério Público. Trata-se de coisa julgada *secundum eventum litis*.

Em relação à sentença de improcedência, por sua vez, deve ser verificado seu fundamento. Como se vê, constitui-se exceção à regra da coisa julgada, que é *pro et contra*. Desse modo, se a sentença reconhecer a ausência de provas, será admitido o ajuizamento de nova ação popular, desde que existam outras provas. De outro lado, se reconhecido que houve o esgotamento das provas, em tese, não é possível o ajuizamento de nova ação popular.

5.9. Remessa Necessária

Como já visto, a remessa necessária é condição de eficácia da sentença proferida contra as pessoas jurídicas de Direito público. O CPC alterou de forma significativa os valores das condenações que ensejarão a remessa obrigatória aos tribunais, o que reduzirá, e muito, a sua incidência.

A remessa necessária, porém, não ocorrerá somente nos casos mencionados no CPC, mas também nas hipóteses indicadas na legislação esparsa. Nesse sentido, o art. 14 da Lei do Mandado de Segurança indica que, no caso de concessão de ordem, estará a sentença sujeita a remessa necessária.

Também ocorre essa previsão na ação popular. Assim, no caso de reconhecimento de carência ou de improcedência desta ação, será obrigatória a remessa dos autos ao tribunal, para reanálise da questão.

Note-se que, nesse caso, a remessa necessária não é justificada por ser a sentença proferida contra a pessoa jurídica de Direito público, mas porque o interesse público pode não ter sido tutelado, na medida em que a ação popular não foi conhecida ou foi julgada improcedente.

Amparado nesse entendimento e aplicando-se o Sistema Único Coletivo, derivado do complexo de leis que tratam das ações coletivas, já se utilizou esse entendimento para ações civis públicas.

Por isso, reconhecida a falta de condição da ação ou a improcedência da ação civil pública, estará a sentença sujeita à remessa necessária, ainda que não tenha o Poder Público em um dos polos da ação. A ideia, nesse caso, é que o interesse metaindividual pode não ter sido tutelado.

6. HABEAS DATA

6.1. Previsão constitucional e regulamentação procedimental

O *habeas data* foi previsto na Constituição Federal como um remédio constitucional destinado a (i) assegurar o conhecimento de informações relativas à pessoa do impetrante, constantes de registros ou bancos de dados de entidades governamentais ou de caráter público; ou então (ii) para a retificação de dados, quando não se prefira fazê-lo por processo sigiloso, judicial ou administrativo.

Como se pode ver, tem a ação a função de conhecimento, retificação ou assentamento, que podem estar concentradas em uma única ação.[35]

O seu procedimento está regulado pela Lei 9.507/97.

6.2. Legitimidade

Podem propor o *habeas data* as pessoas físicas, nacionais e estrangeiras, e as pessoas jurídicas.

No polo passivo figurarão as instituições públicas e as privadas que tenham caráter público (assim identificadas aquelas que disponibilizam informações a terceiros).

6.3. Condições específicas para a ação

Há uma condição específica para o ajuizamento do *habeas data*: a necessidade de provar a negativa da Administração Pública ou da pessoa jurídica de Direito privado quanto ao pleito do autor.

Além disso, tal como ocorre com o mandado de segurança, também há necessidade do direito líquido e certo, conforme discorreu Walber de Moura Agra:

> Uma especificidade do instituto ora analisado é a exigência de direito líquido e certo como requisito para a sua admissão, implicando que o direito pleiteado deve ser certo na sua existência e limitado em seu conteúdo, sem possibilidade de dilação probatória. Mesmo a Lei 9.507/97 não expressamente a prevendo, o motivo maior não é de razão positiva, mas de razão lógica, em decorrência de que o procedimento célere previsto nesse dispositivo não comporta produção de prova.[36]

6.4. Aspectos procedimentais

A petição inicial deve ser instruída com a: (i) recusa ao acesso às informações ou do decurso do prazo de **10 dias** sem decisão; (ii) recusa em fazer-se a retificação

---

35. AGRA, Walber de Moura. *Comentários à Constituição Federal* (org. CANOTILHO, J. J. Gomes *et al.*). São Paulo: Saraiva, 2014, p. 486.
36. AGRA, Walber de Moura. *Comentários à Constituição Federal* (org. CANOTILHO, J. J. Gomes *et al.*). São Paulo: Saraiva, 2014, p. 488.

ou do decurso de mais de **15 dias**, sem decisão; ou então (iii) da recusa em fazer-se a anotação possibilitada pelo assentamento ou o decurso do prazo de **15 dias**.

Ajuizada a ação, a autoridade impetrada será notificada para apresentar informações no prazo de 10 dias, seguindo-se o parecer do Ministério Público em 5 dias, proferindo o magistrado a sentença.

Sendo de procedência a sentença, eventual apelação será recebida apenas em seu efeito devolutivo.

6.5. Competência

Em conformidade com o art. 20 da Lei 9.507/97, o julgamento do *habeas data* compete:

I - originariamente:

a) ao Supremo Tribunal Federal, contra atos do Presidente da República, das Mesas da Câmara dos Deputados e do Senado Federal, do Tribunal de Contas da União, do Procurador-Geral da República e do próprio Supremo Tribunal Federal;

b) ao Superior Tribunal de Justiça, contra atos de Ministro de Estado ou do próprio Tribunal;

c) aos tribunais regionais federais contra atos do próprio tribunal ou de juiz federal;

d) a juiz federal, contra ato de autoridade federal, excetuados os casos de competência dos tribunais federais;

e) a tribunais estaduais, segundo o disposto na Constituição do estado;

f) a juiz estadual, nos demais casos;

II - em grau de recurso:

a) ao Supremo Tribunal Federal, quando a decisão denegatória for proferida em única instância pelos Tribunais Superiores;

b) ao Superior Tribunal de Justiça, quando a decisão for proferida em única instância pelos tribunais regionais federais;

c) aos tribunais regionais federais, quando a decisão for proferida por juiz federal;

d) aos tribunais estaduais e ao do Distrito Federal e territórios, conforme dispuserem a respectiva Constituição e a lei que organizar a Justiça do Distrito Federal;

III – mediante recurso extraordinário ao Supremo Tribunal Federal, nos casos previstos na Constituição.

7. AÇÃO DE IMPROBIDADE ADMINISTRATIVA

7.1. Aspectos de direito material

Os atos de improbidade administrativa poderão implicar a "suspensão dos direitos políticos, a perda da função pública, a indisponibilidade dos bens e o ressarcimento ao Erário, na forma e gradação previstas em lei, sem prejuízo da ação penal cabível" (art. 37, § 4º, CF).

Para tanto, há necessidade da instauração de uma ação própria, a fim de que haja a apuração da autoria desses atos, aplicando o juiz, no final, a respectiva sanção prevista. Trata-se, em verdade, de uma espécie de ação coletiva, com rito específico.

O disposto no § 4º do art. 37 foi regulamentado pela Lei 8.429/1992, ato normativo este que dispôs, basicamente, sobre quatro aspectos: a) sujeitos do ato de improbidade; b) tipologia; c) sanções; d) procedimento administrativo e judicial.[37]

a) Sujeitos do ato de improbidade

Podem ser apontados os sujeitos ativos e passivos do ato de improbidade administrativa, assim identificados pelo art. 3º da LIA: (i) agentes públicos, servidores ou não; (ii) terceiros que, mesmo não sendo agentes públicos, induzam ou concorram para a prática do ato ou dele se beneficiem sob qualquer forma direta ou indireta.[38]

No que tange aos **agentes políticos**, registre-se a problemática envolvendo a possibilidade ou não de estarem sujeitos ao regime da improbidade administrativa, ou aos crimes de responsabilidade, **prevalecendo a tese de que tais agentes estão sujeitos aos dois regimes, concomitantemente**.[39]

---

37. DONIZETTI, Elpídio. CERQUEIRA, Marcelo Malheiros. *Curso de processo coletivo*. São Paulo: Atlas, 2010, p. 497.
38. Op. cit., p. 498.
39. Administrativo. Ação de improbidade. LIA. Aplicabilidade a agentes políticos. 1. O STJ firmou entendimento no sentido de que os agentes políticos se submetem aos ditames da Lei de Improbidade Administrativa, sem prejuízo da responsabilização política e criminal estabelecida no Decreto-Lei 201/1967. 2. Agravo regimental não provido (STJ, 2ª T., AgRg no AREsp 426.418/RS, Rel. Min. Herman Benjamin, j. 06.02.2014, *DJe* 06.03.2014). E também: Agravo regimental no agravo de instrumento. Prequestionamento implícito. Impossibilidade. Alegada existência de ofensa direta a normas constitucionais, a permitir o conhecimento do recurso. Decisão atacada que apreciou adequada e exaustivamente as questões em debate nos autos. Eventuais ofensas concernentes ao plano infraconstitucional. Precedentes. 1. Não admite a Corte a existência de prequestionamento implícito. Se a análise das alegadas violações às normas constitucionais em que fundamentado o recurso extraordinário depende, para sua verificação, da apreciação de normas infraconstitucionais e dos fatos em debate nos autos, tal como aqui ocorre, cuida-se de ofensa meramente reflexa, de insuscetível constatação, em recurso extraordinário. 2. A ação de improbidade administrativa, com fundamento na Lei nº 8.429/92, também

Tema que ainda não possui uma diretriz segura nos Tribunais Superiores[40] é o de saber a **competência para o julgamento da ação de improbidade administrativa quando acionados agentes políticos.**

Em regra, a competência será do juízo de primeira instância, havendo ou não foro privilegiado para a ação penal. No entanto, a questão, em relação aos agentes políticos, não é tão simples.

Na Recl. 2.138/SP, o STF firmou entendimento de que "em relação aos agentes políticos há de prevalecer a prerrogativa de foro por exercício de função pública",[41] muito embora existam outras decisões emanadas do Superior Tribunal de Justiça, segundo as quais deve a ação ser julgada em primeira instância, ainda que o agente tenha foro privilegiado para a ação criminal e nos crimes de responsabilidade.[42]

Sujeitos passivos dos atos de improbidade administrativa são as pessoas jurídicas lesadas: União, estados, Distrito Federal, municípios, autarquias, fundações, empresas públicas e sociedades de economia mista, entidades para cuja criação ou custeio o Erário haja concorrido ou concorra com mais de 50% do patrimônio ou da receita anual, bem como entidades que recebam subvenção, benefício ou incentivo, fiscal ou creditício, entidades para cuja criação ou custeio o Erário haja concorrido ou concorra com menos de 50% do patrimônio ou da receita anual.

---

pode ser ajuizada em face de agentes políticos. Precedentes. 3. A análise da legalidade de ato administrativo pelo Poder Judiciário não implica a violação do princípio da separação de poderes, sendo certo que a apreciação de contas de detentor de mandato eletivo pelo órgão do Poder Legislativo competente não impede o ajuizamento de ação civil pública com vistas ao ressarcimento de danos eventualmente decorrentes desses mesmos fatos. Precedentes. 4. Agravo regimental não provido" (STJ, 1ª T., AI 809338 AgR, rel. Min. Dias Toffoli, j. 29.10.2013, *DJe* 21.03.2014)

40. "Devemos admitir que o tema ainda não possui uma diretriz segura nos Tribunais Superiores, mas a tendência é admitir, a nosso ver, o foro por prerrogativa de função em se tratando de agentes públicos submetidos à jurisdição originária dos Tribunais Superiores em outras situações, como em ações penais." GAJARDONI, Fernando da Fonseca; CRUZ, Luana Pedrosa de Figueiredo; CERQUEIRA, Luís Otávio Sequeira; GOMES JÚNIOR, Luiz Manoel; FAVRETO, Rogério. *Comentários à Lei de Improbidade Administrativa*. São Paulo: RT, 2014, p. 265.

41. DONIZETTI, Elpídio; CERQUEIRA, Marcelo Malheiros. *Curso de processo coletivo*. São Paulo, Atlas, p. 498 e 499.

42. Processual civil. Agravo regimental no agravo em recurso especial. Destrancamento do apelo nobre interposto contra decisão interlocutória. Requisitos. Ausência. Ação de improbidade administrativa. Competência. 1. O destrancamento de recurso especial interposto contra decisão interlocutória pressupõe, além da comprovação do risco de dano irreparável, que o interessado demonstre a forte probabilidade de êxito do recurso especial. 2. Na espécie, contudo, a preliminar de incompetência do juízo de primeiro grau foi afastada pelo tribunal de origem, sob o argumento de que o foro por prerrogativa de função não se estende ao processamento das ações por improbidade administrativa, o que se compatibiliza com a orientação pacificada nesta Corte. 3. "A ação de improbidade administrativa deve ser processada e julgada nas instâncias ordinárias, ainda que proposta contra agente político que tenha foro privilegiado no âmbito penal e nos crimes de responsabilidade" (AgRg na Rcl 12.514/MT, Rel. Ministro Ari Pargendler, *DJe* 26/9/2013). 4. Ausente a plausibilidade do direito, fica prejudicada a análise do *periculum in mora*. 5. Agravo regimental a que se nega provimento (STJ, 2ª T., AgRg no AREsp 422.394/DF, Rel. Min. Og Fernandes, j. 20.02.2014, *DJe* 14.03.2014).

b) Tipologia

São atos de improbidade administrativa aqueles que:

(i) importem em enriquecimento ilícito do autor;

(ii) causem prejuízo ao Erário;

(iii) atentem contra os princípios da Administração Pública;

(iv) são decorrentes de concessão ou aplicação indevida de benefício financeiro ou tributário.

c) Sanções

O art. 12 da Lei de Improbidade estabelece as seguintes sanções:

▶ TIPO	▶ SANÇÃO
Atos que importem em enriquecimento ilícito	Perda dos bens ou valores acrescidos ilicitamente ao patrimônio, ressarcimento integral do dano, quando houver, perda da função pública, suspensão dos direitos políticos de oito a dez anos, pagamento de multa civil de até três vezes o valor do acréscimo patrimonial e proibição de contratar com o Poder Público ou receber benefícios ou incentivos fiscais ou creditícios, direta ou indiretamente, ainda que por intermédio de pessoa jurídica da qual seja sócio majoritário, pelo prazo de dez anos.
Atos que causem prejuízo ao Erário	Ressarcimento integral do dano, perda dos bens ou valores acrescidos ilicitamente ao patrimônio, se concorrer essa circunstância, perda da função pública, suspensão dos direitos políticos de cinco a oito anos, pagamento de multa civil de até duas vezes o valor do dano e proibição de contratar com o Poder Público ou receber benefícios ou incentivos fiscais ou creditícios, direta ou indiretamente, ainda que por intermédio de pessoa jurídica da qual seja sócio majoritário, pelo prazo de cinco anos.
Atos que atentem contra os princípios da Administração Pública	Ressarcimento integral do dano, se houver, perda da função pública, suspensão dos direitos políticos de três a cinco anos, pagamento de multa civil de até cem vezes o valor da remuneração percebida pelo agente e proibição de contratar com o Poder Público ou receber benefícios ou incentivos fiscais ou creditícios, direta ou indiretamente, ainda que por intermédio de pessoa jurídica da qual seja sócio majoritário, pelo prazo de três anos.
Atos de Improbidade Decorrentes de Concessão ou Aplicação Indevida de Benefício Financeiro ou Tributário	Perda da função pública, suspensão dos direitos políticos de cinco a oito anos e multa de até três vezes o valor do benefício financeiro ou tributário concedido.

7.2. Legitimidade

Podem propor a ação de improbidade administrativa o **Ministério Público** e a **pessoa jurídica interessada** (art. 17, *caput*, da LIA).

Proposta a demanda pelo Ministério Público, a pessoa jurídica lesada será citada para, caso o interesse público o exigir, contestar o pedido ou decidir se atua ao lado do autor. Trata-se do que foi denominado **intervenção móvel**.[43]

7.3. Procedimento de Improbidade Administrativa

a) Procedimento administrativo

Qualquer pessoa poderá representar à autoridade administrativa competente para que seja instaurada investigação apta a apurar ato de improbidade administrativa.

Havendo conhecimento de ato de improbidade, a comissão processante disciplinar deverá dar conhecimento de tal fato ao Ministério Público e também ao Tribunal de Contas, representando àquele ou à procuradoria jurídica do órgão para que requeira a decretação do arresto de bens.

b) Procedimento judicial

O procedimento judicial é iniciado a partir de petição inicial apresentada pelo Ministério Público ou pela pessoa jurídica, que deve ser ajuizada no prazo de 30 dias contados da efetivação de eventual medida cautelar preparatória.

Estando a inicial em termos, o magistrado promoverá uma cognição prévia. Para tanto, o juiz ordenará a notificação do réu para, no prazo de 15 dias, oferecer manifestação escrita e apresentar documentos.

Recebida a manifestação – ou decorrido o prazo para seu oferecimento –, o magistrado fará a análise e, convencido da inexistência do ato de improbidade administrativa, de improcedência do pedido ou da inadequação da via eleita, poderá, em decisão fundamentada, analisar ou não o mérito. Porém, convencido da verossimilhança das alegações, receberá a inicial e determinará a citação do réu para oferecimento de resposta. Tal decisão poderá ser impugnada pelo recurso de agravo de instrumento.

Ofertada a contestação, inicia-se a fase instrutória, e no final o juiz proferirá sentença.

---

43. DONIZETTI, Elpídio. CERQUEIRA, Marcelo Malheiros. *Curso de processo coletivo*. São Paulo: Atlas, 2010, p. 505.

7.4. A impossibilidade de celebrar transação em ação de improbidade administrativa

O § 1º do art. 17 da Lei n. 8.429/1992 vedava a transação, acordo ou conciliação nas ações de improbidade administrativa. Contudo, tal dispositivo foi revogado pela Medida Provisória n. 703/2015 que, no entanto, não foi convertida em lei, tendo sua vigência encerrada.

Assim, segue em vigor atualmente a regra da vedação da transação.

7.5. Sequestro e Arresto de Bens

Em conformidade com o art. 16 da Lei nº 8.429/1992, será possível requerer o sequestro dos bens do agente ou terceiro que tenha enriquecido ilicitamente ou causado dano ao patrimônio público. Tal pedido, em consonância com o dispositivo legal, será processado de acordo com o previsto nos artigos 822 e 825 do CPC de 1973.

7.6. Afastamento Provisório

Admite-se, também, determinar o **afastamento provisório** do agente público do exercício do cargo, emprego ou função, sem prejuízo da remuneração, quando a medida se fizer necessária **à instrução processual** (art. 20, parágrafo único, da Lei n. 8.429/1992).

É possível refletir: qual a natureza de tal afastamento? Trata-se de medida cautelar, pois tem a finalidade de assegurar o resultado útil do processo.

Assim sendo, questiona-se: se a prova for produzida em ação ajuizada exclusivamente para a sua colheita (ação probatória), seria possível o afastamento do agente se isso for necessário à instrução processual?

É de ser registrado, inicialmente, que a produção antecipada de prova poderá ser deferida em sede de ***ação probatória autônoma***, que não prevenirá o juízo (artigos 381 a 383 do CPC).

Nesse caso, a pretensão é unicamente a de produzir a prova antecipadamente, não havendo discussão quanto, por exemplo, ao ato de improbidade administrativa.

Por isso, segundo aqui se defende, ao menos em tese, é temeroso que o magistrado defira o afastamento provisório do agente, ainda que tal medida seja necessária à instrução processual, quando sequer houve admissibilidade da inicial da ação de improbidade administrativa, devendo ser levado em consideração o aspecto excepcional do afastamento.

7.7. Indisponibilidade de Bens

A Lei n. 8.429/1992, como visto nos dois últimos subitens, prevê a possibilidade de mais de uma hipótese de tutela provisória. E também o fez em relação à decretação da indisponibilidade de bens do autor do ato de improbidade.

Nesse sentido, indica o art. 7º que, quando o ato de improbidade causar lesão ao patrimônio público ou ensejar enriquecimento ilícito, caberá à autoridade administrativa responsável pelo inquérito representar ao Ministério Público, para a indisponibilidade dos bens do indiciado.

Tal indisponibilidade recairá sobre bens que assegurem o integral ressarcimento do dano, ou sobre o acréscimo patrimonial resultante do enriquecimento ilícito, e pode ser considerada uma hipótese de **tutela provisória da evidência**, sendo desnecessária a comprovação da dilapidação do patrimônio.[44]

7.8. Prevenção do Juízo

A propositura da ação prevenirá a jurisdição para todas as ações posteriormente ajuizadas e que disserem respeito ao mesmo pedido ou causa de pedir. Note-se que o disposto no § 5º do art. 17 da Lei n. 8.429/1992 está em consonância com o previsto no art. 59 do CPC (o registro ou a distribuição da petição inicial torna prevento o juízo).

7.9. Da Sentença

A sentença que julgar procedente a ação civil de reparação de danos ou decretar a perda dos bens havidos ilicitamente determinará o pagamento ou a reversão dos bens, conforme o caso, em favor da pessoa jurídica prejudicada pelo ilícito.

7.10. Da Prescrição

As ações destinadas a levar a efeito as sanções previstas na Lei de Improbidade Administrativa prescreverão: i) em cinco anos após o término de mandato, de cargo em comissão ou de função de confiança, prevalecendo a tese de que tal prazo se conta do término do segundo mandato no caso de reeleição do agente;[45]ii) dentro do prazo prescricional previsto em lei específica para faltas disciplinares puníveis com demissão a bem do serviço público, nos casos de cargo efetivo ou emprego; iii) cinco anos da data da apresentação à Administração Pública da prestação de contas final pelas entidades que tenham tal obrigação.

---

44. "[...] A primeira seção desta Corte Superior firmou a orientação no sentido de que a decretação de indisponibilidade de bens em improbidade administrativa dispensa a demonstração de dilapidação do patrimônio para a configuração de *periculum in mora*, o qual estaria implícito ao comando normativo do art. 7º da Lei 8.429/92, bastando a demonstração do *fumus boni iuris* que consiste em indícios de atos ímprobos. [...] (AgRg no REsp 1541598/RJ, Rel. Ministro Mauro Campbell Marques, Segunda Turma, julgado em 05/11/2015, *DJe* 13/11/2015).

45. STJ, AgRg no AREsp 161.420/TO, Rel. Ministro Humberto Martins, Segunda Turma, *DJe* de 14/04/2014). No mesmo sentido: STJ, AgRg no REsp 1.510.969/SP, Rel. Ministra Regina Helena Costa, Primeira Turma, *DJe* de 11/11/2015; STJ, Resp .414.757/RN, Rel. Ministro Humberto Martins, Segunda Turma, *DJe* de 16/10/2015; STJ, REsp 1.290.824/MG, Rel. Ministra Eliana Calmon, Segunda Turma, *DJe* de 29/11/2013.

Questiona-se em relação à prescrição da pretensão de ressarcimento do Erário, em razão do previsto no § 5º do art. 37 da Constituição Federal, segundo o qual "a lei estabelecerá os prazos de prescrição para ilícitos praticados por qualquer agente, servidor ou não, que causem prejuízo ao Erário, ressalvadas as respectivas ações de ressarcimento".

O Supremo Tribunal Federal, primeiramente, analisou a tese da (im)prescritibilidade sob o viés da pretensão de reparação geral, chegando à conclusão de que se trata de pretensão prescritível. E assim o fez no Recurso Extraordinário n. RE 669069/MG, rel. Min. Teori Zavascki, 3.2.2016.

Posteriormente, o STF voltou a analisar a questão sob a ótica da improbidade administrativa, decidindo, **por maioria de votos**, pela **imprescritibilidade da pretensão reparatória**, conforme se vê do **RE nº 852.475/SP**, constando do *site* do STF:

> O Tribunal, por maioria, apreciando o tema 897 da repercussão geral, deu parcial provimento ao recurso para afastar a prescrição da sanção de ressarcimento e determinar o retorno dos autos ao tribunal recorrido para que, superada a preliminar de mérito pela imprescritibilidade das ações de ressarcimento por improbidade administrativa, aprecie o mérito apenas quanto à pretensão de ressarcimento. Vencidos os Ministros Alexandre do Moraes (Relator), Dias Toffoli, Ricardo Lewandowski, Gilmar Mendes e Marco Aurélio. Em seguida, o Tribunal fixou a seguinte tese: **"São imprescritíveis as ações de ressarcimento ao erário fundadas na prática de ato doloso tipificado na Lei de Improbidade Administrativa"**, vencido o Ministro Marco Aurélio. Redigirá o acórdão o Ministro Edson Fachin. Nesta assentada, reajustaram seus votos, para acompanhar a divergência aberta pelo Ministro Edson Fachin, os Ministros Luiz Fux e Roberto Barroso. Presidiu o julgamento a Ministra Cármen Lúcia. Plenário, 8.8.2018.

Dessa maneira, apenas para reforçar, **o STF fixou a seguinte tese em sede de recurso extraordinário com repercussão geral reconhecida**:

> **São imprescritíveis as ações de ressarcimento ao erário fundadas na prática de ato doloso tipificado na Lei de Improbidade Administrativa.**

Portanto, atualmente, tem-se vigentes as seguintes regras:

> (I) A pretensão de reparação civil a ser exercida pela Fazenda Pública se sujeita à prescrição, ainda que se trate de pedido regressivo.
>
> (II) É imprescritível a pretensão de condenação de indenização decorrente de condenação pela prática de ato de improbidade administrativa.

8. AÇÃO CIVIL PÚBLICA

8.1. Denominação de Ação Civil Pública e interesses tutelados pela lei da Ação Civil Pública

Sustenta Teori Albino Zavascki que ação civil pública é a denominação para o procedimento instituído pela Lei 7.347/1985, que tem por finalidade promover a tutela de direitos transindividuais,[46] que podem ser compreendidos como difusos, coletivos e individuais homogêneos.

Nos termos do art. 81, parágrafo único, I, do Código de Defesa do Consumidor, direitos ou interesses difusos são aqueles "transindividuais, de natureza indivisível, de que sejam titulares pessoas indeterminadas e ligadas por circunstâncias de fato". Compreendem grupos menos determinados de pessoas, e entre elas não existe vínculo jurídico preciso.[47] O objeto desses interesses é indivisível, de modo que não é possível ser dividido entre os membros da coletividade.[48]

A expressão *interesses coletivos* possui mais de um significado. Em sentido amplo, encampado pelo art. 129, III, da Constituição Federal, os interesses coletivos são aqueles transindividuais, de grupos, classes ou categorias de pessoas.[49] Em sentido restrito, os interesses coletivos referem-se aos *interesses transindividuais indivisíveis de um grupo determinado ou determinável de pessoas, reunidas por uma relação jurídica básica comum*, conforme definição constante do art. 81, II, do Código de Defesa do Consumidor.

Os interesses individuais homogêneos, por sua vez, "são aqueles de grupo, categoria ou classe de pessoas determinadas ou determináveis, que compartilhem prejuízos divisíveis, de origem comum, normalmente oriundos da mesma circunstância de fato" (art. 82, III, CDC).

Sobre a relação entre tais interesses, Hugo Nigro Mazzilli apresenta didático quadro para compreensão:[50]

Interesses	Grupo	Objeto	Origem
Difusos	Indeterminável	Indivisível	Situação de fato
Coletivos	Determinável	Indivisível	Relação jurídica
Individuais Homogêneos	Determinável	Divisível	Origem comum

46. ZAVASCKI, Teori Albino. *Processo coletivo – tutela de direitos coletivos e tutela coletiva de direitos*. 3ª ed. São Paulo: RT, 2008, p. 63.
47. MAZZILLI, Hugo Nigro. *A defesa dos interesses difusos em juízo*. São Paulo: Saraiva, 2006, p. 50-51.
48. *Idem*, p. 52.
49. MAZZILLI, Hugo Nigro. Op. cit., p. 52.
50. MAZZILLI, Hugo Nigro. Op. cit., p. 58.

8.2. Dos entes legitimados

A legitimação para a defesa dos interesses metaindividuais de crianças e adolescentes decorre da integração da Lei da Ação Civil Pública, do Código de Defesa do Consumidor, do Estatuto da Criança e do Adolescente, entre outras leis.

Nesse sentido, possuem legitimação para a propositura da ação civil pública:

I – o Ministério Público;

II – a Defensoria Pública;

III – a União, os estados, o Distrito Federal e os municípios;

IV – a autarquia, empresa pública, fundação ou sociedade de economia mista;

V – a associação que, concomitantemente: a) esteja constituída há pelo menos um ano; e b) inclua entre suas finalidades institucionais a proteção ao meio ambiente, ao consumo, à ordem econômica, à livre concorrência ou ao patrimônio artístico, estético, histórico, turístico e paisagístico.

O Ministério Público tem missão especial em relação à ação civil pública, competindo-lhe a tutela dos interesses difusos, coletivos e individuais homogêneos, além de direitos individuais indisponíveis. Entre os bens tutelados, destaque-se o patrimônio público, reconhecendo-se que o MP é parte legítima para o fim de atacar ato administrativo de aposentadoria se acarretar lesão aquele bem jurídico (consoante decidido no RE n. 409.356).

A Defensoria Pública é indicada na Constituição Federal como instituição essencial à função jurisdicional do Estado, cabendo-lhe a orientação jurídica e a defesa, em todos os graus, dos necessitados, na forma do seu art. 5º, LXXIV. A expressão "necessitados" não está adstrita ao plano econômico, abrangendo, também, os necessitados do ponto de vista organizacional, que são os socialmente vulneráveis.[51]

Esse foi o entendimento encampado pelo Superior Tribunal de Justiça, conforme se vê do voto proferido pela Ministra Nancy Andrighi:

> A esse respeito, de se notar, ainda, que, ao contrário do que afirmam as recorridas (F.F.C. LTDA e S.N.F.C. LTDA), nos respectivos memoriais a mim apresentados, não é pelo fato dos seus consumidores terem adquirido automóveis que não podem ser considerados necessitados para fins do art. 134 da CF; porquanto o conceito jurídico de *necessitado*, contido no parágrafo único do artigo 2º da Lei 1.060/50, é mais amplo do que o de "pobre" ou "miserável", não está vinculado a determinado limite de valor de renda mensal ou de patrimônio e, sim, à impossibilidade de pagamento das despesas processuais sem prejuízo do próprio sustento ou da família.[52]

---

51. Disponível em http://www.anadep.org.br/wtksite/cms/conteudo/4820/Documento10.pdf.
52. STJ, Resp 555.111-RJ, rel. Ministro Castro Filho, j. 05.09.2006, DJ 18.12.2006.

Valendo-se de sentido ainda mais amplo, sustenta Marina MezzavillaVerri que a legitimação da Defensoria Pública para o ajuizamento das ações civis públicas é universal, não restrita à defesa de interesses dos necessitados, possuindo legitimidade para atuar diante de quaisquer direitos transindividuais,[53] surgindo para a Defensoria uma nova demanda, baseada no exercício das ações coletivas, conforme já pregava Boaventura de Souza Santos.[54]

Reconhecendo-se a importância das Defensorias Públicas no contexto de defesa dos direitos fundamentais individuais e coletivos, o legislador inseriu esse órgão entre os legitimados à propositura da ação civil pública, conforme se vê da atual redação do art. 5º da Lei 7.347/1985. Do mesmo modo, a Lei Complementar 80/1994, com redação alterada pela Lei Complementar 132/2009, enfatizou a atuação das Defensorias Públicas para a tutela dos interesses individuais e coletivos (art. 4º, VII e VIII).

No que tange à União, aos estados, ao Distrito Federal, aos municípios e a seus órgãos paraestatais, legitimados ao ajuizamento da ação civil pública, tem-se que paulatinamente vêm assumindo, na esfera da tutela coletiva, seu papel de gestores de interesses coletivos, não existindo qualquer dúvida sobre a possibilidade de buscarem a tutela dos interesses metaindividuais de crianças e adolescentes, principalmente em assuntos relacionados às políticas públicas gerais, ao redirecionamento de verbas públicas e a outros fatores estruturais.

A legitimação das associações para a defesa de interesses metaindividuais deve ser entendida no contexto como "participação popular na boa gestão da coisa pública, sob a égide da democracia participativa, incentivada pela Constituição Federal (art. 1º, parágrafo único), como se dá com a defesa do meio ambiente (art. 225, *caput*) e do patrimônio cultural (art. 216 e § 1º)".[55]

De acordo com Mancuso, com suporte em balizada doutrina, podem ser identificados três mecanismos de intervenção popular.[56] Transportando a lição para as questões afetas à infância e à juventude, podem ser assim identificados: a) nos processos de criação do direito da criança e do adolescente; b) na participação popular na formulação e execução de políticas públicas; e, c) na participação judicial, que se concretiza por intermédio do Poder Judiciário.

As associações, ao promover a defesa de interesses metaindividuais, colocam-se, na expressão de Mancuso, como uma *longa manus* da coletividade.[57]

---

53. VERRI, Marina Mezzavilla. *Legitimidade da Defensoria Pública na ação civil pública: limites*. Ribeirão Preto: Ribeirão Gráfica e Editora, 2008, p. 126.
54. SANTOS, Boaventura de Souza. Introdução à sociologia da administração da Justiça. *Revista de Processo*, n. 37, p. 150, São Paulo, jan-mar. 1985.
55. MANCUSO, Rodolfo de Camargo. *Ação civil pública – em defesa do meio ambiente, do patrimônio cultural e dos consumidores*. 10ª ed. São Paulo: RT, 2006, p. 138-139.
56. *Idem*, p. 139.
57. *Ibidem*.

Entre os legitimados à propositura da ação civil pública estão enumerados órgãos despersonalizados, que podem defender não só os direitos dos consumidores como também qualquer direito difuso, coletivo e individual homogêneo (art. 82, III, do CDC e art. 2º da Lei 7.347/1985),[58] ostentando personalidade judiciária.[59]

8.3. Coisa julgada

O Código de Defesa do Consumidor disciplinou a coisa julgada nas ações coletivas, relacionando-a ao interesse tutelado, o que pode ser resumido no seguinte quadro:

▸ INTERESSE	▸ COISA JULGADA
Difuso	*Erga omnes*, salvo se a improcedência decorrer da falta de provas.
Coletivo	*Ultra partes*, limitada ao grupo, categoria ou classe de lesados, salvo se a improcedência se der por falta de provas.
Individuais homogêneos	*Erga omnes* em caso de procedência, beneficiando vítimas e sucessores.

Como é possível observar do quadro, identifica-se também a coisa julgada segundo o resultado o processo, destacando-se a técnica da coisa julgada *secundum eventum litis*.

Desse modo, **no caso de sentença de procedência**, todos os lesados são beneficiados, salvo se se tratar de interesses coletivos em sentido estrito, quando o aproveitamento estará restrito ao grupo, categoria ou classe de pessoas atingidas.

De outro lado, **na sentença de improcedência**, há de ser feita uma importante distinção, segundo haja ou não esgotamento das provas.

▸ **POR FALTA DE PROVAS**	Outros legitimados poderão propor a ação civil pública, desde que fundada em nova prova.
▸ **POR OUTRO MOTIVO**	Outros legitimados não poderão propor a ação civil pública, ainda que fundada em nova prova.

9. SÚMULAS

9.1. Súmulas do STF

Mandado de segurança

▸ **Súmula 632.** É constitucional lei que fixa o prazo de decadência para a impetração de mandado de segurança.

58. GOMES JUNIOR, Luiz Manoel. *Curso de Direito processual civil coletivo*. 2ª ed. São Paulo: SRS, 2008, p. 133.
59. NERY JUNIOR, Nelson. OProcesso Civil no Código de Defesa do Consumidor. *Revista de Processo*, nº 61, p. 29, São Paulo, RT, 1991.

- **Súmula 631.** Extingue-se o processo de mandado de segurança se o impetrante não promove, no prazo assinado, a citação do litisconsorte passivo necessário.
- **Súmula 630.** A entidade de classe tem legitimação para o mandado de segurança ainda quando a pretensão veiculada interesse apenas a uma parte da respectiva categoria.
- **Súmula 629.** A impetração de mandado de segurança coletivo por entidade de classe em favor dos associados independe da autorização destes.
- **Súmula 626.** A suspensão da liminar em mandado de segurança, salvo determinação em contrário da decisão que a deferir, vigorará até o trânsito em julgado da decisão definitiva de concessão da segurança ou, havendo recurso, até a sua manutenção pelo Supremo Tribunal Federal, desde que o objeto da liminar deferida coincida, total ou parcialmente, com o da impetração.
- **Súmula 625.** Controvérsia sobre matéria de Direito não impede concessão de mandado de segurança.
- **Súmula 430.** Pedido de reconsideração na via administrativa não interrompe o prazo para o mandado de segurança.
- **Súmula 271.** Concessão de mandado de segurança não produz efeitos patrimoniais, em relação a período pretérito, os quais devem ser reclamados administrativamente ou pela via judicial própria
- **Súmula 269.** O mandado de segurança não é substitutivo de ação de cobrança.
- **Súmula 268.** Não cabe mandado de segurança contra decisão judicial com trânsito em julgado.
- **Súmula 267.** Não cabe mandado de segurança contra ato judicial passível de recurso ou correição.
- **Súmula 266.** Não cabe mandado de segurança contra lei em tese.
- **Súmula 101.** O mandado de segurança não substitui a ação popular.
- **Súmula 216.** Para decretação da absolvição de instância pela paralisação do processo por mais de trinta dias, é necessário que o autor, previamente intimado, não promova o andamento da causa.
- **Súmula 266.** Não cabe mandado de segurança contra lei em tese.
- **Súmula 267.** Não cabe mandado de segurança contra ato judicial passível de recurso ou correição.
- **Súmula 268.** Não cabe mandado de segurança contra decisão judicial com trânsito em julgado.
- **Súmula 269.** O mandado de segurança não é substitutivo de ação de cobrança.
- **Súmula 272.** Não se admite como ordinário recurso extraordinário de decisão denegatória de mandado de segurança.
- **Súmula 319.** O prazo do recurso ordinário para o Supremo Tribunal Federal, em habeas corpus ou mandado de segurança, é de cinco dias.

Ações e outros procedimentos constitucionais

- **Súmula Vinculante 10.** Viola a cláusula de reserva de plenário (CF, art. 97) a decisão de órgão fracionário de tribunal que, embora não declare expressamente a inconstitucionalidade de lei ou ato normativo do Poder Público, afasta sua incidência, no todo ou em parte.

9.2. Súmulas do STJ

Mandado de segurança

- **Súmula 628:** A teoria da encampação é aplicada no mandado de segurança quando presentes, cumulativamente, os seguintes requisitos: a) existência de vínculo hierárquico entre a autoridade que prestou informações e a que ordenou a prática do ato impugnado; b) manifestação a respeito do mérito nas informações prestadas; e c) ausência de modificação de competência estabelecida na Constituição Federal.
- **Súmula 376.** Compete a turma recursal processar e julgar o mandado de segurança contra ato de juizado especial.
- **Súmula 333.** Cabe mandado de segurança contra ato praticado em licitação promovida por sociedade de economia mista ou empresa pública.
- **Súmula 169.** São inadmissíveis embargos infringentes no processo de mandado de segurança.

10. LEGISLAÇÃO RELACIONADA AO CAPÍTULO

- **CONSTITUIÇÃO FEDERAL**

Art. 5º, XXI – as entidades associativas, quando expressamente autorizadas, têm legitimidade para representar seus filiados judicial ou extrajudicialmente

Art. 5º, LXXIV – o Estado prestará assistência jurídica integral e gratuita aos que comprovarem insuficiência de recursos;

Art. 5º, LXXVII – são gratuitas as ações de *habeas corpus* e *habeas data*, e, na forma da lei, os atos necessários ao exercício da cidadania;

Art. 5º, LXXIII – a todos, no âmbito judicial e administrativo, são assegurados a razoável duração do processo e os meios que garantam a celeridade de sua tramitação;

Art. 5º, LXXIII – qualquer cidadão é parte legítima para propor ação popular que vise a anular ato lesivo ao patrimônio público ou de entidade de que o Estado participe, à moralidade administrativa, ao meio ambiente e ao patrimônio histórico e cultural, ficando o autor, salvo comprovada má-fé, isento de custas judiciais e do ônus da sucumbência;

Art. 5º, § 3º Os tratados e convenções internacionais sobre direitos humanos que forem aprovados, em cada Casa do Congresso Nacional, em dois turnos, por três quintos dos votos dos respectivos membros, serão equivalentes às emendas constitucionais. [...]

Art. 60. A Constituição poderá ser emendada mediante proposta: [...]

§ 4º Não será objeto de deliberação a proposta de emenda tendente a abolir:

I – a forma federativa de Estado;

II – o voto direto, secreto, universal e periódico;

III – a separação dos Poderes;

IV – os direitos e garantias individuais. [...]

Art. 109. Aos juízes federais compete processar e julgar:

[...] § 5º Nas hipóteses de grave violação de direitos humanos, o Procurador-Geral da República, com a finalidade de assegurar o cumprimento de obrigações decorrentes de tratados internacionais de direitos humanos dos quais o Brasil seja parte, poderá suscitar, perante o Superior Tribunal de Justiça, em qualquer fase do inquérito ou processo, incidente de deslocamento de competência para a Justiça federal. [...]

Art. 129. São funções institucionais do Ministério Público:

[...] III – promover o inquérito civil e a ação civil pública, para a proteção do patrimônio público e social, do meio ambiente e de outros interesses difusos e coletivos; [...].

► **LEIS ESPARSAS**

Lei 13.300/2016 – Mandado de Injunção

Art. 1º Esta Lei disciplina o processo e o julgamento dos mandados de injunção individual e coletivo, nos termos do inciso LXXI do art. 5º da Constituição Federal.

Art. 2º Conceder-se-á mandado de injunção sempre que a falta total ou parcial de norma regulamentadora torne inviável o exercício dos direitos e liberdades constitucionais e das prerrogativas inerentes à nacionalidade, à soberania e à cidadania.

Parágrafo único. Considera-se parcial a regulamentação quando forem insuficientes as normas editadas pelo órgão legislador competente.

Art. 3º São legitimados para o mandado de injunção, como impetrantes, as pessoas naturais ou jurídicas que se afirmam titulares dos direitos, das liberdades ou das prerrogativas referidos no art. 2º e, como impetrado, o Poder, o órgão ou a autoridade com atribuição para editar a norma regulamentadora. [...]

Art. 8º Reconhecido o estado de mora legislativa, será deferida a injunção para:

I – determinar prazo razoável para que o impetrado promova a edição da norma regulamentadora;

II – estabelecer as condições em que se dará o exercício dos direitos, das liberdades ou das prerrogativas reclamados ou, se for o caso, as condições em que poderá o interessado promover ação própria visando a exercê-los, caso não seja suprida a mora legislativa no prazo determinado.

Parágrafo único. Será dispensada a determinação a que se refere o inciso I do *caput* quando comprovado que o impetrado deixou de atender, em mandado de injunção anterior, ao prazo estabelecido para a edição da norma.

Lei 4.717/65 – Ação Popular

Art. 1º Qualquer cidadão será parte legítima para pleitear a anulação ou a declaração de nulidade de atos lesivos ao patrimônio da União, do Distrito Federal, dos estados, dos municípios, de entidades autárquicas, de sociedades de economia mista (Constituição, art. 141, § 38), de sociedades mútuas de seguro nas quais a União represente os segurados ausentes, de empresas públicas, de serviços sociais autônomos, de instituições ou fundações para cuja criação ou custeio o tesouro público haja concorrido ou concorra com mais de 50% do patrimônio ou da receita ânua, de empresas incorporadas ao patrimônio da União, do Distrito Federal, dos estados e dos municípios, e de quaisquer pessoas jurídicas ou entidades subvencionadas pelos cofres públicos.

§ 1º Consideram-se patrimônio público, para os fins referidos neste artigo, os bens e direitos de valor econômico, artístico, estético, histórico ou turístico. [...]

Art. 7º A ação obedecerá ao procedimento ordinário, previsto no Código de Processo Civil, observadas as seguintes normas modificativas:

[...] § 2º Se os documentos e informações não puderem ser oferecidos nos prazos assinalados, o juiz poderá autorizar prorrogação dos mesmos, por prazo razoável. [...]

IV – O prazo de contestação é de vinte dias, prorrogáveis por mais vinte, a requerimento do interessado, se particularmente difícil a produção de prova documental, e será comum a todos os interessados, correndo da entrega em cartório do mandado cumprido, ou, quando for o caso, do decurso do prazo assinado em edital.

Lei 12.016 /09 – Mandado de Segurança

Art. 1º Conceder-se-á mandado de segurança para proteger direito líquido e certo, não amparado por *habeas corpus* ou *habeas data*, sempre que, ilegalmente ou com abuso de poder, qualquer pessoa física ou jurídica sofrer violação ou houver justo receio de sofrê-la por parte de autoridade, seja de que categoria for e sejam quais forem as funções que exerça.

§ 1º Consideram-se patrimônio público, para os fins referidos neste artigo, os bens e direitos de valor econômico, artístico, estético, histórico ou turístico.

§ 2º Em se tratando de instituições ou fundações, para cuja criação ou custeio o tesouro público concorra com menos de 50% do patrimônio ou da receita ânua, bem como de pessoas jurídicas ou entidades subvencionadas, as conseqüências patrimoniais da invalidez dos atos lesivos terão por limite a repercussão deles sobre a contribuição dos cofres públicos. [...]

Art. 21. O mandado de segurança coletivo pode ser impetrado por partido político com representação no Congresso Nacional, na defesa de seus interesses legítimos relativos a seus integrantes ou à finalidade partidária, ou por organização sindical, entidade de classe ou associação legalmente constituída e em funcionamento há, pelo menos, um ano, em defesa de direitos líquidos e certos da totalidade, ou de parte, dos seus membros ou associados, na forma dos seus estatutos e desde que pertinentes às suas finalidades, dispensada, para tanto, autorização especial. Parágrafo único. Os direitos protegidos pelo mandado de segurança coletivo podem ser:

I – coletivos, assim entendidos, para efeito desta Lei, os transindividuais, de natureza indivisível, de que seja titular grupo ou categoria de pessoas ligadas entre si ou com a parte contrária por uma relação jurídica básica;

II – individuais homogêneos, assim entendidos, para efeito desta Lei, os decorrentes de origem comum e da atividade ou situação específica da totalidade ou de parte dos associados ou membros do impetrante.

Art. 22. No mandado de segurança coletivo, a sentença fará coisa julgada limitadamente aos membros do grupo ou categoria substituídos pelo impetrante.

§ 1º O mandado de segurança coletivo não induz litispendência para as ações individuais, mas os efeitos da coisa julgada não beneficiarão o impetrante a título individual se não requerer a desistência de seu mandado de segurança no prazo de trinta dias a contar da ciência comprovada da impetração da segurança coletiva.

Art. 23. O direito de requerer mandado de segurança extinguir-se-á decorridos 120 dias, contados da ciência, pelo interessado, do ato impugnado.

CAPÍTULO 12
SISTEMA DOS JUIZADOS ESPECIAIS

1. SUBSISTEMA DOS JUIZADOS ESPECIAIS

1.1. Princípios informadores

O processo nos juizados especiais será orientado pelos critérios de oralidade, simplicidade, informalidade, economia processual e celeridade, buscando, sempre que possível, a conciliação ou a transação. Tratam-se estes de **princípios explícitos**.

São **princípios implícitos**: equidade, imediatismo, concentração, irrecorribilidade das decisões interlocutórias, bem como os princípios gerais de processo civil.

2. JUIZADOS ESPECIAIS CÍVEIS

2.1. Competência

Os juizados especiais cíveis possuem o mister de dirimir as demandas de **menor complexidade**, assim definidas em lei. Por esse motivo, as demandas que assim não se enquadrarem, deverão ser processadas em outro juízo, não se adequando aos princípios dos juizados, notadamente o da simplicidade. Tal complexidade é aferida em **razão da prova**, e não do direito em si.

A utilização dos **juizados especiais cíveis é facultativa**, podendo a parte optar por ela, no que difere em relação aos Juizados Especiais da Fazenda Pública e Juizados Especiais Federais.

Assim, estando diante de uma causa de *menor complexidade*, competirá à parte escolher demandar ou não nos Juizados Especiais Cíveis.[1]

A LJE prevê, em seu artigo 57, que *o acordo extrajudicial, de qualquer natureza ou valor, poderá ser homologado, no juízo competente, independentemente de termo, valendo a sentença como título executivo judicial.*

---

1. Alexandre Freitas Câmara apresenta dois argumentos que sustentam o caráter opcional dos Juizados Especiais Cíveis. De acordo com o primeiro, o caráter obrigatório seria inconstitucional, por violação às garantias constitucionais do processo, como o devido processo legal e o contraditório. Pelo segundo, como o procedimento diferenciado é uma escolha que não decorre do direito material, não haveria qualquer óbice à escolha pelo demandante. *In* Juizados Especiais Cíveis Estaduais, Federais e da Fazenda Pública. CÂMARA, Alexandre Freitas. 6ª. Ed. Rio de Janeiro: Lúmen Juris, p. 23-24.

2.2. Das causas excluídas da competência dos juizados

Estão excluídas da competência dos Juizados Especiais Cíveis as seguintes causas:

- *de natureza alimentar*: as ações de alimentos são aquelas em que se busca, em processo de conhecimento de conhecimento, a fixação de valores destinados a proporcionar o suprimento das necessidades do demandante. Essas ações, em regra, são de competência das Varas de Família[2] e, quando fundadas em relação de parentesco pré-constituída, observarão o procedimento célere previsto na Lei 5.478/1968[3].
- *causas de natureza fiscal*: ações de natureza fiscal são aquelas que tenham por objeto a discussão de débito tributário (ICMS, IPVA etc.) e também não tributário (taxas) e que sejam direcionadas contra o fisco para o fim de ver-se reconhecida a inexigibilidade da obrigação.
- *causas de interesse da Fazenda Pública*: esta expressão compreende as pessoas jurídicas de direito público, que poderão ser demandas somente nos Juizados Especiais Federais e nos Juizados Especiais da Fazenda Pública;
- *causas relativas a acidentes de trabalho;*
- *causas relativas a resíduos*: entendem-se como *resíduos* os "remanescentes de bens legados que, por morte do beneficiário, em virtude de cláusula expressa, são restituídos à pessoa designada pelo testador"[4], sendo relativas a "causas fundadas em disposição testamentária".[5]
- *causas relativas a capacidade das pessoas;*
- *ações sujeitas a procedimentos especiais:* de acordo com o direito material em questão, o legislador determina o procedimento processual adequado para a adequada solução da demanda. Desse modo, ao prever a necessidade de adoção de procedimento especial, como ocorre com a ação de consignação em pagamento, por exemplo, não estará o demandante autorizado a valer-se dos Juizados Especiais Cíveis. A propósito, vide o enunciado FONAJE nº 08, *in verbis*: "As ações cíveis sujeitas aos procedimentos especiais não são admissíveis nos Juizados Especiais".

---

2. Ou Varas da Infância e da Juventude ou do Idoso.
3. É certo que a própria Lei 5.478/1968 prevê um procedimento que muito se aproxima do sumaríssimo da LJE. Nesse sentido, poderá o demandante procurar a própria Secretaria do Juízo e lá formular o seu pedido, independentemente da representação por advogado (art. 2º), quando então o Juízo designará audiência una para a tentativa de conciliação entre as partes e, se o caso, a produção da prova oral, debates e sentença.
4. CHIMENTI, Ricardo Cunha. Teoria e Prática dos Juizados Especiais Cíveis Estaduais e Federais. 9ª. edição. São Paulo: Saraiva, 2007, *apud* NUNES, Pedro, Dicionário de tecnologia jurídica, 8ª. Ed. São Paulo, Freias Bastos.
5. NEGRÃO, Theotonio. Código de Processo Civil e Legislação Processual em Vigor. Nota 14, ao art. 3º.

- *ações coletivas*: ações coletivas são aquelas destinadas à tutela de interesses metaindividuais, compreendidos como difusos, coletivos e individuais homogêneos.
- *causas que, em razão do objeto da prova, não podem ser consideradas como de menor complexidade*: de fato, há demandas cuja solução requer a produção de provas complexas, de difícil colheita na seara dos Juizados Especiais e que não estarão em sintonia com a simplicidade e informalidade do procedimento. Note-se que a complexidade advém do objeto da prova e não do direito material. Em razão disso, mesmo que a matéria seja de difícil solução, por exigir vasto conhecimento ou interpretação decorrente da análise de várias fontes normativas, se a lei autorizar o seu processamento nos Juizados, não haverá qualquer óbice, desde que a prova a ser produzida não justifique o desvio do procedimento para as vias ordinárias.

2.3. Da competência territorial

O reconhecimento da incompetência acarretará a remessa dos autos ao juízo competente.

Nos Juizados Especiais Cíveis, no entanto, o tema comporta regramento diferenciado.

Nesse sentido, a incompetência territorial é vício que **poderá ser conhecido de ofício pelo magistrado, conforme fixado no Enunciado nº 89, do FONAJE: "A incompetência territorial pode ser conhecida de ofício no sistema de juizados especiais cíveis".**[6]

Se não reconhecida a incompetência, de ofício, pelo magistrado, poderá ser alegada pelo demandado na própria contestação, independentemente de exceção de incompetência.

2.4. Participação no processo

Há restrição à participação nos processos que tramitam nos Juizados Especiais. Desse modo:

a) ***Podem ocupar o polo ativo:*** *pessoas naturais capazes* e *que não estejam presas;* a firma individual; *as microempresas* e as empresas de pequeno porte, definidas na Lei Complementar nº 123/2006; as pessoas jurídicas qualificadas

6. Sem prejuízo de entendimento em sentido contrário, conforme indicado por Theotonio Negrão: "Aplica-se, no âmbito dos Juizados Especiais Cíveis o entendimento consolidado na Súm. 33 do STJ, orientação que é adequada aos princípios da celeridade e economia processual. O fato de a Lei 9.099/95, em seu art. 51, III, determinar a extinção do processo quando for reconhecida a incompetência territorial não significa que se trate de matéria cognoscível de ofício" (RT 858/310). NEGRÃO,Theotonio. Código de Processo Civil e Legislação Processual em Vigor. Nota 5, ao art. 51, da LJE.

como Organização da Sociedade Civil de Interesse Público, nos termos da Lei 9.720/1999; as sociedades de crédito ao microempreendedor, nos termos do art. 1º, da Lei 10.194/2001 (com a redação dada pela Lei 12.126/2009); *o condomínio residencial, exclusivamente na hipótese de cobrança contra o condômino* (Enunciado nº 09, do FONAJE)[7]; o *espólio sem herdeiro incapaz* (Enunciado nº 148, do FONAJE): o espólio constitui no conjunto ativo e passivo de bens deixados pelo *de cujus* enquanto não houver a devida partilha. Não existindo herdeiros incapazes, admite-se figurar no polo ativo da ação;

b) ***Podem ocupar o polo passivo da ação:*** *pessoas naturais capazes, desde que não estejam presas; empresas de pequeno porte; microempresas; firmas individuais; espólio sem herdeiro incapaz; outras pessoas jurídicas de direito privado NÃO FALIDAS*, incluindo-se sociedades de economia mista (vide Enunciado nº 131, FONAJE), excluindo-se as pessoas jurídicas de direito público, já que estas poderão figurar como rés nos Juizados Especiais da Fazenda Pública.

2.5. Da vedação da intervenção de terceiros

Está vedada toda e qualquer forma de intervenção de terceiros nos Juizados, nem mesmo a assistência ou o recurso de terceiro prejudicado. **Porém, o Novo CPC admitiu o incidente de desconsideração de personalidade jurídica.**

2.6. Dos conciliadores e dos juízes leigos

A Lei 9.099 privilegia a participação de juízes leigos e de conciliadores.

O juiz leigo deverá ser preferencialmente advogado com experiência de cinco anos. Não estará incompatibilizado para o exercício da advocacia, exceto perante o próprio Juizado Especial em que atua. Atuará no processo e, ao final, proferirá laudo arbitral, que deverá ser homologado por sentença, em decisão irrecorrível.[8]

2.7. Da equidade

Nos Juizados Especiais é permitido o julgamento por equidade, regra essa que se aplica a todo o Sistema, não estando adstrito aos Juizados Especiais Cíveis.

Nesse sentido, dispõe o art. 6º, da LJE: "o juiz adotará em cada caso a decisão que reputar mais justa e equânime, atendendo aos fins sociais da lei e às exigências do bem comum".

---

7. CÂMARA, ALEXANDRE FREITAS. *Juizados Especiais Cíveis Estaduais, Federais e da Fazenda* Pública: uma abordagem crítica. 6ª. Ed. São Paulo: Lúmen Juris, 2010, p. 56-57.
8. Alexandre de Freitas Câmara lembra que poucos os Estados brasileiros possuem juízes leigos, podendo ser lembrados Paraíba, Mato Grosso do Sul, Rio de Janeiro, Paraná e Rio Grande do Sul. *In Juizados Especiais Cíveis Estaduais, Federais e da Fazenda* Pública: uma abordagem crítica. 6ª. Ed. São Paulo: Lúmen Juris, 2010, P. 48.

2.8. Da conciliação e da instrução e julgamento

Em decorrência do princípio da oralidade, as partes devem comparecer pessoalmente às audiências designadas, com a finalidade de que, principalmente, ocorra a sua composição amigável.

É indiscutível que a composição amigável é extremamente mais vantajosa à sociedade brasileira, pois, a um só tempo, alcança-se a pacificação social e proporciona-se agilidade na solução de outras demandas. Ganham as partes, a sociedade e o Poder Judiciário. Levando-se em conta esses parâmetros, o Sistema dos Juizados Especiais incentiva a conciliação das partes.

Poderá ser obtida mediante ajuste das partes, que levarão o acordo ao Juízo para que seja devidamente homologado. Também poderá ser obtida a partir de negociações na audiência de conciliação, conduzida por um conciliador, juiz leigo ou ainda pelo juízo togado. Nesta, as partes presentes serão esclarecidas sobre as vantagens da conciliação, mostrando-lhes os riscos e as consequências do litígio, bem como a possibilidade da possibilidade de, por meio de acordo, fixar-se obrigação com valor superior ao limite legal de quarenta salários mínimos. Se acaso não for obtida a conciliação, poderão as partes optar pelo juízo arbitral, conforme autoriza o art. 24, da Lei 9.099/95. A propósito, destacou Ricardo Cunha Chimenti que as disposições relativas ao juízo arbitral não foram derrogadas com o advento da Lei 9.307/96, aplicando-se esta de forma subsidiária.[9]

É na audiência de instrução e julgamento que o réu oferecerá a sua defesa, apresentada por meio escrito ou oral, reduzida a escrito no termo de audiência. Na mesma oportunidade, será colhida a prova oral – depoimento pessoal das partes e oitiva das testemunhas arroladas, decidindo de plano todos os incidentes que possam interferir no regular prosseguimento da audiência.

2.9. Do recurso inominado

Das sentenças proferidas no âmbito dos juizados, podem ser vislumbradas quatro: (i) sentença processual; (ii) homologatória de conciliação; (iii) homologatória de laudo arbitral; (iv) de mérito direta, em que o magistrado acolhe ou rejeita o pedido do autor.

De todas estas situações, somente a última comporta impugnação, o que poderá ocorrer por meio do *recurso inominado*, a ser interposto no prazo de dez dias.

Nos juizados especiais, os embargos declaratórios poderão ser interpostos em cinco dias e interromperão o curso do prazo.

---

9. CHIMENTI, Ricardo Cunha. *Teoria e Prática dos Juizados Especiais Cíveis Estaduais e Federais*. 9ª. ed. São Paulo: Saraiva, 2007, p. 172.

2.10. Irrecorribilidade das decisões interlocutórias

As decisões interlocutórias, proferidas em sede dos juizados especiais cíveis, são irrecorríveis. Portanto, não poderão estas decisões ser impugnadas por meio do recurso de agravo.

Trata-se de questão muito discutida no dia-a-dia forense. A propósito, nos Juizados Especiais Federais e nos Juizados Especiais da Fazenda Pública, há previsão específica do cabimento de recurso contra decisões que neguem ou concedam a tutela de urgência.

Porém, nos Juizados Especiais Cíveis, por absoluta falta de previsão legal, vige ainda o princípio da irrecorribilidade das decisões interlocutórias.

2.11. Recurso extraordinário

Contra as decisões proferidas pelo Colégio Recursal quando do julgamento do recurso inominado, poderá a parte interpor recurso extraordinário, desde que presentes os requisitos exigidos pela lei.

De se registrar que a decisão proferida pela Turma Recursal constitui-se pronunciamento de última instância, desafiando o recurso extraordinário, desde que demonstrada a presença da repercussão geral, bem como se prequestionada a matéria.

A admissibilidade do recurso extraordinário será feita pelo Juiz Presidente do Colégio Recursal e, se este negar a subida do recurso, será cabível a interposição do agravo contra despacho denegatório, sendo que, neste caso, os autos necessariamente subirão ao Supremo Tribunal Federal.

2.12. Não cabimento do recurso especial

Não é cabível a interposição de recurso especial, visto que a decisão atacada não é de tribunal.

2.13. Reclamação

O STF, nos EDcl no RE 571.572/BA, reconheceu ser cabível a reclamação para o STJ se a decisão proferida pela turma recursal contrariar súmula deste.

Nesse sentido, o STJ aprovou a Resolução nº 12/2009, regulamentando a reclamação, o seu prazo e requisitos.

Porém, em 2016, foi aprovada a Resolução STJ/GP nº 03, considerando o fluxo volumoso de Reclamações e a decisão da Corte Especial na Questão de Ordem proferida nos autos do AgRg na Rcl nº 18.506/SP, alterando a competência para o processamento e julgamento das reclamações.

Nesse sentido, caberá às Câmaras Reunidas ou à Seção Especializada dos Tribunais de Justiça a competência para processar e julgar as Reclamações destinadas a dirimir divergência entre acórdão prolatado por Turma Recursal Estadual e do Distrito Federal e a jurisprudência do Superior Tribunal de Justiça, consolidada em incidente de assunção de competência e de resolução de demandas repetitivas, em julgamento de recurso especial repetitivo e em enunciados das Súmulas do STJ, bem como para garantir a observância de precedentes.

No mesmo ato normativo, foi determinado que se aplica, no que couber, o disposto no CPC em relação às reclamações.

2.14. Do não cabimento da ação rescisória

De acordo com o art. 59, da Lei 9.099/95, não será cabível o ajuizamento de ação rescisória com a finalidade de rescindir a coisa julgada material formada nos processos que tramitaram nos Juizados Especiais.

3. JUIZADOS ESPECIAIS DA FAZENDA PÚBLICA

3.1. Criação

Os Juizados Especiais da Fazenda Pública no âmbito dos Estados, do Distrito Federal, dos Territórios e dos Municípios são órgãos inseridos na Justiça Comum e integrantes do Sistema dos Juizados Especiais.

> O Sistema dos Juizados Especiais dos Estados e do Distrito Federal é formado pelos Juizados Especiais Cíveis, Juizados Especiais Criminais e Juizados Especiais da Fazenda Pública.

3.2. Competência

A competência dos Juizados Especiais da Fazenda Pública é absoluta para processar, conciliar e julgar causas cíveis de interesse dos Estados, do Distrito Federal, dos Territórios e dos Municípios, até o valor de sessenta salários mínimos.

Reconhecendo-se a incompetência absoluta, o processo deverá ser extinto, diferentemente da regra geral, que seria no sentido de determinar o encaminhamento para o juízo competente.

O quadro a seguir bem resume a regra de competência dos Juizados Especiais da Fazenda Pública:

▸ QUADRO RESUMO – COMPETÊNCIA DOS JUIZADOS ESPECIAIS DA FAZENDA PÚBLICA
Competência absoluta, desde que instalado o Juizado.
Excluídos da competência mandado de segurança (embora possa tramitar perante a Turma Recursal), desapropriação, divisão e demarcação, ação popular, ação por improbidade administrativa, execução fiscal (mas a ação tributária antiexacional pode tramitar), ações sobre direitos ou interesses difusos e coletivos, causas sobre bens imóveis dos Estados, Distrito Federal, Territórios e Municípios, autarquias e fundações públicas a ela vinculadas, bem como as causas que tenham por objeto a impugnação da pena de demissão imposta a servidores públicos civis ou sanções disciplinares aplicadas a militares.
Competência em razão do valor da causa Até 60 salários mínimos, por autor e, no caso de obrigações vincendas, somam-se as doze parcelas vincendas e de eventuais parcelas vencidas.

3.3. Partes

Podem compor o polo ativo, como autores: as pessoas físicas (capazes e incapazes), as microempresas e as empresas de pequeno porte;

Podem compor o polo passivo, como réus: os Estados, o Distrito Federal, os Territórios e os Municípios, bem como autarquias, fundações e empresas públicas a eles vinculadas.

> Ação em face de sociedade de economia mista: tramitará perante o Juizado Especial Cível (se estadual) e não nos Juizados Especiais da Fazenda Pública.

Importante lembrar que nos Juizados não é admitida a intervenção de terceiros.

3.4. Inexistência de Prazos Diferenciados

As pessoas jurídicas de direito público não possuem prazos diferenciados nos Juizados Especiais.

3.5. Recursos

Para impugnar sentença, segue-se a regra da Lei n. 9.099/1995, de modo que, da sentença que analisa o mérito, decidindo o conflito, caberá a interposição de recurso inominado, que será julgado por uma Turma Recursal.

O recurso inominado será interposto no prazo de dez dias (não se conta em dobro para a Fazenda Pública).

Como regra, as questões decididas por meio de decisões interlocutórias não poderão ser impugnadas pelo recurso de agravo de instrumento, salvo se o juiz deferir quaisquer providências cautelares ou antecipatórias no curso do processo, para evitar dano de difícil ou de incerta reparação.

Portanto, se o magistrado deferir medida cautelar ou antecipatória de tutela poderá a parte valer-se de recurso para impugnar a decisão. O mesmo deve ser admitido se for deferida tutela da evidência.

Dos pronunciamentos também será cabível a interposição de embargos declaratórios, com a mesma finalidade do constante do CPC, no prazo de cinco dias. Interpostos os embargos, haverá a interrupção do curso do prazo para interposição de outros recursos.

A decisão proferida pela Turma Recursal não é equiparada a uma decisão emitida por tribunal e, por isso, não poderá ser impugnada pelo recurso especial.

De outro lado, presentes as hipóteses do art. 102, III, da Constituição Federal, será possível a interposição do recurso extraordinário.

Prevê a Lei 12.153/2009 um tipo específico de recurso, denominado de incidente de interpretação de lei. São admitidos os seguintes incidentes:

I - se houver divergência entre decisões proferidas por Turmas Recursais sobre questões de direito material: será decidido em reunião conjunta das Turmas em conflito;

II - se houver divergência entre decisões de Turmas Recursais de diferentes Estados, ou, ainda, se a divergência for com súmula do STJ, será decidido pelo próprio Superior Tribunal de Justiça.

Note-se que, diferentemente dos Juizados Especiais Federais, não há uma Turma Nacional de Uniformização no âmbito dos Juizados Especiais da Fazenda Pública.

3.6. Cumprimento de Sentença

Não há previsão de intimação do Poder Público para que, querendo, apresente impugnação ao cumprimento de sentença. Diferentemente, transitada em julgado a sentença, o juiz requisitará o pagamento, tratando-se de obrigação de pequeno valor, ou expedirá o que for necessário para a formação de precatório.

4. JUIZADOS ESPECIAIS FEDERAIS

4.1. Competência

Ao contrário do que se verifica no JEC, no âmbito dos Juizados Especiais Federais a parte não tem a livre escolha de demandar perante este ou em Juízo comum.

Nesse passo, o ajuizamento das demandas de menor complexidade contra a União, entidade autárquica ou empresa pública federal necessariamente deverá ocorrer perante os Juizados Especiais Federais, que terão competência absoluta para o julgamento da matéria (art. 3º, § 3º, da Lei 10.259/01).

Tratando-se de ação previdenciária, se inexistente Juizado Especial Federal ou mesmo Juízo Federal na localidade, poderá a parte optar por ajuizar a ação no Juizado mais próximo de seu domicílio, ou, então, ajuizá-la perante a Justiça Estadual.

Mesmo que de valor inferior a sessenta salários mínimos, são excluídas da competência dos Juizados Especiais Federais algumas demandas, as quais deverão ser julgadas pela Justiça Federal comum. São elas:

i) as causas entre Estado estrangeiro ou organismo internacional e Município ou pessoa domiciliada ou residente no País;

ii) as causas fundadas em tratado ou contrato da União com Estado estrangeiro ou organismo internacional;

iii) as ações de mandado de segurança, de desapropriação, de divisão e demarcação, ações populares, execuções fiscais e improbidade administrativa e as demandas sobre interesses difusos, coletivos ou individuais homogêneos, observando-se, neste último caso, que a proibição quanto às demandas sobre direitos ou interesses metaindividuais somente se aplica às ações coletivas;[10]

iv) sobre bens imóveis da União, autarquias e fundações públicas federais;

v) para anulação ou cancelamento de ato administrativo federal, salvo o de natureza previdenciária e o de lançamento fiscal;

vi) que tenham por objeto a impugnação da pena de demissão imposta a servidores públicos civis ou de sanções disciplinares aplicadas a militares;

vii) os procedimentos especiais previstos no Código de Processo Civil, a não ser que seja possível a adequado ao rito sumaríssimo.[11]

---

10. Enunciado nº 22, do FONAJEF: "A exclusão da competência dos Juizados Especiais Federais quanto às demandas sobre direitos ou interesses difusos, coletivos ou individuais homogêneos somente se aplica quanto a ações coletivas".
11. Enunciado nº 09, do FONAJEF: "Além das exceções constantes do § 1º do artigo 3º da Lei 10.259, não se incluem na competência dos Juizados Especiais Federais, os procedimentos especiais previstos no Código de Processo Civil, salvo quando possível a adequação ao rito da Lei n. 10.259/2001".

▶ EXEMPLOS DE QUESTÕES SOBRE OS JUIZADOS ESPECIAIS FEDERAIS

(FCC – Técnico Judiciário – Área Administrativa – TRF 2/ 2012) Compete ao Juizado Especial Federal Cível processar, conciliar e julgar causas da competência da Justiça Federal até o valor de sessenta salários mínimos, dentre as quais, as causas

a) para anulação ou cancelamento de ato administrativo federal de natureza previdenciária.
b) de desapropriação, de divisão, demarcação, populares, executivos fiscais e por improbidade administrativa.
c) que tenham por objeto impugnação de pena de demissão imposta a servidores públicos civis.
d) que tenham por objeto a impugnação de sanções disciplinares aplicadas a militares.
e) sobre direitos ou interesses difusos, coletivos ou individuais homogêneos.

COMENTÁRIOS

O Juizado Especial Cível Federal foi instituído com a Lei nº 10.259/2001. Abrange causas de até 60 (sessenta) salários mínimos e dispensa o órgão de segundo grau de jurisdição de efetuar o reexame necessário. Após o trânsito em julgado, a entidade pública demandada deve efetuar o pagamento no prazo de até 60 (sessenta) dias contados do recebimento da ordem de requisição, independentemente de precatório. Além das pessoas físicas e microempresas, as pequenas empresas também podem demandar como autoras nos Juizados Especiais Federais. É admitido litisconsórcio no Juizado Especial Cível Federal, porém não se admite quaisquer outras modalidades de intervenção de terceiro.

Alternativa correta: letra "a". Compete ao Juizado Especial Federal Cível processar, conciliar e julgar causas de competência da Justiça Federal, para a anulação ou cancelamento de ato administrativo federal de **natureza previdenciária** e o de lançamento fiscal, até o valor de sessenta salários mínimos, bem como executar as suas sentenças. (caput e inciso III do § 1º, do art. 3º, da Lei nº 10.259/01).

Alternativa "b" (responde, também, a alternativa "e"). Não se incluem na competência do Juizado Especial Federal Cível as ações de mandado de segurança, **de desapropriação, de divisão e demarcação, populares, execuções fiscais e por improbidade administrativa** e as **demandas sobre direitos ou interesses difusos**, coletivos ou individuais homogêneos, incluindo as referidas no art. 109, incisos II, III e XI, da CF/88. (Lei nº 10.259/01, art. 3º, § 1º, inciso I).

Alternativa "c" (responde, também, a alternativa "d"). Não se incluem na competência do Juizado Especial Federal Cível as causas que tenham como objeto a impugnação da pena de demissão **imposta a servidores públicos civis** ou **de sanções disciplinares aplicadas a militares.** (Lei nº 10.259/01, art. 3º, § 1º, inciso IV).

(FCC – Técnico Judiciário – Área Administrativa – TRF 3/2014) No que concerne aos Juizados Especiais Federais Cíveis,

a) podem ser partes, como rés, as fundações e empresas públicas federais.
b) nas causas de sua competência haverá reexame necessário quando a União for vencida.

c) podem ser partes, como autoras, quaisquer pessoas jurídicas.
d) não se inclui na sua competência as causas para anulação de ato administrativo federal de natureza previdenciária.
e) incluem-se na sua competência as causas sobre bens imóveis da União.

COMENTÁRIOS

Os Juizados Especiais Cíveis da Justiça Federal encontram respaldo na Lei 10.259/01, e a eles compete processar, conciliar e julgar causas de competência da Justiça Federal até o valor de 60 (sessenta salários mínimos), bem como executar as suas sentenças, obedecidas as hipóteses expressamente excluídas de seu alcance (Lei 10.259/01, art. 3º, § 1º, I, II, III e IV).

Alternativa Correta: letra "a". A União, autarquias, fundações e empresas públicas federais poderão ser partes no Juizado Especial Federal Cível, desde que somente na qualidade de rés (Lei 10.259/01, art. 6º, II).

Alternativa "b". Não haverá reexame necessário nas causas de competência dos Juizados Especiais Federais Cíveis (Lei 10.259/01, art. 13).

Alternativa "c". Somente poderão ser autoras nos Juizados Especiais Federais Cíveis as microempresas e as empresas de pequeno porte, além das pessoas físicas (Lei 10.259/01, art. 6º, I).

Alternativa "d". Não se incluem na competência do Juizado Especial Cível as causas para a anulação ou cancelamento de ato administrativo federal, excetuando-se os de natureza previdenciária e de lançamento fiscal (Lei 10.259/01, art. 3º, § 1º, III).

Alternativa "e". Não serão julgadas perante os Juizados Especiais Cíveis, estando, portanto, fora de sua alçada de competência, as causas sobre bens imóveis da União, autarquias e fundações públicas federais (Lei 10.259/01, art. 3º, § 1º, II).

4.2. Procedimento

a) Partes:

Poderão ser autores nos Juizados Especiais Federais:

(i) as pessoas físicas, capazes ou incapazes, nomeando, para estes, curador especial, se eles não tiverem representantes constituídos.

No conceito de pessoas físicas, compreendem-se os empresários individuais.

O número de litisconsortes não poderá importar em prejuízo à defesa ou ao regular processamento do feito, devendo ser limitado o litisconsórcio multitudinário.

Sobre a possibilidade dos incapazes ajuizarem demandas nos JEF, o FONAJEF se pronunciou expressamente a respeito[12], admitindo-os, desde que devidamente representados.

12. Enunciado nº 10, do FONAJEF: "O incapaz pode ser parte autora nos Juizados Especiais Federais, dando-se-lhe curador especial, se ele não tiver representante constituído".

(ii) as microempresas e empresas de pequeno porte, definidas na Lei 9.317/96, que deverão comprovar essa condição mediante documentação hábil.[13]

(iii) o espólio.[14]

A União não poderá figurar como autora nos Juizados Especiais Federais, conforme já decidido pelo Superior Tribunal de Justiça.[15]

Figurarão como rés, nos Juizados, a União, autarquias, fundações e empresas públicas federais, sendo admitido, em caso de litisconsórcio necessário, que pessoas físicas, jurídicas, de direito privado ou de direito público estadual ou municipal figurem no polo passivo.[16]

b) Do dever informação

No âmbito do processo civil comum, compete às partes instruir a petição inicial ou a contestação com os documentos necessários à comprovação dos fatos, observado ônus probatório.

Se acaso for necessária a exibição de documento que se encontra em poder da outra parte, deverá a parte instaurar o respectivo incidente processual de exibição documental. Estando em poder do Poder Público, poderá requerer que o Juízo o requisite.

No que tange aos Juizados Especiais Federais, a entidade ré possui o dever de já instruir a sua defesa com a documentação de que disponha para o esclarecimento da causa, apresentando-a até a instalação da audiência de conciliação (art. 11).

Trata-se do dever de informação ínsito aos Juizados Especiais, pelo que a parte – notadamente o Poder Público – deverá instruir o Juízo com as informações e documentos necessários para a solução da demanda.

4.3. Recursos

a) Do recurso contra a sentença

A Lei 10.259/01 trouxe apenas uma regra específica sobre o recurso contra a sentença, para registrar que, exceto contra as decisões interlocutórias que deferirem

---

13. Enunciado nº 11, do FONAJEF: "No ajuizamento de ações no Juizado Especial Federal, a microempresa e a empresa de pequeno porte deverão comprovar essa condição mediante documentação hábil".
14. Enunciado nº 82, do FONAJEF: "O espólio pode ser parte autora nos juizados especiais federais".
15. CONFLITO NEGATIVO DE COMPETÊNCIA. JUÍZO ESTADUAL E ESPECIAL FEDERAL. CARTA PRECATÓRIA DA JUSTIÇA FEDERAL. ART. 209 DO CPC. TAXATIVIDADE. EXECUÇÃO DE TÍTULO JUDICIAL. UNIÃO. AUTORA. JUIZADO ESPECIAL FEDERAL. IMPOSSIBILIDADE. ART. 6º, INCISOS I E II, DA LEI 10.259/01.(...). 2. A Lei nº 10.259/01 prevê, expressamente, que a União somente pode ser parte ré, e não autora, nos processos de competência dos Juizados Especiais Federais (art. 6º, incisos I e II).(...). 4. Precedentes da Seção: CC 63.940/SP, Rel. Min. Castro Meira, DJU de 12.09.07; CC 48.125/SP, Rel. Min. Denise Arruda, DJ de 15.05.06. (...).(CC 87.855/SP, Rel. Ministro CASTRO MEIRA, PRIMEIRA SEÇÃO, julgado em 10/10/2007, DJ 29/10/2007, p. 173).
16. Enunciado nº 21, do FONAJEF: "As pessoas físicas, jurídicas, de direito privado ou de direito público estadual ou municipal podem figurar no polo passivo, no caso de litisconsórcio necessário".

medidas cautelares, somente será cabível recurso de sentença definitiva (artigos 3º e 4º).

Assim, tanto dessas decisões que defiram medidas cautelares, quanto das sentenças, caberá o recurso inominado, a ser interposto no prazo de 10 dias.

Poderão interpor o recurso a parte sucumbente, bem como o Ministério Público nas demandas em que intervier em razão da qualidade da parte.

Tal como no JEC, o princípio da gratuidade processual vigora apenas em primeiro grau de jurisdição, sendo necessária a comprovação do recolhimento do preparo recursal.

Tal comprovação deverá ocorrer no prazo previsto na LJE (art. 42, § 1º), qual seja, 48 horas seguintes à interposição, sob pena de deserção.

O recurso inominado deverá ser interposto de forma escrita, já acompanhado das razões recursais.

O juízo de prelibação (de admissibilidade) não precisa necessariamente ocorrer em primeiro grau de jurisdição, mas poderá ser exercido unicamente em segundo grau, quando do julgamento do recurso. Essa regra tem como foco propiciar a celeridade na subida do recurso, na medida em que se evita a prática do mesmo ato por mais de uma autoridade judicial.

Nesse passo, as contrarrazões deverão ser juntadas antes do juízo de admissibilidade, consoante dispõe o Enunciado nº 54, do FONAJEF. **Não poderá o recorrido interpor recurso adesivo.**

Tal como ocorre no juízo de prelibação, a atribuição do efeito em que recebido o recurso poderá ocorrer exclusivamente pelo relator, conforme dispõe o Enunciado nº 34, do FONAJEF: "O exame de admissibilidade do recurso poderá ser feito apenas pelo Relator, dispensado o prévio exame no primeiro grau".

Sem prejuízo, em razão da exigência constitucional do prévio trânsito em julgado para a expedição da requisição de pequeno valor ou do precatório, o julgado, neste ponto, muito embora tenha sido o recurso recebido somente em seu efeito devolutivo, não produzirá efeitos.

Por isso, o FONAJEF fixou o entendimento no Enunciado nº 61 no sentido de que "o recurso será recebido no duplo efeito, salvo em caso de antecipação de tutela ou medida cautelar de urgência".

O recurso inominado poderá ser decidido de forma monocrática, com aplicabilidade do art. 932 do CPC.

Como é perceptível, de acordo com o FONAJEF, não só nas hipóteses delineadas no Código de Processo Civil será possível o julgamento monocrático do recurso, mas também nos casos de matéria pacificada em súmula da Turma Nacional de Uniformização, enunciado da Turma Regional ou da própria Turma Recursal.

b) Do incidente de uniformização de interpretação de lei federal

A Lei 10.259/01 admite ***três modalidades de incidentes de uniformização***: um dirigido para a Turma Regional de Uniformização, outro para a Turma Nacional e, por fim, o incidente para o Superior Tribunal de Justiça.

(i) Incidente de uniformização entre Turmas Recursais:

Se a divergência for apontada entre julgados proferidos por Turmas Recursais da mesma Região, o pedido de uniformização deverá ser decidido pela reunião destas Turmas.

O recurso será interposto no prazo de quinze dias, a contar da publicação do acórdão recorrido. Em caso de inadmissão preliminar do pedido, a parte poderá interpor agravo nos próprios autos, no prazo de quinze dias, a contar de sua intimação.

Contra decisão de inadmissão de pedido de uniformização regional fundada em julgamento do STF, proferido na sistemática da repercussão geral, ou em súmula da Turma Regional de Uniformização, caberá agravo interno, no prazo de quinze dias, o qual, após o decurso de igual prazo para contrarrazões, será julgado pela Turma Recursal, mediante decisão irrecorrível.

Não caberá incidente regional se a decisão da turma recursal estiver em conformidade com súmula ou jurisprudência dominante do STJ ou da TNU (art. 4º, parágrafo único, da Resolução nº 347/2015, CJF, acrescentado pela Res. 417/2006).

(ii) Incidente de uniformização para a Turma Nacional de Uniformização:

Porém, se a divergência instalada for entre Turmas Recursais de diferentes Regiões, o incidente será julgado pela Turma Nacional de Uniformização.

Da mesma forma, o incidente também será decidido pela TNU quando houver divergência entre julgado proferido por Turma Recursal e súmula ou jurisprudência do Superior Tribunal de Justiça.

> A Turma Nacional de Uniformização funciona em Plenário junto ao Conselho da Justiça Federal, presidida pelo Ministro Corregedor-Geral da Justiça Federal, composta por dez juízes federais como membros efetivos.
>
> Cada tribunal regional federal indicará dois juízes federais como membros efetivos e dois suplentes, os quais serão escolhidos entre os integrantes de turmas recursais, para mandatos de dois anos, permitida uma recondução.
>
> Resolução nº CJF-RES-2015/00345, de 2.6.2015.

As decisões proferidas pela Turma Nacional de Uniformização também estão sujeitas a controle e, se em dissonância com súmula ou jurisprudência do Superior Tribunal de Justiça, poderá o interessado interpor o incidente de uniformização, que será decidido por este Tribunal.

▶ **IMPORTANTE!**

Os incidentes de uniformização de interpretação voltam-se à aplicabilidade do ***direito material*, não versando sobre direito processual.**

Não obstante, a **Turma Nacional de Uniformização poderá responder à consulta**, sem efeito suspensivo, formulada **pelos coordenadores dos Juizados Especiais Federais, pelas Turmas Recursais ou Regionais sobre matéria processual**, quando verificada divergência no processamento dos feitos.

Havendo interposição simultânea de pedidos de uniformização dirigido à Turma Regional e à Turma Nacional de Uniformização, primeiramente será julgado aquele (art. 6º, § 1º, Resolução 345/2015, CJF, alterado pela Resolução nº 392/2016).

▶ **ATENÇÃO!**

A admissão de incidente de resolução de demandas repetitivas por tribunal regional federal não impede o regular processamento de pedido de uniformização já admitido pela Turma de origem, **exceto quando a suspensão abranger todo o território nacional** (art. 6º, § 2º, Resolução 345/2015, CJF, alterado pela Resolução nº 392/2016).

O pedido de uniformização será interposto perante a Turma Recursal ou Regional de origem no prazo de **quinze dias (úteis, segundo o § 2º, do art. 31, da Resolução 345/2015, alterada pela Res. 392/2016)**, a contar da intimação do acórdão recorrido. O juízo preliminar de admissibilidade será feito pelo Presidente ou Vice-Presidente da Turma que prolatou o acórdão recorrido.

Quando do juízo de admissibilidade, poderá o processo ser devolvido à Turma Recursal ou Regional para juízo de retratação, caso o acórdão recorrido esteja em manifesto confronto com súmula ou jurisprudência dominante da Turma Nacional de Uniformização, do STJ ou do STF (art. 13, § 2º, Resolução 345/2015, CJF, alterado pela Resolução nº 392/2016).

O feito deverá ser devolvido à Turma de origem quando o acórdão recorrido contrariar julgamento proferido em incidente de resolução de demandas repetitivas, para aplicação da tese firmada.

O pedido de uniformização não será admitido quando desatendidos os requisitos de admissibilidade recursal, notadamente se: I – não demonstrada a existência de dissídio jurisprudencial, mediante cotejo analítico dos julgados e a identificado do processo em que proferido o acórdão paradigma; II – não juntada cópia do acórdão paradigma, salvo quando proferido pelo Superior Tribunal de Justiça, na sistemática dos recursos repetitivos, ou pela própria Turma Nacional de Uniformização, na sistemática dos representativos de controvérsia; III – estiver em manifesto confronto com súmula ou jurisprudência dominante da Turma Nacional de Uniformização, ou com súmula, jurisprudência dominante ou entendimento do Superior Tribunal de Justiça firmado em julgamento de recurso repetitivo ou de incidente de uniformização; IV – estiver em manifesto confronto com súmula, jurisprudência dominante ou entendimento do Supremo Tribunal Federal firmado em repercussão geral; V – estiver fundado em orientação que não reflita a jurisprudência adotada pela Turma Nacional de Uniformização, à época do exame de admissibilidade, exceto quando contrária à jurisprudência dominante do Superior Tribunal de Justiça; VI – o acórdão recorrido da Turma Recursal estiver fundado em incidente de resolução de demandas repetitivas.

Havendo multiplicidade de pedidos com fundamento em idêntica questão de direito, o pedido de uniformização será processado, podendo ser admitido mais de um caso representativo da controvérsia, os quais serão encaminhados à TNU, ficando os demais sobrestados. Publicado o acórdão, os pedidos sobrestados terão seguimento denegado na hipótese de o acórdão coincidir com a orientação da TNU, ou serão novamente examinados pela Turma de origem na hipótese de o acórdão recorrido divergir da orientação da TNU.

Caberá agravo regimental da decisão do relator, a ser interposto no prazo de quinze dias úteis (art. 32, Res. 345/2015, CJF, alterado pela Res. 392/2016).

(iii) *Incidente de uniformização dirigido para o STJ:*

Quando o acórdão da TNU for proferido em contrariedade à súmula ou jurisprudência dominante do STJ, o incidente de uniformização de jurisprudência será suscitado, nos próprios autos, no prazo de quinze dias, perante o Presidente da Turma Nacional de Uniformização.

Também caberá o incidente quando o acórdão proferido pela TNU estiver em contrariedade à tese firmada em julgamento de incidente de resolução de demandas repetitivas.

Não admitido o incidente, a parte contrária poderá requerer, nos próprios autos, no prazo de dez dias, que o feito seja remetido ao STJ (art. 34, § 3º, da Res. Nº 345/2015).

c) Não cabimento simultâneo do recurso extraordinário e do incidente de uniformização de interpretação de lei federal ante o princípio da unirrecorribilidade:

Das decisões proferidas pela Turma Recursal, pelas Turmas de Uniformização (Regional ou Nacional) ou ainda pelo STJ, caberá a impugnação por meio do recurso extraordinário, desde que presentes as hipóteses do art. 102, III da Constituição Federal.

Contudo, de acordo com o que foi decidido pelo STF, por força do princípio da unicidade, não é admitida a interposição simultânea desses recursos, ambos com o objetivo de reformar o mesmo capítulo do acórdão recorrido. Dessa maneira, apresentado o incidente de uniformização, o recurso extraordinário somente será cabível, em tese, contra acórdão que julgar esse incidente, quando então estará exaurida a instância ordinária (ARE 850960 AgR, Relator(a): Min. TEORI ZAVASCKI, Segunda Turma, julgado em 24/03/2015, PROCESSO ELETRÔNICO DJe-068 DIVULG 10-04-2015 PUBLIC 13-04-2015).

5. INFORMATIVOS DE JURISPRUDÊNCIA RELACIONADOS AO TEMA

- **Competência. Juizado Especial Cível. Ação de cobrança. Associação de moradores de loteamento urbano. Taxas de manutenção de áreas comuns. Morador não associado.** O Juizado Especial Cível é competente para o processamento e o julgamento de ação proposta por associação de moradores visando à cobrança de taxas de manutenção de loteamento em face de morador não associado. (Informativo do STJ nº 627, de 29.6.2018)

- **Juizado Especial. Suspensão condicional do processo. Acordo de reparação civil realizado entre as partes. Título executivo judicial.** O ato de composição entre denunciado e vítima visando à reparação civil do dano, embutido na decisão concessiva de suspensão condicional do processo (art. 89 da Lei n. 9.099/95), é título judicial apto a lastrear eventual execução. (Informatio do STJ nº 599, de 11.4.2017)

- **Direito processual civil. Juizado especial da Fazenda Pública e requisitos para admissibilidade de reclamação e de pedido de uniformização de jurisprudência.** Não é cabível reclamação, tampouco pedido de uniformização de jurisprudência, ao STJ contra acórdão de turma recursal do Juizado Especial da Fazenda Pública sob a alegação de que a decisão impugnada diverge de orientação fixada em precedentes do STJ. O sistema para o processamento e julgamento de causas em juizados especiais é composto por três microssistemas. Cada um deles é submetido a regras específicas de procedimento, inclusive com relação ao mecanismo de uniformização de jurisprudência e de submissão das decisões das turmas recursais ao crivo do STJ. No âmbito do microssistema dos Juizados Especiais estaduais comuns, instituídos pela Lei 9.099/1995, o mecanismo é a reclamação, nas hipóteses do art. 1º da Resolução 12/2009 do STJ, ou seja, quando decisão de turma recursal contrariar: a) jurisprudência do STJ; b) súmula do STJ; ou c) orientações decorrentes do julgamento de recursos especiais processados na forma do art. 543-C. Já no que se refere aos Juizados Especiais federais instituídos pela Lei 10.259/2001, é o pedido de uniformização de jurisprudência que é cabível quando a orientação da Turma Nacional de Uniformização contrariar (art. 14, § 4º): a) jurisprudência dominante do STJ; ou b) súmula do STJ. Finalmente, quanto ao mais recente microssistema, instituído pela Lei 12.153/2009 (Juizados Especiais da Fazenda Pública), é cabível o pedido de uniformização de jurisprudência quando (arts. 18 e 19): a) as turmas de diferentes estados derem a lei federal interpretações divergentes; ou b) a decisão proferida estiver em contrariedade com súmula do STJ. Percebe-se, portanto, que foi opção expressa do legislador restringir apenas às duas hipóteses acima o cabimento do pedido de uniformização de jurisprudência nos Juizados Especiais da Fazenda Pública, havendo silêncio eloquente quanto a todas as demais hipóteses. Desse modo, o caso em que a parte alega que o acórdão da turma recursal no subsistema do Juizado Especial da Fazenda Pública viola precedentes do STJ não se amolda às hipóteses de cabimento de pedido de uniformização de jurisprudência. Quanto à utilização da reclamação, observa-se que, nos termos do art. 105, I, *f*, da CF, c/c o art. 187 do RISTJ, seu cabimento é previsto para: a) a usurpação de competência do STJ; ou b) a necessidade de garantir a autoridade das decisões do STJ. Além dessas hipóteses constitucionais, conforme visto acima, cabe reclamação para a adequação do entendimento adotado em acórdãos de turmas recursais no subsistema dos Juizados Especiais comuns estaduais à jurisprudência, súmula ou orientação adotada na sistemática dos recursos repetitivos do STJ (em razão do decidido pelo STF nos EDcl no RE 571.572-BA, Tribunal Pleno, *DJe* 27/11/2009, e das regras contidas na Resolução 12/2009 do STJ). De acordo com a larga jurisprudência do STF, seguida pelo STJ, a reclamação não pode – e não deve – ser considerada sucedâneo recursal, ou seja, é cabível tão só nas hipóteses em que adequadamente atende aos requisitos de admissibilidade (Rcl 5684 AgR, Tribunal Pleno, *DJe* 15/8/2008; e Rcl 5465 ED, Tribunal Pleno, *DJe* 15/8/2008). Cumpre esclarecer que não é possível a aplicação do princípio da fungibilidade quando a reclamação fundar-se em suposta divergência entre a decisão recorrida e arestos paradigmas do STJ, sendo que essa hipótese não é abrangida no pedido de uniformização previsto no art. 18, § 3º, da Lei 12.153/2009. Assim, não se amolda ao caso nem o pedido de uniformização de jurisprudência nem a reclamação, por não incidirem em nenhuma das hipóteses de cabimento. **Rcl 22.033-SC**, Rel. Min. Mauro Campbell Marques, julgado em 8/4/2015, *DJe* 16/4/2015. (Informativo do STJ nº 559, de 6 a 16.4.2015)

- **Direito processual civil. MS para controle de competência dos Juizados Especiais federais.** É possível a impetração de mandado de segurança nos tribunais regionais federais com a finalidade de promover o controle da competência dos **Juizados Especiais** federais. Precedentes citados: RMS 17.524-BA, Corte Especial, *DJ* 11/9/2006; e AgRg no RMS 28.262-RJ, Quarta Turma, *DJe* 19/6/2013. **RMS 37.959-BA**, Rel. Min. Herman Benjamin, julgado em 17/10/2013.

- **Direito processual civil. Reclamação para diminuição do valor da astreinte fixada por turma recursal.** Cabe reclamação ao STJ, em face de decisão de turma recursal dos **Juizados Especiais** dos estados ou do Distrito Federal, com o objetivo de reduzir o valor de multa cominatória demasiadamente desproporcional em relação ao valor final da condenação. Isso porque, nessa situação, verifica-se a teratologia da decisão impugnada. De fato, o STJ entende possível utilizar reclamação contra decisão de turma recursal, enquanto não seja criada a Turma Nacional de Uniformização de Jurisprudência dos Juizados Especiais dos estados e do Distrito Federal, nos casos em que a decisão afronte jurisprudência pacificada em recurso repetitivo (art. 543-C do CPC) ou em súmula do STJ, ou, ainda, em caso de decisão judicial teratológica. **Rcl 7.861-SP**, Rel. Min. Luis Felipe Salomão, julgado em 11/9/2013.

- **Direito processual civil. Utilização de mandado de segurança para controle da competência dos juizados especiais.** É cabível mandado de segurança, a ser impetrado no tribunal de Justiça, a fim de que seja reconhecida, em razão da complexidade da causa, a incompetência absoluta dos **juizados especiais** para o julgamento do feito, ainda que no processo já exista decisão definitiva de turma recursal da qual não caiba mais recurso. Inicialmente, observe-se que, em situações como essa, o controle por meio da ação mandamental interposta dentro do prazo decadencial de 120 dias não interfere na autonomia dos juizados, uma vez que o mérito da demanda não será decidido pelo tribunal de Justiça. Ademais, é necessário estabelecer um mecanismo de controle da competência dos juizados, sob pena de lhes conferir um poder desproporcional: o de decidir, em caráter definitivo, inclusive as causas para as quais são absolutamente incompetentes, nos termos da lei civil. Dessa forma, sendo o juízo absolutamente incompetente em razão da matéria, a decisão é, nesse caso, inexistente ou nula, não havendo tecnicamente que falar em trânsito em julgado. **RMS 39.041-DF**, Rel. Min. Raul Araújo, julgado em 7/5/2013.

- **Direito processual civil. Juizados Especiais federais cíveis. Valor da causa para fins de competência. Divisão do montante total pelo número de litisconsortes.** O valor da causa para fins de fixação da competência nos juizados especiais federais, na hipótese de existência de litisconsórcio ativo, deve ser calculado dividindo-se o montante pelo número de autores. Dessa forma, se as parcelas percebidas e as supostamente devidas a cada um dos litisconsortes for inferior a sessenta salários mínimos, prevalece a competência absoluta do Juizado Especial federal cível para o julgamento da lide (art. 3º da Lei n. 10.259/2001).

Precedentes citados: AgRg no REsp 1209914/PB, *DJe* 14/2/2011; AgRg no CC 104714/PR, *DJe* 28/8/2009. **REsp 1.257.935-PB**, Rel. Min. Eliana Calmon, julgado em 18/10/2012.

- **Reclamação.Juizados Especiaisestaduais. Requisitos.** A Seção, ao prosseguir o julgamento, deliberou, entre outras questões, limitar a admissibilidade das reclamações que chegam ao STJ contra decisões das turmas recursais dos juizados Especiais estaduais àquelas que afrontam julgados em recurso repetitivo (art. 543-C do CPC e Res. n. 8/2008-STJ) ou enunciados da Súmula deste Superior Tribunal. Ademais, consignou que a divergência deve referir-se às regras de Direito material, não se admitindo a reclamação que discuta regras de Direito processual civil, tendo em vista que o processo, nos juizados especiais estaduais, orienta-se pelos critérios da Lei n. 9.099/1995. Outrossim, firmou que não serão conhecidos eventuais agravos regimentais interpostos de decisões monocráticas que não conheceram dessas reclamações. **Rcl 3.812-ES**, Rel. originário Min. Sidnei Beneti, Rel. para acórdão Min. Nancy Andrighi, julgado em 9/11/2011.

6. ENUNCIADOS DO FONAJE, FONAJEF E FONAJEFP

Enunciados Cíveis Fonaje

- Enunciado 1 - O exercício do direito de ação no Juizado Especial Cível é facultativo para o autor.
- Enunciado 2 - Substituído pelo Enunciado 58.
- Enunciado 3 - Lei local não poderá ampliar a competência do Juizado Especial.
- Enunciado 4 - Nos Juizados Especiais só se admite a ação de despejo prevista no art. 47, inciso III, da Lei 8.245/1991.
- Enunciado 5 - A correspondência ou contrafé recebida no endereço da parte é eficaz para efeito de citação, desde que identificado o seu recebedor.
- Enunciado 6 - Não é necessária a presença do juiz togado ou leigo na sessão de conciliação, nem a do juiz togado na audiência de instrução conduzida por juiz leigo. (nova redação - XXXVII - Florianópolis-SC).
- Enunciado 7 - A sentença que homologa o laudo arbitral é irrecorrível.
- Enunciado 8 - As ações cíveis sujeitas aos procedimentos especiais não são admissíveis nos Juizados Especiais.
- Enunciado 9 - O condomínio residencial poderá propor ação no Juizado Especial, nas hipóteses do art. 275, inciso II, item *b*, do Código de Processo Civil.
- Enunciado 10 - A contestação poderá ser apresentada até a audiência de Instrução e Julgamento.
- Enunciado 11 - Nas causas de valor superior a vinte salários mínimos, a ausência de contestação, escrita ou oral, ainda que presente o réu, implica revelia.
- Enunciado 12 - A perícia informal é admissível na hipótese do art. 35 da Lei 9.099/1995.

- **Enunciado 13** - Nos Juizados Especiais Cíveis, os prazos processuais contam-se da data da intimação ou da ciência do ato respectivo, e não da juntada do comprovante da intimação (nova redação - XXXIX Encontro - Maceió-AL).
- **Enunciado 14** - Os bens que guarnecem a residência do devedor, desde que não essenciais a habitabilidade, são penhoráveis.
- Enunciado 15 - Nos Juizados Especiais não é cabível o recurso de agravo, exceto nas hipóteses dos artigos 544 e 557 do CPC (nova redação - XXI Encontro - Vitória-ES).
- **Enunciado 16** - Cancelado.
- **Enunciado 17** - Substituído pelo Enunciado 98 (XIX Encontro - Aracaju-SE).
- **Enunciado 18** - Cancelado.
- **Enunciado 19** - Cancelado (XXI Encontro - Vitória-ES).
- **Enunciado 20** - O comparecimento pessoal da parte às audiências é obrigatório. A pessoa jurídica poderá ser representada por preposto.
- **Enunciado 21** - Cancelado (XXI Encontro - Vitória-ES).
- **Enunciado 22** - A multa cominatória é cabível desde o descumprimento da tutela antecipada, nos casos dos incisos V e VI, do art 52, da Lei 9.099/1995.
- **Enunciado 23** - Cancelado (XXI Encontro - Vitória-ES).
- **Enunciado 24** - Cancelado (XXI Encontro - Vitória-ES).
- **Enunciado 25** - Substituído pelo Enunciado 144 (XXVIII Fonaje - Salvador-BA).
- **Enunciado 26** - São cabíveis a tutela acautelatória e a antecipatória nos Juizados Especiais Cíveis (nova redação - XXIV Encontro - Florianópolis-SC).
- **Enunciado 27** - Na hipótese de pedido de valor até 20 salários mínimos, é admitido pedido contraposto no valor superior ao da inicial, até o limite de 40 salários mínimos, sendo obrigatória à assistência de advogados às partes.
- **Enunciado 28** - Havendo extinção do processo com base no inciso I, do art. 51, da Lei 9.099/1995, é necessária a condenação em custas.
- Enunciado 29 - Cancelado.
- **Enunciado 30** - É taxativo o elenco das causas previstas na o art. 3º da Lei 9.099/1995.
- **Enunciado 31** - É admissível pedido contraposto no caso de ser a parte ré pessoa jurídica.
- **Enunciado 32** - Substituído pelo Enunciado 139 (XXVIII Fonaje - Salvador-BA).
- **Enunciado 33** - É dispensável a expedição de carta precatória nos Juizados Especiais Cíveis, cumprindo-se os atos nas demais comarcas, mediante via postal, por ofício do juiz, fax, telefone ou qualquer outro meio idôneo de comunicação.
- **Enunciado 34** - Cancelado.
- **Enunciado 35** - Finda a instrução, não são obrigatórios os debates orais.

- **Enunciado 36** – A assistência obrigatória prevista no art. 9º da Lei 9.099/1995 tem lugar a partir da fase instrutória, não se aplicando para a formulação do pedido e a sessão de conciliação.
- Enunciado 37 – Em exegese ao art. 53, § 4º, da Lei 9.099/1995, não se aplica ao processo de execução o disposto no art. 18, § 2º, da referida lei, sendo autorizados o arresto e a citação editalícia quando não encontrado o devedor, observados, no que couber, os arts. 653 e 654 do Código de Processo Civil (nova redação – XXI Encontro – Vitória-ES).
- Enunciado 38 – A análise do art. 52, IV, da Lei 9.099/1995, determina que, desde logo, expeça-se o mandado de penhora, depósito, avaliação e intimação, inclusive da eventual audiência de conciliação designada, considerando-se o executado intimado com a simples entrega de cópia do referido mandado em seu endereço, devendo, nesse caso, ser certificado circunstanciadamente.
- Enunciado 39 – Em observância ao art. 2º da Lei 9.099/1995, o valor da causa corresponderá à pretensão econômica objeto do pedido.
- Enunciado 40 – O conciliador ou juiz leigo não está incompatibilizado nem impedido de exercer a advocacia, exceto perante o próprio Juizado Especial em que atue ou se pertencer aos quadros do Poder Judiciário.
- Enunciado 41 – A correspondência ou contra-fé recebida no endereço do advogado é eficaz para efeito de intimação, desde que identificado o seu recebedor (nova redação – XXI Encontro – Vitória-ES).
- Enunciado 42 – Substituído pelo Enunciado 99 (XIX Encontro – Aracaju-SE).
- Enunciado 43 – Na execução do título judicial definitivo, ainda que não localizado o executado, admite-se a penhora de seus bens, dispensado o arresto. A intimação de penhora observará ao disposto no artigo 19, § 2º, da Lei 9.099/1995.
- Enunciado 44 – No âmbito dos Juizados Especiais, não são devidas despesas para efeito do cumprimento de diligências, inclusive, quando da expedição de cartas precatórias.
- Enunciado 45 – Substituído pelo Enunciado 75.
- Enunciado 46 – A fundamentação da sentença ou do acórdão poderá ser feita oralmente, com gravação por qualquer meio, eletrônico ou digital, consignando-se apenas o dispositivo na ata (nova redação – XIV Encontro – São Luís-MA).
- Enunciado 47 – Substituído pelo Enunciado 135 (XXVII Fonaje – Palmas-TO).
- Enunciado 48 – O disposto no § 1º do art. 9º da Lei 9.099/1995 é aplicável às microempresas e às empresas de pequeno porte (nova redação – XXI Encontro – Vitória-ES).
- Enunciado 49 – Cancelado (XXI Encontro – Vitória-ES).
- Enunciado 50 – Para efeito de alçada, em sede de Juizados Especiais, tomar-se-á como base o salário mínimo nacional.
- Enunciado 51 – Os processos de conhecimento contra empresas sob liquidação extrajudicial, concordata ou recuperação judicial devem prosseguir até a sentença de mérito, para constituição do título executivo judicial, possibilitando a parte habilitar o seu crédito, no momento oportuno, pela via própria (nova redação – XXI Encontro – Vitória-ES).

- Enunciado 52 - Os embargos à execução poderão ser decididos pelo juiz leigo, observado o art. 40 da Lei nº 9.099/1995.
- Enunciado 53 - Deverá constar da citação a advertência, em termos claros, da possibilidade de inversão do ônus da prova.
- Enunciado 54 - A menor complexidade da causa para a fixação da competência é aferida pelo objeto da prova e não em face do Direito material.
- Enunciado 55 - Substituído pelo Enunciado 76.
- Enunciado 56 - Cancelado.
- Enunciado 57 - Cancelado.
- Enunciado 58 (Substitui o Enunciado 2) - As causas cíveis enumeradas no art. 275 II, do CPC admitem condenação superior a 40 salários mínimos e sua respectiva execução, no próprio juizado.
- Enunciado 59 - Admite-se o pagamento do débito por meio de desconto em folha de pagamento, após anuência expressa do devedor e em percentual que reconheça não afetar sua subsistência e a de sua família, atendendo sua comodidade e conveniência pessoal.
- Enunciado 60 - É cabível a aplicação da desconsideração da personalidade jurídica, inclusive na fase de execução (nova redação - XIII Encontro - Campo Grande-MS).
- Enunciado 61 - Cancelado (XIII Encontro - Campo Grande-MS).
- Enunciado 62 - Cabe exclusivamente às turmas recursais conhecer e julgar o mandado de segurança e o *habeas corpus* impetrados em face de atos judiciais oriundos dos Juizados Especiais.
- Enunciado 63 - Contra decisões das turmas recursais são cabíveis somente os embargos declaratórios e o recurso extraordinário.
- Enunciado 64 - Cancelado (XVI Encontro - Rio de Janeiro-RJ).
- Enunciado 65 - Cancelado (XVI Encontro - Rio de Janeiro-RJ).
- Enunciado 66 - Cancelado (XXI Encontro - Vitória-ES).
- Enunciado 67 - Substituído pelo Enunciado 91.
- Enunciado 68 - Somente se admite conexão em Juizado Especial Cível quando as ações puderem submeter-se à sistemática da Lei 9.099/1995.
- Enunciado 69 - As ações envolvendo danos morais não constituem, por si só, matéria complexa.
- Enunciado 70 - As ações nas quais se discute a ilegalidade de juros não são complexas para o fim de fixação da competência dos Juizados Especiais, exceto quando exigirem perícia contábil (nova redação - XXX Encontro - São Paulo-SP).
- Enunciado 71 - É cabível a designação de audiência de conciliação em execução de título judicial.
- Enunciado 72 - Substituído pelo Enunciado 148 (XXIX Encontro - Bonito-MS).

- Enunciado 73 – As causas de competência dos Juizados Especiais em que forem comuns o objeto ou a causa de pedir poderão ser reunidas para efeito de instrução, se necessária, e julgamento.
- Enunciado 74 – A prerrogativa de foro na esfera penal não afasta a competência dos Juizados Especiais Cíveis.
- Enunciado 75 (Substitui o Enunciado 45) – A hipótese do § 4º do art. 53 da Lei 9.099/1995 também se aplica às execuções de título judicial, entregando-se ao exequente, no caso, certidão do seu crédito, como título para futura execução, sem prejuízo da manutenção do nome do executado no cartório distribuidor (nova redação – XXI Encontro – Vitória-ES).
- Enunciado 76 (Substitui o Enunciado 55) – No processo de execução, esgotados os meios de defesa e inexistindo bens para a garantia do débito, expede-se a pedido do exequente certidão de dívida para fins de inscrição no serviço de Proteção ao Crédito – SPC e Serasa, sob pena de responsabilidade.
- Enunciado 77 – O advogado cujo nome constar do termo de audiência estará habilitado para todos os atos do processo, inclusive para o recurso (XI Encontro – Brasília-DF).
- Enunciado 78 – O oferecimento de resposta, oral ou escrita, não dispensa o comparecimento pessoal da parte, ensejando, pois, os efeitos da revelia (XI Encontro – Brasília-DF).
- Enunciado 79 – Designar-se-á hasta pública única, se o bem penhorado não atingir valor superior a sessenta salários mínimos (nova redação – XXI Encontro- Vitória-ES)
- Enunciado 80 – O recurso inominado será julgado deserto quando não houver o recolhimento integral do preparo e sua respectiva comprovação pela parte, no prazo de 48 horas, não admitida a complementação intempestiva (art. 42, § 1º, da Lei 9.099/1995) (nova redação – XII Encontro – Maceió-AL).
- Enunciado 81 – A arrematação e a adjudicação podem ser impugnadas, no prazo de cinco dias do ato, por simples pedido (nova redação – XXI Encontro – Vitória-ES).
- Enunciado 82 – Nas ações derivadas de acidentes de trânsito a demanda poderá ser ajuizada contra a seguradora, isolada ou conjuntamente com os demais coobrigados (XIII Encontro – Campo Grande-MS).
- Enunciado 83 – Cancelado (XIX Encontro – Aracaju-SE).
- Enunciado 84 – Compete ao presidente da turma recursal o juízo de admissibilidade do recurso extraordinário, salvo disposição em contrário (nova redação – XXII Encontro – Manaus-AM).
- Enunciado 85 – O prazo para recorrer da decisão de turma recursal fluirá da data do julgamento (XIV Encontro – São Luís-MA).
- Enunciado 86 – Os prazos processuais nos procedimentos sujeitos ao rito especial dos Juizados Especiais não se suspendem e nem se interrompem (nova redação – XXI Encontro – Vitória-ES).
- Enunciado 87 – A Lei 10.259/2001 não altera o limite da alçada previsto no artigo 3°, inciso I, da Lei 9.099/1995 (XV Encontro – Florianópolis-SC).
- Enunciado 88 – Não cabe recurso adesivo em sede de Juizado Especial, por falta de expressa previsão legal (XV Encontro – Florianópolis-SC).

- Enunciado 89 - A incompetência territorial pode ser reconhecida de ofício no sistema de juizados especiais cíveis (XVI Encontro - Rio de Janeiro-RJ).

- Enunciado 90 - A desistência da ação, mesmo sem a anuência do réu já citado, implicará a extinção do processo sem resolução do mérito, ainda que tal ato se dê em audiência de instrução e julgamento, salvo quando houver indícios de litigância de má-fé ou lide temerária (nova redação - XXXVIII Encontro - Belo Horizonte-MG).

- Enunciado 91 (Substitui o Enunciado 67) - O conflito de competência entre juízes de Juizados Especiais vinculados à mesma turma recursal será decidido por esta. Inexistindo tal vinculação, será decidido pela turma recursal para a qual for distribuído (nova redação - XXII Encontro - Manaus-AM).

- Enunciado 92 - Nos termos do art. 46 da Lei nº 9099/1995, é dispensável o relatório nos julgamentos proferidos pelas turmas recursais (XVI Encontro - Rio de Janeiro-RJ).

- Enunciado 93 - Substituído pelo Enunciado 140 (XXVIII Fonaje - Salvador-BA).

- Enunciado 94 - É cabível, em Juizados Especiais Cíveis, a propositura de ação de revisão de contrato, inclusive quando o autor pretenda o parcelamento de dívida, observado o valor de alçada, exceto quando exigir perícia contábil (nova redação - XXX Fonaje - São Paulo-SP).

- Enunciado 95 - Finda a audiência de instrução, conduzida por juiz leigo, deverá ser apresentada a proposta de sentença ao juiz togado em até dez dias, intimadas as partes no próprio termo da audiência para a data da leitura da sentença (XVIII Encontro - Goiânia-GO).

- Enunciado 96 - A condenação do recorrente vencido, em honorários advocatícios, independe da apresentação de contrarrazões (XVIII Encontro - Goiânia-GO).

- Enunciado 97 - A multa prevista no art. 523, § 1º, do CPC/2015 aplica-se aos Juizados Especiais Cíveis, ainda que o valor desta, somado ao da execução, ultrapasse o limite de alçada; a segunda parte do referido dispositivo não é aplicável, sendo, portanto, indevidos honorários advocatícios de 10% (nova redação - XXXVIII Encontro - Belo Horizonte-MG).

- Enunciado 98 (Substitui o Enunciado 17) - É vedada a acumulação SIMULTÂNEA das condições de preposto e advogado na mesma pessoa (art. 35, I e 36, II, da Lei 8.906/1994, c/c o art. 23 do Código de Ética e Disciplina da OAB) (XIX Encontro - Aracaju-SE).

- Enunciado 99 (Substitui o Enunciado 42) - O preposto que comparece sem carta de preposição, obriga-se a apresentá-la no prazo que for assinado, para validade de eventual acordo, sob as penas dos artigos 20 e 51, I, da Lei nº 9.099/1995, conforme o caso (XIX Encontro - Aracaju-SE).

- Enunciado 100 - A penhora de valores depositados em banco poderá ser feita independentemente de a agência situar-se no juízo da execução (XIX Encontro - Aracaju-SE).

- Enunciado 101 - O art. 332 do CPC/2015 aplica-se ao Sistema dos Juizados Especiais; e o disposto no respectivo inc. IV também abrange os enunciados e súmulas de seus órgãos colegiados (nova redação - XXXVIII Encontro - Belo Horizonte-MG).

- Enunciado 102 - O relator, nas turmas recursais cíveis, em decisão monocrática, poderá negar seguimento a recurso manifestamente inadmissível, improcedente, prejudicado ou em desacordo com súmula ou jurisprudência dominante das turmas recursais ou da turma de uniformização ou ainda de Tribunal Superior, cabendo recurso interno para a turma recursal, no prazo de cinco dias (alterado no XXXVI Encontro - Belém-PA).

- Enunciado 103 - O relator, nas turmas recursais cíveis, em decisão monocrática, poderá dar provimento a recurso se a decisão estiver em manifesto confronto com súmula do Tribunal Superior ou jurisprudência dominante do próprio juizado, cabendo recurso interno para a turma recursal, no prazo de 5 dias (alterado no XXXVI Encontro - Belém-PA).
- Enunciado 104 - Substituído pelo Enunciado 142 (XXVIII Encontro - Salvador-BA).
- Enunciado 105 - Cancelado (XXXIII Encontro - Cuiabá-MT).
- Enunciado 106 - Havendo dificuldade de pagamento direto ao credor, ou resistência deste, o devedor, a fim de evitar a multa de 10%, deverá efetuar depósito perante o juízo singular de origem, ainda que os autos estejam na instância recursal (XIX Encontro - Aracaju-SE).
- Enunciado 107 - Nos acidentes ocorridos antes da MP 340/06, convertida na Lei nº 11.482/07, o valor devido do seguro obrigatório é de quarenta salários mínimos, não sendo possível modificá-lo por Resolução do CNSP e/ou Susep (nova redação - XXVI Encontro - Fortaleza-CE).
- Enunciado 108 - A mera recusa ao pagamento de indenização decorrente de seguro obrigatório não configura dano moral (XIX Encontro - Aracaju-SE).
- Enunciado 109 - Cancelado (XXIX Encontro - Bonito-MS).
- Enunciado 110 - Substituído pelo Enunciado 141 (XXVIII Encontro - Salvador-BA).
- Enunciado 111 - O condomínio, se admitido como autor, deve ser representado em audiência pelo síndico, ressalvado o disposto no § 2° do art. 1.348 do Código Civil (nova redação - XXI Encontro - Vitória-ES).
- Enunciado 112 - A intimação da penhora e avaliação realizada na pessoa do executado dispensa a intimação do advogado. Sempre que possível o oficial de Justiça deve proceder a intimação do executado no mesmo momento da constrição judicial (art.º 475, § 1º, CPC) (XX Encontro - São Paulo-SP).
- Enunciado 113 - As turmas recursais reunidas poderão, mediante decisão de dois terços dos seus membros, salvo disposição regimental em contrário, aprovar súmulas (XIX Encontro - São Paulo-SP).
- Enunciado 114 - A gratuidade da Justiça não abrange o valor devido em condenação por litigância de má-fé (XX Encontro - São Paulo-SP).
- Enunciado 115 - Indeferida a concessão do benefício da gratuidade da Justiça requerido em sede de recurso, conceder-se-á o prazo de 48 horas para o preparo (XX Encontro - São Paulo-SP).
- Enunciado 116 - O juiz poderá, de ofício, exigir que a parte comprove a insuficiência de recursos para obter a concessão do benefício da gratuidade da Justiça (art. 5º, LXXIV, da CF), uma vez que a afirmação da pobreza goza apenas de presunção relativa de veracidade (XX Encontro - São Paulo-SP).
- Enunciado 117 - É obrigatória a segurança do juízo pela penhora para apresentação de embargos à execução de título judicial ou extrajudicial perante o Juizado Especial (XXI Encontro - Vitória-ES).
- Enunciado 118 - Quando manifestamente inadmissível ou infundado o recurso interposto, a turma recursal ou o relator em decisão monocrática condenará o recorrente a pagar multa de 1% e indenizar o recorrido no percentual de até 20% do valor da causa, ficando

a interposição de qualquer outro recurso condicionada ao depósito do respectivo valor (XXI Encontro - Vitória-ES).

- Enunciado 119 - Substituído pelo Enunciado 147 (XXIX Encontro - Bonito-MS).
- Enunciado 120 - A multa derivada de descumprimento de antecipação de tutela é passível de execução mesmo antes do trânsito em julgado da sentença (XXI Encontro - Vitória-ES).
- Enunciado 121 - Os fundamentos admitidos para embargar a execução da sentença estão disciplinados no art. 52, inciso IX, da Lei 9.099/95 e não no artigo 475-L do CPC, introduzido pela Lei 11.232/05 (XXI Encontro - Vitória-ES).
- Enunciado 122 - É cabível a condenação em custas e honorários advocatícios na hipótese de não conhecimento do recurso inominado (XXI Encontro - Vitória-ES).
- Enunciado 123 - O art. 191 do CPC não se aplica aos processos cíveis que tramitam perante o Juizado Especial (XXI Encontro - Vitória-ES).
- Enunciado 124 - Das decisões proferidas pelas turmas recursais em mandado de segurança não cabe recurso ordinário (XXI Encontro - Vitória-ES).
- Enunciado 125 - Nos juizados especiais, não são cabíveis embargos declaratórios contra acórdão ou súmula na hipótese do art. 46 da Lei nº 9.099/1995, com finalidade exclusiva de prequestionamento, para fins de interposição de recurso extraordinário (XXI Encontro - Vitória-ES).
- Enunciado 126 - Em execução eletrônica de título extrajudicial, o título de crédito será digitalizado e o original apresentado até a sessão de conciliação ou prazo assinado, a fim de ser carimbado ou retido pela secretaria (XXIV Encontro - Florianópolis-SC).
- Enunciado 127 - O cadastro de que trata o art. 1°, § 2°, III, *b*, da Lei nº 11.419/2006 deverá ser presencial e não poderá se dar mediante procuração, ainda que por instrumento público e com poderes especiais (XXIV Encontro - Florianópolis-SC).
- Enunciado 128 - Além dos casos de segredo de Justiça e sigilo judicial, os documentos digitalizados em processo eletrônico somente serão disponibilizados aos sujeitos processuais, vedado o acesso a consulta pública fora da secretaria do juizado (XXIV Encontro - Florianópolis-SC).
- Enunciado 129 - Nos Juizados Especiais que atuem com processo eletrônico, ultimado o processo de conhecimento em meio físico, a execução dar-se-á de forma eletrônica, digitalizando as peças necessárias (XXIV Encontro - Florianópolis-SC).
- Enunciado 130 - Os documentos digitais que impliquem efeitos no meio não digital, uma vez materializados, terão a autenticidade certificada pelo diretor de secretaria ou escrivão (XXIV Encontro - Florianópolis-SC).
- Enunciado 131 - As empresas públicas e sociedades de economia mista dos estados, do Distrito Federal e dos municípios podem ser demandadas nos Juizados Especiais (XXV Encontro - São Luís-MA).
- Enunciado 132 - Substituído pelo Enunciado 144 (XXVIII Encontro - Salvador-BA).
- **Enunciado 133** - O valor de alçada de 60 salários mínimos previsto no artigo 2º da Lei 12.153/09 não se aplica aos Juizados Especiais Cíveis, cujo limite permanece em 40 salários mínimos (XXVII Encontro - Palmas-TO).

- Enunciado 134 - As inovações introduzidas pelo artigo 5º da Lei 12.153/09 não são aplicáveis aos Juizados Especiais Cíveis (Lei 9.099/95) (XXVII Encontro - Palmas-TO).

- **Enunciado 135** (substitui o Enunciado 47) - O acesso da microempresa ou empresa de pequeno porte no sistema dos Juizados Especiais depende da comprovação de sua qualificação tributária atualizada e documento fiscal referente ao negócio jurídico objeto da demanda (XXVII Encontro - Palmas-TO).

- **Enunciado 136** - O reconhecimento da litigância de má-fé poderá implicar em condenação ao pagamento de custas, honorários de advogado, multa e indenização nos termos dos artigos 55, *caput*, da Lei 9.099/95 e 18 do Código de Processo Civil (XXVII Encontro - Palmas-TO).

- **Enunciado 137** - Enunciado renumerado como nº 8 da Fazenda Pública (XXXII Encontro - Armação de Búzios-RJ).

- **Enunciado 138** - Enunciado renumerado como nº 9 da Fazenda Pública (XXXII Encontro - Armação de Búzios-RJ).

- **Enunciado 139** (substitui o Enunciado 32) - A exclusão da competência do Sistema dos Juizados Especiais quanto às demandas sobre direitos ou interesses difusos ou coletivos, dentre eles os individuais homogêneos, aplica-se tanto para as demandas individuais de natureza multitudinária quanto para as ações coletivas. Se, no exercício de suas funções, os juízes e tribunais tiverem conhecimento de fatos que possam ensejar a propositura da ação civil coletiva, remeterão peças ao Ministério Público e/ou à Defensoria Pública para as providências cabíveis (alterado no XXXVI Encontro - Belém-PA).

- **Enunciado 140** (Substitui o Enunciado 93) - O bloqueio *on-line* de numerário será considerado para todos os efeitos como penhora, dispensando-se a lavratura do termo e intimando-se o devedor da constrição (XXVIII Encontro - Salvador-BA).

- Enunciado 141 (Substitui o Enunciado 110) - A microempresa e a empresa de pequeno porte, quando autoras, devem ser representadas, inclusive em audiência, pelo empresário individual ou pelo sócio dirigente (XXVIII Encontro - Salvador-BA).

- **Enunciado 142** (Substitui o Enunciado 104) - Na execução por título judicial o prazo para oferecimento de embargos será de quinze dias e fluirá da intimação da penhora (XXVIII Encontro - Salvador-BA).

- **Enunciado 143** - A decisão que põe fim aos embargos à execução de título judicial ou extrajudicial é sentença, contra a qual cabe apenas recurso inominado (XXVIII Encontro - Salvador-BA).

- **Enunciado 144** (Substitui o Enunciado 132) - A multa cominatória não fica limitada ao valor de 40 salários mínimos, embora deva ser razoavelmente fixada pelo juiz, obedecendo ao valor da obrigação principal, mais perdas e danos, atendidas as condições econômicas do devedor (XXVIII Encontro - Salvador-BA).

- Enunciado 145 - A penhora não é requisito para a designação de audiência de conciliação na execução fundada em título extrajudicial (XXIX Encontro - Bonito-MS).

- Enunciado 146 - A pessoa jurídica que exerça atividade de *factoring* e de gestão de créditos e ativos financeiros, excetuando as entidades descritas no art. 8º, § 1º, inciso IV, da Lei nº 9.099/95, não será admitida a propor ação perante o Sistema dos Juizados Especiais (art. 3º, § 4º, VIII, da Lei Complementar nº 123, de 14 de dezembro de 2006) (XXIX Encontro - Bonito-MS).

- Enunciado 147 (Substitui o Enunciado 119) – A constrição eletrônica de bens e valores poderá ser determinada de ofício pelo juiz (XXIX Encontro – Bonito-MS).
- Enunciado 148 (Substitui o Enunciado 72) – Inexistindo interesse de incapazes, o espólio pode ser parte nos Juizados Especiais Cíveis (XXIX Encontro – Bonito-MS).
- Enunciado 149 – Enunciado renumerado como nº 2 da Fazenda Pública (XXIX Encontro – Bonito-MS).
- Enunciado 150 – Enunciado renumerado como nº 3 da Fazenda Pública (XXIX Encontro – Bonito-MS).
- Enunciado 151 – Cancelado (XXIX Fonaje – Bonito-MS).
- Enunciado 152 – Enunciado renumerado como nº 5 da Fazenda Pública (XXIX Encontro – Bonito-MS).
- Enunciado 153 – Enunciado renumerado como nº 6 da Fazenda Pública (XXIX Encontro – Bonito-MS).
- Enunciado 154 – Enunciado renumerado como nº 1 da Fazenda Pública (XXIX Encontro – Bonito-MS).
- Enunciado 155 – Admitem-se embargos de terceiro, no sistema dos juizados, mesmo pelas pessoas excluídas pelo § 1º do art. 8º da Lei 9.099/95 (XXIX Encontro – Bonito-MS).
- Enunciado 156 – Na execução de título judicial, o prazo para oposição de embargos flui da data do depósito espontâneo, valendo este como termo inicial, ficando dispensada a lavratura de termo de penhora (XXX Encontro – São Paulo-SP).
- Enunciado 157 –Nos Juizados Especiais Cíveis, o autor poderá aditar o pedido até o momento da audiência de instrução e julgamento, ou até a fase instrutória, resguardado ao réu o respectivo direito de defesa (nova redação – XXXIX Encontro – Maceió-AL).
- Enunciado 158 – Cancelado (XXXIII Encontro – Cuiabá-MT).
- Enunciado 159 – Não existe omissão a sanar por meio de embargos de declaração quando o acórdão não enfrenta todas as questões arguidas pelas partes, desde que uma delas tenha sido suficiente para o julgamento do recurso (XXX Encontro – São Paulo-SP).
- Enunciado 160 – Nas hipóteses do artigo 515, § 3º, do CPC, e quando reconhecida a prescrição na sentença, a turma recursal, dando provimento ao recurso, poderá julgar de imediato o mérito, independentemente de requerimento expresso do recorrente.
- Enunciado 161 – Considerado o princípio da especialidade, o CPC/2015 somente terá aplicação ao Sistema dos Juizados Especiais nos casos de expressa e específica remissão ou na hipótese de compatibilidade com os critérios previstos no art. 2º da Lei 9.099/95 (XXXVIII Encontro – Belo Horizonte-MG).
- Enunciado 162 – Não se aplica ao Sistema dos Juizados Especiais a regra do art. 489 do CPC/2015 diante da expressa previsão contida no art. 38, *caput*, da Lei 9.099/95 (XXXVIII Encontro – Belo Horizonte-MG).
- Enunciado 163 – Os procedimentos de tutela de urgência requeridos em caráter antecedente, na forma prevista nos arts. 303 a 310 do CPC/2015, são incompatíveis com o Sistema dos Juizados Especiais (XXXVIII Encontro – Belo Horizonte-MG).

- Enunciado 164 – O art. 229, *caput*, do CPC/2015 não se aplica ao Sistema de Juizados Especiais (XXXVIII Encontro – Belo Horizonte-MG).
- Enunciado 165 – Nos Juizados Especiais Cíveis, todos os prazos serão contados de forma contínua (XXXIX Encontro – Maceió-AL).
- Enunciado 166 – Nos Juizados Especiais Cíveis, o juízo prévio de admissibilidade do recurso será feito em primeiro grau (XXXIX Encontro – Maceió-AL).
- Enunciado 167 – Não se aplica aos Juizados Especiais a necessidade de publicação no *Diário Eletrônico* quando o réu for revel – art. 346 do CPC (XL Encontro – Brasília-DF).
- Enunciado 168 – Não se aplica aos recursos dos Juizados Especiais o disposto no artigo 1.007 do CPC 2015 (XL Encontro – Brasília-DF).
- Enunciado 169 – O disposto nos §§ 1º e 5º do art. 272 do CPC/2015 não se aplica aos Juizados Especiais (XLI Encontro – Porto Velho-RO).
- Enunciado 170 – No Sistema dos Juizados Especiais, não se aplica o disposto no inc. V do art. 292 do CPC/2015 especificamente quanto ao pedido de dano moral; caso o autor opte por atribuir um valor específico, este deverá ser computado conjuntamente com o valor da pretensão do dano material para efeito de alçada e pagamento de custas (XLI Encontro – Porto Velho-RO).

Enunciados Fonajef

- Enunciado 1 – O julgamento liminar de mérito não viola o princípio do contraditório e deve ser empregado na hipótese de decisões reiteradas de improcedência pelo juízo, bem como nos casos que dispensem a fase instrutória, quando o pedido contrariar frontalmente norma jurídica (revisado no XI Fonajef).
- Enunciado 2 – Nos casos de julgamentos de procedência de matérias repetitivas, é recomendável a utilização de contestações depositadas na secretaria, a fim de possibilitar a imediata prolação de sentença de mérito (aprovado no II Fonajef).
- Enunciado 3 – A autointimação eletrônica atende aos requisitos das Leis nºs 10.259/2001 e 11.419/2006 e é preferencial à intimação por *e-mail* (revisado no IV Fonajef).
- Enunciado 4 – Na propositura de ações repetitivas ou de massa, sem advogado, não havendo viabilidade material de opção pela autointimação eletrônica, a parte firmará compromisso de comparecimento, em prazo predeterminado em formulário próprio, para ciência dos atos processuais praticados (aprovado no II Fonajef).
- Enunciado 5 – As sentenças e antecipações de tutela devem ser registradas tão-somente em meio eletrônico (aprovado no II Fonajef).
- **Enunciado 6** – Havendo foco expressivo de demandas em massa, os juizados especiais federais solicitarão às turmas recursais e de uniformização regional e nacional o julgamento prioritário da matéria repetitiva, a fim de uniformizar a jurisprudência a respeito e de possibilitar o planejamento do serviço judiciário (aprovado no II Fonajef).
- **Enunciado 7** – Nos Juizados Especiais federais o procurador federal não tem a prerrogativa de intimação pessoal (aprovado no II Fonajef).

- **Enunciado 8** – É válida a intimação do procurador federal para cumprimento da obrigação de fazer, independentemente de ofício, com base no artigo 461 do Código de Processo Civil (aprovado no II Fonajef).
- **Enunciado 9** – Além das exceções constantes do § 1º do artigo 3º da Lei n. 10.259, não se incluem na competência dos Juizados Especiais federais, os procedimentos especiais previstos no Código de Processo Civil, salvo quando possível a adequação ao rito da Lei n. 10.259/2001 (Aprovado no II Fonajef).
- **Enunciado 10** – O incapaz pode ser parte autora nos Juizados Especiais federais, dando-se-lhe curador especial, se ele não tiver representante constituído (aprovado no II Fonajef).
- **Enunciado 11** – No ajuizamento de ações no JEF, a microempresa e a empresa de pequeno porte deverão comprovar essa condição mediante documentação hábil (aprovado no II Fonajef).
- **Enunciado 12** – No Juizado Especial federal, não é cabível o pedido contraposto formulado pela União federal, autarquia, fundação ou empresa pública federal (aprovado no II Fonajef).
- **Enunciado 13** – Não são admissíveis embargos de execução nos JEFs, devendo as impugnações do devedor ser examinadas independentemente de qualquer incidente (aprovado no II Fonajef).
- **Enunciado 14** – Nos Juizados Especiais federais, não é cabível a intervenção de terceiros ou a assistência (aprovado no II Fonajef).
- **Enunciado 15** – Na aferição do valor da causa, deve-se levar em conta o valor do salário mínimo em vigor na data da propositura de ação (aprovado no II Fonajef).
- **Enunciado 16** – Não há renúncia tácita nos Juizados Especiais federais para fins de fixação de competência (aprovado no II Fonajef).
- **Enunciado 17** – Não cabe renúncia sobre parcelas vincendas para fins de fixação de competência nos Juizados Especiais federais (aprovado no II Fonajef).
- **Enunciado 18** – No caso de litisconsorte ativo, o valor da causa, para fins de fixação de competência deve ser calculado por autor (aprovado no II Fonajef).
- **Enunciado 19** – Aplica-se o parágrafo único do art. 46 do CPC em sede de Juizados Especiais federais (aprovado no II Fonajef).
- **Enunciado 20** – Não se admite, com base nos princípios da economia processual e do juiz natural, o desdobramento de ações para cobrança de parcelas vencidas e vincendas (aprovado no II Fonajef).
- Enunciado 21 – As pessoas físicas, jurídicas, de Direito privado ou de Direito público estadual ou municipal podem figurar no polo passivo, no caso de litisconsórcio necessário (aprovado no II Fonajef).
- Enunciado 22 – A exclusão da competência dos Juizados Especiais federais quanto às demandas sobre direitos ou interesses difusos, coletivos ou individuais homogêneos somente se aplica quanto a ações coletivas (aprovado no II Fonajef).
- Enunciado 23 – Nas ações de natureza previdenciária e assistencial, a competência é concorrente entre o JEF da subseção judiciária e o da sede da seção judiciária (art. 109, § 3º da CF/88 e Súmula 689 do STF) (cancelado no V Fonajef).

- Enunciado 24 - Reconhecida a incompetência do Juizado Especial federal, é cabível a extinção de processo, sem julgamento de mérito, nos termos do art. 1º da Lei n. 10.259/2001 e do art. 51, III, da Lei n. 9.099/95, não havendo nisso afronta ao art. 12, § 2º, da Lei 11.419/06 (revisado no V Fonajef).
- Enunciado 25 - No ato do cadastramento eletrônico, as partes se comprometem, mediante adesão, a cumprir as normas referentes ao acesso (aprovado no II Fonajef).
- Enunciado 26 - Nos juizados virtuais, considera-se efetivada a comunicação eletrônica do ato processual, inclusive citação, pelo decurso do prazo fixado, ainda que o acesso não seja realizado pela parte interessada (aprovado no II Fonajef).
- Enunciado 27 - Não deve ser exigido o protocolo físico da petição encaminhada via Internet ou correio eletrônico ao JUIZADO VIRTUAL, não se aplicando as disposições da Lei n 9.800/99 (aprovado no II Fonajef).
- Enunciado 28 - É inadmissível a avocação, por tribunal regional federal, de processos ou matéria de competência de turma recursal, por flagrante violação ao art. 98 da Constituição Federal (aprovado no II Fonajef).
- Enunciado 29 - Cabe ao relator, monocraticamente, atribuir efeito suspensivo a recurso, bem assim lhe negar seguimento ou dar provimento nas hipóteses tratadas no art. 557, *caput* e §1º-A, do CPC, e quando a matéria estiver pacificada em súmula da Turma Nacional de Uniformização, enunciado de turma regional ou da própria turma recursal (aprovado no II Fonajef).
- Enunciado 30 - A decisão monocrática referendada pela turma recursal, por se tratar de manifestação do colegiado, não é passível de impugnação por intermédio de agravo regimental (aprovado no II Fonajef).
- Enunciado 31 - O recurso de agravo interposto contra decisão que nega seguimento a recurso extraordinário pode ser processado nos próprios autos principais, dispensando-se a formação de instrumento no âmbito das turmas recursais (cancelado no V Fonajef).
- Enunciado 32 - A decisão que contenha os parâmetros de liquidação atende ao disposto no art. 38, parágrafo único, da Lei n. 9.099/95.
- Enunciado 33 - Qualquer membro da turma recursal pode propor emissão de enunciado o qual terá por pressuposto demanda excessiva no JEF acerca de determinada matéria ou quando verificada, o julgamento de caso concreto, a necessidade de uniformização de questão processual. A aprovação, alteração e cancelamento de enunciado sujeita-se ao quórum qualificado estabelecido pela turma recursal (cancelado no IV Fonajef).
- Enunciado 34 - O exame de admissibilidade do recurso poderá ser feito apenas pelo relator, dispensado o prévio exame no primeiro grau (cancelado no XII Fonajef).
- Enunciado 35 - A execução provisória para pagar quantia certa é inviável em sede de juizado, considerando outros meios jurídicos para assegurar o direito da parte (aprovado no II Fonajef).
- Enunciado 36 - O momento para oferecimento de contrarrazões de recurso é anterior ao seu exame de admissibilidade (aprovado no II Fonajef).

- Enunciado 37 – Excepcionalmente, na ausência de Defensoria Pública, pode ser nomeado advogado dativo ou voluntário, ou ser facultado à parte o preenchimento de termo de recurso, por analogia ao disposto no Código de Processo Penal (cancelado no IV Fonajef).
- Enunciado 38 – A qualquer momento poderá ser feito o exame de pedido de gratuidade com os critérios da Lei nº 1.060/50. Para fins da Lei nº 10.259/01, presume-se necessitada a parte que perceber renda até o valor do limite de isenção do imposto de renda (revisado no IV Fonajef).
- Enunciado 39 – Não sendo caso de Justiça gratuita, o recolhimento das custas para recorrer deverá ser feito de forma integral nos termos da Resolução do Conselho da Justiça Federal, no prazo da Lei no 9.099/95 (aprovado no II Fonajef).
- Enunciado 40 – Havendo sucumbência recíproca, independentemente da proporção, não haverá condenação em honorários advocatícios (cancelado no V Fonajef).
- Enunciado 41 – Devido ao princípio da celeridade processual, não é recomendada a suspensão dos processos idênticos em primeiro grau, quando houver incidente de uniformização de jurisprudência no STJ ou recurso extraordinário pendente de julgamento (cancelado no V Fonajef).
- Enunciado 42 – Em caso de embargos de declaração protelatórios, cabe a condenação em litigância de má-fé (princípio da lealdade processual) (aprovado no II Fonajef).
- Enunciado 43 – É adequada a limitação dos incidentes de uniformização às questões de Direito material (Aprovado no II Fonajef).
- Enunciado 44 – Não cabe ação rescisória no JEF. O artigo 59 da Lei n 9.099/95 está em consonância com os princípios do sistema processual dos Juizados Especiais, aplicando-se também aos Juizados Especiais federais (aprovado no II Fonajef).
- Enunciado 45 – Havendo contínua e permanente fiscalização do juiz togado, conciliadores criteriosamente escolhidos pelo juiz, poderão para certas matérias, realizar atos instrutórios previamente determinados, como redução a termo de depoimentos, não se admitindo, contudo, prolação de sentença a ser homologada (aprovado no II Fonajef).
- Enunciado 46 – A litispendência deverá ser alegada e provada, nos termos do CPC (art. 301), pelo réu, sem prejuízo dos mecanismos de controle desenvolvidos pela Justiça Federal (aprovado no I Fonajef).
- Enunciado 47 – Eventual pagamento realizado pelos entes públicos demandados deverá ser comunicado ao juízo para efeito de compensação quando da expedição da Requisição de Pequeno Valor (aprovado no I Fonajef).
- **Enunciado 48** – Havendo prestação vencida, o conceito de valor da causa para fins de competência do Juizado Especial federal é estabelecido pelo art. 260 do CPC (aprovado no I Fonajef).
- **Enunciado 49** – O controle do valor da causa, para fins de competência do Juizado Especial federal, pode ser feito pelo juiz a qualquer tempo (aprovado no I FonajeF).
- **Enunciado 50** – Sem prejuízo de outros meios, a comprovação da condição sócio econômica do autor pode ser feita por laudo técnico confeccionado por assistente social, por auto de constatação lavrado por oficial de Justiça ou através de oitiva de testemunha (revisado no IV Fonajef).

- **Enunciado 51** – O art. 20, § 1º, da Lei 8742/93 não é exauriente para delimitar o conceito de unidade familiar (aprovado no III Fonajef).
- **Enunciado 52** – É obrigatória a expedição de Requisição de Pequeno Valor – RPV em desfavor do ente público para ressarcimento de despesas periciais quando este for vencido (aprovado no III Fonajef).
- **Enunciado 53** – Não há prazo em dobro para a Defensoria Pública no âmbito dos Juizados Especiais federais (aprovado no III Fonajef).
- **Enunciado 54** – O artigo 515 e §§ do CPC interpretam-se ampliativamente no âmbito das turmas recursais, em face dos princípios que orientam o microssistema dos Juizados Especiais federais (aprovado no III Fonajef).
- **Enunciado 55** – A nulidade do processo por ausência de citação do réu ou litisconsorte necessário pode ser declarada de ofício pelo juiz nos próprios autos do processo, em qualquer fase, ou mediante provocação das partes, por simples petição (aprovado no III Fonajef).
- **Enunciado 56** – Aplica-se analogicamente nos Juizados Especiais federais a inexigibilidade do título executivo judicial, nos termos do disposto nos arts. 475-L, § 1º, e 741, parágrafo único, ambos do CPC (aprovado no III Fonajef).
- **Enunciado 57** – Nos Juizados Especiais federais, somente o recorrente vencido arcará com honorários advocatícios (aprovado no III Fonajef).
- **Enunciado 58** – Excetuando-se os embargos de declaração, cujo prazo de oposição é de cinco dias, os prazos recursais contra decisões de primeiro grau no âmbito dos Juizados Especiais federais são sempre de dez dias, independentemente da natureza da decisão recorrida (aprovado no III Fonajef).
- **Enunciado 59** – Não cabe recurso adesivo nos Juizados Especiais federais (aprovado no III Fonajef).
- **Enunciado 60** – A matéria não apreciada na sentença, mas veiculada na inicial, pode ser conhecida no recurso inominado, mesmo não havendo a oposição de embargos de declaração (aprovado no III Fonajef).
- **Enunciado 61** – O recurso será recebido no duplo efeito, salvo em caso de antecipação de tutela ou medida cautelar de urgência (aprovado no III Fonajef).
- **Enunciado 62** – A aplicação de penalidade por litigância de má-fé, na forma do art. 55 da Lei nº 9.099/95, não importa na revogação automática da gratuidade judiciária (revisado no IV Fonajef).
- **Enunciado 63** – Cabe multa ao ente público pelo atraso ou não cumprimento de decisões judiciais com base no art. 461 do CPC, acompanhada de determinação para a tomada de medidas administrativas para apuração de responsabilidade funcional e/ou dano ao Erário, inclusive com a comunicação ao Tribunal de Contas da União. Havendo contumácia no descumprimento, caberá remessa de ofício ao Ministério Público federal para análise de eventual improbidade administrativa (revisado no XI Fonajef).
- **Enunciado 64** – Não cabe multa pessoal ao procurador *ad judicia* do ente público, seja com base no art. 14, seja no art. 461, ambos do CPC (aprovado no III Fonajef).

- ▶ Enunciado 65 – Não cabe a prévia limitação do valor da multa coercitiva (astreintes), que também não se sujeita ao limite de alçada dos Juizados Especiais federais, ficando sempre assegurada a possibilidade de reavaliação do montante final a ser exigido na forma do § 6º do artigo 461 do CPC (aprovado no III Fonajef).
- ▶ **Enunciado 66** – Os Juizados Especiais federais somente processarão as cartas precatórias oriundas de outros Juizados Especiais federais de igual competência (aprovado no III Fonajef).
- ▶ Enunciado 67 – O *caput* do artigo 9º da Lei n. 9.099/1995 não se aplica subsidiariamente no âmbito dos Juizados Especiais federais, visto que o artigo 10 da Lei n. 10.259/2001 disciplinou a questão de forma exaustiva (aprovado no III Fonajef).
- ▶ **Enunciado 68** – O estagiário de Advocacia, nos termos do Estatuto da OAB, tão só pode praticar, no âmbito dos Juizados Especiais federais, atos em conjunto com advogado e sob responsabilidade deste (aprovado no III Fonajef).
- ▶ **Enunciado 69** – O levantamento de valores e precatórios, no âmbito dos Juizados Especiais federais, pode ser condicionado à apresentação, pelo mandatário, de procuração específica com firma reconhecida, da qual conste, ao menos, o número de registro do precatório ou RPV ou o número da conta de depósito, com respectivo valor (revisado no V Fonajef).
- ▶ **Enunciado 70** – É compatível com o rito dos Juizados Especiais federais a aplicação do art. 112 da Lei n. 8.213/1991, para fins de habilitação processual e pagamento (revisado no V Fonajef).
- ▶ **Enunciado 71** – A parte autora deverá ser instada, na fase da execução, a renunciar ao excedente à alçada do Juizado Especial federal, para fins de pagamento por Requisições de Pequeno Valor, não se aproveitando, para tanto, a renúncia inicial, de definição de competência (aprovado no III Fonajef).
- ▶ Enunciado 72 – As parcelas vencidas após a data do cálculo judicial podem ser pagas administrativamente, por meio de complemento positivo (aprovado no III Fonajef).
- ▶ **Enunciado 73** – A intimação telefônica, desde que realizada diretamente com a parte e devidamente certificada pelo servidor responsável, atende plenamente aos princípios constitucionais aplicáveis à comunicação dos atos processuais (aprovado no III Fonajef).
- ▶ **Enunciado 74** – A intimação por carta com aviso de recebimento, mesmo que o comprovante não seja subscrito pela própria parte, é válida desde que entregue no endereço declarado pela parte (aprovado no III Fonajef).
- ▶ **Enunciado 75** – É lícita a exigência de apresentação de CPF para o ajuizamento de ação no Juizado Especial federal (aprovado no III Fonajef).
- ▶ **Enunciado 76** – A apresentação de proposta de conciliação pelo réu não induz a confissão (aprovado no III Fonajef).
- ▶ **Enunciado 77** – O ajuizamento da ação de concessão de benefício da seguridade social reclama prévio requerimento administrativo (aprovado no III Fonajef).
- ▶ **Enunciado 78** – O ajuizamento da ação revisional de benefício da seguridade social que não envolva matéria de fato dispensa o prévio requerimento administrativo, salvo quando houver ato oficial da Previdência reconhecendo administrativamente o direito postulado (revisado no IX Fonajef).

- **Enunciado 79** - A comprovação de denúncia da negativa de protocolo de pedido de concessão de benefício, feita perante a ouvidoria da Previdência Social, supre a exigência de comprovação de prévio requerimento administrativo nas ações de benefícios da seguridade social (aprovado no III Fonajef).

- **Enunciado 80** - Em juizados itinerantes, pode ser flexibilizada a exigência de prévio requerimento administrativo, consideradas as peculiaridades da região atendida (aprovado no III Fonajef).

- **Enunciado 81** - Cabe conciliação nos processos relativos a pessoa incapaz, desde que presente o representante legal e intimado o Ministério Público (aprovado no III Fonajef).

- **Enunciado 82** - O espólio pode ser parte autora nos juizados especiais cíveis federais (aprovado no IV Fonajef).

- **Enunciado 83** - O art. 10, *caput*, da Lei n. 10.259/2001 não autoriza a representação das partes por não advogados de forma habitual e com fins econômicos (aprovado no IV Fonajef).

- **Enunciado 84** - Não é causa de nulidade nos Juizados Especiais federais a mera falta de intimação das partes da entrega do laudo pericial (aprovado no IV Fonajef).

- **Enunciado 85** - Não é obrigatória a degravação, tampouco a elaboração de resumo, para apreciação de recurso, de audiência gravada por meio magnético ou equivalente, desde que acessível ao órgão recursal (aprovado no IV Fonajef).

- **Enunciado 86** - A tutela de urgência em sede de turmas recursais pode ser deferida de ofício (aprovado no IV Fonajef).

- **Enunciado 87** - A decisão monocrática proferida por relator é passível de agravo interno (aprovado no IV Fonajef).

- **Enunciado 88** - Não se admite mandado de segurança para turma recursal, exceto na hipótese de ato jurisdicional teratológico contra o qual não caiba mais recurso. (revisado no X Fonajef).

- **Enunciado 89** - Não cabe processo cautelar autônomo, preventivo ou incidental, no âmbito do JEF (aprovado no IV Fonajef).

- **Enunciado 90** - Os honorários advocatícios impostos pelas decisões do Juizado Especial federal serão executados no próprio JEF, por quaisquer das partes. (aprovado no IV Fonajef).

- **Enunciado 91** - Os Juizados Especiais federais são incompetentes para julgar causas que demandem perícias complexas ou onerosas que não se enquadrem no conceito de exame técnico (art. 12 da Lei 10.259/2001).

- Enunciado 92 - Para a propositura de ação relativa a expurgos inflacionários sobre saldos de poupança, deverá a parte autora providenciar documento que mencione o número da conta bancária ou prova de relação contratual com a instituição financeira.

- **Enunciado 93** - Para a propositura de demandas referentes a contas de FGTS anteriores à centralização deverá a parte comprovar que diligenciou ou solicitou os extratos junto à CEF ou à instituição mantenedora das contas vinculadas anteriormente ao período de migração.

- **Enunciado 94** - O artigo 51, inc. I, da Lei 9.099/95 aplica-se aos JEFs, ainda que a parte esteja representada na forma do artigo 10, *caput*, da Lei 10.259/01.

- **Enunciado 95** – Nas ações visando a correção do saldo das cadernetas de poupança, pode o juiz, havendo prova inequívoca de titularidade da conta à época, suprir a inexistência de extratos por meio de arbitramento.
- **Enunciado 96** – A concessão administrativa do benefício no curso do processo acarreta a extinção do feito sem resolução de mérito por perda do objeto, desde que corresponda ao pedido formulado na inicial.
- Enunciado 97 – Cabe incidente de uniformização de jurisprudência quando a questão deduzida nos autos tiver reflexo sobre a competência do Juizado Especial federal.
- **Enunciado 98** – É inadmissível o reexame de matéria fática em pedido de uniformização de jurisprudência.
- **Enunciado 99** – O provimento, ainda que parcial, de recurso inominado afasta a possibilidade de condenação do recorrente ao pagamento de honorários de sucumbência.
- **Enunciado 100** – No âmbito dos Juizados Especiais federais, a turma recursal poderá conhecer diretamente das questões não examinadas na sentença que acolheu prescrição ou decadência, estando o processo em condições de imediato julgamento (aprovado no VI Fonajef).
- **Enunciado 101** – A turma recursal tem poder para complementar os atos de instrução já realizados pelo juiz do Juizado Especial federal, de forma a evitar a anulação da sentença (aprovado no VI Fonajef).
- **Enunciado 102** – Convencendo-se da necessidade de produção de prova documental complementar, a turma recursal produzirá ou determinará que seja produzida, sem retorno do processo para o juiz do Juizado Especial federal (aprovado no VI Fonajef).
- **Enunciado 103** – Sempre que julgar indispensável, a turma recursal, sem anular a sentença, baixará o processo em diligências para fins de produção de prova testemunhal, pericial ou elaboração de cálculos (aprovado no VI Fonajef).
- **Enunciado 104** – Cabe à turma de uniformização reformar os acórdãos que forem contrários à sua jurisprudência pacífica, ressalvada a hipótese de supressão de instância, em que será cabível a remessa dos autos à turma de origem para fim de adequação do julgado (aprovado no VI Fonajef).
- **Enunciado 105** – A turma de uniformização, ao externar juízo acerca da admissibilidade do pedido de uniformização, deve considerar a presença de similitude de questões de fato e de direito nos acórdãos confrontados (aprovado no VI Fonajef).
- **Enunciado 106** – Cabe à turma recursal conhecer e julgar os conflitos de competência apenas entre Juizados Especiais federais sujeitos a sua jurisdição (aprovado no VI Fonajef).
- **Enunciado 107** – Fora das hipóteses do artigo 4º da Lei 10.259/2001, a impugnação de decisões interlocutórias proferidas antes da sentença deverá ser feita no recurso desta (art. 41 da Lei nº 9.099/95) (aprovado no VI Fonajef).
- **Enunciado 108** – Não cabe recurso para impugnar decisões que apreciem questões ocorridas após o trânsito em julgado (aprovado no VI Fonajef).
- **Enunciado 109** – A tempestividade do recurso pode ser comprovada por qualquer meio idôneo, inclusive eletrônico (aprovado no VI Fonajef).

- **Enunciado 110** – A competência das turmas recursais reunidas, onde houver, deve ser limitada à deliberação acerca de enunciados das turmas recursais das respectivas seções judiciárias (aprovado no VI Fonajef).

- **Enunciado 111** – Tratando-se de benefício por incapacidade, o recolhimento de contribuição previdenciária não é capaz, por si só, de ensejar presunção absoluta da capacidade laboral, admitindo-se prova em contrário (cancelado no XI Fonajef).

- **Enunciado 112** – Não se exige médico especialista para a realização de perícias judiciais, salvo casos excepcionais, a critério do juiz.

- **Enunciado 113** – O disposto no art. 11 da lei 10.259/2001, não desobriga a parte autora de instruir seu pedido com a documentação que lhe seja acessível junto às entidades públicas rés.

- **Enunciado 114** – Havendo cumulação de pedidos, é ônus da parte autora a identificação expressa do valor pretendido a título de indenização por danos morais, a ser considerado no valor da causa para fins de definição da competência dos Juizados Especiais federais.

- **Enunciado 115** – Para a reunião de processos, a competência funcional dentro dos Juizados Especiais federais se define em virtude da natureza do pedido do qual decorra a pretensão de indenização por danos morais.

- **Enunciado 116** – O dever processual, previsto no art. 11 da Lei 10.259/2001, não implica automaticamente a inversão do ônus da prova.

- **Enunciado 117** – A perícia unificada, realizada em audiência, é válida e consentânea com os princípios informadores dos juizados especiais.

- **Enunciado 118** – É válida a realização de prova pericial antes da citação, desde que viabilizada a participação das partes.

- **Enunciado 119** – Além dos casos de segredo de Justiça e de sigilo judicial, os documentos digitalizados em processo eletrônico somente serão disponibilizados aos sujeitos processuais, vedado o acesso à consulta pública fora da secretaria do juizado.

- **Enunciado 120** – Não é obrigatória a degravação de julgamentos proferidos oralmente, desde que o arquivo de áudio esteja anexado ao processo, recomendando-se o registro, por escrito, do dispositivo ou acórdão.

- **Enunciado 121** – Os entes públicos, suas autarquias e empresas públicas não tem legitimidade ativa nos Juizados Especiais federais.

- **Enunciado 122** – É legítima a designação do oficial de Justiça, na qualidade de *longa manus* do juízo, para realizar diligência de constatação de situação socioeconômica.

- **Enunciado 123** – O critério de fixação do valor da causa necessariamente deve ser aquele especificado nos arts. 259 e 260 do CPC, pois este é o elemento que delimita as competências dos JEFs e das varas (a exemplo do que foi feito pelo art. 2º, § 2º, da Lei 12.153/09).

- **Enunciado 124** – É correta a aplicação do art. 46 da Lei 9.099/95 nos Juizados Especiais federais, com preservação integral dos fundamentos da sentença.

- **Enunciado 125** – É possível realizar a limitação do destaque dos honorários em RPV ou precatório.

- **Enunciado 126** – Não cabe a presença de advogado em perícia médica, por ser um ato médico, no qual só podem estar presentes o próprio perito e eventuais assistentes técnicos.
- **Enunciado 127** – Para fins de cumprimento do disposto no art. 12, § 2º, da Lei n. 10.259/01, é suficiente intimar o INSS dos horários preestabelecidos para as perícias do JEF.
- **Enunciado 128** – O condomínio edilício, por interpretação extensiva do art. 6º, I, da Lei 10.259/01, pode ser autor no JEF.
- **Enunciado 129** – Nos Juizados Especiais federais, é possível que o juiz determine que o executado apresente os cálculos de liquidação.
- **Enunciado 130** – O estabelecimento pelo juízo de critérios e exigências para análise da petição inicial, visando a evitar o trâmite de ações temerárias, não constitui restrição do acesso aos JEFs.
- **Enunciado 131** – A turma recursal, analisadas as peculiaridades do caso concreto, pode conhecer documentos juntados na fase recursal, desde que não implique apreciação de tese jurídica não questionada no primeiro grau (revisado no XI Fonajef).
- **Enunciado 132** – Em conformidade com o art. 14, § 9º, da Lei n. 10.259/2001, cabe ao colegiado da turma recursal rejulgar o feito após a decisão de adequação de Tribunal Superior ou da TNU (aprovado no X Fonajef).
- **Enunciado 133** – Quando o perito médico judicial não conseguir fixar a data de início da incapacidade, de forma fundamentada, deve-se considerar para tanto a data de realização da perícia, salvo a existência de outros elementos de convicção (aprovado no X Fonajef).
- **Enunciado 134** – O cumprimento das ordens judiciais que determinam concessão de medicamentos deve ser feito prioritariamente pela parte ré, evitando-se o depósito de valores para aquisição direta pela parte (aprovado no X Fonajef).
- **Enunciado 135** – A despeito da solidariedade dos entes da Federação no âmbito do direito à saúde, a decisão judicial que conceder medicamentos deve indicar, preferencialmente, aquele responsável pelo atendimento imediato da ordem (aprovado no X Fonajef).
- **Enunciado 136** – O cumprimento da decisão judicial que conceder medicamentos deve ser feito prioritariamente pelo estado ou município (aquele que detenha a maior capacidade operacional) ainda que o ônus de financiamento caiba à União (aprovado no X Fonajef).
- **Enunciado 137** – Nas ações de saúde, a apresentação pelas partes de formulário padronizado de resposta a quesitos mínimos previamente aprovados por acordo entre o Judiciário e entidades afetadas pode dispensar a realização de perícia (aprovado no X Fonajef).
- **Enunciado 138** – A despeito da solidariedade, as decisões judiciais podem indicar a qual ente da Federação incumbe o dispêndio financeiro para atendimento do direito reconhecido, nos termos da Portaria 1.554, de 30 de julho de 2013 do Ministério da Saúde ou outro ato que vier a substituí-la (aprovado no X Fonajef).
- **Enunciado 139** – Não serão redistribuídas a Juizado Especial federal (JEF) recém-criado as demandas ajuizadas até a data de sua instalação, salvo se as varas de JEFs estiverem na mesma sede jurisdicional (aprovado no XI Fonajef).

- **Enunciado 140** - A fixação do valor do dano moral deve representar quantia necessária e suficiente para compensar os danos sofridos pelo autor da demanda, como também para desestimular futuras violações de mesma natureza (aprovado no XI Fonajef).
- **Enunciado 141** - A Súmula 78 da TNU, que determina a análise das condições pessoais do segurado em caso de ser portador de HIV, é extensível a outras doenças igualmente estigmatizantes (aprovado no XI Fonajef).
- **Enunciado 142** - A natureza substitutiva do benefício previdenciário por incapacidade não autoriza o desconto das prestações devidas no período em que houve exercício de atividade remunerada (aprovado no XI Fonajef).
- **Enunciado 143** - Não importa em julgamento extra petita a concessão de benefício previdenciário por incapacidade diverso daquele requerido na inicial (aprovado no XI Fonajef).
- **Enunciado 144** - É cabível recurso inominado contra sentença terminativa se a extinção do processo obstar que o autor intente de novo a ação ou quando importe negativa de jurisdição (aprovado no XI Fonajef).
- **Enunciado 145** - O valor dos honorários de sucumbência será fixado nos termos do artigo 55 da Lei nº 9.099/95, podendo ser estipulado em valor fixo quando for inestimável ou irrisório o proveito econômico ou, ainda, quando o valor da causa for muito baixo, observados os critérios do artigo 20, § 3º, CPC (aprovado no XI Fonajef).
- **Enunciado 146** - A Súmula 421 do STJ aplica-se não só à União como também a todos os entes que compõem a Fazenda Pública (aprovado no XI Fonajef).
- **Enunciado 147** - A mera alegação genérica de contrariedade às informações sobre atividade especial fornecida pelo empregador, não enseja a realização de novo exame técnico (aprovado no XI Fonajef).
- **Enunciado 148** - Nas ações revisionais em que se se postula aplicação da tese de direito adquirido ao melhor benefício, é requisito da petição inicial que seja apontada a data em que verificada tal situação (aprovado no XI Fonajef).
- **Enunciado 149** - É cabível, com fundamento no art. 14, parágrafo único, do CPC, a aplicação de multa pessoal à autoridade administrativa responsável pela implementação da decisão judicial (aprovado no XI Fonajef).
- **Enunciado 150** - A multa derivada de descumprimento de antecipação de tutela com base no artigo 461 do CPC, aplicado subsidiariamente, é passível de execução mesmo antes do trânsito em julgado da sentença (aprovado no XI Fonajef).
- **Enunciado 151** - O CPC/2015 só é aplicável nos Juizados Especiais naquilo que não contrariar os seus princípios norteadores e a sua legislação específica (aprovado no XII Fonajef).
- **Enunciado 152** - A conciliação e a mediação nos juizados especiais federais permanecem regidas pelas Leis 10.259/2001 e 9.099/1995, mesmo após o advento do novo Código de Processo Civil (aprovado no XII Fonajef).
- **Enunciado 153** - A regra do art. 489, parágrafo primeiro, do NCPC deve ser mitigada nos juizados por força da primazia dos princípios da simplicidade e informalidade que regem o JEF (aprovado no XII Fonajef).

- **Enunciado 154** – O art. 46 da Lei 9099/1995 não foi revogado pelo novo CPC (aprovado no XII Fonajef).
- **Enunciado 155** – As disposições do CPC/2015 referentes às provas não revogam as disposições específicas da Lei 10.259/2001, sobre perícias (art. 12), e nem as disposições gerais da Lei 9099/1995 (aprovado no XII Fonajef).
- **Enunciado 156** – Não se aplica aos juizados especiais a técnica de julgamento não unânime (art. 942, CPC/2015) (aprovado no XII Fonajef).
- **Enunciado 157** – Aplica-se o art. 1.030, parágrafo único, do CPC/2015 aos recursos extraordinários interpostos nas turmas recursais do JEF (aprovado no XII Fonajef).
- **Enunciado 158** – Conta-se em dias corridos o prazo para confirmação das intimações eletrônicas (art. 5º, § 3º, Lei 11419/2006) (aprovado no XII Fonajef).
- **Enunciado 159** – Nos termos do Enunciado nº 1 do Fonajef e à luz dos princípios da celeridade e da informalidade que norteiam o processo no JEF, vocacionado a receber demandas em grande volume e repetitivas, interpreta-se o rol do art. 332 como exemplificativo (aprovado no XII Fonajef).
- **Enunciado 160** – Não causa nulidade a não aplicação do art. 10 do NCPC e do art. 487, parágrafo único, do NCPC nos juizados, tendo em vista os princípios da celeridade e informalidade (aprovado no XII Fonajef).
- **Enunciado 161** – Nos casos de pedido de concessão de benefício por segurado facultativo de baixa renda, a comprovação da inscrição da família no CadÚnico é documento indispensável para propositura da ação, sob pena de extinção sem exame do mérito (aprovado no XII Fonajef).
- **Enunciado 162** – Em caso de incapacidade intermitente, o pagamento de parcelas anteriores à perícia depende da efetiva comprovação dos períodos em que o autor esteve incapacitado (aprovado no XII Fonajef).
- **Enunciado 163** – Não havendo pedido expresso na petição inicial de aposentadoria proporcional, o juiz deve se limitar a determinar a averbar os períodos reconhecidos em sentença, na hipótese do segurado não possuir tempo de contribuição para concessão de aposentadoria integral (aprovado no XII Fonajef).
- **Enunciado 164** – Julgado improcedente pedido de benefício por incapacidade, no ajuizamento de nova ação, com base na mesma doença, deve o segurado apresentar novo requerimento administrativo, demonstrando, na petição inicial, o agravamento da doença, juntando documentos médicos novos (aprovado no XII Fonajef).
- **Enunciado 165** – Ausência de pedido de prorrogação de auxílio-doença configura a falta de interesse processual equivalente à inexistência de requerimento administrativo (aprovado no XII Fonajef).
- **Enunciado 166** – A conclusão do processo administrativo por não comparecimento injustificado à perícia ou à entrevista rural equivale à falta de requerimento administrativo (aprovado no XII Fonajef).
- **Enunciado 167** – Nas ações de benefício assistencial, não há nulidade na dispensa de perícia socioeconômica quando não identificado indício de deficiência, a partir de seu conceito multidisciplinar (aprovado no XIII Fonajef).

- **Enunciado 168** – A produção de auto de constatação por oficial de Justiça, determinada pelo juízo, não requer prévia intimação das partes, sob pena de frustrar a eficácia do ato, caso em que haverá o contraditório diferido (aprovado no XIII Fonajef).

- **Enunciado 169** – A solução de controvérsias pela via consensual, pré-processual, pressupõe a não distribuição da ação (aprovado no XIII Fonajef).

- Enunciado 170 – Aos conciliadores que atuarem na fase pré-processual não se aplicam as exigências previstas no art. 11 da Lei 13.140/2015 (aprovado no XIII Fonajef).

- **Enunciado 171** – Sempre que possível, as sessões de mediação/conciliação serão realizadas por videoconferência, a ser efetivada por sistema de livre escolha (aprovado no XIII Fonajef).

- **Enunciado 172** – Apenas a prescrição médica não é suficiente para o fornecimento de medicamentos e/ou insumos não incluídos nas listas do SUS (aprovado no XIII Fonajef).

- **Enunciado 173** – Nas demandas individuais de saúde, a decisão judicial acerca da pretensão de fornecimento de medicamentos, insumos ou procedimentos não fornecidos pelo SUS deve ser fundamentada, sempre que possível, na medicina baseada em evidências (aprovado no XIII Fonajef).

- **Enunciado 174** – Nas demandas individuais de saúde veiculando pretensão de fornecimento de medicamentos, insumos ou procedimentos não fornecidos pelo SUS pode o juiz exigir que a parte instrua a demanda com elementos mínimos oriundos da medicina baseada em evidências (aprovado no XIII Fonajef).

- **Enunciado 175** – Por falta de previsão legal específica nas leis que tratam dos juizados especiais, aplica-se, nestes, a previsão da contagem dos prazos em dias úteis (CPC/2015, art. 219) (aprovado no XIII Fonajef).

- **Enunciado 176** – A previsão contida no art. 51, § 1º, da Lei 9.099/1995 afasta a aplicação do art. 317 do CPC/2015 no âmbito dos juizados especiais (aprovado no XIII Fonajef).

- **Enunciado 177** – É medida contrária à boa-fé e ao dever de cooperação, previstos nos arts. 5º e 6º do CPC/2015, a impugnação genérica a cálculos, sem a indicação concreta dos argumentos que justifiquem a divergência (aprovado no XIII FonajeF).

- **Enunciado 178** – A tutela provisória em caráter antecedente não se aplica ao rito dos Juizados Especiais federais, porque a sistemática de revisão da decisão estabilizada (art. 304 do CPC/2015) é incompatível com os arts. 4º e 6º da Lei nº 10.259/2001 (aprovado no XIII Fonajef).

- **Enunciado 179** – Cumpre os requisitos do contraditório e da ampla defesa a concessão de vista do laudo pericial pelo prazo de cinco dias, por analogia ao *caput* do art. 12 da Lei 10.259/2001 (aprovado no XIII Fonajef).

- **Enunciado 180** – O intervalo entre audiências de instrução (CPC/2015, art. 357, § 9º) é incompatível com o procedimento sumariíssimo (CF, art. 98, I) e com os critérios de celeridade, informalidade, simplicidade e economia processual dos juizados (Lei 9.099/1995, art. 2º) (aprovado no XIII Fonajef).

- **Enunciado 181** – Admite-se o IRDR nos juizados especiais federais, que deverá ser julgado por órgão colegiado de uniformização do próprio sistema (Aprovado no XIV FONAJEF).

- **Enunciado 182** - O juízo de admissibilidade do recurso inominado deve ser feito na turma recursal, aplicando-se subsidiariamente o art. 1.010, §3º, do CPC/2015. (Aprovado no XIV FONAJEF).

- **Enunciado 183** - O magistrado, ao aplicar ao caso concreto a *ratio decidendi* contida no precedente vinculante, não precisa enfrentar novamente toda a argumentação jurídica que já fora apreciada no momento de formação do precedente, sendo suficiente que demonstre a correlação fática e jurídica entre o caso concreto e aquele já apreciado (Aprovado no XIV FONAJEF).

- **Enunciado 184** - Durante a suspensão processual decorrente do IRDR e de recursos repetitivos pode haver produção de provas no juízo onde tramita o processo suspenso, em caso de urgência, com base no art. 982, §2º, do CPC. (Aprovado no XIV FONAJEF).

- **Enunciado 185** - Os mecanismos processuais de suspensão de processos não impedem a realização de atos processuais necessários para o exame ou efetivação da tutela de urgência. (Aprovado no XIV FONAJEF).

- **Enunciado 186** - É requisito de admissibilidade da petição inicial a indicação precisa dos períodos e locais de efetivo exercício de atividade rural que se pretende reconhecer, sob pena de indeferimento (Aprovado no XIV FONAJEF).

- **Enunciado 187** - São da competência da Justiça Federal os pedidos de benefícios ajuizados por segurados especiais e seus dependentes em virtude de acidentes ocorridos nessa condição (Aprovado no XIV FONAJEF).

- **Enunciado 188** - O benefício concedido ao segurado especial, administrativamente ou judicialmente, configura início de prova material válida para posterior concessão aos demais integrantes do núcleo familiar, assim como ao próprio beneficiário (Aprovado no XIV FONAJEF).

- Enunciado 189 - A percepção do seguro desemprego gera a presunção de desemprego involuntário para fins de extensão do período de graça nos termos do art. 15, §2°, da Lei 8.213/91 (Aprovado no XIV FONAJEF).

- **Enunciado 190** - Nos casos em que o pedido em ação judicial seja de medicamento, produto ou procedimento já previsto nas listas oficiais do SUS ou em Protocolos Clínicos e Diretrizes Terapêuticas (PDCT) para tratamento particular, dever ser determinada a inclusão do demandante em serviço ou programa já existentes no Sistema Único de Saúde (SUS), para fins de acompanhamento e controle clínico (Aprovado no XIV FONAJEF).

- **Enunciado 191** - Nas demandas que visam o acesso a ações e serviços da saúde diferenciada daquelas oferecidas pelo Sistema Único de Saúde, o autor deve apresentar prova da evidência científica, a inexistência, inefetividade ou impropriedade dos procedimentos ou medicamentos constantes dos protocolos clínicos do SUS (Aprovado no XIV FONAJEF).

- **Enunciado 192** - Sempre que possível, as decisões liminares sobre saúde devem ser precedidas de notas de evidência científica emitidas por Núcleos de Apoio Técnico em Saúde - NATS - ou similares (Aprovado no XIV FONAJEF).

- **Enunciado 193** - Para a validade das intimações por Whatsapp ou congêneres, caso não haja prévia anuência da parte ou advogado, faz-se necessário certificar nos autos a visualização da mensagem pelo destinatário, sendo suficiente o recibo de leitura, ou recebimento de resposta à mensagem enviada (Aprovado no XIV FONAJEF).

- **Enunciado 194** - Existindo prévio termo de adesão, o prazo da intimação por Whatsapp ou congênere conta-se do envio da mensagem, cuja data deve ser certificada nos autos; em não havendo prévio termo de adesão, o termo inicial corresponde à data da leitura da mensagem ou do recebimento da resposta, que deve ser certificada nos autos (Aprovado no XIV FONAJEF).
- **Enunciado 195** - Existindo prévio termo de adesão à intimação por Whatsapp ou congêneres, cabe à parte comunicar eventuais mudanças de número de telefone, sob pena de se considerarem válidas as intimações enviadas para o número constante dos autos (Aprovado no XIV FONAJEF).
- **Enunciado 196** - O termo de adesão a intimação por Whatsapp ou congêneres subscrito pela parte ou seu advogado pode ser geral, para todos os processos em tramitação no Juízo, que será arquivado em Secretaria (Aprovado no XIV FONAJEF).
- **Enunciado nº 197** - Por deter requisitos legais diferentes, o requerimento administrativo de benefício por incapacidade previdenciária não configura pretensão resistida para postular benefício assistencial na esfera judicial (Aprovado no XV FONAJEF).
- **Enunciado nº 198** - A suspensão de prazos processuais dos dias 20 de dezembro a 20 de janeiro é aplicável aos Juizados Especiais Federais (Aprovado no XV FONAJEF).
- **Enunciado nº 199** - Constatada fraude de condições socioeconômicas desfavoráveis, conclui-se que a parte autora não preencheu o requisito de miserabilidade, julgando-se improcedente de plano (Aprovado no XV FONAJEF).
- **Enunciado nº 200** - Alterar Enunciado 143, para incluir "inclusive o auxílio-acidente". [Enunciado 143 (Nova Redação): "Não importa em julgamento "extra petita" a concessão de benefício previdenciário por incapacidade diverso daquele requerido na inicial inclusive o auxílio-acidente"] (Aprovado no XV FONAJEF).
- **Enunciado nº 201** - Na hipótese de aposentadoria por invalidez, é possível a concessão de ofício do adicional de 25%, no caso de necessidade de assistência permanente de terceiro (Aprovado no XV FONAJEF).

Enunciados

- **Enunciado 1** - Aplicam-se aos Juizados Especiais da Fazenda Pública, no que couber, os enunciados dos Juizados Especiais Cíveis (XXIX Encontro - Bonito-MS).
- **Enunciado 2** - É cabível, nos Juizados Especiais da Fazenda Pública, o litisconsórcio ativo, ficando definido, para fins de fixação da competência, o valor individualmente considerado de até 60 salários mínimos (XXIX Encontro - Bonito-MS).
- **Enunciado 3** - Não há prazo diferenciado para a Defensoria Pública no âmbito dos Juizados Especiais da Fazenda Pública (XXIX Encontro - Bonito-MS).
- **Enunciado 4** - Cancelado (XXIX Encontro - Bonito-MS).
- **Enunciado 5** - É de 10 dias o prazo de recurso contra decisão que deferir tutela antecipada em face da Fazenda Pública (nova redação - XXX Encontro - São Paulo-SP).
- **Enunciado 6** - Vencida a Fazenda Pública, quando recorrente, a fixação de honorários advocatícios deve ser estabelecida de acordo com o § 4º do art. 20 do Código de Processo Civil, de forma equitativa pelo juiz (XXIX Encontro - Bonito-MS).

▶ **Enunciado 7** - O sequestro previsto no § 1º do artigo 13 da Lei nº 12.153/09 também poderá ser feito por meio do BacenJud, ressalvada a hipótese de precatório (XXX Encontro - São Paulo-SP).

▶ **Enunciado 8** - De acordo com a decisão proferida pela 3ª Seção do Superior Tribunal de Justiça no Conflito de Competência 35.420, e considerando que o inciso II do art. 5º da Lei 12.153/09 é taxativo e não inclui ente da Administração Federal entre os legitimados passivos, não cabe, no Juizado Especial da Fazenda Pública ou no Juizado estadual cível, ação contra a União, suas empresas públicas e autarquias, nem contra o INSS (XXXII Encontro - Armação de Búzios-RJ).

▶ **Enunciado 9** - Nas comarcas onde não houver Juizado Especial da Fazenda Pública ou juizados adjuntos instalados, as ações serão propostas perante as varas comuns que detêm competência para processar os feitos de interesse da Fazenda Pública ou perante aquelas designadas pelo tribunal de Justiça, observando-se o procedimento previsto na Lei 12.153/09 (XXXII Encontro - Armação de Búzios-RJ).

▶ **Enunciado 10** - É admitido no juizado da Fazenda Pública o julgamento em lote/lista, quando a material for exclusivamente de direito e repetitivo (XXXII Encontro - Armação de Búzios-RJ).

▶ **Enunciado 11** - As causas de maior complexidade probatória, por imporem dificuldades para assegurar o contraditório e a ampla defesa, afastam a competência do Juizado da Fazenda Pública (XXXII Encontro - Armação de Búzios-RJ).

▶ **Enunciado 12** - Na hipótese de realização de exame técnico previsto no art. 10 da Lei 12.153/09, em persistindo dúvida técnica, poderá o juiz extinguir o processo pela complexidade da causa (XXXVIII Encontro - Belo Horizonte-MG).

▶ **Enunciado 13** - A contagem dos prazos processuais nos Juizados da Fazenda Pública será feita de forma contínua, observando-se, inclusive, a regra especial de que não há prazo diferenciado para a Fazenda Pública - art. 7º da Lei 12.153/09 (XXXIX Encontro - Maceió-AL).

▶ **Enunciado 14** - A obrigação de assistência por advogado, nas causas de valor superior a vinte salários mínimos, nos termos do art. 9º, *caput*, da Lei 9.099/1995, aplica-se ao Juizado Especial da Fazenda Pública (44º Encontro - Rio de Janeiro - RJ).

7. LEGISLAÇÃO RELATIVA AO TEMA

▶ **LEI 9.099/95**

Art. 1º Os Juizados Especiais Cíveis e Criminais, órgãos da Justiça ordinária, serão criados pela União, no Distrito Federal e nos territórios, e pelos estados, para conciliação, processo, julgamento e execução, nas causas de sua competência.

Art. 2º O processo orientar-se-á pelos critérios da oralidade, simplicidade, informalidade, economia processual e celeridade, buscando, sempre que possível, a conciliação ou a transação.

Art. 3º O Juizado Especial Cível tem competência para conciliação, processo e julgamento das causas cíveis de menor complexidade, assim consideradas:

I - as causas cujo valor não exceda a quarenta vezes o salário mínimo;

II - as enumeradas no art. 275, inciso II, do Código de Processo Civil;

III - a ação de despejo para uso próprio;

IV - as ações possessórias sobre bens imóveis de valor não excedente ao fixado no inciso I deste artigo.

§ 1º Compete ao Juizado Especial promover a execução:

I - dos seus julgados;

II - dos títulos executivos extrajudiciais, no valor de até quarenta vezes o salário mínimo, observado o disposto no § 1º do art. 8º desta Lei.

§ 2º Ficam excluídas da competência do Juizado Especial as causas de natureza alimentar, falimentar, fiscal e de interesse da Fazenda Pública, e também as relativas a acidentes de trabalho, a resíduos e ao estado e capacidade das pessoas, ainda que de cunho patrimonial.

§ 3º A opção pelo procedimento previsto nesta Lei importará em renúncia ao crédito excedente ao limite estabelecido neste artigo, excetuada a hipótese de conciliação.

Art. 4º É competente, para as causas previstas nesta Lei, o juizado do foro:

I - do domicílio do réu ou, a critério do autor, do local onde aquele exerça atividades profissionais ou econômicas ou mantenha estabelecimento, filial, agência, sucursal ou escritório;

II - do lugar onde a obrigação deva ser satisfeita;

III - do domicílio do autor ou do local do ato ou fato, nas ações para reparação de dano de qualquer natureza.

Parágrafo único. Em qualquer hipótese, poderá a ação ser proposta no foro previsto no inciso I deste artigo.

Art. 5º O juiz dirigirá o processo com liberdade para determinar as provas a serem produzidas, para apreciá-las e para dar especial valor às regras de experiência comum ou técnica.

Art. 6º O juiz adotará em cada caso a decisão que reputar mais justa e equânime, atendendo aos fins sociais da lei e às exigências do bem comum.

Art. 7º Os conciliadores e juízes leigos são auxiliares da Justiça, recrutados, os primeiros, preferentemente, entre os bacharéis em Direito, e os segundos, entre advogados com mais de cinco anos de experiência.

Parágrafo único. Os Juízes leigos ficarão impedidos de exercer a advocacia perante os Juizados Especiais, enquanto no desempenho de suas funções.

Art. 8º Não poderão ser partes, no processo instituído por esta Lei, o incapaz, o preso, as pessoas jurídicas de Direito público, as empresas públicas da União, a massa falida e o insolvente civil.

§ 1º Somente serão admitidas a propor ação perante o Juizado Especial:

I - as pessoas físicas capazes, excluídos os cessionários de direito de pessoas jurídicas;

II - as pessoas enquadradas como microempreendedores individuais, microempresas e empresas de pequeno porte na forma da Lei Complementar nº 123, de 14 de dezembro de 2006;

III - as pessoas jurídicas qualificadas como Organização da Sociedade Civil de Interesse Público, nos termos da Lei no 9.790, de 23 de março de 1999;

IV - as sociedades de crédito ao microempreendedor, nos termos do art. 1º da Lei no 10.194, de 14 de fevereiro de 2001.

§ 2º O maior de dezoito anos poderá ser autor, independentemente de assistência, inclusive para fins de conciliação.

Art. 9º Nas causas de valor até vinte salários mínimos, as partes comparecerão pessoalmente, podendo ser assistidas por advogado; nas de valor superior, a assistência é obrigatória.

§ 1º Sendo facultativa a assistência, se uma das partes comparecer assistida por advogado, ou se o réu for pessoa jurídica ou firma individual, terá a outra parte, se quiser, assistência judiciária prestada por órgão instituído junto ao Juizado Especial, na forma da lei local.

§ 2º O juiz alertará as partes da conveniência do patrocínio por advogado, quando a causa o recomendar.

§ 3º O mandato ao advogado poderá ser verbal, salvo quanto aos poderes especiais.

§ 4º O réu, sendo pessoa jurídica ou titular de firma individual, poderá ser representado por preposto credenciado, munido de carta de preposição com poderes para transigir, sem haver necessidade de vínculo empregatício.

Art. 10. Não se admitirá, no processo, qualquer forma de intervenção de terceiro nem de assistência. Admitir-se-á o litisconsórcio.

Art. 11. O Ministério Público intervirá nos casos previstos em lei.

Art. 12. Os atos processuais serão públicos e poderão realizar-se em horário noturno, conforme dispuserem as normas de organização judiciária.

Art. 13. Os atos processuais serão válidos sempre que preencherem as finalidades para as quais forem realizados, atendidos os critérios indicados no art. 2º desta Lei.

§ 1º Não se pronunciará qualquer nulidade sem que tenha havido prejuízo.

§ 2º A prática de atos processuais em outras comarcas poderá ser solicitada por qualquer meio idôneo de comunicação.

§ 3º Apenas os atos considerados essenciais serão registrados resumidamente, em notas manuscritas, datilografadas, taquigrafadas ou estenotipadas. Os demais atos poderão ser gravados em fita magnética ou equivalente, que será inutilizada após o trânsito em julgado da decisão.

§ 4º As normas locais disporão sobre a conservação das peças do processo e demais documentos que o instruem.

Art. 14. O processo instaurar-se-á com a apresentação do pedido, escrito ou oral, à secretaria do juizado.

§ 1º Do pedido constarão, de forma simples e em linguagem acessível:

I - o nome, a qualificação e o endereço das partes;

II - os fatos e os fundamentos, de forma sucinta;

III - o objeto e seu valor.

§ 2º É lícito formular pedido genérico quando não for possível determinar, desde logo, a extensão da obrigação.

§ 3º O pedido oral será reduzido a escrito pela Secretaria do Juizado, podendo ser utilizado o sistema de fichas ou formulários impressos.

Art. 15. Os pedidos mencionados no art. 3º desta Lei poderão ser alternativos ou cumulados; nesta última hipótese, desde que conexos e a soma não ultrapasse o limite fixado naquele dispositivo.

Art. 16. Registrado o pedido, independentemente de distribuição e autuação, a secretaria do juizado designará a sessão de conciliação, a realizar-se no prazo de quinze dias.

Art. 17. Comparecendo inicialmente ambas as partes, instaurar-se-á, desde logo, a sessão de conciliação, dispensados o registro prévio de pedido e a citação.

Parágrafo único. Havendo pedidos contrapostos, poderá ser dispensada a contestação formal e ambos serão apreciados na mesma sentença.

Art. 18. A citação far-se-á:

I - por correspondência, com aviso de recebimento em mão própria;

II - tratando-se de pessoa jurídica ou firma individual, mediante entrega ao encarregado da recepção, que será obrigatoriamente identificado;

III - sendo necessário, por oficial de justiça, independentemente de mandado ou carta precatória.

§ 1º A citação conterá cópia do pedido inicial, dia e hora para comparecimento do citando e advertência de que, não comparecendo este, considerar-se-ão verdadeiras as alegações iniciais, e será proferido julgamento, de plano.

§ 2º Não se fará citação por edital.

§ 3º O comparecimento espontâneo suprirá a falta ou nulidade da citação.

Art. 19. As intimações serão feitas na forma prevista para citação, ou por qualquer outro meio idôneo de comunicação.

§ 1º Dos atos praticados na audiência, considerar-se-ão desde logo cientes as partes.

§ 2º As partes comunicarão ao juízo as mudanças de endereço ocorridas no curso do processo, reputando-se eficazes as intimações enviadas ao local anteriormente indicado, na ausência da comunicação.

Art. 20. Não comparecendo o demandado à sessão de conciliação ou à audiência de instrução e julgamento, reputar-se-ão verdadeiros os fatos alegados no pedido inicial, salvo se o contrário resultar da convicção do juiz.

Art. 21. Aberta a sessão, o juiz togado ou leigo esclarecerá as partes presentes sobre as vantagens da conciliação, mostrando-lhes os riscos e as conseqüências do litígio, especialmente quanto ao disposto no § 3º do art. 3º desta Lei.

Art. 22. A conciliação será conduzida pelo juiz togado ou leigo ou por conciliador sob sua orientação.

Parágrafo único. Obtida a conciliação, esta será reduzida a escrito e homologada pelo juiz togado, mediante sentença com eficácia de título executivo.

Art. 23. Não comparecendo o demandado, o juiz togado proferirá sentença.

Art. 24. Não obtida a conciliação, as partes poderão optar, de comum acordo, pelo juízo arbitral, na forma prevista nesta Lei.

§ 1º O juízo arbitral considerar-se-á instaurado, independentemente de termo de compromisso, com a escolha do árbitro pelas partes. Se este não estiver presente, o juiz convocá-lo-á e designará, de imediato, a data para a audiência de instrução.

§ 2º O árbitro será escolhido dentre os juízes leigos.

Art. 25. O árbitro conduzirá o processo com os mesmos critérios do juiz, na forma dos arts. 5º e 6º desta Lei, podendo decidir por eqüidade.

Art. 26. Ao término da instrução, ou nos cinco dias subseqüentes, o árbitro apresentará o laudo ao juiz togado para homologação por sentença irrecorrível.

Art. 27. Não instituído o juízo arbitral, proceder-se-á imediatamente à audiência de instrução e julgamento, desde que não resulte prejuízo para a defesa.

Parágrafo único. Não sendo possível a sua realização imediata, será a audiência designada para um dos quinze dias subseqüentes, cientes, desde logo, as partes e testemunhas eventualmente presentes.

Art. 28. Na audiência de instrução e julgamento serão ouvidas as partes, colhida a prova e, em seguida, proferida a sentença.

Art. 29. Serão decididos de plano todos os incidentes que possam interferir no regular prosseguimento da audiência. As demais questões serão decididas na sentença.

Parágrafo único. Sobre os documentos apresentados por uma das partes, manifestar-se-á imediatamente a parte contrária, sem interrupção da audiência.

Art. 30. A contestação, que será oral ou escrita, conterá toda matéria de defesa, exceto argüição de suspeição ou impedimento do juiz, que se processará na forma da legislação em vigor.

Art. 31. Não se admitirá a reconvenção. É lícito ao réu, na contestação, formular pedido em seu favor, nos limites do art. 3º desta Lei, desde que fundado nos mesmos fatos que constituem objeto da controvérsia.

Parágrafo único. O autor poderá responder ao pedido do réu na própria audiência ou requerer a designação da nova data, que será desde logo fixada, cientes todos os presentes.

Art. 32. Todos os meios de prova moralmente legítimos, ainda que não especificados em lei, são hábeis para provar a veracidade dos fatos alegados pelas partes.

Art. 33. Todas as provas serão produzidas na audiência de instrução e julgamento, ainda que não requeridas previamente, podendo o juiz limitar ou excluir as que considerar excessivas, impertinentes ou protelatórias.

Art. 34. As testemunhas, até o máximo de três para cada parte, comparecerão à audiência de instrução e julgamento levadas pela parte que as tenha arrolado, independentemente de intimação, ou mediante esta, se assim for requerido.

§ 1º O requerimento para intimação das testemunhas será apresentado à Secretaria no mínimo cinco dias antes da audiência de instrução e julgamento.

§ 2º Não comparecendo a testemunha intimada, o juiz poderá determinar sua imediata condução, valendo-se, se necessário, do concurso da força pública.

Art. 35. Quando a prova do fato exigir, o juiz poderá inquirir técnicos de sua confiança, permitida às partes a apresentação de parecer técnico.

Parágrafo único. No curso da audiência, poderá o juiz, de ofício ou a requerimento das partes, realizar inspeção em pessoas ou coisas, ou determinar que o faça pessoa de sua confiança, que lhe relatará informalmente o verificado.

Art. 36. A prova oral não será reduzida a escrito, devendo a sentença referir, no essencial, os informes trazidos nos depoimentos.

Art. 37. A instrução poderá ser dirigida por juiz leigo, sob a supervisão de juiz togado.

Art. 38. A sentença mencionará os elementos de convicção do juiz, com breve resumo dos fatos relevantes ocorridos em audiência, dispensado o relatório.

Parágrafo único. Não se admitirá sentença condenatória por quantia ilíquida, ainda que genérico o pedido.

Art. 39. É ineficaz a sentença condenatória na parte que exceder a alçada estabelecida nesta Lei.

Art. 40. O juiz leigo que tiver dirigido a instrução proferirá sua decisão e imediatamente a submeterá ao juiz togado, que poderá homologá-la, proferir outra em substituição ou, antes de se manifestar, determinar a realização de atos probatórios indispensáveis.

Art. 41. Da sentença, excetuada a homologatória de conciliação ou laudo arbitral, caberá recurso para o próprio juizado.

§ 1º O recurso será julgado por uma turma composta por três juízes togados, em exercício no primeiro grau de jurisdição, reunidos na sede do juizado.

§ 2º No recurso, as partes serão obrigatoriamente representadas por advogado.

Art. 42. O recurso será interposto no prazo de dez dias, contados da ciência da sentença, por petição escrita, da qual constarão as razões e o pedido do recorrente.

§ 1º O preparo será feito, independentemente de intimação, nas 48 horas seguintes à interposição, sob pena de deserção.

§ 2º Após o preparo, a secretaria intimará o recorrido para oferecer resposta escrita no prazo de dez dias.

Art. 43. O recurso terá somente efeito devolutivo, podendo o juiz dar-lhe efeito suspensivo, para evitar dano irreparável para a parte.

Art. 44. As partes poderão requerer a transcrição da gravação da fita magnética a que alude o § 3º do art. 13 desta Lei, correndo por conta do requerente as despesas respectivas.

Art. 45. As partes serão intimadas da data da sessão de julgamento.

Art. 46. O julgamento em segunda instância constará apenas da ata, com a indicação suficiente do processo, fundamentação sucinta e parte dispositiva. Se a sentença for confirmada pelos próprios fundamentos, a súmula do julgamento servirá de acórdão.

Art. 47. *(VETADO)*

Art. 48. Caberão embargos de declaração quando, na sentença ou acórdão, houver obscuridade, contradição, omissão ou dúvida.

Parágrafo único. Os erros materiais podem ser corrigidos de ofício.

► **LEI 13.105/2015**

Art. 1.064. O *caput* do art. 48 da Lei no 9.099, de 26 de setembro de 1995, passa a vigorar com a seguinte redação: *"Art. 48. Caberão embargos de declaração contra sentença ou acórdão nos casos previstos no Código de Processo Civil."* [...]

Art. 49. Os embargos de declaração serão interpostos por escrito ou oralmente, no prazo de cinco dias, contados da ciência da decisão.

Art. 50. Quando interpostos contra sentença, os embargos de declaração suspenderão o prazo para recurso.

► **LEI 13.105/2015**

Art. 50. Os embargos de declaração interrompem o prazo para a interposição de recurso.

Art. 51. Extingue-se o processo, além dos casos previstos em lei:

I - quando o autor deixar de comparecer a qualquer das audiências do processo;

II - quando inadmissível o procedimento instituído por esta Lei ou seu prosseguimento, após a conciliação;

III - quando for reconhecida a incompetência territorial;

IV - quando sobrevier qualquer dos impedimentos previstos no art. 8º desta Lei;

V - quando, falecido o autor, a habilitação depender de sentença ou não se der no prazo de trinta dias;

VI - quando, falecido o réu, o autor não promover a citação dos sucessores no prazo de trinta dias da ciência do fato.

§ 1º A extinção do processo independerá, em qualquer hipótese, de prévia intimação pessoal das partes.

§ 2º No caso do inciso I deste artigo, quando comprovar que a ausência decorre de força maior, a parte poderá ser isentada, pelo juiz, do pagamento das custas.

Art. 52. A execução da sentença processar-se-á no próprio juizado, aplicando-se, no que couber, o disposto no Código de Processo Civil, com as seguintes alterações:

I - as sentenças serão necessariamente líquidas, contendo a conversão em Bônus do Tesouro Nacional - BTN ou índice equivalente;

II - os cálculos de conversão de índices, de honorários, de juros e de outras parcelas serão efetuados por servidor judicial;

III - a intimação da sentença será feita, sempre que possível, na própria audiência em que for proferida. Nessa intimação, o vencido será instado a cumprir a sentença tão logo ocorra seu trânsito em julgado, e advertido dos efeitos do seu descumprimento (inciso V);

IV - não cumprida voluntariamente a sentença transitada em julgado, e tendo havido solicitação do interessado, que poderá ser verbal, proceder-se-á desde logo à execução, dispensada nova citação;

V - nos casos de obrigação de entregar, de fazer, ou de não fazer, o juiz, na sentença ou na fase de execução, cominará multa diária, arbitrada de acordo com as condições econômicas do devedor, para a hipótese de inadimplemento.

Não cumprida a obrigação, o credor poderá requerer a elevação da multa ou a transformação da condenação em perdas e danos, que o juiz de imediato arbitrará, seguindo-se a execução por quantia certa, incluída a multa vencida de obrigação de dar, quando evidenciada a malícia do devedor na execução do julgado;

VI – na obrigação de fazer, o juiz pode determinar o cumprimento por outrem, fixado o valor que o devedor deve depositar para as despesas, sob pena de multa diária;

VII – na alienação forçada dos bens, o juiz poderá autorizar o devedor, o credor ou terceira pessoa idônea a tratar da alienação do bem penhorado, a qual se aperfeiçoará em juízo até a data fixada para a praça ou leilão. Sendo o preço inferior ao da avaliação, as partes serão ouvidas. Se o pagamento não for à vista, será oferecida caução idônea, nos casos de alienação de bem móvel, ou hipotecado o imóvel;

VIII – é dispensada a publicação de editais em jornais, quando se tratar de alienação de bens de pequeno valor;

IX – o devedor poderá oferecer embargos, nos autos da execução, versando sobre:

a) falta ou nulidade da citação no processo, se ele correu à revelia;

b) manifesto excesso de execução;

c) erro de cálculo;

d) causa impeditiva, modificativa ou extintiva da obrigação, superveniente à sentença.

Art. 53. A execução de título executivo extrajudicial, no valor de até quarenta salários mínimos, obedecerá ao disposto no Código de Processo Civil, com as modificações introduzidas por esta Lei.

§ 1º Efetuada a penhora, o devedor será intimado a comparecer à audiência de conciliação, quando poderá oferecer embargos (art. 52, IX), por escrito ou verbalmente.

§ 2º Na audiência, será buscado o meio mais rápido e eficaz para a solução do litígio, se possível com dispensa da alienação judicial, devendo o conciliador propor, entre outras medidas cabíveis, o pagamento do débito a prazo ou a prestação, a dação em pagamento ou a imediata adjudicação do bem penhorado.

§ 3º Não apresentados os embargos em audiência, ou julgados improcedentes, qualquer das partes poderá requerer ao juiz a adoção de uma das alternativas do parágrafo anterior.

§ 4º Não encontrado o devedor ou inexistindo bens penhoráveis, o processo será imediatamente extinto, devolvendo-se os documentos ao autor.

Art. 54. O acesso ao Juizado Especial independerá, em primeiro grau de jurisdição, do pagamento de custas, taxas ou despesas.

Parágrafo único. O preparo do recurso, na forma do § 1º do art. 42 desta Lei, compreenderá todas as despesas processuais, inclusive aquelas dispensadas em primeiro grau de jurisdição, ressalvada a hipótese de assistência judiciária gratuita.

Art. 55. A sentença de primeiro grau não condenará o vencido em custas e honorários de advogado, ressalvados os casos de litigância de má-fé. Em segundo grau, o recorrente, vencido, pagará as custas e honorários de advogado, que serão fixados entre 10% e 20% do valor de condenação ou, não havendo condenação, do valor corrigido da causa.

Parágrafo único. Na execução não serão contadas as custas, salvo quando:

I – reconhecida a litigância de má-fé;

II – improcedentes os embargos do devedor;

III – tratar-se de execução de sentença que tenha sido objeto de recurso improvido do devedor.

Art. 56. Instituído o Juizado Especial, serão implantadas as curadorias necessárias e o serviço de assistência judiciária.

Art. 57. O acordo extrajudicial, de qualquer natureza ou valor, poderá ser homologado, no juízo competente, independentemente de termo, valendo a sentença como título executivo judicial.

Parágrafo único. Valerá como título extrajudicial o acordo celebrado pelas partes, por instrumento escrito, referendado pelo órgão competente do Ministério Público.

Art. 58. As normas de organização judiciária local poderão estender a conciliação prevista nos arts. 22 e 23 a causas não abrangidas por esta Lei.

Art. 59. Não se admitirá ação rescisória nas causas sujeitas ao procedimento instituído por esta Lei.

▶ LEI 10.259/2001

Art. 1º São instituídos os Juizados Especiais cíveis e criminais da Justiça federal, aos quais se aplica, no que não conflitar com esta Lei, o disposto na Lei nº 9.099, de 26 de setembro de 1995. [...]

Art. 3º Compete ao Juizado Especial federal cível processar, conciliar e julgar causas de competência da Justiça federal até o valor de sessenta salários mínimos, bem como executar as suas sentenças.

§ 1º Não se incluem na competência do Juizado Especial cível as causas:

I - referidas no art. 109, incisos II, III e XI, da Constituição Federal, as ações de mandado de segurança, de desapropriação, de divisão e demarcação, populares, execuções fiscais e por improbidade administrativa e as demandas sobre direitos ou interesses difusos, coletivos ou individuais homogêneos;

II - sobre bens imóveis da União, autarquias e fundações públicas federais;

III - para a anulação ou cancelamento de ato administrativo federal, salvo o de natureza previdenciária e o de lançamento fiscal;

IV - que tenham como objeto a impugnação da pena de demissão imposta a servidores públicos civis ou de sanções disciplinares aplicadas a militares.

§ 2º Quando a pretensão versar sobre obrigações vincendas, para fins de competência do Juizado Especial, a soma de doze parcelas não poderá exceder o valor referido no art. 3º, *caput.*

§ 3º No foro onde estiver instalada vara do Juizado Especial, a sua competência é absoluta.

Art. 4º O juiz poderá, de ofício ou a requerimento das partes, deferir medidas cautelares no curso do processo, para evitar dano de difícil reparação.

Art. 5º Exceto nos casos do art. 4º, somente será admitido recurso de sentença definitiva.

Art. 6º Podem ser partes no Juizado Especial federal cível:

I - como autores, as pessoas físicas e as microempresas e empresas de pequeno porte, assim definidas na Lei nº 9.317, de 5 de dezembro de 1996;

II - como rés, a União, autarquias, fundações e empresas públicas federais.

Art. 7º As citações e intimações da União serão feitas na forma prevista nos arts. 35 a 38 da Lei Complementar nº 73, de 10 de fevereiro de 1993.

Parágrafo único. A citação das autarquias, fundações e empresas públicas será feita na pessoa do representante máximo da entidade, no local onde proposta a causa, quando ali instalado seu escritório ou representação; se não, na sede da entidade.

Art. 8º As partes serão intimadas da sentença, quando não proferida esta na audiência em que estiver presente seu representante, por ARMP (aviso de recebimento em mão própria).

§ 1º As demais intimações das partes serão feitas na pessoa dos advogados ou dos Procuradores que oficiem nos respectivos autos, pessoalmente ou por via postal.

§ 2º Os tribunais poderão organizar serviço de intimação das partes e de recepção de petições por meio eletrônico.

Art. 9º Não haverá prazo diferenciado para a prática de qualquer ato processual pelas pessoas jurídicas de direito público, inclusive a interposição de recursos, devendo a citação para audiência de conciliação ser efetuada com antecedência mínima de trinta dias.

Art. 10. As partes poderão designar, por escrito, representantes para a causa, advogado ou não.

Parágrafo único. Os representantes judiciais da União, autarquias, fundações e empresas públicas federais, bem como os indicados na forma do *caput*, ficam autorizados a conciliar, transigir ou desistir, nos processos da competência dos Juizados Especiais federais.

Art. 11. A entidade pública ré deverá fornecer ao Juizado a documentação de que disponha para o esclarecimento da causa, apresentando-a até a instalação da audiência de conciliação.

Parágrafo único. Para a audiência de composição dos danos resultantes de ilícito criminal (arts. 71, 72 e 74 da Lei no 9.099, de 26 de setembro de 1995), o representante da entidade que comparecer terá poderes para acordar, desistir ou transigir, na forma do art. 10.

Art. 12. Para efetuar o exame técnico necessário à conciliação ou ao julgamento da causa, o juiz nomeará pessoa habilitada, que apresentará o laudo até cinco dias antes da audiência, independentemente de intimação das partes.

§ 1º Os honorários do técnico serão antecipados à conta de verba orçamentária do respectivo tribunal e, quando vencida na causa a entidade pública, seu valor será incluído na ordem de pagamento a ser feita em favor do tribunal.

§ 2º Nas ações previdenciárias e relativas à assistência social, havendo designação de exame, serão as partes intimadas para, em dez dias, apresentar quesitos e indicar assistentes.

Art. 13. Nas causas de que trata esta Lei, não haverá reexame necessário.

Art. 14. Caberá pedido de uniformização de interpretação de lei federal quando houver divergência entre decisões sobre questões de direito material proferidas por turmas recursais na interpretação da lei.

§ 1º O pedido fundado em divergência entre turmas da mesma região será julgado em reunião conjunta das turmas em conflito, sob a presidência do juiz coordenador.

§ 2º O pedido fundado em divergência entre decisões de turmas de diferentes regiões ou da proferida em contrariedade a súmula ou jurisprudência dominante do STJ será julgado por turma de uniformização, integrada por juízes de turmas recursais, sob a presidência do coordenador da Justiça federal.

§ 3º A reunião de juízes domiciliados em cidades diversas será feita pela via eletrônica.

§ 4º Quando a orientação acolhida pela turma de uniformização, em questões de direito material, contrariar súmula ou jurisprudência dominante no Superior Tribunal de Justiça – STJ, a parte interessada poderá provocar a manifestação deste, que dirimirá a divergência.

§ 5º No caso do § 4º, presente a plausibilidade do direito invocado e havendo fundado receio de dano de difícil reparação, poderá o relator conceder, de ofício ou a requerimento do interessado, medida liminar determinando a suspensão dos processos nos quais a controvérsia esteja estabelecida.

§ 6º Eventuais pedidos de uniformização idênticos, recebidos subseqüentemente em quaisquer turmas recursais, ficarão retidos nos autos, aguardando-se pronunciamento do Superior Tribunal de Justiça.

§ 7º Se necessário, o relator pedirá informações ao presidente da turma recursal ou coordenador da turma de uniformização e ouvirá o Ministério Público, no prazo de cinco dias. Eventuais interessados, ainda que não sejam partes no processo, poderão se manifestar, no prazo de trinta dias.

§ 8º Decorridos os prazos referidos no § 7º, o relator incluirá o pedido em pauta na Seção, com preferência sobre todos os demais feitos, ressalvados os processos com réus presos, os habeas corpus e os mandados de segurança.

§ 9º Publicado o acórdão respectivo, os pedidos retidos referidos no § 6º serão apreciados pelas turmas recursais, que poderão exercer juízo de retratação ou declará-los prejudicados, se veicularem tese não acolhida pelo Superior Tribunal de Justiça.

§ 10. Os tribunais regionais, o Superior Tribunal de Justiça e o Supremo Tribunal Federal, no âmbito de suas competências, expedirão normas regulamentando a composição dos órgãos e os procedimentos a serem adotados para o processamento e o julgamento do pedido de uniformização e do recurso extraordinário.

Art. 15. O recurso extraordinário, para os efeitos desta Lei, será processado e julgado segundo o estabelecido nos §§ 4º a 9º do art. 14, além da observância das normas do Regimento.

Art. 16. O cumprimento do acordo ou da sentença, com trânsito em julgado, que imponham obrigação de fazer, não fazer ou entrega de coisa certa, será efetuado mediante ofício do juiz à autoridade citada para a causa, com cópia da sentença ou do acordo.

Art. 17. Tratando-se de obrigação de pagar quantia certa, após o trânsito em julgado da decisão, o pagamento será efetuado no prazo de sessenta dias, contados da entrega da requisição, por ordem do juiz, à autoridade citada para a causa, na agência mais próxima da Caixa Econômica Federal ou do Banco do Brasil, independentemente de precatório.

§ 1º Para os efeitos do § 3ºdo art. 100 da Constituição Federal, as obrigações ali definidas como de pequeno valor, a serem pagas independentemente de precatório, terão como limite o mesmo valor estabelecido nesta Lei para a competência do Juizado Especial federal cível (art. 3º, *caput*).

§ 2º Desatendida a requisição judicial, o juiz determinará o seqüestro do numerário suficiente ao cumprimento da decisão.

§ 3º São vedados o fracionamento, repartição ou quebra do valor da execução, de modo que o pagamento se faça, em parte, na forma estabelecida no § 1º deste artigo, e, em parte, mediante expedição do precatório, e a expedição de precatório complementar ou suplementar do valor pago.

§ 4º Se o valor da execução ultrapassar o estabelecido no § 1º, o pagamento far-se-á, sempre, por meio do precatório, sendo facultado à parte exeqüente a renúncia ao crédito do valor excedente, para que possa optar pelo pagamento do saldo sem o precatório, da forma lá prevista.

Art. 18. Os Juizados Especiais serão instalados por decisão do tribunal regional federal. O juiz presidente do juizado designará os conciliadores pelo período de dois anos, admitida a recondução. O exercício dessas funções será gratuito, assegurados os direitos e prerrogativas do jurado (art. 437 do Código de Processo Penal).

Parágrafo único. Serão instalados Juizados Especiais adjuntos nas localidades cujo movimento forense não justifique a existência de Juizado Especial, cabendo ao tribunal designar a vara onde funcionará.

Art. 19. No prazo de seis meses, a contar da publicação desta Lei, deverão ser instalados os Juizados Especiais nas capitais dos estados e no Distrito Federal.

Parágrafo único. Na capital dos estados, no Distrito Federal e em outras cidades onde for necessário, neste último caso, por decisão do tribunal regional federal, serão instalados juizados com competência exclusiva para ações previdenciárias.

Art. 20. Onde não houver vara federal, a causa poderá ser proposta no Juizado Especial federal mais próximo do foro definido no art. 4º da Lei nº 9.099, de 26 de setembro de 1995, vedada a aplicação desta Lei no juízo estadual.

Art. 21. As turmas recursais serão instituídas por decisão do tribunal regional federal, que definirá sua composição e área de competência, podendo abranger mais de uma seção.

Art. 22. Os Juizados Especiais serão coordenados por juiz do respectivo tribunal regional, escolhido por seus pares, com mandato de dois anos.

Parágrafo único. O juiz federal, quando o exigirem as circunstâncias, poderá determinar o funcionamento do Juizado Especial em caráter itinerante, mediante autorização prévia do tribunal regional federal, com antecedência de dez dias.

Art. 23. O Conselho da Justiça Federal poderá limitar, por até três anos, contados a partir da publicação desta Lei, a competência dos Juizados Especiais Cíveis, atendendo à necessidade da organização dos serviços judiciários ou administrativos.

Art. 24. O Centro de Estudos Judiciários do Conselho da Justiça Federal e as Escolas de Magistratura dos tribunais regionais federais criarão programas de informática necessários para subsidiar a instrução das causas submetidas aos juizados e promoverão cursos de aperfeiçoamento destinados aos seus magistrados e servidores.

Art. 25. Não serão remetidas aos Juizados Especiais as demandas ajuizadas até a data de sua instalação.

Art. 26. Competirá aos tribunais regionais federais prestar o suporte administrativo necessário ao funcionamento dos Juizados Especiais.

Art. 27. Esta Lei entra em vigor seis meses após a data de sua publicação.

▶ LEI 12.153/2009

Art. 1º Os Juizados Especiais da Fazenda Pública, órgãos da justiça comum e integrantes do Sistema dos Juizados Especiais, serão criados pela União, no Distrito Federal e nos territórios, e pelos estados, para conciliação, processo, julgamento e execução, nas causas de sua competência.

Parágrafo único. O sistema dos Juizados Especiais dos estados e do Distrito Federal é formado pelos Juizados Especiais cíveis, Juizados Especiais criminais e Juizados Especiais da Fazenda Pública.

Art. 2º É de competência dos Juizados Especiais da Fazenda Pública processar, conciliar e julgar causas cíveis de interesse dos estados, do Distrito Federal, dos territórios e dos municípios, até o valor de sessenta salários mínimos.

§ 1º Não se incluem na competência do Juizado Especial da Fazenda Pública:

I – as ações de mandado de segurança, de desapropriação, de divisão e demarcação, populares, por improbidade administrativa, execuções fiscais e as demandas sobre direitos ou interesses difusos e coletivos;

II – as causas sobre bens imóveis dos estados, Distrito Federal, territórios e municípios, autarquias e fundações públicas a eles vinculadas;

III – as causas que tenham como objeto a impugnação da pena de demissão imposta a servidores públicos civis ou sanções disciplinares aplicadas a militares.

§ 2º Quando a pretensão versar sobre obrigações vincendas, para fins de competência do Juizado Especial, a soma de doze parcelas vincendas e de eventuais parcelas vencidas não poderá exceder o valor referido no *caput* deste artigo.

§ 3º (VETADO)

§ 4º No foro onde estiver instalado Juizado Especial da Fazenda Pública, a sua competência é absoluta.

Art. 3º O juiz poderá, de ofício ou a requerimento das partes, deferir quaisquer providências cautelares e antecipatórias no curso do processo, para evitar dano de difícil ou de incerta reparação.

Art. 4º Exceto nos casos do art. 3º, somente será admitido recurso contra a sentença.

Art. 5º Podem ser partes no Juizado Especial da Fazenda Pública:

I – como autores, as pessoas físicas e as microempresas e empresas de pequeno porte, assim definidas na Lei Complementar no 123, de 14 de dezembro de 2006;

II – como réus, os estados, o Distrito Federal, os territórios e os municípios, bem como autarquias, fundações e empresas públicas a eles vinculadas.

Art. 6º Quanto às citações e intimações, aplicam-se as disposições contidas na Lei no 5.869, de 11 de janeiro de 1973 – Código de Processo Civil.

Art. 7º Não haverá prazo diferenciado para a prática de qualquer ato processual pelas pessoas jurídicas de direito público, inclusive a interposição de recursos, devendo a citação para a audiência de conciliação ser efetuada com antecedência mínima de trinta dias.

Art. 8º Os representantes judiciais dos réus presentes à audiência poderão conciliar, transigir ou desistir nos processos da competência dos Juizados Especiais, nos termos e nas hipóteses previstas na lei do respectivo ente da Federação.

Art. 9º A entidade ré deverá fornecer ao juizado a documentação de que disponha para o esclarecimento da causa, apresentando-a até a instalação da audiência de conciliação.

Art. 10. Para efetuar o exame técnico necessário à conciliação ou ao julgamento da causa, o juiz nomeará pessoa habilitada, que apresentará o laudo até cinco dias antes da audiência.

Art. 11. Nas causas de que trata esta Lei, não haverá reexame necessário.

Art. 12. O cumprimento do acordo ou da sentença, com trânsito em julgado, que imponham obrigação de fazer, não fazer ou entrega de coisa certa, será efetuado mediante ofício do juiz à autoridade citada para a causa, com cópia da sentença ou do acordo.

Art. 13. Tratando-se de obrigação de pagar quantia certa, após o trânsito em julgado da decisão, o pagamento será efetuado:

I – no prazo máximo de sessenta dias, contado da entrega da requisição do juiz à autoridade citada para a causa, independentemente de precatório, na hipótese do § 3º do art. 100 da Constituição Federal; ou

II – mediante precatório, caso o montante da condenação exceda o valor definido como obrigação de pequeno valor.

§ 1º Desatendida a requisição judicial, o juiz, imediatamente, determinará o sequestro do numerário suficiente ao cumprimento da decisão, dispensada a audiência da Fazenda Pública.

§ 2º As obrigações definidas como de pequeno valor a serem pagas independentemente de precatório terão como limite o que for estabelecido na lei do respectivo ente da Federação.

§ 3º Até que se dê a publicação das leis de que trata o § 2º, os valores serão:

I – quarenta salários mínimos, quanto aos estados e ao Distrito Federal;

II – trinta salários mínimos, quanto aos municípios.

§ 4º São vedados o fracionamento, a repartição ou a quebra do valor da execução, de modo que o pagamento se faça, em parte, na forma estabelecida no inciso I do *caput* e, em parte, mediante expedição de precatório, bem como a expedição de precatório complementar ou suplementar do valor pago.

§ 5º Se o valor da execução ultrapassar o estabelecido para pagamento independentemente do precatório, o pagamento far-se-á, sempre, por meio do precatório, sendo facultada à parte exequente a renúncia ao crédito do valor excedente, para que possa optar pelo pagamento do saldo sem o precatório.

§ 6º O saque do valor depositado poderá ser feito pela parte autora, pessoalmente, em qualquer agência do banco depositário, independentemente de alvará.

§ 7º O saque por meio de procurador somente poderá ser feito na agência destinatária do depósito, mediante procuração específica, com firma reconhecida, da qual constem o valor originalmente depositado e sua procedência.

Art. 14. Os Juizados Especiais da Fazenda Pública serão instalados pelos tribunais de Justiça dos estados e do Distrito Federal.

Parágrafo único. Poderão ser instalados Juizados Especiais adjuntos, cabendo ao tribunal designar a vara onde funcionará.

Art. 15. Serão designados, na forma da legislação dos estados e do Distrito Federal, conciliadores e juízes leigos dos Juizados Especiais da Fazenda Pública, observadas as atribuições previstas nos arts. 22, 37 e 40 da Lei no 9.099, de 26 de setembro de 1995.

§ 1º Os conciliadores e juízes leigos são auxiliares da Justiça, recrutados, os primeiros, preferentemente, entre os bacharéis em Direito, e os segundos, entre advogados com mais de dois anos de experiência.

§ 2º Os juízes leigos ficarão impedidos de exercer a advocacia perante todos os Juizados Especiais da Fazenda Pública instalados em território nacional, enquanto no desempenho de suas funções.

Art. 16. Cabe ao conciliador, sob a supervisão do juiz, conduzir a audiência de conciliação.

§ 1º Poderá o conciliador, para fins de encaminhamento da composição amigável, ouvir as partes e testemunhas sobre os contornos fáticos da controvérsia.

§ 2º Não obtida a conciliação, caberá ao juiz presidir a instrução do processo, podendo dispensar novos depoimentos, se entender suficientes para o julgamento da causa os esclarecimentos já constantes dos autos, e não houver impugnação das partes.

Art. 17. As turmas recursais do Sistema dos Juizados Especiais são compostas por juízes em exercício no primeiro grau de jurisdição, na forma da legislação dos estados e do Distrito Federal, com mandato de dois anos, e integradas, preferencialmente, por juízes do Sistema dos Juizados Especiais.

§ 1º A designação dos juízes das turmas recursais obedecerá aos critérios de antiguidade e merecimento.

§ 2º Não será permitida a recondução, salvo quando não houver outro juiz na sede da turma recursal.

Art. 18. Caberá pedido de uniformização de interpretação de lei quando houver divergência entre decisões proferidas por turmas recursais sobre questões de Direito material.

§ 1º O pedido fundado em divergência entre turmas do mesmo estado será julgado em reunião conjunta das turmas em conflito, sob a presidência de desembargador indicado pelo tribunal de Justiça.

§ 2º No caso do § 1º, a reunião de juízes domiciliados em cidades diversas poderá ser feita por meio eletrônico.

§ 3º Quando as turmas de diferentes estados derem a lei federal interpretações divergentes, ou quando a decisão proferida estiver em contrariedade com súmula do Superior Tribunal de Justiça, o pedido será por este julgado.

Art. 19. Quando a orientação acolhida pelas turmas de uniformização de que trata o § 1º do art. 18 contrariar súmula do Superior Tribunal de Justiça, a parte interessada poderá provocar a manifestação deste, que dirimirá a divergência.

§ 1º Eventuais pedidos de uniformização fundados em questões idênticas e recebidos subsequentemente em quaisquer das turmas recursais ficarão retidos nos autos, aguardando pronunciamento do Superior Tribunal de Justiça.

§ 2º Nos casos do *caput* deste artigo e do § 3º do art. 18, presente a plausibilidade do direito invocado e havendo fundado receio de dano de difícil reparação, poderá o relator conceder, de ofício ou a requerimento do interessado, medida liminar determinando a suspensão dos processos nos quais a controvérsia esteja estabelecida.

§ 3º Se necessário, o relator pedirá informações ao presidente da turma recursal ou presidente da turma de uniformização e, nos casos previstos em lei, ouvirá o Ministério Público, no prazo de cinco dias.

§ 4º (VETADO)

§ 5º Decorridos os prazos referidos nos §§ 3º e 4º, o relator incluirá o pedido em pauta na sessão, com preferência sobre todos os demais feitos, ressalvados os processos com réus presos, os **habeas corpus** e os mandados de segurança.

§ 6º Publicado o acórdão respectivo, os pedidos retidos referidos no § 1º serão apreciados pelas turmas recursais, que poderão exercer juízo de retratação ou os declararão prejudicados, se veicularem tese não acolhida pelo Superior Tribunal de Justiça.

Art. 20. Os tribunais de Justiça, o Superior Tribunal de Justiça e o Supremo Tribunal Federal, no âmbito de suas competências, expedirão normas regulamentando os procedimentos a serem adotados para o processamento e o julgamento do pedido de uniformização e do recurso extraordinário.

Art. 21. O recurso extraordinário, para os efeitos desta Lei, será processado e julgado segundo o estabelecido no art. 19, além da observância das normas do Regimento.

Art. 22. Os Juizados Especiais da Fazenda Pública serão instalados no prazo de até dois anos da vigência desta Lei, podendo haver o aproveitamento total ou parcial das estruturas das atuais Varas da Fazenda Pública.

Art. 23. Os tribunais de Justiça poderão limitar, por até cinco anos, a partir da entrada em vigor desta Lei, a competência dos Juizados Especiais da Fazenda Pública, atendendo à necessidade da organização dos serviços judiciários e administrativos.

Art. 24. Não serão remetidas aos Juizados Especiais da Fazenda Pública as demandas ajuizadas até a data de sua instalação, assim como as ajuizadas fora do Juizado Especial por força do disposto no art. 23.

Art. 25. Competirá aos tribunais de Justiça prestar o suporte administrativo necessário ao funcionamento dos Juizados Especiais.

Art. 26. O disposto no art. 16 aplica-se aos Juizados Especiais federais instituídos pela Lei no 10.259, de 12 de julho de 2001.

Art. 27. Aplica-se subsidiariamente o disposto nas Leis nos 5.869, de 11 de janeiro de 1973 – Código de Processo Civil, 9.099, de 26 de setembro de 1995, e 10.259, de 12 de julho de 2001.

Art. 28. Esta Lei entra em vigor após decorridos seis meses de sua publicação oficial.

Questões

CAPÍTULOS 10, 11 E 12

1. **(Consulplan - Analista Judiciário - Área Administrativa - TRE - RJ/2017)** Os Embargos de Terceiros fazem parte do procedimento especial, previsto no Código de Processo Civil, sendo possível sua utilização por quem, não sendo parte no processo, sofre constrição ou sofre ameaça de constrição sobre bens que possua ou sobre os quais tenha direito incompatível com o ato constritivo. Sobre o ajuizamento dos embargos, assinale a alternativa INCORRETA.

a) Pode defender-se por meio de embargos aquele que pretende negar ter adquirido bem em fraude à execução.

b) O companheiro é terceiro legítimo para ajuizamento dos Embargos de Terceiros quando defende a posse de bens próprios.

c) É admissível a oposição de Embargos de Terceiros fundados em alegação de posse advinda do compromisso de compra e venda de imóveis, ainda que desprovido do registro.

d) Além da sentença que promova a anulação da penhora sobre o bem, é possível ainda em sede de Embargos de Terceiros a declaração de nulidade do ato jurídico que verse sobre fraude contra credores.

COMENTÁRIOS

se acolhido o pedido inicial dos embargos de terceiro, o ato de constrição judicial indevida será cancelado, com o reconhecimento do domínio, da manutenção da posse ou da reintegração definitiva do bem ou do direito ao embargante (art. 681, *caput*). De acordo com entendimento do STJ, inviável o reconhecimento da fraude contra credores no bojo de embargos de terceiro, sendo necessária a sua investigação e decretação na via própria da ação pauliana ou revocatória (REsp 471.223/RS). Alternativa incorreta: letra "D".

2. **(FCC - Analista Judiciário - Oficial de Just. Avaliador Federal - TRT 15/2018)** Fábio Henrique ajuíza demanda possessória contra Gabriel, seu vizinho. Pede reintegração na posse de seu imóvel, sem que, no entanto, tenha se consumado esbulho, havendo apenas receio de ser molestado na posse de seu imóvel. Em razão disso,

a) o juiz deverá determinar emenda à inicial, em dez dias, para que Fábio Henrique regularize o pedido, sob pena de indeferimento e extinção do feito sem resolução de mérito.

b) haverá extinção imediata da ação, pois o pedido reintegratório possui procedimento incompatível com a ação adequada, que seria a de interdito proibitório.

c) haverá aproveitamento do pedido, pois a propositura de uma ação possessória em vez de outra não obstará a que o juiz conheça do pedido e outorgue a proteção legal correspondente àquela cujos pressupostos estejam provados.
d) o pedido não poderá ser aproveitado, por ser mais gravoso ao réu, o que só ocorreria na situação inversa, em que se pedisse o interdito proibitório e já houvesse acontecido o esbulho.
e) haverá extinção do processo, sem resolução do mérito, pois o aproveitamento de uma ação possessória por outra só se dá entre reintegração e manutenção de posse, mas não entre reintegração e interdito proibitório.

COMENTÁRIOS

admite-se a fungibilidade entre as ações possessórias. Desse modo, a propositura de uma ação possessória em vez de outra não obstará a que o juiz conheça do pedido e outorgue a proteção legal correspondente àquela cujos pressupostos estejam provados (art. 544, *caput*).

3. **(AOCP – Analista Judiciário – Área Judiciária – TRT 1/2018)** Mateus realizou um contrato escrito para compra de um veículo de propriedade de Gabriel, no qual aquele pagaria a este o valor de dez mil reais pelo bem, no prazo de trinta dias da entrega, em dinheiro e diretamente na residência de Gabriel. Ocorre que Gabriel encontrava-se de mudança e, na pressa de perfectibilizar o negócio, realizou a entrega do bem, porém não informou seu novo endereço. Diante da impossibilidade de realizar o pagamento conforme disposição contratual, Mateus buscou a tutela jurisdicional estatal para se ver livre de sua obrigação, depositando o valor em juízo. De acordo com o Código de Processo Civil de 2015, em sede de Ação de Consignação em Pagamento, em relação à defesa do réu, assinale a alternativa correta.

a) Poderá alegar, diante de inexistência de tentativa de consignação em pagamento extrajudicial por parte do autor, que estará este eivado pela falta de interesse de agir.
b) Poderá alegar a inexigibilidade do título ou inexequibilidade da obrigação.
c) Poderá solicitar a condenação do autor em perdas e danos e indenização de frutos, com base na mora no pagamento.
d) Poderá alegar que foi justa a recusa, o depósito não se efetuou no prazo ou no lugar do pagamento, ou o depósito não é integral.
e) Poderá requerer a revisão do contrato ou negócio jurídico celebrado.

COMENTÁRIOS

na contestação, admite-se que o réu alegue que: I) não houve recusa ou mora em receber a quantia ou a coisa devida; II) foi justa a recusa; III) o depósito não se efetuou no prazo ou no lugar do pagamento; IV) o depósito não é integral (art. 544, CPC).

5. **(AOCP – Analista Judiciário – Área Judiciária – TRT 1/2018)** De acordo com o Código de Processo Civil de 2015, quanto à Ação de Embargos de Terceiro, assinale a alternativa INCORRETA.

a) Essa modalidade de ação presta-se ao livramento de constrição de patrimônio de terceiro não envolvido com a lide principal.

b) Essa modalidade de ação viabiliza proteção possessória ou dominial em relação à sua função.

c) Essa modalidade de ação é cabível diante de gravame judicial e atos administrativos.

d) Contra os embargos do credor com garantia real, o embargado somente poderá alegar que: o devedor comum é insolvente; o título é nulo ou não obriga a terceiro; outra é a coisa dada em garantia.

e) A sentença de procedência determinará o desfazimento da constrição, determinará ordem de manutenção/reintegração de posse, levantamento da caução, se houver, e declarará o domínio.

COMENTÁRIOS

o terceiro que sofrer constrição ou ameaça de constrição sobre bens que possua ou sobre os quais tenha direito incompatível com o ato constritivo, poderá requerer seu desfazimento ou sua inibição por meio de embargos de terceiro (art. 674, *caput*). Não se admite embargos de terceiro contra ato administrativo. Alternativa "C".

4. **(Consulplan – Analista Judiciário – Oficial de Just. Avaliador – TRF 2/2017)** "Sérgio, rico empresário, possui diversas propriedades rurais no interior do Mato Grosso do Sul utilizadas para cultivo de soja transgênica. Reside, contudo, em bairro da zona nobre do Estado de São Paulo, de onde administra seus negócios. No fim do ano, em viagem para uma de suas fazendas, constata que um grupo de ruralistas sem-terra invadira sua propriedade alegando se tratar de propriedade improdutiva e pugnando pela desapropriação da área para fins de reforma agrária. Sérgio é informado que os mesmos estavam ocupando o local há, aproximadamente, três meses." Com base no caso hipotético narrado, assinale a alternativa correta.

a) Sérgio poderá optar entre propor a respectiva ação possessória no Estado do Mato Grosso do Sul, foro de situação da coisa, ou no local de seu domicílio, qual seja, o Estado de São Paulo.

b) Diante do grande número de pessoas que figuram no polo passivo da demanda possessória de reintegração ajuizada por Sérgio, os ocupantes que forem encontrados no local deverão ser prioritariamente citados por edital.

c) Diante dos princípios da ampla defesa e da não surpresa que regem o ordenamento processual vigente, ainda que a petição inicial esteja documentalmente instruída, o Código de Processo Civil de 2015 veda peremptoriamente o deferimento, sem prévia oitiva dos réus, de mandado liminar de reintegração de posse em favor de Sérgio.

d) Tratando-se de litígio coletivo pela posse de terra rural, O Ministério Público será intimado para, no prazo de trinta dias, intervir como fiscal da ordem jurídica, hipótese em que terá vista dos autos depois das partes, sendo intimado de todos os atos do processo, bem como poderá produzir provas, requerer as medidas processuais pertinentes e recorrer.

COMENTÁRIOS

no litígio coletivo pela posse de imóvel, quando o esbulho ou a turbação afirmado na petição inicial houver ocorrido há mais de ano e dia, o juiz, antes de apreciar o pedido de concessão da medida liminar, deverá designar audiência de mediação, a realizar-se em até trinta dias. O Ministério Público será intimado para comparecer à audiência, e a Defensoria Pública será intimada sempre que houver parte beneficiária de gratuidade da justiça (art. 565, § 2º).

5. **(FCC – Analista Judiciário – Área Judiciária – TRE - PR/2017)** A respeito do mandado de segurança é INCORRETO afirmar:

a) O direito de requerer mandado de segurança extinguir-se-á decorridos cento e vinte dias, contados da ciência, pelo interessado, do ato impugnado.

b) Do indeferimento da petição inicial pelo juiz de primeiro grau caberá agravo de instrumento.

c) Da sentença que conceder ou denegar a segurança caberá apelação.

d) Concedida a segurança, a sentença estará sujeita obrigatoriamente ao duplo grau de jurisdição.

e) O pedido de mandado de segurança poderá ser renovado dentro do prazo decadencial, se a decisão denegatória não lhe houver apreciado o mérito.

COMENTÁRIOS

uma vez indeferida a petição inicial, o juiz terá proferido sentença e, por isso, o recurso adequado será o de apelação (e não o de agravo de instrumento). Por isso, a alternativa incorreta é a letra "B".

6. **(Cespe – Analista Judiciário – Área Judiciária – TRE – PE/2017)** Acerca do prazo decadencial para impetrar mandado de segurança contra a redução ilegal de vantagem integrante de remuneração de servidor público e dos efeitos financeiros decorrentes de eventual concessão da ordem mandamental, assinale a opção correta de acordo com o entendimento do STJ.

a) O prazo renova-se mês a mês e os efeitos financeiros da concessão da ordem retroagem à data do ato impugnado.

b) O prazo conta-se a partir da redução, não havendo efeitos financeiros retroativos de valores eventualmente vencidos, por não haver direito adquirido no regime jurídico.

c) O prazo conta-se a partir da redução, devendo o impetrante ajuizar nova demanda de natureza condenatória para reivindicar os valores vencidos.

d) O prazo renova-se mês a mês, devendo o impetrante ajuizar nova demanda de natureza condenatória para reivindicar os valores vencidos.
e) O prazo conta-se a partir da redução e os efeitos financeiros da concessão da ordem retroagem à data do ato impugnado.

COMENTÁRIOS

De fato, como se trata de obrigação que protrai no tempo, o prazo decadencial renova-se mês a mês. Porém, embora os efeitos financeiros da concessão retroajam à data do ato impugnado, somente poderão ser objeto de execução no mandado de segurança as parcelas devidas desde o seu ajuizamento. Alternativa correta: letra "A".

7. **(Cespe - Analista Judiciário - Área Judiciária - TRE - PE/2017)** Acerca dos aspectos processuais das ações coletivas, assinale a opção correta.
a) Em ação civil pública, fará coisa julgada erga omnes a sentença cujo pedido tiver sido julgado improcedente por insuficiência de provas.
b) O processamento e o julgamento das ações civis públicas competem ao juízo do domicílio do causador do dano.
c) Em ação de improbidade administrativa, é facultado ao Ministério Público agir no processo como fiscal da lei, desde que ele não atue como parte.
d) Partido político tem legitimidade para impetrar mandado de segurança coletivo, sem a necessidade de demonstrar representação no Congresso Nacional.
e) A legitimidade para propor ação popular é do cidadão; se ele desistir da ação, poderá o Ministério Público promover o seu prosseguimento.

COMENTÁRIOS

a ação popular é uma espécie de ação coletiva, por meio da qual o cidadão, substituindo a coletividade, poderá buscar a tutela de determinados interesses. Se, no curso da ação, o cidadão desistir de seu prosseguimento, poderá o Ministério Público assumir a sua titularidade (art. 6º, § 4º, da Lei n. 4.717/1965).

8. **(Cespe - Analista Judiciário - Área Judiciária - TRE - TO/2017)** Em razão da existência de ato lesivo ao patrimônio público, determinado cidadão propôs ação popular e incluiu no polo passivo da ação o gestor público e a pessoa jurídica de direito público responsáveis pelo ato, além dos particulares supostamente beneficiados. Nessa situação hipotética,
a) a pessoa jurídica de direito público deve obrigatoriamente contestar a demanda, sob pena de responsabilização do advogado público.
b) o litisconsórcio formado no polo passivo da ação popular deve ser classificado como necessário e simples.
c) em razão de o Ministério Público ter de atuar como fiscal da ordem jurídica, é vedado ao órgão, em qualquer hipótese, assumir o polo ativo da ação popular.

d) de acordo com a lei, a prova da cidadania que o autor deve fazer para promover esse tipo de ação ocorre exclusivamente pela apresentação do título de eleitor.

e) a sentença proferida se submeterá ao regime de remessa necessária apenas se o ente público vier a ser condenado.

COMENTÁRIOS

o litisconsórcio formado deverá ser classificado como necessário, eis que obrigatória a participação dos indicados no polo passivo da ação, e simples, pois a decisão não será necessariamente uniforme em relação a todos eles. Alternativa correta: letra "B".

9. **(FCC - Técnico Judiciário - Área Administrativa - TRF 3/2014)** No que concerne aos Juizados Especiais Federais Cíveis,

a) podem ser partes, como rés, as fundações e empresas públicas federais.

b) nas causas de sua competência haverá reexame necessário quando a União for vencida.

c) podem ser partes, como autoras, quaisquer pessoas jurídicas.

d) não se inclui na sua competência as causas para anulação de ato administrativo federal de natureza previdenciária.

e) incluem-se na sua competência as causas sobre bens imóveis da União.

COMENTÁRIOS

podem ser partes no Juizado Especial Federal Cível: como autores, as pessoas físicas e as microempresas e empresas de pequeno porte, assim definidas na Lei nº 9.317/1996; como rés, a União, autarquias, fundações e empresas públicas federais (art. 6º, da Lei 10.259/2001). Alternativa correta: letra "A".

CAPÍTULO 13

DOS PROCESSOS NOS TRIBUNAIS E DOS MEIOS DE IMPUGNAÇÃO DAS DECISÕES JUDICIAIS

1. DA ORDEM DOS PROCESSOS E DOS PROCESSOS DE COMPETÊNCIA ORIGINÁRIA DOS TRIBUNAIS

1.1. Disposições Gerais

Dentro da sistematização do Código de Processo Civil, destacou-se o Livro III da Parte Especial para tratar dos "Processos nos Tribunais e dos Meios de Impugnação das Decisões Judiciais", verificando-se, em primeiro lugar, sob o Capítulo I, as **Disposições Gerais, que tratam da jurisprudência e dos precedentes.**

Inicialmente, para melhor compreender a matéria, há necessidade de se apresentar a distinção entre as expressões *jurisprudência* e *precedente*.

A palavra jurisprudência é polissêmica, pois tem vários significados. Considerando-se o sentido empregado pelo legislador na parte aqui estudada, designa-se como jurisprudência o conjunto de decisões uniformes, ou pelo menos, proferidas em sentido dominante. Portanto, encerra uma ideia plural.

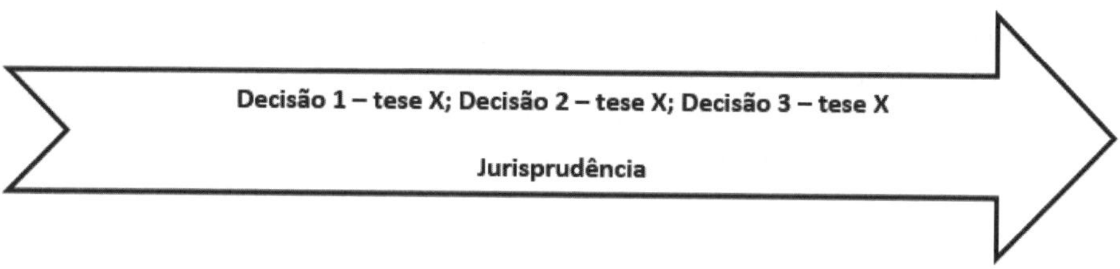

A jurisprudência, consoante prevê o art. 926, *caput*, do CPC, deve ser uniformizada pelos tribunais, que ainda devem mantê-la **estável, íntegra e coerente**.

ESTABILIDADE	INTEGRIDADE	COERÊNCIA
Será alcançada se a alteração jurisprudencial for devidamente justificada, resguardando-se a segurança jurídica.	Necessidade de garantir-se a unidade do Direito.	A jurisprudência não pode ser contraditória e deve representar uma linha evolutiva.

De outro lado, o precedente se refere a uma decisão que deverá ser observada quando do julgamento de casos futuros. Diferentemente da jurisprudência, encerra uma ideia singular.

Como se vê, o **precedente** tem o potencial de servir como orientação quando do julgamento de outros casos, que guardem coerência fática com aquele.

A propósito, todo precedente possui uma estrutura orgânica, formada pelos *fatos relevantes* e pela *ratio decidendi*, ou, a tese jurídica que pode ser extraída a partir da análise do julgado proferido.

Na verdade, é a *ratio decidendi* que deve ser observada de forma obrigatória, vinculando os julgadores quando da análise de casos futuros. Para que isso ocorra, deverá o magistrado verificar a existência de coerência fática entre os casos e, assim existindo, aplicará a tese jurídica antes adotada.

A *ratio decidendi* não se compõe da fundamentação, ou do dispositivo do julgado. Ela pode ser obtida a partir da análise de todos os elementos da decisão (relatório, fundamentação e dispositivo). Distingue-se da *obter dictum*, que se apresenta como um argumento exposto apenas de passagem, não essencial ao precedente e, por isso, não vinculante.

Como dito, em sua natureza, o precedente possui o efeito vinculante, pois restringe a liberdade dos julgadores na análise e decisão de casos futuros, como consequência da aplicação dos princípios da igualdade e da segurança jurídica.

Não se pode confundir o efeito vinculante com o *erga omnes*.

De fato, o efeito vinculante atribui autoridade ao precedente e determina a observância da tese jurídica adotada (*ratio decidendi*) quando do julgamento de casos futuros. Decide-se o caso presente, mas com olhos nos casos a serem julgados posteriormente. Diferentemente, o efeito *erga omnes* é processual, pois, em outros processos, não mais se admite discussão sobre a questão jurídica antes definida.

1.2. Os Precedentes no CPC

No art. 927, o CPC indicou vários pronunciamentos que serão observados pelos juízes e tribunais quando da análise de casos futuros. Traça no dispositivo um rol de precedentes.

a) Decisões do STF em controle concentrado de constitucionalidade;

b) Súmulas vinculantes do STF e Súmulas do STF em matéria constitucional e do STJ em matéria infraconstitucional.

c) Incidente de resolução de demandas repetitivas e o incidente de assunção de competência;

d) Recursos extraordinário e especial repetitivos;

e) orientação do plenário ou do órgão especial aos quais estiverem vinculados.

1.3. O manuseio dos precedentes

1.3.1. *A técnica da distinção*

Por meio da técnica da distinção, poderá a parte comprovar que seu caso detém particularidade que justifica não lhe seja aplicada a *ratio decidendi* de determinado precedente. Encontra-se expressamente prevista na estruturação dos recursos repetitivos (art. 1.037, §§ 9º e 10). Além disso, deverá o magistrado levá-lo em consideração quando da fundamentação da decisão judicial (art. 489, § 1º, VI, CPC 2015).

Como a *ratio decidendi* está intimamente interligada com os fatos da causa que se mostrem relevantes para a solução jurídica, tem-se que a vinculação ao precedente depende da existência de coerência entre aqueles e os fatos relevantes do caso concreto.

A distinção não se reduz a um conceito único, pois comporta subtipos, como a *distinguishing*-método, como meio de comparação entre o precedente e o caso concreto, ou a *distinguishing*-resultado, justamente para demonstrar o resultado da comparação, quando se chega à conclusão da existência de diferença.[1] Também se utiliza a expressão distinção em sentido amplo para o método e em sentido estrito para o resultado do processo de argumentação.[2]

O manejo dos precedentes dependerá de que sejam feitas constantes comparações entre dois ou mais casos. Por vezes, por exemplo, haverá necessidade de que essa comparação ocorra com vários precedentes e, com a interpretação de cada um, chega-se a uma tese construída e coerente com as soluções anteriores. Aliás, de cada precedente será possível extrair mais de uma *ratio decidendi*.

1.3.2. *A superação do precedente*

Da análise da complexidade que pode envolver a matéria, bem como dos dispositivos contidos no Código de Processo Civil a esse respeito, tem-se que a superação do precedente poderá ocorrer de duas maneiras.

---

1. MANCUSO, Rodolfo de Camargo. *Sistema brasileiro de precedentes. Natureza. Eficácia. Operacionalidade*. São Paulo: RT, 2014, p. 47.
2. NUNES, Dierle; HORTA, André Frederico. Aplicação de precedentes e *distinguishing* no CPC/2015. In: DIDIER JR., Fredie (coord. geral). *Precedentes*. Salvador: JusPodivm, 2015, p. 311.

Admite-se que a alteração do precedente ocorra por incidente específico, instaurado perante o próprio tribunal em que formado.[3] Trata-se da superação concentrada (ou *overruling* concentrado).[4]

Quanto à legitimidade para instauração desse incidente, admitem-se duas soluções distintas.

Em relação à súmula vinculante, atribui a Lei n. 11.417/2006 a legitimidade para o pedido de revisão ou de cancelamento do enunciado ao: i) Presidente da República; ii) Mesa do Senado Federal; iii) Mesa da Câmara dos Deputados; iv) Procurador-Geral da República; v) Conselho Federal da Ordem dos Advogados do Brasil; vi) Defensor Público-Geral da União; vii) partido político com representação no Congresso Nacional; viii) confederação sindical ou entidade de classe de âmbito nacional; ix) Mesa de Assembleia Legislativa ou da Câmara Legislativa do Distrito Federal; x) Governador de estado ou do Distrito Federal; xi) os Tribunais Superiores, os tribunais de Justiça de estados ou Distrito Federal e territórios, os tribunais regionais federais, os tribunais regionais do trabalho, os tribunais regionais eleitorais e os tribunais militares.

Para o precedente formado em incidente de resolução de demandas repetitivas e o julgamento dos recursos extraordinários e especiais repetitivos, admitindo-se que integram o mesmo microssistema de solução de casos repetitivos,[5] tem-se que o rol dos legitimados é bem mais restrito, adstrita a possibilidade de a revisão ocorrer de ofício ou por requerimento dos indicados no inciso III do art. 977 do CPC, ou seja, do Ministério Público e da Defensoria Pública.

Não se pode negar que o Ministério Público e a Defensoria Pública, ao requererem a revisão da tese, fazem-no na defesa de interesses metaindividuais, o que sugere que a legitimação decorra da natural atribuição institucional daquelas instituições para tanto.

Essa legitimação não pode, porém, permanecer restrita unicamente a essas instituições, pois a defesa de interesses metaindividuais é de legitimidade concorrente e disjuntiva, conforme reconhecido no art. 5º da Lei n. 7.347/1985 e em todo o microssistema de demandas coletivas, também atribuída a outros legitimados.

---

3. *Vide*, a propósito, os Enunciados do Fórum Permanente de Processualistas Civis n. 321: "A modificação do entendimento sedimentado poderá ser realizada nos termos da Lei n. 11.417, de 19 de dezembro de 2006, quando se tratar de enunciado de súmula vinculante; do regimento interno dos tribunais, quando se tratar de enunciado de súmula ou jurisprudência dominante; e, incidentalmente, no julgamento de recurso, na remessa necessária ou causa de competência originária do tribunal"; e n. 322: "A modificação de precedente vinculante poderá fundar-se, entre outros motivos, na revogação ou modificação da lei em que ele se baseou, ou em alteração econômica, política, cultural ou social referente à matéria decidida."
4. DIDIER JR., Fredie; BRAGA, Paula Sarno; OLIVEIRA, Rafael Alexandria de; *Curso de Direito processual civil*. v. 2. Salvador: JusPodivm, 2015, p. 496.
5. Consoante o *Enunciado n. 345* do Fórum Permanente de Processualistas Civis: "O incidente de resolução de demandas repetitivas e o julgamento dos recursos extraordinários e especiais repetitivos formam um microssistema de solução de casos repetitivos, cujas normas de regência se complementam reciprocamente e devem ser interpretadas conjuntamente."

Nesse sentido, a instauração do incidente destinado a rever a tese poderá ocorrer não só a partir de pedido do Ministério Público ou da Defensoria Pública, como também dos demais legitimados da ação civil pública, ou seja, União, estados, Distrito Federal, municípios, autarquias, fundações, empresas públicas, sociedades de economia mista e associações com representatividade adequada.

Em especial às pessoas políticas não se pode negar essa possibilidade diante dos vários reflexos possíveis do precedente para os interesses público e social. Imagine-se, por exemplo, a formação de precedente que diga respeito à ordem urbanística, com reflexos para todos os municípios brasileiros. Como não admitir que um município possa requerer a revisão do precedente diante de seu flagrante interesse?[6]

A convivência em sociedade pressupõe determinada ordem, cujo estabelecimento deve ser a preocupação das pessoas políticas, que devem conjugar a efetivação dos direitos individuais e coletivos. Se constatado que determinado precedente vai na contramão de direção desse complexo de direitos, deve-se ser garantida a possibilidade de acionar o respectivo tribunal para a revisão da tese.

Por oportuno, é de verificar se é possível que a revisão da tese, nesses termos, se dê a partir de pedido apresentado individualmente, posto não concordar com a *ratio decidendi* formada.

Como visto, a revisão de tese, conforme aqui se defende, somente poderá ser requerida pelos legitimados à propositura da ação civil pública, de modo que está afastada a possibilidade de revisão pelo indivíduo, na medida em que não possui representatividade adequada para substituir a coletividade, tal como ocorre em relação às ações coletivas.

Nem mesmo se o indivíduo possuir interesse direto na modificação da tese não lhe é possível buscar sua revisão por meio do incidente processual a ser instaurado diretamente no tribunal, podendo, se o caso, buscar a superação em ação individual.

Nessa hipótese, o objeto da ação não é propriamente proporcionar genericamente a superação, mas o de que o recorrente não se sujeite a determinado precedente, cabendo ao tribunal analisar se é o caso de promover a sua alteração, como adiante será visto.

Poderia, contudo, ser vislumbrada uma exceção a essa regra, qual seja, no caso de o precedente formado for contrário aos princípios da Administração Pública, hipótese em que seria possível pensar no ataque do comando judicial por meio de ação popular.

Ocorre que os atos jurisdicionais (que preservam a essência de sua natureza, afastados aqueles judiciais de natureza administrativa) estão afastados da incidência

---

6. A propósito, ver o *Enunciado n. 20* do Fórum Nacional do Poder Público: "A Fazenda Pública tem legitimidade para propor a edição, revisão ou cancelamento de enunciado de súmula de jurisprudência dominante relacionado às matérias de seu interesse."

da ação popular, de âmbito restrito aos atos, contratos, fatos e eventuais deliberações que tenham conteúdo administrativo, conforme já decidido pelo Supremo Tribunal Federal.[7]

Dessa maneira, por se tratar de ato tipicamente jurisdicional, não é possível buscar a superação de precedente judicial via ação popular, senão pelo incidente de revisão de tese.

Da mesma forma que para a formação do precedente, a legitimidade da superação será garantida com a efetiva participação da sociedade, motivo pelo qual poderá ser precedida de audiências públicas e da participação de pessoas, órgãos ou entidades que possam contribuir para a rediscussão da tese (art. 977 § 2º), como *amicus curiae*.

A decisão sobre a modificação da tese deverá ser devidamente fundamentada, considerando os princípios da segurança jurídica, da proteção da confiança e da isonomia, reservando-se unicamente à superação do precedente, com possibilidade de modulação dos efeitos.

Diferentemente da primeira situação, em que é instaurado incidente com a única finalidade de revisão da tese, também será possível a superação em decorrência de julgamento de recurso ou de remessa necessária, hipóteses em que a questão retorna ao tribunal para reanálise. Trata-se da superação difusa (ou *overruling* difuso).[8]

Nessa hipótese, *a revisão ocorrerá unicamente por pedido do legitimado, quais sejam, da parte, do terceiro prejudicado ou do Ministério Público*, na condição de parte ou como fiscal da ordem jurídica.

1.3.3. A modulação de efeitos

Presencia-se, então, uma "virada jurisprudencial",[9] que ocorrerá apenas se um pronunciamento contrariar diretamente decisão judicial anterior sobre a mesma matéria.[10]

---

7. AO 672-DF, Rel. Min. Celso de Mello - Informativo/STF n. 180. Contudo, como se extrai do próprio entendimento da Corte Suprema, a ação popular poderá atacar determinado precedente administrativo que, ante seu caráter vinculante para os agentes, tem *força* normativa.
8. DIDIER JR., Fredie; BRAGA, Paula Sarno; OLIVEIRA, Rafael Alexandria de. *Curso de Direito processual civil*. v. 2. Salvador: JusPodivm, 2015, p. 496.
9. Que não se confunde com outros fenômenos parecidos. É necessário diferenciá-la em relação à inovação, divergência e da "mudança de paradigma jurisprudencial". Com efeito, tem-se a inovação "quando uma decisão judicial inova pela introdução de elementos dogmáticos ou critérios antes inexistentes, mas sem que haja contraposição com alguma decisão anterior". Diferentemente, ocorre a divergência jurisprudencial se "dois órgãos do mesmo tribunal manifestam entendimentos dissonantes, mas ainda não transitados em julgado ou uniformizados por decisão superior". E, por fim, não guarda correspondência com a mudança de paradigma jurisprudencial, quando um "conjunto de decisões judiciais [...] recebe uma fundamentação baseada em novos critérios dogmáticos, como exemplifica a interpretação do Direito civil com base na Constituição, e não com base no Código Civil". ÁVILA, Humberto. *Teoria da segurança jurídica*. 3ª ed. São Paulo: Malheiros, 2014, p. 487.
10. ÁVILA, Humberto. *Teoria da segurança jurídica*. 3ª ed. São Paulo: Malheiros, 2014, p. 487.

Como ideal no sistema de precedentes, a *ratio decidendi* somente poderá ser superada como decorrência da evolução do Direito, por conta de vários fatores, econômicos, sociais etc. Não se justifica a mudança pela simples alteração de opinião da Corte, em decorrência de nova composição.

O sistema de precedentes se justifica pela busca da segurança jurídica, pela unidade jurídica, de modo a decidir de maneira igualitária para todos aqueles que se encontrarem em determinada situação.

Por isso, a superação do precedente (ou mesmo a imposição de um precedente com modificação da jurisprudência então dominante) é causa de tensão, pois até então as pessoas físicas e jurídicas, de Direito público ou de Direito privado, pautavam suas condutas em orientação antes predominante e, a partir de certo momento, passaram a se submeter a um novo entendimento.

Como se vê, aqueles que se conduziram pela deliberação judicial anterior, fizeram-no de boa-fé, acreditando que se tratava de regra jurídica contínua e não precária. Porém, não obstante o elemento ético que regeu a sua conduta, vê-se o jurisdicionado diante de novo regramento, refletindo negativamente em vários aspectos, por exemplo, nos custos de produção de uma empresa ou nos gastos do orçamento público.

Assim, em prol da segurança jurídica e da tutela da confiança, após a superação de precedente, deve a Corte respectiva exercer novo juízo, por meio do qual passará a verificar a possibilidade ou não de modular os efeitos do novo precedente. Será ele aplicável de imediato? Alcançará situações anteriores que chegarem aos tribunais posteriormente? Será necessário atribuir-lhe efeitos prospectivos?

Em outras palavras, a Corte que tem competência para fixar o precedente, também o terá para modular seus efeitos, verificando-se a possibilidade de limitá-los no tempo ou de conferi-los apenas para o futuro.[11]

A propósito, o art. 4º da Lei n. 11.417/2006 autoriza que, por decisão de 2/3 dos Ministros do STF, será possível restringir os efeitos da súmula vinculante ou decidir que só tenha eficácia a partir de outro momento, em razão de motivos de segurança jurídica ou de excepcional interesse público.

O art. 927, §§ 3º e 4º, do Código de Processo Civil, por sua vez, assegurou a possibilidade de modulação dos efeitos da alteração no interesse social e no da segurança jurídica, quando houver alteração de jurisprudência dominante do Supremo Tribunal

11. Direcionando o discurso para o STF, realçam Luís Eduardo Schoueri e Aline Nunes dos Santos que, "em homenagem aos princípios da lealdade, boa-fé e confiança legítima, como fundamentos do Estado Democrático de Direito, quando decisões do Supremo Tribunal Federal implicarem alterações relevantes nas normas postas por outros tribunais (expectativas generalizadas), não pode o Supremo Tribunal Federal desconsiderá-las na avaliação da necessidade de modulação dos efeitos das decisões". COELHO, Sacha Calmon Navarro (coord.). *Segurança jurídica. Irretroatividade das decisões judiciais prejudiciais aos contribuintes*. Rio de Janeiro: Gen Forense, 2013, p. 123.

Federal e dos Tribunais Superiores ou daquela oriunda de julgamento de casos repetitivos, o que exigirá fundamentação adequada e específica, considerando-se, além da segurança jurídica, a proteção da confiança e a isonomia.

O ordenamento jurídico previu *quóruns diferentes* para a modulação de efeitos. Em resumo, tem-se que:

i) Modulação no caso de declaração de inconstitucionalidade de lei: há a exigência de deliberação por maioria de 2/3 dos membros;

ii) Modulação no caso de edição de súmula com efeito vinculante, editada após reiteradas decisões sobre matéria constitucional para colocar fim à controvérsia atual: decisão de 2/3 dos membros;

iii) Modulação no caso de mudança jurisprudencial, com aprovação de precedente: não há quórum específico previsto no Novo Código de Processo Civil.

2. DA ORDEM DOS PROCESSOS NOS TRIBUNAIS

2.1. Imediata Distribuição

Os autos serão registrados no protocolo do tribunal no dia de sua entrada, devendo ser imediatamente distribuídos pela secretaria, observando-se a seguinte ordem:

DISTRIBUIÇÃO RELATOR
- ▶ Julgamento monocrático
- ▶ Manifestação da(s) parte(s)
- ▶ Presidente designa data

O CPC não tratou do voto de revisão.

2.2. Prevenção do Relator

Estará prevento para os demais recursos, no mesmo ou em processos conexos, o relator do que for anteriormente protocolado no tribunal.

Assim, se antes houver a interposição do recurso de agravo de instrumento, o mesmo relator estará prevento para o julgamento da futura apelação.

2.3. Incumbências do Relator

Ao relator competirá presidir o processo que tramitar no tribunal, incumbindo-lhe:

> I – dirigir e ordenar o processo no tribunal, inclusive em relação à produção de prova, bem como, quando for o caso, homologar autocomposição das partes;
>
> II – apreciar o pedido de tutela provisória nos recursos e nos processos de competência originária do tribunal;

> III - não conhecer de recurso inadmissível, prejudicado ou que não tenha impugnado especificamente os fundamentos da decisão recorrida;
>
> IV - negar provimento a recurso que for contrário a:
>
> a) súmula do Supremo Tribunal Federal, do Superior Tribunal de Justiça ou do próprio tribunal;
>
> b) acórdão proferido pelo Supremo Tribunal Federal ou pelo Superior Tribunal de Justiça em julgamento de recursos repetitivos;
>
> c) entendimento firmado em incidente de resolução de demandas repetitivas ou de assunção de competência;
>
> V - depois de facultada a apresentação de contrarrazões, dar provimento ao recurso se a decisão recorrida for contrária a:
>
> a) súmula do Supremo Tribunal Federal, do Superior Tribunal de Justiça ou do próprio tribunal;
>
> b) acórdão proferido pelo Supremo Tribunal Federal ou pelo Superior Tribunal de Justiça em julgamento de recursos repetitivos;
>
> c) entendimento firmado em incidente de resolução de demandas repetitivas ou de assunção de competência;
>
> VI - decidir o incidente de desconsideração da personalidade jurídica, quando este for instaurado originariamente perante o tribunal;
>
> VII - determinar a intimação do Ministério Público, quando for o caso;
>
> VIII - exercer outras atribuições estabelecidas no regimento interno do tribunal.

Competirá ao relator, ainda, constatada a ocorrência de vício sanável, inclusive aquele que possa ser conhecido de ofício, determinar a realização ou a renovação do ato processual, no próprio tribunal ou em primeiro grau de jurisdição, intimando-se as partes.

Se reconhecer a necessidade de produção de provas, deverá o relator converter o julgamento em diligência, que se realizará no tribunal ou em primeiro grau de jurisdição.

2.4. Intimação do Recorrente ou das Partes para Manifestação

Atento ao princípio da primazia do julgamento do mérito e do máximo aproveitamento dos atos processuais, deverá o relator, antes de considerar o recurso inadmissível, conceder prazo de cinco dias que o recorrente saneie o vício ou o complemente com a documentação exigível.

Da mesma forma, se o relator constatar a ocorrência de fato superveniente à decisão recorrida ou a existência de questão apreciável de ofício ainda não examinada que devam ser considerados no julgamento do recurso, intimará as partes para que se manifestem no prazo de cindo dias.

2.5. Sustentação Oral

Será admitida a sustentação oral nos seguintes recursos: apelação, ordinário, especial, extraordinário, embargos de divergência, no agravo de instrumento interposto contra decisões interlocutórias que versem sobre tutelas provisórias de urgência ou da evidência e no agravo interno interposto contra decisão do relator que extinga a ação rescisória, o mandado de segurança e a reclamação.

Admite-se a sustentação oral, no agravo de instrumento, em apenas uma hipótese: se ver sar sobre a tutela provisória.

Também será admitida a sustentação oral na ação rescisória, no mandado de segurança e na reclamação, além de outras hipóteses previstas em lei ou no regimento do tribunal.

Importante lembrar que o artigo da Lei do Mandado de Segurança (Lei nº 12.016/2009) foi alterado para permitir a defesa oral do pedido de **liminar** na sessão em que tal medida for julgada, passando a ter a seguinte redação: "Art. 16. Nos casos de competência originária dos tribunais, caberá ao relator a instrução do processo, sendo assegurada a **defesa oral** na sessão do julgamento do mérito **ou do pedido liminar**" [grifo nosso].

O Código de Processo Civil, em seu art. 937, prevê as hipóteses em que se admitirá a sustentação oral, entre elas, quando do julgamento do mandado de segurança, o que demonstra o alinhamento do dispositivo com o que já estava previsto na Lei nº 12.016/2009. Contudo, não prevê expressamente a viabilidade de tal deferimento quando da análise do pedido liminar.

É certo, de outro lado, que, partindo-se da viabilidade da sustentação oral no julgamento do agravo de instrumento interposto contra decisões interlocutórias que versem sobre tutelas provisórias, era razoável defender o cabimento da sustentação também quando do julgamento do pedido de liminar em mandado de segurança em processo de competência originária do Tribunal.

Por fim, é de se ressaltar a aplicabilidade do dispositivo também perante as Turmas Recursais dos Juizados Especiais Cíveis e Federais, nas hipóteses em que admitido o processamento do writ naquela instância.

2.6. Do Julgamento do Recurso ou da Ação Originária

A questão preliminar suscitada no julgamento deverá ser decidida antes do mérito.

Não sendo o caso de conversão do julgamento em diligência ou de tomada de qualquer outra providência, estando os julgadores habilitados para tanto, o presidente anunciará o resultado do julgamento, designando para redigir o acórdão o relator ou, se vencido este, o autor do primeiro voto vencedor.

Admite-se que os votos sejam alterados até o momento da proclamação do resultado pelo presidente, salvo em relação ao proferido por juiz afastado ou já substituído.

▶ ATENÇÃO:

Será admitida a alteração do voto se houver necessidade da ampliação do quórum para o julgamento do recurso.

O voto vencido **deverá ser declarado e considerado parte** integrante do acórdão para todos os fins legais, inclusive de prequestionamento, estando, por isso, prejudicada a regra contida na Súmula n. 320 do STJ.

▶ ATENÇÃO:

Está prejudicada a Súmula n. 320 do STJ, vez que o voto vencido deverá ser declarado e considerado parte integrante do acórdão, inclusive para fins de prequestionamento.

Todo acórdão terá uma ementa. Após a lavratura do acórdão, a ementa deverá ser publicada no prazo de 10 dias.

Se não houver a publicação do acórdão no prazo de 30 dias, contado da data da sessão de julgamento, as notas taquigráficas o substituirão, para todos os fins legais, independentemente de revisão.

Nesse caso, o presidente do tribunal lavrará as conclusões e a ementa, determinando a publicação do acórdão.

De se observar que o recurso de agravo de instrumento deverá ser julgado anteriormente à apelação interposta no mesmo processo. Se ambos forem julgados na mesma seção, dá-se preferência ao agravo de instrumento.

2.7. Quórum Ampliado para o Julgamento

2.7.1. *Antigos Embargos Infringentes*

O CPC de 1973 tratava do recurso dos embargos infringentes, que tinham a finalidade de proporcionar a reanálise do caso em razão da existência de voto divergente.

O CPC de 2015 aboliu o recurso, mas, de outro lado, fez previsão da **técnica de ampliação de quórum** para o julgamento do recurso de apelação.

2.7.2. A exigência de quórum ampliado

Nesse sentido, consoante prevê o art. 942 do CPC, se o resultado da apelação for não unânime, não será possível dar-se o julgamento como concluído, valendo-se apenas dos três votos (relator e outros dois julgadores). Há necessidade de que esse quórum seja ampliado.

Conforme enfatizado no STJ, a técnica de ampliação de julgamento deve ser utilizada se o resultado da apelação não for unânime, independentemente de ser julgamento pela reforma ou manutenção da sentença proferida.[12]

Para tanto, outros julgadores serão convocados, consoante previsão contida no regimento interno, em número suficiente para garantir a possibilidade de inversão do resultado inicial, garantindo-se às partes e a eventuais terceiros a possibilidade de apresentar nova sustentação oral perante os novos julgadores.

Preferencialmente, o julgamento ocorrerá na mesma sessão, com a colheita dos votos de outros julgadores, admitindo-se a revisão dos votos já lançados.

Essa técnica de ampliação do quórum também será utilizada no caso de julgamento não unânime proferido em outras duas situações: I – ação rescisória, quando o resultado for a rescisão da sentença, devendo, nesse caso, seu prosseguimento ocorrer em órgão de maior composição previsto no regimento interno; e II – agravo de instrumento, quando houver reforma da decisão que julgar parcialmente o mérito.

A mesma técnica, contudo, não será aplicada ao julgamento: I – do incidente de assunção de competência e ao de resolução de demandas repetitivas; II – da

---

12. A propósito: RECURSO ESPECIAL. PROCESSO CIVIL. CPC/2015, ART. 942. TÉCNICA DE AMPLIAÇÃO DE JULGAMENTO. DECISÕES COM MAIOR GRAU DE CORREÇÃO E JUSTIÇA. ECONOMIA E CELERIDADE. APELAÇÃO NÃO UNÂNIME QUE REFORMA OU MANTÉM A SENTENÇA IMPUGNADA. EMPREGO AUTOMÁTICO E OBRIGATÓRIO. 1. Nos termos do caput do art. 942 do CPC/2015, quando o resultado da apelação for não unânime, o julgamento terá prosseguimento em sessão a ser designada com a presença de outros julgadores, em número suficiente para garantir a possibilidade de inversão do resultado inicial. 2. A técnica de ampliação do julgamento prevista no CPC/2015 possui objetivo semelhante ao que possuíam os embargos infringentes do CPC/1973, que não mais subsistem, qual seja a viabilidade de maior grau de correção e justiça nas decisões judiciais, com julgamentos mais completamente instruídos e os mais proficientemente discutidos, de uma maneira mais econômica e célere. 3. Contudo, diferentemente dos embargos infringentes do CPC/1973 - que limitava, no caso da apelação, a incidência do recurso aos julgamentos que resultassem em reforma da sentença de mérito -, a técnica de julgamento prevista no CPC/2015 deverá ser utilizada quando o resultado da apelação for não unânime, independentemente de ser julgamento que reforma ou mantém a sentença impugnada. 4. A forma de julgamento prevista no art. 942 do CPC de 2015 não se configura como espécie recursal nova, porquanto seu emprego será automático e obrigatório, conforme indicado pela expressão "o julgamento terá prosseguimento", no caput do dispositivo, faltando-lhe, assim, a voluntariedade e por não haver previsão legal para sua existência (taxatividade). 5. Recurso especial provido. (REsp 1733820/SC, Rel. Ministro LUIS FELIPE SALOMÃO, QUARTA TURMA, julgado em 02/10/2018, DJe 10/12/2018).

remessa necessária; III - não unânime proferido, nos tribunais, pelo plenário ou pela corte especial.

▶ TÉCNICA DE AMPLIAÇÃO DO QUÓRUM PARA JULGAMENTO	
Aplicabilidade	**Não aplicabilidade**
Apelação não unânime	Incidente de assunção de competência e de resolução de demandas repetitivas.
Ação rescisória não unânime, com rescisão da sentença.	Remessa necessária.
Agravo de instrumento, se houver reforma da decisão que julgar parcialmente o mérito.	Julgamento não unânime proferido pelo Plenário ou pela corte especial.

2.7.3. *Ampliação do quórum na apelação*

Deverá ser **utilizada a técnica de julgamento ampliado na apelação quando a decisão for por maioria**, seja **reformando ou confirmando a sentença**, analisando ou não o mérito.

> ▶ ATENÇÃO:
>
> Cabimento da técnica de ampliação do quórum para o julgamento da apelação quando a decisão for por maioria, não importando se haverá reforma ou confirmação da sentença, diferentemente do que ocorria nos embargos infringentes do CPC de 1973.

2.7.4. *Ampliação do quórum na ação rescisória*

Também será utilizada a técnica de ampliação do quórum no julgamento da ação rescisória quando houver rescisão da sentença ou do acórdão, salvo se o julgado se der pelo pleno ou pela corte especial, ainda que por maioria.

2.7.5. *Ampliação do quórum no julgamento de agravo de instrumento*

Também haverá a ampliação do quórum para julgamento do agravo de instrumento, quando este reformar decisão que julgou parcialmente o mérito da causa.

Em outras palavras, proferida decisão interlocutória de mérito, será cabível a interposição do recurso de agravo de instrumento (art. 1.015, II, do CPC).

Aquela decisão interlocutória possui, na verdade, conteúdo de sentença, embora não tenha a mesma finalidade, e por isso deve-se ampliar a essa situação também a aplicabilidade da técnica de ampliação do quórum para julgamento.

2.7.6. *Atuação dos Julgadores Convocados*

Os julgadores convocados terão a sua atuação limitada ao ponto divergente ou podem analisar livremente a matéria?

A propósito do tema, o STJ interpretou a técnica prevista no art. 942 do CPC, registrando que os julgadores poderão analisar toda a matéria, não estando adstritos ao ponto divergente.

Frise-se que os votos anteriormente apresentados poderão ser modificados, não importando que os julgadores convocados já apresentaram os seus votos, tendo como limite a proclamação do resultado do julgamento.[13]

3. PROCESSOS E INCIDENTES ESPECÍFICOS NOS TRIBUNAIS

3.1. Incidente de assunção de competência

3.1.1. *Natureza Jurídica*

Como a própria identificação contida no Código de Processo Civil deixou claro, está-se diante de um incidente processual, por meio do qual, em razão da relevante

---

13. RECURSO ESPECIAL. PROCESSO CIVIL. AÇÃO DE PRESTAÇÃO DE CONTAS. APELAÇÃO. CÓDIGO DE PROCESSO CIVIL DE 2015. JULGAMENTO NÃO UNÂNIME. TÉCNICA DE AMPLIAÇÃO DO COLEGIADO. ART. 942 DO CPC/2015. NATUREZA JURÍDICA. TÉCNICA DE JULGAMENTO. CABIMENTO. MODIFICAÇÃO DE VOTO. POSSIBILIDADE. NULIDADE. NÃO OCORRÊNCIA. 1. Recurso especial interposto contra acórdão publicado na vigência do Código de Processo Civil de 2015 (Enunciados Administrativos nºs 2 e 3/STJ). 2. Cinge-se a controvérsia a aferir, preliminarmente, se houve negativa de prestação jurisdicional. No mérito, o propósito é definir a correta interpretação e a abrangência da técnica de ampliação de colegiado na hipótese de julgamento não unânime, nos termos do art. 942 do CPC/2015. 3. Não há falar em negativa de prestação jurisdicional se o Tribunal de origem motiva adequadamente sua decisão, solucionando a controvérsia com a aplicação do direito que entende cabível à hipótese, apenas não no sentido pretendido pela parte. 4. No caso concreto, diante da ausência de unanimidade no julgamento da apelação, foi aplicado, de ofício, o art. 942 do CPC/2015 a fim de ampliar o colegiado com a convocação de outros desembargadores. Na continuidade do julgamento, um dos desembargadores alterou o voto anteriormente proferido para negar provimento à apelação e manter a sentença, resultado que prevaleceu, por maioria. 5. A técnica de ampliação do colegiado consiste em significativa inovação trazida pelo CPC/2015, tendo cabimento nas hipóteses de julgamento não unânime de apelação; ação rescisória, quando o resultado for a rescisão da sentença; e agravo de instrumento, quando houver reforma da decisão que julgou parcialmente o mérito. 6. O art. 942 do CPC/2015 não configura uma nova espécie recursal, mas, sim, uma técnica de julgamento, a ser aplicada de ofício, independentemente de requerimento das partes, com o objetivo de aprofundar a discussão a respeito de controvérsia, de natureza fática ou jurídica, acerca da qual houve dissidência. 7. Constatada a ausência de unanimidade no resultado da apelação, é obrigatória a aplicação do art. 942 do CPC/2015, sendo que o julgamento não se encerra até o pronunciamento pelo colegiado estendido, ou seja, inexiste a lavratura de acórdão parcial de mérito. 8. Os novos julgadores convocados não ficam restritos aos capítulos ou pontos sobre os quais houve inicialmente divergência, cabendo-lhes a apreciação da integralidade do recurso. 9. O prosseguimento do julgamento com quórum ampliado em caso de divergência tem por objetivo a qualificação do debate, assegurando-se oportunidade para a análise aprofundada das teses jurídicas contrapostas e das questões fáticas controvertidas, com vistas a criar e manter uma jurisprudência uniforme, estável, íntegra e coerente. 10. Conforme expressamente autorizado pelo art. 942, § 2º, do CPC/2015, os julgadores que já tenham votado podem modificar o seu posicionamento. 11. Não cabe a esta Corte Superior reexaminar as premissas fáticas sobre as quais se fundamentou o Tribunal local, a fim de verificar se houve efetivamente divergência, haja vista o óbice da Súmula nº 7/STJ. 12. Recurso especial não provido. (REsp 1771815/SP, Rel. Ministro RICARDO VILLAS BÔAS CUEVA, TERCEIRA TURMA, julgado em 13/11/2018, DJe 21/11/2018).

questão de Direito e repercussão social, sem a multiplicidade de processos, **o julgamento de recurso, de remessa necessária ou de processo de competência originária** será realizado pelo colegiado que dispuser o regimento interno do tribunal.

Note-se que, diferentemente do incidente de resolução de demandas repetitivas, sua instauração não depende da existência de multiplicidades de processos que tratem de um mesmo tema. Pelo contrário, o que justifica sua instauração será a relevância da questão de Direito e a repercussão social, **reconhecendo o tribunal a existência de interesse público**.

Admite-se a instauração do incidente de assunção de competência junto aos Tribunais de Justiça e Tribunais Regionais Federais, bem como aos Tribunais Superiores.

Admite-se o processamento do IAC também no âmbito dos Tribunais Superiores.

3.1.2. Admissibilidade do Incidente

Notando ser hipótese de assunção de competência, o relator proporá, de ofício ou a requerimento da parte, do Ministério Público ou da Defensoria Pública, que seja o recurso, a remessa necessária ou o processo de competência originária julgado pelo órgão colegiado que o regimento indicar.

Devem ser destacados os seguintes pontos:

a) **iniciativa da instauração de ofício pelo relator:** o próprio relator do recurso, da remessa necessária ou do processo de competência originária, poderá propor que o julgamento seja feito pelo colegiado indicado pelo respectivo regimento.

Sem prejuízo, também poderá haver requerimento do Ministério Público ou da Defensoria Pública, reconhecendo sua relevante missão institucional na defesa de questões com repercussão social.

Muito embora não haja previsão legal expressa, deve ser admitida a possibilidade de extensão do rol de legitimados para tanto, notadamente se for considerada a importância para a coletividade do julgamento a ser proferido e do próprio interesse público que lhe é ínsito.

Por isso, deve-se admitir que poderão fazer tal requerimento os legitimados para a propositura da ação civil pública (art. 5º da Lei n. 7.347/1985), como as pessoas jurídicas de Direito público.

b) **Julgamento:** reconhecendo-se a existência de interesse público na assunção de competência, o órgão colegiado designado no regimento interno do tribunal julgará o próprio recurso, a remessa necessária ou o processo de competência originária, servindo como precedente, vinculando todos os juízes e órgãos fracionais, **salvo se houver revisão de tese**.

> ▶ **ATENÇÃO:**
> O incidente de assunção de competência formará também um precedente.

c) **Aplicação do incidente para composição de divergência:** admite-se a utilização de tal incidente também se houver relevante questão de direito a respeito da qual seja conveniente: a prevenção ou a composição de divergência entre câmaras ou turmas do tribunal.

3.2. Do incidente de arguição de inconstitucionalidade

3.2.1. Formas de reconhecimento da inconstitucionalidade

A inconstitucionalidade de lei ou de ato normativo poderá ser reconhecida incidentalmente em um processo, quando se terá o denominado *controle difuso de constitucionalidade*, ou então ser objeto de ação própria, o que ocorrerá por meio do controle concentrado de constitucionalidade.[14]

▶ CONTROLE DIFUSO	▶ CONTROLE CONCENTRADO
Pode ser realizado por qualquer juiz ou tribunal quando do julgamento de um caso concreto.	Será realizado por um único tribunal.
Será sempre incidental.*	Se faz por via de ação própria.
* **Como alerta a doutrina**, "não se pode confundir controle incidental com controle difuso. Há possibilidade de controle incidental no controle concentrado, por exemplo, na Ação Declaratória de Constitucionalidade n. 1-1/DF. Antes de abordar o mérito da ação [...], o Supremo Tribunal Federal declarou, em sede de controle incidental, a constitucionalidade da ação declaratória (prevista por emenda constitucional), e somente depois apreciou o mérito".	

O incidente de arguição de inconstitucionalidade, agora estudado, será instaurado em sede de controle difuso de constitucionalidade, quando houver necessidade de que o tribunal admita a inconstitucionalidade.

3.2.2. Reconhecimento da inconstitucionalidade pelo juiz de primeiro grau

O controle difuso de inconstitucionalidade pelo juiz de primeiro grau independe da observância de maiores formalidades e será feito de forma incidental no processo.

3.2.3. Reconhecimento da inconstitucionalidade pelo tribunal

Nos termos do art. 97 da Constituição Federal, somente pelo voto da maioria absoluta de seus membros ou dos membros do respectivo órgão especial poderão os tribunais declarar a inconstitucionalidade de lei ou ato normativo do Poder Público.

---

14. FERREIRA, Olavo Augusto Vianna Alves. *Controle de constitucionalidade e seus efeitos*. 3ª ed. Salvador: JusPodivm, 2016, p. 41.

Refere-se o dispositivo constitucional à chamada *cláusula de reserva de plenário*, que pode ser definida como o "*parâmetro normativo* que estatui o quórum de votação para os membros de um tribunal declararem a inconstitucionalidade dos atos do Poder Público".[15] Trata-se de condição de eficácia da declaração jurisdicional de inconstitucionalidade dos atos do Poder Público.[16]

▶ **ATENÇÃO:**

A interpretação conferida a determinada norma pelo tribunal de origem não se confunde com a declaração de sua inconstitucionalidade. *Vide* Reclamação n. 14.185-AgR, Rel. Min. Marco Aurélio.

Por isso, não há necessidade de observância da cláusula de reserva de plenário.

▶ **ATENÇÃO:**

Não ofende a cláusula de reserva de plenário a decisão do órgão fracionário do tribunal que se limita a aplicar entendimento anteriormente fixado pelo plenário ou órgão especial no sentido da inconstitucionalidade da norma.

▶ **ATENÇÃO:**

Súmula Vinculante n. 10: Viola a cláusula de reserva de plenário a decisão de órgão fracionário de tribunal que, embora não declare expressamente a inconstitucionalidade de lei ou ato normativo do Poder Público, afasta sua incidência, no todo ou em parte.

3.2.4. *Legitimidade para a arguição*

O incidente será arguido pelas partes, pelo Ministério Público ou pela Defensoria Pública perante o relator, que irá submetê-lo ao órgão competente para o julgamento da causa ou do recurso.

3.2.5. Cisão de competência

Como se nota, no incidente de arguição de inconstitucionalidade há verdadeira cisão de competência, vez que haverá decisão do *pleno* ou de *órgão especial* sobre a questão da inconstitucionalidade e, posteriormente, ocorrerá o julgamento da ação ou do recurso propriamente dito.

Assim, arguida em controle difuso a inconstitucionalidade de lei ou de ato normativo do Poder Público, o relator, após ouvir o Ministério Público e as partes, submeterá a questão à turma ou à câmara à qual competir o conhecimento do processo.

15. BULOS, Uadi Lammêgo. *Curso de Direito constitucional*. 2ª ed. São Paulo: Saraiva, 2008, p. 273.
16. BULOS, Uadi Lammêgo. *Curso de Direito constitucional*. 2ª ed. São Paulo: Saraiva, 2008, p. 273.

Sendo rejeitada a arguição, haverá o prosseguimento do julgamento.

De outro lado, porém, acolhida a arguição, a questão será submetida ao plenário do tribunal ou ao seu órgão especial, onde houver, sendo designada data para seu julgamento.

3.2.6. Vedação de submissão do incidente ao plenário ou ao órgão especial

Está vedada a submissão da inconstitucionalidade ao plenário ou ao órgão especial (a depender do tribunal) quando já houver pronunciamento destes ou do plenário do Supremo Tribunal Federal sobre a questão.

A vedação consta do parágrafo único do art. 949 do CPC e se trata de consequência da teoria da causa de pedir universal.[17]

3.2.7. Permissão de manifestação das pessoas jurídicas de Direito público

As pessoas jurídicas de Direito público responsáveis pela edição do ato questionado poderão manifestar-se no incidente de inconstitucionalidade se assim o requererem.

3.2.8. Intervenção dos legitimados à propositura de ação de controle de constitucionalidade

Admite-se a intervenção dos legitimados à propositura de ação de controle de constitucionalidade indicados no art. 103 da CF, os quais poderão manifestar-se, por escrito, sobre a questão constitucional objeto de apreciação, no prazo previsto pelo regimento interno, admitindo-se a apresentação de memoriais ou de requerer a juntada de documentos.

3.2.9. Intervenção do amicus curiae

Admite-se, ainda, a intervenção de *amicus curiae*, por despacho irrecorrível.

3.3 Conflito de competência

3.3.1. As Espécies de Conflito de Competência

Será possível que, entre dois juízos, haja divergência quanto à competência para o julgamento de determinada demanda, quando se está diante do **conflito de competência**, que poderá ser positivo ou negativo.

---

17. WAMBIER, Teresa Arruda Alvim; CONCEIÇÃO, Maria Lúcia Lins; RIBEIRO, Leonardo Ferres da Silva; MELLO, Rogério Licastro Torres de. *Primeiros comentários ao Novo Código de Processo Civil, artigo por artigo*. São Paulo: RT, 2015, p. 1.348.

O **conflito positivo de competência** ocorrerá quando dois juízos se derem por competentes. Diferentemente, haverá o **conflito negativo** se houver a recusa entre eles, por entenderem não ser competentes, o que será possível se um atribuir ao outro a competência, ou se surgir controvérsia sobre a reunião ou separação de processos.

Se excluído do feito o ente federal, cuja presença foi fator preponderante para que o juízo estadual declinasse de sua competência, deverá o juízo federal restituir os autos e não suscitar o conflito (Súmula 224, STJ), não podendo o juízo estadual discutir sobre o interesse do ente federal.

O juiz que não acolher a competência declinada deverá **suscitar o conflito**, salvo se a atribuir a outro juízo.

O conflito poderá ser suscitado por qualquer das partes, pelo Ministério Público ou pelo juiz. A parte, contudo, não poderá suscitá-lo se já alegou a incompetência relativa.

3.3.2 Competência para o Julgamento

A competência para o julgamento do conflito segue as seguintes regras:

i) entre dois juízos do mesmo tribunal: julgamento pelo próprio tribunal;

ii) entre dois juízos federais da mesma região: julgamento pelo respectivo tribunal regional federal;

iii) entre juízo de primeiro grau e tribunal a que está subordinado: julgamento pelo próprio tribunal;

iv) entre juízo estadual com competência delegada e juízo federal, da mesma região: julgamento pelo respectivo tribunal regional federal;

v) entre quaisquer tribunais e entre os tribunais e juízos a eles não vinculados, e, ainda, entre juízos vinculados a tribunais diversos: ao Superior Tribunal de Justiça;

vi) entre o STJ e quaisquer tribunais, entre tribunais superiores ou entre esses e qualquer outro tribunal: ao Supremo Tribunal Federal.

O conflito poderá ser decidido por decisão monocrática ou pelo colegiado.

Permite-se ao relator julgar de plano o conflito quando sua decisão estiver baseada em súmula do STF, do STJ ou do próprio tribunal, ou se a tese estiver firmada em julgamento de casos repetitivos ou em incidente de assunção de competência.

Ao decidir o conflito, o tribunal não só reconhecerá o juízo competente (que poderá ser até um terceiro, que não tenha participado do conflito), como também se pronunciará sobre a validade dos atos do juiz incompetente.

3.4 Homologação de sentença estrangeira e do *exequatur* às cartas rogatórias

3.4.1. Limites da Jurisdição Nacional

O CPC 2015 corrigiu a imprecisão conceitual existente anteriormente, ao modificar o tratamento da antiga competência internacional para "limites da jurisdição nacional e da cooperação internacional". De fato, não se trata de um problema que envolva a competência, mas de jurisdição, porque se verifica quais causas deverão ser submetidas à jurisdição nacional.

Dessa maneira, algumas matérias somente poderão ser submetidas à jurisdição brasileira, como ocorre, por exemplo, com aquelas relativas a imóveis situados no Brasil. Não será admissível decisão estrangeira a respeito desse tema.

Para outras matérias, no entanto, será admissível que haja decisão por jurisdição estrangeira, produzindo efeitos em território nacional se a decisão for homologada pelo Superior Tribunal de Justiça, por meio de procedimento específico.

Tem-se, então, hipóteses de **jurisdição exclusiva** e outras de **jurisdição concorrente**, consoante o seguinte quadro:

Exclusiva	Concorrente
Somente podem ser decididas pela jurisdição brasileira. Eventuais decisões estrangeiras não serão homologadas pelo Superior Tribunal de Justiça.	Podem ser decididas tanto pelo tribunal estrangeiro quanto pela jurisdição nacional, ressalvadas disposições em contrário de tratados internacionais e acordos bilaterais. Eventual decisão estrangeira deverá ser homologada pelo Superior Tribunal de Justiça. A ação proposta perante o tribunal estrangeiro não induz litispendência.

As hipóteses de jurisdição exclusiva estão previstas no art. 23 do Novo Código de Processo Civil, segundo o qual compete à autoridade judiciária brasileira, com exclusão de qualquer outra:

i) conhecer de ações relativas a imóveis situados no Brasil;

ii) em matéria de sucessão hereditária, proceder à confirmação de testamento particular e ao inventário e à partilha de bens situados no Brasil, ainda que o autor da herança seja de nacionalidade estrangeira ou tenha domicílio fora do território nacional;

iii) em divórcio, separação judicial ou dissolução de união estável, proceder à partilha de bens situados no Brasil, ainda que o titular seja de nacionalidade estrangeira ou tenha domicílio fora do território nacional.

Há de ser ressaltado que o juízo estrangeiro poderá decretar o divórcio, hipótese em que estará dispensada a homologação da sentença no Brasil (art. 961, CPC). Porém, a decisão sobre a partilha somente poderá ser proferida pela autoridade judicial brasileira.

O divórcio poderá ser decretado pelo juiz estrangeiro, mas a partilha de bens, somente pela autoridade brasileira.

O juízo estrangeiro poderá decretar o divórcio, hipótese em que estará dispensada a homologação da sentença no Brasil (art. 961 CPC). Porém, a decisão sobre a partilha somente poderá ser proferida pela autoridade judicial brasileira.

▸ DIVÓRCIO PURO E DIVÓRCIO IMPURO

A desnecessidade de homologação de sentença estrangeira **não se aplica ao divórcio impuro ou consensual qualificado**, que dispõe sobre a guarda, alimentos e/ou partilha de bens, conforme jurisprudência do STJ e nos termos dos artigos 1º e 2º do Provimento nº 56/2016 (SEC 14.525/EX, Rel. Ministro BENEDITO GONÇALVES, CORTE ESPECIAL, julgado em 07/06/2017, DJe 14/06/2017).

De outro lado, determinadas matérias poderão ser objeto de decisão pela autoridade jurisdicional brasileira ou pela estrangeira. No caso de haver concomitância de ações, prevalecerá aquela que transitar em julgado em primeiro lugar.

Para todos os efeitos, transitará em julgado a decisão estrangeira tão somente após sua homologação pelo Superior Tribunal de Justiça.

Como é possível verificar, o fato de existir uma demanda em trâmite perante a autoridade judiciária estrangeira não induz litispendência em relação à ação movida em território nacional, admitindo-se a concomitância de trâmite de ações.

Admite-se à autoridade judiciária brasileira processar e julgar as seguintes ações em que: i) o réu, qualquer que seja a sua nacionalidade, estiver domiciliado no Brasil; ii) no Brasil tiver de ser cumprida a obrigação; iii) o fundamento seja fato ocorrido ou ato praticado no Brasil; iv) de alimentos, se o credor tiver domicílio ou residência no Brasil ou o réu mantiver vínculos no Brasil, tais como posse ou propriedade de bens, recebimento de renda ou obtenção de benefícios econômicos; v) decorrentes de relações de consumo, quando o consumidor tiver domicílio ou residência no Brasil; vi) em que as partes, expressa ou tacitamente, se submeteram à jurisdição nacional.

Nas ações de jurisdição concorrente, se houver cláusula de eleição de foro exclusivo estrangeiro em contrato internacional e tal for arguido na contestação, não poderá a decisão ser proferida pela autoridade judiciária brasileira.

Por ter a homologação de decisão estrangeira caráter estritamente processual, sem ligação com o direito material, é inviável a homologação de renúncia ao próprio direito reconhecido no provimento alienígena, embora a parte possa desistir do processo homologatório.[18]

A ausência de jurisdição brasileira, por sua vez, conduz à extinção do processo, sem resolução do mérito, por conta da falta de interesse processual.[19]

3.4.2. *Cooperação jurídica internacional*

Admite-se a cooperação jurídica internacional que tenha por objeto: i) citação, intimação e notificação judicial e extrajudicial; ii) colheita de provas e obtenção de informações; iii) homologação e cumprimento de decisão; iv) concessão de medida judicial de urgência; v) assistência jurídica internacional; vi) qualquer outra medida judicial ou extrajudicial não proibida pela lei brasileira.

3.4.3. *A homologação de decisão estrangeira*

A homologação de decisão estrangeira será requerida por ação de homologação que tramitará no Superior Tribunal de Justiça, salvo disposição especial em sentido contrário prevista em tratado.

Tal procedimento deverá observar o que dispuserem os tratados em vigor no Brasil e o Regimento Interno do Superior Tribunal de Justiça.

Será cabível a homologação de decisão estrangeira quando for definitiva, bem como a decisão não judicial que, pela lei brasileira, teria natureza jurisdicional.

Admite-se a homologação parcial de decisão estrangeira.

São requisitos indispensáveis à homologação da decisão:

I - ser proferida por autoridade competente;

II - ser precedida de citação regular, ainda que verificada a revelia;

III - ser eficaz no país em que foi proferida;

IV - não ofender a coisa julgada brasileira;

V - estar acompanhada de tradução oficial, salvo disposição que a dispense prevista em tratado;

VI - não conter manifesta ofensa à ordem pública.

Admite-se o deferimento de tutela provisória neste procedimento.

18. SEC 8.542-EX, Rel. Min. Luís Felipe Salomão, por unanimidade, julgado em 29.11.2017, DJe 15.03.2018.
19. SEC 8.542-EX, Rel. Min. Luis Felipe Salomão, por unanimidade, julgado em 29.11.2017, DJe 15.03.2018.

3.4.4. *A concessão do exequatur*

A decisão interlocutória estrangeira poderá ser executada no Brasil por meio de carta rogatória.

É passível de execução a decisão estrangeira concessiva de medida de urgência.

A medida de urgência concedida sem audiência do réu poderá ser executada, desde que garantido o contraditório em momento posterior.

O juízo sobre a urgência da medida compete exclusivamente à autoridade jurisdicional prolatora da decisão estrangeira.

Quando dispensada a homologação para que a sentença estrangeira produza efeitos no Brasil, a decisão concessiva de medida de urgência dependerá, para produzir efeitos, de ter sua validade expressamente reconhecida pelo juiz competente para dar-lhe cumprimento, dispensada a homologação pelo Superior Tribunal de Justiça.

3.4.5. *A competência para a execução*

O cumprimento de decisão estrangeira será feito perante o juízo federal competente, a requerimento da parte, conforme as normas estabelecidas para o cumprimento de decisão nacional.

3.5. AÇÃO RESCISÓRIA

3.5.1. *Conceito*

A **coisa julgada** é garantia assegurada pela Constituição Federal, fundada na necessidade de proporcionar a **segurança jurídica**. Com efeito, como decorrência da soberania de um país, compete a seu poder competente a aplicação da ordem jurídica vigente, dirimindo os conflitos existentes.

A coisa julgada, não obstante, não é um bem jurídico intangível, pois deve ser harmonizada com outros bens de igual de grandeza equivalente ao da segurança jurídica.

Por esse motivo, a mesma ordem jurídica assegura a possibilidade de o interessado valer-se de um importante instrumento, que busca rescindir a coisa julgada formada, a fim de que possa não se submeter ao seu derivado comando.

E esse instrumento é a ação rescisória, que pode ser definida como a **ação que tem por finalidade a rescisão da coisa julgada formada, bem como e, se o caso, que a demanda seja rejulgada pelo mesmo órgão jurisdicional rescindente.**

3.5.2. Objeto da Ação Rescisória

Por **objeto** da ação rescisória busca-se definir o seu **pedido**, que sempre será o de **rescindir** a coisa julgada formada, bem como, em alguns casos, o de ser **rejulgada** a causa. Diz-se, então, que há o **juízo rescindente (rescindir)** e o **juízo rescisório (rejulgamento da causa)**.

OBJETO DA AÇÃO RESCISÓRIA
- Pedido rescindente
- Pedido rescisório

Tem-se, então, a possibilidade de cumulação desses pedidos, que pode ser classificada como **cumulação própria sucessiva de pedidos**, na medida em que o segundo pedido somente será analisado se o primeiro for procedente. Devem ambos constar expressamente da petição inicial da ação rescisória, observando-se que o acórdão deverá observar o princípio da congruência.

Passa-se, inicialmente, à análise do pedido **rescindente**, sugerindo-se que tal estudo parta do seguinte quadro:

A ação rescisória tem por finalidade rescindir a coisa julgada formada a partir de decisão de mérito, que pode ter sido proferida em sede de decisão interlocutória, sentença ou em acórdão.

Como se vê, o CPC admitiu expressamente a decisão interlocutória de mérito, que, não impugnada, ou esgotados os recursos pertinentes, fará coisa julgada material.

> A propôs ação em face de B, formulando dois pedidos. O juiz, na decisão inicial, indefere a petição inicial em relação ao primeiro pedido, por conta da prescrição, proferindo decisão interlocutória de mérito. No mesmo ato, determina o prosseguimento da ação em relação ao outro pedido.
>
> Não sendo a decisão interlocutória atacada por recurso (ou esgotados os recursos pertinentes), tem-se a formação da coisa julgada material parcial.

Não importa o motivo da formação da coisa julgada, se decorrente da falta de impugnação, ou por conta do esgotamento dos recursos pertinentes (Súmula 514 do STF).

A ação rescisória, porém, não se destina unicamente à rescisão da coisa julgada material, ao contrário da impressão que poderia surgir a partir da leitura do art. 966 do CPC/2015.

Ao contrário, também pode buscar rescindir a coisa julgada formal, conforme prevê o inciso I do § 2º do art. 966 do CPC/2015, segundo o qual será rescindível a decisão transitada que, embora não seja de mérito, **impeça nova propositura da demanda**.

> ✦ **Exemplo:** *O juiz julga extinto o processo, sem resolução do mérito, mas impõe condenação do autor ao pagamento de elevada verba honorária. Nesse caso, será possível ao autor, tendo em vista o trânsito em julgado, verificando-se a flagrante desproporcionalidade, ajuizar a respectiva ação rescisória, com a finalidade de reduzir o montante de verba honorária. É de ver que foi proferida sentença sem análise de mérito, mas tal decisum irradia efeitos que somente podem ser rescindidos pela ação rescisória.*

Além dessas situações, a ação rescisória pode ter por objeto **decisão que impeça a admissibilidade do recurso correspondente. Trata-se de inovação inserida no CPC** (art. 966, § 2º, II, CPC), voltada exclusivamente a rescindir tal decisão em que tenha sido proferido juízo negativo de admissibilidade de recurso (juízo de prelibação).

Por esse motivo, se o tribunal de Justiça negar a subida de recurso extraordinário, proferindo juízo negativo de admissibilidade, com trânsito em julgado, poderá esta decisão ser objeto da ação rescisória, com a finalidade de, sendo rescindida, seja determinada a remessa dos autos ao Supremo Tribunal Federal.

Não se pretende, com tal remédio, **que o mérito do recurso antes interposto seja julgado na ação rescisória, mas que simplesmente a matéria seja devolvida ao tribunal ad quem para análise**. Portanto, o pedido da ação rescisória, nesse caso, é o de dar plena efetividade ao efeito devolutivo, para que o tribunal competente possa conhecer do recuso antes interposto.

> **Em suma:** tem-se que a ação rescisória poderá rescindir:
>
> i) a coisa julgada material (formada por meio de decisão interlocutória, sentença ou acórdão);
>
> ii) a coisa julgada formal, desde que haja impedimento à propositura de nova ação;
>
> iii) decisão que não admita recurso, desde que já transcorrido o prazo para que tal *decisum seja* impugnado pelo meio adequado.

Passa-se, agora, ao estudo do **pedido rescisório.**

A parte, ao mesmo tempo que busca rescindir a coisa julgada formada, também pode pretender que seja proferida nova decisão em seu lugar. Trata-se do **pedido rescisório,** que não estará presente em todas as situações.

Por exemplo, se o autor ajuíza a ação rescisória com fundamento em ofensa à coisa julgada, é porque ele pretende que a primeira decisão transitada em julgado prevaleça. Portanto, nesse caso, não há motivo para o pedido rescisório.

Ingressando no juízo rescisório, o tribunal estará adstrito ao pedido formulado pelo autor, observando-se a princípio da congruência. Mas tal adstrição deve referir-se tanto ao pedido constante da petição inicial da ação rescisória quanto à vestibular da própria ação em que formada a coisa julgada que se pretende rescindir.

3.5.3. A rescisão de Apenas Um Capítulo da Decisão

O CPC/2015 encampou a ideia dos capítulos de decisão, admitindo-se a coisa julgada parcial. Assim, se a sentença contar com dois capítulos e apenas um deles for impugnado, tem-se a formação da coisa julgada em relação ao capítulo recorrido e, nesse passo, a possibilidade de rescisão por meio da ação rescisória.

Nesse sentido, previu o CPC que a **"ação rescisória pode ter por objeto apenas 1 (um) capítulo da decisão"** (art. 966, § 3º).

3.5.4. Competência para Julgamento

Para a fixação da competência do tribunal competente para o julgamento da ação rescisória, devem ser observadas **três regras cumulativas**:

i) trata-se de ação originária dos tribunais; ii) cada tribunal é competente para o julgamento das rescisórias de seus próprios julgados; iii) aplicação das Súmulas 249 e 515 do STF.

i) Trata-se de ação originária dos tribunais:

Somente os tribunais possuem competência para o julgamento de ações rescisória. Nesse sentido, poderão fazê-lo os tribunais de Justiça, os tribunais regionais federais, os tribunais regionais do trabalho, o Superior Tribunal de Justiça, o Supremo Tribunal Federal, entre outros.

Cabe aqui registrar que a turma recursal não se equivale a tribunal, de modo que não poderá julgar ação rescisória (aliás, o art. 59 da Lei 9.099/1995 veda a possibilidade de ser ajuizada ação rescisória em sede de juizados especiais[20]).

ii) Cada tribunal é competente para o julgamento das rescisórias de seus próprios julgados:

Excluída automaticamente a competência dos juízos de primeiro grau, deve-se saber quais tribunais são competentes para conhecer e julgar tal ação. Nesse passo, os tribunais de Justiça serão competentes para tais demandas quando a coisa julgada for formada a partir de sentença ou de recurso por eles julgado.

---

20. Leonardo Greco sustenta: se acaso o procedimento do juizado for insuficiente para a cognição adequada da causa, a sentença poderá ser atacada por ação autônoma de anulação, competindo ao interessado demonstrar o cerceamento à prova ou a inobservância de algum aspecto do devido processo legal. Os Juizados Especiais como tutela diferenciada. In: THEODORO JÚNIOR, Humberto; LAUAR, Maira Terra. *Tutelas diferenciadas como meio de incrementar a efetividade da prestação jurisdicional*. Rio de Janeiro: GZ, 2010, p. 711 e s.

Se interposto recurso especial, sendo ele conhecido, por conta do efeito substitutivo, prevalecerá a decisão do Superior Tribunal de Justiça, de modo que este será o competente para conhecer da ação.

Da mesma maneira, se conhecido o recurso extraordinário, será o Supremo Tribunal Federal o competente para o julgamento da rescisória.

Essa competência dos Tribunais Superiores, contudo, não ocorrerá se os recursos não tiverem sido conhecidos, **pois não houve substituição da decisão anterior**;

iii) Súmulas 249 e 515 do Supremo Tribunal Federal:

Se o Supremo Tribunal Federal ou o Superior Tribunal de Justiça, **embora não tenham conhecido do recurso extraordinário ou especial**, ou havendo negado provimento ao agravo, **tiverem apreciado a questão constitucional ou federal controvertidas**, serão competentes para o julgamento da ação rescisória (Súmula 249 do STF).

E, **se a matéria discutida na rescisória não foi objeto de análise quando dos recursos** extraordinário ou especial, a competência para o julgamento da ação rescisória não será do STF ou do STJ, mas dos tribunais de Justiça ou tribunais regionais federais (Súmula 515 do STF).

Da junção das duas súmulas do Supremo Tribunal Federal, tem-se que:

> O Supremo Tribunal Federal e o Superior Tribunal de Justiça **somente serão competentes para o julgamento da ação rescisória** se, tendo conhecido ou não do recurso da decisão que transitou em julgado, apreciaram a questão constitucional ou federal respectiva.

3.5.5. Ajuizamento da Ação Perante Tribunal Incompetente

Na linha do princípio da primazia do julgamento do mérito, determina o Código de Processo Civil (art. 968, § 5º) que, reconhecida a incompetência do tribunal para julgar a ação rescisória, **o autor será intimado para emendar a petição inicial**, a fim de adequar o objeto da ação rescisória, quando a decisão apontada como rescindenda:

a) **não tiver apreciado o mérito e não se tratar de decisão que impeça nova propositura da demanda ou a admissibilidade do recurso correspondente:** nesses casos, o legislador permitiu que o autor da rescisória ajuste a inicial, uma vez que o objeto indicado não a admite.

b) **tiver sido substituída por decisão posterior.**

Nesses casos, após a emenda da inicial, será permitido ao réu complementar os fundamentos da defesa, e, em seguida, os autos serão remetidos ao tribunal competente. Note-se que, nesses casos, permitiu-se a adequação da inicial e da defesa, pois o conteúdo delas poderá ser modificado. De toda forma, admite-se que o tribunal reconheça a incompetência absoluta e determine a remessa dos autos ao competente, de ofício.

3.5.6. Requisitos de admissibilidade da ação rescisória

Por importar no nascedouro de uma nova relação jurídica processual, devem ser atendidos requisitos gerais (de toda e qualquer demanda) e também requisitos específicos de admissibilidade.

São requisitos específicos:

(i) decisão (de mérito) transitada em julgado (já analisado quando do estudo do objeto da ação rescisória);

(ii) observância do prazo legal;

(iii) depósito da multa de 5%;

(iv) presença de uma das hipóteses do art. 966 do CPC/2015.

3.5.7. Observância do prazo decadencial

Sobre o prazo para o ajuizamento da ação rescisória, devem ser observadas as seguintes regras:

a) Regra geral: extinção do direito no prazo de dois anos contados do trânsito em julgado da última decisão proferida no processo

Como regra geral, tem-se que o **direito** ao ajuizamento da ação rescisória se extingue (demonstrando-se a natureza de prazo decadencial) no prazo de **dois anos do trânsito em julgado** da última decisão proferida no processo (art. 975, CPC/2015).

Foi solucionada discussão existente no âmbito jurisprudencial, que admitia soluções diferentes pelo Supremo Tribunal Federal e pelo Superior Tribunal de Justiça, no sentido de que, apesar de formada a coisa julgada parcial (em decorrência de decisão interlocutória de mérito ou em razão de capítulo não impugnado), **o direito ao ajuizamento da ação rescisória se extingue em um único momento, qual seja, do trânsito em julgado da última decisão proferida nos autos.**

Se o termo final cair durante as férias forenses, recesso, feriados ou em dia em que não houver expediente forense, **o prazo será prorrogado até o primeiro dia útil imediatamente subsequente.**

b) Termo inicial na data de descoberta da prova nova

Se a ação rescisória tiver por fundamento a existência de prova cuja falsidade tenha sido apurada em processo criminal ou venha a ser demonstrada na própria ação rescisória, **o termo inicial será a da data da descoberta da prova nova,** observado o prazo de cinco anos contado do trânsito em julgado da última decisão proferida no processo.

Trata-se, sem dúvida, de exceção à regra geral, pois o termo inicial, para fins de contagem do prazo, **não é a data do trânsito em julgado, mas a da descoberta da prova nova**.

Esse direito, porém, não é eterno, tendo a lei feito a restrição para o prazo de cinco anos, contado do trânsito em julgado da última decisão proferida no processo.

c) Termo Inicial no Caso de Simulação ou Colusão das Partes

Se a ação rescisória tiver por fundamento a simulação ou a colusão das partes, o prazo começa a contar, para o terceiro prejudicado e para o Ministério Público, que não interveio no processo, a partir do momento em que têm ciência da simulação ou da colusão (art. 975, § 3º, CPC/2015).

Para esta exceção à regra geral, o prazo para o ajuizamento da ação rescisória se inicia quando da **ciência da simulação ou da colusão, pois somente a partir deste momento é que se teve possibilidade de exercício da pretensão rescindente.** Podem valer-se do termo inicial diferenciado o terceiro prejudicado e o Ministério Público, que não interveio no processo.

d) Termo Inicial com a Declaração de Inconstitucionalidade pelo Supremo Tribunal Federal

Poderá o executado, na fase de cumprimento de decisão que reconheça a exigibilidade de obrigação, alegar em impugnação sua inexigibilidade por ser fundada em lei ou ato normativo considerado inconstitucional pelo Supremo Tribunal Federal, ou fundado em aplicação ou interpretação da lei ou do ato normativo tido pelo STF como incompatível com a Constituição Federal, em controle de constitucionalidade concentrado ou difuso.

Para tanto, no entanto, a decisão do Supremo Tribunal Federal deverá ter sido anterior à decisão exequenda.

E isso porque, se a decisão proveniente do STF for posterior ao trânsito em julgado da decisão exequenda, caberá ação rescisória, com fundamento no art. 966, V, do CPC/2015 (violar manifestamente norma jurídica), **cujo prazo será contado do trânsito em julgado da decisão proferida pelo Supremo Tribunal Federal.**

O termo inicial para essa hipótese, portanto, não será o trânsito em julgado da decisão que se pretende rescindir, mas do trânsito da decisão em que realizado o controle de constitucionalidade pelo Supremo Tribunal Federal.

É óbvio que, se o fundamento da ação rescisória for outro, então o termo inicial observará qualquer uma das demais regras apresentadas.

e) O prazo decadencial e os incapazes

Pretende-se responder, neste item, à seguinte pergunta: o prazo decadencial de dois anos para o ajuizamento da ação rescisória correrá contra os incapazes?

A resposta a esse questionamento tem como ponto de partida o estudo da decadência, do que se ocupa com muita competência a doutrina civilista.

É sabido que, salvo disposição em sentido diverso, não serão aplicadas à decadência as normas que impedem, suspendem ou interrompem a prescrição (art. 207 do Código Civil). Contudo, existem exceções legais à regra, como a de que a decadência não correrá contra os absolutamente incapazes (art. 208 do CC).

Não custa lembrar que, entre os absolutamente incapazes, estão unicamente os menores de 16 anos (art. 3º do CC).

Assim, aplicando-se à decadência, que pode ser aproveitada pelos absolutamente incapazes, as normas que impedem a prescrição, tem-se que não se inicia o prazo decadencial enquanto não cessar a incapacidade etária.

Seguindo-se essa linha de raciocínio, decidiu o Superior Tribunal de Justiça que o prazo para o ajuizamento da ação rescisória (2 anos) é decadencial e, por isso, deveria ser aplicada a causa de impedimento prevista para a prescrição, por extensão.

Dessa maneira:

> ▸ **ATENÇÃO:**
>
> O prazo para o ajuizamento da ação rescisória, por ser decadencial, não flui contra os absolutamente incapazes.

3.5.8. Depósito do valor correspondente a 5% do valor da causa

Deverá o autor da ação rescisória providenciar o depósito de 5% do valor da causa, a título de multa, caso a ação seja, por unanimidade de votos, declarada inadmissível ou improcedente. Se por decisão monocrática, o valor será devolvido ao autor.

Será também, obviamente, devolvido ao autor se a demanda for julgada procedente ou se não acolhida (ou não conhecida) por maioria de votos.

O CPC reiterou a necessidade do depósito de 5% sobre o valor da causa, limitando-o, porém, a mil salários mínimos.

A comprovação do recolhimento do valor é requisito da petição inicial, devendo a parte, em caso de omissão, ser devidamente intimada para demonstração do pagamento.

Estarão isentos de recolhimento as pessoas jurídicas de Direito público, o Ministério Público, a Defensoria Pública e os beneficiários da gratuidade processual.

3.5.9. Hipóteses indicadas no art. 966 CPC

O cabimento da ação rescisória está adstrito às hipóteses indicadas no art. 966, ou seja, se a decisão:

I - foi proferida por força de prevaricação, concussão ou corrupção do juiz: não é necessário que exista processo criminal em que fique reconhecida a autoria das ações delituosas pelo juiz, pois a prova poderá ser produzida nos próprios autos da ação rescisória;

II - foi proferida por juiz impedido ou absolutamente incompetente: comprometida a parcialidade do juiz por conta do impedimento, tem-se que a coisa julgada poderá ser rescindida, ainda que tal matéria não tenha sido alegada anteriormente. O mesmo ocorre em relação à incompetência absoluta do juiz. De outro lado, a sentença proferida por juiz suspeito ou relativamente incompetente não comprometerá a coisa julgada formada.

III - resultar de dolo ou coação da parte vencedora em detrimento da parte vencida, ou ainda de simulação ou colusão entre as partes, a fim de fraudar a lei: nesse caso, o resultado final da demanda deve-se ao dolo, coação, simulação ou colusão;

IV - ofender a coisa julgada: se a sentença ofendeu coisa julgada formada, poderá ser rescindida por meio da ação rescisória.

V - violar manifestamente norma jurídica: a expressão "norma jurídica" é bem mais ampla do que lei, antes prevista no inciso V do art. 485 do CPC de 1973, e se refere a ato normativo em sentido geral, bem como a princípios.

A propósito do tema, a Súmula 343 do STF dispõe que "não cabe ação rescisória por ofensa a literal disposição de lei, quando a decisão rescindenda se tiver baseado em texto legal de interpretação controvertida nos tribunais".

Assim, havendo sobre a aplicação da lei interpretação controvertida nos tribunais, há de prevalecer a interpretação razoável oferecida, de modo que não será cabível a ação rescisória.

De outro lado, porém, se a ofensa for à Constituição Federal (ou à interpretação oferecida pelo Supremo Tribunal Federal), será admitida a ação rescisória, com fundamento na melhor interpretação (proveniente do STF). Deve ser feita a ressalva de que a alteração posterior de jurisprudência pelo STF não autoriza o pedido rescisório, sobretudo em virtude de, na época de sua prolação, ser a interpretação controvertida no próprio Tribunal. Assim, aplica-se o instituto da *prospective overruling*, de modo que a alteração jurisprudencial deve, como regra, ter eficácia *ex nunc*, em prestígio à segurança jurídica.[21]

---

21. AR 2422/DF, rel. Min. Luiz Fux, julgamento em 25.10.2018. (AR-2422) (Info 921).

Em respeito à segurança jurídica, aplica-se o instituto da *prospective overruling*, de modo que a alteração jurisprudencial tem eficácia, como regra, *ex nunc*.

VI – for fundada em prova cuja falsidade tenha sido apurada em processo criminal ou venha a ser demonstrada na própria ação: deve existir um nexo entre a falsidade da prova e o resultado do processo.

VII – obtiver o autor, posteriormente ao trânsito em julgado, prova nova cuja existência ignorava ou de que não pôde fazer uso, capaz, por si só, de lhe assegurar pronunciamento favorável: o documento novo, de que a parte não dispunha, deve ser capaz de alterar o resultado do processo.

VIII – for fundada em erro de fato verificável do exame dos autos: há erro de fato quando a sentença admitir um fato inexistente, ou quando considerar inexistente um fato efetivamente ocorrido.

3.5.10. Legitimidade para a propositura da ação rescisória

Possuem **legitimidade** para a propositura da ação rescisória quem foi parte no processo ou seu sucessor a título universal ou singular, o terceiro juridicamente interessado, o Ministério Público e aquele que não foi ouvido no processo em que lhe era obrigatória a intervenção.

a) Parte no processo ou seu sucessor

Qualquer um que tenha figurado como parte no processo poderá ingressar com a ação rescisória, ainda que revel.

b) Terceiro juridicamente interessado

O terceiro deverá demonstrar o interesse jurídico na rescisão da coisa julgada.

c) Ministério Público

O Ministério Público poderá ingressar com a ação rescisória quando não foi ouvido no processo em que lhe era obrigatória a intervenção, quando a decisão rescindenda é o efeito de simulação ou de colusão das partes, a fim de fraudar a lei e em outros casos em que se imponha sua atuação.

d) Aquele que não foi ouvido no processo em que lhe era obrigatória a intervenção

Há processos em que a oitiva de determinadas entidades é obrigatória, como ocorre, por exemplo, com o Cade e a Comissão de Valores Mobiliários (art. 118 da Lei nº 12.529/2011 e art. 31 da Lei nº 6.385/1976).

Se tal oitiva não ocorreu no processo originário, terão as entidades legitimidade para o ajuizamento de ação rescisória.

3.5.11. *Polo Passivo*

O polo passivo da ação rescisória será ocupado por todos aqueles que participaram da relação processual oriunda da ação cuja coisa julgada se pretende rescindir. Forma-se, então, litisconsórcio passivo necessário, que em parte será unitário (juízo rescindente), em parte será simples (juízo rescisório).

3.5.12. *Não impedimento à execução*

Ressalvada a concessão de tutela provisória, o ajuizamento da rescisória não constitui óbice à execução do julgado.

3.5.13. *Indeferimento da petição inicial*

A petição inicial da ação rescisória será indeferida nas hipóteses dos artigos 330, se não comprovado o depósito exigido.

3.5.14. *Improcedência Liminar do Pedido*

Admite-se, também na ação rescisória, a improcedência liminar do pedido nas hipóteses indicadas no art. 332.

3.5.15. *Resposta do réu*

O relator fixará prazo que variará entre 15 e 30 dias para o oferecimento de resposta, não havendo que se falar em revelia. A partir daí será observado o procedimento comum.

3.5.16. *Prescrição intercorrente*

Consoante indicado na Súmula 264 do STF, se a ação rescisória permanecer parada por mais de 5 anos, verifica-se a prescrição intercorrente. Ressalte-se que o prazo, atualmente, não é de cinco, mas de dois anos.

3.6. Incidente de resolução de demandas repetitivas

3.6.1. *Finalidade*

Sem correspondente no CPC de 1973, o incidente de resolução de demandas repetitivas foi criado justamente para contingenciar essa litigiosidade, constituindo-se em uma das "grandes apostas do Novo Diploma Processual".[22]

---

22. MENDES, Aluísio Gonçalves de Castro; TEMER, Sofia. *O incidente de resolução de demandas repetitivas do Novo Código de Processo Civil*. Op. cit., p. 283.

Trata-se, como destacado por Marcos de Araújo Cavalcanti, de um "processo de competência originária dos tribunais *com natureza jurídica de incidente processual coletivo*", pois tutela interesses individuais homogêneos.[23] Tem por objetivo regular "casos que já surgiram ou podem surgir em face de determinado litígio".[24] Não tem natureza recursal, como a própria designação indica.

O instituto possui três pilares fundamentais: i) isonomia, pelo qual se exige tratamento igualitário para a solução de litígios isomórficos; ii) a segurança jurídica, pois se busca a uniformidade das decisões judiciais; e iii) prestação razoável em termos de tempo em que prestada.[25]

3.6.2. Abrangência

Conforme já salientado, o conteúdo do acórdão abrangerá a análise de todos os fundamentos suscitados relativos à tese discutida, favoráveis ou contrários (art. 984, § 2º, CPC), sendo possível, posteriormente, a revisão da tese jurídica firmada no incidente (art. 986, CPC).

3.6.3. Legitimação

Do julgamento do mérito do incidente, será cabível a interposição de recurso extraordinário ou especial conforme o caso (art. 987, CPC), inexistindo previsão legal sobre os legitimados para tanto.

Por esse motivo, já se entendeu pela legitimação ampla para tanto, por todos aqueles que forem afetados pelo efeito vinculante do pronunciamento, sob o fundamento da regra contida no art. 996 do CPC, bem como em decorrência do contraditório participativo.[26]

3.6.4. Vinculação

Por tudo o que foi dito até aqui sobre o incidente de resolução de demandas repetitivas, considerando-se o dever do tribunal de julgá-lo para uniformizar a aplicação de tese jurídica, tem-se que o incidente pode ser considerado um precedente, mas dotado de uma particularidade específica: por meio dele, fixa-se uma "tese jurídica generalizável e abstrata, com força vinculante".[27]

---

23. CAVALCANTI, Marcos de Araújo. *Incidente de resolução de demandas repetitivas*. Salvador: JusPodivm, 2015, p. 504.
24. MARINONI, Luiz Guilherme. *Precedentes obrigatórios*. 4ª ed. São Paulo: RT, 2016, p. 321.
25. MENDES, Aluísio Gonçalves de Castro; TEMER, Sofia. *O incidente de resolução de demandas repetitivas do Novo Código de Processo Civil*. Op. cit., p. 285.
26. MENDES, Aluísio Gonçalves de Castro; TEMER, Sofia. *O incidente de resolução de demandas repetitivas do Novo Código de Processo Civil*. Op. cit., p. 296.
27. MENDES, Aluísio Gonçalves de Castro; TEMER, Sofia. *O incidente de resolução de demandas repetitivas do Novo Código de Processo Civil*. Op. cit., p. 296.

Esse fator não gera a impossibilidade de se estar diante de um precedente, tal como já mencionado nas ações de controle de constitucionalidade, pois haverá a vinculação aos seus motivos determinantes, em especial ao Poder Público, se o incidente tiver por objeto questão relativa a prestação de serviço concedido, permitido ou autorizado (art. 985, § 2º).

3.6.5. *Suspensão de todos os processos determinada pelo STF ou pelo STJ*

Admite-se que, com a finalidade de proporcionar a garantia da segurança jurídica, qualquer legitimado poderá requerer, ao tribunal competente para conhecer do recurso extraordinário ou especial, a suspensão de todos os processos individuais ou coletivos em curso no território nacional que versem sobre questão objeto do incidente já instaurado.

No mesmo sentido, o art. 271-A do Regimento Interno do STJ, que estabelece que o presidente do tribunal poderá suspender as ações que versarem sobre o objeto do IRDR por motivo de segurança jurídica ou por excepcional interesse social (a Portaria STJ 475/16 delegou ao presidente da Comissão Gestora de Precedentes do tribunal a competência para decidir os requerimentos de suspensão), desde que também presente excepcional interesse público.

> ▸ **ATENÇÃO:**
>
> Admite-se a instauração do incidente de âmbito nacional, perante o STJ, desde que estejam presentes os seguintes requisitos, nas palavras do Ministro Paulo de Tarso Sanseverino, na SIRDR n. 07 - PR:
>
> > "Analisadas todas essas peculiaridades, é possível concluir que o fundamento de tutela da segurança jurídica exigido pelos mencionados dispositivos legal e regimental referentes ao pedido de suspensão nacional de processos em IRDR estará presente na hipótese em que o incidente admitido pelo tribunal de segunda instância: a) demandar a interpretação da legislação infraconstitucional federal; b) abranger matéria que se repete em processos em tramitação em outros estados ou regiões; e c) ensejar divergência de entendimentos entre pelo menos dois tribunais".

3.7. IRDR e os Juizados Especiais

Há uma questão interessante em torno do incidente de resolução de demandas repetitivas e os juizados especiais, vez que, por um lado, estes últimos devem observar o que for aprovado em sede de IRDR, em conformidade com o art. 985, I do CPC, mas, de outro lado, não será possível a instauração do incidente em processos que tramitarem perante os próprios juizados. Em síntese:

Decisão proferida no IRDR	➔	deverá ser observada no âmbito dos Juizados.
Processos que tramitam nos Juizados	➔	nestes não será possível a instauração do IRDR.

E tal conclusão é extraída a partir da natureza jurídica atribuída ao instituto, qual seja, de um incidente processual e, como tal, há necessidade de que esteja em trâmite no tribunal uma causa pendente de julgamento, seja em razão de competência originária ou recursal.

Dessa maneira, considerando-se que o processo do sistema dos juizados não estará tramitando perante o Tribunal de Justiça ou Tribunal Regional Federal, tem-se que ausente requisito de admissibilidade do mesmo.

3.8. RECLAMAÇÃO

3.8.1. Natureza Jurídica e Finalidade

A reclamação possui natureza jurídica de ação e poderá ser ajuizada para preservar a competência de tribunal, garantir a autoridade das decisões do tribunal, garantir a observância de enunciado de súmula vinculante e de decisão do Supremo Tribunal Federal em controle concentrado de constitucionalidade e para garantir a observância de acórdão proferido em julgamento de incidente de resolução de demandas repetitivas ou de incidente de assunção de competência.

3.8.2. Inadmissibilidade

Não será cabível a reclamação se a decisão já tiver transitado em julgado. Também não será admissível para garantir a observância de acórdão de recurso extraordinário com repercussão geral reconhecida ou de acórdão proferido em julgamento de recursos extraordinário ou especial repetitivos, quando não esgotadas as vias ordinárias.

Sendo julgada procedente a reclamação, o tribunal cassará a decisão exorbitante de seu julgado ou determinará medida adequada à solução da controvérsia.

3.8.3. Reclamação para Observância de Precedente

Tendo o pronunciamento judicial violado o precedente, tem-se que o meio adequado para sua impugnação é o recurso, devolvendo-se a matéria ao órgão jurisdicional *ad quem*, exercido de forma voluntária pela parte ou terceiro que detenha legitimidade e interesse recursal (no caso das pessoas jurídicas de Direito público, o interesse recursal qualificado).

Excepcionalmente, admite-se a utilização da reclamação nas hipóteses aventadas no art. 988 do CPC/2015 e, em especial aos precedentes, nos incisos III e IV, respectivamente: garantir a observância de enunciado de súmula vinculante e de decisão do Supremo Tribunal Federal em controle concentrado de constitucionalidade; garantir a observância de acórdão proferido em julgamento de incidente de resolução de demandas repetitivas ou de incidente de assunção de competência.

De acordo com o regramento, não será cabível a reclamação para garantir a observância de precedente proferido em julgamento dos recursos extraordinário e especial repetitivos (conforme alteração da redação do inciso IV e proibição constante do § 5º, II).

Por esse motivo, e diante do constante do art. 988, muito embora seja incoerente preservar um precedente por meio da reclamação e não prever o mesmo instrumento em relação ao outro, o fato é que a Lei n. 13.256/2016 foi aprovada exatamente diante dos reclamos do Poder Judiciário para diminuir o impacto junto aos Tribunais Superiores.

Dessa maneira, a análise realista e prática deve ser a de que não poderá ser usada a reclamação para a tutela do precedente formado em recursos extraordinário e especial repetitivos e não repetitivos.

De toda forma, ainda que cabível a reclamação, deve a parte interpor o respectivo recurso para impugnar a decisão judicial, até porque é vedada a utilização da reclamação como forma de tutela do precedente quando a decisão tiver transitado em julgado (art. 988, § 5º, I, CPC/2015); não obstante, a negativa de admissibilidade ou o julgamento do recurso interposto contra a decisão proferida pelo órgão reclamado não prejudicará a reclamação (art. 988, § 6º, CPC/2015).

Diante, portanto, de decisão judicial que tenha aplicado (ou não) precedente, poderá o interessado, a depender do pronunciamento judicial, interpor o respectivo recurso e, além disso, também ajuizar a ação de reclamação, observando-se o seguinte quadro:

Pronunciamento	Instrumento processual
Ratio decidendi extraída de decisões do STF em controle concentrado de constitucionalidade	Recurso e reclamação
Súmula vinculante	Recurso e reclamação
Incidentes de assunção de competência e de resolução de demandas repetitivas	Recurso e reclamação
Acórdãos de recursos extraordinário e especial repetitivos ou não	Recursos
Súmulas do STF e do STJ	Recursos
Orientação do Plenário ou do órgão especial aos quais estiverem vinculados	Recursos e reclamação

3.8.4. *Transcendência dos Motivos Determinantes*

Firmou-se entendimento no STF no sentido de que é inviável o manejo de reclamação constitucional para garantia da autoridade de suas decisões quando calcada na transcendência dos motivos determinantes das decisões tomadas no exercício do controle abstrato de constitucionalidade dos atos normativos.

A propósito, a Ministra Cármen Lúcia, na Rcl 10.548/CE, consignou que "no Direito brasileiro ainda prevalece o entendimento de que declaração judicial de constitucionalidade ou de inconstitucionalidade se circunscreve a norma específica, e não a matéria".

O Plenário do STF, por sua vez, ratificou a contrariedade à "transcendência" ou "efeitos irradiantes" dos motivos determinantes das decisões proferidas em sede de controle abstrato de normas, conforme se vê da Rcl 3.014/SP. *Vide* ainda: Ag Reg na Reclamação n. 2.491, Piauí (já sob a vigência do CPC).

> ▶ **ATENÇÃO:**
>
> Assim, no entendimento do STF, para utilizar a reclamação para garantir a observância de decisão daquele Tribunal Superior proferida em ação de controle concentrado de constitucionalidade deve haver identidade material entre os fundamentos do ato reclamado e o que foi efetivamente decidido nas ações diretas de inconstitucionalidade apontadas como paradigmas.

3.8.5. Reclamação no âmbito da Turma Nacional de Uniformização (TNU)

No âmbito da TNU, de acordo com o que está previsto na Resolução nº 345/2015, com a sua redação alterada pela Resolução nº 392/2016, ambas do Conselho da Justiça Federal, caberá a reclamação para preservar a sua competência ou garantir a autoridade das suas decisões, podendo ser apresentada no prazo de quinze dias, a contar da intimação da decisão nos autos de origem.

Não será admitida a reclamação, sendo a inicial desde logo indeferida quando: I – fundamentada em decisões proferidas em outros autos; II – fundamentada em negativa de admissibilidade de incidente nacional por parte do juiz responsável pela admissibilidade; III – fundamentada em negativa de seguimento, pelo Presidente da TNU ou pelo seu colegiado, de incidente de uniformização manifestamente inadmissível ou em confronto evidente com súmula ou jurisprudência dominante; IV - impugnar decisão do Presidente da TNU que devolve à turma de origem os processos suspensos e os para sobrestamento; (NR) (Alterado pela Resolução n. 392, de 19/04/2016); V - impugnar decisão de sobrestamento em juízo provisório de admissibilidade, em aguardo à decisão de processo paradigmático ou representativo de controvérsia; (NR) (Alterado pela Resolução n. 392, de 19/04/2016); VI - impugnar decisão do magistrado responsável pelo juízo preliminar de admissibilidade nos casos previstos no art. 14, §§ 2º e 3º, deste Regimento Interno." (NR) (Alterado pela Resolução n. 392, de 19/04/2016).

Também não caberá reclamação quando fundada em descumprimento de decisão proferida pela Turma Nacional de Uniformização em outro processo.

4. RECURSOS: PARTE GERAL

4.1. Meios de Impugnação das Decisões Judiciais

As decisões judiciais, de modo geral, podem ser impugnadas por meio dos ***recursos***, pelos ***sucedâneos recursais*** ou ainda pelas ***ações impugnativas***.

Os recursos importarão no prolongamento do processo, e somente assim são considerados aqueles taxativamente previstos na lei.

Diferentemente, os sucedâneos recursais são os meios que, apesar de não previstos como recursos, fazem as vezes destes. Em outras palavras,

> [...] toda vez que a determinado remédio faltarem as notas essenciais do conceito de recurso, ou seja, a previsão legal (princípio da taxatividade), a voluntariedade na interposição e o desdobramento no processo pendente, nada obstante a finalidade comum de reformar ou de invalidar pronunciamento judicial, formará categoria paralela à dos recursos.[28]

Por fim, as ações impugnativas importam na instauração de nova relação processual, com a finalidade de discutir decisão judicial. Exemplos típicos são o mandado de segurança contra ato judicial e a ação rescisória.

Em especial no que tange à primeira ação, deve-se enfatizar que caberá tal remédio processual quando não existir recurso adequado para impugnar a decisão proferida, como pode ocorrer nos casos em que houver dúvida razoável sobre o cabimento do agravo de instrumento. Nesse sentido, foi noticiado que: "Na vigência do novo Código de Processo Civil, é possível a impetração de mandado de segurança, em caso de dúvida razoável sobre o cabimento de agravo de instrumento, contra decisão interlocutória que examina competência".[29]

4.2. Princípios Recursais

Os princípios constituem "diretrizes ideológicas que inspiram determinados setores do ordenamento jurídico".[30] Podem ser identificados como princípios próprios dos recursos:

a) Princípio do duplo grau de jurisdição:

Propõe esse princípio que a decisão judicial possa ser impugnada, devolvendo-se ao órgão jurisdicional competente a possibilidade de análise da Justiça da decisão.

---

28. ARRUDA ALVIM; ASSIS, Araken; ALVIM, Eduardo Arruda. *Comentários ao Código de Processo Civil*. 2ª ed. São Paulo: Revista dos Tribunais, 2012, p. 1.089.
29. Informativo nº 636, de jurisprudência do STJ. RMS 58.578-SP, Rel. Min. Raul Araújo, por unanimidade, julgado em 18.10.2018, DJe 25.10.2018.
30. ARRUDA ALVIM. Op. cit., p. 1.088.

É possível distinguir o *duplo grau de jurisdição* do *duplo reexame*. Pelo primeiro, o recurso será levado a julgamento por órgão jurisdicional diverso. É o que ocorre, por exemplo, nos recursos de apelação e agravo. O duplo reexame, por sua vez, baseia-se no fato de que o novo exame da matéria poderá ser feito pelo mesmo órgão julgador que proferiu a decisão recorrida, tal como ocorre com os embargos declaratórios e nos embargos infringentes de alçada (art. 34, Lei 6.830/80).

b) Princípio da colegialidade:

O órgão colegiado é o juiz natural dos recursos. Porém, em determinadas situações, concede-se ao relator mais poderes, para que ele decida monocraticamente o recurso, como um porta-voz do tribunal.

Nesse sentido, poderá o relator não conhecer de recurso inadmissível, prejudicado ou que não tenha impugnado especificamente os fundamentos da decisão recorrida, negar e dar provimento a recursos nas situações indicadas no art. 932.

c) Princípio da taxatividade recursal:

Somente são recursos aqueles estabelecidos por lei federal, não sendo possível deixar "à autonomia dos litigantes a instituição dos meios hábeis para impugnar as resoluções judiciais".[31] As partes, por conta disso, podem até promover a negociação processual em relação à instância única, mas não poderão criar um recurso específico.

São cabíveis os seguintes recursos: I – apelação; II – agravo de instrumento; III – agravo interno; IV – embargos de declaração; V – recurso ordinário; VI – recurso especial; VII – recurso extraordinário; VIII – agravo em recurso especial ou extraordinário; e IX – embargos de divergência.

Além destes, persistem os seguintes recursos: recurso inominado, incidentes de uniformização de interpretação de lei (Juizados Especiais Federais e Juizados Especiais da Fazenda Pública) e os embargos infringentes de alçada na execução fiscal.

d) Princípio da eficácia imediata das decisões judiciais:

Como regra, os recursos não impedem a eficácia da decisão, de modo que produzem efeito jurídico imediato, salvo nos casos em que houver disposição legal ou decisão em sentido contrário.

▸ EFEITO SUSPENSIVO:	Apelação, salvo exceções.
	Recurso extraordinário e especial contra IRDR.

31. ARRUDA ALVIM. Op. cit., p. 1.088.

Admite-se que o relator do recurso suspenda a eficácia da decisão, se da imediata produção de seus efeitos houver risco de dano grave, de difícil ou impossível reparação, e ficar demonstrada a probabilidade de provimento do recurso.

e) Princípio da unicidade (ou da singularidade, ou da unirrecorribilidade):

Para cada pronunciamento jurisdicional corresponderá um único recurso. Em decorrência dessa regra, não se admite que a parte interponha dois recursos iguais, sucessivamente, contra a mesma decisão. Interposto recurso errôneo, não se admite que a parte, posteriormente, interponha outro, supostamente correto.

Existem, no entanto, casos em que cabem dois ou mais recursos contra um mesmo pronunciamento judicial, como ocorre com o recurso extraordinário (STF) e o recurso especial (STJ), interpostos na mesma oportunidade contra o mesmo acórdão.

f) Princípio da correspondência:

Identificada a natureza jurídica do pronunciamento judicial, identifica-se o recurso cabível. Assim, as sentenças serão impugnáveis por meio da apelação, as decisões interlocutórias pelo agravo e assim por diante.

Em certas ocasiões, porém, esse princípio é mitigado por conta de previsão normativa que destoa da regra geral. Assim ocorre, por exemplo, com o recurso inominado que impugna a sentença proferida no âmbito dos juizados ou os embargos infringentes de alçada nas execuções fiscais de valores inferiores ao de alçada.

g) Princípio da proibição da reformatio in pejus:

De acordo com esse princípio, o órgão *ad quem* não pode piorar a situação do recorrente, a não ser que esta piora decorra da cognição da *matéria de ordem pública*, de ofício, ou por acolhimento de preliminar alegada pelo recorrido em contrarrazões.

h) Princípio da fungibilidade:

Pelo princípio da fungibilidade (hoje entendida fungibilidade de meios), o tribunal receberá um recurso por outro.

Constitui aplicabilidade de tal princípio a previsão contida no art. 1.024, § 3º, do CPC, segundo a qual o órgão julgador conhecerá dos embargos de declaração como agravo interno se entender ser este o recurso cabível, desde que determine previamente a intimação do recorrente para, no prazo de cinco dias, complementar as razões recursais.

i) Princípio da dialeticidade:

Consiste no dever imposto ao recorrente de fundamentar o recurso e demonstrar as causas de seu inconformismo. Exige-se que o recorrente aponte a injustiça ou a ilegalidade da decisão que pretende anular ou modificar, demonstrando nas razões recursais os fundamentos de fato e de direito que impõem a modificação da decisão recorrida. Deve haver correlação entre o decidido e o alegado no recurso.

A propósito, em conformidade com o previsto no art. 932, III, incumbe ao relator não conhecer de recurso inadmissível, prejudicado ou que não tenha impugnado especificamente os fundamentos da decisão recorrida.

Já sob a égide do CPC de 2015, o Superior Tribunal de Justiça vem admitindo a aplicação, por analogia, do conteúdo do *Enunciado 182* da Súmula daquele Tribunal Superior, segundo a qual "é inviável o agravo do art. 545 do CPC [1973] que deixa de atacar especificamente os fundamentos da decisão agravada".[32]

Também já firmou o STJ que repetir, na apelação, os argumentos já lançados na petição inicial ou na contestação não representa, por si só, obstáculo ao conhecimento do recurso, nem ofensa ao princípio da dialeticidade.[33]

j) Princípio da voluntariedade:

Trata-se de expressão do princípio do dispositivo no âmbito recursal, de modo que a interposição é um ônus da parte, que não é obrigada a tanto. Consequentemente, poderá renunciar ao direito de recorrer, ou mesmo desistir do recurso interposto.

A propósito, prevê o art. 998 que o recorrente poderá, a qualquer tempo, sem anuência do recorrido ou dos litisconsortes, desistir do recurso.

O mesmo dispositivo, em seu parágrafo único, prevê que a desistência do recurso não impede a análise de questão cuja repercussão geral já tenha sido reconhecida e daquela objeto de julgamento de recursos extraordinários ou especiais repetitivos.

k) Princípio da irrecorribilidade imediata das questões decididas por meio de decisões interlocutórias:

O CPC adotou como regra a não preclusão imediata (mas a preclusão elástica) das questões decididas por meio de decisões interlocutórias, que poderão ser atacadas quando da interposição dos recursos de apelação ou nas contrarrazões. Contudo, nas hipóteses indicadas no art. 1.015 do CPC, como previsto o recurso de agravo de

---

32. Processual civil. Agravo interno nos embargos de divergência nos embargos de divergência em agravo em recurso especial. Código de Processo Civil de 2015. Aplicabilidade. Ausência de impugnação específica aos fundamentos da decisão agravada. Incidência da Súmula 182/STJ e do art. 932, inc. III, do CPC/2015. 1. Consoante o decidido pelo Plenário desta Corte na sessão realizada em 9/3/2016, o regime recursal será determinado pela data da publicação do provimento jurisdicional impugnado. Assim sendo, no caso em exame, aplica-se o Código de Processo Civil de 2015. 2. Razões de agravo interno que não impugnam especificamente os fundamentos da decisão agravada, o que, à luz do princípio da dialeticidade, constitui ônus do agravante. Incidência da Súmula 182 do STJ e aplicação do art. 932, III, do CPC/2015. 3. Agravo interno não conhecido (AgInt nos EDv nos EAREsp 791.089/SC, Rel. Ministro Og Fernandes, Primeira Seção, julgado em 08/02/2017, *DJe* 14/02/2017).
33. AgInt no AREsp 980.599/SC, Rel. Ministro Ricardo Villas Bôas Cueva, Terceira Turma, julgado em 13/12/2016, *DJe* 02/02/2017.

instrumento, se não interposto nessas hipóteses, não será possível a impugnação posterior em apelação ou nas contrarrazões.

l) Princípio da complementariedade:

No Direito processual civil, ao ser interposto o recurso, este já deve estar acompanhado das razões que o recorrente entende serem suficientes para a modificação da decisão. Isso é decorrência do princípio da dialeticidade, já visto. Ocorre que, apresentadas essas razões, elas não podem ser posteriormente complementadas.

Com efeito, ao interpor o recurso, tem-se a consumação do ato processual, de modo que, como regra, não poderá ser posteriormente complementado, salvo por motivos externos à sua vontade, nos quais a decisão judicial foi alterada.

Dessa forma, caso o acolhimento dos embargos de declaração implique modificação da decisão e o embargado já tiver interposto outro recurso contra a decisão originária, terá o direito de complementar ou alterar as suas razões, observando-se os exatos limites da modificação, no prazo de 15 dias, contado da intimação da decisão proferida em sede de embargos.

m) Princípio da Consumação:

Uma vez praticado o ato processual, tem-se que a parte esgotou a oportunidade de fazê-lo. Está consumado o ato, observando-se o princípio da preclusão (no caso, a preclusão consumativa).

Dessa forma, uma vez interposto o recurso, não poderá renovar o ato. De outro lado, em atenção ao princípio da primazia do julgamento do mérito, poderá a parte ser intimada a regularizar determinados vícios processuais, com a finalidade de proporcionar o máximo aproveitamento do ato processual.

> Nesse sentido, se o recorrente deixa de juntar as razões recursais, não poderá o tribunal determinar que tal vício seja corrigido, pois estará permitindo que a parte complemente o recurso. Já houve o esgotamento da oportunidade de recorrer. Contudo, se deixar, por exemplo, de juntar a procuração, ainda que se trate de recurso junto aos tribunais superiores, admite-se que complemente o vício, pois se trata de aspecto externo ao ato.

n) Princípio da sanabilidade:

Como princípio corolário da preferência do julgamento de mérito (art. 4º), admite-se a sanabilidade de vícios externos, que não importem na renovação do ato processual.

Nesse sentido, o relator, antes de considerar inadmissível o recurso, concederá o prazo de cinco dias ao recorrente para que este seja sanado ou complementada a documentação exigível.

4.3. Os requisitos de admissibilidade dos recursos

4.3.1. *Classificação dos requisitos de admissibilidade*

Cumpre deixar registrado que, inicialmente, será realizada uma abordagem geral do tema para, posteriormente, e de forma mais específica, tratar dos requisitos de admissibilidade com foco no exercício do poder-dever de recorrer pelas pessoas jurídicas de Direito público.

Os requisitos, pressupostos ou condições de admissibilidade são aqueles necessários para analisar o mérito do recurso. Constituem matéria de ordem pública, que pode ser conhecida de ofício. Trata-se do objeto do juízo de admissibilidade ou de prelibação.[34]

Conforme destacado por Flávio Cheim Jorge, a doutrina encampa duas correntes básicas sobre a classificação de tais requisitos:[35] a defendida por Seabra Fagundes, que faz a divisão entre requisitos subjetivos e objetivos, e outra, defendida por Barbosa Moreira, para quem os requisitos são intrínsecos e extrínsecos.[36]

Adota-se aqui, assim como o fez Nelson Nery,[37] o critério utilizado por José Carlos Barbosa Moreira.

4.3.2. *Os requisitos intrínsecos*

Os requisitos intrínsecos "são aqueles que dizem respeito à decisão recorrida em si mesma considerada".[38] Levam em conta "o conteúdo e a forma da decisão impugnada, de tal modo que, para proferir o juízo de admissibilidade, toma-se o ato judicial impugnado no momento e da maneira como foi prolatado".[39] Constituem requisitos intrínsecos de admissibilidade o cabimento, a legitimação para recorrer e o interesse recursal.

Na sequência, serão analisadas cada uma das condições de admissibilidade dos recursos.

a) Cabimento

A recorribilidade e a adequação são dois fatores que compõem o requisito do cabimento.[40] Para que seja cabível, o "recurso precisa estar previsto na lei processual

34. NERY JÚNIOR, Nelson. *Teoria geral dos recursos*. 7. ed. São Paulo: RT, 2014, p. 266.
35. "É de se perceber que tanto uma como outra classificação atendem igualmente ao objetivo por elas delineados, que é, justamente, esquematizar um quadro completo e coerente de todos os requisitos de admissibilidade dos recursos. Não existe, propriamente, distinção de conteúdo entre ambas as classificações. Não é possível dizer que uma supera a outra em termos de qualidade. Ambas, como referido, atingem o objetivo pretendido". JORGE, Flávio Cheim. *Teoria geral dos recursos*. 7ª ed. São Paulo: RT, 2015, p. 111.
36. JORGE, Flávio Cheim. *Teoria geral dos recursos*. 7ª ed. São Paulo: RT, 2015, p. 110-111.
37. NERY JÚNIOR, Nelson. *Teoria geral dos recursos*. 7ª ed. São Paulo: RT, 2013, p. 266.
38. NERY JÚNIOR, Nelson. *Teoria geral dos recursos*. 7ª ed. São Paulo: RT, 2013, p. 266.
39. NERY JÚNIOR, Nelson. *Teoria geral dos recursos*. 7ª ed. São Paulo: RT, 2013, p. 266.
40. NERY JÚNIOR, Nelson. *Teoria geral dos recursos*. 7ª ed. São Paulo: RT, 2013, p. 267.

contra determinada decisão judicial",[41] bem como que seja o correto para impugnar o pronunciamento judicial.

O CPC elenca os recursos no art. 994. São eles: I - apelação; II - agravo de instrumento; III - agravo interno; IV - embargos de declaração; V - recurso ordinário; VI - recurso especial; VII - recurso extraordinário; VIII - agravo em recurso especial ou extraordinário; e IX - embargos de divergência.

Além desses recursos, merece registro a previsão de outros em leis especiais, como os recursos inominados (art. 49 da Lei 9.099/95), os incidentes de uniformização de interpretação de lei (Leis n. 10.259/2001 e 12.153/2009) e os embargos infringentes de alçada (art. 34 da Lei n. 6.830/1980).

Encampou-se, assim, o princípio da taxatividade dos recursos, por meio do qual somente serão recursos aqueles assim previstos em lei federal.

Além de verificar se o recurso está previsto em lei federal, também deve ser examinado se o pronunciamento judicial poderá ser impugnado por meio dele.

Assim, da sentença caberá o recurso de apelação, a decisão interlocutória poderá ser impugnada por meio do agravo de instrumento nas hipóteses indicadas no art. 1.015 do CPC/2015, o despacho será irrecorrível, a decisão monocrática desafiará o agravo interno, o acórdão poderá ser impugnado pelos recursos extraordinário e especial, ou, ainda, pelos embargos de divergência, cabendo ainda os embargos declaratórios contra todos os pronunciamentos.

Verificada, assim, a natureza do pronunciamento judicial, tem-se o recurso adequado para a sua impugnação.

b) Legitimidade para recorrer

Para a admissibilidade do recurso, deverá o recorrente ter legitimidade para sua interposição, prevista de forma genérica. Nesse sentido, o art. 996 do CPC/2015 dispõe que têm legitimidade a parte, o terceiro prejudicado e o Ministério Público, como parte ou como fiscal da ordem jurídica.

Cumpre inicialmente verificar quem é parte no processo.

Constitui parte aquele que participa do processo como autor ou como réu. Também são equiparados a partes no processo o denunciado, na denunciação à lide, o chamado, no chamamento ao processo, e o assistente litisconsorcial.

Assegura-se também legitimidade de recorrer ao terceiro prejudicado,[42] devendo ser feitas algumas considerações a respeito.

---

41. NERY JÚNIOR, Nelson. *Teoria geral dos recursos*. 7ª ed. São Paulo: RT, 2013, p. 267.
42. "O conceito de terceiro é, na verdade, um 'contraconceito'. Quem não é parte, é terceiro. É interessante ressaltar que é *parte ilegítima*, desde que esteja no processo, no lugar daquele que *seria* parte legítima, se parte fosse, pois que este, que seria parte legítima, estando fora do processo, não é

Vislumbra-se a existência de duas modalidades de terceiro que têm legitimidade para recorrer.[43]

A primeira é a prevista no art. 996, parágrafo único, do CPC, relativa ao terceiro prejudicado, que é aquele que não figurou como parte principal ou secundária no processo. Ele possui interesse jurídico na intervenção, competindo-lhe demonstrar a "possibilidade de a decisão sobre a relação jurídica submetida à apreciação judicial atingir direito de que se afirme titular ou que possa discutir em juízo como substituto processual" (art. 996, parágrafo único, CPC/2015).

Trata-se de hipótese de intervenção de terceiros específica para a fase recursal, admitindo-se a interposição de qualquer recurso, desde que aquele demonstre a existência de interesse jurídico.

O conceito de terceiro, ensina Barbosa Moreira, "determina-se pela exclusão em confronto com o de parte: é terceiro quem não seja parte, quer *nunca* o tenha sido, quer haja *deixado* de sê-lo em momento anterior àquele em que se profira a decisão".[44]

Assim, o litisconsorte necessário, que não tenha sido citado para o processo, é considerado terceiro, salvo se já ingressou na condição de assistente litisconsorcial. Aquele que havia sido excluído do processo, anteriormente ao pronunciamento recorrido, também é considerado terceiro.

A partir do próprio texto da lei, é possível assinalar que existem duas ordens diferentes de interesse jurídico recursal de terceiro, quais sejam: i) direito de que o recorrente se afirme titular; ou ii) direito de que possa discutir como substituto processual. Nas duas hipóteses, a lei prevê a legitimidade recursal.

No primeiro, o interesse poderá surgir tendo em vista a possibilidade de que a decisão possa atingir direito de que **o recorrente se afirme titular**, de modo que

---

parte, é *terceiro*. O conceito de *parte* é, pois, diferente do conceito de *parte legítima*. O autor é parte, porque propõe a ação, e o réu é parte porque o autor contra ele está movendo uma ação. Quando da propositura da ação, determina-se quem serão as partes, fixando-se o autor no polo ativo e o réu, no polo passivo. A legitimidade ou ilegitimidade são qualificativos do conceito de parte". ALVIM, Teresa Celina de Arruda. O terceiro recorrente. In.: *Doutrinas essenciais: processo civil*. v. VII. *Recursos e ação rescisória*. São Paulo: RT, 2011, p. 390.

43. José Carlos Barbosa Moreira lembra que a distinção de terceiro, para fins de recurso, "é menos relevante no sistema do Código de 1973 que no Direito anterior: o Diploma de 1939, no art. 815, §§ 1º e 2º, concedia ao terceiro, em certas hipóteses, prazo maior que o da parte para a interposição de recurso; a lei nova nenhuma diferença estabelece ao propósito". *Comentários ao Código de Processo Civil*. 13ª ed. Rio de Janeiro: Forense, 2006, p. 204. A lição apresentada, que comparava os Códigos de Processo de 1939 e 1973, estende-se também ao CPC de 2015, pois não se estabeleceu prazo maior para o terceiro.

44. MOREIRA, José Carlos Barbosa. *Comentários ao Código de Processo Civil*. Rio de Janeiro: Forense, 2006, p. 294.

poderia ter figurado como assistente simples ou litisconsorcial no processo, mas não só nesse caso.

Sobre o tema, já se afirmou que:

> O **terceiro recorrente** é aquele que poderia ter sido assistente - simples ou litisconsorcial -, mas não só.
>
> **Há terceiros que podem sofrer reflexos de decisões proferidas em processos alheios, e que não poderiam ter sido assistentes.** Pense-se, por exemplo, na situação daquela que moveu ação de investigação de paternidade contra o pai falecido, e pede reserva de quinhão no inventário. Julgada procedente a ação, é terceira prejudicada para recorrer da partilha em que seu quinhão não foi reservado. Também é **terceiro prejudicado** para recorrer o **litisconsorte necessário** que não foi citado no processo. Ele tem legitimidade e interesse para apresentar recurso, na condição de terceiro e impugnar a decisão que o atinge diretamente.[45]

Assim, conforme registrado, como regra, o terceiro prejudicado poderia atuar como assistente, embora se admitam exceções.

c) Interesse Recursal

Passa-se ao exame do interesse em recorrer.

Haverá interesse em recorrer quando presentes os requisitos do binômio necessidade-utilidade.[46]

Para que haja a necessidade recursal, deverá o recorrente demonstrar que o recurso é o único meio de obter "o que pretende contra a decisão impugnada".[47]

Em relação à utilidade, o recurso será útil se puder importar em situação de melhora ao recorrente, em decorrência da sucumbência ou prejuízo imposto pelo pronunciamento jurisdicional.

A propósito, Nelson Nery Júnior, embasado em doutrina alemã, destaca a existência da sucumbência formal e material. Ensina o doutrinador que:

> Há sucumbência quando o conteúdo da parte dispositiva da decisão judicial diverge do que foi requerido pela parte no processo (*sucumbência formal*) ou quando, independentemente das pretensões deduzidas pelas partes no processo, a decisão judicial colocar a parte ou o terceiro em

45. WAMBIER, Teresa Arruda Alvim; CONCEIÇÃO, Maria Lúcia Lins; RIBEIRO, Leonardo Ferres da Silva; MELLO, Rogério Licastro Torres de. *Primeiros comentários ao Novo Código de Processo Civil, artigo por artigo.* São Paulo: RT, 2015, p. 1.427.
46. NERY JUNIOR, Nelson; NERY, Rosa Maria de Andrade. *Comentários ao Código de Processo Civil. CPC - Lei 13.105/2015.* São Paulo: RT, 2015, p. 300.
47. NERY JUNIOR, Nelson; NERY, Rosa Maria de Andrade. *Comentários ao Código de Processo Civil. CPC - Lei 13.105/2015.* São Paulo: RT, p. 300.

> situação jurídica pior do que aquela que tinha antes do processo, isto é, quando a decisão produzir efeitos desfavoráveis à parte ou a ao terceiro (*sucumbência material*), ou, ainda, quando a parte não obteve no processo tudo aquilo que poderia dele ter obtido.[48]

E conclui que a "sucumbência é aferível com base na soma de vários critérios distintos. A tão só desconformidade da decisão com os requerimentos formulados pelas partes não basta, por si só, para caracterizar a sucumbência".[49]

Nas duas modalidades de sucumbência, portanto, haverá o interesse em recorrer.

Ao mesmo tempo, a doutrina também ressalva que é necessário ter cautela ao relacionar o interesse recursal à existência de sucumbência ou gravame, dando-se como exemplo a situação do terceiro, que, embora não tenha sucumbido, pode recorrer.[50]

Sobre o tema, ressalta Barbosa Moreira que

> [...] a ênfase incidirá mais sobre o que é possível ao recorrente *esperar que se decida*, no novo julgamento, do que sobre o teor daquilo que *se decidiu*, no julgamento impugnado. Daí preferirmos aludir à *utilidade*, como outros aludem, como fórmula afim, *ao proveito* ou ao *benefício* que a futura decisão seja capaz de proporcionar ao recorrente.[51]

4.3.3. *Requisitos extrínsecos*

Os requisitos extrínsecos referem-se a fatores externos ao pronunciamento judicial impugnado. São eles: a tempestividade, a regularidade formal, a inexistência de fato impeditivo ou extintivo do poder de recorrer e o preparo recursal.

a) Tempestividade

Observando-se o princípio da preclusão, tem-se que os atos processuais devem observar uma sequência lógica e ser praticados dentro dos prazos estabelecidos na lei. Não realizado no tempo legal, tem-se que ocorrerá a perda da oportunidade de praticá-lo, por conta da preclusão temporal.

O Código de Processo Civil de 1973 previa que os recursos de apelação, embargos infringentes (agora extintos), recurso ordinário, recurso especial, recursos extraordinários e embargos de divergência deveriam ser interpostos no prazo de quinze dias. O agravo de instrumento, por sua vez, deveria ser interposto em dez dias e os embargos declaratórios, em cinco dias.

---

48. NERY JÚNIOR, Nelson. *Teoria geral dos recursos*. 7ª ed. São Paulo: RT, 2013, p. 301.
49. NERY JÚNIOR, Nelson. *Teoria geral dos recursos*. 7ª ed. São Paulo: RT, 2013, p. 301.
50. DIDIER JR., Fredie; CUNHA, Leonardo Carneiro da. *Curso de Direito processual civil. Meios de impugnação às decisões judiciais e processo nos tribunais*. v. III. 10. ed. Salvador: JusPodivm, 2012.
51. MOREIRA, José Carlos Barbosa. *Comentários ao Código de Processo Civil*. 13. ed. Rio de Janeiro: Forense, 2006, p. 299.

Mesmo na época do CPC de 1973, já havia casos de prazos diferenciados para a interposição dos recursos, como ocorria na apelação em procedimentos previstos no Estatuto da Criança e do Adolescente e que tramitassem na Vara da Infância e da Juventude, cujo prazo é de dez dias.

Se o CPC de 1973 já importou em unificação da maioria dos prazos, o CPC de 2015 avançou ainda mais nesse ponto, ao prever expressamente que, excetuados os embargos de declaração, o prazo para interpor os recursos e para responder-lhes é de quinze dias (art. 1.003, § 5º, do CPC).

Como é possível verificar, dilatou-se o prazo para a interposição do agravo de instrumento e agravo interno, que passou a ser de quinze dias.

Ainda persistem prazos especiais para alguns recursos, em razão de previsão contida em lei extravagante. Em comum entre eles, o recurso deverá ser interposto no prazo de dez dias, e a diferenciação decorre da aplicação do princípio da especialidade.

É o que acontece com os recursos de: i) apelação e agravo de instrumento nos procedimentos que tramitam perante a Vara da Infância e da Juventude, com exceção das ações coletivas (art. 198, II, do Estatuto da Criança e do Adolescente); ii) recurso inominado, previsto na Lei dos Juizados Especiais (art. 42, *caput*, da Lei n. 9.099/95); iii) incidente de uniformização de interpretação de lei para a Turma Regional de Uniformização dos Juizados Especiais Federais (art. 2º, § 1º, da Resolução n. 347/2015); iv) embargos infringentes de alçada em processo de execução fiscal (art. 34, § 2º, da Lei n. 6.830/80).

Nota-se, assim, que há disparidade entre os prazos para o agravo interno. Enquanto da decisão proferida pelo relator será cabível esse recurso no prazo de quinze dias, do pronunciamento do presidente do tribunal, em julgamento de incidente de suspensão de eficácia de pronunciamento, o prazo será de cinco dias.

Também devem ser observadas as regras gerais de prazos diferenciados decorrentes de prerrogativas processuais.

Nesse sentido, o Ministério Público contará com prazo dobrado para manifestação nos autos (art. 180, *caput*, do Código de Processo Civil), regramento esse que não será aplicado quando a lei lhe estabelecer prazo próprio para a prática de ato processual (art. 180, § 2º, do CPC/2015).

Perquire-se se o Ministério Público possui prazo dobrado no caso de interposição de recursos em procedimentos que tramitam perante a Vara da Infância e da Juventude, em razão do disposto no inciso II do art. 198 do Estatuto da Criança e do Adolescente,[52] pois se prevê expressamente que o prazo para o *Parquet* será de dez dias.

52. Art. 198. [...] II – em todos os recursos, salvo nos embargos de declaração, o prazo para o Ministério Público e para a defesa será sempre de dez dias.

O Superior Tribunal de Justiça já enfrentou a questão sob a égide do CPC de 1973, não havendo qualquer particularidade que justifique a alteração do precedente formado,[53] sendo decidido pela aplicabilidade do prazo em dobro.

Também terão prazo em dobro as pessoas jurídicas de Direito público (art. 183, *caput*, do CPC/2015), quer para interpor ou para responder aos recursos, não se aplicando tal benefício, no mesmo sentido do previsto para o Ministério Público, se a lei estabelecer de forma expressa prazo próprio para o ente público.

A Defensoria Pública da União e dos estados, quer estejam atuando em seu nome, substituindo a coletividade, ou patrocinando interesse de assistido, gozarão de prazo em dobro para a prática de atos processuais, especialmente para interpor e responder recursos (art. 186, *caput*, do CPC), salvo se o prazo for próprio para a Defensoria.

O mesmo se aplicará aos escritórios de prática jurídica das faculdades de Direito reconhecidas na forma da lei e às entidades que prestam assistência jurídica gratuita em razão de convênios firmados com a Defensoria Pública, modificando-se o posicionamento dominante no Superior Tribunal de Justiça[54] e encampando lição doutrinária.[55]

---

53. Processual civil. Recurso especial. Violação do art. 535, II, do CPC. Inexistência. Ausência de prequestionamento. Súmulas 282/STF e 211/STJ. Estatuto da Criança e do Adolescente (Lei 8.069/90). Ação civil pública. Prazo recursal. Interpretação do art. 198 do ECA. Fazenda Pública. Prazo em dobro (art. 188 do CPC). Precedentes do STJ. Recurso especial parcialmente conhecido e, nessa parte, provido. 1. Não há falar em violação do art. 535, II, do Código de Processo Civil quando o aresto recorrido adota fundamentação suficiente para dirimir a controvérsia, sendo desnecessária a manifestação expressa sobre todos os argumentos apresentados pelos litigantes. 2. No caso dos autos, não houve apreciação pelo Corte de origem sobre os dispositivos legais supostamente violados, o que impossibilita o julgamento do recurso neste aspecto, por ausência de prequestionamento, nos termos das Súmulas 282/STF e 211/STJ. 3. É consolidada a orientação desta Corte Superior no sentido de que: a) os prazos previstos no inciso II do art. 198 da Lei 8.069/90 somente são aplicáveis aos procedimentos especiais previstos nos arts. 152 a 197 do ECA; b) os prazos recursais dos procedimentos ordinários serão estabelecidos pelas regras gerais do Código de Processo Civil, nos termos do *caput* do art. 198 do ECA; c) a regra prevista no art. 188 do CPC, que confere prazo em dobro para o Ministério Público e a Fazenda Pública recorrerem, é aplicável aos procedimentos do Estatuto da Criança e do Adolescente. 4. Sobre o tema, os seguintes precedentes: REsp 851.947/RS, 2ª Turma, Rel. Min. Eliana Calmon, *DJe* de 19.5.2008; REsp 857.272/RJ, 1ª Turma, Rel. Min. Luiz Fux, *DJe* de 2.4.2008; REsp 784.285/RS, 1ª Turma, Rel. Min. Denise Arruda, *DJe* de 4.12.2006; REsp 727.134/SC, 2ª Turma, Rel. Min. Castro Meira, *DJ* de 22.8.2005. 5. Recurso especial parcialmente conhecido e, nessa parte, provido (STJ, 2ª T. REsp 839.709/RS, Rel. Min. Mauro Campbell Marques, j. 02/09/2010, *DJe* 04/10/2010).

54. Processual civil. Agravo regimental no agravo em recurso especial. Recurso apresentado fora do prazo legal. Intempestividade. Art. 258 do RISTJ. Defensor dativo. Convênio entre OAB e Defensoria Pública. Prazo simples para recorrer. Agravo regimental não provido. 1. A interposição de agravo regimental após o prazo legal implica o não conhecimento do recurso, por intempestividade, nos termos do art. 258 do RISTJ. 2. A Corte Especial do Superior Tribunal de Justiça já firmou o posicionamento de que o prazo em dobro para recorrer, previsto no art. 5º, § 5º, da Lei nº 1.060/50, não se estende aos defensores dativos, ainda que credenciados pelas Procuradorias-Gerais dos estados via convênio com as Seccionais da Ordem dos Advogados do Brasil. 3. Agravo regimental não provido (STJ, 3ª T., AgRg nos EDcl no AREsp 457.625/SP, Rel. Min. Moura Ribeiro, j. 01/09/2015, *DJe* 10/09/2015).

55. "A jurisprudência, notadamente do STF e do STJ, é francamente contra esse posicionamento, exigindo que haja *vínculo estatal* do defensor dativo para que possa gozar do benefício de prazo. Com

Também terão prazo dobrado os litisconsortes com diferentes procuradores, de escritórios de advocacia distintos, salvo se o processo for eletrônico (art. 229, *caput* e § 2º, do CPC).

Há diferença significativa entre a redação do art. 229 do CPC/2015 e o art. 191 do CPC de 1973.

No Código de Processo revogado havia a atribuição da contagem em dobro dos prazos para os litisconsortes com diversos procuradores, interpretando o Superior Tribunal de Justiça que tal previsão se aplicava aos processos eletrônicos, bem como nos casos em que os advogados de cada litisconsorte integram o mesmo escritório jurídico.

Pela nova previsão, para a aplicação do prazo dobrado, há necessidade de observância dos seguintes requisitos: i) litisconsortes com diferentes procuradores; ii) advogados devem ser de escritórios distintos; iii) processos que tramitam em autos físicos; e iv) que os litisconsortes continuem atuando no processo.

É certo que o disposto no § 1º do art. 229 dispõe que cessará a contagem do prazo em dobro se, havendo apenas dois réus, for oferecida a defesa por apenas um deles. Por conta disso, como apenas um dos réus falará nos autos, não existirão as dificuldades que justificam a observância do prazo dobrado.

A regra contida no dispositivo, porém, também deverá ser aplicada a outras situações, tal como no caso de revelia ulterior ou ainda se apenas um dos réus for sucumbente, aplicando-se, ainda, a Súmula 641 do Supremo Tribunal Federal.

Os prazos serão contados da data em que os advogados, a sociedade de advogados, a Advocacia Pública, a Defensoria Pública ou o Ministério Público forem intimados da decisão (art. 1.003, *caput*, do CPC/2015).

---

a devida vênia, essa jurisprudência nega eficácia à garantia constitucional da assistência jurídica (CF, 5º, LXXIV), porque *apena* o beneficiário que não tem culpa de o Estado não ter condições administrativas de lhe ministrar essa assistência, que no fim das contas é efetivamente prestada por advogado particular. A consequência negativa da incúria do Estado – cujo *dever* de prestar essa assistência é imposto pela CF, 5º, LXXIV – é transferida ao particular. O múnus público é exercido pelo advogado particular, que, nessa circunstância, exerce *função pública delegada*, de modo que se lhe devem dar todas as garantias que o advogado público teria, se estivesse funcionando no processo, como manda a CF. Em conclusão, o benefício de prazo deve ser aplicado a todos aqueles que atuam no processo – advogados públicos, advogados particulares, Ministério Público – e que estejam no exercício da defesa do beneficiário da garantia constitucional da assistência judiciária." NERY JUNIOR, Nelson. *Teoria geral dos recursos*. 7ª ed. São Paulo: RT, 2014, p. 345. Deve ser lembrado que, como já foi defendido neste trabalho, a prerrogativa não é corporativa, não está ligada à função do agente público, mas ao interesse que é defendido em juízo, no caso, o interesse do hipossuficiente, com todas as dificuldades inerentes. Tais dificuldades podem existir para o Defensor Público como para o advogado particular. Além disso, não há qualquer sentido em dar tratamento diferenciado para as partes que, necessitando da assistência jurídica integral e valendo-se dos meios disponíveis, em razão de uma ser assistida por Defensor Público e a outra não.

Se o recurso for remetido pelo correio, será considerada data de interposição aquela da postagem, estando superada a Súmula 216 do Superior Tribunal de Justiça.[56]

Competirá ao recorrente comprovar a ocorrência de feriado local quando da interposição do recurso.

O terceiro prejudicado terá o mesmo prazo da parte para recorrer e, interpostos embargos declaratórios, o prazo será interrompido para todos, alcançando-lhes.

Admite-se a negociação processual em relação ao prazo para a interposição de recursos (art. 190, CPC), podendo as partes estabelecer prazos diferenciados dos previstos em lei para tanto. Poderá o magistrado, ainda, dilatá-los, adequando-os às necessidades do conflito de modo a conferir maior efetividade à tutela do Direito (art. 139, VI, do CPC), porém, somente poderá reduzi-los se houver concordância das partes.

Muito se discutiu sobre a intempestividade do recurso interposto antes de publicada a decisão sobre os embargos de declaração, quando não ratificada a impugnação posteriormente. Na hipótese, em conformidade com a Súmula 418 do STJ, seria inadmissível o recurso interposto sem a posterior ratificação.

Ocorre que a própria jurisprudência do Superior Tribunal de Justiça já havia evoluído no sentido de somente exigir a posterior ratificação se houvesse modificação do pronunciamento em decorrência do julgamento dos embargos declaratórios.[57]

O CPC superou o entendimento sumulado, prevendo que, se os embargos declaratórios forem rejeitados ou não alterarem a conclusão do julgamento anterior, o recurso interposto anteriormente será processado e julgado independentemente de ratificação (art. 1.024, § 5º).

Se, contudo, em decorrência do julgamento dos embargos declaratórios, houver alteração do pronunciamento, o recorrente terá o direito de complementar ou alterar suas razões, nos exatos limites da modificação, no prazo de quinze dias contados da intimação da decisão proferida nos embargos (art. 1.024, § 4º).

---

56. Nesse sentido, o *Enunciado n. 96* do FPPC: "Fica Superado o Enunciado 216 da Súmula do STJ após a entrada em vigor do CPC/2015."

57. Embargos de divergência. Processo civil. Corte especial. Recurso interposto antes do julgamento dos embargos de declaração. Não alteração da decisão embargada. Desnecessidade de ratificação. Instrumentalismo processual. Conhecimento do recurso. Interpretação da Súmula 418 do STJ que privilegia o mérito do recurso e o amplo acesso à Justiça. 1. Segundo dispõe a Súmula 418 do STJ, "é inadmissível o recurso especial interposto antes da publicação do acórdão dos embargos de declaração, sem posterior ratificação". 2. A Corte Especial do STJ, no julgamento da questão de ordem no REsp n. 1.129.215/DF, rel. Min. Luis Felipe Salomão, firmou o entendimento de que "a única interpretação cabível para o enunciado da Súmula 418 do STJ é aquela que prevê o ônus da ratificação do recurso interposto na pendência de embargos declaratórios apenas quando houver alteração na conclusão do julgamento anterior [...]" (STJ, Corte Especial, AgRg nos EAREsp 300.967/SP, Rel. Min. Luis Felipe Salomão, j. 16/09/2015, *DJe* 20/11/2015).

Como se sabe, ao ser interposto o recurso, o recorrente fixará a matéria recorrida, objeto do recurso. Trata-se da dimensão horizontal do efeito devolutivo do recurso. Observando-se o princípio da ação (sendo o recurso extensão do direito de ação), o tribunal estará vinculado à matéria delimitada, ressalvados os pontos relativos à matéria de ordem pública, que podem ser conhecidos de ofício (efeito translativo dos recursos).

De outro lado, ao mesmo tempo que o recorrente fixa o objeto recursal, também apresenta as razões que entendem suficientes para a modificação do pronunciamento impugnado, em cumprimento ao princípio da dialeticidade.

Desse modo, sendo alterado o pronunciamento em razão do julgamento dos embargos declaratórios, é possível que o recurso interposto pela parte seja prejudicado, total ou parcialmente, pois a decisão pode ter sido alterada e não haverá mais a correspondência necessária com o objeto recursal, ou com as razões já apresentadas.

Por isso, no CPC, ao mesmo tempo que não se exige a ratificação do recurso quando não houver alteração do *decisum* pelos embargos declaratórios, o § 4º do art. 1.024 permite ao embargado que já tiver interposto outro recurso contra a decisão originária que exerça o direito de complementar ou alterar suas razões, nos exatos limites da modificação, no prazo de 15 dias, contados da intimação da decisão dos embargos de declaração.

Deve ser analisado se a complementação permitida se constitui ou não exceção ao princípio da consumação, pelo qual, praticado o ato processual, ele não poderá mais ser renovado, pois esgotada a possibilidade de fazê-lo.

A propósito, entende-se que não se trata de exceção a tal princípio, pois a decisão impugnada foi modificada e, em contrapartida, observando-se o contraditório dinâmico, deve-se permitir à parte modificar as razões antes apresentadas, estendendo-se, se o caso, o objeto recursal. Ao não se permitir tal complementação, não se dá oportunidade para que o recorrente exerça com plenitude o direito legal ao duplo grau de jurisdição.

Aliás, a própria lei ressalva que a complementação do recurso deve atentar aos **exatos limites da modificação**, o que reforça o argumento que não se está diante de exceção ao princípio da consumação, pois não é possível alterar as razões ou ampliar a matéria recorrida se não houve qualquer modificação naquele ponto específico. Para este, estará preclusa a matéria.

A previsão contida no § 4º do art. 1.024 do CPC não importa, portanto, em exceção ao princípio da consumação, pois a complementação deve estar estritamente ligada ao que for modificado em decorrência do julgamento dos embargos declaratórios, incorrendo a preclusão em relação ao restante da matéria.

A complementação recursal observará, então, o princípio da consumação, bem como o da dialeticidade, devendo o recorrente demonstrar os motivos pelos quais entende que o novo comando, advindo do acolhimento dos embargos declaratórios, deve ser alterado.

O pedido de complementação recursal deve ser apresentado no prazo de quinze dias, contados da intimação dos embargos de declaração, observando-se as prerrogativas processuais existentes (como a da Fazenda Pública, que terá o prazo de trinta dias para fazê-lo). Trata-se de prazo legal, que admite negociação processual, cuja inobservância acarretará a preclusão para a complementação.

b) Regularidade formal

Outro requisito extrínseco é a regularidade formal, exigindo-se que o recorrente observe a forma prevista pela lei como imprescindível para que o recurso seja conhecido.

Deve-se incluir o exercício do poder de recorrer (ou do dever-poder) no contexto de necessidade organizatória do processo, que segue uma sequência lógica.[58] O recurso, como forma de provocação do duplo grau de jurisdição, deve observar requisitos de forma para que o ato em si não esteja comprometido, possibilitando a devolução da matéria ao órgão jurisdicional *ad quem* e garantindo-se o exercício do contraditório efetivo pela parte contrária.

Exige o CPC, de modo geral, que os recursos sejam interpostos por petição escrita, acompanhada das razões do inconformismo e do pedido de nova decisão, sem prejuízo de requisitos formais específicos para cada um dos recursos.

c) Inexistência de fato impeditivo ou extintivo do poder de recorrer

Constitui requisito intrínseco dos recursos a inexistência de fato impeditivo ou extintivo do poder de recorrer.

São fatos impeditivos a desistência do recurso (art. 998), o reconhecimento jurídico do pedido e a renúncia ao direito sobre o que se funda a ação. De outro lado, são fatos extintivos a renúncia e a aquiescência da parte.

A desistência do recurso interposto é negócio jurídico unilateral não receptício,[59] pois poderá ser manifestado unilateralmente pela parte, sem necessidade de concordância da parte contrária, produzindo efeitos desde que é efetuada.

Como regra, havendo a desistência do prosseguimento do recurso, tem-se o impedimento para que o órgão jurisdicional *ad quem* julgue o recurso interposto. No

---

58. Em conformidade com essa necessidade organizatória, cada uma das fases do processo terá um procedimento apropriado, que pode decorrer da lei (sequência legal), ou mesmo ser fixado pelo seu presidente (sequência discricionária). OLIVEIRA, Carlos Alberto Alvaro. *Do formalismo no processo civil*. São Paulo: Saraiva, 2003, p. 109.

59. NERY JUNIOR, Nelson; NERY, Rosa Maria de Andrade. *Comentários ao Código de Processo Civil - CPC - Lei 13.105/2015*. São Paulo: RT, 2015, p. 2.020

entanto, o Superior Tribunal de Justiça já adotava o entendimento de que o interesse particular não pode sobrepor-se ao interesse da coletividade no julgamento do recurso, no sentido de que, sendo este o escolhido como representativo da controvérsia, não seria admissível a desistência (STJ, Corte Especial, REsp 1.102.473/RS, Rel. Min. Maria Thereza de Assis Moura, *DJe* de 27.8.2012). No mesmo sentido, também não seria possível a desistência de recurso em que reconhecida a repercussão geral da questão constitucional.

Nessa mesma linha, o parágrafo único do art. 998 do CPC/2015 prevê que a desistência do recurso não impede a análise da questão cuja repercussão geral já tenha sido reconhecida e daquela objeto de julgamento de recursos extraordinário ou especiais repetitivos.

d) Preparo recursal

Por fim, o último requisito extrínseco é da exigência de comprovação do recolhimento de preparo recursal, que compreende custas e também despesas processuais com o porte e o retorno dos autos processuais.[60]

i) Regramento geral

De acordo com o CPC, o pagamento do preparo recursal, incluindo o porte e o retorno (dispensado em autos eletrônicos), deverá ser comprovado quando da interposição do recurso. Se, posteriormente, for provado justo impedimento, o relator poderá relevar a pena de deserção, fixando-se prazo de cinco dias para efetuar o preparo. Admite-se, ainda, muito embora não prevista legalmente, a continuidade do entendimento encampado na Súmula 484 do STJ, de modo que, se interposto o recurso fora do horário do expediente bancário, será possível comprovar seu recolhimento no primeiro dia útil seguinte.

Sendo insuficiente o valor recolhido, será o recorrente intimado para regularizar o vício, compreendendo-se tanto as custas quanto a própria despesa de porte e retorno. Se não o fizer, tem-se a deserção.

---

60. Processual civil. Agravo regimental. Agravo em recurso especial. Deserção. Recolhimento do porte de remessa e retorno e das custas no STJ. Ausência de pagamento de valor fixado em lei estadual. Complementação de preparo. Possibilidade. 1. O preparo recursal compreende o recolhimento de todas as verbas previstas em norma legal, indispensáveis ao processamento do recurso (custas, taxas, porte de remessa e retorno etc.). Nesse contexto, admite-se a "complementação do preparo", mesmo em período anterior à edição da Lei n. 9.756/1998 - que acrescentou o § 2º ao art. 511 do CPC -, quando recolhida, ainda que parcialmente, alguma das verbas que compõem o preparo e não recolhidas integralmente as demais. 2. No caso concreto, recolhidos integralmente o "porte de remessa e retorno" e as custas devidas no âmbito do STJ e deixando a recorrente de efetuar o pagamento de valor previsto em lei estadual, devido na origem para o processamento do recurso especial, tem-se como correto o posterior recolhimento do referido valor a título de complementação de preparo, na forma do art. 511, § 2º, do CPC, o qual se aplica, também, aos recursos dirigidos ao Superior Tribunal de Justiça. Precedentes do STJ e do STF. 3. Agravo regimental provido (STJ, 4ª T., AgRg no AREsp 438.748/BA, Rel. Min. Raul Araújo, Rel. p/Acórdão Min. Antonio Carlos Ferreira, j. 25/11/2014, DJe 24/03/2015).

Como novidade, há a previsão de que, independentemente de justo motivo, é possível ao recorrente livrar-se da deserção advinda da não comprovação do recolhimento do preparo recursal, impondo-lhe, como sanção e condição de admissibilidade, o recolhimento em dobro (art. 1.007, § 4º).

ii) A isenção do preparo recursal

Assegura-se a dispensa de preparo, inclusive porte de remessa e de retorno, aos recursos interpostos pelo Ministério Público, pela União, pelo Distrito Federal, pelos estados, pelos municípios e pelas respectivas autarquias, e pelos que gozam de isenção legal.

Lembrando-se que o preparo compreende as custas recursais e, estas, por sua vez, possuem natureza de taxa, naturalmente não poderiam a União, o Distrito Federal e os estados cobrar pelo respectivo serviço prestado aos demais entes (hipótese de imunidade tributária prevista no art. 150, VI, *a*, da Constituição Federal).

A "isenção" aludida no § 1º não alcança eventuais multas que podem ser aplicadas em razão da interposição de recurso manifestamente protelatório (art. 1.026, §§ 2º e 3º), muito embora não seja admitida a exigência de recolhimento do valor como condição de admissibilidade do recurso (§ 3º).

4.4. Efeitos dos recursos

Estudo importante para entender-se a dinâmica dos recursos compreende a análise de seus efeitos.

(i) **Efeito devolutivo:** o efeito devolutivo é aquele em virtude do qual a matéria é devolvida ao órgão judicante, seja ele superior àquele que proferiu a decisão, seja ao próprio órgão prolator da decisão. Compreende o princípio do *tantum devolutum quantum appellatum*. Todo recurso conta com esse efeito.

Tal efeito deve ser analisado quanto à sua extensão e quanto à sua profundidade.

Sob o primeiro aspecto (quanto à extensão), tem-se a delimitação da matéria objeto do recurso. Trata-se da **dimensão horizontal** do efeito devolutivo.

Assim, se o réu é condenado ao pagamento de indenização por danos materiais e morais e somente recorre em relação a estes últimos, ele delimita seu recurso, sua irresignação, e o tribunal estará vinculado a essa vontade.

Sob o segundo aspecto (quanto à profundidade), tem-se que ficam devolvidas todas as questões suscitadas e discutidas no processo, ainda que a sentença não as tenha julgado por inteiro, desde que relativas ao capítulo impugnado. Trata-se da **dimensão vertical** do efeito devolutivo.

Em decorrência da preferência pelo julgamento do mérito, se o processo estiver em condições de imediato julgamento, o tribunal deve decidir desde logo o mérito quando: I – reformar sentença fundada no art. 485; II – decretar a nulidade da sentença por não ser ela congruente com os limites do pedido ou da causa de pedir; III - constatar a omissão no exame de um dos pedidos, hipótese em que poderá julgá-lo; IV - decretar a nulidade de sentença por falta de fundamentação.

(ii) **Efeito translativo:** apesar do efeito devolutivo, algumas matérias poderão ser conhecidas de ofício, independentemente de requerimento ou arguição da parte. São as matérias de ordem pública.

(iii) **Efeito suspensivo:** pelo efeito suspensivo, impede-se a produção imediata de efeitos da decisão, situação essa que durará até o julgamento do recurso. Essa suspensividade não advém da interposição do recurso, mas da simples previsão de que terá tal efeito por força de lei.

O efeito suspensivo poderá existir por força de lei (*ope legis*) ou em razão de decisão judicial a respeito (*ope judicis*).

A apelação, como regra, tem duplo efeito - devolutivo e suspensivo. Terão somente efeito devolutivo a sentença que: I - homologa divisão ou demarcação de terras; II - condena a pagar alimentos; III - extingue sem resolução do mérito ou julga improcedentes os embargos do executado; IV - julga procedente o pedido de instituição de arbitragem; V - confirma, concede ou revoga tutela provisória; VI - decreta a interdição.

Em tais situações, o apelado poderá promover o pedido de cumprimento provisório de sentença.

Não obstante, o apelante poderá pleitear a concessão de efeito suspensivo em tais casos, se for demonstrada a probabilidade de provimento do recurso ou se, sendo relevante a fundamentação, houver risco de dano grave ou de difícil reparação. Esse requerimento será dirigido ao: I - tribunal, no período compreendido entre a interposição da apelação e sua distribuição, ficando o relator designado para seu exame prevento para julgá-la; II - relator, se já distribuída a apelação.

Da mesma forma, os recursos extraordinário e especial também não são dotados de efeito suspensivo. Tal efeito, contudo, poderá ser requerido, conforme adiante se verá.

(iv) **Efeito expansivo ou extensivo:** em decorrência desse efeito, consideram-se sem efeito os atos ou decisões dependentes da decisão recorrida, naquilo em que forem incompatíveis com o julgamento do recurso. Se o julgamento do recurso afetar outras decisões que não a recorrida, estar-se-á diante do efeito expansivo externo; se, porém, o recurso fizer referência apenas a um dos capítulos da decisão, que examina questão preliminar ou prejudicial, e o acolhimento do recurso repercutir no capítulo relacionado à questão subordinada, estar-se-á diante de efeito expansivo interno.

(v) **Efeito substitutivo:** o julgamento proferido pelo tribunal substituirá a sentença ou a decisão recorrida no que tiver sido objeto de recurso.

Não existirão, portanto, dois atos ou decisões sobre a mesma matéria, mas apenas um, fato esse que é relevante para se saber a competência para conhecimento da ação rescisória, como adiante será visto.

4.5. Do recurso adesivo

4.5.1. *Observações gerais*

Nas situações de sucumbência recíproca, poderá um dos sucumbentes, em vez de interpor seu recurso, aderir ao interposto pela outra parte, pugnando também pela modificação da decisão recorrida em prol de uma situação que lhe seja mais favorável.

O recurso adesivo não é uma nova modalidade de recurso, mas, em verdade, uma forma de interposição, por exemplo, do próprio recurso de apelação.

Nesse passo, havendo sucumbência recíproca, interpondo uma das partes o recurso **de apelação, extraordinário ou especial**, poderá a outra a ele aderir. A partir de então, poderão ser identificados **o recurso principal** e o **recurso subordinado (adesivo)**.

> ▸ **ATENÇÃO:**
> Não se admite o recurso adesivo no âmbito dos Juizados Especiais.

Por óbvio, o recurso subordinado, portanto, somente terá cabimento se já existir um recurso independente, que, se não conhecido, prejudicará o conhecimento do adesivo.

O recurso adesivo deve ser interposto no prazo das contrarrazões e seguirá as mesmas regras de admissibilidade do recurso principal, dependendo especialmente do recolhimento de preparo recursal.

Aliás, conforme já indicado quando da abordagem do preparo recursal (*supra*), a isenção do recolhimento do preparo de que goza aquele que interpôs o recurso principal não se estende àquele que ofertar o recurso adesivo.[61]

O recurso adesivo não é um recurso autônomo, mas uma forma de interposição.

---

61. Processual civil. Agravo regimental no agravo em recurso especial. Recurso adesivo. Preparo. Exigibilidade. 1. A Primeira Seção desta Corte, no julgamento dos EREsp n. 989.494/SP, firmou o entendimento de que "a isenção conferida à parte que interpôs o recurso principal não vincula a análise quanto à exigibilidade do preparo do recurso adesivo" (Rel. Min. Benedito Gonçalves, julgado em 28/10/2009, *DJe* de 6/11/2009). 2. Agravo regimental não provido (AgRg no AREsp 176.701/RJ, Rel. Ministra Eliana Calmon, Segunda Turma, julgado em 07/05/2013, *DJe* 15/05/2013).

4.5.2. *O recurso adesivo como espécie do recurso subordinado*

Sob a égide do CPC de 1973, o recurso adesivo e o recurso subordinado encampavam designações sinônimas.

O CPC de 2015 alterou consideravelmente esse panorama, de modo que o recurso subordinado é visto como gênero, sendo o recurso adesivo uma de suas espécies.[62]

A propósito do recurso subordinado, ver anotações sobre a apelação subordinada, adiante.

> ▶ **RECURSO SUBORDINADO:** GÊNERO.
>
> ▶ **RECURSO ADESIVO:** ESPÉCIE.

4.6. Do recurso parcial

O recurso poderá impugnar toda a decisão ou só parte dela. Em outras palavras, poderá promover uma abordagem e devolução de apenas um dos capítulos da decisão recorrida.

Diz-se, então, que se trata de **recurso parcial.**

Interposto recurso parcial, surge uma questão que demandou muita discussão em doutrina e jurisprudência, qual seja, a de saber quando ocorrerá o trânsito em julgado do capítulo não recorrido: imediatamente, em vista da não impugnação, ou somente com o julgamento do recurso parcial?

O Superior Tribunal de Justiça pôs fim à discussão, decidindo que o trânsito em julgado da decisão sobre o capítulo não objeto de recurso somente ocorrerá quando esgotados todos os recursos cabíveis.

Sendo assim, se a condenação disser respeito a danos materiais (não recorrido) e danos morais (objeto do recurso), o trânsito em julgado somente ocorrerá com o julgamento do recurso interposto, para toda a sentença, na medida em que se trata de ato único.

> ▶ **Súmula 401, STJ:** O prazo decadencial da ação rescisória só se inicia quando não for cabível qualquer recurso do último pronunciamento judicial.

Muito embora o STF tivesse adotado posicionamento divergente, o Novo Código de Processo Civil encampou a solução adotada pelo STJ, indicando que o prazo

---

62. CUNHA, Leonardo Carneiro da; DIDIER JR., Fredie. *Apelação contra decisão interlocutória não agravável*. DIDIER JR., Fredie (coord. geral). *Processo nos tribunais e meios de impugnação às decisões judiciais*. Salvador: JusPodivm, 2015, p. 518.

decadencial terá início apenas quando não mais cabível recurso contra a decisão impugnada.

5. RECURSOS EM ESPÉCIE

5.1. Apelação

a) Decisão Impugnável

O recurso de apelação será cabível com a finalidade de reformar sentença.

Nem todas as sentenças, porém, são apeláveis.

Nesse sentido, a sentença proferida no âmbito dos Juizados Especiais não será impugnada pelo recurso de apelação, mas pelo recurso inominado. Também a sentença proferida nas execuções fiscais de valor inferior ao de alçada será objeto dos embargos infringentes de alçada.

b) Forma de Interposição

A apelação será interposta por petição dirigida ao juízo da causa, acompanhada das respectivas razões recursais, nas quais o apelante poderá alegar vício da atividade (*error in procedendo*), assim como vícios de juízo (*error in judicando*). Trata-se, portanto, de um recurso de cognição ampla e não vinculada.

c) Efeitos

A apelação é dotada de efeitos devolutivo e suspensivo, de modo que a sentença não produzirá efeitos enquanto não julgado o recurso.

Em determinadas situações, contudo, a apelação será recebida somente em seu efeito devolutivo, permitindo-se o cumprimento provisório da sentença.

Assim, a apelação será recebida apenas em seu efeito devolutivo quando interposta de sentença que: homologar a divisão ou a demarcação de terras, condenar a pagar alimentos, extinguir sem resolução do mérito ou julgar improcedentes os embargos do executado, julgar procedente o pedido de instituição de arbitragem, confirmar, conceder ou revogar tutela provisória e decretar a interdição.

Ainda nesses casos, será possível buscar a concessão do efeito suspensivo junto ao tribunal, por meio de petição específica, que se apresentada anteriormente à distribuição do recurso tornará prevento o relator.

d) Admissibilidade

A admissibilidade do recurso de apelação será realizada exclusivamente perante o tribunal (juízo *ad quem*). Houve alteração nesse sentido, de modo que seu juízo de admissibilidade não é mais desdobrado, mas único, no tribunal.

e) Juízo de retratação

Admite-se que, uma vez interposta a apelação, o juízo se retrate em duas hipóteses: se o juiz proferir pronunciamento sem resolução do mérito, bem como nos casos de improcedência liminar.

f) A apelação do vencedor como espécie de recurso subordinado

Como visto, as questões incidentais decididas por meio das decisões interlocutórias, como regra, não serão impugnáveis de imediato, salvo nas hipóteses do art. 1.015 do CPC.

Dessa maneira, tais questões deverão ser impugnadas quando da interposição do recurso de apelação ou mesmo em sede de contrarrazões.

Por essa razão, é possível analisar a questão sob o prisma do vencedor.

Com efeito, na hipótese de sagrar-se vencedora, a parte não terá interesse na interposição de recurso, o que existirá em relação à parte contrária.

Assim, interposto o recurso pela parte sucumbente, resta ao vencedor, nas suas contrarrazões, impugnar a questão anteriormente decidida e contrária ao seu interesse.

A esse respeito, a doutrina ensina que se vislumbra uma hipótese de apelação do vencedor como uma espécie de recurso subordinado. A propósito, já se apontou: "A apelação do vencedor, nesse caso, é um recurso *subordinado*. Ela seguirá o destino da apelação do vencido. Caso o vencido desista da apelação interposta ou essa não seja admissível, a apelação do vencedor perde o sentido: por ter sido o vencedor, o interesse recursal somente subsiste se a apelação do vencido for para frente."[63]

> O recurso subordinado não se confunde com o recurso adesivo, podendo ser apontadas duas diferenças: a) o recurso adesivo é cabível na apelação, no recurso extraordinário e no recurso especial, ao passo que o recurso subordinado, apenas na apelação; b) no recurso adesivo há sucumbência recíproca, o que não ocorre no recurso subordinado.

O recurso subordinado é condicionado, pois somente será julgado se a apelação do vencido for acolhida, tratando-se este de mais um ato processual praticado sob condição.[64]

---

63. DIDIER JR., Fredie (coord.). *Processo nos tribunais e meios de impugnação às decisões judiciais*. Salvador: JusPodivm, 2015, p. 518.
64. DIDIER JR., Fredie (coord.). *Processo nos tribunais e meios de impugnação às decisões judiciais*. Salvador: JusPodivm, 2015, p. 520.

5.2. Agravos (Agravo de Instrumento e Agravo Interno)

5.2.1. *Agravo de Instrumento*

O CPC, inovando em relação ao anterior, fixou a regra de que as questões decididas por meio de decisões interlocutórias não são recorríveis de imediato, salvo quando admitido o agravo de instrumento para a hipótese.

Constitui-se o agravo de instrumento no recurso apropriado para impugnar decisão interlocutória que versar sobre matérias específicas elencadas no art. 1.015 e em outros dispositivos.

Nesse sentido, caberá a interposição de agravo de instrumento quando a decisão interlocutória versar sobre: i) tutela provisória; ii) mérito do processo; iii) rejeição da alegação de convenção de arbitragem; iv) incidente de desconsideração da personalidade jurídica; v) rejeição do pedido de gratuidade da Justiça ou acolhimento do pedido de sua revogação; vi) exibição ou posse de documento ou coisa; vii) exclusão de litisconsorte; viii) rejeição do pedido de limitação do litisconsórcio; ix) admissão ou inadmissão de intervenção de terceiros; x) concessão, modificação ou revogação do efeito suspensivo aos embargos à execução; xi) redistribuição do ônus probatório (carga dinâmica) e em outros casos admitidos na lei.

Também será cabível o agravo contra decisões interlocutórias proferidas na fase de liquidação de sentença ou de cumprimento de sentença, no processo de execução e no processo de inventário. A lógica, nesses casos, é a de que não haverá sentença em um espaço curto de tempo, de modo que não se poderia aguardar por tanto tempo.

Discutiu-se se o rol contido no art. 1.015 do CPC é taxativo ou meramente exemplificativo. A propósito do tema, ao uniformizar a interpretação e aplicação do art. 1.015 do CPC, o STJ julgou o **Tema nº 988** dos Recursos Repetitivos e, por meio de sua Corte Especial, fixou a seguinte tese:

> **"O rol do art. 1.015 do CPC/15 é de taxatividade mitigada, por isso admite a interposição de agravo de instrumento quando verificada a urgência decorrente da inutilidade do julgamento da questão no recurso de apelação".**

O recurso de agravo de instrumento deverá ser interposto no prazo de 15 dias, diretamente no tribunal, acompanhado das peças obrigatórias e facultativas. Admite-se também que seu protocolo seja feito na própria comarca, seção ou subseção judiciária, por postagem, sob registro, com aviso de recebimento ou por meio de transmissão de dados tipo fac-símile, ou ainda de acordo com outra forma prevista na lei.

Uma vez recebido o agravo de instrumento, poderá o relator decidi-lo monocraticamente nas hipóteses do art. 932, III e IV. Se não for o caso, mandará intimar o agravado e, oportunamente, solicitará prazo para julgamento.

5.2.2. Agravo Interno

Contra as decisões proferidas pelo relator será cabível a interposição do agravo interno, nos termos do regimento interno do tribunal.

É vedado ao relator limitar-se à reprodução dos fundamentos da decisão agravada para julgar improcedente o agravo interno.

Se o agravo interno for declarado manifestamente inadmissível ou improcedente em votação unânime, o órgão colegiado, em decisão fundamentada, condenará o agravante a pagar, em favor do agravado, multa fixada entre 1% e 5% do valor atualizado da causa, estando a interposição de outro recurso condicionada ao seu recolhimento, salvo em relação à Fazenda Pública e dos beneficiários da gratuidade da Justiça.

A propósito do tema, o STJ decidiu que a aplicação da multa não decorre automaticamente da negativa de provimento do agravo interno, carecendo de decisão sobre a manifesta inadmissibilidade ou improcedência do recurso.[65]

5.3. Embargos de declaração

Os embargos de declaração possuem natureza mista ou híbrida. Reconhece-se a natureza de recurso, porque é previsto do Código de Processo Civil. Ao mesmo tempo, também é um meio de integração e de correção de omissão e de contradição da decisão proferida.

Cabem embargos de declaração quando: I - esclarecer obscuridade ou eliminar contradição; ii - suprir omissão de ponto ou questão sobre o qual devia se pronunciar o juiz de ofício ou a requerimento; iii - corrigir erro material.

Os embargos de declaração devem ter a petição dirigida ao juízo que proferiu a decisão, que terá competência para seu julgamento. Podem ser interpostos diante de qualquer pronunciamento jurisdicional (decisões interlocutórias, sentenças e acórdãos).

A interposição dos embargos de declaração interrompe o curso do prazo para a interposição de outros recursos. Essa interrupção alcança todas as partes do processo, não só o recorrente, muito embora não albergue o prazo para interposição dos embargos declaratórios.

Poderão opor os embargos não só a parte sucumbente, mas também o vencedor da ação e o Ministério Público.

São isentos de preparo recursal, muito embora se admita a fixação de multa para os embargos manifestamente protelatórios (e assim não são considerados

---

65. REsp 1672822/SC, Rel. Ministro MAURO CAMPBELL MARQUES, SEGUNDA TURMA, julgado em 27/06/2017, DJe 30/06/2017.

aqueles que têm a finalidade de prequestionamento), não excedente a 1% sobre o valor da causa. Na reiteração de embargos protelatórios, a multa é elevada a até 10%, ficando condicionada a interposição de qualquer outro recurso ao depósito do valor respectivo.

5.4. Embargos de Divergência

O recurso de embargos de divergência tem a finalidade de buscar a uniformização de entendimento nos tribunais superiores. Assim, poderão ser interpostos contra acórdão de órgão fracionário do STF ou do STJ que: i) em recurso extraordinário ou em recurso especial, divergir do julgamento de qualquer outro órgão do mesmo tribunal, sendo os acórdãos embargado e paradigma, de mérito; ii) em recurso extraordinário ou em recurso especial divergir do julgamento de qualquer outro órgão do mesmo tribunal, sendo um acórdão de mérito e outro que não tenha conhecido do recurso, embora tenha apreciado a controvérsia.

A divergência que justifica a interposição dos embargos de divergência pode ser de Direito material e de Direito processual.

Ainda que proveniente da mesma turma, serão cabíveis os embargos de divergência quando sua composição tiver sofrido alteração em mais da metade de seus membros.

5.5. Recurso Ordinário

Dos recursos para o STF e para o STJ (arts. 1.027 e seguintes)

Recursos cabíveis	Recurso ordinário
	Recursos extraordinário e especial
	Agravo nos recursos extraordinário e especial
	Embargos de divergência
	Especiais

Será cabível o recurso ordinário ao: I - Supremo Tribunal Federal, os mandados de segurança, os *habeas data* e os mandados de injunção decididos em única instância pelos tribunais superiores, quando denegatória a decisão; II - Superior Tribunal de Justiça: a) os mandados de segurança decididos em única instância pelos tribunais regionais federais ou pelos tribunais de Justiça dos estados e do Distrito Federal e territórios, quando denegatória a decisão; b) os processos em que forem partes, de um lado, estado estrangeiro ou organismo internacional e, de outro, município ou pessoa residente ou domiciliada no país.

Nos processos referidos no inciso II, alínea *b*, contra as decisões interlocutórias caberá agravo de instrumento dirigido ao Superior Tribunal de Justiça, nas hipóteses do art. 1.015.

Aplica-se também ao recurso ordinário. Por isso, estando o processo em condições de imediato julgamento, o tribunal deve decidir desde logo o mérito quando: i) reforma sentença proferida sem análise de mérito; ii) decretar a nulidade da sentença por não ser ela congruente com os limites do pedido ou da causa de pedir; iii) contestar a omissão no exame de um dos pedidos, hipótese em que poderá julgá-lo; iv) decretar a nulidade de sentença por falta de fundamentação.

Contra sentença proferida pelo juízo federal de 1º grau (art. 1.027, II, b): em vez de ser impugnada por meio do recurso de apelação, será cabível o recurso ordinário, observando-se, em tudo, as regras de admissibilidade e de procedimento da própria apelação, bem como o Regimento Interno do Superior Tribunal de Justiça.

5.6. Recurso Extraordinário e Recurso Especial

5.6.1. Cabimento

O recurso extraordinário e o recurso especial, nos casos previstos na Constituição Federal, serão interpostos perante o presidente ou o vice-presidente do tribunal recorrido, em petições distintas que conterão: I - a exposição do fato e do direito; II - a demonstração do cabimento do recurso interposto; III - as razões do pedido de reforma ou de invalidação da decisão recorrida.

Quando o recurso se fundar em dissídio jurisprudencial, o recorrente fará a prova da divergência com a certidão, cópia ou citação do repositório de jurisprudência, oficial ou credenciado, inclusive em mídia eletrônica, em que houver sido publicado o acórdão divergente, ou ainda com a reprodução de julgado disponível na rede mundial de computadores, com indicação da respectiva fonte, devendo-se, em qualquer caso, mencionar as circunstâncias que identifiquem ou assemelhem os casos confrontados.

Quando o recurso estiver fundado em **dissídio jurisprudencial**, é vedado ao tribunal inadmiti-lo com base em fundamento genérico de que as circunstâncias fáticas são diferentes, **sem demonstrar a existência da distinção**.

O Supremo Tribunal Federal ou o Superior Tribunal de Justiça poderão desconsiderar vício formal de recurso tempestivo ou determinar sua correção, desde que não o repute grave.

5.6.2. Concessão de efeito suspensivo

O pedido de concessão de efeito suspensivo a recurso extraordinário ou a recurso especial poderá ser formulado por requerimento dirigido: I - ao tribunal superior respectivo, no período compreendido entre a publicação da decisão de admissão do recurso e sua distribuição, ficando o relator designado para seu exame prevento para julgá-lo; II - ao relator, se já distribuído o recurso; III - ao presidente ou vice-presidente do tribunal recorrido, no período compreendido entre a interposição do recursos e a publicação da decisão de admissão do recurso, bem como no caso de recurso sobrestado para aguardar julgamento de paradigma.

5.6.3. Juízo de Admissibilidade

O juízo de admissibilidade será desdobrado, diferentemente do que ocorre em relação à apelação.

5.6.4. Interposição conjunta do recurso extraordinário e do recurso especial

Na hipótese de interposição conjunta de recurso extraordinário e recurso especial, os autos serão remetidos ao Superior Tribunal de Justiça.

Concluído o julgamento do recurso especial, os autos serão remetidos ao Supremo Tribunal Federal para apreciação do recurso extraordinário, se este não estiver prejudicado.

Se o relator do recurso especial considerar prejudicial o recurso extraordinário, em decisão irrecorrível, sobrestará o julgamento e remeterá os autos ao Supremo Tribunal Federal. Se o relator do recurso extraordinário, em decisão irrecorrível, rejeitar a prejudicialidade, devolverá os autos ao Superior Tribunal de Justiça para o julgamento do recurso especial.

5.6.5. Questão constitucional constatada pelo Superior Tribunal de Justiça

Se o relator, no Superior Tribunal de Justiça, entender que o recurso especial versa sobre questão constitucional, deverá conceder prazo de quinze dias para que o recorrente demonstre a existência de repercussão geral e se manifeste sobre a questão constitucional.

5.6.6. Ofensa reflexa à Constituição

Se o Supremo Tribunal Federal considerar reflexa a ofensa à Constituição afirmada no recurso extraordinário, por pressupor a revisão da interpretação de lei federal ou de tratado, remetê-lo-á ao Superior Tribunal de Justiça para julgamento como recurso especial.

5.6.7. Efeito devolutivo no recurso extraordinário ou no especial

Admitido o recurso extraordinário ou o recurso especial, o Supremo Tribunal Federal ou o Superior Tribunal de Justiça julgará o processo, aplicando o Direito.

5.6.8. Multiplicidade de recursos extraordinários ou especiais

Sempre que houver multiplicidade de recursos extraordinários ou especiais com fundamento em idêntica questão de Direito, haverá afetação para julgamento de acordo com as disposições desta Subseção, observado o disposto no Regimento Interno do Supremo Tribunal Federal e no do Superior Tribunal de Justiça.

5.6.9. A escolha dos recursos representativos da controvérsia

O presidente ou o vice-presidente de tribunal de Justiça ou de tribunal regional federal selecionará dois ou mais recursos representativos da controvérsia, que serão encaminhados ao Supremo Tribunal Federal ou ao Superior Tribunal de Justiça para fins de afetação, **determinando a suspensão do trâmite de todos os processos pendentes, individuais ou coletivos, que tramitem no estado ou na região, conforme o caso.**

5.6.10. Decisão de afetação

Selecionados os recursos, **o relator, no tribunal superior**, constatando a presença do pressuposto do *caput* do art. 1.036, **proferirá decisão de afetação,** na qual: I - identificará com precisão a questão a ser submetida a julgamento; II - determinará a suspensão do processamento de todos os processos pendentes, individuais ou coletivos, que versem sobre a questão e tramitem no território nacional; III - poderá requisitar aos presidentes ou aos vice-presidentes dos tribunais de Justiça ou dos tribunais regionais federais a remessa de um recurso representativo da controvérsia.

5.6.11. Requerimento de destravamento - caso distinto

Demonstrando distinção entre a questão a ser decidida no processo e aquela a ser julgada no recurso especial ou extraordinário afetado, a parte poderá requerer o prosseguimento do seu processo. O requerimento será dirigido: I - ao juiz, se o processo sobrestado estiver em primeiro grau; II - ao relator, se o processo sobrestado estiver no tribunal de origem; III - ao relator do acórdão recorrido, se for sobrestado recurso especial ou recurso extraordinário no tribunal de origem; IV - ao relator, no Tribunal Superior, de recurso especial ou de recurso extraordinário cujo processamento houver sido sobrestado.

5.6.12. Extensão da decisão proferida nos recursos afetados

Decididos os recursos afetados, os órgãos colegiados declararão prejudicados os demais recursos versando sobre idêntica controvérsia ou os decidirão aplicando a tese firmada. Negada a existência de repercussão geral no recurso extraordinário afetado, serão considerados automaticamente inadmitidos os recursos extraordinários cujo processamento tenha sido sobrestado.

5.6.13. Repercussão Geral no Recurso Extraordinário

A Emenda Constitucional n. 45/2004, entre outras importantes alterações, inseriu o requisito da repercussão geral para a admissibilidade do recurso extraordinário, de modo a preservar a função da Corte Suprema como garantidora da unidade do

Direito. No mesmo sentido, o CPC 2015 indicou que o STF não conhecerá, em decisão irrecorrível, de recurso extraordinário quando a questão constitucional nele versada não tiver repercussão geral (art. 1.035, *caput*).

Como corolário da repercussão geral, exige-se que a questão reflita conteúdo relevante do ponto de vista econômico, político, social ou jurídico que ultrapasse os interesses subjetivos das partes do processo (art. 1.035, § 1º, do CPC/2015).

Diante desses dados, reconhecem-se relevância e transcendência aos julgados proferidos pelo STF em controle difuso, motivo pelo qual emite a Corte precedentes constitucionais de eficácia vinculante.[66]

5.7. Agravo em Recurso Especial e em Recurso Extraordinário

Cabe agravo contra decisão do presidente ou do vice-presidente do tribunal recorrido que inadmitir recurso extraordinário ou recurso especial, salvo quando fundada na aplicação de entendimento firmado em regime de repercussão geral ou em julgamento de recursos repetitivos.

5.8. Embargos de Divergência

5.8.1. Cabimento

Serão cabíveis os embargos de divergência contra acórdão de órgão fracionário que: I – em recurso extraordinário ou em recurso especial, divergir do julgamento de qualquer outro órgão do mesmo tribunal, sendo os acórdãos, embargado e paradigma, de mérito; II – em recurso extraordinário ou em recurso especial, divergir do julgamento de qualquer outro órgão do mesmo tribunal, sendo um acórdão de mérito e outro que não tenha conhecido do recurso, embora tenha apreciado a controvérsia.

Também cabem embargos de divergência quando o acórdão paradigma for da mesma turma que proferiu a decisão embargada, desde que sua composição tenha sofrido alteração em mais da metade de seus membros.

5.8.2. Confronto de teses

Poderão ser confrontadas teses jurídicas contidas em julgamentos de recursos e de ações de competência originária.

A divergência que autoriza a interposição de embargos de divergência pode verificar-se na aplicação do Direito material ou do Direito processual.

---

66. MARINONI, Luiz Guilherme. *Precedentes obrigatórios*. Op. cit., p. 307.

5.8.3. *Interrupção de Prazo para o Recurso Extraordinário*

A interposição de embargos de divergência no Superior Tribunal de Justiça interrompe o prazo para interposição de recurso extraordinário por qualquer das partes.

Se os embargos de divergência forem desprovidos ou não alterarem a conclusão do julgamento anterior, o recurso extraordinário interposto pela outra parte antes da publicação do julgamento dos embargos de divergência será processado e julgado independentemente de ratificação.

6. SÚMULAS E INFORMATIVOS DOS TRIBUNAIS SUPERIORES

6.1. Súmulas do Supremo Tribunal Federal

- **Súmula 733, STF** - Não cabe recurso extraordinário contra decisão proferida no processamento de precatórios.
- **Súmula 727, STF** - Não pode o magistrado deixar de encaminhar ao Supremo Tribunal Federal o agravo de instrumento interposto da decisão que não admite recurso extraordinário, ainda que referente a causa instaurada no âmbito dos juizados especiais.
- **Súmula 640, STF** - É cabível recurso extraordinário contra decisão proferida por juiz de primeiro grau nas causas de alçada, ou por turma recursal de juizado especial cível e criminal.
- **Súmula 635, STF** - Cabe ao presidente do tribunal de origem decidir o pedido de medida cautelar em recurso extraordinário ainda pendente do seu juízo de admissibilidade.
- **Súmula 634, STF** - Não compete ao Supremo Tribunal Federal conceder medida cautelar para dar efeito suspensivo a recurso extraordinário que ainda não foi objeto de juízo de admissibilidade na origem.
- **Súmula 516, STF** - O Serviço Social da Indústria (Sesi) está sujeito à jurisdição da Justiça estadual.
- **Súmula 515, STF** - A competência para a ação rescisória não é do Supremo Tribunal Federal, quando a questão federal, apreciada no recurso extraordinário ou no agravo de instrumento, seja diversa da que foi suscitada no pedido rescisório.
- **Súmula 514, STF** - Admite-se ação rescisória contra sentença transitada em julgado, ainda que contra ela não se tenha esgotado todos os recursos.
- **Súmula 454, STF** - Simples interpretação de cláusulas contratuais não dá lugar a recurso extraordinário.
- **Súmula 429, STF** - A existência de recurso administrativo com efeito suspensivo não impede o uso do mandado de segurança contra omissão da autoridade.
- **Súmula 368, STF** - Não há embargos infringentes no processo de reclamação.
- **Súmula 343, STF** - Não cabe ação rescisória por ofensa a literal dispositivo de lei, quando a decisão rescindenda se tiver baseado em texto legal de interpretação controvertida nos tribunais.

- **Súmula 283, STF** – É inadmissível o recurso extraordinário, quando a decisão recorrida assenta em mais de um fundamento suficiente e o recurso não abrange todos eles.
- **Súmula 272, STF** – Não se admite como ordinário recurso extraordinário de decisão denegatória de mandado de segurança.
- **Súmula 268, STF** – Não cabe mandado de segurança contra decisão judicial com trânsito em julgado.
- **Súmula 261, STF** – Para a ação de indenização, em caso de avaria, é dispensável que a vistoria se faça judicialmente.
- **Súmula 252, STF** – Na ação rescisória, não estão impedidos juízes que participaram do julgamento rescindendo.
- **Súmula 249, STF** – É competente o Supremo Tribunal Federal para a ação rescisória quando, embora não tendo conhecido do recurso extraordinário, ou havendo negado provimento ao agravo, tiver apreciado a questão federal controvertida.

6.2. Súmulas do Superior Tribunal de Justiça

- **Súmula 579, STJ:** Não é necessário ratificar o **recurso especial** interposto na pendência do julgamento dos embargos de declaração, quando inalterado o resultado anterior.
- **Súmula 568, STJ:** O relator, monocraticamente e no Superior Tribunal de Justiça, poderá dar ou negar provimento ao recurso quando houver entendimento dominante acerca do tema (CORTE ESPECIAL, julgado em 16/03/2016, *DJe* 17/03/2016).
- **Súmula 518, STJ:** Para fins do art. 105, III, *a*, da Constituição Federal, não é cabível recurso especial fundado em alegada violação de enunciado de súmula (CORTE ESPECIAL, julgado em 26/02/2015, *DJe* 02/03/2015).
- **Súmula 401, STJ:** O prazo decadencial da ação rescisória só se inicia quando não for cabível qualquer recurso do último pronunciamento judicial (CORTE ESPECIAL, julgado em 07/10/2009, *DJe* 13/10/2009)
- **Súmula 315, STJ:** Não cabem embargos de divergência no âmbito do agravo de instrumento que não admite recurso especial (CORTE ESPECIAL, julgado em 05/10/2005, *DJ* 18/10/2005, p. 102).
- **Súmula 316, STJ:** Cabem embargos de divergência contra acórdão que, em agravo regimental, decide recurso especial (CORTE ESPECIAL, julgado em 05/10/2005, *DJ* 18/10/2005, p. 103).

6.3. Informativos do STF

Do processo nos tribunais

- **Ação rescisória: alteração posterior de jurisprudência e segurança jurídica.** O Plenário negou provimento a agravo regimental interposto pela União contra decisão que negou seguimento a ação rescisória ajuizada para desconstituir acórdão da Segunda Turma (MS 31.686) que assegurou à impetrante o recebimento de parcela referente ao pagamento do percentual de 26,05% relativo à Unidade de Referência de Preços (URP) de fevereiro de 1989 (Plano Verão). A autora pretendia rescindir o julgado ao fundamento de que, tempos depois, a Corte mudou seu posicionamento e passou a permitir que o Tribunal de Contas da União analisasse a questão no momento do pedido de aposentadoria e eventualmente glosasse a URP em virtude de reescalonamento de carreiras.

Para o Colegiado, é inadmissível ação rescisória por ofensa a literal dispositivo de lei na hipótese em que a decisão rescindenda tiver por fundamento texto legal de interpretação controvertida nos tribunais (Verbete 343 da Súmula do STF). Com base nesse entendimento, determinou que prevaleça a qualidade de imutabilidade dos efeitos da decisão de mérito transitada em julgado proferida pelo acórdão rescindendo.

Asseverou, ainda, que a ação rescisória é via processual inadequada à mera rediscussão de questões já assentadas pelo Tribunal à época do julgamento do qual decorreu a decisão que se pretende desconstituir.

Ademais, uma alteração posterior de jurisprudência pelo Supremo Tribunal Federal (STF) não legitima o pedido rescisório, notadamente em razão de, à época de sua prolação, a interpretação sobre o tema ser controvertida no próprio Tribunal. Em consonância com o instituto da *prospective overruling*, a mudança jurisprudencial deve ter eficácia *ex nunc*, porque, do contrário, surpreende quem obedecia à jurisprudência daquele momento. Ao lado do prestígio do precedente, há o prestígio da segurança jurídica, princípio segundo o qual a jurisprudência não pode causar uma surpresa ao jurisdicionado a partir de modificação do panorama jurídico. AR 2422/DF, rel. Min. Luiz Fux, julgamento em 25.10.2018. (AR-2422) (Info 921).

- **"Amicus curiae": indeferimento de ingresso e irrecorribilidade.**

- É irrecorrível a decisão denegatória de ingresso, no feito, como amicus curiae. Com base nesse entendimento, o Plenário, por maioria, não conheceu de agravo regimental em recurso extraordinário interposto pela Associação dos Procuradores do Estado de São Paulo (APESP) e pelo Sindicato dos Procuradores do Estado, das Autarquias, das Fundações e das Universidades Públicas do Estado de São Paulo (SINDIPROESP) contra a decisão que indeferiu sua admissão no processo como interessados. No recurso extraordinário, discute-se a possibilidade de, ante o mesmo credor, existir a distinção do que recebido, para efeito do teto remuneratório, presentes as rubricas proventos e pensão. O Colegiado considerou que a possibilidade de impugnação de decisão negativa em controle subjetivo encontra óbice (i) na própria ratio essendi da participação do colaborador da Corte; e (ii) na vontade democrática exposta na legislação processual que disciplina a matéria. Asseverou que o art. 138 (1) do Código de Processo Civil (CPC) é explícito no sentido de conferir ao juiz competência discricionária para admitir ou não a participação, no processo, de pessoa natural ou jurídica, órgão ou entidade especializada, e de não admitir recurso contra essa decisão. O art. 7º (2) da Lei 9.868/1999, de igual modo, é inequívoco nesse sentido. O Colegiado afirmou, também, que o amicus curiae não é parte, mas agente colaborador. Portanto, sua intervenção é concedida como privilégio, e não como uma questão de direito. O privilégio acaba quando a sugestão é feita. Ressaltou, ainda, os possíveis prejuízos ao andamento dos trabalhos da Corte decorrentes da admissibilidade do recurso, sobretudo em processos em que há um grande número de requerimentos de participação como amicus curiae. Vencidos os ministros Marco Aurélio (relator) e Edson Fachin, que conheceram do agravo e reafirmaram precedentes que admitiram a interposição de recurso contra a decisão denegatória de ingresso no feito. Para eles, nos termos das normas que regem a matéria, somente é irrecorrível a decisão que admitir a intervenção. Se a decisão é negativa, contrario sensu, cabe agravo para a apreciação pelo Colegiado. Os ministros Dias Toffoli (presidente) e Rosa Weber reajustaram os votos anteriormente proferidos. RE 602584 AgR/DF, rel. orig. Min. Marco Aurélio, red. p/ o ac. Min. Luiz Fux, 17.10.2018. (RE-602584) (Info 920).

- **Da reclamação.** Reclamação e esgotamento das vias ordinárias de impugnação. A reclamação somente é cabível quando esgotados todos os recursos ordinários na causa em que proferido o ato supostamente contrário à autoridade de decisão do STF com repercussão geral reconhecida. Nesses termos, a hipótese de cabimento prevista no art. 988, § 5º, II, do CPC/2015 deve ser interpretada restritivamente, sob pena de o STF assumir, pela via da reclamação, a competência de pelo menos três tribunais superiores (STJ, TST e TSE), para o julgamento de recursos contra decisões de tribunais de segundo grau de jurisdição. Rcl 24686 ED-AgR/RJ, Rel. Min. Teori Zavascki, j. 28.10.2016, 2ª T. (Info 845).

Dos recursos

- **Das disposições gerais**

- Ausência de impugnação e parágrafo único do art. 932 do CPC. O prazo de cinco dias previsto no parágrafo único do art. 932 do CPC/2015 só se aplica aos casos em que seja necessário sanar vícios formais, como ausência de procuração ou de assinatura, e não à complementação da fundamentação. ARE 953221 AgR/SP, Rel. Min. Luiz Fux, 7.6.2016, 1ª T. (Info 829).

- Contagem de prazo recursal e intimação pessoal. Nos casos de intimação pessoal realizada por oficial de Justiça, a contagem do prazo para a interposição de recursos ou a eventual certificação de trânsito em julgado começa a partir da juntada aos autos do mandado devidamente cumprido. ARE 892732/SP, Red. p/ac. Min. Dias Toffoli, 5.4.2016. 2ª T. (Info 820).

- Porte de remessa e retorno e recolhimento pelo INSS. Aplica-se o § 1º do art. 511 do CPC/73 para dispensa de porte de remessa e retorno ao exonerar o seu respectivo recolhimento por parte do INSS. RE 594116/SP, repercussão geral - mérito, Rel. Min. Edson Fachin, 3.12.2015. Pleno (Info 810).

Dos embargos de declaração

- Embargos de declaração e condenação em honorários advocatícios. Após 18 de março de 2016, data do início da vigência do Novo Código de Processo Civil, é possível condenar a parte sucumbente em honorários advocatícios na hipótese de o recurso de embargos de declaração não atender os requisitos previstos no art. 1.022 do referido diploma e tampouco se enquadrar em situações excepcionais que autorizem a concessão de efeitos infringentes. RE 929925, AgR-ED/RS, Rel. Min. Luiz Fux, 7.6.2016, 1ª T. (Info 829).

Dos recursos para o STF e o STJ

- Agravo interno e juntada extemporânea de documentos Embora prevaleça entendimento no sentido da inadmissibilidade da juntada extemporânea de prova documental em recursos interpostos na Suprema Corte, no caso, em razão da natureza do documento anexado aos autos - comunicação oficial dos atos do TCE - e do evidente interesse público indisponível presente na lide - consistente no interesse de toda a coletividade na apreciação da higidez das contas dos gestores públicos -, admite-se a comprovação tardia de que a parte recorrida foi efetivamente intimada da sessão de julgamento. ARE 916917 AgR/SP, rel. Min. Edson Fachin, j. 6.12.2016, 1ª T. (Info 850).

- Discussão de matéria infraconstitucional em recurso extraordinário e ausência de repercussão geral. Não conhecido recurso extraordinário em que se discutia a possibilidade de imposição ao INSS, nos processos em que figurasse como parte ré, do ônus de apresentar cálculo de liquidação do seu próprio débito. A pretensão deduzida repousa apenas na esfera da legalidade. Embora o recurso tivesse sido apregoado para julgamento conjunto com a ADPF 219, a ótica no âmbito da ADPF, que é ação objetiva, diferiria da ótica no âmbito do recurso extraordinário. Essa espécie recursal teria por base os fundamentos do acórdão recorrido na via extraordinária, que, no caso, teria apenas realizado interpretação de regras infraconstitucionais. RE 729884/RS, Rel. Min. Dias Toffoli, 23.6.2016. Pleno (Info 831).

6.4. Informativos do STJ

Do processo nos tribunais

- **Código de Processo Civil de 2015. Decisão interlocutória que examina competência. Dúvida razoável sobre o cabimento de agravo de instrumento. Mandado de Segurança. Cabimento.** No caso em apreço, o mandado de segurança foi impetrado contra ato judicial que afastou a competência das Varas de Fazenda Pública para processar e julgar a ação de usucapião, por entender não ter sido comprovado que o imóvel situa-se em área de terras públicas a ensejar interesse do Estado. Cumpre salientar que o mandado de segurança é ação constitucional voltada para a proteção de direito líquido e certo contra ato abusivo ou ilegal de autoridade pública ou de agente de pessoa jurídica no exercício de atribuições do Poder Público (CF, art. 5º, LXIX), não podendo, em regra, ser utilizado como sucedâneo recursal. É certo que a doutrina e a jurisprudência majoritárias admitem o manejo do mandado de segurança contra ato judicial, pelo menos em relação às seguintes hipóteses excepcionais: a) decisão judicial teratológica; b) decisão judicial contra a qual não caiba recurso; c) para imprimir efeito suspensivo a recurso desprovido de tal efeito; e d) quando impetrado por terceiro prejudicado por decisão judicial. Importa salientar, todavia, que há dúvida razoável acerca da existência de recurso cabível, considerando que até mesmo no âmbito desta Corte de Justiça há entendimentos divergentes quanto ao cabimento de agravo de instrumento, na vigência do Código de Processo Civil de 2015, contra decisão interlocutória que examina competência. Além disso, o referido tema está afetado para julgamento pela Corte Especial como recurso especial representativo de controvérsia. Assim, entende-se adequada a impetração do *mandamus* contra o ato judicial que afastou a competência das Varas de Fazenda Pública para processar e julgar a ação de usucapião. RMS 58.578-SP, Rel. Min. Raul Araújo, por unanimidade, julgado em 18/10/2018, DJe 25/10/2018 (Info 636).

- **Falência e recuperação judicial. Sistema recursal. Decisão interlocutória. Ausência de previsão específica na Lei n. 11.101/2005 (LREF). Agravo de instrumento. Cabimento. Art. 1.015, parágrafo único, do CPC/2015. Interpretação extensiva.** Inicialmente, a Lei de Recuperação Judicial e Falência - LREF estabeleceu, em seu art. 189, que, "no que couber", haverá aplicação supletiva da lei adjetiva geral, incidindo tão somente de forma subsidiária e desde que se constate evidente compatibilidade com a natureza e o espírito do procedimento especial. No que se refere à definição do regime jurídico do agravo de instrumento diante do microssistema da Lei n. 11.101/2005, sabe-se que ao contrário do Código de Processo Civil de 1973, que possibilitava a interposição do agravo de instrumento contra toda e qualquer interlocutória, o novo diploma processual definiu que tal recurso só se mostra cabível contra as decisões expressamente apontadas pelo legislador. Contudo, o rol taxativo do art. 1.015 do CPC de 2015, por si só, não afasta a incidência das hipóteses previstas na LREF, pois o próprio inciso XIII estabelece o cabimento do agravo de instrumento nos "outros casos expressamente referidos em lei". No entanto, há determinadas decisões judiciais tomadas no curso da recuperação judicial e da falência que, apesar de não haver previsão de impugnação pela lei de regência nem enquadramento no rol taxativo do NCPC, ainda assim, serão passíveis de irresignação por intermédio do agravo. Apesar da taxatividade, o STJ vem reconhecendo a possibilidade de interpretação extensiva ou analógica das hipóteses dispostas no rol do agravo de instrumento. Deveras, nas interlocutórias sem previsão específica de recurso incidirá o parágrafo único do art. 1.015 do CPC/2015, justamente porque, em razão das características próprias do processo falimentar e recuperacional, haverá tipificação com a *ratio* do dispositivo - qual seja, falta de interesse/utilidade de revisão da decisão apenas no momento do julgamento da apelação -, permitindo a impugnação imediata dos provimentos judiciais. De fato, a recuperação judicial não é procedimento linearmente disposto, importa um somatório de decisões com o objetivo de viabilizar a reestruturação da empresa - tendo como norte a superação do estado de crise -, que, por consectário lógico, devem ser de rápida solução, inclusive por sua influência no conteúdo de atos subsequentes e na conclusão do plano. Realmente, não parece haver lógica em se aguardar a sentença no processo de recuperação judicial, somente prolatada depois do cumprimento de todas as obrigações previstas no plano de recuperação judicial aprovado (LREF, art. 63), momento em que já teria havido, por outro lado, todas as definições a respeito do deferimento e processamento da recuperação, dos critérios da assembleia de credores, das habilitações, da homologação do plano, entre outras medidas que restariam implementadas de maneira irremediável no momento da apelação. Assim, há clara incompatibilidade do novo regime de preclusão previsto no novel diploma processual com o sistema recursal da recuperação judicial, haja vista que a incidência do regime de impugnação diferida das interlocutórias, apenas em apelação, tornaria sem utilidade o recurso, pois seu cabimento ocorreria apenas quando do exaurimento do procedimento. Inclusive, essa foi a conclusão adotada pela 1ª Jornada de Direito Processual Civil do CJF, nos termos do Enunciado n. 69, segundo o qual "a hipótese do art. 1.015, parágrafo único, do CPC abrange os processos concursais, de falência e recuperação". REsp 1.722.866-MT, Rel. Min. Luis Felipe Salomão, por unanimidade, julgado em 25/09/2018, DJe 19/10/2018 (Info 635).

Da ação rescisória

- Impossibilidade de relativizar coisa julgada fundada em lei posteriormente declarada não recepcionada pela CF. Não é possível utilizar ação declaratória de nulidade (*querela nullitatis*) contra título executivo judicial fundado em lei declarada não recepcionada pelo STF em decisão proferida em controle incidental que transitou em julgado após a constituição definitiva do referido título. REsp 1.237.895-ES, Rel. Min. Og Fernandes, *DJe* 12.2.2016. 2ª T. (Info 576).

- Prazo decadencial para particular anular acordo firmado com a Fazenda Pública. No caso em que particular e Fazenda Pública firmaram, sem a participação judicial, acordo que tenha sido meramente homologado por decisão judicial – a qual, por sua vez, apenas extinguiu a relação jurídica processual existente entre as partes, sem produzir efeitos sobre a relação de Direito material existente entre elas –, o prazo decadencial para anular o ajuste por meio de ação ajuizada pelo particular é de 5 anos, contados da data da celebração da transação, e não da decisão homologatória. REsp 866.197-RS, Rel. Min. Mauro Campbell Marques, *DJe* 13.4.2016. 2ª T. (Info 581).

Dos recursos

- **Da apelação.** Aplicação do princípio da fungibilidade a recurso em ação de improbidade administrativa. Pode ser conhecida a apelação que, sem má-fé e em prazo compatível com o previsto para o agravo de instrumento, foi interposta contra decisão que, em juízo prévio de admissibilidade em ação de improbidade administrativa, reconheceu a ilegitimidade passiva *ad causam* de alguns dos réus. AgRg no REsp 1.305.905-DF, Rel. Min. Humberto Martins, *DJe* 18.12.2015. 2ª T. (Info 574).

Do agravo

- Comprovação da tempestividade do agravo de instrumento mediante apresentação de certidão de vista pessoal da Fazenda Nacional. Recurso repetitivo. Tema 651. O termo de abertura de vista e remessa dos autos à Fazenda Nacional substitui, para efeito de demonstração da tempestividade do agravo de instrumento (art. 522 do CPC) por ela interposto, a apresentação de certidão de intimação da decisão agravada (art. 525, I, do CPC). REsp 1.383.500-SP, Rel. Min. Benedito Gonçalves, Corte Especial, *DJe* 26.2.2016 (Info 577).

- Falta de citação e manifestação do réu em agravo de instrumento. Não supre a falta de citação em ação revisional de alimentos o comparecimento do réu para contraminutar agravo de instrumentos contra decisão denegatória de tutela antecipada, sem que haja qualquer pronunciamento na ação principal por parte do demandado. De fato, a ação só produz efeitos para o réu a partir de quando é regularmente citado ou, na falta de citação, desde quando comparece espontaneamente em juízo. REsp 1.310.704- MS, Rel. Min. Ricardo Villas BôasCueva, *DJe* 16.11.2015. 3ª T. (Info 573).

- Instrumento de agravo entregue em mídia digital. As peças que devem formar o instrumento do agravo podem ser apresentadas em mídia digital (DVD). REsp 1.608.298-SP, Rel. Min. Herman Benjamin, *DJ* 6.10.2016. 2ª T. (Info 591).

- Julgamento de agravo regimental. Mera reprodução da decisão monocrática. Não apreciação de questões relevantes. É vedado ao relator limitar-se a reproduzir a decisão agravada para julgar improcedente o agravo interno. REsp 1.622.386-MT, Rel. Min. Nancy Andrighi, *DJe* 25.10.2016. 3ª T. (Info 592).

- Perda do objeto de agravo de instrumento interposto contra decisão proferida em antecipação de tutela. A superveniência de sentença de mérito implica a perda do objeto de agravo de instrumento interposto contra decisão anteriormente proferida em tutela antecipada. EAREsp 488.188-SP, Rel. Min. Luis Felipe Salomão, *DJe* 19.11.2015. Corte Especial (Info 573).

- Possibilidade de aplicação da teoria da causa madura em julgamento de agravo de instrumento. Admite-se a aplicação da teoria da causa madura (art. 515, § 3º, do CPC/73) em julgamento de agravo de instrumento. REsp 1.215.368-ES, Rel. Min. Herman Benjamin, *DJ* 19.9.2016 (Info 590).

Dos embargos de declaração

- Embargos de declaração com pringentes e pedido de reconsideração. Os embargos de declaração, ainda que contenham pedido de efeitos infringentes, não devem ser recebidos como "pedido de reconsideração". Os embargos de declaração são um recurso taxativamente previsto na Lei Processual Civil e, ainda que contenham indevido pedido de efeitos infringentes, não se confundem com mero "pedido de reconsideração", este sim, figura processual atípica, de duvidosa existência. Inclusive, a hipótese sequer comporta a aplicação do princípio da fungibilidade recursal, pois "pedido de reconsideração" não é recurso. Assim, deve-se reconhecer que os embargos de declaração apresentados tempestivamente com pedido de efeitos infringentes não devem ser recebidos como "pedido de reconsideração", porque tal mutação não atende a nenhuma previsão legal, tampouco aos requisitos de aplicação do princípio da fungibilidade. REsp 1.522.347-ES, Rel. Min. Raul Araújo, *DJe* 16.12.2015. Corte Especial (Info 575).

- Hipótese de não cabimento de embargos de declaração. Mesmo após a vigência do CPC/15, não cabem embargos de declaração contra decisão que não se pronuncie tão somente sobre argumento incapaz de infirmar a conclusão adotada. Os embargos de declaração, conforme dispõe o art. 1.022 do CPC/15, destinam-se a suprir omissão, afastar obscuridade ou eliminar contradição existente no julgado. O julgador não está obrigado a responder a todas as questões suscitadas pelas partes, quando já tenha encontrado motivo suficiente para proferir a decisão. EDcl no MS 21.315-DF, Rel. Min. Diva Malerbi, *DJe* 15.6.2016. 1ª S. (Info 585).

Dos recursos para o STF e o STJ (recurso especial)

- Impossibilidade de reexame de tempestividade de agravo de instrumento em julgamento de recurso especial. Ainda que a matéria do processo judicial tenha natureza penal, não cabe, por ocasião do julgamento de recurso especial, o reexame de ofício da tempestividade do agravo de instrumento anteriormente provido para determinar o processamento do próprio recurso especial. EREsp 1.414.755-PA, Rel. Min. João Otávio de Noronha, *DJ* 6.9.2016 (Info 589).
- Impossibilidade de remessa de agravo pelo STJ ao tribunal de origem. Após a entrada em vigor do CPC/2015, não é mais devida a remessa pelo STJ, ao tribunal de origem, do agravo interposto contra decisão que inadmite recurso especial com base na aplicação de entendimento firmado em recursos repetitivos, para que seja conhecido como agravo interno. AREsp 959.991-RS, Rel. Min. Marco Aurélio Bellizze, *DJ* 26.8.2016. 3ª T. (Info 589).

7. LEGISLAÇÃO RELACIONADA AO CAPÍTULO

Art. 926. Os tribunais devem uniformizar sua jurisprudência e mantê-la estável, íntegra e coerente.

§ 1º Na forma estabelecida e segundo os pressupostos fixados no regimento interno, os tribunais editarão enunciados de súmula correspondentes a sua jurisprudência dominante.

§ 2º Ao editar enunciados de súmula, os tribunais devem ater-se às circunstâncias fáticas dos precedentes que motivaram sua criação.

Art. 927. Os juízes e os tribunais observarão:

I - as decisões do Supremo Tribunal Federal em controle concentrado de constitucionalidade;

II - os enunciados de súmula vinculante;

III - os acórdãos em incidente de assunção de competência ou de resolução de demandas repetitivas e em julgamento de recursos extraordinário e especial repetitivos;

IV - os enunciados das súmulas do Supremo Tribunal Federal em matéria constitucional e do Superior Tribunal de Justiça em matéria infraconstitucional;

V - a orientação do plenário ou do órgão especial aos quais estiverem vinculados.

§ 1º Os juízes e os tribunais observarão o disposto no art. 10 e no art. 489, § 1º, quando decidirem com fundamento neste artigo.

§ 2º A alteração de tese jurídica adotada em enunciado de súmula ou em julgamento de casos repetitivos poderá ser precedida de audiências públicas e da participação de pessoas, órgãos ou entidades que possam contribuir para a rediscussão da tese.

§ 3º Na hipótese de alteração de jurisprudência dominante do Supremo Tribunal Federal e dos tribunais superiores ou daquela oriunda de julgamento de casos repetitivos, pode haver modulação dos efeitos da alteração no interesse social e no da segurança jurídica.

§ 4º A modificação de enunciado de súmula, de jurisprudência pacificada ou de tese adotada em julgamento de casos repetitivos observará a necessidade de fundamentação adequada e específica, considerando os princípios da segurança jurídica, da proteção da confiança e da isonomia.

§ 5º Os tribunais darão publicidade a seus precedentes, organizando-os por questão jurídica decidida e divulgando-os, preferencialmente, na rede mundial de computadores.

Art. 928. Para os fins deste Código, considera-se julgamento de casos repetitivos a decisão proferida em:

I - incidente de resolução de demandas repetitivas;

II - recursos especial e extraordinário repetitivos.

Parágrafo único. O julgamento de casos repetitivos tem por objeto questão de Direito material ou processual.

Art. 929. Os autos serão registrados no protocolo do tribunal no dia de sua entrada, cabendo à secretaria ordená-los, com imediata distribuição.

Parágrafo único. A critério do tribunal, os serviços de protocolo poderão ser descentralizados, mediante delegação a ofícios de justiça de primeiro grau.

Art. 930. Far-se-á a distribuição de acordo com o regimento interno do tribunal, observando-se a alternatividade, o sorteio eletrônico e a publicidade.

Parágrafo único. O primeiro recurso protocolado no tribunal tornará prevento o relator para eventual recurso subsequente interposto no mesmo processo ou em processo conexo.

Art. 931. Distribuídos, os autos serão imediatamente conclusos ao relator, que, em trinta dias, depois de elaborar o voto, restituí-los-á, com relatório, à secretaria.

Art. 932. Incumbe ao relator:

I - dirigir e ordenar o processo no tribunal, inclusive em relação à produção de prova, bem como, quando for o caso, homologar autocomposição das partes;

II - apreciar o pedido de tutela provisória nos recursos e nos processos de competência originária do tribunal;

III - não conhecer de recurso inadmissível, prejudicado ou que não tenha impugnado especificamente os fundamentos da decisão recorrida;

IV - negar provimento a recurso que for contrário a:

a) súmula do Supremo Tribunal Federal, do Superior Tribunal de Justiça ou do próprio tribunal;

b) acórdão proferido pelo Supremo Tribunal Federal ou pelo Superior Tribunal de Justiça em julgamento de recursos repetitivos;

c) entendimento firmado em incidente de resolução de demandas repetitivas ou de assunção de competência;

V - depois de facultada a apresentação de contrarrazões, dar provimento ao recurso se a decisão recorrida for contrária a:

a) súmula do Supremo Tribunal Federal, do Superior Tribunal de Justiça ou do próprio tribunal;

b) acórdão proferido pelo Supremo Tribunal Federal ou pelo Superior Tribunal de Justiça em julgamento de recursos repetitivos;

c) entendimento firmado em incidente de resolução de demandas repetitivas ou de assunção de competência;

VI - decidir o incidente de desconsideração da personalidade jurídica, quando este for instaurado originariamente perante o tribunal;

VII - determinar a intimação do Ministério Público, quando for o caso;

VIII - exercer outras atribuições estabelecidas no regimento interno do tribunal.

Parágrafo único. Antes de considerar inadmissível o recurso, o relator concederá o prazo de cinco dias ao recorrente para que seja sanado vício ou complementada a documentação exigível.

Art. 933. Se o relator constatar a ocorrência de fato superveniente à decisão recorrida ou a existência de questão apreciável de ofício ainda não examinada que devam ser considerados no julgamento do recurso, intimará as partes para que se manifestem no prazo de cinco dias.

§ 1º Se a constatação ocorrer durante a sessão de julgamento, esse será imediatamente suspenso a fim de que as partes se manifestem especificamente.

§ 2º Se a constatação se der em vista dos autos, deverá o juiz que a solicitou encaminhá-los ao relator, que tomará as providências previstas no *caput* e, em seguida, solicitará a inclusão do feito em pauta para prosseguimento do julgamento, com submissão integral da nova questão aos julgadores.

Art. 934. Em seguida, os autos serão apresentados ao presidente, que designará dia para julgamento, ordenando, em todas as hipóteses previstas neste Livro, a publicação da pauta no órgão oficial.

Art. 935. Entre a data de publicação da pauta e a da sessão de julgamento decorrerá, pelo menos, o prazo de cinco dias, incluindo-se em nova pauta os processos que não tenham sido julgados, salvo aqueles cujo julgamento tiver sido expressamente adiado para a primeira sessão seguinte.

§ 1º Às partes será permitida vista dos autos em cartório após a publicação da pauta de julgamento.

§ 2º Afixar-se-á a pauta na entrada da sala em que se realizar a sessão de julgamento.

Art. 936. Ressalvadas as preferências legais e regimentais, os recursos, a remessa necessária e os processos de competência originária serão julgados na seguinte ordem:

I - aqueles nos quais houver sustentação oral, observada a ordem dos requerimentos;

II - os requerimentos de preferência apresentados até o início da sessão de julgamento;

III - aqueles cujo julgamento tenha iniciado em sessão anterior; e

IV - os demais casos.

Art. 937. Na sessão de julgamento, depois da exposição da causa pelo relator, o presidente dará a palavra, sucessivamente, ao recorrente, ao recorrido e, nos casos de sua intervenção, ao membro do Ministério Público, pelo prazo improrrogável de quinze minutos para cada um, a fim de sustentarem suas razões, nas seguintes hipóteses, nos termos da parte final do *caput* do art. 1.021:

I - no recurso de apelação;

II - no recurso ordinário;

III - no recurso especial;

IV - no recurso extraordinário;

V - nos embargos de divergência;

VI - na ação rescisória, no mandado de segurança e na reclamação;

VII - (VETADO);

VIII - no agravo de instrumento interposto contra decisões interlocutórias que versem sobre tutelas provisórias de urgência ou da evidência;

IX - em outras hipóteses previstas em lei ou no regimento interno do tribunal.

§ 1º A sustentação oral no incidente de resolução de demandas repetitivas observará o disposto no art. 984, no que couber.

§ 2º O procurador que desejar proferir sustentação oral poderá requerer, até o início da sessão, que o processo seja julgado em primeiro lugar, sem prejuízo das preferências legais.

§ 3º Nos processos de competência originária previstos no inciso VI, caberá sustentação oral no agravo interno interposto contra decisão de relator que o extinga.

§ 4º É permitido ao advogado com domicílio profissional em cidade diversa daquela onde está sediado o tribunal realizar sustentação oral por meio de videoconferência ou outro recurso tecnológico de transmissão de sons e imagens em tempo real, desde que o requeira até o dia anterior ao da sessão.

Art. 938. A questão preliminar suscitada no julgamento será decidida antes do mérito, deste não se conhecendo caso seja incompatível com a decisão.

§ 1º Constatada a ocorrência de vício sanável, inclusive aquele que possa ser conhecido de ofício, o relator determinará a realização ou a renovação do ato processual, no próprio tribunal ou em primeiro grau de jurisdição, intimadas as partes.

§ 2º Cumprida a diligência de que trata o § 1º, o relator, sempre que possível, prosseguirá no julgamento do recurso.

§ 3º Reconhecida a necessidade de produção de prova, o relator converterá o julgamento em diligência, que se realizará no tribunal ou em primeiro grau de jurisdição, decidindo-se o recurso após a conclusão da instrução.

§ 4º Quando não determinadas pelo relator, as providências indicadas nos §§ 1º e 3º poderão ser determinadas pelo órgão competente para julgamento do recurso.

Art. 939. Se a preliminar for rejeitada ou se a apreciação do mérito for com ela compatível, seguir-se-ão a discussão e o julgamento da matéria principal, sobre a qual deverão se pronunciar os juízes vencidos na preliminar.

Art. 940. O relator ou outro juiz que não se considerar habilitado a proferir imediatamente seu voto poderá solicitar vista pelo prazo máximo de dez dias, após o qual o recurso será reincluído em pauta para julgamento na sessão seguinte à data da devolução.

§ 1º Se os autos não forem devolvidos tempestivamente ou se não for solicitada pelo juiz prorrogação de prazo de no máximo mais dez dias, o presidente do órgão fracionário os requisitará para julgamento do recurso na sessão ordinária subsequente, com publicação da pauta em que for incluído.

§ 2º Quando requisitar os autos na forma do § 1º, se aquele que fez o pedido de vista ainda não se sentir habilitado a votar, o presidente convocará substituto para proferir voto, na forma estabelecida no regimento interno do tribunal.

Art. 941. Proferidos os votos, o presidente anunciará o resultado do julgamento, designando para redigir o acórdão o relator ou, se vencido este, o autor do primeiro voto vencedor.

§ 1º O voto poderá ser alterado até o momento da proclamação do resultado pelo presidente, salvo aquele já proferido por juiz afastado ou substituído.

§ 2º No julgamento de apelação ou de agravo de instrumento, a decisão será tomada, no órgão colegiado, pelo voto de três juízes.

§ 3º O voto vencido será necessariamente declarado e considerado parte integrante do acórdão para todos os fins legais, inclusive de pré-questionamento.

Art. 942. Quando o resultado da apelação for não unânime, o julgamento terá prosseguimento em sessão a ser designada com a presença de outros julgadores, que serão convocados nos termos previamente definidos no regimento interno, em número suficiente para garantir a possibilidade de inversão do resultado inicial, assegurado às partes e a eventuais terceiros o direito de sustentar oralmente suas razões perante os novos julgadores.

§ 1º Sendo possível, o prosseguimento do julgamento dar-se-á na mesma sessão, colhendo-se os votos de outros julgadores que porventura componham o órgão colegiado.

§ 2º Os julgadores que já tiverem votado poderão rever seus votos por ocasião do prosseguimento do julgamento.

§ 3º A técnica de julgamento prevista neste artigo aplica-se, igualmente, ao julgamento não unânime proferido em:

I - ação rescisória, quando o resultado for a rescisão da sentença, devendo, nesse caso, seu prosseguimento ocorrer em órgão de maior composição previsto no regimento interno;

II - agravo de instrumento, quando houver reforma da decisão que julgar parcialmente o mérito.

§ 4º Não se aplica o disposto neste artigo ao julgamento:

I - do incidente de assunção de competência e ao de resolução de demandas repetitivas;

II - da remessa necessária;

III - não unânime proferido, nos tribunais, pelo plenário ou pela corte especial.

Art. 943. Os votos, os acórdãos e os demais atos processuais podem ser registrados em documento eletrônico inviolável e assinados eletronicamente, na forma da lei, devendo ser impressos para juntada aos autos do processo quando este não for eletrônico.

§ 1º Todo acórdão conterá ementa.

§ 2º Lavrado o acórdão, sua ementa será publicada no órgão oficial no prazo de dez dias.

Art. 944. Não publicado o acórdão no prazo de trinta dias, contado da data da sessão de julgamento, as notas taquigráficas o substituirão, para todos os fins legais, independentemente de revisão.

Parágrafo único. No caso do *caput*, o presidente do tribunal lavrará, de imediato, as conclusões e a ementa e mandará publicar o acórdão.

Art. 946. O agravo de instrumento será julgado antes da apelação interposta no mesmo processo.

Parágrafo único. Se ambos os recursos de que trata o *caput* houverem de ser julgados na mesma sessão, terá precedência o agravo de instrumento.

Art. 947. É admissível a assunção de competência quando o julgamento de recurso, de remessa necessária ou de processo de competência originária envolver relevante questão de direito, com grande repercussão social, sem repetição em múltiplos processos.

§ 1º Ocorrendo a hipótese de assunção de competência, o relator proporá, de ofício ou a requerimento da parte, do Ministério Público ou da Defensoria Pública, que seja o recurso, a remessa necessária ou o processo de competência originária julgado pelo órgão colegiado que o regimento indicar.

§ 2º O órgão colegiado julgará o recurso, a remessa necessária ou o processo de competência originária se reconhecer interesse público na assunção de competência.

§ 3º O acórdão proferido em assunção de competência vinculará todos os juízes e órgãos fracionários, exceto se houver revisão de tese.

§ 4º Aplica-se o disposto neste artigo quando ocorrer relevante questão de direito a respeito da qual seja conveniente a prevenção ou a composição de divergência entre câmaras ou turmas do tribunal.

Art. 948. Arguida, em controle difuso, a inconstitucionalidade de lei ou de ato normativo do poder público, o relator, após ouvir o Ministério Público e as partes, submeterá a questão à turma ou à câmara à qual competir o conhecimento do processo.

Art. 949. Se a arguição for:

I - rejeitada, prosseguirá o julgamento;

II - acolhida, a questão será submetida ao plenário do tribunal ou ao seu órgão especial, onde houver.

Parágrafo único. Os órgãos fracionários dos tribunais não submeterão ao plenário ou ao órgão especial a arguição de inconstitucionalidade quando já houver pronunciamento destes ou do plenário do Supremo Tribunal Federal sobre a questão.

Art. 950. Remetida cópia do acórdão a todos os juízes, o presidente do tribunal designará a sessão de julgamento.

§ 1º As pessoas jurídicas de Direito público responsáveis pela edição do ato questionado poderão manifestar-se no incidente de inconstitucionalidade se assim o requererem, observados os prazos e as condições previstos no regimento interno do tribunal.

§ 2º A parte legitimada à propositura das ações previstas no art. 103 da Constituição Federal poderá manifestar-se, por escrito, sobre a questão constitucional objeto de apreciação, no prazo previsto pelo regimento interno, sendo-lhe assegurado o direito de apresentar memoriais ou de requerer a juntada de documentos.

§ 3º Considerando a relevância da matéria e a representatividade dos postulantes, o relator poderá admitir, por despacho irrecorrível, a manifestação de outros órgãos ou entidades.

Art. 951. O conflito de competência pode ser suscitado por qualquer das partes, pelo Ministério Público ou pelo juiz.

Parágrafo único. O Ministério Público somente será ouvido nos conflitos de competência relativos aos processos previstos no art. 178, mas terá qualidade de parte nos conflitos que suscitar.

Art. 952. Não pode suscitar conflito a parte que, no processo, arguiu incompetência relativa.

Parágrafo único. O conflito de competência não obsta, porém, a que a parte que não o arguiu suscite a incompetência.

Art. 953. O conflito será suscitado ao tribunal:

I - pelo juiz, por ofício;

II - pela parte e pelo Ministério Público, por petição.

Parágrafo único. O ofício e a petição serão instruídos com os documentos necessários à prova do conflito.

Art. 954. Após a distribuição, o relator determinará a oitiva dos juízes em conflito ou, se um deles for suscitante, apenas do suscitado.

Parágrafo único. No prazo designado pelo relator, incumbirá ao juiz ou aos juízes prestar as informações.

Art. 955. O relator poderá, de ofício ou a requerimento de qualquer das partes, determinar, quando o conflito for positivo, o sobrestamento do processo e, nesse caso, bem como no de conflito negativo, designará um dos juízes para resolver, em caráter provisório, as medidas urgentes.

Parágrafo único. O relator poderá julgar de plano o conflito de competência quando sua decisão se fundar em:

I - súmula do Supremo Tribunal Federal, do Superior Tribunal de Justiça ou do próprio tribunal;

II - tese firmada em julgamento de casos repetitivos ou em incidente de assunção de competência.

Art. 956. Decorrido o prazo designado pelo relator, será ouvido o Ministério Público, no prazo de cinco dias, ainda que as informações não tenham sido prestadas, e, em seguida, o conflito irá a julgamento.

Art. 957. Ao decidir o conflito, o tribunal declarará qual o juízo competente, pronunciando-se também sobre a validade dos atos do juízo incompetente.

Parágrafo único. Os autos do processo em que se manifestou o conflito serão remetidos ao juiz declarado competente.

Art. 958. No conflito que envolva órgãos fracionários dos tribunais, desembargadores e juízes em exercício no tribunal, observar-se-á o que dispuser o regimento interno do tribunal.

Art. 959. O regimento interno do tribunal regulará o processo e o julgamento do conflito de atribuições entre autoridade judiciária e autoridade administrativa.

Art. 960. A homologação de decisão estrangeira será requerida por ação de homologação de decisão estrangeira, salvo disposição especial em sentido contrário prevista em tratado.

§ 1º A decisão interlocutória estrangeira poderá ser executada no Brasil por meio de carta rogatória.

§ 2º A homologação obedecerá ao que dispuserem os tratados em vigor no Brasil e o Regimento Interno do Superior Tribunal de Justiça.

§ 3º A homologação de decisão arbitral estrangeira obedecerá ao disposto em tratado e em lei, aplicando-se, subsidiariamente, as disposições deste Capítulo.

Art. 961. A decisão estrangeira somente terá eficácia no Brasil após a homologação de sentença estrangeira ou a concessão do exequatur às cartas rogatórias, salvo disposição em sentido contrário de lei ou tratado.

§ 1º É passível de homologação a decisão judicial definitiva, bem como a decisão não judicial que, pela lei brasileira, teria natureza jurisdicional.

§ 2º A decisão estrangeira poderá ser homologada parcialmente.

§ 3º A autoridade judiciária brasileira poderá deferir pedidos de urgência e realizar atos de execução provisória no processo de homologação de decisão estrangeira.

§ 4º Haverá homologação de decisão estrangeira para fins de execução fiscal quando prevista em tratado ou em promessa de reciprocidade apresentada à autoridade brasileira.

§ 5º A sentença estrangeira de divórcio consensual produz efeitos no Brasil, independentemente de homologação pelo Superior Tribunal de Justiça.

§ 6º Na hipótese do § 5º, competirá a qualquer juiz examinar a validade da decisão, em caráter principal ou incidental, quando essa questão for suscitada em processo de sua competência.

Art. 962. É passível de execução a decisão estrangeira concessiva de medida de urgência.

§ 1º A execução no Brasil de decisão interlocutória estrangeira concessiva de medida de urgência dar-se-á por carta rogatória.

§ 2º A medida de urgência concedida sem audiência do réu poderá ser executada, desde que garantido o contraditório em momento posterior.

§ 3º O juízo sobre a urgência da medida compete exclusivamente à autoridade jurisdicional prolatora da decisão estrangeira.

§ 4º Quando dispensada a homologação para que a sentença estrangeira produza efeitos no Brasil, a decisão concessiva de medida de urgência dependerá, para produzir efeitos, de ter sua validade expressamente reconhecida pelo juiz competente para dar-lhe cumprimento, dispensada a homologação pelo Superior Tribunal de Justiça.

Art. 963. Constituem requisitos indispensáveis à homologação da decisão:

I – ser proferida por autoridade competente;

II – ser precedida de citação regular, ainda que verificada a revelia;

III – ser eficaz no país em que foi proferida;

IV – não ofender a coisa julgada brasileira;

V – estar acompanhada de tradução oficial, salvo disposição que a dispense prevista em tratado;

VI – não conter manifesta ofensa à ordem pública.

Parágrafo único. Para a concessão do exequatur às cartas rogatórias, observar-se-ão os pressupostos previstos no *caput* deste artigo e no art. 962, § 2º.

Art. 964. Não será homologada a decisão estrangeira na hipótese de competência exclusiva da autoridade judiciária brasileira.

Parágrafo único. O dispositivo também se aplica à concessão do exequatur à carta rogatória.

Art. 965. O cumprimento de decisão estrangeira far-se-á perante o juízo federal competente, a requerimento da parte, conforme as normas estabelecidas para o cumprimento de decisão nacional.

Parágrafo único. O pedido de execução deverá ser instruído com cópia autenticada da decisão homologatória ou do exequatur, conforme o caso.

Art. 966. A decisão de mérito, transitada em julgado, pode ser rescindida quando:

I - se verificar que foi proferida por força de prevaricação, concussão ou corrupção do juiz;

II - for proferida por juiz impedido ou por juízo absolutamente incompetente;

III - resultar de dolo ou coação da parte vencedora em detrimento da parte vencida ou, ainda, de simulação ou colusão entre as partes, a fim de fraudar a lei;

IV - ofender a coisa julgada;

V - violar manifestamente norma jurídica;

VI - for fundada em prova cuja falsidade tenha sido apurada em processo criminal ou venha a ser demonstrada na própria ação rescisória;

VII - obtiver o autor, posteriormente ao trânsito em julgado, prova nova cuja existência ignorava ou de que não pôde fazer uso, capaz, por si só, de lhe assegurar pronunciamento favorável;

VIII - for fundada em erro de fato verificável do exame dos autos.

§ 1º Há erro de fato quando a decisão rescindenda admitir fato inexistente ou quando considerar inexistente fato efetivamente ocorrido, sendo indispensável, em ambos os casos, que o fato não represente ponto controvertido sobre o qual o juiz deveria ter se pronunciado.

§ 2º Nas hipóteses previstas nos incisos do *caput*, será rescindível a decisão transitada em julgado que, embora não seja de mérito, impeça:

I - nova propositura da demanda; ou

II - admissibilidade do recurso correspondente.

§ 3º A ação rescisória pode ter por objeto apenas um capítulo da decisão.

§ 4º Os atos de disposição de direitos, praticados pelas partes ou por outros participantes do processo e homologados pelo juízo, bem como os atos homologatórios praticados no curso da execução, estão sujeitos à anulação, nos termos da lei.

§ 5º Cabe ação rescisória, com fundamento no inciso V do *caput* deste artigo, contra decisão baseada em enunciado de súmula ou acórdão proferido em julgamento de casos repetitivos que não tenha considerado a existência de distinção entre a questão discutida no processo e o padrão decisório que lhe deu fundamento. (Incluído pela Lei nº 13.256, de 2016) (Vigência)

§ 6º Quando a ação rescisória fundar-se na hipótese do § 5º deste artigo, caberá ao autor, sob pena de inépcia, demonstrar, fundamentadamente, tratar-se de situação particularizada por hipótese fática distinta ou de questão jurídica não examinada, a impor outra solução jurídica. (Incluído pela Lei nº 13.256, de 2016) (Vigência)

Art. 967. Têm legitimidade para propor a ação rescisória:

I - quem foi parte no processo ou o seu sucessor a título universal ou singular;

II - o terceiro juridicamente interessado;

III - o Ministério Público:

a) se não foi ouvido no processo em que lhe era obrigatória a intervenção;

b) quando a decisão rescindenda é o efeito de simulação ou de colusão das partes, a fim de fraudar a lei;

c) em outros casos em que se imponha sua atuação;

IV - aquele que não foi ouvido no processo em que lhe era obrigatória a intervenção.

Parágrafo único. Nas hipóteses do art. 178, o Ministério Público será intimado para intervir como fiscal da ordem jurídica quando não for parte.

Art. 968. A petição inicial será elaborada com observância dos requisitos essenciais do art. 319, devendo o autor:

I - cumular ao pedido de rescisão, se for o caso, o de novo julgamento do processo;

II - depositar a importância de 5% sobre o valor da causa, que se converterá em multa caso a ação seja, por unanimidade de votos, declarada inadmissível ou improcedente.

§ 1º Não se aplica o disposto no inciso II à União, aos estados, ao Distrito Federal, aos municípios, às suas respectivas autarquias e fundações de Direito público, ao Ministério Público, à Defensoria Pública e aos que tenham obtido o benefício de gratuidade da Justiça.

§ 2º O depósito previsto no inciso II do *caput* deste artigo não será superior a 1 mil salários mínimos.

§ 3º Além dos casos previstos no art. 330, a petição inicial será indeferida quando não efetuado o depósito exigido pelo inciso II do *caput* deste artigo.

§ 4º Aplica-se à ação rescisória o disposto no art. 332.

§ 5º Reconhecida a incompetência do tribunal para julgar a ação rescisória, o autor será intimado para emendar a petição inicial, a fim de adequar o objeto da ação rescisória, quando a decisão apontada como rescindenda:

I - não tiver apreciado o mérito e não se enquadrar na situação prevista no § 2º do art. 966;

II - tiver sido substituída por decisão posterior.

§ 6º Na hipótese do § 5º, após a emenda da petição inicial, será permitido ao réu complementar os fundamentos de defesa, e, em seguida, os autos serão remetidos ao tribunal competente.

Art. 969. A propositura da ação rescisória não impede o cumprimento da decisão rescindenda, ressalvada a concessão de tutela provisória.

Art. 970. O relator ordenará a citação do réu, designando-lhe prazo nunca inferior a quinze dias nem superior a trinta dias para, querendo, apresentar resposta, ao fim do qual, com ou sem contestação, observar-se-á, no que couber, o procedimento comum.

Art. 971. Na ação rescisória, devolvidos os autos pelo relator, a secretaria do tribunal expedirá cópias do relatório e as distribuirá entre os juízes que compuserem o órgão competente para o julgamento.

Parágrafo único. A escolha de relator recairá, sempre que possível, em juiz que não haja participado do julgamento rescindendo.

Art. 972. Se os fatos alegados pelas partes dependerem de prova, o relator poderá delegar a competência ao órgão que proferiu a decisão rescindenda, fixando prazo de um a três meses para a devolução dos autos.

Art. 973. Concluída a instrução, será aberta vista ao autor e ao réu para razões finais, sucessivamente, pelo prazo de dez dias.

Parágrafo único. Em seguida, os autos serão conclusos ao relator, procedendo-se ao julgamento pelo órgão competente.

Art. 974. Julgando procedente o pedido, o tribunal rescindirá a decisão, proferirá, se for o caso, novo julgamento e determinará a restituição do depósito a que se refere o inciso II do art. 968.

Parágrafo único. Considerando, por unanimidade, inadmissível ou improcedente o pedido, o tribunal determinará a reversão, em favor do réu, da importância do depósito, sem prejuízo do disposto no § 2º do art. 82.

Art. 975. O direito à rescisão se extingue em dois anos contados do trânsito em julgado da última decisão proferida no processo.

§ 1º Prorroga-se até o primeiro dia útil imediatamente subsequente o prazo a que se refere o *caput*, quando expirar durante férias forenses, recesso, feriados ou em dia em que não houver expediente forense.

§ 2º Se fundada a ação no inciso VII do art. 966, o termo inicial do prazo será a data de descoberta da prova nova, observado o prazo máximo de cinco anos, contado do trânsito em julgado da última decisão proferida no processo.

§ 3º Nas hipóteses de simulação ou de colusão das partes, o prazo começa a contar, para o terceiro prejudicado e para o Ministério Público, que não interveio no processo, a partir do momento em que têm ciência da simulação ou da colusão.

Art. 976. É cabível a instauração do incidente de resolução de demandas repetitivas quando houver, simultaneamente:

I - efetiva repetição de processos que contenham controvérsia sobre a mesma questão unicamente de direito;

II - risco de ofensa à isonomia e à segurança jurídica.

§ 1º A desistência ou o abandono do processo não impede o exame de mérito do incidente.

§ 2º Se não for o requerente, o Ministério Público intervirá obrigatoriamente no incidente e deverá assumir sua titularidade em caso de desistência ou de abandono.

§ 3º A inadmissão do incidente de resolução de demandas repetitivas por ausência de qualquer de seus pressupostos de admissibilidade não impede que, uma vez satisfeito o requisito, seja o incidente novamente suscitado.

§ 4º É incabível o incidente de resolução de demandas repetitivas quando um dos tribunais superiores, no âmbito de sua respectiva competência, já tiver afetado recurso para definição de tese sobre questão de Direito material ou processual repetitiva.

§ 5º Não serão exigidas custas processuais no incidente de resolução de demandas repetitivas.

Art. 977. O pedido de instauração do incidente será dirigido ao presidente de tribunal:

I - pelo juiz ou relator, por ofício;

II - pelas partes, por petição;

III – pelo Ministério Público ou pela Defensoria Pública, por petição.

Parágrafo único. O ofício ou a petição será instruído com os documentos necessários à demonstração do preenchimento dos pressupostos para a instauração do incidente.

Art. 978. O julgamento do incidente caberá ao órgão indicado pelo regimento interno dentre aqueles responsáveis pela uniformização de jurisprudência do tribunal.

Parágrafo único. O órgão colegiado incumbido de julgar o incidente e de fixar a tese jurídica julgará igualmente o recurso, a remessa necessária ou o processo de competência originária de onde se originou o incidente.

Art. 979. A instauração e o julgamento do incidente serão sucedidos da mais ampla e específica divulgação e publicidade, por meio de registro eletrônico no Conselho Nacional de Justiça.

§ 1º Os tribunais manterão banco eletrônico de dados atualizados com informações específicas sobre questões de direito submetidas ao incidente, comunicando-o imediatamente ao Conselho Nacional de Justiça para inclusão no cadastro.

§ 2º Para possibilitar a identificação dos processos abrangidos pela decisão do incidente, o registro eletrônico das teses jurídicas constantes do cadastro conterá, no mínimo, os fundamentos determinantes da decisão e os dispositivos normativos a ela relacionados.

§ 3º Aplica-se o disposto neste artigo ao julgamento de recursos repetitivos e da repercussão geral em recurso extraordinário.

Art. 980. O incidente será julgado no prazo de um ano e terá preferência sobre os demais feitos, ressalvados os que envolvam réu preso e os pedidos de *habeas corpus*.

Parágrafo único. Superado o prazo previsto no *caput*, cessa a suspensão dos processos prevista no art. 982, salvo decisão fundamentada do relator em sentido contrário.

Art. 981. Após a distribuição, o órgão colegiado competente para julgar o incidente procederá ao seu juízo de admissibilidade, considerando a presença dos pressupostos do art. 976.

Art. 982. Admitido o incidente, o relator:

I – suspenderá os processos pendentes, individuais ou coletivos, que tramitam no Estado ou na região, conforme o caso;

II – poderá requisitar informações a órgãos em cujo juízo tramita processo no qual se discute o objeto do incidente, que as prestarão no prazo de quinze dias;

III – intimará o Ministério Público para, querendo, manifestar-se no prazo de quinze dias.

§ 1º A suspensão será comunicada aos órgãos jurisdicionais competentes.

§ 2º Durante a suspensão, o pedido de tutela de urgência deverá ser dirigido ao juízo onde tramita o processo suspenso.

§ 3º Visando à garantia da segurança jurídica, qualquer legitimado mencionado no art. 977, incisos II e III, poderá requerer, ao tribunal competente para conhecer do recurso extraordinário ou especial, a suspensão de todos os processos individuais ou coletivos em curso no território nacional que versem sobre a questão objeto do incidente já instaurado.

§ 4º Independentemente dos limites da competência territorial, a parte no processo em curso no qual se discuta a mesma questão objeto do incidente é legitimada para requerer a providência prevista no § 3º deste artigo.

§ 5º Cessa a suspensão a que se refere o inciso I do *caput* deste artigo se não for interposto recurso especial ou recurso extraordinário contra a decisão proferida no incidente.

Art. 983. O relator ouvirá as partes e os demais interessados, inclusive pessoas, órgãos e entidades com interesse na controvérsia, que, no prazo comum de quinze dias, poderão requerer a juntada de documentos, bem como as diligências necessárias para a elucidação da questão de direito controvertida, e, em seguida, manifestar-se-á o Ministério Público, no mesmo prazo.

§ 1º Para instruir o incidente, o relator poderá designar data para, em audiência pública, ouvir depoimentos de pessoas com experiência e conhecimento na matéria.

§ 2º Concluídas as diligências, o relator solicitará dia para o julgamento do incidente.

Art. 984. No julgamento do incidente, observar-se-á a seguinte ordem:

I – o relator fará a exposição do objeto do incidente;

II – poderão sustentar suas razões, sucessivamente:

a) o autor e o réu do processo originário e o Ministério Público, pelo prazo de trinta minutos;

b) os demais interessados, no prazo de trinta minutos, divididos entre todos, sendo exigida inscrição com dois dias de antecedência.

§ 1º Considerando o número de inscritos, o prazo poderá ser ampliado.

§ 2º O conteúdo do acórdão abrangerá a análise de todos os fundamentos suscitados concernentes à tese jurídica discutida, sejam favoráveis ou contrários.

Art. 985. Julgado o incidente, a tese jurídica será aplicada:

I - a todos os processos individuais ou coletivos que versem sobre idêntica questão de direito e que tramitem na área de jurisdição do respectivo tribunal, inclusive àqueles que tramitem nos juizados especiais do respectivo Estado ou região;

II - aos casos futuros que versem idêntica questão de direito e que venham a tramitar no território de competência do tribunal, salvo revisão na forma do art. 986.

§ 1º Não observada a tese adotada no incidente, caberá reclamação.

§ 2º Se o incidente tiver por objeto questão relativa a prestação de serviço concedido, permitido ou autorizado, o resultado do julgamento será comunicado ao órgão, ao ente ou à agência reguladora competente para fiscalização da efetiva aplicação, por parte dos entes sujeitos a regulação, da tese adotada.

Art. 986. A revisão da tese jurídica firmada no incidente far-se-á pelo mesmo tribunal, de ofício ou mediante requerimento dos legitimados mencionados no art. 977, inciso III.

Art. 987. Do julgamento do mérito do incidente caberá recurso extraordinário ou especial, conforme o caso.

§ 1º O recurso tem efeito suspensivo, presumindo-se a repercussão geral de questão constitucional eventualmente discutida.

§ 2º Apreciado o mérito do recurso, a tese jurídica adotada pelo Supremo Tribunal Federal ou pelo Superior Tribunal de Justiça será aplicada no território nacional a todos os processos individuais ou coletivos que versem sobre idêntica questão de direito.

Art. 988. Caberá reclamação da parte interessada ou do Ministério Público para:

I - preservar a competência do tribunal;

II - garantir a autoridade das decisões do tribunal;

III - garantir a observância de enunciado de súmula vinculante e de decisão do Supremo Tribunal Federal em controle concentrado de constitucionalidade; (Redação dada pela Lei nº 13.256, de 2016)

IV - garantir a observância de acórdão proferido em julgamento de incidente de resolução de demandas repetitivas ou de incidente de assunção de competência; (Redação dada pela Lei nº 13.256, de 2016)

§ 1ºA reclamação pode ser proposta perante qualquer tribunal, e seu julgamento compete ao órgão jurisdicional cuja competência se busca preservar ou cuja autoridade se pretenda garantir.

§ 2º A reclamação deverá ser instruída com prova documental e dirigida ao presidente do tribunal.

§ 3º Assim que recebida, a reclamação será autuada e distribuída ao relator do processo principal, sempre que possível.

§ 4º As hipóteses dos incisos III e IV compreendem a aplicação indevida da tese jurídica e sua não aplicação aos casos que a ela correspondam.

§ 5º É inadmissível a reclamação: (Redação dada pela Lei nº 13.256, de 2016)

I - proposta após o trânsito em julgado da decisão reclamada; (Incluído pela Lei nº 13.256, de 2016)

II - proposta para garantir a observância de acórdão de recurso extraordinário com repercussão geral reconhecida ou de acórdão proferido em julgamento de recursos extraordinário ou especial repetitivos, quando não esgotadas as instâncias ordinárias. (Incluído pela Lei nº 13.256, de 2016)

§ 6ºA inadmissibilidade ou o julgamento do recurso interposto contra a decisão proferida pelo órgão reclamado não prejudica a reclamação.

Art. 989. Ao despachar a reclamação, o relator:

I - requisitará informações da autoridade a quem for imputada a prática do ato impugnado, que as prestará no prazo de dez dias;

II - se necessário, ordenará a suspensão do processo ou do ato impugnado para evitar dano irreparável;

III - determinará a citação do beneficiário da decisão impugnada, que terá prazo de quinze dias para apresentar a sua contestação.

Art. 990. Qualquer interessado poderá impugnar o pedido do reclamante.

Art. 991. Na reclamação que não houver formulado, o Ministério Público terá vista do processo por cinco dias, após o decurso do prazo para informações e para o oferecimento da contestação pelo beneficiário do ato impugnado.

Art. 992. Julgando procedente a reclamação, o tribunal cassará a decisão exorbitante de seu julgado ou determinará medida adequada à solução da controvérsia.

Art. 993. O presidente do tribunal determinará o imediato cumprimento da decisão, lavrando-se o acórdão posteriormente.

Art. 994. São cabíveis os seguintes recursos:

I - apelação;

II - agravo de instrumento;

III - agravo interno;

IV - embargos de declaração;

V - recurso ordinário;

VI - recurso especial;

VII - recurso extraordinário;

VIII - agravo em recurso especial ou extraordinário;

IX - embargos de divergência.

Art. 995. Os recursos não impedem a eficácia da decisão, salvo disposição legal ou decisão judicial em sentido diverso.

Parágrafo único. A eficácia da decisão recorrida poderá ser suspensa por decisão do relator, se da imediata produção de seus efeitos houver risco de dano grave, de difícil ou impossível reparação, e ficar demonstrada a probabilidade de provimento do recurso.

Art. 996. O recurso pode ser interposto pela parte vencida, pelo terceiro prejudicado e pelo Ministério Público, como parte ou como fiscal da ordem jurídica.

Parágrafo único. Cumpre ao terceiro demonstrar a possibilidade de a decisão sobre a relação jurídica submetida à apreciação judicial atingir direito de que se afirme titular ou que possa discutir em juízo como substituto processual.

Art. 997. Cada parte interporá o recurso independentemente, no prazo e com observância das exigências legais.

§ 1º Sendo vencidos autor e réu, ao recurso interposto por qualquer deles poderá aderir o outro.

§ 2º O recurso adesivo fica subordinado ao recurso independente, sendo-lhe aplicáveis as mesmas regras deste quanto aos requisitos de admissibilidade e julgamento no tribunal, salvo disposição legal diversa, observado, ainda, o seguinte:

I - será dirigido ao órgão perante o qual o recurso independente fora interposto, no prazo de que a parte dispõe para responder;

II - será admissível na apelação, no recurso extraordinário e no recurso especial;

III - não será conhecido, se houver desistência do recurso principal ou se for ele considerado inadmissível.

Art. 998. O recorrente poderá, a qualquer tempo, sem a anuência do recorrido ou dos litisconsortes, desistir do recurso.

Parágrafo único. A desistência do recurso não impede a análise de questão cuja repercussão geral já tenha sido reconhecida e daquela objeto de julgamento de recursos extraordinários ou especiais repetitivos.

Art. 999. A renúncia ao direito de recorrer independe da aceitação da outra parte.

Art. 1.000. A parte que aceitar expressa ou tacitamente a decisão não poderá recorrer.

Parágrafo único. Considera-se aceitação tácita a prática, sem nenhuma reserva, de ato incompatível com a vontade de recorrer.

Art. 1.001. Dos despachos não cabe recurso.

Art. 1.002. A decisão pode ser impugnada no todo ou em parte.

Art. 1.003. O prazo para interposição de recurso conta-se da data em que os advogados, a sociedade de advogados, a Advocacia Pública, a Defensoria Pública ou o Ministério Público são intimados da decisão.

§ 1º Os sujeitos previstos no *caput* considerar-se-ão intimados em audiência quando nesta for proferida a decisão.

§ 2º Aplica-se o disposto no art. 231, incisos I a VI, ao prazo de interposição de recurso pelo réu contra decisão proferida anteriormente à citação.

§ 3º No prazo para interposição de recurso, a petição será protocolada em cartório ou conforme as normas de organização judiciária, ressalvado o disposto em regra especial.

§ 4º Para aferição da tempestividade do recurso remetido pelo correio, será considerada como data de interposição a data de postagem.

§ 5º Excetuados os embargos de declaração, o prazo para interpor os recursos e para responder-lhes é de quinze dias.

§ 6º O recorrente comprovará a ocorrência de feriado local no ato de interposição do recurso.

Art. 1.004. Se, durante o prazo para a interposição do recurso, sobrevier o falecimento da parte ou de seu advogado ou ocorrer motivo de força maior que suspenda o curso do processo, será tal prazo restituído em proveito da parte, do herdeiro ou do sucessor, contra quem começará a correr novamente depois da intimação.

Art. 1.005. O recurso interposto por um dos litisconsortes a todos aproveita, salvo se distintos ou opostos os seus interesses.

Parágrafo único. Havendo solidariedade passiva, o recurso interposto por um devedor aproveitará aos outros quando as defesas opostas ao credor lhes forem comuns.

Art. 1.006. Certificado o trânsito em julgado, com menção expressa da data de sua ocorrência, o escrivão ou o chefe de secretaria, independentemente de despacho, providenciará a baixa dos autos ao juízo de origem, no prazo de cinco dias.

Art. 1.007. No ato de interposição do recurso, o recorrente comprovará, quando exigido pela legislação pertinente, o respectivo preparo, inclusive porte de remessa e de retorno, sob pena de deserção.

§ 1º São dispensados de preparo, inclusive porte de remessa e de retorno, os recursos interpostos pelo Ministério Público, pela União, pelo Distrito Federal, pelos estados, pelos municípios, e respectivas autarquias, e pelos que gozam de isenção legal.

§ 2º A insuficiência no valor do preparo, inclusive porte de remessa e de retorno, implicará deserção se o recorrente, intimado na pessoa de seu advogado, não vier a supri-lo no prazo de cinco dias.

§ 3º É dispensado o recolhimento do porte de remessa e de retorno no processo em autos eletrônicos.

§ 4º O recorrente que não comprovar, no ato de interposição do recurso, o recolhimento do preparo, inclusive porte de remessa e de retorno, será intimado, na pessoa de seu advogado, para realizar o recolhimento em dobro, sob pena de deserção.

§ 5º É vedada a complementação se houver insuficiência parcial do preparo, inclusive porte de remessa e de retorno, no recolhimento realizado na forma do § 4º.

§ 6º Provando o recorrente justo impedimento, o relator relevará a pena de deserção, por decisão irrecorrível, fixando-lhe prazo de cinco dias para efetuar o preparo.

§ 7º O equívoco no preenchimento da guia de custas não implicará a aplicação da pena de deserção, cabendo ao relator, na hipótese de dúvida quanto ao recolhimento, intimar o recorrente para sanar o vício no prazo de cinco dias.

Art. 1.008. O julgamento proferido pelo tribunal substituirá a decisão impugnada no que tiver sido objeto de recurso.

Art. 1.009. Da sentença cabe apelação.

§ 1º As questões resolvidas na fase de conhecimento, se a decisão a seu respeito não comportar agravo de instrumento, não são cobertas pela preclusão e devem ser suscitadas em preliminar de apelação, eventualmente interposta contra a decisão final, ou nas contrarrazões.

§ 2º Se as questões referidas no § 1º forem suscitadas em contrarrazões, o recorrente será intimado para, em quinze dias, manifestar-se a respeito delas.

§ 3º O disposto no *caput* deste artigo aplica-se mesmo quando as questões mencionadas no art. 1.015 integrarem capítulo da sentença.

Art. 1.010. A apelação, interposta por petição dirigida ao juízo de primeiro grau, conterá:

I – os nomes e a qualificação das partes;

II – a exposição do fato e do direito;

III – as razões do pedido de reforma ou de decretação de nulidade;

IV – o pedido de nova decisão.

§ 1º O apelado será intimado para apresentar contrarrazões no prazo de quinze dias.

§ 2º Se o apelado interpuser apelação adesiva, o juiz intimará o apelante para apresentar contrarrazões.

§ 3º Após as formalidades previstas nos §§ 1º e 2º, os autos serão remetidos ao tribunal pelo juiz, independentemente de juízo de admissibilidade.

Art. 1.011. Recebido o recurso de apelação no tribunal e distribuído imediatamente, o relator:

I – decidi-lo-á monocraticamente apenas nas hipóteses do art. 932, incisos III a V;

II - se não for o caso de decisão monocrática, elaborará seu voto para julgamento do recurso pelo órgão colegiado.

Art. 1.012. A apelação terá efeito suspensivo.

§ 1º Além de outras hipóteses previstas em lei, começa a produzir efeitos imediatamente após a sua publicação a sentença que:

I - homologa divisão ou demarcação de terras;

II - condena a pagar alimentos;

III - extingue sem resolução do mérito ou julga improcedentes os embargos do executado;

IV - julga procedente o pedido de instituição de arbitragem;

V - confirma, concede ou revoga tutela provisória;

VI - decreta a interdição.

§ 2º Nos casos do § 1º, o apelado poderá promover o pedido de cumprimento provisório depois de publicada a sentença.

§ 3º O pedido de concessão de efeito suspensivo nas hipóteses do § 1º poderá ser formulado por requerimento dirigido ao:

I - tribunal, no período compreendido entre a interposição da apelação e sua distribuição, ficando o relator designado para seu exame prevento para julgá-la;

II - relator, se já distribuída a apelação.

§ 4º Nas hipóteses do § 1º, a eficácia da sentença poderá ser suspensa pelo relator se o apelante demonstrar a probabilidade de provimento do recurso ou se, sendo relevante a fundamentação, houver risco de dano grave ou de difícil reparação.

Art. 1.013. A apelação devolverá ao tribunal o conhecimento da matéria impugnada.

§ 1º Serão, porém, objeto de apreciação e julgamento pelo tribunal todas as questões suscitadas e discutidas no processo, ainda que não tenham sido solucionadas, desde que relativas ao capítulo impugnado.

§ 2º Quando o pedido ou a defesa tiver mais de um fundamento e o juiz acolher apenas um deles, a apelação devolverá ao tribunal o conhecimento dos demais.

§ 3º Se o processo estiver em condições de imediato julgamento, o tribunal deve decidir desde logo o mérito quando:

I - reformar sentença fundada no art. 485;

II - decretar a nulidade da sentença por não ser ela congruente com os limites do pedido ou da causa de pedir;

III - constatar a omissão no exame de um dos pedidos, hipótese em que poderá julgá-lo;

IV - decretar a nulidade de sentença por falta de fundamentação.

§ 4º Quando reformar sentença que reconheça a decadência ou a prescrição, o tribunal, se possível, julgará o mérito, examinando as demais questões, sem determinar o retorno do processo ao juízo de primeiro grau.

§ 5º O capítulo da sentença que confirma, concede ou revoga a tutela provisória é impugnável na apelação.

Art. 1.014. As questões de fato não propostas no juízo inferior poderão ser suscitadas na apelação, se a parte provar que deixou de fazê-lo por motivo de força maior.

Art. 1.015. Cabe agravo de instrumento contra as decisões interlocutórias que versarem sobre:

I - tutelas provisórias;

II - mérito do processo;

III - rejeição da alegação de convenção de arbitragem;

IV - incidente de desconsideração da personalidade jurídica;

V - rejeição do pedido de gratuidade da Justiça ou acolhimento do pedido de sua revogação;

VI - exibição ou posse de documento ou coisa;

VII - exclusão de litisconsorte;

VIII - rejeição do pedido de limitação do litisconsórcio;

IX - admissão ou inadmissão de intervenção de terceiros;

X - concessão, modificação ou revogação do efeito suspensivo aos embargos à execução;

XI - redistribuição do ônus da prova nos termos do art. 373, § 1º;

XII - (VETADO);

XIII - outros casos expressamente referidos em lei.

Parágrafo único. Também caberá agravo de instrumento contra decisões interlocutórias proferidas na fase de liquidação de sentença ou de cumprimento de sentença, no processo de execução e no processo de inventário.

Art. 1.016. O agravo de instrumento será dirigido diretamente ao tribunal competente, por meio de petição com os seguintes requisitos:

I - os nomes das partes;

II - a exposição do fato e do direito;

III - as razões do pedido de reforma ou de invalidação da decisão e o próprio pedido;

IV - o nome e o endereço completo dos advogados constantes do processo.

Art. 1.017. A petição de agravo de instrumento será instruída:

I - obrigatoriamente, com cópias da petição inicial, da contestação, da petição que ensejou a decisão agravada, da própria decisão agravada, da certidão da respectiva intimação ou outro documento oficial que comprove a tempestividade e das procurações outorgadas aos advogados do agravante e do agravado;

II - com declaração de inexistência de qualquer dos documentos referidos no inciso I, feita pelo advogado do agravante, sob pena de sua responsabilidade pessoal;

III - facultativamente, com outras peças que o agravante reputar úteis.

§ 1º Acompanhará a petição o comprovante do pagamento das respectivas custas e do porte de retorno, quando devidos, conforme tabela publicada pelos tribunais.

§ 2º No prazo do recurso, o agravo será interposto por:

I - protocolo realizado diretamente no tribunal competente para julgá-lo;

II - protocolo realizado na própria comarca, seção ou subseção judiciárias;

III - postagem, sob registro, com aviso de recebimento;

IV - transmissão de dados tipo fac-símile, nos termos da lei;

V - outra forma prevista em lei.

§ 3º Na falta da cópia de qualquer peça ou no caso de algum outro vício que comprometa a admissibilidade do agravo de instrumento, deve o relator aplicar o disposto no art. 932, parágrafo único.

§ 4º Se o recurso for interposto por sistema de transmissão de dados tipo fac-símile ou similar, as peças devem ser juntadas no momento de protocolo da petição original.

§ 5º Sendo eletrônicos os autos do processo, dispensam-se as peças referidas nos incisos I e II do *caput*, facultando-se ao agravante anexar outros documentos que entender úteis para a compreensão da controvérsia.

Art. 1.018. O agravante poderá requerer a juntada, aos autos do processo, de cópia da petição do agravo de instrumento, do comprovante de sua interposição e da relação dos documentos que instruíram o recurso.

§ 1º Se o juiz comunicar que reformou inteiramente a decisão, o relator considerará prejudicado o agravo de instrumento.

§ 2º Não sendo eletrônicos os autos, o agravante tomará a providência prevista no *caput*, no prazo de três dias a contar da interposição do agravo de instrumento.

§ 3º O descumprimento da exigência de que trata o § 2º, desde que arguido e provado pelo agravado, importa inadmissibilidade do agravo de instrumento.

Art. 1.019. Recebido o agravo de instrumento no tribunal e distribuído imediatamente, se não for o caso de aplicação do art. 932, incisos III e IV, o relator, no prazo de cinco dias:

I - poderá atribuir efeito suspensivo ao recurso ou deferir, em antecipação de tutela, total ou parcialmente, a pretensão recursal, comunicando ao juiz sua decisão;

II - ordenará a intimação do agravado pessoalmente, por carta com aviso de recebimento, quando não tiver procurador constituído, ou pelo *Diário da Justiça* ou por carta com aviso de recebimento dirigida ao seu advogado, para que responda no prazo de quinze dias, facultando-lhe juntar a documentação que entender necessária ao julgamento do recurso;

III - determinará a intimação do Ministério Público, preferencialmente por meio eletrônico, quando for o caso de sua intervenção, para que se manifeste no prazo de quinze dias.

Art. 1.020. O relator solicitará dia para julgamento em prazo não superior a um mês da intimação do agravado.

Art. 1.021. Contra decisão proferida pelo relator caberá agravo interno para o respectivo órgão colegiado, observadas, quanto ao processamento, as regras do regimento interno do tribunal.

§ 1º Na petição de agravo interno, o recorrente impugnará especificadamente os fundamentos da decisão agravada.

§ 2º O agravo será dirigido ao relator, que intimará o agravado para manifestar-se sobre o recurso no prazo de quinze dias, ao final do qual, não havendo retratação, o relator levá-lo-á a julgamento pelo órgão colegiado, com inclusão em pauta.

§ 3º É vedado ao relator limitar-se à reprodução dos fundamentos da decisão agravada para julgar improcedente o agravo interno.

§ 4º Quando o agravo interno for declarado manifestamente inadmissível ou improcedente em votação unânime, o órgão colegiado, em decisão fundamentada, condenará o agravante a pagar ao agravado multa fixada entre 1% e 5% do valor atualizado da causa.

§ 5º A interposição de qualquer outro recurso está condicionada ao depósito prévio do valor da multa prevista no § 4º, à exceção da Fazenda Pública e do beneficiário de gratuidade da Justiça, que farão o pagamento ao final.

Art. 1.022. Cabem embargos de declaração contra qualquer decisão judicial para:

I - esclarecer obscuridade ou eliminar contradição;

II - suprir omissão de ponto ou questão sobre o qual devia se pronunciar o juiz de ofício ou a requerimento;

III - corrigir erro material.

Parágrafo único. Considera-se omissa a decisão que:

I - deixe de se manifestar sobre tese firmada em julgamento de casos repetitivos ou em incidente de assunção de competência aplicável ao caso sob julgamento;

II - incorra em qualquer das condutas descritas no art. 489, § 1º.

Art. 1.023. Os embargos serão opostos, no prazo de cinco dias, em petição dirigida ao juiz, com indicação do erro, obscuridade, contradição ou omissão, e não se sujeitam a preparo.

§ 1º Aplica-se aos embargos de declaração o art. 229.

§ 2º O juiz intimará o embargado para, querendo, manifestar-se, no prazo de cinco dias, sobre os embargos opostos, caso seu eventual acolhimento implique a modificação da decisão embargada.

Art. 1.024. O juiz julgará os embargos em cinco dias.

§ 1º Nos tribunais, o relator apresentará os embargos em mesa na sessão subsequente, proferindo voto, e, não havendo julgamento nessa sessão, será o recurso incluído em pauta automaticamente.

§ 2º Quando os embargos de declaração forem opostos contra decisão de relator ou outra decisão unipessoal proferida em tribunal, o órgão prolator da decisão embargada decidi-los-á monocraticamente.

§ 3º O órgão julgador conhecerá dos embargos de declaração como agravo interno se entender ser este o recurso cabível, desde que determine previamente a intimação do recorrente para, no prazo de cinco dias, complementar as razões recursais, de modo a ajustá-las às exigências do art. 1.021, § 1º.

§ 4º Caso o acolhimento dos embargos de declaração implique modificação da decisão embargada, o embargado que já tiver interposto outro recurso contra a decisão originária tem o direito de complementar ou alterar suas razões, nos exatos limites da modificação, no prazo de quinze dias, contado da intimação da decisão dos embargos de declaração.

§ 5º Se os embargos de declaração forem rejeitados ou não alterarem a conclusão do julgamento anterior, o recurso interposto pela outra parte antes da publicação do julgamento dos embargos de declaração será processado e julgado independentemente de ratificação.

Art. 1.025. Consideram-se incluídos no acórdão os elementos que o embargante suscitou, para fins de pré-questionamento, ainda que os embargos de declaração sejam inadmitidos ou rejeitados, caso o tribunal superior considere existentes erro, omissão, contradição ou obscuridade.

Art. 1.026. Os embargos de declaração não possuem efeito suspensivo e interrompem o prazo para a interposição de recurso.

§ 1º A eficácia da decisão monocrática ou colegiada poderá ser suspensa pelo respectivo juiz ou relator se demonstrada a probabilidade de provimento do recurso ou, sendo relevante a fundamentação, se houver risco de dano grave ou de difícil reparação.

§ 2º Quando manifestamente protelatórios os embargos de declaração, o juiz ou o tribunal, em decisão fundamentada, condenará o embargante a pagar ao embargado multa não excedente a 2% sobre o valor atualizado da causa.

§ 3º Na reiteração de embargos de declaração manifestamente protelatórios, a multa será elevada a até 10% sobre o valor atualizado da causa, e a interposição de qualquer recurso ficará condicionada ao depósito prévio do valor da multa, à exceção da Fazenda Pública e do beneficiário de gratuidade da Justiça, que a recolherão ao final.

§ 4º Não serão admitidos novos embargos de declaração se os dois anteriores houverem sido considerados protelatórios.

Art. 1.027. Serão julgados em recurso ordinário:

I - pelo Supremo Tribunal Federal, os mandados de segurança, os *habeas data* e os mandados de injunção decididos em única instância pelos tribunais superiores, quando denegatória a decisão;

II - pelo Superior Tribunal de Justiça:

a) os mandados de segurança decididos em única instância pelos tribunais regionais federais ou pelos tribunais de justiça dos estados e do Distrito Federal e territórios, quando denegatória a decisão;

b) os processos em que forem partes, de um lado, estado estrangeiro ou organismo internacional e, de outro, município ou pessoa residente ou domiciliada no País.

§ 1º Nos processos referidos no inciso II, alínea *b*, contra as decisões interlocutórias caberá agravo de instrumento dirigido ao Superior Tribunal de Justiça, nas hipóteses do art. 1.015.

§ 2º Aplica-se ao recurso ordinário o disposto nos arts. 1.013, § 3º, e 1.029, § 5º.

Art. 1.028. Ao recurso mencionado no art. 1.027, inciso II, alínea *b*, aplicam-se, quanto aos requisitos de admissibilidade e ao procedimento, as disposições relativas à apelação e o Regimento Interno do Superior Tribunal de Justiça.

§ 1º Na hipótese do art. 1.027, § 1º, aplicam-se as disposições relativas ao agravo de instrumento e o Regimento Interno do Superior Tribunal de Justiça.

§ 2º O recurso previsto no art. 1.027, incisos I e II, alínea *a*, deve ser interposto perante o tribunal de origem, cabendo ao seu presidente ou vice-presidente determinar a intimação do recorrido para, em quinze dias, apresentar as contrarrazões.

§ 3º Findo o prazo referido no § 2º, os autos serão remetidos ao respectivo tribunal superior, independentemente de juízo de admissibilidade.

Art. 1.029. O recurso extraordinário e o recurso especial, nos casos previstos na Constituição Federal, serão interpostos perante o presidente ou o vice-presidente do tribunal recorrido, em petições distintas que conterão:

I - a exposição do fato e do direito;

II - a demonstração do cabimento do recurso interposto;

III - as razões do pedido de reforma ou de invalidação da decisão recorrida.

§ 1º Quando o recurso fundar-se em dissídio jurisprudencial, o recorrente fará a prova da divergência com a certidão, cópia ou citação do repositório de jurisprudência, oficial ou credenciado, inclusive em mídia eletrônica, em que houver sido publicado o acórdão divergente, ou ainda com a reprodução de julgado disponível na rede mundial de computadores, com indicação da respectiva fonte, devendo-se, em qualquer caso, mencionar as circunstâncias que identifiquem ou assemelhem os casos confrontados.

§ 2º (Revogado). (Redação dada pela Lei nº 13.256, de 2016)

§ 3º O Supremo Tribunal Federal ou o Superior Tribunal de Justiça poderá desconsiderar vício formal de recurso tempestivo ou determinar sua correção, desde que não o repute grave.

§ 4º Quando, por ocasião do processamento do incidente de resolução de demandas repetitivas, o presidente do Supremo Tribunal Federal ou do Superior Tribunal de Justiça receber requerimento de suspensão de processos em que se discuta questão federal constitucional ou infraconstitucional, poderá, considerando razões de segurança jurídica ou de excepcional interesse social, estender a suspensão a todo o território nacional, até ulterior decisão do recurso extraordinário ou do recurso especial a ser interposto.

§ 5º O pedido de concessão de efeito suspensivo a recurso extraordinário ou a recurso especial poderá ser formulado por requerimento dirigido:

I - ao tribunal superior respectivo, no período compreendido entre a publicação da decisão de admissão do recurso e sua distribuição, ficando o relator designado para seu exame prevento para julgá-lo; (Redação dada pela Lei nº 13.256, de 2016)

II - ao relator, se já distribuído o recurso;

III - ao presidente ou ao vice-presidente do tribunal recorrido, no período compreendido entre a interposição do recurso e a publicação da decisão de admissão do recurso, assim como no caso de o recurso ter sido sobrestado, nos termos do art. 1.037. (Redação dada pela Lei nº 13.256, de 2016)

Art. 1.030. Recebida a petição do recurso pela secretaria do tribunal, o recorrido será intimado para apresentar contrarrazões no prazo de quinze dias, findo o qual os autos serão conclusos ao presidente ou ao vice-presidente do tribunal recorrido, que deverá: (Redação dada pela Lei nº 13.256, de 2016)

I - negar seguimento: (Incluído pela Lei nº 13.256, de 2016);

a) a recurso extraordinário que discuta questão constitucional à qual o Supremo Tribunal Federal não tenha reconhecido a existência de repercussão geral ou a recurso extraordinário interposto contra acórdão que esteja em conformidade com entendimento do Supremo Tribunal Federal exarado no regime de repercussão geral; (Incluída pela Lei nº 13.256, de 2016);

b) a recurso extraordinário ou a recurso especial interposto contra acórdão que esteja em conformidade com entendimento do Supremo Tribunal Federal ou do Superior Tribunal de Justiça, respectivamente, exarado no regime de julgamento de recursos repetitivos; (Incluída pela Lei nº 13.256, de 2016)

II - encaminhar o processo ao órgão julgador para realização do juízo de retratação, se o acórdão recorrido divergir do entendimento do Supremo Tribunal Federal ou do Superior Tribunal de Justiça exarado, conforme o caso, nos regimes de repercussão geral ou de recursos repetitivos; (Incluído pela Lei nº 13.256, de 2016)

III - sobrestar o recurso que versar sobre controvérsia de caráter repetitivo ainda não decidida pelo Supremo Tribunal Federal ou pelo Superior Tribunal de Justiça, conforme se trate de matéria constitucional ou infraconstitucional; (Incluído pela Lei nº 13.256, de 2016)

IV - selecionar o recurso como representativo de controvérsia constitucional ou infraconstitucional, nos termos do § 6º do art. 1.036; (Incluído pela Lei nº 13.256, de 2016)

V - realizar o juízo de admissibilidade e, se positivo, remeter o feito ao Supremo Tribunal Federal ou ao Superior Tribunal de Justiça, desde que: (Incluído pela Lei nº 13.256, de 2016)

a) o recurso ainda não tenha sido submetido ao regime de repercussão geral ou de julgamento de recursos repetitivos; (Incluída pela Lei nº 13.256, de 2016)

b) o recurso tenha sido selecionado como representativo da controvérsia; ou (Incluída pela Lei nº 13.256, de 2016);

c) o tribunal recorrido tenha refutado o juízo de retratação. (Incluída pela Lei nº 13.256, de 2016).

§ 1º Da decisão de inadmissibilidade proferida com fundamento no inciso V caberá agravo ao tribunal superior, nos termos do art. 1.042. (Incluído pela Lei nº 13.256, de 2016)

§ 2º Da decisão proferida com fundamento nos incisos I e III caberá agravo interno, nos termos do art. 1.021. (Incluído pela Lei nº 13.256, de 2016)

Art. 1.031. Na hipótese de interposição conjunta de recurso extraordinário e recurso especial, os autos serão remetidos ao Superior Tribunal de Justiça.

§ 1º Concluído o julgamento do recurso especial, os autos serão remetidos ao Supremo Tribunal Federal para apreciação do recurso extraordinário, se este não estiver prejudicado.

§ 2º Se o relator do recurso especial considerar prejudicial o recurso extraordinário, em decisão irrecorrível, sobrestará o julgamento e remeterá os autos ao Supremo Tribunal Federal.

§ 3º Na hipótese do § 2º, se o relator do recurso extraordinário, em decisão irrecorrível, rejeitar a prejudicialidade, devolverá os autos ao Superior Tribunal de Justiça para o julgamento do recurso especial.

Art. 1.032. Se o relator, no Superior Tribunal de Justiça, entender que o recurso especial versa sobre questão constitucional, deverá conceder prazo de quinze dias para que o recorrente demonstre a existência de repercussão geral e se manifeste sobre a questão constitucional.

Parágrafo único. Cumprida a diligência de que trata o *caput*, o relator remeterá o recurso ao Supremo Tribunal Federal, que, em juízo de admissibilidade, poderá devolvê-lo ao Superior Tribunal de Justiça.

Art. 1.033. Se o Supremo Tribunal Federal considerar como reflexa a ofensa à Constituição afirmada no recurso extraordinário, por pressupor a revisão da interpretação de lei federal ou de tratado, remetê-lo-á ao Superior Tribunal de Justiça para julgamento como recurso especial.

Art. 1.034. Admitido o recurso extraordinário ou o recurso especial, o Supremo Tribunal Federal ou o Superior Tribunal de Justiça julgará o processo, aplicando o direito.

Parágrafo único. Admitido o recurso extraordinário ou o recurso especial por um fundamento, devolve-se ao tribunal superior o conhecimento dos demais fundamentos para a solução do capítulo impugnado.

Art. 1.035. O Supremo Tribunal Federal, em decisão irrecorrível, não conhecerá do recurso extraordinário quando a questão constitucional nele versada não tiver repercussão geral, nos termos deste artigo.

§ 1º Para efeito de repercussão geral, será considerada a existência ou não de questões relevantes do ponto de vista econômico, político, social ou jurídico que ultrapassem os interesses subjetivos do processo.

§ 2º O recorrente deverá demonstrar a existência de repercussão geral para apreciação exclusiva pelo Supremo Tribunal Federal.

§ 3º Haverá repercussão geral sempre que o recurso impugnar acórdão que:

I - contrarie súmula ou jurisprudência dominante do Supremo Tribunal Federal;

II - (Revogado); (Redação dada pela Lei nº 13.256, de 2016)

III - tenha reconhecido a inconstitucionalidade de tratado ou de lei federal, nos termos do art. 97 da Constituição Federal.

§ 4º O relator poderá admitir, na análise da repercussão geral, a manifestação de terceiros, subscrita por procurador habilitado, nos termos do Regimento Interno do Supremo Tribunal Federal.

§ 5º Reconhecida a repercussão geral, o relator no Supremo Tribunal Federal determinará a suspensão do processamento de todos os processos pendentes, individuais ou coletivos, que versem sobre a questão e tramitem no território nacional.

§ 6º O interessado pode requerer, ao presidente ou ao vice-presidente do tribunal de origem, que exclua da decisão de sobrestamento e inadmita o recurso extraordinário que tenha sido interposto intempestivamente, tendo o recorrente o prazo de cinco dias para manifestar-se sobre esse requerimento.

§ 7º Da decisão que indeferir o requerimento referido no § 6º ou que aplicar entendimento firmado em regime de repercussão geral ou em julgamento de recursos repetitivos caberá agravo interno. (Redação dada pela Lei nº 13.256, de 2016)

§ 8º Negada a repercussão geral, o presidente ou o vice-presidente do tribunal de origem negará seguimento aos recursos extraordinários sobrestados na origem que versem sobre matéria idêntica.

§ 9º O recurso que tiver a repercussão geral reconhecida deverá ser julgado no prazo de um ano e terá preferência sobre os demais feitos, ressalvados os que envolvam réu preso e os pedidos de *habeas corpus*.

§ 10. (Revogado). (Redação dada pela Lei nº 13.256, de 2016)

§ 11. A súmula da decisão sobre a repercussão geral constará de ata, que será publicada no diário oficial e valerá como acórdão.

Art. 1.036. Sempre que houver multiplicidade de recursos extraordinários ou especiais com fundamento em idêntica questão de direito, haverá afetação para julgamento de acordo com as disposições desta Subseção, observado o disposto no Regimento Interno do Supremo Tribunal Federal e no do Superior Tribunal de Justiça.

§ 1º O presidente ou o vice-presidente de tribunal de justiça ou de tribunal regional federal selecionará dois ou mais recursos representativos da controvérsia, que serão encaminhados ao Supremo Tribunal Federal ou ao Superior Tribunal de Justiça para fins de afetação, determinando a suspensão do trâmite de todos os processos pendentes, individuais ou coletivos, que tramitem no Estado ou na região, conforme o caso.

§ 2º O interessado pode requerer, ao presidente ou ao vice-presidente, que exclua da decisão de sobrestamento e inadmita o recurso especial ou o recurso extraordinário que tenha sido interposto intempestivamente, tendo o recorrente o prazo de cinco dias para manifestar-se sobre esse requerimento.

§ 3º Da decisão que indeferir o requerimento referido no § 2º caberá apenas agravo interno. (Redação dada pela Lei nº 13.256, de 2016)

§ 4º A escolha feita pelo presidente ou vice-presidente do tribunal de Justiça ou do tribunal regional federal não vinculará o relator no Tribunal Superior, que poderá selecionar outros recursos representativos da controvérsia.

§ 5º O relator em tribunal superior também poderá selecionar dois ou mais recursos representativos da controvérsia para julgamento da questão de direito independentemente da iniciativa do presidente ou do vice-presidente do tribunal de origem.

§ 6º Somente podem ser selecionados recursos admissíveis que contenham abrangente argumentação e discussão a respeito da questão a ser decidida.

Art. 1.037. Selecionados os recursos, o relator, no tribunal superior, constatando a presença do pressuposto do *caput* do art. 1.036, proferirá decisão de afetação, na qual:

I - identificará com precisão a questão a ser submetida a julgamento;

II - determinará a suspensão do processamento de todos os processos pendentes, individuais ou coletivos, que versem sobre a questão e tramitem no território nacional;

III - poderá requisitar aos presidentes ou aos vice-presidentes dos tribunais de justiça ou dos tribunais regionais federais a remessa de um recurso representativo da controvérsia.

§ 1º Se, após receber os recursos selecionados pelo presidente ou pelo vice-presidente de tribunal de justiça ou de tribunal regional federal, não se proceder à afetação, o relator, no tribunal superior, comunicará o fato ao presidente ou ao vice-presidente que os houver enviado, para que seja revogada a decisão de suspensão referida no art. 1.036, § 1º.

§ 3º Havendo mais de uma afetação, será prevento o relator que primeiro tiver proferido a decisão a que se refere o inciso I do *caput*.

§ 4º Os recursos afetados deverão ser julgados no prazo de um ano e terão preferência sobre os demais feitos, ressalvados os que envolvam réu preso e os pedidos de *habeas corpus*.

§ 6º Ocorrendo a hipótese do § 5º, é permitido a outro relator do respectivo tribunal superior afetar dois ou mais recursos representativos da controvérsia na forma do art. 1.036.

§ 7º Quando os recursos requisitados na forma do inciso III do *caput* contiverem outras questões além daquela que é objeto da afetação, caberá ao tribunal decidir esta em primeiro lugar e depois as demais, em acórdão específico para cada processo.

§ 8º As partes deverão ser intimadas da decisão de suspensão de seu processo, a ser proferida pelo respectivo juiz ou relator quando informado da decisão a que se refere o inciso II do *caput*.

§ 9º Demonstrando distinção entre a questão a ser decidida no processo e aquela a ser julgada no recurso especial ou extraordinário afetado, a parte poderá requerer o prosseguimento do seu processo.

§ 10. O requerimento a que se refere o § 9º será dirigido:

I - ao juiz, se o processo sobrestado estiver em primeiro grau;

II - ao relator, se o processo sobrestado estiver no tribunal de origem;

III - ao relator do acórdão recorrido, se for sobrestado recurso especial ou recurso extraordinário no tribunal de origem;

IV - ao relator, no tribunal superior, de recurso especial ou de recurso extraordinário cujo processamento houver sido sobrestado.

§ 11. A outra parte deverá ser ouvida sobre o requerimento a que se refere o § 9º, no prazo de cinco dias.

§ 12. Reconhecida a distinção no caso:

I - dos incisos I, II e IV do § 10, o próprio juiz ou relator dará prosseguimento ao processo;

II - do inciso III do § 10, o relator comunicará a decisão ao presidente ou ao vice-presidente que houver determinado o sobrestamento, para que o recurso especial ou o recurso extraordinário seja encaminhado ao respectivo tribunal superior, na forma do art. 1.030, parágrafo único.

§ 13. Da decisão que resolver o requerimento a que se refere o § 9º caberá:

I - agravo de instrumento, se o processo estiver em primeiro grau;

II - agravo interno, se a decisão for de relator.

Art. 1.038. O relator poderá:

I - solicitar ou admitir manifestação de pessoas, órgãos ou entidades com interesse na controvérsia, considerando a relevância da matéria e consoante dispuser o regimento interno;

II - fixar data para, em audiência pública, ouvir depoimentos de pessoas com experiência e conhecimento na matéria, com a finalidade de instruir o procedimento;

III - requisitar informações aos tribunais inferiores a respeito da controvérsia e, cumprida a diligência, intimará o Ministério Público para manifestar-se.

§ 1º No caso do inciso III, os prazos respectivos são de quinze dias, e os atos serão praticados, sempre que possível, por meio eletrônico.

§ 2º Transcorrido o prazo para o Ministério Público e remetida cópia do relatório aos demais ministros, haverá inclusão em pauta, devendo ocorrer o julgamento com preferência sobre os demais feitos, ressalvados os que envolvam réu preso e os pedidos de *habeas corpus*.

§ 3º O conteúdo do acórdão abrangerá a análise dos fundamentos relevantes da tese jurídica discutida. (Redação dada pela Lei nº 13.256, de 2016)

Art. 1.039. Decididos os recursos afetados, os órgãos colegiados declararão prejudicados os demais recursos versando sobre idêntica controvérsia ou os decidirão aplicando a tese firmada.

Parágrafo único. Negada a existência de repercussão geral no recurso extraordinário afetado, serão considerados automaticamente inadmitidos os recursos extraordinários cujo processamento tenha sido sobrestado.

Art. 1.040. Publicado o acórdão paradigma:

I – o presidente ou o vice-presidente do tribunal de origem negará seguimento aos recursos especiais ou extraordinários sobrestados na origem, se o acórdão recorrido coincidir com a orientação do tribunal superior;

II – o órgão que proferiu o acórdão recorrido, na origem, reexaminará o processo de competência originária, a remessa necessária ou o recurso anteriormente julgado, se o acórdão recorrido contrariar a orientação do Tribunal Superior;

III – os processos suspensos em primeiro e segundo graus de jurisdição retomarão o curso para julgamento e aplicação da tese firmada pelo Tribunal Superior;

IV – se os recursos versarem sobre questão relativa a prestação de serviço público objeto de concessão, permissão ou autorização, o resultado do julgamento será comunicado ao órgão, ao ente ou à agência reguladora competente para fiscalização da efetiva aplicação, por parte dos entes sujeitos a regulação, da tese adotada.

§ 1º A parte poderá desistir da ação em curso no primeiro grau de jurisdição, antes de proferida a sentença, se a questão nela discutida for idêntica à resolvida pelo recurso representativo da controvérsia.

§ 2º Se a desistência ocorrer antes de oferecida contestação, a parte ficará isenta do pagamento de custas e de honorários de sucumbência.

§ 3º A desistência apresentada nos termos do § 1º independe de consentimento do réu, ainda que apresentada contestação.

Art. 1.041. Mantido o acórdão divergente pelo tribunal de origem, o recurso especial ou extraordinário será remetido ao respectivo tribunal superior, na forma do art. 1.036, § 1º.

§ 1º Realizado o juízo de retratação, com alteração do acórdão divergente, o tribunal de origem, se for o caso, decidirá as demais questões ainda não decididas cujo enfrentamento se tornou necessário em decorrência da alteração.

§ 2º Quando ocorrer a hipótese do inciso II do *caput* do art. 1.040 e o recurso versar sobre outras questões, caberá ao presidente ou ao vice-presidente do tribunal recorrido, depois do reexame pelo órgão de origem e independentemente de ratificação do recurso, sendo positivo o juízo de admissibilidade, determinar a remessa do recurso ao tribunal superior para julgamento das demais questões. (Redação dada pela Lei nº 13.256, de 2016)

Questões

Capítulo 13

1. **(FCC - Analista Judiciário - Área Judiciária - TRT 2/2018)** Considere a seguinte situação hipotética:

   No ano de 2015, a Terceira Turma do Superior Tribunal de Justiça julgou um importante tema de direito privado em sede de recurso especial envolvendo contratos bancários. Neste ano de 2018 houve alteração na composição da referida Turma, com a saída de três dos cinco Ministros e a posse de três novos Ministros. No mês de Abril do corrente ano, a mesma Terceira Turma do Superior Tribunal de Justiça, quando do julgamento de outro recurso especial, divergiu do julgamento anterior proferido no ano de 2015, quando da análise da mesma questão de mérito envolvendo contratos bancários. Neste caso, nos termos estabelecidos pelo Código de Processo Civil, a parte interessada poderá interpor

a) agravo regimental.
b) embargos de divergência.
c) embargos infringentes.
d) mandado de segurança.
e) reclamação.

COMENTÁRIOS

De acordo com o art. 1.043, do CPC, será cabível a interposição de embargos de divergência em face de acórdão de órgão fracionário que: I) em recurso extraordinário ou em recurso especial, divergir do julgamento de qualquer outro órgãos do mesmo tribunal, sendo os acórdãos, embargado e paradigma, de mérito; II) em recurso extraordinário ou em recurso especial, divergir do julgamento de qualquer outro órgão do mesmo tribunal, sendo um acórdão de mérito e outro que não tenha conhecido do recurso, embora tenha apreciado a controvérsia. Alternativa correta: letra "B".

2. **(FCC - Analista Judiciário - Oficial de Just. Avaliador Federal - TRT 2/2018)** Paulo, advogado, ao se de defrontar com ato apontado como ilegal de um juiz titular de determinada vara cível da comarca de São José dos Campos, impetra mandado de segurança perante o E. Tribunal de Justiça de São Paulo, tratando-se de hipótese de competência originária deste Tribunal. Distribuído o *mandamus* o Relator, por decisão monocrática, indefere a peça inicial e determina o arquivamento dos autos. Inconformado, Paulo poderá interpor, nesse caso específico, contra a decisão do Relator

a) recurso ordinário para o Superior Tribunal de Justiça.
b) agravo interno para o respectivo órgão colegiado.
c) recurso especial para o Superior Tribunal de Justiça.

d) recurso extraordinário para o Supremo Tribunal Federal.
e) agravo de instrumento para o Superior Tribunal de Justiça.

COMENTÁRIOS

Contra decisão proferida pelo relator caberá agravo interno para o respectivo órgão colegiado (art. 1.021, CPC). Alternativa correta: letra "B".

3. **(FCC – Analista Judiciário – Oficial de Just. Avaliador Federal – TRT 2/2018)** Sobre a ação rescisória, nos termos do Código de Processo Civil, é correto afirmar:
a) O sucessor a título singular daquele que foi parte no processo não tem legitimidade para propor ação rescisória.
b) O direito à rescisão se extingue em 3 anos contados da data do trânsito em julgado da última decisão proferida no processo.
c) A ação rescisória não pode ter por objeto apenas um capítulo da decisão.
d) Recebida a inicial o relator ordenará a citação do réu, designando-lhe prazo de até 15 dias para, querendo, apresentar resposta, ao fim do qual, com ou sem contestação, observar-se-á, no que couber, o procedimento comum.
e) A decisão transitada em julgado que, em embora não seja de mérito, impeça nova propositura da demanda, poderá ser objeto de ação rescisória.

COMENTÁRIOS

Como regra, será admitida a ação rescisória para rescindir *decisão de mérito*, desde que verificadas as hipóteses legais (art. 966). Contudo, ainda que a decisão não seja de mérito, será cabível a rescisão de decisão transitada em julgado que impeça (I) nova propositura da demanda, ou (II) admissibilidade do recurso correspondente. Alternativa correta: letra "E".

4. **(Cespe – Analista Judiciário – Área Administrativa – TRE – BA/2017)** Acerca do sistema recursal previsto no CPC, julgue os itens a seguir.
I. O recorrente só poderá desistir do recurso com a anuência do recorrido e dos litisconsortes.
II. Os embargos de declaração interrompem o prazo para a interposição de recurso.
III. Não comprovado o recolhimento do preparo no ato da interposição do recurso, a parte será intimada, na pessoa do seu advogado, para realizar o pagamento em dobro, sob pena de deserção.

Assinale a opção correta.
a) Apenas o item I está certo.
b) Apenas o item II está certo.
c) Apenas os itens I e III estão certos.
d) Apenas os itens II e III estão certos.
e) Todos os itens estão certos.

COMENTÁRIOS

Assertiva I – assertiva incorreta. O recorrente poderá desistir do recurso ainda que não tenha a anuência da parte contrária.

Assertiva II – assertiva correta. Os embargos declaratórios interrompem o curso do prazo para a interposição de outros recursos (art. 1.026, *caput*).

Assertiva III – assertiva correta. O preparo se constitui em requisito objetivo de admissibilidade do recurso. O seu recolhimento deverá ser comprovado quando da interposição do recurso. Contudo, se o recorrente assim não proceder, será intimado, na pessoa de seu advogado, para realizar o recolhimento em dobro, sob pena de deserção (art. 1.007, § 4º).

Alternativa correta: letra "D".

5. **(Consulplan – Analista Judiciário – Oficial de Just. Avaliador – TRF 2/2017)** Para que um recurso seja conhecido, é indispensável o preenchimento de requisitos intrínsecos e extrínsecos de admissibilidade. Um destes requisitos, aplicável a todo e qualquer recurso, é a tempestividade, ou seja, a necessidade de sua interposição dentro do prazo fixado em lei. Diante do exposto, analise as afirmativas a seguir.

I. A prorrogação para o dia útil seguinte em razão do encerramento prematuro do expediente forense aplica-se apenas em relação ao dies ad quem (dia do vencimento) do prazo recursal, não se aplicando para o dies a quo (dia do início).

II. A interposição de recurso de embargos de declaração, mesmo antes da publicação da sentença ou do acórdão embargado, é considerada tempestiva, bastando que a parte tome conhecimento do teor da decisão e entenda ter havido omissão, obscuridade, contradição ou erro material.

III. Se os embargos de declaração forem rejeitados ou não alterarem a conclusão do julgamento anterior, o recurso interposto pela outra parte antes da publicação do julgamento dos embargos de declaração será processado e julgado independentemente de ratificação.

Estão corretas as afirmativas

a) I, II e III.
b) I e II, apenas.
c) I e III, apenas.
d) II e III, apenas.

COMENTÁRIOS

Assertiva I – incorreta. Os dias do começo e do vencimento do prazo serão protraídos para o primeiro dia útil seguinte, se coincidirem com dia em que o expediente forense for encerrado antes ou iniciado depois da hora normal ou houver indisponibilidade da comunicação eletrônica.

Assertiva II – correta. Consoante o art. 218, § 4º, CPC, será considerado tempestivo o ato praticado antes do termo inicial do prazo.

Assertiva III - correta. De fato, consoante prevê o art. 1.024, § 5º, CPC, se os embargos de declaração forem rejeitados ou não alterarem a conclusão do julgamento anterior, o recurso interposto pela outra parte antes da publicação do julgamento dos embargos de declaração será processado e julgado independentemente de ratificação.

Alternativa correta: letra "D".

7. **(Cespe - Analista Judiciário - Área Judiciária - TRE - BA/2017)** Em um tribunal, o relator de determinado recurso concedeu o prazo de cinco dias ao recorrente para que fosse sanado vício e complementada a documentação exigida pela legislação para interposição de recurso.

   Nessa situação, o magistrado tomou tal providência com base no princípio denominado

a) dialeticidade.
b) fungibilidade.
c) primazia do julgamento do mérito.
d) dispositivo.
e) identidade física do juiz.

COMENTÁRIOS

nota-se a observância do princípio da primazia do julgamento do mérito (art. 4º c.c. art. 932, parágrafo único, CPC).

8. **(Cespe - Analista Judiciário - Área Judiciária - TRE - BA/2017)** Tendo examinado uma petição inicial com dois pedidos, em demanda que tramitava pelo procedimento comum, o juiz indeferiu parcialmente a petição quanto a um dos pedidos apresentados pelo autor e determinou a citação do réu para que o processo prosseguisse apenas em relação ao outro pedido.

   Nesse momento processual, o pronunciamento do juiz será

a) recorrível por apelação.
b) irrecorrível.
c) recorrível por agravo retido.
d) recorrível por agravo de instrumento.
e) recorrível por agravo interno.

COMENTÁRIOS

sendo proferida decisão interlocutória, que indefere parcialmente a petição inicial, será cabível a interposição do recurso de agravo de instrumento, sob pena de preclusão.

9. **(Cespe - Analista Judiciário - Área Judiciária - TRE - TO/2017)** De acordo com o Código de Processo Civil (CPC), são consideradas como julgamento de casos repetitivos apenas as decisões proferidas em

a) incidente de resolução de demandas repetitivas e em incidente de assunção de competência.
b) incidente de resolução de demandas repetitivas, em recurso especial repetitivo e em recurso extraordinário repetitivo.
c) incidente de assunção de competência, em recurso especial repetitivo e em recurso extraordinário repetitivo.
d) incidente de assunção de competência, em incidente de resolução de demandas repetitivas, em recursos especiais repetitivos e em recurso extraordinário repetitivo.
e) recurso especial repetitivo e em recurso extraordinário repetitivo.

COMENTÁRIOS

considera-se julgamento de casos repetitivos a decisão proferida em: I) incidente de resolução de demandas repetitivas; II) recurso especial e extraordinário repetitivos (art. 928, CPC). Alternativa correta: letra "B".

10. **(Consulplan – Analista Judiciário – Área Administrativa – TRE – RJ/2017)** À luz do CPC/2015, acerca dos processos nos tribunais e meios de impugnação das decisões judiciais, assinale a afirmativa INCORRETA.

a) Os embargos de declaração não possuem efeito suspensivo e interrompem o prazo para a interposição de recurso.
b) O recurso pode ser interposto pela parte vencida, pelo terceiro prejudicado e pelo Ministério Público, como parte ou como fiscal da ordem jurídica.
c) O recurso adesivo fica subordinado ao recurso independente, sendo-lhe aplicáveis as mesmas regras deste quanto aos requisitos de admissibilidade e julgamento no tribunal.
d) Quando o resultado da remessa necessária for não unânime, o julgamento terá prosseguimento em sessão a ser designada com a presença de outros julgadores, que serão convocados nos termos previamente definidos no regimento interno, em número suficiente para garantir a possibilidade de inversão do resultado inicial, assegurado às partes e a eventuais terceiros o direito de sustentar, oralmente, suas razões perante os novos julgadores.

COMENTÁRIOS

não sendo o resultado da apelação unânime, haverá a necessidade de ampliação do quórum de julgamento. Por esse motivo, o julgamento terá prosseguimento em sessão a ser designada com a presença de outros julgadores, que serão convocados, em número suficiente para garantir a possibilidade de inversão do resultado inicial, assegurado às partes e a eventuais terceiros o direito de sustentar oralmente suas razões perante os novos julgadores (art. 942, *caput*). O mesmo não ocorrerá, contudo, quando do julgamento do incidente de assunção de competência e ao de resolução de demandas repetitivas, da remessa necessária e não unânime proferido, nos tribunais, pelo plenário ou pela corte especial (art. 942, § 4º).

ANOTAÇÕES

ANOTAÇÕES

ANOTAÇÕES

ANOTAÇÕES

ANOTAÇÕES

ANOTAÇÕES

ANOTAÇÕES

ANOTAÇÕES

ANOTAÇÕES

ANOTAÇÕES

EDITORA
JusPODIVM
www.editorajuspodivm.com.br

Pré-impressão, impressão e acabamento
GRÁFICA
SANTUÁRIO

grafica@editorasantuario.com.br
www.graficasantuario.com.br
Aparecida-SP